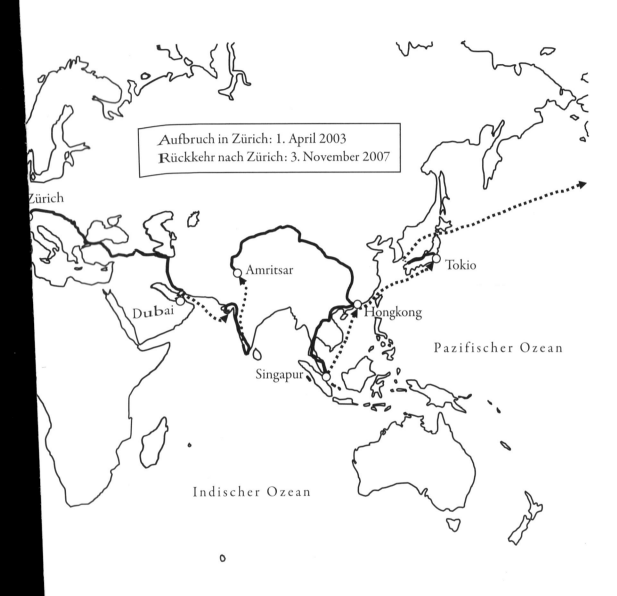

Aufbruch in Zürich: 1. April 2003
Rückkehr nach Zürich: 3. November 2007

Zürich

Amritsar

Dubai

Hongkong

Singapur

Tokio

Pazifischer Ozean

Indischer Ozean

Peter Käser

Früchte des Reisens

In 55 Monaten mit dem Fahrrad rund um die Welt

Mit 22 Fotos und 18 Landkarten

Ben Verlag

Erste Auflage 2009

Copyright © by Peter Käser 2009

www.gesundheit-energie.ch/veloweltreise

Alle Rechte bei Ben Verlag, Zürich

Foto Umschlag vorne: Bei Tatvan, Ostanatolien, Türkei, August 2003

(von Jean-Michel Koehler, www.naturalptrekking.ch)

Alle anderen Fotos von Bea Truttmann und vom Autor

Foto Umschlag hinten: Taklamkanwüste, Autonome Uiguren Provinz Xinjiang, China, August 2004

Sämtliche Landkarten sind vom Autor gezeichnet. Sie dienen der Veranschaulichung der Route und sind nicht ganz exakt.

Dieses Buch kann bestellt werden unter benverlag@bluewin.ch

Es ist aber auch in diversen Buchhandlungen erhältlich.

ISBN 978-3-033-02071-9

Für Bea, meine Frau.
Und für Ben, unseren Sohn, die Frucht unserer Reise, unserer Liebe, unseres Lebens.

Inhalt

Landkarten

Das Wesen des Windes

Der Himmel lässt in seinem blauen Luftsee friedlich ein paar unschuldige, wattige Blumenkohle treiben, die im ersten Sonnenlicht hell erstrahlen. Die Luft ist mild, da sie aus nördlicher Richtung über die patagonische Pampa gestrichen kommt. Nichts deutet zu diesem Zeitpunkt darauf hin, welch berauschendes Blatt der Tag in Händen hält, um uns zu schlagen – er setzt ein Pokerface auf.

Kaum aber liegt unser Lagerplatz am Ufer des tief in die Pampa eingefressenen Río Senguer hinter uns, ist die himmlische Ruhe vorbei. Im steilen Anstieg auf das Plateau schmeisst der Wind mit Sand und nach einer Linkskurve wirft die Sonne unsere zerzausten Schatten vor uns auf die Fahrbahn. Das Rauschen des bereits mehr gegen Westen abgedrehten Windes verfängt sich in unseren rechten Ohrmuscheln. Licht- und Schattenstreifen fegen auf dem Asphalt abwechselnd in immer rasenderem Tempo auf uns zu, als würden wir in eine flimmernde Mattscheibe starren; eine durchlässige, hinter der ein monströser Föhn angebracht ist, dessen Öffnung frontal gegen uns gerichtet ist.

Nun verdichten sich die Blumenkohlwolken zu einem grauweissen Skorpion, der rückwärts, mit zum Stechen erhobenem Schwanz von Chile her auf uns zutreibt. Der Luftstrahl belegt Ohren und Augen, Nase und Mund mit dem feinen Sand, in welchem die dornige Vegetation der Pampa steckt. Die Luftmassen blähen die Nasenflügel und dringen gewaltsam derart tief in die Atemwege ein, dass Nasenhaare und Flimmerhärchen hoffnungslos überfordert werden und die Luft weder zu reinigen, anzufeuchten noch zu erwärmen vermögen. So sind die Nasenschleimhäute im Nu ausgetrocknet und strahlen solch lästige Schmerzen aus, als hätten wir uns von einem Kliff mit den Füssen voran ins Wasser gestürzt, ohne die Nase zuzuhalten. Die Augen röten sich hinter den Sonnengläsern und versuchen die kratzenden Partikel mit Tränen auszuschwemmen, was uns die Sicht verschwimmen und die Landschaft surreal zerfliessen lässt. Unsere verwitterte Gesichtshaut spannt sich dünn wie Pergament über die Backenknochen und staut sich in Falten vor den Ohren. Wie Karpfen japsen wir im übervollen Luftstrom nach Sauerstoff. Der Wind füllt und deformiert uns – wir ertrinken im Wind. Er vollführt wilde Kapriolen, umtanzt uns in Wirbeln, um uns auch von hinten und der Seite zu überraschen, zerrt an uns, schlägt und peitscht uns.

Rad zu fahren ist unter diesen Bedingungen unmöglich. Selbst das Velo zu schieben erfordert höchste Konzentration und Anstrengung, denn nicht einmal aufrecht zu stehen, erlaubt uns diese wütige, unstete Gewalt. Sie will uns klein, hart und kugelig machen wie die dornigen, seit Urzeiten windgepeitschten Büsche der Pampa oder geduldig und biegsam wie die Blumen, die sich ihr gewandt ergeben, sich von ihr schütteln lassen und ihr den süssen, verführerisch magischen Arnikaduft ihrer gelben Blüten widerstandslos überantworten – jede einzelne Sekunde der Stunde, des Tages und der Wochen, ohne aber deshalb an Intensität des Duftes einzubüssen. Ist das nicht fantastisch? Da nagt und raubt der Wind unablässig und unersättlich, doch versiegt die Duftkraft der Blüten nicht.

Im Ringen um Sauerstoff und ums Gleichgewicht blitzen mir glasklare Gedanken durchs Hirn, die das Wesen des Windes und seine so offenkundige Verwandtschaft mit dem Wasser erahnen lassen:

«Wind und Wasser» heisst auf Chinesisch Feng Shui. Das ist auch der Name für ein altes taoistisches Prinzip, mit dem vor allem in China Bauvorhaben und Wohnräume schon in der Planungsphase harmonisiert werden, indem man sich die Geister der Luft und des Wassers geneigt macht. Dabei beinhaltet der Begriff «Wind» viel mehr als eine gerichtete Luftbewegung in der Atmosphäre vom Hochdruck- ins Tiefdruckgebiet, wie es in unseren Schulbüchern heisst. In der chinesischen Tradition gilt er als Symbol für die unsichtbare, belebende und gestaltende Lebensenergie Chi, die überall um uns sowie in jedem Wesen und jeder Zelle fliesst. Das Element, beziehungsweise die Energieform «Luft» als Ursprung alles Seienden und gleichzeitig als zentrales Prinzip des menschlichen Lebens aufzufassen, findet sich auch in anderen alten Kulturen wie im antiken Griechenland oder im alten Indien. Selbst im biblischen Schöpfungsmythos, nach dem der erste Mensch seine Seele und damit sein Leben von der Gottheit eingehaucht bekam, spielt der Wind die entscheidende Rolle des übertragenden Mediums.

In so mancher europäischen Sprache hebt das Wort für Wind mit einem lautmalerischen «W» oder «V» an: Wind, wind, viento, vent, vento, wiatr, vint, vind, vítr, vjetar, vindur, vejas. Folgen wir dem Pfad des «W» im Deutschen, so stossen wir nach Wind und Wasser auf so kräftige Worte wie Welt, Wille, Wahrheit, Wirklichkeit, Weisheit, Wesen, Widerstand, Wurzel oder Wirbel, die sich fast von alleine zu vor Weisheit triefenden Sätzen zusammenfügen wie:

«Nur an Widerständen entzündet sich die wahre Kraft von Wind und Wasser.»

«Die Wurzel meines Widerstands gegen den Wind ist der Wille, mich ihm nicht zu beugen.»

«Die Wahrheit, das Reine, das Unverfälschte liegt im Ursprung, bei der Quelle. Wer sich ihr annähern will, muss als im Element Wasser oder Luft gefangenes Wesen, was wir ja zweifelsohne sind, gegen den Strom und durch manche Wirbel hindurch schwimmen. Dies führt zu Druck auf Körper und Geist, zu einer Art Drainage, bei der aller Ballast ausgetrieben wird, alle Anhängsel abgestreift werden und letztlich der Kern, die innewohnende reine Form, die Wirklichkeit freigelegt wird. Dieser Prozess ist mehr als eine Häutung, er geht in die Tiefe, ist durchdringend und ist eine Metapher dafür, dass jeder am Ende auf sich selbst zurückgeworfen wird, und selbst das Umrunden der Welt nichts weiter als eine Reise zu sich selbst ist. Dabei wird vermutlich nichts zugefügt, nur bereits Bestehendes ausgegraben. Gleich wie ein

Bildhauer aus einem rohen Holzklotz Figuren herausschält, die schon da waren, bevor der Künstler geboren wurde. Die einen bedürfen eines äusseren Anlasses, wie beispielsweise einer Reise, um zu erkennen. Andere, bedeutendere Geister, genügen sich selbst und verharren bewegungslos.»

Je mehr ich den Mangel an Sauerstoff spüre, desto weniger gehaltvolle «W-Sätze» schleichen sich auf meine Zunge:

«Es ist keine Wonne, das Velo bei Wind und Wetter, bei jeder Witterung, unter weissen Wolken, die wie Wellen im Westen wogen, durch die Weite zu wuchten.»

«Wunder passieren selten und Wünsche werden kaum erhört, was mich wahnsinnig wütend machen kann.»

«Im Wissen um den langen vor uns liegenden Weg verfehlt der Wind seine Wirkung nicht. Wie wuchtiger Wein macht er mich trunken und lässt mich wanken und schwanken wie ein Wal in wilden Gezeiten.»

«Was ist der Wert dieses Werks, bleibt ein wenig Wärme zurück, führt es zu Wandel, Wechsel oder gar einer Wende, ist es mehr als ein Furz im dunkeln Wörterwald?»

Zürich, 1. April 2003

Weil ich mein Weltbild an der Realität eichen will, schicke ich die Zeit in die Wüste, schüttle mich frei von allen Verträgen, steige aus dem gewohnten Lebensfluss und tauche ein in eine neue Daseinsform:

Ab sofort bin ich Rad-Nomade auf den Landstrassen der Welt. Ich will spüren, wie die Erdanziehung meine Fahrspur krümmt und letztlich in einen Kreis zwingt. Nicht in einen solchen, wie ihn der Kondensstreifen eines Flugzeugs an den Himmel zeichnet, nein. Sondern in eine Linie mit Ausbuchtungen, die das Leben schreibt. Denn ich will nicht abgehoben von der Erde düsen. Vielmehr will ich mich mit offenen Sinnen ins Geschehen der Welt verweben, mich unvoreingenommen treiben lassen und die Intensität des Lebens aufsaugen wie ein ausgedörrter Schwamm. So werde ich Beobachter und selbst ein Teil des Beobachteten. Bea ist vom selben Wunsch beseelt und wird an meiner Seite reisen.

Mit eigener Muskelkraft die Welt umrunden – der darin mitschwingenden Anmassung und der innewohnenden Risiken bin ich mir wohl bewusst. Die einst als feine Wolken aufgestiegenen Zweifel sind noch nicht vollständig verdampft: Taugen wir zum Leben auf Achse? Sind wir stark genug, ist der Wille zäh genug? Wie lange wird die Reise dauern? Keine Ahnung! Zwei, drei, vier oder gar fünf Jahre die Eltern, die Freunde und die Verwandten aus den Augen verlieren, ausharren auf den Strassen der Welt, ohne sicheren Hort, ohne Einkünfte, ohne soziales Auffangnetz – will ich das, kann ich das? Unsere dicken Schädel werden unweigerlich aufeinanderprallen. Gefangen in der Zweisamkeit werden uns aber die Blitzableiter fehlen, Spannungen können sich bis zur Unerträglichkeit aufbauen. Wird unsere Liebe die Zerreissprobe überstehen? Tag für Tag Seite an Seite, bei Regen, Hitze, Kälte und jeder Laune? Oder werden wir uns aneinander aufreiben, werden Gehässigkeiten Funken schlagen und unsere starken Bande versengen? Oder weit schlimmer: Werden wir uns trotz der körperlichen Nähe immer mehr entfremden? Gerinnen unsere Lächeln unversehens zu einem unheilvollen Wetterleuchten, das über unsere Züge fliegt? Schleichen sich eines Tages zweideutige Anspielungen in unsere Wortwechsel? Verändert sich langsam der Tonfall, tun sich plötzlich ungeahnte Abgründe auf, die mit jedem Satz tiefer werden, bis der Bruch unvermeidlich ist? Was wird bei Extremsituationen, in denen jeder Vorhang gelüftet, jede Maske heruntergerissen wird, zum Vorschein kommen? Werden uns die dabei blankgelegten Eigenschaften erfreuen oder erschrecken? Und wie wird es um unsere Sicherheit bestellt sein? Werden uns Hasardeure mit ihrem rasenden Blech über den Haufen fahren? Werden uns Gangster oder korrupte Polizisten ans Eingemachte gehen, uns verletzen oder gar töten wollen?

Gemach! Was soll diese Ängstlichkeit? Gedankenversunken betrachte ich den Apfel, der auf meiner Handfläche liegt: Er birgt ein saftiges Versprechen. Seine glatte, zarte und verführerisch duftende Haut umspannt ein Geheimnis, das nur gelüftet werden kann, wenn ich sie platzen lasse, wenn ich meine Zähne in sie schlage. Die Zeit des Zauderns ist abgelaufen. Die Früchte des Reisens erwarten mich. Durch die ständige Bewegung werde ich der Starre entgehen, werde mich laufend von neuem öffnen und in unbeschriebene Seiten des Lebens schauen, werde meine Neugier auf alles zuspringen lassen. Die Fahrspur wird wie ein Riss in der Materie stets neue Oberflächen bilden. Die offenkundige Tatsache, dass wir uns von Anbeginn auf dem Heimweg befinden – schliesslich hat sich im Laufe der Jahrhunderte herauskristallisiert, dass unser Planet keine Scheibe mit jähen Abgründen an den Rändern, sondern eine pralle Kugel ist – hat etwas Beruhigendes an sich. Das Morgenrot der Freiheit leuchtet bereits in meinem Herzen. Sie wird nicht nur bis zum Horizont reichen. Nein, sie wird bis in alle Poren, bis in die entlegensten Winkel des Seins dringen. Davon habe ich im Moment aber erst eine leise Ahnung. Die «Freiheit von etwas» hat sich mir schon offenbart: Durch das Loslassen bin ich nicht mehr eingelullt im Schoss der Konventionen und der Institutionen. Gesellschaftlicher, materieller und bürokratischer Ballast ist von mir abgefallen. Die «Freiheit für etwas» lässt mich die vor mir ausgerollte Welt entdecken. Ich bin zuversichtlich, dass mir dies dank dem tief verinnerlichten Gefühl der Verwurzelung gelingen wird. Wie sich die Reise entwickeln wird, liegt in der Schwebe. Die Mächtigkeit eines Stromes lässt sich an seiner Quelle noch nicht erahnen, erst an seiner Mündung zeigt sich, was aus dem einstigen Rinnsal geworden ist.

Europa, 1. April bis 22. Juni 2003

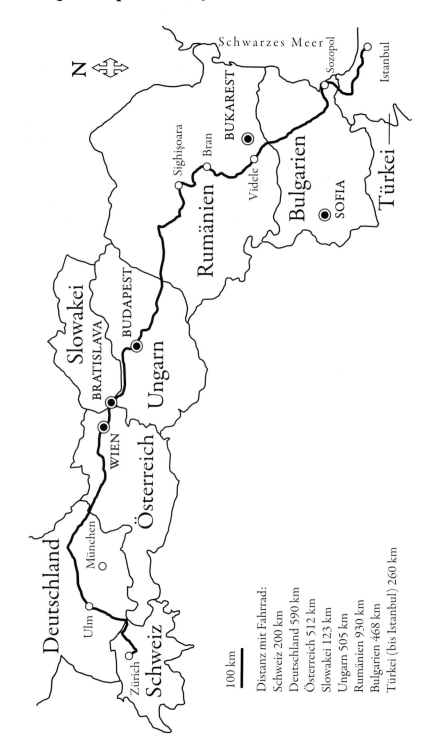

Schwarzes Meer

Istanbul

Sozopol

BUKAREST

Sighişoara

Bran

Videle

Rumänien

Bulgarien

SOFIA

Türkei

Slowakei

BUDAPEST

BRATISLAVA

Ungarn

WIEN

Österreich

Deutschland

München

Ulm

Schweiz

Zürich

100 km

Distanz mit Fahrrad:
Schweiz 200 km
Deutschland 590 km
Österreich 512 km
Slowakei 123 km
Ungarn 505 km
Rumänien 930 km
Bulgarien 468 km
Türkei (bis Istanbul) 260 km

Unter einem makellosen Frühlingshimmel entschwinden wir den Blicken unserer Lieben. Vorgezeichnet ist nichts. Die Reise geht ins Ungewisse. An keinem Morgen werden wir wissen, wo wir stranden und übernachten werden. Klar ist einzig die Richtung: ostwärts, der aufgehenden Sonne entgegen.

Schon am zweiten Tag bricht aus grimmigen Wolken strömender Regen, der bald in dichten Schneefall und später gar in Hagel umschlägt. Der «Kuhnagel» schleicht sich unerbittlich in unsere klatschnassen Handschuhe. Das Wetter zeigt uns auf dem ganzen weiteren Weg bis zur Donau seine kühle Schulter. Bei Schneegestöber und Temperaturen unter null schneidet uns eine scharfe Bise ins Gesicht. Bald sind nicht nur die Hände, sondern auch die Füsse klamm. Erst in Passau wagen wir es das erste Mal, unser Zelt aufzustellen. Weil der Campingplatz offiziell noch geschlossen ist, müssen wir die Wiese am Flussufer nur mit schnatternden Enten teilen. Dafür ist der Warmwasserhahn noch trocken. Als der Vollmond am klaren Sternenhimmel steht, duschen wir uns deshalb mit Eiswasser von Kopf bis Fuss. Danach will es uns in den Seidenpyjamas nicht warm werden. Alle paar Stunden streifen wir uns eine weitere Schicht Kleider über, bis im Morgengrauen unsere Leiber von der ganzen mitgeführten Garderobe umspannt und die Schlafsäcke voll ausgefüllt sind. Es ist noch kein Globetrotter vom Himmel gefallen – es bleibt uns noch einiges zu lernen!

Donauabwärts von Passau sind die Spuren des verheerenden Hochwassers vom Jahre 2002 nicht zu übersehen: In den Ästen der Bäume verfangene Plastiksäcke und Autoreifen weit über unseren Köpfen zeugen vom damaligen Wasserstand. Östlich der Gedenkstätte des Konzentrationslagers Mathausen, die an einen der dunkelsten Flecken der Menschheitsgeschichte gemahnt, frisst sich unser Fahrweg durch meterdicke Sandschichten, die sich wie Schneeverwehungen ausnehmen. Die Leute begegnen uns meist freundlich und mit viel Mitgefühl. Einmal sorgt sich eine alte Frau um Bea: «Ist es denn nicht zu anstrengend für Sie mit all diesem Gepäck Rad zu fahren?» Bea beschwichtigt mit einem Lächeln im rosigen Gesicht: «Nein, nein.» Worauf die Alte mit verklärtem Blick erwidert: «Ja, ja. Wenn man jung und verliebt ist, dann geht einem alles leicht von der Hand.»

Als wir Ende April den Wiener Prater hinter uns lassen und durch das Marchfeld weiterreisen, streicht uns ein milder, leiser Windhauch über die Haut und trägt uns das Parfum der Blüten zu. Er rupft leicht an den Halmen der Wiesen, als wollte er sie necken, und säuselt in den Zweigen der Bäume.

Bei der slowakischen Grenze spiegelt das Wasser der Dunaj bereits wieder einen grauschwarzen Himmel. Vor Bratislava zeichnen sich am wolkenverhangenen Horizont typische Gebäude des Ostblocks ab. Diese gesichtslosen Plattenbauten aus Fertigteilen offenbaren nichts als Tristesse. Bea bringt beim ersten Menschen, der uns über den Weg läuft, in Erfahrung, was «Guten Tag!» heisst. Und schon grüssen wir alle Leute schwungvoll mit « *Dobri den!*».

Der Fluss ist in ein hässliches Korsett gezwängt. Fast zwanzig Meter hohe, mit Bitumen abgedichtete Kanalwände dämmen seine Kraft und rauben ihm sein Segen bringendes Potenzial. Diese immense glatte und versiegelte Fläche bietet den Tieren keinerlei Nischen zum Leben. Die katastrophalen Folgen dieses gigantischen Bauwerks sind für die Menschen auch unmittelbar zu spüren. Denn der weiträumig gesunkene Grundwasserspiegel lässt die einst üppige Vegetation austrocknen und bringt die Bauwerke durch die Setzungen des Untergrunds in prekäre Schieflage.

Das Firmament verdüstert sich von Minute zu Minute. Flammende Blitze zerschneiden die aufgetürmten Wolken. Und das Donnergrollen rückt bedrohlich näher. Als ganz in der Nähe ein Blitz zischend herabfährt, verlassen wir den Damm fluchtartig. Noch bevor die ersten Tropfen niedersausen, finden wir in einer Pension von Trstená Unterschlupf. Hier im Restaurant essen wir panierten, gebackenen Käse. Das ist ein Gericht, dem wir bis zur türkischen Grenze treu bleiben werden. Es ist auch in Ungarn, Rumänien und Bulgarien das einzige vegetarische Hauptgericht auf den Speisekarten. Lediglich der Name wird ändern von *rantott sajt*, zu *cascaval pane* und zu *paniran kaschkawal*.

Bereits am nächsten Tag heisst es nicht mehr *dobri den*, sondern *jó napot kívánok* – wir sind in Ungarn. Nach genau hundert Stunden im Sattel erreichen wir Budapest. Auf dem Campingplatz Római Fürdö reisst ein schwerer Gewittersturm einer Platane einen mächtigen Ast ab. Er erschlägt uns nur beinahe: Einen halben Meter neben unserem Zelt saust er in die aufgeweichte Erde. Diesen Wink mit dem Zaunpfahl wissen wir wohl zu deuten: In Zukunft werden wir unsere faltbare Behausung besser platzieren und versuchen, die Zeichen des Himmels zu lesen und zu verstehen. Und aus dem Holz schnitzen wir zwei dicke Knüppel. Von nun an werden sie immer griffbereit aus einer Hinterradtasche ragen, damit Angriffe von Hunden effizient und sicher pariert werden können. Jeden überstandenen Kampf werden wir mit einer neuen Kerbe verewigen.

Im Gellért-Thermalbad, wo die Türken schon im 15. Jahrhundert ihre müden Knochen badeten, wacht ein gestrenger Herr darüber, dass alle brav im Gegenuhrzeigersinn schwimmen und dass sich niemand an den Rändern festhält. Weiss der Teufel, woher er diese Regeln hat! Doch Fehlbare, wie der o-beinige Mongole, werden gnadenlos mit einem schrillen Pfiff blossgestellt und barsch zurechtgewiesen. Auch eines groben Fehlers macht sich schuldig, wer es wagt, sich ohne elegante Plastikhaube in das heilige Gewässer gleiten zu lassen.

Am Gestade der träge und breit durch die Stadt fliessenden Donau verströmen einige Fassaden den Charme einer untergegangenen bürgerlichen Welt. Budapest kommt mir vor wie eine alte Dame, die das Dunkel der Nacht sucht, um ihre Falten zu verbergen.

Bei strahlendem Wetter und heissen dreiunddreissig Grad rollen wir weiter Richtung Osten durch das flache Ungarn. Die kaum befahrenen Nebenstrassen weisen einen guten Belag auf und führen uns vorbei an weiten, in den verschiedensten Farben leuchtenden Äckern. Einmal jagen direkt vor unserer Nase drei Rehe in dynamischem, ungemein graziösem Galopp über den Asphalt. Auch Hirsche und Feldhasen bekommen wir zu Gesicht. In Vezseny endet unsere Strasse vor einem Fluss abrupt. Seit gut zehn Kilometern haben Schilder auf eine Fähre hingewiesen und auch auf unserer Landkarte ist dieser Ort nicht als Sackgasse markiert. Dies alles ändert freilich nichts daran, dass das mit dicken Tauen festgemachte verrostete Schiff wohl nicht erst seit gestern seinen Dienst versagt. Dieser Umstand vermag mich nicht zu ärgern. Vielmehr freue ich mich am Hauch des Abenteuers, der diese Situation umweht. Hier an diesem schlammigen Ufer dämmert mir eine Ahnung, dass wir nun lange, vielleicht sogar sehr lange unterwegs sein werden. Wir kehren zu der eben durchquerten Ansiedlung zurück und kühlen unsere Körper in einer Bar von innen her. Schon wollen wir uns zu einer anderen Stelle begeben, wo der Fluss vielleicht überwunden werden kann, da tritt forschen Schritts ein Mann durch die Tür, trommelt sich wie ein Gorilla auf die nackte Brust und verkündet mit mitschwingendem Stolz: «*Capitano!*» Unten am Fluss prüft er kurz den alten, leckgeschlagenen Rosthaufen, heisst uns zu warten und entschwindet in die Büsche, um mit einem kleinen Kanu zurückzukommen. Mit diesem paddelt er auf die andere Flussseite und kehrt mit einem grösseren Kahn retour. Nun reinigt er mit Schaufel und Wasser notdürftig die Rampe von Schlamm und Dreck, damit wir die Barke mitsamt den beladenen Rädern besteigen können. Der *capitano* trotzt der reissenden Strömung und rudert uns souverän ans andere Ufer. Das Aussteigen erweist sich als schwierigster Teil des Unterfangens: Barfuss tragen wir jedes Gepäckstück einzeln durch glitschigen Schlick die steile Rampe hinauf ans trockene Ufer. Bei jedem Schritt sinkt mein Fuss tief ein. Immer wenn ich ihn wieder herausziehe, antwortet der klebrige Boden mit einem schmatzenden Geräusch. Erst als ich mit dem Rad in der Hand ausgleite und es mich auf den Rücken hinhaut, ist er sprachlos.

An der rumänischen Grenze überraschen mich die Beamten mit ihrer Fröhlichkeit, Höflichkeit und Unkompliziertheit. In Salonta wechseln wir zwei 100-Euro-Scheine und erhalten dafür einen Stapel Rumänische Lei, der einen ganzen Koffer füllt. In der Ferne zeigen sich endlich wieder Berge. Nach dem meistens topfebenen Ungarn ist dies eine Wohltat für mein Auge. In den Dörfern fehlen uns ein paar zusätzliche Arme, um all die Grüsse zu erwidern. Die Leute sitzen vor ihren mit Zäunen umfriedeten Häusern und wünschen uns mit breitem Lachen auf dem Gesicht «*Buna ziua!*»

oder «*Drum bun!*». Guten Tag oder gute Reise. Grunzende Schweine und gackern-
de Hühner laufen frei auf den Strassen herum. Unzählige Gänsefamilien kühlen ihre
überhitzten Füsse in den Wasserpfützen, die in den Schlaglöchern die lachende Sonne spiegeln. Es zirkuliert kaum motorisierter Verkehr. Dafür sind umso mehr Zigeu-
nerfamilien und Bauern auf klapprigen Karren unterwegs, die von Mauleseln oder
Pferden gezogen werden. In den meisten Ortschaften gibt es kein fliessendes Wasser,
sondern metertiefe Ziehbrunnen – ich fühle mich wie hundert Jahre zurückversetzt.

    Nach Draganesti verschlägt es uns in die Berge. Die unasphaltierte, ausserordent-
lich steile Strasse voller grober, spitzer Steine ist eine echte Herausforderung. Das
Schwierigste ist es, den hin und her springenden Lenker zu zähmen. Völlig unaufge-
regt meistert ein alter Bauer diesen Weg. Er sitzt mit den blutunterlaufenen Augen
eines notorischen Säufers auf einem Pferdefuhrwerk und bietet uns lallend von seinem Raki an. Und bei einer Abzweigung ohne Hinweisschilder weist er uns den richtigen Weg. Dafür sind wir ihm dankbar, denn unsere Karte stimmt in dieser Gegend
nicht mit der Realität überein. So werden wir auch später oft an Kreuzungen orakeln,
welche Richtung wir einschlagen sollen – und es wird sich herausstellen, dass wir jeweils richtig gepokert haben. Wir haben keine Ahnung, was uns da oben erwartet.
Doch als die Wolken im Widerschein der Abendsonne einen rötlichen Saum bekommen, erreichen wir ein traumhaftes Hochplateau mit Alpen und einer *cabana*,
wo wir essen und übernachten können. Die zwei folgenden Tage fahren wir in der
brütenden Sonne Schotterpisten auf und ab, die uns an Holzfällersiedlungen vorbeiführen. Eine syrische Unternehmung hat hier ganze Landstriche aufgekauft und lässt
die Wälder roden. Noch ist diese urchige Landschaft bezaubernd. Oft müssen wir
wie blöd lachen. Einfach so. Wie der Uhu «uhu, uhu, uhu» ruft und der Specht ohne Unterbruch «tagg, tagg, tagg» seinen Schnabel in die Rinde schlägt, drücken wir
unablässig die Pedale. Wir verbeissen uns die Frage nach dem Sinn unseres Tuns. Der
Weg wird uns bei gegebener Zeit seine Früchte selbst offenbaren.

    Über Aiud kommen wir nach Medias, wo ich eine Gruppe Leute nach einer Un-
terkunftsmöglichkeit frage. Da ruft einer aus seinem Wagen heraus: «Wollt ihr hier
pennen? Ich habe ein leerstehendes Haus.» Cornel spricht perfekt Deutsch, denn
nach dem Fall von Ceauşescus Regime ging er nach Deutschland arbeiten. Er drückt
uns die Schlüssel in die Hand und sagt: «Das Haus gehört euch. Macht es euch gemütlich. In zwei Stunden komme ich wieder, dann gehen wir zu meinen Eltern essen.» Unglaublich diese Gastfreundschaft! Bis tief in die Nacht diskutieren wir mit
Cornels Familie und werden reich bewirtet.

    Nach Sighişoara grüssen uns die in den Äckern jätenden Leute. Sie sind bestimmt
froh, sich aus der gebückten Haltung aufrichten und eine Weile miteinander über uns
zwei komische Vögel tratschen zu können. Wir werden ohne Zweifel einen prominenten Platz in ihrer Erinnerung einnehmen. Bald erblicke ich vorne links am Stras-

senrand einen Bären. Da kämpften wir uns tagelang durch einsame Wälder und über Berge, ohne je auf einen der rund sechstausend rumänischen Braunbären zu stossen. Und nun wächst auf fast offenem Feld unvermittelt ein prächtiges Exemplar aus dem Boden. Aus sicherer Distanz mustern wir einander neugierig, bis er schliesslich die Strasse freigibt und friedlich seines Wegs trottet.

Am Fuss der Südkarpaten schlafen wir im für rumänische Verhältnisse sehr touristischen Bran in einem Privatzimmer. Auf dem Weg ins Dorf fragen wir beim ersten Laden, ob sie *lapte*, Milch, im Angebot haben, damit wir diese morgen vor dem Frühstück kaufen könnten. Kurzentschlossen packt uns die Frau am Arm und führt uns zu einem nahen Bauernhof. Da wir die Milch nicht jetzt wollen, schieben wir als vermeintliche Ausflucht vor, dass wir Rohmilch nicht gebrauchen können. Aber schon verschwindet die greise Bäuerin in der Küche und setzt einen Topf mit zwei Liter Milch auf den Gasherd. Sie bittet uns Platz zu nehmen. Später stossen noch ihr Mann und ihr Sohn dazu. Wir unterhalten uns mehr als eine Stunde über unsere Reise, ihre Tiere und ihre Arbeit. Sie tragen uns Brot, Baumnüsse und *branza*, rahmigen, milden Schafskäse, auf. Dazu trinken wir Milch aus grossen Tassen. Die Kommunikation klappt gut. Wir ergänzen unser schmales Repertoire an rumänischen Wendungen mit diversen Gesten. Bea kriegt zu Recht ein dickes Lob: Sie habe eine «rumänische Zunge», meinen die drei anerkennend nickend. Das nächste Mal sollen wir unbedingt bei ihnen übernachten.

Auf dem Branpass finden wir auf dem Hof der Bäuerin Maria und ihres Enkels Nic Unterschlupf. Obwohl bereits viele der Zimmer an Bauarbeiter vermietet sind, können wir aus drei Räumen auswählen. Wir entscheiden uns für jenen mit dem grossen Doppelbett. Das einst weisse Laken riecht streng, die Bettdecke aber stinkt zum Himmel. Zu viele ungewaschene Kerle hatten sie schon schnarchend in ihre Achselhöhle geklemmt. Die WC-Schüssel ist so wacklig, dass es einen graust. Doch bleiben die Füsse sogar nach dem Spülen trocken. Selbst Heisswasser ist vorhanden, wenn man nicht vergisst, eine halbe Stunde vor dem Duschen den Boiler mit Holz einzuheizen. Auf der sonnenbeschienenen Wiese vor dem Haus ist es ungemein friedlich. Umringt von Maria und Nic sowie von Kühen, Schafen, Hühnern, Katzen, Hund, Pferd und Enten kochen wir unser Essen. Maria giesst uns kuhwarme Milch direkt aus dem Melkeimer in die Tassen. Während ich später am Raki nippe, den Maria zur Anregung der Verdauung kredenzt hat, verfolge ich das bunte Treiben um den Futternapf der gackernden Hühner: Der Hahn hockt kurz auf eine Henne und hastet dann wieder zum Fresstopf, um ein paar Körner aufzupicken, zwischendurch schnabulieren auch die Schafe vom Hühnerfutter und schliesslich bedienen sich noch Enten, bevor die Hühner weiterfressen. In den zwei Tagen, die wir bei Maria verbringen, verbessern sich unsere Kenntnisse der rumänischen Sprache gewaltig, denn einer Fremdsprache ist hier niemand mächtig, und die Mundwerke laufen wie frisch geölt.

Zum Abschied schenkt uns die gute Maria acht rohe Hühnereier, ein halbes Kilo selbst hergestellte *branza* und ein Kilo vom tofuähnlichen Milchprodukt *urda*. Sie begleitet uns zu Fuss einen Kilometer weit bis zur Anhöhe, umarmt uns mit ihren kräftigen kurzen Armen, drückt uns je vier Küsse auf die Wangen und wünscht «*Drum bun!*».

Weil sich der Verkehr Richtung Campalung bis zur Unerträglichkeit ballt, folgen wir entgegen unserem ursprünglichen Plan der ersten Abzweigung in die Hügel. Die Strasse ist steil, bald nicht mehr asphaltiert, dafür ohne Autos und Lastwagen. Die Wolken verdichten sich immer mehr zu einer geschlossenen grauen Decke. Als sich daraus die ersten Regentropfen lösen, rufen uns zwei Frauen zu sich. Die eine, Paola, lädt uns ein, in ihrem Meditationszimmer zu schlafen. Dieses Angebot nehmen wir gerne an. Sie kocht uns Spiegeleier – auf den rohen Eiern von Maria bleiben wir hocken – und tischt dazu *branza*, Brot, Oliven, Bohnen, Paprika, Bier und Schnaps auf. Bis Mitternacht sitzen wir zusammen auf ihrer Veranda und sprechen über Politik, ihr Traumland Indien und die Welt. Am nächsten Morgen ist Paula traurig, dass wir schon wieder aus ihrem Leben entschwinden. Geld nimmt sie natürlich nicht an. Im Gegenteil, sie gibt uns Folgendes mit auf den Weg: zwei Zopfbrötchen, ein Weissbrot, ein Glas Zitronenhonig, vier gekochte Gänseeier und drei Deziliter Williamsschnaps.

In Videle gibt es weder Pension noch Hotel. Und angesichts des sich zusammenbrauenden Gewitters und der flachen, offenen Gegend ist auch wildes Campen keine Lösung. So wende ich mich an Frauen, die mit schweren Taschen in den Händen auf dem Heimweg sind. Sie wissen Rat: «Cornelia wohnt ganz alleine im Haus da drüben. Sie hat Platz und nimmt euch bestimmt auf für eine Nacht.» Kaum haben wir unsere vollgepackten Räder in Cornelias Küche geschoben, entladen sich Blitze nahe über unseren Köpfen, und der nach der langen Trockenzeit von den Rumänen heiss ersehnte Regen prasselt in dicken Tropfen auf das blecherne Dach. Das Haus ist in erbärmlichem Zustand. Trotz stickiger Luft und drückender Hitze öffnen wir die Fenster nicht, da wir befürchten, dass sie bei der geringsten Berührung auseinanderfallen würden. Durch das undichte Dach rinnt mittlerweile der Regen in die Küche – das einzige fliessende Wasser im Haus. Die Pute mit ihren zehn Jungen bleibt trocken, denn sie nistet klugerweise unter dem Esstisch. In einem morschen und windschiefen Bretterverschlag hinter dem Schweinestall befindet sich der Abort: ein Loch zwischen glitschigen, verfaulten Brettern. Der Stall selbst ist nichts weiter als eine Bruchbude. Er droht jeden Augenblick in sich zusammenzustürzen und Kuh, Kalb, Schweine, Gänse und Hühner unter sich zu begraben. Dank diesen Tieren hat Cornelia genug zum Überleben. Wir teilen unser Abendessen mit ihr und etwas Geld für das Zimmer nimmt sie gerne an. In der Nacht giesst es in Strömen. Der Morgen aber strahlt wie ein Kind, das nichts von gestern weiss. Rumänien verlassen wir tief beeindruckt von der Herzlichkeit seiner Bevölkerung.

Am 25. Mai reisen wir von Giurgiu über die Donaubrücke ins bulgarische Ruse ein. Exakt auf dem Scheitelpunkt der Brücke peitscht uns der Wind den einsetzenden Regen ins Gesicht. Dieses nasskalte Wetter wird uns während einer Woche mehr oder weniger erhalten bleiben. In dieser Stadt, deren Hausfassaden mit einer graubraunen Kruste aus Russ und Staub überzogen sind, pauken wir das kyrillische Alphabet und einige bulgarische Worte. An die nicht unfreundliche, aber doch etwas kühlere Art der Bulgaren müssen wir uns gewöhnen. Als wir das erste Mal auf einen Markt gehen, traue ich meinen Augen kaum. Eine solche farbenprächtige Auswahl an Früchten und Gemüse habe ich lange nicht mehr gesehen. Auf dem Weg nach Popovo naschen wir direkt ab Baum süsse Kirschen. Die Strassen sind meist von guter Qualität. Wir geben Schub, um uns bald an einem Strand des Schwarzen Meers ausruhen zu können. Mit hoher Kadenz statt mit roher Kraft preschen wir durch endlose Äcker, Sonnenblumenfelder, Wiesen voller Mohnblumen und dichte Laubwälder. Wir übernachten stets in Hotels, die aber nicht leicht zu finden sind.

Bei Sozopol riecht die Luft nach Fisch und Salz – wir sind am Schwarzen Meer angekommen. Für eine Woche quartieren wir uns in einem gediegenen Hotel direkt am noch fast leeren Strand ein. Das Wasser ist glasklar. Beim gegenseitigen Vorlesen der Tagebucheintragungen stellen wir mit Verblüffung fest, dass die Erlebnisse, die Landschaften, die Gefühle und sogar die Gerüche von jedem einzelnen Tag noch so präsent sind, als hätten wir sie erst gestern erlebt. Das Fahrrad erweist sich als optimales Fortbewegungsmittel, da die langsame Reisegeschwindigkeit genügend Zeit lässt, die vielfältigen Eindrücke aufzunehmen und laufend zu verarbeiten. Auf diese Weise wechseln wir ganz natürlich von einer Kulturregion in die andere. Der Kulturschock, den viele Reisende empfinden, blieb uns bis heute erspart. Die Begegnungen mit den unterschiedlichsten Leuten entlang unseres Wegs zeigen uns eine Wirklichkeit, die nicht aus Berichten anderer Reisenden, nicht aus Büchern, und schon gar nicht aus Zeitung und Fernsehen zu erfahren ist. Vorgefasste Bilder oder Vorurteile, auch unbewusste, haben in der Realität keinen Bestand.

Bei Malko Tarnovo, dem Nest an der türkischen Grenze, schliessen wir mit Joseph aus Marseille Bekanntschaft. Er ist mit seinen 82 Jahren schon auf der fünften Welttour per Velo. Seit 1977 hat er bereits eine Viertelmillion Kilometer hinter sich gelegt. Er reist stets allein. Denn Joseph ist überzeugt: «Eine Person, kein Problem. Zwei Personen, zwei Probleme.» So lässt er seine Ehefrau in Marseille versauern, derweil er sich im Strom des Lebens badet. Das Unterwegssein ist ihm ein Jungbrunnen. Der nur an Jahren alte Herr ist unglaublich vif. Er sprüht geradezu von Leben und lacht in sich hinein, als sei die Erinnerung ein schönes Sprudelbad.

Im Irak schwelen noch immer die Nachwehen des Kriegs, den George. W. Bush zehn Tage vor unserer Abreise aus Zürich losgetreten hat. Wie werden wir wohl empfangen in der Türkei, dessen Bevölkerung sich überwiegend zum Islam bekennt? Die Zeitungslektüre verheisst wenig Gutes. Um nichts zu unterlassen, befestigen wir am Korb über Beas Vorderrad eine Schweizerflagge.

Die schwarzen Augen des Grenzbeamten leuchten hell, da wir ihn in seiner Muttersprache begrüssen: «*Iyi günler!*» Ein unbeschreibliches Glücksgefühl durchwallt mich, als meine Räder über den geschichtsträchtigen türkischen Boden sirren: Nun ist auch meine Seele zum nomadisierenden Körper gestossen. Jetzt bin ich voll und ganz auf Weltreise. Bald bremst uns die erste Steigung aus und die Reifen kleben am von der Sonne aufgeweichten Asphalt. In Kirklareli flanieren wir durch die erstaunlich moderne Fussgängerzone. Viele Frauen tragen statt des von mir erwarteten Kopftuchs moderne Frisuren und hautenge Jeans. Einzig die Predigt vom Minarett passt in meine Vorstellung der streng nach Tradition lebenden Türken. In den Hotels ist der Gast noch König. All unsere Gepäckstücke, und es sind deren nicht wenige, werden uns inklusive Räder an der Rezeption abgenommen, in unser Zimmer getragen und an einer Wand fein säuberlich aufgereiht. Unterwegs werden wir immer mal wieder zu *çay*, diesem kräftigen Schwarztee, eingeladen. Nachdem uns ein Bauer knallrote Tomaten geschenkt hat, können auch wir zur Abwechslung einmal jemandem Gutes tun: Auf einsamer Strecke schiebt ein älterer Mann sein mit Kornsäcken schwer bepacktes Rad. Mit unserer für Pannen bisher ungebrauchten fahrenden Werkstatt legen wir gerne Hand an – endlich darf ich einen platten Reifen flicken. Wieder auf dem drückend heissen Asphalt unterwegs, blutet einem Lastwagenfahrer ob unserem Anblick das Herz. Er stoppt sein Ungetüm und bietet an, uns bis nach Istanbul mitzunehmen. Vielleicht hätten wir nicht ablehnen sollen, denn die letzten dreissig Kilometer bis zur Altstadt in Sultanahmet müssen wir uns auf schändlich schmaler Strasse gegen ätzenden Schwerverkehr behaupten. Immer wieder zwingt er uns in den Dreck, die Scherben und Steinhaufen neben dem löchrigen Asphalt der Strasse. Beim ersten Anblick der gelblich braunen Smogglocke über Istanbul frage ich Bea halb scherzhaft: «Bist du sicher, dass du in dieser Suppe baden und deine Lunge ruinieren willst?» Trotz aller Unbill dringen wir mit heiler Haut ins Zentrum vor. Auf der gediegenen Terrasse unseres einfachen Hotels sitzend, verschwenden wir keinen Gedanken mehr daran, sondern geniessen den Blick aufs Marmarameer, das kühle Bier und das Lachen der Möwen.

In einem Park lernen wir das junge kurdische Ehepaar Fatma und Ayet kennen. Sie laden uns zu sich nach Hause ein. Im geräumigen Gebäude ausserhalb des Stadtzentrums wohnt die ganze fünfzigköpfige Sippe von Ayet. In dieser Grossfamilie wird noch traditionell gelebt. Während ich draussen beim Fussballspiel mit den Männern meine Qualitäten unter Beweis stelle, wird Bea in der Küche von den zahlreichen jungen weiblichen Wesen in Beschlag genommen. Sie lernt von ihnen *dolma*, in Weinblätter gewickelte Reismischung, zu kochen. Fast alle diese Frauen haben schon im zarten Alter von siebzehn Jahren geheiratet und sind Mütter einer mehr oder weniger grossen Kinderschar. Sie beklagen sich bei Bea bitterlich über die mangelnde Freiheit der muslimischen Frau und wundern sich, dass Bea trotz ihrer fünfunddreissig Jahre noch so jung und frisch aussieht. Befinden sich die Damen unter sich, lassen sie auch mal das Kopftuch fallen, sind fröhlich und tanzen ausgelassen. Sobald aber ein Mann den Raum betritt, verstummen sie und gebärden sich unterwürfig. Wie auf einen Schlag scheint jeder Lebensmut von ihnen gewichen. Als das Mahl zubereitet ist, wird auf dem Teppich ein grosses Tuch ausgebreitet, auf das eine silberne Platte mit einem Durchmesser so gross wie ein Wagenrad gestellt wird. Auf diese *sofra* werden neben *dolma* diverse Schalen mit Reis, Salat, Auberginen und Joghurtsauce aufgetragen. Zudem erhalten alle einen mit heissen Bohnen gefüllten Teller in die Hand. Die Füsse werden unters Tuch geschoben oder unter den Röcken versteckt. Man isst direkt aus den Schalen. Wer genug gespeist hat, rutscht eine Armlänge von der Platte weg. Fatma freut sich dermassen über den frischen Wind, den unser Besuch ins Haus getragen hat, dass sie uns bittet, bei ihnen zu nächtigen, was wir nicht ausschlagen. Bis gegen Mitternacht kommen dutzende von Verwandten zu Besuch, um uns ihre Referenz zu erweisen.

Bevor wir Istanbul den Rücken kehren, laden wir Fatma und Ayet am Gestade des Marmarameers in ein Restaurant ein. Es herrscht bereits späte Nacht, als wir uns durch die dunklen und steilen Gassen der Altstadt auf den Heimweg begeben. Vorbei an stinkenden Abfallhaufen und streunenden Katzen steigen wir zur hell beleuchteten Bushaltestelle in Beyazit hinauf. Hier springen die beiden in den nächsten *otobüs*. Fatma mit Tränen der Rührung in den Augen. Wir schlendern auf einer dicht bevölkerten Strasse weiter Richtung Hotel. Da spüre ich plötzlich tastende Hände an Rücken und Bauch. Reflexartig, wie in einem Selbstverteidigungskurs antrainiert, gehe ich mit einem gellenden Schrei in Kampfstellung. Schon stieben fünf Jugendliche davon und lösen sich in der Dunkelheit auf. Der Spuk dauerte höchstens zwei, drei Sekunden. Niemand der uns umgebenden Leute zeigt eine Reaktion. Wahrscheinlich haben sie gar nichts mitbekommen. Auch Bea an meiner Seite vernahm nur meinen Urschrei und sah davoneilende Männer. «Das war wohl ein veritabler Überfallversuch», raune ich Bea ins Ohr. Erst jetzt beben meine Hände vor Schreck.

Anatolien, 22. Juni bis 5. September 2003

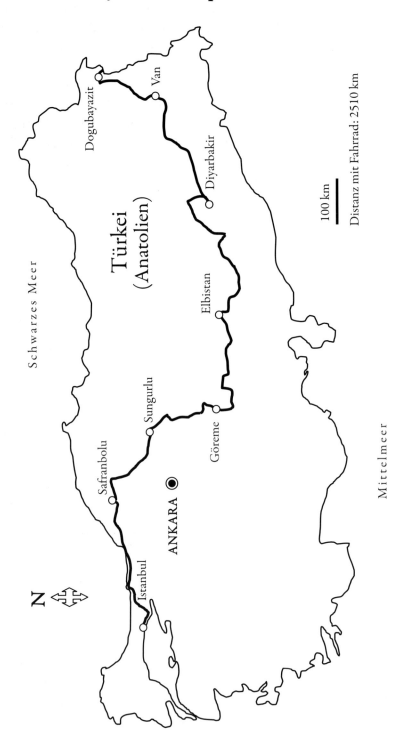

Schwarzes Meer

Dogubayazit

Van

Diyarbakir

Türkei
(Anatolien)

Elbistan

Sungurlu

Safranbolu

Göreme

ANKARA ◉

Istanbul

N

Mittelmeer

100 km

Distanz mit Fahrrad: 2510 km

Bei Tagesanbruch verlassen wir den europäischen Kontinent. Die Fähre schwebt über den Bosporus nach Asien. Die Küste stinkt auch auf diesem Erdteil zum Himmel. Das hält junge Burschen freilich nicht davon ab, zu schwimmen und im trüben Wasser nach Muscheln zu tauchen, die später in den Restaurants der grosszügig angelegten Strandpromenade als Delikatesse verkauft werden.

Um Gebze müssen wir die Strasse mit qualmenden Lastwagen teilen, die schwer mit Erzen beladen sind. Wir beissen uns durch die dicke Luft dieser Industriezone und werden belohnt mit einer Fahrt über einsame, saftig grüne Hügel ans Kara Deniz, ans Schwarze Meer. Die Strahlkraft der Sonne bringt den Asphalt in den steilen Rampen, den *rampa çok dik*, zum Schmelzen. Bei jeder Umdrehung ziehen unsere Räder schwarze Fäden aus dem Belag. Bald ist das Profil der Reifen unter einer dicken Schicht aus Bitumen, Kies und Sand verschwunden. Bei einer Wegkreuzung winkt uns ein Mann zu sich ins *çay evi*, ins Teehaus. Sobald er realisiert, dass wir seine Sprache nur bruchstückartig beherrschen, vermindert er die Lautstärke seiner Stimme, bis er nur noch flüstert und dann schliesslich kaum noch ein Wort sagt. Mit seiner Mimik und Gestik sowie mit Papier und Stift kann er mehr ausdrücken, als tausend Worte es vermöchten. Nach drei Gläsern *çay* reisen wir weiter bis zum Meer.

Am feinen Sandstrand von Agva sind wir vermutlich die einzigen nichttürkischen Gäste. Die weitere Strecke führt an Kornfeldern, Sonnenblumenfeldern und Haselnussbäumen vorbei. Als vor uns zwei Schildkröten die Strasse überqueren, kaufen wir bei einem Stand ein halbes Kilo Kirschen und zwei Handvoll schwarze Maulbeeren. Auf der Etappe nach Karasu schlägt uns ein schwüler, schwerer Wind in das heisse Gesicht. Schon nach wenigen Metern sind wir nassgeschwitzt. Da unsere Landkarte für diese Gegend unbrauchbar ist, fragen wir diverse Leute nach dem Weg. Doch die Antworten vermögen nicht zu überzeugen – jeder erzählt seine eigene Version der Wirklichkeit. Bald verwandelt sich der Asphalt in übelste Schotterpiste. In einer starken Steigung wird Bea von einem Hund angegriffen. Beim Versuch vom Rad zu springen, stürzt sie und wird vom Gewicht des Gefährts zu Boden gedrückt. Der Hundebesitzer kommt vom lauten Anschlagen seines Wächters aufgeschreckt angestürmt, pfeift seinen Köter zurück und fragt die unter dem Velo vergrabene Bea ganz ausser Atem: « *What's your name?*» Die Türken lassen keine Möglichkeit ungenutzt, um zu zeigen, dass sie einige Brocken der englischen Sprache beherrschen. Erst seine zweite Frage, diesmal in Türkisch, gilt eventuellen Verletzungen. Nun führt uns die erdige, rot leuchtende Holperpiste durch einen herrlich duftenden Pinienwald. Die Strasse wird immer sandiger und weicher. Oft bleiben die Räder stecken. Weder Dörfer noch Kreuzungen sind angeschrieben. Wir orientieren uns einzig am Stand der Sonne. Plötzlich zucke ich jäh zusammen: Rechts vor mir spielt ein Hund verrückt. Wild kläffend und mit wütig verzerrter Fratze versucht er dreimal erfolglos, die Grundstücksmauer zu überspringen. Wohl angelockt vom Lärm nähern sich uns von der anderen Seite her vier weitere blutrünstige Bestien. Wir beide hechten von den Rädern und kämpfen mit unseren stets griffbereiten Stöcken, ohne die Hunde jedoch wirklich schlagen zu müssen. Drohgebärden reichen, um sie in Schach zu halten. Wenig später komme ich zu einer weiteren wohlverdienten Kerbe im Knüppel aus Budapest:

Drei Hirtenhunde unterschiedlicher Rasse attackieren mich gleichzeitig und mit einer Konsequenz, die ihresgleichen sucht. Ich herrsche die Viecher an und wirble den ungarischen Ast durch die Lüfte wie ein Samurai sein Schwert. Die Beschützer irgendeiner Schafherde lassen sich indes durch meine Spiegelfechterei keineswegs beeindrucken und rücken weiter vor. Ihr Bellen wird immer gehässiger. Gegenseitig putschen sie sich auf. Als die bleckenden Zähne des grössten Kalibers nur noch einen Meter von meinen Beinen entfernt in der Sonne aufblitzen, schlage ich ihm den Stock seitlich in die Schnauze. Der Hieb ist nicht übertrieben hart, doch verfehlt er seine Wirkung nicht. Sofort bläst der Hund jämmerlich winselnd zum Rückzug und die zwei kleineren Kumpane folgen ihm mit eingezogenem Schwanz unverrichteter Dinge – der Kampf ist gewonnen, es kann weitergehen. Schon bremst uns eine Baustelle aus. Und wir werden für etwa zehn Kilometer in tiefsten Sand umgeleitet. Unter der sengenden Sonne kämpfen wir uns Schritt für Schritt voran. Es fehlt nicht viel, und wir würden das Angebot, die Räder auf einen Sattelschlepper zu verladen, annehmen. Doch im letzten Moment entscheiden wir, uns auf die eigenen Kräfte zu verlassen und schieben in unserem dumpfen Starrsinn weiter, bis die asphaltierte Strasse irgendwann auftaucht. Um die Ketten und Ritzel vor einem frühzeitigen Ableben zu bewahren, unterziehe ich sie in Karasu einer gründlichen Reinigung.

Von Karasu nach Akçakoca kommen wir auf dem asphaltierten Radstreifen zügig voran. Bei einem idyllischen Picknickplatz über dem Strand stärken wir uns mit Linsensalat. Neben uns ist eine Familie am Grillieren. Die junge Tochter Havva, die im zweiten Jahr Englisch studiert, gesellt sich zu uns. Sie kostet von unserem Essen und uns werden Kuchen und çay gereicht. Bald ist die ganze Familie um unseren Tisch versammelt und alle knabbern, als wären sie süchtig danach, Sonnenblumenkerne. Das ist ganz offenbar eine der Lieblingsbeschäftigungen der Türken. Vater Hassan hat grosse Freude an unseren Türkischkenntnissen, die so schlecht gar nicht mehr sind. Die Familie stammt aus der Nähe von Izmir und hat beim katastrophalen Erdbeben von 1999 die Mutter und mehrere Geschwister verloren. Trotz dieses harten Schicksalsschlags spüre ich ihre überschäumende Lebenslust und Heiterkeit. Weil der Sand siedend heiss ist, spielen wir direkt am Wasser Volleyball. Bald sind unsere Hosen nass und voller Sand. Ausser den drei Frauen mit Kopftuch gehen alle schwimmen. Erst nach drei fröhlichen und ausgelassenen Stunden verabschieden wir uns. Auf uns warten ausgeprägt steile Hänge. Bald merken wir, dass die am Morgen eingeriebene türkische Sonnencreme nichts taugt. Beas Kopf leuchtet rot und auch meine

Arme sind arg verbrannt. So legen wir im gepflegten Akçakoca einen Ruhetag ein, um die Sonnenbrände zu kurieren. In einer *pansiyon*, die sich in einem wegen Ferien leerstehenden Schulhaus befindet, kühlen wir die feurigen Stellen mit einer dicken Schicht Joghurt. Am nächsten Tag suchen wir in diversen Apotheken nach einer wirksamen Sonnencreme. Die Geschäftigkeit der Türken beeindruckt mich tief. Die Läden sind immer geöffnet und auf Baustellen wird auch sonntags gearbeitet. Zudem ist der Bevölkerungsanteil der unter Dreissigjährigen mit einem Drittel fast doppelt so gross wie in Europa. Wenn dieses junge, dynamische und arbeitswillige Volk endlich der EU beitreten darf, wird es wirtschaftlich bestimmt bald einen grossen Schritt vorwärts machen.

Auf dem weiteren Weg Richtung Osten wird der Lastwagenverkehr unerträglich. So beschliessen wir in Alapli, eine Unterkunft zu suchen, den Strand des Kara Deniz ein letztes Mal zu geniessen und morgen in die Berge aufzubrechen. Daraus wird aber nichts. Denn das Wasser ist schmutzig, stinkt nach faulen Eiern, und auch ein Hotel suchen wir vergebens. So biegen wir noch heute gegen Süden in die Berge ab. In den wenigen Dörfern sprechen uns viele ältere Herren auf Deutsch an. Sie haben einige Jahre in Deutschland, Österreich oder der Schweiz gearbeitet, sind nun pensioniert und kriegen pro Monat um die tausend Euro als Rente überwiesen. Mit diesem Einkommen sind sie hier kleine Könige, verdient doch beispielsweise ein Lehrer in der Türkei lediglich zwischen drei- und vierhundert Euro pro Monat.

In Ormanli halten wir an einer belebten Ecke kurz an. Schon werden wir von Leuten umringt und es werden uns *çay* und Kirschen serviert. Zwei Knirpse, die uns bei der Einfahrt ins Dorf nachgespurtet sind und wie Bettler aussehen, schenken uns zwei farbige, runde Kaugummis und ein Zweiglein mit roten Kirschen. Rührend! Es wird langsam kühler – ein klares Zeichen, dass bald die Dämmerung einsetzen wird. Im nächsten Dorf beraten wir, was für die Nacht noch alles einzukaufen ist. Innerhalb von Sekunden scharen sich mehr als zwanzig Männer und Knaben um uns – Frauen sind in ländlicher Gegend kaum in der Öffentlichkeit anzutreffen. Wir werden an einen Glastisch geladen, und Ahmet spendiert Coca-Cola, während sich die anderen auf die Zehen stehen, um keine unserer Regungen zu verpassen. Ich frage in die Runde, wo wir unser Zelt aufschlagen können. Alle sind sich einig, dass es oben auf dem Berg am schönsten ist. Zuerst lädt uns Ahmet aber im *pide-salonu* nebenan zu *kaşarlı pide* ein, dieser türkischen Pizza mit Käsebelag. Später stösst noch Gökmen, der gut Englisch spricht, zu uns. Wir laden die Räder in seinen Kastenwagen und fahren über die extrem steile Schotterpiste zusammen auf den Berg, der über einen Stausee ragt. Die Aussicht ist grandios. Von einer Bauernfamilie, quasi unseren Nachbarn für diese Nacht, erhalten wir zehn Liter Wasser zum Waschen. Der Himmel ist mit hell funkelnden Sternen übersät. Es herrscht absolute Stille. Nicht einmal der Wind fährt in die Dinge, um sie zum Schwingen und Klingen zu bringen.

Noch mit Schlaf in den Augen blinzle ich ins grelle Sonnenlicht des nicht mehr ganz jungen Tages und erkenne schemenhaft Leute auf uns zukommen. Es ist die Bauernfamilie, die auf der *sofra* das *kahvaltı* herbei trägt: Brot, Käse, Butter, Konfitüre, Oliven und *çay*. Neben ausgetrockneten Kuhfladen nehmen wir auf der Wiese gemeinsam das Frühstück ein. Plötzlich durchbricht knatternder Motorenlärm die idyllische Ruhe: Gökmen kommt mit Eltern und Schwester sowie mit Ahmet angefahren. Auch sie wollen uns mit einem *kahvaltı* überraschen. So geniessen wir alle zusammen das reichhaltige Essen und Plaudern über Allah und die Welt. Die Bauernfamilie und jene von Gökmen haben sich übrigens vorher noch nie gesehen. Nach dem Schmaus führt uns Yeşim, eine der Bauerntöchter, zum Wunschbaum beim nahen Aussichtspunkt. Wer nach etwas begehrt, knüpft ein buntes Tuch oder auch nur einen alten Plastiksack an einen Ast. Erst wenn der Wunsch in Erfüllung gegangen ist, sollen die befestigten Dinge wieder entfernt werden. Da wir wunschlos glücklich sind, lassen wir den Baum unberührt.

Hinter üppigen Wäldern versteckt liegt Yenice. Beim Gemeindehaus fragen wir eine Gruppe Männer nach einer Unterkunft. Ein Hotel gäbe es zwar nicht, meinen sie wie aus einem Mund, doch sollen wir uns keine Sorgen machen, wir seien nämlich ihre Gäste: *misafir*. Schon trägt einer zwei Stühle herbei, ein anderer bringt *çay*. Auf dem Gehsteig wie auf einem Thron sitzend und Tee schlürfend, ziehen wir Schaulustige geradezu magnetisch an. Die anschwellende Traube von Männern und Knaben starrt uns unverhohlen an und spricht ungeniert über uns. Nach einer halben Stunde befreit uns ein hagerer, schnauzbärtiger Herr aus dieser doch eher misslichen Lage. Er stellt sich als Tourismusbeauftragter der Gemeinde ohne Hotel vor und bittet uns ins Gemeindehaus. Meine Beunruhigung wegen den nicht abgeschlossenen Rädern gewahr, meint Mustafa: «*Burda problem yok*, kein Problem hier.» In einem Büro wird uns erneut *çay* aufgetragen. Im Laufe einer Stunde gesellen sich sämtliche zwanzig Angestellten zu uns. Ich spreche mit ihnen über die besten Schweizer Fussballspieler mit türkischen Wurzeln und über unsere Reise. Auch Geld ist ein Thema. Sie beklagen, dass sie pro Monat nicht mehr als zweihundert bis dreihundert Euro verdienen. Derweil laufen die Telefone heiss, um uns eine gute, kostenlose Unterkunft zu organisieren. Nach dem fünften *çay* scheint alles klar zu sein. Mustafa marschiert in seinem weissen Hemd mit geblähter Brust durch das Portal des Gemeindehauses in die Gassen von Yenice. Und wir schieben die Räder hinter ihm her. Mit der heiss ersehnten kühlen Dusche wird es aber zunächst nichts. Denn zuerst werden wir beim lokalen Zeitungsmacher und Spitzenkandidat für das Amt des Gemeindepräsidenten, Mustafa Akay, bei einem *çay* interviewt und fotografiert. Morgen wird auf der Titelseite der «Yenice Gazete», einer Zeitung mit einer Auflage von immerhin achthundert Stück, die erste Folge der Fortsetzungsgeschichte über unsere Reise und die

Gastfreundschaft von Yenice erscheinen. Schliesslich begleitet uns Mustafa noch zwei Kilometer weiter bis zum zurzeit leerstehenden Wohnheim der Schüler, wo uns bereits der Schulleiter Ibrahim erwartet. Das Gepäck wird uns von Mustafa, Ibrahim und einem Gehilfen in den ersten Stock getragen. Wie sich diese drei Männer mit Schweissperlen auf der Stirn abmühen, die Kajütenbetten frisch zu beziehen, bleibt unvergesslich. Vermutlich haben sie dies zum ersten Mal im Leben gemacht – zu Hause dienen ihnen schliesslich die Frauen. Nach einer kurzen Atempause für Dusche und Toilette fährt uns Ibrahim zu seiner Privatwohnung. Seine Frau hat ein Dinner vorbereitet. Weil aber beide kein Wort Englisch beherrschen, wird die Unterhaltung bald etwas einsilbig, und wir gehen miteinander spazieren. Auf dem Dorfplatz treffen wir wieder Mustafa Akay und Leute von der Gemeindeverwaltung. Bis tief in die Nacht hinein wird getratscht und *çay* getrunken.

Bei 42 Grad manövrieren wir unsere Gefährte über Karabük nach Safranbolu. Der Asphalt ist nahezu verflüssigt. Die Sonne brennt derart heiss, dass man ohne weiteres auf der Stirn ein Ei braten könnte. Die wenigen Lastwagenfahrer hupen und winken uns wie verrückt – bestimmt haben sie bereits die Zeitung gelesen. Ein von der Gemeinde unterhaltener Rastplatz mit Wasserquelle erfreut mein Auge. Es gibt sogar Kübel für den *çöp*. Irgendwie kommt uns dies suspekt vor. Und tatsächlich: Die Abfallkübel münden in Rohre, die den Müll direkt in den Fluss leiten! Wir essen eineinhalb Kilo Naturjoghurt mit Haferflocken, Früchten und Nüssen – unser Doping.

Die Strasse von Araç nach Kunsurlu hats in sich: *rampa çok çok dik*. Wahrscheinlich ist sie deswegen nahezu verkehrsfrei. Die Schäferhunde tragen metallene Bänder mit langen, spitzen Zacken um den Hals. Das verleiht ihnen einen besonders grimmigen Anstrich. Doch sollen sie auf diese Weise vor Wölfen geschützt sein, welche ihre Beute mit Genickbissen zu erledigen pflegen. Fast am Ende der Steigung setzt Regen ein. Grosse, schwere und kühle Tropfen klatschen auf den staubigen Boden und prasseln immer ungestümer auf uns nieder. Blitze zucken zwischen den Baumwipfeln. Als wir uns im Schutz einer mächtigen Tanne warm und wasserdicht ankleiden und Nüsse naschen, gesellen sich ein Holzfäller und sein Sohn zu uns. Sie bieten uns die warme und trockene Kabine ihres Lastwagens an, um das Ende des Gewitters abzuwarten. Nach einer halben Stunde verlassen wir ihren Faradayschen Käfig wieder und rollen auf einem Hochplateau, bis uns eine Abfahrt über tausend Höhenmeter nach Boyalı hinunterführt. In diesem kleinen Nest decken wir uns mit Wasser und Lebensmitteln ein, um ausserhalb des Dorfs versteckt am Flussufer zu kampieren. Nach dem Nachtessen baden und waschen wir uns bei hellem Mondschein im Wasserlauf. Ich lasse übrigens meine Barthaare spriessen, schliesslich will ich im Land der Mullahs nicht der einzige mit einem «*babyface*» sein. Weil dieser Platz so idyllisch ist, hängen wir gleich einen Ruhetag an. Beim Frühstück schiebt eine Schildkröte ihren Panzer an unserem Lager vorbei. Und ein Bauer, der seine drei Kühe spazieren führt, setzt sich zu uns, um *çay* zu trinken. Mit ungesüsstem Kräutertee hat er aber nicht gerechnet. Er rümpft kurz die Nase und bittet um Zucker. *Çay* ist in der Türkei selbstverständlich immer und ausnahmslos stark gesüsster Schwarztee.

Die Kornfelder und die kahlen Berge, deren Wälder schon vor Jahrhunderten grossflächig gerodet wurden, wirken wie nackte Mondlandschaft auf uns. Den ganzen Tag über zeigen sich kaum Tiere, was nicht wirklich überraschend ist. Es bleibt bei einer Echse, einer kleinen Schlange, vielen Schmetterlingen und Schmeissfliegen, die doch etwas lästig sind. In Kunsurlu, 4200 Kilometer nach unserem Start in Zürich, ist der erste Plattfuss der Reise zu verbuchen: Im Hinterpneu von Beas Velo steckt ein rostiger Reissnagel. Vor Çankırı queren wandelnde Grashaufen die Strasse. Erst aus der Nähe erkennen wir, dass sich darunter geduldig trottende Esel verstecken.

Von Çankırı bis Sungurlu sind wir über sechs Stunden im Sattel und fahren auf verkehrsfreier Strasse hundert Kilometer durch fruchtbare, breite Ebenen, in welche zurzeit trockene Flüsse canyonartige Gräben in den Boden gefressen haben. Gepflügte Äcker so weit das Auge reicht, abgeerntete Weizenfelder, ab und zu grüngelb leuchtende Sonnenblumenfelder – aber nirgends ist ein Baum zu sehen. Gegen Abend grüssen uns Bauernfamilien von ihren Traktoren aus – sie sind auf dem Heimweg von getaner Arbeit auf dem Feld. Im Schatten eines Lehmhauses plaudern wir mit einer Gruppe alter Männer. Wie die Gänse auf ihre arrogante Art die Hälse recken und uns ankeifen, fühle ich mich nach Rumänien zurückversetzt. Auch der Strassenbelag in den Dörfern passt zu dieser Assoziation, besteht er doch aus einer Abfolge von Schlaglöchern.

Eine Bäuerin winkt uns zu sich aufs Feld, wo sie zusammen mit ihrer Tochter auf einem kleinen Feuer aus dürren Zweigen *çay* kocht. Bald stossen auch ihr Mann und eine dicke Frau mit ihrem Sohn dazu. Im Schatten des Traktors, das heisst, wegen der senkrecht stehenden Mittagssonne beinahe unter dem Traktor, essen wir zusammen dünne Brotfladen, Käse und frisch aus der Erde gezogene Zwiebeln. Auf dem nach Westen gerichteten Balkon einer *pansiyon* in Boğazkale bestaunen wir noch die letzten rot brennenden Ränder der Wolken, die von der untergehenden Sonne entzündet wurden. Vom nahen Minarett trägt die kühle Brise den von Lautsprechern verstärkten Ruf des Muezzins zu uns herüber. Dieser Gebetsruf ist derart unrhythmisch und falsch gesungen, wie es unseren Ohren noch nie zugemutet wurde.

Der neue Tag wird von der sengenden Sonne dominiert. Wir fühlen uns wohlig schlapp, sind aber dennoch nicht zu faul Hattuša, die ehemalige Hauptstadt der Hethiter, zu Fuss zu erkunden. Alle anderen, allerdings nicht viele, sind mit Auto oder Bus unterwegs. Wegen Bushs und Blairs Irak-Krieg und wegen SARS wagen sich dieses Jahr fast keine Touristen in die Türkei.

Wenige Kilometer vor Yozgat sticht uns ein penetranter Gestank in die Nase. Die Strasse führt durch die offizielle Mülldeponie der Stadt. Der Abfall wird mit Kehrichtwagen gesammelt, um hier neben die Strasse gekippt und von Zeit zu Zeit in Brand gesteckt zu werden. Den leichten Schutt wie Plastiksäcke oder Papier verstreut der Wind in der Gegend. Da offenbar auch eine Sondermülldeponie fehlt, lagern auf offenem Feld Kühlschränke und alte Batterien. Egal wo man fährt in der Türkei, neben der Strasse werden immer Strom- und Telefonleitungen geführt. Die Infrastruktur scheint vordergründig gut zu sein. Doch vergeht kein Tag, auch nicht in Istanbul, ohne mehrere Strom- und Wasserunterbrüche. Von diversen Plattfüssen ausgebremst, landen wir schliesslich in Sefaatli. In diesem Dorf sind wir *die* Attraktion, denn hierhin verirren sich kaum je Touristen. Nach langer Suche kann ich in einer abgeschiedenen Seitengasse endlich ein erfrischendes Bier erstehen. Ich nippe an der Dose, während wir zum Platz mit der grossen Atatürk-Statue schlendern. Hier setzen wir uns auf eine marmorne Stufe, die von einer Kühle ist, die uns Luft zuzufächeln scheint. Ein Weizenhändler, der sechs Jahre in Düsseldorf lebte, weist mich behutsam darauf hin, dass es in der Türkei verboten ist, in der Öffentlichkeit Alkohol zu trinken. Beim Bäcker, einem gedrungenen, dynamischen Typen, essen wir *kaşarlı pide*. Sein Geschäft läuft wie geschmiert. In der Backstube und an der Theke arbeiten viele Kinder mit. Die Kundschaft ist vielsprachig. Mit einem Türken, der in Belgien aufgewachsen und hier bei seiner Familie in den Ferien weilt, sprechen wir französisch. Zwei Burschen wenden sich in Deutsch an uns. Auch sie sind auf Familienbesuch und wohnen in Dresden. Der junge Muezzin stellt sich vor und spendiert eine Runde. In seiner versonnenen Art kräuselt er die Lippen und runzelt die Stirn, wenn er überlegt – ich könnte ihn umarmen dafür. Nach dem Essen offeriert uns der Bäcker *çay*.

An Kappadokien fasziniert die felsige Landschaft aus vulkanischem Gestein. Sie ist ungemein fantasieanregend. Zwischen einer Phalanx von erigierten Penissen glauben wir Riesenhasen und Affengesichter zu erkennen. Hier könnte man vermutlich jahrelang seiner Wege ziehen und immer wieder Neues entdecken. Das Nichtwissen würde am Wissen nie verarmen. Von jedem Standpunkt aus zeigen die Felsen ein anderes Gesicht. In Göreme beziehen wir für ein paar Tage Quartier. Auf unseren Streifzügen kosten wir direkt ab Baum die leckersten Aprikosen unseres Lebens: aromatisch und überraschend knackig. In den Tuffhöhlen ist es angenehm kühl und der sandige Boden ist äusserst fruchtbar. Es gedeihen auch Reben, Kürbisse, Melonen, Pflaumen- und Walnussbäume.

Bei einem Spaziergang durchs Dorf bleiben wir beim Teppichhändler Jihad hängen. Er bittet uns in seine 250 Jahre alte Karawanserei. Seit fünf Generationen betreibt seine Familie diese Art Hotel an der sagenumwobenen Seidenstrasse von Europa nach China. Jihad ist ausserordentlich gebildet, geschichtsbewusst und spricht neben anderen Sprachen fliessend Englisch und Deutsch. Die Gastfreundschaft der Leute werde gegen Osten noch zunehmen, prophezeit er. Dann erklärt er uns, weshalb die Türken gewisse Länder «...istan» nennen (Bulgarien heisst zum Beispiel auf Türkisch Bulgaristan und Ungarn Matscharistan). Die Story geht so: «Die Türken waren ursprünglich Schamanen und grosse Krieger. Eines Tages sahen sie zwei fremde Armeen gegeneinander kämpfen. Chinesen gegen Unbekannte. Letztere waren auffallend geschickt, mutig, schnell und kräftig. So schlugen sich die Türken auf die Seite dieser Unbekannten. Nach dem Sieg sassen sie zusammen in einer Jurte und die Türken erfuhren, dass jene Araber waren, die für den Islam stritten. So bekehrten sich die Türken kurzerhand auch zum Islam. Jedes Land, das in der Folge bis vor die Tore Wiens erobert wurde, nannten sie ‹...istan› oder ‹istan...›. Dies ist bis heute so geblieben. Auch Konstantinopel wurde in Istan-bul umbenannt.»

An unserem letzten Abend in Göreme wagen wir uns wider besseres Wissen in ein *hammām*, ein Türkisches Bad. Denn Sauna ist nicht unser Ding, auf dem Rad schwitzen wir genug. Und nach der Massage auf der harten Steinbank sind wir froh, ohne bleibende Schäden davongekommen zu sein. Das Knacken unserer Knochen hallt noch lange nach in unseren Ohren.

Auf der Fahrt ins Taurusgebirge bricht ein Teil meines Rahmens ab: die Öse, an der die linke Seite des Gepäckträgers fixiert ist. Schon kurz nach dem Vorfall finden wir einen Mechaniker, der zu schweissen versteht. Rasch ist der Schaden behoben. Geld nimmt er keines an – dafür lässt er uns erst nach vier Gläsern *çay* weiterreisen. Die Gegend wird immer karger und es setzt leichter Regen ein. Auf der Suche nach einem geeigneten Platz für die Nacht biegen wir in einen Feldweg ein. Aber in diesem Land tauchen auch in der scheinbar verlassensten Gegend früher oder später Leute auf. Ein knappes Dutzend Männer und Frauen erntet Getreide. Wir fragen um Erlaubnis, hier das Zelt aufschlagen zu dürfen. Ali, der Älteste und damit der Chef der Gruppe, antwortet unmissverständlich: «Nein!» Es sei hier viel zu gefährlich. Wir sollen zu ihm nach Hause kommen, *misafir*. Da uns dieser Ali mit dem Auftreten eines Grandseigneurs sympathisch ist, willigen wir gerne ein. Bis die Weizen geschnitten und gebündelt sind, dauert es noch eineinhalb Stunden. Bea packt als geschicktes Bergbauernmädchen einen Rechen und hilft tatkräftig mit, während ich mich unter einem Baum mit Ali unterhalte und Melone esse. Ali spricht gut Deutsch. Sein Haus liegt hinter einem Hügel versteckt im Dorf Saraycik. Er reitet auf seinem Esel voraus, wir folgen ihm auf unseren Drahteseln. Kaum tauchen die ersten Gebäude auf, richtet er sich auf dem durchhängenden Rücken seines Langohrs auf, als hätte er einen Besenstiel verschluckt. Der Stolz über seine Eroberung dampft ihm aus jeder Pore. Als uns ein Nachbar auf Deutsch zuruft: «Kommt zu mir *çay* trinken!», erwidert Ali wie aus der Hüfte geschossen mit einem feinen Vibrieren in der Stimme: «Nein, das sind meine Gäste!»

Zum Nachtessen erscheinen alle Feldarbeiter im Haus von Ali. Bea und ich speisen mit den Männern in der Stube, derweil die anderen Frauen servieren und anschliessend in der Küche essen. In traditionellen türkischen Haushalten gibt es keine eigentlichen Schlafzimmer mit Betten, wie wir sie kennen. Die mit Teppichen ausgelegten Räume sind spärlich eingerichtet und wirken tagsüber leer. Als einzige Möbel stehen entlang den Wänden Sofas, Sessel und Stühle. Vor dem Schlafengehen werden von einem grossen Stapel Matratzen, Decken und Kissen heruntergenommen und in den verschiedenen Räumen auf dem Boden ausgelegt.

Nach kurzer Nacht backen die Frauen auf dem Balkon zum Frühstück frisches Brot und in der Küche *melenem*, ein Gericht aus Tomaten, Eiern, Zwiebeln und Chili. Mit Ali zusammen schauen wir im Fernseher die Nachrichten. Er ist erstaunt und sehr erfreut, dass wir Tayip Erdogan und Abdullah Gül sofort erkennen und beim Namen nennen. Beides seien grosse Staatsmänner.

Im Aufstieg zum knapp zweitausend Meter hohen Gezbeli Geçidi klagt Bea über Bauchkrämpfe. Trotzdem erreichen wir bald die Passhöhe. Nach einer herrlichen Abfahrt führt uns die Strasse durch Tannen- und Föhrenwälder. Wir laben uns an ihrem feinen Duft, da hält ein Kastenwagen neben uns. Halil bietet an, uns mitzunehmen. Bei ihm, seiner Frau und den zwei Kindern sollen wir übernachten oder wenigstens einen *çay* trinken. Sein Ferienhaus stehe im nächsten Weiler. Wir lehnen dankend ab, weil wir zelten, selbst kochen und den angeschlagenen Magen von Bea kurieren wollen. Schliesslich fährt Halil ohne uns weiter. Unsere Wetten stehen aber zwei zu null, dass er uns an der folgenden Kreuzung abpassen wird. So ist es auch. Die Einladung zu einem *çay* können wir nicht mehr ausschlagen und folgen ihm. In der gemütlichen Stube wird Bea bleich wie Wachs. Auch ich fühle in meinen Gedärmen ein Gewitter aufziehen. In unserem jetzigen Zustand ist an eine Weiterfahrt nicht zu denken. So lassen wir uns letztlich nicht ganz ungern von Halils Drängen erweichen und übernachten hier. Nach dem Nachtessen, von dem wir nur wenig anrühren, verzieht sich Bea rasch ins Zimmer, während ich noch eine Weile den guten Gast mime. Die folgenden Stunden herrscht auf der Stehtoilette Hochbetrieb. Wir leiden beide an Schwindel und Bauchkrämpfen. Ich gar am stärksten Durchfall meines Lebens. Meine Oberschenkel werden mehr gefordert denn je.

Am Morgen ist auch das letzte Krümelchen von Alis Essen ausgeschwemmt, die eingehandelten Bakterien halten die Darmflora aber noch gehörig auf Trab. Das Thermometer zeigt hohes Fieber an. Liebend gerne würden wir eine weitere Nacht hier verbringen, doch sind die Ferien der Familie vorbei, sie kehrt nach Adana zurück. So nehmen wir mit weichen Knien und glühendem, schwindligem Kopf den kurzen Weg nach Tufanbeyli unter die Räder. Halb im Delirium erreichen wir auf wundersame Weise unser Ziel, checken im einzigen Hotel ein und legen uns sofort einige Stunden aufs Ohr. Bea fühlt sich bald wieder besser, ich liege noch länger danieder. In den zwei folgenden Genesungstagen trinken wir immer wieder Elektrolyten, um die Körperzellen mit Natrium- und Kaliumsalzen zu versorgen. Kaum können wir uns wieder auf den Beinen halten und durch die Gassen schlendern, werden wir da und dort zu çay und Kuchen eingeladen. Im Lebensmittelgeschäft neben dem Hotel sind wir bald gern gesehene Stammgäste. Zu einem obligaten çay stellen sich uns alle «Angestellten» vor: Grossvater, Vater, Söhne und Töchter. Solche Familienunternehmen werden wir später noch oft antreffen.

Weil auf den türkischen Stehtoiletten statt Papierrollen mit Wasser gefüllte Kübel an der Wand hängen, erkennt man am nassen Hosenboden, wer das WC besucht hat. Diese Art der Intimreinigung ist auch der Grund, weshalb wir uns ab und zu auf feuchte Stühle setzen müssen, wenn deren Polster nicht mit Plastik überspannt sind. Dies ist aber selten der Fall, denn es scheint hier die Meinung vorzuherrschen, dass eine Plastikverpackung die Gegenstände veredelt. Vielleicht soll damit auch vorgegaukelt werden, die Sachen seien erst vor kurzem neu erworben worden. Autositze, Stossstangen, TV-Fernbedienungen und Stühle in Internetcafés – alles ist mit Plastikfolien überzogen. Nach zweistündiger Arbeit am Computer mit pelzig-klebriger Tastatur im lärmigen – die Kinder vergnügen sich mit Kriegsspielen am Bildschirm – stickig heissen Internetcafé sind unsere Hosen am Gesäss wegen des Plastiks so nass geschwitzt, dass auf der Strasse alle denken, wir hätten ein stilles Örtchen aufgesucht.

Wir sind gesundheitlich noch nicht ganz über dem Berg. Bea fühlt sich saft- und kraftlos und meine Kehle ist bei der Hitze von fast vierzig Grad bis tief hinunter wie mit Schleifpapier ausgekleidet. Wir kommen nur schleppend voran. Das wäre eigentlich egal, doch führen die ersten zehn Kilometer nach Elbistan wieder an offenen Müllhalden vorbei. In diesem Gestank ist jeder Meter eine Qual. Schwärme ekliger Fliegen verfolgen uns. Es will mir scheinen, ihr Absitzen allein wirke ätzend wie Salzsäure auf meiner Haut. Nicht nur der Abfall verströmt einen üblen Geruch: Am Strassenrand schmoren die Überreste plattgefahrener Igel, Katzen und Hunde in der brütenden Sonne, und die vorbeidonnernden Lastwagen hüllen uns in tiefschwarze Dieselwolken. Ebenso Mangelware wie frische Luft ist Schatten. Endlich aber ist der widerliche Abfallgürtel mit dem regen Schwerverkehr um Elbistan durchmessen. Schon erbarmt sich unser eine Werbetafel am Strassenrand und wirft ihren zurzeit noch vierzig Zentimeter breiten Schatten auf den kargen Boden. Hier rasten wir kurz und verpflegen uns. Wieder auf dem glühenden Asphalt unterwegs, aus dem unsere Reifen so lange Fäden ziehen, als bestünde er aus Kaugummi, bremst vor uns ein Wagen. Aus dem heruntergekurbelten Seitenfenster wächst ein Arm, an dessen Ende zwei Bierdosen baumeln. Dass sie eiskalt sind, lässt sich leicht ausmachen: Sie dampfen und beschlagen sich sofort mit Kondenswasser. Schweren Herzens lehne ich dieses tief innen ersehnte Geschenk ab, denn an ein anschliessendes Weiterfahren wäre bei dieser Hitze nicht mehr zu denken, und vor uns liegen noch einige Kilometer.

In Nurhak überlässt uns Ali, der junge Besitzer des Internetcafés, kurzerhand sein ganzes Haus. Nach Einbruch der Dunkelheit nimmt er uns zu einer kurdischen Verlobungsfeier mit. Zu unserem Erstaunen sehen wir kaum Frauen mit Kopftuch, und die jungen Girls haben sich in Dresse gestürzt, die auch in einer Schweizer Disco nicht abfallen würden. Stürmische Windböen schieben dichte Staubwände über den grossen Kiesplatz und zwingen die Bäume zu Knicksen. Unbeeindruckt von dieser Unbill traktieren die Musiker ihre Instrumente mit Inbrunst, insbesondere der mit der Pauke steht im Mittelpunkt. Es herrscht eine ausgelassene Stimmung. Fast alle tanzen. Auch wir werden zu den Gemeinschaftstänzen aufgeboten, zerdrücken dabei aber manche Zehen.

Auf der unasphaltierten Bergstrasse nach Gölbaşı verspüren wir der grossen Hitze wegen keinen Appetit. Mit Wasser sind wir knapp, ich verdurste beinahe. Die selten vorbeifahrenden Autos hinterlassen auf unseren Körpern eine dicke, weisse Staubschicht. In einer sehr steilen Passage schiebt Bea ihr Rad, schon springen zwei Männer aus einem Wagen und helfen ihr, ohne auch nur ein Wort zu verlieren. Erst als sich der Abend senkt und die Bäume ihre Konturen verlieren, erreichen wir Gölbaşı. Beim ersten Bierstand kaufe ich eine Dose und schütte es in die verdorrte Kehle. Um den hiesigen Sitten gerecht zu werden, hülle ich die Büchse dabei in einen schwarzen Plastiksack. Ein Zimmer, so aufgeheizt wie ein Backofen, nimmt uns auf. Hier durchschwitzen wir unsere bisher nässeste Nacht.

Vor Adıyaman kauern zwei verschleierte Frauen im Schatten ihres Hauses. Sie laden uns zu çay ein. Da wir nicht eines ihrer Worte verstehen, beginnen wir an unseren erworbenen Türkischkenntnissen zu zweifeln, bis wir endlich merken, dass sie Kurdisch sprechen. Bei der nächsten Tankstelle wird uns bereits wieder Tee offeriert. Diesmal von Bekir. Als Schulmanager von Sanliurfa beherrscht er einige wenige Brocken Englisch und lädt uns spontan zu seiner Schwester Emine und ihren beiden Kindern in Adıyaman ein. Er selbst logiert zurzeit auch gerade dort. Emine empfängt uns herzlich und serviert gleich ein feines Nachtessen. Anschliessend fahren wir zusammen in einem vollgestopften Wagen zu der Verlobung von Freunden von Freunden. Wie schon in Nurhak wird auch hier unter freiem Himmel getanzt. Das Brautpaar sitzt hinter einem weiss gedeckten Tisch und weidet seine Augen an der fröhlichen Menschenmasse. Die Attraktion des Abends aber scheine ich zu sein. Immer wieder werde ich zum Tanzen aufgefordert – jedoch nicht von Frauen, sondern von Männern. Mit strubbeligem Bart und vom Wind zerzauster Mähne fege ich wie ein Derwisch über den Sandplatz. Ruhepausen werden mir nicht gegönnt. Mitternacht ist vorüber, als wir nach Hause zurückkehren. Bevor für uns auf dem kühlen Balkon die Schlafmatten ausgerollt werden, essen wir noch Unmengen von Früchten.

Am nächsten Morgen weckt uns die Sonne, die uns auf die Füsse brennt. Emine hat sich die ganze Nacht über den Kopf zerbrochen, was sie uns heute Vegetarisches auftischen könnte. Die türkische Küche ist in dieser Beziehung gar nicht vielfältig. So schlagen wir vor, zusammen einzukaufen und zu kochen. Bekir und ich setzen uns die Sonnenbrillen auf und schwingen uns auf sein Motorrad. Fussgänger, Radfahrer, Mofas und Autos – alles wird mit einem breiten Lächeln im Gesicht «weggehupt». In Ermangelung einer gemeinsamen Sprache, in der wir uns differenziert unterhalten könnten, reduzieren wir unser Vokabular auf «Oi-oi-oi». Wir zwei «Oi-oi-oi»-Männer verstehen uns blendend und gebrauchen ab sofort keine weiteren Worte mehr. Auf dem Gemüse- und Früchtemarkt ist Bekir nicht zu bremsen. Nach einer halben Stunde sind beide Satteltaschen so prall gefüllt, dass ich auf dem Rücksitz die Beine zu einem Spagat verrenken muss. Auf dem Boden stehen aber noch haufenweise Säcke. Diese werden mit Hilfe anderer Männer zwischen Bekirs Rücken und meinen Bauch gestapelt. Die oberste Tasche voller reifer Feigen wird mir schliesslich unters Kinn geklemmt. Das von Bea kreierte Menü «Auberginen-Piccata mit Ratatouille und Schlosskartoffeln» mundet auch unseren Gastgebern ausgezeichnet. Das mit Olivenöl ausgestrichene und mit den geschälten und geschnittenen Kartoffeln belegte Blech für die Schlosskartoffeln wurde übrigens nicht in den eigenen Backofen geschoben, sondern zum Bäcker in der Nachbarschaft gebracht. Nach einer gemeinsamen Siesta auf den Sofas gehts zum zweiten Teil der Hochzeit. Wie bei der gestrigen Verlobung wird bis tief in die Nacht getanzt. Gegen Mitternacht brechen die kleinen Kinder beinahe zusammen vor Müdigkeit. Als Höhepunkt des Festtages gilt wohl die Geschenkübergabe, die über einen scheppernden Lautsprecher selbst für die Schwerhörigen gut vernehmbar kommentiert wird: «Von Mustafa Gül fünfhundert Millionen. Von Halil Demir eine goldene Halskette. Von Kubilay Yakin zweihundert Schweizer Franken.»

In der grössten Mittagshitze fahren wir weiter. Einem gelbgrauen Horizont entgegen. Um Kahta wird Erdöl gefördert. Unsere Magenprobleme sind seit dem ersten Auftreten nie dauerhaft abgeklungen. Es gibt Tage, da haben wir mit Blähungen, Krämpfen und Übelkeit zu kämpfen. Da kann es geschehen, dass sich für kurze Momente Heimweh nach einem sicheren Hort einschleicht. Heute ist so ein Tag. Bea läuft am Anschlag, sie ist todmüde, und die Sonne brennt erbarmungslos auf unsere Köpfe nieder. Inmitten der flimmernden Hitze verdunstet unsere Energie allmählich. Wir beginnen zum ersten Mal an unserer Tauglichkeit für das vielleicht zu masslose Unterfangen zu zweifeln: «Sind wir wirklich stark genug, um als Nomaden zu bestehen?» Wir retten uns in den Schatten einer Tankstelle und breiten unsere Matten aus. Bea schläft sofort ein. Ich kühle ihre glühende Stirn, den Nacken und die Arme.

Erst kurz vor Einbruch der Dunkelheit erreichen wir Kahta. Weil wir des jeweils über vierzig Grad warmen Wassers in den Bidons überdrüssig sind, leisten wir uns den Luxus, eine Thermosflasche aus Edelstahl zu erstehen. Gefüllt wiegt sie über drei Kilo. Auf dem Flachdach unseres Hotels haben sich mit Argus aus Brasilien und der Deutschen Alexandra zwei andere Radnomaden ihr Lager eingerichtet. Von ihnen lernen wir den «Sockentrick»: Stülpe eine nasse Socke über deinen Bidon und die Flüssigkeit darin bleibt dank der Verdunstungsenergie des Wassers im Gewebe wunderbar kühl.

Der Hitze wegen stehen wir am anderen Morgen, wie in den folgenden Tagen noch oft, bereits um fünf Uhr auf. Bea ist wieder voll im Saft, dafür habe ich die halbe Nacht auf dem WC verbracht. Trotzdem brechen wir auf, es zieht uns weiter. Auf dem ersten Etappenabschnitt haben wir einige Begegnungen der unangenehmen Sorte. Die durch den Tourismus – der Nemrut Dağı mit den berühmten Köpfen der Statuen des Königreichs Kommagene ist ganz in der Nähe – verdorbenen Leute in dieser Gegend gehen uns gewaltig auf den Keks: Einer rast mit seiner Blechkiste aus lauter Blödsinn frontal auf uns zu und dreht erst im letzten Moment ab, ein anderer überholt uns in horrendem Tempo bewusst extrem knapp und ein Junge auf seinem Rad wird unflätig und aggressiv. Dafür ist der Thermoskrug der absolute Hit und auch der Sockentrick ist Gold wert. Den Euphrat überqueren wir beim Atatürk-Stausee auf einer Fähre. Aus dem tiefblauen Wasser ragen schroffe Kliffe auf. Unsere Räder ziehen schnell wieder eine Menge Männer an. Alles muss betatscht und kommentiert sein. Sie gebärden sich wie Kinder. Mit den Fingern zeigen sie stolz auf unsere Landkarte: «Hier sind wir.» Kaum haben wir am anderen Ufer den Fuss auf das biblische Mesopotamien gesetzt, verschwinde ich für längere Zeit hinter einem Busch. Es rumort in meinem Bauch und die sechs Kilometer lange Steigung zehrt an den Kräften. Mein Hals ist bis tief hinunter ausgetrocknet, obwohl ich immer wieder die Flasche ansetze. Endlich verflacht sich das Terrain, und vor uns breitet sich eine endlose Steinwüste aus. Der kleine Unterstand mit den zwei Bänken ist mir willkommen wie eine Oase. Hier erhole ich mich dank einem kurzen Schläfchen. Wie neu geboren bin ich bereit für die Weiterfahrt Richtung Siverek, das sich schon bald am Horizont abzeichnet. Doch es stellt sich der berühmte «Eiffel-Turm-Effekt» ein: Das Ziel ist zum Greifen nahe, die Distanz scheint aber, trotz zähem Kurbeln, auf wundersame Weise nicht geringer zu werden. Zwischen den Steinbrocken sind Frauen unterwegs, die mit blossen Händen vertrocknete Kuhfladen einsammeln und sie dann zusammen mit Wasser zu runden Kuchen formen. Diese werden vor den Häusern zu grossen Haufen gestapelt und prägen unseren ersten Eindruck von Siverek. Mit den Kuhdung-Kuchen werden die kargen Behausungen in eiskalten Wintertagen beheizt. Wenn kein Holz vorhanden ist, muss frau sich zu helfen wissen.

Auf der Strasse nach Çermik trippeln mindestens zehn reich bestückte Schafherden an uns vorbei. Wir befinden uns nun definitiv auf kurdischem Boden. Dies lässt sich leider auch an der omnipräsenten *jandarma*, der Militärpolizei, ablesen. Noch vor zwei Jahren war Ostanatolien hart umkämpft. Das kurdische Volk setzte sich für seine unterdrückten Rechte ein; die PKK von Abdullah Öcalan auch mit Waffengewalt. Auf einer Anhöhe werden wir von einer Strassensperre der *jandarma* zum ersten Mal angehalten. Zwei junge Burschen im Kampfanzug und mit umgehängten Gewehren kontrollieren unsere Pässe und lassen uns dann weiterziehen. Auch bei den folgenden Kulminationspunkten sind unweit der Strasse Militärs stationiert. Ihre schlichten Steinhütten sind an der im Wind wehenden türkischen Fahne zu erkennen. Und am Strassenrand ist jeweils auf einer hellblauen Tafel «*Hoş geldiniz!*», herzlich willkommen, zu lesen. Kurz vor der fruchtbaren Ebene von Ergani nähert sich uns von hinten ein Militärjeep. Der Leutnant auf dem Beifahrersitz streckt den Arm zum Fenster hinaus und bedeutet uns so anzuhalten. Fünf Meter vor uns stoppt der Jeep. Der Offizier wuchtet sich aus der Tür. Gleichzeitig springen sechs Soldaten mit dem Gewehr im Anschlag von der Ladefläche herunter und nehmen uns ins Visier. Wir lassen uns durch diese Drohgebärde nicht provozieren, lassen unsere Waffen, die Hundeknüppel, unberührt und rufen lediglich mit fester Stimme: «*Merhaba!*» Mit grimmiger Miene herrscht uns der Leutnant an: «Woher und wohin des Weges?» Schliesslich bietet er uns an, die Räder auf den Jeep zu verladen. Wir lehnen ab und sie brausen stramm salutierend davon.

Ein paar Kilometer weiter setzen wir uns unter einen Baum, um Hunger und Durst zu stillen. Da fährt ein mit prall gefüllten Weizensäcken überladener Laster vorbei, lässt die Bremsen quietschen, rollt retour und hält auf unserer Höhe an. Die Kabinentür öffnet sich langsam und zwei finster blickende Gestalten steigen aus. Wie in Zeitlupe kommen sie auf uns zu. Ich rufe sofort laut und klar: «*Merhaba!*» Doch der Gruss bleibt unerwidert. Ein mulmiges Gefühl beschleicht meine Magengegend. Kurz überlege ich, ob ich den Hundeknüppel zücken soll, lasse es aber bleiben. Schon drücken mir die beiden Männer die Hand, setzen sich zu uns und entpuppen sich als freundliche Kurden. Nach fünf Minuten ist ihre Neugier gestillt und sie ziehen wieder ihrer Wege. Kurz vor Dicle überqueren wir die Brücke über den Tigris und verlassen damit das Zweistromland. Die einzige Militärkontrolle passieren wir ohne Probleme. Doch am folgenden Tag erwartet uns Ungeahntes.

Einige hundert Meter vor Hani winkt uns eine Militärpatrouille an den linken Strassenrand. Einer der Soldaten spricht uns auf Deutsch an. Er ist in Deutschland geboren, lebt auch dort, absolviert jedoch hier seinen Militärdienst. In fast vorwurfsvollem Ton verkündet er jetzt: «Mittlerweile sind über fünfzig Militärstationen informiert, dass hier zwei Fremde auf dem Fahrrad unterwegs sind.» Nun fragt er uns nach gewohntem Muster aus. Woher wir kommen, wohin wir wollen, ob wir Bekannte in der Türkei hätten, was genau der Grund unserer Reise sei und so weiter. Parallel zum Gespräch werden unsere Pässe aufs Genaueste kontrolliert. Der Deutsche ist nett und klärt uns auf: «Hier werden oft Raubüberfälle verübt. Das ist eine höchst gefährliche Gegend. Die Gauner tarnen sich gelegentlich auch mit Militäruniformen.» Bevor wir die Pässe zurückkriegen und weiterfahren, bietet er uns noch an, bei seinem Kommandanten vorbeizuschauen, der würde uns sicher gerne mit dem Jeep zu den zahlreichen Sehenswürdigkeiten begleiten. Schon an der nächsten Kreuzung, die von einem Panzer gesichert wird, werden wir erneut gestoppt. Diesmal ist es ein Mann in Zivil, der unsere Pässe kontrollieren will. Nur am Revolver im Halfter ist er als Polizist erkennbar. Im Hintergrund laufen die Telefone heiss. Keine fünf Minuten später steht der deutsch-türkische Soldat wieder als Dolmetscher bereit. Er teilt uns mit, dass die Strasse nach Tatvan über Kulp und Muş aus Sicherheitsgründen gesperrt sei. Selbst Hani sei für uns ein zu heisses Pflaster. Eine Übernachtung hier komme nicht in Frage. Unverzüglich sollen wir in einem Bus nach Diyarbakır fahren. Von dort könnten wir dann auf der Hauptstrasse via Silvan und Bitlis nach Tatvan gelangen. Wir haben keine Wahl und fügen uns. Bis der *otobüs* eintrifft, werden uns *çay* und Cola serviert. Das ebenfalls angebotene Essen lehnen wir ab. Gepäck und Räder werden mit Hilfe der Polizisten aufs Dach des Busses gehievt und mit Seilen fixiert. Auf der eineinhalbstündigen Fahrt vorbei an drei weiteren Strassensperren bleibt uns Zeit, das Geschehene zu reflektieren: Herrscht in Kurdistan wirklich solch grosse Überfallgefahr? Uns fehlen schlicht die Informationen, um dies zu beurteilen, wir vermuten aber, dass *jandarma* und Polizei dieses Argument nur vorschieben, um ihre geballte Präsenz damit zu rechtfertigen. Ihnen geht es eher darum, das kurdische Volk so in Schach halten zu können, dass jeder Aufstand schon im Keime erstickt werden kann. Hinzu kommt vielleicht auch eine gewisse Übervorsicht in Bezug auf Touristen. Würde diesen etwas zustossen, so würde es dem Ruf der Türkei als sicheres Reiseland schaden, und der Devisenfluss käme ins Stocken.

In Diyarbakır lernen wir Nicole und Jean-Michel kennen. Sie sind am 5. April in Vevey gestartet und radeln während eines Jahres so weit wie möglich in den Osten. Wir beschliessen spontan, zusammen mit unseren Landesgenossen aus der Romandie auf die nächsten Etappen bis Tatvan zu starten. Sie beide sprechen hervorragend Deutsch, Jean-Michel sogar *Züridütsch*, doch vereinbaren wir, dass alle so reden, wie ihnen der Schnabel gewachsen ist. Ich habe ja schliesslich genau gleich wie Bea in der Schule sechs Jahre lang Französisch-Unterricht genossen. Nun gilt es zu ernten, was ausser «*Oeuf, oeuf, que lac je?*» an Früchten noch übrig ist.

Die Luft ist mit 45 Grad so drückend heiss, dass wir in der Landschaft der abgemähten Weizenfelder, die sich bis zum Horizont ausdehnen, keine grosse Distanz bewältigen. Ein englisches Paar auf Motorrädern, das seit sechzehn Monaten «*on the road*» und nun von Japan her auf dem Heimweg ist, warnt uns vor Steine werfenden Kindern auf den nächsten zweihundert Kilometern. Im Nest Oguzlar fahre ich an der Spitze und sehe etwa dreissig Kinder auf einem Kiesplatz Fussball spielen. Sobald mich die Ersten erblicken, schreien sie «*Turist!*» und bücken sich zu Boden, um Steine aufzuklauben. Ich halte frontal auf sie zu, setze mein bestes breites Lächeln auf und rufe laut: «*Merhaba!*» Schon öffnen die Jugendlichen ihre Fäuste, rennen uns entgegen und löchern uns mit Fragen: «*What's your name? How old are you?*» Oder etwas unbedarfter und doch clever: «*Made in?*» Die Sonne versinkt bereits hinter den baumlosen Hügeln, als wir den Tankwart Mehmet fragen, ob wir auf dem Fleck neben seiner Dieseltankstelle unsere Zelte aufstellen dürfen. Mit Freude weist er uns den besten Platz zu, führt uns auch in seinen grossen Garten und beschenkt uns mit über vier Kilo frischen Tomaten, Paprika und Auberginen. Wir kochen Spaghetti an Gemüse-Sauce, trinken zwei Flaschen Rotwein, und zum Dessert gibts Cappuccino zu Kuchen. Umschwirrt von Moskitos geniessen wir unter dem klaren Sternenhimmel die Idylle in vollen Zügen. Mehmet singt mit einem Freund zusammen kurdische Volkslieder.

In Silvan locken unsere vier bepackten Fahrräder kleine und grosse Kinder an wie die Lichtkegel unserer Stirnlampen gestern Abend die Mückenschwärme. Zwanzig bis dreissig Leute drängen sich um uns. Polizisten eilen herbei und lösen den Pulk auf. Doch die Wirkung verpufft, sobald sich die Uniformierten wieder entfernen und sich wichtigeren Dingen zuwenden. Alles muss betatscht sein: Klingel, Sattel, Lenker oder meine Oberschenkel. Wir brauchen Nerven wie Drahtseile. In dieser Stadt ist gut zu spüren, dass bis vor kurzem noch kriegsähnliche Zustände herrschten. Die Umgangsformen sind eher rau und die Leute neigen zu extremem Verhalten. Während uns der Kassier eines Restaurants mehr als das Doppelte des effektiven Preises verrechnen will, beschenken uns andere mit offenen Armen.

Auf der Weiterfahrt schlägt das Pendel auf die Seite der Aggression. Wie schon in Kahta lenken Typen in einem Anfall von Machogehabe ihre Wagen frontal auf Bea und drehen erst in letzter Sekunde ab. Später fährt ein Pick-up ganz nahe an Bea heran, die in hinterster Position radelt. Sie weicht aus und warnt uns anderen. Ich steuere sofort an den rechten Rand und komme ungeschoren davon. Doch unsere Partner kriegen einiges ab: Der Beifahrer schlägt Nicole seine Pfote hart auf den Rücken und Hans-Michel spuckt er ins Gesicht. Auch zum Steinewerfen bereite Kinder treffen wir auf diesem Streckenabschnitt oft an. Dank unseren mittlerweile recht guten Kenntnissen der türkischen Sprache können wir solche Situationen jeweils entschärfen, indem wir aus der Anonymität der Strasse ausbrechen und mit ihnen sprechen. Und wem die Kinder in die Augen geschaut haben, werfen sie keine Steine nach. Bei der Staumauer des Batman-Stausees müssen wir uns bei einer Militärkontrolle ausweisen. In der Folge begegnen uns dreimal Militärjeeps, auf denen die Soldaten die

Gewehre schussbereit im Anschlag halten. Für die Nacht wuchten wir die Räder auf eine Anhöhe und richten unser Lager ein. Bis spät in die Nacht liegen wir, die Arme hinter dem Kopf verschränkt, in der Wiese, verfolgen die kurze Bahn von Sternschnuppen, bevor sie verglühen, und schwatzen über Gott und die Welt. Das Zirpen der Feldgrillen-Männchen begleitet uns in den tiefen Schlaf.

Der nächste Übernachtungsort ist weniger idyllisch: hinter Kieswällen, direkt neben der Transitstrasse. Nicole und Hans-Michel leiden an Magenkrämpfen. Entweder haben sie unreines Wasser oder verdorbenes Fleisch erwischt. Wir waschen uns unten im Fluss, der aus der Nähe betrachtet leider nicht mehr so sauber wirkt, wie von der Strasse her: Die weissen Schaumkronen vermindern das Badevergnügen gewaltig. Bei der Abendtoilette werde ich von zwei handtellergrossen, ockerfarbenen Spinnen mit behaarten Beinen aufgeschreckt – sonst droht die ganze Nacht über keine Gefahr.

Als die Sonne die zerfurchten vulkanischen Berge in goldenes Licht taucht, erscheint vor uns der tiefblaue Van-See. Mich durchströmt ein ähnliches Hochgefühl wie damals beim ersten Anblick des Schwarzen Meeres. In Tatvan wagen wir uns zum ersten Mal auf der Reise zum *kuaför*. Das Türkische wimmelt übrigens von solchen französischen Sprachblüten: Der Lift heisst *asansör*, der *şöför* lenkt einen Wagen und der *direktör* eine Unternehmung.

Wir trennen uns von Nicole und Hans-Michel. Sie halten nordwärts, um in einer 14-stündigen Wanderung den über viertausend Meter hohen Süphan Dağı zu bezwingen, während wir die Südroute über Van wählen. Um die Hände im Seewasser zu waschen, braucht es keine Seife. Vor über zwei Millionen Jahren hat ein Ausbruch des Nemrut Vulkans den Ausfluss des Van-Sees blockiert. So wird das Niveau des Wasserspiegels bis heute nur durch die Verdunstung reguliert. Daraus resultieren ein immer höherer Mineraliengehalt und eine extrem hohe Alkalinität des Wassers. Ausser einer Karpfenart gibt es deshalb in diesem Gewässer, immerhin der grösste See der ganzen Türkei, keine Fische. Ein Lastwagen rumpelt an uns vorbei. Auf der Ladefläche stehen dicht gedrängt über vierzig Frauen in bunten Kleidern. Sie werden zu einer Weide gekarrt, um Schafe zu melken. Plötzlich vernehmen wir sonderbare Laute: «Klack, klack, klack.» Es dauert eine geraume Weile, bis wir im Strassengraben die Ursache entdecken: zwei Schildkröten in wildem Liebesspiel. Am Abend stranden wir knapp unterhalb des Kuskunkiran-Geçidi. Unter dem sternenklaren Himmel kühlt die Luft herrlich ab. In den schweren Schuhen tanzen wir auf der duftenden Wiese Walzer. Die Augen wenden wir dabei nie ab vom rötlich leuchtenden Mars, der heute der Erde so nah ist wie in den letzten 60000 Jahren nicht mehr.

Von der modernen, pulsierenden Stadt Van starten wir bei starkem Gegenwind auf die Passstrasse zum 2644 Meter hohen Tendürek-Geçidi. In den höheren Sphären bläst der Wind in die andere Richtung und schiebt schwarze Gewitterwolken über unsere Köpfe. In der Ansiedlung Soguksu sind die Frauen so tief verschleiert, dass nur ihre funkelnden Augen sichtbar sind. Beim Anblick von Bea auf dem Fahrrad geraten sie beinahe ausser sich vor freudiger Überraschung. Wenige Kilometer unterhalb der Passhöhe erwischt uns ein heftiges Gewitter mit Sturzregen. Weit und breit ist kein Unterstand auszumachen. Bei den grellen Blitzen, die den grauen Himmel erhellen, werden uns die stählernen Fahrräder zwischen den Beinen zur Gefahr. Wir lassen sie am Strassenrand stehen, flüchten ins Feld hinein und kauern mit eingezogenen Köpfen in grosser Distanz voneinander auf dem Boden. Die Füsse ganz nahe zusammen harren wir schlotternd der Dinge. Der Abstand zwischen Blitz und Donner wird immer kleiner und das Krachen der Entladungen schmerzt in den Ohren. Nach einer unendlich langen Dreiviertelstunde ist der böse Zauber endlich vorbei und wir können mit steifen Knien im anhaltenden Regen weiter bergwärts fahren.

Auf der Passhöhe, die nur drei Kilometer Luftlinie von der iranischen Grenze entfernt liegt, finden wir in einer alten Kiesgrube den idealen Platz für das Zelt. Sie schützt uns vor den stürmischen Winden und lässt die Scheinwerfer der Autos und Lastwagen nicht am Zelt lecken. Ab und zu durchbrechen ferne Maschinengewehrsalven die Stille. Trotzdem zieht uns eine bleierne Müdigkeit bald in die Tiefen des Schlafes.

Kaum hat sich der morgendliche Wolkenschleier gelüftet, zeigt uns der majestätische Ağrı Dağı, in unseren Breitengraden besser bekannt als Ararat, seine Pracht: Helle Wolkenbäusche umtanzen seine schneebedeckte Spitze. Über uns kreisen zwei Adler. Kinder und Hirten kommen angespurtet und wollen Zigaretten oder Geld erbetteln. Wir grüssen sie mit «*Merhaba!*» und gleiten weiter den Berg hinunter nach Dogubayazit.

In dieser Grenzstadt lernen wir die ersten Vokabeln in Farsi. Zu diesem Zeitpunkt wissen wir noch nicht, dass wir uns bis zum Kaspischen Meer mit Türkisch durchschlagen können.

Iran, 5. September bis 4. Dezember 2003

Auf der iranischen Seite des Grenzzauns ist eine Menschenmenge in Aufruhr. Die Rufe und Schreie werden immer lauter und das Gedränge dichter, bis das stählerne Tor schliesslich eingedrückt wird und einige Männer auf die türkische Seite spurten. Pakete und Säcke fliegen wild durch die Luft und werden hastig versteckt. Polizisten packen zwei, drei Männer am Kragen und zerren sie zu Boden – ein einziges Chaos. Und doch wirkt es nicht wie ein singuläres Ereignis. Eher als ein oft wiederholtes, wohl inszeniertes und letztlich harmloses Spiel. Ein Geben und Nehmen zwischen Schmugglern und Ordnungshütern. Die Situation beruhigt sich auch bald wieder.

Bea hat sich in der Zwischenzeit das Kopftuch umgebunden sowie die Hemdärmel nach vorne und die Hosenbeine nach unten gekrempelt. In der Türkei erregten nackte Unterschenkel noch kein Aufsehen. Und auch ein Kopftuch war nicht nötig. Hier aber ist für die Frauen der Dresscode gesetzlich vorgeschrieben. Ich ändere an meinem Outfit nichts. Auch die Iraner müssen mich mit kurzer Velohose und T-Shirt ertragen. Schliesslich habe ich mir als grossen Schritt der Anpassung bereits einen Bart wachsen lassen. Das soll einstweilen genügen. Im Warteraum kommen wir mit modernen Iranern ins Gespräch, die fliessend Englisch sprechen und glattrasiert sind. Die Frauen sind alle stark geschminkt. Und ihre Kopftücher sind so weit nach hinten gerückt, dass die nach der neusten Mode gestylten Frisuren voll zur Geltung kommen. Dies widerspricht den islamischen Kleidungsvorschriften, doch scheint niemand daran Anstoss zu nehmen. Nach eineinhalb Stunden prangt der Eintrittsstempel im Pass: Wir sind in Persien, im Iran.

Gleich wie in der Türkei hupen und winken uns viele Autofahrer erfreut zu. In Maku aber sind die Frauen von Kopf bis Fuss schwarz verschleiert. Den Tschador halten sie mit den Zähnen zusammen. Sichtbar sind nur Nasen und verzerrte Gesichtshälften. Wie Gespenster huschen die Wesen über die Strasse. Das Angebot in den Lebensmittelgeschäften braucht den Vergleich mit dem Nachbarland nicht zu scheuen. Nicht einmal das Nationalgetränk des offiziellen Erzfeindes USA fehlt: Coca-Cola. Davon gibt es auch viele Nachahmerprodukte. Eines davon heisst Ashi Mashi. Milch, Butter und Sahne sind von vorzüglicher Qualität. Und das knusprige Fladenbrot *nan* wird uns von den Bäckern stets geschenkt. «*Hello Mister!*», werde ich allenthalben begrüsst. Bea hingegen wird scheinbar nicht beachtet, wie es sich in einem streng islamischen Land gehört. Die Neugier ist jedoch stärker als der religiöse Eifer. Denn auffallend viele Automotoren geraten ins Stottern und benötigen einen kurzen Service, just nachdem Bea überholt wurde. Hinter den aufgeklappten Motorhauben schielen die Männer dann mit spitzbübischem Lächeln hervor. Andere rufen uns zu: «*Welcome to Iran!*» Wieder andere stehen stumm am Strassenrand und klatschen in die Hände. Zwei Herren involvieren mich in ein Gespräch. Nach einiger Zeit angeregter Konversation meint der eine: «*Mister, we don't want to disturb you any longer.*» Und sie verschwinden so unvermittelt, wie sie aufgetaucht sind. Es ist augenfällig: Die Iraner haben Stil.

Nach Maku ist die breite Fahrbahn spiegelglatt, ohne jede Unebenheit. Wir kommen zügig und sicher voran. Bei einem Verpflegungshalt stürmen Hirtenkinder johlend auf uns zu. Je näher sie uns aber rücken, desto leiser werden sie. Und in einer Distanz von zwei bis drei Metern bleiben sie gar bockstill stehen, grüssen uns leicht beschämt und doch achtungsvoll und setzen sich auf den Boden. Nun verharren sie stumm wie Fische. Dafür funkeln ihre dunkeln Augen umso mehr. Die Knirpse zerspringen fast vor Neugier. Mit ihren Blicken würden sie uns am liebsten samt Haut und Haar verschlingen. Nüsse, von denen wir naschen und die wir ihnen aus Höflichkeit anbieten, lehnen sie ab. Alles, was sie begehren, ist: hier sitzen, schauen und staunen. Ausserhalb von Margan finden wir am Rand einer grossen, fruchtbaren Ebene, die von Bauern und Hirten nur so wimmelt, einen geeigneten Platz, um das Zelt aufzustellen.

Gegen Mitternacht – wir sind schon in die Schlafsäcke gekrochen – vernehmen wir Schritte. Es muss sich um eine Gruppe von drei bis vier Leuten handeln. Jetzt ruft eine Männerstimme: «*Hello Mister!*» Mit wild pochenden Herzen stellen wir uns schlafend. Denn wir haben weder Lust, mit diesen Leuten zu dieser Unzeit zu plaudern, noch – sollten sie aggressiv gestimmt sein – sie mit einem falschen Wort zu provozieren. Zudem ist es besser, wenn sie nicht wissen, wie viele Leute und von welchem Geschlecht sich im Zelt befinden. Wir hüten uns also, ihnen unsere Karten auf den Tisch zu legen und verharren weiter mucksmäuschenstill. Im Zeitlupentempo, um ja kein Geräusch zu verursachen, taste ich mit zittrigen Fingern zum Sackmesser und öffne die grösste Klinge. Bea kramt vorsichtig den Pfefferspray unter dem Kopfkissen hervor und entsichert die Düse. Zähes Harz verdrängt den Sand aus der Uhr: Die Minuten dehnen sich zur Unendlichkeit. Wir liegen absolut ruhig und reglos, getrauen uns kaum zu atmen. Mein Puls dröhnt geradezu im Kopf, in dem die Gedanken Kapriolen schlagen und die Fantasie wilde Blüten treibt. Mein Geist raucht aus dem Körper. In der Luft schwebend, sieht er unter sich drei junge iranische Männer unschlüssig herumstehen, eine straff gespannte Zeltmembrane, die einen klar abgegrenzten Raum umschliesst, der eine Geborgenheit wie in einem Haus vorgaukelt, und Schlafsäcke, welche sich warm und eng an zwei bebende Körper schmiegen. Sollte man uns böse wollen, befänden wir uns in einer erschreckend schlechten Lage. In einen doppelten Kokon eingesponnen, sind wir so gut wie handlungsunfähig. Angenommen, die Männer würden Feuer an den Zeltausgang legen: Könnte ich mit dem Messer rechtzeitig das Innenzelt aufschlitzen, um uns einen Fluchtweg zu schaffen? Oder fast noch übler: In einer konzertierten Aktion würden alle Heringe der Abspannseile gelöst, und das Zelt würde schlaff zusammensacken und uns unter sich begraben. Wir wären so hilflos wie ein Käfer auf dem Rücken. Ohne weiteres könnten uns die Feinde zertreten oder mit Knüppeln erschlagen. Endlich wird das Flüstern unserer nächtlichen Besucher leiser, und das verebbende Knirschen des Kieses unter ihren Schuhen bedeutet, dass sie sich vom Zelt entfernen und sich in der Finsternis verlieren.

Auch der nächste Abend hat es in sich. Zehn Kilometer vor Marand fragen wir einen freundlich grüssenden Bauern, ob wir auf seinem Land, versteckt hinter den Bäumen, kampieren dürfen. Er ist sofort einverstanden und führt uns, eine Schubkarre vor sich her schiebend, zu einem schönen Fleckchen Wiese. Bevor er uns allein lässt, schenkt er uns Äpfel, Birnen, Tomaten und Chili. Wir stellen unsere faltbare Behausung auf, richten sie ein mit Matten und Schlafsack, bereiten alles fürs Kochen vor und beginnen mit der Abendtoilette. Kaum senkt sich die Nacht herab, kommen drei Männer auf uns zu marschiert. Ich trete ihnen mit dem Knüppel in der Hand entgegen. Als ich im einen den freundlichen Bauern von vorhin erkenne, lässt meine Anspannung nach. Er stellt mir die beiden anderen Herren als seine Brüder vor. Der eine spricht gut Englisch und teilt uns mit: «Hier könnt ihr unmöglich bleiben, es tut mir leid. Aber wegen Räubern und Wölfen ist es nicht sicher genug. Kommt mit uns nach Hause.» Wir wollen jedoch hier bleiben und erklären ihnen, dass wir schon seit einem halben Jahr unterwegs sind und jede Nacht ohne Probleme gezeltet hätten. Nachdem wir ihnen unsere ganze Ausrüstung vorgeführt und den Holzstock demonstriert haben, mit dem wir uns notfalls zur Wehr setzen könnten, ziehen sie beruhigt ab. Erleichtert atmen wir auf und beginnen neben dem Zelt zu duschen. Wir stehen beide noch ohne Unterhose da, als ein Motorrad über den Feldweg knattert. Hastig bedecken wir unsere Blösse. Vermutlich sind dies nun die zwei ältesten Brüder des freundlichen Bauern. Sie sprechen nur Azeri-Türkisch und Farsi und stellen sich als harte Brocken heraus. Sie argumentieren, dies sei ihr Land, und wenn uns hier etwas zustosse, würden sie von der Polizei dafür zur Rechenschaft gezogen. Deshalb sollen wir in ihrem Haus essen und übernachten. Wir sind nur Gäste in diesem Land und wollen niemanden in Schwierigkeiten bringen. So erklären wir uns nach langem Hin und Her zähneknirschend dazu bereit, unsere tausend Sachen zusammenzupacken. Da dies einige Zeit beansprucht, vereinbaren wir mit den zwei, dass sie uns erst in einer Stunde, um zweiundzwanzig Uhr, mit einem Auto abholen sollen. Pünktlich sind wir für diesen Transport bereit. Und warten. Und warten. Und beginnen zu frösteln. Um dreiundzwanzig Uhr beschliessen wir mit längst knurrendem Magen, die Fahrräder zu beladen und uns in die Dunkelheit davonzuschleichen. Weil wir das Reisen durch die schwarze Nacht als viel zu gefährlich einstufen und wir hundemüde sind, biegen wir gleich in den nächsten Feldweg ein und suchen einen günstigen Platz für das Zelt. Schon faucht ein Motor hinter uns. Ich rufe «*Salam!*» und hebe die Hand zum Gruss. Das Motorrad wird gebremst. Ein junger Mann schaut mich forschend an. Auf Türkisch frage ich ihn geradeheraus, wo wir das Zelt platzieren können: «*Çadır kurmak nerede?*» Er versteht sofort und führt uns, ohne ein Wort zu verlieren, zu einer guten Stelle. Vom gepflügten Acker nebenan bringt er uns Blachen als Unterlage, die wir aber nicht benötigen. Wenig später beschenkt er uns mit vielen Äpfeln und Bündeln von Weinbeeren. Während des Zähneputzens sehe ich undeutlich eine Gestalt mit sonderbarem Gang über die Erde schleichen. Ich schreie: «Hey!» Doch es droht keine Gefahr: Es ist nur der gute Geist, der uns entgegen schwebt. Diesmal mit mehr als zwanzig frisch geernteten Tomaten im Pullover eingewickelt.

Nach kurzem, tiefem Schlaf teilen wir unser Frühstück mit unserem Freund, der die kühle Nacht direkt neben uns verbracht hat; in einer Furche des Ackers liegend, eingewickelt in die Blachen, die er uns gestern geben wollte! Eine riesige Schafherde trippelt an uns vorbei und tönt wie feiner Regen, der auf ein Blechdach fällt – der Iran nimmt uns immer mehr für sich ein. Bei der Polizeikontrolle auf der Passhöhe nach Marand werden wir gefragt: «*Where are you from?*» Das Zauberwort *Suis*, Schweiz, macht weitere Fragen überflüssig. Der Verkehr ist nun sehr massiert. Die Abgase der Lastwagen stinken atemraubend. Wie Schwimmer beim Crawl drehen wir bei jedem Atemzug die Köpfe nach rechts und schnappen nach Luft. Weil hier der sonst übliche asphaltierte Randstreifen fehlt und die Strasse im Verhältnis zu den breiten Trucks eher schmal ist, liegt ein gefährlicher Weg vor uns. Die Berge leuchten rot in der Sonne und schon sehen wir die Rettung nahen: Parallel zur abgasge-schwängerten Strasse ist eine Neubaustrecke bereits weit gediehen, die dem nimmer-satten Verkehr aber noch nicht zum Frass vorgeworfen wurde. Auf ihr rollen wir ele-gant ins Gewühl von Tabriz.

Für drei Tage logieren wir in dieser Stadt und trinken unzählige Bananen-Milch-Shakes. Von nun an schlafen wir nie mehr ohne Moskitonetz. Die Freude ist nämlich riesig, die Mücken im Wissen sirren zu hören, dass sie ihre Blutgier nicht an uns wer-den stillen können. Weil heute Freitag ist, bleiben fast alle Geschäfte geschlossen. Denn *djom'e* entspricht in christlichen Ländern dem Sonntag. So bleibt uns genü-gend Zeit, im Hotelzimmer die mitgeschleppten Äpfel zu Apfelmus zu verarbeiten und zum Nachtessen Apfelküchlein zu backen sowie die über vier Kilo Tomaten in einen delikaten Sugo zu verwandeln.

Die zwei verbleibenden Abende in Tabriz verbringen wir zusammen mit dem Ehe-paar Khalil und Nahid. Beide unterrichten an einer English School. Als mich Khalil auf der Strasse zum ersten Mal sah, nahm er mich mit meinem buschigen Bart für einen palästinensischen Bodyguard. Khalil und Nahid sind modern, aufgeschlossen und gebildet. Sobald die Tür ihrer Wohnung hinter uns ins Schloss gefallen ist, flie-gen Mantel und Kopftuch in eine Ecke. Als aber für kurze Zeit zwei Bekannte vor-beikommen, verhüllt sich Nahid rasch wieder – sonst könnten diese anderntags schlecht über sie sprechen. Das Mullah-Regime streckt seine Tentakel bis tief in die Privatsphäre, obwohl sich unter Präsident Khatami vieles zum Besseren gewendet hat. Wir spüren deutlich die Bedrohung durch Gewalt, den permanenten Druck, der auf unserem Gastgeberpaar lastet. Khalil und Nahid leiden stark unter dem perfiden Staatsterror, der jede Ritze vermeintlicher Freiheit sofort mit einem Leim aus Angst und Misstrauen ausgiesst. Dieses Gefühl ist diffus und allgegenwärtig wie der saure Regen. Khalil meint resigniert: «Entscheidende Veränderungen auf dem politischen Parkett sind in absehbarer Zukunft leider nicht zu erwarten. Der Islam ist für die Mehrheit der Iraner sehr zentral und das Regime hat tiefe und breit gefächerte Wur-zeln geschlagen. Es ist gut verankert. Die meisten Probleme des Landes, insbesondere die wirtschaftlichen, werden mit dem unseligen achtjährigen Krieg gegen den Irak begründet und nicht direkt den Mullahs angelastet.» Nahid lernt uns *kuki*, ein leckeres vegetarisches Gericht, zu kochen. Es besteht aus Gemüse und verschiedenen frischen Kräutern, die mit Eiern und Gewürzen gemischt und gebraten werden. Im Iran wird es zu unserem Standardessen, wenn wir bei Leuten eingeladen sind. Zum Abschied gibt uns Khalil den weisen Spruch mit auf den Weg: «Freundschaften zu schliessen, ist ein Glück, Freunde verlassen zu müssen, aber ein Gesetz.»

Nach nur fünf Stunden Schlaf fahren wir auf der Hauptstrasse Richtung Teheran nach Bostan Abad. Wie befürchtet, verbringen wir den ganzen Tag umweht von giftigen Rauchsäulen. Die Strasse steigt ohne Unterlass und die schwer beladenen, meist wohl überladenen Lastwagen stossen an ihre Leistungsgrenze. Entsprechend ätzend sind ihre Auspuffgase. Wir sind froh, diese «*road to hell*» am nächsten Morgen Richtung Osten verlassen zu können.

Über Sarab treibt der Wind regenschwere Wolken vor sich her und wir liegen in einem warmen Bett. Am späten Nachmittag raffen wir uns auf, begeben uns zu einem Lebensmittelgeschäft und wählen folgendes zum Kauf aus: je einen Liter Milch und Orangensaft, je ein Glas Honig und Konfitüre, neun Liter Trinkwasser und eine Butter. Der Verkäufer, den wir heute zum ersten Mal sehen, bedeutet uns, dass wir dafür nichts zu bezahlen hätten. Es sei alles geschenkt. Wir verstehen die Welt nicht mehr, wollen selbstverständlich für unsere Waren bezahlen und versuchen, die Angelegenheit mit Hilfe eines Wörterbuches zu klären. Doch es nützt alles nichts – er will uns die Sachen partout schenken! Vor der Weiterreise nach Ardabil revanchieren wir uns und schenken ihm als Dank und zur Erinnerung ein kleines Sackmesser und eine Ansichtskarte aus der Schweiz.

Die famose Einfahrt in Ardabil entschädigt uns für den harten Fahrtag im stürmischen und kalten Gegenwind. Je mehr wir uns dem Zentrum nähern, desto mehr Radfahrer schliessen sich uns an – Rad fahrende Frauen gibt es keine, denn sie würden sich damit der Lächerlichkeit preisgeben und zum Gespött aller machen. Der laufend anschwellende Pulk beansprucht bald die ganze Breite der Fahrspur. Dies erzürnt die vielen Autofahrer nicht etwa. Nein, ganz im Gegenteil. Alle kurbeln die Fenster herunter und grüssen freundlich: «*Hello Mister, welcome to Ardabil!*» Oder fragen: «*Where are you from, Mister?*» Manchmal wird sogar Bea angesprochen und herzlich willkommen geheissen. Das angepeilte Hotel aber ist lausig. Das uns angebotene Zimmer ist schmutzig und mit dem Preis wollen sie uns über den Tisch ziehen. So wende ich mich auf der Strasse an eine Gruppe beisammenstehender Männer: «*Hotel cheyli chubi kodscha ast?*» Sie beraten, wo es das gesuchte sehr gute Hotel gibt und weisen uns schliesslich eine Richtung. Unterwegs versucht ein Autolenker mit allen Mitteln, unsere Aufmerksamkeit auf sich zu lenken. Mehrmals steigt er aus, winkt und ruft uns zu. In voller Fahrt durch den chaotischen Verkehr verstehen wir seine Worte freilich nicht. Er lässt aber nicht locker, bis wir schliesslich seinem Wagen nachfahren. Zu sich nach Hause. Zu Frau und Tochter. Nach einem *çay* und einer Pizza gehts über die Strasse der Märtyrer nach Sareyn. Dass diese Stadt landesweit berühmt ist, lässt sich nur schon an der Herkunft der Autos ablesen, die alle Gehsteige besetzen: Teheran, Tabriz, Esfahan oder Bandar-e-Abbas. Farbige Lichtkugeln leuchten blass im kühlen Regen. Hossain bittet uns in ein *çaychane*. Hier wird nicht nur Tee getrunken. Rings um uns werden Wasserpfeifen geraucht. Es fehlt nur noch eine Stunde bis Mitternacht und Hossain lädt zum Bade. Mir bleibt verborgen, was die Anziehungskraft dieses Ortes ausmachen soll. Denn im Dampf des vierzig Grad heissen Wassers beschlägt sich meine Brille. Die Welt um mich herum zerfliesst, verliert ihre Konturen. Die vor Wonne stöhnenden und grunzenden Männer werden zu dunklen Schatten.

Auch den nächsten Tag verbringen wir zusammen mit unserer Gastgeberfamilie. Nach dem delikaten Mittagessen wird Siesta gehalten. Auf dem weichen Teppich schlafen wir über eine Stunde lang. Hossain ist danach ganz entzückt und sagt: «Ich bin so glücklich, dass ihr geschlafen habt.» Es ist eine schöne Sitte, sich nach dem Essen für ein Weilchen aufs Ohr zu legen. Bis spät in der Nacht sitzen wir im Wohnzimmer zusammen und Hossain erzählt aus seinem Leben. Zu Schah-Zeiten sei er in der ganzen Welt unterwegs gewesen. Unter anderem habe er bei der Rallye Paris-Dakar mitgemacht. Seit die Mullahs am Ruder sind, sei dies nicht mehr möglich. Er hasst sie dafür bis aufs Blut und meint: «Diese Bärtigen haben alle denselben Virus. Dem Volk rauben sie das Geld aus der Tasche, leben selbst in Saus und Braus, unternehmen für das Land aber nichts. Sie pervertieren den Islam.» Mir dämmert langsam, dass mein Bart wohl nicht die beste Idee war: Weder Khalil noch Hossain tragen Wolle ums Kinn. Das ist den Mullahs vorbehalten. Also weg mit dem juckenden Pelz! Ich werde ihn in ein Couvert packen und meinen Eltern schicken. Vielleicht können sie damit Kochtöpfe scheuern. «Wenigstens werden den Dieben heutzutage nicht mehr die Hände abgehackt, obwohl grundsätzlich die Scharia, diese aus Koran und Sunna abgeleiteten Vorschriften, gilt», fährt Hossain fort. Schlechter ist es um das Recht der Frauen bestellt. Hossain schämt sich geradezu und zögert, die Ungeheuerlichkeit auszusprechen: «Wenn eine Ehefrau ihren Mann betrügt, wird sie noch heute gesteinigt. In der Zeitung wird jeweils ausgeschrieben, wann eine Steinigung ansteht. Freiwillige aus dem Volk melden sich dann, um die Brocken zu werfen.» Nun spielt uns Hossain auf seiner Handorgel Musik aus Azerbaijan vor. Seine Frau Maliheh war bei der Hochzeit übrigens vierzehn Jahre alt. Ein Jahr später hat sie das erste Kind geboren.

Der Abschied am nächsten Tag fällt so schwer, dass uns die ganze Familie die ersten zehn Kilometer mit dem Auto vorausfährt.

Wir freuen uns auf das Kaspische Meer, und ich breche für Bea energisch den heftigen Gegenwind, der schwarze Wolken vor sich herschiebt. Die Strasse steigt an, bis uns ein Tunnel schluckt. Im Bauch des Bergs male ich mir aus, wie wir schon bald durch dschungelähnlichen Wald über tausend Höhenmeter in die Tiefe zum blauen Meer hinunter rauschen werden. Dieses Wunschbild deckt sich aber nicht mit der Wirklichkeit: Regen. Dichter, zäher Nebel mit einer Sichtweite unter fünf Metern. Starker Lastwagenverkehr auf unebenem, tückischem Belag. So kriechen wir im Schritttempo, die Bremshebel mit klammen Fingern fest angezogen vorbei an den vielen Ständen am Strassenrand, die Honig und gebratene Maiskolben feilbieten. Je mehr wir an Höhe verlieren, desto wärmer wird es. Doch der Regen wird nicht müde.

Die Strasse entlang dem Meer ist ausserordentlich viel befahren und stellenweise schmal. Oft müssen wir in den Morast ausweichen. Junge Burschen sind mit stinkigen, laut knatternden Motorrädern unterwegs und docken an: «*Welcome to Iran!*» Bei Talesh, gegenüber einer reich verzierten Moschee, rauche ich mit Genuss einige Züge einer Wasserpfeife. Plötzlich winkt uns vom Strassenrand Hossain mit seiner ganzen Familie zu. Weil das Wetter derart garstig war, habe er sich um uns Sorgen gemacht und sei unserer Spur gefolgt. Gestern habe er in Astara den ganzen Abend vergeblich nach uns gesucht. Heute früh konnte ihm die Polizei mit einem Hinweis über unseren ungefähren Aufenthaltsort dienen. Erleichtert sei er dann nach Ardabil zurückgekehrt, um Frau und Tochter zu holen. Hier sind sie nun – uns verschlägt es die Sprache. Nach einem gemeinsamen Picknick verabschieden wir uns endgültig.

Vor Ramsar biegen wir in einen Feldweg ein, der zum Strand führt. Dieser ist mit Abfall gepflastert und die Steine im Wasser sind mit einer dicken Schlammschicht überzogen. So gross der Respekt uns Reisenden gegenüber ist, so gering wird die Natur geschätzt. Uns bleibt nur verständnisloses Kopfschütteln und das Begraben des Traums, hier im Stile von Sozopol ein paar Tage Badeferien zu verbringen. In Tonekabon begleitet uns ein Radfahrer ein Stück weit. Er bittet uns, der Welt kundzutun, dass die Leute im Iran unter dem Mullah-Regime sehr leiden, was hiermit geschehen ist. Ein anderer streicht mit der Hand über einen imaginären langen Bart, zeichnet einen Turban in die Luft und gibt sich dann einen Kinnhaken – auch ein klares Statement!

Bei Chalus zweigen wir Richtung Alborzgebirge ab. Der Verkehr ist dichter als erhofft und doch erträglich, denn die meisten Autos sind in der Gegenrichtung unterwegs. Auf einen kiesigen Platz zwischen Strasse und dem tiefer liegenden, laut rauschenden Fluss stellen wir das Zelt. Der kühle Mantel der Nacht sinkt rasch auf den Grund der Schlucht. Sporadisch erhellt Scheinwerferlicht die Baumwipfel über uns. Splitternackt auf einer Gummimatte stehend, rieselt das warme Wasser aus der Brause auf meine salzige Haut. Plötzlich leuchten am anderen Flussufer Tieraugen gelb auf. Es werden immer mehr. Kurzes Erschauern, bis ich am schmalen Himmelsstreifen zwischen den aufragenden Felswänden den Vollmond erblicke und begreife, dass er es ist, der feuchte Steine in seinem Licht funkeln lässt.

Am Morgen sammeln wir trockenes Schwemmholz für ein wärmendes Lagerfeuer. Nach vier Stunden im Sattel liegen erst dreissig Kilometer hinter uns. Die Baumgrenze aber ist überschritten, die Gegend schroff und unwirtlich. So sind wir froh, dass uns der Betreiber eines Restaurants anbietet, für ein kleines Entgelt auf dem Boden seines Gebetsraums zu schlafen.

Zum Frühstück öffnen wir die noch in Ramsar gekaufte Packung Zwieback. In Vorfreude auf ein frisches Knacken zwischen den Zähnen führen wir die braun gebackenen Scheiben zum Mund, und unsere Beisserchen versinken in einer pampigen Masse – welch Enttäuschung! Ich überprüfe das Datum: produziert am 9.5.1382, zu verbrauchen bis 8.11.1382. Am Datum kanns also nicht liegen. So bestellen wir im Restaurant *lawasch* und essen so lange davon, bis wir auf einem Stück dieser hauchdünnen Fladenbrote einen grauen Pelz entdecken. Kurz vor dem Tunnel auf dem Kulminationspunkt der Strasse muss ich mitsamt Rad in einen Bach ausweichen, um nicht von einem Lastwagen zermalmt zu werden – der Verkehr ist grässlich! Zum Glück gibt es eine Möglichkeit, die relativ lange Röhre zu umfahren. Wir biegen rechts in die alte, kaum mehr unterhaltene Passstrasse ein, die auf 2900 Meter über Meer führt. Herrlich! Kein einziges Auto, fantastische Aussicht auf den schneebedeckten Darband Sar und vor allem: frische Luft. Bea hat sich in den beiden letzten kalten Nächten erkältet. Ihre Nase läuft und der Hals schmerzt beim Schlucken.

Am nächsten Morgen in Shemshak ist Bea noch leicht fiebrig, doch gibt es kein Halten mehr. Es zieht uns nach Teheran wie Badewannenwasser zum Ablauf. Bei Fasham kreuzt sich unser Weg mit der täglich abgespulten Trainingsstrecke des 22-jährigen Radrennfahrers Davoud. Als uns dieser nach dem ersten Beschnuppern mit seinem bescheidenen Wortschatz der englischen Sprache, dafür mit unverhohlenem Stolz, von seinem dritten Platz im Zeitfahren über fünfzig Kilometer bei den asiatischen Meisterschaften berichtet, erstaunt mich dies nicht, denn seine mächtigen Oberschenkel dehnen die Velohose bis an deren Reissgrenze und sprechen für sich. Davoud schiebt die durch die hartnäckige Erkältung geschwächte Bea ohne ersichtliche Anstrengung und plaudernd die Steigungen hinauf. Ich muss mich mächtig sputen, um den Anschluss an die beiden nicht zu verlieren. Endlich ist der letzte Hügel überwunden und die 12-Millionen-Stadt Teheran liegt vor uns. Das behauptet wenigstens Davoud. Vom Häusermeer sehen wir nämlich kaum etwas, denn Smog hält es zäh in seinen so grauen wie giftigen Krallen. Schon brennt er in unseren Augen und lässt sie tränen. Im Schlepptau von Davoud können wir aber auch halb blind fahren. Zudem ist das Verkehrsaufkommen ein Klacks, verglichen mit unseren Befürchtungen. Dank Davoud landen wir butterweich in Teheran. Wir beziehen in einem zentral gelegenen Hotel Quartier und verabschieden uns von unserem Helfer. Nach einer wohltuenden Dusche streifen wir durch unser neues Revier und erkennen sofort, dass es sich hier für ein paar Tage gut leben lässt. Via Internet geben wir Hans-Michel und Nicole, die wir ganz in der Nähe von Teheran vermuten, die Koordinaten unseres Hotels durch.

Aus einer Englisch geschriebenen Zeitung erfahren wir, dass Shirin Ebadi, eine Iranerin, eben den Friedensnobelpreis erhalten hat. Sie kämpft seit Jahrzehnten für Menschenrechte und setzt sich dabei vor allem für Kinder und Frauen ein. Zurück im Hotel, liegt bei der Rezeption bereits eine Nachricht von Hans-Michel und Nicole. Sie sind ebenfalls heute in Teheran angekommen und wohnen für die nächsten Tage gratis im leerstehenden Büro eines Millionärs, den sie bei der Einfahrt in diese Millionen-Stadt ebenso zufällig kennengelernt hatten wie wir den Velorennfahrer Davoud. Wir freuen uns riesig, diese beiden hier zu wissen, und verabreden uns per Telefon gleich für heute Abend.

In einem gemütlichen *çaychane* berichten sie über einem dampfenden Tee, wie es ihnen nach unserer Verabschiedung in Tatvan ergangen ist. Ein besonderer Glanzpunkt ist dabei die Geschichte ihrer Ausreise aus der Türkei, in der sie einen winzigen Tag zu lange verweilten:

Der Grenzbeamte, dem sie damals kurz vor Mittag gegenüberstanden, runzelte angesichts des Eintrittsstempels in ihren Pässen die Stirn und meinte in gebrochenem Englisch: «*You have to pay punishment!*» Nun raschelte er umständlich mit einem Stoss Papier und nannte schliesslich die Summe von 550 Euro. Diesen für einen einzigen lumpigen Tag horrenden Betrag nie und nimmer gewillt zu bezahlen, begann Hans-Michel mit Worten und Gesten zu argumentieren. Doch der Beamte wich kein Jota von seiner Position ab. Er blieb ernst, verschlossen und unerbittlich. Die enervierten Hans-Michel und Nicole verlangten nun, mit der Schweizer Botschaft in Kontakt zu treten, was ihnen der sauertöpfische Beamte natürlich nicht verwehren konnte. So begaben sich die beiden zu einer nahen Telefonkabine und versuchten ihr Glück. Doch klingelte das Telefon bei dutzenden Versuchen ins Leere. Erst nach gut zwei Stunden wurde in der Schweizer Botschaft in Ankara endlich der Anruf entgegengenommen. Eine aussergewöhnlich nette und kompetente Frau gab dem aufgebrachten Hans-Michel den Rat, sich erstmal wieder zu beruhigen, dann aber bestimmt und beharrlich zu feilschen – in der Türkei sei *alles* verhandelbar. Mit frischem Wind in den Segeln und kampfbereit begaben sich die beiden also wieder zum Grenzgebäude, wo sie der vorhin so verstockte Uniformierte völlig überraschend freundlich lächelnd empfing. In der Zwischenzeit hatte dieser nämlich gegessen und war offenbar deshalb so mild gestimmt, dass er Hans-Michel und Nicole ohne weitere Geldforderungen den Austrittsstempel in den Pass drückte und gute Weiterfahrt wünschte. Was so ein voller Magen ausmachen kann!

Ein paar Tage später schreiben wir den 20.7.1382 und es wird der Geburtstag des 12. Verborgenen Imams gefeiert. Dieser Tag ist mit Weihnachten bei uns zu vergleichen. Auf der Strasse werden Süssigkeiten verteilt und der millionenschwere Gastgeber von Hans-Michel und Nicole lässt Lastwagen mit Kleidern und ganzen Wohnungseinrichtungen im Wert von fünfzigtausend Euro beladen, die als Geschenke in ein kleines Dorf im Osten gekarrt und dort verteilt werden. Hier in der Hauptstadt sind fast alle Geschäfte geschlossen. Wir wechseln auf dem Schwarzmarkt, bei einem glatzköpfigen Schuhhändler, 100 US-Dollar in 83 «Khomeinis». Spasseshalber wird die 10000-Rial-Note so genannt, denn sie muss das Gesicht von Ajatollah Khomeini, dem radikalsten Muslimführer des letzten Jahrhunderts und Gründer der Islamischen Republik, ertragen. Gewisse Leute kriegen freilich unvermittelt kalte Füsse, wenn man in diesem profanen Zusammenhang von Khomeini spricht. Falls dies einem Pasdaran, einem Mitglied der iranischen Revolutionsgarde, zu Ohren kommt, könnte die Respektlosigkeit böse Folgen zeitigen.

Um in Teheran unseren Hunger zu stillen, ist die Auswahl an Lokalitäten mit vegetarischem Angebot schmal: Pizza oder Falafel in billigen Fastfood-Schuppen oder teure, dafür delikate Speisen in indischen Restaurants. Die Falafel sind ein sicherer Wert. Die Pizzas in Teheran geraten allesamt zu einem kulinarischen Flop. In unseren Hirnrinden hat sich seit Jahr und Tag ein dünner, scharf gewürzter und knusprig gebackener Teig als Idealbild einer Pizza festgesetzt; vorgesetzt werden uns hier aber stets diese kleinformatigen, dicken und fettigen Pizza-Kuchen à la americaine. Sie munden meist unbeschreiblich fad, ohne die Rasse von Knoblauch, Zwiebeln oder Chili, sind schon in dreieckige Stücke zerteilt und liegen auf einer Plastikfolie, damit sie so rasch wie möglich pampig werden. Zur Krönung oder vielleicht auch aus Scham, wird oft eine zentimeterdicke Ketchup-Schicht darüber gestrichen. Nur wenn man Glück hat, liegt diese süssliche rote Paste noch in Beuteln verpackt auf oder neben der Pizza. Die Fastfood-Lokale entbehren jeden Charmes: grelles Neonlicht, schmutzige, harte Holzstühle oder mit zerschlissenem Plastik überzogene Metallstühle an festgeschraubten Tischen. Alkohol fehlt offiziell im Angebot – es geht aber das Wort, mit genügend Geld sei im Iran, wie in jedem anderen Land auch, alles erhältlich –, doch mangelt es nirgends an Pommes oder Coca-Cola. Auf den ersten Blick mag erstaunen, dass die Mullahs diese Amerikanisierung dulden. Denn wer auf einer iranischen Botschaft einen amerikanischen Pass vorlegt, kriegt kein Visum für den Gottesstaat. Doch dem sich lawinenartig über den ganzen Erdball ausbreitenden amerikanischen Wegwerfgesellschafts-Lifestyle werden alle Grenzen geöffnet.

Vielleicht liefert uns Mohammad die Erklärung für diesen scheinbaren Widerspruch. Er weist armenisch-griechische Wurzeln auf, teilt mit den Mullahs nicht mal die Religion und heisst deshalb auch nicht wirklich Mohammad, doch soll an dieser Stelle dieses Pseudonym genügen. Auf einem unserer Streifzüge durch die Grossstadt lernten wir diesen hageren, ausgezehrten, jungen Mann mit schwarzem Krauskopf kennen. Es war in einem der Billardsalons, die unter vorgehaltener Hand scherzhaft «Khatami-Billard» genannt werden, da es dem gemässigten Präsidenten Khatami vor einem Jahr gelang, gegen den Willen der Mullahs das landesweite Billardverbot aufzubrechen. Mohammad war in eine Partie Pool vertieft. In seiner Mundecke hing eine glimmende Kippe und die Kugeln rollten für ihn. Er war im Begriff, eine beachtliche Serie hinzulegen, da wurde er zwischen zwei Stössen unser gewahr, stellte das Queue unvermittelt in eine Ecke und gesellte sich zu uns. In perfektem Englisch bat er uns an die Theke auf einen Kaffee. Erst als er uns eröffnete, dass es für Frauen verboten sei, einen Billardsalon nur schon zu betreten, spürten wir auf unserer Haut die bohrenden, ungeduldigen Blicke der Männer um uns. Trotzdem tranken wir in aller Ruhe die Tassen leer, und bevor wir uns aus dem Staub machten, lud uns Mohammad für den folgenden Abend zu sich nach Hause ein. Und der Besitzer des Clubs bot uns zwischen Tür und Angel noch an, nach Ladenschluss vorbeizukommen, um dann im verriegelten Lokal alleine zu spielen, wozu wir aber keine Lust hatten.

Heute nun steigen wir in einen Bus, der uns ins Quartier führt, in welchem Mohammad lebt. Mir wird vorne Einlass gewährt. Doch Bea muss durch die Hintertür ins Frauenabteil. Im Innern des Busses treffen wir uns wieder, jedoch durch eine horizontale Stange getrennt. Diese Separierung der Geschlechter befremdet uns zwar, doch ist sie, so wie die Dinge in diesem Staat nun einmal liegen, gar keine schlechte Sache. Denn das Verhältnis mancher städtischer Iraner zu Frauen aus fremden Kulturkreisen ist arg verkorkst. Die Islamische Republik in ihrer derzeitigen Ausgestaltung ist in Bezug auf Erotik eine einzige Wüste. So verlustieren sich viele Männer und Burschen klammheimlich im Internet mit vulgären Pornoseiten. Und wenn ihnen auf der Strasse eine Westlerin über den Weg läuft, halten sie diese für ein leichtes Mädchen und ihre Fantasie treibt wilde Blüten. Immer wenn Bea in Teheran alleine unterwegs ist, um Besorgungen zu erledigen, brennen ihr die Blicke fast aller Männer die Kleider vom Leib, und auch Gekicher und dumme Sprüche bleiben nicht aus. Ein solches Verhalten hat in den kleineren iranischen Städten und Dörfern hingegen niemand gezeigt.

Schon öffnet uns Mohammad die Tür seiner winzigen, düsteren und eher muffigen Wohnung. Er empfängt uns mit einem hellen Strahlen im Gesicht und stellt uns seiner betagten Mutter vor, die wegen eines Hirnschlags halbseitig gelähmt und ans Bett gefesselt ist und sich riesig über unseren Besuch freut. Während sie uns aus ihrem Leben und von ihrem zweiten Sohn berichtet, der nach Indien ausgewandert ist und dort in einem Ashram lebt, sehe ich den schwarzglänzenden Rücken einer Kakerlake über den bauschigen Teppich huschen. Mohammad trägt uns Kakifrüchte auf und lässt auf dem CD-Gerät Lieder von Leonard Cohen, Chris Rea, Sting oder den Eagles spielen, welche offiziell, wie alle westliche Musik, verboten sind. Die Stücke hat er sich von Freunden zusammenkopiert. Hier zuhause muss er nicht mit Pasdaran-Spitzeln rechnen. Denn heutzutage gelte im Iran die Regel: Was innerhalb der eigenen vier Wände passiert, geht niemanden, auch nicht den Staat, etwas an. Derweil Mohammad nun selbst die Gitarre zupft und sich mit einem auf dem Knie gerollten Joint die Sinne und uns allen die Luft vernebelt, lamentiert er, dass es für die Jungen kaum Vergnügungsmöglichkeiten gäbe. Viele sässen deshalb am Abend zusammen und rauchen Opium. Das werde vom Staat geduldet, weil diese Droge aufmüpfige und kritische Geister zähmt. Um den Dampfdruck der brodelnden Massen unter Kontrolle halten zu können, lassen sich die Mullahs in verschiedenen Bereichen des öffentlichen Lebens zu kleinen Zugeständnissen an den Zeitgeist erweichen. Ihren Schäfchen Coca-Cola, Pommes und pampige Pizzas vorzuenthalten, haben sie wohl aus solchen Überlegungen zur Machtsicherung nicht gewagt. Wir, die noch nie von einem totalitären System unterdrückt wurden und seit Geburt in einem demokratischen Land lebten, fragen mit einer gewissen Naivität: «Warum steht ihr nicht auf und kämpft für euer Recht?» Mohammads Gesicht verfinstert sich, Traurigkeit sickert in sein aufgewühltes Gemüt und in seinem vorher noch so hellen Blick flackert nun blanke Angst, als er mit zittriger Stimme antwortet: «Im Iran werden unbequeme Leute leicht umgebracht. Wer sich zu sehr zum Fenster hinauslehnt, der kriegt von den Schergen des Staatsapparates einen kräftigen Tritt in den Rücken, damit er für immer von der Bildfläche verschwindet. Die Bewohner dieses Gottesstaats sind allesamt eingeschüchtert und verharren in Starre wie die Maus vor der Schlange und hoffen einfach auf ein Wunder, an das aber tief innen die wenigsten glauben. Vielen Iranern ist wegen mangelnden Selbstvertrauens eine lähmende Lethargie eigen. Sie hadern und beklagen zwar in unbeobachteten Momenten – wie ich jetzt – ihr hartes Los, in der Islamischen Republik ihr Leben unerfüllt fristen zu müssen, doch zerfällt der heraufbeschworene Kampfeswille jeweils zu Staub, bevor überhaupt schon versucht worden wäre, am ersten Schräubchen der Staatsmaschinerie zu drehen.» An Mohammad nagen die unerfüllten Hoffnungen der Vergangenheit, die unbestimmte Angst vor künftigen Ereignissen und die täglich gegenwärtige, zähe Einsamkeit. Musik, Marihuana und gelegentliche Alkoholexzesse mit Freunden geben ihm zwischenzeitlich die zweifelhaften Freiräume, die er zum Überleben braucht. Solange seine Mutter noch lebt, wird er sich um sie kümmern. Dass dabei viele seiner eigenen Bedürfnisse zurückstehen müssen, thematisiert er nicht. Was das Schicksal nach dem Tod der Mutter für ihn bereithält, kann und will er sich nicht ausmalen.

In den Köpfen anderer iranischer Stadtbewohner, die wir antreffen, scheint ein einziger, quälender Gedanke vorzuherrschen: «Wie komme ich weg von hier?» Wunschziele sind Europa, Kanada oder Australien im Allgemeinen und Schweden, England oder die Schweiz im Speziellen. Der pensionierte Englischlehrer, mit dem wir später in Esfahan trotz Ramadan am Fluss unten Falafel essen werden, würde sich auch mit der Türkei zufrieden geben. Unsere gut gemeinten Worte, dass die ersehnte Freiheit in der Fremde mit dem Verlust der eigenen Kultur und der gewohnten Umgebung mit all den Freunden und Bekannten teuer bezahlt werden müsste, perlen allesamt an ihm ab. Der Drang, durch eine Flucht auf Teufel komm raus das eng geschnürte, ihn zu erwürgen drohende Korsett der Mullah-Herrschaft zu sprengen, insbesondere um seinen drei Kindern eine Zukunft mit Perspektiven zu ermöglichen, ist stärker als allfällige Zweifel, seien sie auch noch so begründet. Weil er weiss, wie es sein könnte – noch unter dem Schah-Regime reiste er für ein Jahr nach England – hält er es hier, wo der Glaube und die Beziehungen, statt wie andernorts die Qualifikation und die Beziehungen über die Besetzung einer Stelle entscheiden, nicht mehr aus. Der Stachel der Freiheit sitzt zu tief und zu schmerzhaft in seinem Fleisch. Die Büchse der Pandora einmal geöffnet, gibt es kein Zurück mehr. Den Pensionsbatzen von sechs Euro pro Tag, den er von den Mullahs erhält, bezeichnet er als schlechten Witz. Allein die Miete seiner Wohnung verschlinge die Hälfte davon, so blieben für die fünfköpfige Familie noch genau drei Euro pro Tag übrig. Das ist wahrlich nicht gerade üppig bemessen. Ein Fladenbrot ist zwar für zwei oder drei Eurocent zu haben, doch ein Liter Milch kostet einen halben Euro.

Der junge Mohammad-Reza, der an der Rezeption unseres Teheraner Hotels arbeitet, antwortet nach seinem Befinden gefragt nie, es gehe ihm gut. Zu vertrackt präsentiert sich ihm seine Lebenssituation. Er fühlt sich nicht wohl in seiner Haut, weil auch er am brennenden Wunsch leidet, seinem Heimatland lieber schon heute als morgen den Rücken zu kehren. Voller Hoffnung versucht er mit den Gästen aus aller Herren Länder seine Fluchtmöglichkeiten auszuloten. Doch vermag kaum jemand, ihm realistische Perspektiven aufzuzeigen. Trotzdem erlernt er, wie so viele Iraner, mit ungebrochenem Elan die englische Sprache. So wird er gewappnet sein, wenn in unsicherer Zukunft seine Glücksstunde doch noch schlagen sollte. Und bis zu diesem fernen Tag kann er dank Gesprächen mit Touristen an der Rezeption des Hotels den frischen und verheissungsvollen Duft der Freiheit schnuppern, der seine Träume vom glücklichen Leben jenseits der iranischen Grenze immer von neuem nährt.

Am Morgen des 20. Oktober 2003 radeln wir auf der stark frequentierten Hafezstrasse aus dem Zentrum von Teheran zum Highway Richtung Süden, nicht aber ohne uns erst von Mohammad und seiner Mutter herzlich zu verabschieden. Ihr bitteres Schicksal lastet auf meiner Seele. Aber wie die Luft immer reiner und klarer wird, je weiter wir uns vom Moloch Teheran entfernen, hellt auch mein verdunkeltes Gemüt wieder auf. Trotzdem bin ich noch in Gedanken versunken, als mir aus einem heruntergekurbelten Autofenster ein Sack voller *anar*, Granatäpfel, entgegengestreckt wird. In ungebremster Fahrt lasse ich meinen Blick den Arm entlang gleiten und treffe auf Augen so schwarz wie Kohle in einem lieblichen Frauengesicht. Das weit nach hinten gerutschte Kopftuch lässt eine gewagte schwarze Haartolle hervorquellen. Ich schenke der Dame mein süssestes Lächeln und pflücke die so überraschende wie willkommene Gabe mit einem «*Merci!*» aus der Hand. Sachte lege ich die Früchte in den Korb über meinem sirrenden Vorderrad; der Fahrer des Wagens drückt aufs Gaspedal und braust davon.

Noch ganz benommen von dieser wunderbaren Geste sinniere ich über den Symbolgehalt des Granatapfels, dieser Frucht mit der harten, ledrigen Schale und dem so verführerischen Innern. Ihr herausragendes Merkmal sind die unzähligen *granum*, die Körner, die sich innerhalb der Schale befinden. Deswegen galt sie schon den Griechen und Römern als Symbol der Fruchtbarkeit. Da zum Licht der Schatten gehört, erwuchs aus dem *granum* auch die Granate – in ihrer todbringenden Wirkung das pure Gegenteil von Fruchtbarkeit. Vor sieben Monaten, noch im sicheren Hort der Schweiz zuhause, hätte ich eher den explosiven, Vernichtung und Leid bringenden Inhalt im dargereichten Sack vermutet. In der Medienberichterstattung blüht nämlich geradezu eine «Konjunktur der Ängste». Emotionen generieren Auflagen. Billige Effekthascherei steht oft über dem Anspruch, ausgewogen und sachlich zu informieren. So werden Konflikte überzeichnet und Banalitäten skandalisiert. Das «normal Gute», das Gemässigte, ist keine Meldung wert. So wird den Leuten ein völlig verzerrtes Bild der Welt vermittelt. Im Zusammenhang mit dem Iran geistern in allen Köpfen Unworte wie «Schurkenstaat» oder andere Bush'sche Konstrukte wie «Achse des Bösen» herum. Gut, sind wir ausgezogen, unser einseitiges Weltbild an der für uns bis jetzt erfreulich viel helleren Realität zu eichen. Religiöse Verblendungen und gewisse politische Systeme mögen zwar durchaus Grausamkeiten generieren, doch die einzelnen Menschen, denen wir auf den Landstrassen der Welt begegnen, sind zu fast hundert Prozent von edler Gesinnung. Dies gilt bis jetzt ganz besonders für die Bevölkerung der Türkei und des Irans.

Stundenlang gleiten wir durch die baumlose, wüstenhafte und stark erodierte Landschaft. Meine Gedanken hüpfen frei im unbeschwerten Hirn umher, bis das Denken schliesslich zur Ruhe kommt. Ich begreife, dass ich mich zuerst leeren muss, um etwas aufnehmen zu können. Kurz vor Einbruch der Dunkelheit machen wir unweit der Strasse in einer Senke einen geeigneten Platz für unser Zelt aus. Unter dem so klaren wie milden Sternenhimmel und der silbernen Sichel des Mondes spülen wir uns den Staub des Tages von der Haut. Später beobachtet eine Wüstenmaus mit ihren kugeligen Äuglein scharf, wie sich die in ihr Revier eingedrungenen Fremdlinge mit Heisshunger und Genuss *spaghetti al aglio, olio e peperoncino* einverleiben.

Nach Sonnenaufgang streuen wir unserer wachsamen Nachbarin als Dank fürs gewährte Gastrecht die Brosamen vom knusprigen Zwieback vor den Eingang ihres Baus und halten mit gemischten Gefühlen Qom zu, der wohl meistgehassten iranischen Stadt. Schon Hossain meinte in Ardabil: «Um Qom müsst ihr einen grossen Bogen machen. Diese Stadt ist verseucht durch Mullahs.» Heute ist unsere Schnellstrasse stärker befahren als noch gestern. Doch ein kurzer Blick auf die parallel geführte alte Hauptstrasse, die mit tonnenschweren Lastern vollgepfropft ist, lässt uns zufrieden auf unserem Pannenstreifen zurück. Plötzlich reflektieren vor uns die Sonnenstrahlen grell auf zerbrochenem Glas: Zwei arg deformierte Autos und ein von schweigenden Männern umringter regloser Körper liegen auf einem Scherbenteppich. Wir schlagen einen gebührenden Bogen um die Unfallstelle. Später schliesst die Ambulanz des Roten Halbmondes zu uns auf. Der vergnügte Fahrer will uns in sein Hauptquartier auf einen çay einladen. In seinem Kofferraum liegt die bereits steife Unfall-Leiche – wir winken ab und folgen tief in Gedanken versunken dem sanft ansteigenden schwarzen Band, lassen uns nach dem Passieren des Kulminationspunktes in forschem Tempo hinuntergleiten und fühlen, wieder freier atmend, das pulsierende Leben in uns.

Im hundertfünfzig Kilometer südlich von Teheran gelegenen Qom rollen wir nach zwei Etappen ein. Diese Stadt ist dank der zahlreichen Grabstätten persischer Könige und schiitischer Heiliger ein bedeutender Wallfahrtsort. Entsprechend wird das Stadtbild durch bärtige Mullahs geprägt. Ihre Gesichtszüge verraten oft eine zentralasiatische Abstammung. Die baren Füsse stecken in ausgelatschten Sandalen und ihre fülligen Leiber werden von den offen getragenen schwarzen oder braunen Mänteln nur leidlich umhüllt. Weisse oder schwarze Turbane zieren ihre Häupter, wobei die Ehre, einen schwarzen zu tragen, nur jenen zuteil wird, deren Herkunft sich in direkter Linie zum Propheten Mohammad zurückverfolgen lässt. Wie den Schiiten diese Beweisführung gelingt, bleibt ihr Geheimnis. Immerhin wurde Mohammad in Mekka, im heutigen Saudi-Arabien, vor über 1400 Jahren geboren. Die Äste des Stammbaums meiner Familie verschwinden schon nach wenigen Generationen im Dunkeln des Ungewissen und der Spekulation. So streiten sich die Gelehrten noch heute, ob sich mein Nachname tatsächlich von Käser über Käsar zu Cäsar ableiten lässt. Nur platte Geister ziehen ernsthaft in Erwägung, ein Urahne könnte allenfalls gewerbsmässig Käse produziert haben.

Weil Pilgerfahrten zu den heiligen Stätten ein wichtiger Bestandteil der religiösen Pflichten der Schiiten bilden, lockt Qom, wo die Überreste von Fatima-e Masumeh begraben liegen, Gläubige aus aller Welt an. Sie ist keine Geringere als die Schwester des achten Imam Reza, des religiösen und weltlichen Oberhauptes der Schiiten. Seine Gebeine ruhen in Maschhad, der anderen heiligen Stadt des Irans. Auf den glattpolierten Steinen des weiten Platzes vor der Moschee flanieren viele arabische Pilger.

Am losen Tuch auf dem Kopf, das durch einen schwarzen Ring zusammengehalten wird und an den frisch gebügelten, blütenweissen, knöchellangen Kleidern, die bei uns als Nachthemd durchgehen würden, sind sie leicht zu erkennen. Die Frauen sind ausnahmslos mit schwarzen Tschadors verhüllt. Drei haben sich zusätzlich das Gesicht verschleiert und ungeachtet der Hitze sogar weisse Handschuhe über die bleichen Finger gestreift. So tragen hier alle ihre traditionelle Tracht und bleiben darin ihrer Herkunft treu. Auch wir wollen uns nicht anbiedern und suchen in der Kluft der Velonomaden-Zunft ein Hotel: Bea zwar wie immer in diesem Land in langen Hosen und mit Kopftuch, jedoch statt in einen Mantel gehüllt, in einem meiner weiten Hemden versunken, und ich in den kurzen Velohosen. Niemand nimmt an unserem Äusseren Anstoss. Anscheinend sind die Mullahs doch toleranter, als das Gerücht weismachen will. Eine vernünftige Unterkunft zu finden, ist gar nicht so einfach, denn die meisten besseren Hotels sind überteuert, und die *mosaferchunes*, die Häuser für die Reisenden, sind zwar günstig und verfügen auch über freie Zimmer, doch riechen dort die Kissen nach alter Haarpomade, die Sprungfedern der klapprigen Bettgestelle drücken durch die schändlich dünnen Matratzen hindurch zwischen die Rippen und die schmuddeligen Gemeinschaftstoiletten auf dem Gang würden Bea für jedes Pipi zu einer regelrechten Maskerade nötigen. Denn ohne Hose, Langarmhemd und Kopftuch darf sich ein weibliches Wesen ausserhalb des eigenen Zimmers nicht zeigen. Es sind bereits über eineinhalb Stunden der fruchtlosen Suche verstrichen, als uns schliesslich ein junger, hilfsbereiter Bursche zu einem gepflegten Hotel am dezent beleuchteten Platz vor der heiligen Moschee führt, deren Betreten für Nicht-Muslime untersagt ist. Als wir später von unserem Zimmerfenster aus die wie gemalt wirkende Szenerie unter uns mit den Augen verschlingen und uns von der einzigartigen Atmosphäre des belebten Platzes bezaubern lassen, können wir uns kaum mehr lösen. Die zwei Dutzend arabischen Pilger und Pilgerinnen, die neben dem Brunnen ihre Schlafmatten ausrollen, verleiten mich zu einer kleinen Rechnung: Hätten wir es ihnen gleichgetan und das Hotel verschmäht, so könnten wir uns mit dem eingesparten Betrag sagenhafte vierundzwanzig Nachtessen aus Falafel, Karottensaft, Mineralwasser und Bananen-Milch-Shake leisten!

Beim Verlassen von Qom stellt sich uns an einer Kreuzung ein Polizist breitbeinig in den Weg und fordert uns auf, die Papiere zu zeigen. Bis wir die Pässe hervorgekramt haben, drängt sich bereits eine hübsche Menschentraube um uns. Im Zentrum des Geschehens steht der Ordnungshüter, wie er wichtigtuerisch unsere roten Pässe Seite für Seite durchblättert, die er verkehrt rum in den Händen hält. Nach eingehendem Studium unserer Dokumente fragt er, die Stirn in Runzeln gelegt, was unsere Nationalität sei. Bevor er uns schliesslich – wohl unter Verdacht – entlässt, telefoniert er aufgeregt mit der Zentrale.

Mullahs und Pilger sind bereits Erinnerung. Der Highway hat uns wieder. Durchwallt von einem starken Freiheitsgefühl schweben wir durch die endlosen Weiten Kashan entgegen. Die meisten Lastwagenfahrer hornen bei unserem Anblick und winken uns erfreut zu. Schliesslich sind wir die einzigen Farbtupfer in der vegetationslosen Gegend. Einige Fahrer lassen unvermittelt ihre Bremsbeläge rauchen, um uns kühlen Orangensaft, Bonbons oder Granatäpfel zu schenken oder auch nur, um mit uns am Strassenrand ein paar Worte zu wechseln. Zwei Chauffeure warnen uns vor ihresgleichen: «Seid immer auf der Hut vor Lastwagen! Die Fahrer sind alle extrem übermüdet und können schon mal einnicken. Ein schlingernder Lastwagen kann euch das Leben kosten. Was Ruhezeiten sind, kennen wir leider nur vom Hörensagen. Für einen Transport von Bandar-e-Abbas am Persischen Golf nach Rasht am Kaspischen Meer werden uns nicht mehr als eineinhalb Tage zugestanden. Da bleibt kaum Zeit für Pausen.»

Ab und zu unterqueren raue Sandpisten den Highway. Sie führen zu verlassen wirkenden, erdfarbenen Dörfern am Fuss der Berge. Im Schatten einer solchen Unterführung nehmen wir unser Mittagessen ein. Auf das Dessert haben wir uns schon den ganzen Morgen gefreut: Nussschokolade von Nestlé aus einem Teheraner Importladen. Allein der Anblick der Verpackung lässt uns das Wasser im Mund zusammenlaufen. Mit glänzenden Augen schlagen wir die Zähne in die süsse Verheissung und spucken umgehend die bittere Realität auf den Boden. Ein unangenehmer Geschmack nach Mottenkugeln bleibt zurück. Hoffentlich wird es den Würmern von dieser verdorbenen Schokolade nicht übel!

Kurz vor Kashan fängt uns ein Polizist ab. Ihm ist es nur ums Schwatzen zumute. Ohne zwei weitere blutrote und vor Reife aufgeklaffte Granatäpfel im Gepäck will er uns partout nicht weiterziehen lassen; auch dies eine der schillernden Facetten der iranischen Gastfreundschaft.

In Kashan bittet mich ein afghanischer Englischlehrer in sein Klassenzimmer. Die zehn Schülerinnen, Frauen im Alter zwischen fünfzehn und zwanzig Jahren, werden vom ehrgeizigen Junglehrer einzeln aufgerufen, um mir Fragen zu stellen. Die Damen sind viel zu scheu, Interessantes aus mir herauszukitzeln. Sie kommen nicht über seichte Gemeinplätze hinaus. Nun bedeutet mir der Lehrer, selbst eine Frage zu formulieren. Auch ich bescheide mich mit einem Klischee-Thema, indem ich ihre Einstellung zum Kopftuchzwang zur Diskussion stelle. Acht geben zu Protokoll, die Kopfbedeckung zu hassen. Sie empfinden die Pflicht zur Verschleierung als reine Schikane. Zwei andere aber würden sich ohne Tschador nie und nimmer vor die Haustür wagen. Für sie bedeutet das dunkle Tuch eine Art Schutz.

Um uns Esfahan abseits der Hauptrouten anzunähern, bieten wir den Bergen die Stirn. Die Strassen sind kurvig und steil, dafür kaum befahren. Über die kahle Felslandschaft streichen kühle Luftmassen. Vor uns wirbelt eine Windhose Staub auf, treibt quer über den Asphalt und zerschellt an einem Steinbrocken. Unter Pflaumen-bäumen, durch deren Laubdach die Sterne funkeln, bereiten wir das Nachtlager. Als wir uns mit auf dem Kocher gewärmtem Bachwasser duschen, ertönt aus nächster Nähe Wolfsgeheul – sonst atmet alles Ruhe und Frieden. Um für den unwahrschein-lichen Fall gerüstet zu sein, dass uns das Raubtierrudel umzingeln und bedrängen sollte, nehmen wir Streichhölzer und Benzinflasche mit ins Zelt. Ein lodernder «ring of fire» – frei nach Johnny Cash – würde uns vor den spitzen Zähnen schützen, so meine Theorie. Nur gut, muss sie sich nicht beweisen. Das Lied der Wildnis verebbt im Dunkel der Nacht, und wir fallen in bleiernen Tiefschlaf.

Wieder im Sattel, kündigt schon bald eine kleine Moschee ein Dorf an, wo wir uns im einzigen Laden mit Trinkwasser eindecken. In Flaschen abgefülltes Wasser gibt es hier nicht, dafür kostenloses *Kuh*-Wasser. Es handelt sich dabei nicht etwa um ver-dünnte Milch, sondern um herrlich kühles und klares Wasser, das weit oben auf dem Berg, dem *kuh*, versickert ist und hier aus der Erde sprudelt. Nach der Passhöhe führt uns die Strasse in eine weite fruchtbare Hochebene mit Äckern und Obstbaumkultu-ren. Ein LKW-Fahrer, der einen mehrere Tonnen schweren, noch unbehauenen Marmorblock geladen hat, schaltet neben uns in tiefere Gänge, um mit dem Motor zu bremsen. Dabei qualmen aus dem gegen uns gerichteten Auspuff schwarze Die-selwolken. Sie hüllen uns vollständig ein und schlagen uns mit momentaner Blind-heit und Atemnot. Markerschütterndes Quietschen und der Geruch nach verbrann-tem Bremsbelag deute ich als Zeichen, dass der Laster weiter vorne stoppt. So ist es auch. Der Fahrer setzt sich mit uns auf einen Stein am Strassenrand, schenkt çay in blecherne Tassen und bricht uns Brot, das seine Frau heute Morgen gebacken hat. Am Rand von Meymeh füllen wir all unsere Flaschen mit Wasser und halten in der Folge Ausschau nach einem Platz für die Nacht. Ein drei Meter hoher Erdwall direkt neben der Autobahn ist das Einzige, was uns die flache, hier wieder wüstenhafte Landschaft an Sichtschutz zu bieten hat. Neben Steinen und unzähligen Dornenbü-schen müssen wir auch ausgetrocknete menschliche Exkremente wegräumen – wir hatten auch schon bessere Plätze! Doch kaum haben wir uns eingerichtet, macht sich ein wohliges «Zuhause-sein-Gefühl» breit. So sehr sind wir uns das Nomadenleben gewohnt.

Die letzten hundert Kilometer bis nach Esfahan verlaufen nach dem üblichen Muster bei grossen iranischen Städten: Zuerst fahren wir auf einer verkehrsfreien Pa-rallelstrasse zur mit Autos verstopften Hauptachse, dann auf dem komfortablen Pan-nenstreifen der Autobahn, der sich aber in dem Masse bis zur Inexistenz verschmä-lert, wie der Schwerverkehr zunimmt. In Stadtnähe überfallen uns Horden von Halbwüchsigen auf so knatternden wie lottrigen Mopeds und löchern uns mit den immer gleichen einfältigen Fragen. Weiter im Zentrum umgarnen uns zungenfertige

Englischlehrer, die uns in ihre Klassen einladen wollen; als Novum im Iran auch Deutschstudenten, die vom Goetheinstitut schwärmen. Wir greifen zu kleinen Notlügen, um nicht schon am ersten Abend die vor uns liegenden Tage mit Terminen zu überladen. Uns steht der Sinn hier nämlich schlicht und einfach nach Erholung und Genuss der viel gelobten Stadt.

Bis sich uns der Charme von Esfahan erschliesst, dauert es eine geraume Weile. Wir tasten uns geduldig, Schritt für Schritt, an ihr Geheimnis heran. Jeden Tag entdecken wir auf unseren Streifzügen neue Quartiere mit wunderschönen Fassaden. Die beiden weltberühmten Moscheen am Meidun-e-Emam-Khomeini, dem Hauptplatz Esfahans, betrachten wir zuerst nur von aussen und können dabei eine gewisse Ernüchterung nicht verhehlen. Schliesslich setzen wir unseren Fuss erst in die Sheikh-Lotfollah-Moschee und später auch in die grosse Emam-Moschee. Ihre Wirkung auf mich ist gewaltig. Der von der Kuppel umschlossene Raum lässt mich so frei atmen, wie mir dies noch in keinem anderen Gotteshaus geschah. Bestimmt liegt es an der grandiosen Schlichtheit: Keine beengenden Gegenstände stehen herum, auch keine Figuren oder zusätzliche Kunstwerke. Nur die gewölbte, glatte Oberfläche mit den bemalten Kacheln. Ein Schnalzer mit der Zunge erfüllt die Luft sekundenlang. Das klare Echo ist so schön und schaurig wie eine scharfe Klinge. Dies ist der Raum, um in sich zu kehren und mit höheren Mächten zu kommunizieren!

Am 27. Oktober 2003, dem Beginn des Ramadans, führt uns der Sohn des Miniaturisten und Restaurators Mohsen Hosseiny in einige der ungezählten fensterlosen Handwerkerräume des Basars beim Meidun-e-Emam-Khomeini. Er weiht uns ins Geheimnis ein, wie die bunten Kacheln, mit denen die Moscheen innen und aussen verziert sind, gebrannt und wie die natürlichen Farben für deren Bemalung aus Kräutern und Rinden hergestellt werden. Sein Vater präsentiert uns die Galerie seiner Miniaturbilder, die täglich seiner Feder entströmen und beehrt uns mit einer Tuschskizze, die er vor unseren Augen aufs Papier zaubert. Sie ist von unglaublich filigraner Zartheit. Dass wir im Basar nichts zu kaufen gewillt sind, verstehen die beiden gut, denn an welche Wand sollen Nomaden Bilder hängen, auf welchen Boden wertvolle Teppiche legen? Trotzdem geleiten sie uns nun zu ihrem Freund, dem Teppichhändler. In dessen Reich aus kräftig leuchtenden Bildern setzen wir uns zusammen auf einen Läufer von auserlesener Schönheit und plaudern über dies und das. «Die Teppiche werden irgendwo im Land draussen auf staubigen Plätzen geknüpft und müssen hier erst gewaschen und geschert werden, damit die Farben und Muster in vollem Glanz zur Geltung kommen. Um Wolle für Teppiche und Kleider einzufärben, werden übrigens dieselben Naturfarben verwendet wie für die Kacheln der Moscheen», führt der füllige Herr aus. Derweil wir den nur uns zwei aufgetragenen çay schlürfen, verlieren sich die Gesichtszüge unserer Gastgeber immer wieder in ausgedehntem

Gähnen. «Die ersten drei Tage sind jedes Mal am schwierigsten. Der Körper muss sich erst an die Umstellung gewöhnen», erklärt der Teppichhändler, der besonders energielos und schlapp wirkt. Diese drei Männer halten sich strikt ans Gesetz des Ramadans, das besagt: Vom ersten Gebetsruf vor Sonnenaufgang bis zu jenem nach Sonnenuntergang darf weder gegessen, getrunken noch geraucht werden. Der Sohn von Mohsen Hosseiny fügt an: «Damit wir trotzdem arbeiten können, essen wir vor Tagesanbruch besonders kalorienreiche Nahrung wie getrocknete Früchte, Nüsse oder Datteln in rauen Mengen.» Und sein Vater präzisiert: «Vom Fasten befreit sind Reisende, Kranke, schwangere oder stillende Frauen sowie Knaben unter fünfzehn und Mädchen unter neun Jahren. Wer aber nicht fastet, darf dies in der Öffentlichkeit nicht zeigen.» Die Fragezeichen in unseren Augen gewahr, ergänzt er hastig: «Mädchen sind früher als die Jungs reif genug, um den Sinn des Fastens zu verstehen.»

Das Thema Fasten lässt uns in unsere Eingeweide horchen. Wir beide vernehmen ein mürrisches Knurren. So bedanken wir uns bei den willensstarken Männern für ihre Gastfreundschaft und ihre erhellenden Ausführungen zu ihrem Handwerk und ihrer Kultur, verabschieden uns herzlich und tauchen wieder an die Oberfläche des Meidun-e-Emam-Khomeini. Mit flinken Augen spähen wir nach einem Restaurant. Wir laufen uns in der Stadt die Füsse wund und verrenken uns die Hälse. Doch will sich kein Lokal zeigen, das vor Sonnenuntergang, der noch Stunden entfernt ist, öffnet. Bei einem der kleinen Verkaufsstände unter den Torbögen des Meidun-e-Emam-Khomeini decken wir uns schliesslich mit Nüssen, Pommes Chips und abgepackten Säften ein, verziehen uns in eine ruhige, dunkle Ecke und befriedigen mit einem leichten Anflug von Scham die profanen Bedürfnisse unserer Körper, derweil auf der hell beschienenen Wiese vor uns mitten auf dem Hauptplatz eine Gruppe junger Iraner Siesta hält: Einigen klemmt eine glimmende Zigarette zwischen den Lippen und andere schieben sich reich belegte Sandwiches in den Mund.

Bei der Anziehungskraft eines Ortes wie Esfahan erstaunt es nicht, dass sich hier auch andere Velonomaden einfinden. Auf das Eintreffen von Nicole und Hans-Michel zählten wir. Dass wir aber mit Gisela und Richi auf jenes Paar stossen, von dem uns am erst zweiten Fahrtag unserer Linie um die Welt eine Frau erzählte, ist kaum zu fassen. An jenem 2. April 2003 wärmten wir im Wartesaal des Bahnhofs von Bauma unsere vom Hagel und Biswind durchfrorenen Knochen auf. Mit Kennerblick musterte eine Frau unsere bepackten Velos und berichtete von ihrem Sohn, der in drei Wochen zusammen mit seiner Frau ebenfalls per Rad Richtung Osten aufbrechen werde. Hier stehen sie nun: Gisela und Richi.

Bevor wir zusammen mit Nicole und Hans-Michel über das Zagrosgebirge den Weg bis zum etwa fünfhundert Kilometer entfernten Shiraz unter die Räder nehmen, genehmigen wir uns beim Herrn mit der viel zu tiefen Bassstimme erfrischende Bana-nen-Milch-Shakes. An unserem ersten Abend in Esfahan begrüsste uns diese fein-gliedrige, zierliche Person mit den überraschend rau vorgetragenen Worten: «Will-kommen im Iran, in Esfahan und ganz speziell in meinem Laden!» Wir sind ihr immer treue Gäste geblieben.

Der erste unserer insgesamt neun Fahrtage zu viert, während derer wir uns vor-nehmlich in einer Höhenlage zwischen 2000 und 2700 Metern über Meer bewegen werden, liegt bereits in seinen letzten Atemzügen, als wir in einem stillgelegten Steinbruch stranden, den wir für die Nachtruhe wählen. Bei unserer Ankunft räu-men ein flinker Skorpion und zwei kurzbeinige, kleinköpfige, dafür umso grossohri-gere Wüstenfüchse fluchtartig das Feld. Während sich Bea und ich in den nur noch flach einfallenden Sonnenstrahlen mit Wasser aus den Bidons duschen, lassen Nicole und Hans-Michel den Tag wie schon damals in der Türkei, als wir für einige Tage gemeinsam unterwegs waren, mit Qi Gong Übungen ausklingen.

In Shahreza steigt uns ein klebrigsüsser Duft in die Nase: Haufen blutroter, vor Reife aufgeklaffter Granatäpfel quellen aus Holzkarren, die auf dem Gehsteig abge-stellt sind. Hinter diesen dehnt sich ein weiter Platz bis zum Fuss einer Moschee. Ihre Kuppel ist mit blau-grün gemusterten Kacheln verziert. Sie hebt sich klar umrissen von den ockerfarbenen Bergzügen ab, die keck in den stahlblauen Himmel stossen. Bezaubert von dieser Farbenpracht und angelockt vom eingängigen Gebetssingsang, der die unter der Mittagssonne flimmernde Luft erfüllt, streifen wir durch den mit unzähligen Gräbern besetzten Friedhofsplatz. Aus den kleinen Glasvitrinen, die über jedem Grabstein stehen, schauen uns die Verschiedenen an. Aus Porträtfotos, die sie in ihrer Jugendfrische zeigen. Vielleicht sind sie wirklich alle im zartesten Alter ge-storben, als Kanonenfutter im acht Jahre wütenden Krieg gegen Saddam Husseins Irak. Im offiziellen Jargon wären sie dann Märtyrer, die sich mit ihrem Tod auf direk-tem Weg ins Paradies katapultiert haben. Durch fast alle Scheiben bohren auch die Blicke der Revolutionsführer Khomeini und Nachfolger Khameini, was mich unan-genehm berührt.

Bis ausgangs Stadt heften sich viele Mopedfahrer an unsere Fersen, heissen uns herzlich willkommen, bieten uns ihr Haus an oder schenken uns Säcke voller Äpfel oder Granatäpfel. Derweil die Bergspitzen des Zagrosgebirges langsam näher rücken, vermögen die müden Sonnenstrahlen die Luft nicht mehr zu erwärmen, und wir frösteln im bissig kühlen Wind, der von der nahen Nacht herüberweht. Bei einer Baustelle schöpfen wir Wasser und biegen wenig später in einen Schotterweg ein, der uns auf eine sachte Anhöhe trägt, die von einer einigermassen ebenen Fläche gekrönt ist. In deren Zentrum sind als Windschutz für die Schafe und Ziegen, die in dieser kargen und unwirtlichen Gegend geweidet werden, Steinquader zu hüfthohen Mau-ern aufgeschichtet. Als unsere faltbaren Behausungen bereits errichtet sind, tau-chen wie aus dem Nichts zwei Bauern auf, die uns anbieten, in ihr hinter dem Berg liegendes Haus zu kommen, denn hier draussen werde es eisig kalt in der Nacht. Wir sind mit diesem Platz aber zufrieden, bedanken uns für das nette Angebot, lehnen ab, und schieben jene Erklärung nach, die unser bescheidener Farsi-Wortschatz hergibt: «*Tschador cheili chub*, Zelt sehr gut.»

Schon bald sitzen im Schutz der niedrigen Mauern, aber unter bitterkaltem, sternenübersätem Nachthimmel vier tief vermummte Gestalten. Ihr warmer Atem kondensiert in der Luft zu weissem Nebel, vermengt sich mit dem Duft der im Olivenöl Extra Virgin brutzelnden Zwiebeln, steigt kurz empor, bis er vom Wind erfasst und über die menschenleere Einöde Richtung flirrendes Lichtermeer von Shahreza getragen wird.

Der böenartige Wind rüttelt forsch am Zelt und dämpft die rhythmischen Geräusche, die aus unserem dampfenden Gemach dringen.

Klare Sicht unter stahlblauem Himmel. Gelb-rot gesprenkelte Baumkronen. Dürre Blätter, die sich leicht im Wind wiegen. Und in der Luft das leise Summen von Wespen und der würzige Duft frisch geernteter Äpfel – untrügliche Zeichen, es ist Herbst. So nah am Himmel wie die höchsten Strassen die Alpen queren, rollen wir vorbei an brachliegenden Äckern und Apfelbaumplantagen. Zu eindrücklichen Haufen gestapelt wird das Obst am Strassenrand feilgeboten. Gegen Abend erreichen wir die Stadt Semirom, wo wir unsere Zelte inmitten von Apfelbäumen aufschlagen. «Endlich wieder einmal Äste, an denen wir den Duschsack aufhängen können», jubilieren wir. Die Körperwäsche unter einer Brause ist wesentlich komfortabler als mit dem dünnen Strahl aus dem Bidon. Das gelbe Stroh am Boden, die Äste und die graubraune, abblätternde Rinde der Stämme vermitteln über die Augen ein Gefühl von Wärme. Wir frieren nicht, obwohl es mit minus zwei Grad die bisher kälteste Nacht unserer Reise wird.

Am Morgen sind unsere Schlafsäcke dort, wo sie die Zeltwand berührten, mit weissen Eiskristallen überzogen. Nach dem Frühstück heisst uns der Bauer willkommen, auf dessen Land wir genächtigt haben. Als Zeichen des Dankes schenken wir ihm Granatäpfel, mit denen wir in letzter Zeit selbst so reichlich bedacht worden sind. In seinen Adern würde nicht persisches Blut fliessen, kehrte er nicht umgehend mit einer doppelt so grossen Menge Äpfel für uns zurück. Vor einem Laden mit Wasserhahn neben der Eingangstür schrubben wir unsere Wäsche in der Faltschüssel. Die nassen Kleidungsstücke hängen wir an die vier Velos, damit sie von Fahrtwind und Sonne getrocknet werden. Auf den Kuppen der langgezogenen Berge nehmen sich schmale Bänder harten Gesteins wie das Rückgrat kauernder Dinosaurier aus. Die feinen Farbnuancen und die vielfältigen Formen der Fels-, Geröll- und Sandflächen entziehen sich jedem Beschreibungsversuch. Mit allen Sinnen nehme ich diese Bilder in mir auf und lasse sie wie kostbare Juwelen tief in mir versinken. Diese Nacht stehen unsere zwei Zelte auf sandigem Boden, in einer Gegend ohne Vegetation, ausser diesen dornigen, niederen Pflanzen, die überall zu gedeihen scheinen. Hirten ziehen mit ihrer Schafherde und zwei friedlichen Hunden grüssend an uns vorbei. In Staubwolken versteckt kommen Bauern auf Eseln den Pfad entlang geritten und bieten uns ihre Gastfreundschaft an. Dass Ramadan ist, haben wir längst schon vergessen. Auch die Bauern scheinen sich nicht um diese religiöse Pflicht zu scheren. Sie essen gerne mit uns zusammen Nüsse. Bevor sie aber in die dargebotene Schale greifen, berühren sie mit ihren Fingern jeweils die Hand, welche das Gefäss reicht.

Auch der folgende Tag, der uns in der Nähe von Pataveh in einem gepflügten Acker unter eine Eiche führt, bestätigt, dass der Ramadan in dieser Gegend nicht gar so ernst genommen wird. Ein alter, verschmitzt lächelnder Mann winkt uns mit joghurtverschmierten Mundwinkeln vom Strassenrand her zu, und ein anderer bietet uns Beeren an, von denen er selbst am Naschen ist.

Auf dem Weg nach Yasuj, einer grösseren Stadt, lassen wir uns schon nach wenigen Kilometern von bunt gekleideten Frauen zu einem *çay* einladen. Aus dem einstöckigen, ärmlich aussehenden Haus tragen zwei hurtig einen Teppich herbei, rollen ihn auf dem staubigen Vorplatz aus und bedeuten uns, Platz zu nehmen. Am süssen Tee nippend, versuchen wir das Alter der Frauen zu schätzen und verhauen uns dabei gewaltig: Die reife Dame mit den verhärmten Gesichtszügen zählt nicht dreissig, sondern erst zarte fünfzehn Lenze und das alte «Hutzelweiblein» mit hennagefärbtem Haar und so viel in markante Runzeln gefalteter Haut, die für mindestens zwei Gesichter reichen würde, ist erst sechzigjährig. Ganz offensichtlich wird hier auf dem Land rasch gealtert. Gross und klein ist vom Leben draussen in der Natur bei Wind und Wetter gezeichnet. Momentan verbringen die Frauen ihre Zeit mit dem Knüpfen von Teppichen, die von Händlern erworben und später vielleicht im Basar von Esfahan teuer verkauft werden.

Nun folgen wir weiter dem Flusslauf, bis Yasuj erreicht ist. Wir steigen in einem *mosaferchune* ab und gönnen uns den Luxus, nach sechs Tagen wieder einmal die Haare zu waschen. Überraschenderweise gibt es in diesem Nest eine Pizzeria. Zum Abendessen finden wir uns dort ein. Über den Teigfladen drohen unsere Köpfe vor Hitze zu explodieren. Wir sind uns an geheizte Häuser bereits nicht mehr gewöhnt. Auf dem Heimweg bläst uns ein bissiger Wind um die roten Nasen und lässt uns frösteln. Ich vergrabe meine Hände in die Hosentaschen und scherze: «Stellt euch mal Leute vor, die bei solch garstigen Bedingungen die Nacht draussen in der Wildnis verbringen, im messerscharfen Wind duschen, stundenlang auf dem eisigen Boden sitzen und miteinander diskutieren – und dies alles freiwillig. Wenn die nicht verrückt sind!» Wir alle können uns kaum halten vor Lachen. Die Augen tränen, das Zwerchfell schmerzt, und schon ist uns wieder wohlig warm.

In Shiraz spaziere ich mit Bea durch den belebten Basar und den gepflegten Melli-Park zum Hafez-Mausoleum. Dies ist der einzige Ort im Iran, in dessen Atmosphäre ich ein erotisches Knistern mitschwingen fühle. In den Nischen des Teehauses der Mausoleumsanlage sitzen verliebte, noch unverheiratete Paare. Sie halten sich die vor Erregung feuchten Hände, rezitieren mit bebender Stimme Gedichte von Hafez und zerspringen fast vor Sehnsucht, den riesenhaften Wall aus gesellschaftlichen und religiösen Verboten, an dem sich ihre Triebe stauen, in die Luft zu jagen und sich vom Strom der Liebe mitreissen zu lassen, in ihm aufzugehen und eins zu werden. Doch mehr als eine scheue Berührung im Halbschatten liegt im heutigen Iran, über sechshundert Jahre nach Hafez, nicht drin. Freilich war auch er selbst den damaligen Mullahs ein Dorn im Auge. Er galt als Abtrünniger, Ketzer und Gotteslästerer. Denn seine von Metaphern blühenden, leidenschaftlichen Gedichte handeln von Wein, Liebe und den Schönheiten der Natur. Sie sind aber immer auch von der mystischen Theologie des Sufismus durchtränkt. Die Anhänger dieser islamischen Mystik pflegen zu sagen: «Es gibt so viele Wege zu Gott wie Herzen, die für ihn schlagen.» Hafez glaubte an Gott als das Absolute, das einzig Existierende, und daran, dass jede Schöpfung die Manifestation von Gottes Wesen ist. Sein Ziel war, sich mit dem Göttlichen zu vereinigen. Sein Weg dazu war der rauschhafte Genuss der weltlichen Freuden, welche aber durch die strengen Gebote der grimmigen Statthalter Gottes vergällt wurden. So bezichtigte er die Prediger der Lüge, die Frömmler der Heuchelei, und den Machthabern bot er wenigstens in seiner Lyrik die Stirn. Hafez lebte in einer bewegten Zeit. Herrscher wurden blutig entmachtet, seine Heimatstadt Shiraz mehr als einmal gewaltsam eingenommen und in der Welt drohte der Schatten des letzten, aber skrupellosesten mongolischen Eroberers: Tamerlan. Vor diesem Hintergrund des jederzeit lauernden Todes plädierte Hafez in seinen Sonetten für das intensive Auskosten jeder Minute hier auf Erden. Noch heute stehen in jedem iranischen Haushalt mindestens zwei Bücher: der Koran und eine Gedichtsammlung von Hafez.

Hans-Michel und Nicole halten nun Richtung Oasenstadt Bam in der Provinz Kerman und wir peilen Bandar-e-Abbas am Persischen Golf an. So angenehm und bereichernd die gemeinsame Zeit unterwegs auch war, freue ich mich jetzt wieder auf die traute Zweisamkeit mit Bea. Denn wir haben es wunderbar miteinander. Das engste Beieinandersein, Tag und Nacht, liess uns tief in die Karten des anderen blicken. Und was wir in diesen sonst verborgenen Tiefen sahen, erfüllte uns mit Freude. Die Reise hat uns laufend mehr zusammengekittet, neue Rituale haben sich gebildet. Wie Zahnräder greifen wir mittlerweile ineinander. Wir sind die glücklichsten Menschen unter der Sonne.

Da heute Freitag ist, bleibt auf der von Bäumen gesäumten Strasse viel Raum für uns. In mir ruhend und zufrieden schwebe ich schon fast zwischen den Pinienreihen am Strassenrand und dem mit Palmen bestandenen Mittelstreifen dahin. Die Sonne strahlt aus blauem Himmel und lässt hoch oben ein paar Federwolken weiss leuchten. Einem lächelnden Taxifahrer, der mich rechts überholt, winke ich zu, als mein Fahrrad plötzlich, wie von Geisterhand geschubst, zu wanken beginnt und mich aus dem Sattel zu hebeln droht. Mit Müh und Not kann ich die aus dem Gleichgewicht gebrachte Masse unter mir wieder zügeln. Noch im Abbremsen vernehme ich einen dumpfen Knall und markerschütternd schleifende Geräusche metaller Teile auf Asphalt.

«Bea!», fährt es mir wie eine glühende Klinge durchs Hirn.

Blass vor Schreck wende ich den Kopf und ein tonnenschwerer Stein fällt mir vom Herzen: Bea steht hinter mir, etwas wacklig zwar und leicht geschockt, doch kann nichts Schlimmes passiert sein. Ihr zerzaustes Rad liegt auf dem Asphalt, darauf ein Motorrad. Zwei iranische Männer rappeln sich noch ziemlich benommen vom Boden auf und inspizieren die Risse in den Kleidern, ihre Schürfwunden an Knie und Ellbogen und den Schaden an ihrem Gefährt: Der Spiegel ist gebrochen, das Rücklicht baumelt an den herausgerissenen Drähten und in den Lack haben sich einige Kratzer eingeschrieben – nichts weiter. Trotzdem kocht ihr Blut fast über. Sie sind genervt und aufgebracht. Ungeschickt versuchen sie jetzt, ihr Moped aufzustellen. Es gelingt ihnen nicht. Der Ständer hat sich im Vorderrad des Velos verheddert. Rüde klingende Worte sprudeln aus ihren Mündern. Ihrer Gestik und Mimik nach zu urteilen, überhäufen sie Bea tatsächlich nicht mit Schmeicheleien. Ich brauche aber nicht einzugreifen, sondern kann mich um die Entflechtung von Mofaständer und der verbogenen Velospeichen kümmern. Denn die beiden Unfallopfer werden von einem anschwellenden Pulk von Helfern und Gaffern in die Schranken gewiesen, für ihre eigene Fahrlässigkeit gerügt, ja fast schon gelyncht. Bevor die Fäuste fliegen, beschwichtigen wir und versichern den nicht gerufenen Beschützern und Rächern unsere Unversehrtheit. Wir beteuern den erhitzten Gemütern, dass wir weder Doktor noch Polizei benötigen und machen uns schleunigst aus dem Staub. Ausser Sichtweite der bestimmt noch immer heftig debattierenden Meute inspizieren wir Beas Velo und stellen keine weiteren Schäden fest als ein beachtlich eierndes Vorderrad und eine Delle in der Felge. Derweil ich das Rad zentriere, erzählt mir Bea den Unfall aus ihrer Optik: «In einem kurzen Augenblick der Unachtsamkeit touchierte mein Vorderrad eine deiner Hinterradtaschen. Mein Velo geriet ins Schwanken. Sofort spürte ich, dass ein Sturz nicht mehr zu vermeiden war und machte mich absprungbereit – exakt in jenem Moment prallt von hinten ein Gefährt in mein Velo. Mich spickt es in die Lüfte, wobei mein Schienbein hart an den Rahmen prallt. Trotzdem lande ich, einer Katze gleich, auf den Füssen. An mir vorbei schlittern zwei

Männer auf dem Hintern über den Asphalt und auf mein gestürztes Rad purzelt ein Motorrad.» Beas geprelltes Schienbein ist angeschwollen und beginnt sich bläulich zu verfärben, doch gebrochen ist nichts. Nun stoppt ein Polizeimotorrad neben uns. Die zwei Uniformierten erkundigen sich kurz nach unserem Befinden und ziehen wieder ihres Weges.

Im nächsten Dorf sticht uns ein fürchterlicher Gestank in die Nase. Hunderte von zusammengepferchten Schafen und Ziegen warten nervös darauf, geschächtet zu werden. Einige Ziegen begatten wahllos Leidensgenossen, während bei anderen bereits das Blut hellrot aus den aufgeschlitzten Hälsen rinnt. Alle aber lassen ihren penetranten Angstgeruch verströmen. Auf der folgenden Strecke liegen über zehn Hunde und fünf ausgewachsene Kühe in verschiedenen Verstückelungs- und Verwesungsgraden auf und neben der schmalen Strasse. Von einem Hund sind nur noch Fell und zwei Eckzähne übrig.

Vor Kavar winken uns zwei sonderbare Polizisten von der Strasse. Der eine steckt in khakifarbenen Militärklamotten. Der andere, vermutlich der Chef, blendet mit einer dunklen, schnittigen Uniform. Beide sprechen kein Wort Englisch, geben uns aber zu verstehen, dass auf unserem eingeschlagenen Weg nach Bandar-e-Abbas *chatar*, Gefahr, lauere und sie uns deshalb eskortieren wollten. Zu viel der Ehre! Wir brauchen keine zwei Typen, die uns auf Schritt und Tritt verfolgen. Doch wie können wir die beiden davon überzeugen?

In Kavar testen wir unsere ungebetenen Kumpane mit einem berechnend in die Länge gezogenen Halt vor einem Laden. Sie warten aber geduldig und ohne zu mucksen, bis wir aufbrechen und sie sich wieder wie Kletten an unsere Fersen heften können. Denen ist es also bitterernst. Uns auch: Diese Schattengestalten müssen wir noch in dieser Stadt loswerden! Wir erkundigen uns bei Passanten und in Geschäften nach Leuten, die Englisch sprechen und landen schliesslich in einer Klinik. Ein junger Arzt versteht unser Problem, kann in der Fremdsprache aber zu wenig differenziert argumentieren. Einer seiner Freunde jedoch lebt seit bald dreissig Jahren in den USA. Zufälligerweise verbringt dieser gerade ein paar Ferientage im Land. Schon kable ich mit diesem Herrn und schildere ihm unser Ungemach. Nach ein paar Minuten diktiert er dem jungen Arzt auf Farsi folgendes: «Mrs. Beatrix Truttmann und Mr. Peter Käser, mit dem guten Schweizer Pass, reisen auf dem Velo durch den Iran und sind jetzt auf dem Weg nach Bandar-e-Abbas. Sie haben keine Probleme und brauchen keine Polizeieskorte.» Diesen Zettel wollen wir den zwei Polizisten, die unten auf der Strasse warten, unter die Nase halten. Doch sehen wir die beiden dubiosen Gestalten nicht wieder. Denn ein anderer Arzt führt uns durch den Hinterausgang der Klinik und durch verwinkelte Gassen aus der Stadt heraus. Wir treten hart in die Pedale und biegen mit pochenden Herzen in den ersten Feldweg ein. «Die können uns nun so lange suchen, bis sie schwarz werden», triumphieren wir.

Im kalten, stürmischen Wind stellen wir unser Zelt neben einen Acker. Kurz vor Einbruch der Dunkelheit kommt ein Wagen angerollt: ein Ehepaar mit zwei Kindern. Der Mann bietet uns çay und seine Wohnung an, weil es hier draussen gefährlich sei. Den Tee nehmen wir gerne, doch dieser Warnungen vor den bösen Leuten und den blutrünstigen Wölfen sind wir langsam überdrüssig. Es sind die Hunde und nicht die Wölfe, welche uns nach den Waden trachten. Und die Menschen, die uns begegnen, strotzen in erdrückender Mehrheit geradezu von Gutherzigkeit. Die Chance auf jemanden zu treffen, der uns böse will, ist auf der gewählten Route gering. Ein Überfall wäre darum ausserordentliches Pech. Hundertprozentige Sicherheit hätten wir auch in der Schweiz nicht. Auch dort würden wir aber ohne Bedenken auf einem Feld zelten. Respekt und manchmal gar beklemmende Angst haben wir immer und überall vor dem motorisierten Verkehr. Es ist uns jederzeit bewusst, dass ein unbedachter Schwenker unser Ende bedeuten kann. Deshalb ist unser Blick auf der Strasse geschärft, die Augen sind immer offen. Kritische Situationen erkennen wir sofort und reagieren entsprechend. Auch im Umgang mit Menschen sind wir alles andere als blauäugig. Doch hüten wir uns davor, uns von der Vorsicht vereinnahmen zu lassen. Würden wir unsere Herzen verschliessen, uns einigeln und mit dem Panzer des Misstrauens schützen, wäre die Reise ihres Sinnes beraubt.

Das Leben als Nomaden hat uns gelehrt, die unterschiedlichen Gefahren wieder in die richtige Relation zueinander zu bringen. Den meisten Leuten ist eigen, sich vor dem Unwahrscheinlichen zu fürchten und die wirklichen Bedrohungen für Leib und Leben, die im Alltag lauern, zu unterschätzen. Mit heraufbeschworenen diffusen Gefahren, gegen die man sich nicht wehren kann, werden die Massen von den Mächtigen am Gängelband gehalten. So schüren beispielsweise gewisse Politiker seit den Anschlägen des 11. September 2001 die Angst vor weiteren Terrorangriffen, um damit persönliche Freiheiten der Bürger nach ihrem Gusto zu beschneiden oder Minderheiten zu schikanieren oder zu unterdrücken. Die Leute kriechen diesen Demagogen arglos auf den Leim. Denn es liegt etwas fundamental Menschliches, etwas Archaisches darin, negativen Nachrichten mehr Glauben zu schenken als positiven. Das hat wohl mit dem Überlebenstrieb zu tun: Etwas Bedrohliches erfordert eine sofortige Reaktion; etwas Gutes hingegen kann zur Kenntnis genommen und gleich wieder vergessen werden, ohne dass sich Einschneidendes ereignen würde. Bezeichnenderweise ist man sich auch der negativen Auswirkung der Leichtgläubigkeit gegenüber guten Nachrichten viel eher bewusst als gegenüber schlechten. Wer auf blumige Versprechungen hereinfällt, kann herb enttäuscht werden, was durchaus heilsam sein kann. Wer jedoch Schwarzmalereien und Krisenhysterien für bare Münze nimmt, läuft Gefahr, manipuliert zu werden und bleibt in der Täuschung verhaftet.

In den Fünfzigerjahren wurde den Schulkindern in den USA die Furcht vor der Sowjetunion mit dem oft geübten «*duck and cover*» eingebläut. Wenn die Alarmglocken wegen eines Atombombenabwurfs der bösen Russen schrillen sollten, wussten alle Kinder, was zu tun war: Sich unter die Schulbank ducken und die Augen so fest wie möglich zusammendrücken. Dies gab der Bevölkerung während des Kalten Kriegs die Illusion von Sicherheit, und den dunklen Gestalten an den Hebeln der Macht die Legitimation für die horrenden Rüstungsausgaben, die so ganz nebenbei unermessliche Vermögenswerte in ihre privaten Taschen spülten.

Um den Versuch von staatlicher Augenwischerei hautnah zu erleben, muss man als Schweizerbürger freilich nicht in die Ferne schweifen, das Groteske liegt so nah. So mag ich mich noch lebhaft an einen Filmstreifen erinnern, der mir an einem der ersten Tage in der Rekrutenschule der Schweizer Armee vorgeführt wurde. Es ging dabei um die Glorifizierung der Truppengattung der Radfahrer, zu der ich eingeteilt worden war. Eine Stimme aus dem Off sprach: «Es herrscht Krieg. Die Russen sind mit Panzern in unser Hoheitsgebiet eingedrungen und halten die grossen Städte wie Zürich, Bern oder Genf unter ihrer Kontrolle. Unsere Armee hat sich ins Réduit in den Alpen zurückgezogen. Nun obliegt es der Spezialtruppe der Rad fahrenden Soldaten, den Russen im Mittelland das Leben sauer zu machen. Als eine Art Guerillakämpfer zermürben sie den Gegner mit nadelstichartigen Operationen.» Dann sah man einen Soldaten vom Rad springen und sich hinter ein Gebüsch werfen. Zu gegebener Zeit hechtete er aus dem Versteck, spurtete zu einem russischen Panzer und stopfte eine Handgranate in das Kanonenrohr. Allen im Zuschauersaal war von diesem Moment an bewusst, Mitglied einer heroischen Elitetruppe zu sein: hurra! Und das Feindbild war zementiert: die Russen. Ernsthafte Gefahr erwuchs mir aber aus den eigenen Reihen. Es waren die Vorgesetzten, die mir mit stupiden Befehlen ans Eingemachte wollten. So war eines Nachts erneut Krieg ausgebrochen, wieder ging die Aggression von den Russen aus. Unsere Kompanie biwakierte in einer Waldlichtung auf einem Moränenhügel, den die letzte Eiszeit hinterlassen hatte. In einer Blitzaktion räumten wir das Lager zusammen und schwangen uns auf die Räder. Der Befehl lautete: So schnell wie möglich den rutschigen Schotterweg hinunterpreschen und dem Feind Paroli bieten. Natürlich ohne Licht – es herrschte ja Krieg, da ist Tarnung Pflicht – und Rad an Rad, um als kompakte Einheit vorzustossen ... Was folgte, ist meiner Erinnerung entschwunden.

Erwacht bin ich mit einem Schädel-Hirn-Trauma in einem Spitalbett. Ein Leidensgenosse lag mit einem Oberschenkelbruch in einer anderen Abteilung. Später, als die schwere Gehirnerschütterung endlich abgeklungen war, wurde mir berichtet, es sei zu einem Massensturz gekommen, ausgelöst von dem mit dem Bruch. Meine Flugbahn habe – Kopf voran – in einem Stapel Holz geendet.

Von jenem Zeitpunkt an war mir vollends klar, dass mein ehemaliger Englischlehrer «W» nicht scherzte, als er die Geschichte von seinem Einsatz im Aktivdienst erzählte: «Unser Auftrag lautete, die nördliche Grenze zu bewachen. Wir alle hassten die Nazis und waren zum Letzten bereit. Doch galt als ausgemacht, dass der erste Schuss unseren Leutnant treffen sollte.»

Die folgenden elf Tage, die wir bis Bandar-e-Abbas benötigen, wird uns die überwältigende Liebenswürdigkeit der Iraner in verschiedenen Facetten zuteil.

Am Morgen nach der windigen und kühlen Nacht bleiben wir so lange liegen, bis sich die Luft im Zelt auf dreissig Grad erwärmt hat. Bis es so weit ist, holpern mehrere Motorräder und Traktore vorbei, ohne dass jemand der Neugierde erliegen und zu uns kommen würde. Die Privatsphäre wird respektiert.

Auf der Weiterfahrt werden uns auf offener Strasse çay, Wasser und Früchte offeriert. Durch eine eindrückliche Schlucht erreichen wir Firuz Abad. Hier scharen sich laufend mehr Interessierte um uns. Einige weisen darauf hin, dass bald die kühle Nacht herabsinken werde und wir eine warme Stube bräuchten: «*Mi chune, mi chune!*», tönt es aus allen Richtungen – sie bieten uns ihr Haus an. Uns steht der Sinn aber, wie meist, nach Ruhe. So bedanken wir uns für die gutgemeinten Angebote und fahren in flottem Tempo aus der Stadt. Nach einer halben Stunde, als auch der letzte Mopedfahrer abgehängt ist, lädt uns ein Bauer von seinem Traktor herab ebenfalls in sein Gut ein. Wir lehnen ab und finden nach einigen hundert Metern hinter einem ausgedehnten Maisfeld einen Platz unter Birken wie für uns gemacht. Während wir unser Nachtlager einrichten, nähert sich ein zittriger Lichtkegel. Es ist wieder der Bauer von vorhin, diesmal aber auf seinem Motorrad und mit Windjacke, Handschuhen und Kappe vermummt. Erneut bittet er uns erfolglos in sein *chune*. Er akzeptiert unseren Wunsch, hier draussen zu bleiben, ermahnt uns jedoch, die Velos gut anzuketten, weil diese Gegend oft von Räubern heimgesucht werde, und holpert zu seinem Hof zurück.

Offensichtlich liessen ihm die Frauen zu Hause keine Ruhe. Denn schon rattert der Gute wieder über den Feldweg, mit auf dem Sattel sind Ehefrau und Schwägerin. Sie reichen uns eine Schale *asch*, Milchreis mit Safran, Zimt und Rosenwasser, wünschen uns alles Gute und rumpeln zu ihrem warmen Heim zurück.

Erwartungsgemäss werden wir von bösen Räubern verschont. So gondeln wir heute mit gleich viel Gepäck wie gestern weiter durch die breite, fruchtbare Ebene ohne nennenswerten Verkehr. Die Dieselmotoren der Grundwasserpumpen stottern, Mofafahrer stellen die obligaten Fragen und beschenken uns mit Bonbons. Von Lastwagenfahrern erhalten wir haufenweise Granatäpfel. Die Tektonik des Gebirges, das die Ebene begrenzt, ist gut lesbar: Einzelne Gesteinsschichten ragen steil empor, während andere als zusammengestauchte Cremeschnitten von den ungeheuren Kräften zeugen, die sie entstehen liessen. Aus einem Auto steigt ein schnauzbärtiger Mann mit schwarzem, schulterlangem Haar, stellt sich als Jakob vor und fragt, ob wir aus Schweden kämen. Er sei Iraner, lebe in Dubai und Schweden und sei hier in der Nähe bei seinen Eltern zu Besuch. Wenn wir in Khonj, seiner Stadt, vorbeikämen, sollen wir ihn unbedingt anrufen. Wir sagen vielleicht, denken aber eher nein und setzen die Fahrt nach Qir-va-Karzin fort, denn der Himmel ist mit schwarzen Wolken überzogen – baldiger Regen droht. An einer Kreuzung von Qir-va-Karzin sitzt eine Gruppe junger Männer auf Motorrädern. «Nein, hier gibt es weder Hotel noch *mosaferchune*», meinen sie im Chor auf unsere Frage. Zwei bedeuten uns, wir sollen ihnen folgen. Aus zwei werden fünf, aus fünf werden zwanzig und bis wir vor einem grauen, vergitterten Tor halten, hat sich die freundliche und neugierige Meute derart vermehrt, dass wir beinahe erdrückt werden. Unter lautem Quietschen öffnet sich die eiserne Pforte und ein junger uniformierter Mann lotst uns hinein. Wo sind wir hier gelandet? Etwa bei der Polizei oder, noch schlimmer, bei den Militärs? Lange bleiben wir im Ungewissen, bis schliesslich klar wird, dass wir ins Reich von Mohammad, dem Gouverneur des Bezirks Qir-va-Karzin, Provinz Fars, geführt wurden. Als Gouverneur steht er über Polizei und Militär. Von Präsident Khatami persönlich wurde er in dieses Amt berufen. Mohammad heisst uns als seine Gäste willkommen und bittet uns ins Haus. In der eher bescheiden eingerichteten Wohnung kocht seine Frau für uns, und seine vier Söhne mit den klingenden Namen der schiitischen Imame Mohammad-Reza, Mohammad-Husain, Mohammad-Mahdi und Mohammad-Ali sind für den aufmerksamen Service besorgt. Normalerweise arbeitet Mohammad jeden Tag, ausser freitags, von sieben Uhr morgens bis eine Stunde vor Mitternacht. Doch heute ist ein Feiertag: Der Todestag von Imam Ali ist zu beklagen.

Nach reichhaltigem Frühstück, aufgetragen von Mohammad-Ali, verabschieden wir uns von unserem prominenten Gastgeber. Frische Blumen suchen wir in der Stadt vergebens, so kaufen wir für die Frau des Gouverneurs ein Gebinde aus künstlichen roten Rosen und kehren damit nochmals zurück. Sie freut sich sehr über diese kleine Aufmerksamkeit. Der Weg führt uns über ein Plateau, vorbei an Dattelpalmenplantagen. Moskitos hat es keine, aber Schwärme von nervtötenden Jungs auf knatternden Mofas. Im Milchlicht der Dämmerung füllen wir bei einer Ansiedlung unsere Wassertanks und finden nach zwei fehlgeschlagenen Versuchen – mal ist uns allzu nahes Hundegebell nicht geheuer, mal ist die Bodenbeschaffenheit ungünstig – in einem sandigen Graben neben der Strasse einen guten Platz fürs Zelt. Erst morgen sollen wir erfahren, dass diese Nacht intensiv nach uns gesucht wird.

Fünf Kilometer vor Khonj essen wir am Strassenrand süsse Mandarinen. Da hält neben uns ein Wagen mit zwei Männern drin. Der eine ist Jakob, der «Iran-Dubai-Schweden-Mann». Er springt so schnell aus der Karre, wie die Tür aufschwingt und umarmt mich mit einem Strahlen seines ganzen Körpers. Den anderen stellt er uns als seinen Freund, den Schneider von Khonj, vor. Nun sprudelt es unter seinem Schnurrbart hervor: «Ich wusste, dass ihr am Tag unseres ersten Zusammentreffens in Qir-va-Karzin beim Gouverneur genächtigt habt und hatte euch deshalb schon gestern hier erwartet. Mit der Hilfe von Auto- und Mofafahrern konnte ich euren Weg lückenlos rekonstruieren. Doch zweiundzwanzig Kilometer vor Khonj verlor sich eure Spur. Hirten haben euch an der Neige des gestrigen Tages noch in schmale Feldwege einbiegen sehen, doch seid ihr aus unerfindlichen Gründen wenig später wieder auf die Strasse zurückgekehrt und weitergefahren. Zusammen mit meiner ganzen Familie machte ich mir Sorgen um euer Wohlbefinden. So organisierte ich ein Auto und einen Pick-up, damit Velos und Gepäck aufgeladen werden könnten. Bis tief in die Nacht fuhren wir Strassen und Wege ab und riefen: ‹*Mister Peter, Mister Peter!*›, ohne jedoch Antwort zu erhalten. Eine Stunde nach Mitternacht brachen wir die Suche zerknirscht und bekümmert ab, um heute im Morgengrauen wieder an die Strasse zu stehen und die Leute nach Indizien zum Aufenthaltsort von zwei Reisenden mit vollgepackten Velos zu fragen.»

Das Haus von Jakobs Familie spannt sich hufeisenförmig um einen Hof. Vor der Mauer, welche den Platz gegen die Strasse abschliesst, steht eine fünfzehn Meter hohe Dattelpalme. Vor genau neunzehn Jahren, die Palme war erst einen Meter hoch, versteckte sich Jakob als damals 18-jähriger Student in seinem Zimmer. Er kroch hinter einen Kasten und zitterte am ganzen Leib vor Angst. Draussen vor der verriegelten Tür kämpfte seine Mutter Shirin wie eine Löwin gegen die Schergen der Mullahs. Jakob hörte jedes Wort. Er hatte politisch gegen das Regime von Khomeini agitiert. Nun sollte er, wie schon viele seiner Mitstreiter vor ihm, eliminiert werden. Die Löwin obsiegte. Jakob kam noch einmal davon. Doch Flucht war letztlich die einzige Lösung. Über Dubai in den Vereinigten Arabischen Emiraten gelangte er nach Schweden. Erst seit fünf Jahren ist es ihm wieder erlaubt, seine Familie im Iran zu besuchen. Die heute sechzigjährige Mutter Shirin, die wie eine Indianerin aussieht, raucht seit Jahr und Tag um Schlag zehn Uhr morgens ihre *kalyan*, ihre Wasserpfeife. Einzig der Ramadan vermag diese Gewohnheit jeweils für einen Monat zu durchbrechen. Der Vater erhebt sich jeden Morgen um vier Uhr und betet. Er ist wie alle Leute in Khonj Sunnit. «Gibt es keine Probleme mit der schiitischen Mehrheit im Land?», frage ich Jakob. Er schüttelt nur den Kopf. Hier im Elternhaus leben neben Jakobs Frau Nadia und Töchterchen Sasha, die er beide so rasch wie möglich nach Schweden bringen will, auch seine Schwester mit Mann und Kindern. Drei Brüder von Jakob betreiben in Dubai erfolgreich ein Modegeschäft mit 160 Angestellten und eigener Fabrikation, während der vierte Bruder im Iran als Englischprofessor waltet.

Die Tasse *çay*, zu der wir Jakob gefolgt sind, hat sich mittlerweile zu einem ausgedehnten Mittagessen ausgewachsen. Und Shirin schenkt uns fünf Kilo Datteln und einen exquisit mundenden Saft aus gekochten Datteln und Zitronen.

Wir wollen heute noch eine grössere Etappe zurücklegen, denn wir spüren einen gewissen Zeitdruck. Bevor unser bereits einmal verlängertes Iranvisum abläuft, müssen wir das Visum für Indien und ein Schiffsticket in der Tasche haben. Um bald wieder weiterfahren zu können, ohne unsere Gastgeber zu brüskieren, zähle ich auf, was wir noch alles an Lebensmitteln einkaufen müssen: Bananen, Milch, Brot, Nüsse und so weiter. Keine halbe Stunde ist seit diesen Worten verstrichen, da überreicht uns Jakob all die gewünschten Artikel. Hinter seinem Gesicht liegt dabei ein verschmitztes Lächeln, das nur gerade die Augenwinkel erreicht. Beschämt über so viel Güte, steigt uns Röte in die Wangen. Jakob erlöst uns aber gleich von der Peinlichkeit: «Nun haben wir Zeit für ein Sightseeing gewonnen.» Schon sitzen wir im Wagen des Schneiders und fahren an den Sehenswürdigkeiten von Khonj vorbei. Der Schneider lenkt und Jakob kommentiert: «Von Seiten der Regierung wird hier in Bezug auf die Infrastruktur fast nichts geboten – es ist schlicht kein Geld vorhanden. Zum Glück gibt es aber viele begüterte Leute hier. Sie betreiben ihre florierenden Geschäfte in Dubai. Die Bewohner von Khonj sind privat gut organisiert. So managen sie die Müllabfuhr selbst, bauen und betreiben Schulen oder entscheiden darüber, ob für das Asphaltieren einer Strasse Geld gesammelt werden soll.» Mit traurigem Klang in der Stimme meint der Schneider nun: «Schaut euch diese einst wunderschönen Moscheen und Gräber an. Sie alle sind zerfallen, vom Zahn der Zeit zernagt. Sie sind über siebenhundert Jahre alt. In anderen Ländern wären sie begehrte Attraktionen für Touristen und würden entsprechend unterhalten.» Jakob fügt an: «Vor Jahren haben deutsche Archäologen die wertvollsten Teile ausgebaut und nach Europa verschifft.»

Wieder zurück im Haus, nehmen wir die wiederholte Einladung zur Übernachtung gerne an. So lernen wir am Abend auch Behnan, den Englischprofessor, kennen. Übermorgen sollen wir ihn unbedingt in der Uni von Lar besuchen, meint er. Bis wir uns zu später Stunde auf die in der Stube ausgerollten Matten legen, ist die ganze Nachbarschaft auf einen kurzen Schwatz vorbeigekommen.

Kaum geben wir bei Tagesanbruch ein erstes Lebenszeichen von uns, wird das Frühstück aus Brot, Käse, Honig, Dattelmus und *çay* aufgetragen. Jakob brutzelt dazu auf dem *aladin*, einer tragbaren Heizung mit Wärmeplatte, knusprige Spiegeleier. Bevor wir definitiv aufbrechen, werden wir erneut reich beschenkt mit getrockneten Feigen, Nüssen, Kaffee und *halva*, dieser süss-klebrigen weichen Masse aus Datteln und Sesam. Zudem legt mir Jakob drei CDs mit Sufimusik in die Hände. Und Bea schmückt er mit einem hübschen Armreif. Nochmals verschwindet Jakob in die Stube, nimmt von der Wand einen etwas über einen Meter langen, aus

Hartholz gefertigten Stock, der am einen Ende eine Verdickung aufweist und damit in seiner Form einem Golfschläger ähnelt. Mit den Worten: «Dies ist ein *tschomak*. Die Waffe der Nomaden. Er wird euch auf der ganzen Reise beschützen», überreicht er ihn mir feierlich. Mit Tränen tiefer Rührung in den Augen nehme ich die Gabe entgegen.

Noch immer überwältigt von der überströmenden Wärme von Jakob, seiner Familie und seinen Freunden rollen wir weiter. In jedem Dorf wird der *tschomak*, der aus meiner rechten Hinterradtasche ragt, mit Kennerblick betrachtet und bewundert. Dreimal werden wir zum Übernachten eingeladen. Und in Ewaz stellt sich ein grauhaariger Herr vor uns auf die Fahrbahn. «*I'm at your service!*», posaunt er in die Luft. Er ist der Sportminister von Ewaz und will uns Kost und Logis organisieren. Wir treiben unsere Stahlrosse weiter, doch schon nach wenigen hundert Metern steht er abermals am Strassenrand, nun mit einem gewichtigen Argument in Form eines grossen Suppentopfs auf der Kühlerhaube seines Autos. Doch auch dieses Angebot vermag uns nicht zu verlocken: Es ist Hühnerbrühe. Selbst sein Hinweis auf die draussen in der Dunkelheit lauernden Gefahren lässt uns nicht erweichen. Wir lassen ihn, hartherzig wie wir sind, ein zweites Mal stehen.

Dafür besuchen wir am folgenden Tag in Lar die halbprivate Islamic Azad University, wo Jakobs Bruder Behnan als Englischprofessor doziert. Von den neugierigen Blicken der Studierenden werden wir fast verschlungen. Das Interesse an uns zwei ausländischen Gästen ist riesig. Für uns wird trotz Ramadan ein Lunch organisiert. Wir müssen uns mit dem Schaufeln von Reis und Gemüse aber sputen, denn eine Gruppe Frauen wartet bereits über eine Stunde auf uns und auch ein Interview beim «Roten Halbmond» steht noch an. Dort wird das Gespräch auf ein Tonband aufgenommen. Später soll es in der Hauszeitung erscheinen. Wir nehmen bei unseren Antworten kein Blatt vor den Mund. Bei kritischen Äusserungen gegen das Regime wird spontan applaudiert. Erst am späten Nachmittag verabschieden wir uns von den wissensdurstigen Jugendlichen und tätigen die Einkäufe für das Abendessen. Obwohl es leicht regnet, lassen wir das Hotel Tourist-Inn links liegen und suchen eine Kiesgrube für die Nacht.

Wir vermuten, dass uns der freundliche Mopedfahrer, der uns gestern aus Lar und Richtung Chahar Berkeh begleitete, auf die falsche Strasse geführt hat. Mindestens unsere Landkarte legt diesen Schluss nahe. Grundsätzlich vertrauen wir eher Einheimischen als Landkarten, in die sich einfach Fehler einschleichen können. Diesmal aber sagt uns die Intuition, dass wohl eher die Karte stimmt. So lassen wir uns den eingeschlagenen Weg von zwei anderen Leuten bestätigen. Nach zwanzig Kilometern wird jedoch klar, dass wir von allen in die Irre geführt worden sind. Das schlägt sich für uns in einer um mindestens sechzig Kilometer längeren Strecke nieder. So werden wir einen Tag später als geplant in Bandar-e-Abbas ankommen. Wir hadern nicht lange, denn wer weiss schon, ob der andere Weg wirklich zu noch besseren Erlebnissen führen würde. Jetzt werden uns die nächsten Etappen durch Dörfer mit so vielversprechenden Namen wie Anveh, Fatuyeh, Gashun, Tang Dalan, Anguran oder Kahurestan bringen. Kurz vor Hormud kreuzt die erste Dromedarherde unseren Weg – da hat sich der Umweg doch schon gelohnt!

In Fatuyeh sind wir die ersten ausländischen Gäste seit Urzeiten. Dies mag den grossen Menschenauflauf und die stürmisch dargebrachten Ovationen bei unserer Abfahrt erklären. Richtung Gashun gehts durch eine herrlich einsame Gegend. Die Berge werden im Glanz der goldenen Abendsonne zu tanzenden Feuerzungen. Von einem der seltenen Autofahrer werden wir gewarnt, dass die Strasse nach wenigen Kilometern nicht mehr asphaltiert sei. So ist es auch. Früher als gemäss der Landkarte zu erwarten war, wird unsere Geschwindigkeit auf Schritttempo gedrosselt. So verschwindet die Sonne schneller hinter dem staubigen Horizont, als wir das nächste Dorf, Gashun, erreichen können. Wir sind äusserst knapp an Wasservorräten, doch folgen wir ja einem Fluss. Nur ist er fast vollständig mit einer dicken Salzkruste bedeckt. Einer der seltenen Zuflüsse weist aber an einer Stelle klares, fliessendes Wasser auf. Wir frohlocken mit einem Schuss Galgenhumor: «Das ist ein Segen in zweifacher Hinsicht. Hier können wir uns waschen und das Kochwasser für die Spaghetti muss nicht mal gesalzen werden.» Wir richten das Lager ein und baden im salzigen Pool, während verglühende Sternschnuppen ihre kurzen Leuchtspuren in den schwarzen Samt über uns brennen. Nun kochen wir mit dem Flusswasser ein halbes Kilo Spaghetti und würzen sie mit einer feurigen Sauce aus Olivenöl, Knoblauch und Chili. Die hungrige Bea schiebt sich eine erste Gabel davon in den Mund – blitzartig speit sie die unausstehlich versalzenen Spaghetti auf den Boden. Wir schütten den ganzen Inhalt der Pfanne einige dutzend Meter vom Zelt entfernt den Wölfen zum Frass hin und essen stattdessen die süssen Datteln von Jakob.

Die grobe Schotterpiste führt uns durch ausgetrocknete und vom auskristallisierten Salz weiss überhauchte Flussbetten in den Weiler Gashun. Hier tragen die Frauen Stoffmasken, aus denen nur die tiefschwarzen Augen blitzen. Sie reichen uns von ihrem Brot und füllen grosszügig Wasser aus Plastikkanistern in unsere gähnend leeren Trinkflaschen. Der Geschmack ist etwas sonderbar, doch sind wir dankbar für die Gaben, denn hier gibt es weder Brunnen noch Lebensmittelgeschäft. Am späten Nachmittag dringen kaum mehr Sonnenstrahlen durch den wolkenlosen Himmel. Wir mutmassen, dass die Luftverschmutzung durch die nahen Ölfelder im Persischen Golf der Grund sein könnte. Erst später, in Bandar-e-Abbas, werden wir erfahren, dass am 23. und 24. November ein Sandsturm den Himmel über der iranischen Küste verdüstert hat.

In Kahurestan lädt uns der junge Bauer Mahmed zu Mandarinen, Gurken und Granatäpfeln ein. Als wir uns von ihm verabschieden, fächert er in seiner Hand Banknoten auf – vermutlich alle, die er besitzt –, und bittet uns, davon zu nehmen. Sonderbar, wie befremdend zum Pflücken hingestrecktes Geld wirkt! Erst recht von einem iranischen Bauern in zerschlissenem und schmutzigem Gewand. Naturalien nimmt man ja gerne an, aber schnödes Geld? Ich öffne meinen eigenen Geldbeutel und zeige ihm, dass wir selbst genug solcher Scheine besitzen und seiner materiellen Hilfe nicht bedürfen. Nun ist er es zufrieden und lässt uns weiterziehen. Bevor wir kurz vor Anguran unter Palmen im weissen Sand zelten, bitten wir bei einer Moschee um Wasser. Der liebenswürdige Prediger lässt es bei dem Wasser aber nicht bewenden. Er schenkt uns obendrein einen drei Kilo schweren Karton voller Datteln.

Bis Kalat-e-Bala radeln wir durch eine breite, öde Ebene ohne Verkehr. Nur Dromedare latschen in ihrer saloppen Art lässig über den Asphalt oder kauen genüsslich an den Kronen der kleinen dornigen Bäume. Zwischendurch zeigen sie uns auch ihren neckisch gespitzten Kussmund oder lassen nach einem lasziven Augenaufschlag die grazil geschwungenen Wimpern klimpern.

Vierzig Kilometer vor Bandar-e-Abbas befinden wir uns unvermittelt inmitten dröhnender Lastwagenkolonnen. In spektakulärer Fahrt brausen wir durch einen Canyon, der sich vor Jahrtausenden in die Felsen gefressen hat. Das Gelände neben der Strasse ist mit Abfall übersät. Um unsere Haut zu retten, müssen wir oft in voller Fahrt auf den sandig-kiesigen Randstreifen ausweichen. Wir geraten dabei nie ins Schleudern – das «Off-road-Fahren» haben wir die letzten Tage schliesslich hinlänglich geübt.

In Bandar-e-Abbas blüht der Schwarzmarkt. Im Getümmel des Basars hauchen uns krawattierte Herren «Jack Daniels» und andere Wortfetzen ins Ohr, die für Leute aus der Islamischen Republik Iran durchaus verheissungsvoll sein können. Das ist ja gut und recht, doch wo bitte ist hier die verrauchte Kneipe, in der wir bei ein paar Drinks oder einer Partie Billard den einbeinigen oder mindestens einäugigen Kapitän eines Frachtschiffs anquatschen können, um einen Deal zu vereinbaren? Eine solch filmreife Szene stellten wir uns in unserer Blauäugigkeit vor: für den Preis einer guten Flasche Whisky von Bandar-e-Abbas rüber nach Indien. Natürlich wären wir auch bereit, das Deck zu schrubben oder uns anderweitig nützlich zu erweisen.

Doch zerschlägt sich unsere romantische Hoffnung schon an der Portierloge des Hafens. Barsch weist uns der Sicherheitsbeamte zurück: kein Zutritt. Abgeriegelt für uns. Nur mit Containern beladene Trucks rumpeln rein und raus. Trocken teilt uns der Mann noch mit, dass es von hier eh keine Frachtschiffe nach Indien gäbe. Weitere Nachforschungen bringen ans Licht, dass von Bandar-e-Abbas nicht nur keine Frachter, sondern auch keine Passagierschiffe nach Indien ablegen. Alles deutet darauf hin, dass wir zuerst in die Vereinigten Arabischen Emirate übersetzen und dort unser Glück versuchen müssen – Dubai als Sprungbrett nach Indien.

Eine auf den ersten Blick naheliegende Alternative wäre auf dem Landweg via Pakistan nach Indien zu gelangen. Die Route über die Wüstenstadt Bam bis zum siebenhundert Kilometer entfernten Quetta in Pakistan führt aber durch die Provinz Sistan und Belutschistan, die teilweise unter der Kontrolle von Drogenhändlerorganisationen steht. Wiederholt wurden dort in der nahen Vergangenheit auch ausländische Radtouristen entführt und erst gegen Lösegeld wieder auf freien Fuss gesetzt. Wir wollen uns nicht selbst in die Bredouille bringen und dann auf staatliche Hilfe angewiesen sein, um mit dem Leben davonzukommen. Land und Leute sind uns schliesslich Spektakel genug, da braucht es keinen zusätzlichen Adrenalinkick.

Wir kaufen Tickets für die Fähre vom Mittwoch, 3. Dezember, 20.00 Uhr, die vom Hafen Shahid Bahonar, Bandar-e-Abbas, nach Sharjah, Vereinigte Arabische Emirate, auslaufen wird. Via Internet buchen wir über eine Schweizer Agentur eine Fahrt mit dem Frachtschiff Clipper von Port Rashid, Dubai, nach Nhava Sheva, Mumbai, Indien. Die Passage sollte fünf Tage dauern und ist mit sechshundert Euro pro Person eine Kleinigkeit teurer als ein «Flascherl Whisky».

Bei ruhiger See gleiten wir in die Dunkelheit hinaus und sehen die Lichter von Bandar-e-Abbas immer mehr verblassen. In exakt 28 Stunden läuft unser Iranvisum ab – wahrlich kein übles Timing!

Dubai, 4. bis 9. Dezember 2003

Als die Strahlen der aufgehenden Sonne auf der Wasserfläche reflektieren und uns in die noch müden Augen stechen, zeichnet sich am südlichen Horizont ein erster Ausschnitt der futuristisch wirkenden Skyline der Vereinigten Arabischen Emirate ab.

Im Hafen von Sharjah wird unser Gepäck ebenso wenig kontrolliert wie drüben im Iran bei der Ausreise. Aus dem mit Containern überstellten Hafengelände steuern wir unsere Räder nach Downtown Dubai. Welch anderes Bild als noch am Tag zuvor: Es stinkt förmlich nach Geld. Die Autos sind von den teuersten Marken und derart blitzblank, als wären sie eben erst heute importiert worden. Der Verkehr ist dicht, aber klar geregelt. Wir sind die einzigen, die bei Rot über die Kreuzung brausen. Entlang dem Strand versuchen sich die piekfeinen, noblen Hotels mit Attraktionen zu überbieten. Und zur Linken wetteifern die Hochhäuser mit buntem Glas und Kunststoff um die prägendste Erscheinung. Die Weite der Wüsten des Irans gewohnt, drohen uns die steil aufragenden Fassaden zu erschlagen. Und die Flugzeuge donnern im grau verhangenen Himmel derart knapp über unsere Köpfe hinweg, dass wir unwillkürlich zusammenzucken. Da wir bis jetzt über die Sitten und Gebräuche dieses Landes nicht informiert sind, behält Bea das leidige Kopftuch einstweilen an. Wir wollen beobachten, wie sich die Frauen im öffentlichen Raum bewegen. Doch sind in diesem Aussenbezirk keine Fussgängerinnen zu sehen und auch die verdunkelten Scheiben der Luxuskarossen lassen keinerlei Aufschlüsse zu. Erst als wir zur Mittagszeit in ein indisches Restaurant einkehren, wird klar: Das Emirat Dubai ist multikulturell. Und bezüglich Dresscodes wird wohltuende Toleranz geübt. Das erste Zeichen setzt die Serviererin mit ihrer über den bunten Sari wallenden Haarpracht. Hinter einem Paravent tafeln zwei mit schwarzen Tschadors verhüllte iranische Frauen mit schwerem Silberbesteck. Im Zentrum des Raums unterhält sich lautstark und ungezwungen eine Gruppe indischer Ingenieure. Sie werfen sich die vegetarischen Happen mit der blossen rechten Hand in den Mund. In der hinteren Ecke sitzt ganz alleine ein adretter westlicher Geschäftsmann. Er stochert eher lustlos mit der Gabel in seinem Teller herum. Nun schweben drei sonnenbebrillte weisse Geister durch die Türe: Araber in ihrer *kandura*, diesem einteiligen, knöchellangen und langärmligen Gewand aus leichter Baumwolle. Es ist strahlend weiss, penibel sauber und duftet frisch. Es sorgt nicht nur für gute Durchlüftung, sondern umgibt den Träger auch mit einer geheimnisvollen Aura. Erst als die obere Etage des Restaurants inspiziert und für gut befunden ist, bitten die schnauzbärtigen Männer ihre Frauen aus dem klimatisierten weissen Mercedes. Die eine gleitet unnahbar, mit vollständig verschleiertem Gesicht an uns vorbei, während aus den schmalen Augenschlitzen im schwarzen Seidentuch der beiden anderen die Augen funkeln.

Dubai ist Luxus pur, den wir durchaus auszukosten wissen. Wir schlemmen seit Monaten entbehrte Köstlichkeiten wie Parmiggiano Reggiano, Gruyère oder delikate

Fruchtjoghurts und nippen im Starbucks ausgezeichneten Espresso. In einem traditionellen arabischen Restaurant geniessen wir zu frisch gepressten Fruchtsäften, Salat und aromatischen Kräutern diverse leckere Appetithappen wie Humus, Labneh, Sambousek, Falafel oder Taboule. Alles wirkt blitzsauber und gepflegt – aber auch ein wenig steril – in dieser auf nichts als Sand gebauten Stadt. Kein Bettler hängt herum, niemand schiebt Handkarren durch die Strassenschluchten, und nicht ein Tier ist auszumachen. Über Marmorfliesen flanieren vornehm gekleidete indische und iranische Geschäftsleute neben asiatischen Schönheiten. Araberinnen in der schwarzen, taillierten und mit prächtig glitzernden Swarovski-Kristallen verzierten Abaya, dieser eleganten Tschadorversion, stöckeln in hochhackigen Schuhen und mit einem schicken Gucci-Handtäschchen um den Arm gehängt durch das schwungvolle, hypermoderne Dubai. Afrikaner halten ihre klitzekleinen Mobiltelefone lässig ans Ohr und quatschen derart laut, als wäre das Telefon noch gar nicht erfunden. Die Leute auf der Strasse strahlen Gelassenheit und Zufriedenheit aus. Nicht zu verkennen ist aber auch eine gewisse Sattheit.

Und wie werden wir von den Bewohnern dieser Stadt wahrgenommen? Wir sind keine Attraktion mehr wie drüben im Iran, werden deshalb auch kaum beachtet – das ist ungewohnt, aber wohltuend.

Der luxuriöse Glanz der Einkaufsmeilen darf nicht über die Zerrissenheit und die latent vorhandene Gewaltbereitschaft dieser Gesellschaft hinwegtäuschen. So schreibe ich eines Abends um Mitternacht ins Tagebuch, dass Dubai so friedlich wirke und es in den Strassen bestimmt kaum Kriminalität zu beklagen gebe. Die Tinte ist noch nicht trocken, als uns gehässiges Gekeife und dumpfe Schläge aus dem Bett und auf den Balkon stürmen lassen: Fliegende Fäuste auf der Gasse unten, ein sich laufend vergrössernder Knäuel von Männern, abseits stehende Typen mit Handys an den Ohren, wegstiebende Gruppen und schliesslich Schulterklopfen und Auflösung der Szene in Minne – wir legen uns schlafen.

In den frühen Morgenstunden, noch vor Sonnenaufgang, lausche ich im süssen Halbschlaf dem lieblichen Singsang des Muezzins von der nahen Moschee und gleite wieder ab ins Reich der Träume. Viel später, während des Frühstücks im Zimmer, wird die Luft von nicht mehr abbrechen wollenden, unheimlich erregten Hasstiraden der Freitagspredigt durchschnitten. Was ist das für ein Prediger? Vermutlich wachsen aus seinen Mundwinkeln weisse Schaumkronen. Wie setzt sich die Zuhörerschaft zusammen? Wer lässt sich einen derartigen Ton gefallen und was bewirken diese Worte in Kopf und Herz?

Unser Abfahrtstermin nach Indien ist Verschiebungen unterworfen. Vom Hafenagenten mit dem kitschigen Namen Bijou Davis werden wir diverse Male auf spätere Stunden, ja Tage vertröstet. Wir nehmens gelassen, denn wir wissen, dass bei Frachtschiffen kurzfristige Änderungen möglich, wenn nicht gar die Regel sind. Bea notiert treffend ins Tagebuch: «Jetzt gerade leben wir in einer märchenhaften und zufälligen Wirklichkeit oder je nach Blickwinkel: Unwirklichkeit. Uns gehts sehr gut! Heute hier, morgen da oder immer noch hier, es spielt keine Rolle.»

1. Frachtschiffreise
Von Dubai nach Dubai via Indien, 9. bis 19. Dezember 2003

Letztlich legt die Clipper mit zwei Tagen Verspätung in Port Rashid an. Vor dem Emigrationsbüro treffen wir uns mit Sami. Er ist der Agent der Samudera Shipping Line, welche die Clipper für den Transport von Containern auf dem Arabischen Meer und dem Persischen Golf gechartert hat. In den angelaufenen Häfen sind die Agenten der Samudera für das Laden und Löschen der Ladung sowie für sämtliche Belange der Crew und nun auch, was selten vorkommt, der Passagiere verantwortlich. Sami teilt uns mit, dass die Clipper eben erst den weiteren Kurs gewechselt habe. Unser Zielhafen Nhava Sheva in Mumbai sei gekippt worden. Neu stehe Pipavav auf dem Programm. «Pipavav? Das klingt interessant, aber wo ist denn das?», entfährt es uns. Sami zuckt die Schultern: «Keinen blassen Schimmer, da müsst ihr den Kapitän fragen.» – «Dieses Pipavav befindet sich aber in Indien, nicht wahr?», vergewissern wir uns. «Ja», ist sich Sami sicher. «OK, dann also ab nach Pipavav, wo immer es liegen mag. Hauptsache, es geht nach Indien!»

Nachdem unser Gepäck einzeln durchleuchtet worden ist, zurren wir die Taschen wieder an die Fahrradrahmen fest und rollen hinter dem Auto von Sami über fünf Kilometer weit durch das riesige Hafengelände. Vor der Sonne, die am Horizont als ungeheuer riesiger Feuerball im Meer versinkt, steht sie nun: die 156 Meter lange und 23 Meter breite MV Clipper der Reederei Gebrüder Winter aus Hamburg. Die netten Jungs der philippinischen Crew langen tüchtig zu, so ist unser Hausrat im Nu über die Gangway an Bord getragen. Kapitän Masmila und sein Erster Offizier Mario heissen uns willkommen und stellen uns den Koch Ben, ein begnadeter Karaoke-Sänger, vor. Gerne werde er speziell für uns vegetarische Gerichte auftischen, das sei kein Problem für ihn. Im Laufe der nächsten Tage werden wir die zwanzig Besatzungsmitglieder mehr oder weniger gut kennenlernen. Sie alle sind immer wieder für lange acht Monate von Frau und Kind getrennt. Das ist der Preis dafür, eine ganze Verwandtschaft ernähren zu können. Denn auf dem Schiff verdienen sie weit mehr als in ihrer Heimat. Unsere Kajüte ist die geräumige Eignerkabine mit Bad, Schlafzimmer und Stube. Das Interieur ist im Stil der 70er Jahre gehalten, obwohl das Schiff Baujahr 1992 aufweist.

Als um zweiundzwanzig Uhr die Trossen von den Pollern gelöst werden, wissen wir noch immer nicht, wo wir ausschiffen werden. Bei Gelegenheit werden wir die indische Landkarte hervorkramen, den Ort Pipavav suchen und mit dem Kapitän sprechen. Das sanfte Knurren des Motors und das leichte Wiegen im Wellenschlag lassen uns in tiefen Schlaf sinken.

Beim Frühstück teilt uns der Kapitän mit, dass wir am Morgen des 13. Dezember in Pipavav, das sich im nordwestlichen Bundesstaat Gujarat befindet, von Bord gehen können.

Am dritten Reisetag werden wir auf die Brücke gebeten. Der Kapitän hat soeben via Satelliten-E-Mail die Nachricht erhalten, dass es in Pipavav keine Immigrationsbehörde gibt und Passagiere deshalb nicht aussteigen dürfen. Der Erste Offizier Mario witzelt: «Kommt doch mit uns zusammen wieder nach Dubai zurück.» Doch noch ist nicht aller Tage Abend. Schliesslich wartet mit Kandla ein zweiter und letzter indischer Hafen darauf, von der Clipper angelaufen zu werden. Er liegt nahe der pakistanischen Grenze und ist uns so recht wie Pipavav. Für die pingelige Zollbehörde müssen wir all unsere mitgeführten Sachen deklarieren. Der Kapitän staunt nicht schlecht ob der schier endlosen Litanei.

Am fünften Reisetag liest uns der Kapitän beim Mittagessen das kurzatmige Mail des Agenten von Kandla vor: «*Regret, passengers cannot disembark at Kandla port.*»

Also doch zurück nach Dubai?

Per Mail informieren wir die Schweizer Agentur, bei der wir die Überfahrt gebucht hatten, sowie die Reederei, der die Clipper gehört, über den unerfreulichen Stand der Dinge. Wir bitten um einen Vorschlag, wie sie uns nach Indien zu bringen gedenken. Natürlich haben wir die Hoffnung noch nicht begraben, in Kandla an Land gehen zu können. «Mit den Indern kann morgen gewiss eine Lösung gefunden werden, das wäre doch gelacht», reden wir uns Mut zu. Um für alle Fälle gerüstet zu sein, packen wir vorsorglich unsere Taschen.

Am sechsten Tag, unser Kahn liegt bereits im schmutzigen Hafengewässer von Kandla, gehen unserem Koch langsam die Ideen für vegetarische Gerichte aus. Es wird Zeit, die Clipper zu verlassen. Ich rufe den hiesigen Hafenagenten Shiam an, um herauszufinden, ob das Prozedere unserer Einreise mit Schmiergeld einfacher über die Bühne gehen würde. Er meint: «In diesem speziellen Fall, nein.» Es ist übrigens gar nicht so einfach das Englisch der Inder durch eine knatternde Telefonleitung hindurch zu verstehen. Der eigenwilligen Betonung wegen ist man nie sicher, ob sie noch Englisch sprechen oder bereits in Hindi oder in eine der fünfzehn regionalen Sprachen mit den über siebenhundert verschiedenen Dialekten gewechselt haben. Der Trick dieser Art von Kommunikation besteht darin, das Gespräch an sich zu reissen und präzise Fragen zu stellen, die als Antwort nur ein «*Yes*» oder «*No*» verlangen. Dies in der Meinung, dass der andere mich versteht. Gegen Abend werden wir ins Schiffsbüro zitiert, wo der Kapitän und Shiam mit Vertretern der Immigrationsbehörde am Verhandeln sind. Die Beamten teilen uns mit, dass die Einreise heute nicht, morgen aber ohne Probleme möglich sei. Wir freuen uns und schreiben in einem Anflug von Euphorie in unser Logbuch: «Indien, wir kommen!» Auf Deck weht ein warmer Wind, der mich jeden Finger spüren lässt, als wäre er von einem Fluss umspült.

Am Vormittag des siebten Tages, weiterhin *alongside* in Kandla, bläst Shiam ins selbe Horn und verströmt Zuversicht: «Es fehlen nur noch gewisse Papiere – reine Formalitäten. Zu neunundneunzig Prozent ist alles geritzt.»

Wir halten uns sprungbereit. Indische Coiffeure entern unser Schiff und bieten für zwei Dollar ihre Dienste an. Den ganzen Tag sitzen wir wie auf Nadeln. Die Oberschenkel jucken. Sie wollen uns die Vielfalt Indiens entdecken lassen. Das Abendlicht hat bereits das Meer geküsst, als wir erneut ins Schiffsbüro zitiert werden. Die Immigrationsleute teilen uns trocken mit: «Ihr dürft nicht einreisen.» Der Grund sei, dass dieses Frachtschiff keine Erlaubnis habe, Passagiere zu befördern. Wären wir mit einem Passagierschiff hier gelandet, sähe alles anders aus, gibt der eine zu bedenken. Wir schlucken einmal leer und spielen noch die zwei letzten Karten unseres relativ schlechten Blattes: die Farben «Druck» und «Schmeichelei». Ich baue mich vor den Beamten auf und fordere barsch: «Die Verweigerung unserer Einreise müssen Sie uns schriftlich begründen, es geht schliesslich um viel Geld. 1500 US$ für eine Reise, die nicht ans Ziel führt, sind kein Pappenstiel, das verstehen Sie bestimmt!»

Weit aufgerissene Augen, hängende Kinnladen und Kopfnicken in andächtiger Ruhe.

«Irgendjemandem müssen wir die Rechnung ja präsentieren. Auf dem Papier müssen also Name, Rang und Adresse der für dieses Schlamassel verantwortlichen Person vermerkt sein», fahre ich mit fester Stimme fort. Obwohl das frostige politische Klima zwischen dem mehrheitlich hinduistischen Indien und dem muslimischen Pakistan, das im Trauma der blutigen Trennung von 1947 geboren war und das die beiden Staaten an den Rand eines Atomkriegs geführt hat, einem Tauwetter in den diplomatischen Beziehungen gewichen ist, gilt Pakistan vielen Indern noch immer als Todfeind. Dies im Hinterkopf, lege ich die Schmeichelkarte nach: «Wir sind Passagiere dieses Containerschiffs, um damit das gefährliche, rückständige und korrupte Pakistan zu umgehen. Und nun wollen Sie uns hier im modernen Indien derart mies behandeln? Das kann doch nicht Ihr Ernst sein!» Bevor die Uniformierten geknickt abziehen, monieren sie mit betrübter Miene, die Entscheidung liege nicht in ihrer Kompetenz. Vielleicht sei eine Einreise ja doch möglich. Morgen würden sie uns den gültigen Entscheid der höheren Instanz übermitteln.

Wir packen das Pyjama wieder aus für eine weitere Nacht an Bord.

Am achten Tag übermittelt uns Shiam den definitiv negativen Einreiseentscheid. Gleichzeitig flattert auch das Antwortmail vom schweizerischen Reisevermittler auf unseren Tisch. Der zuständige Herr, den wir «Weggis-Steiner» nennen, hält darin fest, er sei nur Vermittler, der Vertrag bestehe zwischen uns und der Reederei. Und die Reederei betrachte diesen als erfüllt. Wir seien ja in Indien gewesen. Wenn wir nicht ins Land einreisen dürfen, sei das allein unser Problem. Hoho, so dreist kommen uns also die Gebrüder Winter aus Hamburg – wer hätte das gedacht? «Weggis-Steiner» schreibt des Weiteren, die Kosten für einen zweiten Versuch um nach Indien zu gelangen, müssten wir vollumfänglich selbst tragen. Jetzt komme eben das «ominöse Kleingedruckte» ins Spiel. Dieses haben wir selbstverständlich schon vor der Vertragsunterzeichnung gründlich studiert und kontern umgehend mit einem fundierten Mail und hoffen auf ein Einsehen.

Nun zücken wir hier vor Ort aber noch den Joker: das Schweizer Konsulat in Mumbai. Vom Hafentelefon aus rufe ich um die Mittagszeit an. Jedoch erst gegen 15.30 Uhr habe ich über eine Notfallnummer den Konsul am Draht. Er sieht keinen Grund, dass uns die indischen Beamten nicht ins Land einreisen lassen sollten. Was es dazu brauche, sei einzig ein gültiges Visum. Und daran mangelt es uns nicht.

Hoffnung keimt auf.

Die Hafenbehörden sollen sich mit ihm in Verbindung setzen. Es wird ungemein knapp mit der Zeit. Weil weniger Cargo zu laden ist als ursprünglich geplant, werden die Taue der Clipper nicht erst um Mitternacht, sondern schon in einer Stunde gelöst.

Der Countdown läuft.

Jetzt ist der schlaksige Shiam mit seinem Mobiltelefon gefordert. Er soll zwischen Immigrationsbehörde und Konsulat vermitteln. Über eine halbe Stunde will es mit der Telefonverbindung nicht klappen. Vermutlich wählt er beharrlich eine falsche Nummer. Bea steigt zu unserer Kabine hoch und packt vorsorglich die Taschen, damit wir im letzten Augenblick noch abspringen könnten.

Noch vierzehn Minuten bis zum Take-off.

Der Konsul hat herausgefunden, dass es versäumt wurde, uns zwei bis drei Tage vor Ankunft im Hafen anzumelden. Sonst wäre alles reibungslos verlaufen, lässt er verlauten. Da ist er einer ausgemachten Lüge der Immigrationsbehörde auf den Leim gekrochen. Denn unser Kapitän hat ja bereits von Pipavav aus angefragt, ob das Ausschiffen von zwei Passagieren möglich sei. Doch ergreife ich den Strohhalm, den ich in seinen Worten zu erkennen glaube: Ich versichere dem Herrn Konsul, dass es uns nichts ausmachen würde, auf dem Hafengelände zu kampieren und quasi unter Quarantäne gestellt auf die Einreisebewilligung zu warten, um dann nach zwei bis drei Tagen legal am Schlagbaum vorbei ins Land zu rollen.

Bea trägt den *tschomak* und ein paar Taschen die vielen steilen Treppen herunter.

Shiam mischt sich in mein Gespräch ein und verlangt den indischen Assistenten des Konsuls ans Telefon, der mit dem Chef der Immigrationsbehörde auf Gujarati verhandelt hat.

Die Trossen werden gelöst – noch drei Minuten.

In extremis verlange ich nochmals den Konsul: «Raus oder nicht?»
«Besser nicht!»
«Okay. Danke für Ihren Einsatz!»
Wir legen ab.

Nach insgesamt zehn Tagen an Bord der Clipper und 4189 Kilometer vom Persischen Golf durch die Strasse von Hormuz in das Arabische Meer bis an die Küste Gujarats und wieder retour sehen wir in der ersten Morgendämmerung die Lichter von Port Rashid aufleuchten: «Dubai ahoi!»

Dubai, 19. bis 23. Dezember 2003

Ohne zu prahlen, dürfen wir uns eines frohen Gemüts rühmen. Und doch fühlen wir uns die erste Viertelstunde zurück in Dubai nicht wohl in unserer Haut – es mutet uns irgendwie eigentümlich, ja geradezu sinnlos an, wieder hier zu sein. Der Blues ist aber nicht von Dauer. Bald weichen Trübsinn und Resignation einer heiteren Zuversicht. Wildfremde Menschen auf der Strasse heissen uns herzlich willkommen in ihrer Stadt, der Espresso im Starbucks mundet vorzüglich und mit frischem Vollkornbrot und einem Kilo Parmesan im Gepäck fahren wir «nach Hause» ins Al Rousha, das von Indern geführte Hotel, das wir vor unserer Odyssee hoffnungsvoll verlassen hatten. Wir werden freundlich begrüsst und für unbestimmte Zeit aufgenommen.

Auf dem Schiff lebten wir bezüglich Nachrichten wie auf einer gottverlassenen einsamen Insel. Was Wunder, saugen wir im Internetcafé die News des Tages wie ausgetrocknete Schwämme auf. Wir erschrecken gewaltig: In der Provinz Sistan und Baluchestan, Iran, sind drei europäische Radtouristen von Drogenschmugglern entführt worden; gekidnappt auf dem Weg von Bam nach Zahedan. Mit grosser Erleichterung nehmen wir zur Kenntnis, dass es sich nicht um Schweizer Bürger handelt – Hans-Michel und Nicole sind also ungeschoren durchgekommen. Und die letzten Wahlen haben in der Schweiz zu einem Rechtsrutsch im Bundesrat geführt. Populist Blocher, der so oft trotzig seine Unterlippe nach vorne schiebt, und Merz, der in etwa für die gleiche politische Linie eintritt, sein Gedankengut aber in kleinbürgerliche Rhetorik zu verpacken versteht und einer gemässigteren Partei angehört, sind die neuen Mitglieder des Siebnergremiums unserer Landesregierung.

Nun stellen wir uns auf die Hinterbeine und versuchen, zu unserem Recht zu kommen. Schliesslich hatten wir für die verpatzte Fahrt nach Indien mehr als einen unwesentlichen Obolus entrichtet. Das meiste Geld floss in die Taschen der Gebrüder Winter, von der gleichnamigen Reederei in Hamburg. Die kaltschnäuzige Antwort auf unseren ersten Hilferuf lässt vermuten, dass wir bei diesen engherzigen norddeutschen Bürokraten auf Granit beissen würden. Weiteres Insistieren scheint uns sinnlos, zumal nur via Internet und höchstens mit der dritten Garde verhandelt werden könnte. Die Gebrüder sind täglich mit Millionendeals beschäftigt und befassen sich kaum selbst mit einer Lappalie, wie unser Fall eine darstellt. Und um uns mit irgendwelchen spitzfindigen Winkeladvokaten herumzuschlagen, fehlen uns Lust, Zeit und Geld.

Besser stehen unsere Chancen bei der schweizerischen Vermittlungsagentur. «Weggis-Steiner» ist zwar ratlos bezüglich des weiteren Vorgehens, versichert uns aber sein Mitgefühl und kommt uns für die erlittene Unbill immerhin mit dreihundert Euro entgegen. Damit sind jedoch die Aufwendungen für eine erneute Überfahrt nach Indien und die Lebenskosten während der vielleicht wochenlangen Wartezeit auf ein anderes Schiff hier im teuren Dubai noch lange nicht gedeckt.

Also packen wir die dritte im Bunde, die in Dubai ansässige Samudera Shipping Line, die das Schiff der Winter-Brüder gechartert hatte. An uns hat die Samudera zwar keinen Cent verdient, hatte im Gegenteil unseretwegen einige Umtriebe zu erdulden, doch wäre es an ihrem Hafenagenten in Indien gelegen, abzuklären, ob Passagiere im Zielhafen ausschiffen dürfen. Was uns allem voran zuversichtlich stimmt, mit der Samudera rasch eine Lösung zu finden, ist die Aussicht, mit einem Verantwortlichen aus Fleisch und Blut von Angesicht zu Angesicht und nicht über das anonyme Internet verhandeln zu können.

Das Büro der Samudera Shipping Line befindet sich in einem noblen Gebäude, dessen Flure mit kühlem Marmor ausgelegt sind. Von den Wänden glotzen ausgestopfte Tiere. Vorbei an ihren ausdruckslosen gläsernen Augen schreiten wir forsch und zielgerichtet zum Büro von Kapitän Ravi Varma, bei dem wir unangemeldet vorsprechen wollen. Ohne rational begründbaren Anlass ist für uns in diesem Moment sonnenklar: Hinter dieser Tür sitzt unser Mann, der wird es richten.

Der junge Kapitän mit indischen Wurzeln empfängt uns freundlich und ist über das Geschehene bestens unterrichtet. Er verliert sich nicht in Ausflüchten. Ob seine Leute für den Flop verantwortlich sind, wird nicht diskutiert. Ihm geht es, genau gleich wie uns, um eine rasche und für alle akzeptable Lösung. Er verspricht, verschiedene Varianten zu prüfen und uns morgen über die Resultate zu informieren.

An der Al Rigga Road wartet ein Herr darauf, bis die Ampel für die Fussgänger auf Grün schaltet. Die Dämmerung hat sich bereits über die 1.4-Millionen-Stadt gelegt und die Sicht ist entsprechend mässig, doch lässt uns das schulterlange schwarze Haar dieses Manns innehalten. Wir reiben uns die Augen und erkennen nun auch einen mächtigen Schnauzbart – kein Zweifel, es ist Jakob aus Khonj! Wir freuen uns riesig, einander wieder zu treffen. Er führt uns sogleich ins topmoderne Modegeschäft Hanayen in der Shopping Mall Al Ghurair und stellt uns zwei seiner Brüder vor. Nader, der älteste Bruder und Chef des Unternehmens, ist nicht zugegen, begrüsst uns aber per Mobiltelefon. Nach einem çay und der Präsentation der Kollektion an Abayas und Sheilas werden wir in das syrische Restaurant «Damaskus» eingeladen, wo wir ausgezeichnet tafeln.

Den Nachmittag des folgenden Tages verbringen wir zusammen mit Jakob. Morgen schon wird sein Flugzeug nach Schweden abheben. Bestimmt gibt es noch einiges zu erledigen, doch hat er beliebig viel Zeit für uns. Dieses «Zeit haben» ist ein zentraler Wesenszug der Iraner. Seit dem Wiedersehen mit Jakob ist stets Farshid, einer seiner iranischen Freunde, mit seinem Auto zur Stelle. Er chauffiert uns zur schwedisch-norwegischen Seamen's-Church. Jakob ist von dieser Institution, die weniger im seelsorgerischen als im praktisch-organisatorischen Bereich Leuten in Not wertvolle Dienste leistet, hell begeistert. Ableger davon seien über den ganzen Erd-ball verstreut. Jakob meint, auch wir könnten einmal froh um diese Kontakte sein. Die Begrüssung ist freundlich, Jakob verkehrt hier schliesslich seit über vier Jahren regelmässig. Aber weder *çay* wird angeboten noch kommt ein Gespräch in Gang. Die Belegschaft ist auf dem Sprung, draussen wartet ein Bus mit laufendem Motor auf sie. Heute steht nämlich ein Geschäftsausflug auf dem Programm. Also heisst es: «Leider keine Zeit für euch. Auf Wiedersehen!» Was uns Europäern völlig logisch dünkt – wir sind unangemeldet hereingeplatzt und können deshalb nicht erwarten, dass die Leute Zeit für uns haben –, kann der Iraner Jakob nicht verstehen. Denn Iraner haben immer Zeit für ein Gespräch, mindestens, um eines zu beginnen. Nach der ersten Tasse *çay* kann immer noch fein angedeutet werden, dass noch andere Ver-pflichtungen warten.

Kapitän Varma teilt uns mit, seine Agenten versuchten in Pipavav den Weg durch den Behördendschungel zu ebnen. Denn bald steuere ein Schiff namens Flame von Dubai aus diesen kleinen indischen Hafen an. Er kenne den griechischen Besitzer der Flame persönlich und könne uns deshalb kostenlos auf den Kahn bringen. Ein Schmiergeld von hundertfünfzig Dollar erachtet er aber als angemessen, um den in-dischen Agenten für eine reibungslose Organisation zu motivieren.

Das tönt ja sehr ermutigend.

Wir müssen uns also nur noch ein klein wenig gedulden und die Dinge werden sich wunschgemäss entwickeln. Die Zeit aber zerrinnt nur zäh. Dieses ständige auf «Stand-by-sein» lähmt uns. Wir hängen saftlos zwischen Hoffen und Bangen im Zimmer und warten auf Neuigkeiten von Kapitän Varma.

2. Frachtschiffreise

Von Dubai nach Pipavav, Indien, 23. bis 29. Dezember 2003

Nach einem weiteren unerspriesslichen Tag ist es am Abend des 23. Dezember so weit: Der Agent aus Pipavav hat per Mail die Bestätigung gesendet, dass unserer Einreise nun nichts mehr im Weg stehe. Auch der Besitzer der Flame hat das Signal für unsere Mitreise auf Grün gestellt.

Um 20.00 Uhr verlassen wir schliesslich mit Sack und Pack unser Hotel und ein graubärtiger Pakistani mit Turban fährt uns mit seinem Pick-up durch die Nacht zum Hafen Jebel Ali. Hier heisst uns der Hafenagent Fareed freundlich willkommen und führt uns zur Flame. Ein iranischer Hafenarbeiter hilft uns, das Gepäck in die Kabine hochzutragen. Wie schon auf der Clipper wird uns auch hier die Eignerkabine zugeteilt. Nur ist diese hier wenig appetitlich: verschissene Toilette, schmutziger Teppich, schmale Pritsche und defekter Kühlschrank. Der anschliessende Rundgang auf dem Schiff lässt unseren ersten Eindruck allerdings in einem leicht anderen Licht erscheinen. Denn trotz aller Mängel wurde uns wohl die beste Kajüte zugeteilt. Im Vergleich zu diesem Wrack mit dem schönfärberischen Namen «Flamme» war die Clipper ein wahrer Luxusdampfer.

Mit mulmigem Gefühl im Magen wagen wir eine Entdeckungsreise in die Kombüse. Während wir über den schmutzig-schmierigen Küchenboden balancieren, wird uns sofort klar, wer hier das Kommando führt: Kakerlaken. Keck thronen sie auf den Essensresten in den herumliegenden Tellern. Und als ich mit Todesverachtung den Deckel der Brotbüchse einen Spalt weit öffne, sausen die grosskalibrigen Schaben wie schwarze Blitze herum. Familie Kakerlak scheint den ganzen Küchenbereich geentert zu haben. Als Konkurrent für ihre Herrschaft tritt nur Meister Schimmelpilz auf. Er zeigt sich uns in einem Schrank. Auf dem Tablar vor unserer Nase steht eine mit Tomatensalat gefüllte Schale, die nachlässig mit einer transparenten Plastikfolie überspannt ist. Der Luftraum zwischen Tomaten und Plastik ist mit dem grauen, schimmligen Pelz ausgefüllt.

Mineralwasser gibt es nicht an Bord. Der Kapitän schenkt uns liebenswürdigerweise eine Flasche aus seinem privaten Depot. Dieses hat er angelegt, weil seinem Magen das gelbliche Wasser aus den Hahnen des Schiffs nicht gut bekommt. Die anderen philippinischen Crew-Mitglieder sind sich seit Jahr und Tag nichts anderes gewohnt und machen einen einigermassen gesunden Eindruck auf uns. Der Kapitän meint: «Die Flame wurde vor zwanzig Jahren aus der Taufe gehoben. Sie ist ein altes Schiff. Der Besitzer ist nicht reich. Aber was wir an Bord haben, teilen wir mit euch.» Doch empfiehlt er uns, die Mahlzeiten selbst zu bereiten. Ihr Koch sei nämlich nicht gut für vegetarische Gerichte. Hat er unsere Gedanken gelesen? Noch so gerne befolgen wir diesen Rat! Der Küchengehilfe führt uns in die Kühlkammer hinunter, in der einiges an noch nicht vergammeltem Gemüse lagert. Zum Glück legt die Flame erst morgen ab. So bleibt noch Zeit, uns mit mehr Trinkwasser und einigen ergänzenden Lebensmitteln einzudecken.

Prägt das Schiff die Crew oder umgekehrt? Und was ist die Wirkung des Essens auf die Menschen? Wird man zu dem, was man isst? Lustlos hocken die Matrosen in ihren von der Arbeit im Maschinenraum oder von Korrosionsschutzerneuerungen an Deck verschmierten Overalls mittags und abends vor dem immer gleich aussehenden Essen: weisser Reishaufen neben einem dunklen Klumpen Fleisch. Für mich steht ausser Zweifel, dass uns Menschen die Ernährung und die Umgebung fest beeinflussen. Sie wirken sich auf unsere Gedanken und damit auch auf unsere Gefühle und unser Verhalten aus. Ob wir wollen oder nicht, sind wir demnach an jedem neuen Ort gewissermassen ein anderer Mensch. Im Kern vermögen uns diese äusseren Faktoren jedoch nicht zu formen. Sie können aber durchaus zu mehr oder weniger starken Ausschlägen der ansonsten relativ konstanten Gemütslage führen. Das Wesentliche sitzt nämlich tiefer in uns Menschen. Ich bin mir sicher: Es war schon da, als ich in der Kälte ausserhalb des Mutterschosses den ersten Schrei tat, und die Herausforderung des Lebens ihren Anfang nahm. Es gedieh und blühte im Garten der Liebe meiner Eltern. Sein Glanz spiegelte sich wider im fröhlichen, heiteren Gemüt. Mit den Jahren verdichtete es sich zu einem verlässlichen Fundament, zu einem Rettungsanker in jeder Lage: das Urvertrauen. Ich bin mit einer inneren Zufriedenheit ausgestattet, gleichsam mit einem wattierten Schutzraum, in den durchaus Pfeile der Unbill zu dringen, mich aber kaum zu verletzen vermögen. Beas Inneres ist ähnlich geartet, nur liegt ihre empfindliche Zone näher an der Oberfläche.

Am 27. Dezember driften wir von Frühmorgens bis kurz vor Mitternacht ohne funktionierenden Antrieb im Arabischen Meer südwestlich von Karachi. «Fällt die Hauptmaschine oft aus?», wollen wir vom Kapitän wissen. «Nein, das letzte Mal geschah dies vor drei Monaten», meint der erfahrene Seemann zweideutig.

Indien, 29. Dezember 2003 bis 27. Juni 2004

Am drittletzten Tag des Jahres legt die Flame bei Sonnenaufgang im Hafen von Pipavav an. Der Winter ist eingekehrt im nördlichen Indien. Die Hafenarbeiter haben ihre Wollkappen bis tief über die Ohren gezogen. Bei Tag wird es schliesslich nur knappe dreissig Grad warm.

Zwei Hafenagenten der J.M. Baxi, der Zollbeamte und ein Uniformierter, dessen massiger Körper ständig von einem eruptierenden Rülpser erschüttert wird, kommen an Bord. Alle wirken auf den ersten Blick äusserst unsympathisch. Unser Ziel ist klar: Wir wollen so rasch wie möglich aus dem Hafen zum siebzig Kilometer entfernten Diu rollen. Daraus wird aber vorerst nichts. Einer der beiden Agenten, der glatzköpfige P.N. Hariharan, der uns von Minute zu Minute mehr für sich einnimmt, hat nämlich hoch gepokert, als er Kapitän Varma mitteilte, dass bezüglich unserer Einreise alles in Butter sei. Die beiden Hürden heissen «Zollbehörde» im Hafen Pipavav und «Polizei» im über hundert Kilometer entfernten Bezirkshauptort Amreli. Weil jede dieser beiden Amtsstellen ohne das vorherige Einverständnis der anderen nicht im Stande war, zu unseren Gunsten zu entscheiden, griff der schlaue Fuchs Hariharan zu einer nicht ganz sauberen Finte: Beim «P.A.», dem *Personal Assistant*, der Polizeichefin von Amreli, mit dem er sich besser versteht als mit dem Zollamtschef im Hafen, besorgte er sich ein leeres Blatt Papier, das aber mit offiziellem Stempel und Unterschrift versehen war. Nachträglich fügte er den passenden Titel und Text hinzu, zeigte das Dokument dem Zollamtschef und erhielt postwendend dessen Einverständnis für unsere Einreise. So empfängt uns dieser ausnehmend freundlich in seiner Amtsstube und füllt zügig die nötigen Papiere aus. Es befinden sich noch zwei weitere Beamte im kahlen Büro. Sie haben nichts zu tun, hocken einfach stumm auf ihren Stühlen, wie es nur in Asien möglich ist. Nun gibt es auch für die Polizeichefin keinen Grund mehr, uns nicht in ihrem Land willkommen zu heissen. Dazu müssen wir aber erst bei der jungen Frau vortraben, welche den Posten des «*Chief of Police*» von Amreli bekleidet. Wegen Demonstrationen von aufgebrachten Bauern ist Frau Chefin momentan nicht abkömmlich. Die Landbevölkerung von Gujarat geriet in Rage, weil der Strompreis massiv erhöht wurde. Und ausgerechnet heute lassen die Bauern in Amreli Dampf ab. Die Polizei ist also mit wichtigeren Dingen beschäftigt und kann sich nicht um uns zwei Velonomaden kümmern.

So verbleiben wir einstweilen ohne Einreisestempel und fahren eskortiert von Mr. P.N. Hariharan als «*illegal aliens*» in die nahe gelegene Stadt Rajula in Warteposition. Alle Leute grüssen freundlich, winken, hupen und lächeln uns zu. Im Strassenraum tummeln sich Frauen in farbenprächtigen Saris, bärtige Männer mit weissen Turbanen, Wasserbüffel, Schweine, Kühe und unzählige friedfertige Hunde. Im Hotel gegenüber dem Shiva Tempel beziehen wir ein Zimmer. Hariharan quartiert sich ebenfalls hier ein und lädt uns zum langersehnten ersten Essen in Indien ein: *garlic nan*, mit Knoblauch belegtes Fladenbrot aus dem *Tandoor*-Ofen, *paneer tikka masala*, in Würfel geschnittener, würzig-scharf marinierter tofuähnlicher Käse an feinster Sauce, *aloo mutter*, Kartoffeln und Erbsen, *dal fried*, Brei aus gelben Linsen, *roasted papardam*, hauchdünnes Fladenbrot, Reis, *sweet lassi*, gesüsstes Joghurt-Getränk, *bisleri*, Mineralwasser, und *chai*, was hier einem Schwarztee mit Milch, Zucker und verschiedenen Gewürzen entspricht. Herrlich wie die Gerichte harmonieren. Sie munden uns vorzüglich; wir sind im kulinarischen Paradies angekommen! Standen uns auf dem bisherigen Weg durch die Welt in den Restaurants maximal ein bis zwei Menüs zur Auswahl, so können wir hier geradezu blind bestellen. In diesem Lokal werden nämlich ausschliesslich vegetarische Gerichte serviert. Weil in Gujarat viele Anhänger der Jain-Religion leben, gibt es sogar spezielle Menüs für sie. Denn eines der drei ethischen Grundprinzipien des Jainismus ist die Gewaltlosigkeit gegenüber *allen* Lebewesen. So sind ihnen sämtliche Gemüse tabu, die unter der Erdoberfläche gedeihen, wie beispielsweise Kartoffeln oder Zwiebeln, da bei der Ernte Würmer getötet werden.

Mit Hariharan verbringen wir unterhaltsame Stunden. Er outet sich als Workaholic, der seiner Frau vor der Hochzeit kundgetan hat, dass sie nicht sein Ein und Alles sei. An erster Stelle stehe bei ihm für immer und ewig J.M. Baxi, sein Arbeitgeber. Seinem Sohn wollte er letzthin ins Gewissen reden, sich in der Schule mehr anzustrengen, damit er später einen guten Job erhalten werde. Der Dreikäsehoch erwiderte keck: «Mach dir keine Sorgen, Papa. Mein Urgrossvater und mein Grossvater hatten für J.M. Baxi gearbeitet und nun bist du in seinen Diensten. Da wird es wohl für mich auch eine Stelle geben.» Beim Erzählen dieser Geschichte kriecht ein Lächeln über Hariharans Gesicht.

Heute kümmert sich Mr. P.N. Hariharan geschlagene zwölf Stunden ausschliesslich um uns. Auf einen Anruf der Polizeichefin warten wir jedoch umsonst. Der Fahrer von Hariharan hat übrigens nicht mit uns gespeist. Je nach Kastenzugehörigkeit ist man in Indien Herr oder Diener und verharrt das ganze Leben lang klaglos in der entsprechenden Position. Und der junge Chauffeur wurde halt in einen niederen gesellschaftlichen Stand geboren. Immerhin gehört er nicht zur Masse der *Parias*. Diese «Unberührbaren» stehen sogar ausserhalb des Kastensystems und haben ein besonders schweres Kreuz zu tragen.

Der Fahrer steuert uns im weissen Wagen durch die engen Gassen von Rajula zu einem Geldwechsler, dann zu einem der zahlreich vorhandenen Telefone für internationale Anrufe und schliesslich ins Internet. Hier erfahren wir vom katastrophalen Erdbeben in Bam, Iran, mit vierzigtausend Toten – schrecklich diese Tragödie! Zum Glück sind Nicole und Hans-Michel längst weitergezogen. Das Ausmass der Schäden erstaunt mich nicht. In jeder iranischen Stadt habe ich die Konstruktionen der Häuser bezüglich ihrer Erdbebensicherheit mit Kopfschütteln betrachtet.

Am nächsten Morgen fahren wir mit Mr. P.N. Hariharan nach Amreli. Frau Chefin ist aber leider nicht im Büro zugegen. Sie trainiert auf dem Tenniscourt mit einer Kollegin. Das Warten wird uns mit einem *gujarati-thali* versüsst. Für vierzig Rupien pro Person, was weniger als einem Euro entspricht, können wir so viel essen, wie unsere Mägen zu fassen vermögen. Nicht weniger als drei Kellner scharwenzeln um den Tisch und füllen laufend nach, was wir schon weggeputzt haben. Ein anderer bringt ständig ofenfrische *chapatis*, Fladenbrote.

Um 22.00 Uhr ist es schliesslich so weit: Frau «*Chief of Police*» segnet unser Begehren ab. Einen Einreisestempel in den Pass gibt es jedoch nicht. Sie meint, es genüge, wenn wir bei der Ausreise das Papier der Aufenthaltsbewilligung vorweisen. «Dieses Dokument wird dann an mich zurückgesendet. So werde ich informiert sein, wann ihr das Land verlassen habt.» Mit diesen Worten komplimentiert uns die Dame hinaus in die milde Abendluft. Wir sehen am Horizont Probleme aufziehen. Das kann nicht gut gehen: Aus Indien ausreisen, ohne Einreisestempel im Pass. Nur gut, haben wir den Wunderknaben Mr. P.N. Hariharan an unserer Seite. Nach langem Hin und Her erhält er vom «*P.A.*» den Polizeistempel und drückt ihn auf der Motorhaube von dessen Wagen eigenhändig in unsere Pässe. Doch weil auf diesem nichts Weiteres als «*Supt of Police at Amreli*» steht, fügt er später mit seiner Handschrift «*Landed on 29-12-2003 at Pipavav port (India) per M.V. Flame*» hinzu. Die 150 US$, die wir Kapitän Varma in Dubai für die Organisation der Einreiseformalitäten in Pipavav bezahlt hatten, hat sich Mr. P.N. Hariharan wohl verdient. Heute hat er sich uns während vierzehn Stunden gewidmet. Wir legen noch 50 US$ als Bonus drauf. Erst nach Mitternacht erreichen wir müde, aber hoch zufrieden unser Hotelzimmer in Rajula. Wir haben das Gefühl, bereits seit Monaten in Indien zu weilen, so vertraut ist uns alles, dabei ist eben erst der dritte Tag angebrochen.

P.N. Hariharan lässt eine Silvesterparty für uns steigen. Aus dem Nebenzimmer werden die Betten herausgetragen und durch Tische und Stühle ersetzt. Schon trudelt er mit neun anderen Hafenagenten und vier Flaschen Whisky ein. Alkohol ist im Bundesstaat Gujarat, wo der grosse Mahatma Gandhi geboren wurde, verboten. Deshalb werden die Gardinen gezogen. «Woher stammt der Whisky?», frage ich Hariharan. Mit gedämpfter Stimme entgegnet er: «Die Kapitäne der Frachtschiffe bringen den Zöllnern jeweils kleine Aufmerksamkeiten in Form von Alkohol mit. Das garantiert einen reibungsloseren Ablauf der bisweilen komplizierten Dinge.» «Und den Zöllnern kann es in gewissen Situationen nützlich sein, uns Agenten eine Flasche weiterzureichen», fügt er verschmitzt lächelnd an. Im Sumpf der Korruption blühen wahrlich seltsame Gewächse. Wer aber die einigermassen trittfesten Pfade kennt, wie unser P.N. Hariharan, bringt einiges zu Stande. Die erste Flasche, Jack Daniels, mundet vorzüglich zu den Snacks. Die folgenden, *made in India*, sind kaum geniessbar. Dies tut der ausgezeichneten Stimmung aber keinen Abbruch. Als die Handys immer häufiger klingeln, verstreichen die letzten Sekunden des Jahres 2003. Nach dem Zünden von ohrenbetäubenden Knallern auf der Strasse wird um ein Uhr morgens zum Essen geladen.

Der erste Tag des neuen Jahres ist auch für P.N. Hariharan arbeitsfrei. Nach dem gemeinsamen Frühstück aus Toastbrot und *chai* – die Engländer haben in Indien einige Spuren hinterlassen –, reisen wir mit ihm zusammen in einem Bus nach Talaja auf einen vulkanischen Berg zu marmornen Jain-Tempeln. Später, in Mahuva, stellt uns Hariharan seine Frau und die zwei Kinder vor. Bei Sonnenuntergang fahren wir mit einem *three wheeler*, diesem für Indien typischen Dreirad für Taxifahrten, zum Sandstrand und trinken dort unseren ersten *sugar-caine-juice*. Zur Herstellung dieses Saftes werden meterlange Zuckerrohrstangen zusammen mit Ingwerwurzeln und Zitronen durch eine Presse gedreht. Das Verfahren scheint nicht sehr hygienisch zu sein, der Trunk schmeckt aber hervorragend. Auf dem Rückweg schauen wir noch bei der Redaktion der Zeitung des Bundesstaats Gujarat vorbei. Bei einem *chai* wird diskutiert, was im morgigen Artikel über uns alles stehen soll. Natürlich wird Mr. P.N. Hariharan, Senior Executive, J.M. Baxi, nicht unerwähnt bleiben. Bei seinem Freund, einem Bankier, sind wir zum Nachtessen eingeladen. Wir speisen nur mit den Männern des Hauses. Die Frauen und Kinder machen sich danach über die Reste her. Leute aus der Nachbarschaft strömen herbei, um uns zu begrüssen. Kurz vor Mitternacht lässt Hariharan einen Wagen vorfahren, der uns zurück nach Rajula ins Hotel bringt.

Bevor wir nach Diu aufbrechen, zündet Mr. P.N. Hariharan sein letztes Feuerwerk:

Ein Mitarbeiter der J.M. Baxi bringt uns Blumen ins Zimmer. Der Hotelbesitzer überrascht uns mit einem Gujarati-Frühstück aus rohen Zwiebeln, Zitronen, Chili, knusprig gebackenen Teigbällchen und *chai*. Sein Sohn wurde ausgeschickt, die Zeitung mit dem Artikel über uns zu kaufen. Mit strahlenden Augen überreicht er sie uns am Tisch. Auf dem Parkplatz legt uns die Frau des Hoteliers feierlich fein duftende Blumenkränze um die Hälse, malt Bea einen roten Punkt und mir einen roten Strich auf die Stirn und schiebt uns je eine Süssigkeit in den Mund. Vom Büro aus checkt Hariharan per Mobiltelefon, ob hier alles nach Plan abläuft. Ich bin noch mit diesem begnadeten Strippenzieher am Plaudern, als Mr. Ashock, Hariharans rechte Hand, mit Gefolge auftaucht und uns mit roten Rosen beehrt.

Letzte Bilder werden geknipst und die Strasse hat uns wieder. Der Gujarati-Schriftzeichen nicht mächtig, verpassen wir eine Abzweigung. Schon hupt ein Autofahrer hinter uns wie verrückt. «Ihr wollt doch nach Diu fahren! Zurück und dann links.» – Die Zeitung wird also aufmerksam gelesen.

Die Insel Diu war wie Goa und Daman bis 1961 eine portugiesische Kolonie. Neben der typischen Architektur und dem Christentum haben die Portugiesen den Leuten während ihrer über vierhundert Jahre dauernden Herrschaft auch den Alkohol beschert. So lassen wir den Abend auf unserem gegen das Meer gerichteten Balkon mit einer Flasche Portwein ausklingen. Hier bleiben wir die ersten paar Tage des neuen Jahres und geniessen die indische Küche und den einsamen Sandstrand der Gomtimata-Beach.

An einem Nachmittag streifen wir durch die schmalen, verwinkelten Gässchen von Diu Town. Die Fassaden der meisten Wohnhäuser sind halb zerfallen und viele der steinernen Ornamente wurden vom Zahn der Zeit pulverisiert. Wo sie noch nicht dem Gesetz der Gravitation nach unten gefolgt sind oder vom Wind wegge- tragen wurden, halten sie ausgebleichte Anstriche in fragilem Gleichgewicht. Mon- sunregen, Sonne und Wind haben über Jahrzehnte an den Bauten genagt und sie mit einer Patina überzogen, die selbst ein Maler vom Range Van Goghs nur der Spur nach auf Leinwand bannen könnte. Die treibende Kraft des korrodierenden Eisens, das unter dem Einfluss von Wasser und Sauerstoff seinem natürlichen Zustand im Eisenerz zustrebt, liess den Beton der Veranden bersten. Aus den klaffenden Rissen wuchert grünes Kraut und feines Moos bedeckt die Flanken. Schwalben nisten unter den morschen Dachbalken, und Ameisen ziehen ihre Bahnen auf den steinernen Bo- denplatten, die vom intensiven Gebrauch glattpoliert sind. In diesen wunderlichen Palästen, deren Mauern Geschichten erzählen – hört man nur ganz genau hin –, hau- sen die kinderreichen Familien der Fischer, Händler, Alkohol- und Salzproduzenten von Diu und geniessen ihr beschauliches Dasein. In einem der verwunschenen Gär- ten entdecken wir drei junge Katzen vor einer Schale Milch. So gierig wie unermüd- lich lassen sie ihre rauen Zünglein ins Becken schnellen, bis der letzte Tropfen weg- geputzt ist. Die Strassen gehören den borstigen Schweinen, den stoischen Kühen und den faulen Hunden. Auf den Rücken der Kühe und Schweine thronen weisse Vögel mit dünnen, langen Beinen. Sie picken leckere Zecken und Läuse aus den Fellen.

Im kleinen Diu sind in jedem zweiten Gebäude Büros der Staatsverwaltung ein- gemietet. An den blauen Tafeln mit weisser Aufschrift sind sie leicht zu erkennen. Die indische Bürokratie will, dass für jedes erdenkliche Ressort ein «*Office*» ge- schaffen wird: «*Port Office*», «*Tourism Office*», «*Police Office*», «*Customs Of- fice*», «*Inquiry Office*», «*Tax Office*» und so weiter. Selbstverständlich bean- sprucht ein jeder Chef sein eigenes Büro. Und was ist ein Chef schon wert, wenn er nicht über einen «*P.A.*», einen persönlichen Assistenten, gebieten kann? So hängt vor dem einen Büro eine Tafel mit dem Schriftzug «*Chief of Port Office*» und über der Tür daneben prangt «*P.A. of Chief of Port Office*». Ohne Heerscharen von nie- dereren Chargen macht aber auch der Job eines «*P.A.*» keinen Spass. So wimmelt es geradezu von Laufburschen – die Matrjoschka des indischen Staatswesens.

Der Weg zur Gomtimata-Beach führt uns täglich an einer Baustelle vorbei. Selbst sonntags wimmelt es unter der sengenden Sonne von Lasten tragenden Frauen in farbenprächtigen Saris. Unermüdlich, trotz drückender Hitze, balancieren sie auf

ihren Köpfen Schalen gefüllt mit Sand oder Kies vom Lagerplatz zur Decke des ersten Geschosses des Rohbaus. In den raren Pausen stillen sie ihre Babys, die im Schatten der Palmen liegen und von den um wenige Jahre älteren Geschwistern betreut
werden. Nie vergessen werden wir folgendes Bild: Ein etwa dreijähriges Mädchen
schaukelt ein herzzerreissend schreiendes Baby in der Hängematte, während die blutjunge Mutter mit der Schaufel in der Hand in einem bauchtiefen Graben schuftet.

Auf dem feuchten, tragfähigen Streifen zwischen Meer und tiefem, glühend heissem Sand rollen wir auf gemieteten Rädern den menschenleeren Strand entlang.
Krabben durchkämmen den Sand wie winzige Minenarbeiter. Sie spüren mit seismo-
graphischer Feinfühligkeit die kleinsten Erschütterungen und hasten wieselflink und
treffsicher zu ihren Löchern, wenn sich die drehenden Reifen nähern. Am besten
gefallen uns an diesen stählernen Fahrrädern mit nur einem Gang, zerfetzten Sätteln,
schiefen Pedalen und deformierten Felgen die Glocken. Würde der Klang der unseren so weit tragen, wären auch wir ständig am Schellen wie die Inder. Pannen sind bei
diesen Velos im Mietpreis inbegriffen. Bei Bea fällt an einem Tag die Kette viermal
raus, ich fahre wegen eines Plattfusses fünf Kilometer auf der Felge nach Hause und
als Höhepunkt reisst eines Tages die Kette – der verrostete Stahl war meinem kräftigen Antritt nicht gewachsen.

Auch unsere Velos werden immer mehr von der Reise geprägt. Schrammen, Dellen
und geflickte Teile erzählen Geschichten, wie Runzeln, Narben oder graue Haare bei
Menschen. Je älter und dem Schein nach verbrauchter sie aussehen, desto wertvoller
und lieber werden sie uns.

Nachdem wir uns fast den ganzen Dezember über auf einer wahrhaften Odyssee befanden und auf der Arabischen See wie Treibgut zufällig irgendwo an- und wieder
weggeschwemmt wurden, anschliessend ganze drei Tage für die Einreise in Indien
benötigten und danach gute zwei Wochen die Vorzüge der einst portugiesischen Kolonie Diu genossen, geht heute, 18. Januar 2004, die Entdeckungsreise endlich wieder im Velosattel weiter. In etwa der Spur einer hyperbolischen Spirale folgend, wollen wir uns via Veraval, Junagadh, Gondal, Dholka, Godhra, Rajpipla, Bansda, Daman und Vada der faszinierenden Metropole Mumbai annähern.

Vorbei an Bananenplantagen, Palmenhainen, Reisfeldern, brachliegenden Äckern
und solchen in voller Blüte fahren wir unter dem stahlblauen Himmel die ebene
Strasse entlang. Wir teilen die Fahrbahn mit Kühen, Wasserbüffeln, Dromedaren,
three wheelers, wenigen Bussen und wandernden Flötenverkäufern. Im Schatten vor
einem kleinen Bauernhof rasten wir zum ersten Mal und essen die letzten Datteln
von Jakob aus Khonj zusammen mit Cashewnüssen. Die Frauen schrubben am Brunnen Kleider, eine Tochter kämmt ihr langes, schwarzes, frisch gewaschenes Haar und
der Bauer reicht uns stumm zwei Stühle über den Zaun. Wir geben ihnen von unse-

rem Essen zum Kosten. Ausser «*Namasté!*», das zur Begrüssung und zur Verabschiedung verwendet wird, werden keine Worte gewechselt.

Wo wir auch anhalten, locken wir unzählige Schaulustige an. Gesittet stehen sie in
gebührendem Abstand von uns, dicht Körper an Körper gedrängt, und verschlingen
die Sensation stumm mit ihren Augen. Nichts wird betatscht. Ab und zu fragt einer:
« *What's your name?*» Oder: « *What's your country?*» Ansonsten genügt ihnen das
Gesehene vollauf.

Von Somnath nach Veraval müssen wir uns durch dichten, hektischen Verkehr,
beissenden Gestank, Staub, Dreck und Lärm kämpfen. Im Hafen mit hunderten in
den Wellen tanzenden, farbenprächtigen Fischerbooten stinkt es fürchterlich nach
faulen Eiern. Aller Abfall, selbst Giftmüll, wird unbesehen ins Meer gekippt – so einfach ist das. Der stumme Riese schluckt alles. Im Morast vor der Wasserlinie kauert
ein Herr in weissem Hemd. Er verrichtet sein Geschäft und bespritzt sich nach getaner Arbeit traditionsgemäss mit der linken Hand das Hinterteil mit dem fauligen
Wasser. Bärtige Muslime mit weisser Mütze und verschleierte Frauen rufen uns die
Nähe zu Pakistan und die starke Position des Islams in Indien in Erinnerung. Immerhin rund ein Zehntel der indischen Bevölkerung sind sunnitische Muslime.

Als wir in Veraval durch einen sandig-staubigen Park flanieren, legt uns eine Gruppe Cricket spielender Teenager ans Herz, einen am Rand gelegenen unscheinbaren
Tempel zu besuchen. Klar, warum auch nicht? Wie es sich in diesen Breitengraden
bei Kultstätten gehört, streifen wir vor dem Eingangstor die Sandalen ab und schau-
en uns das Gebäude aus der Nähe an. Es ist nicht mehr als ein unattraktiver Klotz,
um den Fangen spielende Kinder rennen. Sie kreischen und lachen in wilder Bewegung. Immer mal wieder aber halten sie für Sekundenbruchteile vor einer unförmi-
gen Statue inne, falten die knochigen Hände zum Kurzgebet, und weiter geht das
Spiel. Dieser Hinduismus ist eine sympathische Religion. Er erträgt die ausgelassene
Fröhlichkeit der Kinder und erstickt die irdischen Freuden nicht in Zucht und
Strenge. Auf Hindi heisst «heute» übrigens *aadj*, und zwischen «gestern» und
«morgen» wird nicht unterschieden, für beides steht *kal*. Ob gestern oder morgen
scheint einerlei zu sein. Es ist vorbei oder noch nicht da. Wichtig ist einzig das
«Heute», das Hier und Jetzt. Dies erinnert mich an die Philosophie des guten alten
Hafez und spült meine Gedanken über eine Zeitbrücke zurück nach Shiraz. Nach
zwei Minuten überlassen wir die Kinder ihrem spassigen Götterdienst und schlendern auf schmalen, sandigen Wegen Richtung Meer. Bald stossen wir auf eine ver-
sammelte muslimische Hochzeitsgesellschaft. Beängstigend, diese Uniformierung
der streng Gläubigen durch den Islam: Weisses Gewand, krauser Bart und weisse
Kappe bei den Männern, und die Frauen halten sich hinter schwarzen Tschadors versteckt – egal, auf welchem Fleck der Erde sie stehen und in welchem kulturellen Umfeld sie leben. Über loderndem Feuer schmoren in drei an Ketten baumelnden, riesi-

gen gusseisernen Behältern Eintopfgerichte aus Hammelfleisch und Reis. Der Bräutigam heisst uns willkommen und bietet uns Stühle und Essen an. Beeindruckend, diese uferlose Gastfreundschaft der Muslime. Hand aufs Herz, wer in Europa würde ein dahergelaufenes indisches Paar zum Hochzeitsmahl einladen? Schon strecken uns zwei Frauen randvoll gefüllte Teller hin, die wir aber dankend zurückweisen. Aus alter Gewohnheit, vielleicht aber auch nur wegen des vorherigen Anklanges von Hafez, erklären wir auf Farsi, einer unverständlichen Sprache für ihre Ohren, dass wir keine Tiere essen. Trotzdem setzen wir uns für eine Weile in die Runde, bevor wir weiter zum Meer hinunter spazieren.

Unter der gleissenden Sonne schwanken die Fischerboote wie trunken in den sanften Wellen. Der Strand aber gleicht wie der Hafen einer Abfallhalde und ein übler Geruch beleidigt die Nase. Wir kehren unverzüglich um, winken einen *three wheeler* heran und tuckern zum Tempel in Somnath. Aufrecht zu sitzen ist für mich in diesen lottrigen Gefährten nicht ratsam, sonst würde ich bei einem grösseren Schlagloch mit dem Kopf die Decke durchstossen oder – je nach Festigkeit des Daches – den Hals stauchen. Während wir die wunderschön gelegene Tempelanlage bestaunen, sind für die indischen Menschenmassen wir das Objekt der Neugierde und des Interesses. Denn ein Gruppenbild zusammen mit «ihren exotischen Freunden» aus dem fernen Westen im Fotoalbum lässt sie im Ansehen ihrer Bekannten steigen. Eng aneinandergeschmiegt, einen Arm über die Schulter, ein breites Lächeln – gerne erfüllen wir ihre Wünsche. Am Eingangstor zum Haupttempel werden alle Männer von bewaffneten Wächtern nach verdächtigen Dingen abgetastet, derweil die Frauen ohne Leibesvisitation durchkommen. Offenbar gibt es hier keine Terroristinnen. Kontrollen sind durchaus angebracht: In die Irre geleitete religiöse Hitzköpfe haben sich und vor allem den anderen hier in Gujarat im Jahre 2002 das Leben zur Hölle gemacht. Auf muslimische Terroranschläge folgten postwendend blindwütige hinduistische Rachefeldzüge. Die Leidtragenden waren, wie immer in solchen Auseinandersetzungen, Unschuldige.

So anmutig und geheimnisvoll der Tempel von aussen auch gewirkt hat, Atmosphäre und Geschehen im Innern rühren mein Herz kaum, vermögen mich aber immerhin zu amüsieren. Oft von weit her angereist, tragen die Gläubigen vor der Statue ihres Lieblingsgottes oder der ihrem brennendsten Wunsch angemessenen Gottheit in abgeklärtem Tonfall, nicht selten gar in kindlicher Naivität, ihr Anliegen vor. Dabei handelt es sich meist um so handfeste Sachen wie beispielsweise eine Gehaltserhöhung. Gott Vishnu, der Alldurchdringende, gilt als Ursprung aller Dinge. Sämtliche anderen Götter wie Shiva, Krishna oder Ganesha sind aus ihm erschaffen und stehen im Grunde für besondere Eigenschaften von Vishnu. Wer eine neue Unternehmung starten will, tut gut daran, sich bei Lord Ganesha, dem gutmütigen, dickwanstigen Elefantengott, die notwendige Fortüne zu reservieren. Wer sich in finanzieller Schieflage befindet, legt mit Vorteil der Gottheit Lakshmi, der Gattin von Vishnu, eine Blumengirlande zu Füssen. Denn sie ist die Göttin für Glück und Wohlstand. Die Momente der Andacht sind übrigens an keinen festen Zeitplan gebunden. Wann immer es einen Hindu überkommt, rezitiert er ein paar heilige Verse oder bittet die Götter um Beistand. Natürlich steht auch im Haus eines jeden rechten Hindus ein kleiner Altar mit einem Bild des Lieblingsgottes der Familie. Die zum Teil äusserst beschwerlichen Pilgerfahrten nehmen die Gläubigen auf sich, weil den Tempeln übernatürliche Kräfte zugeschrieben werden, was die Chance auf Erhörung der Wünsche massiv erhöht.

Auf der flachen und von Bäumen gesäumten Strecke am Fuss des Girnar Hill von Veraval nach Junagadh vereinigen sich über unseren Köpfen die mächtigen Baumkronen zu einem grünen Dach. Beim Rollen in diesem lebendigen Tunnel denke ich an die Antwort von Jakob zurück, als ich ihn in Dubai, einen Tag vor seiner Rückreise nach Schweden, nach seinem Befinden gefragt hatte. Ich wusste um sein wundes Herz, seine innere Zerrissenheit, dem so innig geliebten Konj mitsamt seinen Lieben wieder für Monate den Rücken kehren zu müssen. Um seine Gefühle zu beschreiben, nahm er ein von ihm modifiziertes Zitat des kanadischen Sprinters Ben Johnson, des einst schnellsten Manns der Welt, zu Hilfe: «In den Startlöchern eines Sprintrennens wartend, sehe ich nichts als einen Tunnel mit glattpolierten Wänden vor mir. Keine Gegner, keine Zuschauer, kein Stadion. Vom Ziel her leuchtet mir ein helles Licht entgegen. Nach dem Startschuss höre ich keinen Ton mehr. Nicht mal meinen Körper spüre ich. Zwischen Startblock und Ziellinie existiert nichts. Es gilt einzig, so rasch wie möglich die Distanz dazwischen zu überwinden.» Dieser «Tunnelblick» stellt sich bei grosser nervlicher Anspannung und Fixierung auf ein Ziel ein. Weil bei unserer Reise rund um die Welt beides nicht in dieser Strenge zutrifft, ist unsere Erfahrung völlig anders geartet. Der grüne Tunnel, in dem wir uns nun bewegen, steht exemplarisch dafür: Jeder gefahrene Meter ist derart reich mit Eindrücken befrachtet, dass wir beliebig lange Zeit in diesem Hohlweg verweilen könnten. Durch die lebendigen Wände und die Decke dringt samtweich das Sonnenlicht, in Seitennischen spielt sich das beschauliche Leben auf den kleinen Bauernhöfen ab und neben uns auf dem Asphalt des Highways herrscht das tägliche Tohuwabohu: Ochsen ziehen gleichmütig rülpsend lottrige Karren, Radfahrer klingeln voller Schalk und Elan, Mofa- und Rikschafahrer hupen was das Zeug hält, die Passagiere strahlen ihr Lachen, winken und rufen «*Namasté!*» oder «*What's your name?*». Dominiert wird die Kakophonie aber von den Bus- und Lastwagenlenkern mit ihren aufpeitschenden, ohrenbetäubenden Fanfaren. Ich vermute, dass sie je nach Situation andere Klänge und Melodien auswählen und auf die Strasse schallen lassen – Highway-DJs hinter einem Armaturenbrett voller Hupen.

Mit dem quirlig-lärmigen Strassenleben kontrastiert die unwirkliche Ruhe und Gelassenheit der herumspukenden Kühe und die unübertreffliche Coolness der Dromedare. Vor schwindelerregend überladene, klapprige Holzkarren gespannt, latschen diese Wüstenschiffe auf ihren riesigen Füssen, die sie bei jedem Schritt butterweich aufsetzen, x-beinig über den Asphalt. Als mich der so schläfrige wie erhabene Blick eines Dromedars zwischen den Lidern auf halbmast und den langen Wimpern hindurch streift, bin ich mir nicht mehr sicher, ob ich mich noch auf festem Boden oder bereits auf einer Sanddüne befinde. Erst als Bea neben mir auftaucht, bin ich wieder geerdet. Nun treibt ein ungeduldiger Bauer sein edles Tier zur Eile an. Es gehorcht ohne aufzumucken, lässt den Buckel in einer kürzeren Frequenz auf und ab wiegen, und weil es zu bequem ist, die Knie genügend anzuheben, schlenkern seine schlaksigen Hinterbeine wie die Unterschenkel und Füsse einer ungelenken Person beim Joggen. Ein anderer Bauer nimmt es wesentlich ruhiger. Er ist auf seiner Ladung prall gefüllter Jutesäcke eingenickt. Den Kopf schief nach hinten gelehnt, den Mund weit offen – so geniesst er den Schlaf des Gerechten. Sein treues Dromedar kennt den Weg und bedarf seiner Anweisungen nicht. Hinter dem in Schritttempo rollenden Karren hornen ungeduldig zwei nervöse Buschauffeure, weil er zu viel Platz beansprucht und sie wegen des Gegenverkehrs nicht überholen können. Unbeeindruckt von diesen Getriebenen der Zeit zieht das Dromedar, unablässig kauend und mit dem Unterkiefer mahlend, in aller Ruhe seines Weges.

Über sechstausend Treppenstufen, die vor mehr als hundert Jahren in den Fels gehauen wurden, erklimmen wir die Jain- und Hindutempelanlagen auf dem Girnar Hill. Bis auf den tausend Meter hohen Gipfel reiht sich eine Verkaufsbude an die andere. Der Preis des Wassers steigt mit der Höhe gleichmässig von zwölf auf zwanzig Rupien. Dies hat seine Richtigkeit, muss doch alles hinaufgeschleppt werden. Imponierend, wie drahtige Männer dreissig bis fünfzig Kilo schwere Kanister auf ihrem Buckel transportieren, gehalten mit Zugbändern um die Stirn. Uns zieht die Schwerkraft auch ohne zusätzliche Lasten gehörig an den Knochen. Wir staunen, wie leichtfüssig Kinder und hochbetagte Leute, die meisten ohne Schuhe, an uns vorbeieilen. Selbst die Gehbehinderten und die mit starkem Asthma Geschlagenen müssen nicht auf die atemberaubende Aussicht und den heilbringenden Tempelbesuch verzichten. Auf den *dholis* genannten Tragstühlen werden sie an einer Stange, knapp über dem Boden baumelnd, von zwei schweissüberströmten Herkulessen hinaufgetragen. Wer die Deluxe-Variante bevorzugt, wird für eineinhalb Stunden in einem Sessel über den Köpfen von vier Trägern thronen. Der Preis bemisst sich nach Kilogramm Lebendgewicht der Fuhre. Weil bei diesem heiklen Thema mündlichen Angaben aber nicht zu trauen ist, werden die Leute wie ein Sack Mehl gewogen.

Dass man auf dem, mindestens für uns, beschwerlichen Aufstieg vergebens nach

WC suchen wird, war schon ab der ersten Treppenstufe zu riechen. Freilich fehlen auch Abfalleimer, denn diese müssten ja dann und wann geleert werden; Mutter Erde ist da wesentlich gutmütiger.

Nach dreitausend Stufen stehen uns doch tatsächlich Kühe im Weg – wie sind die bloss hier hinaufgelangt? Affenfamilien tollen zum Gaudi der Pilgerscharen herum, und ein Streifenhörnchen stibitzt aus einem Korb ein Bonbon, eilt damit auf den nächsten Baum, reisst geschickt die Verpackung auf, hält die Beute mit den beiden Vorderpfoten und kerbt mit den scharfen Schaufelzähnen gut hörbar für uns an dem harten Zuckerbollen. Auch der um die Einnahme geprellte Verkäufer kann sich ob dieser Dreistigkeit ein Lächeln nicht verkneifen.

Vor dem obersten Tempel erstehen wir eine noch grüne Kokosnuss. Der Verkäufer schlägt mit der Spitze seiner Machete ein Loch in die Schale und reicht uns einen Strohhalm, mit dem wir das erfrischende Fruchtwasser trinken. Anschliessend spaltet er die Nuss mit einem gezielten Hieb und schält das gelblich-weisse, zarte Fruchtfleisch heraus. Es schmeckt auf der Zunge wie junge Haselnuss.

Im kühlen Innern des Tempels lassen sich die Pilger von einem Guru reifere Kokosnüsse segnen, um sie alsbald mit der blossen Hand auf dem Stein daneben zu zerschlagen und sich das knackige Fruchtfleisch einzuverleiben. Viele frisch verheiratete Paare sichern sich auf diese Weise das notwendige Glück, damit der Nachwuchs gedeihen und der Haussegen nie schief stehen möge. Auch uns, den Hauslosen, wird von der aromatischen Frucht gereicht.

In der betörenden Duftwolke frisch geernteter Koriander- und Kreuzkümmelfelder fahren wir auf einsamer Fahrbahn dem Mittagessen in einem Landstrassenrestaurant entgegen. Nicht nur der Fliegen wegen wird dies unser bisher schlechtestes Mahl in Indien. Die Gemüse sind kalt und der *lassi* ungeniessbar. Auf den *chai* verzichten wir hier, bekommen aber wenige Pedalumdrehungen weiter einen offeriert. Und zwar von einem Tresorbauer, der sich in der Sonne eine Pause gönnt. Den hiesigen Gepflogenheiten entsprechend, schütten auch wir die heisse Mischung aus Schwarztee, Milch und Zucker, abgeschmeckt mit Ingwer und Kardamom, in den Unterteller und schlürfen geräuschvoll die wohl mundende Flüssigkeit.

Ein kräftiger Dorn bohrt sich in meinen Vorderreifen und klaut die unter einem Druck von fünf Bar stehende Luft aus dem Schlauch. Ich dirigiere das schlingernde Velo in den Schatten einer mächtigen Platane. Das Gepäck ist noch nicht abgeladen und bereits haben sich über fünfzig Dorfbewohner aus vier Generationen in konzentrischen Kreisen um uns aufgereiht. Der mittlerweile zehnte Plattfuss unserer Reise ist mit flinken Handgriffen rasch behoben. Dem des Lesens mächtigen Dorflehrer zeigen wir den in Gujarati geschriebenen Zeitungsartikel über uns. Vor sich hin brummelnd und achtungsvoll nickend führt er sich den Text zu Gemüte. Die übrigen

Gemeindemitglieder dürstet es nicht nach weiteren Informationen. Sie sind es zufrieden, still und regungslos unter ihresgleichen im Kreis zu stehen und ihre Augen an uns Fremden zu weiden. Was dem Türken die Hände, sind dem Inder die Augen.

In Jasdan decken wir uns zu fortgeschrittener Stunde mit Lebensmitteln für die erste Zeltnacht auf indischem Terrain ein. Die fünf mitgeführten, je zwei Liter fassenden PET-Flaschen füllen wir bei einem Tempel mit Dusch- und Abwaschwasser – frisches Trinkwasser ist schon geladen. Hinter einem weiten Baumwollfeld liegt ein ebenes Stück Wiese, gerade gross genug für unser Zelt. Die Sonne hat ihr Tagwerk vollbracht; bereits zeigt sich der Mond knapp über dem Horizont als liegende Sichel. Zwei Bauern haben uns erspäht und sich zu uns gesellt. Aus ihren Gesten werden wir nicht schlau. Bedeutet dieses seitliche Wiegen des Kopfes, bei dem der Hals als weiche Feder wirkt, auf der das Kinn nach links und der Schädel gleichzeitig nach rechts schwappt, gleichsam mit der Nase als Drehachse, nun, dass wir hier willkommen sind oder nicht? Wie dem auch sei, wir setzen ein freundliches Lächeln auf und richten den Platz weiter ein. Der eine Bauer holt den Besitzer des Landes herbei. Nun schauen sie uns zu dritt zu, wie wir unser Nachtlager bereiten. Nachdem sie sich vergewissert haben, dass es uns weder an Wasser noch an Essbarem mangelt, empfehlen sie sich und verschwinden in ihre Hütten.

Das erste Zelten in einem fremden Land ist wie ein Initiierungsritual, bei dem man geerdet und auf die Schwingungen von Land und Leuten geeicht wird.

Schon bei Tagesanbruch pflanzt sich ein anderer Bauer in kaum drei Meter Abstand vor unserem Zelteingang auf und verharrt stumm wie ein Fisch, aber aufmerksam wie ein Bussard in der asiatischen Hocke. Seine wachen Augen registrieren jede unserer Verrichtungen und lassen sich auch durch unser theatralisches Zurückgaffen nicht im Geringsten aus der Ruhe bringen. Der Mann zieht erst ab, als wir ihn einladen, an unserem Frühstück auch physisch teilzunehmen, statt uns alles bloss mit den Augen wegzufressen.

Kaum im Sattel, fragt uns ein Mofafahrer, ob wir *pani*, Wasser, benötigen. Er führt uns zum nahen Tempel, stellt uns zwei Stühle hin und serviert eine krümelige, leicht süssliche Masse, zuckrige Klumpen und Teile von Kokosnüssen. Noch sind unsere Hindi- und Gujarati-Kenntnisse nicht der Rede wert. Umso wertvoller ist der Zeitungsartikel über uns. Wie allen Interessierten, die kein Englisch beherrschen, und das sind fast alle hier, zeigen wir auch ihm diesen Text. Mit auf den weiteren Weg gibt er uns neben dem Wasser drei riesige Karotten und zwei Stangen Zuckerrohr.

Statt des «*Namasté!*» versuchen wir mal die Grussformel «*Raam-raam!*» und landen damit einen Volltreffer. Die Gegrüssten reagieren mit einem freudigwohligen «Ahhh!», mehr gestöhnt als gesprochen, und lassen ebenfalls ein «*Raam-raam!*» folgen. Die ganz Beflissenen bringen es auf «*Raam-raam-raam!*». Raam ist einer der vielen Götter im hinduistischen Himmel, oft auch Rama genannt. Die Inder glauben, dass sowohl durch das Rufen des göttlichen Namens als auch durch das Hören die göttlichen Eigenschaften in Sprecher oder Hörer übergehen. Aus diesem Grund gibt es auch Millionen Inder, die den Namen Raam tragen.

Auf dem teilweise katastrophalen Strassenbelag erreichen wir nach fast hundert Kilometern Dhandhuka. Die Nacht verdrängt bereits das Tageslicht, als wir unsere Räder in das einst blau gestrichene, geräumige und ebenerdige Zimmer eines einfachen *guesthouse* schieben.

Um fünf Uhr wecken uns sonderbare Geräusche. Unsere Nachbarn scheinen sich die Seele aus dem Leib zu würgen: eine Macke der Inder. Sie sind davon überzeugt, dass der nächtlich gebildete Schleim in Hals und Mund, koste es was es wolle, ausgespuckt sein muss. Das Verhältnis der Inder zum Speichel ist ein gespaltenes. Einerseits gilt der einer anderen Person als höchst unrein. So wird das Küssen nicht sonderlich geschätzt und beim Trinken werden Flasche oder Glas nicht ganz an die Lippen geführt. Andererseits fördern sie den unablässigen Speichelfluss durch die scharfen Speisen und das Kauen von Betelnuss. Deshalb spucken sie auch, was das Zeug hält. Von den Salven aus den Fenstern der uns überholenden Busse müssen wir uns speziell in Acht nehmen. An die meist blutrote Färbung der auf dem Asphalt klebenden Spucke haben wir uns unterdessen gewöhnt. Sie rührt nicht etwa von Zahnfleischbluten, sondern von der Betelnuss her.

Gegen Mittag setzen wir uns vor einem Tempel in den Schatten und stärken uns mit Schokolade, Nüssen und Früchten. Zwei zahnlose Alte können nicht verbergen, wie sehr es sie nach der Süssigkeit gelüstet. Gerne teilen wir mit ihnen. Im Gegenzug schenkt uns der eine von seinen Kichererbsen-Büscheln, die er auf den Gepäckträger seines rostigen Rads geklemmt hat. Und der andere trägt aus dem Tempel geweihten Zucker in Form grosser Kristalle herbei.

Nach fast sieben Stunden im Sattel fahren wir mit dem Hereinbrechen der Nacht in Dholka ein und erkundigen uns nach einem Hotel. Die Unterkunft, die als Hotel bezeichnet werden kann, befinde sich einige Kilometer ausserhalb, heisst es. Im Zentrum gäbe es nur ein armseliges, schmuddeliges *guesthouse*. Das geht für uns in Ordnung, denn das gestrige war bestimmt nicht besser. Auf der schmalen, extrem holprigen und zum Teil verschlammten Strasse rollen wir im Schritttempo in die bezeichnete Richtung. Aus den Augenwinkeln – der tückische Belag erheischt volle Aufmerksamkeit – erhaschen wir unvergessliche Bilder des indischen «Privatlebens». Es scheint uns, als fehlten die Aussenwände der Gebäude. Das häusliche Leben der Grossfamilien endet erst einen knappen Meter neben dem Strassenrand. Frauen waschen, kochen oder kämmen sich die Haare, unermesslich viele Kinder tollen herum oder kacken auf den Boden und Alte schlafen oder dösen auf verrosteten Bettgestellen.

Diese lausigen Strassenbeläge in den Städten sind wohl ein Segen – nichts bremst den blindwütigen Verkehr besser. Nicht auszudenken die täglichen Unfälle, wäre der Belag eben, glatt und fein.

Bis zum *guesthouse* schaffen wir es nicht. Ein distinguierter Herr besteht darauf, uns zum Jaintempel zu führen. In der mittlerweile pechschwarzen Nacht folgen wir seinem knatternden Moped durch die engen, belebten Strassen. Beim Tempel werden wir freundlich empfangen. Eines der Gästezimmer wird uns zugeteilt und von einem Buffet können wir uns bedienen. Beim Smalltalk erfahren wir, dass das Guesthouse für uns «unmöglich» sei, weil es sich im muslimischen Viertel der Stadt befinde, selbstverständlich auch von Muslimen geführt werde und deshalb zwingend schmutzig und nicht sicher sei. Einem heissblütigen Fanatiker sprüht der Hass gegen die «terroristischen» Muslime geradezu aus den Augen – uns rieselt ein kalter Schauer über den Rücken. Nach dem Motto unserer Reise gefragt, antworten wir bewusst provokativ: «Frieden zwischen Indien und Pakistan.» Womit wir an anderen Orten äusserst angenehm überraschte Mienen und viel Lob geerntet haben, sind in diesem Umfeld der Verbitterung natürlich keine Lorbeeren zu gewinnen. Ein verlegenes Lächeln schleicht sich auf die irritierten Gesichter und unverfänglichere Themen werden angeschnitten.

Das mit dem Motto nahm im Iran seinen Anfang. Viele Leute waren dort der unverrückbaren Meinung, wir seien in einer besonderen Mission unterwegs. In Indien werden wir fast täglich nach unserem Wahlspruch der Reise gefragt. Also musste ein solcher her und was liegt hier in Gujarat näher als «*peace between India and Pakistan*»?

Auf der Fahrt von Dholka nach Nadiad werden wir von Affen in den Baumkronen über uns dauernd scharf beobachtet. In Kheda, der Stadt dazwischen, sind es aber die feurigen Augen eines älteren Herrn, die uns fixieren. Dieser stellt sich als R.C. vor und bittet uns inständig, in einen Tempel, ins Reich seines Gurus Jai Maadi, einzutreten. Täglich empfange dieser Bedürftige und nehme sich ihrer Sorgen an. Der Meister habe schon Krebs und Aids geheilt, Geburten auf den Tag genau vorausgesagt oder unfruchtbaren Paaren mit ayurvedischer Medizin zu Kindersegen verholfen. Jeden Sonntag nehme er mit blossen Händen Teigbällchen aus siedendem Öl, was er auch den Normalsterblichen befehlen könne, ohne dass sich diese dann verbrühen würden. Und nun der Clou: Aus Prinzip nehme er kein Geld an, was auch entsprechende Schilder verkünden: «*No money please.*» An anderen Gaben hat Jai Maadi aber nichts auszusetzen, ganz im Gegenteil. Von seinen weltweiten Anhängern wurde er schon reich beschenkt. Als für uns sichtbarer Ausdruck davon zeugen die sechs reinrassigen Rennpferde in seinen Stallungen und die zwei Elefanten, die er sein Eigen nennt.

«Am 15. Februar wird auf Jai Maadis Ländereien ein Fest für 700000 Leute veranstaltet. Sämtliche Gäste werden gratis bewirtet. Und Naturalspenden, die sich über das ganze Jahr angesammelt haben, wie beispielsweise Seiden-Saris von Geheilten, werden dann zu Ehren des Gottes Maadi dem Feuer übergeben», schwärmt R.C. weiter. Nun drängt er uns dazu, uns in den Pulk der Heil suchenden Menschen zu keilen, damit Jai Maadi unsere Weiterreise segnen könne. Dieses Anliegen geht uns freilich zu weit. Schliesslich fühlen wir uns nicht nur mit dem Hintern, sondern auch geistig-spirituell fest im Sattel und brauchen keinen Guru. Wir sind mit unserem Schicksal durchaus zufrieden und dürsten nicht nach einer Verbesserung, brauchen also keinen «Karma-Klempner». Falls Jai Maadi tatsächlich erleuchtet ist und von besonderen gütigen Kräften durchwallt wird, braucht man ihn ohnehin um nichts zu bitten, er strahlt seine positive Energie auf alle gleichmässig ab. Es befremdet uns sehr, wie ihm seine Anhänger blind ergeben sind und ihm zur Begrüssung ein vor Unterwürfigkeit triefendes «Jai Maadi, Jai Maadi» entgegen hauchen, während sein Mund im verkniffenen Gesicht schmal wie eine Narbe bleibt. Ebenfalls mutet uns sonderbar an, wie er den Spassvogel mimt, ohne dabei auch nur im Geringsten glaubwürdig zu wirken. Seine Augen sind klein und kalt. Kein Schalk blitzt darin auf. Ich staune ob dem Drang der Menschen um uns, sich diesem im Grunde sauertöpfischen Mann auszuliefern, sich ihm fraglos zu unterwerfen, ja, sich ihm mit Haut und Haaren zu verschreiben. Darüber zu richten, ob dieser Guru der Welt zum Guten oder Bösen gereicht, steht mir nicht zu. Ich kann lediglich festhalten, dass ich zwar seine mächtige Ausstrahlung durchaus wahrnehme, in seiner Nähe aber ein tiefes Unbehagen in der Brust spüre. Kaum wird Jai Maadi nicht mehr von neu angekommenen Bittstellern bedrängt, bedanken wir uns bei ihm und R.C. relativ spröde und doch höflich für die Zeit, die sie mit uns verbracht haben und wünschen ihnen und der ganzen Gefolgschaft alles Gute. So reisen wir, wohl ohne gesegnet worden zu sein, nach Nadiad weiter.

Ob es am Buffetessen im Jaintempel oder am *chai* und den *chapatis* vom Guru Jai Maadi liegt, können wir nicht zweifelsfrei ergründen. Sicher ist nur, dass Beas Magen verstimmt ist. Sie leidet an Übelkeit und erhöhter Temperatur. Erst wenn ihre zurzeit matten Glieder wieder mit genügend Energie versorgt werden und sie sich im Saft fühlt, werden wir weiterreisen. Viel Schlaf, Schonkost und liebevolle Pflege verfehlen die Wirkung nicht und nach vier Tagen ist sie wieder auf dem Damm.

In dieser Ruhephase blieb uns genug Musse, um vom Zimmer aus das bunte Treiben auf der Kreuzung vor dem Hotel zu beobachten. Ein Ritual zog uns besonders in seinen Bann: Während täglich riesige Menschenmassen ameisengleich Richtung Bahnhof strömten, ging jeweils ein Kellner unseres Hotels gemessenen Schrittes über den Asphalt. Auf einem silbernen Tablett balancierte er üppige Haufen von Gemüse und *chapatis.* Er servierte die Nahrung einer der herumlungernden Kühe. Ihre Heiligkeit dinierte alsdann genüsslich in aller Gemütsruhe. Erst als auch die letzten Reste mit der rauen Zunge weggeputzt waren, liess sie einen Rülpser fahren – gleichsam als Zeichen für den Kellner, das leere, spiegelblanke Tablett wieder ins Hotel zurückzutragen.

Ein anderes streunendes Rindvieh erfrechte sich, einer vorbeispazierenden Frau einen Bund Kräuter aus der Hand zu reissen und damit davonzujagen. Mit einem Stock in der Hand und Drohgebärden eroberte sie sich das Grünzeug zurück. Die heilige Kuh zu schlagen, wagte sie selbstverständlich nicht. Traurig nahm diese dann mit einem Stück Karton vorlieb, das sie so lange kaute und mit ihrem Speichel aufweichte, bis es die richtige Konsistenz aufwies und ganz im Maul verschwand. Diese Art von Nahrung könnte der Grund sein für das ständige explosionsartige Aufstossen und Pupsen der Kühe. Vielleicht aber haben sie diese Unart auch nur den Indern abgeschaut.

Dass den Kühen eine besondere Wertschätzung entgegengebracht wird, leuchtet ein. Mit ihrer völligen Ruhe und Gelassenheit selbst inmitten des übelsten Verkehrslärms und grösster Hektik verkörpern sie genau das, wonach die Menschen mit Yoga- und Meditationsübungen streben. Schon Hans-Michel meinte: «Wenn du wissen willst, was mit Zen, also dem Zustand meditativer Versenkung, gemeint ist, so schaue einer Kuh beim Scheissen zu.»

In Osteuropa fuhren wir noch auf brandneuen, von der Europäischen Union finanzierten Strassen. Von Ghodra Richtung Bodeli profitieren wir nun auf dem seitlichen Velostreifen vom glatten Asphalt der Autostrasse, die von der Weltbank gesponsert wurde. Allem Anschein nach unterstützt diese Organisation Ausbau und Unterhalt der Infrastruktur in Gujarat – einem der wohlhabendsten Bundesstaaten Indiens. Dagegen wäre eigentlich nichts einzuwenden, aber gute Strassen generieren nun einmal viel und schnellen Verkehr. Die Häufigkeit der Unfälle und die Schwere der Verletzungen nehmen zu, und das Leben wird von der Strasse verdrängt, was in Indien besonders schwer wiegt. Zwischen sonnenwarmen, neu verzinkten Leitplanken durchschneidet dieser Korridor der schnellen Mobilität die rückständigen und darum beschaulichen Dörfer und Weiler, in denen noch genau so gelebt wird wie vor hundert Jahren. Auf dieser Rennstrecke mit frisch aufgemalter Mittellinie wirkt der berittene Elefant vor uns anachronistisch und die von Ochsen und Dromedaren im Schritttempo gezogenen Karren wollen sich ebenso wenig ins neue Strassenbild einfügen. Über kurz oder lang werden die Tiere bestimmt vom Asphalt verdrängt werden. Der Lebens- und Begegnungsraum Strasse wird durch dieses Hochglanzprojekt der Weltbank zu einer geschichts- und gesichtslosen Strecke von A nach B degradiert.

Arbeiter, die Schotter für die Verbreiterung der Strasse brechen, laden uns zu *chai* ein. Minutenlang sitzen alle totenstill da, weil mit den zur Verfügung stehenden Sätzen nichts mehr zu sagen ist. Niemandem ist dies peinlich – es gibt schliesslich Wichtigeres als Worte.

Bei Halol verzweigt sich die Strasse und unsere Reise nimmt wieder eine andere Wendung. Wir halten links und folgen damit dem Fuss der Western Ghats nach Süden bis Daman, das wir in fünf Fahrtagen erreichen. Wir durchqueren dabei eine «tribal area», ein Stammesgebiet, vor dem uns ein unwissender, ängstlicher Städter noch in Nadiad gewarnt hatte. Die hügelige Landschaft ist idyllisch und bringt uns wieder näher zur Bevölkerung. In dem Masse wie die Strasse an Breite und der Belag an Glätte verlieren, nimmt auch der Verkehr ab. Unser Weg windet sich verspielt und manchmal sehr steil über bewaldete Bergzüge. Landschaft und Dörfer wirken gepflegt und friedlich. Die Wände der fensterlosen Bambushütten sind mit Lehm beworfen, damit es in der Wohnstube während der drückenden Mittagshitze angenehm kühl bleibt und damit es bei Wind und Wetter nicht durch die Ritzen pfeift. Wir sind versucht zu glauben, dass die Leute dieser Gegend wie im Paradies leben. Doch wie Arundhati Roy in «Der Gott der kleinen Dinge» so eindrücklich schrieb, machen sich die Bauernfamilien wohl selbst die Hölle heiss. Davon kriegen wir aber nichts mit. Als wir vor einer Bananenplantage den zehntausendsten zurückgelegten Kilometer seit Zürich feiern, erwächst aus dem Acker gegenüber ein Bauer, der mich liebevoll umarmt und küsst, als wäre ich sein seit Jahren verschollener bester Freund.

Mit gezeichneten Teetassen am Wegrand werden wir auf das entsprechende Angebot aufmerksam gemacht. Bevor die zierliche junge Frau die Tassen mit *chai* füllt, schwenkt sie diese in einem Wasserkübel, aus dem gleichzeitig eine Kuh ihren Durst stillt. Unsere Mägen verfügen inzwischen über die nötige Robustheit, um solche Spässe unbeschadet zu überstehen. Beim Pumpbrunnen, wo ein kleines Mädchen Tücher und Saries schrubbt, waschen auch wir schmutzige Kleider. Wir spannen ein Seil zwischen zwei Bäume, hängen die Stücke daran und nehmen uns jetzt unserer verschwitzten Haare an. Nahrungsmittel erstehen wir für ein paar Rupien von Frauen, die geduldig in winzigen Verkaufsbuden hocken. Gut versteckt in einem Bambuswald bereiten wir uns Reis mit Nüssen an der Dattelsauce zu, die uns Shirin, die Mutter von Jakob, vor zweieinhalb Monaten in Khonj mit auf den Weg gegeben hat. Sie schmeckt noch immer delikat. Gesänge und der beruhigende Rhythmus von Trommeln aus dem nahen Dorf wiegen uns kurz nach Sonnenuntergang in den Schlaf.

Dort, wo unser Zelt stand, landet am Morgen schon bald ein mächtiger Kuhfladen. Wie zur Besiegelung, dass unsere Gastzeit in diesem Wäldchen nun abgelaufen ist und der Fleck Land wieder von den Bauern und Viechern beansprucht wird.

Im Städtchen Rajpipla besuchen wir das einzige Internetcafé weit und breit. In zwei winzigen Kabäuschen steht je ein verstaubter Computer. Die Verbindung zum Internet döst aber vor sich hin. Power hat in diesem Laden nur eine Stechmücke, die unsere Eingeengtheit und Unbeweglichkeit in diesem jämmerlichen, lichtarmen Kabuff schamlos ausnutzt und sich an unserem sauerstoffreichen Blut labt. Rasch erklären wir den Versuch zur weltweiten Kommunikation als gescheitert und gehen in die *Dining Hall* gegenüber auf ein *thali*, das traditionsgemäss auf einem Bananenblatt serviert wird. Unsere vollgepackten Velos lassen wir draussen, nur die Hinterräder mit einem Schloss blockiert, an die Wand gelehnt stehen. Geklaut wird hier nichts. Und ohne uns daneben vermögen die Räder sowieso höchstens zehn Neugierige zu bannen.

Weil wir im Flecken Netrang zu früh eintreffen, um Milch zu kaufen – die Kühe und Büffel werden erst in zwei Stunden gemolken –, rollen wir gleich weiter und biegen alsbald in einen Feldweg ein, der fadengerade bis zum Horizont führt. Der Bauer, der auf seinem Traktor nach Hause holpert, kreuzt unseren Weg, grüsst kurz und nimmt dabei gelassen zur Kenntnis, dass wir seine Ländereien zum heutigen Nachtlager auserkoren haben. Der Mond leuchtet so hell, dass wir scharf umrissene Schatten auf die gemähte Wiese werfen.

In den ersten Sonnenstrahlen des Tages fährt einer der Söhne des Bauern auf seinem klapprigen Moped vor und lädt uns ins Gutshaus seines Clans ein. Dort werden wir von seiner quirligen Grossmutter Monipeni empfangen, die hier für einige Wochen zu Besuch weilt und sonst seit Jahren im Sun Valley, Kalifornien, lebt. Auf dem Boden der geräumigen Stube stehen zahlreiche Betten. Zwei sind als Schaukeln an den Deckenbalken aufgehängt. In der blitzblank polierten Küche serviert uns die Mutter neben Grüntee auch *papad*, diesen tellergrossen, chipsähnlichen Snack, und *katschori*, im Teig frittierte würzige Gemüsebällchen. Weil wir beim Zelt bereits gefrühstückt haben, langen wir zu wenig zu, als es der Anstand gebieten würde und es dem Wohlgeschmack der Speisen angemessen wäre. So füllt uns Monipeni den Thermoskrug kurz vor der Weiterfahrt mit zwei Liter *chai* und eine Tüte mit *katschoris*.

Vorne links steigt extrem dichter, schwarzer Rauch aus gedrungenen Schornsteinen. Dort wird das mit Machetenhieben geerntete Zuckerrohr zu kristallinem Zucker verarbeitet. Diese Fabriken sind auch die Ursache für den anschwellenden Lastwagenverkehr.

In Mandvi stehen zwei Mädchen in blau-weissen Schuluniformen am Strassenrand. Sie lächeln uns scheu zu. Dabei öffnen sie ihre Lippen gerade so weit, dass die weissen Zähne im dunklen Antlitz aufblitzen. Ihre Haarpracht glänzt schwarz wie Schuhcreme. Der Scheitel ist zentrisch über der Stirn gezogen und am Ende der langen Zöpfe leuchten rote Schleifchen. Ausserhalb der Ortschaft führt uns ein Bauer in aller Selbstverständlichkeit zum besten Platz auf seinen Feldern, wo wir unter einem ausladenden *Chicu*-Baum unser Zelt aufstellen. Das Aussehen seiner Früchte erinnert uns an Kiwis, der süsse, liebliche Geschmack an Feigen. Die Ähren wiegen sich im Wind. Dahinter ertrinkt der glühende Feuerball im Abendrot. Die Idylle raubt mir den Atem und die aggressiven Moskitoschwärme, die zu dichten Wolken geballt im letzten Licht tanzen, die Contenance. Denn während der Abendtoilette stechen sie mich in den Allerwertesten und in den Penis.

Die Strasse trägt uns durch verschlafenes, herrlichstes Indien. Und trotzdem: Ein stilles Örtchen zu finden, ist keine leichte Aufgabe. Hinter jedem Busch schiessen Hirten und Holz sammelnde Frauen wie Pilze aus dem Boden. Bea macht beinahe in die Hose. Nicht so die alte Inderin neben uns am Strassenrand. Sie kennt diese Sorge nicht. Unbekümmert und bar jeden Schamgefühls rollt sie den Sari über die Knie hoch und geht mit ihren spindeldürren Beinen in die Hocke. Im Rückspiegel sehe ich gerade noch, wie sie den Rücken biegt, um maximale Spannung aufzubauen. Ratten und Fliegen werden das Resultat hoffentlich in Kürze zum Verschwinden bringen.

Vapi kündigt sich mit einer rauchigen und lärmigen Industriezone an. Um die Ziegelstein- und Stahlfabriken wuchern Arbeitercamps aus notdürftigen Hütten und Zelten. Vor lauter herumwuselnden Kindern drohen sie zu bersten. In Vapi selbst kommen wir kaum zu Luft: Der Verkehr ist an sich selbst erstickt. Er ist kollabiert. Die Motorfahrzeuglenker lassen aber auch im Stehen unverdrossen weiter Gift aus den Auspuffen ihrer Maschinen qualmen.

In Daman waschen wir uns mit einem kühlen Kingfisher strong – das erste Bier, seit wir Diu verlassen haben – den Staub aus der Kehle. Endlich können wir uns wieder mit unserem Volk zu Hause in Verbindung setzen. Wir erfahren, dass man auch in der Schweiz glücklich ist, auch dort der Vollmond scheint und der Föhn, dieser warme, trockene Fallwind aus Süden, Kopfweh in die Schädel weht. Beruhigt gehen wir nun in den Ausgang. Genauer: in ein Restaurant. Denn, wo gibt es besseres Essen auf der Welt als in Indien? Mit der Kochkunst ist es wie mit den Göttern: Keine andere Kulturtradition hat einen solch chaotischen Reichtum hervorgebracht. Zu einem Ananas-Kokosnuss-Drink geniessen wir als Vorspeise *bajjis*, rohe Gemüsestücke in einen Teig aus Kichererbsenmehl getaucht und in Öl frittiert, zu Weisswein bestellen wir anschliessend eine Zwiebel- und eine Korriandersuppe, gefolgt von *garlic nan* und verschiedenen, im *tandoor* zubereiteten Häppchen, wie *paneer tikka, aloo kabab*, ausgehöhlte Kartoffeln gefüllt mit einer Gemüse-Nuss-Masse, und vegetarische *seekh kabab*, Kroketten aus einer Gemüsemischung. Nach einem weiteren Ananas-Kokosnuss-Drink zur Auflockerung wechseln wir zu *chai*. Als Dessert wählen wir Vanilleeis mit Brownies, übergossen mit brutzelnder Schokoladensauce, was wir gleich ein zweites Mal bestellen. Rundum zufrieden verlassen wir nach drei Stunden das Restaurant und lesen auf der Speisekarte des Konkurrenten gegenüber «50 Rupien Reinigungszuschlag fürs Kotzen». Davon sind wir weit entfernt – wir fühlen uns wie im siebenten Himmel.

Kurz vor Dadra liegt ein Mann auf dem Boden. Bäuchlings. Der Kopf zerschmettert. Das aufgedunsene Hirn daneben. Schaulustige umringen den leblosen Körper. Wir fahren weiter.

Unvermittelt, wie vor zwei Tagen, nun aber mit umgekehrtem Vorzeichen, kippt die Szenerie von industriellem Lärm und Dreck in ländliche Idylle: hügelige, weiche Topographie, Vogelgezwitscher, friedlich dösende Bauernhöfe, grüssende und staunende Bauern. Jetzt ist das Löwengebiet von Dadra and Nagar Haveli durchquert. Bis Goa werden wir uns im Bundesstaat Maharashtra bewegen. Die Wegweiser sind nicht mehr in unserer Schrift angeschrieben. Oft halten wir an Kreuzungen und lassen uns die geschwungenen Zeichen von Kindern oder Hirten vorlesen. Die kernigen Steigungen rufen Erinnerungen an die Türkei wach. Vor jeder neuen Rampe kullern wir mit den Augen und sagen zueinander: «Oh, *rampa tschok dik!*» Die Strasse wird zusehends schmaler und der Belag löchriger, dafür sinkt das Verkehrsaufkommen gegen null. Strohgelb und Grün sind die dominierenden Farben. Hirten und Frauen mit Brennholz auf dem Kopf streifen über die Felder.

Wasser zu finden, ist nicht mehr so einfach. Viele Brunnen sind ausgetrocknet. Unsere Wasservorräte reichen exakt bis zu jenem Flecken, wo uns eine Frau, beobachtet von fünfundzwanzig Augenpaaren, zehn Liter aus ihrem Topf abtritt. Nach einer extremen Steigung wartet ein nach Thymian riechendes Wieschen auf unser Zelt. Der Tag ist schon müde. Es erstirbt die Geschäftigkeit im Dorf weit unter uns und der Chor der Grillen hebt zum Nachtgesang an. Längst aber lastet Dunkelheit auf den Feldern, als nacheinander zwei Gruppen junger Männer auftauchen, die nervös in ihrem Marathi-Dialekt auf uns einreden. Die ersten wollen uns vermutlich lediglich in ihr nahe liegendes Dorf einladen, während einer der zweiten Clique uns Angst einjagen will und etwas von «Gefahr» und «Schlägertypen» quasselt. Wir beruhigen ihn mit einer Tasse von der Milch, die trotz sorgfältigem Transport in meinem Velokorb und mit einer nassen Socke als Kühlschrank-Ersatz umhüllt, an Konsistenz und Geschmack gelitten hat. Gierig schüttet er den «edlen» Trunk in die Kehle, was seine Rage verrauchen und ihn mit seiner Gefolgschaft wieder ins Schwarz des Abends ziehen lässt. Die Nacht verläuft erwartungsgemäss ruhig. *Tschomak* und Budapester-Knüppel werden nicht benötigt. Die Leute und die Hunde Indiens sind schliesslich äusserst friedfertig.

Am Abend vor unserer Ankunft in Mumbai finden wir unweit der Strasse neben einer zwei Meter langen abgestreiften Schlangenhaut einen ebenen Platz fürs Zelt.

Bald werden wir entdeckt. Mehr als zwanzig Eingeborene hocken sich in zwei Reihen in den Hang über uns und gaffen still. Die Männer tragen nur einen Lendenschurz. Sonst sind sie nackt. Ihre Haut ist tief braun, beinahe schwarz. Der an Jahren reifste gebärdet sich als Chef der Zuschauertruppe und redet so gestenreich wie heftig in seinem für uns völlig unverständlichen Dialekt auf uns ein. Aus seinen fiebrigen, blutunterlaufenen Augen tränt der noch nicht vollends ausgegorene Wahnsinn des Säufers. Zuerst fordert er Whisky – dieser hochprozentige Trunk heisst auch auf Marathi schlicht Whisky –, womit wir aber nicht dienen können. Und dann *paisa*, also einen Obolus, weil wir hier auf «seinem Land» nächtigen. Wir drücken ihm schliesslich zwei Äpfel und zehn Rupien in die zittrige feuchte Hand. Jetzt verschwinden alle wieder so unvermittelt, wie sie aufgetaucht sind. Im fantastisch klaren Sternenhimmel verfolgen wir die Lichtschweife der sich im Landeanflug aufs keine hundert Kilometer entfernte Mumbai befindenden Flugzeuge.

Exakt als sich die Sonne über den Horizont hievt, vernehmen wir leises Gekicher und erwartungsvolles Stimmengeflüster: Die Zuschauerbande von gestern Abend bringt sich wieder in Stellung, um ja nichts von der sensationellen Vorstellung zu verpassen. Wie im Theater warten sie mit kaum zähmbarer Spannung, bis der Vorhang gelüftet wird. Wir lassen sie noch einige Minuten schmoren und stellen uns schlafend. Nur gut, drückt uns die Blase nicht, denn auf dieser Bühne ist jeder Winkel voll ausgeleuchtet. In weiser Voraussicht haben wir schon früher gepinkelt. Ich streife nun Hose und Shirt über und öffne im Zeitlupentempo Zahn für Zahn den Reissverschluss des Zelts. Wie ein Parabolspiegel das Licht, fängt unser Lager die Blicke dieser Schar auf, und ich bin im Brennpunkt. Meiner Verantwortung als Hauptdarsteller voll bewusst, lege ich die Handflächen zusammen und grüsse mit «*Raam-raam!*».

Ein Raunen geht durch das Publikum.

Ich recke und strecke mich wie jeden Morgen, setze mich auf den Klappstuhl und lasse meine Augen an der Zuschauerschaft weiden. In der vorderen Reihe kauern Kinder, dahinter stehen wie aus Marmor gehauen junge Frauen und Männer, alle mit Tüchern umwickelt. Trotzdem verraten ihre leicht bebenden Lippen eine gewisse Unterkühlung. Sie sind verstummt und verharren in gebührendem Abstand. Wir hüten uns, unsere Waren zu sehr auszubreiten und begnügen uns mit einem schlichten Frühstück. Als wir endlich abfahrbereit sind, erscheint auch der Stammesälteste mit den vorgequollenen Augen wieder auf dem Parkett. Er ist auf den Geschmack gekommen und versucht erneut Geld für Whisky zu erbetteln. Diesmal aber ohne Erfolg. Gandhi hatte recht: Alkohol kann die Seele korrumpieren.

An Kreuzungen fragen wir jeweils nach dem Weg Richtung Vada. Doch niemand versteht unser Anliegen. Erst als wir in scharfem Tonfall und schnell wie aus der Pistole geschossen ein «Vada-Vada?» in die Luft stossen, steigen die Chancen auf eine

Antwort: Die Inder lieben die Wiederholung und die Dynamik in der Sprechweise.

Von Vada bis Bhiwandi nimmt der Verkehr ständig zu und zwischen Bhiwandi und Thane, einer Vorstadt Mumbais, bricht er schliesslich zusammen. Röchelnde Lastwagenkolonnen verstopfen die Strasse. Ungezählte *three wheelers* flitzen in verwegener Slalomfahrt um die blockierten Laster und hüllen uns in ihre bläulichen Abgaswolken ein.

Am Horizont dominieren die modernen Hochhäuser der *gated communities*, der abgeschotteten Wohlstandsenklaven der gehobenen Mittelklasse. Dort wohnen die Leute, die vom «Shining India» oder vom «Rising India», wie die Wirtschaftszeitungen ihr Land zu nennen pflegen, nach oben gespült wurden. Sie leben hinter Mauern der Sicherheit, des Luxus, der Langeweile. Sie spielen Golf und Tennis, relaxen in Spas, diskutieren die Bewegungen der Aktienkurse an der Wallstreet und könnten sich irgendwo sonst auf der Welt befinden, ohne es zu merken. Sie haben die Bodenhaftung und damit den Bezug zu Land und Leuten ausserhalb ihres sauberen Ghettos des Geldes verloren. Sie nennen ihre übereinander gestapelten Eigentumswohnungen, ihre Privatstrassen, ihre Supermärkte, ihre eigenen Schulen und Krankenhäuser, ihre Arbeitsstätten «Paradies». Die Misere des Alltags in der überfüllten und lärmigen realen Welt Indiens liegt hinter ihnen. Mit dem saftigen, farbigen und hektischen Leben in den Strassen Mumbais haben sie gebrochen; sie sind in der sterilen, wattierten Ersten Welt angekommen. Die Kluft zwischen den Habenden und der breiten Masse der einfachen Leute wird von Tag zu Tag grösser und unüberwindbarer. Der Kitt der Gesellschaft zerbröckelt und mit ihm auch die Solidarität. Die Luft bleibt das einzige verbindende Element. Ob arm oder reich, die Atemluft ist vom selben Geruch: Moder und Fäulnis, Rauch und Abgas und Ausdünstungen menschlicher Angst oder Leidenschaft mischen sich in der salzig-klebrigen Meeresbrise mit Schwaden von Masala und Curry.

Von Thane aus preschen wir auf einem nur schwach befahrenen vierspurigen Highway durch sumpfiges, unbewohntes Gebiet. Die dichteste Stelle der gelbbraunen Smogglocke über Mumbai, dieser 16- oder 20-Millionen-Metropole – wer weiss das schon so genau? –, rückt langsam näher. Im wirren Stadtverkehr bleibt uns nun keine Zeit mehr, nach oben zu schauen – der verstörende und bizarre urbane Dschungel fordert unsere ungeteilte Aufmerksamkeit. Die Schlaglöcher im Asphalt sind dabei noch die geringste Herausforderung. Wir müssen uns einen verschlungenen Weg durch den dicht gewebten Teppich aus Fussgängermassen, Lastwagen, Bussen, Taxis, *three wheelers*, Mopeds, Schubkarren, Lastenträgern, Ochsenkarren, Velos, Hunden, Dromedaren und Kühen bahnen. Wir lassen uns treiben und fühlen uns nie wirklich in Gefahr einen Unfall zu erleiden. Gleichsam auf einer zweiten Ebene, jenseits der unmittelbaren Reizflut, registriere ich die feineren Schwingungen der Stadt und lasse meinen von der ländlichen Idylle geprägten Pulsschlag den neuen Gegebenheiten anpassen. Nach vierzig Kilometern seit Thane hat uns der Verkehrsstrom zum Gateway of India am Arabischen Meer getragen. Wie Istanbul und Teheran ist Mumbai ein weiterer Meilenstein unserer Reise. In dieser schillernden Stadt bleiben wir eine Woche. Die Tage ziehen wie die Wolken am Himmel nur so dahin, sind aber reich mit Erlebnissen befrachtet.

In Dharavi, dem grössten Slum Asiens, ist die Bevölkerungsdichte wohl so gross wie nirgends sonst auf der Welt. Offiziellen Angaben ist jedoch nicht zu trauen, denn in den Slums wird schneller geboren, als gezählt werden kann. Indien beansprucht auf der Weltkarte nur einen bescheidenen Platz und doch ist es Heimat für einen Siebtel der Weltbevölkerung. Das milliardste indische Baby hat ums Millennium herum seinen ersten Schrei getan. Bis heute sind ihm schon etliche Millionen gefolgt. Daraus resultiert naturgemäss eine immer höhere Dichte der Bewohner. Immer mehr Leute auf engstem Raum – das führt unweigerlich zu Reibung und zu einem Verteilungskampf um die Ressourcen: Ein Klima der Gewalt macht sich breit. Das könnte der logische Schluss eines Menschen aus dem Westen sein, wäre aber völlig falsch. Im Meer der Wellblechhütten von Dharavi fühlen wir uns keine Sekunde bedroht. Im Gegenteil, da und dort fliegt uns gar ein Lächeln zu. Mit Logik ist dieses Indien nicht zu verstehen; hier gelten ganz offenbar eigene Gesetze. Um diese zu ergründen, braucht es vor allem anderen viel Zeit und Geduld.

Wären wir mit dem Flugzeug hier in Mumbai aus Zürich kommend gelandet, wir hätten nichts als beissenden Spott übrig für europäische Traveller, die sich hier im Stadtteil Colaba, im chaotischen Herz der Metropole, nicht vom reichhaltigen Angebot der ausgezeichneten indischen Küche verwöhnen lassen, sondern stattdessen die Ohren nach hinten legen, die Nase in den Wind halten, Witterung aufnehmen und mit sicherem Gespür und wässrigem Mund Orte ansteuern wie das x-fach überteuerte Nosh mit dem Fonduefestival (echtes Schweizer Käsefondue in homöopathischer Dosierung), die Bäckerei im Fünf-Sterne-Hotel Taj Mahal mit den Croissants und Vollkornbroten, das Basilico mit dem Parmiggiano Reggiano, Gruyère, Appenzeller und Brie sowie dem Aceto Balsamico in der Vitrine oder die hervorragende Pizzeria beim Marine Drive. Nach über zehn Monaten «*on the road*» liegen bei uns die Dinge aber anders.

Wie absurd Preis und Wert der angebotenen Ware im Nosh auseinanderdriften, sei am Zuckerrohrsaft illustriert: 75 plus 10 % *service tax*, plus 12 % *sales tax*, macht über neunzig Rupien. In der Bude wenige Schritte neben dem trendigen Restaurant ist exakt derselbe Saft für fünf Rupien netto, also 18-mal günstiger, zu erstehen. In einem Land wie Indien, in dem der Reichtum eklatant ungleichmässig verteilt ist, in dem Prunk, Pracht und obszöne Verschwendung in Tuchfühlung mit himmelschreiendem Elend fraglos und meist gar ohne Scham oder Gram akzeptiert werden, muss gefestigt geglaubtes Gedankengut neu reflektiert werden.

So überdenken wir unser Verhalten Bettlern gegenüber. Bis jetzt haben wir ihnen auf unserer Reise ausser da und dort ein paar Naturalien nie etwas gegeben. Dies aus der Überzeugung heraus, dass unsere Gabe, wie wertvoll sie auch sein mag, nicht mehr als ein Tropfen auf den heissen Stein sei. Und dass es nicht unsere Aufgabe sein könne, diesen Stein dauerhaft zu kühlen. Soziale Verantwortung solle im eigenen Umfeld übernommen werden. Am besten so, dass die Wirkung nachhaltig sei. Noch in der Schweiz haben wir unseren Beitrag in diesem Sinne geleistet und waren der Meinung, dass Hilfe nicht von zufällig anwesenden Touristen gefordert sei. Für die Bedürftigen ist das aber nichts als leeres Geschwafel: Für das Mädchen, dessen Kräfte zu ausgezehrt sind, um den Arm auszustrecken. Für den hageren Mann in zerlumpten Kleidern, der von niemandem beachtet in der Gosse liegt, und dessen Bauch nach einer Schüssel Reis schreit, dessen Mund jedoch zu ausgedörrt ist, um «*Paisa!*» zu formulieren. Für all jene, die an ein unverrückbares Karma glauben, die eigene Situation als selbst verursacht und unabwendbar betrachten, von einer Zuversicht erfüllt sind, dass auch im Scheitern ein Sinn stecken mag, ihr Leben deshalb geduldig durchleiden und offenen Auges gegen den Abgrund zusteuern. Ein nüchterner, handfester Realismus scheint uns nun angemessener zu sein. Denn dem Durstigen ist ein Schluck Wasser Gold wert. Egal, ob er schon gestern darbte und ob er sein weiteres Leben in Mangel dahinvegetieren wird. Hier und jetzt will der Durst gestillt sein. Dabei spielt es keine Rolle, ob es sein Nachbar oder ein Tourist von der Gegenseite der Weltkugel ist, der ihm das Glas oder eine Handvoll Münzen reicht. Wir kommen zum Schluss: Zehn bis zwanzig Rupien geben, wenn die Intuition sagt: «Gib!» Und zwar einerlei, ob gebettelt wird oder nicht. Gewissermassen als kleiner Triumph über das grosse Schicksal.

Auf den ersten Blick mögen die Methoden, mit denen sich einige in dieser quirligen Stadt schamlos eine goldene Nase verdienen, unlauter erscheinen. Doch wird meist mit offenen Karten gespielt. In diesem Sinne treffen wir in den Strassen Mumbais auf keine unehrlichen Leute. Jene wenigen Taxifahrer, die für eine bestimmte Strecke grotesk überrissene Preise nennen, sind auf ihre Art transparent. Warum sollte, was beim Zuckerrohrsaft möglich ist, ihnen verwehrt bleiben? Wenn wir beim Rikschafahrer Ashok einsteigen, kostet die Fahrt «*400 rupee only*»; dass sich der Kollege um die Ecke mit zwanzig Rupien zufrieden gibt, kann Ersterem nicht angekreidet werden. Ashok ist schliesslich ein *först-klaas rickschaa-waalaa*, und wir können aus freiem Willen entscheiden, auf welches Angebot wir eingehen wollen.

In Rage bringt uns aber die Preispolitik des Museums Prince of Wales am Wellington Circle. Als Eintrittspreis angeschrieben stehen zehn Rupien pro Person. Der Kassier lächelt aber nur verlegen über die zwanzig Rupien, die wir ihm aufs Kontor legen und zeigt verschämt mit dem Finger auf eine kleine Tafel an der Seitenwand «*foreigners 300 rupee*». Eine solche Preispolitik ist der zehntgrössten Industrienation der Welt nicht würdig. Warum sollen wir oder der junge Student aus Bangladesh da drüben – genauso ein Ausländer wie wir – dreissigmal mehr für diesen Eintritt bezahlen als der steinreiche indische Geschäftsmann, den wir eben erst angetroffen haben? Letztes Jahr bereiste er mit seiner dreissigköpfigen Familie für einen Monat Europa. Aus Protest stecken wir die zwanzig Rupien wieder in die Hosentasche und machen uns aus dem Staub.

Am Gateway of India schleppen wir Gepäck und Velos über glitschige steinerne Treppenstufen auf das Deck eines Motorboot-Taxis, das uns in eineinhalb Stunden Fahrt nach Mandva – in eine andere Welt – bringen wird.

Der wacklige Kahn tuckert gemächlich durch den dichten Dunst und zerteilt mit dem Bug die braune Brühe. Die schemenhaften Konturen der von Waffen strotzenden Schiffe der Hafenwache, die weiter aussen kreuzen, werden immer schärfer, während sich hinter uns die Silhouette des Hotels Taj Mahal laufend mehr verflüchtigt. Nun fegt ein Vogelschwarm in atemberaubendem Tempo in V-Formation knapp über dem Wasserspiegel an uns vorbei. Kapitän und Crew nehmen dieses Schauspiel nicht wahr, denn sie sind darin vertieft, auf den Holzplanken des Schiffs in einem Wok ihr Mittagessen zu brutzeln.

In Mandva befinden wir uns keine zwanzig Kilometer Luftlinie vom brodelnden Mumbai entfernt; doch welch Idylle präsentiert sich uns! Mit ungläubigen, aber umso mehr strahlenden Augen rollen wir unter stahlblauem Himmel auf verkehrsfreien Strässchen durch Kulturen von Kokospalmen, vorbei an blühenden Gärten und ausnehmend freundlich grüssenden Leuten, die es in ihren kleinen, ruhigen Siedlungen zufrieden sind, zwischen ihren Ohren zu sitzen und die Zeit verstreichen zu lassen. Immer wieder bietet sich uns herrliche Aussicht aufs Meer, das an geschwungenen, palmgesäumten Buchten leckt. In Murud schauen wir der Sonne zu, wie sie langsam in der Unendlichkeit der Arabischen See ertrinkt.

In diesen Landen waren neben den christlichen auch die muslimischen Bekehrer tüchtig und erfolgreich. So ist es ein islamischer Gebetsruf, der uns in den frühen Morgenstunden die Augen aufschlagen lässt. Noch schlaftrunken spazieren wir zum nahen Strand. Aus dem dunkelgrünen, im ersten Lüftchen des angebrochenen Tages wogenden Blätterdach über uns dringt wildes Gekreische und Gezänk. Wir halten erstaunt inne, werfen den Kopf in den Nacken und spüren alsbald warme Tropfen im Gesicht. Träumen wir noch? Der erste Regen in Indien? Nein, da oben streiten sich hunderte von riesigen Flughunden, so gross wie Milane, um die besten Ruheplätze. Die Zeit drängt. Denn bevor die Sonne über die Hügel brennt, müssen sie in den

höchsten Baumkronen oben kopfunter in Schlafposition hängen. Und vor dem Zu-
bettgehen wird ganz offensichtlich noch allerseits ausgiebig gepinkelt.

Mit dem beständigen Meeresrauschen im Ohr gondeln wir der Konkanküste entlang durch traumhaftes, paradiesisches Indien. In den lauschigen Dörfern stellen wir
mit Erleichterung fest, dass es hier die Leute der verschiedenen Glaubensgemeinschaften verstehen, wenn auch nicht zusammen, so doch wenigstens friedlich nebeneinander zu leben. Noch immer sträuben sich uns die Nackenhaare, wenn wir an den
blanken Hass in den Augen des Jains von Dholka in Gujarat zurückdenken, als er die
Muslime verteufelte. Was aber geht wohl in Kopf und Herzen des muslimischen Tee-
nagers vor, der aus seinem schmalen Augenschlitz im knöchellangen, schwarzen
Tschador beobachtet, wie sich die Pobacken seiner hinduistischen Altersgenossin bei
jedem Schritt aufreizend wiegen? Typisch für die ländlichen Gegenden binden sich
hier die hinduistischen Frauen das Ende des bis zu neun Meter langen Saris einem
Tanga gleich zwischen die Beine. So bringt das eng an die Haut gedrückte farbige
Lendentuch die weiblichen Formen prononciert zur Geltung. Im Gegensatz dazu
hängt der Tschador der Musliminnen wie ein Kartoffelsack an den bleichen und verschwitzten Schultern. Sein Zweck besteht ja unter anderem eben darin, die betörenden Reize der Frauen unsichtbar zu machen.

In einem der Fischerdörfer schmort ein säuberlich ausgelegter und mit einem Netz
überspannter Fang kleiner Fische in der prallen Sonne. Eine grau-schwarz getigerte
dreiste Katze hat ein Schlupfloch im Gewebe entdeckt und schlägt sich in diesem
Schlaraffenland gierig den Bauch voll. Gegen Abend fülle ich unsere Flaschen bei
einem Wasserhahn nahe der Strasse. Sofort bin ich von zehn Kindern umringt, die
mir eilfertig und strahlend bei der Arbeit zur Hand gehen. Nachbarn rufen aus ihren
Hütten: «Komm zu mir, ich habe auch *pani!*» Ausserhalb der Ansiedlung schlagen
wir unser Zelt auf rote, magnetische Erde. Auf der Krone des uns Sichtschutz gewäh-
renden, mannshohen Walls aus Bruchsteinen liegt eine Katze wie gemauert auf einem noch sonnenwarmen Stein. Der Wind trägt den islamischen Gebetsruf zu unserem Platz und hinter der Mauer grunzt irgendein Vieh in die Dunkelheit.

Im Morgengrauen schweben über dem Wall monströse Flechtkörbe, gefüllt mit
Ästen und Laubwerk. Erst als wir wieder den Sattel drücken, erkennen wir die dazu-
gehörigen stämmigen Frauen darunter. Was stellen die bloss mit dem Laub an? Verrückt, was diese Inderinnen immer herumschleppen! Gestern tänzelten Frauen mit je
vier aufeinander gestapelten Wassertöpfen auf dem Kopf vor uns über die Strasse.
Andere tragen halbe Bäume mit einer Selbstverständlichkeit durch die Gegend, wie
wir einst in Europa Einkaufstaschen. Heutzutage ist freilich selbst dieses Bild selten –
wer geht denn noch zu Fuss einkaufen? Transportieren scheint die zentrale Tätigkeit
in diesem Land zu sein. In den Städten werden auf Holzkarren Berge von Säcken
durch die Gassen gezogen, die Busse sind regelmässig berstend voll mit Passagieren

und auf den Dächern der Fahrzeuge wackeln abenteuerlich aufgetürmte Gepäckstücke. Egal wie sperrig oder ungewöhnlich sie auch sein mögen, sie gehören zum Fahrgast und werden ohne Umschweife mitbefördert, sei es im Bus, Schiff, oder Taxi. So wie zehn Inderinnen in einem zweiplätzigen *three wheeler* eine stündige Fahrt durchaus geniessen können, finden im selben Gefährt auch drei Männer und zwei ausgewachsene Ziegen Platz. Dieser Sinn fürs Praktische kommt auch uns zugute. Auf dem Weg nach Goa sind nämlich etliche Wasserläufe auf Booten zu überwinden. Nie wird jemand wegen unserer Velos und den zahlreichen Taschen auch nur die Stirn runzeln. Und zwar unabhängig davon, mit wie viel Mühe das Auf- und Abladen verbunden ist. In Indien wird das Mögliche gemacht und das Unmögliche versucht. Sture Prinzipienreiterei, die mich in der Heimat schon zur Weissglut getrieben hat, ist im indischen Transportwesen nicht anzutreffen.

Die Landkarte ist tief unten in einer Tasche verstaut, denn Längen- und Breitengrad haben ihre Bedeutung längst verloren. Es ist egal, wo exakt an der Konkanküste wir uns befinden. Die Namen der Ansiedlungen sind uns einerlei. Zufrieden kurven wir auf dem grobkörnigen, verkehrsfreien Asphaltstreifchen südwärts. Immer wieder bestätigen wir einander in diesen Tagen: «Indien ist einfach paradiesisch.» Meist nur wir zwei und Horden von Affen – die Schlangen haben sich verzogen. In der Luft unter dem milchigblauen Himmel sirrt die Hitze, die aus der weissgelben Sonnenscheibe strahlt. Neben dem Schwarz des Strassenbelags dominiert das Bauxit-Rot der Erde. Darüber schwebt die ganze Grünpalette der Palmenhaine und der Urwaldbäume. Vereinzelt wird sie bereichert durch das rote Leuchten kelchförmiger Blüten an kahlen Ästen. Oder durch die grandiosen, an rauen, dunkelbraunen Baumstämmen wachsenden Jackfrüchte, diesen überdimensionierten gelbgrünlichen Rugbybällen mit genoppter Schale. Sie können bis zu sagenhaften fünfzig Kilo schwer werden und sind damit die grössten Baumfrüchte der Welt. Zudem stammen sie aus der Zeit der Dinosaurier, sind also wahre Urfrüchte. Ihrem ein wenig klebrigen und süssen, an eine milde Ananas erinnernden Fruchtfleisch wird eine stärkende Wirkung auf das Immunsystem nachgesagt.

Plötzlich vermindert sich die Sichtweite stark und die Luft wird stickig. Die Äcker rauchen! Uns brennen die Augen. Tränen kullern behände über die Wangen und vermengen sich mit den Schweissbahnen, die uns bei den 37 Grad im Schatten, den es auf der Strasse natürlich gar nicht gibt, und in den bis zu zwanzigprozentigen Steigungen übers Gesicht rinnen. Der salzige Geschmack auf den Lippen lässt uns nach Wasser lechzen. Und als wäre dies alles nicht genug der Unbill, glimmt nun auch das Feld direkt neben unserem Weg. Die Hitze ist infernalisch. Die Haare auf meinen Waden sind bereits angesengt. Wir geben Schub. Die Beine schnellen rauf und runter wie die Nadel einer Nähmaschine. Endlich liegt die erste glühende Ebene hinter uns. Wir atmen befreit auf. Nun ist also auch das Rätsel der Laub tragenden Frauen gelöst: Sie verteilen die Blätter auf die brachliegenden Reisfelder und stecken sie dann in Brand. Die Asche wirkt als Dünger. Ende Mai, anfangs Juni wird dann mit dem Beginn des Monsuns der Reis gesetzt. Hinter den qualmenden Äckern verstecken sich die Dörfchen. Sie verraten sich oft nur durch Kinderstimmen, welche die vom Lehrer vorgetragenen Sätze nachbeten. Der Chor hallt einem vielfach verstärkten Echo gleich über die Scholle. Einmal dem ärgsten Rauch entronnen, gondeln wir wieder leicht und beschwingt durch die Idylle – von uns aus kann es bis in alle Ewigkeit so weitergehen. Die Endlichkeit aller Dinge wird uns aber nur allzu rasch vor Augen geführt:

Da unten nämlich endet die Strasse vor einer breiten, sumpfigen Ebene, die von verschiedenen Wasserarmen durchädert ist. Gegen das Meer hin wird an einem neuen Anlegeplatz für Boote gebaut. Mit Zeichen vermitteln wir einem der Arbeiter unseren Wunsch, ans andere Ufer, jenseits des Morastes zu gelangen. Er scheint unser Anliegen zu verstehen, zeigt jedoch mit einer vagen Handbewegung nur in Richtung der Kühe und Büffel, die weiter landeinwärts draussen im Schlick stecken. Was meint er wohl damit? Unsere Augen suchen angestrengt den Horizont ab, können aber ausser diesen Viechern nichts erkennen. Beharrlich weist der Arbeiter, der sich zum Schutz gegen die sengende Sonne ein Tuch um den Kopf gebunden hat, auf immer denselben Fleck. Erst nach längerem Fokussieren löst sich aus dem Einheitsbrei ein Segel. Dort muss also unser Zielort liegen. Wir benötigen einige Minuten der inneren Einkehr, bevor wir uns dazu überwinden können, den nun vorgezeichneten Weg unter die Füsse zu nehmen. Wir holpern auf den schwerbeladenen Velos über einen steinigen Pfad, bis er in den salzigen Matsch mündet. Hier halten wir erneut inne und beobachten scharf eine langbeinige Frau, die mit fast einem Klafter Holz auf dem Kopf auch auf dem Weg nach Kelshi rüber ans andere Ufer ist: Im grauschwarzen Brei versinken lediglich ihre Füsse und im fünfzehn Meter breiten Meeresarm mit zügiger Strömung, den es bis zum Anlegeplatz des rustikal anmutenden Bootes zu durchqueren gilt, verschwindet sie bis zu den Knien im Wasser. Aus diesen Beobachtungen können wir ableiten, dass unsere Räder ziemlich tief einsinken werden, was das Schieben umso mühseliger macht. Zudem werden sie im Wasserlauf bis weit über die Naben unter den Wasserspiegel tauchen. Das Gepäck abladen und Stück für Stück einzeln durch das Wasser tragen, ist keine Option, weil es drüben keinen trockenen oder festen Lagerplatz gibt und unsere Velos trotz den Ständern mit vergrösserten Auflageflächen auf diesem sumpfigen Terrain nicht von alleine stehen. Die am tiefsten hängenden Vorderradtaschen, die bestimmt mit Wasser geflutet würden, trägt uns ein hilfsbereiter Junge auf seinen Schultern bis zum Kahn, während wir hinter ihm her die Räder durch den Wassergraben schieben. Ein hagerer, alter Bauer lädt stumm seinen Baumstamm vom Kopf auf das schmale Boot, dann füllen unsere Velos und Taschen den Rumpf. Wir setzen uns oben drauf und das Segel wird gehisst. Völlig lautlos gleiten wir ans zwanzig Meter entfernte, genauso matschige Ufer. Beim Ausladen des Boots rutscht der Bauer aus und lässt seinen Baumstamm auf meine Birne donnern. «Autsch!», entfährt es mir. Ist aber nicht weiter schlimm. Auf weitere fünfhundert Meter Schlamm folgt ein Trampelpfad durch tiefen Sand, der die nassen, verschmutzten Räder, Ketten und Ritzel vollends paniert.

Der Distanzmesser meines Velocomputers hat heute noch kaum dreissig Kilometer registriert und der Tag neigt sich bereits seinem Ende zu. Der Junge, der uns die Taschen geschleppt hat, nimmt die zehn Rupien, die wir ihm für seine Dienste anbieten, nicht an, steckt aber unsere Visitenkarte, auf der unsere Porträts abgebildet sind, mit strahlenden Augen ein.

Beim ersten Bauernhof schöpfen wir aus dem steinernen Brunnenschacht mit Seil und Kübel aus fünf Meter Tiefe Wasser. Im palmenbestandenen Hinterhof waschen wir uns den Schlamm von Beinen, Sandalen und Haaren, währenddem der Bauer daneben einen seiner Büffel melkt. Unter dem Gekicher der Kinder bringt uns die freundliche Bäuerin einen silbern glänzenden Topf voll Trinkwasser aus der Hütte. Wir vergelten ihr ihre Liebenswürdigkeit mit Schokoladen, die unter den gierigen Blicken der Kinderschar in der Tasche der Mutter verschwinden.

Das Licht der Sonne wird immer schwächer und wir wollen die Ansiedlung nun so rasch wie möglich hinter uns lassen. Doch werden wir vom jungen Dr. Visnawas Ashok Kelkar, V.A. genannt und seines Zeichens einziger Arzt im Bezirke Kelshi, vor seiner homöopathischen Praxis abgefangen. Er besteht mit «muslimischer Hartnäckigkeit» darauf, uns in seinem nur wenige Kilometer entfernt liegenden Haus beherbergen zu dürfen. Dies trotz seiner leisen Enttäuschung, dass wir keine Berufskollegen von ihm sind. Wie so viele Inder vor ihm hat auch Herr Doktor das Schweizerkreuz auf Beas Velokorb falsch interpretiert. Nach kurzem Zögern, immerhin haben wir schon zwei Dutzend Liter Wasser geladen und uns auf eine Nacht unter dem freien Sternenhimmel gefreut, zirkeln wir in der Dämmerung über eine holprige Naturpiste hinter seinem Motorrad her unserer ersten Übernachtung in einem indischen Privathaushalt und einem angenehmen Abend entgegen.

Erst führt der Weg mannshohen Steinmauern entlang, welche Mangoplantagen umfrieden. Am Eingang zu jeder Pflanzung prangt an einem Holzpfosten ein verwitterter Elefanten- oder Kuhschädel – vermutlich sollen damit die Götter günstig gestimmt und böse Geister abgeschreckt werden. Beim Durchqueren einer Zelt- und Hüttensiedlung einfacher Landarbeiter beisst uns Rauch in den Augen und kratzt im Hals. Hinter dem vornehm herausgeputzten Hindutempel des Dorfs Ambavali taucht schliesslich das dreistöckige, herrschaftliche Gut von V.A.s Clan auf. Im blankgefegten gedeckten Vorhof mit der für diese Gegend obligaten *swing*, einer an vier Ketten aufgehängten Kastentüre, lehnen wir die Velos an die wohltuend kühle Hausmauer. Das Abschliessen der Räder ist hier nicht nötig, käme gar einer Beleidigung gleich. Über zehn Treppenstufen werden wir in einen Vorraum gebeten, um Platz zu nehmen. Die Mutter, über unser Nahen vom Sohn via Mobiltelefon unterrichtet, begrüsst uns kurz mit «*Namasté!*», serviert sogleich *chai* und trägt weitere Stühle herbei. Schon strömen mehrere Nachbarn auf einen kurzen Schwatz durch die Tür.

Später heisst uns auch der 57-jährige Vater willkommen, der von der Inspektion seiner Mangofelder zurückgekehrt ist. Diese Plantagen bilden das ökonomische Rückgrat der Familie. Ein gesunder, kräftiger Mangobaum mit seinen unzähligen grünen Früchten, die an unterarmlangen, feinen Stielen von den Ästen herunterhangen, ist äusserst wertvoll. Und der Vater von V.A. besitzt tausende davon. Zudem wachsen hier an der Konkanküste, die sich von Mumbai bis Goa erstreckt, die besten Mangos der Welt überhaupt. Davon ist der Vater überzeugt. Ab Ende März, also in sechs Wochen, werden die ersten Früchte noch grün gepflückt, in Kisten verpackt und verschickt. Fünf Tage später werden sie dann genussreif sein.

Währenddessen die Mutter auf dem Küchenboden Gemüse rüstet, der Vater daneben langgestreckt auf seiner Pritsche döst und V.A. einem Kind mit Ohrenschmerzen Linderung verschafft, duschen wir uns und waschen einige verschwitzte Kleider. Die Gemahlin von V.A. ist nicht zuhause. Sie weilt mit dem sechsmonatigen Töchterchen für eine Woche bei ihrer eigenen Familie. Die indische Tradition will, dass die Frau nach der von den Eltern arrangierten Heirat in den Clan ihres Gatten, den sie oftmals vor der Trauung kaum kannte, zieht und dort auf der untersten Stufe der Familienhierarchie dient. Dabei vermisst die junge Frau meistens schmerzlich die verlorene Geborgenheit in ihrer eigenen Familie und nutzt jede sich ihr bietende Gelegenheit für einen Besuch.

Wieder in der Stube zurück, schauen wir fasziniert der Mutter zu, die auf dem Boden sitzend noch immer in atemberaubendem Tempo schnipselt.

Vater Ashok hat sich mittlerweile wieder erhoben, Räucherstäbchen angezündet, eine Blumengirlande vor dem Hausaltar niedergelegt und absolviert nun eines seiner täglichen Gebete. Er wirkt dabei wie ein Politiker, der dem versammelten Publikum hastig, aber mit lauter, klarer Stimme innerhalb fünf Minuten sein Programm, seine Wünsche und Bitten vorträgt. Der Sohn erklärt uns unterdessen unbefangen – der Götterdienst des Vaters gebietet keine Rücksichtnahme – Interessantes über Ayurveda und die Wirkungen auf den Organismus der verschiedenen Ingredienzien, die seine Mutter in der Küche wie ein Wirbelwind und doch mit Augenmass dosiert. Ohne ein einziges Mal zu kosten, mischt sie in souveräner Manier unterschiedliche Prisen der 25 Gewürze ihres Reichs in die Woks, damit die Speisen in den sechs Geschmacksrichtungen der ayurvedischen Küche süss, sauer, salzig, bitter, scharf und «zusammenziehend» oder herb harmonieren und ihre wohltuende Wirkung entfalten können. Die mindestens 5000 Jahre alte Wissenschaft Ayurveda, die das Leben als ganzheitliches System betrachtet und ihren Ursprung in der indischen Naturheilkunde hat, fasst V.A. so zusammen: «Ayurveda ist die Lehre vom langen und gesunden Leben.» Das Ziel der ayurvedischen Ernährung sei es, die drei Körperenergien, die in jedem Menschen wirken, im Gleichgewicht zu halten. Da jeder dieser Körperenergien bestimmte Nahrungsmittel und Gewürze zugeordnet sind, könne über die Zubereitung und Zusammensetzung der Mahlzeiten auf das Wohlbefinden der Menschen Einfluss genommen werden. Eine ganz zentrale Stellung nehme das Speisefett *ghee* ein. Das sei eine geklärte Butter. Also eine Butter, der das Wasser ausgetrieben und das Milcheiweiss und der Milchzucker abgeschöpft wurden. Selbst in Hütten ohne Kühlschrank sei *ghee* ohne ranzig zu werden über viele Jahre lagerfähig. Zudem lasse es sich stärker erhitzen als unbehandelte Butter und sei deshalb optimal zum Braten und Frittieren. Tatsächlich raucht es nicht aus den glühend heissen Woks der Mama. Sie legt uns ein Stück *ghee* auf die Zunge. Es schmeckt fettig – was nicht weiter überrascht –, weist aber auch ein leicht nussiges Aroma auf. *Ghee* übertrage den Geschmack der Gewürze auf das Gemüse und schütze dieses zudem vor dem Auslaugen und der Zerstörung wichtiger Vitamine. Es entfache das Verdauungsfeuer und bilde damit Lebensenergie, da es dem Körper in Kombination mit den sechs Geschmacksrichtungen in der Mahlzeit zu einer vollständigen Aufnahme der Nährstoffe verhelfe. Zu jeder ayurvedischen Mahlzeit gehören frische Kräuter und Hülsenfrüchte als Lieferanten für Kohlenhydrat und Eiweiss. Die Mutter hält uns einige Gewürzdöschen unter die Nase, und V.A. kommentiert dazu: «Kurkuma regt den Stoffwechsel an und zeigt eine antioxidative und entzündungshemmende Wirkung. Kreuzkümmel ist nützlich bei Verdauungsbeschwerden mit Blähungen, denn er wirkt krampflösend für den Bauchraum. Auch Koriander mit seinem kräftigen, moschusartigen, zitronenähnlichen Aroma ist Balsam für den Magen und Darmtrakt. Er wirkt gegen unangenehmes Völlegefühl.» Fasziniert sauge ich jedes Wort von ihm auf. Parallel dazu denke ich daran, wie wichtig Bea und mir die Ernährung schon immer war und wie ihr Stellenwert auf der Reise noch gestiegen ist. Wir sind wohl instinktive «Ayurveda-Jünger».

Die Erinnerung an andere Veloreisende, mit denen sich unser Weg bis heute gekreuzt hat, lässt mir ein heiteres Lächeln übers Gesicht fliegen. Da wurden Spaghetti vor dem Kochen in mundgerechte Stücke zerbrochen – was jedem Italiener Heulkrämpfe beschert –, weil aus Gewichtsspargründen weder Messer noch Gabel eingepackt worden sind und deshalb nur ein kleinformatiger Plastiklöffel zur Verfügung stand. Auch die Qualität der Nahrung war jenen Leuten absolut schnuppe. Was zählte, war einzig ein praller, mit möglichst vielen Kalorien gefüllter Magen. So schaufelten sie Abend für Abend die immer gleich fade schmeckende pampige Eintopfmasse in den Mund. Nicht wenige verfügten gar über einen reichen Vorrat an reinem Zucker, um ihren ausgezehrten Körper dann und wann mit einem Energieschub zu beglücken. Für die meisten Langstrecken-Velofahrer gilt der Spruch: «Wer wach ist, isst, wer schläft, diniert.» Wir aber räumen der Nahrungsaufnahme auch im Wachzustand eine hohe Priorität ein. Für gutes Essen nehmen wir bisweilen ohne mit der Wimper zu zucken grosse Umwege und Ausgaben in Kauf. Und unser Gepäck wäre um einige Kilos leichter ohne unseren Hang zum schlemmerhaften Geniessertum. Doch unsere feinschmeckerischen Zungen lassen uns keine andere Wahl.

Mama weiht uns in die Kunst der Aromatisierung ein: «Zuerst wird das *ghee* mit Gewürzen versetzt, dann werden in jede Zutat die passenden Pulver eingekocht und kurz vor dem Servieren werden die Gerichte nochmals abgeschmeckt.» Jetzt bittet sie uns zu Tisch. Die Farbenpracht, die Aromen und Düfte des *dhal fry*, des Reises, des Tomatensalats und des Gemüsecurrys mit den frisch zubereiteten *chapatis* und den Mango Pickles sind ein Fest für die Sinne. Im Mund wird ein wahres Aromafeuerwerk gezündet. Einfach köstlich! Dazu trinken wir erfrischendes Wasser, das direkt vor dem Haus aus hundert Metern Tiefe heraufgepumpt wurde. Während Vater Ashok seine Zufriedenheit über das Mahl mit einem dröhnend lauten Rülpser zum Ausdruck bringt, was den hiesigen Gepflogenheiten gemäss keineswegs unflätig ist, sondern der Köchin zum Lob gereicht, strömen mir regelrechte Sturzbäche aus der Nase, und Beas Gesicht ist mit funkelnden Schweissperlen übersät. Ja, das Gericht ist höllisch scharf, aber göttlich gut. Der eilfertige Arzt will uns bereits irgendwelche Kügelchen gegen Allergien holen, doch wir können ihn beruhigen: Uns geht es prächtig. Seine Künste werden anderweitig gebraucht. Bis tief in die Nacht klopfen Verletzte und Kranke an seine Tür. Als Herr Doktor zum letzten Mal die Haustür hinter sich zugezogen hat, bittet er mich in den oberen Stock und bietet sein eigenes Ehebett für die Nacht an. Ich wähle jedoch den Nebenraum. Nun hebt er an zu einem Gespräch von Mann zu Mann. Er bleibt aber bei einer Reflexion seiner eigenen Lebenssituation stecken. Seine Perspektiven zeichnet er folgendermassen: Familie, Beruf, Frau, zwei Kinder – *that's it*. Er wirkt etwas niedergeschlagen über diese Aussichten. Die Welt zu entdecken, so wie wir dies tun, würde ihn ausserordentlich reizen. Das sei aber für einen Inder nicht zu realisieren, da das soziale Netz mit Familie, Beruf und Stellung in der Gesellschaft in diesem traditionsversessenen Land so eng geknüpft ist, dass ein Aussteigen und späteres Zurückkommen nicht möglich sei. Und niemand würde sein einmal erlangtes Prestige aufs Spiel setzen.

Dann, beredtes Schweigen.

Wir wünschen einander eine gute Nacht.

Durch die noch vom Morgentau feuchten Felder rollen wir zur kurvigen Strasse zurück, die uns durch die hügelige Topographie zum nächsten Wasserlauf führt. Wieder besteigen wir ein Schiffchen. Ein dürrer Fährmann lotst es mit einem fünf Meter langen Bambusrohr durch untiefes braunes Wasser nach Harnai rüber. Unser mittägliches Gelage wird mit grösster Aufmerksamkeit von einem hageren Hund, dem der heisse Wind durch die Rippen pfeift, beobachtet. Wir sind ja keine Unmenschen und lassen uns erweichen, ihm ein Biskuit hinzuwerfen. Mit fliegenden Gegenständen hat diese erbarmungswürdige Kreatur aber schlechte Erfahrung gemacht: Sie zuckt zusammen und nimmt verängstigt und winselnd Reissaus. Ein kecker Rabe erbt sofort. Das sperrige Stück zersprengt ihm fast den Schnabel.

Unschlüssig, welcher Weg einzuschlagen ist, warten wir einige Minuten an einer Kreuzung. Schon rollt auf einem Motorrad Hilfe herbei. Der junge Herr stellt sich in fliessendem Englisch als Dinesh vor und zeichnet sich durch stupende Ortskenntnis aus. Flugs kritzelt er die Namen jener Dörfer auf einen Zettel, nach denen wir uns die nächsten zweihundert Kilometer Richtung Süden orientieren können, ohne dabei auf die stark befahrene Autobahn zu gelangen: Shrungartali, Abaloli, Bhatgoan, Jakaderi, Ganpatipule, Ratnagiri, Pawas, Nate, Jaitapur und Vijaydurga. In der Folge sind einige kernige Anstiege zu bezwingen. Der Velocomputer zeigt als maximale Steigung einundzwanzig Prozent und unter der Nachmittagssonne eine Temperatur von 49 Grad an. Bei einem Ziehbrunnen waschen wir unsere verschwitzten Haare und finden auf steppenartigem Weideland bald einen guten Fleck für die Nacht. Ein Jäger, zurück von der Pirsch, wünscht uns einen guten Abend und marschiert ins Dorf, wo lockende Trommeln von einem Fest künden.

Als wir im Weiler Kajurli aus einem Bach Wasser schöpfen, um damit für ein paar weitere Stunden die Sockenkühlung unseres Trinkwassers aufrechterhalten zu können, werden wir von zwei aufmerksamen Lehrern erspäht. Kurzentschlossen packen diese die sich ihnen wohl selten bietende Gelegenheit, ein wenig Abwechslung in den Unterricht zu bringen, beim Schopf. Sie hasten zu uns herunter und bitten uns ausser Atem, sie zum kleinen Dorfschulhaus auf dem Hügel oben zu begleiten. Mit nichts Geringerem als einer *standing ovation* werden wir dort von einer munteren Schar Mädchen und Knaben frenetisch willkommen geheissen. Auf das knappe Zeichen eines Lehrers hin verstummen alle wieder – als hätte dieser einen On-Off-Kippschalter betätigt – und huschen ohne das leiseste Getuschel in den düsteren Raum zurück auf ihren Platz: Sacktücher auf dem nackten Steinboden. Meine noch von der grellen Nachmittagssonne geblendeten Augen müssen sich erst ans schummrige Licht gewöhnen. Als Erstes erkenne ich, dass sich ausser Pult und Wandtafel keine weiteren Einrichtungen im Raum befinden. Die Wände sind oberhalb des rosa getünchten Sockelstreifens mit Zeichnungen von Häusern, Musikinstrumenten, Früchten, Gemüsen und Gegenständen des täglichen Gebrauchs tapeziert. Neben jedem Bild stehen die englischen Bezeichnungen dafür. Schon den Jüngsten wird Englisch beigebracht. Jedoch mit kleinem Erfolg, sind doch auch die Englischkenntnisse der drei jungen Lehrer, die in zwei solchen Räumen 88 Kinder im Alter von sechs bis zwölf Jahren unterrichten, äusserst bescheiden. Mit kerzengeradem Rücken und funkelnden Augen sitzen die Kinder in gespannter Erwartung dicht nebeneinander in Reih und Glied im Schneidersitz auf dem Boden, den Schulranzen vor sich mit einem Buch oder Notizheft darauf. Während wir mit den Lehrern plaudern, hängen sie an unseren Lippen und versuchen zu erahnen, was wir von uns geben. Vielleicht lesen sie ja auch in unseren Gedanken. Wir staunen über die unglaublich anmutende Disziplin und Ruhe der Kinder. Keines rutscht rastlos hin und her, niemand ruft dazwischen. Fast beängstigend artig hocken sie auf dem harten Boden und beobachten uns aufmerksam aus ihren dunklen Augen. Wie viel anders geht es in den Schulstuben bei uns zuhause zu und her. Bea muss es als ehemalige Kindergärtnerin ja wissen. Vermutlich ist dieses so andere Verhalten darin begründet, dass in Indien, ja in ganz Asien, im Gegensatz zu Europa oder den USA, nicht das Individuum den höchsten Stellenwert geniesst, sondern das Kollektiv. Von Kindsbeinen an wird in der Geborgenheit der Grossfamilie gelernt, die eigenen Bedürfnisse zurückzustellen, die Älteren zu ehren und ihnen zu gehorchen, sich anzupassen und sich auch klaglos unterzuordnen. Der Gemeinschaftssinn muss den indischen Kindern nicht erst in der Schule mühsam eingebläut werden.

Uns zu Ehren singt jede Klasse ein englischsprachiges Lied und bewegt sich in einstudierter Choreografie dazu. Mir fällt dabei die körperliche Fitness der Kleinen auf. Viel Bewegung an der frischen Luft und gesunde, vielleicht sogar ayurvedische Ernährung in Kombination mit nicht zu wohlhabenden Eltern sind wohl der Schlüssel dazu. Wer in Indien im Reichtum schwimmt, weist mit grosser Sicherheit eine beachtliche Wampe auf. Vor allem in Städten sahen wir ganze Familienclans, die allesamt, von den Jüngsten bis zu den Grosseltern, mit unverhohlenem Stolz Wänste und Fettringe um die Hüften zur Schau trugen, als wollten sie dem mageren Fussvolk damit prahlerisch verkünden: «Schaut her, wie vermögend wir sind, wir können essen, was immer und wann immer wir wollen! Wir können zwar nicht mehr wachsen, aber zunehmen schon.» Reichtum wird in Indien nicht schamhaft versteckt wie bei uns. Wer begütert ist, zeigt dies auch mit entsprechenden Statussymbolen. Teure Kleider und edler Schmuck mögen ja noch angehen, um sich hervorzutun. Doch mit Fressorgien seine Gesundheit und sein Wohlbefinden aufs Spiel zu setzen, scheint mir nichts als eine Dummheit zu sein und entlockt mir ein mitleidiges Lächeln, das jedoch alsbald erstarrt: Hängt denn in der Schweiz nicht jedem fünften Kind im Vorschulalter zu viel Fett an den Rippen?

Um uns in der für die Inder so wichtigen gesellschaftlichen Hierarchie einordnen zu können, bringen die Lehrer nun unsere Berufe in Erfahrung. «*Ah, you are an engineer!*», wiederholen sie achtungsvoll. Dass sich aber ein Ingenieur eine Kindergärtnerin zur Frau genommen hat, passt nicht in ihr Weltbild. Diese Berufsklassen gehören nämlich in ganz andere Kasten. Lehrerberufe geniessen zwar ein recht hohes Ansehen in Indien, können mit jenem der Ingenieure aber nicht mithalten. Dass wir seit fünfzehn Jahren ohne Trauschein zusammenleben, hätte sie bestimmt ganz aus der Fassung gebracht. So geben wir uns, wie schon so oft auf unserer Reise, nicht nur als Ehepaar des Herzens, sondern als offiziell registriertes aus. Sie freuen sich, mit Bea eine Art Kollegin hier zu haben und bitten sie sogleich, den Kindern ein Schweizerlied beizubringen, was sie natürlich gerne tut. Ich amüsiere mich vortrefflich, wie die 88 strahlenden Kinder zusammen mit Bea einen Kreis bilden, sich die Hände halten, tanzen und in breitem Schweizerdeutsch singen: *«Es Puurebüebli mag i nöd ...»*

Nach einer guten Stunde legt uns eines der Mädchen je eine rote Blüte als Symbol der Liebe in die Handflächen und die ganze Schar verabschiedet uns unter tosendem Beifall.

Am einsamen Strand von Ganpatipule buchen wir für ein paar Rupien die Nacht spontan ein Superdeluxe-Zimmer. Vom geräumigen Balkon aus schweift unser Blick über den palmenbestandenen Hotelgarten zum offenen Meer. In dieser Idylle bleiben wir ein hübsches Weilchen hängen. Mit dem dumpfen Rauschen der Meeresbrandung im Ohr und den feurig-würzigen Gerichten der vorzüglichen Hotelküche, die unsere Tage der Beschaulichkeit strukturieren, fliegen die Stunden nur so dahin. Einer der drei ungepflegten, mit Flöhen und Zecken gestraften Hotelhunde hat an uns den Narren gefressen. Er folgt uns auf Schritt und Tritt. Selbst wenn wir in seliger Selbstvergessenheit am Strand liegen, weicht er nicht von unserer Seite. Wenn es ihm zu heiss wird, scharrt er in einem plötzlichen Energieanfall so lange, bis ihn der Sand am Grund des entstandenen trichterförmigen Lochs kühl genug dünkt, ringelt sich hinein, legt die Schnauze auf den Rand und blinzelt zufrieden zu uns herüber. Dass wir durch seine Buddelei völlig ergraut sind und zwischen unseren Zähnen Sand knirrscht, stört ihn nicht im Geringsten.

In der grossen Mittagshitze sind wir freilich selten auf dem glühenden Sand des Strands anzutreffen. Aber gegen Abend, bei der grandiosen Wachablösung von Sonne und Mond, sind wir immer zugegen: Das Tagesgestirn versinkt als rotglühender Feuerball im türkisfarbenen Wasser, dessen Wellenkämme blütenweiss gekräuselt sind. Während gleichzeitig im Osten der blasse Mond gelassen über die Palmen hochsteigt und für die Stunden der Ruhe das Zepter übernimmt. Die letzten Sekunden vor dem endgültigen Erlöschen der Sonne verwandelt sich das Wasser in dickflüssiges Gold. Der liebste Moment einer jeden Abenddämmerung ist mir der Schwebezustand zwischen Hell und Dunkel. In diesem Augenblick des Übergangs vom Tag zur Nacht, vom Bewusstsein zu den Traumwelten, von der Vernunft zur Intuition, von der Klarheit zum Diffusen, scheint alles möglich. Es ist jeden Abend wie ein Sterben, aber nie endgültig. Im Einklang mit den Romantikern bin ich geneigt zu glauben, dass die Dunkelheit die Ewigkeit, das absolute Nichts, repräsentiert. Und der Tag ein Sinnbild für das kurzzeitige Aufflackern des Lebens im unendlichen Strom der Finsternis ist. Nur taucht das wahre Leben nicht mit der Regelmässigkeit der Sonne daraus auf. Der Atem des Todes, der durch jede Abenddämmerung weht, nährt die Flamme des Lebens. Er erinnert daran, dass nicht zählt, was man sagt oder wovon man träumt, sondern was man tut, was man in die Realität umsetzt. Er spornt mich an, in den saftigen Apfel des Lebens zu beissen – ohne Angst vor Zahnfleischbluten. Das Paradies offenbart sich, wenn überhaupt, im Diesseits. Unser wichtigstes Ziel im Leben ist es wohl zu versuchen, glücklich zu sein. Dabei ist das Erreichen des Ziels nicht wirklich erstrebenswert, denn erfüllte Träume sind tot. Sondern es ist der Weg dorthin, die Bewegung, die daraus entstehende Spannung. Es braucht immer wieder neue Träume, denn es ist die stete Überwindung des Bestehenden, die uns am Leben hält.

Die fünfzehn unterbeschäftigten und doch zufriedenen, stets zu Scherzen aufgelegten und zuvorkommenden Angestellten von Hotel und Restaurant haben neben uns einen einzigen Gast zu umsorgen. Dessen Unterhaltungswert ist für sie aber gering. Selbst wir kommen über ein «Hallo!» und ein schon sehr gewagtes «Tschüss!» aus dem Munde dieses deutschen Manns, der allem Anschein nach zur Meditation in Ganpatipule weilt, nicht heraus. Abend für Abend steuert er im Restaurant mit unbestechlichem Tunnelblick zielstrebig dieselbe Ecke seines Stammtisches an. Mit auserlesener Sorgfalt platziert er sodann seinen schmalen Hintern auf die vordere Stuhlkante und schlägt mit den Fingerspitzen säuberlich das Tischtuch zurück; aber nur so weit, bis genug Platz für exakt einen Teller und ein Glas frei wird. Nun kümmert er sich um seine Körperhaltung. Mit kerzengeradem Rücken und unnatürlich nach oben gerecktem Kopf, als hätte er eben einen Besenstiel verschluckt, richtet er sich so aus, dass sich die Verlängerung seiner Nase rechtwinklig in den westlichen Horizont bohrt. Die nackten Füsse stellt er flach auf den noch sonnenwarmen Steinboden und die Hände legt er sachte – mit den Handflächen gegen den Himmel gewendet – auf seine Knie. In dieser Position schliesst er die Augen um ganz in sich zu kehren und verharrt einige Minuten ruhig und tief atmend. In Harmonie mit dem rhythmischen Heben und Senken seines Brustkorbs führt er nun mit der rechten Hand das vom bereits eingeweihten Kellner auf den korrekten Fleck des Tischblattes servierte Wasserglas an die gespitzten Lippen – die Linke ruht noch immer auf dem Knie – und nippt mit grösster Behutsamkeit vom Wasser, als würde es sich um den edlen Wein Château Mouton-Rothschild, 1986, handeln. Zweifelsohne sieht er mit seinen geschlossenen Augen rot: Die Innenflächen seiner Augenlider, die ihm wie ein Vorhang über die Augäpfel fallen, sind gefärbt von seinem eigenen Blut. Um aber die geschmacklichen Nuancen des famosen Weins im Gaumen hervorzuzaubern, braucht er ein gerüttelt Mass an Einbildungskraft.

Die Angestellten von Hotel und Restaurant drückt keine Langeweile, obwohl es kaum Arbeiten zu erledigen gibt. Wenn aber jemand von ihnen etwas Interessantes entdeckt, zum Beispiel, dass wir die Veloketten ölen, so werden sofort die Kollegen informiert und alle strömen herbei, um ja nichts zu verpassen. Nach der Show liefert das Gesehene noch für manche Stunde Gesprächsstoff. Auch die beiden Chefs an der Rezeption verstehen es, die Zeit nicht ungebraucht verstreichen zu lassen: Alle paar Minuten brennen sie zu Ehren von Lord Ganesha vor dem Hausaltar Räucherstäbchen ab oder legen vor einem Stein im Garten Blumengirlanden nieder, um die Götter günstig zu stimmen.

Ratnagiri, die erste Stadt auf unserer Reise seit Mumbai, können wir nicht verfehlen. Der Gestank in der Sonne verdorrender Fische neben der Strasse weist uns den Weg. Inderinnen, die sich mit aufgespannten Regenschirmen vor den brennenden Sonnenstrahlen schützen, bringen uns zum Schmunzeln. Wie eitle englische Ladys, die sich ihren vornehm bleichen Teint bewahren wollen, stelzen sie durch die Mittagshitze und wirken im eigenen Land irgendwie fremd.

Weiter südlich wird die Landschaft karger. Die Wälder sind grossflächig abgeholzt. Abzweigungen gegen das Meer hin führen zu Erdöl- und PVC-Fabriken. Nur dank den von Dinesh aufgeschriebenen Dörfern wissen wir an den zahlreichen Kreuzungen, nach welchen Namen wir fragen müssen, um nicht auf dem verkehrsreichen Goa-Highway zu landen. Immer wieder ziehen orange gewandete und zum Teil als Affen, Löwen oder Ungeheuer verkleidete Gruppen von Trommlern umher. Sie feiern während einer Woche *holi*, das Ende des Winters.

Im Flecken Nate watet als letzter Passagier ein pensionierter Sekretär der Regierung durchs knöcheltiefe Wasser zur Anlegestelle unseres kleinen Bootes, bevor es zur kurzen Überfahrt nach Jaitapur ablegt. In tadellosem Englisch warnt er uns eindringlich vor einem Massenmörder, der Jack the Ripper gleich ganz Indien unsicher mache und vor der Bösartigkeit der Schlangen. Im gleichen Atemzug bemängelt er die zu grosse Steifigkeit unserer mitgeführten Knüppel. Um Schlangen zu erschlagen, sei eine gewisse Elastizität des Stockes nötig. Denn durch dessen Biegsamkeit werde die Kontaktfläche zum Boden um ein Vielfaches vergrössert, was auch die Chance steigen lässt, die Schlange zu erwischen. Unser Argument, es gehe gar nicht darum, die Schlangen zu töten, sondern durch feine Erschütterungen der Erde zu vertreiben, will er nicht gelten lassen. Von hundert würden vielleicht deren neunundneunzig das Weite suchen, wenn wir die Knüppel vor unseren Füssen auf den Boden rammen; aber diese eine, die sich nicht verscheuchen lässt, gelte es blitzschnell zu erledigen. Wie dem auch sei, bis heute haben wir in Indien erst zweimal eindeutige Zeichen von Schlangen gesehen: abgestreifte Häute, beide allerdings über zwei Meter lang.

Am anderen Ufer lassen wir uns bei einem *thali* vom Wirt den weiteren Verlauf der Strecke nach Süden erklären. So folgen wir für die ersten zwanzig Kilometer einer hässlich angerosteten Wasser-Pipeline durch öde, baumlose Gegend; immerhin aber ohne Verkehr. Umso traumhafter erscheinen uns die folgenden Dörfer, die an Ursprünglichkeit noch nichts eingebüsst haben. Bei einem Dorfbrunnen wird uns von Frauen und Kindern Kübel um Kübel voll Wasser aus dem tiefen, kühlen Schacht hochgezogen, damit wir uns die Haare und einige Kleidungsstücke waschen können. Zwei Stunden später scheint der Vollmond orange – feiert er etwa auch *holi*? – aufs Früchtecurryreis in unseren blechernen Tellern vor dem Zelt. Um einem Hitzestau in der Nacht vorzubeugen, schlagen wir das Überzelt, diese dichte zweite Schicht, zurück. Den angenehmen Luftzug über unsere nackte Haut erkaufen wir uns mit einer tropfenden Gruft. Im Nu sind die Innenflächen des Zelts nämlich mit einem Wasserfilm überzogen. Bei jeder Berührung der Zeltwand und ab und zu auch ganz ohne unser Zutun, lösen sich in der Nacht grosse, schwere Tropfen von der Decke und zerplatzen mit einem dumpfen «Blubb» auf unserer Stirn. Die Regeln der Bauphysik lassen sich nun einmal selbst in einem so mystischen und metaphysisch aufgeladenen Land wie Indien nicht ausheben. Am nächsten tropischen Abend werden wir das Zelt wieder mitsamt der Aussenhülle aufstellen. So wird der Wasserdampf an der Unterseite des dampfdichteren Überzelts kondensieren und nicht mehr am grobmaschigen Innenzelt. Trockener werden wir damit aber kaum bleiben, denn das Zweigespann Hitze und Luftfeuchtigkeit wird uns mit Garantie den Schweiss aus den Poren treiben.

Die Milch ist am Morgen leider sauer und ungeniessbar, weil die nächtlichen Temperaturen erstmals höher waren als im «Sockenkühlschrank» während des Nachmittags. So werden wir uns ab jetzt wohl oder übel jeweils mit Tee und Kaffee zum Frühstück bescheiden.

Auf dem in der prallen Sonne dampfenden Asphalt jagt die vormittägliche Sonne das Quecksilber unseres Thermometers bis zur Markierung 51 hoch. Immerhin streicht uns aufkommender Wind kühlend um die Glieder. Später konsultieren wir vier verschiedene Leute zur Strasse Richtung Vengurlu. Weil wir es verpassen, explizit nach dem *short cut* zu fragen, also nach dem kürzesten Weg, den jeder vernünftig denkende Mensch dem dreimal längeren vorziehen würde, schicken uns alle unisono auf einen grandiosen Umweg. Zwölf Kilometer nach Malwan teilt uns ein Mofafahrer mit, dass wir den *short cut* nach Vengurlu vor genau zwölf Kilometern verpasst hätten und uns nun auf dem Weg zum viel befahrenen Goa-Highway weiter im Landesinnern befänden. «Ah, diese Inder!», enervieren wir uns. Dieser hier hat aber gleich wie Dinesh den Verlauf sämtlicher Strassen und die Namen der Dörfer im Kopf und schickt uns via Pinguli Titta auf eine andere Abkürzung.

Einige Kilometer vor Pinguli Titta durchfahren wir in der einsetzenden Abenddämmerung ein nicht enden wollendes Dorf. Wegen *holi* sind Gross und Klein auf der Gasse. Bereits im Halbdunkel nutzen wir eine Lücke im Menschenstrom, um unbemerkt auf einen schmalen Trampelpfad auszuscheren, der uns zu einer Lichtung im Dschungel führt. Begleitet vom Trommeln der vorbeiziehenden Feiernden, bruchstückartigem Stimmengewirr, an- und abschwellendem Hundegebell, verhallendem Vogelgezwitscher und sattem Grillengezirp bereiten wir uns vor dem Zelt eine noch in der Türkei gekaufte Pilzcremesuppe und *thalipit* zu, diese feurigen Brotfladen aus Mehl, Öl, Salz, Paprika, Curry, Kräuter, Pfeffer, Knoblauch, Zwiebeln und Wasser. Oft raschelt es unvermittelt im Gebüsch. Affen? Kühe? Menschen oder gar Löwen? Einmal sieht Bea im Lichtkegel der Stirnlampe ein grosses Tier mit spitzen Zähnen, das sich aber sofort aus dem Staub macht.

Immer öfter kreuzen westliche Touristen unseren Weg. Sie flitzen ziellos auf gemieteten Motorrädern herum und tragen dabei ihre entblössten bleichen Oberkörper zur Schau – wir nähern uns Goa! Diese ersten Boten der Spassgesellschaft wirken auf mich vor dem Hintergrund des unaufgeregten, sinnerfüllten und sinnbestimmten Lebensrhythmus in den ländlichen Dörfern wie stark überzeichnete Karikaturen. Ich spüre eine gewisse innere Zerrissenheit. Einerseits stösst mich das dekadente Gebaren der Urlauber aus der westlichen Konsumgesellschaft je länger je mehr ab. Gegen schnödes Geld liessen sie ihre Körper per Flugzeug über tausende von Meilen hierhin verfrachten, um für ein paar Tage aus ihrem anscheinend öden Alltag zu Hause auszubrechen. Ihr plötzliches Eindringen in gänzlich fremde Kulturkreise, ohne auch nur einen einzigen Gedanken daran zu verschwenden, wie ihr Auftreten von den hier lebenden und arbeitenden Menschen wahrgenommen wird, dünkt mich so arrogant wie ignorant. Andererseits sitze ich fast genauso im Glashaus und es steht mir nicht an, den ersten Stein zu werfen. So lechze ich geradezu nach einer knusprigen Pizza, nach einem feinen Wein oder nach Käse – all dies schwingt im Namen «Goa» mit.

Arambol, dieses im Schatten von Kokospalmen schlummernde Dörfchen ohne hässliche Hotelbunker – die Massen der Charter-Touristen fallen dem Vernehmen nach weiter südlich heuschreckenartig ein – gefällt uns als Abwechslung zum Nomadentum auf der Scholle der einfachen Leute gut genug, um uns hier für fast zwei Wochen auszuruhen und einige Annehmlichkeiten der Urlaubsindustrie auszukosten. Alle Unterkünfte sind in einfachem Stil gehalten und mit zwei bis fünf Euro die Nacht entsprechend günstig. Indische Urlauber sind in Arambol keine auszumachen. Dafür umso mehr ergraute, vor Jahrzehnten hier gestrandete Hippies aus Deutschland, Italien, England und der Schweiz sowie viele junge Freaks aus Israel mit verfilzten Dreadlocks. An unseren Kleidern ist grundsätzlich nichts auszusetzen, doch wirken wir darin brav und züchtig, ja geradezu spiessig. Und ohne Tätowierungen auf den Oberarmen oder mindestens einem lässig im Mundwinkel hängenden Joint fallen wir aus dem Rahmen.

Was uns in Staunen versetzt, ist die zähe Langsamkeit des Lebensflusses. Im Restaurant wird wie in Zeitlupe serviert, aber niemand scheint sich daran zu stossen. Auch wir gewöhnen uns nach zwei, drei Tagen an diesen gedämpften Rhythmus.

Für eine ayurvedisch angehauchte Massage lege ich mich beim russischen Reiki-Meister Sergey Tomik, alias Sanandana-das, wie sein spiritueller Name lautet, auf die Matte. Als nach über zwei Stunden Massage und Flug ins Nirwana das Bewusstsein langsam wieder in mich sickert, spüre ich als Erstes die vom eiernden Deckenventilator in Bewegung gehaltene warme Luft über meine Haut streichen. Allmählich beginne ich auch die vorhin so angenehme Schwerelosigkeit zu verlieren und fühle die plumpe Masse meines Körpers im Gravitationsfeld der Erde. Jetzt erst entsinne ich mich des anderen Manns im Raum und erhasche aus dem Augenwinkel das verschwommene Bild des Meisters, wie er in Gedanken versunken an seinem langen Bart zupft. Erst will mir scheinen, er schwebe im Yogasitz über seiner Pritsche. Während ich mir noch die Augen reibe, das T-Shirt über den Kopf streife und die Brille aufsetze, erklärt Sanandana-das, dass jeder Mensch aus den drei Elementen Wasser, Erde und Feuer bestehe. Für eine gute Gesundheit komme es darauf an, deren Gleichgewicht herzustellen und langfristig zu erhalten. Er habe mit der Massage als Medium dafür gesorgt, dass die universelle Lebensenergie in mich floss. Damit seien die Selbstheilungskräfte meines Körpers gestärkt worden. Das will ich ihm gerne glauben. Ich fühlte mich zwar schon vorher pudelwohl, litt weder an Seelenschmerz noch an körperlichen Gebrechen, doch nach diesem völlig entspannenden Schläfchen könnte ich Bäume ausreissen, es geht mir prächtig.

Die abendlichen Jamsessions in den Kneipen zeigen uns schmerzlich auf, dass wir dreissig Jahre zu spät nach Goa gereist sind. Ungelenke Möchtegern Hippies klimpern auf notorisch verstimmten Klampfen und säuseln mit kläglichem Stimmvolumen irgendwelche vertraut wirkenden Melodiefetzen in die gleichmütige Abendluft. Wo sind sie, die Nachfolger von Neil Young, Bob Dylan oder Janis Joplin?

Wir schreiben den 21. März 2004. Es ist Sonntag und Frühlingsanfang. Unseren zwölften und letzten Ruhetag in Arambol, diesem idyllischen Urlauberdorf im Norden Goas, lassen wir in beschaulichem Nichtstun verstreichen. Gegen Abend hängen wir am Strand unten in Korbstühle und genehmigen uns einen *piña colada* als Aperitif. Dank einem langanhaltenden Stromausfall werden Holzofen-Pizza und Grover Rotwein bei Fellini von warm flackerndem Kerzenlicht umspielt. In dieser romantischen Ambiance lassen wir die vergangenen Tage in Arambol nochmals vor unserem inneren Auge vorbeiziehen. Einen festen Platz in der Erinnerung wird die kleine, drahtige Wäscherin im *guesthouse* Ave Maria einnehmen: ihre Effizienz und die Unbestimmbarkeit ihres Alters. Wir schätzen sie zwischen vierzig und siebzig. Bezüglich Tempo und Qualität der Arbeit stellt sie zwei bis drei moderne Waschmaschinen in den Schatten. Auch mit dem Trocknen der Wäsche ist sie der Technik um eine Nasenlänge voraus. Kein Tumbler trocknet so schnell wie die Sonnenstrahlen, welche die Feuchtigkeit aus den auf dem Flachdach ausgebreiteten Geweben innerhalb Minuten verdunsten lassen. Diese Wäscherin ist unvergesslich, der ganze Rest aber leichtgewichtig und flüchtig – ein Naschen am Luxus.

In Anjuna fehlen bei einigen Palmen die Kronen. Die «kopflosen» Stämme ragen sinnlos in den Himmel und stöhnen traurig im Wind. Im Sand des langgezogenen Strands steckt eine zerbrochene Bierflasche, im Wasser malträtieren grobe Steine unsere Füsse. Ein drogenabhängiges Paar torkelt zugedröhnt an uns vorbei und im Dorf bieten zwei finstere Typen auf ihre schleimige Art alle erdenklichen Drogen an. Schattengleich schleichen sie sich hinterrücks an ihre Opfer und hauchen ihnen «Hasch, Hasch» ins Ohr, um damit auf ihr weit vielfältigeres Giftarsenal aufmerksam zu machen.

Ebbe im Geldbeutel zwingt uns nach annähernd zwei Monaten wieder in eine Stadt reinzufahren.

Im Zentrum von Calangute schlagen uns Lärm und Hektik entgegen. Das sind wir uns nicht mehr gewohnt. Und sämtliche Bankomaten werden von hartnäckigen Bettlerinnen belagert, einige mit Baby auf dem Arm. Gewisse dieser Frauen gebärden sich geradezu kaltschnäuzig und sehr fordernd. Als würden sie sich auf irgendein geheimes Gesetz berufen, das besagt, alle Bleichgesichter hätten ihnen den Zehnten zu entrichten, strafen sie jene, die sich erfrechen, nichts abzutreten mit zornigen, ja zutiefst empörten Blicken und verächtlichen Gesten. Wenn diese übereifrigen Bettlerinnen eine potentielle Geldquelle verfolgen, haften sie sich wie Kletten an die Fersen des Opfers und befingern schamlos dessen Ellbogen oder kratzen gar mit einem ihrer schmutzigen Fingernägel leicht auf dem Unterarm des vermeintlichen Geldsackes. Das Verhalten dieser Frauen folgt wohl nachgerade aus dem Kulturschock, den sie beim Anblick der Urlauber erleiden. Bei Licht betrachtet, kann man es ihnen nicht übelnehmen. All diese Weisshäutigen, wir inklusive, verstehen sich auf die Kunst, den Bankomaten zu melken. Sie besitzen den goldenen Schlüssel zum Reichtum. Ganze Bündel von Rupien-Scheinen können sie der Maschine entlocken. Und was machen sie mit dem Geld? Sie werfen es aus dem Fenster hinaus für teure Hotels, *fancy drinks* und Taxifahrten. Auf das Flehen der Bettlerinnen reagiert die Geldmaschine nicht. Keinen müden *rupee* spuckt sie aus. Deshalb schlafen sie auf der Strasse, trinken schmutziges Wasser und gehen zu Fuss. Zudem haben sie Kinder zu ernähren – sind ihre Argumente nicht schlagend?

In den Sesseln der Strassencafés schwitzen dickbäuchige Touristen mittleren Alters unter der stechenden Sonne. Am Strand liegen auf ungezählten, säuberlich ausgerichteten Pritschen weisse, da und dort von der Sonne angesengte Fleischhaufen – die zu kleinen Sonnenschirme vermögen nur Teile der Körper zu beschatten. Heerscharen von Masseuren kneten für ein Trinkgeld eifrig ölige Rücken und wabbelige Schenkel. Auf zwei Wörter verdichtet: moderner Charter-Tourismus.

Auch auf dem Flohmarkt von Anjuna fühlen wir uns fremd. Er verkörpert eine Art Gegenwelt zu den Märkten der Inder für Inder. Auf jenen wird mit harten Bandagen, aber mit gegenseitigem Respekt um Preise von Waren gefeilscht, deren ungefährer Wert beiden Akteuren bekannt ist. Hier in Anjuna aber scheint es einzig ums dreiste Abzocken von dollarschweren Touristen zu gehen. Das hat rein gar nichts mit dem Indien zu tun, dem wir bisher als Velonomaden begegnet sind und das uns so ans Herz gewachsen ist. Immerhin vermag uns das Schauspiel, wie die unwissenden Fremden über den Tisch gezogen werden, für einige Momente zu faszinieren und bisweilen auch zu erheitern:

Während einige Händler mit auf Pappkarton gekritzelten Preisen eine gewisse Seriosität vortäuschen – auf indischen Märkten sind Preise nie fix – teilen andere ihre Fantasiepreise, deren Höhe je nach Einschätzung des Gegenübers um Vielfaches variiert, mündlich von Angesicht zu Angesicht mit und warten die Reaktion auf ihren ersten Schuss vor den Bug des Kontrahenten ab. Die gewieften Verkäufer wissen, dass die meisten der potenziellen Käufer nicht den Hauch einer Ahnung davon haben, was die angepriesene Ware in Indien wert ist. Sie sind sich weiter darüber im Klaren, dass die Touristen, wenn auch unbewusst, immer mit den viel höheren Preisen im Heimatland vergleichen. Dieser innere Kompass leitet die Touristen zielgerichtet in die Irre. Ebenfalls berücksichtigen die Händler in ihrem nüchternen Kalkül, dass in gewissen Reiseführern geschrieben steht: «Sie haben dann gut gefeilscht, wenn der Einstandspreis auf die Hälfte reduziert werden konnte.» Aus all diesen Gründen wird auf dem Flohmarkt von Anjuna beispielsweise ein Kleid im Wert von fünfzig für vierhundert Rupien angeboten. Kommt das Geschäft bei zweihundert Rupien zustande, sind beide Akteure mit sich zufrieden und es herrscht eitel Freude.

Der weisse, feine Sand am Strand von Colva knirscht wie Schnee unter unseren Füssen. Im seichten Wasser tummeln sich Frauen in Saris und Männer in Unterhosen – das sind zweifelsfrei einheimische Feriengäste.

Auf der Fahrt zur fünfzig Kilometer weiter südlich gelegenen Palolem Beach, unserer letzten Destination in Goa, ist die Luft geschwängert mit dem Geruch gärender Cashewfrüchte, die knallgelb bis sattrot in der Sonne leuchten. Bäuerinnen sammeln diese paprikaförmigen Früchte ein und tragen sie in geflochtenen Körben nach Hause, um Cashew-Fenny, den für Goa typischen 42-prozentigen Schnaps daraus zu brennen. In unsere Nasen dringen auch ab und zu leicht faulige Duftnoten, die den hellgrün leuchtenden Reisfeldern entsteigen. Im Geäst über uns turnen Affen. Ihre langen Schwänze baumeln wie Lianen herunter. Nach einigen kernigen Steigungen erreichen wir Betul, wo das träge und stockige Brackwasser der untiefen Bucht fürchterlich nach Fisch stinkt. Auf der Weiterfahrt strecken uns zwei wohlgenährte Kinder bettelnd ihre Hände entgegen: Wir sind also wieder auf Touristenterrain.

Am fein geschwungenen Sandstrand von Palolem feiern wir bei flackerndem Kerzenlicht und dem rhythmischen Rauschen der Brandung den 1. April 2004 – bereits ist ein Jahr verstrichen, seit wir die Schweiz verlassen haben. Traumhaft und unvergesslich diese Zeit auf Achse!

Genug dem beschaulichen Strandleben gefrönt, es juckt in den Oberschenkeln, es zieht uns weiter Richtung Südosten in die kühleren Hügel der Western Ghats.

Zuoberst an langen, grazilen Stämmen prangen ganze Bündel von Kokosnüssen, beschattet vom Schopf aus immergrünen Palmwedeln. Auf gelbgrüne Papayas folgen in urtümlichen Wäldern riesige Jackfrüchte. Nun wuchern Pflanzen bis ins Strassenprofil. Im Bundesstaat Karnataka ist wie schon in Maharashtra kaum etwas in uns verständlichen Schriftzeichen angeschrieben. So warten wir jeweils an Kreuzungen, bis Leute auftauchen, die uns die Hieroglyphen entziffern können. Dank ihrer Hilfe fädeln wir bald in den *short cut*, die Abkürzung durch den Dschungel nach Sirsi ein. Gemäss unserem Kartenmaterial sollte sich auf halbem Weg zu jenem Ort das Dorf Mandur befinden. Als wir aber beim Schlagbaum des staatlichen Urwald-Kontrollpostens angehalten werden und die Uniformierten nach diesem Mandur fragen, ernten wir nichts als Kopfschütteln. Ein Dorf mit diesem Namen ist niemandem hier bekannt. Das linke Strässchen der Gabelung da vorne führe aber via Yana, das nur noch zwanzig Kilometer entfernt liege, in Richtung Sirsi. So orientieren wir uns ab jetzt an diesem Yana, zumal es dort auch Wasser und Lebensmittel zu erstehen gebe.

Die mit Schlaglöchern durchsetzte Fahrbahn leitet uns immer tiefer ins dichte, sich rankende lebendige Grün des Urwalds; gänzlich ungestört von knatternden Motoren oder vom Geflüster, das aus Ansiedlungen sickert; nicht mal Frauen mit überschwappenden Wassertöpfen auf dem Kopf oder mit ein paar Stück Vieh herumziehende Bauern sind auszumachen – nur wir, der Dschungel und dieser schmale Flickenteppich vor uns. Der Asphalt reicht knapp aus, um alle Löcher zu umranden. Geräusche und Düfte der Wogen des «Chlorophyllmeeres» wirken ungefiltert auf uns ein. Bewusst dehne ich meinen Brustkorb und lasse genüsslich die würzige Luft tief in meine Lungen strömen. So atme ich in trunkener Versunkenheit in die allumfassende Natur und gehe gleichsam in ihr auf. Die Gedanken verflüchtigen sich. Keine Ahnung, wie lange ich schon in diesem Zustand der bedürfnis- und wunschlosen Verzücktheit dahingeschwebt bin, bis schliesslich ein leicht banges, erst nur vages Gefühl zur Frage gerinnt: «Was ist das für ein Dorf, dieses Yana, zu dem keine Seele unterwegs ist und von dem niemand herkommt?»

Eben noch führte uns die Strasse über sanfte Hügel, doch schon kleben wir in einem ausserordentlich steilen Anstieg über einige hundert Höhenmeter. Alle paar

Minuten zwingt uns die zermürbende Anstrengung zu längeren Verschnaufpausen. Das dem Himmel nächste Blätterdach des Urwalds lässt kaum Licht bis zum Unterholz, doch durch die Schneise, die einst für unseren Weg geschlagen wurde, brennt die Sonne erbarmungslos auf unsere Schädel, Arme und Beine. Die schwüle Hitze drückt uns den Schweiss aus allen Poren und nagelt uns auf den Boden.

Der Atem des Dschungels ist nicht mehr frisch, sondern ähnelt der leicht modrigen Ausdünstung unter Wasser stehender Reisfelder.

Die Oberschenkelmuskulatur ist zum Zerreissen gespannt und doch zermahlen unsere Kurbelmühlen die vor uns liegenden Meter nur äusserst zäh, wie in Zeitlupe. Die Wasservorräte aber schwinden rasant, sie scheinen geradezu vor unseren gierigen Augen zu verdunsten. Unsere Kehlen sind bis tief hinunter ausgetrocknet. Wir erlauben uns jedoch nur mit spitzen Lippen an der Flasche zu nippen, gerade so wie der deutsche Meditationsgast in Ganpatipule. Kalte Schauer huschen uns über den Buckel. Und auch die Gänsehaut auf den Unterarmen werten wir als Zeichen dafür, dass unsere Körper am Limit ihrer Energiereserven schrammen. Die Welt scheint sich zu drehen: Einer beweglichen Ebene gleich neigt sich das jeweilige Wegstück vor uns bei jeder Pedalumdrehung stärker gegen uns.

In einer Anwandlung von Galgenhumor reissen wir Witze über unsere sonderbare Neigung für *short cuts*, unsere tonnenschwer beladenen Räder – warum nur? –, den nicht zu leugnenden Umstand, dass wir absolut aus freien Stücken unterwegs sind und vieles mehr. Mir drängen sich die unvergesslichen Worte des «Bergflohs» Beat Breu, dieser Schweizer Radsport-Legende, auf die Lippen, die er bei einem Siegerinterview nach einem phänomenalen Schlussspurt, wie immer leicht lispelnd, von sich gab: «*I de Schlussstiigig isch es no echli derab gange, da hani drum no en Zagge chöne zuelege.*» Und ich mache mir ganz einfach seine so überzeugende Narretei zu Eigen, dass man dann in einer Steigung noch zulegen kann, wenn es in ihr runter geht. Schon lassen sich die Räder ein wenig einfacher drehen. Ja, es ist wahr: Nicht mit roher Muskelkraft, sondern dank richtiger Einstellung werden schwierige Situationen gemeistert! Es ist einzig die mentale Stärke, die uns weiterkämpfen und nicht zusammenbrechen lässt.

Yana, dieser Name prangt wie ein Heilszeichen, einem Rettungsanker gleich, vor unserem inneren Auge. Die Distanz, die uns noch von diesem trennt, vermindert sich aber nach wie vor höchst widerspenstig. Das schmale Strässchen windet sich kapriziös durch den dichten Urwald, der die Bergflanke überwuchert. Unser Durst wird immer brennender, bis uns endlich der Kulminationspunkt befreit aufatmen lässt. Nach kurzer Abfahrt, während der uns der Fahrtwind die ermatteten Lebensgeister wach rüttelt, lesen wir auf einem schief hängenden hölzernen Schild, das in Form eines Pfeiles nach rechts weist «Yana 3 km». Eigentlich wäre diese Bestätigung, auf dem richtigen Weg zu sein, Grund zu eitel Freude, doch beschleicht uns angesichts der unasphaltierten, steinigen Abzweigung, der wir nun folgen, ein mulmiges Gefühl.

Die Zuversicht, in Yana Wasser und Esswaren zu finden, steigt nicht gerade, als der ruppige Weg nach einer ebenen Passage, gefolgt von einem sanften Anstieg, in immer tiefer liegende Gefilde abfällt. Nichts deutet darauf hin, dass hinter einer der nächsten Haarnadelkurven das dichte Grün einem Dorf weichen würde. Ein geparktes Auto und ein abgestelltes Motorrad nehmen wir dankbar als Indizien zur Kenntnis, dass wir hier vielleicht nicht die einzigen Menschen sind. Man könnte daraus aber auch ebenso gut ableiten, dass dieses Yana wohl besser zu Fuss zu erreichen ist und Fahrzeuge jeglicher Art hier zurückgelassen werden sollten. Diese These wird gestützt durch den immer desolater werdenden Zustand der Strasse, die mittlerweile eher an einen seit Jahren kaum begangenen Bergwanderweg erinnert. Mehrmals halten wir inne und reflektieren unsere Lage: Was wir vor allem Anderen benötigen, ist Wasser. Frisches Gemüse wäre natürlich sehr willkommen, aber nicht überlebenswichtig. Sollen wir diesem rutschigen, mit armdicken Wurzeln durchwirkten Pfad immer weiter hinunter folgen – auf die Gefahr hin, dass sich Yana als blosses Blendwerk herausstellen wird – oder umkehren, zum Asphalt hochschieben und darauf vertrauen, dass sich bald einmal in einer Lichtung ein Dorf materialisieren wird? Der zentrale Faktor für die Entscheidungsfindung ist die vorgerückte Stunde. Bald nämlich wird sich der dunkle Schleier der Nacht über uns legen. Und wir stecken ohne Wasservorräte inmitten des indischen Urwalds mit all seinen niedlichen Bewohnern wie Tiger, Löwen, Schlangen oder Elefanten.

Trotzig wiederholen wir uns die Worte der Leute am Forest-Checkpoint: «In Yana gibt es Wasser und Lebensmittel», und zirkeln unsere Gefährte weiter steil abwärts über Stock und Stein. Als schliesslich zwei Kilometer dieses Wegs hinter uns liegen, vereitelt uns ein über die Ufer getretener Bach die Weiterfahrt. Der Weg steht auf eine Breite von etwa fünfzehn Meter unter Wasser. Wasser! Das war unsere Triebfeder, Yana anzusteuern. Hier liegt es jetzt im Überfluss vor uns, wenn auch nicht in trinkbereiter Form; doch kann uns dieses Yana nun gestohlen bleiben. Wir ziehen uns splitternackt aus, steigen über die vermoosten, glitschigen Steine in den Bach und waschen uns die Salzkruste von der Haut. Plötzlich zwickt mich ein dreistes Tier in die kleine Zehe. Eine kurze Bewegung aus dem Fussgelenk genügt: Schon fliegt ein Flusskrebs davon und plumpst ins Wasser, das ihn unter Aussendung konzentrischer Erregungen der Wasseroberfläche, gleichsam mit gerunzelter Stirn, wieder in sich aufnimmt. In ausgelassener Stimmung geniessen wir das herrlich erfrischende und belebende Bad.

Einen ebenen und zugleich trockenen Platz für das Zelt finden wir gut hundert Meter vom Wasser entfernt direkt neben dem Weg. Sofort beginnen wir mit dem

Abkochen einiger Liter des erdigen, trüben Bachwassers. Der Brenner sirrt stundenlang. Es ist bereits finster, als unvermittelt eine Gruppe von Männern und Frauen
auftaucht. Sie kommt vom mysteriösen Yana her und kehrt zum weiter oben geparkten Auto zurück. Aus reinem Wissensdrang wollen wir erfahren, was es mit diesem
Yana auf sich hat und wie weit es noch entfernt liegt. Die einzige des Englischen
mächtige Dame meint lakonisch: «Yana? Ein Tempel und zwei Felsen. Etwa zwei
Kilometer von hier.» Wussten wirs doch! Dieses Yana war von Beginn an ein Missverständnis. Es handelt sich um eine Kultstätte für Gläubige, bestimmt auch interessant für Touristen, aber unergiebig für Nomaden, die an rein geistiger Nahrung nicht
gegessen haben. Wir atmen auf und lächeln erleichtert. Nur gut, hat uns der Bach
schon hier gestoppt!

Die Frauen brennen vor Neugierde, das Innere unseres Zelts zu erkunden. Gerne
laden wir sie zu einer kleinen Führung durch die Einzimmerwohnung ein. Sie staunen über die gepflegte Einrichtung. Bevor sie weiter den Hang hochkraxeln, warnen
sie uns eindringlich vor Schlangen und insbesondere vor Tigern, die in dieser Gegend
herumschleichen sollen. Schlangen beeindrucken uns nicht sonderlich – mit dem
steifen Schaft der Wanderschuhe um die Fesseln und dem *tschomak* in Händen glauben wir gegen diese Spezies gewappnet zu sein –, aber schnauzenleckende, zähneble-
ckende Tiger sind ein anderes Kaliber! Die Warnung verfehlt ihre Wirkung nicht:
Bea hat die Trillerpfeife um den Hals gebunden und wir beide halten Knüppel und
Pfefferspray in Griffnähe bereit. Der drückenden Hitze zum Trotz montieren wir das
Überzelt und spannen es so straff ab, wie es das Material zulässt. Die Zeltnägel wuchte ich mit einem schweren Stein bis zum Anschlag in den Untergrund. Den Raubkat-
zen wollen wir unsere Haut so teuer wie möglich verkaufen. Die Tiger sind am Aussterben und unsere Tierliebe ist gross, doch ihren Hunger sollen sie gefälligst nicht
an uns stillen. Sollte doch eine Bestie unwiderstehlichen Appetit auf Radfahrerwa-
den kriegen, so muss sie sich nun zuerst mit dem Überzelt rumschlagen. Und wenn
die Planen weggekratzt und weggebissen sind, wird sie durch gestählte Muskeln ge-
schützte Filetstücke vorfinden und damit noch lange nicht am Ziel ihrer Begierde
sein. Vor dem Einschlafen macht Bea noch fünfzig Rumpfbeugen und ich mühe
mich mit ebenso vielen Liegestützen ab.

Abgesehen von üblichen Urwaldgeräuschen wie Rascheln, Vogelrufe, Kratzen oder
Klopfen verläuft die Nacht ruhig. Dann und wann freilich lässt uns ein Ächzen und
Knarren aufhorchen – das Stöhnen der Baumstämme unter den Rumpfbeugen, die
ihnen der sich weit oben in den Baumkronen verfangene Wind aufzwingt. Der
durchdringenden morgendlichen Ruhe werden wir erst durch das «Tock-tock-tock»
eines Spechts gewahr – das Etwas als Zeuge des Nichts. Zwanzig Meter über unserem
Lager wuchtet der Vogel mit nervösen, abgehackten Bewegungen seines Kopfes den

Schnabel in die Rinde, um sie zu durchschlagen und das Holz darunter zu zerspanen und Borkenkäfer und Insektenlarven freizulegen.

Kaum ist der Tag angebrochen, werfen wir den Benzinbrenner wieder an und kochen weiteres Bachwasser ab, denn bis auf dem heutigen Weg die nächste Wasserquelle auftaucht, werden unsere Körper in der tropischen Hitze noch nach einigen Liter Flüssigkeit verlangen. Obwohl Sonntag ist, sind noch weit und breit keine Yana-Pilger in Sicht. So kauere ich mich als Teil der grandiosen Natur keine drei Meter neben dem Weg nackt hin, um über einem ausgehobenen Erdloch meine Notdurft zu verrichten. Und es kommt, was kommen muss: Wie von einem unsichtbaren Regisseur inszeniert, stürmt just in diesem Augenblick eine ganze Horde Jugendlicher johlend den Weg hinunter. Die Schamröte steigt mir bis an die Haarwurzel. Die Jungs nehmen es sportlich locker, grüssen kurz mit «*Hello!*» und waten durch den Bach. Die Mädchen jedoch können sich ein Kichern nicht verkneifen und lassen verstohlen ihre dunklen Augen eine Weile an mir weiden, bevor sie weiter Richtung Yana hüpfen.

Gegen den laufend mehr anschwellenden Pilgerstrom wagen wir uns schliesslich an den zweitausend Meter langen Aufstieg zur asphaltierten Strasse zurück. Mühselig kämpfen wir uns nach oben. Stück für Stück. Meistens zu zweit ein Velo schiebend. Wie sind wir hier gestern bloss mit heiler Haut heruntergekommen? Aus allen Poren quillt uns der Schweiss. In weiser Voraussicht habe ich nicht die Velo-, sondern die Badehose angezogen. Die Haut ist nass, die Kehle aber staubtrocken. Sie schreit nach Flüssigkeit. Doch kostet es uns einiges an Überwindung, das äusserst erdig schmeckende abgekochte Bachwasser in die Gurgel zu schütten. Schliesslich ist der Durst aber grösser als der Ekel. Und wir scheinen die Brühe gut zu vertragen. Mindestens bis jetzt haben unsere Mägen noch nicht rebelliert. Keiner der Pilger fühlt sich nur schon ansatzweise genötigt, uns bei der herkulischen Arbeit Hilfe anzubieten. Teilnahms- und mitleidlos steuern sie zielgerichtet zum Tempel. Eine vielköpfige Sippe schleppt mehrere Kübel voll Wasser sowie Körbe überbordend gefüllt mit Gemüse, Pfannen und Rüstzeug mit sich. Offenbar wird bei den zwei Yana-Felsen hinten ein Fest mit üppigem Picknick steigen. Zudem scheint dort kein geniessbares Trinkwasser vorhanden zu sein. Einer der Pilger hält zwei Stücke saftig gelber Ananas in Händen und richtet als erster das Wort an uns. Gleichzeitig winkt er seine Tochter herbei und überreicht ihr eine der Ananas. Bea denkt dasselbe wie ich: Er wird die Kleine anweisen, uns diese leckere Frucht feierlich zu schenken – aber, denkste! In Yana steht schliesslich keine Moschee, sondern ein Hindu-Tempel. In den muslimisch dominierten Ländern Türkei und Iran haben wir Tag für Tag eine Herzlichkeit und Freigiebigkeit der Menschen erlebt, die uns nachhaltig beeindruckt hat und die den Hindus nicht in diesem Ausmass eigen ist. Bei der nächsten Verschnaufpause diskutieren wir mit trockenem Mund, was uns lieber ist: Die Anteilnahme und Fürsorge der Muslime, die in übertriebener Form auch lästig sein kann. Oder die vergleichsweise Abgestumpftheit Mitmenschen gegenüber der Hindus, die wir je nach Situation auch zu schätzen wissen. Schwitzend in diesem Steilhang klebend und vor körperlicher Anstrengung am ganzen Körper leicht bebend, kommen wir zu keinem eindeutigen Schluss. Nur eins ist gewiss: Diese Ananas hätten wir fürs Leben gerne verspeist!

Nach über einer Stunde ärgster Schinderei erreichen wir endlich die Anhöhe. Und nach zwölf Kilometern auf dem asphaltierten Strässchen die von einem Pilger bezeichnete Ansiedlung. Leider ist hier das kühle Wasser nicht zu finden, nach dem es uns so dürstet. In den Verkaufsbuden wird nur lauwarmes, klebriges Zuckerwasser angeboten. So schütten wir uns Orangina in die ausgedörrten Kehlen, bis der Vorrat an diesem leuchtfarbenen Gesöff erschöpft ist, wechseln dann zum milchiggrauen Pepita und schliesslich zur grünen SevenUp-Flasche.

Kaum liegen Urwald und Berge hinter uns, gleiten wir in eine ziemlich bevölkerte Hochebene. In prominenten Lettern wird am Strassenrand für ein Hotel in Sirsi geworben. Eigentlich haben wir mit einer weiteren Zeltnacht gerechnet, doch schauen wir uns die angepriesene Unterkunft gerne mal näher an und bleiben prompt hängen.

Vom Überlebenskampf zum totalen Luxus: Eine mit Kondenswasser beschlagene eiskalte Flasche Bier Kingfisher strong, Wein, prickelndes Wasser, *onion pakora* als Vorspeise, dann *garlic nan*, *dal makhanwallah* und vegetarisches *kolhapuri*; genossen im fahlen Schein des Vollmondes inmitten von sich im zunehmenden Wind wiegenden Palmen. Am wolkenverhangenen Horizont zuckt stummes Wetterleuchten. Gewitter sind im Anzug. Wohlan, ihr feuchten Geister! Heute sind wir nicht verletzlich. Nur zu, entladet eure aufgestaute Energie! Als schliesslich heftiger Wind an den Fassaden leckt und dicke Regentropfen an die Scheiben klatschen, kuscheln wir uns im Deluxe-Zimmer bereits wohlig auf dem Doppelbett. Der Luftraum über uns wird von einer straff gespannten, mit zwei Dutzend frisch gewaschenen Kleidungsstücken behängten Wäscheleine durchschnitten.

In den Strassen von Sirsi ist die Stimmung gereizt, die Präsenz der Polizei entsprechend gross. Wegen den bevorstehenden Wahlen für *Lok Sabha,* das Unterhaus, ist eine Veranstaltung der BJP, der hindunationalistischen *Bharatiya Janata Party*, im Gang. Wir bringen die brodelnde Stadt rasch hinter uns und suchen in gewundener Schlangenlinie unseren Weg um die Schlaglöcher im Belag nach Banvasi.

In den Kronen prächtiger Bäume vollführen Affen ausgelassen wunderliche Kapriolen und im Bereich der sich in grösseren Abständen folgenden Dörfchen schweift unser Blick über frisch gepflügte Äcker. Vor und nach Sorab aber bleibt keine Musse für derartige Beschaulichkeit. Wir müssen uns nämlich vor dem aggressiven Verkehr in Acht nehmen. Kleinbusse und Traktore mit Anhängern, vollgepfercht mit johlenden Männern, die emotional aufgeladen von der BJP-Veranstaltung nach Hause zurückkehren, rasen wie die Henker. Nur schon deshalb ist uns diese religiös-nationalistische Partei nicht geheuer. Auf dem schmalen Strässchen bilden auch die staatlichen Busse einen steten Gefahrenherd für uns. Nur auf breiter Piste mit feinem Belag und ohne Gegenverkehr weichen die Fahrer in der Regel rücksichtsvoll in grossem Bogen aus. Ansonsten aber pochen sie immer und überall auf das Recht des Stärkeren, wobei sie sich dann selbstredend im Vorteil sehen. Sich darob zu enervieren, bringt gar nichts. Es gilt, dieses rohe, stupide Machtgebaren widerspruchslos zu akzeptieren und sich entsprechend defensiv zu verhalten, um sich nicht unnötig in Gefahr zu bringen. Selbst dann ist ruhig Blut angezeigt, wenn uns Busse erst in halsbrecherischer Manier knapp überholen und nach wenigen Metern exakt vor unserer Nase wieder brüsk abbremsen, um Passagiere aussteigen zu lassen. Manchmal treibt uns dieses Verhalten der *bas draiwers* trotzdem zur Weissglut, ändern lässt es sich damit aber nicht. Solche Scharmützel gehören auf den Strassen Indiens ganz einfach mit zum Spiel. Übrigens habe ich noch keinen indischen Radfahrer gesehen, der sich aufgeregt hätte, als er auf die beschriebene Weise von einem Bus ausgebremst wurde.

Unweit von Sorab stellen wir das Zelt in ein brachliegendes Reisfeld und warten auf den kühlen Hauch der nahenden Nacht.

Schon die ersten Sonnenstrahlen des Tages vermögen unser Zelt bis zur Unerträglichkeit aufzuheizen. Das Treibhausklima jagt uns ins Freie und auf den Sattel, denn der Fahrtwind verspricht Linderung. Die Strasse wird gesäumt von Bengalischen Feigenbäumen, von *banyan trees*. Die Legende besagt, dass unter einem solchen Baum Buddha die Erleuchtung fand. Im dichten Geflecht der Pfahlwurzeln der *banyan trees* herrschen die Geister – davon sind die Hindus überzeugt. Es ist für mich leicht nachvollziehbar, dass diese Pflanze als «Baum des Lebens» verehrt wird. Vor Jahren wandelten wir unter dem gewaltigen *banyan tree* des botanischen Gartens von Kalkutta. Mit einem Durchmesser von 250 Metern ist er eines der grössten Lebewesen der Erde. Und an den Ghats von Varanasi, der heiligsten Stadt der Hindus, spiegelten sich des Abends auf dem Ganges die lodernden Flammen, die aus dem Banyanholz schossen und die Leichen der Verstorbenen verzehrten.

Wir reiben uns die Augen ob den mittelalterlich anmutenden Methoden, mit denen hier die bis zum Horizont ausgedehnten Äcker bestellt werden: zwei knochige Ochsen, ein lottriger Holzpflug und ein mit unendlicher Geduld gesegneter Mann – mehr bedarf es nicht. Nach kurzem Gespräch will uns ein solcher Farmer zu sich nach Hause einladen, und ein Lastwagenfahrer empfindet dermassen Mitleid mit uns Schwerbeladenen, dass er uns am liebsten bis zur nächsten Stadt mitnehmen würde. Als Bea an einer belebten Strassenkreuzung bei einer der Verkaufsbuden Wasser und Eier für das Abendessen ersteht, bilden innerhalb Sekunden über fünfzig Männer und Kinder einen Kordon um sie. Stumm ergötzen sie sich an dieser sonderbar weisshäutigen Erscheinung.

Gegen Abend beherrscht eine so wundervolle wie unheilschwangere Stimmung das Himmelsgewölbe. Als würde es von einer riesigen Pranke zusammengeknüllt, wirft es sich in Falten und verfinstert sich dabei. Gleichzeitig zieht Wind auf, der in zunehmend kräftigeren Böen über die Felder fegt und gleichsam die Farben der Landschaft zu verwischen scheint. Vom dumpfen Knall eines Donners aufgeschreckt, flattert eine Schar weisser Vögel aus einem Reisfeld gegen den bedrohlich entstellten Himmel und bereichert damit das sich uns bietende Aquarell in Gelbgrün und Grauschwarz mit hellen Sprenkeln. Die Leute beschleunigen ihre Schritte, um vor dem Ausbruch des Sturmes Schutz zu finden. Wir treten hart in die Pedale und spähen mit Argusaugen nach einem sicheren Hafen. Der Wind gewinnt an Wucht, Blitze zucken schon direkt über uns und das Grollen der Donner hallt gespenstisch in unseren Körpern nach. Als sich erste, schwere Tropfen aus den Wolken lösen, winkt uns von der letzten Hütte des Dorfs ein junger Maisbauer zu sich. Wir parken die Räder unter das nur wenig vorspringende Vordach und bringen sogleich gestikulierend in Erfahrung, ob wir auf der festgetretenen Fläche zwischen Haus und umgegrabenem Acker das Zelt aufschlagen dürfen. Der Herr hat nichts dagegen einzuwenden und wir legen los wie ein Wirbelwind. So schaffen wir es gerade noch, das Zelt auf den trockenen Boden zu stellen. Aber bereits beim Abspannen und beim Einschlagen der Heringe werden wir bis auf die Knochen nass. Der Regen hämmert ohrenbetäubend auf das Blechdach des kleinen Hauses, das sich bei näherem Betrachten als lottriger Schuppen entpuppt.

Zwei von der nahen Stadt Shimoga herkommende Motorradfahrer suchen hier ebenfalls Schutz vor der entfesselten Naturgewalt. Mit Schrecken in den Augen berichten sie von überfluteten Strassen und von Zweigen und armdicken Ästen, welche der Wind durch die Luft wirbeln liess. Zusammen mit dem Bauern begeben sie sich ins dunkle Innere der Hütte, derweil wir wie angewurzelt draussen im Luftzug unter der Dachrinne verharren und uns am ersten Regen seit über einem halben Jahr – das war im Norden des Irans, am Kaspischen Meer – kaum sattsehen können. Ein grandioses Spektakel! Der Boden ist von der monatelangen Dürreperiode dermassen ausgetrocknet, dass er auf die Schnelle fast keine Feuchtigkeit aufzunehmen vermag. Auf der einen Seite unseres Zelts sehen wir den Wasserspiegel furchterregend rasch ansteigen. Bereits kramen wir den Spaten hervor, um einen Ableitungsgraben auszuheben. Doch nach zwanzig Minuten zeichnet sich ab, dass das Schlimmste vorüber ist. So bleibt uns die Arbeit im Morast erspart. Auch die beiden Mofafahrer setzen ihre Reise fort. Und der junge Bauer verabschiedet sich für die nächsten Stunden. Er drückt uns den Schlüssel der Haustür in die Hand und begibt sich zu Fuss ins Dorf, um bei Verwandten das Nachtessen einzunehmen.

Neugierig inspizieren wir nun die uns überlassene Hütte. Sie besteht aus vier hölzernen Aussenwänden, einer Zwischenwand, welche den Raum in zwei längliche

Zimmer unterteilt, und einem blechernen, zum Teil zusätzlich mit Stroh abgedeck-
ten Dach. Eine Bodenplatte fehlt. Das einzige Mobiliar, eine rostige Pritsche, steht
auf festgestampfter Erde an die Schmalseite des einen Raums gelehnt.

Im mittlerweile kühlen Wind schlotternd, duschen wir uns vor der Türschwelle.
Exakt als ich mich mit einem Tuch trocken reibe, tauchen die beiden Motorradfahrer
von vorhin wieder auf. Sie wurden zur Umkehr gezwungen, weil die Strasse Richtung
Norden durch einen mächtigen, vom Sturm entwurzelten und auf die Fahrbahn ge-
schleuderten Baum versperrt ist. Bevor die beiden Männer nach Shimoga zurückkehren, schenken sie uns Trauben und *chicus*.

Nun tragen wir beide Fahrräder und jenes Gepäck in die Hütte, das wir im Zelt
nicht benötigen, und kochen Linsen- und Tomatensalat. Als wir heissen Kaffee
schlürfen und an den Tassen unsere klammen Finger wärmen, kehrt der Bauer vom
Nachtmahl zurück. Wir bieten ihm Kaffee an, der ihm dank einigen gehäuften Löffeln Zucker bestens schmeckt, und schenken ihm als Anerkennung für seine Gastfreundschaft das zweitletzte der kleinen Schweizer Sackmesser, die wir für genau solche Gelegenheiten seit unserer Abreise aus der Schweiz mitführen, eine Fotografie
von uns beiden zur Erinnerung, eine Schokolade sowie die Trauben und vier *chicus*.
Wir wünschen ihm eine geruhsame Nacht und schlüpfen in unser Zelt, das nun wieder unter einem klaren, mit Sternen übersäten Himmel steht. Der Regenguss hat die
Luft derart abgekühlt, dass wir seit langem wieder einmal einen Schlafsack als Decke
über uns ausbreiten müssen.

Schon vor Sonnenaufgang werden wir von geräuschvollem Spucken oder « *Cho-
dere*», wie wir diese Unart auf gut Schweizerdeutsch zu nennen pflegen, aus dem
Schlaf gerissen. Wir wollen dem jungen Bauern nicht länger als nötig zur Last fallen,
lösen uns deshalb ebenfalls von der Matte, räumen die Fahrräder und alle Taschen
aus der Hütte, frühstücken kurz im bereits grellen Licht der aufgehenden Sonne und
beginnen, die Velos zu beladen. Dabei stellt Bea fest, dass jene Gepäckstücke, die
über Nacht in der Hütte lagerten, auf ungelenke Weise verschlossen sind. Warnlam-
pen blinken auf. Tatsächlich herrscht auch im Innern eine neue Packordnung. Schau,
schau, wer hätte das gedacht! Konnte der Bauer der Versuchung also nicht widerstehen, seine Nase in die Taschen, die ihm bestimmt fremd und geheimnisvoll wie
Wundertüten erschienen, zu stecken. Da hat er gewiss eine interessante, aber auch
anstrengende Nacht hinter sich. Bea checkt kurz, ob Wichtiges fehlt. Zum Glück ist
noch alles da, wie es scheint. Also nicht weiter schlimm. Verärgert sind wir aber
trotzdem, und zwar nicht zu knapp. Auf sein ungebührliches Wühlen in fremden
Sachen angesprochen, spielt der Bauer das Unschuldslamm. Seine verlegene Miene
aber, ist die eines ertappten Kindes. Wir insistieren nicht, verabschieden uns jedoch
mit frostigem Gesichtsausdruck vom scham- und respektlosen Gastgeber.

Erst in den folgenden Tagen erhellt sich uns das volle Ausmass seiner schäbigen

Gaunerei. Stibitzt hat er während der langen Nacht die Hülle für das Badetuch, zwei Plastiksäcke, das T-Shirt mit dem Aufdruck eines Rad fahrenden Frosches, die Handschuhe, einen Doppelstecker, eine Baseballmütze, einen Schuhsack und das Gummiseil, das uns jeweils als Wäscheleine diente. Der Langfinger bewies mit seiner Auswahl durchaus Sinn fürs Praktische. Bewusst oder unbewusst hat er sich auf Beutestücke beschränkt, deren Verlust uns wenig schmerzhaft ist. Das wenigstens müssen wir ihm zugestehen. Trotzdem wird er uns als windiger Lump in Erinnerung bleiben. Dies umso mehr im Licht all unserer bisherigen, durchs Band positiven Erfahrungen mit Gastgebern auf unserer Reise. Mit seinem eigenen Gewissen wird er kaum in Konflikt geraten. Was aber wird wohl Lord Shiva mit ihm anstellen?

Im Hotel gegenüber dem Maharaja Palast von Mysore weckt uns mitten in der Nacht ein verdächtiges Knistern. Mit gespitzten Ohren versuchen wir, das Geräusch zu lokalisieren. «Aha! Es dringt aus der Hinterradtasche, in welcher das Küchenmaterial und einige Vorräte verstaut sind», findet Bea rasch heraus. Schon springt der in flagranti erwischte Schatten aus der Küchentasche und versteckt sich irgendwo im Zimmer. Wir finden ihn nicht wieder. Die Umrisse des Lochs in der Müesli-Verpackung verraten aber Schneidezähne einer Maus oder einer Ratte. Von nun an bleibt die Küchentasche selbst in Hotels guten Zuschnitts stets verschlossen.

Wir füllen das angeknabberte Müesli in einen Plastiksack ab und werfen diesen am nächsten Tag auf einen der Abfallberge neben dem Hotel. Kühe oder Vögel werden sich darob freuen. Ein ausgemergelter Müllfledderer kommt ihnen aber zuvor. Schnell lässt er die Köstlichkeit unter seinen Lumpen verschwinden und wühlt hoffnungsvoll weiter im Ausstoss der städtischen Zivilisation.

Die neureichen Einheimischen von Mysore kleiden und gebärden sich wie die nach ihrem Verständnis erfolgreichen Europäer oder US-Amerikaner, denen sie gleich werden wollen in Verhalten und materiellem Wohlstand. So stecken ihre Füsse ungeachtet der Hitze in Strümpfen und in vorne geschlossenen Halbschuhen. Der untere Rand ihres frisch gebügelten Hemdes ist sorgsam im Hosenbund verstaut, der von einem dunklen Ledergürtel eng zusammengezogen wird. In edlen Schlitten brausen sie prahlerisch durch die Stadt. Ihre Fingerkuppen sind nikotingelb und den Feierabend läuten sie mit einem Bier oder einem Gläschen Whisky ein. Im Restaurant lassen sie die einfältige Melodie ihres Mobiltelefons so lange in den Raum schallen, bis der leiseste Zweifel ausgeräumt ist, dass auch der hinterste und letzte Gast begriffen hat, welcher wichtigen Person dieser Anruf gilt. Keiner der anderen Besucher des Lokals nimmt daran offenkundig Anstoss oder würde sich getrauen zu mucksen, denn der Respekt der Inder vor Menschen, die es zu «etwas gebracht haben», ist schier grenzenlos. Natürlich binden sich die *businessmen* auch eine Serviette um, bevor sie die Speisen mit der Gabel aufspiessen und schnöde mit dem Messer zerschneiden, statt sie wie ihre Väter und Mütter achtungsvoll mit den Fingern der rechten Hand so lange mit Sauce und Reis zusammen zu kneten, bis die Konsistenz der Pampe optimal ist, um sie elegant in den Mund werfen zu können.

Wie langweilig und öde ist doch diese weltweite Gleichschaltung, diese Globalisierung des Verhaltens und der Sitten!

Der Präsident von Indien, A.P.J. Abdul Kalam, stellt in einem scharfsinnigen Artikel in der Zeitung «The New Indian Express» die Fragen: «Warum sind wir als Nation so besessen von ausländischen Sachen? Wir wollen fremde Fernsehsender schauen. Wir wollen fremde Mode tragen. Wir wollen fremde Technologien nutzen. Warum diese Gier nach allem Importiertem? Realisieren wir denn nicht, dass Eigenachtung nur mit Selbstvertrauen wächst?»

Damit trifft er einen zentralen Nerv. Schon in der Türkei und im Iran ist uns aufgefallen, wie wenig die Leute das eigene Land schätzen und achten. Wie oft wurden wir aufgefordert: «Wirf den Abfall in den Fluss! Es ist ja nur die Türkei, nur der Iran oder eben – nur Indien.»

A.P.J. Abdul Kalam beschreibt in witzigen Worten, wie sich die Inder und Inderinnen im Ausland selbstverständlich an die geltenden Regeln des Zusammenlebens halten: «In Singapur werfen sie keine Zigarettenkippen auf die Strasse, in New York zahlen sie ohne Knurren die Parkplatzgebühren, in Dubai essen sie während des Ramadans nicht auf öffentlichen Plätzen. Und wenn sie in Tokio die Geschwindigkeitslimite überschreiten und von einem Polizisten angehalten werden, blähen sie nicht die Brust und fragen arrogant: ‹Weisst du denn nicht, wer ich bin? Ich bin der älteste Sohn des Herrn Soundso!› Sobald dieselben Leute, die sich dem Gesetz im Ausland ohne zu maulen unterordnen, indischen Boden unter den Füssen spüren, spucken sie *paan* auf die Strasse und werfen allen Abfall achtlos über die Schulter. Sie gebärden sich wie Berserker. Niemand denkt daran, seinen Beitrag an das System zu leisten.»

A.P.J. Abdul Kalam schliesst mit einer Reminiszenz an einen Aufruf von John F. Kennedy an die US-Bürger: «Frage, was du für Indien tun kannst, und tue, was zu tun ist.»

Auf feinkörnigem Asphalt kurbeln wir in hohen Gängen aus Mysore Richtung Süden. Schon bald rollt uns ein Demonstrationszug mit über hundert Jugendlichen auf Fahrrädern entgegen, denn am Sonntag finden Wahlen statt. Da ich vermute, dass mit dieser Kundgebung die Kongresspartei unterstützt wird, skandiere ich mit erhobenem Arm und geballter Faust «Sonia Gandhi!» in den Pulk, worauf grosser Jubel ausbricht. Ich klatsche die ausgestreckten Hände ab und teste die Schar aus purem Jux mit dem Ruf «Peter Käser!». Und siehe da: Derselbe Enthusiasmus brandet mir entgegen – der Event ist offenkundig wichtiger als der Inhalt.

Da unsere Mägen knurrend nach Besänftigung des Hungergefühls verlangen, steu-

ern wir die Räder in ein Feld hinein und setzen uns wie immer auf die weichen Gepäckstücke. Auf die Erde vor uns breiten wir eine alte Zeitung aus und belegen sie
mit Zuckermelone, Karotten, Avocado, Käse, Zwieback, Biskuits, Schokolade und
Zwiebelringen, die wir mit Zitronensaft beträufeln. Wie aus dem Boden geschossen
stehen unvermittelt zwei Knaben vor uns und weiden ihre Augen an unserem Gelage.
Wir reichen ihnen die Hälfte der süssen Melone. Sie vergelten uns diese Geste mit
zwei Handvoll grüner Mangos und ziehen zufrieden ab. Ein anderer Gast erscheint
an der Tafel und setzt sich stumm zur Runde. Er hat uns von der Strasse her erspäht
und ist mit seinem Fahrrad sofort ins Feld eingebogen. Wir bieten ihm von allem an
– er lehnt nichts ab. Nach dem reichhaltigen Mahl schenken wir ihm den übriggebliebenen Käse und den Zwieback. Die grünen Mangos schlägt er aus – offenbar ist
er doch wählerisch. Ihm, der weit besser gekleidet ist als wir, geht nach diesem servierten Festschmaus die Gier über den Anstand und er erfrecht sich, von uns T-
Shirts, Hosen und Schuhe zu erbetteln, und schliesslich fordert er auch noch *paisa*,
Geld. Empört weisen wir diesen nimmersatten Schmarotzer in die Schranken und
brechen auf.

Auf der heutigen, vermutlich oft von Touristen bereisten Strecke wird dies nicht
der einzige Bettler bleiben. Obwohl wir keine offensichtlichen Zeichen von Armut
wahrnehmen, strecken uns fast alle Leute *paisa* fordernd die leere Hand entgegen. In
derartiger Massierung haben wir das vorher noch nie erlebt. Uns scheint, es werde
hier eher aus Gewohnheit als aus Not gebettelt. Ein Dreikäsehoch rastet beinahe aus,
als wir ihm den lauthals geforderten Kugelschreiber nicht aushändigen wollen. Jäh-
zornig und hysterisch schreiend stampft er mit den Füssen auf den Boden – wir lassen ihn toben und suchen das Weite.

Nach dem Passieren eines Forest-Checkpoint nimmt die Qualität des Belags drastisch ab. Auf einer vom Rost angeknabberten Tafel prangt die Warnung «Achtung,
wilde Tiere. Parken und picknicken verboten!» – wir sind im Bandipur Wildlife-
Sanctuary.

Bandipur selbst erweist sich nicht als das erhoffte Dorf mit guter Infrastruktur. Wir
finden hier lediglich ein paar verstreut daliegende Häuschen und Hütten für Touristen, einen Pavillon, einen grossen, weitgehend leeren Parkplatz und einen winzigen
Verkaufsladen mit minimalistischer Auslage vor. Von der Dame an der Rezeption
werden wir in schnippischer Manier belehrt, dass sämtliche Zimmer besetzt seien
und dass eine Reservation sowieso nur vom weit entfernten Mysore aus möglich sei.
Unterkünfte gäbe es fünfzehn Kilometer retour oder zwanzig Kilometer weiter Richtung Ooty, ausserhalb des Parks. Wieder zurück wollen wir auf keinen Fall und
zwanzig Kilometer weiter zu fahren durch unbekanntes Terrain wäre zu dieser vorgerückten Stunde eine Dummheit. Schon bald wird die Nacht herabsinken. Ob wir auf

der Wiese hinter dem Parkplatz zelten dürften, erkundige ich mich bei der Rezeptionistin. «Nein, auf gar keinen Fall! Bandipur ist ein offener Tierpark mit 82 Tigern, ebenso vielen Panthern und unzähligen wilden Elefanten, die euch da draussen zertrampeln würden», meint sie mit weit aufgerissenen Augen. Da sitzen wir also in der Patsche! Und von dieser kühlen, spröden Dame, die einzig ihren Feierabend herbeisehnt und kein Gespür für unsere delikate Situation beweist, ist keine Lösung zu erwarten. So streifen wir nun auf eigene Faust durchs Gelände. Vielleicht gibt es ja bei den Privathäusern, hinter den dichtgeflochtenen Zäunen einen Platz für unser Zelt? Die meisten der umfriedeten Gärten sind aber zu winzig für unsere geräumige Behausung und die Stube bietet uns niemand an. Wo hinter starken Mauern genügend Wiesenfläche um die Bungalows vorhanden ist, verhallt unser Klopfen unbeantwortet. Da wir uns ohne den Segen der Bewohner nirgends einnisten wollen, stellen wir die Suche einstweilen ein, denn noch wichtiger als ein Ort zum Schlafen ist das Wasser. So reissen wir uns im Verkaufsladen alles vorhandene Wasser unter den Nagel. Das sind immerhin sechs Liter. Ansonsten bleiben in der ganzen Anlage wegen eines «technischen Problems» die Hahnen trocken. Selbst dem Pumpbrunnen können wir keine Flüssigkeit entlocken. Dumpf und kühl landen erste Regentropfen auf unseren Schultern. Graue Gewitterwolken schlucken das wenige Licht der Dämmerung. Für Sekundenbruchteile nur erhellen zuckende Blitze das Firmament. Das tiefe Grollen der Donner fährt mir durch Mark und Bein. Aus dem laufend mehr benetzten Boden steigt ein intensiver, erdiger Geruch. Windböen als Vorboten weiterer Ungemachs treiben uns Sand und Staub in die Augen. Und wir verfügen weder über einen Schutz vor Wildtieren noch vor Regen: eine ziemlich ungemütliche Lage!

Die Zeit drängt.

Ich lasse mich von einem Uniformierten der niederen Charge zum Büro des Chef-Offiziers des Parks führen. Vor dem entsprechend angeschriebenen Gebäude treffen wir auf eine angeregt debattierende Männergruppe. Mit einem verstohlenen Handzeichen deutet der schüchterne Angestellte auf seinen Boss. Das Wort an ihn zu richten, getraut er sich nicht. Ich stelle mich dem Chef vor und reiche ihm bewusst entgegen der indischen Sitte die Hand zum Gruss. Sofort ergreift dieser die Gelegenheit, sich vor den Umstehenden als weltgewandt zu profilieren und vergräbt meine Hand mit kräftigem Druck in seiner Pranke. In kurzen Worten skizziere ich ihm unsere Situation – und schon ist die Sache geritzt. Der Offizier gibt seinem Lakaien in barschem Tonfall die Order, mich zu derselben Rezeption zu führen, wo uns vor einer knappen Stunde partout kein Zimmer vermietet wurde. Die Dame auf dem Sprung zum Feierabend zieht als Kommentar zu meinem erneuten Erscheinen, zu meiner unverständigen Hartnäckigkeit, erst genervt die rechte Braue hoch, doch nach den vom Diener übermittelten Worten des Bosses heisst sie mich, die Personalien ins verstaubte Gästebuch einzutragen. Zeitgleich mit dem Nachhall eines gewaltigen Donnerkrachers erstirbt das Licht.

Stromausfall in Bandipur.

Sofort entzündet der Bedienstete ein Streichholz, führt die Flamme zittrig zur Kerze auf dem Holztisch und bittet mich Platz zu nehmen. Rasch erledige ich die Schreibarbeit und klaube die geforderten Rupienscheine aus dem Geldbeutel, denn noch vor dem Einsetzen des grossen Regens will ich unsere Velos unter Dach wissen. Aber auf dem Weg durch die Dunkelheit zur Hütte erwischt uns der Tropenregen mit voller Wucht. Patschnass erreichen wir das rettende Vordach und halten sofort leere Flaschen unter die kaputte Dachrinne. Schliesslich haben wir nicht vergessen, dass in der Anlage kein Wasser aus den Hahnen fliesst, und auf eine Dusche wollen wir keinesfalls verzichten.

Die Absteige teilen wir mit Myriaden von Mücken, Käfern und noch weiteren, nicht identifizierbaren Spezies. Die Moskitonetze über den mit ungewaschenen Bettlaken überzogenen Pritschen starren vor Schmutz und sind überdies verlöchert, was ihren Nutzen auf null reduziert. Wir demontieren sie, schieben die zwei wackligen Bettgestelle zusammen, spannen mit Schnur ein Geviert unter die Raumdecke, hängen unser eigenes Moskitonetz daran, breiten auf die Bettlaken als Sauberkeitsschicht die Zeltblache und legen unsere Matten und Schlafsäcke darauf. Begleitet vom ohrenbetäubenden Röhren einer mittlerweile munteren Elefantenherde kochen wir auf dem schmierigen Fussboden ein leckeres Menü und fühlen uns höchst privilegiert, hier zu sitzen, statt zwischen klatschnasser Wiese und erhobenem Elefantenfuss auf unser Ende zu warten. Weder Rumpfbeugen noch Liegestütze hätten uns da mental, geschweige denn physisch aus dem Schlamassel geholfen!

Später wird die Geräuschkulisse um das Heulen von Wölfen und wilden Hunden bereichert. Zudem hängen sich keifende Affen geifernd und zähnefletschend an die Gitter vor unserem Zimmerfenster. Obwohl mich die in der Leibung verankerten, engmaschigen Drahtgitter vertrauenswürdig solide dünken, werden wir angewiesen, die Fenster während der Nacht zu verschliessen. Wegen Schlangen? Oder wegen Spinnen? Wir bringen es nicht in Erfahrung, wundern uns aber, dass das zerschlagene Fensterglas im Bad kein Thema ist, zumal gerade dort ein Netz davor fehlt. Wie dem auch sei, wir fügen uns, schwitzen die ganze Nacht in der feuchtschwülen Luft wie blöd und sind doch zufrieden, wie sich heute die Dinge entwickelt haben.

Die letzten Nebelschwaden haben sich aus dem stahlblauen Morgenhimmel verzogen, als mir, wieder auf dem Sattel, durch den Kopf fährt: «Hier in der freien Wildbahn streunen Tiger, Panther und Elefanten umher. Für Autolenker ist sogar das Parken verboten. Und wir werden auf dem Fahrrad durchgelassen. Das ist ja verrückt!» Gefahr lauert trotzdem kaum, denn kein einziges Auto hält sich an die tiefe Geschwindigkeits-Limite und an die Weisung, nicht zu hupen. Die Tiere meiden folglich die bedrohlich laute Strasse. Was Wunder, kriegen wir ausser einem in Ketten gelegten Elefanten, ein paar Affen und aufgescheuchtem hirschähnlichem Wild keine weiteren Bewohner des Dschungels zu Gesicht.

Bald ist das Wildlife-Sanctuary von Bandipur durchmessen und schon beginnt mit Mudumalai das nächste. Gleichzeitig wechseln wir in einen neuen Bundesstaat: von Karnataka nach Tamil Nadu.

Im Flecken Teppakadu bieten sich uns zwei Varianten für die Weiterfahrt nach Ooty, dem auf 2300 Metern über Meer in den Nilgirihills gelegenen, von der Britischen Ostindien-Kompanie im 19. Jahrhundert gegründeten Bergkurort. Aus alter Gewohnheit entscheiden wir uns für links, was dem *short cut* entspricht. Damit ersparen wir uns den verkehrsreichen Umweg über Gudalur, gehen aber gewissermassen ein Wagnis ein. Im Reiseführer eines hier herumstrolchenden Touristen steht nämlich über die vor uns liegenden knapp vierzig Kilometer geschrieben: «Der *short cut* mit seinen 36 Haarnadelkurven und den extrem steilen Passagen ist nur für jene geeignet, die Nerven aus Stahl haben.» Dabei ist natürlich eine Reise als Buspassagier gemeint – wer fährt hier schon auf dem Velo hinauf? Von anderen Reisenden und einem Ranger erfahren wir, dass es auf dem *short cut* kein Wasser zu kaufen gebe. Das Strassenprofil wird uns folgendermassen beschrieben: «Nach ein paar relativ flachen Kilometern erreicht ihr ein Dorf. Anschliessend gehts in leichtem Auf und Ab an den Fuss der Steilwand, wo die Haarnadelkurven beginnen. Auf eine Distanz von zwölf Kilometern wird es dann über 1500 Höhenmeter steigen. Es ist fürchterlich steil und ihr müsst die Räder schieben.» Trotzdem sind wir guten Mutes. Der Tag ist noch jung und wir sind voll im Saft. Vor dem geistigen Auge sehe ich uns schon in wenigen Stunden in Ooty einrollen. Doch welch Täuschung! Es wird die bisher kräfteraubendste Etappe unserer Weltreise.

Im bezeichneten Dorf füllen wir vorsorglich elf Liter Trinkwasser in unsere Flaschen, um unter der brütenden Sonne im Steilhang nicht auszudorren. Zu diesem Zeitpunkt wissen wir ja noch nicht, dass in der Steigung an mindestens vier Orten Wasser angeboten wird. Sonst hätten wir die Flüssigkeitsmenge wohl ein wenig reduziert, denn elf Kilogramm mehr Gewicht ist bei dem Anstieg, der unser harrt, kein Pappenstiel. Wir nehmens aber gelassen: Viel Gewicht verhilft schliesslich zu guter Bodenhaftung.

Am Fuss der Rampe verpassen wir uns mit einer herrlich süssen Ananas und einem Beutel uperisierter Sahne eine geballte Ladung Energie. Und nun beginnt die Schinderei. Der Kampf gegen den Berg. Der Kampf gegen uns selbst. Für die nächsten sechseinhalb Stunden hält er uns in Atem. Darin eingerechnet sind unzählige Trinkhalts sowie eine Mittagsrast. Über acht Liter Wasser finden den Weg in unsere Kehlen, obwohl es mit zunehmender Höhe über Meer immer kühler wird.

Wahrlich ein harter Brocken!

Ab und zu hadern und fluchen wir: «Wie kann man nur derart steile Strassen bauen?» Wir schwitzen ohne Unterlass und staunen immer wieder über die uns umgebende Natur. Nicht zuletzt über unsere eigene: Was uns nicht alles abverlangt werden kann! Mit einer gewissen Genugtuung beobachten wir die wenigen Busse: Auch sie bekunden Mühe. Im aufheulenden ersten Gang schleichen sie um die Kurven.

In die letzte der exakt 36 Haarnadelkurven biegen wir bereits bei gedämpftem Licht ein. Für die noch ausstehenden relativ flachen acht Kilometer bis Ooty montieren wir aus Sicherheitsgründen unsere batteriebetriebenen Rücklichter und streifen uns zum Schutz gegen die abendliche Kälte der Berge trockene, warme Kleidung über. Die von Gudalur heraufschnaubenden Jeeps, Busse und Lastwagen, deren Motoren in dieser Höhenlage den Treibstoff nur ungenügend verbrennen, hüllen uns in stinkige Wolken. Gleich im ersten geprüften Hotel checken wir ein. Duschen müssen wir uns mit Eiswasser, weil der Waschrhythmus der Inder um zwölf Stunden verschoben ist. Die Zeit ihrer Körperpflege ist der frühe Morgen. Aus diesem Grund ist den Hahnen nur ab sechs Uhr für zwei Stunden warmes Wasser zu entlocken. Das genügt vollauf – für die Inder. Im Zimmer zeigt das Thermometer zwanzig Grad, trotzdem schlottern wir. Aus den tiefsten Sedimentschichten unserer Taschen kramen wir die Fleecejacken hervor und schlürfen im Restaurant nebenan feurige Schärfe in Form einer dampfenden Suppe.

Es ist kühl und regnerisch in Ooty. Auf den für das Moskitonetz gespannten Schnüren über unserem Bett hocken tausende Fliegen stumpfsinnig in Reih und Glied. Auch die Stadt selbst aus den verzettelt angeordneten Gebäuden und stillos an die Flanken der Hügel geklatschten Überbauungen vermag unsere Herzen nicht zu erwärmen. In vielen Restaurants herrscht gähnende Leere. Beim kitschigen Vergnügungspark hinter dem Bootshaus am künstlichen See mit dem braunen Wasser stehen sich indes indische Ausflügler auf den Füssen herum. Von ihren stolz zur Schau getragenen Symbolen des Wohlstands – Doppelkinn und Wanst – animiert, lassen wir uns fürs Dinner ins Savoy chauffieren. Für fünf Euro pro Person schlagen wir uns am ausgezeichneten Buffet die Bäuche voll, damit unsere Formen besser mit dem glücklicherweise noch genügend vorhandenen Geld auf dem Bankkonto in Einklang gebracht werden. Trotz unseren bescheidenen Mitteln sind wir verglichen mit einer Mehrheit der indischen Bevölkerung schliesslich ziemlich vermögend.

Die ganze Nacht hindurch prasselt Regen nieder.

Im Morgengrauen sind schliesslich sämtliche Wolken ausgewrungen, und wir starten bei Sonnenschein zur Abfahrt in die Ebene von Tamil Nadu, die fast zweitausend Höhenmeter tiefer liegt. Um die Bremsklötze nicht unnötig zu strapazieren und die Felgen vor dem Verglühen zu bewahren, lassen wir uns in forschem Tempo hinunterrollen. In einer geschwungenen Rechtskurve vernehme ich ein plötzliches lautes Schleifen oder Zischen. Ist ein Gepäckstück runtergefallen? Sofort aktiviere ich die hydraulischen Bremsen und stelle fest, dass es den Schlauch meines Hinterrads erwischt hat. Unter den neugierigen Augen ganzer Horden von Affen und verschiedenen indischen Touristen beheben wir am Strassenrand den Plattfuss. Ein bergwärts schnaubender Kleinwagen hält an, weil sich eines der mitreisenden Kinder übergeben muss. Zehn Leute vertreten sich bei dieser Gelegenheit die Füsse. Einer der Männer inspiziert meine offen dastehende Tasche, greift hinein, streckt ein Päckchen Papiertaschentücher in die Luft und posaunt: « *What's that?*» Bea geht zu ihm hin, schaut auch in die Tasche und meint leicht vorwurfsvoll: «Unsere Sachen sind interessant, nicht? Du bist ein vorwitziger Kerl!» Der Mann fühlt sich nicht etwa ertappt, sondern entgegnet mit entwaffnender Ehrlichkeit: «Ja, es ist sehr interessant.» Wie könnte man ihm seine Neugierde übelnehmen? Auch die Affen müssen wir genau im Auge behalten, damit sie nichts mitlaufen lassen. Eigentlich warten sie nur darauf, dass ihnen aus den Autos und Bussen Fressalien zugeworfen werden. Doch auch ein in der Sonne glänzender Schraubenschlüssel hat seinen Reiz.

Mit dem aus der Abfahrt gewonnenen Schwung fegen wir über die Ebene von Tamil Nadu bis nach Avanashi, das wir bei Einbruch der Dunkelheit erreichen. Wir stranden in einer abgetakelten Absteige an der Hauptverkehrsader, welche die Stadt wie ein rostiges, stumpfes Messer durchschneidet. Zum Motorenlärm und Abgasgestank gesellen sich während der ganzen Nacht das Gehupe und die sich überschlagende, aus Megaphonen schallende, scheppernde Hindimusik sowie das markerschütternde Vibrieren von Boden und Wänden, wenn ein Sattelschlepper über den schlaglöchrigen Strassenbelag donnert.

Im stickigen Raum steht das Quecksilber um Mitternacht bei 35 Grad, was mehr als dem Doppelten von gestern Abend entspricht. Bettlaken und Matratze sind längst mit unserem nicht versiegen wollenden Schweiss vollgesogen.

Das Gebiet des heutigen Bundesstaats Tamil Nadu gilt als Wiege einer der ältesten kontinuierlich vegetarischen Kulturen der Welt. Umso mehr befremden mich die unzähligen Metzger, die bei der Hitze von vierzig Grad am Strassenrand stinkende Kadaver in die Staub- und Abgaswolken vorbeibretternder Busse hängen. Aber eben, wo auch Christen, Muslime und Juden leben, wird geschlachtet und geschächtet.

Tierblut fliesst in Strömen.

Einige Tage später, auf dem Weg nach Tuticorin, werden wir das in diesem Land für unmöglich gehaltene sehen: Lastwagen, vollgestopft mit heiligen Kühen und Kälbern, auf dem Weg zum Schlachthaus.

Wir schwitzen extrem viel, und doch werden unsere T-Shirts nicht nass, sondern steif und weiss. Die Flüssigkeit verdunstet laufend und im Stoffgewebe bleiben die Salzkristalle zurück. Unsere Haut aber ist immer mit einem Feuchtigkeitsfilm belegt. Schon am Morgen früh muss die Sonnencreme auf glitschige Arme aufgetragen werden. Die Quittung folgt auf den Fuss: Abends spannt die Haut und ist leicht gerötet.

Der Aufstieg zum 2200 Meter über Meer gelegenen *Hill Resort* Kodaikanal in den Palani Hills nimmt sich in Vielem wie eine entschärfte Wiederholung von jenem nach Ooty aus. Am Fuss des Bergs begnügen wir uns aber nicht mehr mit Ananas und Sahne, sondern legen noch eine Mango, gross wie ein Rugbyball, nach. Dafür schleppen wir weniger Wasser mit. Ungeachtet der grossen Hitze reise ich zur Schonung meiner sonnenverbrannten Unterarme im Langarmhemd. In geringer Steigung dreht die Strasse über vierzehn Spitzkehren durch saftiges Grün. Noch auf einer Höhe von knapp zweitausend Metern über Meer gedeihen zu unserer Verwunderung Avocados, Bananen, Mangos, Papayas, Trauben, *chicus*, Ananas, Granatäpfel und Mandarinen.

In Kodaikanal gönnen wir uns drei Ruhetage. Bevor wir uns aber das erste Mal schlafen legen, trichtere ich dem Mann an der Rezeption ein, dass wir unter keinen Umständen in den Genuss seines Morgenservice kommen wollen. Indische Gäste schätzen es nämlich, ganz im Gegensatz zu uns, in aller Frühe darauf aufmerksam gemacht zu werden, dass bald Tee erhältlich sein oder das Warmwasser angestellt wird. Zur Sicherheit wiederhole ich: «*No phone call, no knocking at the door!*»

Er nickt.

Es klappt.

Abends entladen sich regelmässig starke Gewitter. Die Regenschauer kühlen die Luft auf angenehme Temperaturen ab. Genau aus diesem Grund sind die *hill resorts* in den Monaten April, Mai und Juni am begehrtesten, wenn die tiefer liegenden Regionen unter der drückenden Hitze stöhnen. Im Vergleich zu Ooty sind die *homemade chocolates*, die allenthalben feilgeboten werden, nicht in mit Schmeissfliegen verseuchten Vitrinen ausgestellt, sondern hygienisch verpackt. Wir entwickeln uns zu guten Abnehmern. Vor allem ich kann der süssen Versuchung kaum widerstehen.

«Weggis-Steiner» schreibt in einem E-Mail, die Chancen für die Überfahrt Ende Mai nach Port Kelang, Malaysia, stünden noch immer gut. Wir halten also weiterhin Kurs auf Kochi, wo das Frachtschiff anlegen wird.

Am 1. Mai beenden wir unsere kurzen Ferien im Höhenkurort Kodaikanal. Als Schutz vor der Kälte streifen wir uns nicht nur die Handschuhe, sondern auch die winddichten Regentrainer über und stürzen uns in die mit Freude erwartete Abfahrt nach Batlagundu. Wir sind beladen mit lange entbehrten Köstlichkeiten wie einem Sauerteig-, einem Pumpernickel- und einem Weizenkleiebrot, einem Kilo Kodaikanal-Parmesan, Dörrfeigen, Dörraprikosen und vielem mehr.

In der dritten Kurve liegt auf dem brandneuen Asphaltbelag ein totgefahrener Affe in seinem Blut. Die Gedärme aus dem Bauch gedrückt. Das Gesicht unversehrt. Zwei Jungtiere hocken neben dem leblosen Körper, mustern ihn so neugierig wie unverständig und betatschen ihn überall, als wollten sie ihn wachrütteln. Am Strassenrand halten über zwanzig ältere Affen schweigend die Totenwache.

Noch wühlt Groll gegen die rücksichtslosen Raser in mir, als die neu erstellte Strecke abrupt endet und ein anderer Strassenabschnitt beginnt. Die unter uns liegenden terrassierten Teeplantagen und der Dschungel werden nun von einer weniger edlen Fahrbahn durchschnitten: Sie besteht im Querschnitt aus einem schmalen, löchrigen, an den Rändern ausfransenden Asphaltband, das in einen Streifen Piste übergeht, die sich unebener und ruppiger als jeder Wanderpfad in den Schweizer Bergen ausnimmt. Das allein wäre noch kein Grund zum Lamentieren. Aber in Kombination mit dem blindwütigen Verkehr, der sich darüber wälzt, werden die uns noch harrenden fünfzig Kilometer hinunter in die Ebene zur Höllenfahrt – seit dem Wegstück vor der Millionenstadt Istanbul unsere ärgste Prüfung.

Abwärts ist fast niemand unterwegs, aber bergwärts: Tausende!

Die überladenen Lastwagen stossen unablässig schwärzeste Dieselwolken aus, kommen aber über ein quälendes Kriechen nicht hinaus. Eiliger haben es die vollgepferchten Busse, auf deren Dächern zwischen den Koffern und Bündeln meist zusätzliche Passagiere balancieren. Nicht selten auch ein paar verstörte Tiere. Auch die von Urlaubern und Gepäck überquellenden Personenwagen und die Jeeps mit ihren Fanggittern über den Frontlichtern, welche die wuchtige Schnauze der Karosserie zusätzlich verbreitern, haben keine Minute der kostbaren Freizeit ihrer Lenker zu verlieren.

Es war eine ausgemachte Dummheit, am heutigen Feiertag aufzubrechen.

Die Quittung ist brutal: Teuflischer Motorenlärm dröhnt durch die stinkende, abgas- und staubgeschwängerte Luft. Um zwischen Löchern und spitzen, kantigen Steinen die Ideallinie zu suchen, bleibt keine Musse. Denn jeden Augenblick gebietet die Vermeidung einer Frontalkollision höchste Aufmerksamkeit und Anspannung. Schliesslich wird selbst in engsten Kurven mit ungelenken Manövern überholt – Gegenverkehr ist ohnehin nicht vorhanden, alle drängt es in die Berge. Wir zählen nicht. Ohne heulenden Motor unter dem Hintern und mindestens so lautem Horn gehört man zu den Parias des Kastenwesens der Mobilität, die mit derselben Selbstverständlichkeit «weggehupt» werden, wie eine Schmeissfliege achtlos vom Unterarm gewischt wird. So halten die Höllenmaschinen immer wieder frontal auf uns zu. Oft bleibt uns nur der rettende Schwenker in den Strassengraben und als Überdruckventil herzhaftes Fluchen. Schwer fällt mir in diesen Momenten der Rage die Vorstellung, dass hinter den Steuern dieser Fahrzeuge tatsächlich Leute aus Fleisch und Blut sitzen könnten. Die ansonsten gutmütigen Stahlrahmen unserer Velos leiten die unberechenbaren Schläge des Terrains auf die Räder kaum gedämpft an unser steifes Skelett weiter – ich fühle mich wie in einem Schüttelbecher, der durch eine Geisterbahn geschleudert wird. Welch Wohltat, ab und zu einem einfachen Wanderer am Strassenrand zu begegnen, der uns mit feinem Lächeln freundlich grüsst. Es gibt sie also doch noch, die Menschen mit Herz und Seele. In den tieferen Regionen ist die Fahrbahn vom nächtlichen Gewitter an mancher Stelle verschüttet. Mittels Bagger und billiger Arbeitskräfte, die uns schamlos anbetteln, werden Erde und Schlamm weggeräumt. Unten in der glühend heissen Ebene wird die Strasse wieder breiter, die Qualität des Belags besser und das Verkehrsaufkommen geringer – es macht wieder Spass, unterwegs zu sein.

Als wir im Dorf Kallupatti einfahren, liegen 123 Kilometer hinter uns, und das Tageslicht hat sich bereits verdünnisiert. Unterkünfte werden hier keine angeboten. Zu allem Überfluss setzt auch noch leichter Regen ein. Wohl oder übel rollen wir weiter, bis sich ausserhalb des Dorfs, unweit der Strasse, eine ebene Fläche als Schlafplatz anbietet.

Mittlerweile hat der stramme Wind auch die letzten Regenwolken über unserem Lager vertrieben. So können wir unter freiem Himmel «*Chäshörndli mit Bölleschweizi und Öpfelmues*» zubereiten, wovon wir alsbald den Grossteil mit Heisshunger verschlingen. Trotz der drückenden Hitze montieren wir das wasserdichte Überzelt, denn am Horizont lauern noch immer schmollend die herumgeschubsten Wolkenpakete. Als Kompromiss öffnen wir sämtliche Reissverschlüsse unserer Behausung und lassen den Wind durchs Schlafgemach ziehen und über unsere nackte Haut streifen. Zufrieden auf dem Rücken liegend, die Hände im Nacken verschränkt, lassen wir wie jeden Abend die Geschehnisse des Tages Revue passieren und geniessen die zarte Streicheleinheit des Lüftchens, welche die aufwühlenden Gedanken gleichsam glättet. Wir sonnen uns im Bewusstsein, mit dem Überleben des heutigen Höllenritts eine harte Nuss geknackt zu haben. Die süsse Wonne währt aber nur kurz.

Schon vernehme ich das nervöse Sirren einer Mücke. Unverzüglich werden die Schotten dicht gemacht und wir jagen den mit uns eingeschlossenen Störenfried.

Unerbittlich.

Schweisstriefend.

Erfolgreich – letztlich. Mitternacht ist seit einer halben Stunde vorbei, als Bea das Zerklatschen des Feindes meldet.

Aufatmen.

Erleichtert legen wir uns wieder hin und versuchen zu schlafen. Aber vergeblich, die feuchte Luft ist schlicht zu heiss, zu klebrig. Sie kleistert uns gewissermassen die Kehle zu. Unruhig bewegen wir unsere matten, ausgelaugten Körper von einer unbequemen Position zur anderen, bis schliesslich die vollen Blasen Entspannung fordern. Wir gehorchen und schälen uns aus dem Zelt. Draussen empfängt uns eine wunderbare Frische. Sogar Sterne glitzern am Himmel. Die Wolken und mit ihnen auch die

Regendrohung haben sich verzogen. Doppelt erleichtert schlagen wir das hitzestau-
ende Überzelt zurück und legen uns wieder aufs nass geschwitzte Lager.

Doch schon wieder: Flugalarm!

Wir knipsen die Stirnlampen an und suchen systematisch jeden Quadratzentime-
ter der inneren Oberfläche des Zelts ab. Bis Bea endlich einen fliegenden Käfer erschlägt, hat sie bereits einige juckende Stiche zu beklagen. Dumpfe Müdigkeit überkommt uns und wir schlummern ein paar Minuten. Schon aber wird Beas süsser Lebenssaft erneut heiss begehrt. Diesmal ist meine Jagd von Erfolg gekrönt: Nach einem gezielten Schlag klebt an meinen Händen Blut – Blut von Bea. Wieder nicken
wir für unbestimmte Zeit ein, da lässt mich auf das Gesicht tropfender Regen auf-
schiessen: «Nichts wie raus und das Überzelt wieder in Position bringen!» Der Wecker zeigt 3.30 Uhr.

Weil wir hier in einem offenen, baumlosen Feld kampieren und nach dem Erwachen des Tages mit keinerlei Schatten rechnen dürfen, müssen wir uns kurz nach
Sonnenaufgang auf die Socken machen. Es bleiben also keine zwei Stunden mehr, um
uns von den Strapazen der verflossenen Nachtstunden zu erholen. Nur allzu rasch
verflüchtigen sich diese. Schon piepst der Wecker erbarmungslos in meine ausschwei-
fenden Träume. Noch schlaftrunken und mit verklebten Augen gebe ich seinem
Drängeln und Quengeln nach, erhebe mich und trete mir an einem Hering die Fusssohle blutig. Kein Wunder, in der nächtlichen Aktion haben wir die Zeltnägel nämlich an anderen Orten als üblich eingeschlagen. Während ich die Wunde mit Alkohol desinfiziere und mit einem Pflaster abdecke, lässt Bea über der Flamme des Benzinbrenners Spiegeleier brutzeln.

Bei Tagesanbruch besuchen uns nacheinander verschiedene fürsorgliche Menschengruppen. «Ist alles in Ordnung? Woher und wohin des Weges? Können wir
mit etwas aushelfen?», werden wir gefragt. Niemand kann verstehen, dass wir auf
diesem Fleck Land, der wie aus einem Mund als schmutzig und voller gefährlicher
Schlangen bezeichnet wird, genächtigt haben. «Warum nur seid ihr nicht zu uns ins
Dorf gekommen? Ihr wäret herzlich willkommen gewesen.» Diese Einladung
kommt nun zu spät.

Wieder türmen sich Gewitterwolken am Horizont, als wir auf nahezu menschen-
leerer Strasse Richtung Südosten halten und kleine Dörfer durchfahren, die sich alle
ähnlich ausnehmen. Die Ränder der Einfallstrassen sind mit vertrockneten oder
noch dampfenden Kothaufen gepflastert – Menschenkot. Auf einer erhöht angeordneten, rechteckigen Plattform vor dem Tempel kauern Männer und verplaudern zusammen die Stunden. Jugendliche spielen Cricket in den gut hundert auf hundert
Meter messenden Erdbecken, die später mit dem hier so dringend benötigten und
entsprechend ersehnten Wasser der Monsunregen gefüllt werden sollen. Frauen sitzen auf den Schwellen ihrer Behausungen und wiegen liebliche Lieder summend Ba-

bys in den Armen. Hühner suchen vor aufdringlichen Gockeln hastig ihr Heil in der Flucht. Hunde heulen und kläffen. Katzen lauern mit Engelsgeduld und mit bis in die letzte Faser angespannten Körpern Mäusen auf. Hirten treiben in aufgewirbelten Staubwolken Ziegen- und Schafherden über die Wege. Ochsen mit ihren grandiosen, grün oder blau gestrichenen Hörnern ziehen mit stoischem Gleichmut schwer beladene Holzkarren. Und über allem schwebt sich überschlagende Hindimusik.

Bei der Mittagsrast setzt sich eine Eingeborene zu uns auf die Erde. Die von schweren Klunkern langgezogenen Ohrläppchen reichen ihr beinahe bis auf die Schultern. Die Durchstiche für die Befestigung des Schmucks haben sich im Laufe der Jahre unter dessen Gewicht zu langen Schlitzen geweitet. Auch ihr Mann und ihr Schwager gesellen sich zu uns. Wortlos greift der eine in unser Essgeschirr, klaubt eine Handvoll «*Chäshörndli*» heraus und schiebt sie sich in den Mund. Dem langsamen Kauen und der in Rümpfe gelegten Haut über der Nasenwurzel entnehmen wir, dass ihm die Schweizer Küche nicht sonderlich schmeckt.

Während Regen wuchtig auf den Asphalt klatscht, geniessen wir in Aruppukkottai zum Abendessen *masala dosa, onion uttapam* und *wada* mit *sambhar* und *coconut-chutney*. Mangels Auswahl bestellen wir zum Frühstück exakt dieselben Gerichte. Nur gut, munden uns diese typisch südindischen Speisen so vorzüglich!

In leichtem Nieselregen sausen wir durch topfebene, wenig berauschende Landschaft südwärts nach Tuticorin am Bengalischen Meer. Dabei gibt es den ersten Speichenbruch unserer Reise zu verzeichnen. Im Hotelzimmer holt Bea aus der Sattelstütze eine der darin verstauten Ersatzspeichen hervor und behebt den Schaden.

Um unser ambitiöses Tagesziel, das 130 Kilometer entfernte Kanyakumari an der Südspitze des indischen Kontinents, das gleichsam das Landesende markiert, erreichen zu können, winden wir uns zu früher Stunde aus dem durchhängenden Bett. Und bereits bei der ersten Regung des Tages drehen sich unsere Räder über den Asphalt. Nach einem knappen Drittel der Strecke zwingt uns ein heftiger Regenschauer unter ein schützendes Dach. Das Wetter bleibt aber unbeständig und wir lassen uns von nun an ohne Gegenwehr verregnen. Beides geht schliesslich nicht: heute noch in Kanyakumari anzukommen *und* trocken zu bleiben.

Scharfer Westwind drückt uns die Regentropfen ins Gesicht.

Ein Mann auf seinem klapprigen Eingang-Velo kann lange Zeit mit uns mithalten, indem er den Vorteil seiner hageren Gestalt geschickt ausnutzt. Denn seine spindeldürre Figur verursacht kaum Luftwiderstand. Die Qualität des Asphalts wird immer miserabler. Dafür nimmt das Verkehrsaufkommen entlang der Küstenlinie ab. Ich lasse meinen Blick oft über die grauen Wogen des Bengalischen Meers schweifen. Meine Gedanken driften über die weissen Schaumkronen auf den Wellenkämmen hinweg zum imaginären Frachtschiff hinaus, das uns Ende Mai von Kochi nach Malaysia schaukeln wird, wenn es denn wie geplant klappen sollte. Eine protzig auf einer Anhöhe thronende christliche Kirche verdrängt später die Container aus meinem Hirn und lässt stattdessen Erinnerungen an das Kloster Einsiedeln aufsteigen. Daran geknüpft ist das Gefühl von schwerelosem Gleiten durch die Langlaufspur auf der winterlich weissen Wiese vor der Benediktinerabtei in der Zentralschweiz.

Ziegen und Esel mit putzigen Jungtieren im Fahrwasser kreuzen unseren Weg, der uns in den Dörfern oft durch knietiefe Tümpel führt – eine Brühe aus Regenwasser, Erde, Schmutz, Abfall und Scheisse. Busse und Lastwagen spritzen ganze Fontänen davon gegen uns. Wir wenden die Gesichter ab und pressen die Lippen zusammen, damit uns diese Jauche nicht vergiftet.

Zum Lunch stärken wir uns mit *dosas*. Später folgt ein energiereicher Fruchtsalat, garniert mit Nüssen und Sahne. Als die Hundert-Kilometer-Marke unserer heutigen Etappe überschritten ist, findet das letzte Stück Parmesan aus Kodaikanal seinen Weg in unsere Mägen. Die galoppierende Zeit lässt uns daran zweifeln, noch heute bis zur Südspitze Indiens zu gelangen. Das Tageslicht ist nur noch dünn und schwach. Im Dunkeln Rad zu fahren, erachten wir wegen des Verkehrs und der Löcher im Belag als zu riskant. So halten wir angestrengt Ausschau nach einer Übernachtungsmöglichkeit. Unterkünfte sind aber keine in Sicht, ja nicht mal Häuser. Und in diesem überschwemmten, sumpfigen Morast neben der Strasse das Zelt aufzuschlagen, ist keine ernsthafte Option.

Nun setzt starker Regen ein. Das Licht ist diffus, die Unschärfe gross. Also heften wir die Rücklichter ans Heck, schnallen uns die Helme an und stülpen die Stirnlampen darüber, welche ihren matten Lichtkegel vor uns auf den Boden werfen. Durch meine beschlagenen Brillengläser und den Vorhang der feinen Regenfäden vermag ich darin kaum klare Konturen des löchrigen Strassenbelags wahrzunehmen. Als wären dies nicht bereits genug der Schwierigkeiten, richten die neugierigen Autolenker auf der Gegenspur ihre grellen Scheinwerfer direkt auf uns, um diese sonderbaren Reisenden besser mustern zu können. Derart geblendet, ja geradezu mit Blindheit geschlagen, komme ich von der Fahrbahn ab und bleibe im Sumpf stecken – keinen Meter neben einem offenen, metertiefen Schacht. Das hätte ins Auge gehen können. So kanns nicht weitergehen! Deshalb begebe ich mich ab jetzt in die Obhut von Bea. Denn ihren Katzenaugen genügt das schwache Licht der Stirnlampe zur Orientierung. In blindem Vertrauen folge ich dem Schein ihres roten Rücklichts, das eine zittrige Linie auf den Boden zeichnet.

Zum Glück verbessert sich die Qualität des Belags bald wieder und wir kommen zügig voran. Aber schon intensiviert sich der Niederschlag. Und auf eine Strecke von gut fünf Kilometer folgt nach einer Informationstafel « *Work in progress*» eine grobe Schotterpiste. Wie auf Knopfdruck einer unsichtbaren Hand, die uns nichts Gutes will, nimmt gleichzeitig auch der Bus- und Lastwagenverkehr massiv zu. Den

Sand im lehmverschmierten Getriebe des Fahrrads spüren wir durch ein leichtes Vibrieren der Pedale. Das zugehörige Ächzen und Stöhnen der Kette geht meist im Lärm der vorbeirumpelnden Laster unter, dringt aber dann und wann bis zu unseren Ohren hoch und lässt uns erschauern. Natürlich ist es nur Metall das knirscht, doch ist uns seit dem Start in Zürich jedes Teil der Velos von Tag zu Tag mehr ans Herz gewachsen. Wir hegen mittlerweile beinahe freundschaftliche Gefühle für unsere Drahtesel.

Endlich ist die Baustelle durchmessen, und wir gleiten auf einer wunderbar anmutenden, neu eröffneten Strecke nach Kanyakumari, wo sich der Indische Ozean, das Bengalische und das Arabische Meer treffen. Nach über neun Stunden reiner Fahrzeit checken wir im noblen Hotel Seaview ein. Die tropfenden und vor Schmutz strotzenden Velos dürfen wir im Generatorenraum parken. Unser Zimmer ist zwar gegen Südosten gerichtet, doch werden wir den morgigen Sonnenaufgang wohl verschlafen – wir sind so was von hundemüde!

Entgegen aller Wahrscheinlichkeit sind wir doch schon vor Sonnenaufgang wach. Trotzdem findet er ohne unser begleitendes Staunen und Raunen statt: gut versteckt hinter grauen Regenwolken am Rand des Bengalischen Meeres.

Das für die Jahreszeit ungewöhnlich starke Tiefdruckgebiet über diesen Breitengraden ist äusserst renitent. Tag für Tag platzt der Regen nach jeweils nur kurzen Aufhellungen so unvermittelt wie heftig aus dem Himmel.

Für die Überfahrt zum vierhundert Meter vom Ufer entfernten Vivekananda Memorial müssen wir uns in eine ansehnliche Warteschlange einreihen. Unzählige Touristen aus Nordindien, viele gekleidet wie Europäer, wollen zur winzigen Insel rübergefahren werden. Auf dem Felsen da draussen hatte der damals gleich alte Swami Vivekananda wie ich heute im Dezember 1892 während dreier Tage über die Vergangenheit, die Gegenwart und die Zukunft Indiens meditiert. Hier, wo die Wasserwogen dreier Meere nicht im Widerstreit aufeinander treffen, sondern sich kampf- und klaglos vereinigen, sich durchdringen, vermischen und eins werden, philosophierte der Swami über die Idee der Einheit in der Vielheit und der Vielheit als Manifestation des Einen. Angesichts des harmonischen Verschmelzens dieser drei Wasser gerannen seine Gedanken zur Einsicht, dass alles Leben eine Einheit und auch die Menschheit als eins zu betrachten ist. Übersetzt in die heutige globalisierte Welt ist dies die Forderung nach Respekt gegenüber anderen Kulturen und Religionen.

Wieder taucht vor meinem inneren Auge die von blankem Hass entstellte Fratze des fanatischen Jains von Gujarat auf. Über hundert Jahre nach Vivekananda hat jener irregeleitete Heisssporn noch nicht begriffen, dass alle Pfade zu Gott führen, dass alle Religionen letztlich gleich sind. Ja, dass Gott huldigt, wer den Menschen hilft – auch wenn es Muslime sind! –, denn jeder Mensch *ist* Gott. Und dass deshalb die

Nächstenliebe und nicht der Hass der zentrale Punkt im Leben ist.

Das garstige Wetter hier draussen auf dem von wütigen Wellen umbrandeten Fels fasziniert mich mindestens so sehr wie die Gedenkstätte an sich. Bevor weiterer Regen wolkenbruchartig niederprasselt, werde ich buchstäblich vom Winde verweht: Barfuss auf den glitschigen Steinfliesen vor dem Eingangsportal stehend, erfasst mich plötzlich eine Windböe, die mich mit einer Leichtigkeit, als wäre ich ein Fetzen Papier, einen Meter weit über den Boden einem doppelt so hohen Absatz entgegen schiebt. Ich mache mich schon sprungbereit, da rettet mich mein Schutzengel Bea, der im Lee einer Stütze steht, mit einem reflexartigen Griff am Oberarm. Was würde ich nur ohne sie anfangen?

Im Saravana Hotel, wo wir vorzügliche südindische Spezialitäten geniessen, können sich die Augen eines zwölfjährigen hageren Jungen, dessen scharf geschnittenes Profil stark Franz Kafka ähnelt, nicht mehr von uns lösen. Er staunt und staunt mit schlaff runter hängender Kinnlade, bis wir ihn mit einer Visitenkarte von uns erlösen. Nun strahlt er übers ganze Gesicht und hält die Karte mit unseren Fotos an sein Herz gedrückt.

Der Vollmond durchwandert klarsten Nachthimmel; die Sonne aber steigt erneut hinter Wolken versteckt aus dem Wasser.

Heute reisen wir seit Monaten wieder einmal Richtung Norden. Bis Nagercoil zittern in den überfluteten Reisfeldern neben dem Kerala-Highway die Spiegelbilder von Palmen und Bananenstauden. Sie werden aber immer wieder verwischt durch rastlose Wolken, die gegen die im Osten steil aufragenden Western Ghats getrieben werden. Dort verdichten sich die Wolkenschiffe zu einer tiefgrauen Staumauer, die immer wieder von neuem unvermittelt birst.

Um meinem eigenen Wasserhaushalt gerecht zu werden, verziehe ich mich in ein kleines Wäldchen. An jedem Stamm fallen mir in die Rinde gekerbte Rillen auf, unterhalb derer halbe Kokosnussschalen fixiert sind. Da hat es mich also in eine Gummibaumplantage verschlagen. Zwischen Daumen und Zeigefinger prüfe ich die Konsistenz des weissen Naturgummis, der aus der verletzten Rinde blutet. Er ist klebrig, zäh und elastisch.

Bis Thiruvananthapuram nimmt der Verkehr kontinuierlich zu und unverbaute Flächen neben der Strasse werden rarer. Krachende Wolkenbrüche lassen uns alle paar Dutzend Kilometer Unterschlupf suchen. Das letzte Mal, kurz vor Thiruvananthapuram, nähert sich uns durch den dichten Regenschleier langsam, aber zielstrebig eine schemenhafte Gestalt. Lederne, spröde Haut spannt sich um ihre Knochen. Waden und Oberschenkel weisen denselben erbärmlichen Umfang auf. Die Knie wirken dazwischen wie Geschwülste. Wortlos streckt sich uns eine knochige Hand entgegen. Wir füllen sie mit so vielen Münzen, wie sie zu fassen vermag. Der

Schatz wird geflissentlich gezählt, Stück für Stück befühlt, und in eine Falte der Lumpen versenkt, die den Körper umschlingen. Vor der Brust zusammengeführte Handflächen, leicht geneigter Kopf, und die Gestalt geht wieder still im Regen auf – als hätten wir nur geträumt.

Diese Begegnung will nicht so recht zum Bundesstaat Kerala passen, wie er sich sonst präsentiert. Fast alle Leute sprechen hervorragend Englisch, auf riesigen Plakatwänden wird für Luxusartikel wie Juwelen, Uhren oder goldene Wasserhähne geworben und geradezu wohltuend: Wir sind nicht *die* Attraktion, die Leute genügen sich selbst.

Der Wahlkampf ist auch hier voll im Gang. Mit Parteifähnchen behängte Fahrzeuge überholen uns in flottem Tempo. Aus den auf den Dächern montierten Lautsprechern lassen sie die Parolen mit scheppernder Musik untermalt in unsere Ohren donnern. Hammer- und Sichel-Symbole dominieren auf den flatternden Stofffetzen.

Schon die letzten Tage habe ich mich mit Schnupfen und Halsweh rumgeschlagen. Nun bewege ich mich, wenn überhaupt, nur noch im Zeitlupentempo. Die Pulsschläge widerhallen tausendfach verstärkt in meinem Schädel. Wie stählerne Billardkugeln sausen sie durch den Kopf und prallen jeweils an den Banden des Gehirns ab. Nur durch das linke Auge versuchen sie auszubrechen. Mit bleischweren Knochen, brummendem Schädel, tropfender Nase, stechendem Halsweh, höchst empfindlicher Kopfhaut und mit hohem Fieber liege ich schweissnass danieder. Mehrmals täglich raffe ich mich aber auf und beuge mich über einen Kübel, aus dem Eukalyptusdämpfe aufsteigen. Der Rotz wird trotzdem immer gelber. Es ist jedoch vor allem das vernichtende Kopfweh, das mich auf ein Häufchen Elend reduziert.

Mein Zustand ist besorgniserregend.

Es zeichnet sich ab, dass wir länger als geplant in Thiruvananthapuram bleiben werden. Die Weiterreise muss warten.

Im Internetcafé neben dem noblen Residency Tower schliessen wir Bekanntschaft mit einem pensionierten Ingenieur der indischen Raumfahrtsbehörde. Er plaudert Deutsch mit uns, denn während seiner aktiven Zeit wirkte er unter anderem als Dolmetscher. Um sein sprachliches Niveau auch im Ruhestand halten zu können, liest er im Internet regelmässig deutsche Zeitungen, verschlingt zu Hause deutsche Bücher und lässt sich ausschliesslich von deutschen TV- und Radio-Sendern berieseln. Wir laden ihn zu einem *chai* ein und wundern uns nicht, dass er sich dafür zu keinen Dankesworten hinreissen lässt. Zuvor hat er schliesslich erklärt, hier in Indien quittiere man aus alter Tradition einen Gefallen nicht mit «Danke!», weil die Dankbarkeit im Herzen bleiben und nicht mit Worten nach aussen getragen werden soll. So genüge auch beim *namasté* die Geste voll und ganz um die Ehrerbietung für das Gegenüber zu bekunden. Das Wort selbst werde in Indien kaum dazu ausgesprochen.

Einmal soll Albert Einstein Mahatma Gandhi gefragt haben, was er mit der Geste des *namasté* ausdrücken wolle. Dieser habe geantwortet: «Ich ehre den Platz in dir, in dem das gesamte Universum residiert. Ich ehre den Platz des Lichts, der Liebe, der Wahrheit, des Friedens und der Weisheit in dir. Ich ehre den Platz in dir, wo, wenn du dort bist und auch ich dort bin, wir beide nur noch eins sind.»

Obwohl unser Gesprächspartner als Hindu aufgewachsen ist, lebte er lange Zeit nicht vegetarisch. «Viele Hindus nehmen den Glauben nicht wirklich ernst und verleiben sich deshalb auch Tiere ein. Ja, selbst vor Kühen schreckt die um sich greifende Fleischeslust nicht zurück.» Also muss ich meine frühere Aussage korrigieren: In den vielen Schlachthöfen wird nicht nur für die Christen, Juden und Muslime getötet. Erst über das Studium westlicher Philosophen wie Spinoza, Hegel, Kant oder Heidegger sei er vor dreissig Jahren zum Vegetarismus gekommen – welch Ironie! Er ist äusserst belesen und nennt Hermann Hesse als Lieblingsautor. Ihm attestiert er fundierte Kenntnisse der indischen Philosophie. Das «Glasperlenspiel» und «Siddharta» habe er gleich mehrmals gelesen. Morgen finden die Wahlen statt. Was er stimmen werde? Er überlegt lange und meint dann, die Kommunisten seien nicht mehr, was sie einmal waren. Deren Anführer seien nun auch reiche Leute. Und die Kongresspartei habe Indien vor fünfzig Jahren zwar die Freiheit gebracht, die heutigen Führer dieser Partei in Kerala überzeugten ihn aber nicht. Sie seien keine grossen Politiker, eher windige Charaktere mit wechselndem Credo. Aus Protest werde er wohl für die BJP einlegen.

Im Hotelzimmer verfolgen wir im CNN live die *hearings* vor dem US-Senat wegen der Misshandlungen der irakischen Häftlinge durch amerikanische Soldaten im Gefängnis Abu Ghraib in Bagdad. Ab und zu zappen wir auch auf einen indischen TV-Kanal, in dem während 24 Stunden pro Tag der Verlauf der Wahlen analysiert wird. Bald kristallisiert sich heraus, das die 670 Millionen mündigen Bürger der grössten Demokratie der Welt eine faustdicke Überraschung zu Stande gebracht haben: Der haushoch favorisierten BJP wurde trotz der Proteststimme unseres Ingenieurs das Vertrauen entzogen, eine Abfuhr erteilt und damit der Kongresspartei ein glorreicher Sieg beschert. Die Wähler liessen sich also nicht durch die grandiosen, aber nicht minder hohlen Slogans, diese Worthülsen der hindunationalistischen Partei blenden, sondern konzentrierten sich auf die wesentlichen Punkte: Sicherung des Lebensunterhalts und der nationalen Einheit. Das Ergebnis hat alle Vorhersagen der sogenannten Kenner über den Haufen geworfen – die Auguren wurden auf dem linken Fuss erwischt.

Es regnet unglaublich viel. Im etwa dreihundert Kilometer nordöstlich von hier gelegenen Bezirk Thanjavur, im Bundesstaat Tamil Nadu, ist die Regenmenge besonders krass. In den ersten sechs Maitagen fielen dort mit 255 Millimeter fünfmal mehr als seit Jahren durchschnittlich im ganzen Monat Mai. Der Regen wurde von allen heiss herbeigesehnt. In den ersten vier Monaten dieses Jahres gab es schliesslich gerade mal drei Millimeter Niederschlag zu verzeichnen! Aus Solidarität versuchen auch wir uns über die himmlischen Güsse zu freuen.

Am zehnten Tag in Thiruvananthapuram, dem 17. Mai, erfahren wir von der deutschen Reederei Oldenburg, dass sie in absehbarer Zeit kein Frachtschiff ab Kochi, ja überhaupt kein Schiff ab einem indischen Hafen im Angebot hat. Das war das eine unserer zwei heissen Eisen. Zum Glück haben wir noch den «Weggis-Steiner» von der schweizerischen Agentur in petto, der uns für Ende Mai verbindlich eine Fahrt von Kochi nach Südostasien angeboten hat. Allzu viel Spielraum bleibt uns nicht mehr, denn das Visum für Indien läuft am 28. Juni aus.

Die Hitze und die fast hundertprozentige Luftfeuchtigkeit lassen uns aussehen, als hätten wir uns mit Öl eingerieben und dann mit Wasser übergossen. Ohne auch nur den kleinen Finger zu rühren, sind wir mit kugelrunden Schweissperlen übersät. Trotzdem bin ich von der grippalen Attacke genesen und wir nutzen das erste trockene Zeitfenster, um weiter nordwärts, Richtung Hafen von Kochi zu halten.

Nach wenigen Minuten im Sattel läuft uns die Sonnencreme in weissen Rinnsalen über die Haut. Obwohl wir sie eine Stunde vor Abfahrt aufgetragen hatten, vermochte sie nicht genügend tief in die Poren einzuziehen.

Der Strassenbelag strotzt von Löchern. Deshalb werden wir zusammen mit dem dichten Verkehr auch oft über Schotterpisten umgeleitet, da Unterhaltsarbeiten im Gang sind. Auch ausgedehnte Schlammseen fehlen nicht, durch welche wir die Räder zirkeln müssen.

In Changanacherry hüllen uns im Lift zur Hotelsuite sechs Herren in ihre Alkoholfahnen. Lallend und doch mit unverhohlenem Stolz teilen sie uns ungefragt mit, dass Changanacherry das christliche Zentrum von Kerala sei. Natürlich folgt auf den Fuss: «Nehmt euch vor den Muslimen in Acht!» Wie wir diese Diffamierung anders Denkender, anders Lebender, ja oft ganz allgemein des Fremden, verabscheuen! Schon in Ungarn wurden wir vor den bösen Rumänen gewarnt. Und die Türken liessen an den Iranern kein gutes Haar ... Wie wohl tun da die Worte von Swami Vivekananda, die noch in mir nachklingen: «Die beste Religion ist, sich selbst treu zu sein.» Diese besoffenen Hetzer und Verleumder sollten sich auch den folgenden Spruch ihres Landsmanns, dem grossen Philosophen, zu Herzen nehmen: «In unserer Selbstsucht und unserem Verlangen, anderen überlegen zu sein, liegen die Gründe für das Böse in der Welt.»

Wir werden Zeugen eines historischen Moments: Sonia Gandhi, die mit so bemerkenswerter Durchschlagskraft gesegnete Präsidentin der siegreichen Kongresspartei – sie ist erst seit 1998 politisch aktiv – lehnt das Amt der Premierministerin überraschenderweise ab. Viele ihrer Anhänger können diese im Grunde kluge Ent-

scheidung nicht nachvollziehen und lassen ihren Unmut darüber in den Gassen ver-
puffen. Der Entschluss der gebürtigen Italienerin und Ehefrau des ermordeten indischen Premierministers Rajiv Gandhi zum Verzicht ist indes weise – zum Wohl Indiens und ihrer eigenen Unversehrtheit. Eine instabile Regierung würde niemandem
dienen und ein Anschlag eines Fanatikers auf Sonia wäre nicht auszuschliessen gewesen. Sie wird die starke Hand im Hintergrund bleiben. Und mit Manmohan Singh
übernimmt ein zwar weniger charismatischer, aber nicht minder fähiger und vor allem weit weniger polarisierender Herr das so begehrte wie schwierige Amt des Premierministers.

Nach nahrhaftem Frühstück bestehend aus einer Ananas, drei Mangos, vier Bananen, zwei Mandarinen, Sahne, Haferflocken und Weizenkleie nehmen wir im ersten
Schimmer der Frühe die noch fehlenden neunzig Kilometer bis Kochi unter die Räder. Bis Alleppey gehts dabei durch die Zone der sogenannten Backwaters. Sämtliche
Wiesen stehen unter Wasser und einzelne Häuser ragen Hausbooten gleich aus den
Fluten. Die meisten Frauen waschen in der trüben Brühe Kleider und Geschirr, andere reinigen ihre Körper und etliche schrubben sich die Zähne. Der Himmel verfinstert sich bedrohlich. Kurz bevor die Schleusen geöffnet werden, steuern wir das
ausladende Vordach eines Hauses an. Ein älterer Herr bittet uns, an seinem Tisch
Platz zu nehmen und auszuharren, bis sich die Wolken ausgetobt haben.

Auf dem von regem Schwerverkehr heimgesuchten und entsprechend stinkigen
und lärmigen Highway lasse ich wegen eines prächtigen Exemplars einer wunderschön gezeichneten Echse, das vor meinem Vorderrad die Fahrbahn zu queren beliebt, die Bremsen quietschen. Schon braust von hinten ein Truck heran und überrollt mit seinen Zwillingsrädern das Tier: Ein trockener Knall und sein Leben ist
ausgehaucht.

Szenen wie diese berühren mich zutiefst. Es ist das scheinbar Zwingende, das Un-
ausweichliche, ja die schiere Normalität, die diesem gleichgültigen, absolut gefühl-
und sinnlosen Auslöschen von Leben innewohnt, das mich erschauern lässt. Es hätte
ohne weiteres auch mein Körper, oder noch viel schlimmer, jener von Bea sein können, der unter dem harten rotierenden Gummi zerplatzte. Der einzige Unterschied
zur Echse wäre in unserem Fall wohl die zweifelhafte Ehre, als Kollateralschaden des
wirtschaftlichen Aufschwunges vom Schwellenland Indien in eine offizielle Statistik
Eingang zu finden.

Kaum ist in Kochi ein ansprechendes Zimmer gefunden, giesst es wie aus Kübeln
vom Himmel. Bis das Gepäck abgeladen ist, sind wir patschnass. Der Südwestmon-
sun hat sich definitiv über Kerala festgebissen und bringt so viel Feuchtigkeit, dass
selbst die Wäsche nicht mehr zu trocknen vermag. Wo man auch hinkommt, schlägt
einem dieser Tage ein leicht muffiger Geruch entgegen. Unsere Körper beginnen sich

langsam den feuchten Gegebenheiten anzupassen. Zwischen Fingern und Zehen keimen bereits feine Schwimmhäute und hinter den Ohren sind erste Anzeichen von Kiemen auszumachen.

Beim Abendessen auf der Dachterrasse erkennen wir links neben der liegenden Mondsichel einen aussergewöhnlich hell leuchtenden Punkt. Am nächsten Tag lesen wir in der Zeitung, dass es sich dabei um die Venus gehandelt hat, die sich für eine kurze Weile zwischen Erde und Mond geschoben hatte. Ohne von diesem Phänomen, das weniger als eine Stunde dauerte, im Voraus gewusst zu haben, erwischten wir genau den richtigen Zeitpunkt, um unseren Blick gen Himmel zu richten. Das war kein Zufall, sondern eher eine Frucht unserer Reise, eine Folge des Nomadenlebens, das uns die zugeschütteten, die verstopften Kanäle wieder geöffnet, die Empfindsamkeit für die Erscheinungen der Natur neu belebt hat.

Die ganze Nacht über regnet es ohne Unterlass. Zu zelten wäre fürwahr keine Freude mehr! Am Morgen aber scheint wieder die Sonne und die Luft umspült uns drückend heiss und schwül.

Im Internet lesen wir eine Art Hiobsbotschaft bezüglich des weiteren Verlaufs unserer Reise. «Weggis-Steiner» schreibt nämlich, dass es entgegen früheren Beteuerungen von Kochi aus nun doch nicht möglich sei, Indien auf einem Frachtschiff zu verlassen. In der Zwischenzeit habe er herausgefunden, dass es im ganzen Land nur einen einzigen Hafen gibt, nämlich Nhava Sheva in Mumbai, wo Ein- und Ausreisen mit genügend hoher Wahrscheinlichkeit gelingen. Bestimmt steckt ihm noch das Fiasko unserer ersten, reichlich gefloppten Reise in den Knochen und er will sich nicht nochmals aufs Glatteis wagen mit einem Versuch von Kochi aus. Er ist freilich nicht um ein konkretes Angebot verlegen: In exakt zwei Wochen werde von Mumbai ein Schiff nach Port Kelang in Malaysia ablegen. Da hat uns der gute «Weggis-Steiner» während Wochen nach Kochi runter gelotst, um dort Ende Mai ein Schiff nach Südostasien zu besteigen, und jetzt hat er den Nerv, uns mitzuteilen, dass wir in vierzehn Tagen im zweitausend Kilometer nördlicher gelegenen Mumbai einschiffen sollen – wahrlich, ein gesunder Humor!

Schon läuft unser Brainstorming auf Hochtouren.

Klar ist einzig, dass diese Distanz per Rad unmöglich zu bewältigen ist. Nicht unter der Herrschaft des Monsuns und nicht mit dem Wissen im Hinterkopf, dass das Schiff durchaus auch eine Woche früher als geplant ablegen kann. Anderes gilt es ernsthaft zu bedenken:

Wie wäre es möglich, innerhalb nützlicher Frist mit Sack und Pack Mumbai zu erreichen? Was ist der Ausweg, wenn es dann aus irgendeinem Grund trotzdem nicht klappt mit dem Frachtschiff? Wenn uns der Wasserweg verwehrt bleiben sollte, bieten sich noch Luft und Boden an. In die Luft wollen wir aber auf keinen Fall, weil diese zu rasche, nicht nur von der Erde, sondern auch vom natürlichen Lebensrhythmus abgehobene Fortbewegungsart nicht zu unserer Reisephilosophie passt. Also bleibt der Landweg. Die Nachbarländer Bangladesch und Nepal bieten sich an, doch wäre die Weiterreise nach Burma respektive Tibet problematisch, wenn nicht gar unmöglich. Bhutan ist eine Sackgasse. Und offene Grenzübergänge zwischen Indien und China gibts auch nicht. Bleibt noch Pakistan. Der Grenzübertritt von Amritsar, Indien, nach Lahore, Pakistan, scheint nicht unüberwindlich und die Weiterreise über den Karakorum-Highway nach China sollte ebenfalls zu meistern sein.

An erster Stelle unseres mittlerweile breit gefächerten Möglichkeitskatalogs steht aber weiterhin die Schiffspassage nach Südostasien; schliesslich freuten wir uns schon lange auf Indonesien.

Nach ein paar Tagen im vom Monsun gelähmten Kochi ziehen wir ins benachbarte, weit lebhaftere Ernakulam um, wo sich auch die grossen Bahnhöfe befinden. Glücklicherweise geht das starke Gewitter erst nieder, als wir bereits im Hotelzimmer mit Mückenjagd beschäftigt sind. Ein wahres Insektenloch, unser neues Zuhause! Nur unter dem Moskitonetz haben wir unsere Ruhe. Dazu mussten wir aber erst einiges improvisieren. Um die Abspannseile für das Moskitonetz in der glatten Wand befestigen zu können, haben wir wie schon oft mit der Ahle des Sackmessers ein Loch in den Putz gedrückt, von einem Stuhlbein oder der Bettstatt einen Splitter Holz weggeschnitten, diesen in das Loch getrieben und schliesslich eine Ringschraube in das sich wie ein Dübel verkeilende Holz gedreht.

Bei der Informationsstelle des Bahnhofs erfahren wir zu unserer grossen Ernüchterung, dass sämtliche Züge nach Mumbai bis tief in den Juni hinein ausgebucht sind und für jede Fahrt weit über hundert Namen auf Wartelisten figurieren. Mit dem Zug ist Mumbai also in absehbarer Zeit nicht erreichbar, und um eine Busfahrt über die Distanz von zweitausend Kilometern auf uns zu nehmen, sind wir zu wenig masochistisch veranlagt. Damit müssen wir uns die Frachtschiffüberfahrt nach Malaysia wohl oder übel endgültig aus dem Kopf schlagen. Beim Reisen ist immer mit Überraschungen zu rechnen. Es hat sich bis jetzt gezeigt, dass sich meistens dann Unvergessliches ereignet, wenn es nicht nach Plan läuft. Die Launen des Schicksals mischen die Karten neu und unerwartete Wendungen treten ein. Wir sind also gespannt auf das neue Blatt.

Derweil draussen der Monsun sein Unwesen treibt, lassen wir uns von einem seichten Spielfilm auf andere Gedanken bringen. Im Schlaf verabschiede ich mich vollends vom Südostasien-Traum und wähne uns auf dem berühmten Karakorum-Highway zwischen den höchsten Gebirgen der Welt – Hindukusch, Pamir, Karakorum und Himalaya – über den Khunjerabpass in die chinesische Stadt Kashgar radeln, von wo wir, wie schon früher auf unserer Reise, über einen Teil der geschichtsträchtigen alten Seidenstrasse ostwärts brettern werden ...

Die Variante Karakorum-Highway gilt es nun zu konkretisieren. Denn wie ein Damoklesschwert hängt das Datum vom 28. Juni über uns, jener Tag, an dem unser Indienvisum auslaufen wird. So erkundigen wir uns am Bahnschalter über Züge nach Delhi. Es zeigt sich erst ein noch ärgeres Bild als für Mumbai: alles voll, sogar bis Mitte Juli, mit ellenlangen Wartelisten.

Von hinten drängen Leute an den Schalter und die zappelige Beamtin will uns abwimmeln, hat bereits den nächsten Kunden fixiert. Da fahren wir die Ellbogen aus und zücken unsere letzte Karte, indem wir den Rajdhani-Express ins Spiel bringen, von dem wir einst gehört hatten. Die Frau hinter der verschmierten Glasscheibe, in der ein rundes, kleines Loch ausgespart ist, durch welches sich die Schallwellen zu zwängen haben, räuspert sich und meint lakonisch und gleichzeitig vieldeutig: «Das ist ein extrem teurer Zug!» Als sie unserer Unerschütterlichkeit gewahr wird, fügt sie zögerlich an: «Für die Fahrt in 16 Tagen gibt es tatsächlich noch freie Plätze.» Sofort erstehen wir zwei Tickets für zusammen 250 Euro, um die Option Karakorum-Highway offenzuhalten.

Das ist ein erster Schritt. Da sich Delhi für Radfahrer aber relativ weit von der Landesgrenze entfernt befindet, reservieren wir am nächsten Tag gleich den Zug von Delhi nach Amritsar, das in der Nähe des pakistanischen Lahore liegt. Dieses Ticket lautet auf den 26. Juni – zwei Tage später wird unser sechsmonatiges Indienvisum auslaufen. Gleichzeitig versuchen wir Antworten auf noch offene Fragen zu unserer Fahrt nach Delhi zu bekommen. Ob wir in einem Zweier- oder Viererabteil reisen werden, ist für uns mit den zusätzlichen 16 Gepäckstücken zu den zwei Velos von gewisser Bedeutung, doch will es die Bürokratie, dass sich dies erst am Abfahrtstag entscheiden wird. Denn es könnte ja sein, dass wichtige Persönlichkeiten unterwegs sein werden, denen ohne Zweifel und ohne jeden Widerspruch die besten Plätze zustehen. Das leuchtet uns ein.

In der Frühe des Reisetages rollen wir erst ohne Gepäck zum Bahnhof Junction. Durch das winzige Rundloch in der Glasscheibe des Informationsschalters strecken wir unser Billett und schicken nach, uns sei aufgetragen worden, uns am Abfahrtstag – also heute – um ein Zweierabteil zu bemühen. Die Uniformierte reagiert barsch abweisend auf unser Ansuchen und will uns wieder wegschicken. Nur durch energisches Nachhaken stossen wir via «P.A.», dem persönlichen Assistenten der Chefin, bis zum Büro der Frau «C.S.», der *Chief-Supervisor*, vor. Noch geblendet vom grellen Tageslicht treten wir in einen düsteren, kargen Raum und atmen muffige, abgestandene Luft. Kaum zu erkennen im diffusen Licht und halb vergraben unter Stapeln zerfledderter Akten sitzt die Dame auf einem hölzernen Stuhl. Sie leiht uns geduldig ihr Ohr. Nun reicht sie uns aus dem Stapel der Makulatur ein Blatt, auf dessen Rückseite wir einen Antrag für das Zweierabteil stellen sollen. Unter unsere Unterschriften kritzelt sie selbst noch einen Satz und versichert, dieses Schreiben umgehend nach Thiruvananthapuram, dem Startort des Zuges, zur wohlwollenden Beurteilung weiterzuleiten. Zuerst wuchtet sie aber noch einen metallenen Stempel in eine widerspenstige dunkle Masse, damit er ein wenig Schwärze annimmt, und gibt dem Dokument mit seinem Abdruck das notwendige Gewicht. Falls kein VIP, also keine sehr wichtige Person an Bord sein wird, sollte unserem Begehren stattgegeben werden. Siegessicher fahren wir zum Hotel zurück und kochen im Zimmer einen Kartoffelsalat als Reiseproviant. Anschliessend kaufen wir noch einige Leckereien ein, denn zur Wahrung unserer Gesundheit gedenken wir nicht, das im Zug servierte Essen zu konsumieren. Für uns steht ausser Zweifel, dass es in hygienisch fragwürdigem Zustand daherkommen wird. Vor dreizehn Jahren hatten wir schliesslich einst 48 Stunden in einem indischen Zug durchlitten und sind seither gebrannte Kinder.

Gegen Abend warten wir eine trockene Phase des Himmels ab, um erneut zum Bahnhof zu gelangen, denn nun wollen wir die Räder beim uns bezeichneten speziellen Schalter aufgeben. Ein Angestellter bindet mit Schnüren metallene Schilder an die Lenker und schreibt mit wasserfestem Filzstift unsere Namen, die Zugnummer und den Zielbahnhof darauf. Für diese Leistung fordert er kaltschnäuzig fünfzig Rupien. Von der Sorge um unsere Räder geleitet, rücken wir, widerwillig zwar, das geforderte Bakschisch heraus, insistieren aber dank einem Geistesblitz auf einer Quittung für dieses Schmiergeld. Da schwinden die Englischkenntnisse des Schelms rasant und er will partout nicht verstehen, was unser Wortschwall zu bedeuten hat. Erst als wir – in exakt derselben Sprache – drohen, seinen Chef zu konsultieren, ob diese fünfzig Rupien gerechtfertigt seien, lösen sich die hartnäckigen Pfropfe in seinen Gehörgängen, und er streckt uns den Geldschein wieder entgegen. Um die Wogen zu glätten und die gedämpfte Stimmung zu heben, drücke ich ihm als Trostpflaster einen Zehnrupienschein in die Hand. Doch jetzt ist der feine Herr beleidigt und weist das Geld schmollend zurück. Das ist nun nicht mehr zu ändern! Er untersagt uns, die Velos abzuschliessen. Das leuchtet ein, denn die Fahrräder zum Gepäckwagen zu schieben, ist für das Bahnhofspersonal wesentlich angenehmer, als sie tragen zu müssen. Damit die Jungs aber nicht in Versuchung kommen, mit unseren Drahteseln eine Spritztour zu unternehmen, demontieren wir, gemein wie wir sind, kurzerhand die Pedale.

Von Frau *Chief-Supervisor* erfahren wir, dass es mit dem VIP-Abteil geklappt hat. Schwungvoll notiert sie uns jetzt die entsprechenden Wagen- und Sitznummern aufs Ticket. Einer gediegenen Fahrt nach Delhi steht also nichts mehr im Wege.

Nach einem letzten Espresso in unserem Stammlokal duschen wir uns im Zimmer und lassen anschliessend unser Gepäck in zwei Rikschas verladen. Am Bahnhof fragen wir die gelangweilt neben ihren Handkarren herumstehenden Lastenträger, wie viele Rupien sie verlangen, um unser Gepäck bis zum Sektor 5, wo in wenigen Minuten unser Waggon zum Stillstand kommen wird, zu transportieren. Die Angebote sind allesamt horrend. Trotz bereits über fünf Monaten Aufenthalt in Indien steht uns offenbar noch immer unmissverständlich und in grossen Lettern TOURIST auf die Stirn geschrieben. Da es uns widerstrebt, uns offenen Auges melken zu lassen, schlagen wir sämtliche Fantasieofferten mit einem höhnischen Lachen aus und beginnen mit einem Stafettenlauf. Ich eile mit einer Ladung Gepäck voraus, setze die Last nach dreissig Metern ab und bitte eine ebenfalls auf den Zug wartende Familie, ein Auge auf die Taschen zu halten. Bea managt dasselbe beim Startort und wir kreuzen uns jeweils auf halbem Weg. Nach fünf Etappen sind wir schweissgebadet am Ziel, in unserem Abteil.

Eine Stunde vor Mitternacht verlässt der Zug pünktlich Ernakulam.

Im so geräumigen wie gepflegten Zweierabteil mit frisch duftender, blütenweisser Bettwäsche empfängt uns ein freundlich lächelnder Kellner, der uns als Willkommensgruss rote Rosen überreicht und, ohne Anstalten Trinkgeld erschleichen zu wollen, sich empfiehlt und geht.

In unserem Waggon haben wir die Wahl zwischen einem *Indianstyle*-Klo und zwei *Westernstyle*-Toiletten mit WC-Papier, was für Indien sensationell ist. Auch an einem *bathroom* mit Dusche mangelt es nicht. Zwei Frottiertücher wurden uns zum Gebrauch aufs Bett gelegt. Das Gebläse der Klimaanlage drehen wir aufs Minimum. Trotzdem sind wir froh um Pyjama und Wolldecke, denn es kühlt stark ab. Kälte wird in Indien meist mit Komfort verwechselt. Das Rütteln und Schütteln ist stärker als auf dem Frachter von Dubai nach Indien bei rauer See, was uns aber nicht daran hindert, wie die Murmeltiere im tiefsten, verschneiten Winter zu schlafen.

Als Startsignal für das kulinarische Tagesprogramm rieselt seichte Musik aus dem Lautsprecher. Schon wird zusammen mit einer aktuellen Tageszeitung der *morningtea* serviert – der Fussabdruck der ehemaligen Kolonialmacht ist unverkennbar. Weiter geht es um 8.00 Uhr mit Cornflakes, portionenweise in Plastik eingeschweisst, und mit heisser Milch in individuellen Thermosfläschchen. Gegen 9.00 Uhr wird ein Teller mit Griess, je hälftig süss und würzig, aufgetragen. Eine Stunde später verkürzt ein Fruchtsaft die Wartezeit bis zur nächsten Speise, dem Mittagessen. Es hebt an mit einer Suppe aus einem Thermoskrug, begleitet von Grissini. Nach einer halben Stunde folgen pro Person sieben mit Aluminiumfolie zugedeckte Schälchen mit Reis, Rohgemüse, frischen Ananas- und Papayastückchen, Joghurt, Bohnencurry, *paneercurry*, Gemüsecurry und in Alufolie eingewickelte *chapatis*. Abgerundet wird der Lunch mit Vanilleeis. Um 15.00 Uhr erscheint der Kellner zur Auflockerung mit einem Fruchtsaft. Zur Vesper werden wieder voll gefüllte Tabletts aufgetischt: Tee und Kaffee, Bonbons, Knabberzeugs, Biskuits, Pistazien und ein Sandwich – alles hygienisch verpackt. Ab 20.00 Uhr startet als Finale das Dinner, das aus analogen Gängen wie der Lunch besteht.

Wir sind gewiss keine schlechten Kostgänger, doch zu viel ist zu viel! Schon oft hatten wir uns in Indien über die Esskapazitäten der hagersten Gestalten gewundert. Im Süden wurde in den einfacheren Restaurants über Mittag ausschliesslich das *meal* serviert. Dabei schöpfte ein Kellner mit einer gewaltigen Kelle haufenweise weissen Reis auf ein Bananenblatt, ein anderer war für die *currys* zuständig, während ein dritter für das Servieren der Pickles besorgt war. Der Preis dieses *meal* war fix und lag normalerweise zwischen 15 und 20 Rupien. Schwand die Menge einer der Speisen, bestand kein Grund zur Panik. Die äusserst wachsamen Kellner füllten umgehend jede Lücke, die sich auf dem Blatt anzubahnen drohte. Den «Reisnachschöpfer» mussten wir regelmässig abwehren und zurückweisen, denn schon nach dem Verschlingen der halben Portion waren wir satt. Ganz anders war es da um die Inder bestellt. Nicht selten sahen wir den Reiskellner bei ihnen dreimal nachschöpfen. Unbeeindruckt von den servierten Mengen kneteten die Gäste in aller Seelenruhe und genüsslich mit den Fingern der rechten Hand die Reis-Curry-Masse bis zur optimalen Konsistenz und warfen sich dann in schnellem Rhythmus schneeballgrosse Klumpen in den weit geöffneten, bodenlosen Schlund.

Nördlich von Goa stehen die Reisfelder unter Wasser. Bauern und Ochsen sind bis zu den Knien ins segensreiche Nass des Monsuns eingetaucht, in dem sich die grauen Wolken spiegeln. Gegen Ratnagiri, die grösste Stadt an der Konkanküste, wird die Witterung trockener, aber noch immer sind die Ausläufer der Western Ghats mit saftigem Grün überzogen und mit Palmen bestanden. Zwei-, dreimal erkennen wir Strassenabschnitte wieder, auf denen wir im Februar und März Richtung Süden geradelt sind.

Am Morgen der zweiten Nacht bolzen wir durch topfebene Landschaft aus frisch gepflügten Äckern und knochentrockenen Reisfeldern. Unzählige kunstvoll geschichtete Heustöcke schiessen an unserem Fenster vorbei, bis schliesslich moderne Blockbauten mit wuchernden Slums dazwischen, in denen ungezählte Kinder herumwuseln, den Stadtrand von Delhi markieren.

Nach 39 Stunden Fahrt rauchen im Bahnhof Nizamuddin die Bremsbeläge unseres Zuges. Bei vierzig Grad stürzen wir uns ins Verkehrsgetümmel von Delhi. Via Gate of India fahren wir auf einer Hauptverkehrsader zum Connaught Place. Wir staunen über all die Sturzhelme, die an uns vorbeigleiten. Die Bussen bei Unterlassung müssen horrend hoch sein; anders ist diese Tragdisziplin der Motorradfahrer nicht zu erklären. Ausgenommen von der Helmtragpflicht sind offensichtlich die Sikhs. Auf dem Markt gibt es wohl kein Helmmodell, das über ihr kunstvoll um das Haupt drapierte Tuch passen würde, welches die gemäss religiöser Vorschrift ungeschnittenen

Haare zusammenhält. Auch die auf dem Sozius mitgeführten Frauen werden nicht genötigt, ihre Haarpracht unter einen Helm zu zwängen. Religion und Schönheit stehen klar über dem Gebot der Sicherheit.

Im Quartier Karol Bagh finden wir schon bald ein gutes, und nach einigen Verhandlungsschritten auch preisgünstiges Zimmer mit Satelliten-TV, was für einmal zentral ist, denn schliesslich steht die Fussball-Europameisterschaft an. Die Strategie mit dem Erfragen des Zimmerpreises in Etappen verfängt hier ein weiteres Mal:

«Was kostet eine Nacht?» Der Hotelmanager weist mit der Hand auf die Tafel, die hinter der Rezeption an der Wand hängt: 1500 Rupien plus Luxustaxen.

«Gibst du keinen Rabatt?» Er windet sich und ringt sich zu zehn Prozent durch.

«Gut, das ist dein Angebot für eine Nacht. Wie sieht es aus, wenn wir drei, vier Tage bleiben?» Er beisst sich auf die Unterlippen und drückt den Betrag von 1200 Rupien durch die Zähne.

Nun kommt der finale Schlag:

«Wenn wir ganze zwei Wochen bleiben, werden wir uns bestimmt bei einem fairen Preis treffen, nicht wahr?» Er schluckt einmal leer und nennt tausend Rupien als letztes Angebot.

«Gehen wir richtig in der Annahme, dass dies inklusive Luxustaxen ist?» Er lässt ein gequältes «Ja» verlauten.

«Der Deal ist gemacht. Hier bleiben wir.»

Die Lage des Hotels scheint auf den ersten Blick nicht berauschend zu sein, doch entpuppt sich die Gegend bald als höchst interessant. Vom Hochsitz unseres Zimmers aus wird uns nämlich Einblick gewährt ins einfache Leben der gewöhnlichen Stadtbewohner. Vor allem unsere Nachbarin auf der Terrasse gegenüber kriegen wir oft zu Gesicht. Sie ist immer schon zu früher Stunde auf den Beinen und schrubbt sich die Zähne derart geflissentlich, als wollte sie sich auf Teufel komm raus den Zahnschmelz abraspeln. Anschliessend beginnt sie jeweils in einem Zuber Kleider zu waschen. Zu dieser Zeit schlafen unten in den engen Gässchen des Quartiers die meisten noch tief und fest in Tücher gewickelt auf den Betonschwellen vor den heruntergelassenen Rollläden, auf dem Trottoir oder auf den Ladeflächen ihrer Velotransporter. Heute aber kauert bereits einer vor einem Wasserhahn und duscht sich mit einem Schöpfbecher. Die Unterhose behält er dabei selbstverständlich an. Bei den Schläfern handelt es sich nicht um Penner, sondern um junge Burschen und Männer, die in ihren wachen Stunden Gebrauchtwagen und zerbeulte Motorräder aufmotzen. Tag und Nacht verbringen sie auf der Strasse. Geschäftig und zufrieden lackieren sie Kotflügel oder schrauben an Motoren herum, kochen sich in improvisierten Küchen ihr Essen – es duftet jeweils köstlich von den Speisen – und legen sich nach dem Tagewerk auf demselben Fleck Gehsteig schlafen, wo sie den ganzen Tag über gewirkt haben. Nicht einem einzigen Bettler sind wir hier bis jetzt begegnet.

Die Beschaffung des drei Monate gültigen Visums für Pakistan geht ohne das geringste Hindernis über die Bühne. Der Zeitung entnehmen wir, dass die Leute in Islamabad zurzeit unter einer Hitze von 47 Grad stöhnen. Da trifft es sich gut, dass wir noch ein paar Tage im um eine Spur kühleren Delhi bleiben.

Frühmorgens lassen wir uns zur chinesischen Botschaft chauffieren. Am Schalter erklärt uns eine ausnehmend freundliche junge Dame, dass ein Visum nur für maximal dreissig Tage ausgestellt werden könne, eine Verlängerung in China selbst aber problemlos möglich sei. «Wann wollen Sie die Pässe mit dem Visum abholen?», fragt sie mit einem süssen Lächeln. Da uns die Zeit nicht drängt, antworten wir, anfangs nächste Woche sei in Ordnung. Sie meint aber, es werde schon am Freitag bereitliegen. Uns solls recht sein. Der Amerikaner neben uns, der ebenfalls ein Visum beantragt, muss sich hingegen bis Montag gedulden, obwohl er unter Zeitdruck steht. Der Grund? Er ist Amerikaner. Für diese diskriminierende Sonderbehandlung muss er obendrein das Doppelte bezahlen – weil er Amerikaner ist. Er nimmt es erstaunlich gelassen und fügt trocken an, dass ihm für das Pakistan-Visum über 100 US$ abgeknöpft wurden – das entspricht dem fünffachen Betrag, den wir hinblätterten – und das Visum für Sri Lanka habe ihn gar 200 US$ gekostet. Sehr beliebt scheinen die Amis in dieser Weltregion nicht zu sein.

Die Meldungen in den Nachrichten lassen uns aufhorchen. So ist zwischen Ratnagiri und Mumbai gestern ein Zug entgleist. Die Opferbilanz mit 24 Toten und 60 Verletzten ist erschreckend. Der unablässige Monsunregen hatte einen gerodeten Steilhang neben dem Gleis destabilisiert. In der Nacht war schliesslich ein Felsbrocken hinunter geschlittert und kurz vor einer Brücke auf den Schienen liegengeblieben. Der Schnellzug Richtung Delhi raste in voller Fahrt in die Steinbarrikade. Ob der Wucht des Zusammenpralls entgleisten die vorderen Wagen des Zugs und einige fielen gar von der Brücke.

Verrückt – exakt vor einer Woche waren wir auf derselben Strecke unterwegs! Im Leben braucht es einfach ein gewisses Quantum an Glück. Uns war es bis zum heutigen Tag beschieden.

Des Weiteren heisst es, in einem Nationalpark südlich von Mumbai seien in diesem Jahr schon acht Menschen von Leoparden gefressen worden. Unser Respekt vor den Wildkatzen in Yana war also durchaus angebracht.

Die sechsstündige Zugfahrt nach Amritsar im Bundesstaat Punjab vergeht wie im Fluge. Während der ersten halben Stunde der Reise kleben wir wie gebannt am Fenster und beobachten die morgendlichen Aktivitäten der Leute in den Slums. Die elenden Hüttensiedlungen erstrecken sich über dutzende von Kilometern entlang dem Gleis. Unterbrochen werden sie nur von mit Abfall übersäten Feldern, auf denen die Bewohner ihre Morgentoilette verrichten. Einige Männer kauern Schulter an

Schulter auf einer Mauerkrone und koten ins faulige Bächlein darunter. Andere verrichten ihr Geschäft in relativer Privatsphäre: Im Umkreis von zehn Metern sind sie allein.

Später wird der Ausblick aus dem Fenster eintöniger, und wir widmen uns dem servierten reichhaltigen Frühstück, der Lektüre der im Zug verteilten aktuellen Tageszeitungen sowie älteren Ausgaben der schweizerischen NZZ und der deutschen Zeit, die wir noch am Connaught Place ergattert haben.

Von der Klimaanlage stark unterkühlt, steigen wir in Amritsar, dem spirituellen Zentrum des Sikhismus, steifgliedrig aus dem Zug. Die brütende Hitze und das gleissende Sonnenlicht in unseren reisemüden Augen schlagen uns beinahe in den Waggon zurück. Aber die lächelnden Gesichter und das vielstimmige « *Welcome!*» der Sikhs erleichtern den Schritt in den Glutofen.

Schon beim ersten Hotel aber retten wir uns in den angenehm temperierten Speisesaal mit gedämpftem Licht und ordern das wohl für lange Zeit letzte indische Essen: *paneer tikka, stuffed potato tandoor* und *garlic nan.*

Wieder frisch bei Kräften und beschwingt lassen wir uns von einem Velorikschafahrer zum wichtigsten Heiligtum der Sikhs bringen, dem Golden Temple. Vor dem aufziehenden Gewitter taucht die Nachmittagssonne die eindrucksvolle Anlage in ein zauberhaftes, geheimnisvolles Licht. Hunderte von Freiwilligen kratzen in Fronarbeit die losen Farbschichten von den Fassaden der weissen Gebäude, die im Geviert um den künstlich angelegten See stehen. Auf diesem befindet sich, vom Wasser umspielt, das Herz der heiligen Stätte: der Goldene Tempel. Pilger baden ihre dürren Körper zur Reinigung der Seele.

Inmitten einer andächtigen Menschenmasse lassen wir uns über den Steg zum Tempel treiben. Immer wieder knien die Gläubigen um uns auf den Boden und berühren ihn mit Nase und Stirn. Je näher das Portal rückt, desto inbrünstiger wird gebetet. Aus dem Inneren dringen rhythmische Trommelklänge und ein beruhigender Singsang. Der Himmel verfinstert sich. Erste Regentropfen verursachen auf der noch glatten Wasseroberfläche zarteste Erschütterungen, die sich in Form von Wellenbuckeln konzentrisch ausbreiten, bis sie schliesslich von den schäumenden Wogen verwischt werden, die der immer stärker aufkommende Sturm vor sich her peitscht. Den musizierenden Priestern werden Unmengen von Geldscheinen zugeworfen. Die Sikhs sind offenbar ungewöhnlich freigiebig. So werden hier auch für alle Pilger und sogar selbst für Touristen kostenlos Verpflegung und Logis angeboten. Auch der Eintritt war gratis, es wurden nicht mal Gebühren für den Fotoapparat erhoben, und beim Verlassen des Golden Temple will uns niemand für eine fiktive Leistung wie das «Bewachen der Schuhe» Rupien aus der Tasche ziehen.

Endlich, endlich gleiten wir wieder auf unseren Rädern durch die Welt. Jedes Mal nach einer längeren Ruhephase empfinden wir den Aufbruch ins abenteuerliche Nomadentum als wahren Befreiungsschlag.

Den glatten Asphalt teilen wir nur mit anderen Velofahrern und Rikschas. Aus einem Gefährt wird mir ein Bananenbüschel entgegengestreckt, das ich dankbar aus den Händen pflücke. Vorbei an winkenden Sikhs und trägen, höchstens rülpsenden Wasserbüffeln rollen wir zur nahen Grenze, der berühmt-berüchtigten Wagah Border. Diese Grenze entstand, als 1947 die Kolonie Britisch-Indien in die säkulare Indische Union und die Islamische Republik Pakistan aufgeteilt wurde. Das Dorf Wagah wurde dabei zerschnitten. Die Grenzformalitäten werden in entspannter Atmosphäre abgewickelt. Wie bis jetzt immer auf unserer Reise wird auch diesmal keines unserer Gepäckstücke kontrolliert. Der junge Beamte der indischen Emigration meint erst, wir hätten unser Visum überstrapaziert. Von seiner Argumentation selbst nicht hundertprozentig überzeugt, beharrt er nach kurzer Diskussion nicht länger auf seinem wackligen Standpunkt und verabschiedet uns im Chor seiner Kollegen herzlich mit «*Namasté!*».

Pakistan, 27. Juni bis 14. August 2004

Auf der anderen Seite der Wagah Border empfangen uns die Pakistani mit ihrem warmen Gruss «*Asalam aleikum!*», Friede sei mit Euch. In einem improvisiert wirkenden Büro, einem windschiefen Bretterverhau, werden als Erstes unsere Pässe eingescannt. Nun winken uns Beamte zu sich, die im Schatten eines Torbogens wie in einer schäbigen Kneipe auf roten, von Coca-Cola gesponserten Plastikstühlen um ein niedriges, rundes Tischchen, ebenfalls aus billigstem Plastik, sitzen. Von Hand werden hier die Daten unserer Pässe in ein grosses, schweres Buch eingetragen. Nach einem unterhaltsamen kurzen Schwatz entlassen uns die Grenzer in ihr Land.

Auf nicht mehr ganz so komfortablem Belag halten wir Richtung Lahore. Vom Lärm der knatternden Zweitakt-Rikschas, welche die Strasse wie Wanderheuschrecken fluten, und von den smogig-staubigen Ausdünstungen der 8-Millionenstadt halb betäubt, hängen wir schlapp in den Sätteln. Wären da nicht die aufmunternden, herzlichen Willkommensgrüsse, die uns aus strahlenden Gesichtern entgegenflattern, würden wir wohl kraftlos in uns zusammensacken. Gerade erst haben wir das Angebot eines Herrn, ihm in sein Dorf, in sein Haus zu folgen, in den Wind geschlagen, und schon heftet sich der Mopedfahrer Naveed Shah an unsere Seite. Seinen widerspenstig aus dem Mund bröckelnden englischen Worten entnehmen wir, dass er uns helfen will. Das Problem ist nur, dass wir kein Problem haben. «Nein, wir brauchen kein Geld, wirklich nicht, vielen Dank! Auch unsere Mägen knurren nicht, wir bedürfen keiner Mahlzeit. Wir sind satt. Herzlichen Dank!» Da wir weder über einen Stadtplan von Lahore noch über Informationen bezüglich Hotels verfügen, lenken wir die Räder im Höllenlärm durch Staub, Dreck und Abgasgestank in die Nähe des Bahnhofs. Hier parken wir im Schatten eines Mangostands und Naveed Shah spendiert uns am Strassenrand frisch gepresste Mangosäfte mit einer Handvoll Eiswürfeln drin. Nach sechs Monaten in Indien vermag dieses hygienisch äusserst zweifelhafte Getränk unseren Mägen keinerlei Probleme zu bereiten.

In den frühen Morgenstunden kitzelt es mich unter dem Pyjama. Noch schlaftrunken bin ich mir nicht sicher, ob dieses Gefühl zum Traum gehört, in den ich tief verwoben bin, und schlummere weiter. Als sich auch die letzten Traumschwaden verzogen haben, das Jucken aber kein Ende nimmt, knipse ich das Licht an, entledige mich des Oberteils, spicke eine hartnäckige Kakerlake von meiner Brust und gleite für ein paar letzte Minuten in die Sphären des Unbewussten.

Heute begeben wir uns ins Geschäftszentrum von Lahore. Erstaunlich viele Frauen sind am Flanieren. Junge gar in Jeans und T-Shirt. Wieder zurück im Quartier unseres Hotels, erstehen wir von einem Strassenverkäufer einen Sack saftigster Pfirsiche. Da erscheint Naveed Shah wieder auf dem Plan. Auf der Suche nach uns hat er die Gegend schon stundenlang durchkämmt. Weil wir seines limitierten Englisch wegen und unserer weit gehenden Ignoranz seiner Sprache gegenüber nichts Tiefschürfendes miteinander diskutieren können, lädt er uns erneut zu Mangosäften ein. Unser

Versuch, diesmal zu bezahlen, scheitert kläglich – keine Chance! Asif, der weltgewandte Mangoverkäufer, spricht perfekt Englisch. In seinen nicht weit zurückliegenden Dubaier-Jahren hatte er es sich autodidaktisch angeeignet. Über eine Stunde sitzen wir zu viert in der stickigen Luft, die – ohne einer Übertreibung zu erliegen – schlicht zum Abbeissen ist, und unterhalten uns schreiend, um dem Motorenlärm Paroli zu bieten. Als wäre die üble Luftqualität nicht Gift genug für die Lungen, werden allenthalben Zigaretten geraucht. Selbst dem Jungen, der den Teig für unser bestelltes *nan* knetet, steckt eine qualmende Kippe im Mundwinkel. Und beim Hacken der Gurken hält er sie lässig zwischen Ring- und Mittelfinger der linken Hand. Auch Velo- und Motorradfahren scheint ohne Glimmstängel nicht möglich zu sein. Bereits im zarten Kindesalter wird der blaue Dunst begierig inhaliert. Ein herrliches Bild geben die drei paffenden Männer auf der kleinen Ladefläche des von zwei Pferden gezogenen Karrens ab. In ihrer pakistanischen Kluft, dem *schalwar kameez*, diesem traditionellen Gewand aus weiter Hose und knielangem Hemd, das wir so schlicht wie despektierlich Pyjama zu nennen pflegen, stehen sie kerzengerade auf dem wackligen Brett und diskutieren miteinander durch die Rauchschwaden hindurch – wohlgemerkt: in voller Fahrt durchs ärgste Verkehrsgetümmel.

Hier in Pakistan ist das Leben für uns wieder anstrengender als noch in Indien: überall Händeschütteln und Smalltalk, aber auch längere und intensivere Gespräche. Dafür lernen wir einige Brocken Urdu, werden oft eingeladen und erfahren so in kürzester Zeit viel über Land und Leute. Es fällt uns auf, dass die Gesichtszüge der Pakistani markanter wirken als jene der Inder. Nach dem Eindunkeln ertönt der Gebetsruf vom Minarett – neben der ausgesprochenen Gastfreundschaft ein weiteres Zeichen, dass wir uns auf Muslim-Terrain befinden. Wir fühlen uns wohl. In einem Geschäft verabschiede ich mich vom Inhaber mit dem im Iran oft angewandten «*Choda hafiz!*». Dieser erstrahlt darob voller Freude und erwidert postwendend: «Bist du Muslim?»

«Ja, schon beinahe», scherze ich.

Parallel zur Zuglinie rollen wir im stinkigen und dröhnenden Verkehrsgewühl nordwärts aus der Stadt hinaus. Keine Minute fühlen wir uns einsam. Mindestens jemand fährt immer auf gleicher Höhe mit uns und versucht, unsere Nöte oder wenigstens unbefriedigte Bedürfnisse zu ergründen, damit uns geholfen werden kann. Derart abgelenkt verpassen wir die Abzweigung, die uns in eine ruhigere Nebenstrasse geführt hätte und bleiben gezwungenermassen dem breiten National Highway treu. Wie das Trinkwasser mit feuchten Socken kühlen wir unsere Köpfe durch das Benetzen der Stoffschläuche, die wir als Sonnenschutz übergezogen haben. So können wir trotz stechender Sonne und 42 Grad im Schatten einen Hitzschlag vermeiden. Ein Highway-Polizist winkt uns zu sich an den Strassenrand, begrüsst uns ausnehmend freundlich mit festem Handschlag und bietet seine Dienste an, die wir aber nicht benötigen. Er warnt uns vor Räubern auf den folgenden Kilometern.

Tankstellen säumen die Strasse. Bei einer dringt Qualm aus einer Küchennische. Hier rasten wir und bestellen zum dünnen Fladenbrot *roti* im heissen Öl schwimmendes Gemüse, *sabzi*. Tische und Stühle gibt es nicht. Zusammen mit den anderen Gästen setzen wir uns, belagert von Fliegen, auf das Seilgeflecht hölzerner Bettgestelle, sogenannter *tscharpois*. Diese Möbelstücke sind multifunktional. Tagsüber dienen sie als Tischersatz oder Sitzfläche und des Nachts wird auf ihnen geschlafen. Wo immer wir kurz anhalten, bildet sich eine Menschentraube um uns. Aus dem Kreis der stillen Zuschauer kristallisiert sich stets ein Wortführer, der uns im Namen aller herzlich willkommen heisst in Pakistan, ihrem Land. Erstaunlicherweise, wir befinden uns ja in einer Islamischen Republik, reichen mir oft Frauen und Bea Männer die Hand. Die karge Landschaft ist nicht gerade berauschend. Und direkt über uns ist der wolkenlose Himmel zwar noch blau, doch gegen den Horizont hin tauchen ihn aufgewirbelter Staub und Smog in grausliches Grau. Den Glanzpunkt setzen in dieser Gegend die warmherzigen Menschen.

Kaum gestartet am nächsten Morgen, spendiert uns ein Apotheker, der seinen Sohn im Auto zum Basketballtraining fährt, Coca-Cola und zwei Flaschen Wasser. Die Einladung in sein Haus lehnen wir zu dieser frühen Stunde ab. Schliesslich wollen wir die verhältnismässig kühle Morgenphase nutzen, um so weit wie möglich zu kommen. Wenig später finden wir uns in voller Fahrt ins Gespräch mit einem 32-jährigen Geschäftsmann verwickelt. Er will eine Schweizerin heiraten. Ob wir ihm bei diesem Vorhaben nicht behilflich sein könnten? Er verdiene gut und stamme aus einer ehrenwerten Familie. Bea klärt ihn auf, dass in der Schweiz arrangierte Ehen nicht üblich seien. Um sich seinen Wunsch zu erfüllen, müsse er sich ein Visum besorgen, in die Schweiz reisen und darauf hoffen, dass sich eine Frau in ihn verliebe. Daraufhin entgegnet er bestürzt: «Nein, ich will eine gute Frau, kein Strassenmädchen!» Er wird es nicht leicht haben. Unsere Sitten sind ihm wohl zu fremd. «Ist denn Peter ein guter Ehemann? Schlägt er dich?», will er von Bea wissen. «Nein, sicher nicht! In der Schweiz würde ein solch abscheuliches Verhalten nicht toleriert. Das ist sogar von Gesetzes wegen verboten.» Auch seine Einladung schlagen wir in den Wind und ziehen weiter.

Bei einer der topmodernen Tankstellen mit Lebensmittelgeschäft, Moschee und Toilette setzen wir uns kurz in den Schatten um abzukühlen. Hier sinkt die Anzeige unseres Thermometers langsam auf 43 Grad. Drei junge Männer lenken ihr Motorrad zu unserem Ruheplatz, drücken uns die Hand und versichern: «Wenn immer ihr etwas benötigt, sind wir für euch da!» Nun bitten sie mich, sie in den Shop zu begleiten und von den Regalen auszuwählen, was ich begehre. Eine Flasche Wasser ist ihnen zu wenig, mindestens eine Büchse Coca-Cola wollen sie uns auch noch schenken, bevor sie sich herzlich empfehlen. Ein paar Stunden später, bei einer weiteren Tankstelle, wo wir nur Schatten und Wasser tanken wollen, werden wir wieder zum Essen und zum Trinken eingeladen. Wir begnügen uns mit *chai* und Mangosäften. Trotzdem wird dies ein längerer Aufenthalt, denn per Mobiltelefon wird ein Journalist der «Pakistani Daily» herbeizitiert. Nach dem Interview und dem Fotoshooting legt er uns ans Herz, über unsere Erlebnisse in Pakistan ein Buch zu schreiben und alle Menschen Europas zu informieren, dass die Pakistani keine Terroristen seien. Später tragen uns noch andere Leute dieses unter den Nägeln brennende Anliegen vor. Sie leiden sichtlich unter dem schlechten Ruf, der ihrem Land anhaftet.

Nicht so die beiden Highway-Polizisten vom Bezirk Gujrat, die uns über etwa zehn Kilometer bis zur Grenze ihres Reviers eskortieren. Der eine, ein stämmiger, mit Plaketten behängter Ordnungshüter in khakifarbener Uniform und mit Sonnenbrille auf der Nase erklärt uns väterlich und fast schon mit mitschwingendem Stolz, dass es hier Terroristen gäbe und er uns zu unserer Sicherheit begleite. Mit oder ohne Polizeischutz aber fühlen wir uns keine Sekunde bedroht auf diesem Highway. Noch mindestens weitere zehn Male wird uns heute Hilfe angeboten.

In Jhelum liegen über hundert Kilometer hinter uns. Dafür drückten wir knapp sechs Stunden den Sattel und hatten neben unzähligen geschenkten *chais*, Pepsis und Säften unsere Kehlen mit 15 Liter Wasser gespült.

Weil heute Abend mit Portugal gegen Holland ein Halbfinal der Fussball-Europameisterschaft steigt, prüfe ich im nobelsten Hotel der Stadt ein Zimmer und zappe die Fernsehprogramme durch. Der das Spiel übertragende Sender ist unter den sieben programmierten Kanälen aber nicht vertreten. Also durchstreifen wir die Stadt nach einem besseren Angebot. Nach längerer, erfolgloser Suche stranden wir schliesslich beim abgetakelten Hotel Paradise. Hier wird uns ein Raum mit Klimaanlage, Kühlschrank und Satelliten-TV präsentiert.

«Was kostet das Zimmer für eine Nacht?», will ich wissen.

«*For you it's for free*», entgegnet der Vermieter.

«Wie bitte? Gratis? Wir wollen aber zwei Nächte bleiben.» Der Herr wiederholt mit einem feinen Lächeln, das seine Mundwinkel umspielt: «*No problem. For you it's free of charge.*»

Nach dem Nachtessen schliessen wir Bekanntschaft mit Khan, einem 27-jährigen Rikschafahrer. Er verdingte sich einst für fünf Jahre als Gastarbeiter in Spanien. Im Sommer schuftete er jeweils als Orangenpflücker und im Winter als Baggerfahrer. Strahlend und fortwährend in Spanisch plaudernd führt er uns in seiner aus China importierten Rikscha *qingqi* von einer Lokalität zur anderen. In einem Teehaus stösst ein Verwandter von ihm zu uns, der uns fortan begleitet. Ob wir Pfirsiche mögen, will Khan wissen. «Ja, sehr!», entgegne ich arglos. Und schon springt der Verwandte aus der Rikscha und ersteht bei einem Früchtehändler einen prallen Sack voll Pfirsiche und legt ihn mir auf den Schoss. An einem anderen Ort offerieren uns die zwei *faluda*, diese stark gesüsste Milch mit schleimigen, schlabberigen Fäden drin. Das mag für die einen bestimmt eine Delikatesse sein, doch wir müssen nach zwei winzigen Anstandsschlückchen die Segel streichen. Mit der Spanisch-Urdu-Konstruktion: «*Somos para*, wir sind satt», versuchen wir, das Gesicht zu wahren. Khan begleicht die Rechnung. Ohne Rücksicht auf unsere prallen Bäuche geht die kulinarische Entdeckungsreise weiter. Zwei, drei süss-klebrige Kugeln *rasgulla* bringen wir gerade noch unter. Gespült wird mit einem dubiosen Wässerchen, das mit Kohlensäure versetzt ist und nicht nur nach faulen Eiern riecht, sondern auch so schmeckt. Nun irrlichtert vor uns ein beduselter oder sonst wie der Realität entrückter, spindeldürrer Westler mit abenteuerlicher Mähne über die Strasse. Flugs wird er in die Rikscha geladen. Der herzensgute Khan bringt ihm aus einem Restaurant ein Glas warme Milch und uns zum Hotel zurück. Für morgen Abend lädt er uns zu sich und seiner Familie zum Essen ein.

Nach Mitternacht verfolgen wir im Zimmer das Fussballspiel und müssen bald feststellen, dass die Klimaanlage ausgestiegen ist. Die Luft ist mit 37 Grad nicht nur heiss, sondern auch feucht und stickig. Das einzige Fenster geht auf den düsteren, unbelüfteten Gang. Die Bettlaken sind längst tropfnass geschwitzt. Bea kämpft in diesem Backofen gegen klaustrophobische Ängste, kann kaum atmen, geschweige denn schlafen. Und trotzdem wird es Morgen.

Zusammen mit seiner Schwester Shashda holt uns Khan beim tropisch heissen Hotel Paradise ab. Natürlich geht es nicht auf direktem Weg zu ihnen nach Hause. Erst touren wir im *qingqi* nochmals durch Jhelum, ihre Stadt. Khan lädt uns zu *chai* und bald darauf zu Zuckerrohrsaft ein. Er führt uns zum heiligen Platz der Sunniten und anschliessend in eine schiitische Moschee. Hier erklärt uns ein junger Mann die Bedeutung der verschiedenen Reliquien und spendiert Coca-Cola. Er und Khan haben sich vorher noch nie gesehen. Der eine Schiit, der andere Sunnit. Kein Problem? «Nein», meint Khan, «wir sind doch alle Brüder.» Recht hat er!

Auch die christliche Kirche will er uns nicht vorenthalten und steuert ins entsprechende Quartier. Weil wir seiner Mutter nicht mit leeren Händen gegenübertreten wollen, bitten wir ihn, bei einem Blumenladen zu stoppen. Er meint, es dränge uns, im Gotteshaus einen Kranz niederzulegen, und begleitet uns ins Geschäft des Floristen. Erst als wir Khan um seine Meinung bitten, ob die roten Rosen den Geschmack seiner Mutter treffen würden, realisiert er unsere wahre Absicht und gerät in Rage: «So was macht man in Pakistan nicht. Das wäre sinnlos Geld ausgegeben. Diese Rosen kosten 200 Rupien. Und wofür? Für nichts! In Pakistan bringt man keine Geschenke mit. Ihr seid meine Gäste. Punkt.» Wir stehlen uns ohne eine einzige Blume aus dem Geschäft zurück zur Rikscha. Auf dem Weg zur Kirche erklärt der noch immer aufgekratzte Khan, Geld sei nur dann gut ausgegeben, wenn es im Austausch für Nahrung war. Er verdiene im Monat 2000 Rupien. Wobei er keine Ruhetage kenne. Wie dumm wäre es da, 200 Rupien für nichts als Rosen auszugeben.

Der Kirchendiener hält auf der Wiese mit seiner Familie Siesta. Trotzdem empfängt er uns herzlich und führt uns gleich in das kühle Kirchenschiff. Auf Trommeln gibt er einige pakistanische Rhythmen zum Besten. Draussen pflücken Kinder kirschenähnliche Früchte. Khan ruft in die mächtigen Baumwipfel hinauf den Kindern zu, sie sollen uns einige davon abgeben. Mit Freude und unter hellem Lachen lassen sie bald ein prall gefülltes Plastiksäckchen vor unseren Füssen auf die Wiese plumpsen. «Der Name unseres ‹Schwitzkasten-Hotels› scheint in ganz Jhelum Programm zu sein», fährt es mir durch den Kopf. Auch diese Menschen hier kannte Khan zuvor nicht. Nur unseretwegen fuhr er hier vor.

Bea und ich sind mittlerweile in Sorge um Khans Mutter. Vermutlich wartet sie schon halb verzweifelt am gedeckten Tisch auf die Gäste. Dass diese Befürchtung unnötig ist, wird klar, als wir im Basar die Gemüse für das heutige Abendessen auswählen dürfen.

Das Heim von Khans Clan befindet sich in einer einstöckigen Reiheneinfamilienhaus-Siedlung. Die blecherne, zerbeulte Eingangstür führt in einen kleinen Innenhof, in dem Wäsche zum Trocknen im Wind flattert. Der erste Raum rechterhand ist das WC, der zweite ist mit einem Wasserhahn und einem Plastikeimer ausgestattet und der dritte ist die Küche. Sie misst im Grundriss nicht mehr als ein Meter auf zwei Meter. Dem Hauseingang direkt gegenüber liegen zwei Zimmer mit je zirka acht Quadratmeter Fläche. Das eine wird als Umzieh- und Lagerraum genutzt, während das andere als Wohnzimmer dient. In diesem stehen zwei Betten und ein Kühlschrank. Über dem einen Bett sind auf einem Holzbord Tassen und Teller aufgereiht – das täglich gebrauchte Geschirr. Eine weitere Tür führt von diesem Raum zum Sitzplatz hinter dem Haus, der in der Tiefe durch eine Backsteinmauer begrenzt wird. Seitlich verlaufen keine Zäune über den Rasen. Einige *tscharpois* stehen herum.

Wer alles in Khans Haus wohnt, bleibt uns schleierhaft, denn es herrscht ein Kommen und Gehen. Gegen die zwanzig Leute sind immer um uns versammelt. Einige stammen aus den Wohnungen nebenan, andere sind von weiter her gekommen. Uns knurren bereits die Mägen, doch bis zum Essen müssen wir uns noch in Geduld üben. Derweil ich wieder in die Rikscha gebeten und zum Barbier geführt werde – eine Rasur tut tatsächlich Not –, rüstet Bea mit den Frauen zusammen auf dem Bett Gemüse.

Blaurasiert steigt mir köstlicher Duft in die Nase, doch denkt ausser mir und Bea noch niemand ans Futtern. Jetzt wird uns nämlich zuerst das sandig-staubige Cricketfeld gezeigt, der Stolz des Quartiers. Es liegt in einer grossen windigen Ebene, an deren Rand sich ein Übungsplatz des Militärs befindet.

Vom Spaziergang zurück, wird Bea wie eine Puppe geschminkt und drapiert. Im pakistanischen Hochzeitskleid erstrahlt sie wie eine Prinzessin. Ich werde in ein Pyjama gesteckt und für ein paar Erinnerungsfotos neben sie platziert. Nun endlich setzen wir uns im Schneidersitz auf die Betten und lassen uns das delikate Abendessen schmecken: Rohgemüse und zwei verschiedene *sabzis*, die mit Stücken von *rotis* vom Teller geklaubt und in den Mund geschoben werden. Besteck braucht und gibt es nicht in diesem Haushalt. Zufrieden schaut Khan in die Runde und meint mehrmals an uns gewandt: «Die Pakistaner sind ein armes Volk. Sie haben aber ein sehr grosses Herz.» Für den *chai* scharen sich alle um die *tscharpois* draussen. Uns zu Ehren werden zwei Stühle organisiert. Ein in elektrischen Angelegenheiten versierter Verwandter zieht von der Stube her eine improvisierte Leitung ins Freie und lässt unter dem staunenden Raunen der Anwesenden eine nackte Glühbirne leuchten. Auch ein wuchtiger Ventilator wird herbeigeschafft und direkt hinter unseren nassgeschwitzten Rücken aufgestellt.

Nach der überaus herzlichen Verabschiedung von Khans Familie und einer erneuten Stadtrundfahrt mit mehreren *Chai*-Halten wünschen wir schliesslich auch Khan «*Choda hafiz!*» und rufen ein letztes Mal: «*Adiós!*»

Unser heutiges Ziel ist das 125 Kilometer entfernte Islamabad. Mit einem Verbrauch von 18 Liter Trinkwasser als «Treibstoff» werden wir dort nach 14 Stunden reich befrachteter Reisezeit eintreffen, die uns erneut tiefer in die sprudelnde Lebensfreude und die unvorstellbare Fürsorge und Gastfreundschaft der pakistanischen Bevölkerung einwebt:

Nach nur gerade zwei Stunden Schlaf beginnen wir in aller Frühe unsere Sachen zu packen. Die Rezeption des freundlichen, in manchem Sinn durchaus paradiesischen Hotels Paradise präsentiert sich vor Sonnenaufgang noch verwaist. So deponieren wir den Zimmerschlüssel auf der abgewetzten Theke und legen eine Fotografie von uns dazu, auf deren Rückseite wir ein paar Dankesworte in Urdu kritzeln.

Kaum aus der Stadt, und schon winkt uns ein Polizist zur Seite. Er lässt sich die Gelegenheit nicht entgehen, sein tadelloses Englisch anwenden zu können. Stolz berichtet er uns von seinem einmonatigen Ausbildungsaufenthalt in Deutschland, der vor zwei Jahren stattfand. An seinem Hemd prangt seit jener Zeit über der Brust eine Plakette mit der Aufschrift «Autobahnpolizei». Und er kann noch immer akzentfrei «Tschüss!» sagen. Nun lädt er uns zu Tee ein, was in Pakistan folgendermassen abläuft (natürlich nur, wenn man eine gewisse Autorität ausstrahlt, die einem beispielsweise eine Polizeiuniform verleiht): Irgendeinem, der zufällig herumsteht – in diesem Land ist dies immer gegeben –, befiehlt er kurz und knapp, vier *chais* zu bringen. Der Angesprochene macht sich ohne die geringste Widerrede sofort auf die Socken und verschwindet Richtung Dorf. Nach einer guten Viertelstunde werden uns die Getränke heiss serviert. Bezahlen muss der König der Landstrasse das Bestellte selbstverständlich nicht; dem Diener genügt die Ehre, sich als nützlich erwiesen zu haben. Der weltmännische Polizist erklärt uns ausufernd, dass die Muslime ihren maximal vier Ehefrauen bis zum Tod treu bleiben. Bei diesen Worten sieht er aus den Augenwinkeln einen überladenen LKW heranrumpeln. Er unterbricht seine Ausführungen über die Ehe und meint: «Ich werde ihn büssen.» Schliesslich hat er seinen Job zu erledigen. Unserem ungeübten Blick fällt an diesem Fahrzeug nichts Spezielles auf. Es unterscheidet sich kaum von den zwanzig anderen Lastwagen, die seit Gesprächsbeginn vorbeigestampft sind. Er aber verlässt sich bestimmt auf andere Sinne. Spürte er vielleicht am Grad der Erschütterung seiner Fusssohlen, dass das Zittern des Asphalts diesmal von einer rollenden Last ausgelöst wurde, die über dem Zulässigen liegt? Wie dem auch sei, nonchalant winkt er dem Chauffeur, dem es sofort dämmert, was es geschlagen hat. Er verlangsamt und lenkt sein Ungetüm an den Strassenrand. Der Kompagnon des Polizisten füllt den Bussenzettel aus: 500 Rupien. Der ertappte Lenker drückt ihm ohne Murren die bereits abgezählten Scheine in die Hand, nimmt die Quittung entgegen und zieht wieder seines Weges. Der stramme Herr der Autobahnpolizei versichert uns treuherzig, dass es in Pakistan keinen Terrorismus gebe und dass es für uns in keiner Weise gefährlich sei, durch dieses Land nach China zu reisen. Zum Abschied überreicht er uns seine Visitenkarte und bezeichnet uns als seine Freunde, die ihn jederzeit anrufen können.

Wenig später überholt uns ein Gefangenentransport. Die mit alten Karabinern bewaffneten Wachen, die hinten auf dem Trittbrett stehen, winken oder zeigen mit den Daumen nach oben und lachen uns zu. Nun hält der Wagen. Die Bewaffneten springen auf die Strasse und schütteln uns enthusiastisch die Hände. Selbst einer der Gefangenen strahlt zwischen den Gitterstäben hervor und grüsst uns.

Zwei Jungs auf einem Mofa begleiten uns für einen kurzen Abschnitt. Unvermittelt verabschieden sie sich brüsk und trocken, aber nur um uns wenig später mit zwei eiskalten Dosen Coca-Cola zu überraschen. Um das prickelnde Süssgetränk seiner Bestimmung zuzuführen, steuern wir ein reichlich beschattetes Gartenrestaurant an. Obwohl wir hier nichts bestellen, werden uns Tisch und Stühle angeboten. Sogar ein Ventilator wird eigens für uns herbeigeschleppt, derweil uns einer fragt, ob er uns etwas kaufen dürfe. Wir lehnen dankend ab.

Im Schatten eines Baums giessen wir uns kühles Wasser durch die brennenden Kehlen. Schon wächst aus dem sandigen Boden ein Herr mit Schnauz. Er lädt uns zu einem Fest ein, das heute Abend steigen werde. «Ich bin ein grosser Sänger», meint er nicht ganz unbescheiden. Aber so steht es auch auf seiner Visitenkarte geschrieben – wer würde da noch an seinen Fähigkeiten zweifeln? Trotzdem radeln wir weiter, um bald einen Platz für die Mittagsrast zu finden. Auf einem Gemüsemarkt wählen wir bei einem Stand Tomaten und Zwiebeln aus. Bezahlen müssen wir freilich nicht

– wir seien Gäste, heisst es. Bei einem Imbissstand setzen wir uns an den einzigen freien Tisch, bestellen Wasser und beginnen, unsere Vorräte auszupacken. Schon werden uns Teller und Besteck gereicht. Unzählige Leute suchen das Gespräch mit uns. Kaum jemandem sind wir gleichgültig.

Viele Velofahrer, die wir überholen, reissen darauf hin einen kurzen Spurt an und ziehen mit einem breiten, schelmischen Lächeln an uns vorbei. Aber nur, um wenig später wieder massiv an Dynamik ihrer Fahrweise einzubüssen. Andere begleiten uns mit wohldosiertem Kräfteeinsatz über längere Zeiträume und erzählen uns ihre Lebensgeschichte in allen Facetten, ohne realisieren zu wollen, dass wir nicht ein einziges ihrer Wörter verstehen.

Die schwarzen Dieselschwaden der Trucks stinken fürchterlich. Die Lastwagen sind mit ihren Ausdünstungen eine einzige Beleidigung für die Nase, aber eine umso grössere Freude fürs Auge, haben sich die Abgaswolken einmal verzogen. Die Karosserien sind nämlich kunstvoll gestaltet und verziert. Von der Seite betrachtet erinnern sie mich an bunte Adventskalender. Meistens ist ein Türchen geöffnet, aus dem schon auch mal nackte Füsse ragen, mindestens aber ein breit lachender Beifahrer mit Vollbart oder wuchtigem Schnauz. Darunter machts keiner.

Der erste Eindruck von Islamabad ist eher ernüchternd: Asphalt, Autos, Abgase. Die in den 60er Jahren aus dem Boden gestampfte Stadt ist unasiatisch grosszügig in rechtwinklige Sektoren angelegt und wirkt deshalb gleichförmig und, abgesehen von den Blechlawinen, wie leer gefegt. Nicht mal Abfall liegt herum. Beim weiteren Vorrücken ins Zentrum treffen wir zwischen kühnen Repräsentationsbauten aber doch da und dort auf lebhaftes Treiben. Bei Einbruch der Dunkelheit ist ein Hotelzimmer gefunden. Und um Mitternacht lassen wir uns todmüde, aber zufrieden mit den Erlebnissen des Tages auf die grosse, weiche Matratze sinken. Die Klimaanlage funktioniert tadellos.

Da wir uns mit dem Vorhaben, auf dem KKH, dem Karakorum-Highway, bis nach China vorzudringen, auf heisses, politisch brisantes und spannungsgeladenes Pflaster wagen, versäumen wir es nicht, der Schweizer Botschaft einen Besuch abzustatten, um uns mit den aktuellsten Informationen einzudecken und ihre Einschätzung der Sicherheitslage zu vernehmen. Der Botschaftsmitarbeiter empfängt uns mit auserlesener Freundlichkeit. Bei einer Tasse Grüntee leiht er uns geduldig sein Ohr und berichtet auch engagiert über seinen Alltag in diesem so faszinierenden wie manchmal unbegreiflichen, sich allen rationalen Erklärungsversuchen entziehenden Land. Selbstverständlich gebietet ihm sein diplomatisches Geschick, sich nicht so weit aufs Glatteis hinaus zu begeben und zu erklären, es sei absolut kein Problem, den KKH zu bereisen. Sollte uns dann nämlich trotzdem etwas zustossen, würde er allenfalls zur Verantwortung gezogen. «Aber», meint er im Abstand von zwei Schlückchen Tee, wie eine zwischen den Zeilen schwingende Botschaft, «ausser Steine werfenden Kindern ist mir zurzeit nichts bekannt, das eine Fahrt bei Tageslicht als verantwortungslos erscheinen liesse.»

Im Hotel zurück, brüten wir über der Landkarte und studieren in aller Ruhe den vor uns liegenden Weg. Schliesslich einigen wir uns auf ein Sicherheitskonzept, das uns hoffentlich auch Kohistan, das voraussichtlich prekärste Gebiet, ungeschoren passieren lässt: Ausschliesslich tagsüber unterwegs sein und immer in Hotels übernachten.

Über die breiten und übersichtlichen Strassen Islamabads rollen wir zur topmodernen, hellen Moschee Shah Faisal Masjid. Die Böden sind in Marmor gehalten und die Tragstruktur des Gebäudes besteht aus weiss gestrichenem Stahlbeton. Dies soll die grösste Moschee Asiens sein. Sie ist aber sicher nicht diejenige mit der grössten Ausstrahlung. Die nüchterne Kahlheit lässt das zauberhaft Verspielte der Moscheen älteren Semesters vermissen.

Unseren letzten Tag in Islamabad, den 7. Juli 2004, verbringen wir vergnügt Zeitungen verschlingend, bis uns eine sperrige Meldung im Hals stecken bleibt: Im Kohistan-Distrikt haben Banditen einen Touristenbus überfallen. Es geschah morgens um 2.00 Uhr zirka 350 Kilometer südlich von Gilgit auf dem KKH. Der Bus befand sich auf dem Weg nach Skardu. Drei Menschen wurden kaltblütig erschossen und sieben weitere verletzt. Das Ziel dieser Attacke einer Extremistengruppe sei es gewesen, den Tourismus lahmzulegen. Der Zeitpunkt dazu könnte besser gewählt nicht sein: Im Juli und im August wird um Skardu das Goldene, also das 50-jährige Jubiläum der Erstbesteigung des K2, des mit 8611 Meter zweithöchsten Bergs der Welt, gefeiert. Die Sicherheitsvorkehrungen am KKH würden nun verschärft, heisst es. Im Internet erfahren wir von einem tragischen Verbrechen in der Schweiz: Ein bis anhin unbescholtener Angestellter der Zürcher Kantonalbank hat im Büro zwei Kollegen mit Schüssen aus einer Handfeuerwaffe brutal niedergestreckt.

Diese beiden Nachrichten zeigen uns die Schwierigkeit, in den Medien dargestellte Geschehnisse angemessen zu interpretieren. Ist das Befahren des KKH für uns jetzt doch zu gefährlich, ein Beharren auf unserem Reiseplan gar verantwortungslos? Sollen die Banker Zürichs ihre dunklen Anzüge und dezenten Krawatten nun im Kleiderschrank aus Mahagoniholz belassen und im Seidenpyjama zuhause in ihrer Villa verweilen und mit ihren Kindern herumtollen? Solche Gedankenspielereien lassen uns die Vorkommnisse relativieren – schliesslich wird nichts so heiss gegessen, wie es gekocht wird. Wir lassen uns also nicht ins Bockshorn jagen und bleiben bei der gewählten Route. Daran vermag auch die nächste und letzte hereinplatzende Nachricht nichts mehr zu ändern: In der diplomatischen Enklave in Islamabad sind soeben die Britische Botschaft und die Visa-Sektion der Amerikaner wegen Bombendrohungen geschlossen worden.

Bevor mir die schweren Augenlider zufallen, versuche ich mir auszumalen, wie das Bild der Menschheit in unseren Köpfen aussehen würde, wenn die Berichterstattung in den Medien anders wäre: neunundneunzig Prozent positiv und nicht wie heute neunundneunzig Prozent negativ – eine bessere Welt?

Kaum wieder im Sattel, trieft uns in der schwülen Morgenluft der Schweiss aus allen Poren. Ab Chattar wird das Terrain ruppiger und der Murree-Highway verschmälert sich. Die Anzahl der Jeeps, Busse und Trucks nimmt in der Steigung durch die grüne, waldige Landschaft aber stetig zu. Sie alle besprühen die Fahrbahn mit ihren tiefschwarzen Abgasen. Es scheint uns, als drückten die Fahrer mit ihrem Fuss auf die Düse einer Spraydose statt auf das Gaspedal. Nur mit dem Unterschied, dass die Austrittsöffnung für die Farbe fünf Zentimeter im Durchmesser misst und das Schwarz nicht am Boden haften bleibt, sondern sich in unsere Atemluft mischt. «Diese verfluchten Abgase!», ereifern wir uns. Gleichzeitig schwelt im Hinterkopf eine Frage, die wir uns gar nicht zu stellen wagen: «Ist dies nun unser Los für die nächsten 1200 Kilometer bis Kashgar, China?»

Unter nahem, markerschütterndem Donnergrollen erreichen wir mit vor Anstrengung zittrigen Oberschenkeln den Bergferienort Murree, der uns nicht gerade als Ausbund von Schönheit erscheint. Aber immerhin ist es hier oben auf 2200 Metern über Meer knapp zwanzig Grad kühler als noch vor sechs Stunden in Islamabad. Bei strömendem Regen schieben wir die Räder in die Garage eines Hotels. Hier warnt uns ein Herr mit ernster Miene vor dem Befahren des Karakorum-Highways. Es wimmle dort von *narrow minded*, also engstirnigen, hinterwäldlerischen und nicht ungefährlichen Leuten. Zudem gibt er vor zu wissen, dass sich in Mansehra, diesem Städtchen nördlich von Abbottabad, al-Qaida-Söldner verschanzen. Das mag ja sein. Trotzdem aber schlafen wir in der kühlen Höhenluft von Murree ohne von bösen Träumen heimgesucht zu werden.

Am Morgen lacht die Sonne vom Himmel und gewährt uns dank ihrem heiteren Gemüt Aussicht auf bewaldete Berge und Täler. Diese ansprechende Szenerie ändert aber leider nichts daran – ja, ist im Gegenteil wohl gerade die Ursache dafür –, dass wir uns hier in Murree, das nur ein Katzensprung von Islamabad entfernt liegt, in ausgeprägtem Touristengebiet befinden. Hier lauern die Speichellecker gleich rudelweise den Reisenden auf und legen ihre schmierige Spur, auf der die dollarschweren Geldsäcke ausgleiten und beim Aufprall zerplatzen sollen. Jawohl, zerfallen sollen die Touristen in ihre Bestandteile: Goldmünzen. Kein Fleisch, kein Blut, keine Seele: Goldmünzen. Die gelben, hornigen Fingernägel der Schmarotzer sind lang und kräftig genug, um die nach dem Knall der berstenden Hülle auf dem Boden herumtanzenden und nicht selten von Ritzen verschluckten glänzenden Scheibchen restlos aufzuklauben. Was mich an diesen Kreaturen vor allem ekelt, ist nicht ihre Raffgier, sondern der fehlende Respekt für das Gegenüber als Bruder oder Schwester, wie dies Khan so treffend ausgedrückt hat. Ein Angestellter unseres Hotels outet sich als derartiger Parasit: Eilfertig trägt er die vier leichtesten unserer sechzehn Gepäckstücke die drei Stockwerke bis zur Garage hinunter. Als Anerkennung für diese Handreichung strecke ich ihm zwanzig Rupien entgegen. Der Typ erfrecht sich tatsächlich, diesen Schein zurückzuweisen und stattdessen unverfroren hundert Rupien, was dem Tageslohn eines einfachen Bauarbeiters entspricht, zu fordern. Ich kann nicht umhin, ihm für dieses unflätige Begehren den Vogel zu zeigen. Okay, fünfzig Rupien seien auch in Ordnung, meint der Strolch mit aufgesetzt zerknirschtem Ausdruck. «Spinnst du eigentlich?», fahre ich ihn einigermassen grantig an. «Also gut, dann gib mir wenigstens die zwanzig Rupien.» – «Vergiss es!», sind meine letzten Worte, bevor wir in die Pedale treten und der windige Halunke nur noch gut für eine – im Nachhinein – spassige Anekdote ist.

Heute sind kaum Autos unterwegs, und der Belag weist lediglich dort Löcher auf, wo einst Steinbrocken aus den zerklüfteten Felswänden auf ihn runter gedonnert sind. Die langen Nadelbüschel an den Ästen der Pinien lassen die bewaldeten Hänge in samtenem Glanz erscheinen. Den würzigen Duft der Wälder atmen wir tief ein. Er ist wahrer Balsam für unsere von den Dieselwolken geschundenen Lungen. Stellenweise wimmelt es geradezu von Affen mit feuerrot leuchtenden Ärschen. Sie unterscheiden sich nicht nur durch dieses unverkennbare Merkmal von ihren indischen Artgenossen, sondern auch durch den massigeren Körperbau. Von mancher Hütte her wird uns bedeutet, uns bei einer Tasse *chai* und einem Schwatz auszuruhen. Eine Frau Doktor bremst ihren Jeep und schenkt uns auf offener Strasse ein japanisches Sackmesser sowie eine Handvoll knackiger Äpfel.

Die markigen Steigungen bewältigen wir im Schritttempo, was vorwitzigen Knaben auf dem Heimweg von der Schule zupass kommt: Sie löchern uns mit Fragen. Was die in Clans aufgewachsenen Burschen vor allem anderen interessiert, sind die Namen unserer Väter und an zweiter Stelle jene unserer Mütter. Sie staunen über Fritz, Godi, Trudi und Margrit – noch nie gehört, solch sonderbare Namen!

Im dichten Nebel bei Changla Gali mahnt uns ein Herr zur Vorsicht. Der vor uns liegende *tribal belt*, das Stammesgebiet um Chattar Plain, ist seiner Ansicht nach nicht sicher. Dafür hat er als erster nur lobende Worte für den weiter nördlich anschliessenden Distrikt Kohistan. Die Gastfreundschaft jener Menschen sei ohne Gleichen. Mit den Aussagen der Leute, die wir unterwegs treffen, verhält es sich ähnlich, wie mit den Nachrichten in den Medien: Es sind immer nur kleine Steinchen im Puzzle der Wahrheit. Nicht selten sogar durch Ideologie, Schwärmerei, Vorurteil oder pure Selbstgefälligkeit verfremdete Teile. Es ist an uns zu wählen, an Oberflächen zu kratzen, zu ordnen und zu deuten, um auf diese Weise *unsere* Wahrheit zu finden, ja, ein Stück weit auch zu schaffen.

In der Abfahrt über tausenddreihundert Höhenmeter nach Abbottabad hinunter, wo wir auf den KKH treffen, dem wir die nächsten Tage und Wochen bis nach China folgen werden, glühen unsere Felgen von der Reibungsenergie der hydraulischen Bremsen. Um sie abkühlen zu lassen, legen wir eine Pause ein, während der wir zarte Feigen im Mund zergehen lassen, die von Kindern am Strassenrand feilgeboten werden.

In der Hitze der Niederung, wo die Sonne unbarmherzig auf den Asphalt brennt, sticht uns beissender Gestank von Geflügelfarmen in die Nasen. Wenigstens das klägliche Gegacker der Tiere wird schon bald vom Motorenlärm aus Abbottabad verschluckt. Von dieser Stadt legen wir am nächsten Tag eine Art Zwischenschritt im Tanz nach China ein: Eine Minietappe zum Nachbarstädtchen Mansehra, damit danach der Rhythmus stimmt, um jeweils garantiert vor Einbruch der Dunkelheit ein Dorf mit Unterkünften zu erreichen. Diese ersten Pedalumdrehungen auf dem KKH sind alles andere als berauschend. Oft eingehüllt in schwarze Abgaswolken kämpfen wir uns auf dem überraschend schmalen Highway über die Unebenheiten des uns am äussersten Strassenrand zugestandenen Terrains der Fahrbahn. Dafür wird uns oft Wasser angeboten. Einer beharrt aber auf Pepsi, das ihm wertvoller erscheint. Auf dem Markt von Mansehra werden uns die Zutaten für «Kartoffelstock mit Gemüserahmsauce», eines meiner liebsten Menüs, allesamt geschenkt – wir seien ihre Gäste, heisst es erneut. Von der angeblich hier verschanzten al-Qaida-Brut merken wir lange Zeit nichts. Doch später beobachte ich etwas, das immerhin als Indiz dafür gewertet werden könnte: Mit dem Herabsinken der Nacht postiert sich sogar vor unserem drittklassigen Hotel ein Wachmann mit Kalaschnikov im Anschlag.

Ab Dhodial nimmt das Verkehrsaufkommen drastisch ab und der KKH zeigt uns sein Sonnengesicht. Das wird sich bis Kashgar, China, nicht mehr ändern. Am Strassenrand leuchten Haufen frisch geernteter Tomaten. Aus dem dichten Grün der Teeplantagen tauchen ab und zu Köpfe oder wuchtige Körbe auf, die sich wie auf Wellen tanzende Bojen ausnehmen. Auf den Feldern werden Tabak, Reis und Mais angepflanzt. Auch stehen viele Bienenkisten herum. Plötzlich fällt mir auf, dass hier etwas fehlt, das uns schon tausende von Kilometern begleitet hat: Abfall. Wo ist der Abfall entlang dem KKH? Es hat den Anschein, als wäre eben erst eine Putzkolonne vorbeigezogen. Die Gegend um Chattar Plain, dieser als gefährliches Stammesgebiet taxierten Zone, dünkt mich geradezu idyllisch. Nur das erbärmliche Lärmen und der bestialische Gestank aus den bis zu dreistöckigen Hühnerzuchtfabriken, die von weitem wie hässliche Hotelbunker aussehen, trüben das Bild. Aber niemand begegnet uns feindselig. Nicht mal der Wolf, der vor uns in aller Ruhe die Fahrbahn quert, fletscht die Zähne. Immer wieder werden uns Wasser und Nahrungsmittel angeboten. In Shinkiari setzen wir uns zu einer Männerrunde. Es wird uns süsser *chai* kredenzt. Auch werden wir eingeladen, uns von den beinharten, staubigen und mit Fliegen garnierten Biskuits zu bedienen, die in einer Blechbüchse unter der Sonne schmoren. Die wenigen Frauen, die sich in der Öffentlichkeit zeigen, sind tief verhüllt. Oft blinzeln sie nur aus einem schmalen Schlitz im schwarzen Tuch. Die meisten Männer beobachten und begegnen uns mit distanziertem Respekt.

Während der Abfahrt über tausend Höhenmeter nach Thakot hinunter welkt die saftige Landschaft von einem Meer aus Chlorophyll mit atemberaubend stilvoll angelegten Reisterrassen zu einer heissen Steinwüste, in der die milchiggrauen Fluten des Indus das prägende, das pulsierende Element bilden. Als inmitten der Sausefahrt, wenige Kilometer vor Batagram, knapp neben Bea ein Steinbrocken auf dem Asphalt zerschellt und sie weit oben im Hang einen kleinen Jungen erblickt, der von seiner sicheren Position aus feige herunter feixt, gerät unsere so hohe Meinung von den Bewohnern dieses Landstriches ins Wanken. Ansonsten werden aber keine Attacken gegen unsere körperliche Unversehrtheit geritten. Nur vereinzelt spüren wir, dass unsere Anwesenheit nicht goutiert wird. Einmal löschen wir am Strassenrand unseren Durst mit Wasser und lassen dabei den Blick über das Industal schweifen. Da bemerke ich etwa fünfzig Meter unter mir eine verschleierte Frau, die zu uns heraufäugt. Schon faucht ein junger Mann harte Worte zu ihr hinunter und droht ihr, wie einem räudigen Hund, mit einem Stein in der Hand. Sie versteht und zieht sich ins einsame Dunkel der Steinhütte zurück.

Beim Checkpoint nach der eindrücklichen, von chinesischen Ingenieuren entworfenen Hängebrücke, wo aus Sicherheitsgründen alle Reisenden aus dem Ausland Name, Nationalität, Passnummer, Reiseziel und Fahrzeugart in ein Buch eintragen müssen, heissen uns die Polizisten herzlich willkommen. Unsere im Gepäck steckenden Knüppel gegen Hunde und allfällige Sauhunde erheitern sie. Lachend rüsten sie unser Waffenarsenal mit zwei kleinen Haselruten auf. Weit müssen wir im grossen Buch zurückblättern, bis wir auf den letzten registrierten Radfahrer treffen: Er passierte am 6. Juni, also vor mehr als einem Monat.

Weiter vorne werden wir von bärtigen Männern, die vor einem der typischen Steinhäuser mit Dach aus Holzbalken und flachgedrückter Erde sitzen, zu *chai* eingeladen. Sie sprechen alle gut Englisch und scherzen: «Wir sehen nur aus wie Bin Laden, sind aber keine Terroristen.» Sie sind sehr an der Religion in der Schweiz interessiert und erklären uns, dass in Kohistan fast ausschliesslich Sunniten leben. Bevor wir uns von ihnen verabschieden, meinen sie sibyllinisch: « *Tagsüber* ist es sicher, auf dem KKH zu reisen.» Exakt in dieser Gegend wurde kürzlich des Nachts das Attentat auf einen Reisebus verübt, von dem wir in der Zeitung gelesen haben.

Von Besham aus windet sich das Asphaltband des KKH im rechten Hang des Industals bis nach Pattan hinauf. Die Steigungen sind durchaus angenehm zu fahren, zumal uns nach dem nächtlichen Gewitter frischeste Luft um die Nasen weht. Gewisse Hänge der kargen, steilen Gegend wurden terrassiert, um sie für die Landwirtschaft nutzbar zu machen.

Aus sämtlichen uns überholenden oder kreuzenden Autos und Lastwagen, nicht viele an der Zahl, werden wir gegrüsst. Eine vielköpfige Gruppe Koranschüler lädt uns vor ihrer *madressah* zu Tee ein. Als ihr Wortführer, der einnehmende junge Lehrer Saifur Rhman, gewahr wird, wie ich mit hochgezogener Augenbraue den auf die Brüstung gesprayten Schriftzug « *We are proud to be islamic fundamentalists, 1954*» lese, sieht er sich genötigt zu versichern: «Der Spruch ist alt. Wir sind weder Fundamentalisten noch Sympathisanten der Terroristen.» Weiter holt er belehrend aus: «Die Fundamentalisten sind übrigens nicht das Problem, sondern die Extremisten, die anderen ihre Gedanken bisweilen auch mit Gewalt aufzwingen wollen. Bei der Terrorvermeidung muss demnach mit politischen Massnahmen eine Radikalisierung der Fundamentalisten verhindert werden.» – «Was hält ihr von eurem Präsidenten?», will ich wissen. Saifur fährt fort: «Von Präsident General Pervez Musharraf sind wir nicht sonderlich begeistert, weil er ein Militarist ist und nicht demokratisch gewählt wurde. Im Jahre 1999 hatte er sich mit einem Putsch – immerhin ohne Blutvergiessen – an die Macht gehievt. Die ideale Staatsform ist meiner Meinung nach eine säkulare Demokratie. Armee und Geheimdienst jedenfalls haben in der politischen Arena nichts verloren. Auch gegen Musharraf spricht, dass wir ihn für eine Marionette der Amerikaner, für einen Befehlsempfänger des Pentagon, halten.»

Keine hundert Meter weiter, werden wir beim Checkpoint vor einem kleinen Waldgebiet von zwei wohlgenährten, in grünem Zwilch schmorenden Förstern in ihr Kabäuschen gebeten. Ungeachtet unserer verschwitzten und staubigen Beine heissen sie uns, auf ihren Betten Platz zu nehmen und servieren Tee und Pfirsiche, deren süsser Saft uns schon bald übers Kinn und auf ihre Laken tropft. Nach einer unterhaltsamen halben Stunde verabschieden wir uns.

Wir glauben uns lange Zeit alleine auf weiter Flur, doch erkennen wir beim genauen Hinsehen im Geröll der Steilhänge über uns erst Ziegen, dann Kühe und schliesslich sogar Menschen.

Im Nest Dubair-Fort führt unsere Strasse zu einer Brücke hinunter, die sich über das türkisfarbene Wasser der Dubair spannt, das sich nach einer turbulenten Mischzone in den grauen Wogen des Indus verliert. Bea rollt vorne weg. Der Fahrtwind treibt mir Tränen in die Augen, welche die Sicht verschwimmen lassen. Trotzdem sehe ich deutlich genug einen Dreikäsehoch, der weiter unten am Strassenrand eifrig nach einem geeigneten Stein sucht: So gross wie möglich, aber nicht zu schwer, damit er ihn noch werfen kann. Bea ist bereits aus seiner Schusslinie, da brause ich heran. Der Junge holt aus und schmeisst den Steinbrocken aus einer Distanz von vier Metern mit voller Wucht gegen mich. Reflexartig vergrabe ich den Kopf tief zwischen den

Schultern, drehe das Gesicht weg und lasse die Bremsen rauchen. Zum Glück hat dieser Teufel verfehlt! Ich springe vom Rad, noch bevor es vollständig zum Stillstand gekommen ist, und setze dem Bengel in hell lodernder Rage nach. Wieselflink flitzt er aber zwischen zwei Steinhütten einen mit kantigen Felsbrocken übersäten Abhang hinunter und verkriecht sich gewandt wie ein Salamander unauffindbar in eine Ritze.

Kein Mensch ist zu sehen.

Mein pochendes Herz droht die Brust zu sprengen. Das Rauschen des schäumenden Indus nehme ich schon gar nicht mehr wahr; ich poltere an die verriegelte Tür einer Hütte, bis endlich ein Herr heranschlurft und öffnet. Gestenreich und noch immer kochend vor Wut schildere ich ihm den Vorfall. Er versteht und schickt unverzüglich andere Kinder aus, den Wicht in seinem Loch aufzuspüren – doch vergebens, die kleine Ratte hat sich in Luft aufgelöst. Dreimal hinter einander entschuldigt sich der Herr aufrichtig für das schäbige, feige und gefährliche Verhalten des Knirpses, mit dem er aber keine verwandtschaftlichen Bande habe. Er selbst amte hier in diesem Nest als Lehrer und trichtere seinen Schülern immer wieder ein, nicht mit Steinen um sich zu werfen. So wie ich vorhin, seien auch schon Busse und Autos Ziele solcher kopflosen Attacken geworden.

Ich bin mir ziemlich sicher, dass die Steine nicht aus von den Eltern geschürtem Hass gegen Ausländer geschmissen werden, sondern eher aus Langeweile, aus purem Blöd- und Stumpfsinn. Dem überlagert sich gewiss eine Faszination fürs Werfen an sich – vor allem für die Wirkung dieser gesetzten Ursache: das Treffen – vor der auch ich nicht gefeit bin. In grauer Vorzeit übten nicht nur Fuss-, sondern auch Schneebälle eine eigentümliche Anziehungskraft auf mich aus. Gelegentlich endete die Wurfparabel einer solchen Kugel exakt am Schädel eines ahnungslosen Passanten. Andere durchschlugen Fensterscheiben, wenn sich Kieselsteine oder Eisklumpen in den Schnee geschummelt hatten. In dieser Beziehung kann ich mich selbst also keiner reinen Weste rühmen. Nun, in dieser Schlucht habe ich noch keinen Fussballplatz gesehen, und zudem fällt auch kaum Schnee, denn das Himalayagebirge blockt den Einfluss des Monsuns und beschert diesem engen Tal meist Trockenheit. Was es hier aber in Hülle und Fülle gibt, sind Steine. Nichts als Steine. Sie sind das Element der Kinder und gelten auch den Männern als verlängerter Arm der versiegenden Sprache, wenn es um Machtdemonstration geht. Dies wiederum kenne ich – freilich nicht aus eigener Erfahrung – von Demonstrationen des aufgebrachten Pöbels in unseren Breitengraden: Wenn die Argumente ausgedient haben, fliegen die Pflastersteine. Erst nur gegen Lebloses wie Schaufensterscheiben oder Autos. Später, mit zunehmendem Unvermögen der Zähmung der aufgestauten Wut, gegen die Ordnungshüter. Als wären die hinter den hochgehaltenen Schilden zitternden Polizisten keine Menschen aus Fleisch und Blut, werden sie rücksichtslos mit Steinen bedacht, die ohne weiteres ihre Schädel zertrümmern könnten.

Hier in Kohistan, im Land der Steine, übermitteln die Hirten den Ziegen, Schafen und Kühen mit gezielten Steinwürfen die Befehle. Und die Männer weisen ihre eigenen Frauen, wenn sie unter dem eng gesteckten Zaun durchfressen, der um das in dieser rigiden Gesellschaft Zulässige gezogen ist, mindestens mit dem Androhen eines Steinwurfes in die Schranken. In dieser Geste schwingt die Drohung der letzten Konsequenz bei gröbstem Frevel, dem Ehebruch, mit: die Steinigung. Es darf nicht vergessen werden, dass diese Gegend vor der Fertigstellung des Karakorum-Highways im Jahr 1978 ausser über schwindelerregende Trampelpfade über die höchsten Gebirgszüge unserer Erde von der Umwelt abgeschlossen war. Die Schulbildung der Leute ist noch heute minimal, wenn nicht gar, bei einigen wenigstens, gleich null. Dafür ist der religiöse Starrsinn in gewissen Familien umso grösser. So werden Kinder oft gar nicht erst in die Schule geschickt.

Wie dem auch sei, ein Stein ist ein Stein und allemal zu hart für unsere Schädel. Wir sind weder als Fussabtreter für an aufgestautem Frust oder bohrender Langeweile leidende Bengel, noch als Märtyrer unterwegs. Keine Attacke gegen mich und erst recht nicht gegen Bea soll ohne Konsequenzen bleiben, Duckmäusertum ist mein Ding nicht. Ich vertrete den Standpunkt, dass das Milieu, in dem ein Kind aufwächst und gedeiht, für Entwicklung und Verhalten mindestens so prägend ist wie sein Erbgut. Damit stehen in erster Linie die Eltern und Verwandten, in islamischen Gebieten vorab der Vater und die männlichen Mitglieder des Clans, in zweiter Linie das Lehrpersonal und die Religionsführer und letztlich natürlich die ganze Gesellschaft in der Verantwortung.

Wenig später schliessen wir unterwegs Bekanntschaft mit Doktor A. Rashid Tarin. Er ist ein Paschtune aus Belutschistan und war schon oft in Genf, im Auftrag des Roten Kreuzes. Mittlerweile ist er aber pensioniert. Nach ein paar Fotos mit ihm und seinem Gefolge, das mit zwei Jeeps unterwegs ist, überreicht er uns fünf Maiskolben, die mitsamt den Blättern in heissem Sand gegart wurden. Und eine Frau aus der Gruppe schenkt Bea einen Silberring. Zwei aus der Gegenrichtung kommende Polizisten treten auf die Bremse und zollen Dr. A. Rashid Respekt. Offenbar ist er eine bekannte Persönlichkeit.

Schon ärgern wir uns wieder über Lausejungen respektive über die ersten Touristen, welche die Kinder mit Geschenken wie *pens*, also Kugelschreibern, überhäuft und verdorben haben. Von allen Seiten werden wir fordernd angekreischt: «*Pen! Pen!! One pen!!!*»

Wie ein Schwarm Heuschrecken überfallen uns die Kinderhorden. Sie kennen kein Mass für Distanz und krallen sich an den Velolenkern und am Gepäck fest. Einer der älteren Rotzlöffel zeichnet sich durch besondere Bockbeinigkeit aus. Wie eine Klette verfolgt er mich Zeter und Mordio schreiend und verlangt mit dem

Schnauf, der ihm dabei noch übrig bleibt lauthals nach Kugelschreibern, Wasserflaschen, Biskuits und und und. Nach zwei langen Kilometern mit ihm im Schlepptau scheint mir die Zeit gekommen, der für beide leidigen Angelegenheit ein Ende zu bereiten.

Ich halte an.

Der unverständige Trotzkopf dreht noch immer mit äusserster Penetranz in seiner weinerlichen Endlosspirale der deftig vorgetragenen und mit echter Empörung gewürzten Forderungen. Sein Herz schlägt hart gegen die Rippen. Ich schaue ihm tief in die glasigen Augen und erkläre mit Gesten und den wenigen Urdu-Fetzen, die mir zur Verfügung stehen, dass noch eine sehr weite Reise vor mir und meinem *biwi*, meiner Frau, liege und dass wir alles Mitgeschleppte selber zum Überleben brauchen. Wenn er tatsächlich so dringend einen Kugelschreiber oder eine Plastikflasche benötige, solle er doch Autos oder Busse anhalten. Denn jene Leute kämen rasch von Stadt zu Stadt und könnten eher Dinge entbehren als Radfahrer, die so langsam wie Schnecken unterwegs sind. Bei diesen Worten vermindert sich die Rotationsgeschwindigkeit des emotionalen Laufrads, in dem sich der Junge verheddert hat – er beruhigt sich allmählich. Endlich dämmert ihm, dass ich genau wie er, sein Vater und sein Onkel ein Mensch und nicht einfach ein seelenloser Geldsack bin, dem man nach Belieben ein Spielzeug abbetteln kann. Letztlich scheint er meine Weigerung, ihm auch nur den geringsten Gegenstand unseres Gepäcks abzutreten, vollends zu verstehen. Wenn ich seine Gestik richtig interpretiere, schämt er sich nun gar abgrundtief für sein quengelndes Verhalten, das ihm von einem hier ansässigen Mann nichts als Prügel eingebracht hätte. Miteinander ausgesöhnt reichen wir uns die Hand, wünschen uns «*Choda hafiz!*» und verlieren uns für immer aus den Augen, nicht aber aus dem Sinn.

Noch viel langsamer als wir über die Erdkruste radeln, driften die Kontinentalplatten unter unseren Reifen in den Strömungen des zähflüssigen Erdmantels umher, stossen im Zeitlupentempo gegeneinander oder brechen selbst auseinander. Eine Geschwindigkeit von ein paar Metern pro Jahrhundert genügt ihnen, um das Gesicht der Erde nachhaltig zu verändern und nach Belieben in Falten zu legen. Inmitten einer solchen bewegen wir uns. In der vor etwa fünfzig Millionen Jahren entstandenen Himalayarunzel – der höchsten der Welt. Bei der Kollisionsstelle Jijal bringen uns drei Pedalumdrehungen von der einstigen Urlandmasse Gondwanaland zu ihrer nördlichen Nachbarin Laurasia. Dazwischen passieren wir innerhalb einer guten Sekunde mit dem zerknüllten Kohistan-Komplex die Reste der vulkanischen Inseln, die südlich von Laurasia aus dem Urmeer Tethys ragten und nun die Füllung des Plattensandwiches bilden.

In dieser Zone sind die Felswände bedrohlich instabil. Ein seitlicher Blick nach oben lässt Böses ahnen. Überall sind klaffende Risse und lose Felsbrocken auszumachen. Trotz offiziellem Linksverkehr zieht uns der Verstand an den rechten Strassenrand, weg von den tiefen und breiten Einschlagstellen im Asphalt, die von früheren Abstürzen zeugen. Auch die folgenden unasphaltierten Strecken in schroffen Gleithängen rufen mir in Erinnerung, dass laufend, quasi nach jedem Regen, viel Fleiss, Risikobereitschaft und grosse Geldsummen in den Unterhalt dieser fantastischen Strasse gesteckt werden müssen.

Kurz vor Pattan schlittert ein Stein über den Asphalt – von Kinderhänden geschleudert, die wir nicht mit einem *pen* besänftigt haben. In Sekundenschnelle stieben die Schlingel in alle Richtungen davon. Wir setzen ihnen nicht nach, denn schon naht der Abend, und bei Dunkelheit müssen wir eine Unterkunft bezogen haben. Diesmal ist es ein vor wenigen Jahren neu eröffnetes Hotel. Zur Begrüssung wird uns vom Manager Grüntee serviert. Ein anderer Gast, ein Bauingenieur der Regierung, lädt uns spontan zu erfrischenden Getränken ein und begehrt Fotos mit uns. Beide sind an unserer Meinung über Pakistan interessiert. Wir bringen unsere Begeisterung über Land und Leute zum Ausdruck, kommen aber bald bewusst zugespitzt und provokativ auf die fliegenden Steine zu sprechen: «Wir sind erstaunt und masslos enttäuscht, dass Eltern, Lehrer und die Mullahs die Kinder ausschicken, um uns Steine nachzuschmeissen.» Sie sind beschämt darüber, ja, zutiefst entrüstet und suchen vergeblich nach Erklärungen.

Das Zimmer teilen wir mit zwei Eidechsen, wobei die eine ein Albino ist. Im Speisesaal zappen muslimische Gäste wie wild durch die Programme, bis ihnen der Finger über dem Knopf eines indischen Senders mit leichtgeschürzten Sängerinnen erlahmt. Sie weiden ihre aus den Höhlen quellenden Augen an der nackten Haut der lasziv tanzenden erotischen Schönheiten, während ihre eigenen Ehefrauen tief verschleiert versauern. Um Schlag 19.30 Uhr wird der Fernsehapparat abgestellt, der Gebetsteppich auf den Boden ausgerollt und inbrünstig Richtung Mekka *allah* angerufen, um nach absolvierter Pflicht wieder lüstern dem Voyeurismus zu frönen. Die Triebe sind einfach stärker als die oft gegen die Natur der Menschen gerichteten religiösen Gebote. Es ist zu hoffen, dass diese Tatsache in sämtlichen Glaubensrichtungen aller Lande nicht weiter verleugnet wird und das bisweilen zum Himmel stinkende bigotte Verhalten der heuchlerischen Frömmler verschwindet.

Beim Frühstück rollen schwere Donner über die Flanken der grau verhangenen Bergketten, und es regnet leicht. Da aber keine Blitze durch den Himmel zittern, schwingen wir uns trotzdem auf die Räder. Ende Dorf werfen mir drei Kinder, die am Strassenrand hocken, eine Ladung Steine an die Wade. Der Aufprall der harten Geschosse hinterlässt zwar gewisse Spuren, doch der wirkliche Schmerz ist seelischer Natur.

«Diesmal sollen die Lausebengel nicht ungeschoren davonkommen!», schwöre ich mir. Schnell wie der Blitz bin ich ihnen auf den Fersen.

Bea liest meine Reaktion richtig. Es ist ihr sofort klar, dass es mir bitter ernst ist. Geistesgegenwärtig informiert sie sogleich eine Gruppe Männer über den Vorfall. Denn man weiss ja nie, wie sich solche Dinge entwickeln.

Die Kinder hasten eine Treppe hoch und flitzen wieselflink durch die Öffnung in einer Steinmauer. Schon fliegt quietschend und knallend eine hölzerne Tür hinter ihnen ins Schloss. Sie glauben sich sicher verschanzt, rechnen dabei aber nicht mit meinem furor helveticus: Ein wuchtiger Fusskick, und zusammen mit der Tür fliege ich in einen rechteckigen, geräumigen Innenhof.

Helle Aufregung.

Unterdrückte Aufschreie.

Einige Wesen huschen davon wie scheues Wild. Reflexartig werden auf der Veranda Schleier tiefer übers Gesicht gezogen.

Aber: keine Spur von den Winzlingen, den Attentätern.

Stattdessen: Totenstille.

Erschrockene, empörte Blicke von Grossmüttern, Müttern und jungen Frauen glühen auf meiner Haut. Sie brennen feine Löcher in die Dampfblase meines heiligen Zorns, durch welche nun die Erkenntnis sickert: «Du mit deiner kurzen Hose bist nichts als ein unflätiger Eindringling in den Privatbereich einer muslimischen Sippe, vielleicht sogar ins den Männern verbotene Frauengemach!»

Würde mich für diesen gottlosen Frevel des Tabubruchs jemand auf der Stelle erschiessen, täte er nicht Unrecht. Da hab ich mich schön in die Nesseln gesetzt. Mir haben wohl die lodernden Flammen des Zorns den Verstand geröstet!

Um keine Sekunde länger wie ein begossener Pudel unter den strafenden Blicken schmoren zu müssen, mache ich den Frauen mit Inbrunst klar, warum ich hier bin, was draussen in der Strasse vorgefallen ist. Meine Pantomime, bereichert mit dem Wort *batsche*, für Kind, fällt beim Publikum auf fruchtbaren Boden und gipfelt im süssen Genuss der Rache: Energisch packt eine Grossmutter das älteste der Kinder, die sich seit Minuten hinter ihrem Rock versteckt halten, am Schlips und lässt eine schallende Ohrfeige auf es niedersausen. Über die auf der Erde liegende Holztür trete ich wieder ins Freie und atme erleichtert und befreit tief durch.

Der einzige der Männer, der des Englischen mächtig ist, entschuldigt sich bei Bea für das schändliche Verhalten der Kinder. Er selbst stammt nicht aus dieser Gegend. Die fliegenden Steine erklärt er sich mit der fehlenden Bildung und der schlechten Erziehung. Ausserhalb der Hausmauern seien die Kinder nicht unter Aufsicht, weil sich die Frauen nicht in der Öffentlichkeit zeigen dürfen und die Männer mit anderem als der Kindererziehung beschäftigt sind. Schliesslich meint er mit hochgezogenen Schultern: «Man kann wohl nichts dagegen unternehmen.»

Diesen Fatalismus teile ich nicht. Ich bin überzeugt, dass diese Unsitte Steine zu werfen nur dann ausgemerzt werden kann, wenn schon beim kleinsten Kieselsteinchen ein Riesentheater veranstaltet wird, denn es geht hier darum, die destruktive Energie – den bösen Willen oder das «in Kauf nehmen» von Verletzungen – zu bekämpfen. Die Faust im Sack ballen und vor Wut dampfend weiterradeln, kann sicher nicht die Lösung sein.

Die Silhouette der ersten weissgepuderten Bergspitzen verleiht uns frische Kräfte. Das Tal aber verengt sich zusehends, die seitlichen Felswände rücken näher. Immer wieder richtet sich unser Blick nach oben. Und wir wählen Fahrlinie und Tempo je nach momentaner Einschätzung und Gewichtung der lauernden Gefahren: Steinschlag, Steinwurf, Löcher im Belag. Erspähen wir Leute über uns, rufen und winken wir schon von weitem. Wird der Gruss erwidert, ist bereits eine der drei Bedrohungen entschärft.

Auf dem Weg nach Dassu werden wir von drei Schnöseln verbal angerempelt und in den Strassen von Komila frostig empfangen. Aber wir treffen schliesslich unbehelligt am Etappenziel ein. Hier steuern wir das Hotel Khyber Lodge an, dessen Besitzer wir unterwegs angetroffen haben, und werden von der versammelten Belegschaft herzlich aufgenommen. Der Koch mit dem hennagefärbten Bart und dem breiten Lachen vergräbt meine Hand voller Herzenswärme in seiner weichen Pranke. Auch ihn verschonen wir nicht mit dem Skandal der Steine schmeissenden Kinder, der unser Blut noch immer in Wallung hält. Er schämt sich aufrichtig für das unwürdige Gebaren dieser Bengel, das mit dem Islam nicht vereinbar sei. Hier bei den Muslimen werde ein Fremder, selbst ein Heide, höher geschätzt als ein Familienmitglied und ihm solle mit freudigem Herzen gegeben werden. «Das beinhaltet aber keine Steine», fügt er schmunzelnd an und zaubert alsbald das bisher beste Essen in Pakistan auf unsere Teller.

Wir erleben eine Zeit der Extreme. Herzlichkeit und Gastfreundschaft kontrastieren mit Feindseligkeit und stupider, feiger Gewalt in Form von fliegenden Steinen. Wir versuchen, das Augenmass zu bewahren und uns den Spass am Reisen und die grosse Sympathie für die Menschen dieses Landes nicht durch ein paar Dumpfbacken verderben zu lassen.

Schon zweimal haben wir uns innerhalb der letzten Viertelstunde von der Crew der Khyber Lodge verabschiedet, doch noch immer nippen wir am Grüntee, der uns laufend nachgegossen wird, damit sich die Trennung um einige weitere Minuten verzögern möge. Schliesslich umarmt mich der Koch mit seinem einnehmenden, zahnlosen Lachen auf dem Gesicht in bester muslimischer Manier und wünscht uns alles Glück der Welt für die Weiterreise. Tatsächlich werden heute auf der relativ einsamen Strecke für einmal keine Steine nach uns geworfen.

Mehrere Leute haben uns abgeraten, in Shatial zu übernachten, doch können wir dies nicht vermeiden; der nächste Ort, Chilas, befindet sich ausserhalb unserer heutigen Reichweite. Das winzige Nest Shatial besteht im Wesentlichen aus wenig einladend wirkenden Bretterverschlägen, welche die Strasse säumen. Nicht ein Hotel ist auszumachen. Wir setzen uns in eine Ausschenke und bestellen Mangosäfte. Mit der blossen Hand nimmt der Verkäufer einen riesigen Klumpen Eis aus der Kühltruhe. Der Klotz ist von Erde und Strassenstaub braungrau geädert. Zusammen mit ein paar gehäuften Löffeln Zucker wird er in die Drinks aus frischen Mangos gemixt – ein weiterer Test für die Robustheit unserer Mägen. Wir fühlen uns in diesem Nest nicht wirklich willkommen. Alle Männer und Burschen – weibliche Wesen sind keine zu sehen – gaffen uns mit ausdruckslosen, ernsten Gesichtern an.

«Wo werden wir hier bloss Unterschlupf finden?», durchfährt es uns. Die düstere Nacht lauert bereits hinter dem nächsten Felsvorsprung. Wenn wir noch heute weiterziehen, werden sich bestimmt einige der finsteren Gestalten an unsere Fersen heften. Wir erinnern uns an die fürsorglichen Highway-Polizisten im Flachland und halten nach einem Uniformierten Ausschau. Da, vorne auf der einzigen grösseren Kreuzung steht einer. Mit Trillerpfeife und Schlagstock versucht er zum Rechten zu schauen. Er gebärdet sich zwar geradezu lächerlich autoritär, doch Polizist ist Polizist. Ich mache ihm ein Zeichen und sofort lässt er von seiner Arbeit ab. Ohne Umschweife komme ich auf den Punkt: «Wir benötigen ein Zimmer für die Nacht.» Schon führt er mich in ein Lokal, das von aussen nicht als Unterkunft zu erkennen ist. Wie in einem Lazarett dösen in Gängen und Zimmern ohne Türen Männer auf eng nebeneinander gerückten *tscharpois*. Die stickige Luft ist zum Abbeissen. Der Uniformierte heisst den Vermieter eigens für Bea und mich einen Raum aufzuschliessen. Dieser misst kaum zwei auf drei Meter und ist mit zwei verstaubten *tscharpois* verstellt. Die beiden offen stehenden Fenster sind mit Moskitonetzen vermacht, wobei das eine zerschlissen ist. Nun ordnet der Polizist an, dass die einzige Latrine in diesem Haus gereinigt werden soll. Unverzüglich macht sich ein Junge mit Schaufel und Kübel bewaffnet an die Arbeit. An den Wänden wimmelt es allerdings auch danach noch von Kakerlaken. Das ist wahrlich kein Ort zum Verweilen. Und trotzdem wird der Toilettenschlüssel vom Vermieter wie eine Kostbarkeit gehütet. Nachdem unser Gepäck mitsamt den Velos im Zimmer verstaut ist, bitten wir einen der Gehilfen der Herberge, uns zur Dusche zu führen. Sie befindet sich vier Buden weiter unten, beim Barbier. In einem Holzverschlag ist ein Wasserhahn montiert und auf dem schmierigen, glitschigen Boden stehen Eimer und Schöpfbecher. Zusammen zwängen wir uns in diesen Raum und schon werden uns Tücher und Seife auf die Oberkante des Türblattes gelegt. Zufrieden schrubben wir uns gegenseitig den Schmutz des Tages vom Leib. Für den Luxus dieser Dusche verlangt der Barbier nichts als unseren Dank –

wir sind seine Gäste. Direkt im Zimmer kochen wir uns Kartoffelsalat und knabbern dazu köstlich knusprige *nan* aus dem *Tandoor*-Ofen gegenüber.

Als uns die müden Augen bereits zugefallen sind, taucht nochmals der Polizist auf, diesmal in Zivilkleidung. Weil die Stromversorgung von Shatial zusammengebrochen ist, leuchten wir den Raum mit unseren Stirnlampen aus. Der Polizist setzt sich auf einen *tscharpoi* und hebt an: «Vor dem 11. September 2001 sind hier täglich mehrere Radfahrer abgestiegen. Seit jenem Datum werden aber nur noch selten ausländische Gäste gesichtet.» Nun registriert er unsere Pässe und gibt uns, bevor er sich empfiehlt, die Sicherheitsanweisungen für die Nacht durch: «Unter keinen Umständen öffnen, wenn es an die Tür klopft! Und wenn die *Lady* auf die Latrine muss, hat sie der *Sir* zu begleiten.»

«Schon verrückt, wie die Muslime nach Frauen ausgehungert sind», raune ich. Und weitere Beispiele tauchen aus dem Erinnerungsnebel auf: Hier in Pakistan oft und bisweilen bereits in der Türkei versuchten gewisse verklemmte Typen sich die Nähe der westlichen und deshalb so begehrten Frau mit plumpen Finten zu erschleichen. Beliebt waren der ungebührliche Händedruck bei der Begrüssung, die unsittliche Positionierung bei Gruppenfotos oder eben das Eindringen ins Zimmer, nicht selten, ohne vorgängig anzuklopfen. Solch Verhalten ist in einem muslimischen Land skandalös und unverzeihlich. Bea musste immer wieder energisch und selbstbewusst Distanz schaffen, damit sich die unziemlichen Gedanken der Machos auf Zimmertemperatur abkühlten.

Die Luft in unserem Zimmer hier ist mit 32 Grad freilich recht heiss und zudem stickig und schwül. Wir legen uns in den Kleidern wieder auf das grobmaschige Seilgeflecht der Pritschen und schlafen bald ein, trotz der Mücken – oder sind es Flöhe? –, die uns piesacken. Des Nachts drückt es mich in der Blase. Nach Regiebuch des Ordnungshüters müsste ich erstens die *Lady* wecken, die so friedlich und tief schläft, damit sie die Tür hinter mir verriegeln könnte, dann den Schlüssel für die Latrine organisieren und mich schliesslich für die Dauer des Pipis Gestank und wuselnden Kakerlaken aussetzen. Viel zu kompliziert und abstossend! Das kaputte Moskitonetz in dem einen Fensterrahmen kommt mir in dieser delikaten Situation gerade zupass. Kurzerhand uriniere ich zum Fenster hinaus, vor dem eine angenehm kühle Brise weht und das Wasser des Indus rauschend zu Tale strömt.

In aller Frühe erkundigt sich der umsichtige Polizist, ob alles in Ordnung sei. Beim Beladen der Velos sitzen Männer und Knaben in der Hocke wie Hühner um uns herum und registrieren jede Handbewegung mit wachen Augen.

In leichtem Auf und Ab rollen wir vorbei an ausgestorben wirkenden Dörfern durch faszinierende Geröll- und Felswüsten. Wo sich das Tal wieder weitet, mäandriert der Indus träge zwischen Sandbänken. Bei Hudar pfeift uns ein warmer, böenartiger

Wind um die Ohren. Der Himmel ist grau verhangen. Donnergrollen rückt näher. Erste Tropfen lösen sich aus der Wolkendecke.

Während einer kurzen Aufhellung grüsst aus östlicher Richtung der gewaltige Nanga Parbat, dessen Spitze siebentausend Meter über unseren Köpfen schwebt. Der Strassenbelag ist löchrig und unterhalb von Gleithängen reduziert sich der KKH immer wieder zu einer schmalen Schotterpiste. Ausser Bussen, vollgepfercht mit Soldaten, die unterwegs sind nach Gilgit, Skardu oder noch weiter bis zum Siachen-Gletscher in Kaschmir, diesem umstrittenen Grenzgebiet mit Indien, das auch als «höchstgelegenes Schlachtfeld der Welt» bezeichnet wird, treffen wir kaum auf andere Fahrzeuge.

An Tagen mit blauem Himmel und heissem Wind, der über die Felsen stiebt, nutzen wir für Pausen um die Mittagszeit «Schattenpfützen», die sich unter Felsbrocken bilden. Sie allein gewähren uns vor der kräftigen Sonnenstrahlung Schutz. Oft entdecken wir während des Kauens auf der gegenüberliegenden Flussseite im Steilhang herumkraxelnde Leute. Diese nackte Geröllwüste, in der die Hänge rutschen und die Brücken bei jedem Unwetter weggeschwemmt werden, ist also bewohnt!

Wir stöhnen unter der Hitze, Schweiss rinnt uns in Bächen übers Gesicht, da rumpelt ein Eiswagen heran. Wir sind uns nicht sicher, ob wir gerade einer Fata Morgana auf den Leim kriechen, doch schiesst es beiden gleichzeitig durch den Kopf: «Wow, ein Vanilleis, das wäre jetzt lecker!» Und tatsächlich wird unser Wunsch erhört: Der Lastwagen verlangsamt sein Tempo und aus dem heruntergekurbelten Fenster werden uns zwei Vanilleis entgegengestreckt.

Bei Thalechi ragen die weissen Spitzen der majestätischen Bergriesen Nanga Parbat und Rakaposhi sonnenbeschienen in den reinen Morgenhimmel. Ein kräftiger Nordwind pfeift durch das canyonartige Tal und bremst und kühlt uns zugleich. Wie immer in den letzten Tagen setzen sich mit dem Verfliessen der Morgenstunden Dunstkränze um die Schneegipfel fest und gegen Mittag wird der Himmel mit dunklen Wolken überzogen.

Als wir das schroffe Industal verlassen und dem Fluss Gilgit Richtung Westen zur gleichnamigen Stadt folgen, bekommt die Landschaft mit diversen Brauntönen in den Hügelflanken und dem Grün der Bäume auf mächtigen Sandbänken einen freundlicheren, weicheren Touch.

Bei einer Baustelle für eine neue Brücke grüssen wir die Arbeiterschar mit «*Asalam aleikum!*» und erkennen erst danach, dass es lauter Chinesen sind, die mit diesem islamischen Gruss nichts am Hut haben. Offiziell heisst es zwar, der KKH sei in chinesisch-pakistanischer Zusammenarbeit erbaut worden, aber alle hier wissen schon längst und wir seit jetzt: Die Leistung der Pakistani besteht bis zum heutigen Tag vor allem darin, die in solchen Belangen versierteren Chinesen bauen zu lassen.

In Gilgit bleiben wir für ein paar Tage sesshaft. Es wimmelt geradezu von Bleichgesichtern, die sich hier für Trekkingtouren in Position bringen. Über Stunden wird
auf dem Basar ein jeder von ihnen beobachtet. Von einem hageren Mann mit wuchtigem Schnauzbart. Es handelt sich dabei um Fareed Alam, der nach uns Ausschau
hält.

Fünfzig Kilometer vor Gilgit hatte er uns in ein Dörfchen gebeten, das ausschliesslich von seinem Clan bewohnt wird, und uns mit Zimttee und direkt vom Baum gepflückten Pfirsichen verwöhnt. Nun lädt er uns zum Abendessen in sein Stadthaus
ein. Mit dem schuhschachtelgrossen Wagen, in dem vor dem Basar seine Frau Ghesa-
la und die vier Kinder im Alter von fünfzehn Monaten bis sieben Jahre warten, rumpeln wir zu seinem Anwesen hinauf. Die Frau verschwindet bald in der Küche und
wir setzen uns in der Stube auf den Teppich. Ein einsam in der Ecke schmollender
Schrank bildet das einzige Mobiliar dieses Raums. Damit es uns auch ja nirgends
drückt, werden uns Kissenrollen unter die Rücken geschoben. Fareeds Kinder sind
ausserordentlich artig. Insbesondere die älteste Tochter ist eine perfekte Dienerin
und liest dem Vater die Wünsche von den Lippen. Um uns vor dem Essen die Hände
zu waschen, müssen wir uns nicht einmal erheben: Die Kleine hält uns eine Schale
unter die Hände und giesst aus einem Tonkrug Wasser darüber. Auch ein Handtuch
hält sie griffbereit. Frau und Kinder essen in der Küche. Zum Tee leisten sie uns aber
wieder Gesellschaft. Fareed trägt eine Kiste gefüllt mit Fotoalben herbei und zeigt
uns stolz Bilder aus seiner Jugend, von seiner Familie und der herrlichen, unberühr-
ten Natur im Industal sowie den umliegenden Bergen. Auch weiht er uns in seine
Pläne für ein Fünf-Sterne-Hotel ein. Aus einer alten, zerfledderten Aktentasche zieht
er naive Zeichnungen mit kindlich angefertigten Perspektiven, die alles andere als
professionell wirken. Doch die Bauarbeiten seien bereits weit gediehen. Sein Vater ist
vor einem Vierteljahrhundert gestorben und war einer der Gründer einer erfolgreichen Hotelkette. Fareed erbte grosse Ländereien und scheint in den Northern Areas
ein angesehener Mann zu sein. Strahlend meint er: «Nach Vollendung eurer Weltreise müsst ihr unbedingt wieder hierhin zurückkehren. Als meine Gäste. Für einen
Tag, zwei Tage, fünf Tage, drei Monate, ein ganzes Jahr, kein Problem!» Wir laden
ihn im Gegenzug in die Schweiz ein. Gerne werde er uns einmal besuchen, *inschallah*,
so Gott will. Die Nachbarin, eine alte Witwe mit lottrigem Gebiss, entsprechend
starken Zahnschmerzen und scharf ausgeprägten Gesichtszügen kommt zu Besuch,
liest uns die Zukunft aus den Händen und prophezeit uns einen Sohn, *inschallah*.

Auch wenn es der Manager unseres Hotels nicht fassen kann: Uns gefällts in Gilgit, wir fühlen uns wohl in dieser Stadt. Das soziale Gefüge scheint hier in Ordnung
zu sein. Wir treffen fast nie auf Bettler und niemand muss im Freien übernachten.
Herrlich ist die Begebenheit auf der Post, als eine Gruppe Männer Bea bittet, ihrer
schönen Schrift wegen auch ihre Briefe zu adressieren. Insbesondere angetan sind wir

vom wohlklingenden Singsang der verschiedenen Muezzins und natürlich vom knusprigen *nan* des *Tandoor*-Bäckers an der Strasse unten, der hartnäckig auf einem Porträtfoto besteht. Doch als wir ihm den Gefallen erweisen, schaut er todernst in die Kamera, um danach befreit wie ein Kind aufzuheitern.

Auf einer Wanderung durchs 3500 Meter über Meer gelegene Naltar Valley staunen wir über die Birken und Buchen, die neben den Föhren hier oben, so nahe am Himmel, prächtig gedeihen. Plötzlich wird die andächtige Stille, die durch das beständige Rauschen des Bachs neben uns nur vertieft wird, durchbrochen: «Pfrrrrzi, pfrrrrzi!» Ein etwa zehnjähriger Junge treibt mit diesen Lauten seinen Esel, dem er einen Sack voller Äpfel auf den Rücken gebunden hat, vor sich her. Als er sich zu uns gesellt, fallen mir als Erstes seine Fussknöchel auf. Sie sind von ledriger, runzliger Haut umspannt. Nun plaudert er unerschöpflich wie der reissende Bergfluss, der das Tal in laufender Veränderung gefangen hält, in Shina und Urdu auf uns ein – beides gleichermassen unverständliche Sprachen für uns. Immer wieder ergreift er dabei treuherzig meine Hand und klopft mir kameradschaftlich zugeneigt auf die Schultern. Seinem nie versiegenden Redefluss begegne ich mit persischen und türkischen Brocken wie «*Bu ischler bizi bosar baba*», die er freudig aufnimmt und ständig wiederholt. Was die Wörter bedeuten, spielt keine Rolle.

Trotzdem verläuft nicht die ganze Woche in Gilgit in purer Minne.

Eines Abends flanieren wir durch die belebte Hauptstrasse, als unvermittelt ein Halbwüchsiger von hinten Bea betatscht. Sie reagiert prompt mit einem heftigen Ellbogenschlag in dessen Magengrube und ruft: «Heh!» Das lüsterne und bewundernde Gekicher seiner Kumpane gefriert alsbald zu einer Maske auf den Milchgesichtern. Denn ich packe den Jungen am Schlips, hebe ihn vom Boden, drücke ihn krachend an die Karosserie eines Kleinbusses und schreie: «*Don't touch my biwi!*» Alle Umstehenden horchen auf und wenden neugierig ihre Köpfe zu uns. Meine harsche Reaktion wird von niemandem in Frage gestellt. Nur ich bin mir in diesem Augenblick ein wenig fremd: Hat mich das Nomadentum rabiater gemacht? Mich, den noch vor der Reise kaum etwas aus dem Gleichgewicht, geschweige denn in Rage versetzen konnte? Oft war ich der ruhende Pol in stürmischen Zeiten – ein Ausbund von Gelassenheit. Als hätte ich die schweizerische Spielart der Demokratie zusammen mit dem Neutralitätsgedanken verinnerlicht, war ich stets dem Ausgleich, dem Kompromiss, dem gewissenhaften Abwägen zugetan. Im Zweifelsfall bezog ich lieber keine Stellung und mischte mich nicht ein. Oder wurde durch die bisher unbekannten Bedrohungssituationen auf den Landstrassen der Welt lediglich mein stets vorhandener barbarischer Kern freigelegt? Heisst es also nicht umsonst, die Schicht der Zivilisation sei nur dünn und könne leicht aufgebrochen werden?

Nichts ahnend von meiner inneren Aufgewühltheit räumt der andere Heisssporn zusammen mit seinen Kollegen, die sich mit ihrem noch immer zu Fratzen geronnenen Grinsen in die zweite Reihe der anschwellenden Meute von Neugierigen verzogen haben, beschämt das Feld und wird schon bald von der Finsternis einer Seitengasse geschluckt.

Durch das allmählich erwachende Gilgit gehts hinunter zum Hunza River, dem wir nun stromaufwärts folgen. Der Tag ist noch jung, doch brennt die Sonne bereits durch über dreissig Grad heisse Luft. Die Steinlandschaft ist gleichförmig und öde. Über uns spannt sich das knallblaue Himmelsgewölbe und vor uns leuchten die vom Morgenlicht entzündeten Flanken des Rakaposhi. Die als grüne Oasen erscheinenden Dörfer liegen relativ weit auseinander. Dazwischen prägen die Fluten der reissenden Hunza und die grauen Geröllwüsten das Bild.

Mittlerweile ist der Himmel verblasst. Kurz vor Chalt, unserem heutigen Ziel, geraten wir in die Fänge eines kräftigen Sturms. Die Velos sind kaum mehr im Gleichgewicht zu halten. Sand dringt in die Augen und zwängt sich zwischen die Zähne. Über die schwankende Hängebrücke schieben wir die Räder ans rechte Ufer und kämpfen uns auf einer ansteigenden Schotterpiste zum Dorf hoch. Zwischen den Bauten aus Stein und Lehm hat der Wind keinen Biss mehr; wir atmen erleichtert auf. Zwei kleine Mädchen lächeln uns aus ihren offenen Gesichtern an und heissen uns mit zartem Händedruck herzlich willkommen in ihrem Ort. Schon laden uns andere auf einen Tee aus Tumuro ein. Der Aufguss aus diesem wilden Thymian der Hochgebirge ist schmackhaft. Da auf dem bescheidenen Basar von Chalt heute keine Eier feilgeboten werden, organisieren uns die Mädchen welche bei einem Privathaus. Auf dem ruppigen Weg bis zum Gästehaus der Regierung trägt uns das eine *batsche* die zerbrechlichen Eier. Das Zimmer ist etwas schmuddelig, doch werden uns nach einem Hinweis auf verdächtige Flecke auf den Bettlaken ohne Umschweife frische Leinen gebracht. Den Abend lassen wir auf der Veranda verstreichen und verschlingen einige der saftigen und knackigen Äpfel, die der für die Unterkunft Zuständige als Willkommensgruss vom Baum gepflückt hat.

Vorbei an lächelnden, winkenden und grüssenden Kindern, Frauen und Männern holpern wir über die steil abfallende Strasse durch Chalt Richtung Hunza River. Ein Dreikäsehoch hält uns stumm Trauben zum Kauf hin. Da wir zurzeit keine Früchte benötigen, schütteln wir den Kopf, grüssen ihn höflich mit «*Asalam aleikum!*» und konzentrieren uns wieder auf die Zähmung der galoppierenden Lenker, zumal die Strasse nun in einer Spitzkehre zur Brücke hinunter dreht. Plötzlich tanzen vor mir Steinbrocken den Abhang herunter, die auch anderes Geröll mit sich reissen. Zum Glück befindet sich Bea bereits nahe der Brücke und damit ausserhalb des Gefahrenbereichs. Auslöser des Steinschlags ist der Junge, dem wir keine Trauben abgekauft haben. Wie von Sinnen schmeisst er in blindwütiger Rage die schwersten Steinblöcke, die er vom Boden zu lösen vermag, zu uns herunter. Sofort kraxle ich unter dem

Steinhagel des Berserkers den Hang hinauf, um ihn zu packen. Doch verkriecht sich dieser grosse Feigling im kleinen Körper in irgendein Loch. So spurte ich ins Dorf zurück und informiere die Leute auf der Gasse über die Tat dieses Teufels, der Reissaus genommen hat. Es resultiert ein beachtlicher Aufmarsch von Jung und Alt, doch vermag ich mit meinem limitierten Urdu-Vokabular nicht in Erfahrung zu bringen, wo der durchgeknallte Junge wohnt und wie sein Vater heisst. So bleibt es ungewiss, ob der tobsüchtige Zwerg je zur Rechenschaft gezogen wird.

In Sikanderabad prangen reife Aprikosen an den Bäumen. Auf grossen Steinen und auf Dächern sind die geernteten Früchte zum Trocknen ausgelegt. Eine alte Frau schenkt uns eine Handvoll von diesem süssen Steinobst, während uns ein paar Meter weiter vorne ein kleines Mädchen mit artigem Pagenschnitt und rotem Kleidchen mit einem Steinwurf beehrt, weil wir ihren lautstark geäusserten Wunsch nach einem Kugelschreiber nicht erhören wollen. Wir fahren weiter ins fruchtbare Hunzatal hinein, in dem sämtliche Frauen mit dem Pflücken und Sortieren der Aprikosen beschäftigt sind. Die anstrengende Arbeit hält sie nicht davon ab, uns zuzulächeln und zu grüssen. Mit sich widerstreitenden Gefühlen in der Brust stemmen wir uns gegen ungestümen Wind, der die Pappelreihen zu tiefen Bücklingen nötigt, und bewältigen mit vor lauter Anstrengung wild pochenden Herzen und mit keuchendem Atemschnappen den steilen Aufstieg nach Karimabad. Im Hotel World Roof lassen wir uns erschöpft nieder. Es verdient den grossspurigen Namen. Vom Bett aus sehen wir nämlich zum Dach der engen Welt des nördlichen Pakistans: die kurz noch in der Sonne glitzernden und schon bald im Mondschein funkelnden Schnee- und Eishänge der Siebentausender Rakaposhi, Diran und Ultar.

Die Wanderung zum Aussichtspunkt und Hotel Eagles Nest führt uns vorbei an Gärten mit blühenden Rosen, mit Aprikosen-, Kirschen- und Apfelbäumen sowie da und dort einer frechen Geiss. Viele Frauen zeigen sich ohne Kopftuch. Kinder fragen uns in gutem Englisch, woher wir kämen und wohin wir gingen – *pens* werden nicht begehrt. Die bejahrten Frauen mit ihren verrunzelten, wettergegerbten Gesichtern tragen ihre dicken schwarzen Haare zentrisch gescheitelt und zu langen Zöpfen geflochten. Die alten Männer bedecken ihre Schädel mit einer Wollkappe, die in der Form einem Barett ähnelt.

In Duikar, dem höchstgelegenen Dorf von Hunza, das nur in den Sommermonaten bewohnt ist, werden wir von den Schwestern Shezada und Yasmin in ihr steinernes Hüttchen eingeladen. In den zwei äusserst karg eingerichteten Wohnräumen befinden sich weder Möbel noch Wandschmuck. Immerhin sind die Böden mit Teppichen ausgelegt. Im einen Raum ist eine einfache Kochstelle vorhanden, um die es von Fliegen nur so wimmelt, was die beiden aber nicht stört. Shezada legt feines Wurzelwerk auf die noch glimmende Asche und entfacht ein Feuer, um Wasser für einen

Tumurotee zu wärmen. Yasmin reicht uns hausgemachtes *phitti*. Während wir tapfer auf diesem zwar würzigen, aber bereits ziemlich alten Vollkornbrot kauen, will die 16-jährige Shezada von Bea wissen: «*Are you reading?*» Diese etwas seltsam anmutende Frage, ob man lesen könne, ist in dieser Gegend, wo neunzig Prozent der Frauen Analphabeten sind, durchaus berechtigt. Ihre um neun Jahre ältere Schwester Yasmin beispielsweise hat noch nie eine Schule von innen gesehen. Shezada aber besucht die Aga Khan Schule und ist eine fleissige und wissensdurstige Schülerin.

Auf der Terrasse des Eagles Nest lernen wir mit dem Bergführer Aslam einen weiteren Hunzakut kennen. Wir essen zusammen vegetarische Hunza-Spezialitäten wie *phitti* mit einer Art warmem Pesto aus grünen, getrockneten Blättern, die zu Pulver zerstossen und mit Knoblauch zusammen in Walnussöl gekocht wurden. Oder aufeinandergelegte *chapatis* mit Weichkäse-Koriander-Zwiebel-Füllung. Dazu zückt Aslam aus einer Tragtasche je eine Flasche Maulbeerschnaps und Wein, welche hier die unverfänglichen Namen Hunzawasser und Mel tragen. Die Hunzakuts pflegen die Tradition des Brauens und Trinkens dieser zwei milden Feuerwasser trotz dem Alkoholverbot für Muslime. Und trotz der offiziellen Missbilligung durch den fast siebzigjährigen, in der Schweiz geborenen und heute in Paris wohnhaften Prinz Karim Aga Khan IV., den spirituellen Führer der Ismailiten. Aslam meint: «Schliesslich waren die Hunzakuts in früheren Zeiten keine Muslime. Erst im 17. Jahrhundert drang der schiitische Islam von Kashmir her ins Hunzatal. Und der Ismailismus, ein liberaler Zweig des schiitischen Islams, sogar erst im 19. Jahrhundert. Davor glaubten die Bewohner dieser steinigen, von der Umwelt weitgehend abgeschnittenen Gegend an Berggeister und Feen, die in den höchsten Gipfeln der Gebirge hausten. Noch heute tragen sich gewisse Kinder und junge Frauen um die Augen ein dunkles Make-up auf, um damit böse Geister davon abzuhalten, durch die Augenhöhlen in ihren Körper einzudringen und Unheil anzurichten.» Aslam ist überzeugt, dass Prinz Aga Khan, der übrigens in direkter Linie vom Propheten Mohammed abstammen soll, die einzige anerkannte Persönlichkeit ist, die zwischen Islam und Christentum eine Brücke schlagen könnte, was in der explosiven Zeit nach dem 9/11 so bitter nötig sei. Er räumt aber ein: «Eine derartige Versöhnung der Religionen und Kulturen ist ein herkulisches Unterfangen. Schon im Kleinen türmen sich ja die Probleme. So sind zum Beispiel viele Muslime aus dem Flachland Pakistans der unverrückbaren Meinung, wir Ismailiten seien keine ‹richtigen› Muslime, da unsere Frauen relativ frei und gebildet und wir Männer Wein und Schnaps nicht abgeneigt sind.» Mit aufscheinendem Schalk in den Augen fährt Aslam fort und meint, die Ismailiten nähmen die dem Propheten Mohammed zugeschriebene Weisheit, dass das Leben von der Wiege bis in den Sarg ein ständiger Lernprozess sei, eben ernst und schreckten auch vor Änderungen der religiösen Gebote nicht zurück. Denn der Koran sei schliesslich nicht in Stein gehauen, sondern durch jedermann frei auslegbar. Aga

Khan falle das Verdienst zu, die islamische Religion den modernen Gegebenheiten angepasst zu haben. So müssten sich die Gläubigen beim Gebet nicht mehr auf den Boden werfen, und auch der Zeitpunkt für die innere Einkehr sei nicht fixiert. Deshalb entfalle die Notwendigkeit eines Gebetsrufes. Selbst Moscheen seien bei ihnen durch Gemeinschaftshallen ersetzt worden. Die Scharia werde nicht angewandt, der Ramadan nicht begangen und die Pilgerreise nach Mekka sei auch gestrichen.

Um vier Uhr früh blinzeln wir aus einem Fenster des Eagles Nest in einen mit Wolkenfetzen durchzogenen, sich in Aufruhr befindlichen Himmel. Trotzdem steigen wir auf den nahen Aussichtspunkt und schauen im kühlen, steifen Wind dem Vollmond zu, wie er völlig unbeeindruckt vom aufgeregten Treiben in unserer Atmosphäre gemächlich untergeht. In dem Masse wie der bleiche Bruder seiner Bahn zum Horizont folgt, sollte sich gemäss Regiebuch die Sonne hinter uns über den Bergkamm rollen und die Spitze des Rakaposhi in goldenes Licht tauchen. Weil sich die Wolken aber quer stellen, beobachten wir statt des Morgenglühens ihren getriebenen Lauf und werden hier oben auf dem Felsen sitzend Zeugen des unspektakulären und doch so fantastischen täglichen Sieges vom Licht über die Finsternis.

Es folgen zwei kühle, regnerische Tage mit vielen Stromunterbrüchen, was die Generatoren von Karimabad rattern und die Luft nach Diesel riechen lässt.

Im Café de Hunza ergattern wir endlich wieder einmal eine Zeitung. Sie wurde zwar schon vor drei Tagen gedruckt, aber wir sind es zufrieden. Hier in den Bergen gilt der Spruch nicht, dass es nichts Älteres als eine Zeitung von gestern gibt. Selbst eine direkte Lieferung mit dem Bus von Islamabad dauert schliesslich ganze siebzehn Stunden. Es hat etwas durchaus Tröstliches, eine alte Zeitung zu lesen: Man kann sich stets in der Hoffnung wiegen, dass sich die Dinge in der Zwischenzeit gebessert haben. Die Bombe ist vielleicht bereits entschärft, das Terroristennest ausgehoben, der Brand gelöscht. Schrecklich hingegen wäre es, man müsste stets die News von morgen lesen. Es bliebe keine Luft mehr zum Atmen. Aus den raschelnden Blättern von vorvorgestern, die unsere Fingerkuppen mit Druckerschwärze einfärben, erfahren wir von einigen neuen, angeblich von al-Qaida verübten Anschlägen. Im gleichen Atemzug wird ein Loblied auf die staatliche Terroristenbekämpfung, eine gross angelegte Antiterror-Kampagne, gesungen, die nicht nur auf das Ausräuchern der Terroristennester ziele, sondern auch auf Prävention setze. Letzteres deckt sich mit der Forderung des Lehrers Saifur Rhman. So sollen die sozio-ökonomischen Bedingungen verbessert und die breiten Massen der Bevölkerung endlich ausgebildet werden. Viel mehr als Wunschdenken ist dies leider nicht. Doch hier im Hunzatal, vor allem im Karimabad der Ismailiten, das erst seit dem Bau des KKH für die Regierung im Flachland interessant geworden ist und deshalb auch erst seit dreissig Jahren zu Pakistan gehört, sind durchaus Ansätze einer Verbesserung erkennbar.

Als schliesslich alle Wolken weggepustet sind, holen wir von unserem Balkon aus nach, was uns beim Eagles Nest oben verwehrt blieb: Die ersten Sonnenstrahlen lassen die oberste Spitze des Rakaposhi erglühen. Über eine Stunde lang verfolgen wir wie gebannt, wie das Sonnenlicht immer grössere Bereiche der weissen Eisflächen funkeln lässt.

Die Kinder, die uns in den bisweilen ruppigen Steigungen unseres weiteren Wegstücks auf dem Rad begleiten, sind allesamt ausnehmend nett, und sämtliche Knaben heissen Khan. Einer dieser Khans will uns zu Grüntee einladen, und ein Mädchen schenkt uns Aprikosen, die sie *khubany* nennt.

Nach dem Dorf Gulmit windet sich die Strasse durch die riesige Endmoräne des Gulmitgletschers, der immer wieder Kies auf den Asphalt schiebt oder – je nach Laune – den Belag mitsamt Unterbau in den Hunza River befördert. Der Fluss gönnt sich hier eine Ruhepause und breitet sich wie ein See aus. Gerade jetzt fliesst in der Verlängerung unserer Strasse ein untiefer Wasserstrom über den holprigen, aber immerhin festen Untergrund. Das Gletscherwasser bildet eine durchaus willkommene Abkühlung für unsere dampfenden Füsse.

Von den obersten Gipfeln, die sich vor dem unergründlichen Blau des Nachmittagshimmels messerscharf abheben, ergiesst sich eine Kaskade tausender, ineinandergeschachtelter kleinerer Bergspitzen in den Hunza River. Die Bergkulisse zieht mich derart in ihren Bann, dass selbst der leiseste Zweifel über die Existenz von Berggeistern und Feen verfliegt.

Nach dem Passieren einer weiteren eindrücklichen Endmoräne, die vom in der Sonne glitzernden ewigen Eis des Baturagletschers wic cin Riegel ins Tal geschoben wird, fragen wir in Khyber einen jungen Mann, der am Strassenrand sein Baby den Armen wiegt, um Trinkwasser. Er lädt uns zu einem Tee ein und bittet uns ins Haus, das von aussen betrachtet nichts weiter als ein rechteckiger Steinhaufen darstellt, innen aber erstaunlich geräumig und überraschend ordentlich ist. Die vier Wände sind verputzt. Und die Decke besteht aus solidem Holz, in das über der Kochstelle Aussparungen eingelassen sind, um den Rauchabzug zu gewährleisten. Das Wohnzimmer dient gleichzeitig als Schlafraum und geht naht- und wandlos in die Küche über. Die einfache Feuer- und Kochstelle befindet sich im Zentrum der leicht erhöht liegenden Matratzen, die entlang drei Aussenwänden aneinandergereiht sind. Aus Mehl und Wasser bereitet die Mutter frische *chapatis* zu, die mit hausgemachter Butter serviert werden. Mittlerweile wurde der Raum mit etwa dreissig Leuten geflutet, vornehmlich mit Kindern. Sie verhalten sich mucksmäuschen still und begnügen sich damit, mit den Augen an uns zu knabbern. Drei der älteren Burschen sprechen recht gut Englisch. Doch von Geografie haben sie keinen blassen Schimmer. Dass der Iran ein Nachbarland von Pakistan sein soll, ist ihnen absolut fremd. Dafür spielen sie alle begeistert Cricket und im Winter Fussball – ist ja auch wichtiger!

Bis nach Sust rufen uns ständig Aprikosen pflückende Frauen, deren wallende schwarze Haarpracht von keinem Kopftuch zerdrückt wird: «Hallo, setzt euch für eine Weile zu uns und stärkt euch mit den süssen Früchten!» Die Leute dieser Region werden Gojalis genannt. Die meisten von ihnen sind Wakhi Tajiks und verehren wie Aslam Aga Khan als spirituellen Führer. Sie stammen von Nomaden aus Afghanistan ab, das übrigens keine sechzig Kilometer von hier entfernt liegt. Sie haben den Ruf, die warmherzigsten Leute entlang dem KKH zu sein. Wir können diese Einschätzung nur bestätigen.

Sust geht nahtlos in Afiyatabad über, wo sich bereits der pakistanische Zoll befindet. Hier bringen wir in Erfahrung, ob es erlaubt ist, auf dem Fahrrad nach China einzureisen: leider nicht! Die Chinesen misstrauen Individualtouristen und stellen sich quer. Alle Reisenden müssen hier einen Kleinbus besteigen, der sie für ein Entgelt von dreissig US$ nach Tashkurgan, der ersten chinesischen Stadt jenseits der Grenze, karrt. Die weniger geheimniskrämerischen Pakistani gestatten aber, durch den Khunjerab-Nationalpark auf den gleichnamigen, 4730 Meter hohen Pass und damit bis an den pakistanisch-chinesischen Grenzzaun zu fahren. Das lassen wir uns selbstredend nicht entgehen, auch wenn wir danach wieder zurückkehren und uns in einen Bus quetschen müssen.

Wir bewegten uns nun schon mehrere Tage in einer Höhenlage zwischen 2400 und 3000 Metern über Meer, ohne dass sich Symptome der Höhenkrankheit wie Kopfschmerzen, Schlafstörungen oder Schwellungen der Beine und Arme gezeigt hätten. Unsere Körper haben auf die Reduktion des Luftdrucks bei jedem erklommenen Höhenmeter und der damit einhergehenden geringeren Beladung der Sauerstoffträger im Blut, was jeweils kurzfristig zu einer Mangelversorgung der Organe führte, die richtige Antwort gefunden: Steigerung der Produktion der roten Blutkörperchen. Dank dieser Akklimatisation sollten wir gewappnet sein, noch weiter himmelwärts zu streben.

Trotzdem zollen wir dem Vorhaben gehörigen Respekt, und rechnen für die 84 Kilometer hinauf bis zum Khunjerabpass und denselben Weg wieder retour mit drei bis vier Etappen. Entsprechend schwer sind unsere Velos mit Vorräten beladen, als wir unter dem Schlagbaum von Afiyatabad durchrollen. Die Steigung ist kaum spürbar – zu sehr nimmt uns die faszinierende Umgebung in Beschlag. Der Fels ist extrem geschiefert und schimmert im gleissenden Sonnenlicht oft schwarz. Über die Sprachbrücke von der türkischen Bezeichnung *kara deniz* fürs Schwarze Meer wird mir klar, weshalb das Gebirge hier Karakorum heisst. Gewisse arg deformierte Partien erinnern an knusprigen Blätterteig, was meine Magensäfte anregt. Das Verkehrsaufkommen ist nicht der Rede wert. Und die drei einzigen chinesischen Sattelschlepper des heutigen Tages überholen uns rücksichtsvoll. Verschiedene Vogelarten ziehen ihre

Flugbahnen durch den aufgeheizten Luftraum der Schlucht und durchbrechen mit ihrem unbekümmerten Gezwitscher die sonstige Stille. Wenige Meter vor meinem Vorderrad überquert ein Hase in dynamischem Lauf die Strasse.

In Dih, dem ersten Kontrollposten, erfahren wir, dass der Khunjerab-Nationalpark eine *restricted area* sei und man sich nicht länger als einen Tag darin aufhalten dürfe. Im Wissen, dass Vorschriften nur dazu da sind, um in angeregtem Gespräch bei einer Tasse *chai* aufgeweicht und relativiert zu werden, beginnen wir gleich mit der Arbeit. Nach einem längeren Tratsch werden wir mit einer Sondergenehmigung von Khan – von wem denn sonst? – noch heute bis zum Kontrollposten Barkhon, der sich auf 3600 Metern über Meer befindet, durchgelassen. Jedoch mit der unumstösslichen Auflage, spätestens morgen Abend wieder hier aufzutauchen und mit ihm zusammen einen *chai* zu trinken.

Die über unser Kommen bereits informierten Hüter des Kontrollpostens Barkhon empfangen uns warmherzig und lassen uns den Platz für das Zelt nach unserem Gutdünken aussuchen. Um die Privatsphäre wahren zu können – schliesslich wollen wir uns wie jeden Abend duschen – entfernen wir uns von der Steinhütte der Beamten und schieben die Fahrräder in ein Seitental hinein. Wir sind erst am Ebnen des mit Steinen übersäten Bodens, und schon tauchen zwei der Barkhon-Leute auf und behaupten mit ernsten Mienen, dieser Platz sei nicht sicher, denn hinter uns befände sich ein instabiler Rutschhang. All das Geröll sei Beweis genug. Dem allseitigen Moos- und Flechtenbewuchs auf den grösseren Brocken kann aber leicht abgelesen werden, dass sie nicht erst gestern runtergerollt sind. Und überhaupt, wo liegen hier denn keine Steine herum? Uns ist völlig klar, dass das Sicherheitsargument nur vorgeschoben ist. Die von Langeweile geplagten Männer dürstet es schlicht und einfach nach Abwechslung. Wir sollen zu ihrer Hütte kommen und ihnen Gesellschaft leisten. Mit Gesten und Urdu-Wortfetzen bearbeite ich die zwei aber so lange, bis ein Lachen ihr Gesicht erhellt, und sich mit einem Schlag alle «Probleme» in Luft auflösen, sich der Rutschhang gleichsam in massiven Granitfelsen verwandelt hat. Sie kehren unverrichteter Dinge und doch zufrieden zur Hütte zurück, und wir können uns endlich mit dem eiskalten Gletscherwasser aus dem Bach duschen. Bei Kerzenlicht kochen wir Reis und dazu einen Apfel-Paprika-Zwiebel-Rahm-Topf. Den Thermoskrug füllen wir randvoll mit dampfend heissem Tumurotee. Samtschwarz spannt sich der mit Sternen gepuderte Himmel über die sich zu ihm hoch reckenden Bergspitzen. Kurz nacheinander verglühen am Firmament fünf Sternschnuppen. Wir müssen uns geradezu sputen, um rechtzeitig Wünsche zu ersinnen. Eine Stunde vor Mitternacht schlüpfen wir zwischen die Schlafsäcke und fühlen trotz der zehn Grad und des scharfen Windes, der an den Zeltblachen zerrt, bald eine wohlige Wärme durch unsere aneinandergeschmiegten Körper strömen.

Bis tief in den Vormittag hinein prasseln schwere Regentropfen auf unser Zeltdach. Welch missliche Wetterlage! Zusammengekringelt bereiten wir uns im Schutz der Apsis aus Zwiebeln, Chili, Tomaten, Kräutern, Gewürzen und Eiern – von den zwei Dutzend in meinem Korb sind nur deren fünf geniessbar, die anderen verbargen in ihren Schalen schrumplige und streng riechende Dotter – eine köstliche Kombination zwischen pakistanischer Omelette und dem iranischen *kuki*. Nach dem Schmaus hat der Wetterallah ein Einsehen und schliesst die Schleusen. Rasch hellt der Himmel auf. Schon treiben die kräftigen Sonnenstrahlen aus dem angenehm ansteigenden Asphaltband vor uns dichte Dampfwolken, in denen wir auf ein weiteres «Dach der Welt» schweben. Die von Kurve zu Kurve dünner werdende Luft raubt uns erfreulicherweise kaum den Atem, doch verlieren unsere Bewegungen zusehends an Dynamik. Da kommt es uns gar nicht so ungelegen, dass wir einige Male von pakistanischen Touristen ausgebremst werden, die uns auf die Festplatte ihrer Digitalkameras bannen wollen. Einer dieser Herren weist seinen Gärtner an, der hinten im Jeep sitzt, den Korb über meinem Vorderrad mit *cool drinks* zu füllen. Das ist ja nur gut gemeint, und doch beweist wenig Fingerspitzengefühl, wer einem bereits schwer beladenen Radfahrer auf 4500 Metern über Meer und noch immer 230 Höhenmeter unter dem Pass, das zusätzliche Gewicht von sechs Dosen SevenUp und Fanta aufbürdet. Mit einem leicht gezwungenen Lächeln bedanke ich mich für die Gabe und trage dem Fahrer auf, Khan, den Chef des Kontrollpostens in Dih, zu informieren, dass es uns der fortgeschrittenen Zeit wegen heute nicht mehr bis zu ihm runter reiche, wir aber *tick tack*, also gesund und munter seien und er sich um uns keine Sorgen machen müsse.

Endlich lassen sich die Kurbeln merklich leichter drehen. Und der verschwommene dunkle Fleck in der mit Gras ausgekleideten Geländemulde vor uns verdichtet sich rasch zu einem Gebäude, dem Steinhaus der pakistanischen Grenzer. Es ist geschafft, das Dach ist erklommen. Wir befinden uns auf dem 4730 Meter hohen Khunjerabpass – welch ergreifendes Gefühl! Seit dem knapp tausend Kilometer entfernten Islamabad haben wir in stetem Auf und Ab über 14000 Höhenmeter erklommen. Trotz der körperlichen Mattheit pulsiert Euphorie pur durch unsere Adern. Einer der Arbeiter des Bautrupps, der ein neues Grenzhäuschen konstruiert, umarmt mich so innig wie einen lange vermissten Freund. Und der rothaarige Vorarbeiter aus Hunza bittet uns sogleich in das im Bau befindliche Gebäude zu *chai* und Biskuits, die er mit spitzbübischem Lächeln aus einer mit Vorhängeschloss gesicherten Truhe hervorkramt. Nach der zweiten Tasse Milchtee zeigt er uns zusammen mit dem einzigen anwesenden Grenzbeamten auf der grünen Wiese zwischen Haus und Maschendrahtzaun, hinter dem das chinesische Territorium beginnt, den Platz für das Zelt. Der Beamte behauptet, hier oben habe noch nie jemand gezeltet. Das mag ich nicht glauben, obwohl es natürlich vollkommen vernünftig wäre, sich für das

Nachtlager in tiefere Gefilde zu begeben. Denn die Theorie zur Vermeidung von akut lebensbedrohlichen Höhenlungenödemen besagt, man solle ab 3000 Meter Höhe nicht mehr als 500 Meter pro Tag aufsteigen und die Schlafhöhe stets tiefer als die maximale Tageshöhe wählen. Da der Kontrollposten Barkhon, unser heutiger Startort, aber tausend Meter unter uns liegt, haben wir den empfohlenen Höchstwert für den Aufstieg pro Tag schon um hundert Prozent überschritten. Dieses Wissen beschert mir ein mulmiges Gefühl in der Magengrube, zumal sich mit einem stärkeren Pulsieren in meinem Schädel ein erster Protest des Körpers zu manifestieren beginnt. Bereits aber raubt die nahende Nacht den vereisten Bergkuppen den Glanz und die Temperatur liegt deutlich unter dem Gefrierpunkt. Uns unter diesen Vorzeichen in die rasante Abfahrt zu stürzen, wäre purer Selbstmord. Sollten im Schlafsack ruhend tatsächlich ernstzunehmende Symptome wie Hecheln und nach Luft japsen, blaue Lippen oder gar Husten mit schaumigem Auswurf auftreten, so könnten wir immer noch notfallmässig zusammenräumen und uns mit einer Sausefahrt durch die klirrende Kälte in eine Zone mit bekömmlicherem Klima retten. In Anbetracht meines leichten Unwohlseins – Bea geht es übrigens blendend –, verzichten wir für einmal auf ein aufwändiges Geköch und bescheiden uns mit einer Tomaten-Basilikum-Suppe. Und statt eines Gipfelweins trinken wir die letzten beiden Tassen Cappuccino, die uns vom Grosseinkauf in Islamabad her übrig geblieben sind. Unsere dünnen, leichten Schlafsäcke sind nicht für diese Kälte ausgelegt. Bea kompensiert den mangelnden Wärmeschutz der Schlafhülle mit Wollkappe, Halstuch, Handschuhen und zwei Paar Socken an den Extremitäten sowie dem Zwiebelschalenprinzip mit sechs Textil-Schichten am Oberkörper und drei Hosen. Ich gebe mich mit etwas weniger Stofflagen zufrieden.

Derart eingepackt überleben wir die Nacht unbeschadet. Einzig unsere Füsse sind noch nicht aufgetaut, als uns in den Morgenstunden dumpfes Aufklatschen von nassem Schnee aus dem leichten, unruhigen Schlaf weckt. Der Blick aus dem Guckloch verliert sich in Schneegestöber und grauem Nebel. Das ist zu garstig Wetter, um uns aus dem Schlafsack zu pellen und den Tag anzunehmen. In Analogie zum nicht selten heilsamen Aussitzen von vermeintlichen Problemen dösen wir weiter, und siehe da: Ein paar Stunden später wärmen erste Sonnenstrahlen unser Zelt. Auf der bereits wieder grünen Wiese kochen wir ein scharfwürziges Frühstück. Mit dem züngelnden Feuer im Magen kommt mir die glänzende Idee: Wir hätten gestern Abend unsere Trinkflaschen aus Aluminium mit Heisswasser füllen und als Bettflaschen benutzen sollen!

Bevor wir gegen Mittag losfahren, schenken wir den Bauarbeitern die Dosen zuckriger Getränke und weiden unsere Augen noch einen Augenblick an den mit zartem Neuschnee gepuderten Bergkuppen. Während der berauschenden Abfahrt erinnern wir uns vieler Begebenheiten: Dort auf der Hochebene grasten gestern schon Yaks, in jenem Hang spielten die Murmeltiere und in dieser Kehre wurden wir von zwanzig schnauzbärtigen Männern fotografiert.

In Barkhon werden uns *chai* und *chapatis* serviert. Für Dih erwarten wir ein Donnerwetter wegen unserer Verspätung. Doch Khan wäre kein Pakistani, würde er uns nicht hell lachend empfangen und als Erstes Tee anbieten. Wir sitzen zusammen mit seinen Kollegen auf den *tscharpois*, schlürfen das wärmende Getränk und plaudern über Allah und die Welt. Auch sie wollten uns vor zwei Tagen wohl nur deshalb nicht weiterziehen lassen, um einen Blick über den Tellerrand aus Bergen und Steinen hinaus auf die Welt ausserhalb erhaschen zu können.

China, 14. August 2004 bis 8. März 2005

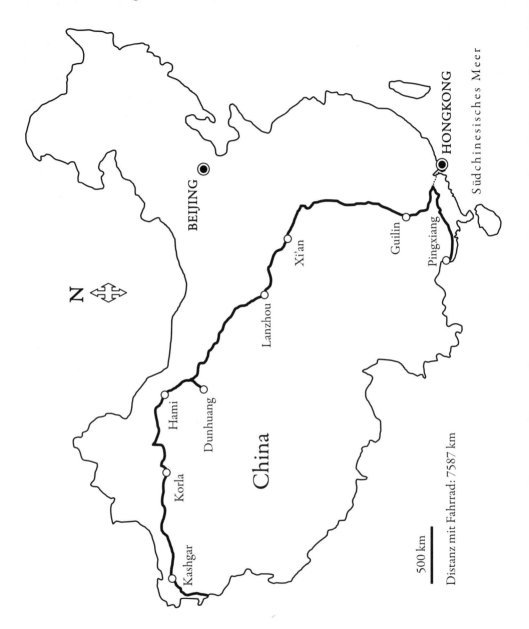

Wir verlassen Pakistan gezwungenermassen mit dem Bus. Um uns von Afiyatabad auf den Khunjerabpass zu karren, benötigt der Fahrer knapp drei Stunden. Die chinesischen Grenzbeamten spassen mit ihm, doch versäumen sie es darüber nicht, geflissentlich die Dokumente aller Passagiere und, auf dem Rollbrett liegend, minutiös die Unterseite des Busses auf Schmuggelware zu prüfen. Grosskalibrige Hunde schnüffeln unter aggressivem Gekläff nach verstecktem Rauschgift. Für die ebenfalls dreistündige Fahrt bis Tashkurgan wird uns ein Aufpasser in den Bus gesetzt; auch er ein Han-Chinese wie alle Beamten hier. Schliesslich stellen sie mit über neunzig Prozent der Gesamtbevölkerung Chinas die haushohe Mehrheit. In weiten Serpentinen windet sich die holprige Strasse durch ein offenes, breites Geröllfeld, in dem Arbeiterkolonnen Kies schaufeln und Murmeltiere auf Futtersuche sind. Busfahren ist für uns keine Freude. Doch auf dieser Strecke, die momentan zur Hälfte aus Umfahrungsstrassen mit übelstem Schotterbelag besteht, hätten wir auf den Velos wohl zwei-, dreimal laut geflucht, wenn dies in den undurchdringlichen Staubschleiern, welche die Fahrzeuge hinter sich herziehen, überhaupt möglich gewesen wäre.

Bei der Einreise in Tashkurgan werden uns keine Steine in den Weg gelegt, obwohl den han-chinesischen Beamten die Gelassenheit und Herzlichkeit der Pakistani abgeht. Steif und mit ernstem Antlitz füllen sie ihre glänzenden Uniformen aus, behandeln uns jedoch korrekt und nicht unfreundlich. All unser Hab und Gut müssen wir eigenhändig auf ein Rollband hieven, auf dem es wie in einem Flughafen durchleuchtet wird. Nach bestandener Prüfung wird schwungvoll der Einreisestempel in den Pass gewuchtet: Hier sind wir nun, China!

Als erste Handlung mit chinesischem Boden unter den Füssen suche ich auf dem Zollgelände das öffentliche WC auf. Nach dem Öffnen der Tür sticht mir ein beissender Gestank in die Nase. Der Boden ist mit Abfall gepflastert. Parallel zu den Längsseiten des Raums liegt in zwei schmalen, untiefen Rinnen trübes Wasser. Über diesen sind hüfthohe, enge Kabäuschen ohne Dach und Tür gemauert. Den eindeutigen Spuren ist zu entnehmen, dass darin kauernd die grossen Geschäfte verrichtet werden.

Ganz anders aber ist der Eindruck auf der Strasse. Irgendwie kommen wir uns vor wie sonntags im Industriequartier der Agglomeration einer Schweizer Stadt: Breite, fast leere Strassenflächen gähnen den Himmel an. Modernste Blinklichtanlagen und frisch gezogene weisse Linien auf dem tadellosen Asphalt warten auf Verkehr. Gesichts- und geschichtslose Bauten stehen gelangweilt am Strassenrand. Die auf ihre Fassaden geklebten Kacheln glänzen in der Abendsonne. Fahnen flattern im Wind.

Zum Ankommen in einem neuen Land gehört immer auch, sich mit dem geltenden Zeitregime vertraut zu machen. Die Zeiger der offiziellen Uhren sind hier, verglichen mit Pakistan, um ganze drei Stunden nach vorne gerückt. So will es die Zentralmacht in der siebentausend Strassenkilometer entfernten Hauptstadt – die Luftlinie von hier in die Schweiz misst übrigens auch siebentausend Kilometer. Diesen ungeheuren Ausmassen des chinesischen Reichs zum Trotz soll im ganzen Land «Beijing-Zeit» herrschen. Weil ein Sonnenaufgang um neun Uhr und ein Untergang gegen zehn Uhr abends aber unsinnig sind, behelfen sich die Leute hier am westlichen Rand des Grossreichs mit der inoffiziellen «Xinjiang-Zeit», die der «Beijing-Zeit» um zwei Stunden nachhinkt. Wir richten unsere Uhren jedoch vorerst überhaupt nicht. Die ersten Tage werden wir uns an die gewohnte pakistanische Zeit halten, damit wir den für die Zeltplatzsuche relevanten Zeitpunkt vor der Abenddämmerung nicht verpassen.

Im Städtchen Tashkurgan ist die Distanz zu Beijing mit Händen zu greifen. Was sich uns präsentiert, hat jedenfalls nichts mit dem China gemein, das wir aus Filmen und Büchern kennen. Mit den weit geöffneten, staunenden Augen eines Kindes rollen wir gemächlich durch grosszügig angelegte, rein gefegte Alleen, die uns schliesslich zum zentralen Platz leiten, der mit Musik aus blechern tönenden Lautsprechern berieselt wird. Uns will scheinen, es habe uns in einen Kinosaal verschlagen. Die über die Leinwand flimmernden Tajiks mit ihren europäischen Gesichtszügen unterscheiden sich kaum von unseren Grosseltern, wie sie in den Zwanzigerjahren des letzten Jahrhunderts im verflossenen Jahrtausend sonntags durch die Gassen flanierten. Die Männer zeigen sich in dunklen Anzügen und mit Hüten. Zur Begrüssung greifen sie sich auf Gesichtshöhe die Hand des Gegenübers, verdrehen sie schwungvoll und berühren sich gegenseitig die Handrücken mit den Lippen. Die Tajiks sind mit den Iranern verwandt und sprechen auch einen persischen Dialekt, während die anderen hier ansässigen zentralasiatischen Völker wie beispielsweise die Uiguren, diese Muslime türkischer Abstammung, naturgemäss eher türkische Sprachen gebrauchen. Klassisches Chinesisch hören wir so gut wie nie, denn in der Autonomen Uiguren Provinz Xinjiang sind die Han-Chinesen deutlich in der Unterzahl. Nur die Beamtenstellen werden durch sie bekleidet.

Die Frauen promenieren in bunten, meist leuchtend roten Kleidern. Einige zeigen gar keck ihre Formen. Alle Waden werden zwar von dicken, beigegrauen, mit wulstigen Rümpfen durchsetzten und alles andere als erotischen Strümpfen verhüllt, dafür stecken die Füsse in eleganten, weissen Schuhen mit überdimensionierten Spitzen. Die Präsenz von Frauen im öffentlichen Raum, die mit all ihren Reizen ohne weiteres als solche erkennbar sind, und nicht als formlose schwarze Geister umherhuschen, erfreut unsere Herzen. Endlich sind wir dem finsteren Mittelalter entflohen – ein wahrer Befreiungsschlag! Die freudlose Zucht in Pakistan, dieses zwanghafte Negieren der holden Weiblichkeit lastete schwerer auf meiner Seele, als mir dies bewusst war. Auch in Bea keimen frische Lebensgeister auf: Weg mit der langen Hose! Sie geniesst es, endlich wieder akzeptierter Teil des öffentlichen Lebens zu sein; nicht mehr von lüstern aus den Augenwinkeln schiessenden Blicken bärtiger Männer ausgezogen zu werden. Hier starrt uns kaum jemand an. Die meisten lächeln uns aus hellen Gesichtern zu. Als würden wir gar nicht als Fremdlinge, sondern als Urenkelin und Urenkel wahrgenommen, was wir gewissermassen auch sind. Im Restaurant klappt die Verständigung mit Gesten. Die zwei aufgeweckten Serviermädchen schenken uns laufend Tee nach. Mit den Stäbchen gehts auf Anhieb ohne Probleme – unsere Ankunft in China ist ein Erfolg.

Unter bleischweren Bettdecken schlafen wir, wie erschlagen, tief und fest in den Morgen hinein. Schon gestern reizten mich die unter freiem Himmel stehenden Pooltische auf dem grossen Platz zu einer Partie Billard. Es ist aber auch die fremde und tief drin doch vertraute Ambiance, die uns dorthin lockt. Wir lehnen uns an eine von der Sonne aufgewärmte Mauer und verfolgen das emsige Treiben. Eine Han-Chinesin fährt mit ihrem Velo zielgerichtet zu einem Gemüsestand und beschimpft die verdatterte Verkäuferin derart lauthals keifend, dass sich bald eine hübsche Traube von Gaffern um sie bildet. Nach einigen Minuten ist der Ärger verpufft und es kehrt wieder Normalität ein. In Ermangelung eines Brunnens erfrischen sich die Leute mit dem Bachwasser, das hinter den Verschlägen der Schuhmacher am Nordrand des Platzes vorbeirauscht. In der Wiese dahinter werden Röcke hochgerollt und drückende Blasen entleert. Das Terrain des Billardtisches lässt keine reguläre Partie zu – wie sonst wäre Beas klarer Sieg zu erklären? Nun wollen wir endlich starten, doch steht mein Hinterrad traurig auf der Felge. Im Schatten eines Verkaufsstands behebe ich den Schaden umringt von Tajiks, einem Han-Chinesen und zwei alten Uiguren mit von tiefen Furchen gezeichneten Gesichtern und weissen Spitzbärten. Keiner dieser Zuschauer verliert auch nur ein einziges Wort. Dem nahen *Tandoor*-Ofen entströmt ein betörend würziger Duft, dem wir nicht widerstehen können. So wird es drei Uhr «Beijing-Zeit», bis wir unser Tagewerk auf dem Sattel in Angriff nehmen.

Auf einsamer Strasse gehts vorerst mehrheitlich bergab. Die Farben und Formen der Bergzüge, die seitlich vorbeiziehen, erinnern mich an die leckeren Marmorkuchen meiner Mutter. Nur riechen diese hier wesentlich erdiger und staubiger – ich werde mich bestimmt nicht in sie verbeissen! Vorne rechts bricht der weiss gekrönte, majestätische, 7546 Meter hohe Mutztagh Ata aus den weichen Brauntönen. Aus einer kirgisischen Jurte und später aus einer mit Stein und Lehm konstruierten Siedlung jagen uns Hunde nach, die nur mit dem *tschomak* zur Räson gebracht werden können. Diese Köter sind von anderem Schlag als die pakistanischen jenseits des Khunjerabpasses: grösser von Statur und giftig-aggressiv im Temperament. Abschnittsweise werden sämtliche Bachdurchläufe in massivem Stahlbeton ausgebildet und der Karakorum-Highway auf vier Spuren verbreitert. Die Chinesen haben offenbar Grosses vor und wir müssen auf den provisorischen Umleitungspisten einiges an Staub schlucken. Ansonsten kommen wir gut voran. Ohne übermässige Anstrengung erklimmen wir mit dem Segen von leichtem Rückenwind den 4200 Meter hohen Ulugrabatpass. Dörfer, die mehr bieten als eine Ansammlung von steinernen Häusern mit Türen und Fensterrahmen aus Holz liegen nicht auf unserem Weg. Zum Glück sind wir mit Vorräten gut bestückt.

Atemberaubend schön ist am nächsten Morgen die Abfahrt in die Subashiebene: Rechterhand lecken die Gletscherzungen des Mutztagh Ata an den Moränen und unter uns schimmert die feuchte, grasbewachsene Ebene in fein abgestuften Pastellfarben. Nur der immer heftiger tobende kalte Gegenwind und die Regenwolken über dem Pamirmassiv trüben die Idylle. Pausbackige Kirgisenkinder springen auf die Fahrbahn und bieten wollene Handtäschchen zum Kauf an. Ihr Vater, ein kleingewachsener, gedrungener Mann mit hohen Backenknochen, Schlitzaugen und stark geröteter Haut hält schwarze Edelsteine feil. Durch das sich im Wind biegende hochstehende Gras zieht eine Kamelherde, deren Treiber uns freundlich zuwinken. Anderes haben zwei räudige Köter im Sinn, die uns mit freigelegten Reisszähnen nachsetzen und vor dem durch die Luft wirbelnden *tschomak* den Schwanz einziehen, um wenig später wieder hinterrücks anzugreifen. Schon aber blinzelt uns vor der Kulisse der weissen Schneeberge der türkisblaue Karakulsee zu. Bei einem Werkhof laden wir Wasser, lassen das Touristenhotel rechts liegen, und campen in einer sandigen Senke über dem See.

Wieder holt uns der «Wärme-Wecker» aus dem tiefen «Kälte-Schlaf». Ein kleiner Junge, der auf einem Kamel daher geglitten kam, assistiert beim Kochen der Omeletten und beim Abbrechen des Zelts.

Im einsetzenden Niederschlag kühlt es rasch empfindlich ab. Die Konstante des heutigen Tages ist aber nicht der Regen, sondern der wirblige Gegenwind. Wie von Sinnen packt er uns an den Schultern, rüttelt und zerrt an uns. Es braucht viel Kraft, dieser Urgewalt zu trotzen und einiges Geschick, um Stürze zu vermeiden. Besonders tückisch sind unvermittelt seitlich einfahrende Böen, die uns immer wieder aus dem Gleichgewicht bringen. Als wir hinter dem Chakragilsee die zum Pamirgebirge gehörenden Sandberge aufsteigen sehen, ist es wenigstens mit den baustellenbedingten Umleitungen in unwegsames Terrain vorbei: In frischem Glanz erstrahlt vor uns das kürzlich eingebaute Asphaltband ohne auch nur das geringste Schlagloch – herrlich, auf diesem Parkett zu tanzen!

In einer der Kurven steht im Wind wankend eine rotbackige kirgisische Frau, die mit einem Brotfladen in der Hand auf ihr Angebot aufmerksam macht. Ohne wirklich Hunger oder Durst zu verspüren, geben wir ihrem Werben nach und lehnen unsere Gefährte an die dem Wind abgewandte Fassade des winzigen kubischen Steinhauses. Hinter dem vom Wind gebauschten Vorhang im Türrahmen zeigt sich eine alte Frau mit indianisch anmutenden Gesichtszügen und langem, zu zwei Zöpfen geflochtenem schwarzem Haar. Sie trägt mehrere Lagen Strümpfe übereinander, und trotzdem lugt aus einem Loch in ihren abgelatschten Schuhen keck ein nackter Zeh. Mit einer knappen Geste heisst sie uns, auf der wackligen Bank am kleinen Tisch Platz zu nehmen und bereitet an der Kochstelle zwei salzig schmeckende Milchtees, die sie in «*Chacheli*» giesst, in denen wir uns ohne weiteres die Füsse baden könnten. An die Mauer ist als Ablagefläche ein Brett fixiert, das mit lauter leeren Flaschen verstellt ist. Darunter warten hinter einem staubigen Vorhang vermutlich seit Urzeiten Brotfladen auf Abnehmer. Unschlüssig prüft die Frau einige dieser *nan* mit Daumendruck, bis sie es zufrieden ist und uns zwei ausgedörrte, beinharte Fladen reicht. Nun bedeutet sie uns, die Dinger in mundgerechte Stücke zu brechen und im Tee zu tunken, bis sie weich sind. Aus einem tönernen Gefäss löffelt sie jetzt eine weisse, schlabbrige Masse in unsere Tassen. Das Grausen steht Bea ins Gesicht geschrieben. Trotzdem versuchen wir beide davon und werden vom leicht rahmigen Geschmack positiv überrascht. Die übrigen Wände der Hütte sind mit bunten Tüchern und gemusterten Teppichen behängt. Rot ist die alles dominierende Farbe. An der Seite gegenüber der Tür sind bis unter das Dach unzählige Decken gestapelt. Davor befindet sich in diesem Einraumhaus die Schlaf- und Wohnzone, wo sich die junge Tochter der Indianerin um den kleinen Sohn kümmert. Popo und Geschlecht schauen ihm aus einem breiten Schlitz im Beinkleid – so geht garantiert nichts in die Hose. Dafür ist der Schlafbereich in hygienischer Hinsicht wohl nicht ganz lupenrein. Immerhin können dank diesem Kniff die Kosten und Mühen für die Beschaffung der Windeln eingespart werden. Auch unter einem anderen Gesichtspunkt ist diese Gepflogenheit ein Segen: Bis ein Kind in unseren Breitengraden trocken ist, braucht es um die fünftausend Windeln. Werden Wegwerfprodukte verwendet, so entspricht das etwa einer Tonne Abfall pro Baby. Uns graust es schon beim Gedanken, dass die Milliarden von Indern und Chinesen ihre seit alters bewährten Gewohnheiten und Sitten der Babypflege der Moderne anpassen könnten. Wir vergelten der Alten den wärmenden Trunk und das nicht wirklich exquisite Mahl mit ein paar Yuan, verabschieden uns herzlich und treten in die noch immer arg durchwühlte Luft: *Manta* hat kein Jota an Intensität eingebüsst.

Vorne weg versuche ich, für Bea im Kielwasser den Luftstrom zu brechen. In diesem mörderischen Gegenwind, gepfeffert mit überraschenden seitlichen Stössen, komme ich kaum zu genügend Atemluft. Die Oberschenkel brennen, ich bin nassgeschwitzt; die Anstrengung ist herkulisch. Dass sie auch sinnlos ist, dämmert mir erst, als ich mich auf die alte chinesische Philosophie besinne: Ich, störrisches Menschlein, gebärde mich hier als Sandkorn im Liebesakt des Himmels, dem Urgrund aller Dinge, und seiner Gattin Erde, mit der zusammen er alles hervorbringt. Mit dem Wind krault er, wenn auch etwas gar ungestüm, doch nur der Erde holden Nacken. Diesem Weltprinzip liegt in der taoistischen Philosophie die Wechselwirkung der beiden Urgewalten Yin und Yang zugrunde, welche in allen Wesen walten. Gemäss dem Rat der Weisen muss zwischen dem harten männlichen Yang und dem weichen weiblichen Yin ein Gleichgewicht herrschen, damit Erspriessliches resultiert. Wenn ich also dem Yang-Wind meine rohe Yang-Körperkraft entgegenhalte, ist das zum Scheitern verurteilt, weil es der falsche Lösungsansatz ist. Der Blick zurück bestätigt die Schlüssigkeit des Gedankens: Bea ist längst weit abgeschlagen, sie vermochte mir nicht zu folgen, mein Kraftakt war also zu nichts nütz. Sie aber pendelt die Schläge des Windes geschickt aus und lässt sich dann und wann widerstandslos, so scheint es mir wenigstens, wie ein Blatt Papier über die Fahrbahn treiben. So gut es geht, weicht sie also dem Druck aus, statt wie ich vorhin dem Wind entschlossen und verbissen die Stirn zu bieten und ihn damit nur noch mehr zu erzürnen.

Die auf Ausgleich bedachte Philosophie lässt sich selbst an der Konstruktion der durch die Ghezschlucht führenden Strasse ablesen. Schweizer Ingenieure würden in den geologisch heiklen Zonen, im Bereich von Rutschhängen, Murgängen und periodisch die Fahrbahn überspülenden Gletscherbächen tendenziell überdimensionierte Schutzbauten hinklotzen. Das erklärte Ziel wäre es, Wasser und Steine wirkungsvoll und dauerhaft von der Fahrbahn fernzuhalten, damit der Verkehr, diese heilige Kuh moderner Gesellschaften, jederzeit ungebremst und sicher vor der Unwägbarkeit der Natur zirkulieren kann. Da würde also auf eine Yang-Bedrohung mit Yang-Massnahmen geantwortet. Nicht so hier in China: Statt der Naturgewalt mit technischer Gegengewalt in Form von Stützmauern zu trotzen, wird der Energiefluss zugelassen und dafür die Widerstandskraft der Strasse erhöht. So ist der Belag in kritischen Abschnitten nicht in weichem Asphalt, sondern in zähem Stahlbeton ausgeführt. Als Konsequenz davon ist der KKH natürlich bei üblem Wetter aus Sicherheitsgründen nicht, und einige Tage danach nur mit Einschränkungen befahrbar. Einer derartigen Abhängigkeit von den Launen der Natur will man sich im Abendland freilich nicht beugen. Denn Zeit ist schliesslich Geld, dort in der Welt der entfesselten neoliberalen Marktkräfte. Und dort ist Geld haufenweise vorhanden, was man von der Zeit nicht behaupten kann. Sie ist im Schrumpfen begriffen, dort. Wir Glücklichen, von der Geldvermehrungsmaschinerie abgekoppelten Velonomaden verfügen über ein schier unerschöpfliches Reservoir an Zeit – so liegt uns die Welt zu Füssen.

Aber nur bis zur nächsten Kurve, die von Geröll und gurgelndem Wasser geschluckt wurde. Ob es da für uns ein Durchkommen gibt? In solchen Situationen gilt es, ruhig Blut zu bewahren und nichts zu überstürzen. Wir beschliessen in diesem Sinne, erst mal zu rasten und zu essen. Schon stapfen drei Kirgisen durch die von gelbbraunem Wasser durchströmte Kiesfläche und gesellen sich zu uns. Ihre Füsse fristen ihr Dasein in zerlöcherten, im Moment tropfnassen Turnschuhen aus Segeltuch mit Tarnmuster. Alle Leute dieser Gegend scheinen kaputte Schuhe zu tragen. Diese drei Männer sind sehr neugierig und wollen die so fremd anmutende Gangschaltung der Fahrräder erklärt bekommen. Sie staunen auch über die Kilometerzähler, die Handschuhe, die Helme und unsere hohen, robusten Schuhe. Vor allem die langen Schnürsenkel erregen ihr Interesse. Ein ganz besonderer Blickfang aber ist der *tschomak*, der auch in ihrem Idiom so genannt wird. Sie wissen genau, aus welchem Holz er geschnitzt ist und dass er seinen Träger zuverlässig vor Unheil bewahrt. Das war ein wahrlich völkerverbindendes Geschenk von Jakob im iranischen Khonj. Wie ergeht es ihm, Nadja und Sasha wohl im kühlen Schweden?

Erstaunlich einfach können auch wir die überflutete Passage meistern und rollen schon bald im kleinen Nest Ghez ein, wo wir uns das erste chinesische Bier genehmigen. Der Verkäufer will es uns offerieren, doch legen wir dieser guten Seele gerne vier Yuan für den halben Liter in die Hand. Alkohol, nach langer Abstinenz im trockenen Pakistan und in einem Zug runtergeschüttet, nicht mehr gewohnt, schlendern wir mit leichter Schlagseite zum Kontrollposten, um unsere Pässe registrieren zu lassen. Bei diesen zwei Han-Chinesen tickt die Uhr an der Wand vorschriftsgemäss in «Beijing-Zeit» und zeigt bereits 21.00 Uhr. Meine wuchtige Velobrille fasziniert die Uniformierten. Wie Kinder reissen sie sich darum, wer sich das Ding als erster auf die flache Nase setzen darf. Ob der starken Korrektur schwindelt es nun auch ihnen.

Nach regnerischer Nacht ist es doch wieder die Sonne, die uns im Zelt neben dem reissenden Ghezfluss weckt. Der Gegenwind ist heute zahnlos. Die Gesteinsschichten leuchten rosa und rot unter dem Blau des Himmels. Wirklich steil ist die Strasse auch auf dieser Seite des Khunjerabpasses nicht; kein Vergleich jedenfalls mit den «Mauern» in den Western Ghats von Südindien. In einer Ansiedlung rufe ich einem bejahrten Uiguren-Männlein mit grauem Spitzbart das in Ostanatolien gelernte «*Su hä?*» zu. Er nickt, hastet tief gebückt über die Strasse und füllt unsere Behälter mit heissem, aber, wie es unsere transparenten Flaschen offenbaren, schmutzigem Wasser aus einer Teekanne, die über glühender Kohle stand. Wir bedanken uns in aller Form für seine Güte, doch kaum ausser Sichtweite des Alten perlt unter der Strasse das klare Wasser eines Seitenbachs aus dem Pamirgebirge durch. Wir zögern keinen Augenblick und ersetzen das dubiose Wasser in unseren Trinkflaschen mit jenem aus dem Rinnsal, versetzen es aber sicherheitshalber mit Entkeimungsmittel.

Vor Upal, dem ersten grösseren Ort seit Tashkurgan, wird die Strasse gesäumt von Pappelhainen, in deren Schatten die Anwesen Schulter an Schulter stehen. Alle Häuser sind gegen die Strasse hin mit lehmverputzten, mannshohen Mauern abgegrenzt. Auffällig gestaltete Tore lockern die abweisende Wirkung auf. Es sind aber vor allem die am Strassenrand sitzenden Frauen und Männer, welche die Atmosphäre aufhellen und uns an Rumänien erinnern. In Sägereien heulen Motoren und es fliegen die Späne – viel Bauholz wird benötigt. Im Zentrum von Upal lassen wir uns auf der Terrasse eines Strassenrestaurants nieder. Damit die *laghman* mit *sey*, die Nudeln mit Gemüse, garantiert unserem Gusto entsprechen, zeigen wir in der Küche auf jene Dinge, die der Koch für uns in den Wok werfen soll. Beim Blick über seine Schultern sehen wir, wie die Nudeln fabriziert werden: Nicht gerollt und nicht geschnitten, sondern mehrere Stränge mehrmals verdreht und anschliessend gezogen. Zur Verfügung der Gäste finden sich auf jedem Tisch eine WC-Rolle als Serviette, Sojasauce, roher Knoblauch und *lasa*, diese scharfe Paste aus Chili. Zum Gaudi der Umstehenden mische ich löffelweise *lasa* unter die Nudeln, die im Übrigen den Vergleich mit italienischer Pasta keineswegs zu scheuen brauchen. Zu diesem vortrefflich mundenden Essen geniessen wir die malerische Szenerie des öffentlichen Lebens. Sie erinnert an ein Freilichtmuseum. In diesem Upal scheint der Fluss der Zeit vor Jahren ausgebremst worden zu sein. Motorisierter Verkehr ist kaum vorhanden. Auf der Strasse zirkulieren dafür umso mehr Velos, Kutschen und Karren. Die Männer tragen wie in Tashkurgan Hüte und abgewetzte altmodische Anzüge. Die Häupter der Frauen sind mit schmucken Kopftüchern geziert. Um ihre Hüften sind lange schwarze oder rote Röcke geschlungen und über die strumpfbewehrten Füsse diese spitzen Schuhe gestülpt. Stolz und selbstbewusst präsentieren sie sich in der Öffentlichkeit und eine gewisse Eleganz in ihrer Erscheinung ist nicht zu verkennen.

Wieder im Sattel weist uns ein Schild darauf hin, dass wir in diesem Moment in die Taklamakanwüste, die «Wüste ohne Rückkehr», eindringen. Dieser Name schreckt uns keineswegs ab, denn Zurückkehren wollen wir nicht, sondern lediglich die Wüste bis zu ihrem östlichen Ende durchmessen. Was heisst denn hier überhaupt Wüste? In Shufan, einem Vorort von Kashgar, weitet sich die Strasse auf sechs betonierte Spuren. Und Frauen flanieren auf dem Pflaster, fahren Rad oder sitzen in Gruppen zusammen und plaudern vergnügt.

Als sich die Fahrbahn wieder verengt, ist das Licht nur noch dünn. Kurz vor Kashgar stellt sich uns im Bereich von unter Wasser – ja, Wasser! – stehenden Reisfeldern eine stachlige und hungrige Mauer aus Moskitoschwärmen entgegen. Mücken in Augen, Nase, Mund, Haar und Ohren – überall! Um die Rücklichter zu befestigen, müssen wir einen Moment anhalten. Diese Minute ohne Fahrtwind reicht aus, um über zwanzig Einstiche zu kassieren. Vor allem bei Bea bilden sich sogleich juckende Geschwülste auf der Haut. Mit zusammengepressten Lippen und Schlitzaugen, die sich durchaus mit jenen der Chinesen messen lassen, brechen wir uns den Weg durch die sirrende Dunkelheit. Und dann plötzlich: Salons mit rot leuchtenden Schaufenstern, blinkende Neonlicht-Werbungen, breite, von Spaziergängern geflutete Strassen – so ähnlich stelle ich mir Las Vegas vor. Wir sind aber eben in der Wüstenstadt Kashgar, Autonome Uiguren Provinz Xinjiang, China, eingetroffen. Und es gefällt. Befremdend wirkt lediglich, dass sämtliche Autos abbremsen und sogar anhalten, nur weil eine Ampel auf Rot gestellt ist.

Nach all den verschlafenen, hinterwäldlerischen Dörfern entlang dem KKH in Pakistan erscheint uns nun Kashgar wie die modernste Weltstadt. Tagsüber promenieren auf den überdimensionierten Gehsteigen die Frauen der Oberschicht mit aufgespanntem Sonnenschirm in Händen, um sich den vornehm hellen Teint zu bewahren. Vom Schicksal weniger begünstigte Frauen tragen Mundschutz und weisse, lange Mäntel. Sie kehren mit gewaltigen Reisigbesen inmitten dichter Staubwolken geflissentlich tagaus, tagein die Boulevards aus erst kürzlich gegossenem Beton. Auf der Grünfläche zwischen Fahrbahn und Trottoir wird gezockt. Männer wie Frauen sind der Spielsucht gleichermassen verfallen. Selbst einsetzender Regen ist hier ein zu schwaches Argument, um das Kartenspiel oder das Mah-Jongg einzustellen. Es wird gespielt, bis man weggeschwemmt wird. Uns schlägt zurzeit aber etwas anderes in seinen Bann: die Auslage eines Schnapsladens. Sogar der edle Tropfen Cognac Frapin steht im Angebot. Wir bescheiden uns allerdings mit einer Flasche Martini und leeren sie im Hotelzimmer in Rekordzeit gemäss dem chinesischen Trinkspruch «*Ganbei!*», der nichts anderes bedeutet als «Trockne den Becher!».

Im bunten Menschengemisch beim Sonntagsmarkt atmen wir zusammen mit den uns bereits bestens vertrauten Uiguren, Kirgisen und Tajiks die mannigfaltigen Gerüche der dampfenden Garküchen ein. Nicht recht ins farbenfrohe, urchige Treiben wollen die streng muslimischen Frauen passen, die ihre Köpfe vollständig unter einem meist braunen, wollenen Tuch säuberlich verborgen halten. Umso mehr ergötzen wir uns an den wettergegerbten, vom Leben geprägten, ja geradezu wie geschnitzten Gesichtszügen der Männer, die den Schafen auf dem Tiermarkt zur genauen Inspektion des Gebisses in derber Manier die Schnauze aufreissen. In vorbeiziehenden Staubwolken verstecken sich Pferde, die kurz Probe geritten werden. Den echten Kennern jedoch genügt ein profunder Blick, um die eleganten Vierbeiner nach ihrem Marktwert einzuschätzen. Lauthals angepriesen werden allenthalben Seidentücher, Teppiche, Dolche, falsche Diamanten, grobmaschige Strümpfe, Schnitzereien, verschiedenste Esswaren und, als Verkaufsrenner, reich bestickte Hüte. Grösstes Ansehen geniessen aber jene Händler, die getrocknete Fische, Seepferdchen, Schlangen, Igel und Skorpione feilbieten. Denn der Verzehr dieser staubtrockenen Mumien, die dazu erst mit einem Mörser zu Pulver zerstossen werden, kann wahre Wunder bewirken, heisst es. Gemäss der traditionellen chinesischen Medizin liegt die Ursache von Krankheiten in einem Ungleichgewicht von Yin und Yang im Organismus. Jeder Eingeweihte weiss, dass die männliche Kraft Yang am stärksten in Licht, Feuer, Trockenheit, Luft, Leichtigkeit, Hitze, Härte oder im Sommer wirkt. Während die gegensätzliche und gleichzeitig ergänzende weibliche Kraft Yin entsprechend in Dunkelheit, Wasser, Feuchtigkeit, Erde, Schwere, Kälte, Weichheit oder im Winter zugegen ist. Selbst ganze Wesen werden Yin und Yang zugeordnet. Ein Fisch beispielsweise ist ein typischer Vertreter eines Yin-Tieres, da er im Wasser lebt. Ein Vogel hingegen, dessen Element die Luft ist, repräsentiert Yang. Mit diesem Wissensfundus können massgeschneiderte Heilmittelchen gemischt werden, die baldige Ge-

sundung verheissen. Es gibt aber auch einen anderen Anwendungsbereich: Viele
Schwangere schwören auf Yang-Speisen, auf dass ihr Kind ein Junge werde.

In der Altstadt, im historischen Kern vom Kashgar der Uiguren, fühlen wir uns
verglichen mit dem Neonlichter-Meer vom Kashi der Han-Chinesen wie in einer
Zeitfalte, gleich wie Upal so etwa vor hundert Jahren stehengeblieben. Die Gassen
sind eng und verwinkelt. Sie leiten uns an sandfarbenen Häuserzeilen vorbei. In gewissen aus Holz, Lehm und Stroh gefertigten Fassaden klaffen wohl schon seit Generationen breite Risse. Einige der bunt gestrichenen Holztüren, die den Eingang zu
den Wohnbereichen markieren, hängen knarrend in den rostigen Angeln und gewähren durch die von einem leichten Windzug geblähten Vorhänge dahinter Einblick in
reich verzierte Innenhöfe. In der Kühle dieser Patios lässt es sich bestimmt gut leben.
Neben Waschmaschinen und Tumblern stehen da und dort auch brandneue Motorräder – Moderne und gewisser Wohlstand sind also auch an diesem Quartier nicht
spurlos vorbeigezogen. Selbst die zehn Meter hohe und über fünfhundert Jahre alte
Stadtmauer aus Bruchsteinen und Lehm vermochte nur an einer Stelle den Bagger-
schaufeln der Han-Chinesen zu trotzen. In der Passage der Handwerker stieben bei
den Schmieden die Funken. Auch Töpfer, Schreiner und Schuster sind mit Inbrunst
an der Arbeit. Nun prescht neben uns eine Kutsche über den Boden aus tiefem, feinem Sand und hinterlässt ein Paar mit schlohweissem Haar.

Eine Falschgeld-Phobie grassiert im Land. In jedem Geschäft werden die entgegengestreckten grossen Scheine aufs Genaueste geprüft. Einzig das Geruchskriterium
ist zu wenig aussagekräftig – echtes Geld stinkt genauso wie falsches. Uns ist bis jetzt
auch noch niemand begegnet, der die Noten in den Mund geschoben hätte, um deren Aroma zu kosten. Der sechste Sinn des Verkaufspersonals gebietet besondere
Vorsicht bei Scheinen, die aus dem Geldbeutel einer Langnase stammen; sind diese
doch die dankbarsten Opfer von Betrügern auf dem Schwarzmarkt. Wir freilich sind
bis zum heutigen Tag in China noch nie über den Tisch gezogen worden – oder sind
wir schlicht zu einfältig, um es zu merken? Die Erfahrung hat die Handeltreibenden
gelehrt, dass selbst die eigenen Landsleute nicht mehr Vertrauen als Reisende verdienen. So werden auch deren Noten mit ernstem, beinahe vorwurfsvollem Blick ins
Gegenlicht gehalten, um Form sowie Anordnung eines bestimmten Zeichens in der
unteren Ecke zu prüfen. Gleichzeitig wird dabei der Farbton des Altrosas, in dem das
feiste Konterfei von Mao Zedong auf der 100er-Note gehalten ist, mit dem Sollwert
verglichen. Ob die Position der Warze am Kinn des pausbackigen «Grossen Steuermanns», wie Mao hochachtungsvoll betitelt wird, ebenfalls als Kriterium herangezo-
gen wird, weiss ich nicht. Wenn der oder die Bezahlende auf Grund dieser ersten
Tests noch nicht des Betrugs überführt werden konnte, kommt als nächstes der Tast-
sinn zur Anwendung. Zwischen Zeigefinger und Daumen werden Stärke und Textur
der Note getestet. Sodann werden Zugfestigkeit und Knitterverhalten mit dazugehö-

rigem Geräusch mit folgender Versuchsanordnung analysiert: Daumen und Zeigefinger der rechten Hand halten das Papier im Bereich von Maos linkem Ohr, während sich die Finger der linken Hand in der Nähe der Ziffer 100 festklammern. Nun
wird der arme Steuermann mehrmals kräftig gedrückt und am Ohr gezogen. Schliesslich wird dem Unglückseligen noch mit einem trockenen Schnippen des Zeigefingers
auf die Brust geklopft, um aus dem resultierenden Klang die richtigen Schlüsse zu
ziehen. Dass sich der chinesische Staat eine solch despektierliche Behandlung seines
historischen Helden, der am 1. Oktober 1949 die Gründung der Volksrepublik China proklamierte und noch heute die Symbolfigur des kommunistischen Chinas ist,
gefallen lässt, ist sehr erstaunlich. Schliesslich haben in diesem Land andere schon für
weit geringere Respektlosigkeiten ihr Leben lassen müssen. Da auf die Sinne allein
kein Verlass ist, werden in den Verkaufsbuden noch andere Tricks angewandt, um
dem betrügerisch gesinnten Gegenüber endlich auf die Schliche zu kommen. So wird
Maos Nase mit aller Kraft auf eine weisse Unterlage gepresst und mehrmals hin und
her geschoben. Rotzspuren verraten die Fälschung, der echte Steuermann färbt nicht
ab. Einige Wenige halten die Noten als finale Prüfung in den Schlitz eines kleinen
Gerätes, das je nach Befund in einer anderen Tonlage piepst und grün oder rot auf-
blinkt. Erst wenn der Geldschein des Kunden auch diese Klippe erfolgreich umsegelt
hat, wird er mürrisch akzeptiert und eingesteckt. Als Entschädigung für den grossen
Prüfungsaufwand wird geflissentlich vergessen, das Wechselgeld herauszurücken.

Der Grosse Vorsitzende Mao zeigt in Kashgar, der am weitesten von Beijing entfernten Stadt des Landes, nicht nur auf den papierenen Geldscheinen, sondern auch in
pickelharten Stein gehauen penetrante Präsenz: Südlich der Altstadt dominiert eine
protzige, kolossale Mao-Statue den weiträumigen «Platz des Volkes». Erhöht auf
einer gemauerten Plattform steht der Steuermann bolzengerade in gebieterischer Po-
se und lässt keinen Zweifel offen, wer hier die Richtung des einzuschlagenden Wegs
vorgibt. Mit dieser Skulptur wird noch heute, fast dreissig Jahre nach Maos Tod, die
Macht der zentralistischen Regierung, deren Tentakel bis in die entlegensten Winkel
des Landes reichen, symbolisiert. Ein besonderer Stachel im Fleisch der Muslime von
Kashgar dürfte sein, dass die Figur dieses atheistischen Führers, der ihnen nichts als
Leid beschert hat, gar die alten Minarette überragt, die traditionsgemäss jeweils die
höchsten Gebäude der Städte bildeten.

Auch auf unserer Zunge hinterlässt der Name Mao Zedong einen bitteren Geschmack. Einst war er ein Held. Damals, nach dem «Langen Marsch», jener drama-
tischen Flucht der Roten Armee durch fast ganz China in den Norden. Den Kommunisten flogen die Herzen der Leute zu, da ihre Soldaten weder vergewaltigten,
plünderten noch stahlen, was in der chinesischen Geschichte ein Novum war. Auch
noch eineinhalb Jahrzehnte später, in den Anfangszeiten der Volksrepublik China,

müssen Bewunderung und Dankbarkeit für die Kommunisten gewaltig gewesen sein. Es festigte sich in der chinesischen Bevölkerung ein grosses Vertrauen in die Volksarmee, das in gewissen Kreisen noch bis heute nachwirkt. Da wird aber ausgeblendet, was den einstigen Helden Mao zu einer der übelsten Gestalten des Zwanzigsten Jahrhunderts werden liess:

Auf grossangelegten Anklage-Versammlungen wurden wirkliche und angebliche Übeltäter des alten feudalen Systems dem schäumenden Mob gegenübergestellt. Allein zwischen 1949 und 1952 fanden im Zuge von «Säuberungen» folgende grossen Kampagnen statt, die mehrere Millionen Opfer forderten – selbstverständlich mit Tausenden von Unschuldigen darunter: die Bewegung zur Bodenreform, die Bewegung gegen die Konterrevolutionäre und die Bewegung zur Gedankenreform, die vor allem auf Intellektuelle zielte. Obwohl später laufend weitere Kampagnen folgten, regte sich in der Bevölkerung kaum Widerstand. Die folgenschwersten waren die «Hundert-Blumen-Bewegung», der vor allem Schriftsteller, Künstler oder Journalisten zum Opfer fielen. Dann der «Grosse Sprung nach vorn», der wirtschaftlich ein Desaster wurde und zu einer der schlimmsten Hungerkatastrophen der Weltgeschichte mit mehr als 18 Millionen Toten führte. Und schliesslich die «Kulturrevolution». Sie warf China in jeder Hinsicht weit zurück. Um mit den alten Autoritäten im Land brechen zu können, blendete der Demagoge Mao Kinder und missbrauchte sie für seine Zwecke. Als Mitglieder der sogenannten Roten Garden genossen die Jungen plötzlich noch nie gekannte Freiheiten. Seit Konfuzius hatten die Kinder in China nämlich ausschliesslich gehorsam zu sein. Es ging das Wort «Kinder haben Ohren, aber keinen Mund.» Mao aber verlieh ihnen nicht nur eine Stimme, sondern auch vermeintliche Macht über einstige Respektspersonen. Er wiegelte die Jugendlichen auf. Er zerschmetterte den Damm des Anstands. Er erklärte die über Jahrhunderte gewachsenen sittlichen Grundsätze, die gesellschaftlichen Werte und Normen für nichtig, die Moral für tot. So wurden auch Denunziationen der Nächsten gang und gäbe. Dergestalt manipuliert, liessen die Kinder Dampf ab und wüteten mit brachialer Gewalt gegen die Autoritäten, was selbst die eigenen Eltern nicht ausschloss. Natürlich galten auch alle religiösen Symbole als reaktionär. So erinnern sich ältere Uiguren mit Grausen daran, wie die wild gewordenen Kommunisten Schweine in die Moscheen trieben, um die Gotteshäuser damit zu entweihen. Mao liess die Meuten gewähren, bis es ihm dann doch zu bunt wurde. Die Jungen wurden schliesslich entwaffnet und mit dem schönfärberischen Slogan «Hinunter in die Dörfer und hinauf auf die Berge» aus dem Verkehr gezogen. Zwischen 1969 und 1973 wurden acht Millionen Teenager, allesamt geprägt vom Verlust des Vertrauens in die Nächsten sowie durch die Erfahrung von sinnloser Gewalt und unvorstellbarer Brutalität in die Einsamkeit verschickt. Kein Wunder also, legen heute Fünfzigjährige bisweilen ein sonderbares Verhalten an den Tag.

Im Hotelzimmer breiten wir die Landkarten Chinas aus und betrachten ehrfürchtig die ungeheuren Ausmasse der Volksrepublik. Allein die Provinzkarte von Xinjiang bedeckt die ganze Tischplatte. Dabei entspricht ein Zentimeter auf der Karte mehr als zwanzig Kilometern in der Realität! China ist nicht umsonst das grösste Land Asiens und hinter Russland und Kanada gar das drittgrösste der Welt. Unsere kleine Heimat würde darin etwa 240-mal Platz finden. So verabschieden wir uns von Kashgar mit einer gehörigen Portion Respekt für die vor uns liegende Strecke: dreitausend Kilometer auf der nördlichen Seidenstrasse durch die «Wüste ohne Rückkehr» und dann mindestens nochmals dieselbe Distanz bis nach Hongkong.

Kaum liegt die Stadt hinter uns, versperrt ein mannshoher Erdwall die Strasse. Eine Umleitung wird angezeigt. Ich umkurve das Hindernis, um zu erforschen, was sich dahinter verbirgt. «Wow, eine brandneue sechsspurige, richtungsgetrennte Autobahn!», rufe ich Bea zu.

Auf diesem Highway, dieser Schneise der Besitznahme, sollen dereinst noch viel mehr Han-Chinesen aus dem Osten anrollen, Kashgar erobern und vollends zu Kashi machen. Wie dem Geschiebe in Flussläufen durch die Gewalt des strömenden Wassers sollen den sperrigen Minoritäten im Land die kulturellen Ecken und religiösen Kanten durch Repression und durch die Invasion von Han-Chinesen abgeschlagen werden. Die Volksrepublik China ist in ihrem diktatorischen Gebaren nicht willens, die 56 verschiedenen Minoritäten des Landes mit Respekt ins System zu integrieren. Von der verordneten Einheitslinie abweichende Meinungen und Lebensentwürfe werden nicht toleriert. Wer sich gegen diese gewaltige Nivellierung des so reichen kulturellen Erbes stemmt, wird niedergeknüppelt. Jeglicher Zweifel an dieser Brutalität verdampft angesichts der Mao-Statue von Kashgar, die sich uns wie ein Mahnmal ins Gedächtnis gebrannt hat.

Da die erst vor kurzem gegossene Fahrbahnplatte aus Stahlbeton noch nicht für den Verkehr freigegeben ist, rumpeln die Wagen auf einer provisorischen Umfahrungsstrasse. Die Lastwagen und Busse schwanken abenteuerlich auf der schlaglöchrigen Schotterpiste und ziehen dichte Staubwolken wie Schleier hinter sich her; alles andere als eine erfreuliche Aussicht für uns! So setzen wir auf die während der Reise laufend verbesserte Fähigkeit der beinahe nonverbalen Kommunikation und bringen von den Bauarbeitern tatsächlich in Erfahrung, dass die Betonpiste für uns Velofahrer durchgängig befahrbar ist. Es seien nur noch letzte Arbeiten an Rändern und Fugen im Gange. Also nichts wie los auf unserer Privatstrasse!

Es rollt verdammt gut, doch spüre ich bald ein verdächtiges Schlenkern des Gepäcks am Hinterrad. Sofort suchen wir nach der Ursache – und siehe da: Die Schweissnaht der Befestigungsöse des oberen Holms des Gepäckträgers ist beim Rahmen glatt durchgerissen. Die Sonne brennt uns unbarmherzig auf den Schädel und ein unangenehmes Gefühl beschleicht mich: Da liegen die besagten, noch etwa dreitausend Wüstenkilometer vor uns, und schon bei der ersten Etappe beginnt sich der Rahmen aufzulösen ... Wir sind zwar gut mit Werkzeugen und Ersatzmaterial bestückt, doch einen solchen Schaden können wir unmöglich selbst dauerhaft beheben.

An der Abzweigung zur Stadt Artux stehen dutzende Holzbuden, die dank gestapelter LKW-Reifen als Reparatur-Werkstätten erkennbar sind. Hier versuchen wir unser Glück, und bereits nimmt sich ein Handwerker des Problems an. Ohne sich eine Schutzbrille aufzusetzen, brutzelt er mit seinem Schweissgerät an der Schadstelle, bis so etwas wie eine neue Schweissnaht erkennbar ist: pockenartig und löchrig. Aber ich bin zuversichtlich, dass sie halten wird. Einmal mehr bestätigt sich, dass es ein weiser Entscheid war, für die Fahrräder Rahmen aus Stahl zu wählen. Andere Materialien wie Aluminium oder Titan wären in einem solch einfachen Betrieb nicht reparierbar. Auf die Frage nach dem Preis für seine Arbeit schnalzt der Schweisser nur mit der Zunge und wirft dabei in gut türkischer Manier den Kopf in den Nacken, was bedeutet: « *Yuan yok*, kein Geld.» Instinktiv bedanken wir uns herzlich mit « *Teschekkür!*» und rollen für ein ofenfrisches, knuspriges *nan* die wenigen Kilometer nach Artux runter. Auf einem Gehsteig sitzend, der durch den Schattenwurf eines Gebäudes vom grellen Tageslicht ausgespart ist, geniessen wir die riesigen Fladen und spüren förmlich die verstohlenen Blicke der sich in gebührendem Abstand um uns scharenden Leute auf der Haut brennen. Lange getraut sich aber niemand uns anzusprechen, obwohl sie vor Neugier beinahe zerplatzen «Woher kommen und wohin wollen diese zwei?», steht allen ins Gesicht geschrieben. Da springt endlich einer über seinen Schatten und bricht das Eis des Schweigens. Sofort enthemmen sich auch die Scheuen, die sich in den hinteren Reihen des anschwellenden Pulks befinden, und stellen Fragen. Wir sind nicht die einzigen, die kein Chinesisch beherrschen. Uigur wird hier gesprochen. Da diese Sprache mit Türkisch und Farsi verwandt ist, finden wir schnell eine gemeinsame Basis, um das Wesentliche zu bereden.

Bei der Tankstelle an der Ausfahrt von Artux füllen wir all unsere Flaschen mit Wasser und radeln somit die letzten zwanzig Kilometer des Tages einundzwanzig Kilo schwerer beladen auf dem superfeinen Asphaltbelag der nagelneuen Strasse ostwärts. Der Verkehr ist rege, doch neben der Fahrbahn erstirbt alle Geschäftigkeit: kein Dorf, keine Häuser, keine Leute; links der kahle Tian-Shan Gebirgszug, rechts die nackten, kaum befahrenen Eisenbahngleise, deren Schienen ihre Parallelität bis zum Horizont vollends einbüssen und zu einem glänzenden Punkt verschmelzen, und jenseits der Bahnlinie das weite Nichts der Einöde. Ein sonderbar graubrauner Schleier aus Sand und Staub hängt hoch oben in der Luft. Die Sonne vermag ihn nicht zu durchbrechen. Im dergestalt gedämpften Licht schieben wir an der Neige des Tages die Räder Richtung Eisenbahnlinie, wo eine Ansammlung niedriger Hügel dazwischenliegende Mulden vermuten lässt. Unsere Schritte klingen hohl, weil sich die obersten paar Zentimeter des Bodens vom Untergrund abgelöst haben. Die intensive Sonnenstrahlung führte zu einer Austrocknung und der damit einhergehende Wasserentzug zum Schrumpfen dieser Randzone. Dabei sind Spannungen entstanden, die eine leichte Hebung der dünnen und harten Oberfläche verursachten. Diese Schicht aus Sand und Lehm bricht unter der konzentrierten Last unserer schweren Räder und lässt sie im weichen Untergrund einsinken. Am Ende des anstrengenden Schiebens liegt aber ein beinahe perfekter Zeltplatz: eine Mulde ohne Abfall oder Exkremente, dafür mit trittfestem Boden und ausreichendem Sichtschutz gegen die Strasse. Beim Duschen mit einem Bidon verstechen uns ein paar Mücken, was unserem Hochgefühl aber keinen Abbruch tut. Wir begiessen unsere erste Zeltnacht in der Taklamakanwüste mit einem Schluck Feuerwasser. Der Cognac zieht eine glühend heisse Spur von der Kehle bis in die Eingeweide.

Die Sonnenstrahlen prallen auch heute auf eine undurchdringliche, zähe Schicht aus Staub und Sand in der Stratosphäre. Dies hat für uns den grossen Vorteil, dass es bei den Verpflegungspausen am Strassenrand nicht zu heiss auf uns nieder brennt. Denn Schattenplätze sind keine auszumachen, und dies bei Temperaturen weit über dreissig Grad.

Immer wieder vergleichen wir die Realität mit ihrem Abklatsch auf der chinesischen Provinzkarte, die ich auf meine Lenkertasche geklemmt habe. Denn es ist von immenser Bedeutung für uns, dass die Angaben auf der Landkarte verlässlich sind. Nur so können wir halbwegs sicherstellen, dass wir gegen Abend nicht irgendwo da draussen in der Wüste ohne Wasser stranden. Die erste Abzweigung ist korrekt eingezeichnet, während die zweite zu früh und ohne das auf der Karte verheissene Dorf folgt. Solche Spässe sind für Radreisende mehr als nur derbe Scherze, sie können schnell ans Eingemachte gehen. Doch wie als Kompensation des Schicksals lässt unsere Glücksgöttin einige Kilometer weiter vorne einem erratischen Block gleich ein Restaurant aus dem beigen Sand ragen. Bald steigt uns ein beissender Geruch in die Nase, der uns die Mägen zu verderben droht. Er entströmt einem riesigen Topf, in dem eine Brühe undefinierbarer Zusammensetzung blubbert. Darin treiben dunkle Klumpen – die Überreste des heutigen Mittagsmenüs. Obwohl der halbe Tag noch vor uns liegt, bemühen wir uns bereits hier und jetzt um Wasser, weil gemäss Auskunft der Gäste kein weiteres Dorf mehr zu erwarten ist, das in unserer heutigen Reichweite läge. Unsere Geste für «Wo befindet sich der Wasserhahn?» versteht der Servierjunge nicht – meinen wir. Doch schon macht er sich zusammen mit einem Kollegen aus der Küche an einem gerippten Blech auf dem Fussboden zu schaffen, das sich nur unter quälendem Quietschen verschieben lässt. Es handelt sich dabei um die Abdeckung für den in die Terrasse eingelassenen Betontank mit den Trinkwasser-

Reserven. Nun wird an einem abgegriffenen Hanfseil ein rostiger Eimer ins kühle Dunkel hinuntergelassen. Am Widerstand des Wassers gerät er ins Wanken, kippt, füllt sich langsam und taucht schliesslich ganz unter. Behände wird das volle Gefäss heraufgezogen und auf den Fussboden geschwungen, auf dem Personal und Gäste jeweils vorbeischlurfen. Mit seinen fettigen und von Tierblut klebrigen Händen hebt der nette Küchenjunge den Eimer und füllt unsere Flaschen mit Wasser. Das Prozedere wird dreimal wiederholt, bis über zwanzig Liter geschöpft sind. Die unappetitlichen Handabdrücke auf dem Kübel und der Schmutz vom Fussboden am unteren Rand des Eimers führen auf der Wasseroberfläche im Reservoir zu einem bläulich schimmernden Film, der sich auch in unseren Flaschen zeigt.

Kaum wieder unterwegs, werden wir für fünf Kilometer auf die alte, schlaglöchrige, schmale Strasse umgeleitet. Starker Gegenwind setzt uns zusätzlich zum holprigen Belag zu. Und wie es der Teufel will, befinden wir uns unvermittelt inmitten einer stinkigen, viel Staub aufwirbelnden Lastwagen- und Buskarawane. Ich gestehe es ein, wir sind ein wenig verhätschelt: Noch vor nicht all zu langer Zeit waren für uns solch lausige Strassenbeläge keine Seltenheit, oft gar für Tage der Normalfall. Hier in Xinjiang haben wir uns aber schnell an den Komfort von Qualitätsstrassen gewöhnt und beginnen bei kleinsten Unebenheiten zu schmollen. Zurück auf der Luxusstrasse verteilt sich das Verkehrsaufkommen rasch und wir gleiten in gewohnter Ruhe über den Asphalt. Immer wieder passieren wir Heerscharen von schwitzenden Arbeitskräften, die mit letzten Verrichtungen am neuen Strassendamm beschäftigt sind. Irgendwie unheimlich dieser Eifer, mit dem in China unermüdlich an neuen Verkehrsachsen gebaut wird! Zu unserer Verwunderung werden die Schaufeln mehrheitlich von Frauen geführt. Die Suche nach einem ruhigen und sicheren Nachtlager erschweren uns nicht nur die Arbeiterscharen selbst, sondern auch ihre Zeltsiedlungen, die sich entlang der bis zum Horizont reichenden Baustelle ziehen. Bereits hat die Dämmerung eingesetzt, und wir fahren noch immer spähend weiter, bis bei einer kurzen Umleitungsstrecke endlich eine günstige Konstellation eintritt: weder Arbeitergruppen noch Zeltsiedlungen, kein Verkehr, keine steile Böschung am Strassenrand und verheissungsvolles Terrain. Der Wüstenboden ist hier grossflächig polygonal gerissen. Die einzelnen Stücke sind wie Schüsseln gewölbt und weisen an der Oberfläche konzentrische Ringe auf, die dem zunehmenden Feuchtigkeitsgehalt entsprechend gegen das Zentrum hin dunkler werden. Sie blinzeln uns an wie ein Meer von Augen. Der Himmel über den südlichsten Ausläufern des Tian-Shan Gebirges verharrt in gleichmütigem Grau und der Wind gewinnt zusehends an Wucht. Wie sich das Wetter auf die Nacht hin entwickeln wird, ist schwierig abzuschätzen. Auf jeden Fall werden wir nicht in einem Wadi schlafen, das sich bei Wolkenbruch schlagartig mit reissenden Wassermassen füllen kann. Nach kurzer Suche am Fuss der sandigen Berge stellen wir unsere faltbare Behausung oberhalb eines solchen ausgetrockneten Taleinschnitts auf eine horizontale Geländeschulter. Vom Hang dahinter führt aber eine Rinne im Sand genau auf unser Zelt zu. Weil Niederschläge bei dieser Wetterlage nicht auszuschliessen sind, grabe ich mit unserer kleinen Plastikschaufel eine Umleitung und schichte zusätzlich aus Steinen einen Schutzdamm. Diese Konstruktion lässt uns nun beruhigt zum Wesentlichen übergehen: Schon brutzeln in der Bratpfanne Zwiebeln und Knoblauch. Pilze werden kurz mitgedünstet, mit Cognac abgelöscht, gewürzt und mit Sahne verfeinert. Dazu bereiten wir uns eine Polenta und einen Kohl-Apfel-Karotten-Salat mit Ingwer zu. Welch delikates Wüstenmenü!

Die Strasse ist streckenweise offiziell noch nicht für den Verkehr freigegeben, doch können uns die Abschrankungen nicht davon abhalten, vom neuen, aalglatten Belag zu profitieren. Dieser Untergrund ohne Tücken lässt mir die Musse, mich uneingeschränkt der Erhabenheit des Tian-Shan Gebirgszugs mit seinen zwar erdigsandigen, auf wunderliche Weise aber doch schillernden Farbflächen hinzugeben. Sie werden vom Schwarz der sich scharf abzeichnenden Erosionskanten durchschnitten und in ihrer vertikalen Ausdehnung nur vom weisslichen, prächtigen Blau des Himmels begrenzt. Keine sperrigen Gedanken hindern den lauen Fahrtwind daran, durch mein Hirn zu streichen. Es ist leer. Voll ist das Herz. Ein unbeschreibliches Gefühl der Leichtigkeit, der wunschlosen Zufriedenheit hat mich erfasst. Die Grenzen meines Körpers sind aufgehoben. Ich bin zerflossen, bin eins mit den Elementen der Welt: Freiheit!

Wo sich ein Punkt auf der Landkarte tatsächlich zu einem kleinen Dorf materialisiert, erstehen wir diverse Nahrungsmittel wie Eier, Kartoffeln, Bohnen und Karotten. Das Lebenselixier wird uns auch hier aus einer Tonne geschöpft – fliessendes Wasser ist kein Begriff. Dies ist auch der Grund, weshalb wir unseren Feuchtigkeitsbedarf nun jeweils gestaffelt decken. Aus einem einzigen Fass gleich über zwanzig Liter zu begehren, scheint uns unverschämt. Vor dem Mittagessen auf den Klappstühlen am Strassenrand waschen wir uns die Haare, die im warmen Wind schneller trocknen, als wir die Speise zu schlucken vermögen. Gegen Abend werden wir erneut um ein von Karte und sogar von Leuten zugesichertes Dorf betrogen. Es existiert ganz einfach nicht! Immerhin steht an einer Kreuzung einsam ein Haus. Davor lockt ein Bauer seine Schafe mit sonderbaren, kehligen Lauten in den Stall. Freigiebig tritt er uns ziemlich streng schmeckendes Wasser ab und bietet uns sogar seinen Steinboden an, um darauf die Nacht zu verbringen. Wie es sich gemäss asiatischem Verhaltenskodex gehört, lehnen wir dankend ab. Da der Bauer nicht auf der Einladung insistiert, hat er sie womöglich nur aus purer Höflichkeit ausgesprochen und nicht, weil er uns wirklich in seinem Haus beherbergen will. So rollen wir in der Dämmerung noch einige Kilometer weiter. Wenig später hängt der Vollmond schlapp am Firmament und schaut mit wässrigem Mund unserer Schlemmerei auf dem Wüstenboden zu. Ja, ja, Mond, uns gehts brillant!

Am Morgen verweigert der Kocher seinen Dienst und ruft nach einem Service. Dieser Aufforderung wird fluchend stattgegeben und bald duften feine Pfannkuchen aus den Tellern. Als unser Haushalt bereits wieder auf den Velos festgezurrt ist, verschanzt sich die Sonne noch immer barmherzig hinter Wolken. So erscheinen uns die 32 Grad angenehm kühl. Vielleicht liegt es aber auch nur am strammen Gegenwind, der Schweissperlen auf der Stirn schon gar nicht erst entstehen lässt.

Die an uns vorbeiziehenden Kilometersteine der Nationalstrasse 314, der wir die nächsten tausend Kilometer die Treue halten werden, inspirieren uns zu einem Gedankenspiel. Bei Kilometer 1250 beachten wir nur die hinteren beiden Ziffern und überlegen uns, wer im entsprechenden Jahr das Licht der Welt erblickt hat. Aha, der Wändu von den Eggbergen im Urnerland, am Fuss des Gotthardmassivs. Womit ist er wohl in diesem Augenblick beschäftigt? Die Wetten stehen zwei zu null, dass er zu dieser Nachtstunde auf dem alten Sofa in der Küche schnarcht und seine Träume um die trächtige Kuh namens Bea kreisen, die im Stall unten in den Wehen liegt. Bei Kilometer 1243 besuchen wir Margrit, bei 1238 jassen wir mit Trudi und kurbeln geduldig weiter, bis bei Kilometerstein 1228 auch Fritz dazustösst ... Ab 1204 lassen wir Stationen unseres gemeinsamen Lebens vorüberziehen. Die entscheidenden Jahre für unsere Fahrrad-Weltreise waren 03, 93 und 89. Am ersten April 2003 lösten wir uns aus den vertrauten Strukturen in der Schweiz und tauchten ein ins Ungewisse des Nomadenlebens. Im Jahre 93 liegt gewissermassen die Geburtsstunde der so grandiosen wie anmassenden Idee, die Welt aus eigener Kraft zu umrunden. In jenem Sommer schwangen wir uns nämlich zum ersten Mal gemeinsam auf bepackte Räder. Die Reise war kurz, bei Licht betrachtet kaum mehr als ein Witz. Und doch drückten wir damit, völlig unbewusst, einen Samen in fruchtbare Erde, in dessen Blüte wir uns jetzt sonnen. Im Jahre 89 schliesslich kollidierten in der Eisenbahn von Zürich nach Oberrieden unsere Lebensbahnen. Die beim Aufprall freigesetzte Energie vermochte uns bis heute zusammenzuschweissen. Die 89er sind deshalb die symbolträchtigsten Markierungssteine. Alle hundert Kilometer, wenn wir einen solchen erblicken, lassen wir von nun an die Bremsen quietschen und verlieren uns alsbald in einem innigen Kuss. Auch die 66er und 68er Kilometersteine, die unseren Geburtsjahren entsprechen, sind etwas Besonderes: Als wir noch sesshaft waren, hatten wir uns an den Geburtstagen immer gegenseitig in die besten Restaurants eingeladen oder zu Hause fürstlich bekocht. Hier sollen fiktive Menüs genügen. Der Glanz dieser Festessen lässt unsere Geschmacksknospen bisweilen geradezu explodieren – und dies im ausgetrockneten Mund. Sie bereichern aber auch immer wieder unsere reale Kocherei, denn hochgesteckte Ziele sind der beste Ansporn. Das imaginäre Schlemmen in unwirtlicher Umgebung ist übrigens nicht auf unserem Mist gewachsen. Schon der bri-

tische Polarforscher irischer Abstammung Ernest Henry Shackleton wandte diese
Methode an, als sein Schiff Endurance im Jahre 1916 mit 25-köpfiger Besatzung in
die Klammern des Polareises geriet. Um die Stimmung der Crew zu heben, ordnete er
an, dass jeden Abend ein neues Menü aus einem Kochbuch vorgelesen wurde. So hatten alle immer frische Träume. Mit unglaublich anmutendem Durchhaltewillen, mit
Standhaftigkeit und mit Kreativität rettete dieser Optimist mit klarem Kopf letztlich
sämtliche Matrosen aus der misslichen Lage und führte sie zurück in die Zivilisation.

Bei der letzten Zeltnacht vor der Stadt Aksu zeigt sich die bleiche Mondscheibe nur
kurz am Horizont, bevor sie hinter einem Wolkenband abtaucht.

In den ersten Morgenstunden schreckt mich das Geräusch von Tropfen aus dem
Schlaf. Der Wüstenregen verliert aber bald an Intensität. Und keine Stunde später ist
alles wieder knochentrocken. Die Abkühlung durch den Niederschlag und der weiterhin bedeckte Himmel bescheren uns immerhin erträgliche Temperaturen. So sirren
unsere Räder behände über das Pflaster, bis uns nach dreissig Kilometern der unwider-
stehliche Duft von frischem Brot ausbremst. Vor einem der einstöckigen Gebäude, deren der Strasse zugewandten Fassaden alle mit kleinformatigen, weissen Kacheln bestückt sind, steht der *Tandoor*-Bäcker und winkt uns zu sich, als hätte er uns längst erwartet. Schon schlagen wir unsere Beisserchen in die knusprigen Brotfladen und geniessen dazu den ersten Teil der Reste vom gestrigen Abendessen. Im Restaurant
daneben werden uns Tisch und Stuhl angeboten. Auch Grüntee wird offeriert und so
lange nachgeschenkt, bis meine Blase zu platzen droht. Eine ganze Horde interessierter
Uiguren hat sich mittlerweile um uns geschart. Einer kritzelt auf ein Blatt Papier zwei
Wörter und liest vor: «*Bala barmi*?» Das tönt ja beinahe gleich wie das türkische
«*Batsche varme*, habt ihr Kinder?». Ich antworte: «*Bala yok*», und zeige bedeu-
tungsvoll auf die schwer beladenen Fahrräder. Sie verstehen, dass da doch kein Platz für
Kinder vorhanden ist und lachen erheitert und zufrieden auf. Später hält am Strassen-
rand ein Han-Chinese und streckt uns stumm vier Wasserflaschen entgegen, während
uns die LKW-Fahrer mit ihren weissen Glacéhandschuhen aufmunternd zuwinken.

Wir dirigieren unsere Gefährte weiter ostwärts und stellen fest, dass die Wüste
auch nicht mehr ist, was sie einmal war. Da rauscht doch tatsächlich Wasser in bis
zum Bersten gefüllten Bewässerungskanälen durch üppige Felder und riesige Aufforstungsflächen. Statt des gewohnten Flimmerns über heissem Sand treffen unsere
Augen in der Ebene auf das Grün ausgedehnter Wälder. Von Nordosten her peitschen mit Sand und Abfall befrachtete Luftmassen über die Flanken des Tian-Shan.
Durch böenartige Stösse versucht uns der Wind aus den Sätteln zu hebeln. Mit zusammengekniffenen Augen und unter grossem Krafteinsatz halten wir Kurs, passieren unzählige Gärten sowie Apfelbaum- und Baumwollplantagen und erreichen noch
vor Einbruch der Dunkelheit Aksu.

Im ersten Hotel erkundigt sich Bea nach einem Zimmer mit grossem Bett und Platz für die Fahrräder. Sofort wird per Telefon die Frau Deputy General Manager, die fliessend Englisch spricht, herbeizitiert. Schon trippelt die adrett zurechtgemachte Dame auf Stöckelschuhen durch den Flur und kümmert sich rührend um uns. Sie zeigt volles Verständnis für unseren Wunsch nach einem kuscheligen Doppelbett. Nur sind leider alle ihre Zimmer mit zwei einzelnen, schmalen Betten bestückt. Eine Putzfrau weiss aber von einem Kingsize-Bett in der Abstellkammer im Keller unten. Und schon schleppen fünf Angestellte Matratze und Bettgestell in den dritten Stock hoch. Nun erklärt uns Frau Deputy General Manager eifrig jedes Detail im Raum: «Das ist der Fernsehapparat. Mit diesem Knopf stellt man ihn ein. Dort ist der Lichtschalter. Und da müsst ihr drücken, um heisses Wasser für den Tee rauszulassen.» Als sie schliesslich erfährt, dass Bea nahezu gleichentags wie sie das Licht der Welt erblickt hat, ist sie nicht mehr zu halten. Sie strahlt aus jeder Pore. Und ihre Entzückung entspannt sich schliesslich in Freudensprüngen.

Im Hotelrestaurant wimmelt es geradezu von netten Serviermädchen in den bis zum Hüftansatz geschlitzten *qipaos*, den traditionellen Frauenkleidern. Uns fällt auf, dass die anderen Gäste dieses Zweisterne-Hotels gleich wie das Personal ausnahmslos Han-Chinesen sind. Und dies in der Autonomen Uiguren Provinz Xinjiang. Die Speisekarte ist nur in Chinesisch vorhanden, doch füllt sich die runde, auf dem Tisch stehende Platte aus Glas laufend mit neuen vegetarischen Köstlichkeiten. Diese Scheibe ist übrigens drehbar, was insbesondere bei mehreren Leuten am Tisch unverzichtbar ist. Denn hier in China schöpft man sich die Speisen nicht wie in den chinesischen Restaurants in Europa in sein persönliches Geschirr, sondern alle picken die Nahrung mit den Stäbchen, Biss für Biss, direkt aus den verschiedenen Schalen auf der Scheibe. Befindet sich ein Gericht zu weit vom eigenen Platz entfernt, dreht man einfach an der praktischen Platte, um es in bequeme Reichweite zu bringen. An der Bar haben wir in der Zwischenzeit eine Flasche Merlot ausgesucht. Am Nebentisch ist ein fröhliches Gelage im Gange. Einer der Männer winkt mich einladend zu sich und streckt mir ein mit *bai-djiow*, diesem hellen, 60- bis 70-prozentigen Getreideschnaps, gefülltes Glas entgegen und prostet mir zu. Um einen passenden chinesischen Trinkspruch nicht verlegen, sage ich: «*Ganbei!*» Ich nehme die Bedeutung dieser zwei Silben wörtlich und trinke das Hochprozentige in einem Zug. Mein Gegenüber kippt indes nur den halben Becher in seine Kehle. Auf der Speisekarte fehlt die Rubrik «Dessert». Weil es uns als Gäste dieses Hauses aber an nichts fehlen soll, wird Bea von einer jungen Angestellten etwa zwanzig Minuten lang durch die Stadt zur besten Bäckerei geführt, um ein paar Süssigkeiten auszuwählen. Derweil halte ich die Stellung im Restaurant. Mein inzwischen leer getrunkenes Weinglas wird vom spendierfreudigen Tischnachbarn einige Male mit *bai-djiow* randvoll gefüllt, was auch ich bald bin.

Als mir grelles Sonnenlicht wie Speerspitzen in die Augen sticht, erzählt mir Bea, in der Nacht hätten Blitze am Himmel gezuckt, Donner das Gebälk erzittern lassen und sich Regen in Strömen auf die Erde ergossen. Nun aber ragen über den Kronen der mächtigen Bäume im Hotelpark schneebedeckte Berggipfel in den stahlblauen Himmel. Leicht betrübt erinnere ich mich ans «Meer der blinzelnden Augen», das nun wohl nichts mehr als eine unbegehbare, sumpfige Fläche darstellt.

Kaum öffnen wir die Zimmertür einen Spalt weit, empfängt uns das Lächeln der Frau Deputy General Manager. Gerade so, als hätte sie auf dem Flur Wache geschoben, um genau diesen Augenblick nicht zu verpassen. Sie heisst übrigens Chen Rong. Dabei ist Chen der Familienname. Wie alle Chinesen und Chinesinnen, die Englisch sprechen, hat auch sie sich einen «*English name*» zugelegt: Kathlyn Chen. Als wir uns wieder aus dem sicheren Hort der Stadt wagen, reiht sie sich zusammen mit der ganzen Belegschaft auf der Aussentreppe auf. Und sie winken uns frenetisch nach.

Unsere Räder sind reich bestückt mit kiloweise Frischprodukten wie Bananen, Mangos, Orangen, Äpfel, Pfirsichen, Pflaumen, Kohl, Zucchetti, Karotten, Zwiebeln, Knoblauch, Ingwer und Tofu. Dazu kommen zwei Packungen Milch sowie Nussbrot, Biskuits, Schokoladenriegel, Dörraprikosen, Datteln und diverse Nusssorten. Je mehr wir uns vom luxuriösen Zentrum Aksus entfernen, desto geringer wird die Dichte an Han-Chinesen; die Uiguren gewinnen klar an Terrain. Auf der brandneuen Autobahn Nr. 314 verbietet ein Schild das Rad fahren. Wir interpretieren dies angesichts der fast leeren Fahrbahn als ein der Realität vorauseilendes Verbot und ignorieren es. Auf den nächsten fünfzig Kilometern folgt Dorf auf Dorf. Die Strasse erinnert nicht mehr an eine Autobahn. Als wir im Schatten von Pappeln rasten und uns verpflegen, legt sich neben uns ein Penner auf seine ausgebreitete Jacke und schläft bald ein. Bevor wir weiterziehen, füllen wir seine Schiebermütze, die ihm vom kahlen Kopf gerutscht ist, mit Schokoladen-Mandel-Biskuits. Fuhrwerke überholen uns in flottem Tempo. Auf den Ladeflächen sitzen dicht gedrängt bunt gekleidete Frauen, die uns zulachen. Trotz der Wärme haben sich alle unter den Röcken weisse Leggins und kniehohe Strümpfe über die Beine gezogen. Sie sind unterwegs zum Markt, dessen reges Treiben selbst über die Fahrbahn schwappt: Da ist kein Durchkommen. Gebrauchsartikel wie Schaufeln, Töpfe oder Werkzeuge wechseln ebenso schnell den Besitzer wie Schafe oder Kühe. Rechts von der Strasse breitet sich der gut gefüllte Parkplatz aus: Esel und Pferde stehen geduldig vor ihren leeren Karren und zucken immer dort mit der Haut, wo sich zu viele Fliegen niederlassen wollen. Ein Plattfuss zwingt uns zu einer Reparaturarbeit, die das uigurische Publikum in den Bann zieht. Die Menschentraube um uns schwillt laufend an. Auch zwei Frauen wollen sich die Show nicht entgehen lassen. An der Hand halten sie je einen Knaben, deren Geschlechtsteile uns aus den geschlitzten Hosen keck anstarren. Die verbale Kommunikation mit den Leuten beschränkt sich auf die Nennung unseres Herkunftslandes *Schwizaaria*, dessen Uigur-Bezeichnung wir in der Zwischenzeit gelernt haben, und unseres momentanen Kilometerstands *on besch ming kilometer*, was 15000 entspricht.

Frisch aus dem Sand gestampfte Tankstellen folgen sich auf den Fuss. Bei einer zählen wir nicht weniger als achtzehn Zapfstellen. Beim derzeitig bescheidenen Kundenandrang würden deren drei vollauf genügen, doch schon übermorgen könnten es zu wenige sein – das Tempo des chinesischen Booms ist horrend. Die Angestellten sind ausnahmslos Han-Chinesen, meist weiblichen Geschlechts, kaum zwanzigjährig, freundlich und voll motiviert. Nähert sich ein Fahrzeug, springen alle herum wie Flöhe, um zu Diensten zu sein. Unsere sonderbare Erscheinung verführt sie jedoch regelmässig zu Schlendrian. Ungeniert lassen sie durstige Autotanks bei den Zapfsäulen warten, um sich mit Hilfe eines Chinesisch-Englisch-Phrasenbuches mit uns zu unterhalten und gewissermassen als Höhepunkt ein Gruppenfoto zu schiessen.

Schliesslich zeigt sich die Landschaft wieder wüstenhafter: Sand- und Kieszonen nehmen zu, die rötliche Erde ist nur noch vereinzelt mit grünen Büschen durchsetzt und die Siedlungen werden spärlicher. Eine Uigurenfamilie bietet uns ihr Steinhaus an, um die bald hereinbrechende Nacht bei ihnen zu verbringen. Denn sie alle, vom Dreikäsehoch bis zum Grossvater, wissen, dass uns die nächsten hunderfünfzig Kilometer ausser öder Steinwüste wenig mehr erwarten wird. Wir schlagen das Angebot aber dankend aus und radeln noch ein paar Minuten weiter. Nach einer langen Brücke über ein zurzeit ausgetrocknetes Flussbett kehren wir der Strasse den Rücken und schieben die Räder hinter den ersten Kieshaufen, der uns genügend Sichtschutz gewährt. Wind kommt auf, und graue Wolken verdecken die eben noch funkelnden Sterne. Weil die Wüste kein Garant für das Ausbleiben von Niederschlägen ist und zudem Spuren von früheren Überschwemmungen zeugen, schaufeln wir vorsorglich zwei knietiefe Umleitungsgräben mit zusätzlichen Sandwällen auf der wasserabgewandten Seite. Das heisst, ich buddle, derweil Bea das Nachtessen auf den Boden zaubert: Reis, gebratene marinierte Tofuwürfel, Zucchini-Gemüse, Spiegeleier und Salat. Weil uns der Wind zu viel Wärme raubt, verziehen wir uns zum Kaffee, dem Schluck Feuerwasser und dem Jass um den Abwasch ins Zelt. Obwohl wir in kilometerweitem Umkreis die einzigen Menschen sind, herrscht ein Höllenlärm. Denn der Wind lässt die Zeltblachen direkt neben unseren Ohren nur so krachen. In der Nacht fallen während drei Stunden ein paar Regentropfen vom Himmel. Die Wassermassen sind jedoch zu gering, um mein Deichsystem ernsthaft zu testen.

Ich öffne den Reissverschluss des Überzelts und blicke in eine derart verzauberte Welt, als würde es sich um ein pointillistisches Gemälde handeln: Im silbern schimmernden, von einstigen Wasserläufen beschriebenen kiesigen Sandboden nehmen sich die kugeligen Büsche als Farbtupfer in ausgewaschenem Olivegrün aus. Dahinter steigen die mit zartem, moosigem Flaum überzogenen Bergflanken hoch. Für Spannung sorgen in diesen Flächen die messerscharf umrissenen Schlagschatten der Erosionskanten. Darüber schweben im stahlblauen Himmel die vom Neuschnee weiss gezuckerten Spitzen des Tian-Shan.

Der Kocher geruht erneut zu streiken. So begnügen wir uns mit einem Müesli-Früchte-Milch-Nussbrot-Konfitüre-Frühstück, bevor wir uns wieder dem unbeständigen, kühlen Wind stellen. Je nach Laune bremst oder – eher selten – schiebt er uns durch die Geröllwüste, die nur da und dort durch kaum kniehohe Büsche aufgelockert wird.

Nach gut dreissig Kilometern ertönt erst ein schneidendes Geräusch, und dann machts peng! Eine Glasscherbe hat meinen Hinterreifen durchstossen und den Schlauch aufgerissen. Wir reparieren den Plattfuss in der mittlerweile prallen Sonne und versuchen uns anschliessend mit Engelsgeduld am scheintoten Benzinkocher. Die Brennstoffleitung ist verstopft und das Putzkabel, ein gewickelter Draht mit etwa zwei Millimeter Durchmesser, will sich partout nicht mehr einschieben lassen. «Das kann doch nicht sein, verdammt noch mal!», entfährt es mir. Wider besseres Wissen gebe ich noch nicht auf und klemme den Draht erneut mit der Zange fest und zwinge ihn in inkrementellen Schritten, Millimeter um Millimeter, in die Leitung. Immer wieder knickt er aus. Die Finger schmerzen schon längst. Bea schöpft neue Hoffnung, als ich plötzlich frohlocke: «Es fehlen nur noch zehn Millimeter, und er ist drin!» Doch nun spreizen sich unter dem Druck die Litzen des Drahtes und ein Weiterschieben ist nicht mehr möglich. Unter leisem Fluchen ziehe ich den Draht ganz aus der Leitung und führe ihn mit dem anderen Ende voran wieder ein – vielleicht gehts ja auf diese Weise. Aber nein, keine Chance! Wir zürnen: «Warum ist im Ersatzteil-Set fast alles, ausser einem solchen Draht, vorhanden?» Nach gut einer Stunde erfolglosen Wiederbelebungsversuchen für den Kocher bleibt uns nichts anderes mehr übrig, als niedergeschlagen zu konstatieren: «Der ist futsch!» Das Herzstück unserer Küche ist im Eimer, und das inmitten der Taklamakanwüste. Dieser Schlag sitzt tief in der Magengrube. Kurze Zeit sind wir versucht, mit dem Schicksal zu hadern, doch besinnen wir uns eines Besseren. Schliesslich ist dies nur ein materielles Ding, das zurzeit nicht mehr funktionieren will und uns an den Nerven zerrt. Solange wir aber aneinander ungetrübte Freude haben und so gut harmonieren, können uns solche Lappalien wenig anhaben. Wir nehmen sie also hin, wie einen kurzen und heftigen Regenschauer und warten vorderhand gleichmütig auf einen Silberstreifen am Horizont.

Erst im diffusen Abendlicht erreichen wir eine Ansiedlung, wo wir Wasser auftanken können. Wenige Kilometer weiter schlagen wir unser Nachtlager hinter Sandhügeln auf, die mit Dornenbüschen überwuchert sind. Unter dem sternenübersäten

Himmel und im zitronengelben Schein des Mondes, der tief am Horizont hängt, sticht mich nochmals der Hafer. Um nichts unversucht zu lassen, mühe ich mich in trotziger Beharrlichkeit eine weitere Stunde mit dem vermaledeiten Putzdraht ab – jedoch umsonst. Vielleicht ist ja in der nächsten Stadt ein passender Draht zu finden ... Die Hoffnung stirbt bekanntlich zuletzt.

Am folgenden Tag vermögen wir der leidigen Sache gar etwas Positives abzugewinnen. Mit Genugtuung stellen wir nämlich fest: «Ohne Kocher sind wir abends früher im Bett und morgens schneller im Sattel. Wir können also länger dem Schlaf frönen.» Auf dem immer wieder von neuem vor uns ausgerollten schwarzen Band, das von hervorragender Qualität ist, flitzen wir durch den aufgeheizten Sand. Die zerfurchte und mit Zacken besetzte Bergkette im Norden erinnert uns an die unvergesslichen Felsformationen beim pakistanischen Passu am Karakorum-Highway.

Etwa dreissig Kilometer vor Xinhe wird die Landschaft unvermittelt unglaublich fruchtbar: Weizen, Mais, Melonen, Äpfel, Birnen, Pfirsiche, Trauben, Baumwolle und Walnüsse gedeihen hier. Die Anbauflächen werden nur durch Weideland und Pappelhaine als Windschutz unterbrochen. Näher gegen die Stadt hin folgen eine Baumwollfabrik, eine riesige Kornmühle, verschiedene Druckereien und moderne Chemiefabriken, die für Produkte aus PVC werben. In den nahen Bergen rattern Abbauhämmer in Salz-, Gips- und Kupferminen. Der Boden ist auch reich an Öl- und Gasvorkommen. Dies ist wohl der Hauptgrund, weshalb den Han-Chinesen die Provinz Xinjiang so «am Herzen» liegt und sie die geringsten separatistischen Tendenzen der rund zehn Millionen Muslime schon im Keime resolut ersticken.

In der modernen Stadt Xinhe finden wir aber ebenso wenig wie in Kuqa, der nächsten, einen passenden Draht für die Brennleitung. Also verschenken wir einer Bettlerin drei Kilo Vorräte aus unserer Küche, die wir ohne Kocher nicht mehr verwerten können: Mehl, Mais, Reis, getrocknete Pilze, Teigwaren ...

Ach, wie bitter vermissen wir unsere eigene Küche! Von den meisten angebotenen Speisen in den Restaurants lassen wir als Vegetarier ohnehin unsere Stäbchen, und selbst aus als fleischlos deklarierten Tofugerichten starren uns nicht selten Tierklumpen an, was uns nachhaltig den Appetit verdirbt.

Auf dem ersten Drittel der heutigen Strecke präsentiert uns die Landschaft noch nicht ihr Stein-Sand-Gesicht, sondern baumbestandene Weiden, Felder, Gräser, Schilf und Büsche. Gegen Mittag zeigen uns die hochgeschossenen Pappelreihen am Strassenrand das Weiss auf der Unterseite ihrer Blätter – das bedeutet Rückenwind für uns. Wir fliegen förmlich über den Asphalt. Die Wucht des Windes spüren wir aber erst wirklich, als sich der Verkehr im nächsten Dorf staut und wir verlangsamen müssen. Wir schlängeln uns an den Autos, Bussen und Karren vorbei bis wir den Grund für die Blockade erkennen: Ein unendlich langer Militärkonvoi ist am Anrollen. Damit dieser freie Fahrt hat, wird die Strasse für die Zivilbevölkerung kurzerhand gesperrt – die Arroganz der Macht. Nicht einmal die Fussgänger dürfen an der Kreuzung die Strasse überqueren. Auf jeder Seite sorgen zwei bewaffnete Soldaten mit roter und grüner Flagge für Ordnung. Ein paar vorwitzige Kinder und Erwachsene haben ihre Fussspitzen um fünf Zentimeter zu weit über eine fiktive Linie in den Strassenraum geschoben. Barsch und resolut werden sie von den milchgesichtigen Soldaten zurechtgewiesen. Der uigurische Fahrer eines Sattelschleppers hat sich in den Konvoi gemogelt. Weil es hier für sein Ungetüm keinen passenden Parkplatz gibt, wird er grimmig durchgewinkt. Hinter der schmutzigen Windschutzscheibe überfliegt der Hauch eines schelmischen Lächelns das Gesicht des Uigurs. Da die Verlegung der Truppen – vermutlich nur ein Übungsmanöver, so hoffen wir – aus taktischen Gründen gestaffelt abzulaufen hat, dürfen wir nach einer Viertelstunde weiterfahren. Der Verkehr ist von nun an wegen solch temporärer Staus wesentlich kompakter und entsprechend reger. In der aufgezwungenen Wartezeit hat sich zudem der Himmel verdunkelt. Auch der Wind hat abgedreht und an Kraft zugelegt. Stürmisch fegt er jetzt von den Hängen des Tian-Shan herunter und zwingt uns, um das Gleichgewicht zu wahren, mit Körper und Rad etwa dreissig Grad aus dem Lot zu kippen und uns gegen sein Luftpolster zu lehnen. Überholen uns in dieser prekären Position Lastwagen oder Busse, sind Stürze nur durch einen Kraft- und Balanceakt zu vermeiden. Dies erfordert höchste Konzentration. So halten wir alle Fasern unserer Körper in steter Alarmbereitschaft. Sobald sich ein Gefährt von hinten neben uns schiebt, blockiert es einerseits den Wind und beraubt uns damit des Luftkissens. Andererseits geraten wir in seinen Sog, der uns ebenfalls nach links gegen seine Räder zieht. Reflexartig geben wir Gegensteuer und verlagern unser Gewicht. Schon aber sind wir überholt und es empfängt uns wieder der sandbefrachtete Wind, bis der nächste Lastwagen folgt. Dieser Ablauf der wechselnden Kraftverhältnisse lässt uns unweigerlich in unberechenbarem Zickzack fahren.

Wieder ist die Strasse wegen den Männern in Grün für längere Zeit gesperrt und der Privatverkehr ist lahmgelegt. Die Buspassagiere nutzen diese nach bestimmt bereits langer Fahrt nicht unwillkommene Gelegenheit, um ihre Notdurft zu verrichten. Die Männer kauern unweit der Strasse hinter Steinhaufen oder in Kiesmulden – von vielen sehen wir über Minuten nur noch die roten Köpfe – während die Frauen einen weiteren Weg auf sich nehmen und sich hinter Büsche schlagen. Als die Wartezeit vorüber ist, hat sich auch das Wetter wieder beruhigt, und wir kommen zügiger voran.

Seit Tagen spüren wir, wie die Dunkelheit immer früher hereinbricht. Mittlerweile befinden wir uns etwa tausend Kilometer östlich von Kashgar, und schon ab 19.15 Uhr lässt die Nacht nun die letzten Schimmer des Tageslichts verblassen. Bis um 5.30 Uhr werden wir dem Dunkel überantwortet sein. Es gilt also, schleunigst einen Platz fürs Zelt zu finden. Wir vermindern den Druck auf die Pedale und beobachten aufmerksam die flache Umgebung. Rechterhand wuchert kniehohes, unwirtliches Gebüsch. Vielversprechender präsentiert sich die Seite links der Strasse. Gegen den Fuss des Tian-Shan Gebirges hin sind mannshohe Wälle aus Stein und Lehm in Form von Halbkreisen gezogen. Sie sollen den Strassendamm in regenreichen Zeiten vor Erosionsschäden bewahren. Dahinter sind noch knapp die Reste der alten Strasse und die Gleise der Eisenbahn zu erkennen. Wir dirigieren die Fahrräder auf die schmale Krone eines Walls und werden dabei ohne den schützenden Fahrtwind Opfer blutrünstiger Moskitoschwärme, die in der Dämmerung geradezu von Sinnen sind. Mit der freien Hand klatschen wir wie irr auf Waden, Arme und Wangen. Beim am weitesten von der Strasse entfernten Punkt des Walls demontieren wir das Gepäck und tragen es Stück für Stück, noch immer wild um uns schlagend, die Flanke hinunter. Nun leuchten wir mit den Stirnlampen den Boden aus und sehen neben groben Steinen vor allem eines: Exkremente in verschiedenen Frischegraden. Bestimmt wurden auch auf diesem Strassenabschnitt Busse zu einem längeren Aufenthalt gezwungen. Schnell hängen wir die Taschen und Säcke wieder notdürftig an die Fahrräder und schieben sie weiter gegen die Bahnlinie hin, wo wir endlich eine saubere und einigermassen ebene Fläche vorfinden. Dieser Platz bietet zwar keinerlei Sichtschutz, doch befindet er sich immerhin etwa fünfhundert Meter von der Strasse entfernt. In dem Masse wie das Schwarz der Nacht an Intensität zunimmt, verlieren die Mücken die Lust, uns zu martern. So können wir uns einigermassen unbehelligt waschen und im Zelt das Schadenausmass aufnehmen: Ich kann mich mit meinen paar Geschwülsten am Körper glücklich schätzen; Bea aber hat über zweihundert Einstiche zu beklagen. Pro Bein, das heisst vom Knöchel bis zum unteren Rand der Velohose, zählen wir siebzig. Die restlichen sechzig verteilen sich über Arme, Hals, Ohren und Gesicht.

Das Rattern der Güterzüge ist derart laut, als würden sie direkt durch unser Zelt donnern. In den ruhigen Zwischenphasen vernehme ich das leise Kratzen und Rascheln eines Mäuschens, das auf dem Innenzelt herumkraxelt. Während Bea tief und – was Wunder – wie narkotisiert schläft, rumort es bedrohlich in meiner Magengrube.

Beim Frühstück ist es mir hundeübel und ich bringe nicht mehr als eine schmächtige Banane hinunter, die ich aber schon nach kurzer Zeit wieder dem Asphalt überantworte. Von Korla, der nächsten grossen Stadt, wo wir einige Tage bleiben und unser Visum verlängern wollen, trennen uns zum Glück nur um die sechzig Kilometer. Mit einem benetzten Tuch kühle ich mir immer wieder den fiebrigen Kopf und der in Aufruhr geratene Magen wird mit Coca-Cola ruhig gestellt. Bei den immer zahlreicher werdenden Tankstellen gigantischen Ausmasses ist diese Brühe, oder mindestens eines der vielen Nachahmerprodukte, immer eiskalt im Angebot. Bea hält sich trotz der hohen Dosis Mückenspeichel im Blut gut im Sattel.

Unmittelbar neben der Strasse ist die Landschaft wüstenhaft, aber gegen Süden sehen wir Aufforstungsflächen und erkennen in der Ferne ausgewachsene Wälder. Zwanzig Kilometer vor Korla prägen die scheinbar unvermeidlichen Industriebauten das Bild: Petrochemie, PVC-Fabriken und qualmende Schornsteine von Zementfabriken. Dann durchbrechen wir den Gürtel der Fressbuden und der Reparaturwerkstätten für Motorfahrzeuge. Im Stadtzentrum führt uns schliesslich ein Velofahrer zum gepflegten Stadthotel, wo wir gleich für vier Nächte ein Zimmer beziehen.

In einer der piekfeinen Fussgängerpassagen von Korla wühlen zwei alte, gebückte Frauen in Abfalleimern nach Brauchbarem. Derweil stehen sich die gestylten Angestellten der brandneuen Modegeschäfte beim Warten auf Kundschaft die Füsse platt. An Personal mangelt es wahrlich nicht. Sechs Verkäufer auf einer Geschäftsfläche von zwanzig Quadratmetern sind keine Seltenheit.

Wir wundern uns erst über den lauten, in unseren Ohren gereizt und aggressiv klingenden Gesprächston der Han-Chinesen, merken aber bald, dass dieses Gebaren ihrer alltäglichen Konversationsart entspricht. Mit grossen Augen sehen wir im Schaufenster eines Outdoor-Shops einen Gaskocher stehen. Den reissen wir uns zusammen mit vier Buthangas-Kartuschen auf der Stelle unter den Nagel. Der erste Kochversuch damit gelingt fantastisch. Die Rösti wird wunderbar knusprig und schmeckt wie ein Gedicht zu den würzigen Spiegeleiern. Zudem fliegen nicht wie jeweils beim Benzinkocher Russpartikel durch die Luft des Hotelzimmers und die Hände bleiben auch bei der Demontage des Brenners sauber. Wir können unser reduziertes Arsenal an Küchenvorräten also getrost wieder aufrüsten.

Auf dem Public Security Bureau dehnen wir die Gültigkeit unseres Visums aus. Mehr als ein zusätzlicher Monat liegt aber nicht drin und eine weitere Verlängerung wird nach Ablauf dieser Frist nicht gewährt. Da hat uns die Dame auf dem chinesischen Konsulat in Delhi mit ihrer Aussage, die Visumsverlängerung sei im Land selbst kinderleicht, nicht die ganze Wahrheit aufgetischt. Nun ist klar, dass wir wegen der Visumsgeschichte schon von Hami aus mit leichtem Gepäck den Zug nach Hongkong besteigen und uns dort die notwendigen Dokumente für unseren weiteren legalen Aufenthalt im Land besorgen werden müssen. Das klingt nach einem Katzensprung, ist es aber nicht: Hongkong liegt so weit von Hami entfernt, wie das Nordkap oder das Kaspische Meer von Zürich.

Kaum hat sich Korla auf ein Abbild im Format der Rückspiegel reduziert, befinden wir uns in einem nahrhaften Aufstieg auf eintönig graubraune, sandige Berge. Die Strasse ist schmal, ohne Seitenstreifen und voller Schwerverkehr. Zudem weist der Belag nicht nur tiefe Schlaglöcher, sondern auch tückische Aufwölbungen auf. Wir fühlen uns beide an den Persischen Golf zurückversetzt, als wir uns unter ähnlichen

Bedingungen durch canyonartige Landschaft nach Bandar-e-Abbas kämpften. Nur, damals gings runter, nun bergauf. Schon bald trieft uns deshalb aus allen Poren der Schweiss, der sich mit dem schwarzen Russ der Abgaswolken und dem aufgewirbelten Staub und Sand zu einer schmierigen Paste vermengt. Das extrem laute Hupen einiger Fahrer hämmert auf meine Trommelfelle und lässt mich instinktiv den Kopf auf die Seite drehen, was den stechenden Schmerz aber wenig mildert.

Bei der Abfahrt spüre ich ein periodisches Schlagen im rechten Bremshebel; da scheint etwas im Argen zu liegen. Wir rollen aber einstweilen weiter, denn bald ist der Berghang hinter uns und die Bremsen werden kaum mehr benötigt. Schliesslich wird auch der Belag wieder besser und die Verkehrsdichte nimmt ab. Sämtliche Pausen verbringen wir heute bei Tankstellen. Dabei werden uns eine kleine Wassermelone, ein Kilo Tomaten und die doppelte Menge an Äpfel geschenkt. Gegen Abend fahren wir auf einem Schotterweg rechts weg in ein Kiesfeld hinein, wo wir hinter Sand und Steinhaufen kampieren. Aufgrund der heutigen Geschenke ist auch das Abendessen klar: Tomatensalat als Vorspeise und dann knusprig gebratene Apfelküchlein. Die Sterne leuchten glasklar am Nachthimmel.

Auch am nächsten Tag werden wir auf offener Strecke zweimal beschenkt. Erst streckt uns eine Gruppe Han-Chinesen Wassermelonenschnitze aus ihrem Auto entgegen und später legt mir einer eine rugbyballgrosse Netzmelone, Trauben und Dörraprikosen in den Korb. Soll noch einer sagen, die Han-Chinesen seien nicht nett! Einige halten auch nur für einen kurzen Schwatz oder bieten uns ihre Hilfe an. Beim Mittagessen in einem modernen Restaurant neben einer Tankstelle sind die Tische um uns alle mit zufrieden schmatzenden Chinesengesichtern besetzt. Sie quetschen ihre Zähne in riesige Fleischstücke und hinterlassen auf den Tellern neben glotzenden Fettaugen und abgenagten Knochen stattliche Mengen an Reis und Gemüse. Angesichts dieser Zeichen von Überfluss fällt es schwer zu glauben, dass in China über 142 Millionen Menschen an Hunger leiden, wie dies der eben erschienene Bericht der UN-Ernährungsorganisation aufzeigt. Das Problem liegt wohl aber, wie überall auf der Welt, in der schlechten Verteilung der reichlich vorhandenen Güter.

Beim heutigen Tageskilometer sechzig steht statt der erwarteten Ansiedlung nur eine verlassene, mit Stacheldraht umfriedete Baracke der Armee. Menschenleere, wüstenhafte Gegend umgibt uns und wir verfügen nur noch über etwa drei Liter Wasser. Also nichts wie weiter, es kann nur noch besser kommen! Und siehe da, bei einer Zeltsiedlung von Strassenarbeitern steht ein Tankwagen geparkt. Aus diesem werden uns 6.5 Liter trübes, übelriechendes Wasser abgefüllt. Für das Kochen der Kartoffeln und das Waschen unserer staubigen Körper wird es allemal sauber genug sein. Gute vierzig Kilometer weiter beginnen wir mit der Zeltplatzsuche. In einem Streifen von etwa zweihundert Meter Breite neben der Strasse ist es hinter jedem Hügel, der höher als eine Mülltonne aus der Fläche aufragt, verschissen. So schieben wir die Räder etwa eine Viertelstunde über den sandigen Boden, bis wir schliesslich mit dem vorgefundenen Terrain zufrieden sind. Mit dem Herabsinken der Nacht strahlt die Wärme der Erde in den klaren, mondlosen Himmel, und wir streifen uns ein Hemd über. In der Stille der Wüste schlafen wir tief und fest.

Eine Umleitung führt uns für die nächsten Stunden auf die alte, zerschlissene Piste. Über enge Kurven windet sich die Fahrbahn spektakulär zwischen kahlen, erodierten Hügeln in eine Ebene hinunter. Einmal müssen wir ja an Höhe verlieren. Denn die Stadt Turpan, die sogar unter dem Meeresspiegel liegt, befindet sich nur noch zwei Tagesetappen entfernt. Gemäss Karte sollten drei Dörfer auf unserem heutigen Weg liegen. Bei der Tankstelle des ersten waschen wir uns über einem Betontrog die Haare. Auf der Weiterfahrt drücken die Steigung über einen in die Wüste gestreckten Finger des Tian-Shan und aufkeimender Gegenwind unsere Geschwindigkeit auf kümmerliche fünf Stundenkilometer. So können wir das zweite Dorf unmöglich noch bei Tageslicht erreichen. Wo werden wir nur zu Wasser kommen?

Auf eine Distanz von etwa dreihundert Meter führt die umgeleitete Strasse gar durch puren Sand. Wie immer bei solch schlecht passierbaren Stellen verdichtet sich auch hier der Verkehr, was für uns in mehrfacher Hinsicht eine Strafe darstellt. Wir müssen schon viel Energie mobilisieren, um die Räder überhaupt auf Kurs zu halten, um nicht umzufallen. Zusätzlich dürfen wir uns keinen Schwenker erlauben, denn die blechernen Karosserien holpern dicht an uns vorbei. So nahe, dass wir nichts als ihre Abgase atmen. Die in der Gegenrichtung wankenden Lastwagen und Busse wirbeln Sandfahnen auf, die der aus den Fugen geratene Wind erbarmungslos gegen uns schleudert. Wir werden förmlich sandgestrahlt – ein ganz und gar ungebetenes Peeling. Meine Oberschenkelmuskeln sind aufs Äusserste gespannt und drohen die Velohose zu zersprengen. Endlich spüre ich wieder festen Boden unter meinen Rädern und kann den Kopf drehen. Bea fehlen nur noch wenige Meter bis zum rettenden Asphalt. Rasch ist das Motorengeheul verhallt. Nun ist es an der Zeit für eine kurze Pause. Wir nehmen uns der geschenkten Netzmelone an, die ich seit gestern mittransportiere. Von einer derart saftigen und mundenden Melone haben wir noch nie zuvor gekostet. Einfach herrlich, diese Frucht an genau diesem Ort, zu genau diesem Zeitpunkt geniessen zu können. Wie bei einem Puzzle scheinen sich entsprechende Teile zusammenzufügen. Wir werten dies als gutes Omen für den weiteren Verlauf der noch verbleibenden Stunden des Tages.

Das Licht schwächt sich langsam ab und bei der Steigung in die unwirtliche Berglandschaft hoch ist kein Ende abzusehen. In einer Rechtskurve erkennen wir linkerhand, hinter einem mit Abfall gepflasterten Kiesplatz, ein verlassen wirkendes Anwesen. Nur die nervös im zivilisatorischen Ausstoss der Touristenbusse pickenden Hühner deuten auf Bewohner hin. Ich versuche mein Glück und klopfe mit leeren

Behältern in der Hand an die verschlossene Holztür. Sie öffnet sich einen Spalt weit.

«*Ni hao, you shui ma?* Guten Tag, gibt es Wasser?», frage ich. Der junge Mann nickt und antwortet: «*You*, es gibt», und führt mich in ein Nebengebäude, wo auf dem Boden mit Wasser gefüllte Eimer stehen. Eine Katze stiehlt sich zwischen meinen Beinen davon. Sie hatte sich eben den Durst gelöscht. Mit einer rostigen Kelle schöpft der gute Mann vom Wasser aus den Kübeln und füllt damit unsere Flaschen. Ich bedanke mich mit «*Xie xie!*» und sage zum Abschied «*Zai-jian!*». So einfach ist Chinesisch!

Einige Kurven weiter oben folgen wir einer Spur im Kies, die rechts von der Strasse in die braungrauen Hügel führt. Schon bald mündet dieser vermeintliche Weg in ein zurzeit trockenes Flussbett. Im Falle von starken Niederschlägen scheint die ganze Gegend hier überflutet zu werden. Die von reissenden Wassermassen hinterlassenen Rillen im Boden sind eindeutig. Leider ist auf den buckligen Hügeln um uns keine einzige ebene Fläche für das Zelt auszumachen und der Wind pfeift uns kräftig um die Ohren. Also wählen wir unseren Platz im Lee eines Kieshaufens. Das Thermometer bestätigt mit der angezeigten kühlen Temperatur nur, was Beas Körper mittels Hühnerhaut auf den Unterarmen längst zum Ausdruck bringt. Erste Tropfen fallen. Bei diesem heftigen Wind ist aber kein intensiver Regen zu erwarten. Trotzdem widme ich mich wieder einmal dem Grabenbau, um die uns für eine allenfalls doch notwendige Evakuierung auf einen dieser Buckel zur Verfügung stehende Zeit zu verlängern. Währenddessen kocht Bea im Zelt Kohl-Apfel-Salat und Linsen mit Gemüse. Nach dem Essen ist die ärgste Gefahr gebannt: Die regenschwangeren Wolken sind weggepustet und Sterne funkeln hell wie Diamanten am rabenschwarzen Himmel. Nur der Wind hat sich noch nicht ausgetobt. Er wächst sich zu einem regelrechten Sturm aus und erfrecht sich, als wir bereits auf den Matten ruhen, die Heringe der Abspannseile aus der nicht optimalen Verankerung im sandigen Boden zu reissen und in der Folge eine der drei Stangen unseres Tunnelzelts zu knicken. So schlafen wir bei nur zögerlich abnehmenden Beauforts mit der flatternden Zeltblache auf unseren Beinen. Unter diesen Umständen ist mein Traum keine Überraschung: Ich sehe uns wie Schiffbrüchige, mit den eilig zusammengekramten Habseligkeiten um uns verstreut, schlotternd im peitschenden Wind und strömenden Regen auf einem Felsen sitzen und gebannt auf den reissenden, von Minute zu Minute mehr anschwellenden Strom unter uns starren ...

Scheinheilig lächelt am Morgen die Sonne vom Himmel und schaut zu, wie wir die gebrochene Stange in Stand setzen. Es herrscht völlige Windstille, als wären wir im Auge eines Taifuns. Doch kaum wieder auf dem Asphalt, der uns auf 1800 Meter über Meer hinaufführt, jagt die Sonne mit voller Kraft Luftmassen gegen uns. Mit ähnlicher Wucht und Zielstrebigkeit wie damals in der Ghezschlucht versucht sie uns zu demoralisieren. Diesen Sieg gönnen wir ihr nicht. Trotzig setzen wir ihr unseren Willen entgegen. Als Vergeltung bringt sie uns, nachdem der höchste Punkt hinter uns liegt, im Bunde mit dem heimtückischen Strassenbelag und meinem hart gegen die Finger schlagenden Hebel der Hinterbremse um den Genuss einer rauschenden Abfahrt auf Meeresniveau hinunter. Dafür ergötzen wir uns, im Schneckentempo rollend, an den schwungvollen Sanddünen, die sich neben der Strasse erheben. Zwei auf unserer Karte eingezeichnete Dörfer sind in der sandig-felsigen Realität nicht existent. Toksun aber, unser heutiges Ziel, sehen wir dafür schon von weitem, doch ziehen sich die noch fehlenden Kilometer wie Kaugummi in die Länge. Denn schneller als mit sieben Stundenkilometern kommen wir nicht voran. Da helfen auch das Gefälle und der piekfeine Asphalt der brandneuen Strasse, die für den motorisierten Verkehr noch gesperrt ist, wenig. Im bisher teuersten Hotel in China – mit 17 Euro freilich noch immer günstig – finden wir als Lohn für den bestandenen Kampf gegen die Naturkräfte winddichte Wände und butterweiche Matratzen vor.

Der hartnäckige Gegenwind fordert auch in der Abfahrt nach Turpan, das 154 Meter unter dem Meeresspiegel liegt und damit die zweitgrösste Depression der Welt ist, unsere Geduld heraus. Auf dem Markt werden wir gewaltig über den Tisch gezogen. Für Nüsse und Mehl bezahlen wir um Mehrfaches zu viel. Wir müssen uns wohl oder übel angewöhnen, in solch touristischen Orten primär davon auszugehen, dass das Gegenüber unehrlich ist. Das heisst, es gilt auf der Hut zu sein und vor dem Kauf, sei es auch nur eine Kleinigkeit, an mindestens drei verschiedenen Orten den Preis in Erfahrung zu bringen. Es geht uns dabei nicht um den zu verlierenden Geldbetrag. Wir wollen schlicht nicht jene ignoranten Geldsäcke sein, an denen gewisse Kreaturen ungestraft ihre skrupellose Geldgier befriedigen können. Turpan ist als einer der heissesten Orte Chinas berüchtigt, doch frösteln wir am Abend auf dem Nachhauseweg vom Restaurant. Zurück im engen Hotelzimmer, ergründe ich die Ursache für das Schlagen meiner Hinterbremse: Es liegt an der Felge. Ihre Stege klaffen an einer Stelle ein, zwei Millimeter auseinander. Bestimmt ist das äussere Blech des doppelbödigen Profils gerissen. Da ich in dieser Stadt nicht mit brauchbarem Ersatzmaterial rechne, lasse ich es bei dieser Feststellung bewenden, demontiere nicht einmal den Reifen und hoffe, das Rad trage mich noch die vierhundert Kilometer bis Hami.

Auf die Häuserflut von Turpan folgen erst grüne Landstriche mit Weinreben, dann im Wind wogende Maisstauden und schliesslich eine Wüstenlandschaft, in der Ölpumpen gleichmütig auf und ab wippen. Die makellose, breite Strasse trägt uns in die «Flammenden Berge» hoch. Die zerfurchten Hänge erinnern wirklich an lodernde Flammen. Ein uigurischer Melonenverkäufer bremst uns mit einem schlagenden Argument aus. «*I can speak English*», ruft er uns zu und bittet uns, unter einem schattenspendenden Schirm auf weichen Matten Platz zu nehmen. Er offeriert uns Wassermelone und Trauben. Über eine Stunde lang plaudern wir zusammen und essen von den süssen Früchten. Wenn er nicht gerade wie jetzt am Strassenrand Melonen feilbietet, arbeite er als Englischlehrer. In einem Jahr werde er seinen 25. Geburtstag feiern und anschliessend die von seinem Vater für ihn Auserwählte heiraten. Seine Familie müsse dann jener der Braut, quasi als Ablösesumme, fünftausend Yuan bezahlen. Im Gegenzug habe diese aber den Hausrat für das junge Paar beizusteuern. Er klärt uns auch über die Preispolitik seiner Gilde der Melonenverkäufer auf: «Ein Kilo Melone kostet für Kunden aus Xinjiang einen Yuan. Armen Leuten aus der Gegend schenken wir die Früchte oftmals. Den reichen Han-Chinesen aus dem Osten knöpfen wir pro Kilo aber das Doppelte ab.» Das scheint uns nichts mit Abriss zu tun zu haben. Dies ist eher Ausdruck einer edlen, sozialen Gesinnung und einer korrekten Einschätzung des wirtschaftlichen Gefälles im Lande. In Büchern und Zeitungen haben wir von Spannungen zwischen Uiguren und den in Massen infiltrierenden Han-Chinesen gelesen und spreche ihn auf dieses Problem an. Davon ist ihm nichts bekannt. Er jedenfalls habe mit den Han-Chinesen keinerlei Schwierigkeiten. Das Verhältnis sei ungetrübt. Ihm ist auch nicht zu Ohren gekommen, dass die Islamische Bewegung Ostturkestans seit dem 11. September 2001 unter einer verschärften Repression durch die Zentralmacht leide. In kritischen ausländischen Medien wird aber eben dies kolportiert. Auf jeden Fall machten die chinesischen Behörden bis zum 9/11 für die paar Anschläge in Xinjiang «kriminelle Banden» verantwortlich. Nach jenem verhängnisvollen Datum aber änderte die Terminologie. Das Regime redete Bush nach dem Mund: Die Handvoll Separatisten wurde neu als «Terroristenbrut» gebrandmarkt. Und Verbindungen zu Osama bin Laden wurden ihnen angedichtet. So wurde auch China plötzlich zu einem Opfer des islamischen Extremismus. Es hatte «seine Terroristen» und konnte im Bush'schen «Krieg gegen den Terror» mitmischen. Wie andere Länder auch, habe China die weltweite Nervosität ausgenützt, um die Schraube im Kampf gegen die aufmüpfige Minderheit ungestraft anziehen zu können. Auch wenn unser Melonenverkäufer nichts davon erfahren hat, wird es wohl nicht ganz unwahr sein.

In Shanshan buchen wir ein Zimmer in einem Hotel, wo unser Gepäck sofort von fünf eifrigen jungen Damen des Personals über drei Etagen ins Zimmer hochgetragen wird. Zum Abendessen werden wir in ein Séparée gebeten, worin sich übrigens neben dem Esstisch immer auch ein Fernsehgerät und oft ein Sofa befinden. Wir bestellen unsere drei Standard-Menüs, die sich mittlerweile herauskristallisiert haben: *Fischduften-Auberginen*, gebratene Auberginen an Ingwer, Knoblauch und Essig, *grossRöhrenlauch braten Tofu*, gebratener Tofu mit Lauch und *Tomate kurzbraten-Ei*, gebratene Tomaten mit Rührei. Bevor die Serviermädchen unseren Raum betreten, klopfen sie jeweils artig an die Tür. Eine dieser gütigen Feen verlässt den Raum aber nie. Sie steht verlegen, mit nach innen gedrehten Füssen da und versucht uns die

Wünsche von den Lippen abzulesen. Laufend schenkt sie Grüntee nach, der wie immer in diesem Land gratis zum Essen gereicht wird. Auch versucht sie, die Flasche zu entkorken, die wir auf den Tisch gestellt haben. Den Wein bringen wir meist selbst mit, denn in den Läden finden wir die besseren Tropfen als hinter den Theken der Restaurants. Das Trinken von Wein ist in China nicht sehr populär. Damit erklärt sich auch die Mühe der Dame mit dem Zapfenzieher. Schliesslich trägt sie die Flasche in die Küche, wo ihr ein sachverständiger Koch aus der Patsche hilft. Besseren Absatz als vergorener Traubensaft finden die harten Schnäpse, die bei den beliebten Saufgelagen weit mehr Wirkung zeitigen. Wem zugeprostet wird, der muss übrigens mittrinken. Das nicht zu tun, kommt einer groben Beleidigung gleich. Dies gilt aber nur für Männer, denn für Frauen ziemt es sich nicht, in der Öffentlichkeit Alkohol zu trinken. Nicht selten hören wir aus unseren Nachbar-Séparées lautes Lachen, Klopfen, Schreien und Rufen wie « *Yi, liang, san, sö, wu,* 1, 2, 3, 4, 5». Dies als Teil eines Trinkspiels, dessen Regeln ich noch nicht ergründet habe.

Von leichtem Rückenwind geschoben, radeln wir zügig aus Shanshan, um schon bald in der unverfälschten Wüste aufzugehen. Sie breitet sich auf alle Seiten gleichmässig aus. Nur das sich gegen den Horizont hin verjüngende Band der Strasse zeichnet eine Richtung vor. Die von der spätnachmittäglichen Sonne in sanftes goldbraunes Licht getauchten Hügel neben dem Highway sind mit schwarzen Obsidian-Splittern übersät. Als wir auf der Suche nach einem Platz für die Nacht die Räder über diese vulkanischen Gesteinsscherben schieben, klingt es tatsächlich gläsern. Für wenige Augenblicke zeigt sich noch der Mond. Wir gehen mit ihm schlafen. Und zwar so lange, bis die Sonne wieder als grosser, gelboranger Feuerball aus der Unendlichkeit des Sands aufsteigt und uns als Morgengruss eine kühle Brise schickt. Schon aber zaubert das erste Licht weiche, warme Brauntöne hervor.

Auf dem heutigen Kulminationspunkt halten wir einige Minuten inne und lassen die Szenerie in uns sickern und sich für immer in unserer Erinnerung festschreiben. Die Schattenwürfe in den Hängen der Berge verleihen den von Wind und Wetter abgenagten und zerfurchten Flanken eine fantastische Plastizität.

In bereits stockfinsterer Nacht stellen wir unser Zelt in einen ausgetrockneten Tümpel unweit der Strasse. Unter extrem schwierigen Bedingungen kochen wir Hirse und Karotten an Pilzsauce mit Brandy sowie Tomatensalat; nicht einfacher gestaltet sich das Essen dieser Speisen. Der Grund liegt in abertausenden Faltern, die sich wie Lemminge in einem Anfall von Todessehnsucht in die Flamme des Kochers, in die Bratpfanne, in die Wassergläser oder in unsere Augen, Nasen und Ohren stürzen. Wahrscheinlich verschlucken wir trotz vom Ekel geleiteter Vorsicht einige dieser Viecher. Im Scheinwerferlicht der wenigen vorbeischnaubenden Lastwagen verwandeln sich die sandigen Hügel um uns in Schneeberge. Zur kühlen Temperatur um die zehn Grad passt dieses Schauspiel recht gut.

Eine kurze Abfahrt führt uns zu einem vermeintlichen See. Die glatte Oberfläche, die noch Sekunden zuvor in der Sonne glänzte, stellt sich als purer Lehm heraus. In grossen Abständen stehen nun am Strassenrand aus Beton und Eisen gefertigte Tiere wie Pferde, Giraffen oder ein bulliger Stier. Kunst in der Wüste – warum auch nicht? Hier kommen die Werke jedenfalls gut zur Geltung. Die Kamelherden weiter vorne hingegen sind aus Fleisch und Blut. Die Glupschaugen der Tiere funkeln in der Sonne. Und die zwei Höcker wackeln bei jedem x-beinigen Schritt. Die Oberschenkel und die geschwungenen Hälse wirken wegen des herunterhängenden Pelzes wuchtiger als sie sind. Während der Mittagspause hockt sich ein junger Kamelhirt neben uns. Mit ungläubigen Augen betrachtet er uns schweigend eine Weile und zieht dann pfeifend von dannen. Jenseits der Passhöhe rolle ich wie auf Eiern, denn meine defekte Hinterradfelge will stets beobachtet sein. Sie hält sich aber erstaunlich gut. Trotzdem werden wir das nächste Dorf nicht mehr vor Einbruch der Dunkelheit erreichen. So versuchen wir unser Glück bei einem kleinen Weiler und kriegen nicht nur Wasser, sondern auch Gemüse. Liebend gerne hätte uns eine Frau auch gleich das Abendessen gekocht. In der Taklamakanwüste scheint jedes Haus eine Art Restaurant zu sein. Wir suchen uns den Platz fürs Zelt aber lieber noch bei Tageslicht und fahren deshalb unverzüglich weiter. Als der Mond als saftiger Zitronenschnitz schon knapp über dem Horizont hängt, finden wir in einer stillgelegten Kiesgrube schliesslich einen ebenen und windgeschützten Ort.

Die Sonne erhebt sich in den noch unbefleckten Himmel, doch bald ziehen Windböen auf und Wolken verbreiten eine düstere, unheimliche Stimmung. Der Wind fegt vornehmlich von der linken Seite her. Bea stemmt ihren Körper gegen ihn, derweil sich ihre Haare ihm ergeben und horizontal Richtung Süden zeigen. Meine Frisur trotzt dem Luftstrom und verändert sich kaum. Überholen uns LKW oder Busse, gilt es wegen des wilden Kräftespiels besonders vorsichtig zu sein.

Im Stadthotel von Hami ist das zahlreiche Personal wie immer in China ausnehmend nett und bemüht. Trotzdem, oder vielleicht auch gerade deshalb, wirken die Bediensteten wie trainierte Äffchen auf uns.

Zu früher Stunde wird auf dem Schulhausplatz gegenüber unserem Hotel zu lauter Musik geturnt. Die Kinderscharen hüpfen vergnügt herum und kümmern sich wenig darum, was die Lehrpersonen vorzeigen. Das Frühstücksbuffet, das im bescheidenen Zimmerpreis inbegriffen ist, überrascht mit seinem reichhaltigen Angebot: Eier-Tomaten-Paprika-Gemüse, Gurken an Knoblauch, Bohnen mit viel Chili oder Glasnudeln mit Raps, Tofu, verschiedene gedämpfte Brote, Suppen, Sojamilch oder Spiegeleier, die vor den Augen der Gäste beidseitig in einem Ölbad frittiert werden. Die auf einem Rechaud warmgehaltenen gerösteten Erdnüsse zeigen schonungslos auf, wer nicht mit den Stäbchen umzugehen weiss. Dem Andrang beim Buffet nach zu beurteilen, ist das Hotel sehr gut ausgelastet. Die Chinesen schlürfen Hühnersuppe und trinken Sojamilch. Wir hingegen halten uns lieber an Tee.

Womit man sich bei uns in Europa der Lächerlichkeit preisgeben würde, fällt man hier nicht auf. So ist es selbst für einen Geschäftsmann im Nadelstreifenanzug und schwarzen Lackschuhen kein Imageverlust, mit buckligem Rücken auf einem klapprigen Kindervelo zu einer Verwaltungsratssitzung durch die City zu radeln. Der verordneten Helmtragpflicht für Motorradfahrer wird nachgekommen, indem die meisten elegant einen roten oder gelben Bauhelm auf dem Kopf balancieren. Die Frauen mit den weissen Gesichtsmasken, einige sogar mit dazu passenden Handschuhen, auf Zweirädern, zu Fuss oder hinter Verkaufsständen, sind für uns gewöhnungsbedürftig. Vermutlich ist diese Maskerade noch eine letzte Nachwehe der SARS-Epidemie, die China vor einem Jahr erschüttert hat.

Auf dem Markt fallen vor allem die Auslagen der Hühnerkrallen auf, die für chinesische Gaumen eine ganz besondere Delikatesse darstellen. In einigen Restaurants sind regelrechte Saufgelage im Gang: Der Boden ist übersät mit zerknülltem Papier, Spucke, abgenagten Knochen, Zigarettenkippen und leeren, zum Teil zerschlagenen Flaschen. Einer hat sich breitbeinig, in hohlem Kreuz aufgepflanzt und schüttet sich direkt aus der Flasche hochprozentigen Alkohol in die Kehle. Die Kollegen feuern ihn lauthals an. Auf den Gehsteigen der zentralen Kreuzung bei den Supermärkten haben sich einige uigurische Bettler installiert. Es handelt sich dabei vor allem um invalide Alte, zum Teil aber auch um Kinder. Unweit unseres Hotels stehen hanchinesische Wohnsiedlungen ohne Glanz. Die Farbreste der schmutzigen Fassaden baumeln traurig im Wind. Dahinter kauern die niedrigen Bauten der Uiguren. Der Belag der schmalen Gassen dazwischen ist löchrig. Statt Autos verkehren dort von Eseln gezogene Karren.

Am zweiten Tag in Hami unterziehe ich unsere Fahrräder einer gründlichen Prüfung. Nach der Demontage von Reifen, Schlauch und Felgenband gähnt mich bei meiner Hinterradfelge vom äusseren Flansch des doppelbödigen Profils ein etwa dreissig Zentimeter langer, klaffender Riss an. Wie vermutet, ist dies also der Grund für die Ausbauchung der Felgenflanken und die dadurch verursachten Schläge beim Bremsen. Auch bei Beas Hinterradfelge sind erste Anrisse um die Speichenlöcher zu erkennen. Die Vorderräder, mit demselben Felgenprodukt ausgestattet, sind aber, ausser der Delle in Beas Felge, die vom Sturz in Shiraz, Iran, herrührt, noch in tadellosem Zustand.

Dass die Schäden jetzt aufgetreten sind, trifft sich gut. Denn um das neue Visum zu organisieren, müssen wir nun sowieso für ein paar Tage all unser Gepäck hier im Hotel deponieren und im Zug nach Hongkong reisen. Da können wir auch gleich die defekten Räder mittragen und in der Metropole für Ersatz sorgen.

Schon vor dem Betreten der Wartehalle des Bahnhofs werden die Fahrkarten geprüft und das Gepäck geröntgt. Die Bestuhlung im Raum erinnert an einen Kinosaal. Und tatsächlich werden auch Filme gezeigt. Für viele aber sind wir interessanter als das auf die Leinwand projizierte Geschehen.

Auf dem Bahnsteig weht ein kühler Wind. Dutzende Anbieter von Mundvorrat haben sich bereits für den erwarteten Zug positioniert. Bei einigen dampft es aus Kochtöpfen, andere halten Getränke oder Früchte feil. Das Wichtigste aber sind die Instant-Nudelsuppen: Zu eindrücklichen Pyramiden getürmt, warten sie auf die pünktlich anrollende Kundschaft.

Vor den Zugtüren stauen und drängen sich die Leute. Denn so eine Öffnung ist schlicht zu schmal, wenn gleichzeitig zwanzig Personen aus- und dreissig einsteigen wollen. Zwei Heisssporne geraten sich beim entstehenden Gerangel in die Haare. Ihr gehässiger Wortwechsel wird immer lauter und aggressiver geführt, bis der eine seinen Kontrahenten schliesslich an der Gurgel packt. Zu einem Handgemenge kommt es aber dennoch nicht. So unvermittelt dieser Streit ausgebrochen ist, so schnell sind die Mütchen wieder gekühlt.

Bei unseren reservierten Plätzen fühlen wir uns wie eingekesselt. Auf einer Grundrissfläche von etwa fünf Quadratmeter befinden sich nicht weniger als sechs bis acht Leute. Diese Enge ist für uns, die Ellbogenfreiheit gewohnt sind, geradezu beängstigend. Von allen Pritschen ragen Füsse in den Gang. Mit Genugtuung nehme ich zur Kenntnis, dass mir trotzdem keine üblen Gerüche in die Nase steigen. Auch unser Bettzeug, der Waschraum und die beiden WC sind sauber. Für die Benützung der Toilette, das Händewaschen und das Zähneputzen muss Schlange gestanden werden. Wie friedlich das alles vor sich geht, erstaunt uns. Auch die Abfallkübel werden laufend vom aufmerksamen Reinigungspersonal geleert. Um exakt 22.30 Uhr ist Lichterlöschen. Vom Schaukeln des Zugs und vom rhythmischen Schnarchen einiger Mitreisender werden auch wir bald in den Schlaf gewiegt.

Vor dem Fenster zieht eine ähnliche Landschaft vorbei, wie wir sie uns seit Wochen gewohnt sind: kahle Bergzüge und wüstenartige Landstriche, selten durchbrochen von Dörfern mit Bäumen und Feldern. Die Stimmung im Wagen ist ausserordentlich beschaulich, beinahe wie in einer grossen Familie. Die Hauptbeschäftigung der Chinesen ist definitiv das Essen, was bei uns ja im Allgemeinen nicht anders ist. Vor allem werden Nudelsuppen jeglicher Couleur geschlürft. Bei jedem Halt decken sich die Reisenden mit neuen «Leckereien» ein: gegrillte Hühnerteile, Früchte, abgepackte Fleischklumpen oder eben Nudelsuppe.

In Wuhan müssen wir umsteigen. Die beiden jungen Männer auf den Pritschen unter uns sind von der unangenehmeren Sorte. Sie paffen trotz Rauchverbot Zigaretten und vermiesen allen anderen im Abteil in völlig asozialer Manier die Luft zum Atmen. Erstaunlicherweise stellt sie niemand in den Senkel. Wir schieben uns schon bald zwischen die Laken und schlafen der schlechten Luft einfach weg.

Am frühen Morgen des vierten Reisetages erreichen wir Shenzhen und spazieren bei Lo Wu über die Grenze zwischen China und der Sonderverwaltungszone Hongkong, in der noch bis mindestens zum Jahr 2047 der freien Marktwirtschaft gehuldigt werden kann. Wir passieren hier also keine wirkliche Landesgrenze, sondern vielmehr die Schranke zwischen zwei politischen Systemen. Gleichwohl sind wir nun, bereits in der Eisenbahn nach Kowloon sitzend, aus der Volksrepublik China aus- und in Hongkong eingereist. Nur zu Beginn der dreissigminütigen Fahrt wetteifern noch urwaldähnlich überwucherte Hügel mit den wie Pilze aus dem Boden schiessenden Wolkenkratzern um die Hoheit der Lüfte. Bald dominieren Stahl, Beton und Glas allein das futuristische Bild.

Unsere erste Handlung im Bahnhof Hung Hom wird durch unsere Geruchsorgane ausgelöst. Aromatischer Duft von gemahlenen Kaffeebohnen und die verführerische und so lange vermisste Ausdünstung frischer Croissants schweben durch die Halle. Schnell ist die Emissionsquelle geortet und wir befriedigen einen Teil der Gelüste, die sich in den über vierzig Tagen in der Uiguren Provinz Xinjiang und der Taklamakanwüste angestaut haben. Der Luxus der Weltmetropole Hongkong brandet in wirbelnden Wogen um uns her. Wir müssen auf der Hut sein, um nicht zerklatscht zu werden. Die Stadt ist modern, elegant, sauber und multikulturell, aber auch heiss, schwül, eng, stickig, laut, hektisch und bisweilen abgefuckt. Sie strotzt von Wolkenkratzern, Menschenmassen, Autos. Konsum und wilder Kapitalismus allenthalben: Werbung für Fussmassagen und Rolex-Uhren, Schilderwald, Leuchtreklamen-Salat, Restaurant an Restaurant, Coiffeursalons, Schuhläden, Kleiderläden und kaum ein Ohr nicht im Sandwich zwischen Schädel und Handy – Business und nochmals Business. Beim Flanieren durch die Häuserschluchten tropft es ab und zu auf unsere Köpfe. Nein, es regnet nicht in Hongkong. Es sind die auf Hochtouren laufenden Klimaanlagen, die schwitzen. Auf engstem Raum leben in dieser Stadt sieben Millionen Menschen. Fragen drängen sich uns auf: «Wie funktioniert hier die Wasserversorgung? Wohin wandert all der Müll? Was geschieht im Falle eines Erdbebens?»

Am Abend ist die Nathan Road, die Hauptverkehrsachse von Kowloon, für den Verkehr gesperrt. Wir schreiben den 1. Oktober 2004. Nationalfeiertag von China. Vor genau fünfundfünfzig Jahren wurde die Volksrepublik aus der Taufe gehoben. Bald ist auch für uns Fussgänger kein Durchkommen mehr. Dicht gedrängt stehen sich die Leute gegenseitig die Zehen platt, den Kopf tief in den Nacken gelegt, den Mund halb geöffnet und die Augen vor Begeisterung weit aufgerissen: Ein bombastisches Feuerwerk erhellt und bemalt den Himmel. Welch völkerverbindende Wirkung dieses Spektakel zeitigt! Nicht nur nehmen alle dieselbe, leicht sonderbare Haltung ein, nein, es entfahren auch sämtlichen Anwesenden, seien sie nun hier ansässig oder für ein paar Tage aus China, Japan, Indien, den Philippinen, Korea oder den USA angereist, in wechselndem Rhythmus dieselben zwei Silben: «Ah!» und «Oh!». Bea und ich hingegen, wohl ein wenig abgestumpft von zu vielen 1. August-Feuerwerken am Schweizer Nationalfeiertag, konzentrieren uns aufs Wesentliche und gehen essen.

Die vierhundert Höhenmeter hinauf zum Aussichtspunkt auf dem Victoriapeak überwinden wir mit der Zahnradbahn und geniessen den umwerfendsten Blick auf eine Stadt, der sich uns je geboten hat: Dichtes, wucherndes Grün mit riesigen Bananenstauden direkt unter uns, dann folgt der Streifen der elegant aufragenden Hightech-Bauten mit den tiefen, geschäftigen Strassenschluchten dazwischen, schliesslich der Meeresarm, in dem sich das Himmelblau spiegelt, und dahinter Kowloon vor den bewaldeten Hügeln, welche die New Territories abgrenzen.

In der Shanghai Street im Stadtteil Mongkok lacht uns aus einem Schaufenster ein nigelnagelneuer Benzinkocher an. Einfach so – unglaublich dieses Hongkong! Der Brenner ist auf der Stelle gekauft. Das für ganze sechs Monate gültige Visum für die Volksrepublik China haben wir in einem Reisebüro in Auftrag gegeben und bereits wieder erhalten. Auch mit allen anderen geplanten Beschaffungen klappt es reibungslos. So gehts am Morgen des sechsten und letzten Tages in Hongkong nur noch ums Packen. Auf dem Bett unseres winzigen Hotelzimmers liegen ausgebreitet: der neue Benzinkocher, zwei Hinterräder mit neuen Felgen und Speichen, ein faltbarer Ersatzpneu, ein Fahrradständer, Kabelbinder, zwei Ersatzschläuche, zwei Paar neue Sandalen, leere Wasserbehälter in diversen Grössen, einige Beutel uperisierte Sahne, Aceto Balsamico, zwei Gläser Konfitüre, ein Honig, Curry, Paprika, Kräuter, Tee, Cappuccini, drei Portionen getrocknete Tomaten, Sonnencreme, Deo, Rasierschaum, Aftershave, Sonnenblumenkerne, ein Müesli, Instantsuppen – aber keine Nudelsuppe aus Hühnerbrühe, wir sind ja keine Chinesen –, Pumpernickelbrot, ein Vollkornbrot, zwei Packungen Fertigfondue, ein Kilo Parmesankäse in faustgrossen Stücken vakuumverpackt, drei Mandelcroissants, Schnur, Zahnbürsten, Zahnseide, Pfeffermühle, Senf, Feuchtigkeitscreme, Kondome, Heftpflaster und Ersatz für alle abgelaufenen Produkte unserer Reiseapotheke. Bea nimmt sich der kniffligen Aufgabe des Verstauens an und löst sie mit Bravour. Ich prüfe in der Zwischenzeit die Funktionstüchtigkeit des neuen Kochers. Es wäre schliesslich sehr ärgerlich, wenn wir, zurück in der Wüste, bei der ersten Zeltnacht feststellen müssten, dass er gar kein Feuer spuckt. Im Handbuch zum Kocher steht, man solle nur bleifreies Benzin verwenden. Das ist zwar rasch aufs geduldige Papier geschrieben, aber nicht umsetzbar. Seit Islamabad, Pakistan, haben wir bei keiner Tankstelle mehr bleifreies Benzin gefunden. Ich schraube die Pumpe auf die Benzinflasche, schliesse die Brennleitung des Kochers an, baue mit ein paar Stössen den erforderlichen Druck auf und öffne das Ventil. Unverzüglich strömt das Benzin aus der Düse in die Vorheizschale. Mit der Flamme eines Streichholzes nähere ich mich der Brennstofflache. Wie immer, schiesst eine Stichflamme empor – neu ist aber, dass sie vom lauten Ringen einer Alarmglocke begleitet wird. Das Ding an der Decke, das wie ein Feuermelder aussieht, funktioniert also tatsächlich – wer hätte das gedacht? Mein Adrenalinspiegel steigt rasant. Hastig trage ich den brennenden Kocher ins Bad und lösche die Flamme. Noch immer hallen mir die schrillen Alarmglocken in den Ohren nach. Ich bin benommen und halb taub. Bea aber vernimmt, wie die Putzfrau unseres Hotels an die Zimmertür der zwei Prostituierten, unseren Nachbarinnen, hämmert und in scharfem Ton schreit: «Öffnet gefälligst das Fenster, wenn ihr schon im Zimmer paffen müsst!» Wir bleiben unbehelligt und sind fein raus. Der Versuch hat gezeigt, dass Kocher und Feuermelder tadellos funktionieren. Letzteres ist von vitaler Bedeutung in einer Stadt mit derart dichter Bebauung.

Im Bahnhof von Shenzhen spüren wir sofort, dass wir uns wieder auf dem Boden der Volksrepublik China befinden: Nichts mehr ist in Englisch angeschrieben. So irren wir von Schalter zu Schalter, bis wir endlich bei der zuständigen Dame für unser Anliegen, ein Ticket nach Wuhan, landen. Dafür wird uns dieses ohne Umstände ausgehändigt. Bereits in einer Stunde wird der Zug losfahren. Das klappt ja reibungslos! Nie hätten wir uns das zu träumen gewagt, nicht in der «Goldenen Woche», wie die an den 1. Oktober anschliessende Ferienwoche für die 1.3 Milliarden Chinesen genannt wird. Auf der bequemen Schlafstatt im Wagen liege ich für längere Zeit wach. In meinem Kopf schwirren all die Eindrücke von Hongkong umher und versuchen sich einzuordnen. Wie im Wasser aufgewirbelter Sand beruhigen sie sich erst mit abnehmender Turbulenz, verursacht durch bleierne Müdigkeit, sinken träge auf den Grund und werden zu Sedimenten der Erfahrung.

In Wuhan kriecht uns Nebel unter die Kleider – der Herbst hat Einzug gehalten. Grundlos lachend schleppen wir unser tonnenschweres und voluminöses Gepäck zum Ticketschalter, zeigen unseren zweisprachigen Strassenatlas und deuten auf Hami. Die Dame versteht und händigt uns die Billette für heute Abend aus. Die Wartezeit in dieser Millionenstadt nutzen wir für das nicht ganz so einfache Unterfangen, eine Landkarte von Gansu, jener Provinz, die zweihundert Kilometer östlich von Hami an die Autonome Uiguren Provinz Xinjiang anschliesst, zu erstehen. Der Hund liegt in den Tücken der chinesischen Sprache begraben. Dass sie von über einer Milliarde Menschen gesprochen wird, vereinfacht die Sache nicht im erhofften Mass. Wie wir das zweisilbige Wort *Gan-su* auch aussprechen, wir werden nicht verstanden. Im Chinesisch gilt eben im wahrsten Sinne des Wortes: «*C'est le ton qui fait la musique.*» Die meisten der über vierhundert Silben kommen in vier Grundtönen vor. Zu diesen vier Tönen gesellt sich noch ein fünfter, der sogenannte «tonlose

Ton», der neutral in der stimmlichen Mitte gesprochen wird. Als klassisches Beispiel für die Irrwege und Fettnäpfchen, welche die wortgewaltige chinesische Sprache für Langnasen bereithält, dient das schlichte Wort «*ma*», das es in sich hat: Relativ hoch und schwebend ausgesprochen, meint es «Mutter». In einem fragenden Tonfall vorgetragen heisst es «Hanf». Es steht für «Pferd», wenn die Stimme erst gegen tiefere Tonlagen fällt, um dann wieder in höhere Sphären zu klettern. Es bedeutet aber «schimpfen», wenn es kurz und energisch, einem Befehl gleich, ausgestossen wird. Als sogenannter «tonloser Ton» hat *ma* schliesslich die Bedeutung eines Frageartikels. Es existieren also je fünf Möglichkeiten *Gan* und *su* auszusprechen. Unter Berücksichtigung aller Kombinationen ergibt dies theoretisch 25 Varianten. Die Wahrscheinlichkeit, das zusammengesetzte Wort *Gan-su* korrekt zu artikulieren, liegt folglich bei kümmerlichen vier Prozent. Ein Glückstreffer darf also nicht erwartet werden. Sollte ein solcher trotzdem gelingen, heisst das aber noch lange nicht, dass man verstanden wird. Denn das Fremdeln der Chinesen kann so weit gehen, dass sie es gar nicht wahrnehmen, wenn eine Langnase Chinesisch mit ihnen spricht. Es sei schon vorgekommen, dass ein gebildeter Ausländer seinen Nebenmann im Zug in reinstem Mandarin gefragt habe: «Wie heisst die nächste Haltestelle?» Jener ihn aber nur verständnislos anschaute und mit den Achseln zuckte. Wenig später habe der Ausländer den Mann zu dessen Frau sagen hören: «Das Englisch da eben klang genauso wie auf Chinesisch: ‹Wie heisst die nächste Haltestelle?›» Dass wir nun die Provinzkarte von Gansu in den Händen halten, ist in Anbetracht der geschilderten Hindernisse schlicht phänomenal. Das Chinesisch hat aber nicht nur Fallgruben und Stolpersteine zu bieten, sondern auch sprachliche Perlen. Besonders originell scheinen mir die Wortschöpfungen für neue technische Errungenschaften. So heisst Computer «Elektrisches Gehirn», ein Wecker wird «Krach-Uhr» und ein Bagger «Seltsame Hand» genannt.

Um 17.02 Uhr verlässt unser Zug Wuhan Richtung Hami. Sämtliche 66 Betten in unserem Wagen sind besetzt. Effektiv tummeln sich hier aber mehr Leute, weil die Mütter ihre Kinder mit auf die schmale Pritsche nehmen. Die beiden Typen unter uns schnarchen, dass sich die Balken biegen. Der ältere dieser zwei verfügt über ein grandioses Repertoire an Tönen und Rhythmen. Er kann sogar zweistimmig sägen.

Zurück in Hami, buchen wir dasselbe Zimmer, das wir vor elf Tagen verlassen haben. Die Anonymität von Hongkong ist vorbei. Wir fallen auf in den Strassen von Hami, werden angeschaut, manchmal angestarrt, angelächelt, gegrüsst und in sämtlichen Stammläden freundlich empfangen. Es ist ein schönes Gefühl, zum Ort zurückgekehrt zu sein, wo unsere Seele hängen geblieben ist. Wir sind wieder da, wo uns die eigene Muskelkraft hingetragen hat. Wir sind wieder «zu Hause» und werden bald durch China weiterreisen können. Erst erfahren wir aber ein weiteres Müsterchen der

Komplexität des Chinesisch respektive der Unflexibilität der Leute. Auf dem Post-amt versuchen wir nichts Weiteres, als einen Brief in die Schweiz abzuschicken. Als Erstes muss unser Couvert durch ein offizielles der Post, auf dem erstaunlicherweise das Französische *par avion* steht, ersetzt werden. Dann geht es darum, der Dame hin-ter dem Schalter das Destinationsland bekanntzugeben. Aber weder Schweiz, *Swit-zerland* noch *Ruishi*, das chinesische Wort dafür, geruht sie zu verstehen. Auch als sämtliche in der Posthalle anwesenden Leute involviert werden, steigt der Grad des Verständnisses um kein Jota. Nach zehn Minuten allgemeiner Verwirrung zückt eine andere Angestellte geistesgegenwärtig ein Buch aus einem Regal, in dem sämtliche Länder der Welt auf Chinesisch und Englisch aufgelistet sind. Aha, neben *Switzer-land* ist da *Ruishi* zu lesen. Nun ist fast allen alles klar.

Kurz nach Sonnenaufgang steht das Thermometer nur knapp über der Null-Grad-Marke. Also auch hier in Hami hat in der Zwischenzeit Gevatter Herbst den Sommer abgelöst. Beim Beladen der Velos schauen uns fünf Hotelgäste interessiert zu. Auch der junge Bedienstete, der uns die eingelagerten Fahrräder vom dritten Stock des Ne-bengebäudes heruntergetragen hat, verfolgt das Geschehen aufmerksam. Immer dann, wenn wir eine Bemerkung der anderen nicht verstehen, wendet er sich im Stile eines alten Freundes zu uns und erklärt den Sachverhalt nochmals mit seinen – frei-lich ebenso chinesischen – Worten. Für ihn steht ausser Zweifel, dass wir *seinen* Aus-führungen bestens folgen können.

Nun verlassen wir Hami – «*gopfertami!*». Nach der 16-tägigen Fahrpause wackelt auf den ersten Metern der Lenker noch bedrohlich, doch schon bald fühlen wir uns wieder eins mit der Vorwärtsbewegung, der Luft, der Sonne, dem Gegenwind, den Bergen und der Wüste. Die tief verschneiten Gebirge scheinen im klaren Herbstlicht zum Greifen nah. Die Strasse wird gesäumt von Pappeln in herbstlichem Kleid. Ihre buntgescheckten Blätter rascheln im kühlen Wind. Die Baumwollernte läuft auf Hochtouren. In den noch nicht gepflückten Feldern quellen schneeballgrosse Baumwollbüschel aus den Kelchen. Hunderte von klapprigen Velos stehen am Stras-senrand geparkt. Wir haben den Eindruck, dass ganze Dorfschaften gleichzeitig bei der Ernte mithelfen. Wer schon oder noch gehen kann, ist auf den Feldern am Pflü-cken. Mit kleinen Traktoren wird der weisse Stolz der Bauern zu einem zentralen Sammelplatz transportiert, wo sich schon riesige Haufen türmen. Gegen Abend bie-gen wir in der Sandwüste links ab in eine wunderschöne Grube. Noch vor dem Auf-stellen des Zelts duschen wir uns, gewärmt von den letzten Strahlen der Sonne. Den oben auf dem Khunjerabpass nach einer durchfrorenen Nacht eingeschlagenen Geis-tesblitz nicht vergessen, füllen wir in die Trinkflaschen aus Aluminium kochendes Wasser, wickeln T-Shirts darum und stopfen diese Wärme-Pakete in die Schlafsäcke. Trotz der frischen Aussenluft um die null Grad, verbringen wir so eine wohlig warme

Nacht in der Stille der Wüste. Schön, wieder «*on the road*» und in der Wildnis draussen zu sein!

Die Krach-Uhr haben wir nicht gestellt. Die Sonne selbst soll uns zu spüren geben, wann es warm genug ist, um aus den Schlafhüllen zu kriechen. Gegen halb neun ist dies der Fall, als die ersten Strahlen unser «Treibhaus» aufheizen. Entgegen unserer Erwartung ist es aber affenkalt da draussen. Die steife Brise, die von den weiss gekrönten Bergrücken im Norden herunterweht, zwingt uns sogar, die Omelette im Zelt zu kochen.

Eine wahrhafte Wüstenetappe erwartet uns: kein Grashalm, keine Häuser. Letzteres ist aber nur möglich, weil es in China nicht nur gefälschte Noten oder Markenartikel, sondern auch unechte Dörfer gibt. Keine der drei Ortschaften, die auf unserem heutigen Weg liegen sollten, existiert in der Realität. Dies, obwohl sie sowohl auf den Provinzkarten von Xinjiang und Gansu als auch auf dem Strassenatlas von ganz China klar und deutlich eingezeichnet sind. Um das Mass der Blendung voll zu machen, wird auf Hinweisschildern neben der Strasse beispielsweise angegeben: «Noch 20 km bis zum Dorf soundso.» Effektiv sehen wir nach diesen zwanzig Kilometern aber weder Häuser noch eine Abzweigung, die zu einer Ansiedlung führen würde, sondern nur ein anderes Hinweisschild: «Noch 30 km bis zum Dorf xy.» Selbst in weiter Ferne erkennen wir keine Anzeichen von Leben. Und die Sicht ist gut: Im goldenen Sonnenlicht glänzen linkerhand Sandberge, deren Kreten sich so klar umrissen vom blitzblauen Herbsthimmel abheben, als hätte sie jemand mit einem Leuchtstift nachgezogen. Die Strasse verläuft nur in der Vertikalen wellenartig, ansonsten ist sie fadengerade. Dies ist wohl zu eintönig für gewisse Chauffeure: Zwei gekippte Lastwagen liegen verlassen neben dem Strassendamm. An einer anderen Stelle sticht uns fürchterlicher Gestank in die Nase. Aufgedunsen und halb verwest liegen Schafe und Schweine zu Haufen geschichtet im Graben. Als bei uns in Europa euphemistisch bezeichneter «Lebend»-Tiertransport sind sie auf dem Weg zum Schlächter kläglich verendet. Mit hunderten Leidensgenossen brutal im Anhänger zusammengepfercht sind sie unter der glühenden Sonne verdurstet, bei einer Teepause für die Fahrer aussortiert und hier achtlos entsorgt worden. Nicht umsonst heisst das chinesische Wort für Tier «*dong wu*». Es bedeutet «sich bewegendes Ding». Tiere sind also keine Lebewesen, sondern seelenloses Material.

Der Uhrzeiger steht kurz vor sechs und unser Vorrat an Wasser tendiert gegen null. Eine ziemlich unangenehme Situation! Doch bleibt uns auch heute das Glück an der Sohle kleben. Weiter vorne steht nämlich ein Lastwagen auf all seinen vierzehn Rädern geparkt. Wir bitten die beiden Fahrer um Wasser, das sie uns gerne abtreten: eineinhalb Liter heisses, klares Trinkwasser aus ihrer Thermosflasche und acht Liter trübes Kühlwasser aus einem Tank unter dem Anhänger. Das ist unsere Rettung!

Noch ganz benommen von unserem Dusel schieben wir bald darauf die Velos einen halben Kilometer durch Schotter von der Strasse weg und waschen uns noch kurz vor dem Aufziehen des abendlichen Windes den Schmutz von der Haut. Nun kommt zum ersten Mal auf der ganzen Reise unser Filter zur Anwendung und liefert rasch tadellos klares Trinkwasser. Einzig der Geschmack nach altem Gummi bleibt uns im Kühlwasser erhalten. Aus den edlen, in Hongkong erstandenen Vorräten zaubern wir ein leckeres Nachtessen auf den Sand. Bevor wir in unsere von den Bettflaschen vorgewärmten Schlafsäcke verschwinden, exponieren wir uns nochmals für einige Augenblicke dem kalten, reinen Atem der schlafenden Sonne, lassen den Glanz der Sterne auf unseren Augen widerscheinen und verfolgen den Lauf der Milchstrasse. Wie schal erscheint uns im Vergleich dazu die Erinnerung ans Feuerwerk in Hongkong. Unser Freund, der bleiche Bruder, hält sich noch vornehm zurück – er wird sich erst gegen Morgen zeigen.

Auch heute nichts Neues im Westen Chinas: Die auf der Karte eingezeichneten Dörfer erweisen sich allesamt als Chimären. Seit hundertfünfzig Kilometern hat sich kein Haus mehr, geschweige denn ein Dorf gezeigt. Dafür überreichen uns auf offener Landstrasse zwei fröhliche Lastwagenfahrer einen prall gefüllten Sack Rosinen, von denen sie tonnenweise geladen haben. Die Strasse schraubt sich durch kahle Berge in die Höhe und der eisige Wind umklammert uns bleischwer. Müde und ausgelaugt trinken wir in der bereits einsetzenden Abenddämmerung die letzten verbliebenen Schlücke aus den Wasserflaschen und lutschen zur Stärkung ein paar Pastillen Traubenzucker. Nach 2400 abgespulten Kilometern in der Autonomen Uiguren Provinz Xinjiang erwarten wir jeden Augenblick, die Grenze zur Provinz Gansu zu passieren, wo sich doch bestimmt ein Dorf materialisieren wird. Das ist zwar nicht wirklich der Fall; aber immerhin tauchen zwei Tankstellen, eine Ansammlung von Reparaturwerkstätten und ein paar Restaurants auf. Überraschenderweise finden wir hier sogar ein Zimmer für die nahe, frostige Nacht. Die Absteige ist schäbig, ohne fliessendes Wasser im Raum, mit gebraucht riechender, schmuddeliger Bettwäsche, mit einem nach Pisse miefenden Waschraum auf dem Flur und katastrophalen WC im Scheisshaus hinter dem Gebäude. Dafür ist das Zimmer geheizt, und im einfachen Restaurant essen wir reichhaltig, gut und günstig. Der Hotelboy, der uns, wie viele seiner Berufskollegen in China, das Zimmer zwar aufschliesst, den Schlüssel aber nicht aushändigen will, zeigt uns stolz sein Erinnerungsbuch, in dem sich schon andere Veloreisende eingetragen haben. Ein Name sticht da heraus: Joseph Capeille, 7. Juni 2004. Unglaublich, dieser Typ! Wir haben den damals 82-jährigen Franzosen Joseph im Sommer 2003 in Bulgarien, an der Grenze zur Türkei, kennengelernt. Er war eben erst zu seiner fünften Weltumrundung auf dem Fahrrad gestartet. Nun haben wir ihn um schlappe vier Monate verpasst – schade! Aber es besteht die Hoff-

nung, dass sich unser Weg auf der Weltkugel wieder einmal mit jenem dieses Urge-
steins der Landstrassen kreuzen wird.

Da wir in einem *binguan*, also in einem Hotel nächtigen, können wir trotz der
draussen herrschenden tiefen Temperatur schon zu früher Stunde aufstehen, ohne
von der Kälte erschlagen zu werden. Als Erstes urinieren wir im Waschraum in jene
Ecke, aus der bereits ein Mischgeruch aus Brühe und stechendem Ammoniak steigt.
Ins Scheisshaus hinaus wagt sich niemand. Wir kochen im Zimmer eine Omelette
und stehen rasch bereit zur Abfahrt: tief über die Ohren eine Mütze gezogen, die
Finger in Handschuhe vergraben, die Füsse in zwei Paar Socken gehüllt und über den
gut eingepackten Rumpf den winddichten Regentrainer gestreift. Das Thermometer
sinkt innerhalb von Sekunden von neunzehn auf null Grad. Der eisige Fahrtwind hat
uns bald genug Wärme entzogen, um Finger und Zehen Schritt für Schritt einzufrie-
ren. Die Lippen können wir kaum mehr bewegen. Die Sprache versiegt. Zu träge und
zu steif sind die unterkühlten Gewebe. Uns bleibt der Trost, dass es nur noch wärmer
werden kann, da wir zum kältesten Zeitpunkt des Tages gestartet sind. Die Strasse
erstreckt sich kilometerlang als helles Band vor uns. Kurven sind in dieser Gegend
nicht nötig. Wie in Mesopotamien, zwischen Kahta und Siverek in der Türkei,
durchqueren wir hier eine mit dunklen Steinblöcken gespickte Wüste. Die kleineren
Dörfer figurieren wie gehabt nur auf der Landkarte. Für einmal ist uns dies aber egal,
sind wir doch mit genügend Wasser ausgerüstet. Dank der Strahlkraft der Sonne
vermag sich die Luft im Laufe des Tages auf über zwanzig Grad zu erwärmen. Aber
nur, um gegen Abend mit einem grösseren Gradienten gegen den Gefrierpunkt zu
fallen. Um der feindlichen Kälte zu entfliehen, suchen wir auch heute wieder ein Hotel und finden sogar ein gepflegteres als gestern. Unsere Wangen glühen dermassen
auf den weissen Bettlaken, dass sich die Glühwürmchen beschämt abwenden und
sich schmollend das geringste Leuchten versagen.

Welch Fahrt hinunter nach Dunhuang! In den ersten zwei Stunden legen wir fast
sechzig Kilometer zurück. Wie auf Skiern gleiten wir über den Asphalt, den kalten
Fahrtwind im Gesicht. Bei den Bodenwellen geben wir Druck aufs Rad, um nicht
abzuheben. Die Landschaft fliegt nur so an uns vorbei: sanfte, dunkle Hügel, bestückt mit kugeligen Büschen als farbliche Auflockerung, dann sich unendlich aus-
dehnende Steinfelder und schliesslich Flächen hellen Sandes. Erst als wir kurz innehalten, werden wir des stürmischen Rückenwindes gewahr. Schon aber dreht der
Wind ab und füllt uns Ohren, Nasen und Augen mit feinstem Sand. Selbst durch die
zusammengepressten Lippen dringt sein Frachtgut. Vorbei an den letzten Überresten
der Grossen Mauer, des einst fünftausend Kilometer langen Schutzwalls gegen die
Mongolen, erreichen wir nach nur 6.5 Stunden Fahrzeit und 134 Kilometern – unser
Distanz-Rekord von Kanyakumari, Indien, ist damit hinfällig – die touristische Des-

tination Dunhuang. Beheizte Zimmer gibt es hier zu unserer Ernüchterung nicht zu vernünftigem Preis, und auch die Verfügbarkeit von Heisswasser ist zeitlich beschränkt. Nur zwischen 20.00 und 22.00 Uhr können wir warm duschen, was wir natürlich ausgiebig tun.

Am folgenden Morgen widerfährt uns, was vielen China-Reisenden laufend zustösst und ihre Erlebnisse so negativ prägt: Bei einer Verkaufsbude an einer Strassenecke wählen wir zwei Joghurts aus und legen der Verkäuferin zwei Yuan hin. Der Preis pro Joghurt betrug in China bis jetzt immer ein Yuan. Sie verlangt nun aber das Doppelte pro Stück. Wir lassen die Frau gewähren und strecken ihr gutmütig einen zehn Yuan Schein entgegen. Sie lässt diesen in der Tasche verschwinden, gibt uns zwei Yuan retour und wendet sich ab. Wir insistieren vehement, doch sie stellt sich taub. Diese dummdreiste Zicke muss angeschrien sein, damit sie das korrekte Retourgeld herausrückt. Zum Glück sind wir nicht dazu verdammt, die meiste Zeit mit Leuten solchen Schlags vertun zu müssen.

Unglaublich aber wahr: Bei sämtlichen Restaurants stehen die Türen weit offen und die Gäste sitzen dick vermummt vor ihren dampfenden Nudelsuppen. Wir verdrücken uns an jenen Tisch, der sich am weitesten von der Tür entfernt befindet. Glücklicherweise sind die Speisen so scharf, dass wir gegen Ende des Mahls wenigstens die äusserste Schicht, die Regenjacken, abstreifen können. Um uns herum wird kräftig gebechert – auch dies ist eine Möglichkeit, der Kälte zu trotzen. Aus den Séparées dringen wieder jene Schreie, die einen Neuankömmling in Angst und Schrecken versetzen könnten. Diese gehören aber zur ganz normalen Geräuschkulisse in einem Esslokal. Neben Durchzug und Kälte lieben die Chinesen eben auch den Lärm über alles. Und wir, die warme Dusche! Um das Zeitfenster fürs Heisswasser in unserem Hotel nicht zu verpassen, spurten wir Hals über Kopf durch die Dunkelheit nach Hause.

Der heutige Tag verläuft völlig atypisch für uns. Wir begeben uns nämlich auf Sightseeing-Tour, und die angepeilten Ziele erweisen sich als derart lohnenswert, dass wir nicht frühzeitig die Segel streichen. In den Mogao-Grotten, diesen etwa tausend in die Sandsteinfelsen geschlagenen Höhlen, lassen wir uns von der buddhistischen Kunst verzaubern, die zwischen dem 4. und dem 12. Jahrhundert erschaffen wurde. Die in den ältesten Grotten versammelten Figuren zeichnen sich aus durch hagere, ätherische Gestalt mit fein gemeisselten Gesichtszügen und vergleichsweise grossen Köpfen. Sie sollen die Spiritualität jener veranschaulichen, die erleuchtet wurden und durch ihre Askese die materielle Welt der Dinge transzendiert haben. Diese Figuren zeigen noch klar den Einfluss des indischen Buddhismus. Nach einer Phase, während der sich die Kunstwerke dem eher strengen und harten Stil der chinesischen Skulpturen anpassten, entstanden in der Post-Tang-Ära Meisterwerke wie beispielsweise der «Schlafende Buddha». Diese 16 Meter lange liegende Figur ist von 72 Anhängern umgeben, deren unterschiedliche Gesichtsausdrücke für den Grad ihres buddhistischen Verständnisses stehen. Jene, die selbst dem Nirwana nah sind, strahlen vor Freude, während die Vertreter der untersten Stufe in Trauer zergehen. Diese beweinen den vermuteten Tod Buddhas und begreifen nicht, dass er ins Nirwana eingegangen ist. Er befindet sich nun in einem Zustand, in dem alle Vorstellungen und Wunschgebilde gleichsam überwunden und gestillt sind. Da er damit dem unendlichen Kreislauf des Geborenwerdens und Sterbens entronnen ist, soll dies ein Moment der Freude und nicht der Bekümmernis sein.

Am Abend kehren wir im selben Restaurant wie gestern ein und bestellen auch exakt die gleichen Menüs. Nicht aber ohne dabei unseren Standardspruch vorzutragen: « *Women bu jau row*, wir möchten kein Fleisch.» Aus unerfindlichen Gründen sind heute aber sowohl das Tofu- als auch das Auberginen-Gericht mit Fleischfetzen kontaminiert. Wir weisen die Teller umgehend zurück und müssen uns geradezu auf die Hinterbeine stellen, um die für uns ungeniessbaren Speisen nicht berappen zu müssen. Wir fühlen uns vollkommen im Recht, denn schliesslich steht selbst beim detaillierten Beschrieb dieser beiden Gerichte auf der für die Touristen in Englisch verfassten Speisekarte nichts von Fleisch. Die Frau Chefin bockt lange Zeit so störrisch wie uneinsichtig, doch lässt sie sich von unseren stets mit mehr Vehemenz wiederholten und immer gleichen zwei, drei Sätzen auf Chinesisch zermürben. Schliesslich verliert sie die Nerven und wir verlassen den Schauplatz mit geblähter Brust und einem Loch im Bauch. Die Frage, ob wir auf dieser Reise impulsiver geworden sind, oder uns einfach weniger gefallen lassen, beschäftigt uns auf dem Nachhauseweg. Zu einer schlüssigen Antwort dringen wir aber nicht durch.

Unser nächstes Ziel ist Anxi. Wie wir aber bereits gestern in Erfahrung gebracht haben, ist die Strasse dorthin im Bau und zurzeit nicht passierbar. So bleibt uns nichts anderes übrig, als die 135 Kilometer nach Liuyuan in entgegengesetzter Richtung nochmals unter die Räder zu nehmen und dann ostwärts in die 312er einzubiegen. Das ist ein Novum auf unserer Reise: eine längere Strecke hin und wieder zurück zu radeln. Eigentlich widerstrebt uns dies, doch liegen auch offensichtliche Vorteile darin. Da wir mit unverrückbarer Bestimmtheit wissen, dass nach genau 76 Kilometern ein Dorf auftauchen wird, müssen wir nicht von Beginn weg über zwanzig Liter Wasser mitschleppen. So rollen wir leichtgewichtig und entsprechend geschwind aus der Stadt. Und da es auf den ersten Metern praktisch windstill ist, fahren wir zügig an den ausgedehnten Baumwollfeldern vorbei. Schulkinder auf ihren Drahteseln grüssen uns freundlich. Einige können sich vor Lachen ob dem Anblick dieser zwei vollgepackten Reisenden kaum mehr im Sattel halten und geraten in prekäres Schwanken. Die Strasse steigt nun stetig an und der erwachende Wind drückt unser Tempo zusätzlich. Im besagten Dorf füllen wir Wasser aus einem Tank ab. Zwanzig Kilometer weiter kämpfen wir uns durch tiefen Sand hinter kleine Hügel, duschen, stellen das Zelt auf und kochen auf seiner Leeseite unser Abendbrot.

Als wir uns um sechs Uhr erheben, empfangen uns tiefe Dunkelheit, klirrende Kälte und unwirtlicher Wind. Mit klammen Gliedern räumen wir die über Nacht in der Apsis verstauten Taschen ins Freie und bereiten uns in ihrem Schutz das Frühstück zu. Um uns auch unterwegs mit einem heissen Trunk auftauen zu können, füllen wir die Thermosflasche mit dampfendem Wasser und umhüllen sie zur zusätzlichen Wärmeisolation mit Zeitungen. Die Kälte bremst den Fluss unserer Bewegungen, alles wird zäher und langsamer. So stehen wir heute erst nach knapp vier Stunden seit dem ersten Augenaufschlag wieder auf dem Asphalt. Das Zweigespann Steigung und Wind rückt unsere Reisegeschwindigkeit in den Bereich der Zeitlupe. So benötigen wir für die vierzig Kilometer bis zum Highway 312 hinauf inklusive einer kurzen Verpflegungspause geschlagene fünfeinhalb Stunden.

An der Kreuzung stehen drei junge Männer mit rosa Wangen und fröhlichen Gesichtern, die uns zu ihrer Fressbude winken. Hungrig wie wir sind, bestellen wir *ma-la dou-fu*, scharf gewürzter Tofu mit Sesam, und die bereits bekannten *Fisch-duften Auberginen* sowie *Tomate kurzbraten-Ei*. Dazu gebietet uns die plötzliche Hochstimmung von Glück und Freude, noch nach Wein zu verlangen. Serviert wird uns aber ein 45-prozentiger Schnaps. Lachend weise ich diese Alkoholkeule zurück: «Nein danke, dann doch lieber ein Bier.»

Mit gefüllten Mägen und Wassertanks gondeln wir in der Abenddämmerung noch einige Kilometer Richtung Osten, bis wir die Räder links weg über trockenes, sandiges, periodisch überschwemmtes Gebiet schieben. Das Duschen im steifen, kalten Wind wollen wir uns heute nicht antun. So verziehen wir uns dazu nacheinander in die Apsis und stellen mit Erstaunen fest, dass die Körperpflege im engen Raum ohne weiteres machbar ist. Wir verbrauchen dabei so wenig Wasser, dass sich der Boden nicht einmal in Matsch verwandelt. Das Duschen ist für uns aus verschiedenen Gründen unverzichtbar. Erstens sind verschwitzte und sandige Körper in einem engen Zelt der Erotik abträglich. Zweitens wirkt Salz hygroskopisch, was uns frieren liesse und die Dämmwirkung der Schlafsäcke nachhaltig mindern würde. Drittens könnte am nächsten Morgen die Sonnencreme durch die Schmutzkruste nicht in die Poren unserer Haut eindringen und ihre Schutzwirkung entfalten. Mit siebzehn verschiedenen Ingredienzien bereiten wir uns einen Salat zu. Zudem kochen wir eine noch im Iran gekaufte Tomatensuppe, die weit unten in der Küche verstaut lag.

Seit der Einkehr des chinesischen Herbstes vermag mich mein Schlafsack nicht mehr bis zum Morgen warm zu halten. Bea will dies nicht glauben und schlüpft heute als Experiment in meine alte, dünne Schlafhülle. Erst Mitternacht ist verstrichen, und schon wird dieser Versuch wegen beginnenden Erfrierungserscheinungen beim

«*Gfrörli*» abgebrochen und wir tauschen die Schlafsäcke wieder. Bei der nächsten Gelegenheit muss ein besser dämmendes Produkt her!

Ich könnte wetten, dass bald Schnee vom Himmel fallen wird. Denn bei Wetterlagen wie dieser sprang Mutz selig, der Kater meiner Familie zu Hause, jeweils in der warmen Stube aufs Sofa, legte sich auf seinen buschigen Pelz, streckte unter grösstmöglichem Gähnen alle Glieder von sich und verdrehte dabei den Kopf derart, dass die Unterseite des Kinns nach oben schaute. In dieser Position schlief er ein und wenig später tanzten die ersten Flocken in der Luft. Aufgrund meiner Wetterfühligkeit entscheiden wir, in Anxi ein Hotel zu suchen. Schon aber hellt der Himmel auf und der Wind büsst an Gewalt ein. Offenbar verfüge ich nicht annähernd über solch untrügliche Wettersensoren wie Mutz selig. Trotzdem bleiben wir bei unserem Entschluss. Bei einer gebückten, runzligen Frau kaufen wir über vier Kilo Gemüse wie Kartoffeln, Champignons, Tomaten, Paprika, Chili, Karotten, Kohl, Ingwer, Knoblauch, Zwiebeln, Lauch, Zucchetti und Koriander sowie ein Dutzend Eier und einige Äpfel. Das Hutzelweib hat seine helle Freude daran, wie wir zulangen und die voluminösen Säcke in den Körben über den Vorderrädern verstauen. Es ist wirklich unglaublich, wie schnell unsere Vorräte jeweils schwinden. Aber Wind und Kälte zehren derart an den Kräften, dass wir den Energieverlust durch gesundes, reichhaltiges Futtern auszugleichen haben. Nach dem Essen duschen wir heiss und ausgiebig und schrubben einander die Rücken. Seit das über uns hereingebrochen ist, was wir halb scherzhaft, halb hoffnungsvoll als «wieder vorübergehende Kältewelle» betiteln, ist in den Unterkünften das Heisswasserangebot immer zeitlich limitiert. Noch im warmen Hami, «*gopfertami!*», war es während 24 Stunden verfügbar. Auch die Heizungen sind, wenn überhaupt vorhanden, nicht eingeschaltet. Vielleicht ist es aber auch besser, nicht einzuheizen, denn Wärmeisolation ist in China ein Fremdwort. Wenn es doch verstanden werden sollte, so hat es bestimmt die Bedeutung von etwas absolut Unnützem. Zwischen Glas und Rahmen der Fenster klaffen oft beachtliche Spalten. Dieser Anblick lässt einem energiebewussten Zeitgenossen zwar fast das Blut in den Adern stocken, doch ist diese handwerkliche Schludrigkeit bei den verwendeten Materialien nebensächlich. Denn die Einfachverglasung mit dem qualitativ minderwertigen Glas bietet ohnehin kaum einen Widerstand gegen den Wärmeabfluss. So verdichtet sich das Kondenswasser auf den Glasscheiben rasch zu Rinnsalen, die sich auf den bereits angegrauten Simsen zu Lachen sammeln. Nicht selten gefrieren sie alsbald, was uns die Zimmer noch weniger behaglich erscheinen lässt. So ziehen wir regelmässig die meist bodenlangen, schweren Gardinen zu, die wenigstens die Zugluft bremsen und über die Augen ein Gefühl von Wärme vermitteln. Uns schwant, dass uns in China noch eine harte Zeit bevorsteht.

Anxi verlassen wir bei strahlendstem Sonnenschein und unheimlich anmutender Windstille. Ich traue der Idylle nicht. Und tatsächlich: Wie wenn er nur auf uns zwei gewartet hätte, pustet uns der Wind auf der 312er kräftig ins Gesicht und beginnt mit seinem Teufelswerk, der Unterkühlung unserer Körper. Die Landschaft hat ihren wüstenhaften Charakter halbwegs verloren. Linkerhand dehnt sich zwar noch eine weite Steinebene aus, doch rechts folgt uns ein Wasserlauf, dessen Ufer mit Bäumen bestanden sind. Ein weiteres Mal wird mir bewusst, wie gross der Einfluss der visuellen Eindrücke auf das Kälteempfinden ist. Richte ich mein Augenmerk auf die grünen Baumkronen oder die ockerfarbenen Halme auf dem Feld davor, so wird mir gleich wärmer ums Herz. Wie schon damals im Iran mit Hans-Michel und Nicole, als wir bei minus zwei Grad inmitten einer Apfelbaumplantage genächtigt hatten und uns der schiere Anblick der Vegetation über lange Zeit vor dem Schlottern bewahrte.

Heute stranden wir am Rand eines romantischen Canyons, der uns während der Zeit der Körperwäsche sogar den Wind von den steifkalten Leibern fernhält. Als ich nackt auf der Matte stehe, lässt aufgeregtes Hundegebell meine Hand zum wie immer in Griffnähe liegenden *tschomak* schnellen. Doch lärmen die Köter wohl nicht wegen uns, denn ich vernehme die lockende Stimme eines Schäfers, der in weiter Ferne seine Herde sammelt. Sobald das letzte Licht der Sonnenstrahlen auf die Steppe vergossen ist, übernimmt wieder der Wind mit festem Griff das Zepter. Er leckt am Zelt und schnalzt mit den aufgehängten Tüchern. Das Quecksilber sinkt auf minus fünf Grad. Also höchste Zeit für uns, in der Apsis den Kocher zu aktivieren und Wasser für Tee zu wärmen. Das Benzin strömt aber mit zu wenig Druck durch die Düse – ein untrügliches Zeichen, dass etwas im Argen liegt. Um uns mit den entweichenden Benzindämpfen nicht zu vergiften, trage ich den Kocher ins vom Wind durchpflügte Freie, setze mich auf den Klappstuhl und zerlege das Gerät, scheuere die Brennleitung mit dem Putzdraht, spüle sie mit Benzin durch, reinige die Düse und setze die Teile wieder zusammen. Aber auch bei diesem zweiten Versuch zeigt sich der Kocher lendenlahm. Meine Hände sind längst klamm vor Kälte, die Finger kleben richtiggehend an den eisigen Teilen aus Aluminium; doch es gibt keine Alternative, das Ding muss ganz einfach zum Laufen gebracht werden! Ohne Wärme spendende Bettflaschen werden wir bis in die Morgenstunden womöglich bereits leichenstarr sein. Bea kauert Daumen drückend im Zelt und unterstützt mich mit Durchhalteparolen. Ablösen kann sie mich da draussen nicht, denn all ihre Fingerkuppen sind mit Kälterissen durchsetzt, die ständig wieder neu aufplatzen und wie Nadelstiche schmerzen. Also heisst es für mich: durchbeissen! Noch einmal diese verfluchten Teile demontieren, Kabel raus, Kabel rein, Düse wechseln, Pumpe wechseln ... Nur unterbrochen von wüsten Verwünschungen dieses Gerätes wiederholt sich dieses Prozedere einige Male. Wurde uns in Hongkong eine Fälschung angedreht? Oder ist es nur die Kälte,

die es träge macht? Oder goutiert es das bleihaltige Benzin nicht? Oder ... Es ist zum
Haare raufen! Doch sind diese unter der Wollmütze vergraben und die Finger zu steif
gefroren. Dann, kurz vor Mitternacht, endlich der Durchbruch: Das Benzin zischt
förmlich aus der Düse und rasch glühen alle metallenen Teile des Kochers. Er sprüht
Feuer, wie ich es noch nie gesehen habe. In Rekordzeit siedet das Wasser. Auch die
von Bea vorbereiteten *mixed pakora*, diese mit einem Bierteig ummantelten Stücke
von Zucchetti, Paprika, Chili, Zwiebeln und Knoblauch sind in wenigen Sekunden
knusprig gebrutzelt. Doch selbst nach dem herrlichen Schmaus und einem dampfenden Kaffee bin ich noch immer bis ins Mark durchfroren. Zu allem Überfluss drückt
es mich nun auch noch in den Gedärmen und ich muss wegen eines grösseren Geschäfts meinen nackten Hintern der klirrenden Kälte ausliefern. Wieder im Zelt zurück, schlottere ich wie ein Schlosshund und klappere erbärmlich mit den Zähnen.
Bea tritt mir für zwei Stunden ihre Bettflasche ab und ich kriege meinen Körper wieder unter Kontrolle.

Auch bei Tagesanbruch kommt der Kocher erst wieder nach heftigstem Schütteln
der Düse auf Touren; aber er kommt, und das ist wichtig. Als wir oben auf der Strasse
dem Ostwind einen guten Morgen wünschen, füllt er uns den noch teewarmen
Mund mit bitterkalter Luft, die in den Zähnen ein metallenes Ziehen auslöst. Das
Vorwärtskommen ist kräftezehrend – jeder Meter des noch tausende von Kilometern
vor uns liegenden Asphaltbands muss den seit Tagen gegen uns gerichteten Natur-
kräften abgerungen werden. Dabei bleibt mir viel Zeit, um die Verfassung verschiedenster Körperbereiche abzufragen: Die durch das Radfahren am meisten beanspruchten Oberschenkel senden wohlig warme Signale. Die Füsse lassen sich noch
bewegen, nur die Zehenspitzen geben keine befriedigende Antwort mehr. Die Finger
sind in den engen Handschuhen eingeschlafen – besser so! Am ärgsten aber ist es im
scharfen, schneidenden Gegenwind um die ungeschützte Gesichtshaut bestellt. Ihre
Temperatur nähert sich in raschen Schritten jener der Umgebung an, die noch immer
an der Frostgrenze kratzt. Das bläulichweisse Kinn fühlt sich an wie pures Eis, als
würde es bereits nicht mehr zum eigenen Körper gehören. Die seit Tagen aufge-
schwollenen Augen tränen unaufhörlich und lassen warme, salzige Rinnsale über die
eisig kalten Wangen strömen. Auch aus der Nase triefen ohne Unterlass Körpersäfte.
Diese durchsichtigen, leicht klebrigen Sekrete fliessen behände über die raue Rotzkruste, die sich, wie immer bei Kälte und Wind, schon kurz nach dem Start zwischen
Oberlippe und Frontseite der Nasenscheidewand festgekrallt hat. In der zarten Haut
der ausgetrockneten Lippen beginnen sich polygonale Risse zu öffnen wie im «Meer
der Augen», dem tonigen Wüstenboden. Der klare Nasensaft, vermengt mit den salzigen Tränen, sickert in alle Ritzen und lässt immer wieder einen leicht brennenden
Schmerz auflodern. Nun rutscht mir die Brille auf dem von der Anstrengung glitschigen Nasenbein nach unten. Mit den tauben Fingern rücke ich sie ungelenk wie-

der in Position. Dabei bleibt eine Falte des Handschuhs an der geröteten Nasenspitze hängen und biegt sie leicht nach oben. Dieser Verformung vermag die steife Rotzkruste nicht zu folgen. Sie löst sich schlagartig ab und lässt die geschundene, hochempfindliche Haut darunter aufreissen und einen stechenden Schmerz ausstrahlen.

Endlich wird die öde Landschaft durch fruchtbare Felder abgelöst. Die Taklamakanwüste liegt hinter uns. Auf den Feldern werden die letzten Baumwollbüschel gepflückt. Den Duft von Laub und frisch gesägtem Holz ziehen wir tief in unsere Lungen. In der vom Herbstlicht golden überhauchten Landschaft scheinen Bea Flügel zu wachsen. Sie übernimmt die Führung und das Tempodiktat. Der Verkehr ist phasenweise ziemlich massiert, wird uns aber nie über Gebühr gefährlich. Einige Fahrer jedoch malträtieren uns mit ihrem Gehupe, dessen Phonstärke weit über unserer Schmerzgrenze liegt. Erst in dunkler Nacht erreichen wir Yumen, wenn es denn Yumen ist. Gemäss Karte sollte sich diese Stadt auf der anderen Seite des Highways in einer Distanz von fünf bis zehn Kilometer befinden. Wie dem auch sei, uns ist eigentlich egal, wie sich die Stadt, in der wir uns befinden, nennt. Hauptsache, sie hält ein warmes Hotelzimmer für uns bereit. Der Raum dünkt uns mit seinen sechzehn Grad geradezu überheizt – so durchfroren sind wir. Nachdem Bea gegen 23.00 Uhr dampfend aus dem Bad gestiegen ist, setze auch ich meinen Fuss in die Badewanne. Bis Mitternacht sollte noch Heisswasser aus den Hahnen strömen, doch sind die Quellen dieses paradiesischen Gutes bereits jetzt versiegt. «*Bi dene Chinese chunsch halt nöd drus!*» Dies ist der Satz, den wir uns nun wie schon so oft, halb schmunzelnd, halb verärgert, vortragen.

Nach dem Einkaufen der üblichen Nahrungsmittel stellen wir uns wieder dem eisigen Gegenwind, der dem blauen Himmel unter dem hellen Lachen der Sonne entfährt. Die Strasse führt kurvenreich über Hügel, auf denen hunderte fein säuberlich ausgerichtete Windmühlen erneuerbare, saubere Energie produzieren. Rechterhand ragen die Gipfel der schneebedeckten Fünftausender des Qilian-Shan aus dem Dunst. Zwischen den besiedelten Gebieten dehnen sich immer wieder öde, wüstenhafte Abschnitte. Doch nimmt die Dichte der bewaldeten oder mit gelbem Stroh bewachsenen Flächen laufend zu. Für das Mittagessen kehren wir in ein bescheidenes Restaurant an der Strasse ein. Die Schilder an den Fassaden können wir zwar nicht entziffern, doch wissen wir inzwischen, dass hinter den herunterhängenden Plastikbändern, die im Durchzug zittern, Kneipen verborgen liegen. Alle zwanzig Kilometer taucht am Horizont eine Tankstelle von PetroChina auf. In einem Dorf prangt über dem Eingang einer Bruchbude ein Schweizerkreuz, was das Gebäude als Spital auszeichnet. Am liebsten würde ich mir hier eine Infusion mit Heisswasser stecken lassen, doch besinne ich mich eines Besseren. Wir steuern die Fahrräder zu einer kleinen, vor allem mit Asphalt und Kies gefüllten Grube zwischen Strasse und Bahnlinie. Um dem Wind ein Schnippchen zu schlagen, stellen wir das Zelt so auf, dass der Eingang auf die Leeseite des Luftstromes zu liegen kommt. Damit nehmen wir aber in Kauf, dass die Füsse höher lagern als der Kopf – manchmal gilt es, Prioritäten zu setzen. Als Wärmeschub vor dem Schlafengehen genehmigen wir uns die letzten Schlücke Cognac aus dem Flachmann. Weil wir morgen in der Stadt Jiayuguan eintreffen werden, verzichten wir heute auf eine Dusche und lassen es für einmal bei einer Katzenwäsche bewenden.

Die Nacht überstehen wir relativ gut. Gegen fünf Uhr erfasst mich zwar ein leichtes Frösteln, doch nicke ich alsbald wieder ein. Das gestern Abend abgeschüttete Teigwarenwasser liegt als matte Eisfläche vor dem Zelt. Der übrig gebliebene Salatkopf ist erfroren. Erst mit der gegen den Zenit aufsteigenden Sonne kommt auch die Wärme. Von Minute zu Minute wird es angenehmer, doch fühlt Bea in ihrem Magen ein Gewitter aufziehen. Trotzdem bringen wir die langgezogene Abfahrt nach Jiayuguan mit, oh Wunder, Rückenwind geschwind hinter uns. Heute muss es ein Vier-Sterne-Hotel sein, darunter machen wir es nicht! Nach einem dampfend heissen Bad schlüpft Bea ins Bett. Aus den blütenweissen Bettlaken schaut nur noch ihr fiebrig glühender Kopf. Diesmal reichts auch für mich zu einer warmen Dusche.

Nach achtzehn Stunden Schlaf am Stück legt sich Bea am Nachmittag nochmals für drei Stunden aufs Ohr. Sie zerreisst keine grossen Stricke. In ihren kurzen Wachphasen serviere ich Elektrolyt-Flüssigkeit zum Schlürfen, damit die auf dem WC ausgeschwemmten Mineralien ersetzt werden. Das Hotel verfügt über genügend Sterne, damit das Personal das Schild «*Don't disturb*» an unserer Tür respektiert. Hier lässt es sich gut krank sein – nicht auszudenken, wir befänden uns im Zelt in der eisigen Wüste draussen.

Auf meinen Streifzügen durch die Stadt suche ich vergeblich nach einem neuen, besser isolierenden Schlafsack. Dafür erstehe ich eine zusätzliche Decke mit frisch geernteter Baumwolle als Füllung. Der über Jiayuguan hängende Smog ist schlicht katastrophal. Er stammt primär aus den Schornsteinen der Schwerindustrie, die an der Peripherie der Stadt, gegen die Berge hin angesiedelt ist. Es erstaunt mich, dass Bea in diesem Klima überhaupt genesen kann. Auch, dass wir nach vier Tagen in Jiayuguan in Augen und Hals noch keine negativen Reaktionen wahrnehmen, überrascht uns. Am fünften und letzten Abend ist das Hotelrestaurant proppenvoll: Unternehmer aus dem Westen sind im Land der Mitte und der boomenden Wirtschaft auf Geschäftsmission. Ich hege die leise Hoffnung, es möge sich um Fensterbauer oder Lieferanten von Wärmedämmsystemen auf Promotionstour handeln. Denn selbst in diesem Top-Hotel wird aus den Fenstern hinaus geheizt.

In TV und Zeitungen ist im Moment das «Taiwan-Problem», die mögliche Abspaltung der Insel von China, *das* dominierende Thema. Beijing hat offen mit Krieg gedroht, sollte das von Geld und amerikanischen Waffen strotzende Taipeh ernst damit machen. Dass mit China bei diesem Thema nicht zu spassen ist, zeigt schon ein Blick auf die Landkarte. Der Umriss von China ähnelt nämlich frappant einem Hahn. Sein Hinterteil zeigt gegen Westen, sein Kopf ragt tief nach Sibirien hinein und die beiden Inseln Hainan und Taiwan bilden die Füsse. Wer nun weiss, wie vernarrt die Chinesen in Hühnerkrallen sind, dem leuchtet unmittelbar ein, dass der leckere Fuss Taiwan um keinen Preis je abgetreten wird.

Als die Reise weitergeht, nimmt sich das Heck meines Velos mit der aufgebundenen neuen Baumwolldecke einiges wuchtiger aus als zuvor. Der Wind schläft noch. Deshalb ist die Luft zum Abbeissen. Die Industriekolosse schnauben unter dem braunen Himmel, ihrem Werk. So weit das Auge reicht, werden Wohnsilos aus dem Boden gestampft. Bestimmt alle ohne Wärmeisolation – uns graust es. Einige Kilometer weiter wachsen riesige Chinakohlköpfe in hunderten von Treibhäusern. In den folgenden Dörfern werden im grossen Stil Maiskolben bearbeitet: Zum Trocknen werden sie auf dem Boden und sogar auf Billardtischen ausgebreitet oder an Dachbalken aufgehängt. Auf den Flachdächern der Häuser stapeln sich die abgeschnittenen Maisstauden. Auch die Zwiebelernte nähert sich ihrem Höhepunkt: Die Atmosphäre ganzer Dörfer ist mit ihrem Aroma geschwängert. Am Rand der Felder liegen riesige Fuder Heu und Stroh.

Während des Mittagessens drücken sich an der Scheibe des Restaurants Kinder ihre Nasen noch platter, um sich an uns Langnasen zu ergötzen. Auf dem Parkplatz des modernen Hotels gegenüber wird Chili sortiert. Küchenjungs in weissen Überkleidern sitzen in der Hocke und Servierfrauen in ihren streng wirkenden schwarz-roten Anzügen auf Stühlen verteilt um die rote Fläche, die etwa zwanzig Quadratmeter misst. Wer heute Abend im Restaurant auf ein Sandkorn beisst oder im *ma-la dou-fu* eine leichte Benzinnote feststellt, muss sich nicht wundern.

Die Luft ist noch immer von sehr schlechter Qualität. Nun aber nicht mehr wegen qualmender Industrieschlote, sondern wegen den schwarzen Abgaswolken der Lastwagen und Busse sowie wegen des Rauchs der Kohlefeuer, die in jedem Haus glimmen. Der Verkehr ist so rege wie selten in letzter Zeit und die penetrante Huperei strapaziert nicht nur unsere Nerven. Sie verursacht sogar physische Pein. Denn die Schallwellen dringen wie glühende Messerklingen in die Gehörgänge. Diese Typen hinter den Lenkrädern wollen uns bestimmt nicht böse. Sie grüssen uns mit ihrem Gelärme, vergreifen sich dabei aber gewaltig im Ton. Wenn uns jemand aus einer Gruppe am Strassenrand «*Hello!*» zuruft, grinsen die Umstehenden wie blöd. Derart sonderbar muss für sie das «Nicht-Chinesische» klingen. Halten wir an, um etwas zu erfragen, versuchen sich die meisten davonzustehlen. So verlegen und unsicher macht sie das Ungewohnte.

Einem warmen Hotel wären wir auch heute nicht abgeneigt, doch zerschlägt sich die Hoffnung auf einen derartigen Luxus schon bald. Das angepeilte Dorf erweist sich nämlich als einfache Ansiedlung, die wir zudem erst bei Dunkelheit erreichen. Zu später Stunde klopfen wir an die blecherne Tür eines Steinhauses. Wir bitten die im Schein einer Öllampe auftauchende Frau um Wasser. Als es in unsere Behälter plätschert, fragen wir die han-chinesische Bauersfrau – mit dem leisen Hintergedanken, sie möge uns ihre Gastfreundschaft angedeihen lassen –, ob es hier in der Nähe denn kein *binguan* gäbe. «Nein, gibt es nicht. *Zai jian*, auf Wiedersehen!» Die Dame schert sich keinen Deut darum, wo und wie wir zwei uns die eiskalte Nacht um die Ohren schlagen werden. Oder sie denkt sich vielleicht, dass man bei null Grad ohne weiteres in die Finsternis hinaus reisen kann. Also rollen wir weiter und schieben die Räder nach wenigen Kilometern durch tiefen Sand gegen die Gleise der Bahn hin und stellen das Zelt auf den ersten ebenen Platz. Unter der neuen Baumwolldecke wird es uns bald kuschelig warm; die minus fünf Grad in der Nacht können uns nichts anhaben.

Am Morgen treiben Frauen ihr Vieh direkt an unserem Zelt vorbei. Kaum eine hebt aber das Wort an uns. Später besucht uns ein alter Mann. Seine Füsse stecken in schwarzen, dünnsohligen Schlappen, und in der Hand hält er eine Machete. Er wundert sich: «Ist es denn im Zelt nicht zu kalt? Warum nur seid ihr nicht in mein Haus gekommen?»

Als wir gegen Mittag aus der Stadt Zhangye radeln, teilen wir die Strasse mit unsichtbaren Traktoren, die samt Fahrer in ihrer grotesk riesigen Heufuhre verschwunden sind. Frühlingshafte Wärme umspült uns. Doch scheint mir die Idylle zerbrechlich; Unheil schwebt in der Luft. Der anfängliche Gegenwind erlahmt bald, um in stürmischen Rückenwind umzuschlagen. Schon verdrängt ein sonderbarer, zwischen Gelb-, Braun- und Grautönen changierender Einheitsbrei die gewohnte Reflexion des schnittigen Asphaltbands aus dem Rückspiegel. Ungläubig drehen wir den Kopf: Eine undurchdringliche Wand aus aufgewirbeltem Sand und Staub, vermengt mit grauschwarzen Wolken rückt bedrohlich näher. «Nichts wie weg von hier!», schiesst es uns durchs Hirn, und wir treten, beflügelt von einem plötzlich aufflammenden Energieschub, wuchtig in die Pedale. Pfeilschnell sausen wir über den Asphalt. Das Herz droht aus der Brust zu springen – und doch sind wir zu langsam. Unheimlich und ergreifend zugleich: Die Wand schluckt uns! Innert Sekundenbruchteilen verfinstert sich die Welt um uns. Die Sichtweite reduziert sich auf wenige Meter. Die Temperatur fällt rasant um mehrere Einheiten. Kalter Schauder fährt mir in die Knochen und kriecht mir durch die Adern. Sand und Staub peitschen uns in Augen, Nasen und Ohren. Die nächsten Minuten sind wir blosse Spielbälle des Windes. In horrendem Tempo schiebt er uns wie dürres Laub vor sich her. Bald sind wir auf diese Weise nach Shandan verfrachtet, wo wir, noch immer halb betäubt von diesem einmaligen Naturspektakel und froh, mit heiler Haut davongekommen zu sein, in einer

Suite absteigen, die grösser ist als unsere alte Wohnung in Zürich. Weil uns das chinesische Hotelessen mittlerweile ein wenig eintönig geworden ist, gehen wir sogleich einkaufen. Bereits lösen sich erste Tropfen aus dem grauen Himmel und schon bald geht der Regen in Schnee über. Wir kochen über zwei Stunden lang im Zimmer. Umso besser munden anschliessend die marinierten, knusprig gebratenen Tofuwürfel mit Spiegeleiern und verschiedenen Gemüsen.

Am Morgen treten wir unter Todesverachtung in die über zwanzig Grad kühlere, klirrend kalte und zum Abbeissen dicke Aussenluft. Die kahlen Bäume verharren reglos. An ihnen kann die Windrichtung nicht abgelesen werden. Die dichten schwarzen Giftströme, die mit geballter Energie durch die massigen Schornsteine der Fabriken in den unschuldigen, einst blauen Himmel gejagt werden, lassen aber keinen Zweifel offen: Es wütet Gegenwind. Die noch gestern Morgen überwunden geglaubte Kälte hält uns ab den ersten Minuten im Sattel wieder fest umkrallt. Sogar die Sprechweise muss man Herrn Frost unterordnen. Er gebietet Langsamkeit. Mein erster Satz gerät zu einem einzigen Gestammel, weil die kaum durchbluteten Lippen die Laute nur mit Verzögerung bilden und damit zu träge sind, um den noch immer flinken Gedanken zu folgen. Also schliesse ich den Mund und horche, was mir der Körper heute zu berichten hat: Die linke kleine Zehe beginnt zu gefrieren. Am rechten Oberschenkel kriecht eisige Kälte unter die Haut. Die Fingerkuppen monieren einen akuten Mangel an Wärme. Die Nasenflügel sind gerötet und verhärtet. Aus den Nasenlöchern tropft glasklare Flüssigkeit, die über den Mund zum Kinn rinnt, wo sie schliesslich zu dünnen Fäden gerinnt. Diese werden vom Wind erfasst und an mein Gesicht geschmissen. Als wären viele winzige Schnecken über mich gekrochen, ziehen sich helle Schleimbahnen über Haut und Brillengläser. Um die Zehen vor dem drohenden Erfrierungstod zu bewahren, verschiebe ich die Lage meiner Füsse auf den Pedalen so, dass ich nicht mehr mit den Fussballen, sondern mit den Zehen selbst Druck gebe. Auf diese Weise werden sie im rhythmischen Auf und Ab der Kurbel richtiggehend geknetet und mit frischem Blut versorgt.

Auch heute sehen wir oft noch immer etwa vier Meter hohe Überreste der Grossen Mauer aus der Han-Dynastie. Im Hotel haben wir es verpasst, den Thermoskrug mit heissem Wasser zu füllen. Zum Glück gibts aber die PetroChina, an deren Tankstellen uns stets gerne Teewasser ausgeschenkt wird. Unvermittelt mündet unsere Strasse ins Nichts. So wechseln wir auf den frisch eröffneten *Expressway*. Schilder suggerieren zwar ein Fahrverbot für Velos, doch vermag uns dies wenig zu beeindrucken. Der Wind hat gedreht und schiebt uns auf dem perfekten Belag über mehr als achthundert Höhenmeter hinauf in den Schnee. Auf der Fahrbahn hat sich dieser zum Glück noch nicht vollflächig festzubeissen vermocht. Nur im Bereich von Überführungen ist besondere Vorsicht geboten. Denn wo die Sonnenstrahlen nicht hinreichen, ist der Belag mit aalglattem Eis überzogen. Das Quecksilber steigt heute nie über die Drei-Grad-Marke. Das hindert freilich einen Hirten nicht daran, in seinen kaum isolierenden Schlappen stundenlang über das verschneite Feld zu stapfen. Frieren die Chinesen eigentlich nie an die Füsse? Fehlt ihnen gar das «Kälte-Empfindungs-Gen»? Wir, in unseren schweren Schuhen, spüren nur noch klobige Scheite am Ende unserer Beine.

Der *Expressway* durchschneidet ganze Dörfer. Um Milch einzukaufen, müssen einige Anwohner über die Leitplanken steigen. Eben habe ich Bea vorgeschwärmt, wie angenehm es sei, heute Abend voraussichtlich wieder in einem Hotel logieren zu dürfen und nicht draussen scheissen zu müssen. Schon trifft mein Blick auf zwei nackte, kackende Kinderärsche. Die beiden Buben wohnen im Haus da drüben und verrichten ihr Geschäft tagtäglich, bei Wind und Wetter, hier neben der Strasse.

Auf die Passhöhe folgt eine langgezogene Abfahrt. Wir verlieren schnell an Höhe. Das Klima wird entsprechend milder und die Steppen leuchten wieder goldgelb in der Sonne. In Yongchang lotsen uns zwei kleine Jungs auf ihrem Rad zu einem einfachen Hotel. Weit besser als die stets etwas schwerfälligen, begriffsstutzigen Erwachsenen verstehen sie unsere Gesten für «Können wir die Zimmer anschauen?», «Habt ihr ein Doppelbett?» oder «Gibt es Frottiertücher?». Im Restaurant werden uns fünf verschiedene Platten aufgetragen. Darunter befindet sich ein neues Menü, das fortan in den Rang eines Standards erhoben wird: *Sonröümiä*, Maiskörner mit Pinienkernen.

Wir atmen auf, als der Wecker zu früher Stunde den Tag einläutet, denn das Bett ist steinhart. Bea hat zusätzlich wegen starken Halsschmerzen fast kein ein Auge zugedrückt. Dafür entschädigt uns der Blick auf die weiss gepinselten, zerknüllten Berghänge unter dem wolkenlosen Winterhimmel, als wir wieder zum neuen *Expressway* hoch wuchten, der bis nach Wuwei führt. Bei der Mautstelle werden wir aber überraschenderweise von einer übereifrigen Beamtin zurückgewiesen, weil in ihrem Reglement steht, dass Fahrrädern kein Zutritt auf die Autobahn zu gewähren sei. Nach nur zwei Kilometern auf der alten, holprigen 312er versuchen wir unser Glück bei einer zweiten Einfahrt. Wir schauen weder links noch rechts, brausen einfach neben dem Schlagbaum durch und werden von niemandem zurückgepfiffen. Na also! Es rollt wunderbar. Im Eilzugstempo flitzen wir auf dem Pannenstreifen dahin. Vor Wuwei breiten sich bis an den Fuss der Berge Äcker aus. Wir entdecken jedoch keinen einzigen Traktor. Mit Ochsen wird gepflügt und geeggt.

Während wir das Frühstücksbuffet geniessen, amüsieren wir uns köstlich über den Drill des Personals. Auf der einen Seite der geräumigen Halle üben drei angehende Kellner in einer Art Stafettenlauf das Balancieren eines mit sechs grossen Bierflaschen beladenen Tabletts. Unermüdlich wetzen sie ihre Ledersohlen am Parkett. In einer anderen Ecke sind zwanzig junge Frauen zum Morgenappell angetreten. Mit gespitzten Ohren lauschen sie den Worten des quäkenden Chefs.

Heute wird es frühlingshaft warm. Ohne Regenjacken und Handschuhe fahren wir auf der alten 312er an fruchtbaren Ackerflächen vorbei und husten in den schwarzen Abgaswolken der zahlreichen kleinen Transportfahrzeuge. Nun ist ganz offensichtlich die Zeit der Lauchernte angebrochen. In riesigen Mengen werden gebündelte Lauchstangen am Strassenrand feilgeboten. Dieses kräftig nach Zwiebel riechende Liliengewächs ist eine Art Nationalgemüse, das in kaum einem Menü fehl am Platz ist. Keiner der Bauersleute zeigt das Antlitz eines Han-Chinesen. Vielleicht sind es Hui, Mongolen, Tibeter oder Kasachen. Die Han-Chinesen bilden bei den 25 Millionen Einwohnern Gansus jedenfalls eine Minderheit. Ohne grossen Kraftaufwand erreichen wir das auf 2100 Metern über Meer gelegene Gulang, wo wir im Stadthotel die Suite beziehen. Wir sind gespannt, wie hoch hinauf uns die Chinesen morgen in die Berge jagen werden.

Die Strasse steigt ohne Unterlass. Schweissperlen tropfen wie aus einem leckgeschlagenen Wassertank auf den horizontalen Holm meines Velorahmens. In schattigen Partien liegt noch Eis auf dem Asphalt. Die winzigen Siedlungen wirken äusserst bescheiden. In die Mauern der Lehmhütten sind keine Fenster eingelassen. Auf den Dächern liegt meterweise Stroh gestapelt und auf den Plätzen wird Spreu vom Weizen getrennt, indem immer wieder eine Gabel voll in den Wind gewuchtet wird. Ab und zu trottet ein müder Gaul neben uns her oder ein alter Mann in blauer Mao-Kluft schlurft freundlich grüssend über die Strasse. In der öden Landschaft ist nicht ein Flecken Wald vorhanden. Auch kein Gras. Erst auf der Passhöhe, auf 3030 Metern über Meer, zieht sich ein feiner grüner Flaum über den Boden. Vermutlich stand hier oben nie Wald, der im Rahmen des «Grossen Sprungs nach vorn» kopflos abgeholzt werden konnte, was anschliessend, wie in tieferen Höhenlagen geschehen, zur totalen Erosion der Humusdecke geführt hätte. Warm eingepackt stürzen wir uns in die Abfahrt. Wolken ziehen auf. Der kalte Gegenwind schlägt uns ins noch heisse Gesicht. Die Wirkung meiner Hinterbremse lässt zu wünschen übrig; vielleicht ist beim letzten Service ein wenig Kettenöl auf die Felge gespritzt, und die Bremsbeläge finden deshalb keinen Halt. Ziemlich durchfroren erreichen wir Tianzhu, wo wir uns im Hotel als Erstes mit einem gemeinsamen heissen Bad verwöhnen. Hinter dem schweren Vorhang glüht ein Ofen. Wir können ihn nicht regulieren. Die Hitze aber kriecht durch die Fassade und verliert sich im weiten, sternenübersäten Nachthimmel.

Auf dem langen Weg nach Lanzhou fegen wir erst auf dem *Expressway* in flottem Tempo einen Flusslauf entlang, aus dessen Bett allenthalben mit «Seltsamen Händen» Sand und Kies gebaggert wird. Aus dem Morgennebel löst sich wie ein vorweggenommenes Mahnmal für den Untergang der Welt ein riesiges Fabrikareal: Hunderte von Gift sprühenden Schloten weisen den direkten Weg in die Apokalypse. In weitem Umkreis sind alle Berghänge bar jeder Vegetation; die Landschaft zeigt ihre nackten Schultern. Nach gut siebzig Kilometern zwingt uns eine Umleitung auf die alte 312er, oder besser gesagt, was davon noch übrig ist: nicht viel. Da ist nur knapp genug Asphalt vorhanden, um die Schlaglöcher zu umrahmen. Dafür ist die Fahrbahn befrachtet mit dichtem, stinkigem LKW-Verkehr. Rasch sind wir von Kopf bis Fuss mit weissem Strassenstaub gepudert. Wie überall, wo Sand, Dreck und Löcher das Bild prägen, massiert sich der Verkehr, und wir sind mittendrin. Ausgerechnet jetzt reisst mein vorderes Gangschaltkabel. Natürlich wollen wir uns hier keine Sekunde zu lange aufhalten. Deshalb soll eine notdürftige Reparatur genügen. In der gebotenen Eile schnitze ich ein herumliegendes Stück Holz in die passende Form, um zusammen mit einer Schnur den Wechsel derart zu fixieren, dass die Kette auf den mittleren Kranz zu liegen kommt. Kaum ist der Belag wieder einigermassen passabel, finden wir uns unter der stechenden Sonne fast allein auf weiter Flur. Und vierzig Kilometer weiter bessern sich die Strassenverhältnisse schlagartig.

Hier beim Huan He, dem Gelben Fluss, halten wir gegen Osten Richtung «dicke Luft». Beas Hinterrad eiert mittlerweile beängstigend – da ist mindestens eine Speiche gebrochen. Doch auch diese Reparatur muss warten. Wir kurbeln weiter. Graubraun und schlaff wie ein nasser Kartoffelsack hängt die Atmosphäre im engen Tal. Die Sonnenstrahlen vermögen schon bald nicht mehr durch diese trübe Suppe zu dringen. Jedes Einatmen braucht regelrecht Überwindung. Im Vorort Xigu breitet sich eine ausufernde Fabrikstadt aus. Lanzhou gilt nicht umsonst als eine der zehn Städte auf der ganzen Weltkugel mit der übelsten Luftqualität. Bereits im Dunkeln holpern wir noch über zwei Stunden lang Richtung Zentrum. Sämtliche Passanten, die wir nach dem Weg fragen, hauchen uns mit einer umwerfenden Knoblauchfahne an. Das soll was heissen, denn auch wir haben uns über Mittag einige Knoblauchzehen einverleibt. Unser Weg führt vorbei an Supermärkten, geschmackvoll beleuchteten und gestylten Restaurants, Bars, Cafés, Hotels, Discos, unzähligen Früchteständen und Strassenküchen mit Grilladen und Gebrutzel, bis wir nach fast acht Fahrstunden und 153 Kilometern, was distanzmässigen Rekord bedeutet, am Ziel sind. Wir stehen geradezu vor Dreck: die Haare mit feinem Strassenstaub überzuckert und die Originalgesichtsfarbe unter einer schmierigen, schwarzen Russschicht versteckt – meinen wir jedenfalls. Aber so übel können wir gar nicht aussehen, empfängt uns doch der Portier des noblen Hotels ausnehmend freundlich, obwohl neben dem Hoteleingang eine Tafel mit der Mahnung «*Proper dress required*», ordentliche Kleidung wird erwartet, prangt.

Wir schlafen tüchtig aus und spazieren am späten Samstagnachmittag durch das belebte Lanzhou. Die nahen Berge sind im permanenten Smog nur schemenhaft zu erkennen und eigentlich auch nur deshalb, weil wir wissen, dass sich dort hinten ein

Gebirge erhebt. Nun hinkt eine greise Frau an uns vorüber. Schmerzfrei gehen kann sie nicht. Um der einstigen Modeströmung der puppenhaften, niedlichen Frauenfüsse zu genügen, wurden ihre Füsschen schon im frühen Kindesalter abgebunden. Über tausend Jahre lang bestand in der chinesischen Männerwelt Einmütigkeit darüber, grosse Füsse als hässlich, kleine Füsse hingegen als hübsch und als ein Zeichen der Oberklasse zu werten. Die mutwillig verkrüppelten Gliedmassen wurden schönfärberisch «Goldener Lotus» genannt. Es geschah um das fünfte Lebensjahr: Die Mutter wusch ihrer Tochter zärtlich die Füsschen, massierte sie anschliessend liebevoll, um dann unvermittelt mit einem Stein den Fussrücken zu zerschmettern, mit einem kräftigen Druck des Handballens alle zierlichen Zehen, bis auf die grosse, gegen die Fusssohle zu drücken und mit nassen Bandagen in dieser Position zu fixieren. Dies alles mit dem einzigen Ziel, dass die Füsse eine Ideallänge von acht bis zehn Zentimeter nicht überschreiten mögen. Im Laufe des weiteren Wachstums der Tochter verbogen sich die Knochen und die Muskeln verkümmerten. In nicht allzu ferner Vergangenheit hatten über neunzig Prozent der Chinesinnen – Frauen aller Schichten und Regionen – gebundene Füsse. Offiziell abgeschafft wurde diese Folter erst 1911, nach dem Fall des letzten Kaiserreichs. Im Verborgenen wurde sie freilich auch danach noch praktiziert. Schliesslich war es Mao, der diesem Treiben Einhalt gebot. Er proklamierte: «Schneidet die Zöpfe ab, kürzt die langen Gewänder und setzt die Füsse frei!» Schliesslich konnte der grosse Steuermann zur Verwirklichung seiner Visionen nicht auf die Tatkraft der Frauen verzichten. Die nationale chinesische Nachrichtenagentur Xinhua meldete 1998, dass die letzte Fabrik für die Produktion von «Lotus-Schuhen» in Harbin gerade ihre Pforten dicht gemacht habe.

Die alte Frau fällt im Menschengewühl von Lanzhou nicht weiter auf, schon eher werden wir angestarrt.

Heute lassen wir Gepäck und Räder im Hotel zurück und unternehmen im Bus einen Ausflug zum dreihundert Kilometer entfernten Xiahe. Dort in «Schache», wie der Name dieser Stadt auf knapp dreitausend Metern über Meer ausgesprochen wird, befindet sich Labrang, das bedeutendste tibetische Kloster ausserhalb von Lhasa.

Die Luft ist kühl, die Strasse holprig und die siebenstündige Fahrt im klapprigen Bus dehnt sich uns zur schieren Unendlichkeit. Die Reise wird zu einer reinen Tortur für unsere Blasen. Wir sind uns gewohnt, viel zu trinken und sobald als nötig, die Velos anzuhalten und Wasser zu lösen. Nun aber gilt es zu verklemmen bis zur Schmerzgrenze. Wir schwören uns, in Zukunft auf solche Bustouren zu verzichten. Unterwegs wird ein Mann aufgeladen, der die typische weisse Mütze der Hui-Muslime trägt. In einem einzigen Sack transportiert er sieben Hühner. Er setzt die Tiere im engen Gang ab. Und als er den Bus wieder verlässt, bleibt auf dem Fussboden eine Urinlache zurück – Recht hatten sie, die Hühner!

Nur im Bereich von Flüssen sind noch schmale Streifen fruchtbarer Scholle vorhanden. Ansonsten ist die Humusschicht überall wegerodiert. Die Dörfer aber sind voller Leben. Sie werden durch farbige Moscheen und nicht enden wollende Marktszenen geprägt. Es wimmelt geradezu von Männern in weissen Kappen. Die Frauen tragen eine Art Spitzenhaube in Schwarz. Direkt am Strassenrand werden Schafe und Kühe geschlachtet. Der Verkehrsfluss kommt ins Stocken, unser Bus hält an. Unmittelbar unter meinem Fenster wird eine Kuh ausgenommen: Ein Schnitt, und die Magenwand ist durchtrennt. Knapp daneben ist ein prächtiger Ochse an einen Mast gebunden, die Vorderläufe zusammengekettet. In panischer Angst versucht er sich loszureissen, doch sind die Fesseln zu stark. Als dem Kadaver die dampfenden Gedärme herausgerissen werden, gibt der Busfahrer wieder Gas.

Zwei Reihen vor uns sitzt eine Tibeter-Familie mit zwei Kindern. Sie alle stecken in farbenfrohen Pilgertrachten. Dazu gehören dicke lange Mäntel mit Pelzkragen und überlangen Ärmeln. Erst in Xiahe fallen sie nicht mehr auf – hier sind sie unter ihresgleichen. All die bunten Kleider und die zerfurchten Gesichter der Pilgerinnen und Pilger auf den Strassen sind eine Augenweide. Die Mönche sind in dunkelrote Umhänge gehüllt. Ihre Arme aber sind trotz der tiefen Temperatur nicht bedeckt. Früher lebten im Kloster Labrang gegen viertausend Mönche. Heute sind es dem Vernehmen nach noch tausendzweihundert, die sich in dieser friedvollen Umgebung dem Nirwana annähern wollen.

Weil die einzigen Englisch sprechenden Mönche zurzeit gerade nicht abkömmlich sind, schliessen wir uns einer Klosterführung für Han-Chinesen an. Oft riecht es in den heiligen Räumen ranzig. Und einige der Gemälde sind, gelinde gesagt, eher naiv gehalten. Auf uns wirkt vieles kitschig. Vor jeder Buddha-Figur entschlüpft den Mitgliedern unserer Gruppe im Chor «Ah, ah!». Sie kaufen dem Führer Räucherstäbchen ab, nehmen sie zwischen die Handflächen und verbeugen sich dreimal vor einer bestimmten Buddha-Statue. Wir staunen über diese Zeichen der Verehrung und Unterwürfigkeit. Die buddhistische Philosophie scheint stärker im Volk verankert, als es der Parteiführung in Beijing lieb sein kann. Feierlich ist die Stimmung dort, wo die Pilgerscharen inbrünstig im Uhrzeigersinn einen Tempel umkreisen und beim Hauptportal jeweils an einem Gebetsrad drehen. Diese Szenerie ist in warme orange Farbtöne getaucht.

Nun schlendern wir auf eigene Faust durch das Wohnviertel der Tibeter, die etwa die Hälfte der Bevölkerung von Xiahe stellen. Die Strassen sind hier nicht befestigt. Über dem schmutzigen Boden hängt Staub in der Luft. Die schlichten Häuser kleben ineinandergeschachtelt am Hang. Mangels Angebote wird es nichts mit einem tibetischen Essen. So begeben wir uns auf dem Sozius eines hinten verbreiterten Motorrads ins Viertel der Han-Chinesen zurück, wo sich Hotels und Restaurants entlang der breiten, frisch asphaltierten Strasse reihen. Von der mühsamen Busreise und all den neuen Eindrücken wie erschlagen, tauchen wir frühzeitig ab ins Reich der Träume.

Wieder zurück in Lanzhou fokussiere ich meine Aufmerksamkeit auf die lahmende Hinterbremse meines Velos. Bald ist klar, dass der Geberkolben im Bremshebel undicht ist, und deshalb kaum mehr genügend Druck auf die Bremsklötze aufgebaut werden kann. Kurzentschlossen schliesse ich die Ölleitung der defekten Hinterbremse an den anderen Bremshebel an. Bis Hongkong ohne Vorderbremse, dafür mit einer wirksamen Hinterbremse, das dünkt mich ein guter Kompromiss.

Am östlichen Stadtrand von Lanzhou riecht es erst nach Erbrochenem und dann nach flüchtigen Lösungsmitteln von Farben und Lacken. Sicht und Luft sind gleichermassen schlecht. Es kratzt im Hals. Der *Expressway*, der für uns diesmal wirklich verboten ist, verläuft parallel zur 312er. Mit Genugtuung stellen wir fest, dass der Verkehr dort drüben wesentlich dichter ist als bei uns. In stetem Auf und Ab führt die Strasse über mehrere Bergrücken. In den nahrhaften Steigungen, die sich heute auf über tausend Höhenmeter summieren, wird unsere Kleidung mit Schweiss gesättigt, der sich in den anschliessenden Abfahrten dem hohen Salzgehalt zum Trotz jeweils beinahe in Eis verwandelt. Kurz vor Dingxi stinkts wieder fürchterlich nach Chemie und die Sichtweite reduziert sich auf wenige Meter – nicht nur, aber auch wegen der fortgeschrittenen Zeit. In der Stadt werden tonnenweise frisch geerntete Kartoffeln in Säcke abgepackt und auf Lastwagen verladen. Später werden wir erfahren, dass Dingxi für die Qualität seiner Kartoffeln weit herum gerühmt wird.

Kaum sind unsere Daten ins grosse Buch bei der Rezeption eingetragen, umringen uns fünf Hotelmanager. Alle in schwarzen Anzügen. Da keiner von ihnen des Englischen mächtig ist, drucksen sie reichlich verlegen herum. Jetzt hält mir einer sein Handy ans Ohr. Am Draht ist ein in Lanzhou wohnhafter Mann, der mich mit «*Hello Mister Peter!*» begrüsst. Ich plaudere eine Weile mit diesem Unbekannten und anschliessend auch noch mit dessen Tochter. In der Zwischenzeit ist Herr Wang, seines Zeichens Englischlehrer von Dingxi, eingetroffen. Feierlich eröffnet er uns, dass wir die ersten ausländischen Gäste dieses Hotels seien. Von nun an folgt er uns wie ein Schatten und kümmert sich rührend um uns. Ähnlich wie Frau Deputy General Manager in Aksu erklärt er uns im Zimmer jedes Detail, ungeachtet der Trivialität: «Das ist das Telefon. Mit diesem Schalter knipst man das Licht an ...» Auf das gemeinsame Essen folgt im Foyer ein Fotoshooting mit dem General Manager höchstpersönlich. In Handshake-Position mit ihm werden wir abgelichtet. Als Ausdruck chinesischer Bescheidenheit ist sein Handschlag nur flüchtig und weich. Auch schaut er mir dabei nicht in die Augen. Fester Handschlag und offener Blick sind in China schliesslich ein Zeichen schlechter Manieren. Einer der Manager begleitet uns ins Zimmer und stellt das TV-Gerät ein, wo der nahe Tod Arafats das dominierende

Thema ist. Wenig später, um Mitternacht, klopft es leise an unsere Tür. Zwei der Manager überreichen uns je einen Topf roter und weisser Blumen, schütteln uns die Hände und falten im Rückwärtsgehen die ihren vor dem Gesicht. Endlich kehrt Ruhe ein. Wir duschen und plumpsen ins Bett wie gefällte Bäume.

Noch gestern Abend vermuteten wir, wie schon so oft in China, das Hotel sei kaum belegt. Doch weit gefehlt! Der Frühstücksraum droht geradezu aus den Nähten zu platzen. Als unsere Taschen bereits für die Weiterfahrt gepackt sind, ruft uns Herr Wang im Zimmer an: «In der Lobby wartet eine Überraschung auf euch.» Also nichts wie runter! Schon überreicht uns der General Manager unter den leuchtenden Augen des Vizes und weiterer hoher Tiere würdevoll Geschenke. Ein Foto von gestern Abend mit einem *Ganbei*-Spruch auf der Rückseite. Und eine schwere Silbermünze sowie Essstäbchen, die Einheit, Freundschaft und Glück symbolisieren. Im Gegenzug schreiben wir eine schwungvolle Widmung, die eingerahmt und neben der Rezeption aufgehängt wird. Nun bittet uns eine hochkarätige Delegation zu einer gemeinsamen Stadtrundfahrt – natürlich per Fahrrad. Englischlehrer Wang, der Vize und noch ein weiterer Herr in Anzug und Krawatte erweisen uns dabei die Ehre. Gemütlich durch die Gassen rollend, erklärt Wang voller Stolz, Dingxi habe während der letzten drei Jahre einen wahren Entwicklungsschub erlebt. Die Stadt sei markant gewachsen, was an all den neu errichteten Bauten leicht ablesbar ist. Uns frieren beinahe die Finger ab, denn die Handschuhe liegen noch im Zimmer.

Nach dieser erfrischenden morgendlichen Spritztour verabschieden wir uns herzlich von der illustren Gesellschaft und folgen der Strasse, die uns gleich auf den nächsten Berg hinaufführt. Jeder einzelne Quadratmeter neben der Fahrspur ist terrassiert und wird als Ackerland genutzt, das zurzeit allerdings brach liegt. Denn die Maisfelder sind abgeerntet und die Kartoffeläcker leer geräumt – der Winter ist im Anzug. Die Landschaft erinnert uns an die kahlen Reliefs aus Laubsägeholz, die früher meist in schweizerischen Schul- und Gemeindehäusern in Glasvitrinen ausgestellt waren. Bei der Abfahrt zwingt uns ein schneidender Wind vollständige Vermummung auf.

In einem Dorf humpeln drei greise Frauen auf ihren Lotusfüssen vor uns über die Strasse. Uns sträubt sich vor Grauen das Nackenhaar. Huining erkennen wir von weitem an den ideenlosen neuen Wohnbauten, die aus der baum- und graslosen Landschaft ragen. Die Leute begegnen uns alle nett, verstehen aber zu unserem Spass die Frage «*Binguan zai nali*, wo gibts ein Hotel?» nur, wenn wir sie anschreien. Dann treffen wir scheinbar die richtigen Töne und unsere Laute werden als Chinesisch wahrgenommen.

Bevor wir unsere bescheidene Unterkunft verlassen, werfe ich noch einen Blick aus dem Fenster. Er bleibt in dichtem Schneegestöber stecken! Wir beschliessen, erst einmal eine Weile abzuwarten, um zu verfolgen, wie sich das Wetter entwickeln wird.

Der Schneefall intensiviert sich aber von Minute zu Minute. Bea meint: «Die Strasse ist bestimmt aalglatt.» Wir legen uns aufs Bett und erwachen erst am späten Nachmittag wieder aus unserem kleinen Nickerchen. Damit ist besiegelt, dass wir heute nicht mehr weiterziehen werden.

Weil wir in den Gassen Huinings nicht auf Anhieb einen Gemüseladen finden, halten wir verschiedenen Leuten unser «Wortloses Wörterbuch» unter die Nase, deuten auf die abgebildeten Gemüse und fragen: «*Nali*, wo?» Niemand scheint aber zu begreifen, was unser Anliegen sein könnte. Jetzt versuchen wir eine andere Strategie. Wir treten in irgendein Geschäft und verlangen nach Gemüse: «*You sucai ma?*» Natürlich schlägt uns ein «*Meyou*, gibt es nicht» entgegen. Nun aber lassen wir «*Nali?*» folgen, und schon wird uns die Richtung zum Gemüsemarkt gewiesen. Verkäufer und Kunden amüsieren sich gleichermassen über uns Ausländer und kommentieren jedes unserer Wörter. «Habt ihr gehört, sie haben ‹*Xie xie!*› gesagt!», rauscht es durch den Markt. Als wir uns mit «*Zai jian!*» verabschieden, hören wir noch lange, wie sie einander unablässig wiederholen: «Wow, sie haben ‹*Zai jian!*› gesagt!» Sonderbare Käuze, diese Chinesen!

Auf dem Weg zurück zum Hotel sehen wir nacheinander mehr als zehn Leute, die am Strassenrand einzeln oder zu zweit aus Papier ein Feuer entfachen, niederknien und mit gläsernen Augen andächtig in die Flammen starren. Wir fragen einen Passanten, was das zu bedeuten hat. Dieser zeigt mit Gesten, dass es mit den Toten zu tun habe, die da oben im Himmel weilen.

Trotz Feuermelder an der Decke bereiten wir unser Mahl mit dem Benzinkocher zu. Selbstverständlich aber bei geöffnetem Fenster auf dem Sims. Und während der rauchigen und deshalb besonders kritischen Anzündphase drapiert mir Bea den Vorhang um den Rücken, damit der Qualm nach aussen entschwebt und der Feuermelder nicht aus seinem Schlaf geschreckt wird.

Die Strassen sind wieder frei von Schnee; der Morgen aber präsentiert sich trüb und trist. Der Nebel ist förmlich mit Händen zu greifen, so dicht ist er. Die feuchte Kälte kriecht uns unter die Kleider, bohrt sich durch die Haut und setzt sich auf den Knochen fest. Erst nach Mittag zeigt sich die Sonne und hievt die Lufttemperatur immerhin um ein paar Einheiten über die Null-Grad-Marke. Die noch immer verschneiten Pfade, die fadengerade auf die kahlen Hügel führen, zeichnen sich als weiss glänzende Linien ab. Horden von Schülern sind unterwegs. Einige wenige grüssen mit «*Hello!*» oder fahren uns nach, um herauszufinden, aus welcher Ecke der Erde wir stammen. In den Dörfern wird unser Gruss oft nicht erwidert. Viele Leute stehen nur blöd da, gaffen uns aus leeren Augen an und zeigen sonst keine Reaktion. Andere brechen spontan in hilfloses Gekicher aus. Nur die Helden unter ihnen fassen sich nach einer Weile und rufen uns, wenn wir nur noch als Punkte am Horizont erkennbar sind, «*Hello!*» nach. Wir lassen uns durch dieses verklemmte Verhalten aber nicht beirren und grüssen weiterhin sämtliche Leute schwungvoll mit «*Ni hao!*» oder «*Hello!*» und ernten damit wenigstens ab und zu ein zufriedenes Lächeln.

Am Morgen, an dem wir Jingming verlassen, atmen wir kalte, russige Luft. Aus den Schloten der Zement- und Ziegelsteinfabriken qualmt es fürchterlich, obwohl heute Sonntag ist. Auf den Deponieplätzen davor liegen abertausende von Steinen, die bald verbaut sein wollen; Kräne recken sich am Horizont arbeitsgierig gegen den Himmel. In der ersten kurzen Steigung beleidigt modriger Gestank aus einer Abfallgrube unsere Nasen. Die Abgase der dreirädrigen Transportfahrzeuge strapazieren unsere Lungen. Und die Sicht zurück über die Stadt ist getrübt.

Im Strassenrestaurant neben dem kleinen Stausee von Langde versteht die Servierfrau jeden unserer Wünsche auf Anhieb. Auch uns ist immer klar, was sie meint. Welch Seltenheit in China! Vier Jungs frönen im Séparée nebenan ihrem Sonntagnachmittags-Vergnügen: Sie rauchen, saufen und lärmen. Ab und zu torkelt einer von ihnen an uns vorüber, um sich an der frischen Luft zu übergeben. Sie laden mich auf einen Drink ein, doch winde ich mich aus diesem Angebot. Bis Pingliang stehen uns heute schliesslich noch sechzig Kilometer bevor.

Mit prall gefüllten Bäuchen und noch immer klaren Köpfen nehmen wir den finalen Aufstieg zum Liupan-Shan unter die Räder. Einmal mehr aber werden wir oben mit einem Tunnel betrogen. Viel lieber würden wir uns auf einer steilen Strasse weiter in die Höhe schrauben, als uns in dieses schwarze Loch stürzen zu müssen. Glücklicherweise gehts darin abwärts. Nach zwei Kilometern durch die Dunkelheit werden wir auf der Ostseite des Gebirgszugs wieder ausgespuckt. Hier ist die Luft empfindlich kälter und regenschwere Wolken hängen beängstigend tief über den terrassierten, zauberhaft verschneiten Bergflanken. Bewaldeten Flecken entströmt würziger Harzduft. Mit kräftigen Atemzügen verwöhnen wir damit unsere Lungen. Während der bitterkalten Abfahrt über tausend Höhenmeter überbieten wir uns gegenseitig halb im Spass, halb durchaus ernstgemeint, mit Anforderungen ans noch zu findende Hotel in Pingliang wie Doppelbett, weiche Matratze, Tag und Nacht warmes Wasser, geräumige Badewanne, Tauchsieder oder funktionierende Heizung. Und siehe da: Ausser einem schön kuscheligen Bademantel für Bea ist alles vorhanden.

Am folgenden Tag erklimmen wir über steinerne Stufen den mit laublosem Eichenwald bestandenen taoistischen Kongton-Shan. Auf Felsnasen thronen reich verzierte Pagoden und Tempel. Die Figuren und Gemälde, die hier seit über tausend Jahren angebetet werden, weisen grosse Ähnlichkeit mit den buddhistischen Kunstwerken in den Mogao-Grotten bei Dunhuang auf. Nur sind sie hier in wesentlich kleinerem Massstab gehalten. Diese heiligen Stätten lassen in mir keine Saite anklingen. Dann schon eher die schroff aufragenden Felsen, die famose Aussicht und die wattierte Stille im mittlerweile dichten Schneetreiben. Der Kongton-Shan ist aber zweifelsfrei der richtige Ort, um über die Weisheiten von Lao-Tse zu reflektieren, die er der Nachwelt im schmalen Bändchen «Tao te king» hinterlassen hatte, bevor er auf der Suche nach Einsamkeit auf dem Rücken eines Wasserbüffels gen Tibet ritt.

Auch uns zieht es weiter, aber nicht ins tief verschneite und eisig kalte Tibet hoch, sondern Richtung Grossstadt Xi'an. Ein brandneuer Strassenabschnitt trägt uns durch Canyons auf ein höher gelegenes Plateau, wo die Strasse wieder sämtliche Dörfer durchstösst. Leute sind mit hölzernen Handkarren unterwegs, welche sie mit um die Schultern geschnallten Riemen ziehen. Transportiert werden darauf Äpfel, Erde, Stroh oder die Grosseltern. Die Füsse dieser Bauern stecken zur überwiegenden Mehrheit in schwarzen Schlappen. Nur die zwei alten Frauen da vorne tragen Spezialschuhe für ihre Minifüsse. Sie gehen ungelenk wie Marionetten am Stock: kurze hastige Schritte, immer darauf bedacht, das Gleichgewicht zu wahren.

Die Apfelbaumplantagen sind leer gepflückt, die Kronen der schmächtigen Bäumchen kahl. Ihre Früchte liegen nun in Kartonschachteln oder in Zwanzig-Kilo-Säcken, die an der Strasse verkauft werden. Beim Mittagessen auf einem Dorfplatz pflanzt sich ein etwa 18-Jähriger vor uns auf. Unseren Gruss überhört er. Als hätte er Wurzeln geschlagen, steht er für eine gute Viertelstunde direkt vor unserer Nase und hält Maulaffen feil. Kein Ton, keine Geste, die eine Annäherung andeuten würden. Unglaublich, wie verkorkst manche Leute sind. Ganz anders die vife Alte, die mit dem Finger auf Beas Hals zeigt und meint: «*Liang*, kalt.» Als Bea den Reissverschluss der Jacke bis unters Kinn schliesst, lächelt die Grossmutter zufrieden und lobt Bea für ihre rosigen Wangen, die sie als Ausdruck blühender Gesundheit wertet.

Nach sechzig Kilometern endet das Plateau abrupt, und die Strasse fällt in ein mit beissender Luft gefülltes Tal, das von drei Kühltürmen und stinkigem, hupendem Verkehr beherrscht wird. Die rechterhand in den Fels gehauenen Buddha-Figuren sind reizvoll, wirken aber angesichts der entfesselten Gier und rücksichtslosen Jagd nach Geld und sogenanntem Wohlstand, die sich im brennenden Wunsch nach Materiellem erschöpft, ziemlich anachronistisch.

In Binxian bahnen wir uns den Weg durch Horden von Rikschafahrern, Fussgängern und Dreiradtaxis zu einem angenehmen Hotel. Beim abendlichen Spaziergang zu einem Restaurant beobachten wir Leute, die sich in Gruppen um kleine Feuerchen oder Kohleöfen drängen – offensichtlich gibt es doch auch Chinesen, die es nach Wärme dürstet. Statt aber einen Raum zu isolieren und vernünftig zu heizen, verbrennen sie in offenen Garagen minderwertige Kohle, die kaum dazu ausreicht, die klammen Hände aufzutauen, hingegen ohne weiteres genügt, um die Luft nachhaltig zu verpesten.

Welch Drecksverkehr heute! Eine nicht enden wollende Lastwagenkolonne wälzt sich neben uns den Berg hinauf. Jeden Meter der insgesamt dreissigtausend bis zum Kulminationspunkt müssen wir der steilen Strasse im üblen Atem der am Limit drehenden Motoren abringen. Oft ist der Asphalt mit Scherben übersät. Wir passieren nicht weniger als vier gekippte und deformierte Wagen, zirkeln aber auch um unversehrt wirkende gestrandete Ungetüme, die hoffentlich an ihren eigenen Abgasen erstickt sind. Der dröhnende und rauchende Verkehrsstrom ergiesst sich kompromisslos und zäh wie Lava in den unbeleuchteten Tunnel. Plötzlich hallt ein Krachen, gefolgt vom ohrenbetäubenden Quietschen vieler Bremsen, durch das Loch im Berg. Ein dreirädriges Transportfahrzeug hat sich wenige Meter vor uns im Bordstein verkeilt und kommt nicht mehr vom Fleck. Wird dem armen Teufel hinter dem Steuer aus der Patsche geholfen, bevor er von einer akuten Kohlenmonoxid-Vergiftung dahingerafft ist? Sein Pech ist unser Glück. Denn sein Gefährt staut, für ein paar Minuten wenigstens, den Verkehr. Erst als die befreiende helle Austrittsöffnung in unser Blickfeld rückt, donnern zwei Trucks an uns vorbei. Sie lassen ihre Hupen gellen. Die von den Tunnelwänden widerhallenden Schallwellen drohen meine Trommelfelle zu zerstören, doch schon sind wir dem Höllenloch entwischt. Nun endlich fällt die Strasse mit markantem Gradienten. Mit dem Schwung der Abfahrt retten wir uns ins Restaurant einer Tankstelle. Die schwarze Schmiere aus Abgas und Staub schrubben wir uns mit Seife aus dem Gesicht und erkennen einander wieder. Ein paar Chauffeure nehmen mich in Beschlag. Sie, die Bartlosen, amüsieren sich königlich über meinen Dreitagebart.

Abends, auf dem Weg zum Gemüsemarkt, sehen wir vier Männer am Boden kauern. Vergnügt und doch hoch konzentriert sind sie in eine Art Mühlespiel vertieft. Mit Kreide haben sie auf das Trottoir rechtwinklig zueinander verlaufende Striche gezogen, die als Spielbrett dienen. Zigarettenkippen bilden die Spielfiguren der einen und Stücke von Pappkarton jene der anderen Partei. Es braucht wahrlich nicht viel, um glücklich zu sein!

Weil wir Xi'an nicht erst in der Nacht erreichen wollen, schwingen wir uns zu früher Stunde auf die Sättel und rollen hinein in die graue Dunstglocke aus Smog. Schon bald lärmt uns der Wagenkonvoi einer Hochzeitsgesellschaft entgegen. Die nächsten Minuten folgen nacheinander vier weniger aufgeregte Prozessionen. In ihnen herrscht Weiss vor, die Kummer und Leid symbolisierende Farbe. Schmalen, kurzen Blasinstrumenten wird ein heiserer, klagender Ton entlockt, der uns an jenen der Oboe erinnert. Einige Berufene vollführen eine Art Geistertanz, als wären sie Derwische. Die anderen marschieren mit gesenkten Häuptern ruhig und still. Rechts neben der Strasse, zwischen steinigen Flächen und Apfelbäumen, reiht sich etwa ein Dutzend mannshoher Erdhügel. Auf einem prangt ein mächtiger roter Grabschmuck. Davor ist neben einem lodernden Feuer eine Handvoll Leute versammelt. Die einen knien noch wehklagend in weisser Kutte und mit weisser Kopfbedeckung auf dem Boden, während sich andere bereits erhoben und der Trauerkleidung entledigt haben. Bald sind nur noch zwei Frauen in Weiss gehüllt. Sie werden von den anderen am Arm gezogen. Doch lösen sie sich energisch aus der Umklammerung und verharren noch eine Weile in tiefster Pein, bis schliesslich auch sie sich erheben und die Trauerkluft abstreifen. Einem alten Brauch gemäss werden nun aus Papier gefaltete Gegenstände wie Auto, TV-Gerät und Computer feierlich den Flammen überantwortet. Im Jenseits sollen diese Dinge dem Verstorbenen dienlich sein. Seit Mitte der Achtzigerjahre ist es übrigens offiziell verboten, Ackerland in Grabstätten umzuwandeln. Aber hier klaffen die Vorstellungen der Regierenden und der Regierten weit auseinander. Denn nach alter konfuzianischer Tradition sollen die Leichname möglichst unversehrt begraben und nicht, wie es die Partei – aus durchaus nachvollziehbaren Platzgründen – will, verbrannt werden.

Immer tiefer tauchen wir in den Smog ein – er auch in uns. Eigentlich herrscht wunderbares Herbstwetter mit blauem Himmel, doch zeigt sich im Grau über uns nur ein mattes Licht, wo doch die Sonne leuchten sollte.

Dann, in Liquan: Durchdringendes Sirenengeheul zersägt und zerschneidet die Luft; Menschenmassen hasten zur grossen Kreuzung; Ellbogen werden ausgefahren. Es gilt offenbar, sich einen guten Platz zu sichern. Gespannte Erwartung liegt in der Atmosphäre. Schon fegt eine Phalanx von Polizeiautos um die Kurve. Dicht gefolgt von drei Lastern. Auf den Ladeflächen stehen Männer: um den Hals schwere, beschriebene Tafeln gehängt, die Hände auf dem Rücken in Handschellen gelegt, hinter sich je einen bewaffneten Polizisten. Der Kopf vornübergebeugt und kahl geschoren. Das Gesicht aschfahl. Von Umstehenden erfahren wir, dass diese knapp zwei Dutzend jungen Männer allesamt üble Mörder seien, die in den nächsten Minuten auf einem öffentlichen Platz hingerichtet würden. Wie in der Ära Mao gängig, werden die Gefangenen dem gaffenden, sensationslüsternen Pöbel in entwürdigender Weise vorgeführt. Die Todgeweihten lassen diese letzte Schmach reglos über sich ergehen. Nur bei einigen lässt ein nervöses Zucken die Lippen erbeben. Kaum länger als ein paar Sekunden erhaschte ich einen Blick auf die Gesichter der Verurteilten. Doch haben sie sich meinem Gedächtnis unauslöschlich eingebrannt. Nie werde ich diese Männer vergessen können. Haben sie wirklich gemordet? Oder waren sie nur Sand im Getriebe des Systems, unliebsame Elemente? Waren die Prozesse fair? Wie ist es in diesem Land um die Freiheit und die Menschenrechte der Bürger bestellt? Frage reiht sich an Frage, derweil unsere Gesichter immer schwärzer werden und die Sichtweite kürzer.

Wir nähern uns der 7-Millionen-Stadt Xi'an, die sich bezüglich Luftverschmutzung vor Lanzhou nicht zu verstecken braucht und es auch nicht tut. Die alten Wohnhäuser sind mit einer graubraunen Kruste aus Russ und Staub überzogen. Wie halten es die Leute in dieser vergifteten Atmosphäre bloss ein Leben lang aus? Mir erscheint diese Stadt wie der Vorhof zur Hölle. Trotzdem buchen wir gleich für fünf Nächte ein Zimmer, voll im Zentrum, beim Bell-Tower, in einem guten, preiswerten Hotel. Wir benötigen Erholung. Aber das Nachtessen im Restaurant nebenan ist überrissen teuer und die zackige, schnippische Bedienung unterscheidet sich stark von dem, was wir uns aus den kleinen Dörfern und Städtchen gewohnt sind. Und da haben wir eigens ein etwas teureres Zimmer mit Tageslicht gebucht, doch bleibt es in unserem Raum wegen der zähen Smogglocke über der Stadt auch tagsüber zu düster, um die Lampen ausknipsen zu können. Die Sonne zeigt sich nur als winzige, rötliche Scheibe ohne jede Strahlkraft am Firmament. Ihr Licht dringt nur schwach und diffus, wie durch eine dicke Milchglasscheibe, bis zur Erde vor.

Im Coiffeursalon schnellen flinke Fingerspitzen auf meine shampoonierte Kopfhaut, streichen verschiedene Muster, trommeln und pressen. Zur Schere wird erst nach drei verschiedenen erfrischenden Kopfmassagen gegriffen. Mit Daumen und Zeigefinger deute ich nun die abzuschneidende Haarlänge an. Als ich mir nach einer Stunde wieder die Brille aufsetze und die Sehkraft bis zum Spiegel an der Wand vor mir reicht, ist mein Schädel bis auf einige wenige Millimeter kahl rasiert. Meine einstige Mähne liegt traurig auf dem Fussboden verstreut. Für nur zwei Euro ist dies aber dennoch kein übler Service. Bea kann sich auch nicht beklagen: Sie kriegte in der Zwischenzeit eine «Doris Day-Frisur» verpasst.

Dergestalt frisch gestylt machen wir uns auf die Suche nach Provinzkarten für den bis Hongkong vor uns liegenden Weg und lernen dabei den Chemiestudenten Wang Anzhou kennen. Auf dem Weg zum sechsstöckigen Xinhua-Buchladen erzählt uns Anzhou strahlend, welch grosser Mann Deng Xiaoping war, der 1977, ein Jahr nach dem Tod des greisen Mao, von seinen angeblichen Verfehlungen rehabilitiert wurde und anschliessend den so eindrücklichen wirtschaftlichen Aufschwung Chinas einläutete. Dengs Politik der Öffnung sei wie das erste Frühligsknospen nach einem unendlich langen und grauen Winter empfunden worden. In der Bevölkerung habe sich wieder Optimismus breit gemacht, und es ging schnell und steil aufwärts. Als Lackmustest für diese Einschätzung gilt Anzhou die Ziffer des jährlichen Wirtschaftswachstums, die seither um die neun Prozent betrage. Kein Thema für Anzhou aber sind die zweifelhaften Leistungen Dengs auf politischem und kulturellem Parkett. Wie bei den meisten seiner Landsleute ist die Kritik an der eigenen Kultur durch Stolz ausgeschlossen. Von der 1983 losgetretenen «Kampagne gegen die geistige Verschmutzung», die vor allem gegen westliche Einflüsse gerichtet war, weiss er angeblich nichts. Auch der zweifellos dunkelste Fleck auf Dengs Weste, die blutige Niederschlagung der Studentendemonstration auf dem Platz von Tiananmen in Beijing im Juni 1989, blendet er aus. Tatsächlich war der Schock in der Bevölkerung über jenes Massaker eher kurzlebig. Denn der Ausbruch des Konsumzeitalters bewegte die Menschen weitaus mehr als politische Anliegen. Insbesondere die Städter gingen den faustischen Pakt mit der Partei ein: Geld scheffeln – Maul halten! Konsum als Opium fürs Volk. Wie bei uns im Westen, wo viele der einst mündigen, kritischen Bürger zu zwar geldschweren, aber blutlosen Konsumenten verkümmert sind.

Inzwischen haben wir im vor Kundschaft aus allen Nähten zu platzen drohenden Buchladen die benötigten Provinzkarten gefunden, und ich verschwinde aufs WC. Welch Bild präsentiert sich mir da hinter dem bauschigen Vorhang: Auf der linken Seite des Raums ist eine Pissoir-Rinne in den Boden eingelassen und rechterhand kauern sieben distinguierte Herren mit rauchenden Zigaretten im Mund über stinkenden Löchern. Voneinander sind sie durch dünne Wände, die bis zur Decke reichen, getrennt. Doch nach vorn, gegen das Pissoir hin, sind keine Türen vorhanden. Einige Männer warten zwischen Pissoir und diesen glorreichen Sieben, bis ein Loch frei wird. Man kann nicht umhin, diese Figuren zu betrachten. Dabei fällt der Blick unweigerlich auf die Hoden von Herrn Wang, den Penis von Herrn Jiang oder direkt in das purpurne Gesicht des laut furzenden Herrn Mao. Man stelle sich in der Toilette von Orell Füssli, Zürich, in ähnlicher Position Bundesrat Dr. Christoph Blocher, einen Vorgesetzten oder Auftraggeber vor, mit dem in fünf Minuten eine Besprechung anberaumt ist!

Auf die katastrophale Luft angesprochen, meint Anzhou achselzuckend: «Im Herbst und Winter bekommen wir den blauen Himmel über Xi'an nur während weniger Tage, insbesondere nach kräftigen Regenfällen, zu Gesicht; im Frühling und Sommer immerhin ab und zu.» Sonderlich stossend scheint er die Umweltsituation nicht zu empfinden. Schliesslich sieht er jeden rauchenden Fabrikschlot als ein Ausrufezeichen des Fortschritts. Bevor wir uns von Anzhou verabschieden, erzählt er uns noch von der Hysterie wegen der einst drohenden SARS-Epidemie. Letztes Jahr seien in Xi'an vier Fälle dieser Krankheit bekannt geworden. Alle Studenten seien daraufhin in der Universität unter Quarantäne gestellt worden. Für zwei Monate durften sie den Campus nicht mehr verlassen. Sämtliche Leute in der Stadt hätten weisse Masken über Nase und Mund getragen. Das könnten wir eigentlich auch gut gebrauchen: Unsere Nasen hinterlassen bereits wieder schwarze Spuren auf dem Taschentuch.

Die Studentin mit dem «*English-name*» Cathy erblickte wie Bea im Jahr des Affen das Licht der Welt – freilich zwölf Jahre später. Der Glaube ist verbreitet, dass von der Geburt an im Zwölf-Jahres-Rhythmus eine schwierige Phase zu überstehen sei. In diesem Sinne ist das 2004 – ein weiteres Jahr des Affen – eine gefährliche Zeit für die beiden. Als Schutz vor bösen Geistern trägt Cathy deshalb eine Buddhafigur aus Jade um den Hals. Bea kann sich auf keinen Talisman verlassen, hat mit mir aber einen im Tierkreiszeichen Pferd geborenen an der Seite, der seine kritische Zeit schon vor zwei Jahren unbeschadet überlebt hat.

Im Banpo Neolithic Village, wo vor 6500 Jahren Menschen im Matriarchat lebten, weist uns Cathy darauf hin, dass sich in allen Urnen der Kinder eine Öffnung befin-

det. Diese Löcher seien gebohrt worden, damit die Seelen der jungen Menschen gegen den Himmel streben konnten. Die Vorstellung von der Unsterblichkeit der Seele
ist also uralt und nicht auf dem Mist der klassischen Philosophen wie Platon oder
Descartes gewachsen. Geändert haben aber die Erklärungen dafür. So argumentier-
ten die alten Griechen, die Seele sei eine immaterielle, nicht zusammengesetzte Substanz. Damit bestehe sie also nicht aus Teilen und könne daher auch nicht in solche
zerfallen und vergehen. Ich selbst neige zur Annahme, dass die Seele eine Energieform ist. Und Energie kann nicht vernichtet, höchstens umgewandelt werden. Wie
es die alten Chinesen damit hielten, ist mir nicht bekannt. Vielleicht waren sie es einfach damit zufrieden, sich die Seele als einen Vogel vorzustellen, der nach dem Zer-
bröseln der körperlichen Hülle aus der Urne flattert. Nur wer «einen Vogel hatte»,
wäre demzufolge von beseeltem Leben erfüllt gewesen.

Auch Qin, der erste Kaiser und Gründer Chinas, hatte gewissen Sinn für die Fein-
stofflichkeit. Er führte sein mittels Krieg unterjochtes Volk mit harter Hand und war
während Lebzeiten immer von Dienern umgeben. So durfte er auch im Tode nicht
allein gelassen werden. Deshalb wurden seinem letzten Befehl entsprechend nach
seinem Ableben kurzerhand hunderte von Lakaien umgebracht und rings um seinen
Grabhügel in kleinere Gruften gelegt. Diener sind zwar angenehm, bieten aber keinen Schutz gegen Angriffe. Aus diesem Grund verlangte der Kaiser zusätzlich nach
einer Armee fürs Jenseits: die mittlerweile weltberühmte «Armee der Terrakotta-
Krieger». Jeder dieser über siebentausend lebensgrossen Krieger weist individuelle
Gesichtszüge auf. Die Soldaten stehen in Kampfformation neben ihren Pferden und
blicken gegen Osten. Interessant ist, dass die Speerspitzen der Krieger allesamt ver-
chromt sind. Diese Technik des Korrosionsschutzes wurde in den USA erst um 1930,
über zwei Jahrtausende später, industriell angewandt. Die «Armee der Terrakotta-
Krieger» sei das 8. Weltwunder, wird vollmundig posaunt. Uns aber hauen diese tönernen Burschen nicht aus den Socken. Andere als 8. Weltwunder deklarierte Werke
auf unserem bisherigen Weg wie die Moscheen in Esfahan, Iran, oder der Karakorum-Highway von Pakistan nach China, diese wohl spektakulärste Passstrasse der
Welt, vermochten uns nachhaltiger zu beeindrucken.

Am dritten Tag in Xi'an regnet es leicht. Wir geben Acht, dass uns kein Tropfen
auf die Lippen fällt und sich im Mund verirrt. Das wäre bestimmt pures Gift! Im folgenden Morgengrauen geht der Regen gar in Schneefall über. Erst als die Niederschläge versiegt sind, verlassen wir Xi'an; zwar auf noch nasser Strasse, aber – für diese Stadt – in sauberster Luft. Im Strom der Busse, Fussgänger und Velofahrer gondeln
wir gemütlich südostwärts. Da und dort fällt uns eine Ladung Schnee auf den Kopf.
Nicht aber von Kindern geworfen, nein. Die chinesischen Knirpse sind zu gut erzogen oder schlicht zu scheu für solch derbe Spässe – sie sind wahre Wonneproppen.
Das feuchtschwere Nass fällt nur unter dem Einfluss der Schwerkraft von den weis-

sen Baumkronen und läuft uns zwischen Jacke und Nacken als erfrischendes Rinnsal den Rücken hinunter. Diesem Xi'an weine ich keine Träne nach. Ich habe mich bis zum Schluss nicht mit diesem Moloch angefreundet. Nach zwanzig Kilometern im Sattel ist zum Glück kaum mehr etwas von der zurückgelassenen Millionen-Stadt zu spüren. Der Sauerstoffgehalt der Luft ist bereits markant gestiegen. Der Himmel reisst immer mehr auf. Die wenig befahrene Strasse führt uns durch Wasserpfützen und beschauliche, gepflegt wirkende Dörfer. Zwischen Fahrbahn und Wohnhäusern stehen kleine WC-Häuschen, die meisten ohne Dach. Die Felder und der Bergzug rechterhand sind tief verschneit. Am liebsten würde ich mir die Langlaufskier anschnallen und über das Weiss dahingleiten ...

Frühmorgens rollen wir in Lantian unter den Laubbäumen hindurch zur 312er hoch, die vollständig mit gestrandeten Lastwagen verstellt ist. Hat sich da vorne ein schwerer Unfall ereignet? Nein, allein wegen Schnee und Eis ist der Verkehr zusammengebrochen. Die Fahrzeuge stecken seit Stunden, wenn nicht gar Tagen, fest. Es hat sich jedenfalls ein perfekt funktionierender Markt entwickelt. Anwohner nutzen die Gelegenheit, ein paar Yuan zu verdienen und fahren Heisswasser, Snacks oder ganze Mahlzeiten für die blockierten Männer und Frauen auf. Wir schlängeln uns langsam vorwärts und staunen, wie gelassen die Lastwagenchauffeure diesen Stau hinnehmen. Sie dösen in ihren engen Kabinen, essen, spielen Karten, lachen oder plaudern miteinander; niemand scheint genervt oder betrübt zu sein. Polizisten meinen, wir sollen umkehren, die Strasse sei gesperrt. Ein anderer spricht einige Wörter mehr Englisch und präzisiert, in drei Stunden sei die Strecke wieder befahrbar. Wir halten ein paar Minuten inne, beobachten die Szene und treiben unsere Stahlrosse weiter. Schliesslich kriechen auf der Gegenfahrbahn ab und zu Lastwagen. Und die kommen ja wohl nicht aus dem Nichts. Einen anderen Weg nach Osten gibt es ohnehin nicht für uns; umzukehren ist also keine Option. Für einige Zeit haben wir die Strasse nun ganz für uns allein. Sie steigt durch märchenhaft verschneite Landschaft stark an. Oft aber bleibt uns nur noch das mühselige Schieben, weil der Schneematsch schlicht zu tief ist. Stellenweise funkelt die Fahrbahn wie glasiert in der Sonne. Und wir müssen über aalglattes Eis balancieren. Obwohl Räumungsfahrzeuge im Einsatz sind und tonnenweise Salz gestreut wird. Viel zu früh für uns wird in unserem Rücken die Strasse wieder für den Verkehr freigegeben. Schon wälzt sich die Prozession der stinkenden Lastwagen unerbittlich an uns vorbei. Es ist später Nachmittag, als nach einigen kurzen Tunnels zuoberst die härteste Prüfung folgt: ein zweitausend Meter langer Tunnel ohne Beleuchtung oder Lüftung, aber vollgepackt mit keuchenden und qualmenden Lastern. Vor dem Tunnel legen wir die Sonnenbrillen ab, schnallen die Helme fest, stülpen Mundschutzmasken über und montieren unser schwaches Licht. In dieser Rüstung, die mich wie ein löchriger Rettungsring dünkt, stürzen wir uns waghalsig ins wüste Getümmel. Innert Sekunden verengen sich unsere Augen zu roten, tränenden Höhlen. Noch nie im Leben spürte ich neben der Nasenwurzel einen derartig brennenden Schmerz. Die Lider offen zu halten, gerät zur reinen Qual. Mehr als schemenhafte Schattenbilder erkennen wir im russigen Abgasnebel nicht. Es grenzt an ein Wunder, dass wir ohne Unfall durchkommen. Als wir am anderen Ende endlich wieder ins befreiende Licht brechen, schlägt die Anspannung in einen Schrei der Erleichterung um. Aber schon wieder ist äusserste Vorsicht geboten: Die Strasse fällt stark, ist mit ausser Kontrolle geratenen Fahrzeugen verstellt und grossflächig vereist. Um an Stabilität zu gewinnen, lassen wir stets mindestens einen Fuss auf dem Eis gleiten. Zu allem Übel zeigt nun auch meine Hinterbremse kaum noch Wirkung. Aber immer wenn die seitliche Ausbuchtung in der wieder angerissenen Felge an den Bremsklötzen vorbeidreht, blockiert das Rad kurz und gerät ins Schleudern. Jetzt meldet Bea einen Plattfuss. Wir rutschen noch die Leitplanke entlang bis zu einem Haus und schieben die Räder auf den Vorplatz. Das Reparieren ist in dieser Affenkälte gar nicht so einfach. Die Finger sind praktisch abgefroren. Der alte Hausbesitzer bringt uns Handschuhe und eine Schüssel voll Wasser, um darin den Schlauch zu tauchen und das winzige Loch zu lokalisieren. Sogar von seiner Nudelsuppe bietet er uns an. Bevor wir weiterfahren, können wir uns bei ihm die schmutzigen Hände mit Seife und warmem Wasser waschen.

Langsam gewinnt die Dunkelheit die Oberhand und die angepeilte Stadt ist noch über dreissig Kilometer entfernt. Mögliche Plätze für das Zelt sind nicht in Sicht. Jede einigermassen ebene Fläche ist bebaut. Sowieso würden wir nach diesem Tag, an diesem frostigen Abend ein warmes Bett bevorzugen. Dies im Hinterkopf, schiebe ich bereits in finsterer Nacht mein Rad zu einem warm beleuchteten Haus hin. Zitternd vor Kälte frage ich die Hausherrin, ob wir das Zelt auf ihrem kleinen Vorplatz aufschlagen dürften. Der Wunschtraum vom kuscheligen Nest löst sich aber schlagartig in Luft auf: Wie einen räudigen Hund jagt mich die unvermittelt aufbrausende, erzürnte Frau mit lauten Worten und klaren Gesten zum Teufel! Als wir weiter unten erneut unser Glück versuchen, reagieren zwei andere Frauen nicht unfreundlich, aber völlig hilflos. Nein, hier gehe es leider nicht, das Zelt aufzustellen. Und wo es ein *binguan* gebe, wissen sie auch nicht. Ein dick eingemummter Motorradfahrer stösst zu uns und meint, in fünf Kilometer Entfernung werde ein Hotel folgen. Fünftausend Meter sind auf einer vereisten Strasse und bei Dunkelheit eine lange Distanz! Mangels Alternativen fahren wir trotzdem weiter und klopfen aber schon beim nächsten Anwesen an die Tür. Bei ihnen sei kein Platz vorhanden, heisst es, aber in zwei Kilometern würden wir bestimmt eine Unterkunft finden. Nun erscheint der Mofafahrer wieder auf dem Parkett und erklärt, dass wir einen Kilometer weiter oben übernachten könnten. Dort empfängt uns schliesslich eine gedrungene Frau mit vorstehenden

Zähnen und mit lauter Stimme. Die Räder schieben wir in den Hof, um den sich das Haus L-förmig legt und der auch von einer aufsteigenden Felswand begrenzt wird. Wir werden in die Stube gebeten, wo uns heisser Tee serviert wird. Alle Türen stehen weit offen. Der Grossvater und der Enkel, ein Student, der gerade mal vier Wörter Englisch spricht, sitzen am winzigen Kohleofen und halten ihre klammen Finger über dessen schmale Öffnung, die kaum Wärme abstrahlt. Dieser Raum ist multifunktional. Das grosse Bett der Eltern steht hier, ein Schreibtisch überfüllt mit Gerümpel, an der Wand dahinter hängen diverse Erinnerungsfotos, daneben der erwähnte Ofen, ein kleines Tischchen und ein TV-Gerät, das sofort eingeschaltet wird. In den Nachrichten ist der landesweite Wintereinbruch mit dem resultierenden Verkehrschaos das Hauptthema. Ein Nachbarskind kommt vorbei, um TV zu schauen. Es behält die dicke Jacke, die Handschuhe und sogar die Ohrenwärmer an. Recht hat es, denn das Quecksilber des Thermometers vermag nicht über die Zwei-Grad-Marke zu steigen. Gäbe es einen Kühlschrank im Zimmer, so könnte man sich darin aufwärmen! Zum Tee werden uns geräucherte, mit Baumnüssen gespickte Dampfbrötchen gereicht, die wir auf Anweisung von Wang, unserer Gastgeberin, vor dem Essen schälen. Sie munden vorzüglich. Mit Hilfe eines Phrasenbüchleins unterhalten wir uns bestens. Wangs schallendes Lachen wird uns unvergesslich bleiben. Es ist ein Lachen, vor dem kein betrübtes Gesicht standhält. Dass wir schon bald vierzig sind und noch keine Kinder haben, quittiert sie mit einem verständnislosen Kopfschütteln. Umständlich wird nun sondiert, ob wir noch immer hungrig seien. Der Enkel kritzelt chinesische Schriftzeichen auf einen Zettel. Die Fragezeichen in unseren Augen gewahr, schreibt er dasselbe in Lautschrift, die wir freilich ebenso wenig verstehen. Er beharrt aber auf einer Antwort: ja oder nein? Da wir mit «ja» antworten, führt Wang Bea in einen Raum, in dem etwa zwanzig Schachteln mit je zehn Instant-Nudelsuppen gestapelt sind. Von diesen wollen wir aber nicht, denn alle enthalten zermahlene Tiere. So kocht uns die fröhliche Wang frische Nudeln an würziger Sauce in der Küche, deren Tür gegen den Innenhof aufgeht und natürlich weit offen steht. Ausser einem Gasherd und einem Backofen, der mit Holz eingeheizt wird, sind kaum Gegenstände darin enthalten. Ich schäle mit dem Jungen in der Stube im asiatischen Stil, das heisst, mit den Fingernägeln statt mit einem Messer, drei riesige Knoblauchknollen, deren Zehen allesamt in unsere Sauce wandern. Bea geht Wang in der Küche zur Hand. Im Wok sind die Speisen schnell zubereitet und schon sitzen wir mit den wärmenden Essschälchen in den Händen wieder beisammen in der Stube. Wang verspürt keinen Hunger, doch der Junge schlürft neben uns geräuschvoll seine Nudeln. In diesen bäuerlichen Häusern braucht es offensichtlich keinen Esstisch. Im Stehen, Gehen oder Sitzen wird die Nahrung mit den Stäbchen aus der Schale in den Mund geschaufelt. Mir scheint, es gehe diesen Leuten einfach darum, satt zu werden. Der soziale Aspekt des geselligen Beisammenseins, wie er in allen anderen bisher bereisten

Ländern so zentral war, ist hier nicht relevant. Und gar kein Thema sind das Zelebrieren der Kochkunst und das Geniessen der feinen Nuancen. Müde und noch immer bis auf die Knochen durchfroren, werfe ich die Frage auf, die mir schon lange auf der Zunge brennt: «Wo können wir schlafen?» Wang antwortet nicht, bewegt sich aber zum Telefonapparat hin. Ruft sie etwa den netten Motorradfahrer an? Müssen wir nun noch kilometerweit zu dessen Haus radeln? Nein, erfreulicherweise nicht. Jetzt marschiert nämlich Wangs Ehemann durch den Türrahmen. Er begrüsst uns herzlich und weist uns in einem Nebenraum zwei Betten zu. Der von diesen ausströmende Geruch ist mit seinen muffig-säuerlichen Noten ein beredtes Zeugnis dafür, dass die Wolldecken bereits viele Schlafende gewärmt haben. Dass der flauschige Raum zwischen zwei Deckenlagen von einer ansehnlichen Gruppe Marienkäfer zum Winterlager auserkoren wurde, werten wir als gutes Zeichen. Einerseits gelten diese Tierchen weltweit als Glückssymbole. Andererseits werden sie in der Landwirtschaft als Nützlinge geschätzt und für die biologische Schädlingsbekämpfung eingesetzt. Bestimmt hat die Käferkolonnie längst sämtliche in den Pritschen hausenden Bettwanzen gefressen. Ob die Marienkäfer aber auch Filz-, Kleider- und Kopfläuse vertilgen, ist uns nicht bekannt. Um die artenreiche Fauna auf dem Kissen nicht zu stören, decken wir sie mit unseren verschwitzten Hemden ab, bevor wir die Köpfe niederlegen. Auf unserem ureigenen Dreck zu schlafen, fällt uns weit leichter als auf fremdem. Ein Badezimmer gibt es bei Wang nicht. Damit ist auch die Frage bezüglich einer Dusche hinfällig. Die Zähne putzen wir uns im frostigen Hof draussen beim Wasserhahn. Wieder zurück im Zimmer, entledigen wir uns einzig der Regenjacken, stülpen bis tief über die Ohren eine Mütze und kriechen unter die schweren, belebten Decken, die bald wunderbar wärmen. Nur die Füsse verharren lange in einer Art Permafrost und halten mich noch eine gewisse Zeit lang wach, während der ich über diese sonderbaren Chinesen sinniere. Vielleicht fehlt ihnen das «Kälte-Empfindungs-Gen» tatsächlich. Doch war Wangs Händedruck warm, obwohl sie, den Verhältnissen entsprechend, nur leicht bekleidet war. Tragen sie unter ihren Kleidern etwa mehrere Schichten hochwirksamer Thermounterwäsche und schieben in ihre Schlappen diverse Isoliersohlen? Beides sind nämlich die saisonalen Hauptangebote in den Läden. Tatsache ist jedenfalls, dass die Chinesen weder Heizungen noch gedämmte Gebäude benötigen – warum sonst würden sie alle Türen öffnen, damit sie im eisigen Durchzug sitzen? Was bringt diesen Leuten der von Anzhou so hochstilisierte wirtschaftliche Boom der Volksrepublik China? Sie scheinen mir zufrieden mit ihrem Leben und nicht nach anderem zu begehren. Warum ihnen also künstliche Bedürfnisse als Fortschritt vorgaukeln, die sie letztlich nur zu farblosen Konsumenten mutieren lassen? Das würde zwar der Wirtschaft einen immensen Schub verleihen und einige Bonzen noch reicher machen, aber mit Bestimmtheit der bereits katastrophal fortgeschrittenen Umweltzerstörung Vorschub leisten und, vor allem, diesen Bauern keine wahren Vorteile bringen. Mit solchen Gedanken im Kopf tauche ich bald ab in die tiefsten Sphären des Schlafes.

Morgens um sechs Uhr drückt es mich in der Blase. Es herrscht noch stockfinstere Nacht und alles im Haus ist ruhig. Die Tore gegen die Strasse hin, hinter denen sich das WC-Häuschen befindet, sind verriegelt und mit einem Vorhängeschloss gesichert. Also trete ich in den zugänglichen Innenhof hinaus und richte meinen dampfenden Strahl auf einen vermeintlichen Gerümpelhaufen. Da ertönt ein schneidendes «Kikeriki!» und ein aufgebrachter Hahn mit feuchtem Gefieder sucht zwischen meinen Beinen hindurch das Weite.

Gepackt ist in Rekordzeit – schliesslich müssen wir uns nicht einmal umkleiden. Wir überlegen, womit wir uns für die gewährte Gastfreundschaft erkenntlich zeigen könnten. Ein Foto von uns mit den beladenen Velos, noch unter südindischen Palmen aufgenommen, wird Wang sicher erfreuen. Wie ist es aber mit Geld? Würde ein solches Angebot als grobe Beleidigung empfunden, wie dies in der Türkei, im Iran oder in Pakistan der Fall wäre? Die Chinesen sind pragmatischer. Gerne nimmt Wang Foto *und* Batzen entgegen. Die ganze Familie winkt uns zum Abschied, als wir auf die intensiv von der Sonne beschienene, wieder schnee- und eisfreie Strasse rollen.

Vermutlich haben wir gestern eine Art Wetterscheide passiert, suggeriert mir mein unverwüstlicher Optimismus. Wegen meiner deformierten Felge, der fehlenden Vorderbremse und der fast gänzlich unwirksamen Hinterbremse bewegen wir uns vorsichtig und langsam. Es herrscht absolut kein Verkehr, denn die Strasse ist wieder gesperrt. Nun kreuzen wir die über zehn Kilometer lange Warteschlange des gestoppten Gegenverkehrs. Von allen Seiten werden wir mit «*Hello!*» begrüsst. Es werden uns zwei Mandarinen geschenkt, deren kalter Saft beinahe die Zähne abfrieren lässt. Das Terrain steigt an, und schon wieder gähnt uns die hässliche Fratze eines vermaledeiten Tunnels an. Diesmal aber halb so schlimm: Beleuchtung und Luft sind akzeptabel und der Verkehr ist ein Klacks im Vergleich zu gestern. In Shangzhou verdrücken wir uns in ein mit zwanzig Grad sensationell aufgeheiztes Zimmer, denn wir lechzen geradezu nach Wärme.

Bei herrlichem Wetter und frühlingshaften Temperaturen gleiten wir einen Fluss entlang weiter Richtung Südosten. Schnee ist hier kaum vorhanden, dafür sind die Gemüsegärten zwischen den schmucken Bauernhäusern übervoll. Auf den Flanken der Berge stehen nur einzelne Bäume, doch führt uns die Strasse hin und wieder durch veritablen, wohlriechenden Wald. Dieses Tal wirkt in seiner Idylle schon fast schweizerisch auf uns. Vor den Häusern blasen aber keine stämmigen rotbackigen Sennen das Alphorn. Mit geröteten Wangen sind die Leute zwar auch gesegnet, doch steht ihnen der Sinn nicht nach Musik, sondern nach Nudelsuppe. Und zwar unabhängig von der Tageszeit. Seit ich nicht mehr gerne bremse, fällt mir erst auf, wie fahrig sich die Chinesen im öffentlichen Raum bewegen. Fussgänger latschen wie in Trance auf die Fahrbahn, ohne einen einzigen Blick nach links oder rechts zu verschwenden. Auch die Lenker von Motorrädern, Autos oder Traktoren halten es beim Einbiegen in eine Strasse nicht für notwendig, den Kopf zu drehen. Und Radfahrer bewegen sich oft im Zickzack oder scheren unvermittelt aus. Beim Überholen tut man gut daran, einen grosszügig bemessenen Bogen um sie zu ziehen. In Anbetracht dieser Beobachtungen erscheint mir das verhasste Hupen der Busse und LKW plötzlich in einem anderen Licht. Unfälle können offenbar nur vermieden werden, wenn man sich so laut wie möglich bemerkbar macht.

Ganze Dorfschaften sind mit der Verarbeitung der Pilzernte beschäftigt: Champignons werden verlesen, in der Sonne zum Trocknen ausgelegt, Stiele abgetrennt und zerhackt, bereits dürre Pilze in voluminöse Plastiksäcke abgepackt und mit Motorrad oder Lastwagen transportiert. Wir verlassen die Provinz Shaanxi und befahren nun den Boden von Henan. Die Bevölkerungsdichte nimmt zu, je mehr wir uns gegen Osten bewegen.

In Xixia buchen wir den herrlich kitschigen *Honeymoon-Room*. Auf dem weichen Teppich im Flur widme ich mich für fünf Stunden, bis kurz vor Mitternacht, den hydraulischen Bremsen unserer Fahrräder, die stark in ihrer Bremswirkung nachgelassen haben. Schliesslich muss ich konstatieren, dass nun auch die Geberkolben von zwei weiteren Bremshebeln undicht sind – es funktioniert nur noch die Hinterbremse von Beas Velo. Das ist eine ernüchternde Feststellung. Die als unverwüstlich gepriesenen Hightech-Bremsen sind futsch. Wie zum Trost werden wir im Hotel aber als besondere Gäste behandelt. Eine Delegation des Managements schenkt uns am Morgen eine Schachtel gefüllt mit Mandarinen und Kakipflaumen und bittet uns um einen Fototermin, was wir selbstverständlich nicht ablehnen. Wir demontieren die drei defekten Bremsen und versuchen, neue zu finden. Auf dem Weg zu einem Fahrradgeschäft erheitert uns der unverstellte Blick auf kauernde Männer, die im öffentlichen WC neben dem Trottoir ihre Notdurft verrichten.

Wie sich die Chinesen im Fachgeschäft begriffsstutzig anstellen, ist nicht zu fassen. Dem Mechaniker zeigen wir, umringt von gut zehn neugierigen Passanten, dass bei unseren zwei Velos drei Bremsen fehlen. Als erste Reaktion kommt aus seinem Mund das unvermeidliche «*Mei you*, gibt es nicht» geschossen. Unverdrossen deuten wir auf die Bremsen eines Velos im Schaufenster und kontern: «*You*, es gibt.» Dass nun aber jene Bremsen des chinesischen Fahrrads an unsere Velos, wo drei fehlen, montiert werden sollen, ist damit noch nicht in die chinesischen Betonköpfe gedrungen. Aller Augen kleben fest an der einen, noch übriggebliebenen hydraulischen Bremse. Diese verursacht vermutlich die Blockade, und der Mechaniker wiederholt: «*Mei you.*» Bea packt den Herrn energisch am Arm und sucht mit ihm zusammen sein Ersatzteillager ab. Aha, da ist ein Bremshebel. Der Frau hinter der Theke dämmert es nun langsam, worum es geht, und sie kramt zwei Cantilever-Bremsen für vorne und eine V-Bremse für hinten sowie zugehörige Kabel hervor. Na also! Jetzt steigert sich der Mechaniker, der sich vorhin so tollpatschig gebärdete, in ein wahres Feuer und improvisiert hervorragend. Nach drei Stunden ist es geschafft, die Bremsen sind montiert. Sie sind freilich von übelster Qualität, entsprechen aber dem hiesigen Standard und sind allemal besser als hochmoderne, die nicht mehr funktionieren. Bis Hongkong werden wir also wie die Chinesen bremsen: Ziehen an den Bremshebeln und hoffen, bangen und warten, bis sich das Gefährt dermassen verlangsamt hat, dass es mit den Füssen ganz zum Stillstand gebracht werden kann. Am Abend beehrt uns Miles Li, der Hotelmanager, mit einem Besuch im Zimmer. Für unsere morgige Abfahrt hat er das lokale TV organisiert.

Als wir den Vorhang unseres Zimmers lüften, haut es uns fast aus den Schuhen: Da draussen im Hof stehen um die achtzig Leute in Hotel- und Restaurant-Uniform mit den Fahrrädern bereit. Also nichts wie runter! Das TV ist mit drei Mann angerückt. Vor laufender Kamera überreicht uns der *Head of the Board*, der höchste Kopf des Hotels, mit einem Lächeln, bei dem er seine von Karies zerfressenen Zähne entblösst, ein Geschenk: vier weisse T-Shirts, zwei Paar Handschuhe und zwei gelbe Schirmmützen mit aufgedrucktem Hotellogo. Nach einem kurzen Interview gehts im Nebel von Xixia auf eine kleine Stadtrundfahrt. Voraus der TV-Wagen, in dem auch der *headboarder*, wie ihn Bea zu nennen pflegt, Platz gefunden hat, dann Miles Li auf seinem eleganten Damenvelo, flankiert von uns, ich mit der gelben Mütze aufgesetzt, gefolgt von vier Fahnen schwenkenden Motorradfahrern, hinter diesen eine Gruppe Pedal tretender Frauen, die stolz Tafeln mit der Aufschrift «*Xin He Binguan*» in die Luft strecken und schliesslich sämtliche uniformierten Bediensteten auf ihren Drahteseln. Als die Zeit der Verabschiedung gekommen ist, überreicht uns die nette und schüchterne Servierfrau, welche uns die letzten Tage bediente, feierlich einen Beutel Blütenknospen, die den sattgelben, fein schmeckenden Tee ergeben, den wir jeweils abends bei ihr bestellt haben. Bea bittet Miles Li, den Angestellten auf Chinesisch mitzuteilen, dass wir uns bei ihnen wohl gefühlt hätten und sie allesamt sehr sympathisch seien. Danach fragt mich Miles Li: «*Can I hug you*, darf ich dich umarmen?» Klar darf er das.

Von nun an halten wir gegen Süden, in Erwartung angenehmerer Temperaturen. Die Strasse ist gesäumt von Kiwi feilbietenden Bauern, die sich für längere Zeit in Holzverschlägen eingerichtet haben. In der richtigen Reife munden uns die Früchte sehr. Einem alten Mann, der schwerfällig über die Strasse schlurft, vermachen wir die Handschuhe, die uns der *boarderhead*, wie ich ihn zu nennen pflege, geschenkt hat. Der Alte dankt es uns mit seinem zahnlosen Lächeln. Hunde verschiedensten Kalibers, von Schosshündchen bis zu kräftigen Schäferhunden, streunen auf den Strassen umher. Bis jetzt blieben sie aber friedlich.

Haarsträubende Tiertransporte lassen uns das Herz bluten: Geissen kopfüber seitlich an den Gepäckträger eines Motorrads gefesselt, Hühner in mehreren Lagen zusammengequetscht in Käfigen oder zwanzig Ziegen auf dem Dach eines Busses, der uns in übersetztem Tempo überholt.

Ist der Winter schon vorbei? Strahlender Sonnenschein bei fast zwanzig Grad verwöhnt uns heute. Das Terrain ist mehrheitlich flach und der Strassenbelag von hoher Qualität. Zelten wäre hier unmöglich, denn bis zum Strassenrand ist jeder Flecken Erde landwirtschaftlich genutzt. Nun stehen entlang der Strasse viele menschenleere Häuser, die erst kürzlich fertig gestellt wurden oder sich noch im Bau befinden. Vielleicht werden hier bald Leute angesiedelt, die in einem Stadtviertel wohnen, das einer neuen Grossüberbauung weichen muss. Wie mir Miles Li während der Abschiedstour durch Xixia berichtet hat, ist dies das übliche Vorgehen der Regierung. Die Leute seien im Kalkül der Mächtigen blosse Spielbälle. Selbstverständlich habe aber vordergründig alles seine Ordnung. Unzufriedene könnten sich nämlich brieflich bei den Autoritäten beschweren oder selbst nach Beijing pilgern und dem Zentraldepartement ihr Leid klagen. Doch seien die Aussichten auf Erfolg derart verschwindend klein, dass sich der Aufwand mit Sicherheit nicht lohne. Im Gegenteil, perfide Vergeltungsschläge der angezeigten Behörden seien zu befürchten. Der Reigen repressiver Massnahmen gehe von erfundenen Bussen, Schikanierungen sämtlicher Familienmitglieder, Schlägen und Diffamierungen bis hin zu grundlosen Einkerkerungen oder Hauszerstörungen.

Weiter vorne bremst uns ein Plattfuss aus. Sofort werden uns Stühle herbei getragen, und ein etwa elfjähriges Mädchen schreibt mit messerscharfen Buchstaben auf einen Zettel: «*What is your name?*» Als wir diesen aus ihrer scheu entgegengestreckten Hand pflücken und die Frage gleich beantworten, schiesst ihr aus einer Mischung von Scham, Freude und Stolz Röte ins Gesicht, und sie rennt in gestrecktem Galopp davon. Wieder auf dem Sattel, mit frischer Luft zwischen Felge und Asphalt, winken uns gut dreissig Leute nach. Andere verharren reglos und widmen sich ihrer Nudelsuppe, derweil ein kleines Kind in gelbem, struppigem Pullover völlig unbeeindruckt vom Geschehen durch den Schlitz seiner Hose auf den Platz kackt.

In Xiangfan, Provinz Hubei, steigen wir in einem Drei-Sterne-Hotel ab. Das Zimmer ist so warm, dass sich beim Duschen kaum Dampf bildet und unsere Wäsche im Nu trocken ist. Danach lasse ich mir in den Strassen die verstaubten Schuhe reinigen. Der aufmerksamen Schuhputzerin entgeht nicht, dass meine Hosenbeine aus dünnem Stoff und die Waden darunter nackt sind. Mit Zeichen gibt sie mir zu verstehen, dass es doch bitterkalt sei und präsentiert mir ihre wollenen langen Unterhosen. Ihre

Kolleginnen tun es ihr gleich und entblössen auf offener Strasse ihre Thermowäsche. Also doch: Das Geheimnis der chinesischen Kälteresistenz liegt in der Unterwäsche begraben! Die so rührend um meine Gesundheit besorgten Frauen kann ich beruhigen mit den Stichworten: «Ich, heute, 80 km, Fahrrad, heiss.» Sie verstehen, dass ich vom Radfahren innerlich noch glühe und deshalb nicht friere.

Auf der Weiterreise staunen wir erneut über die vielen Hunde. Vor allem bemerkenswert scheint uns aber, dass wir in den letzten Tagen noch nie einen überfahrenen Köter gesehen haben. Ein Blick auf den Speisezettel der Leute genügt, um dieses Phänomen zu begreifen: Die Vierbeiner sind eine begehrte Delikatesse. Ihre Kadaver werden noch warm vom Asphalt gekratzt und wandern sofort in den Küchentopf. In beschaulichen Weilern sitzen Männer und Frauen vor ihren Häusern zusammen und schwatzen oder spielen Karten. Offenbar ist die Ernte bereits eingefahren und es bleiben viele Stunden der Musse. Auch, um uns bei der Reparatur eines weiteren Lochs im Schlauch beizustehen: Mindestens sechzig Leute ergötzen sich an unserer Flickarbeit. Direkt vor uns hat sich ein alter Mann in blauer Mao-Kluft und braunen Hausfinken aufgepflanzt. In fortwährendem Strahlen präsentiert er uns seine gelben Hasenzähne. Es ist uns eine wahre Freude, in den interessanten Gesichtern dieser aufgeräumten Runde zu lesen.

Eine ähnliche Belagerung widerfährt uns in Jingmen vor einem Hotel, von dem wir erst irrtümlicherweise annehmen, es handle sich um ein Altersheim, weil es nicht mit *binguan*, sondern mit *jiudian* angeschrieben ist. *Jiu* bedeutet schliesslich «alt». Trotzdem kann ich hier ein modernes Zimmer buchen. Die sympathische Hotelmanagerin spricht einige Worte Englisch und zitiert sogleich die Presse herbei. Kaum geduscht, stellen wir uns im Meeting-Raum der 7. Etage den Fragen der Reporter vom Jingmen-TV und von zwei Lokalzeitungen. Mir unterläuft dabei ein kleiner Fauxpas. Weil ich etwa fünf Minuten nach dem Aufgiessen des Tees aus Gewohnheit den Beutel aus der Tasse nehme, werde ich später im Lift von einem Journalisten besorgt gefragt, ob ich denn Tee nicht gerne möge. Merke: In China werden die Teekräuter immer mehrmals aufgegossen!

Welch Menschenauflauf vor dem Hotel – Kameras locken Gaffer unwiderstehlich an. Das Beladen der Velos und unsere Abfahrt werden aus allen Winkeln gefilmt. Der eine Reporter überreicht uns den Zeitungsartikel, den er gestern Abend geschrieben hat. Unter dem Bild von uns stehen gerade mal zwei Zeilen – aber immerhin. Wie der TV-Beitrag herauskommen wird, werden wir leider nie erfahren. Dieser Sender ist nur in Jingmen selbst zu empfangen.

An der Auffahrt zur Brücke über den Chang Jiang, den Yangtze, prangt eine Tafel, die Radfahrern die Benützung untersagt. Im winzigen Häuschen gegenüber entdecken wir zwei gelangweilte Polizisten. Wir bitten die beiden um Rat, wie wir mit unseren Gefährten nach Gong'an gelangen können, das sich auf der anderen Seite des längsten und wasserreichsten Flusses Chinas befindet. Sie wären keine chinesischen Beamten, würden sie nicht zuerst desinteressiert und unkooperativ reagieren. Mit der Hand deuten sie auf die besagte Tafel und bekräftigen, es sei einfach nicht erlaubt, Schluss, Punkt. Nach längerem Beharren lässt sich aber eine elegante Lösung finden. Der eine schwingt sich auf sein Motorrad und eskortiert uns über die Brücke. Sie ist insgesamt bestimmt über fünf Kilometer lang, wovon gut zwei Kilometer die Wassermassen des Chang Jiang, des drittgrössten Stromes der Welt, überspannen. Die H-förmigen Pylonen ragen wie Wolkenkratzer in die Höhe und die baumdicken Spannseile zeichnen ein unverwechselbares Muster in den dunstigen Himmel.

In der Autonomen Uiguren Provinz Xinjiang fand die Baumwollernte vor zwei Monaten statt. Hier werden die weissen Bäusche heute erst in der Sonne ausgelegt. Und hundert Kilometer weiter südlich werden allenthalben Orangen und Grapefruits feilgeboten. In dem Masse wie sich die Strasse verengt und der Belag verschlechtert, steigert sich die Attraktivität der Landschaft. Neben den angenehmen Temperaturen merken wir auch an den Reisfeldern, Palmen und Wasserbüffeln, dass wir uns wärmeren Gefilden nähern. Nun ist die Zeit gekommen, unsere Baumwolldecke aus Jiayuguan, Gansu, zu verschenken – ein Lumpensammler ist der Glückliche.

Langsam beginnen wir, ein wenig Chinesisch zu lernen. Oft zücken wir auch den Zeitungsartikel von Jingmen und ernten damit viel Lob. So auch in Lixian, wo die Chefin des Hotels ob unserer Reise derart begeistert ist, dass sie uns in den Rang von Ehrengästen erhebt. Das bedeutet: Sie erlässt uns den Preis für Essen und Wein und gibt uns die hundert Yuan, die wir bereits für das Zimmer bezahlt haben, zurück. Als Kehrseite der Medaille müssen wir uns anschliessend wieder einem Lokal-TV stellen. Als Übersetzer wird der Englischlehrer der Middle School Nr. 2, Liu Wennian, alias William Shakespeare, herbeigeholt. William will uns morgen nicht einfach ziehen lassen. Wir sollen doch noch einen weiteren Tag in Lixian verbringen. Bald sind wir weich geklopft und willigen ein.

Beim unglaublich reichhaltigen Frühstück beehren uns Grosseltern, Enkel, Nichten, Brüder und Schwestern der herzlichen Besitzerin mit ihrer Anwesenheit. Da sind wir ja auf richtig gesellige Chinesen gestossen! Später holen wir zusammen mit unserer Gastgeberin ihr Kind von der Schule ab. Inmitten einiger Dutzend anderer Erwachsener warten wir eine geraume Weile vor einem hölzernen Tor, das von einem gestrengen Hausmeister bewacht wird. Erst als sich der Strom der quecksilbrigen, unbeschwerten Kinder auf den Pausenplatz ergiesst, wird uns Einlass gewährt. Dass all die Eltern aus dieser Masse der gelben Schirmmützen die richtigen Kinder herauszupicken verstehen, grenzt an ein Wunder. Mit einem Taxi gehts wieder ins Hotel zurück, wo wir ein auserlesenes Mittagessen in trauter Umgebung geniessen. Natürlich wird uns Männern «Wein» ausgeschenkt. Damit ist 45-prozentiger Schnaps gemeint. William Shakespeare, der in der Zwischenzeit auch eingetroffen ist, versucht sich dabei, mit mir zu messen. Ich halte ohne Probleme mit. Mit dem Fahrrad begeben wir uns anschliessend zur Middle School Nr. 2, wo William unterrichtet. Während Bea im Lehrerzimmer in Beschlag genommen wird, trete ich vor die siebzigköpfige Klasse von William und stelle mich den Fragen der Kinder. Aber nur zwei Jungs bringen genug Mut auf, um vor dem Fremden den Mund zu öffnen. Der eine meint, es sei sehr hart, hier zu studieren, ihnen werde viel abverlangt. Er wolle es aber unbedingt einmal ins Ausland schaffen und gebe sich deshalb Mühe.

Auf dem Weg nach Changde sehen wir viele Kinder über die Hausaufgaben gebeugt vor ihren Häusern in der Sonne sitzen. Mehrere Leute sprechen uns offen an, ohne herumzudrucksen oder entgeistert zu gaffen. Ganz unchinesisch, aber wohltuend, suchen sie den direkten Kontakt mit uns. Als wir uns gegen Mittag am Strassenrand einen Salat zubereiten, gesellen sich zwei Bäuerinnen zu uns. Die eine ist mit imposanten, gelb verfärbten Reisszähnen bestückt. Sie kann es nicht fassen, dass wir den Kohl roh essen wollen. Wir sollen ihn doch in ihrer Küche da drüben garen. Nach einer Weile verschwindet sie kurz in ihr Haus, um mit einem prall gefüllten Sack voller Mandarinen als Geschenk für uns zurückzukehren.

In Changde hüten wir uns wohlweislich, den Zeitungsartikel über uns zu zeigen, denn wir wollen uns hier ausruhen und entspannen und nicht wieder im Rampenlicht stehen. Das Leben als Berühmtheit zehrt nämlich auf Dauer an der Substanz. Wir gönnen uns hier drei Ruhetage in absoluter Anonymität. Der Stadtkern des boomenden Changde ist topmodern. Die Fussgängerzone beginnt bei McDonalds und endet beim KFC, der anderen US-amerikanischen Fastfood-Kette. Wenn das nicht untrügliche Zeichen des Fortschritts sind! In den Restaurants trägt das Servierpersonal rote Weihnachtsmann-Mützen und über vielen Eingängen prangt der Schriftzug «*Merry Christmas!*». Das ist insofern bemerkenswert, als wir erst den 12. Dezember schreiben und uns in einem nichtchristlichen, ja offiziell atheistischen Land befinden. Der Kommunismus stellt schliesslich ein handfestes materialistisches Weltbild gegen religiöse Transzendenz. Er selbst weist aber durchaus militant-religiöse Züge auf und ist eine Art gottlose Religion mit einer Heilserwartung in dieser Welt: der Wandel des real existierenden zum reinen Kommunismus. Aber eben, die hehren Ideale der unverfälschten Ideologie sind das eine und was in den Köpfen der Führer des totalitären Systems steckt, das andere. Heute geht es den Parteibonzen primär um Machterhaltung. Dazu dient seit Deng der Kapitalismus als perfektes Schmiermittel: Kommerz geht über alles. Wenn der Rubel dank Weihnachts-Brimborium rollt, ist das doch wunderbar. Wäre «*Choda hafiz!*» als Slogan gewinnversprechender, so würden die *Merry-Christmas*-Reklamen sofort damit ersetzt – Inhalte sind auswechselbar.

Wir laben uns am vorzüglichen Früchteangebot auf dem Markt. Insbesondere den aromatischen Erdbeeren und den saftigen Ananas können wir nicht widerstehen und verleiben uns in gut türkischer Manier kiloweise dieser Köstlichkeiten ein. Auch entdecken wir den feinen Geschmack der knackigen Lotuswurzel. In Scheiben geschnitten und mit Knoblauch gebraten, mundet sie vorzüglich.

Dunstiger Nebel hockt in den Gassen von Changde, als wir weiter südwärts halten. An der schmalen, holprigen Strasse, die kaum Verkehr zu ertragen hat, stehen alte Bauernhäuser. Auf den Plätzen davor wird von fröhlichen Gemütern Karten gespielt. Vor den Pfosten der Eingangstüren hängen bei allen rote Bänder mit goldenen Schriftzügen. Die Besiedlung ist dicht und jeder einzelne einigermassen ebene Quadratmeter Land ist als Reisfeld, Acker oder Garten genutzt. Hin und wieder tauchen wir aber auch in Nadel- und Bambuswälder ein – herrlich der Duft von Holz, lange mussten wir ihn entbehren. Als wir im Nest namens Wutan ankommen, steht die Sonne als rote Scheibe nur noch knapp über dem Horizont.

Im Morgengrauen beträgt die Sichtweite keine zwanzig Meter und ein frisches Lüftchen streicht uns um die Wangen. Der Nebel verdichtet sich immer mehr, bis schliesslich Regen aus ihm gepresst wird. Die Landschaft wäre durchaus reizvoll, denn da und dort erhaschen wir einen Blick auf Bambusbäume, die sich dem Wind ergeben und in sanften Wogen auf und ab tanzen. Vielerorts wird Furnierholz zum Trocknen ausgelegt, auf Flächen so gross wie Fussballfelder. Wie der Trocknungsprozess bei diesem Klima vonstatten gehen soll, ist uns freilich ein Rätsel. Aber auch vor den Fenstern eines trostlosen Wohnklotzes hängt Wäsche zum Auslüften. Immerhin verliert der Bau durch die farbigen Hemden und Hosen ein wenig von seiner Tristesse. Wir verpflegen uns direkt an der Strasse im kalten Wind. Zwei Frauen spazieren herbei und schreien uns an. Da wir unterdessen wissen, dass dies die normale Lautstärke der chinesischen Konversation ist, röhren wir lachend zurück. Sie rügen uns wegen des rohen Kohls in unseren Tellern und fragen, ob wir aus der Provinz Xinjiang kämen. Dies ist eine typische Frage für Leute, nach deren Verständnis es nur Chinesen gibt. Wer so fremdartig aussieht wie wir, muss folglich aus dem fernen Westen Chinas stammen. Wir antworten mit «ja».

Immer wieder führen uns markante Steigungen zu Dörfern hoch, in denen Schmutz und Abfall, Trümmerfelder, Häuserruinen und Baustellen das Bild prägen. Die Fassaden der Gebäude sind roh. Sie wirken unwirtlich und abweisend. Vieles ist im Umbruch. Auf riesigen Bildtafeln wird farbig und in Hochglanz gezeigt, wie es hier bald aussehen wird: Wohnsiedlungen, Geschäftsblöcke und Parkanlagen mit kleinen künstlichen Seen sowie Bäumchen säuberlich ausgerichtet wie strammstehende Soldaten. In dieser Gegend wird auch Kohle abgebaut und mit stinkenden Lastwagen transportiert. Abgase und Staub brennen in unseren Augen. In einem lichten Moment fällt mein Blick auf den Fluss unter uns. Mit grossem Erstaunen stelle ich dabei fest, dass die Steine am Grund sichtbar sind. Hier haben die Chinesen doch tatsächlich vergessen zu boomen! Das wird aber bestimmt bald korrigiert sein. Denn schon einige Kilometer weiter, nach einem anderen Zufluss, weist das Wasser die chinatypische gelbbraune, fürs Auge undurchdringliche Farbe auf. Erst nieselt ein müder Regen. Dann rieselt er leise. Und schliesslich fallen dicke Tropfen aus dem dichten Nebel. Die Strasse steigt stetig an, vorbei an gesichtslosen Dörfern, die genauso trist wirken, wie sich das Wetter gebärdet. Als wir uns an der «Körbchen-Stehbar» unserer Fahrräder mit Haferflocken und Milch stärken, zeigen sich über der Krone der Steinmauer, an die wir unsere Rücken lehnen, immer mehr Köpfe der Familie, die das Gebäude dahinter bewohnt. Schliesslich werden wir ins Haus eingeladen. In der Stube ist es aber kein Grad wärmer als draussen – der Wind ist durch heftigen Durchzug ersetzt –, dafür ist es immerhin trocken, und wir können uns auf eine gerade mal fünfzehn Zentimeter breite Holzbank setzen. Unsere Gastgeber sind auch am Speisen. Der winzige Küchentisch, dessen Platte weniger als ein Quadratmeter misst, reicht für die Grosseltern, zwei Frauen und drei Kinder vollkommen aus. Die Reisschälchen halten sie nämlich alle in der Hand, und auf dem Tisch stehen nur zwei Schüsseln gekochter Kohl und drei Näpfe, aus denen abgehackte Hühnerkrallen ragen. Die Familienmitglieder klemmen zwischen ihre Stäbchen Gemüse und Fleisch, essen im Stehen oder schlendern mit ihrer Schale nach draussen. Hühner picken vom Zementboden auf, was von den Stäbchen gerutscht ist. Unter anderem ein paar Zehen der Hühnerschwestern. Uns werden keine Fragen gestellt. Doch vom Essen wird uns angeboten. Ausser lauwarmem, stark nach Rauch schmeckendem Wasser lehnen wir jedoch alles dankend ab. Bald befinden wir uns wieder auf der Strasse und beobachten, wie bereits beachtlich grosse Kohlköpfe mit Gülle gedüngt werden – vielleicht sollten wir doch lieber vom rohen Kohlsalat auf gekochtes Kohlgemüse umsteigen.

Von Gaffern umringt liegen zwei Männer miteinander im Streit und werfen sich gegenseitig die übelsten Beleidigungen an den Kopf. Über ihre Mimik haben sie die Kontrolle verloren. Ihre Gesichter sind zu hässlichen Fratzen verzerrt und ihre Stimmbänder drohen zu zerreissen. Dem einen hängt ein Speichelfaden vom Kinn und dem anderen ist der Schaum vor den Mund getreten. Chinesen in Rage sind definitiv kein schöner Anblick.

Vor Shaoyang durchfahren wir ein fürchterlich stinkendes, rauchiges Industriegebiet, das seine Tentakel weit in die Natur ausstreckt. Wer oder was nicht schon dem Bau von Hallen oder Lagerplätzen weichen musste, wird nun in einem schleichenden Prozess vergiftet und letztlich auch eliminiert. Die Reichweite der aus den Schloten ausgestossenen Gifte ist gross. Die Luft ist weiträumig verpestet und der Regen sauer und schwarz. China boomt, aber glänzt nicht!

Zu Beginn der bergigen Etappe nach Xinning schmieren wir uns voller Optimismus Sonnencreme auf die Haut. Die kühle Luft vermag die Feuchtigkeit aber nicht in Schwebe zu halten und scheidet sie schnöde auf uns aus. Die Strasse trägt uns über bewaldete Hügel, vorbei an Orangenplantagen und Reisfeldern. In einem Dorf versperrt ein Beerdigungszug die Strasse. Vier Männer tragen auf ihren Schultern ein Papierschiff, das später dem Feuer überantwortet wird. Mit hoher Wahrscheinlichkeit war der Verstorbene ein Kapitän oder mindestens in Schiffe vernarrt. Knallfrösche zuckeln über das Pflaster. Diese hüpfenden Feuerwerkskörper figurieren bei uns unter der Bezeichnung «Chinesenfürze». Jeder einzelne weist die Sprengkraft einer Petarde auf. Die Detonationen sind ohrenbetäubend. Hunde und Katzen stieben davon, Vögel flattern verwirrt Richtung ruhigere Gefilde und wir schieben uns reflexartig die Zeigefinger tief in die Ohren. Nur die Chinesen scheinen den Lärm buchstäblich zu geniessen. Selbst die Babys auf den Armen der Mütter zeigen keine Regung – als wären sie taub.

Mittlerweile fahren wir im Regen. Bei einem kurzen Halt um die Brillen trocken zu reiben, beobachten wir aus der Distanz, wie eine alte, gebückte Frau aus ihrem Haus tritt, unsanft eine ihrer Gänse packt, sie mit der einen Hand an den Beinen umklammert und ihr mit der anderen den Hals herumdreht. Das Tier schlägt minutenlang verzweifelt mit den Flügeln, bis seine Kräfte schliesslich erlahmen. Wenige Meter neben diesem Ort des Schreckens schnattern die Gänsekollegen unbeeindruckt im prasselnden Regen. Nun bläst die Alte dem toten Tier in den Schnabel, hebt ein Gefäss und ein Hackmesser vom Boden auf und kehrt ins Haus zurück. Vermutlich hat sie dem Tier vor dem Brechen des Genicks noch die Halsschlagader durchtrennt und das auslaufende Blut in einem Becken gesammelt. Viele Chinesen hochschätzen solchen Lebenssaft als Trunk wie wir ein Glas Wein edler Provenienz.

Wiederum wimmelt es geradezu von Hunden. Ein streitsüchtiger Köter peilt in dynamischem Spurt meine Waden an, verliert aber Angesichts des wirbelnden *tschomak* Mut und Lust und lässt von mir ab, als hätte er nie von meinem Fleisch begehrt. In Xinning mühen wir uns im Restaurant mit unsäglich begriffsstutzigem Personal ab. Es gelingt uns nicht, ein Gericht scharf gewürzt zu bestellen. Die Kombination vom Namen der Speise mit «scharf» oder «Chili» wird nicht verstanden. Im TV werden die Nachttemperaturen einiger Städte angegeben: minus 42 in Harbin, minus zehn in Ürümqi und minus sieben in Aksu. Da wollen wir uns über die plus acht Grad in unserem Zimmer nicht beklagen. Vom Fenster aus sehen wir auf den Strassenmarkt hinunter und verfolgen mit Abscheu, wie Hühner, Enten und Gänse ohne jeden Respekt behandelt und durch das Aufschlitzen des Halses abgemurkst werden. Quälend langsam blutet das gemordete Federvieh aus.

Weiter gehts im kühlen Nieselregen. Unbehelligt von Verkehr bewegen wir uns durch bildschöne Landstriche, die von sauber wirkenden Flüssen durchädert und mit Bambus-, Föhren- oder Tannenwäldern überzogen sind. Die nur schemenhaft erkennbaren Karstberge des Langshan-Geoparks ragen steil und schlank auf wie Finger und wären ohne den zähen Nebel, der sie halbwegs verschluckt, wohl noch fantastischer.

Schon liegt die Provinz Hunan hinter uns und wir befinden uns auf dem Boden des Autonomen Gebietes Guangxi Zhuang. Das Volk der Zhuang bildet die grösste ethnische Minderheit im Land. Welch freundliche Leute! Sie lächeln uns an und grüssen oft, bevor wir unser «*Ni hao!*» in die Felder hinaus trompetet haben. Das Wetter hingegen weiss sich noch zu verschlechtern. Die Temperatur sinkt auf dürftige zwei Grad. In einem der Aufstiege durchbrechen wir eine dichte Nebelwand. Aber nur, um uns danach im Regen wiederzufinden. Kaum ist der Kulminationspunkt überschritten, bricht in meinem Hinterrad unter lautem Knall eine Speiche. Und zwar auf der Seite des Ritzelpakets, was die Reparatur aufwändiger macht. Daran ist im zunehmenden Regenschauer aber nicht zu denken. Wie auf Eiern fahrend, bewältige ich die noch fehlenden Kilometer bis Ziyuan, wo wir uns patschnass und frierend in ein Hotel retten.

Nach knapp sechs Stunden Schlaf wage ich einen Blick hinter die Vorhänge: Die Fensterscheibe ist blind. Bäche von Kondenswasser rinnen über sie und verlaufen sich hinter dem Fensterbrett. Ich wuchte das verzogene und verklemmte Schiebefenster zur Seite, strecke meine Nase in die Dunkelheit hinaus, die von einem eisigen Wind durchpflügt wird, und befinde, dass es nicht regnet. Also frühstücken wir im Zimmer und laden anschliessend unser Gepäck und mein wieder repariertes Velo in den Aufzug. Wir begleichen die Rechnung für die Nacht, schnallen im Foyer die Taschen an die Velos und stellen mit einem ersten Blick durch die gläserne Eingangstür fest, dass draussen die meisten Leute mit Schirmen unterwegs sind – das gilt auch in China als klares Indiz für Regen. Tatsächlich ist die Strasse nass und ein kalter, böiger Wind treibt sein Unwesen. Es bedarf keiner langen Diskussion, die Lage ist klar. Wir wiederholen alles in umgekehrter Richtung: Einchecken, die Velos von den Kilos befreien und unter der Treppe zusammenketten, Gepäck in den Lift stapeln und das Zimmer wieder beziehen.

Heute Morgen, Freitag, 24. Dezember 2004, ist unser erster Wetterbefund ähnlich wie gestern. Nur dass die Temperatur in den Minusbereich gerutscht ist. Es ist noch nicht lange her, da haben wir frohlockt: «Endlich sind wir der Kälte entflohen, der Winter ist vorüber.» Welch Irrtum! Seit Tagen dümpeln wir in feuchtkaltem Nebel, und nun setzt sogar die Eiszeit wieder ein. Weil sich die grauschwarzen Wolken beim Beladen der Fahrräder noch im Zaum halten können, starten wir Richtung Guilin, das 113 Kilometer entfernt liegt. Denn ewig wollen wir in diesem Kaff namens Ziyuan nicht bleiben – wer weiss schon, wann sich das Wetter ernsthaft eines Besseren besinnen wird? Kaum im Sattel, setzt starker Regen ein. Da allenthalben geheiratet wird, sind in den erst noch häufig auftauchenden Dörfern die Knaller der «Chinesenfürze» unsere ständigen Begleiter. Jetzt windet sich die Strasse durch einsame Bambus- und Föhrenwälder hinauf. Die Bäume sind mit Raureif beschlagen. An einigen Zweiglein glänzen feine Eisschichten. Während der langgezogenen Abfahrt schmeisst uns der eisige Wind den prasselnden Regen hart gegen die Köpfe. In die durchnässten Handschuhe schleicht sich unerbittlich der Frost. Um die Finger vor dem Schritt der blossen Unterkühlung zur Erfrierung hin zu bewahren, halten wir zweimal an und schwingen die Arme so lange im Kreis, bis genug warmes Blut in die tauben Fingerkuppen schiesst. Unter dem Vordach des ersten Gebäudes seit Dutzenden von Kilometern bereiten wir uns mit Wasser aus dem Thermoskrug Instant-Suppen zu. Ein Mann erkennt, dass wir bis auf die Knochen durchfroren sind – wir müssen wohl einen jämmerlichen Eindruck auf ihn machen –, und lädt uns in seine Küche ein. Auf dem Steinboden brennt ein stattliches Holzfeuer. Ein Rauchabzug ist nicht vorhanden. Mehr schlecht als recht entweicht der Qualm durch die offenstehende Küchentür in einen anderen Raum. Unser Gastgeber trägt Stühle sowie Schälchen und Stäbchen herbei und heisst uns, neben den hell lodernden Flammen Platz zu nehmen. Die Augen brennen uns zwar, doch geniessen wir die vom Holz abgestrahlte Wärme. Er bietet uns Reis und Hühnerkrallen an, doch haben wir zum Glück selbst eine randvoll gefüllte Pfanne mit Resten vom gestrigen Menü dabei. Weil dieses Gericht aber starr vor Kälte ist, hängt der gute Mann eifrig einen gusseisernen Wok über das Feuer, giesst Wasser rein und befreit ihn mit einem stählernen Besen von eingetrockneten Kochrückständen. Schon brutzelt unser Essen darin und verströmt seinen aromatischen Duft. Nun setzt sich auch seine Frau zu uns und futtert aus ihrem Schüsselchen Reis. Zu schwatzen gibt es nicht gerade viel. Wir sitzen gemeinsam um das wärmende Feuer, speisen, trinken, lächeln einander an und sind mit der Welt zufrieden.

Trotzdem reissen wir uns bald wieder aus der Gemütlichkeit und rollen bei anhaltendem Regen durch wunderschöne Gegenden. Die Umwelt scheint hier noch intakt zu sein. Bald bricht eine weitere Speiche meines Hinterrads. Wir kurbeln aber, bereits im Dunkel des Abends, unbeirrt weiter bis ins Zentrum von Guilin, wo sich in den Neonfluten schick gekleidete junge Leute tummeln. Teenager mit roten Weihnachtsmannmützen wünschen uns «*Merry Christmas!*». Vor Einkaufstempeln prangen Weihnachtsbäume aus Plastik, geschmückt mit Lametta und mit gelben, blauen und roten Kugeln, die um die Wette glänzen. Unbeeindruckt von Nässe und Saukälte sitzen die Chinesen in den zahlreichen Gartenrestaurants entlang der Fussgängerzone. Als sich eine Dame über den Tisch beugt, erhasche ich einen Blick auf ihren entblössten Rücken. Wir nisten uns in einem Zimmer ein, das doppelt so warm wie das gestrige ist.

In einer touristischen Stadt vom Range Guilins ist es nahezu unumgänglich, an provisionsgierige Vermittler zu geraten. Wie Läuse hat man sie unversehens aufgelesen und bringt sie kaum wieder los. Die meisten geben sich als Englischlehrer aus, plaudern unverfänglich mit einem und bleiben dann wie Kletten an den Fersen haften. Wir landen in den Fängen einer solchen Kreatur, als wir auf der Strasse nach dem Weg zu einer Wäscherei fragen. Sie lädt uns zu einer Tasse Tee bei einem Freund ein. Dieser habe an der renommiertesten Tee-Universität des Landes vier Jahre lang studiert und dabei immenses Wissen erworben. Fünf verschiedene, als edel angepriesene Teesorten werden uns zur Degustation gereicht. Wir schlürfen mit undurchdringlicher Miene. Und dann tönt die unvermeidliche Frage in den Raum: «Wollt ihr nichts kaufen?» – «Nein.» – «Aber eure Eltern würden sich doch bestimmt über solch speziellen Tee freuen?» – «Nein, die trinken nur Kaffee und Cognac», scherze ich. «Schade, wirklich schade! Dann gebt aber bitte Herrn Gingseng, dem Tee-Guru, zwanzig Yuan für die Degustation», quengelt der Rattenfänger. Worauf ich antworte: «Auf gar keinen Fall. Du hast uns schliesslich eingeladen!» Um sein Gesicht zu wahren, kramt der windige Lump nun in seinem Geldbeutel und klaubt einen 20-Yuan Schein heraus, um ihn seinem Partner zu überreichen. Wir verabschieden uns kühl und treten ins Freie. Der schleimige Kerl aber hat die Hoffnung auf einen Reibach noch nicht aufgegeben und folgt uns auf den Fuss. Mit neuer Frische versucht er jetzt für den Abend ein Ding zu drehen. Warum nicht ins Kino oder ins Theater? Er könne günstige Tickets besorgen. Ich weise ihn energisch zurück, füge aber beschwichtigend hinzu: «Veloreisende müssen sich auch einmal Ruhe gönnen und einfach nichts tun.» Sofort verabschiedet sich der andere nun und holt beim Teehändler sein Geld zurück. Später finden wir unsere Ahnung im Supermarkt bestätigt: Die bei der Degustation angegebenen Preise waren exorbitant überrissen; je nach Teesorte bis zum Zwanzigfachen.

Im berühmten Li-Fluss wuchert dichtes Seegras und Öllachen schimmern auf dem Wasser. Das Thermometer zeigt frostige null Grad, was aber fünf Verwegene nicht davon abhält, im Fluss zu planschen.

«Please, don't go to Indonesia nor Thailand!», lesen wir in E-Mails von Bekannten aus der Türkei und dem Iran. Dort habe nämlich ein Tsunami gewütet und viele Menschen in den Tod gerissen. Diese Fürsorge rührt uns und regt zu Gedanken an. Wäre vor einem halben Jahr in Südindien unser Wunsch nach einem Frachtschiff mit Kurs auf Malaysia erhört worden und unsere Reise wie geplant mit einer Schlaufe durch Indonesien und dann durch Südostasien verlaufen, so hätten wir wohl exakt zum Zeitpunkt des Tsunami an einem thailändischen Strand ausgespannt – zum letzten Mal.

Am Morgen der vierten Nacht in Guilin zeichnet sich auf dem Teppich ein ungewöhnlich heller Strahl ab. Ich traue meinen Augen kaum. Das sind doch tatsächlich durch den Vorhang dringende Sonnenstrahlen. Seit zwei Wochen haben wir die vermisst! Noch immer aber tropft Wasser von den Dächern. Die Zeit ist nun gekommen, mich endlich meinem angeschlagenen Velo zu widmen. Das Schadenausmass am Hinterrad ist verheerend: Drei gebrochene Speichen und auf eine Länge von zehn Zentimeter ein klaffender Riss in einem der Seitenstege der Felge. Das Rad lässt sich von Hand gar nicht mehr drehen. Wie konnte ich so bloss noch in Guilin einfahren? Die Felge ist unwiderruflich am Ende.

Am ersten Tag des Jahres 2005 strahlt am blauen Himmel über Guilin die Sonne, und an meinem Velo rotiert ein neues Hinterrad – selbst gebastelt aus chinesischen Komponenten. Wie immer nach einer längeren Fahrpause haben wir das Gefühl, die Reifen seien ihrer Luft beraubt und der Rahmen bestünde aus Gummi. Da dem nicht wirklich so ist, sind wir schnell aus der Stadt und in den Highway nach Daxu eingefädelt. Karstberge ragen linkerhand in den Himmel. Anderes aber zieht unsere Aufmerksamkeit auf sich: jämmerlichstes Quietschen und Kreischen. Auf der anderen Strassenseite sind ein Mann und eine Frau aus einem Bus gestiegen. Neben ihnen liegen vier zappelnde Kartoffelsäcke auf dem Asphalt. Bei zweien haben sich die Verschlüsse gelockert. Die gefangenen jungen Schweine strecken ihre Schnauze ins Licht, das aber bald durch eine hart gegen sie schlagende Schuhspitze verdunkelt wird. Wir biegen rechts ab in eine schmale, nahezu verkehrsfreie Strasse, die uns am linken Ufer des Li-Flusses an Gemüsegärten, Maisfeldern, Orangen- und Grapefruitplantagen sowie Erdbeerfeldern vorbeiführt. Graue Wolken verfinstern den Himmel und nach wenigen Kilometern endet der Asphalt. So steigen wir auf einer steilen Schotterstrasse in die Karstberge hoch. Zu Beginn ist die Oberfläche des Wegs noch ansprechend. Sie verschlechtert sich aber mit jedem weiteren Kilometer. In der Abfahrt durch ein Karstfeld setze ich auf dem rutschigen Kies weit vor einer scharfen Rechtskurve zu einer Vollbremsung an, ohne dass sich mein Velo aber spürbar verlangsamen würde. Die chinesische Vorderbremse zeigte seit ihrer Montage keine grosse Wirkung, zu billig und schwach ist ihre Konstruktion; dass nun aber auch die Hinterbremse versagt, ist überraschend und erschreckend zugleich. Mit Müh und Not kratze ich die Kurve, und zum Glück flacht das Gelände kurz ab, bevor die Strasse weiter fällt. So kann ich mein rechtes Bein über die horizontale Rahmenstange schwingen, einige Sekunden auf der linken Pedale balancierend weiterrollen, um schliesslich abzuspringen und mit kleinen, schnellen Schritten das Rad zum Stillstand bringen. Glück gehabt! «Schau an, der hintere rechte Bremsklotz ist nicht mehr da!», staunt Bea, die meine Bremsen kontrolliert. Vermutlich wurde er auf dem Weg nach Guilin durch die gerissene Felge derart zermürbt, dass er nun beim ersten Einsatz auseinanderfiel. Als Quittung für den ganz offenbar ungenügenden Veloservice in Guilin muss ich in den sauren Apfel beissen und die folgenden Abfahrten zu

Fuss bewältigen. Das ist gar nicht so einfach bei diesem schroffen Gelände, dem kiesigen Boden und dem schweren Fahrrad ohne vernünftige Bremse. So schaffen wir es heute nicht mehr bis nach Yangshuo und bleiben über Nacht im Fischerdörfchen Xingping in einer zwar günstigen, dafür lausig kalten Absteige hängen. Die Raumtemperatur beträgt gerade mal sechs Grad. Wenigstens wollen wir das Nachtessen in einem warmen Lokal geniessen und erkunden das kulinarische Angebot an der Hauptgasse. Unser Wunsch wird freilich nicht erhört: Alle Türen der wenigen Restaurants stehen weit offen. Auf dem Trottoir haben sich Menschengruppen um kleine Feuerchen geschart und wärmen sich die Hände über der schwachen Glut.

Auch auf kalte Nächte folgt ein neuer Tag.

Gegenüber sehe ich den Velomechaniker bereits wieder – oder immer noch? – über glimmender Kohle die klammen Finger reiben. Bei der Anlegestelle unten entscheiden wir uns spontan, auf dem Li-Fluss zum nahen Yangshuo zu gelangen. Schon sitzen wir im Kutter eines chinesischen Kapitäns und seinem ersten Maat und tuckern über das Wasser, das sich zwischen prägnanten Karstbergen hindurch schlängelt. Aus dieser ungewohnten Perspektive wirkt die Gegend wie verzaubert. Bambuswälder und die senkrecht in den bewölkten Himmel aufragenden, grün überwucherten Berge zeigen uns auf der glatten Wasseroberfläche ihr makelloses Spiegelbild. Einige Anwohner sind auf einfachen Flössen unterwegs, die aus fünf zusammengebundenen, etwa vier Meter langen Bambusstämmen bestehen. Während die einen paddeln, stossen sich andere mit langen Stangen vom Grund ab, um vorwärts zu kommen. An den Füssen gefesselte Kormorane warten auf ihren Einsatz als supereffiziente Fischer. Vielerorts kauern Frauen auf Steinen und waschen im eisigen Wasser Kleider – welch Tortur für die Finger, gehörten sie nicht zu chinesischen Händen. Nach eineinhalb Stunden beschaulicher Fahrt legen wir in Yangshuo an und bummeln durch die West Street, die Touristenmeile, die kaum etwas mit China gemein hat. Genauso gut könnte sie an einem der Strände von Goa verlaufen. Nicht umsonst gilt sie als *backpackers paradise*. Entsprechend zahlreich und billig sind die bescheidenen Unterkünfte.

Es nieselt leicht, der Himmel ist grau – wie könnte es auch anders sein? Die Strasse windet sich eher flach durch die Grapefruit- und Orangenplantagen in den Lücken zwischen den schlanken Karstfingern. Die riesigen, birnenförmigen Grapefruits mit Durchmessern von bis zu zwanzig Zentimetern werden von den Bauersleuten an der Strasse zuhauf feilgeboten. Viele der Frauen haben sich ihre dick in Tücher gewickelten Kleinkinder auf den Rücken gebunden. Immer wieder überholen uns Motorradfahrer, die in einem auf dem Sozius fixierten Stahlkäfig kläglich winselnde oder verzweifelt kläffende Hündchen mitführen. Diese armen Viecher werden bald in Kochtöpfen schmoren. Im ersten kernigen Aufstieg nach Taiping kriegen wir kaum Luft. Denn auf eine Länge von über zwei Kilometer ist der Strassenrand mit stinkenden

Abfallhaufen belegt. Im urtümlich wuchernden Grün wird ruchlos Unrat deponiert. Natur und Tiere werden gleichermassen gering geschätzt. Unser bergiger Weg führt durch saftigen Wald, Reisfelder und vorbei an riesigen Bananenstauden und eher schmächtigen Papayabäumchen, die mit einem Schirm über der Krone vor Regen geschützt sind. Unsere schlechten Bremsen vergällen uns die Freude an den zahlreichen Abfahrten. Wir staunen über das gute Augenlicht der Chinesen. Etliche schmettern aus den verborgensten und entlegensten Winkeln ein freudiges «*Hello!*» zu uns. Häufig können wir die Grüssenden gar nicht ausfindig machen. Alle Bauern aber die wir entdecken, halten ihre Köpfe mit weit ausladenden Strohhüten bedeckt. Und ihre nackten Füsse stecken meist in offenen Schlappen. Auf ihren schmalen Schultern schleppen sie Lasten.

Wie die Leute jeweils mit einem Schälchen Nudelsuppe in der Hand auf einem Kiesplatz stehen, in der Hocke um ein Feuerchen kauern, in der Kälte draussen Karten spielen oder ein dick vermummtes Kind auf dem Rücken tragen, scheint es mir, sie in einem ganz bestimmten Augenblick ihres Lebens, auf dem Weg von oder zu etwas, als eine Art Momentaufnahme zu erblicken. Aber Tatsache ist, dass ihr Leben aus genau solchen Sequenzen besteht, und zwar für vierundzwanzig Stunden im Tag. Sie haben ein Refugium, aber kein warmes – als leuchtendes Beispiel dafür gilt uns Wang –, und nur wenig Kram, den sie ihr Eigen nennen. Sie pflegen aber ihre sozialen Kontakte, haben jederzeit genug zu schlürfen und scheinen nicht mehr zu begehren. Wir denken lange über den Begriff der Armut nach und mutmassen schliesslich, dass in der westlichen Welt oft Einfachheit mit Armut gleichgesetzt wird. Denn die blosse Anhäufung von Sachen wird von den Ökonomen «Lebensqualität» genannt und bei der Bewertung des «Lebensniveaus» ist das Konsumniveau gemeint.

Wir folgen der flachen Strasse, die das linke Ufer des Xijiang Flusses, der weiter östlich zum berühmt-berüchtigten Perlfluss wird, entlangführt. Je mehr wir uns dem Perlflussdelta nähern, desto schlechter wird die Sicht. Liegt dies am Nebel oder am Smog? Die Frage ist rein rhetorischer Natur, stossen wir doch ins grösste urbane Zentrum der Welt vor. Im Grossraum des Perlflussdeltas liegen mehrere Millionen-Metropolen so dicht beieinander, dass sie ohne merkliche Grenzen ineinander übergehen. In der Summe ergibt dies nicht weniger als 48 Millionen Einwohner. Das Perlflussdelta hat einen enormen wirtschaftlichen Boom erlebt. Wolkenkratzer sind wie Pilze aus dem Boden geschossen. Es ist die Fabrik der Welt. Fast zwanzig Millionen Arbeiter schuften zwölf Stunden am Tag, sechs bis sieben Tage in der Woche. Der Bus- und Lastwagenverkehr wird immer dichter und die Luft dicker. In Zhaoqing flüchten wir uns an Bord eines topmodernen Katamarans mit Hongkong als Ziel.

Hongkong, diese Stadt ist pure Verheissung für uns. Sie verspricht Wärme und auch ein wenig Luxus. Wir platzieren uns auf dem oberen Deck des Schiffs. Leider ist die

Sichtweite im Gemisch aus Smog und Dunst auf wenige Meter beschränkt. Die Gischt hinter uns schiesst hoch – wir sind schnell unterwegs. Nach vier Stunden legen wir in Kowloon, Hongkong, an. Hier sind wir also wieder. Ein ähnliches Gefühl durchströmt uns wie damals in Dubai, aber mit anderen Vorzeichen – schliesslich sind wir diesmal freiwillig zurückgekehrt. Nach intensiver Suche buchen wir sechzehn Stockwerke über dem internationalen Völkergemisch auf den Gehsteigen ein Zimmer, in dem auf der einzigen freien Fläche neben Bett und Kühlschrank die arg ramponierten Räder Platz finden. Kaum ist das Gepäck verstaut, befinden wir uns auf dem Weg zum Restaurant Swiss Chalet, wo Campari Orange, Weisswein, Kirsch und Fondue auf uns warten. Dass uns der geschäftstüchtige Glarner Wirt für speziell viel Knoblauch im Schweizer Nationalgericht – was gerade mal einer zusätzlichen Zehe entspricht – gesalzene sechs Euro verrechnet, sprengt unsere Toleranzgrenze. Auf einem chinesischen Markt kann man für diesen Betrag über fünftausend Knoblauchzehen erstehen. Und im edlen Geschäftshaus CitySuper in Kowloon immerhin eine ganze Fonduepackung. Von nun an werden wir uns das Fondue selbst zubereiten und diesen Halsabschneider nie mehr mit unserer Anwesenheit beehren. Auch ohne seine Kochkünste erholen wir uns prächtig von den Strapazen der bisweilen knochenharten Reise quer durch China.

Im TV ist der Tsunami das omnipräsente Thema. Befremdend wirkt auf mich, wie sehr die Chinesen bei ihrer Berichterstattung über die auf Hochtouren laufenden Hilfsaktionen für die Opfer ihre eigenen Verdienste ins Zentrum stellen. Wichtig scheint hier nur, sich selbst in ein möglichst gutes Licht zu rücken. Und dies absolut unabhängig davon, ob die vollmundigen Ankündigungen bei den Bedürftigen irgendeine positive Wirkung zeitigen werden. Das meiste tönt in meinen Ohren nach Blendung, nach Schaumschlägerei. Wetteifern in Europa die Regierungen und die verschiedenen Hilfsorganisationen wohl auch darum, wer sich für versprochene Massnahmen am kräftigsten auf die eigenen Schultern klopfen darf? Führt diese Naturkatastrophe auch in der Schweiz zum verwerflichen Tanz der Eitelkeiten? Bevor wir uns weit nach Mitternacht ins Bett legen, jagen wir in unserer Bleibe noch ein paar vorwitzige Kakerlaken.

Ich tauche tage-, ja wochenlang ab in drittklassige Internetcafés und tippe im penetranten Geruch fettiger Fleischklösschen und im ohrenbetäubenden Schiesslärm der Kriegsspiele auf pelzig-klebrige Tastaturen. Und weshalb? Weil ich von Zeit zu Zeit den Drang verspüre, aus dem Strom der Eindrücke einiges herauszuziehen, gegen das Licht zu halten, von allen Seiten zu betrachten und durch die Niederschrift vor dem allmählichen Verblassen unter den immer neuen Schichten der täglichen Erlebnisse zu bewahren. Bei der Arbeit läuft die bisherige Reise vor meinem inneren Auge wie ein Film ab, der sich aber nicht im Visuellen erschöpft, sondern auch mein Befinden, die Geräusche und Gerüche der jeweiligen Umgebung aufleben lässt. Es tut mir gut, den Rucksack der bereits erlebten und gedeuteten Geschichten abzulegen.

Bea bringt die Fahrräder inklusive der Bremsen wieder auf Vordermann. Wir ersetzen auch einiges defektes Campingmaterial und definieren grob unsere weitere Route. Einzig die Suche nach Streichhölzern und nach Personenschiffen im südostasiatischen Raum ist nicht von Erfolg gekrönt. Beides offenbar anachronistisch, abgelöst durch Feuerzeug und Flugzeug. Ja diese Technik, dieser sogenannte Fortschritt; irgendwie stehen wir Nomaden damit auf Kriegsfuss. Beim zweiten Raclette in unserem Zimmer erleben wir ein Déjà-vu: Der Feueralarm geht los! Ein anderer Gast drückt im Flur laut vor sich hin fluchend sämtliche Knöpfe an der Wand, bis endlich Ruhe einkehrt. Er meint, es habe vermutlich jemand zu viel geraucht. Etwa gar am Ende er selbst? Wir hoffen auf ein baldiges Rauchverbot in sämtlichen Hotels von Hongkong, dann können wir endlich wieder in Ruhe kochen! Erhobenen Hauptes und leichten Schrittes verlassen wir den Tatort, gleiten mit dem Lift nach unten, und siehe da: Auf der Strasse stehen nicht weniger als fünf Feuerwehrautos geparkt. Aufgeregt und doch vergeblich sucht die Besatzung den Brandherd. Da stellt sich nun auch bei uns ein sonderbares Gefühl in der Magengrube ein und wir geloben uns reumütig, mindestens in Hongkong, nicht mehr im Zimmer zu kochen. Auf dem Dach unserer Absteige geht es nämlich auch tipptopp. Wir sind jeweils völlig alleine da oben, ausser einer alten Dame, die den zahlreichen streunenden Katzen scheusslich riechendes Futter hinstreut und einem Herrn, der zwischen den Installationsleitungen seine Schosshunde Gassi führt.

Die Tage vergehen schnell in dieser pulsierenden Stadt. Aus den ursprünglich geplanten zwanzig Nächten wurden erst fünfundzwanzig, dann dreissig, dann ...

Erst als am 20. Februar die Krach-Uhr um halb sechs den neuen Tag einläutet, liegt unsere letzte Nacht in Hongkong hinter uns – es war Nummer zweiundvierzig. Die Zeit ist reif für das Take-off, es kribbelt in den Oberschenkeln. Obwohl die regenschweren Wolken so tief am trüben Himmel hängen, dass die obersten Geschosse der Wolkenkratzer im Grau verschwunden sind, zieht es uns an die Luft: hinaus, weiter! Beim Ablegeplatz des Katamarans peitscht ein kühler Wind über das Wasser und lässt die Wellen tanzen. Der für unser Einchecken verantwortliche ältere Chinese im blauen Overall legt wegen unseres voluminösen rollenden Gepäcks seine Stirn gedankenschwer in Runzeln. Auch seine gestrenge Kollegin mustert mit kritischem Blick, was ihr da unter die noch schlaftrunkenen Augen gekommen ist. Nachdem sie den Sitz des Gepäcks geprüft, für gut befunden und uns einige Hongkong-Dollars abgeknöpft hat, ist die Sache aber geritzt. Sie heisst den älteren Herrn, die vollgepackten Velos in einen Lift zu schieben, und wir spazieren zur Gangway. Aus den Augenwinkeln sehe ich noch, wie der Chinese dazu ansetzt, mein Fahrrad anzuheben, um es besser zu platzieren, sich der hartnäckigen Bodenhaftung des Gefährts wegen aber eines anderen besinnt, es in die gewünschte Position rollt, den Ständer sucht, aber nicht findet und es schliesslich gegen die Wand lehnt.

Leicht wehmütig verfolgen wir, wie sich die Skyline von Hongkong rasch zu einem Punkt zusammenzieht und schliesslich ganz zwischen rauer See und Wolkendecke aufgeht. Vorbei an unzähligen Frachtschiffen, die vor Anker liegen und darauf warten, in einem der geschäftigsten Cargohäfen der Welt ihre Fracht zu löschen, und unter der so imposanten wie eleganten Hängebrücke zu Lantau Island rüber zieht unser Katamaran seine Spur durchs Wasser. Schon nach kurzer Zeit fühlen wir uns wieder mit jeder Faser unserer Körper daheim im China des Permafrosts: Die Lüftung pustet eisige Luft gegen uns.

In Zhaoqing schwingen wir uns endlich wieder auf die bequemen Sättel mit ihren so exakten Abdrücken unserer Gesässe. Noch gehörig steifgliedrig lassen wir uns durch die breiten, fast leeren Strassen treiben und peilen die bereits bekannte Unterkunft an. Das Zimmer in diesem Dreisterne-Hotel ist dreimal günstiger und mindestens dreimal grösser als unsere bescheidene Bleibe in Hongkong. Im Supermarkt werden wir aus grossen Augen neugierig angestarrt und von einem Dutzend verlegen kichernden Verkäuferinnen auf Schritt und Tritt verfolgt. Für denselben Geldbetrag können wir hier fünf- bis sechsmal mehr Ware in den Korb legen als in Hongkong drüben. Und im Internetcafé schlagen wir ein wie Meteoriten. Alle scharen sich um unseren Computer und gaffen auf den Bildschirm.

Am ersten Fahrtag zeigt der morgendliche Blick aus dem Fenster wenig Erfreuliches: Leichter Niesel hängt in der undurchdringlich grauen Luft von Zhaoqing, Fahnen flattern in kräftigem Wind aus falscher Richtung und das Quecksilber steht bei sieben Grad. Dies alles vermag unserem Hochgefühl aber keinen Abbruch zu tun. Die missliche Witterung ist ein zu geringer Faktor im Vergleich zum aufgestauten Verlangen nach Bewegung und Fahrtwind im Gesicht. Der Verkehr ist mässig, doch die Abgaswolken der Busse und Lastwagen sind schwarz und stinkig wie gehabt. Von überall her wird uns aus lächelnden Gesichtern zugerufen. Einer freut uns besonders mit seinem « *Welcome to China!*». In einer der zahlreichen Kneipen mit den weit offenstehenden Türen essen wir über Mittag seit fast fünfzig Tagen wieder einmal Chinesisch. Dabei stellt sich der *Ei braten-Reis* als verkappter Dreikönigskuchen heraus: Hungrig wie ein Wolf fülle ich meine Mundhöhle mit dem Reis und kaue herzhaft, bis mir ein höllischer Schmerz den Kiefer erstarren lässt und jeglichen Appetit raubt. Ein König in Form einer erbsengrossen Glasscherbe – welch originelle Idee! Ich bin also der Glückliche. Doch statt mir nun stolz eine Krone aufzusetzen, muss ich zerknirscht konstatieren, dass sich wohl eine der meinen gelockert hat. Einer der linken unteren Stockzähne ist verletzt. Was nun? Um in China einen Zahnarzt aufzusuchen, bin ich schlicht zu wenig masochistisch veranlagt. Zurück nach Hongkong? Nein. Abwarten und bis auf weiteres auf der rechten Seite kauen, lautet die Devise. Vielleicht ist in Hanoi, oder bestimmt in Bangkok, der medizinische Standard besser. Bald sind wir dort. Die Fahrräder rollen schliesslich wieder wie geschmiert; die Distanzen schmelzen wie Butter in der Sonne.

Auf den letzten dreissig Kilometern vor Yunfu reiht sich ein steinverarbeitender Betrieb an den anderen. Nun, wo der Urwald abgeholzt ist, die edelsten Hölzer in schnödes Geld verwandelt sind, das übrige Holz in Rauch aufging und die fruchtbare Erde wegerodiert ist, bemächtigt sich die Profitgier der Gesteine. Aus Kalk-, Marmor-, Granit-, Gneis- oder Serpentinblöcken werden Platten gefräst, die als Bodenbeläge, Tischplatten, Fassaden- oder Wandverkleidungen enden. Solange der wirtschaftliche Boom anhält, ist im In- und Ausland für Absatz gesorgt. Vor allen Fabriken liegen einem roten Teppich gleich die Hüllen explodierter «Chinesenfürze». Wir vermuten, dass hier alle paar hundert Tonnen verkaufter Produkte mit einer «Knall-Orgie» gefeiert werden. Zurzeit herrscht aber ausser dem schleifenden Geräusch der sich in die Steine fressenden, mit Diamanten besetzten Metallschneideblätter wohltuende Ruhe. Nun ändert sich die Geologie. Und damit auch das Gewerbe. Wo die Hügel aus Ton, Kalk und Mergel bestehen, was sich für die Plattenfabrikation nicht eignet, stehen Zementfabriken mit qualmenden Schloten – ausgebeutet wird einfach alles.

In Yunfu sitzen wir, dick in warme Kleider gehüllt, in einem kühlen Hotelzimmer mit riesigem Doppelbett vor einer dampfenden Gemüsesuppe, die wir in Karimabad, Pakistan, gekauft hatten, sowie vor Brot und Käse aus Hongkong. Wir spüren frische Energie durch unsere Körper strömen und sind glücklich, wieder unterwegs zu sein.

Nach fast zwölf Stunden traumlosem Schlaf kracht die Uhr in die Stille. Nieselregen und kalte Morgenluft aber jagen uns zurück ins kuschelige Bett und bedeuten uns, den ersten Ruhetag einzulegen. Gegen Mittag werden die Strassen von Schülern geflutet, die in ihren blau-weissen Trainingsanzügen mit hochgezogenen Schultern auf den Velos nach Hause zur wärmenden Nudelsuppe radeln. In garagenähnlichen Zimmern mit weit offenstehenden Toren hocken Gruppen um klägliche Feuerchen. Dieser Anblick erschüttert mich stets von neuem. Denn selbst nach mehr als einem halben Jahr Aufenthalt in China habe ich mich noch nicht an die – nach unseren Massstäben – mangelnde respektive nicht vorhandene Wohnlichkeit der Behausungen gewöhnt. Auf dem Markt werden nicht nur knackige, grün und rot leuchtende Gemüse feilgeboten, sondern auch rasierte, geröstete junge Hunde in ihrer Totenstarre präsentiert. Auf einer Holztafel liegen gleich drei solcher Tiere nebeneinander zum Kauf bereit. Ihre Fratzen sind grässlich verzerrt und die Haxen ragen steif in die Luft. Auf den südchinesischen Speisekarten finden sich auch andere kulinarische Skurrilitäten wie Schlangen oder Kröten. Bei den Früchteständen lacht eine Marktfrau derart herzerfrischend derb ob unserer Erscheinung, dass auch wir nicht umhin können, in ihr Lachen einzustimmen. Die Auslagen sind ungemein reichhaltig: Äpfel, Birnen, Orangen, Mandarinen, Kiwis, Erdbeeren, Durian, Karambolen, Melonen, Ananas oder Mangos. Aber Bananen, nach denen es uns gelüstet, sind keine zu finden. Da erblicke ich einen kleinen Jungen, der genüsslich eine Krumme verdrückt. «*Tiga nali*, das wo?», frage ich ihn. Schon zeigt er mit dem Arm die Strasse runter und begleitet mich auf seinem Fahrrad zu einem Bananenverkäufer.

Nebel hat sich dicht wie Wattebäusche zwischen den Häusern festgesetzt, doch lockt uns die trockene Fahrbahn ins Freie. Nach wenigen Kilometern reisst der Himmel auf und die Sonne zwinkert zwischen den Wolken. Sofort verdoppelt sich die Temperatur auf ein angenehmes Mass. Zwischen Reisfeldern wehen die Blätter riesenhafter Bananenstauden im Wind. Auf den kahlen Schultern der nicht als abbauwürdig taxierten Bergkuppen sind zaghafte Versuche der Wiederaufforstung auszumachen. Einer der vielen Motorradfahrer, die mit uns das Gespräch suchen, brilliert mit ein paar Worten Englisch. Er fragt, ob wir Chinesisch sprechen, was wir natürlich verneinen. Immerhin aber wollen wir ihm die paar Wörter seiner Muttersprache nicht vorenthalten, die uns mittlerweile geläufig sind. Bei «*Zai-jian*, auf Wiedersehen!» verabschiedet er sich freundlich, aber abrupt und dreht ab. Damit hat er uns einen typischen Wesenszug der Chinesen gezeigt: das Reagieren auf blosse Andeutungen. Um das Gegenüber nicht mit harten Tatsachen zu brüskieren, bleibt in China der Kern einer Aussage meistens unausgesprochen. Trotzdem führt dies unter ihresgleichen kaum zu Missverständnissen, denn die Sensoren der Chinesen sind derart geschärft, dass sie die Botschaft zwischen den Zeilen herauszuhören verstehen. Dass wir mit unserem «*Zai-jian!*» nichts andeuten wollten und schon gar nicht, dass er sich aus dem Staub machen soll, konnte er unmöglich wissen. Er hat genau so reagiert, wie es sich für einen gut erzogenen Chinesen gehört.

In Luoding ist schnell ein Hotel gefunden, doch bis wir einchecken können, dauert es eine Weile. Das Personal will nichts falsch machen und verkrampft sich derart, dass es in eine Art geistige Starre verfällt, die es lähmt. Das chinesische Sozialverhalten basiert eben nicht wie bei uns auf Schuld und Sühne, sondern auf Scham. Dies erklärt das so unterschiedliche Verhalten. Genau so, wie man in der westlichen Welt bemüht ist, keine Schuld auf sich zu laden, weil einen sonst das schlechte Gewissen quält, wird in Asien alles unternommen, um das Gesicht zu wahren. Die grösste Blamage für einen Chinesen ist die öffentliche Blossstellung. Schliesslich wird per Mobiltelefon eine Dolmetscherin kontaktiert, die es nicht wirklich bräuchte. Im äusserst geräumigen Hotelzimmer toasten wir Brot und bereiten dazu eine delikate Pilzrahmsauce. Der Benzinkocher auf dem Fenstersims läuft problemlos und sein Rauch bleibt unterhalb der Reizschwelle des gleichmütig blinkenden Feuermelders an der Decke. Draussen knallen «Chinesenfürze» um die Wette. Zu feiern gibt es fast täglich etwas in China.

Heute wird es mit sagenhaften 27 Grad so warm, wie das letzte Mal anfangs Oktober 2004, damals noch in der Taklamakanwüste vor Hami – «*gopfertami!*». Bis zur Grenze zwischen der Provinz Guangdong und dem Autonomen Gebiet Guangxi Zhuang ist der Zustand des Strassenbelags katastrophal. Der Beton der mehrspurigen Fahrbahn ist alle ein bis zwei Meter gerissen und die Kanten der Rissflanken sind zentimetertief ausgebrochen. Danach wird die Strasse je Richtung nur noch einspurig und mit schmalem Radstreifen, dafür in guter Qualität, geführt. In den kurzen Aufstiegen massiert sich das Verkehrsaufkommen. Die Schallwellen der Hupen treffen uns wieder wie Dolche und in den schwarzen Dieselwolken ringen wir nach Luft. Ansonsten verteilt sich der Verkehr, und wir nehmen andere Gerüche wahr: Sternanis, Zimt, modriger Abfall oder Angstschweiss von Schweinen. Während wir am Strassenrand einen Tomatensalat verzehren, spritzt auf dem Parkplatz gegenüber ein Mann mit einem Wasserschlauch die Ladung seines Sattelschleppers ab, auf dass sie ihm nicht schon auf dem Transport Richtung Osten verende: erbärmlich quietschende Schweine, zusammengepfercht wie Sardinen in der Büchse. Jene Viecher, die am Rand eingekeilt und deren Köpfe, Beine oder Ärsche zwischen die Gitterstäbe gequetscht sind, erfahren immerhin eine geringe Abkühlung. Wie es aber um jene im Zentrum verstauten bestellt ist, malen wir uns lieber nicht aus. Ihrer zufälligen Lage im rollenden Kerker gemäss urinieren und koten die Tiere gezwungenermassen auch über ihre Leidensgenossen. Nicht besser ergeht es freilich den Hühnern, die zu Tausenden auf analoge Weise zu den Schlachthäusern verfrachtet werden.

Auf dem Weg nach Beiliu genehmigen wir uns bei einem Grapefruit-Verkaufsstand zum Gaudi der Bauernfamilie eine der gelben Früchte, welche die Mutter mit gekonnten Handgriffen für uns aus der robusten Schale pellt. Die noch zäh haftende weisse Haut ist ungewöhnlich dick und die flachen Kerne zahlreich, das Fruchtfleisch aber schmeckt saftig und süss. Die nette Dame an der Rezeption des Stadthotels trägt ihr seidenglänzendes schwarzes Haar über der Stirn zentrisch gescheitelt und am Hinterkopf zusammengebunden. Sie notiert aus den Pässen unsere Namen auf das Registrationsblatt und füllt auch die mit «Adresse» betitelte Zeile aus: «Schweiz, Suisse, Svizzera, Switzerland.» Sie stellt sich mit Coco vor und schreibt auf einen Zettel: «13005965069 *one three zero zero five nine six five zero six nine I can help you every time.*»

Beim Spaziergang zum Supermarkt verfolgen wir das Turnen einer stattlichen Anzahl Frauen im Stadtpark und beobachten Kinder, die wie gebannt in den Bus des Chinesischen Roten Kreuzes glotzen, in dem Spendern Blut aus den Adern gelassen wird. Im Supermarkt sind *wir* die Attraktion und werden von mindestens zehn lustigen Verkäuferinnen in Beschlag genommen. Wir hingegen haben uns bereits derart an den Anblick der Chinesen gewöhnt, dass sie auf uns gar nicht mehr «fremd» wirken. Im Gegenteil: In Hongkong hatten wir die vielen Langnasen mit grossen Augen bestaunt.

Auf dem klebrigen Fussboden schreiten wir die Auslagen des Frühstücksbuffets ab, doch ist nichts als vegetarisch erkennbar. So wenden wir uns an die ranghohe Dame in blauer Uniform, die uns mit «*Good morning!*» begrüsst hat. Sie will unsere Frage aber nicht verstehen. Selbst als wir ihr die entsprechenden Sätze chinesisch geschrieben unter die Nase halten, entkrampft sie sich nicht, sondern verdrückt sich. Auch dies ist typisch chinesisch: Lieber frühzeitig den Rückzug antreten, als sich auf etwas mit ungewissem Ausgang einzulassen.

Bananenhaine und Abfallberge säumen die Strasse. Der dichte Verkehr ist derart laut, dass wir uns in gut chinesischer Manier gegenseitig anschreien müssen, um uns halbwegs verständigen zu können. Dies selbst dann, wenn wir auf gleicher Höhe nebeneinander rollen. Ein junger Mofafahrer redet beharrlich auf mich ein, obwohl ich nach jedem zweiten Satz «*Bu tong*» einwerfe. Dass ich ihn fast nicht höre, geschweige denn verstehe, beeindruckt ihn nicht. Schliesslich schafft er es doch, uns zu bedeuten, dass er ein Foto begehrt. Wir posieren gerne für ihn. In seinem Gesicht zeigt sich kaum eine Regung. Er bedankt sich aber höflich mit einem artigen Knicks. Als er uns den Rücken gekehrt hat und davonbraust, zerspringt er beinahe vor Freude, hüpft aufgeregt auf dem Sattel, findet für seine aufgewühlten Gefühle doch noch ein Ventil und lässt ein paar laute Jauchzer gen Himmel fahren.

Wir befinden uns auf demselben Breitengrad wie die südliche Sahara und doch lässt uns während des Mittagessens am Strassenrand ein kühler Wind frösteln. In grossem Stil wird Zuckerrohr geerntet. Arbeiterscharen tippeln leichtfüssig über die Felder. Auf ihren schmalen Schultern tragen sie ganze Bündel der dunklen Stangen. Alle halten ihren Kopf in einem weit ausladenden, gegen oben in einen Spitz zulaufenden, aus Palmblättern geflochtenen Hut vergraben. Sie vermitteln das Bild einer wandelnden Kolonne strohgelber Kegel. Fast jede Frau trägt ein Baby auf dem Rücken. Dabei spielt es keine Rolle, ob sie mit Feldarbeit, Wassertragen oder Waschen beschäftigt ist. Der kleine Wurm wird nie einfach in einer Wiege oder auf einer Matte deponiert, wie wir dies in Indien, oft bei Baustellen, gesehen hatten. Nicht selten werden die Mütter von zwei oder drei weiteren Kindern begleitet. Weil sie einer ethnischen Minorität angehören, gilt für sie die Ein-Kind-Regel der Han-Chinesen nur als Empfehlung. Andere Leute führen an einer Leine ihre Büffel spazieren. Sie streifen über die sattgrünen Wiesen und über die Felder, im Mund ein Stück Zuckerrohr, an dem sie zufrieden ihre Zähne wetzen.

Ab und zu lösen sich einige schwere Tropfen aus dem düsteren Morgenhimmel. Doch nass werden wir heute nicht vor allem deshalb, sondern wegen unserer sporadisch steigenden Körperhitze. Das Asphaltband der Nebenstrasse nach Shangsi windet sich nämlich durch hügelige Gegend. Alle hundert Meter nutzen wir die gesamte Palette unserer Gangschaltung. Die steilen Rampen erinnern uns an die *rampas tschok dik* am Schwarzen Meer. Und die idyllischen urtümlichen Dörfer mit den Pump- und Ziehbrunnen, den gemeinschaftlichen Waschplätzen und den Freiluftställen mit Strohhaufen auf erhöht liegenden Holzbühnen an Indien. Wasserbüffel mit abenteuerlich geschwungenen Hörnern suhlen sich wohlig im Schlamm der Tümpel, trotten gutmütig mit horizontal nach vorn gerecktem Hals vor Karren aus knorrigem Holz oder ziehen Pflüge, welche rasterförmige Muster auf die Äcker zeichnen. Die Blätter der Bananenstauden säuseln fein im leichten Wind.

Der üppig-grüne Teppich, der sich über die Bergflanken spannt, mag nicht darüber hinwegtäuschen, dass kein urwüchsiger Wald mehr vorhanden ist: Der Primärwald ist vollflächig abgeholzt. Die meisten Zonen sind nur mit Büschen überwuchert und die Bäume stehen oft wie die Armee der Terrakotta-Krieger in Reih und Glied. Es sind nämlich Nutzpflanzen wie Orangen-, Mango- oder Grapefruitbäume. Auch Föhrenwälder werden bewirtschaftet. Da vorne wird aus den Stämmen Harz abgezapft: In die Rinden sind Kerben geschlagen, aus denen die klebrige, zähflüssige, gelbweissliche Masse in Auffangschalen läuft. Der kühlen Witterung und dem steifen Wind zum Trotz sind viele Bauern barfuss oder mit nackten Füssen in offenen Sandalen unterwegs. Zwei Frauen tänzeln behände über die Strasse. Über ihre Schultern ist ein halbiertes und damit geschmeidig elastisches Bambusrohr gelegt. An beiden Enden baumelt ein randvoll mit schwappendem Wasser gefüllter Eimer.

Westlich von Shangsi stinken Luft und Erde gleichermassen nach Gekotztem, Schwefel, Gas oder Durchfall. In jeder grösseren Ortschaft qualmt eine Zuckerrohr verarbeitende Fabrik. Und die den Dünger der Monokulturen ausdünstende Erde wird im grossen Stil umgeschichtet, denn schon bald soll sich auch hier als Schlagader des Booms eine Autobahn durchwälzen. Ansonsten breiten sich Zuckerrohrplantagen aus, so weit das Auge reicht. Die sanft ansteigenden baumlosen Hügel lassen in uns Bilder aus Anatolien, zwischen Diyarbakir und Silvan, auftauchen. Nur dass dort nicht Zuckerrohr, sondern Mais- oder Weizen standen, das Quecksilber die Vierzig-Grad-Marke weit überstieg und Hans-Michel und Nicole an unserer Seite radelten.

Über Mittag picknicken wir auf einem abgeernteten Zuckerrohrfeld im Schatten hoch aufragender Bambusse, deren armdicke Rohre sich aneinander reiben und knarren. Die vorbeispazierenden Frauen der hier lebenden Minorität tragen ihre Haare über dem linken Ohr horizontal gescheitelt und die Strähnen auf der Gegenseite zusammengebunden. Gegen Abend finden wir hinter Bananenstauden auf einem Acker mit fester Erde einen perfekten Zeltplatz. Der noch mondlose Himmel ist mit funkelnden Sternen übersät. Zwei winzige Frösche, nicht grösser als ein Fingernagel, leisten uns beim Kochen Gesellschaft.

Am frostigen Morgen hängt im östlichen Himmel die saftig gelbe Sichel des abnehmenden Mondes. Sie schickt sich an, die Sonne wachzuküssen. Das Rascheln der

Arbeiter in den nahen Zuckerrohrfeldern übertönt das Brutzeln der Zwiebeln in unserer Pfanne, doch besucht uns niemand. Die Mondsichel verblasst in dem Masse, wie sich das Tagesgestirn über die sanft im Wind wiegenden Halme der Bambusse erhebt und ihr Licht generös auf den Bananenhain hinter uns ergiesst. Wir frieren noch eine ganze Weile im Schatten, bis die Sonne genügend hoch steht, um auch uns mit ihren wärmenden Strahlen zu beglücken. Grillen zirpen um die Wette und Vögel zeichnen erhaben ihre Kreise an den klaren Himmel oder zwitschern wohlklingende Melodien von den Bäumen. Die schmale Fahrspur ist kaum benutzt. Sie führt kurvenreich über die hügelige und bereits aufgeheizte Landschaft. Wir laben uns an der reinen Luft, die unsere Lungen füllt. Die Zhuang-Frauen mit den Babys im Huckepack beschenken uns mit ihrem strahlenden Lächeln. Haushohe Bambusse biegen sich einem Torbogen gleich über die Strasse. Drei Bäuerinnen schlendern neben einem Wasserbüffel her zur Arbeit. Ihre Köpfe sind mit spitzen, kegelförmigen Palmblatthüten bewehrt.

In Ningming verschwindet Bea in einen Supermarkt. Ich warte draussen bei den Rädern. Weil mir die zu weite Trainerhose über die Knie zu rutschen droht, beginne ich in Geduldsarbeit den seit Tagen im Hosenbund verkrochenen Bändel in die Nähe des Schlitzes zu schieben. Als ich schliesslich reüssiere, freuen sich alle dreissig eifrig mitfiebernden Umstehenden mit mir: Seufzer der Erleichterung werden ausgestossen. Das anschliessende Einkaufen auf dem Markt ist zeitintensiv, aber durchaus lohnenswert. Von den farbenprächtigen Auslagen und den vom Leben geprägten Gesichtern der Leute geht eine eigentümliche Faszination aus. Viele der Marktfrauen hocken auf einem niederen Schemel, das eine Bein über das Knie des anderen geschlagen und kneten mit der einen Hand die Zehen, während sie mit den Fingern der anderen in ihren weiten Nasenlöchern bohren und neugierig den Inhalt inspizieren. In einem komfortablen Hotelzimmer geniessen wir die heisse Dusche, doch das Zähneputzen bereitet nur halb so viel Spass wie gestern Abend unter dem nächtlichen Sternenmeer.

In Pingxiang, der letzten chinesischen Stadt vor der Grenze zu Vietnam, ist der Einfluss des Nachbarlandes unverkennbar. Die Häuser versprühen mehr Charme und Witz als die in China sonst üblichen nüchternen Zweckbauten. Freilich sind nur die der Strasse zugewandten Fassaden liebevoll gestaltet. Die anderen Hausmauern der schmalen, meist zweistöckigen Betonbauten verbreiten in ihrem fensterlosen Grau Tristesse pur. Auf dem Markt werden frische Baguetten feilgeboten. Und in den Gestellen der Lebensmittelgeschäfte liegt vietnamesischer Kaffee, der dem ansonsten omnipräsenten Nescafe den Rang abgelaufen hat. Die vietnamesischen Schriftzeichen auf den Verpackungen der Cashewnüsse vermögen wir zwar auch nicht zu verstehen, doch immerhin zu lesen.

Zum Wechseln unserer verbliebenen Yuan Scheine in vietnamesische Dong werden wir am Bankschalter unverhohlen auf den Schwarzmarkt verwiesen. Dort stehle ich mich mit einem geschäftstüchtigen Rikschafahrer in eine ruhige Ecke. Nach kurzem Klingenkreuzen über den angemessenen Wechselkurs vollziehe ich den Deal. Weil ich noch nie zuvor einen vietnamesischen Geldschein gesehen habe, lasse ich besondere Vorsicht walten. Auf allen Noten prangt das sympathische Antlitz von Ho Chi Minh. Das ist schon mal vertrauenerweckend. Als weiteres Indiz für die Echtheit der Scheine werte ich ihre Abgegriffenheit. Jene makellos glatten, die ausschauen wie Blüten frisch ab Presse, weise ich unter Verdacht zurück – zu Unrecht, wie sich später herausstellen wird.

Vietnam, 8. bis 23. März 2005

Bei angenehm milder Temperatur rollen wir unter leicht bedecktem Himmel aus Pingxiang Richtung Freundschaftspass, der mit einer Höhe von etwa vierhundert Metern über Meer die Bezeichnung «Pass» nicht wirklich verdient. Weil von der Grossstadt Nanning her an der Autobahn bis hin zur Grenze gearbeitet wird, müssen wir den Löwenanteil der Steigung auf dem Schotter einer Umfahrungsstrasse bewältigen. LKW, Taxis, Busse und Rikschas mit winkenden Langnasen drin lassen uns zusammen mit dem böigen Wind innert Minuten altern. Bea glaubt, neben sich meinen Vater Fritz mit der ehrwürdig weissen Haarpracht schwitzen zu sehen. Wir beide lachen und nehmen den Staub und Sand gleichsam als letzten Gruss der chinesischen Strassenarbeiter.

Die Grenzbeamten des Reichs der Mitte wirken beschwingt und sprechen sogar Englisch. Ohne Kontrolle unseres Gepäcks werden wir freundlich ins Niemandsland bis zur Grenze der Sozialistischen Republik Vietnam entlassen. Dort erwarten uns uniformierte Marionetten. Heiterkeit scheint diesen blutlosen, wächsernen Figuren fremd zu sein. Zum Glück taugen diese unterkühlten Grenzbeamten nicht als Gradmesser für das Auftreten des Volks. Strahlend und herzlich lächelnd empfangen uns nämlich auf den ersten Metern in Vietnam Bäuerinnen, die am Strassenrand Zuckerrohr feilhalten. Allenthalben wird uns «*Xin chao!*» oder «*Hello!*» zugerufen. Zum ersten Mal auf unserer Reise gewinnen wir Zeit: Wir drehen die Uhrzeiger eine Stunde zurück. Im warmen Menschen- und Sonnenschein reisen wir nach Lang Son. Eine Bäuerin transportiert schwer beladene Körbe auf einem Handwägelchen, dessen Räder auf zwei der drei Schienenstränge der Eisenbahn laufen. So wird diese Strecke, die unter hohem Blutzoll einheimischer Zwangsarbeiter unter der Leitung von Ingenieuren der französischen Kolonialmacht erstellt wurde, wenigstens etwas mehr genutzt. Denn Züge verkehren kaum. Das Trassee dient auch den Kindern als Schulweg und den Büffelhirten als Sitzunterlage. Nun aber rumpelt darauf schnaubend ein eisernes Ungetüm bergwärts. Die verrosteten Güterwagen springen ungeduldig wie Flöhe auf dem Gleis – Schritttempo als Maximalgeschwindigkeit, um auf Kurs zu bleiben. Wie der Name Lang Son für Ohren aus dem germanischen Sprachraum vorwegnimmt, zieht sich dieses Städtchen in die Länge. In warmen Pastelltönen gehaltene, stilvoll verzierte und durch schwungvolle Terrassen aufgelockerte Fassaden strahlen mediterranes Flair aus. Der Anziehung eines solchen Hauses, an dem der Schriftzug «*ca phe*» prangt, wollen wir nicht widerstehen und lassen uns im beschatteten Parterre in Korbstühle sinken. Leere Bordeaux-Flaschen in einer Mauernische zeugen von früheren Gelagen. Der *ca phe* tropft dickflüssig und tiefschwarz aus einem silbernen Filter in die Tasse, aus der alsbald kräftiges Aroma wie feiner Rauch emporsteigt. Schon hat sich ein fliegender Händler mit seinem Fahrrad vor uns postiert. Er kramt kurz in der Blechkiste auf seinem Gepäckträger und zieht eine ofenfrische Baguette heraus. Dies als weiteres, für uns erfreuliches Erbe der über achtzig Jahre und bis Ende des Zweiten Weltkriegs dauernden kolonialen Unterdrückung durch die Franzosen.

Im Strom der tausend Motorräder und Velos – Autos sind noch die Ausnahme – lassen wir uns einige Kilometer weitertreiben, vorbei an unzähligen *khach san* oder *nha ngi*, den mehrheitlich als Familienbetrieb geführten Hotels. Im ausgewählten Zimmer ist die Frische der Bettwäsche nicht über alle Zweifel erhaben. Dafür verfügt es über einen Balkon, der auf die belebte Strasse geht, und über dem Doppelbett hängt an einem verschnörkelten Holzgestell ein Moskitonetz, das wir am Abend auf jeden Fall benutzen werden. Schon jetzt steht das Skore der zerklatschten Blutsauger auf über zehn. Statt der in gehobenen chinesischen Hotels üblichen fein säuberlich verpackten Utensilien wie blütenweisse Schlappen, Zahnbürsten und Duschkappen entdecken wir im Bad lediglich einen schmierigen Kamm. Die Atmosphäre in der Stadt dünkt uns weit entspannter als im Land des grossen Nachbarn. Das Nachtessen in einem gut besuchten und lauten Restaurant gerät aber zum Flop. Dass es auf und unter den Nachbartischen wie in einem Schweinestall aussieht, stört uns keineswegs, doch das Fleisch im Tofu, die fettigen Pommes und das fade, wässrige Gemüse sind nicht nach unserem Gusto. Selbst die bestellte Flasche Bordeaux, Jahrgang 1996, ist weit über ihrem Zenit und ungeniessbar. Wir schliessen aus dieser Erfahrung, dass wir wohl auch in Vietnam vorwiegend selbst kochen müssen.

Der Morgenverkehr unter unserem Balkon verursacht Geräusche, die typisch sind für nassen Asphalt. Kaum aber lässt der Niederschlag ein wenig nach, sitzen wir auf den Sätteln. Die Luft riecht würzig nach Gras und Reis. Grün überwucherte Karstberge ragen ins Grau des tiefhängenden Himmels. Die Landschaft ist nur spärlich mit Bauten durchsetzt. Bald öffnen sich die wankelmütigen himmlischen Schleusen wieder und begiessen uns – wir sind im Nu patschnass. Immerhin bleibt die Temperatur im angenehmen Bereich. Auch die Vietnamesen mit ihrem fröhlichen Gemüt wärmen uns. Sie strahlen eine Leichtigkeit des Seins aus, wirken freier, gelöster, schlicht und einfach normaler als ihre meist verstockten und oft begriffsstutzigen nördlichen Nachbarn. Dieser Unterschied ist vermutlich durch die zwar beiderseits unseligen, im Kern jedoch völlig anders gearteten Geschehnisse vor vier Jahrzehnten bedingt. Im China jener Jahre befand sich der Feind innerhalb des Landes. Maos totalitäres System mit seinen perfiden Kampagnen untergrub das Vertrauen der Leute ineinander. Der Nachbar, ja selbst der Freund oder die eigenen Kinder konnten einen schon morgen bei den Schergen des Staats denunzieren. Kein Wunder also, haben sich viele Chinesen emotional eingeigelt. Ganz anders verhielt es sich im Vietnam jener Epoche. Die Vietnamesen hatten während dem Vietnam-Krieg respektive dem Amerika-Krieg, wie er hier logischerweise genannt wird, in den Amerikanern über Jahre einen gemeinsamen äusseren Feind. Das schweisste sie als Willensnation zusammen. Die ständige Bedrohung durch die Flächenbombardements festigte den Kitt in den Genossenschaften und konnte den Aufbau der Volkswirtschaft nur bremsen, aber keinesfalls stoppen. Die vom Pentagon beabsichtigte und immer heisser herbeigesehnte Demoralisierung der vietnamesischen Bevölkerung blieb aus. Innerhalb der Gesellschaft herrschte Ruhe und Stabilität.

Der Amerika-Krieg wurde erst im Jahre 1975 beendet. Die neun Jahre Luftkrieg der USA gegen Vietnam waren eine der blutigsten Auseinandersetzungen der Menschheit im letzten, an Kriegen so reichen Jahrhundert. Auf Vietnam und die südlich angrenzenden Länder Laos und Kambodscha haben insgesamt siebeneinhalb Millionen Tonnen amerikanische Bomben eingeschlagen. Dagegen nehmen sich die knapp zwei Millionen Tonnen niedergegangenen Bomben auf ganz Europa im Zweiten Weltkrieg geradezu bescheiden aus. Die unermesslich harte Kriegszeit kostete etwa drei Millionen Vietnamesen das Leben, zwei Drittel davon Zivilisten.

Zwischen den Dörfern dehnen sich die Reisfelder bis zum Horizont. Wo sich auf diesen noch kein dichter, grüner Teppich gebildet hat, liegen die Felder unter einer glatten Wasserfläche, in der sich die rackernden Vietnamesen und die vorbeiziehenden Wolken spiegeln. Mit Pferd, Büffel oder Ochse wird gepflügt. Mit blossen Händen wird jeder einzelne Setzling gesteckt. Trotz dieser ermüdenden Arbeit in gebückter Haltung erspähen uns die Bauersleute aus Distanzen, von denen wir sie ihrer spitzen Hüte wegen nur als schwankende Bojen wahrnehmen. Sie winken, lachen und rufen uns zu. Die wenigen Busse auf der alten Strasse nach Hanoi versuchen sich durch die Übermacht der Zweiräder den Weg frei zu hupen. Die meisten Motorradfahrer tragen auf ihrem Kopf den für Vietnam typischen grünen, stählernen Tropenhelm mit der breiten Krempe. In Kombination mit kurzer Hose sieht diese Militärschüssel besonders merkwürdig aus.

In Bac Ninh essen wir am Stand einer alten, gutherzigen Frau knusprige Baguetten. Sie kann nicht mitansehen, wie wir uns im Stehen verpflegen und trägt hurtig einen Plastiktisch und ebensolche Stühle im Miniformat heran. Bei jedem Lächeln lässt sie ihre traditionell schwarz gefärbten Zähne aufblitzen – zumindest jene, die in ihrem Mund bis heute ausgeharrt haben. Schwarze Zähne entsprachen früher dem Schönheitsideal in Vietnam. Noch in den Dreissigerjahren des letzten Jahrhunderts waren fast alle Vietnamesen stolze Träger gefärbter Zähne. Vor der Eheschliessung, also im zarten Alter von etwa zehn Jahren, wurde mit dem Färben begonnen. Als Erstes wurde ein Farbstoff zubereitet, der unter anderem Flügel roter Ameisen enthielt. Der Farbbrei wurde dann auf ein Stück Bananenblatt gestrichen und über Nacht zwischen Zähne und Wangen gelegt. Diese Prozedur wiederholte sich so lange, bis die Zähne dunkelrot schimmerten. Nun erst folgte das eigentliche Schwärzen mit einer Eisensulfat-Gerbsäureverbindung. Die heutige Generation hat für diese Tradition freilich nur noch Kopfschütteln übrig. Seit Jahren sind auch hierzulande «pepsodent-weisse» Beisserchen en vogue.

Nun spricht uns eine Lehrerin an und lädt uns zum Tee in ihr Haus ein. Wir folgen ihr und finden uns bald in einem herrschaftlichen Gebäude wieder, wo uns ihre alte, gebückte Mutter begrüsst. Wir streifen die Schuhe ab und setzen uns im offenen, kahlen Raum mit Steinboden auf kaum dreissig Zentimeter hohe rote Plastikschemel an ein Tischchen. Als wir der Gastgeberin in kurzen Worten unsere Geschichte der Weltreise erzählen, meint sie nach längerem Drucksen, wir seien ja *ho-*

meless, ohne Heim. Dieses bedeutungsschwere Wort ging ihr nicht einfach von den Lippen. Es machte den Anschein, als müsste sie es eine steile Rampe emporschieben. Auf der Kante oben lag es einen kurzen Augenblick zögernd in der Schwebe, um ihr dann unvermittelt zu entgleiten: *homeless!* Sie errötet vor lauter Verlegenheit über ihre Aussage, und uns wird klar, dass *homeless* zu sein für die Vietnamesen wohl das schlimmste aller auszudenkenden Unglücke ist. Das Heim – Haus und Familie – nimmt den zentralen Platz in ihrem Fühlen und Denken ein. Ein Vietnamese ist primär Mitglied der Familie, der Sippe und des Clans, sekundär feuriger Patriot und erst an dritter Stelle rangiert der Glaube oder die kommunistische Gesinnung. Nicht umsonst lautet ein vietnamesisches Sprichwort: «Ein Tropfen Blut ist mehr als ein Teich voll Wasser.» Das Heim bedeutet materielle Sicherheit, emotionale Geborgenheit und moralischer Rückhalt. Dies ist in einem Land ohne soziales Auffangnetz durch den Staat von entscheidender Bedeutung für das Funktionieren der Gesellschaft. Die weiteren Worte unserer Gastgeberin offenbaren uns aber auch, dass in der Neuzeit das Familiengefüge am Erodieren ist. Ihr Mann sei Bauingenieur und arbeite im vierzig Kilometer entfernten Hanoi. Der grossen Distanz wegen kehre er aber nur einmal die Woche, manchmal auch nur einmal im Monat ins traute Heim zurück. Bea und ich runzeln die Stirn und denken beide dasselbe: «Was sind schon vierzig Kilometer? Der Highway nach Hanoi ist doch bestimmt in gutem Zustand.» Sie erzählt dies in aller Selbstverständlichkeit und ohne Gram oder Selbstmitleid. Wichtig ist für die modernen Leute des heutigen Vietnams scheinbar einzig und allein das Wissen um die Familie und nicht das effektive Zusammenleben. In diesem Licht betrachtet, stehen wir zwei *homeless* gar nicht so schlecht da. Wir sind uns der heimatlichen Bande selbst über die 22000 Kilometer Entfernung bewusst und haben auch ohne Haus das Privileg, uns täglich hautnah spüren zu dürfen.

Der Highway trägt uns trotz einer gebrochenen Speiche in meinem Hinterrad rasch vor die Tore Hanois. Hier verdichtet sich der Verkehr zu einem noch selten gesehenen emsigen Durcheinander von Zweirädern. Mit ungläubigen Augen erlebe ich als Teil der fliessenden Masse, wie sich bei Kreuzungen die Ströme aus vier Richtungen mit nur leicht gedrosseltem Tempo ineinanderschieben, sich verknäueln und sich auf wundersame Weise wieder entflechten. Hanoi zählt eine Million Einwohner, wirkt aber der fehlenden Hochbauten wegen wie ein geschäftiges, farbiges Dorf. Der verschnörkelte Stil und die weichen Farben der Fassaden verströmen eine gemütliche Atmosphäre.

Die folgenden sechs Ruhetage in der Hauptstadt Vietnams vermitteln uns ein zwiespältiges Bild. Nach dem ersten schwülen und mit über dreissig Grad heissen Tag setzen Wind und Regen ein, und es kühlt empfindlich ab. Auch die Stadtbewohner strahlen eher Verachtung denn Wärme aus. Das Verhältnis zu den zahlreich anwesenden *tays*, wie wir nicht asiatischen Ausländer als Sammelbegriff betitelt werden, scheint uns nachhaltig gestört zu sein. Wenn das Gegenüber nicht mehr als andersartiger und vielleicht sehr interessanter Mitmensch, sondern nur noch als gesichtsloser Teil einer dollarschweren Touristenmasse wahrgenommen wird, zeitigt dies traurige Auswüchse. Wer im Zentrum von Hanoi überhaupt noch grüsst, verfolgt damit einen kaum verhohlenen Zweck. Die Herzen bleiben verschlossen – Geldgier und Neid haben sie zugeschnürt. Uns noch unbekannte Früchte wie Brotapfel oder Netzannone lassen wir in den reichhaltigen Auslagen liegen, weil wir nicht gewillt sind, uns von einer vergrämten Marktfrau ohne jeden Witz im Ausdruck melken zu lassen. Für eine Frucht verlangt sie erst 10000 Dong, wäre aber aufgrund unseres Stutzens auch bereit, eine Null zu streichen. Doch selbst die reduzierte Summe ist noch überrissen und wir entfernen uns mit leeren Händen wieder. Wir erleben nicht zum ersten Mal, wie Touristen ausgenommen werden. Angesichts der Finanzkraft unserer Gilde ist dies nicht ganz unverständlich. Langnasen kaufen schliesslich in einer französisch angehauchten Boulangerie Brote, die bis zu sechzigmal teurer angeboten werden als die Baguetten am Strassenrand. Geradezu unerträglich sind uns hier im Zentrum Hanois aber die zusätzliche Verachtung und das Fehlen jeglichen Respekts für uns als Menschen. Ähnliches ist uns in Murree, Pakistan, widerfahren.

Abseits der Touristenpfade ist Hanoi insgesamt gepflegt und lebhaft. Viele Frauen sitzen auf dem Gehsteig vor ihren Häusern und spielen in Gedanken versunken mit ihren Zehen. Der Verkehrsstrom wälzt sich vor ihren Augen wie ein Brei zwischen den Häuserzeilen hindurch und verlangt ab und zu seinen Tribut. Mit einem Motorrad-Taxi unterwegs zu *Uncle Ho*, wie Ho Chi Minh liebevoll genannt wird, erleben wir eine Szene, die sich im Gewusel einer Stadt wie Hanoi wohl ziemlich oft abspielt: Eines der Motorräder schräg vor uns kollidiert mit dem Roller einer Frau, die sich unvorsichtigerweise einen leichten Schwenker erlaubt hat, und schrammt den Asphalt. Nur kurz vernehmen wir des Fahrers Schmerzensschreie, schon sind wir weiter gedriftet und der tausendstimmige Motorenlärm hat seine Rufe zugeschüttet.

Uncle Ho liegt seit dreissig Jahren in seinem Mausoleum als wächserne Mumie unter einem Sarkophagdeckel aus Glas. Das gespreizte Getue um seine Überreste geschieht gegen den ausdrücklichen Willen dieses feinfühligen, hochintelligenten und bescheidenen Manns, der sein ganzes Leben uneigennützig in den Dienst des vietnamesischen Volks gestellt hatte. Er wünschte sich, nach seinem Tod eingeäschert zu werden, die Asche sollte im Wind verstreut werden. Nun aber wird seine tote Hülle ausgestellt und dem Vernehmen nach jährlich für etwa drei Monate zu Unterhaltszwecken nach Russland transportiert. *Uncle Ho* wird vom Volk allenthalben als «*Our great President*» betitelt und bisweilen verehrt wie ein Gott.

Zum Reinfall wird leider unser letztes Abendessen in Hanoi. Wir begeben uns zu einem Restaurant, das von Mahayana-Buddhisten, strikten Vegetariern, geführt wird.

Aber allein schon der Blick in die Speisekarte schnürt uns die Kehle zu. Da lesen wir doch tatsächlich: «Nudeln mit Schwein» oder «Huhn mit Reis». Auch auf den Tellern der Nachbartische sieht es unappetitlich nach Fleisch aus. Es wird uns aber versichert, dass alles vegetarisch zubereitet wurde. Einem Informationsblatt in der Menükarte entnehmen wir, dass die Mönche ihr Dilemma, keine Tiere töten zu dürfen, den Gästen aus Höflichkeit aber deren gewohntes, fleischhaltiges Essen vorsetzen zu wollen, seit alters her durch Fleischimitationen aus Gemüsen lösten. Ein genialer Schachzug oder plumpe Anbiederung? Mich dünkt Letzteres der Fall zu sein. Warum nicht mit erhobenem Kopf zur Überzeugung stehen und eine eigenständige vegetarische Küche etablieren, wie dies beispielsweise in Indien der Fall ist? Die Gerichte in diesem Restaurant entbehren jeder Inspiration und Kunst, ausser jener der Verstellung und munden als fader Abklatsch entsprechend geschmacklos.

Der Highway Nr. 1, dessen südliches Ende im 1700 Kilometer entfernten Ho Chi Minh City liegt, führt uns in dichtestem Motorradverkehr aus der Stadt. Nach einigen Kilometern nimmt die Belegung der Strasse ab, doch bleiben uns der Motorenlärm und das nervtötende Hupen erhalten. Es ist um kein Jota angenehmer als in China. Dafür hellen die Gemüter der Leute auf, je weiter wir die Hauptstadt hinter uns lassen: Ein Lächeln hier, ein «*Hello!*» da oder unverdorbenes Gekicher scheuer, junger Mädchen. Von gefluteten Reisfeldern umbrandete Friedhöfe und stinkende Tümpel mit Federvieh prägen das Bild der Landschaft. Beim Reparieren des Schadens wegen einer eingefahrenen Scherbe umringen uns freundliche Leute, die wenig Scheu zeigen, unsere Helme anzuprobieren, die Pumpe auf ihre Funktionsweise hin zu untersuchen oder die Landkarte aus dem Plastikschutz zu klauben und auf der feuchten Erde auszubreiten. Viele verschwinden so schnell und unauffällig wieder, wie sie unvermittelt aus dem morastigen Boden aufgestiegen sind. Die eine aber erst, nachdem sie uns hartnäckig einen Sack voller Schnecken anzudrehen versuchte.

Als uns Kinder verächtlich «*Money-money!*» nachrufen und uns damit zu rollenden Geldsäcken degradieren, sind wir wieder in Touristengebiet: bei den Tam Coc Caves in der Nähe der Stadt Ninh Binh. Wir spüren beide, dass wir hier am besten in gestrecktem Galopp vorbeiziehen sollten, doch steigen wir am Gestade ins Boot von zwei Frauen, und das Schicksal nimmt seinen Lauf. Mit ihnen verbringen wir die nächsten zwei Stunden. Die Jüngere sitzt im Bug und führt ein Paddel, während die Ältere im Heck positioniert ist, ebenfalls in Fahrtrichtung schaut und die Ruder nicht etwa mit den Händen, sondern mit den Füssen bedient. Wie herrlich diese Ruhe auf dem trägen Fluss! Da stören nicht einmal die zahlreichen anderen Boote mit den überraschend freundlich grüssenden *tays*. Noch in der Stadt Hanoi ist uns kaum je das Lächeln eines Westlers zugeflattert. Wie doch die Umgebung das Verhalten der Menschen zu beeinflussen vermag! Da und dort tanzt Abfall auf der vom

Ruderschlag leicht gekräuselten Wasserfläche, und doch überwiegt die Idylle. Direkt neben der Fahrrinne breitet sich bis zum Fuss der sich steil gen Himmel reckenden Karstberge beidseitig ein saftig hellgrüner Teppich von Reissetzlingen aus. Neben Touristenbooten kreuzen uns auch die Kähne von Händlern mit ihren Getränke-, Biskuits- und Früchteauslagen. Der paradiesische Eindruck wird dadurch verstärkt, dass jene keine Anstalten machen, ihre Ware verkaufen zu wollen. Alle hier wirken satt und zufrieden. Nun führt die Wasserstrasse durch drei herrlich kühle Karsthöhlen. Das Gleiten durch den von Stalaktiten gezackten Grotteneingang in die weiche Dunkelheit ist eindrücklich. Die Finsternis in der Kaverne wird durch keinen Lichtstrahl zerteilt. Das Verweilen im feuchten Bauch des Bergs ist ergreifend. Wäre da nicht das plätschernde Geräusch der ins Wasser eintauchenden Ruderblätter, es herrschte Grabesruhe. Das Ausbrechen ins Licht ist von befreiender Schönheit. Meine Augen ziehen sich zu einem schmalen Schlitz zusammen und erkennen auf dem grün schimmernden Wasser als Erstes schillernde Reflexionen von Bäumen, deren Kronen sich über den Fluss neigen. Auf die dritte Wiedergeburt aber folgt der vernichtende Schlag, die Verstossung aus dem Garten Eden ins sumpfige Gelände der *dulich*, der Touristen: Ein Händlerboot dockt an. Die Verkäuferin drängt uns in schnoddriger Manier, Geld locker zu machen für überteuerte Dinge, die wir nicht benötigen. «Wenn ihr schon keinen Kaffee für 10000 Dong nippen wollt, so spendiert doch wenigstens euren durstigen Ruderinnen eine kleine Erfrischung!», quengelt sie. Hartherzig widersetzen wir uns dem moralischen Erpressungsversuch. Die Stimmung jedenfalls ist entzaubert und die nicht enden wollende Rückfahrt erscheint uns als ein einziges grosses Missverständnis. Aus einer offenbar bodenlosen Blechkiste unter ihrer Sitzbank zieht die Junge laufend neue Produkte hervor, die wir doch bitte kaufen sollen: T-Shirts, Mützen, Ansichtskarten oder Tischtücher – wir haben doch gar keinen Tisch! Einige Ruderschläge vor dem Anlegeplatz erheben die beiden Frauen im Chor die Forderung nach Trinkgeld: «*Tip, tip, tip!*» Wir besänftigen die gierig ausgestreckten Hände mit je einer 10000-Dong Note. Damit können sie sich selbst mindestens zwanzig Tassen Kaffee zubereiten. Dies sollte ihnen genug Stärkung verleihen, um die nächste, hoffentlich erfolgreichere «Absahne-Tour» durchzustehen.

Beim Abendessen löst sich nach wenigen Bissen die Füllung meines Stockzahns aus der mangelhaften Verankerung, die ein französischer Zahnarzt zu verantworten hat. In Hanoi knöpfte mir dieser für diesen Pfusch sechzig Dollar ab, nachdem er mir für eine lange Viertelstunde seine säuerlich riechenden Achselhöhlen zugemutet hatte.

Der neue Tag versöhnt uns wieder mit dem vietnamesischen Volk. Es regnet leicht und Blechlawinen wälzen sich stinkend, dröhnend und hupend an uns vorbei, doch verhalten sich die Leute wieder normal. Das heisst, sie sind freundlich, neugierig, hilfsbereit und gesprächig, ganz ohne Hintergedanken. Die wenigen Kegelhüte und Hintern, die wir in der Weite der Reisfelder ausmachen, wirken irgendwie verloren – was für eine herkulische Arbeit! Bei einem Früchtestand begrüsst uns eine ausnehmend nette Verkäuferin mit hellem, offenem Blick. Wir zeigen auf zwei pralle, rotbackige Äpfel, die sie uns sofort unter dem Wasserhahn wäscht und auf einem Teller serviert. Nun schickt sie sich gar an, die Früchte zu schälen, doch bereits haben wir, wie Barbaren, unsere Zähne in die Äpfel geschlagen. Die Marktfrau schmunzelt amüsiert über diese Rohheit – nie würde ein Vietnamese eine Frucht mitsamt Schale verspeisen. Das schönste Lächeln schenken uns die Bäuerinnen, die auf ihren mit Holz oder Reissäcken beladenen Rädern unterwegs sind. Eine folgt uns über einige Kilometer strahlend und halb mit uns, halb im Selbstgespräch plappernd: «*Hello, xin chao, goodbye, tambiet!*» Die Landschaft zwischen den Dörfern besteht noch immer vornehmlich aus mit Grabstätten gespickten Reisfeldern. Offenbar wurden die Kinder, Frauen und Männer direkt in jenem Fleck Erde begraben, auf dem sie von den amerikanischen Bomben zerfetzt wurden. Oft überholen uns Motorradfahrer, die in Körbe gepresste oder auf Holztafeln gebundene Hunde oder Schweine befördern. Selbst die kleinsten Kinder springen bei unserem Anblick auf, schwenken die Arme zum Gruss und kreischen: «*Tay, tay, tay!*» So zwei echte *tays* sind eben schon was anderes als jene, die nur über die Mattscheibe flimmern. Auch bejahrte Frauen lachen uns zu und entblössen dabei ihre schwarz glänzenden Beisserchen. Von einem Trauerzug auf einem nahen Feld dringen Trommelschläge und die klagenden Laute einer Zurna zu uns. Später beansprucht eine solche Prozession die ganze Gegenfahrbahn des Highways. An der Spitze des Zugs hält einer ein schwarzes Kreuz in die Luft, dann folgen Fahnenschwinger und Sargträger umgeben von Klageweibern und dahinter das gemeine Trauervolk. Als wir in Vinh einfahren, pflastern uns in der Abendluft hängende Mückenschwärme die Gesichter zu. Wieder wird uns im Hotel schmutziges Bettzeug vorgesetzt, das aber nach energischer Intervention von Bea vom mürrischen Zimmermädchen ausgewechselt wird. An den niederen hygienischen Standard in Vietnam haben wir uns noch nicht gewöhnt. Weshalb diese Absteige mit zwei Sternen dekoriert ist, bleibt uns schleierhaft.

Die Stadt Vinh ist wahrlich kein schöner Anblick. Die Farbe an den Fassaden der uninspiriert hingeklotzten Wohnsilos blättert grossflächig ab und die Strassenzüge wirken irgendwie überdimensioniert. Das erstaunt nicht, wurde die Stadt im letzten Jahrhundert doch zweimal völlig zerstört. Erst legten die Franzosen Vinh in den frühen 50er Jahren in Schutt und Asche. Dann verwandelte Ende der 60er Jahre der Beschuss durch die US-Luftwaffe und durch die Kriegsflotte die wieder aufgebaute Stadt erneut in ein Trümmerfeld. Mit finanzieller Unterstützung der DDR wurde nach dem Amerika-Krieg für die überlebenden Einwohner in Rekordzeit eine taugliche Infrastruktur aufgezogen – für ästhetische Aspekte fehlten Zeit und Geld.

Für das Wechseln vietnamesischer Dong in laotische Kip werden wir in der Vietcom-Bank auf den Markt zum Goldhändler verwiesen. Erstaunlicherweise ist der Kurs weit besser, als wir gemäss Informationen aus dem Internet berechnet haben. Auch das Volumen der uns in Plastiksäcken überreichten Notenbündel übersteigt unsere Erwartungen: Für Dong im Wert von etwa 160 Euro kriegen wir einen hübschen Stapel 5000er Kip-Scheine, 420 an der Zahl.

Auf der letzten Etappe in Vietnam verdichtet sich der anfängliche Niesel kurz nach dem Start zu Regen. Bald überholen uns moderne Fahrradhelme, leuchtende Rucksäcke und elegante Rennvelos: ein älteres deutsches Paar auf dem Weg von Hanoi nach Ho Chi Minh City. Mehr als ein hastiger Wortwechsel liegt nicht drin mit ihnen. Ihr Weg ist noch lang und die Ferien im Verhältnis dazu nur kurz bemessen. Über mehr Zeit und Musse verfügen die fröhlichen Bäuerinnen, denen die Begriffe «Freizeit» oder «Urlaub» fremd sind. Zwischen Kegelhut und überladenem Velo strahlen sie, kleinen Sonnen gleich, hervor. Eine hängt sich über mehrere Kilometer an meine Packtaschen. Zum Glück ist sie, als einzige der Gruppe, mit nur leichter Fuhre unterwegs. Ihre Kolleginnen kugeln sich vor Lachen und geben ihre Englischkenntnisse zum Besten. Dass diese bereits nach zwei Worten erschöpft sind, ist ihnen einerlei. Sie kompensieren den Mangel an Vielfalt mit endloser, unermüdlicher Wiederholung: «*Hello, goodbye, hello, goodbye, hello ...*»

Eine nur wenig benutzte Nebenstrasse führt uns Richtung Westen. Der Regen hat ausgespielt. Gegen Mittag zeigt sich gar ab und zu die Sonne. Auf einem Markt suchen wir vergeblich nach Baguetten. Die Frauen aber haben ihre helle Freude an uns *tays*. Sie können nicht umhin, alles zu betatschen. Nur die Berührung mit der Hand beweist die Echtheit. Eine zwickt mich dreist in die Oberschenkel und ist mit dem Resultat sichtlich zufrieden. Immer häufiger brechen Hügel durch die mit Reisfeldern ausgekleideten Ebenen. Sie sind erste Vorboten der Annam Highlands, die wie ein Rückgrat zwischen Vietnam und Laos in Nord-Süd-Richtung verlaufen. Das schmale Asphaltband führt uns durch verschlafene Dörfer oder Hüttensiedlungen und vorbei an Bananenhainen, in deren Zentrum von Palmen beschattete Anwesen mit reich verzierten Fassaden thronen. Vogelgezwitscher erfüllt die klare, frische Luft. Im mittlerweile tadellos blauen Himmel lacht die Sonne und das Quecksilber hat sich über die Dreissig-Grad-Marke gehievt. Später aber schieben sich rabenschwarze Wolken vor das Himmelblau, Windböen zerren an uns, und Blitze zucken am Horizont, gefolgt von grimmigen Donnerbässen. Unter dem Blechdach eines Restaurants sitzen wir den wolkenbruchartigen Regenschauer aus. Neben den kahlen, mit weissen Grabstätten gepflasterten Hügeln erinnern auch drei Einbeinige und ein Einarmiger an den gar nicht so weit zurückliegenden Amerika-Krieg. Das dioxinhaltige Entlaubungsmittel Agent Orange und Blindgänger fordern noch heute, dreissig Jahre später, täglich ihren Tribut. Gemäss Angaben des Vietnamesischen Roten Kreuzes leiden etwa eine Million Menschen an Missbildungen, verschiedenen Krebsarten oder Schwächungen des Immunsystems. Das alles sind Spätfolgen des amerikanischen Dioxins, das sich noch heute in der Nahrungskette befindet. Umso erstaunlicher erscheint uns der Goodwill der Leute, der uns entgegenbrandet. Immerhin könnten wir die Kinder jener Teufel sein, welche sie mit ihrer technisch überlegenen Kriegsmaschinerie feige aus der Luft angegriffen hatten. Hass und Groll sind freilich keine guten Ratgeber zum Weiterleben. Ein leichtes Herz ist gerade in bösen Zeiten ein Gebot der Vernunft. Einsicht und Kraft aber, sich nicht in negative Gefühlsregungen zu verbeissen, sind nicht allen Völkern gegeben.

Das bläulich glänzende Haar der Schülerinnen reicht bis unter die zerfledderten Fahrradsättel, die nur durch Schnüre zusammengehalten werden. Um den vornehm hellen Teint nicht zu gefährden, halten die Teenager ihre Schulbücher zwischen Sonne und Kopf. Während mehrerer Kilometer begleiten uns zwei 18-jährige Mädchen. Obwohl sie seit über sieben Jahren Englischunterricht geniessen, verstehen sie kaum einen Satz, und ihre eigenen Aussagen bleiben bruchstückhaft. In die trotzdem mögliche Unterhaltung vertieft, verpassen wir die letzte Ortschaft mit Unterkünften vor der laotischen Grenze. Die Landschaft wird einsamer, hügeliger und grüner. Beim Gedanken an die bevorstehende Zeltnacht beschleicht uns ein mulmiges Gefühl in der Magengrube. Nebst dem Bild der Einbeinigen schwirrt die unfassbare Zahl von siebeneinhalb Millionen Tonnen abgeworfener amerikanischer Bomben mit einem nicht vernachlässigbaren Prozentsatz noch nicht detonierter Munition in unseren Köpfen umher. Auf keinen Fall werden wir ausgetretene Pfade verlassen, was die Zeltplatzsuche natürlich erschwert. Der Kilometerstein am Strassenrand trägt die Ziffer 18, was der Distanz bis zum in der Höhe liegenden Grenznest Cao Treo entspricht, und die Sonne hat sich bereits aus dem Staub gemacht. Da spannt sich unvermittelt über unseren Köpfen ein Band mit der Aufschrift «Resort Khu Dulich Sinh Thai Son Kim, Nuoc Sot, 50 m» über die Strasse. «Dein Dusel ist schon fast kitschig», nehme ich Bea hoch, die heute in der Verantwortung steht, eine Unterkunft zu organisieren. Für fünf Euro beziehen wir einen schmucken Bungalow auf Stelzen. Wir duschen uns mit zusammengekniffener Nase unter dem schwefeligen Mineralwasserstrahl aus der Brause, kochen Kartoffel- und Tomatensalat und schütten uns neben dem Swimmingpool drei eiskalte Halida Biere die trockenen Kehlen runter. Grillen und Frösche sind für eine dynamische Geräuschkulisse besorgt. Sterne blinzeln uns aus dem samtenen Nachthimmel zu. Und der bleiche Bruder sitzt einem Buddha gleich wohlgenährt und zufrieden im Weltall.

Laos, 23. März bis 12. April 2005

Die kaum befahrene Strasse windet sich durch saftiges, wucherndes urwüchsiges Grün auf den Keo Nua Pass. Zäher Nebel hängt in den Baumkronen. Tropfen quellen aus der mit Wasserdampf gesättigten Luft und hüllen uns in ein feuchtes Perlenkleid. In einigen Kehren werden neue Brücken erstellt und wir über schlammige Erdpisten umgeleitet. In diesem Gebiet einen Zeltplatz zu finden, wäre tatsächlich kein leichtes Unterfangen gewesen. Cao Treo als Grenzstadt, nur schon als Dorf zu bezeichnen, wäre eine grobe Übertreibung. Im strömenden Regen passieren wir die bis auf ein paar mürrische Beamte verlassen wirkende Grenze. Bald aber zeigt sich die Sonne, und der kräftige Ostwind, der seinen ganzen Feuchtigkeitsballast auf der vietnamesischen Seite des Annam Gebirges abgeworfen hat, vertreibt die letzten Wolkenfetzen am Firmament und trocknet uns Kleider und Haare. Mit herzlichen «*Sabai dii!*»-Rufen werden wir im neuen Land willkommen geheissen. Die kleinen Weiler wirken sehr ordentlich. In, um und unter den aus Holz konstruierten Stelzenhäusern nimmt das ländliche Leben seinen Lauf: Männer baumeln dösend in Hängematten, Kinder spielen ausgelassen im Schatten, Frauen sitzen auf den Veranden und winken uns zu. Die spontane Freundlichkeit der Leute ist schlicht umwerfend. Am späten Nachmittag eskortieren uns Horden von Schülern, die ihren Heimweg angetreten haben. Sie alle tragen einwandfrei weisse Hemden. Die Strasse ist oft nicht asphaltiert, aber im trockenen Zustand dennoch gut befahrbar. Kühe weiden auf Magerwiesen, Frauen waschen sich in Flüssen die Haare – nicht eine Fabrik stört die Idylle. Die Luft duftet herrlich rein und der Wind treibt uns feinen Sand in die Augen.

Auf dem Markt von Laksao schmiert ein Bäcker Kondensmilch in Crêpes und streut Zucker darüber. Wir geniessen sechs davon zu drei Büchsen Bier *Bia Lao*. Ein junger Bursche spendiert uns dazu ein Glas *Lao-Lao*, eine Art Whisky aus Reis, und reicht uns auch in Bananenblätter gewickelte, süsse Reiskuchen. Nun erstehen wir eine Hand Bananen, deren Finger mit runden, schwarzen, pickelharten Steinen durchsetzt sind: Steinbananen. Ihr Aroma ist vorzüglich.

Auch am nächsten Morgen: Luft so süss wie Honig. Von Nebelschwaden umspielte Karstberge. Saftiges Grün des Walds. Knalliges Rot der Erde. Glockengebimmel weidender Kühe. Einem quietschenden Ferkel nachjagende Hunde. Sich wohlig im Schlamm suhlende Schweine. Zwei Männer, die gemeinsam einen Baumstamm zersägen. Und grüssende Vollmondgesichter der Laotinnen, die von den Terrassen der einfachen Holzhäuser strahlen.

Wir rollen mal auf Asphalt, mal auf Erdpiste und kommen gut voran. Abgesehen von zwei entgegenkommenden Lastwagen, vollgestopft mit kläglich winselnden, halbzerquetschten Hunden auf dem Weg zu vietnamesischen Metzgern, haben wir die Strasse für uns allein. Diese Camions der Hundeschlachter aber ziehen Duftfahnen hinter sich her, die es in sich haben. Selbst für uns geübte «Wegriecher» sind sie zu lang und intensiv, und wir erwischen eine Nase voll des fürchterlichen Gestanks der Todesangst. In den ersten paar hundert Höhenmeter schroffer Steigung trieft uns Schweiss aus allen Poren. Gleichsam als Belohnung für die Anstrengung spült frischer Waldgeruch mit leicht harziger Note unsere Lungen. Und das wellenartig zum Fortissimo anschwellende Gezirpe der Grillen wirkt wie Meditationsmusik auf mich. Die bizarr gezackten Felsen des «Phou Hin Boun Kalkstein-Walds» in der «Nationalen Biodiversitäts-Konservations-Zone» zeichnen sich dunkel vor dem mit Wolken behängten Himmel ab. Drei kahl geschorene Mönche des Hinayana-Buddhismus in orangen Umhängen und schwarzen Schirmen als Schutz gegen die ansonsten meist sengenden Sonnenstrahlen kreuzen vor uns die Strasse und erinnern daran, dass fast jeder Laote in seinem Leben für eine Woche bis drei Monate in ein Wat, einen buddhistischen Tempel, zieht. Das laotische Leben ist trotz dem seit dreissig Jahren herrschenden Kommunismus bis in jede Faser von einer Mischung aus Buddhismus, Geisterglauben, Animismus und Ahnenkult geprägt. So wird beispielsweise davon ausgegangen, dass jeder Körper aus 32 Teilen besteht, wovon jeder mit einem eigenen, unbeständigen Geist beseelt ist. Von der Anwesenheit dieser Geister ist das Wohlergehen des Menschen abhängig. Mit einer Baasii-Zeremonie können die oft flüchtigen Lebensgeister aufgerufen werden, sich im Körper zu versammeln und die volle Lebenskraft zu sichern. Dabei werden Sprüche brummelnd geweihte weisse Baumwollfäden über den Handgelenken geschwenkt, bevor sie dann verknotet und für mindestens drei Tage umgebunden bleiben. Weil sich der Sitz der Geister nach laotischer Vorstellung im Haupt befindet, darf den Kleinen nicht mit der Hand über den Kopf gestrichen werden.

Selbst auf der Hauptverkehrsader von Laos, die von Luang Prabang im Norden über Vientiane und Pakse nach Champassak im Süden führt, sind die während einer halben Stunde uns begegnenden Fahrzeuge an einer Hand abzählbar. Die wenigen Autos und Busse aber fegen in überhöhtem Tempo durch die Gegend und entlocken dem Asphalt von grober Textur laute Geräusche. In der Regenzeit bietet diese raue Oberfläche bestimmt guten Schutz vor Aquaplaning. Jetzt setzt sie aber auch unseren eher breiten Reifen nichts als grossen Rollwiderstand entgegen. In relativ kurzen Abständen folgen sich die Dörfer mit den typischen Stelzenbauten aus Holz. Die Hitze von vierzig Grad drängt die Laoten in den Schatten unter ihren Häusern und lässt sie bis tief in den Nachmittag hinein der Siesta huldigen. Hier schaukeln sie in Hänge- oder liegen ausgestreckt auf Bambusmatten. Wer trotzdem auf dem Fahrrad unterwegs ist, schützt sich mit Schirm oder Schulbuch vor den feurigen Sonnenstrahlen – Frauen, Männer und Kinder gleichermassen. Wir genehmigen uns als Energieschub einen nahrhaften Zuckerrohrsaft und verspeisen unser schon am Morgen gekochtes

Mittagessen in zwei Etappen an Tischen von Restaurants. Dabei umringen uns Kinder, die ruhig dastehen und uns aus ihren schwarzen Augen still betrachten. Die Schulmädchen in knöchellange Röcke, die Knaben in dunkle Hosen und weisse Hemden gehüllt. Ältere Frauen sind, der Hitze gehorchend, am Oberkörper oft nur mit einem Büstenhalter bekleidet. Wie in jedem bisher bereisten Land haben wir uns auch hier in Laos mit der Sprache auseinandergesetzt. So ist uns die feine Differenzierung bei der Frage nach dem Ort der Toilette nicht entgangen. Muss man sich entleeren, so fragt man entweder: «*Pai bau juu-sai*, wegbewegen leicht befinden-wo?», oder «*Pai thaai juu-sai*, wegbewegen grossmachen befinden-wo?»

Ein Stelzenhüttchen am Strassenrand, leer und sauber, würde sich zum Übernachten anbieten, doch ist der Zugang zum Muan, einem Zufluss des Mekongs, steil und mit dornigen Büschen überwuchert. Das Wasserschöpfen ist deshalb kaum möglich. Nach einigen Kilometern führt uns jedoch ein Fahrweg direkt zum Fluss hinunter. Hier am flachen Ufer breiten wir die Zeltblache aus, hauchen unseren drei Matten Komfort ein und verbinden sie zu einer einzigen Matratze. Am Fussende wuchten wir zwei Bambuspfosten in den Boden und platzieren die bepackten Velos bei den Kopfecken. Nun spannen wir Seile über das Geviert und knüpfen das Moskitonetz daran – fertig ist unser gut durchlüftetes Lager. Im Zelt würden wir vor Hitze zergehen. Als wir uns im Fluss baden und waschen, parken zwei junge Fischer ihr Motorrad neben unserem Lager, grüssen freundlich «*Sabai dii!*» und entschwinden alsbald im seichten Wasser auf der Jagd nach Fischen, Krebsen oder Fröschen. Der Mond steigt als rote Scheibe auf, wechselt seine Gesichtsfarbe aber bald in ein milchiges Gelb. Im silbernen Schimmer seines Lichts kochen wir *Spaghetti al burro, aglio, cipolla e peperoncini*, die auf wundersame Weise nach unserer Lieblingspizza in Zürich schmecken. Nun schwingen sich die beiden Jungs mit triefenden Kleidern auf ihr Mofa, verabschieden sich mit «*Sabai dii!*» und knattern in die Nacht. Schon bald liegen wir auf unserem Lager. Sterne funkeln über uns und ein Lüftchen streicht zart wie eine leicht bebende Hand über die nackte Haut. Am anderen Ufer waten Fischer im hüfttiefen Fluss. Der Schein ihrer Lampen malt Lichtpfützen auf die gekräuselte Wasserfläche, die glänzt wie fein im Wind zitterndes Lametta. Das Geräusch des von den Fischern verursachten Wellenschlags webt sich zusammen mit ihren gedämpften Stimmen in den Klangteppich der Grillen.

In der Morgendämmerung tönt es in kurzen Abständen «blupp-blupp» vom Fluss herauf. «Blupp-blupp». Ich schlage die Augen auf und sehe Fische mit kühnen Sprüngen nach Insekten jagen. Nach ihrem Eintauchen breiten sich auf der ruhigen Wasseroberfläche in konzentrischen Kreisen sachte Wellen aus. In der Ferne streifen einzelne Fischer noch als blasse Schemen durchs Wasser. Über demselben Baum wie gestern Abend der Mond, erhebt sich nun die rot getünchte Sonne.

Die mehr als hundert Kilometer bis Thabok ziehen sich beim leichten Gegenwind und der sirrenden Hitze von 41 Grad in die Länge. Bald zeigt sich auf der linken Seite zum ersten Mal der Mekong. Er liegt träge da wie eine Schlange nach dem Mahl. Mekong, welch klingender Name! Im Vergleich zum Yangtze in China nimmt er sich aber als bescheidenes Rinnsal aus. Da drüben also liegt Thailand – wieder ein neues Land zum Greifen nah.

Im Bewässerungsgraben eines Reisfeldes planschen zehn Frauen. Sie sind mit einem Tuch verhüllt, das über der Brust verknotet ist. Ihre Kinderschar vergnügt sich splitternackt. Alle waschen sich Haut und Haare und tragen später gleich noch je zwei Kübel voll Wasser nach Hause. Sie scherzen und lachen ausgelassen, winken uns und rufen im Chor: «*Sabai dii!*» In der folgenden Ansiedlung sind dutzende Frauen und Kinder vor der drückenden Hitze in den Dorfbach geflüchtet. Unbeschwert geniessen sie den Augenblick und freuen sich des Lebens. Einige schrubben sich Haut oder Kleider neben Wasserbüffeln, die sich die Füsse kühlen, saufen und ab und zu einen weit tragenden Rülpser fahren lassen.

Die Hähne krähen schon morgens um drei Uhr um die Wette und stacheln einander zu immer hysterischerem Gekrächze an. Langsam gewöhnen auch wir uns an diesen Rhythmus der Tropen, stehen ohne den Wecker gestellt zu haben um halb fünf Uhr auf und sind zwei Stunden später bereits auf der letzten Etappe nach Vientiane oder Viangchan, wie die Einheimischen die Hauptstadt des alten Königreichs der Millionen Elefanten, das erst vor dreissig Jahren zur Volksdemokratischen Republik Laos wurde, nennen. Beim Verkaufsstand einer alten Frau kippen wir vier frische Ananassäfte in unsere aufgeheizten Körper. Über Mittag sind wir erneut fast die einzigen auf dem glühenden Asphalt. Es ist zu drückend heiss für übertriebene Geschäftigkeit. Die Laoten scheinen uns ohnehin nicht das arbeitswütigste Volk auf Erden zu sein. Wurde in anderen Ländern ameisengleich stets etwas transportiert, seien es die riesigen Körbe voll Laub auf den Köpfen der indischen Frauen, die Holzfuhren der Uiguren in Xinjiang oder die ungeheuer beladenen Fahrräder in Vietnam, so haben wir in Laos noch keine mit Waren gefüllten Eselskarren gesichtet. Dafür begegnen uns die Leute ausnahmslos freundlich und offenherzig. Sie wirken sorglos und zufrieden. Es macht den Anschein, in Laos sei jede Aktivität, die über das Nötigste hinausgeht, ein von Geberländern gesponsertes Projekt. Fast unglaublich, wie sich die Weltgemeinschaft um dieses kleine Land mit seinen sechs Millionen Einwohnern bemüht. Auf Schildern prangen jeweils die Namen der Spender und Initianten: «*UN World Food Program*», «*World Health Program*», «*United nations children fund*», «*Japanese Bank for International Cooperation*», «*Christian Organisation of Sweden*», «*Australian foreign aid program*» und so weiter. Noch zeigen sich die Bewohner unbeeindruckt von diesem geldschweren Aktivismus und verharren in ihrem beschaulichen Dasein. Bestimmt viel zu schnell wird die Regierung dem Druck erliegen, das Land und damit auch die Unbeschwertheit und Fröhlichkeit des Volks unter dem Deckmantel des Fortschritts auf dem Altar des Geldes zu opfern. Die Industrie wird entwickelt und die Ressourcen wie Gips, Zinn, Gold, Eisenerz und Holz ausgebeutet. Und auch das grosse Potenzial für Wasserkraftwerke wird ausgeschöpft. Das Regiebuch ist längst geschrieben: Ein Blick nach China genügt, um zu erfahren, wie der Raubbau an Natur, Tier und Mensch ablaufen wird.

Die abenteuerlich schlanken und hohen Stelzen einiger Häuser bringen mich ins Grübeln. Diagonalen scheinen die Laoten nicht zu mögen. Deren stabilisierende Wirkung ist wohl bekannt, doch wiegt für die Leute vermutlich schwerer, dass man sich an solchen die Köpfe blutig schlagen könnte. Ein heftiger Sturm, ein Beben der Erde, und die Hütten fallen zusammen wie Kartenhäuser. Dank den leichten, durchlässigen Hauswänden aus geflochtenen Palmmatten ist immerhin das Eigengewicht der Bauten minimal. Zudem ist die Angriffsfläche des Windes gering und das fahle Licht des Mondes fällt aufs Nachtlager. Das gilt für die traditionellen Bauten. Anders verhält es sich aber bei den Heimen von reicheren, moderneren Leuten, die auf dem Stelzenbau Wände aus Backsteinen hochziehen und die Dächer mit Blech oder Ziegel statt mit Stroh decken. Je mehr wir uns der Hauptstadt nähern, desto zahlreicher werden am Strassenrand Häuser mit bis zum Boden reichenden Fassaden. Bei diesen wird nichts mehr vom Innenleben preisgegeben, die Mauern schotten ab und unterbinden den Kontakt mit der Aussenwelt.

Zwanzig Kilometer vor Vientiane sind Ansätze einer Industriezone auszumachen, der Verkehr verdichtet sich ein wenig und die Abfallberge neben der Strasse schwellen an. Die Schülerscharen rufen uns nun «*Hello!*» statt «*Sabai dii!*», und die Erwachsenen enthalten sich gänzlich eines Grusses – wir sind in der Stadt angekommen. Ein Zimmer ist bald gefunden, und schon erkunden wir das reichhaltige kulinarische Angebot um den Nam Phon, den Hauptplatz. Alle Preise auf den Speisekarten sind in US$ angeschrieben und um Vielfaches höher als im übrigen Laos. Das Angebot ist klar auf westliche Gaumen abgestimmt und weder verlockend noch erschwinglich fürs laotische Volk. Sämtliche im Zentrum promenierenden Leute und die Gäste in den Restaurants sind Touristen. Neben uns sitzen zwei ältere Paare aus der Schweiz. Und hinter uns ein bulliger, bejahrter Deutscher mit zierlicher Thai-Frau an seiner Seite. Das Personal wirkt stumpf und unfreundlich. Eine solch strikte Trennung von Einheimischen und Touristen nicht nur in gewissen Lokalen und Läden, sondern gleich flächendeckend, erscheint uns aber doch sonderbar und ist eine neue Erfahrung. Vientiane wirkt an diesem ersten Abend wie eine Retortenstadt, die mit dem Rest des Landes nichts gemein hat.

Die Glutofenhitze drückt uns fast zu Boden. Sie lähmt jede Tatkraft schon im Ansatz. Erst ein Zyklon über dem Südchinesischen Meer beschert uns kühlere und feuchtere Luft.

1. April 2005 – wir sind bereits zwei Jahre «*on the road*». Einfach verrückt, wie die Zeit galoppiert! Umso mehr sind wir froh, dass noch kein Ende unserer Reise absehbar ist. Beim abendlichen Flanieren gefällt uns Vientiane besser. Wir vermissen aber das typische asiatische Gewimmel und Gewirr in den Gassen.

Auf holpriger Strasse rollen wir unter der brütenden Sonne in erstaunlich dichtem Verkehr ostwärts aus Vientiane, vorbei an einer Metallfabrik, einer Bierbrauerei, einer Gasproduktionsanlage, einer Zementfabrik und einem Pharmakonzern. Nach wenigen Kilometern ist die Freundschaftsbrücke, die sich mit einer Spannweite von mehr als tausend Meter über den Mekong spannt, erreicht. Noch selten haben wir an einer Grenze eine solch gelöste Atmosphäre erlebt. Wir müssen uns ernsthaft anstrengen, um einen Austrittsstempel in den Pass zu erhalten – ungehindert hätten wir ohne ausreisen können.

Thailand, 12. April bis 7. Juni 2005

Hier sind wir also: «*Sawat-dii*, Thailand!» Unser Timing ist gut. Es wird Songkran, das buddhistische neue Jahr gefeiert. Weil der Beginn der Zeitrechnung mit der Geburt von Siddharta Gautama, Buddha, im Jahre 543 vor Christus zusammenfällt, stehen wir nun am Anfang des Jahres 2548. Dieses Fest bedeutet für uns an jeder Ecke eine willkommene Abkühlung. Denn die Tradition will, dass man sich gegenseitig mit Wasser begiesst, um sich damit die im vergangenen Jahr angehäuften Sünden abzuwaschen. Die Feier dauert offiziell vom 13. bis 15. April, aber Übermütige begehen das Neujahr schon Tage zuvor. Aus Pick-ups, *tuktuks*, aus Fenstern und von den Balkonen der Häuser oder einfach vom Gehsteig kommen laufend Fontänen geflogen. Unsere Kleider triefen längst. Wir sind bereits vollkommen geläutert. Die uns angespritzten Wassermassen würden ohne weiteres reichen, die Verfehlungen unserer ganzen Sippschaft während der letzten zwanzig Jahre zu neutralisieren. Einer kippt mir behutsam mit Eis gekühltes Wasser über den Nacken – ein wahrer Erfrischungs-Schock bei vierzig Grad!

Im nahen Nong Khai hängt an der Stirnseite eines Holzhauses, in dem Unterkünfte vermietet werden, unter dem First eine Fledermaus. Über der Zimmertür blinzelt uns zur Begrüssung schelmisch ihre Partnerin zu. Kaum ist die Tür hinter uns ins Schloss gezogen, entlädt sich ein krachendes Gewitter. Aber trotz Blitz, Donner und strömendem Regen sinkt die Temperatur um keine zehn Grad. Bea ermattet zusehends und klagt über Kopfweh und Gliederschmerzen. Sie hat heute wohl ein wenig zu viel Sonne erwischt. Ab jetzt versuchen wir, unseren Rhythmus besser der tropischen Hitze anzupassen. Das bedeutet: zusammen mit der Sonne die Horizontale aufsuchen und die kühleren Morgenstunden zum Radeln ausnutzen.

Mit neuem Tatendrang starten wir frühmorgens unter bedecktem Himmel. Der Belag des breiten Highways Richtung Süden ist in perfektem Zustand, unser Velostreifen grosszügig bemessen und für den mässigen übrigen Verkehr stehen zwei Spuren pro Richtung zur Verfügung. Nach den ersten paar Dutzend Kilometern durch flache, eher öde und menschenleere Gegend mit weidenden Büffeln, auf deren Rücken Vögel sitzen und das leckere Ungeziefer aus dem Pelz picken, kommen die ersten Wasserschwalle geflogen. Am liebsten ist den Leuten, wenn wir anhalten. So können sie uns in aller Ruhe zeremoniell und mit Stil begiessen, uns dazu die Wangen mit einem weissen Babypuder einseifen und «*Happy New Year!*» wünschen. Es folgen eine Straussenzucht, zwei Orchideenplantagen, unzählige Wats, deren Fassaden in der Sonne glänzen, goldene Buddhafiguren und immer zahlreichere Wasserwerfer. Selbst ältere Frauen sind mit Haut und Haar im «*Sanuk*-Element». *Sanuk* ist einer der drei wichtigsten Bestandteile der thailändischen Lebensphilosophie und heisst ganz einfach Spass. Es steht neben *sabai*, das mit gemütlich, wohlig, angenehm oder bequem umschrieben werden kann und neben *suay*, das schön bedeutet. Auf dem Markt sprechen zwei Knaben auf mich ein und beenden zu meinem Gaudi fast jeden Satz mit «*Khrap!*», wie ich dies in einem Phrasen-Büchlein gelesen habe. Nun üben wir fleissig die weibliche Begrüssungsformel «*Sawat-dii khah!*» für Bea und die männliche «*Sawat-dii khrap!*» für mich und können uns kaum halten vor Lachen, als es beinahe analog zurückschallt. Nur am Tonfall müssen wir noch ein wenig feilen. Insbesondere das «*khah!*» muss so ausgesprochen werden, als käme es direkt aus einem Krähenschnabel geflogen.

In Udon Thani prüfen wir die vielgelobte Ehrlichkeit der Thais. Ohne den Preis vorgängig zu fixieren, lassen wir uns von einem *tuktuk* zu einem Internetcafé chauffieren. Für die lächerlich kurze Distanz verlangt der Fahrer happige vierzig Baht, die wir ihm ohne Widerrede aushändigen. Schon aber ist der Ruf der Thais ramponiert. So schnell kann das gehen. Zurück bringt uns ein Velorikschafahrer für den halben Betrag. Auch bei ihm haben wir nicht um den Preis gestritten, sondern vor der Fahrt einfach einen zwanzig Baht-Schein hingestreckt, den er ohne Murren eingesteckt hat. Die «*Sanuk*-Wasserwerfer» machen auch hier keine halben Sachen und wässern uns auf dem engen Sitz der Rikscha bis aufs Mark.

Die Wasserspritzer-Gruppen sind noch müde von gestern und lassen uns an diesem letzten Songkran-Tag unbehelligt aus der Stadt fahren. Nicht so die Hunde. Sie agieren in der Morgendämmerung besonders aggressiv und jagen uns knurrend und kläffend nach. Gegen sechs Uhr früh kommt wie überall im Land die tägliche Mönchsfütterung in Gang. In Gruppen zu fünf bis zehn sammeln buddhistische Mönche ihr Essen ein, ohne dabei die Wohltäter anzuschauen. Die Schenkenden ihrerseits stehen barfuss vor ihren Häusern, gewisse Frauen knien gar auf dem Asphalt – aus Respekt. Sie verteilen bestimmt nur leckere Sachen. Was sie überreichen, halten sie immer mit beiden Händen umfasst. Denn das bei uns übliche Geben mit nur einer Hand würde als halbherzige Geste betrachtet. Frauen müssen den Mönchen gegenüber besondere Vorsicht walten lassen, da sie diese niemals berühren dürfen. Die Mönche wären sonst spirituell «verunreinigt» und müssten sich komplizierten Reinigungsritualen unterziehen.

Dröhnender Lastwagenverkehr donnert an uns vorbei. Die anfänglich drei Spuren pro Richtung reduzieren sich bald auf zwei und schliesslich auf eine einzige. Für uns bleibt aber noch ein relativ breiter Randstreifen übrig. Zum Glück, denn der Verkehr ist schnell und dicht. Entsprechend ist der Asphalt mit toten Hunden und Katzen gepflastert. Von den Autoreifen ihrer dritten Dimension beraubt, kleben sie platt auf der Strasse und strömen als letzten Protest gegen die stupide Raserei ihren penetranten Verwesungsgeruch aus. Aber wie so oft bei Protesten, bleiben die eigentlichen Adressaten ungerührt. In ihren klimatisierten Nissan-Autos donnern diese ungeachtet der geruchlichen Manifestation vorbei. Wir hingegen, die in diesem Fall völlig Unschuldigen, ziehen die heisse Luft vermengt mit den Demonstrationsausdünstungen in unsere Lungen. Manchmal verpassen wir es nämlich, rechtzeitig «wegzuriechen».

Wie jeden Morgen erschallen aus hoch oben an Stangen montierten Lautsprechern die Landesnachrichten. Die Strasse führt uns in sanftem Auf und Ab durch friedlich unter der Sonne schmorende Dörfer ohne jede Hektik. Das Kadavermosaik auf dem Asphalt aus Hunden und Katzen wird immer häufiger mit bis zu einen Meter langen Schlangen bereichert. Abfall säumt die Strasse, und die Anzahl kleiner Fabriken nimmt zu, doch verätzt uns kein Rauch die Lungen. Wie in Laos sind viele Häuser auf hölzerne Stelzen konstruiert. In Nong Bua Daeng, nach über achtzig Tageskilometern, glauben wir uns am Ziel für heute, denn es taucht ein Hotel auf – aber welch düsteres und muffiges Loch!

Da die Sonne noch immer im Zenit steht, bleibt uns reichlich Zeit, um weiterzuziehen. Doch bald bremst uns ein intensives Gewitter aus. Nun stehen nicht nur die Löcher im Strassenbelag, sondern auch die Reisfelder knöcheltief unter Wasser. Das Zelten wäre heute wohl kaum angenehm. Eine halbe Stunde nach dem Einsetzen der Dämmerung herrscht bereits tiefschwarze Finsternis, ohne dass sich in der Zwischenzeit eine Unterkunft gezeigt hätte. Wir montieren Helme und Leuchten und halten weiterhin unbeirrt Kurs Richtung Süden. Hunde spielen verrückt. Im Schein unserer Lampen blitzen ihre spitzen Reisszähne auf. Ganze Horden attackieren uns laut bellend. Die Ärgsten sind aber jene, die nicht über ein grimmiges Knurren hinauskommen. Wir antworten mit wirbelndem *tschomak* und leicht erhöhtem Tempo. Zum Glück ist der Belag nicht mehr mit tückischen Schlaglöchern durchsetzt.

Die Sättel spürten schon über neun Stunden den Druck unserer nassgeschwitzten Gesässe, als uns ein hilfsbereiter Mann mit seinem Motorrad das letzte Wegstück dieser mit 163 Kilometern längsten Etappe ausleuchtet. Ohne seine Hilfe wären wir am Resort Bansaun Chomboon vorbeigefahren. Denn auf der kleinformatigen gelben Leuchttafel an der Strasse prangen nur geschwungene Thai-Schriftzeichen, die uns nicht viel mitzuteilen haben. Jetzt kämpfen wir uns mit letzter Kraft den rutschigen, dunklen Kiesweg hoch zu einer verwaisten Rezeption. Ich erkunde die Umgebung und stosse im herrschaftlichen Haus erst auf zahme Hunde und dann auf nette Menschen. Das Vermieterpaar schliesst uns einen Bungalow mit Stube, Schlafzimmer, Bad, Balkon, Klimaanlage und Kühlschrank auf. Eine am Schlafzimmervorhang hängende Eidechse, ein paar schwarze Käfer, Spinnen in ihren Netzen an den Ecken zwischen Wänden und Decke sowie eine Kolonie Ameisen im Eingangsbereich teilen die Wohnung mit uns. Auch ein daumengrosser Frosch hat hier schon vor uns Quartier bezogen. Sein Reich ist die Ecke des Badezimmers, in der sich der Abfluss befindet. All diese Tiere als Mitbewohner zu haben, ist kein Zeichen für eine unsaubere, schmuddelige Unterkunft. Im Gegenteil: Abgesehen von den Ecken mit den Spinnweben ist alles blitzblank gefegt und Staubkörner würde man vergebens suchen. Doch die Fenster und Türen sind undicht genug, um Eidechsen und Konsorten nicht auszusperren. Hier bleiben wir für einige Tage. In unmittelbarer Nähe unserer Unterkunft entladen sich stärkste Gewitter. Kräftige Blitze zertrennen den Nachthimmel und lassen gleissendes Licht durch die breit klaffenden Risse im Firmament in unsere Augen strahlen. Donnerbässe grollen in Rhythmen, die an virtuoses Bassgitarrenspiel erinnern.

Vor die Haustür setzen wir kaum einen Fuss. Vom Balkon aus beobachten wir die für den Unterhalt der Anlage und den Neubau weiterer Bungalows zuständige Arbeiterschar. Sie reisst wahrlich keine Bäume aus. Für maximal eine Stunde ist sie jeweils mit Elan bei der Sache, dann gebieten Hitze und Hunger eine Pause im Schatten. Dafür vernehmen wir nie laute Worte, es sei denn ein Scherz, der in schallendes Gelächter mündet. Wir geniessen die Ruhe, den Frieden und *sabai*. Einmal lassen wir unsere Wohnung reinigen. Dabei lässt die Putzfrau die Eier und jene Milchpackungen mitlaufen, die wir neben dem Kühlschrank gelagert hatten. Wir fordern diese Dinge zurück, schliesslich benötigen wir sie noch. Den dadurch erlittenen Gesichtsverlust bei der Dame nehmen wir in Kauf. Ein Thai freilich hätte in unserer Situation wohl einfach geschwiegen und selbst ein wenig gehungert – aus Angst, als Geizkragen zu gelten.

Weil die meisten Herbergen nicht in unserer Schrift gekennzeichnet sind, prägen wir uns die Thai-Zeichen für «Hotel» gut ein, bevor wir aufbrechen. Doch auch dies ist kein Garant, um zu finden, was man sucht. Denn zwischen den einzelnen Wörtern werden keine Abstände eingeschoben. Und erschwerend kommt hinzu, dass neben dem Fehlen von Gross- und Kleinschreibung auch keine Zeichensetzung vorhanden ist: weder Komma noch Punkt. Die Sätze kommen als verzwickte Bandwürmer daher.

Als wir das «*Sabai*-Paradies» schliesslich verlassen, führt die schwüle Luft rasch zu einem Feuchtigkeitsfilm auf unserer Haut. Die Strasse steigt an durch waldiges Gebiet mit vereinzelten Gehöften, aus denen Kläffer schiessen, die erst angesichts des *tschomak* zur Räson kommen. Der Fahrtwind streicht angenehm kühl um unsere erhitzten Glieder. Verschiedentlich werden wir in Gespräche verwickelt, wobei sich unser Wortschatz auf *sawat-dii khah*, *sawat-dii khrap*, *Savitsölän*, wie unser Herkunftsland Schweiz auf Thailändisch heisst, Wichianburi, unser heutiges Ziel, Krung Thep oder allgemein verständlicher Bangkok, unser baldiges Ziel, beschränkt – es bedarf wahrlich nicht vieler Worte, um miteinander *sanuk* zu haben.

In Wichianburi fallen die zahlreichen fettleibigen Thaifrauen und auch Jugendlichen auf, die ihrer dicken Oberschenkel wegen breitbeinig wie Sumoringer herumlatschen müssen. Über Mittag schlendern wir durch den Markt, wo die Frauen wie halbtote Fliegen inmitten ihrer Ware hocken und vor sich hin dösen. Nicht wenige schlafen ausgestreckt auf Liegestühlen. Wir essen Brotfladen und Maiskolben vom Grill, die wir mit unserem Pfeffer und Salz aufpeppen. Noch in der Abenddämmerung steht das Quecksilber bei 35 Grad. Das Wasser aus der Dusche vermag uns nicht zu kühlen.

Vor Augen der fast volle bleiche Bruder und im Rücken den geröteten, aufsteigenden Sonnenball, rollen wir aus dem Dorf zur Hauptstrasse, auf der alsbald auf einem Schild geschrieben steht «Bangkok 230 km» – so nahe sind wir also schon! Bewaldete Hügel türmen sich hinter gepflügten Äckern, deren Erde im morgendlichen Lichtguss rot leuchtet. An einer Kreuzung werden Früchte und Gemüse feilgeboten. Uns steht der Sinn nach ein paar Bananen, präsentiert werden aber nur riesige Bananenhände. Drei bis vier der Krummen würden uns vollauf reichen, doch will uns niemand einzelne Bananenfinger abtreten. So halten wir uns an die süssen Mangos, die immer per Stück zu haben sind. Wir setzen uns an einen beschatteten Tisch und pellen die saftigen Früchte. Nun legt uns einer der Fruchtverkäufer eine bestimmt fünf Kilo schwere Pranke mit vierzehn langen Bananenfingern auf den Tisch und meint mit einem Lächeln: «*Flee baht*, gratis für euch.» Er bietet sogar noch an, uns ebenfalls «*flee baht*» ein Frühstück zu brutzeln, doch stehen auf unserem Tisch neben den Früchten bereits ein paar geöffnete Joghurts, und weil selbst die Mägen von Veloreisenden eine Kapazitätsgrenze aufweisen, lehnen wir dankend ab. Der Belag der Nebenstrasse ist von guter Qualität und die blühenden Bäume und Sträucher fügen sich mit den rotbraunen Erdschollen der Äcker und dem Blau des Himmels zu einem farbenfrohen Bild. Bei einem weiteren Erfrischungshalt bestellen wir in einem Gartenrestaurant kühle Getränke. Ich beobachte schmunzelnd, wie sich die Servierfrau den buddhistischen Benimmregeln gemäss stets kleiner macht, wenn sie an unserem Tisch vorbeiläuft. Das geschieht aus Respekt vor der Seele im Kopf von uns Sitzenden und beruht letztlich auf dem Gebot, sich nicht über andere zu erheben. Bei dieser Geste zählt, wie so oft, nicht der reale Effekt – ihr Kopf bleibt schliesslich trotz ihres Tiefgangs über den unseren –, sondern es geht um das Bekunden des guten Willens.

Da sich bei Beas Velobrille eine Schraube gelockert hat, sucht sie in der Stadt Lopburi als Erstes ein Optikergeschäft auf. Während sie im nassgeschwitzten T-Shirt und mit von der Baseballmütze zerdrückter Frisur in ihren ausgelatschten Sandalen auf die Brille wartet, wird sie von den drei gestylten Verkäuferinnen in ihren mondänen Deuxpièces und schicken Schuhwerken von Kopf bis Fuss gemustert. Mit Bestimmtheit wird sie als nicht *suay* taxiert. Jetzt tritt der Optiker federnden Schrittes aus der Werkstatt hervor und überreicht Bea die Brille mit den Worten: «*Flee selvice.*» Sogar die Gläser hat er gereinigt – nun ist wenigstens die Brille *suay*.

Auf der Unterkunftssuche stehen wir zur Abkühlung kurz in eine schattige Gasse und entdecken die ersten Affen. Neben einigen Ruinen sind diese das eigentliche Touristenmagnet von Lopburi. Einer dieser Frechdachse stibitzt aus meinem Velokorb ein voluminöses Buch über Thailand und klettert damit behände auf eine

Stromleitung weit über uns. Gefühlskalt beginnt er den Schmöker zu zerfleddern und schiebt sich feixend eine erste Seite in den Mund. Schnell entschlossen schmeissen wir seinen Kumpanen von den geschenkten Bananen auf den Boden und werfen dem spitzbübischen Affen eine in die Luft. Der hellen Aufregung seiner Artgenossen auf dem Boden gewahr, sieht er zeitgleich eine leckere Banane vor seinen Augen schweben und verliert dadurch die Konzentration. Er gerät auf seinem Hochseil ins Wanken und lässt das Buch entgleiten. Es plumpst uns direkt vor die Füsse.

Im Zimmer rattert die Klimaanlage laut, doch sinkt die Temperatur nur sehr zaghaft und widerspenstig. Unter 36 Grad vermag die Maschine die Luft nicht abzukühlen. Der herbeizitierte Hotelchef müht sich erfolglos mit der vorsintflutlichen Klimaanlage ab und verzieht sich rasch wieder. So wird die Nacht zu einem wahren Prüfstein. Da in dieser drückenden Hitze und stickigen, schwülen Luft nicht an Schlaf zu denken ist, wenden wir die bereits bei früheren Gelegenheiten erprobte Variante «Durchzug» an: Wir verstecken alle Wertsachen unter der Matratze, öffnen Fenster und Zimmertür und verkrümeln uns unter das Moskitonetz. Doch fruchtet auch dieser Versuch nicht wunschgemäss. Die selbst nach Mitternacht kaum sinkende Temperatur lässt uns schmoren und zusammen mit der nahezu hundertprozentigen Luftfeuchtigkeit förmlich auslaufen. Die Bettlaken und Matratzen werden bis zur Sättigung mit Schweiss getränkt.

Irgendwann müssen wir trotz allem eingenickt sein, denn der auf 4.30 Uhr gerichtete Wecker reisst uns aus tiefem, noch nicht genügend ausgekostetem Schlaf. Für die Fahrt nach Ayutthaya müssen wir uns zwingend mit Sonnencreme einreiben. Unsere Haut jedoch glänzt vor Feuchtigkeit, schliesslich müssen wir schwitzen, um in diesem Brutofen nicht zu überhitzen. Aber den Sonnenschutz auf einen Schweissfilm aufzutragen, macht keinen Sinn. Ich bleibe noch eine geraume Weile liegen und suche nach einer Lösung: Hecheln wie ein Hund? Funktioniert nicht. Oder eiskalt duschen? Das Wasser ist nur lauwarm. Plötzlich springt der Funke: Ich dusche, reibe mich trocken – bin jedoch bereits wieder schweissfeucht –, schiebe mein ökologisches Gewissen beiseite, öffne die Kühlschranktür und setze mich davor splitternackt auf ein Kopfkissen. Jetzt lasse ich die kühle und trockene Luft so lange über meinen Körper strömen, bis die Glieder nicht mehr vor Hitze glühen und auch der Schweiss verdunstet ist. Nun ist die Haut für das Auftragen der Sonnencreme bereit. Nachdem ich mich fertig eingerieben habe, steige ich aufs Bett, um mich dem Zug der nicht ganz mit Wasserdampf gesättigten Luft aus der Klimaanlage auszusetzen. So bleibt meine Hülle noch einige Minuten trocken und die Sonnencreme wird nicht schon jetzt wieder ausgeschwemmt. Da die Leistungsfähigkeit des Kühlschranks nachgelassen hat, duscht sich Bea in den aus dem Gefrierfach strömenden Kältewellen. Welch herrliches Bild geben wir zwei ab: Bea auf dem Kissen vor dem Gefrierfach sitzend und ich auf dem Bett vor der Klimaanlage stehend. Wir kugeln uns vor Lachen und erinnern uns an unsere Gastgeberin Wang in China, in deren Haus der Kühlschrank der wärmste Ort war.

Wieder im Sattel, baut sich trotz eines angenehmen Lüftchens rasch bleischwere Hitze auf. Doch nach fünf Stunden Fahrzeit spannt lediglich die Haut meiner Unterarme ein wenig; Beine, Gesicht und Nacken sind unversehrt. In Ayutthaya, der ehemaligen Königsstadt, ist einiges des Sehens würdig. Die Überreste des Wats Phra Mahathat stehen eigenwillig schief in der Gegend. Die Türme und Gemäuer aus roten Ziegelsteinen wurden durch Setzungen des Bodens aus dem Lot gebracht. Die meisten der aus Sandstein gehauenen Buddhafiguren sind kopflos. Umso eindrücklicher ist jener Buddhakopf, der von den Wurzeln eines mächtigen Baums wie in einer erstarrten Liebkosung umschlungen ist. Zur Essenz dieser Anlage dringt man aber nicht durch das Studium der einzelnen Statuen und Bauwerke, sondern durch das schlichte Geniessen der unwirklich anmutenden Ruhe und der friedlichen Gesamtatmosphäre. Die Sonne brennt verdammt heiss und ein Kleid aus Schweissperlen umhüllt uns wie eine zweite Haut.

Im ersten Dämmern des Sonntags, 1. Mai 2005, lassen wir uns von einer Nebenstrasse parallel zum Fluss Chao Phraya gegen Süden führen. Den gefluteten Reisfeldern entströmt ein würziger Duft. Störche segeln auf der Pirsch nach Würmern knapp über dem Wasserspiegel, als wir auf einen ausgelassen tanzenden und singenden Trupp stossen, der sich auf dem Weg zu einem Tempel befindet. Einige der Gruppe bewegen sich wie in Trance. Der Grund für ihre Entrücktheit hat aber nichts mit ihren religiösen Praktiken zu tun, sondern ist profan: Das Wässerchen, von dem sie sich ohne Unterlass in die Kehle kippen und von dem sie auch mir anbieten, ist nicht nur eisgekühlt, sondern auch hochprozentig.

Am späten Nachmittag werden wir unter wolkenverhangenem Himmel von einem Verkehrsstrudel erfasst und über verschlungene Wege ins Gravitationszentrum von Thailand gewirbelt: Krung Thep, die Stadt der Engel, oder prosaischer, Bangkok, die 10-Millionen-Stadt. Die Strassen Bangkoks werden beherrscht von unzähligen schnellen Autos, vielen Motorrädern, einigen Bussen und wenigen *tuktuks*. Dazwischen Bea und ich als einzige weit und breit auf Fahrrädern unterwegs. Der Spiegel in unserem bald gefundenen Hotelzimmer bildet das Interieur nur noch auf der halben Fläche ab, der Rest ist mit Listen der zu erledigenden oder zu besorgenden Dinge zugepflastert.

Nachdem unser neues Revier erkundet ist, begebe ich mich zur Zahnklinik im Bumrungrad Spital. Ein älterer, wortkarger thailändischer Arzt nimmt sich für Dreiviertelstunden dem seit China lädierten Zahn an. Seine Arbeit scheint mir weit professioneller als jene des Franzosen mit der üblen Ausdünstung in Hanoi. Als Untergrundvorbereitung bohrt er den Zahn an und baut in mehreren Lagen eine zweiflächige Keramikfüllung auf. Mittlerweile stehen die Zeiger auf 18.00 Uhr – Rushhour in Bangkok. Die mehrspurige Strasse vor dem Spital ist hoffnungslos verstopft mit stillstehenden und hupenden Autos. Die letzten Sonnenstrahlen reflektieren auf den blankpolierten Kotflügeln der edlen Limousinen und stechen in meine Augen. Taxis nehmen Passagiere, wenn überhaupt, nur noch zu überrissenen Fantasiepreisen mit. Per Gesetz müsste bei jeder Fahrt das Taxameter eingestellt werden, doch schert sich in chaotischen Zeiten niemand um Vorschriften. Weil es die Planer Bangkoks verschlafen haben, für den öffentlichen Verkehr spezielle Spuren zu markieren, sind neben den Privatwagen auch alle Taxis und Busse eingekeilt. Trotzdem erstirbt nicht sämtliche Bewegung in den Häuserschluchten der Metropole. Der *skytrain* schwebt elegant über den roten Köpfen der Automobilisten hinweg, Fussgänger drängen sich auf den Gehsteigen und die waghalsigen Motorradfahrer mogeln sich durch die schmalen Lücken im Blechteppich. Da es mir nicht nach einem kilometerlangen Fussmarsch in der von Abgasen geschwängerten Feierabendluft zu Mute ist, schwinge ich mich auf den Soziussitz eines Feuerstuhl-Desperados. Doch schon nach wenigen Metern bereue ich diesen Entscheid bitterlich. Mein Kopf ist zwar durch eine Plastikschüssel, die später auf der Stirn eine tiefe Furche hinterlassen wird, halbwegs geschützt, aber ich bange jede Sekunde um die Unversehrtheit meiner Knie. Diese stehen am weitesten vom Gefährt ab und würden, sollte sich der junge Lenker auf seiner halsbrecherischen Slalomfahrt verschätzen, unweigerlich an der Karosserie eines Autos zerschellen. Noch nie habe ich meine Schenkel dermassen eng an die eines Manns gepresst – ich schwitze Blut. Doch dank den Steuerkünsten des Lenkers und wohl einer ordentlichen Portion Glück erreiche ich nach zwanzigminütiger Horrorfahrt wohlbehalten das Hotel.

In einem Kühlschrank, so pflegen wir die vollklimatisierten Taxis Bangkoks zu nennen, lassen wir uns nach Chinatown chauffieren. Nach dem Öffnen der Autotür werden unsere klammen Glieder von einer um mindestens zwanzig Grad wärmeren Luftmasse umspült. Wirrer Schilderwald, beissende Gerüche nach chinesischer Medizin, Spucke am Boden, zerfurchte Gesichter – unser altbekanntes China empfängt uns hier. Um die zehn Prozent der 65 Millionen Einwohner Thailands sind chinesischer Abstammung. Dank der hohen Deckungsgleichheit der Gesellschaftsstruktur haben sich die Chinesen gut im Gastland assimiliert und, wie könnte es auch anders sein, durch ihre ameisenhafte Geschäftigkeit dem Land des *sabai-sabai* ihren unverkennbaren Stempel aufgedrückt. Die Spitzenpositionen in Industrie, Handel, Management und Bankwesen sind fest in chinesischer Hand. Doch gelten den Thais die Leute aus dem Reich der Mitte als geizig und unhöflich. Auch die Vorurteile gegen die andere grössere Einwanderungsgruppe, die Inder, klingen nicht schmeichelhafter: Schmutzig, arm und ungebildet seien sie. Und wir Langnasen, die *farang*, werden als eine Art Kombination von beidem wahrgenommen: Geizig und schmutzig, laut und grob, naiv und unerfahren stehen den positiveren Attributen wie zuverlässig, ehrlich und wohlhabend gegenüber. Fremdenhass ist in Thailand aber so gut wie unbekannt. Dazu ist der Respekt vor dem Individuum und den anderen Kulturen zu gross. Unser Spaziergang führt uns von Chinatown direkt ins Phahurat, das Viertel der Inder. Hier riecht die Luft trotz der Abgasschwaden würzig, und die Köpfe der Inder schwingen wie auf Federn gelagert auf den schlanken Hälsen – eine unsichtbare Wolke der Wehmut zieht auf. Indien hat es uns angetan!

Der Chao Phraya galt einst als «König der Flüsse». Uns präsentiert er sich heute als träge dahinfliessende braune Wassermasse. Wie es heisst, hat er täglich über eine halbe Million Kilo Müll zu schlucken, den die überforderte Kehrichtabfuhr liegen lässt, und ist biologisch längst tot. Nicht so das Mönchstum. Die Tradition will, dass jeder buddhistische Mann mindestens drei Monate seines Lebens in Mönchskutte verbringt. Die Motivation hierfür ist für den Einzelnen kaum der Wunsch nach Meditation und Kontemplation, sondern es soll damit das Pluskonto der Eltern für die nächste Reinkarnation geäufnet werden. Auch den Männern selbst wird ihr temporäres Mönchsein natürlich als Verdienst für die nächste Runde auf der Erde angerechnet. Im Licht dieses Glaubens lohnt es sich, Gutes zu tun. Deshalb gibt es dafür auch eigens einen Begriff: *tham-bun*. Die Philosophie des *tham-bun* hat nichts mit Mitgefühl für die Nächsten zu tun, sondern ist im Gegenteil purer Egoismus. Sie könnte mit Fug und Recht als ein spiritueller Kuhhandel bezeichnet werden, der persönliche Vorteile in der nächsten Existenz garantieren soll. Dergestalt zeigt sich der Volksglaube – mit der Lehre Buddhas hat dies aber herzlich wenig zu tun. Bei der «Mönchsfütterung», die in Thailand genau gleich wie in Laos vonstatten geht, bedanken sich die Mönche mit keiner Geste für die erhaltenen Almosen. Vielmehr sind es die Geberinnen, die den hungrigen Mönchen dankbar sind, dass diese ihnen mit dem Hinhalten der leeren Schüssel die Gelegenheit für *tham-bun* geben. Am Chao Phraya steigen wir in ein Linienschiff. An der Reling hinten rechts ist eigens für die Mönche eine Zone reserviert, die mit «*Space for Monks*» bezeichnet ist. Und da stehen sie auch schon mit ihren kahl geschorenen Schädeln. Als wohltuend empfinden wir in Thailand die gelebte Religionsfreiheit. Der König besucht beispielsweise regelmässig Wats, Moscheen, Hindu-Tempel und Kirchen. Der Buddhismus aber ist unbestritten die Staatsreligion. Geachtet jedoch werden alle Religionszugehörigen gleich. Nur für Atheisten bringt man, wie überall in Asien, wenig Verständnis auf.

Kurz vor Mitternacht telefonieren wir aus einer Kabine an der Thanom Silom in die Schweiz. Im klimatisierten Hotelzimmer wäre es vom weichen Bett aus um Längen angenehmer und bequemer, doch leider auch um ein Mehrfaches teurer. So zwängen wir uns wohl oder übel ins überhitzte, schmierig-klebrige Glasgeviert und wischen uns im Laufe des Gesprächs immer wieder die Schweissperlen von der Stirn, bevor sie die Augen versalzen. Die Luft ist schwer befrachtet mit den übelsten Gerüchen. Sie entströmen den rings um die Kabine gestapelten Abfallsäcken. Diese sind bestimmt auch der Grund für die fetten Ratten und quirligen Kakerlaken, die uns behände über die Zehen hasten. Während des Telefonierens entdecke ich einen beeindruckenden Buckel inmitten des Mülls. Er gehört zu einem alten Hutzelweib, das mit seinen spindeldürren Ärmchen den Abfallberg nach Verwertbarem durchwühlt. Mit blossen Händen zieht es schmutzigen Plastik, nassen Karton und zerknülltes Papier aus den Schlünden der Konsumgesellschaft und steckt sie nach eingehender visueller Prüfung in entsprechende Säcke auf seinem Handkarren. Hinter uns, auf der Schwelle eines geschlossenen Geschäfts, haben sich zwei Männer zur Nachtruhe hingelegt. Bei einem fällt der Schein der Strassenlampe auf die Hoden, die keck unter dem zu kurzen Lendenschurz hervorlugen.

Unsere Herzen pochen in einem schnelleren Rhythmus als den mittlerweile üblichen vierzig bis fünfzig Schlägen pro Minute, denn es steht Besuch aus der Schweiz an. Wir freuen uns riesig auf Kütsch, unseren langjährigen Freund, und Uorschla, seine ehemalige Lebensgefährtin, die mit schweizerischer Präzision am 6. Mai um exakt 18.00 Uhr an unsere Hoteltür klopfen. Die folgenden drei Tage streifen wir zu viert durch die «Stadt der Engel», die Uorschla so gut wie ihre Westentasche kennt. Unvergesslich wird uns der gemeinsame Apéro über Bangkoks pulsierendem Nachtgesicht bleiben: Hotel Banyan Tree, mit dem Aufzug zur 59. Etage hoch, zu Fuss über dreissig Stufen weiter hinauf. Und hier ist er, der Durchbruch auf die luftige Terrasse mit der gut bestückten Bar und den kristallenen Weingläsern auf blütenweissen Tischtüchern. Welch atemberaubende Aussicht! Mein Blick stürzt tief hinunter in die Strassenschlucht. Auf dem 14-spurigen Grund blinzeln die Lampen der eingekeilten Autos. Dann schweifen meine Augen über den sich bis zur Unendlichkeit ausdehnenden Lichterteppich der Stadt hinauf in den mannigfaltig erhellten Nachthimmel, in dem die Flugzeuge wie in Zeitlupe gleiten. Schliesslich blicke ich über den mit Kondenswasser beschlagenen Apéro-Kelch in die strahlenden Augen von Uorschla und Kütsch.

Als kulturbeflissene Zeitgenossen drehen wir an einem der folgenden Tage zusammen eine Runde um den baumlangen, goldenen Liegenden Buddha, der uns in unbuddhistischer Weise die Sohlen seiner riesigen Latschen entgegenstreckt. Wir nehmen ihm diese Anstössigkeit aber nicht übel, schliesslich haben wir es mit Buddha höchstpersönlich zu tun, der ins Nirwana entgleitet. Wie es die Tradition gebietet, werfen wir Münzen in die Töpfe, die hinter dem Rücken Buddhas aufgereiht sind, und wünschen uns geheime Dinge ...

Bei den chronisch verstopften Strassen Bangkoks bilden die Boote auf dem Chao Phraya und auf den Kanälen eine elegante Alternative der Fortbewegung. So steigen wir über eine steinerne Treppe zu einem solchen Kanal hinunter und wundern uns angesichts der trüben, stinkenden, sauerstofflosen Brühe nicht über die thailändische

Bezeichnung *khlong*, welche der assoziierten Kloake sehr nahe kommt. Schon wird der lärmende Aussenbordmotor in die dunkle Suppe undefinierbarer Zusammensetzung getaucht, was erstaunlichen Schub bewirkt. Seitlich fixierte und zusammengerollte Plastikblachen können mittels über Rädchen geführter Seile wie ein Schutzschild hochgezogen werden, wenn ein Schwall Spritzwasser droht. Trotzdem halten wir alle instinktiv die Lippen fest zusammengepresst und riskieren kaum ein Wort – nein, vergiften wollen wir uns nicht! Die Kinder da vorne sind frei von solchen Hemmungen und Ängsten. Hell jauchzend lassen sie sich von einer vom Rost zerfressenen Stahlbrücke in die von unserem Kahn verursachten Wellen plumpsen. Der *khlong* ist gesäumt von Häuserzeilen, die mal in slumähnlicher Manier verschachtelt und baufällig auf morschen Stelzen balancieren, mal gediegen zwischen Palmen und blühenden Bäumen thronen.

Durch geschicktes Taktieren der Monarchen und wohl auch dank einiger glücklicher Fügungen schaffte es Thailand als einziges Land in Südostasien respektive neben Japan als einziges Land in Asien, vom Joch der Kolonisation verschont zu bleiben. Das rechtfertigt vordergründig auch den Namen Thailand, was nichts anderes als «Land der Freien» bedeutet. Aber wie ist es denn heute um diese Freiheit bestellt, auf welcher der oft unbeugsame Nationalstolz der Thais beruht? Aus meiner Perspektive, die sich am Ideal einer einigermassen egalitären Gesellschaft orientiert, scheint die für Asien typisch straff hierarchische Ordnung mit all den damit verknüpften Verpflichtungen und der notwendigen Rücksichtnahme die ärgste Fessel der Menschen zu sein. Die gegenseitigen Verflechtungen und Abhängigkeiten liegen den Leuten wie Schlingen um die Hälse, die sich immer dann enger zusammenziehen, wenn einer aus dem festgefügten und durch lange Tradition erhärteten Verhaltenskodex ausscheren will. Als weiterer Feind der Freiheit gesellt sich das wuchernde Geschwür der allgegenwärtigen Korruption. Beim Grenzübertritt von Laos nach Thailand war uns als Erstes der auf dem Häuschen der Thai-Beamten prangende Schriftzug «*No Corruption*» in die Augen gesprungen. Allein das Bedürfnis auf das angebliche Nichtvorhandensein von Korruption hinzuweisen, lässt tief blicken. Wir selbst bleiben während unserer zweimonatigen Reise durch Thailand von dubiosen Beamten zwar verschont, doch wimmelt es in den Zeitungen von Hinweisen auf das morsche Gebälk der Politik des Königreichs. Die Gründe hierfür liegen auf der Hand: Unersättliche Konsumwünsche und Gier nach Statusobjekten in einer Gesellschaft, in der Prestige das Mass aller Dinge ist.

Der Stil der Berichterstattungen lässt mich aufhorchen. Es werden auf fast jeder Seite irgendwelche Missstände im Staatsgefüge angeprangert. Auch am Lack von Premierminister Thaksin Shinawatra, einem mit allen Wassern gewaschenen, abgebrühten ehemaligen Geschäftsmann und Multimillionär, wird kräftig gekratzt. Doch sind die Artikel letztlich ohne Relevanz und Biss. In einem anderen Licht erscheint derselbe Sachverhalt indes den Thais, denen das Äussere, die Verpackung gleichsam, oft wichtiger ist als der Gehalt. Insbesondere bei reichen, mächtigen Leuten wird dem Schein weit mehr Bedeutung beigemessen als dem Sein. Wie jemand zum angesehenen Posten gekommen ist, wird nicht hinterfragt – der Zweck heiligt die Mittel. So gilt auch eine Unwahrheit, die bei anderen gute Gefühle erzeugt, nicht als «Lüge», sondern als ein Akt der Barmherzigkeit. Auch wegen des Glaubens an das Karma wird die Position von Leuten kaum in Frage gestellt. Der Lebensweg ist schliesslich durch das Schicksal vorbestimmt. Wer erfolgreich ist und oben steht, ist demgemäss schlicht mit einem günstigen Karma gesegnet. Wird einer solchen Persönlichkeit mit Dankbarkeit, Respekt und Loyalität gehuldigt, so bleibt dies nicht ohne Eigennutz. Denn wer privilegiert ist, muss auch für die unter ihm Figurierenden, also für seine Abhängigen, sorgen und für sie einstehen. Erfüllt er die ihm zugedachte Rolle aber nicht, ist er bald entzaubert, verliert Ruhm und Ansehen und kann keinen Gehorsam mehr erwarten. Aus dieser Konstellation heraus ist jeder und jede Thai bemüht, ein möglichst grosses Beziehungsnetz mit Hochrangigen und Einflussreichen zu knüpfen. Auch in der Schweiz ist Vitamin B begehrt. Ganz anders verhält es sich aber mit der Verehrung und Bewunderung. Dort werden nämlich den Menschen, die es wagen, sich über das Mittelmass hinauszurecken, nicht selten die Köpfe abgeschlagen – dies vermutlich als Reflex des tief verwurzelten und verinnerlichten Demokratieverständnisses.

Unsere weitere Routenwahl durch Thailand Richtung Malaysia wird stark beeinflusst durch einen blutigen Konflikt in den südöstlichen Provinzen des Landes. Er schwelt schon seit Jahren zwischen der diskriminierten malaiisch-stämmigen muslimischen Bevölkerung und der privilegierten Schicht der nicht muslimischen Thais. In jüngster Vergangenheit aber ist die aufgestaute Wut unter dem Druck wie eine Eiterbeule aufgeplatzt. So hat sich seit Anfang 2004 die Gewalt stets verschärft, was bis heute über 880 Menschenleben gekostet hat. Statt Gespräche zu führen, Kompromisse zu schmieden und auch die muslimische Mehrheit im Süden von den Früchten des aufstrebenden Thailands essen zu lassen, lässt die Regierung Thaksin die Sicherheitskräfte mit brachialer Gewalt und menschenverachtenden Methoden gegen die aufständischen radikalen muslimischen Gruppierungen vorgehen. Im TV werden Szenen gedemütigter, gefesselter und wie Vieh auf Lastwagen geworfener Muslime gezeigt, die sich bestimmt in die Erinnerung der Glaubensbrüder und -schwestern einbrennen und den Hass weiter schüren. Zu Beginn kam es bei Demonstrationen von aufgebrachten Muslimen lediglich zu Zusammenstössen mit den Ordnungskräften. Später wurden vom Soziussitz von Motorrädern aus tödliche Schüsse abgefeuert oder es wurden feige aus dem Hinterhalt mittels Mobiltelefons Bomben gezündet. Neuerdings, wohl inspiriert von den schrecklichen Praktiken im

Irak, pervertieren die Attentate immer mehr und es werden unschuldige Zivilisten massakriert. Aus der Provinz Pattani wurde letzte Woche die Enthauptung eines laotischen Arbeiterpaars gemeldet. Mit diesem Fall seien bereits sieben Menschen auf diese Weise abgeschlachtet worden. Die Serie reisst aber nicht ab. In der heutigen Zeitung steht von einem Mann geschrieben, der in aller Öffentlichkeit mit einem wuchtigen Machetenhieb seines Kopfes beraubt wurde. In Anbetracht dieser Nachrichten tun wir also gut daran, die südöstlichen Provinzen Thailands zu meiden und den westlichsten Grenzübergang zu Malaysia anzupeilen. Aber eben, was ist der Gehalt solcher Meldungen? Was bleibt in der Realität zurück, wenn die heisse Luft der medialen Zuspitzung einmal verpufft ist? Die Erfahrung lehrt, dass es so dramatisch nicht ist. Und doch soll man das Schicksal nicht leichtfertig herausfordern und sein Glück nicht unnötig strapazieren.

Durch den allmorgendlichen Stau auf den Hauptverkehrsadern Bangkoks gehts bald rechts weg über den von den ersten Sonnenstrahlen beschienenen Chao Phraya. Und wir fädeln in eine Strasse mit flüssigerem Verkehr ein, die uns auf holprigem Belag aus dem Zentrum führt. Wir könnten ohne weiteres die Augen geschlossen halten und uns nur am Gestank orientieren: Neben den Abgasschwaden der Autos leiten uns die schwefeligen Ausdünstungen des fauligen Wassers im parallel zur Strasse geführten Kanal sowie die Geruchsfahnen der in der Sonne schmorenden Fischauslagen. Unsere Haut ist längst mit einem schwarzen Russfilm überzogen. Die Gegend ist ziemlich hässlich. Zwischen den grauen Strommasten werden statt saftiger Früchte Autofelgen feilgeboten. Selbst die Arbeiter in den Salzgewinnungsfeldern scheinen nichts mit Thailand gemein zu haben – viel zu gehetzt bewegen sich ihre Schattenbilder im schummrigen Gegenlicht.

In der Hoffnung, den dröhnenden Verkehrsstrom austricksen zu können, erheben wir uns am nächsten Morgen schon um vier Uhr. Unsere Bemühung wird aber nicht belohnt. Der Drang der Leute auf dem Highway Nr. 4 in den Süden zu rasen, ist nachts nicht geringer. Auf dem Pannenstreifen fühlen wir uns immerhin einigermassen sicher vor dem vorbeischiessenden Blech und Stahl. Doch fordern tückische Aufwölbungen des Asphalts und unsäglich stupide Verschmälerungen der Fahrbahn bei Brücken unsere ungeteilte Aufmerksamkeit. Am drei Kilometer langen Sandstrand des verschlafenen und trotz Freitag menschenleeren Cha-Am buchen wir ein Zimmer und stürzen uns alsbald ins so seichte wie «seichwarme» Meer. Das Bad ist uns aber keine Freude, denn nach jedem Wellenschlag hinterlässt das zurückweichende Wasser auf dem Sand gelblich braune Schaumränder. Die «Giftspritze» Bangkok liegt eindeutig noch zu nah. Der obere Bereich des Golfs von Thailand ist nicht besser dran als sein grosser Zufluss Chao Phraya: vergiftet durch Industrie- und

Siedlungsabwässer, zudem leergefischt mittels Schleppnetzen. Wenigstens vermochte das ungezügelte Wirtschaftswachstum die Gezeiten noch nicht zum Verstummen zu bringen. So gleiten wir mit dem Meeresrauschen im Ohr in den Schlaf.

Frühmorgens, während den ersten paar Radumdrehungen, bleibt uns noch genügend Musse, um im Rückspiegel mitzuverfolgen, wie die Sonne als glühend roter Feuerball zu ihrer Tagesreise am Himmelsgewölbe anhebt. Für uns jedoch gehts nicht in luftige Höhen, sondern wieder auf die mehrspurige Hauptstrasse, auf der phasenweise dichter Lastwagenverkehr ohrenbetäubenden Lärm veranstaltet. Als zweifelhafte Blüten des Charter-Tourismus ragen entlang der Küstenlinie immer wieder uninspiriert hingeklotzte Hotelbunker in den strahlend blauen, vor Hitze flirrenden Himmel. Bis Hua Hin, diesen bei den Thais beliebten Ferienort, beleidigen Verwesungsgestank und Schwaden von abgestandenem und überdüngtem Wasser unsere Nasen. Mönche auf «Futtersuche» pilgern über die Fahrbahn. Einige Frauen knien hinter ihren Gabentischen inbrünstig in Gebete versunken auf dem Asphalt. Dies alles geschieht unter den Augen des ernst blickenden Königs Bhumibol, der alle hundert Meter mit überlebensgrossen Bildern geehrt wird. Sein Antlitz prangt auch auf jeder Banknote und erhöht damit symbolisch deren Wert. Wer mutwillig auf eine Note tritt, hat wegen Majestätsbeleidigung eine bis zu fünfzehn Jahre dauernde Gefängnisstrafe zu gewärtigen. Eine derart despektierliche Behandlung wie sie dem Bild des Grossen Steuermanns Mao auf den chinesischen Yuan-Noten laufend widerfährt, ist hier nicht denkbar. Bhumibol ist in den Augen der heutigen Bevölkerung zugleich gütiger väterlicher Herrscher und unnahbarer Gottkönig. Er ist der einzige im Staat, der kaum je lächelt. Nicht etwa, weil er depressiv veranlagt oder sonstwie ein speziell griesgrämiger Mensch wäre, sondern weil er unantastbar über den Normen der Gemeinen steht und damit der sozialen Pflicht des Lächelns enthoben ist. Ein Grinsen auf den Porträtfotos könnte ihm als plumpe Anbiederung an das Volk ausgelegt werden, die er als König in keiner Weise nötig hat. Eine väterlich besorgte Miene ist seinem Rang angemessen. Das geheimnisvolle thailändische Lächeln darf sowieso nicht mit Heiterkeit verwechselt werden, welche nach Schopenhauer «die bare Münze des Glücks ist, weil sie unmittelbar im Hier und Jetzt beglückt und nicht schon vorbei oder ein blosses Versprechen für die Zukunft ist.» Es wird vielmehr oft als Maske getragen und ist zum grossen Teil eine soziale Konvention mit unterschiedlichen Bedeutungen und Funktionen. Es wirkt geradezu als Schmiermittel im durch Normen und Rituale geprägten Miteinander. Es dient der Konfliktvermeidung und dem so starken Bedürfnis nach Harmonie. Dabei darf es nicht verwundern, dass vor allem «nach oben», zum Geld hin, gelächelt wird. Seine entwaffnende Wirkung soll höhergestellte, mächtige Personen milder stimmen. Jedem Thai ist intuitiv klar, was in der westlichen Welt in teuren Kursen für Manager gelehrt wird: Ein Lächeln versetzt das Gegenüber in einen harmonischen Gemütszustand und nimmt allfällig vorhandenen Aggressionen oder Aversionen die Schärfe.

Erst ab dem fünften Fahrtag seit Bangkok zeigt sich die Natur um uns üppiger und entsprechend belebter. Das lässt sich auch auf dem Asphalt ablesen: Die Anzahl zerquetschter Schlangen und diverser Pelztiere nimmt zu. Viele Automobilisten zeigen uns den erhobenen Daumen – eines der wenigen Zeichen im sonst so gestenarmen Thailand. Die für uns praktischen Tankstellen folgen sich auf den Fuss. Da ihre WC-Anlagen tadellos sauber gehalten sind, urinieren wir weniger in die Landschaft als auch schon. Exakt zehn Sekunden vor dem Bersten einer prall gefüllten Wolkendecke checken wir südlich von Prachuab Khiri Khan in einem gemütlichen Resort ein. Wir duschen uns, waschen die verschwitzten Klamotten und kochen auf der Terrasse über dem einsamen Strand. Unsere Füsse baumeln von zu hohen Stühlen über den Bodenfliesen. Die leichte Brise vom Meer her weht uns den Duft der mit Cognac und Sahne verfeinerten Sauce des dampfenden Gemüse-Nudeltopfs ins Gesicht. Auf der Platte des massigen runden Holztisches stehen auch ein Eisbergsalat und eine eiskalte Flasche Bier. Später, beim Dessert, Kaffee und Kartenspiel zählen wir in der schwarzsamtenen Wand, die Meer und Himmel in ihrer nächtlichen Vereinigung bilden, 84 helle Positionslichter von Fischerbooten.

Bei Tagesanbruch frühstücken wir auf der Terrasse und lauschen entrückt dem Rauschen der Brandung. Ein Fischerboot nähert sich dem Strand. Unsere zwei Nachbarn, der Dicke mit den Goldklunkern um den Hals und der Junge, wahrscheinlich sein Sohn, die gestern Abend in See stachen, kehren unter dem mit orange und rötlichen Schleierwolken verschmierten Morgenhimmel nach Hause zurück. Vermutlich werden sie sich, ermattet von der nächtlichen Jagd, bald aufs Ohr legen, und die Mutter wird den Fang zu Markte tragen. Neben Ananasfeldern säumen auch Kokosnussplantagen unseren heutigen verkehrsarmen Weg. Versklavte, angekettete Affen erledigen die Kokosnussernte und sehen dabei aus, als würden sie in den Baumkronen oben Glühbirnen in fiktive Fassungen eindrehen. Angemessener und obendrein effizienter scheint mir die Erntemethode mit den bis zu zwanzig Meter langen Bambusstangen, an deren einem Ende scharf geschliffene Macheten befestigt sind. Mit ruckartigen Bewegungen der Stange werden ganze Nuss-Bündel abgetrennt, die unter Getöse auf die Erde donnern und einen unvorsichtigen Menschen mit Leichtigkeit erschlagen würden. Nun führt uns die Strasse vorbei an etlichen Resorts und schmucken, weissgetünchten Thai-Häuschen der Neureichen, deren Dächer königsblau strahlen. Wir befinden uns jetzt an der mit nur zehn Kilometer schmalsten Stelle von Thailand. Da drüben, hinter den Bergrücken, liegt Burma, das gebeutelte Land, in dem Aung San Suu Kyi, die Führerin der Opposition, noch immer unter vom Militärregime verordnetem Hausarrest steht. In Bang Saphan kühlen wir unsere

vor Hitze glühenden Körper mit Bananenshakes von innen her ab. Selbst der Atmosphäre ist es zu heiss geworden. Sie entlädt ihre aufgestauten Spannungen in einem
markerschütternden Gewitter. Innerhalb weniger Minuten ist der belebte Marktplatz
überflutet und die in der Gosse aufgescheuchten Kakerlaken suchen nervös das Weite. Nach etwa einer Stunde lässt die Intensität des Niederschlags nach und wir
schwingen uns leicht fröstelnd wieder auf die Räder. Schon bald aber prasselt der Regen erneut mit frischer Energie auf uns nieder. Die schweren Tropfen finden den
Spalt zwischen Stirn und Brille und schlagen in die Augen. Halb blind halten wir
Kurs Richtung Meer und steigen pitschnass im ersten auftauchenden Bungalow-
Resort ab.

In der windstillen und schwülen Morgendämmerung folgen wir der Strandstrasse
Richtung Süden, vorbei an verlotterten Ansiedlungen von Fischern, bis sie nach wenigen Kilometern abrupt endet und uns zur Umkehr zwingt. Jung und Alt sind bereits auf den Beinen. Vor den ungepflegt wirkenden Garküchen schaufeln sich müde
Fischer und Frühaufsteher die ersten Ladungen Reis des Tages in die Münder. Der
vom gestrigen Regenschauer tiefe, matschige Erdboden um ihre Verschläge scheint
die Leute ebenso wenig zu stören wie der überall verstreut liegende Abfall, in dem
ihre Hunde nach alten, abgenagten Knochen wühlen. Frauen sind damit beschäftigt,
die Beute ihrer Männer und Söhne zu sortieren und die Tintenfische auf Gittern zu
verteilen, damit sie in der Sonne trocknen und verdorren mögen. Einstweilen ist diese Auslage ein Paradies für Abertausende von fetten Schmeissfliegen. Die Frauen sind
fröhlichen Gemüts und plappern auf uns ein.

Anfangs ist der Verkehr erstaunlich rege, denn Männer sind auf dem Weg zur Arbeit und Mütter chauffieren ihre Kinder zur Schule. Thailand ist so weitgehend entwickelt, dass sich praktisch alle ein motorisiertes Gefährt, mindestens ein Motorrad,
leisten können. Es käme niemandem in den Sinn, das Fahrrad zu benutzen. Dass
körperliche Ertüchtigung der Gesundheit förderlich ist, scheint unbekannt oder in
Vergessenheit geraten zu sein. Vielleicht aber überwiegt nur die Angst, andere Leute
könnten denken, es fehle ihnen am nötigen Kleingeld für ein bequemeres Fortbewegungsmittel, würden sie ihre Kinder auf dem Fahrrad zur Schule schicken. Nach einer halben Stunde haben wir die wellige Nebenstrasse beinahe für uns allein. Was wir
bis heute nur aus Berichten von Umweltschutzverbänden kannten, sehen wir hier mit
eigenen Augen. Der Urwald ist zu Gunsten einträglicher Monokulturen abgeholzt:
Kautschuk-, Palmöl- und Kokosnussplantagen so weit das Auge reicht; nur vereinzelt
aufgelockert durch Ananasfelder oder Cashew- und Mangobäume. Vier Motorräder
mit angeketteten, traurig blickenden Affen auf dem Soziussitz überholen uns. Wie in
letzter Zeit täglich, öffnen sich um Schlag 15.00 Uhr die Himmelsschleusen. Noch
rechtzeitig vermögen wir die Räder in die Stube einer Familie zu steuern. Dazu müssen wir nicht einmal durch einen schmalen Türrahmen manövrieren. Gegen die

Strasse hin fehlt nämlich die Aussenwand. Der Grossvater sitzt auf einem Holzrost und ergötzt sich an den Bildern in der Zeitung über die Miss World Wahl, die zurzeit in Thailand ausgetragen wird; die Mutter hockt mit dem kleinen Kind am Tisch aus Beton und bedient zwischendurch die seltenen Kunden ihres Gemischtwarenladens; der Hund schläft zusammengekringelt auf dem Bett an der Wand. Wir werden willkommen geheissen, setzen uns für eine Stunde hin und lesen mit dem Grossvater zusammen Zeitung. Nach nur drei Kilometern Fahrt zwingt uns erneuter Regen unter ein Dach. Insgesamt verbringen wir heute über zwei Stunden in Stuben und Unterständen. So erstaunt es nicht, dass wir die Bucht Ban Bo Mao erst in tiefschwarzer Nacht erreichen. Bei der Suche nach einer Unterkunft werden wir von Hunden gejagt, die wie wild aus dem Dunkeln auf uns zu hetzen. Und wir dienen Myriaden von Mücken als Abendbrot.

Noch am Morgen denken wir nicht daran, wenige Stunden später auf einer Insel zu stranden.

Alles beginnt mit der Krach-Uhr, die uns nach kurzer Nachtruhe aus dem Schlaf reisst. Das Wasser liegt spiegelglatt in der Bucht von Ban Bo Mao. Am Horizont türmen sich mächtige Wolkengebilde, die an Aquarellgemälde erinnern. Regen liegt fühlbar in der Luft. «Wo befinden sich hier in der Nähe gute Schnorchelplätze?», bitten wir unsere Vermieter um Rat. Das Paar meint wie aus einem Mund, Ko Tao sei der Ort. «Was ist denn das, Ko Tao?», steht in unsere Gesichter geschrieben. «Eine kleine Insel, die der Stadt Chumphon vorgelagert ist», ergänzen die zwei. Das klingt gar nicht schlecht in unseren Ohren. So brechen wir auf mit der Absicht, in Chumphon zu nächtigen und morgen in einem Tagesausflug die besagte Insel zu erkunden. Schon bald aber lässt uns ein altes, rostiges, sich im Wind wiegendes Schild am Strassenrand anhalten. «Boat to Ko Tao», verkündet es. Nun kramen wir unseren Reiseführer hervor und lesen, dass Ko Tao etwa achtzig Kilometer vor Chumphon im Golf von Thailand liegt und dass täglich gegen 13.00 Uhr Schnellboote dorthin auslaufen. Wegen der sehr guten Visibilität und der noch intakten Korallen sei Ko Tao *die* Tauch- und Schnorcheldestination schlechthin, ein wahres Unterwasser-Mekka und im Vergleich zu den Nachbarinseln Ko Pha Ngan und Ko Samui noch wenig überlaufen. Wir sind uns ohne Worte einig: Das ist unser Platz! Statt nur eines Tagesausflugs werden wir gleich mit Sack und Pack für ein paar Tage hinreisen. Von dem morschen Steg unter uns wird aber kein Schiff dorthin ablegen. Die Tafel an den knarrenden Scharnieren ist längst nicht mehr aktuell. Also sputen wir uns. Chumphon liegt immerhin noch dreissig Kilometer entfernt. Wo die Erde nackt ist, leuchtet sie rot. In Stadtnähe sitzen Scharen von Studenten vergnügt in Restaurants oder kurven auf Motorrädern herum. Aus ihren schwarzen Halbschuhen wachsen weisse Strümpfe bis unter die Kniekehlen. In Chumphon bringen wir in

Erfahrung, dass sich die Ablegestelle nach Ko Tao nur einige Kilometer entfernt befinde. Also brettern wir sogleich weiter, getragen von der Vorfreude auf die paradiesische Insel, als Frucht unserer spontanen Entscheidung von heute Morgen. Am bezeichneten Ort steht tatsächlich eine Fähre bereit, doch wird sie erst am Abend ablegen und die ganze Nacht zur Überfahrt benötigen. Das ist nicht nach unserem Sinn. Am Billettschalter sitzt eine etwas träge Dame. Sie verschanzt sich buchstäblich hinter dem milchigen und zerkratzten Glas, das uns trennt und die Verständigung erschwert. Nach hartnäckigem Insistieren unsererseits erklärt sie endlich, dass das Schnellboot zwanzig Kilometer entfernt von hier in 75 Minuten ablegen werde und dass darauf Fahrräder nicht zugelassen seien. Den Namen des Hafens verstehen wir aus ihrem Mund nicht, doch die Richtung ist klar, und den Vorbehalt bezüglich der Velos ignorieren wir beflissentlich. Schliesslich befinden wir uns in Asien, und da hat sich für Transportprobleme noch immer eine Lösung ergeben. Die Temperatur fällt nun plötzlich mit scharfem Gradienten. Schwarze Wolken ziehen sich drohend über unseren Köpfen zusammen. Wind setzt ein, der uns auf dem Scheitelpunkt der ersten Brücke beinahe aus den Sätteln hebelt. Bea macht vorne weg das Tempo und dient mir im immer heftiger hämmernden Regen als Wegweiser. Ich sehe kaum mehr auf den Asphalt hinunter, denn die Brillengläser sind beschlagen und die Augen schmerzen höllisch von den Regentropfen, die mir wie Nadelstiche ins Gesicht fahren. In blindem Vertrauen folge ich dem hellen Farbfleck vor mir: Bea im gelben T-Shirt. Sie kennt derlei Probleme nicht. Der Sitz ihrer Brille ist besser und das kleine Vordach ihres Helms wirkt Wunder. Von den knöcheltiefen Pfützen, durch die unsere Räder schneiden, spritzt warmes Wasser an unsere Füsse, und in den nabentiefen Wassergräben tauchen unsere die Pedale pressenden Latschen vollständig ein. Im Vergleich dazu fühlen sich die schweren und harten Regentropfen geradezu kalt an. Rotgefärbte Bäche strömen quer über die Strasse – rot von der wegerodierten fruchtbaren Erde. Unter den riesigen Plakaten mit Bildern der Schnellboote, an denen sich Bea orientiert, steht als Abfahrtszeit 13.30 Uhr, also eine halbe Stunde später als uns die Schalterdame mitgeteilt hat. Wir lassen uns dadurch aber nicht beirren und mindern den Druck auf die Pedale um kein Jota. Die Haut, die unsere Hände einst straff umspannte, hängt aufgeweicht vom Trommelregen in tiefen Runzeln von den Knochen. Noch eine steile Rampe und eine letzte Biegung des schwarzen Bandes unter dem Wasserfilm, und es erscheint das Lomprayah Catamaran Pier. Auf dem Kiesplatz davor stehen etliche Busse geparkt, und einige Dutzend Bleichgesichter mit voluminösen bunten Rucksäcken und Koffern warten im Schutz von ausladenden Dächern auf die baldige Abfahrt. Wir erstehen Tickets, bezahlen einen geringen Aufpreis für die Räder und schieben sie elegant über einen langen Holzsteg, der zum Katamaran führt. Mit vereinten Kräften werden die Velos zu viert auf den Bug gehievt und mit Seilen an die Reling fixiert. Wir streifen uns trockene Kleider über und nehmen im klimatisierten Bauch des Schiffs Platz. Unsere Mitreisenden starren wie gebannt auf die flimmernden Fernsehschirme, die von der Decke hängen, und verfolgen einen Hollywoodstreifen, während unsere Nasen für die nächsten eineinhalb Stunden plattgedrückt an den Seitenfenstern kleben. Denn oben am Himmel ist Aufregung unter den Wolken. Zerfetzt und gebläht wie Segel schieben sie sich aneinander vorüber oder durchwirken sich und vereinigen sich zu immer neuen Skulpturen. Das ist uns Unterhaltung genug.

Kaum am Steg von Ko Tao angelegt, entfährt mir: «Oh, ist das touristisch!» Ziemlich geschockt nehmen wir zur Kenntnis, dass hier all die auswechselbaren Dinge vorhanden sind, wie an jedem anderen x-beliebigen Touristenort. Speziell ist aber, dass sogar Einheimische fehlen. Wo wir auch hinschauen, fällt der Blick ausschliesslich auf westliche Touristen oder burmesische Flüchtlinge, die als Billigarbeitskräfte geduldet sind. Bei einem ersten Spaziergang macht uns ein ergrauter Bayer auf einen Adlerhorst aufmerksam, der sich auf einem der letzten ursprünglichen Bäume der Insel befindet. Er erzählt uns, dass hier noch vor fünfzehn Jahren keine hundert Leute wohnten und es nicht eine Strasse gab. Heute sei aller Primärwald der Insel abgeholzt, die besten Plätze mit über fünftausend Bungalows verstellt und die Erosion mittlerweile so gravierend, dass seiner Einschätzung nach in zehn bis zwanzig Jahren sämtliche Korallen zerstört sein werden.

Mit sich widerstreitenden Gefühlen in der Brust und der brennenden Frage auf der Lippe, ob wir im falschen Film seien, kippen wir in einer Strandbar ein kühles Bier und bewundern den weissen Sand und das glasklare Wasser. Eigentlich befinden wir uns in einem Paradies. Es ist aber entzaubert und wird nicht zuletzt durch Leute wie wir – Touristen – immer mehr zerstört. Am nächsten Morgen ist der erste Schock vorüber. Wir lassen, da wir schon mal hier sind, den kritischen Verstand ins Leere laufen und die Glieder baumeln. So vermögen wir das süsse Nichtstun, das Planschen im türkisfarbenen seichten Wasser und das einlullende Angebot doch zu geniessen. Trotzdem hoffen wir, in Zukunft nicht mehr in eine solche Touristenfalle zu tappen.

Schon beim ersten Schnorchelgang erblicken wir dank unserem vifen Guide zwei Haie. Die Mischung von Dynamik und geschmeidiger Eleganz ihrer Körper ist faszinierend, und das Wissen, dass es sich um nichts Geringeres als Haie handelt, lässt mich leicht erschauern. Beim zweiten Halt schwelgen wir in der Farbenpracht der Korallenriffe, und beim dritten zeigt sich uns mit dem Aufhellen des Himmels und der schlagartig besseren Sichtbarkeit die Unterwasserwelt in all ihren Facetten und raubt mir trotz Schnorchel den Atem. Die Fischschwärme um uns herum werden stets dichter und bunter. Mit ihren wulstigen Lippen nuckeln einige Tiere an unseren Taucherbrillen und lassen uns in ihre zahnlosen Mäuler blicken. Als auch wir uns auf diese Weise gebärden, können wir uns ein Lachen nicht verkneifen, und die Brillen füllen sich durch die Faltenkanäle mit Wasser. Kurz vor Mitternacht überziehe ich Beas dampfende holde Rückseite mit kühlendem Joghurt – die Arme hat sich heute trotz wiederholtem Auftragen von Sonnencreme einen saumässigen Sonnenbrand eingehandelt.

Nach ein paar Tagen im Müssiggang drängt sich mir eine weitere Frage auf: «Was hat es mit den Launen der Zeit auf sich?» Wie habe ich es früher, während meines sesshaften Lebens nur geschafft, täglich die Zeitung zu lesen, Lebensmittel einzukaufen, zu kochen, dann und wann Bücher zu verschlingen, zu jassen, zu joggen, die Beziehung zu Bea zu hegen und pflegen, nebenbei zu arbeiten, Termine wahrzunehmen, Freunde und Freundinnen sowie Verwandte zu besuchen und Unzähliges mehr zu unternehmen? In Anbetracht der uns wie Sand durch die Finger rinnenden Stunden bleibt mir erst nur ein unverständiges Staunen. Obwohl wir hier auf der Insel nichts Dringendes zu erledigen haben, fehlt uns nämlich die Musse für die Zeitungslektüre. Die Gründe für dieses Paradoxon der Zeit liegen wohl in ihrer Relativität und darin, dass es verschiedene Qualitäten von ihr gibt. Breiten sich die Stunden gewissermassen endlos und frei von Verpflichtungen vor einem aus, werden sie durch komplexe, verwirrende, verführerische Strudel fortgezogen. Je mehr Zeit also jungfräulich vor einem liegt, desto rascher zerfällt sie. Ist der Zeitplan hingegen eng bemessen und klar strukturiert, so werden Stresshormone in die Blutbahnen gepumpt, und pro Zeiteinheit können wesentlich mehr Aktivitäten angepackt werden. Was dem Wohlbefinden zuträglicher ist, bedarf keiner tieferen Betrachtung. Es ist aber auch so, dass eine Reise das Gefühl für die Zeit verändert. Das Mäandrieren durch Zeiten und Räume macht einen empfänglicher dafür, wenn sich Augenblicke zu einer Ewigkeit ausdehnen. Um für solche Momente der Gnade bereit zu sein, muss man sich in einem «zeitlosen» Zustand befinden. Raum und Zeit müssen dermassen im Überfluss vorhanden sein, dass sich das «Viel» dem «Nichts» und damit dem «Alles» angleicht. Dazu müssen die Vergangenheit, die nicht mehr zu ändern ist, und die Zukunft, die ungewiss ist, ausgeblendet werden. Was zählt, ist einzig die Gegenwart. Sie ist das Nadelöhr, durch das man in die Unendlichkeit entschlüpfen kann. Sie ist aber auch der einzige Ort, wo Veränderungen, Wandlungen möglich sind – wo gelebt wird. Im Hier und Jetzt liegt unser Paradies. Intensiv empfundene Augenblicke, Momente der Klarheit, vermögen das ganze Leben zu überstrahlen. In schweren Stunden zehrt, ja ernährt man sich von ihnen. Folglich geht es um die Qualität und nicht um die Länge unseres Daseins. Wer ängstlich das Feuer der Leidenschaften meidet und sich als verzagter Krummbuckel nur in seichten Gewässern bewegt, verpasst die Essenz des Lebens. Es ist eine Binsenwahrheit: Nur gegen den Strom kommt man zur Quelle. Die Frage muss jeder für sich beantworten: «Verträgt mein Magen noch reines Wasser?»

Bevor mir die Augen zufallen, flattert mir eine letzte Erkenntnis zu: Auf unserer Reise mit dem Fahrrad sind wir nie zu spät, nie zu früh, sondern immer richtig. Sicher treffen wir ab und zu andere Leute als gedacht, gehen wir andere Wege als geplant, doch immer ergibt sich etwas. Und auf jeden Abend folgt ein spannender Morgen.

Während sich die Sonne in orangerotem Strahlen gemächlich über den Horizont schiebt, setzen wir mit demselben Schnellboot, das uns vor vier Tagen herbrachte, wieder ans Festland über und rollen weiter südwärts. Den ganzen Tag lang erspähen wir gerade mal drei knorrige Bäume, die noch vom einstigen Urwald zeugen. Der traurige Rest: Kokos-, Kautschuk- und Palmölplantagen, wobei Letztere im Laufe des Tages überhandnehmen. Zwischendurch schwären auch brandgerodete Wunden in der Landschaft. Nachdem durch die Flammen alles Leben abgetötet wurde und durch «Seltsame Hände» die Erde umgegraben ist, werden Setzlinge von Ölpalmen aus einer der zahlreichen Aufzuchten gepflanzt. Einige eklige Köter wenden eine neue Angriffsstrategie an: Ohne sich durch den geringsten Laut zu verraten, schiessen sie wie Furien aus dem Unterholz und setzen uns von hinten nach. So werden wir ihrer jeweils erst im letzten Moment gewahr und müssen blitzschnell reagieren, um die sabbernden Schnauzen ins Leere schnappen zu lassen. Mit Kopftüchern verhüllte Frauenköpfe und die ersten Moscheen lassen keinen Zweifel offen: Wir nähern uns den muslimisch dominierten südlichen Provinzen.

Auf einem vierspurigen, oft fadengerade verlaufenden Highway, der richtiggehend in die Landschaft gefräst wurde, machen wir uns von Surat Thani am Thailändischen Golf auf den Weg an die Andaman-Küste. Aus dem Plantagengrün ist mittlerweile die Farbnuance der Kokospalmen weggefallen, es dominieren immer mehr die Kautschukbäume. In Reih und Glied, alle in etwa derselben Höhe, überziehen sie als eintöniger Flaum die einst so reich bestückte Tropenerde. Nicht umsonst ist Thailand weltweit die Nr. 1 im Gummiexport. Für die nächsten fast zweihundert Kilometer durchstösst die Strasse den monotonen grünen Gummi- und Palmölteppich in sanftem Auf und Ab, ohne viel Verkehr ertragen zu müssen. Doch dröhnen die hochtourigen Motoren der wenigen Lastwagen in unseren Ohren und ihr tiefschwarzer Ausstoss brennt in der Lunge. Mit regenschwangeren Wolken im Nacken fahren wir in Krabi ein. Spuren vom Tsunami sind keine auszumachen. Trotzdem strolchen nur wenige *farangs* durch die Gassen – es herrscht touristische Flaute. Nur der gewohnte Nachmittagsregen ist voller Leben. Angespornt von markigem Donnergrollen prasselt er energiegeladen auf den Asphalt. Durchs Zimmerfenster beobachte ich, wie sich zwei amselähnliche Vögel unserem Früchtearsenal im Velokorb nähern. Wenige Zentimeter vor dem vermeintlichen Ziel der Ananas, Rambutan, Äpfel, Lychees, Mangos und Mangostane wenden sie sich in einer nervösen Bewegung gegen die

Wand hin ab und picken eine junge Eidechse vom Verputz. Beim Zähneputzen verabschiedet sich meine in Bangkok eingesetzte Plombe schnöde aus meinem Mund. Einen dritten Versuch der Instandsetzung werde ich in Singapur lancieren.

Der Morgenhimmel ist stark bewölkt, das Licht noch schwach und der Asphalt nass von den nächtlichen Niederschlägen. Am Krabifluss unten vor der gespenstischen Kulisse der tausendwurzeligen Mangrovenwälder und den aus dem noch dunklen Wasser aufragenden Kalkfelsen bewegen sich Thai-Frauen zu lauter, rhythmischer Musik. Nur wenige hundert Meter entfernt praktizieren Chinesinnen gesetzteren Alters zu auserlesener, feiner Meditationsmusik im Zeitlupentempo Tai Chi. Diese Bilder stehen prägnant für die unterschiedlichen Lebensweisen der hart arbeitenden, konzentrierten Chinesen und den eher auf oberflächlichen Genuss bedachten Thais.

Der Highway Nr. 4, der sich auf unserer Landkarte als dicke, rote Linie hervortut, erstaunt uns mit seinen bescheidenen Dimensionen. Pro Richtung verläuft gerade mal eine Spur mit einem schmalen Randstreifen. Wenig der Landschaft ist verbaut, doch fast alles versaut: Fein säuberlich ausgerichtete Öl- und Gummibaum-Armeen ermüden und beleidigen auf die Dauer das Auge. Noch rechtzeitig schummeln wir uns unter einen Dachvorsprung, bevor der Regen mit maximaler Wucht niederbricht. Dabei hat es uns vor eine Papeterie verschlagen. Mit «*Hello you!*» begrüssen uns die Verkäuferinnen, die uns schon zwei Stühle herantragen. Sehr oft wird uns dieses «*Hello you!*» oder «*Good morning you!*» zugerufen. Für die Anrede brauchen die Thais schlicht ein persönliches Fürwort. Der Grund dafür liegt in der beschriebenen vertikal strukturierten Gesellschaft, in der kaum jemand genau denselben Status wie ein anderer hat. Nach oben hin gilt es, in Verhalten und Sprache in fein abgestufter Form Respekt zu zollen, nach unten hin ist Höflichkeit weniger wichtig. Mit dem Nachlassen des Regens schwillt das perfekt orchestrierte Freudengequake der Froschgemeinschaft immer lauter an. Auch uns beflügelt diese kurzfristige Wendung des Wetters. Statt aber ebenfalls die Backen zu blähen, treten wir wuchtig in die Pedale – wenigstens bis zur nächsten Regenattacke, die von hart zupackenden Böen begleitet ist. Doch bereits ist das aufgepeitschte, vom Wind schaumig geschlagene Meer erreicht. Immer neue Brecher schieben sich an die Küste heran, zerbersten an Klippen und rollen auf dem festen, goldenen Sand aus. Der Vermieter des von uns auserkorenen Bungalows erklärt, dass dieser Küstenstreifen im Dezember letzten Jahres dank den vielen vorgelagerten Inseln von der Flutwelle des Tsunami weitgehend verschont geblieben sei. Dann sind dies also keine Notunterkünfte, die Behausungen der einfachen Leute dieses Nests: Im Raum neben dem Gemüseladen, der in einer Garage untergebracht ist, haust eine Grossfamilie. Gegen die Strasse hin ist das Zimmer nur durch einen sich im Wind bauschenden Vorhang abgetrennt. Auf dem Zementboden liegen Strohmatten ausgebreitet. Bereits haben sich einige der zahlreichen Familienmitglieder darauf ausgestreckt. Noch nicht müde ist das junge buddhistische Mädchen, das in der dunklen Strasse auf einem Motorrad sitzt und ausgelassen mit Altersgenossen schäkert. Es wird aus schmalen Schlitzen in schwarzen Kopftüchern scharf beobachtet. Empfinden die zwei muslimischen Mädchen Neid oder Verachtung? Der harte Gegensatz dieser beiden unvereinbaren Kulturen hat mich schon in Indien frappiert.

Bei der Hat Yao Beach vertrauen wir uns für einen Schnorcheltrip dem Kapitän eines Holzkahns an. Dieser drahtige Mann trägt den wohlklingenden Namen Bao Bao, ist vierfacher Familienvater und spricht kaum ein Wort Englisch. Die wenigen Brocken, die er auswendig kennt, fallen seiner eigenwilligen Aussprache zum Opfer. Trotzdem verstehen wir, dass der Tsunami bei seiner schlichten Behausung unweit des Strands keine nennenswerten Schäden angerichtet hat, obwohl das Wasser immerhin brusthoch stand. Nun stellt er uns mit sparsamer Geste seinen Steuermann vor. Dieser ist jünger und gilt entsprechend weniger. Kräftige Luftströme mischen das von grauen Wolkenbüscheln geprägte grimmige Gesicht des Himmels stets neu auf. Das Meer antwortet mit respektablem Wellengang. Wir halten Kurs auf die Insel Ko Muk und schneiden die Wasserhügel in hohem Tempo – weisse Gischt fliegt durch die Luft und zerstiebt im Fahrtwind. Etwa dreissig Meter vor einer düsteren Felswand tanzt eine Boje auf dem Wasser. An ihr vertäut der Steuermann das Boot. Da drüben im Kalkstein soll sich ein achtzig Meter langer Tunnel befinden. Es heisst, er münde in einen wundersamen Krater mit smaragdgrünem Pool, dessen Wasser an einem weissen Sandstrand leckt. Darüber soll sich der blaue Baldachin des Himmels spannen. Mit einer gewissen Beklemmung registrieren wir, wie Kapitän und Steuermann verstohlen zum schroffen Felsen schielen, an dem die Wogen des unruhigen Wassers zerklatschen. Wir stülpen die Taucherbrille übers Gesicht und klemmen nach kurzem Schwenken im Salzwasser das Mundstück des Schnorchels zwischen die Zähne. Es fühlt sich so spannungslos an wie ein ausgelatschter Turnschuh. Bao Bao schlüpft ins einzige Flossenpaar an Bord und schnappt sich auch die Schwimmweste, die er sich nach dem Sprung ins Wasser wie ein Brett unter den Bauch schiebt – kann er am Ende gar nicht schwimmen? Bea zieht sich die frei gewordenen engen Gummi-Stiefeletten von Bao Bao über, und ich schnalle mir die Sandalen an die Füsse, da in der Höhle offenbar Schuhwerk nötig ist. Wir lassen uns in das vom Spiegelbild der Wolken grau getönte Wasser gleiten, überantworten damit unsere Körper dem Seegang und folgen der Spur von Bao Bao. Schon erblicke ich mit meinen kurzsichtigen Augen die ersten Fische, die als dunkle Pfeile unter meinem Bauch durchschnellen. Vielleicht habe ich unserem Führer bis jetzt einfach zu wenig Vertrauen geschenkt. Er leitet uns jedenfalls sicher um die umbrandeten Klippen zum versteckt liegenden Höhleneingang der Emerald Caves. Die Klettverschlüsse meiner Sandalen haben sich gelöst. So halte ich die Schuhe in den Händen und bin damit in den Bewegungen eingeschränkt. Trotzdem weiche ich nicht von Beas Seite. Unter keinen Umständen dürfen wir uns aus den Augen verlieren. Die Höhle ist fast bis unter den Scheitel mit schwappendem Wasser gefüllt. Wenig Raum nur bleibt zum Atmen. Angesichts der rauen und nahen Felsoberfläche steigt mein Adrenalinspiegel rasant. Sich hier den Kopf anzustossen, wäre fatal. Zug um Zug vermindert sich die Sicht und im Rhythmus der Wellen erlischt das Licht für kurze Momente jeweils vollständig. «Hat der Junge denn keine Leuchte dabei?», schiesst es mir durch den Kopf. «Wo ist er überhaupt?» Wir befinden uns mittlerweile bereits gut zehn Meter vom Höhlenausgang entfernt und uns beiden ist ohne Worte klar, dass wir diesen letzten vom Tageslicht beschienenen Fleck nicht verlassen werden und die Devise nur «Umkehren!» lauten kann. Endlich taucht auch Bao Bao von seinem Erkundungsvorstoss in die feuchte Dunkelheit wieder auf und bedeutet uns kopfschüttelnd und mit wirrer Gestik umzukehren. Dieser Anweisung folgen wir ohne Widerstand, denn keine zehn Pferde hätten uns dazu veranlassen können, tiefer ins unheimliche Schwarz der Höhle zu dringen. Schliesslich liegt uns nichts daran, diesen als paradiesisch verheissenen Ort mit unseren Leichen zu entweihen. Bao Bao signalisiert uns, wir sollen uns an der Schwimmweste festhalten. Mit kräftigen Flossenschlägen zieht er uns daran zum Boot zurück. Hier entschuldigt er sich beschämt dafür, dass er nicht an die Lampe gedacht habe. Zudem deutet er an, dass die Wellen schlicht zu hoch waren und uns deswegen das natürliche Licht nicht wie sonst üblich, den Weg weisen konnte. Wir beschwichtigen ihn, denn für uns ist der Ausgang dieses Abenteuers absolut in Ordnung. Wir müssen schliesslich nicht jedes Geheimnis ergründen – das hält die Fantasie lebendig. Einstweilen sind wir einfach froh, dass wir mit heiler Haut davongekommen sind. Nun führt uns Bao Bao zu einer nahen Insel, wo sich über feinstem Sandstrand kristallklares Wasser kräuselt.

Ab und zu erwache ich aus meinen feuchten «Höhlenträumen» und lausche dem strömenden Monsunregen, der die ganze Nacht über nie zur Ruhe kommt. Beim morgendlichen Blick durch die grünen Palmen erhasche ich aber rot-gelbe Flächen zwischen den grauen Wolkenschiffen, was ich als Zeichen werte, dass die Sonne auch den heutigen Tag nicht verschläft. Ebenso zuversichtlich stimmt mich das anhebende Symphoniekonzert der Frösche und Kröten.

Wir brechen auf und drehen unsere Räder über den Asphalt. Schon bald aber saust der Regen wieder aus allen Rohren auf uns nieder. Doch suchen wir für einmal keinen Schutz und setzen die Fahrt nach und über Trang hinaus unbeirrt fort. In der Nähe der Gummi verarbeitenden Fabriken riecht die Luft irgendwie nach Raclette – in der fragilen Balance zwischen fein und eklig. Die zunehmende Dominanz der Muslime manifestiert sich in weissen Kappen auf Männerschädeln und schwarzen Tschadors auf Frauenköpfen sowie in Moscheen. Von überall her erschallen Rufe:

«*Hello you, hello you!*» Die Landschaft ist wie gehabt von menschlicher Hand geordnet und deshalb vorwiegend langweilig. Nur auf den Hügeln zwischen Satun und dem westlichsten Grenzübertritt nach Malaysia haben einige Zeugen der einstigen Urwaldpracht der Moderne getrotzt – herrlich vielgestaltig und geheimnisvoll diese Wälder!

Wir rollen vorbei an Horden halbwüchsiger muslimischer Schülerinnen, die allesamt in geisterhaften Kluften stecken. Dieser Anblick bricht mir fast das Herz. Viele schauen vergrämt oder ausdruckslos unter ihrem Kopftuch hervor, das wie Scheuklappen ihr Blickfeld einschränkt. Nur vereinzelt blitzt ein scheues Lächeln auf – welch Unterschied zu den fröhlichen, offenherzigen theravada-buddhistischen Mädchen! Dafür wird hier wieder Rad gefahren. Da sich im wirtschaftlich schwächeren Süden längst nicht alle einen motorisierten Untersatz leisten können, gilt die Fortbewegung mit dem Fahrrad noch als natürlich und ist nicht stigmatisiert. Es kreischt, pfeift und zirpt aus allen Richtungen. Einige Asiatische Tigermücken landen mit ihren gestreiften Hinterbeinen auf meiner salzigen Haut und bohren ihren hoffentlich nicht mit Dengue-Viren infizierten Stachel ins Fleisch. Eine bestimmt hochgiftige Schlange liegt zusammengekringelt und reglos auf dem Asphalt unter meinem vorbeisausenden Fahrrad. Bei einer Rast webt eine handtellergrosse Spinne direkt vor unseren Augen ihr Netz. Auf dem dampfenden Boden zieht eine buschige, graue Raupe ihre Spur und ein Riesenkäfer krabbelt zielstrebig zu einem welken Blatt.

Malaysia, 7. Juni bis 1. Juli 2005

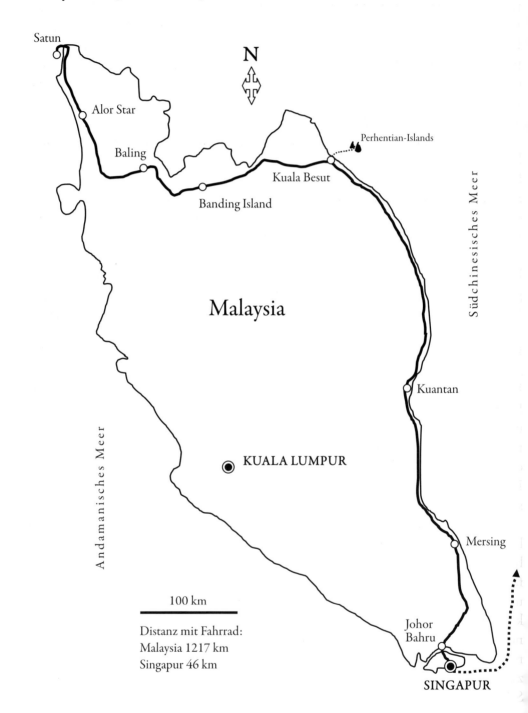

Satun

N

Alor Star

Baling

Perhentian-Islands

Kuala Besut

Banding Island

Südchinesisches Meer

Malaysia

Kuantan

Andamanisches Meer

⊙ **KUALA LUMPUR**

Mersing

100 km

Distanz mit Fahrrad:
Malaysia 1217 km
Singapur 46 km

Johor
Bahru

SINGAPUR

Der Grenzübertritt in den Vielvölkerstaat Malaysia findet in gelöster, unkomplizierter, geradezu fröhlicher Atmosphäre statt. Wir erhalten für volle drei Monate das malaiische Gastrecht. Nur die an der chinesisch-vietnamesischen Grenze ausgeliehen bekommene Stunde müssen wir wieder zurückgeben. Die Beamten beherrschen alle perfekt Englisch, und die Entzifferung der Schriftzeichen gestaltet sich für uns wieder einfach, da für die Niederschrift der Nationalsprache, der Bahasa Malaysia, die uns vertrauten Buchstaben verwendet werden. Einer der Zöllner behauptet, es sei die am leichtesten zu erlernende Weltsprache mit über 150 Millionen Sprechern.

Nun gilt es, über eine schmale, holprige, praktisch verkehrsfreie Strasse einen steilen Hügel zu erklimmen. Affen turnen im Geäst über uns und ein etwa ein Meter langes Reptil liegt flachgedrückt auf der Fahrbahn. Natürlich fehlen auch hier die Kautschukplantagen nicht. Immerhin werden sie noch da und dort aufgelockert durch Mais- und Reisfelder. Inmitten der herrlich rasanten Abfahrt werden wir auf eine im Bau befindliche Strasse umgeleitet. Dies sind wir uns aus fast allen bisher bereisten Ländern gewohnt, nur auf den gesamten 2238 Kilometern durch Thailand blieben wir von Sandpisten verschont. Die Wegweiser nach Kangar, unserem heutigen Zielort, zeigen zweimal in eine falsche Richtung, doch verirren wir uns nicht. Daran kann auch der wuchtige Monsunregen, der uns gar stürmisch willkommen heisst, nichts ändern. Vorsichtshalber schnallen wir aber die Helme an, denn vor uns knickt der Wind einen Baum und wirbelt Blätter und Äste in der Luft herum. Ein Autofahrer, den wir nach dem Weg fragen, weist nicht einfach mit dem Arm in eine Richtung, sondern meint in perfektem Englisch: «*Just ride straight on.*» Nach einer Stunde unter dem feuchten, ungestümen Empfangsgruss präsentieren sich Hände und Füsse in der altbekannten «Monsun-Schrumpligkeit». Neben mir wird ein Autofenster heruntergekurbelt, eine «Kopftuchfrau» strahlt mich an und streckt mir eine Plastiktüte gefüllt mit zwei Flaschen Wasser und Früchten entgegen – das grosse Herz der Muslime! Im Iran geschah mir Ähnliches: Dort waren es Granatäpfel, hier sind es nun haarige Rambutan.

Die Malaien sind nicht so früh auf den Beinen wie die Thais. Erst ab zehn Uhr brutzelt es in den Woks der unzähligen *restoran* und *kedai makan*, den Essläden. Ein blauer Eisvogel zeigt uns im Vorbeiflitzen seinen markanten Schnabel, und ein überfahrenes, graugetigertes Pelztier erinnert an eine Katze, nur sind die Beine zu kurz und der Schwanz zu lang. Wenige Kilometer vor Alor Star stoppen wir bei einer Verkaufsbude und schlürfen als kleine Erfrischung den Saft von Kokosnüssen. Direkt neben dieser winzigen Ausschenke steht ein Verschlag aus morschen Brettern und rostigen Blechen: die Behausung für eine fünfköpfige Familie. Im einzigen Raum, der zugleich Spielzimmer für die Kleinen, Studierzimmer für die älteren Kinder sowie Schlafzimmer und Stube für alle ist, flimmert ein TV-Gerät. Damit das Baby nicht aus der Wohnung krabbelt und die frei herumlaufenden Hühner nicht hinein huschen, ist am Ort der fehlenden Tür über der Schwelle ein Brett angenagelt. Die sich später bei mir einstellenden Bauchschmerzen lassen vermuten, dass der Vater mit unreinem Wasser gepanscht hat. In der Unterkunft in Alo Star wird das bereits mehrfach ohne zwischenzeitliche Reinigung benutzte und daher muffige Bettzeug auf unsere Bitte hin ausgewechselt. Wie schon so oft erlebt in islamischen Gebieten, ist auch hier in Malaysia der hygienische Standard flächendeckend tief. Die Fassaden der Tankstellen an der Hauptstrasse glänzen zwar, doch die Toiletten dahinter sind schmutzig und stinkig. Wir werden wohl wieder vermehrt die Landschaft düngen. Dafür sind die Menschen nett, und ihr Interesse an uns scheint uns verbindlicher zu sein als noch in Thailand, wo vieles oberflächlich blieb.

Der uns zugestandene Seitenstreifen auf der Hauptstrasse ist schmal und holprig. In Kombination mit dem dichten und lauten Verkehr ist dies besonders mühsam. Selbst mit Schreien ist unsere Kommunikation schwierig. Üble Gerüche entströmen den Kübeln, die seit langem auf die Kehrichtabfuhr warten und in der Sonne schwitzen. Oder den Tümpeln neben der Strasse, die sich in regelrechte Jauchegruben verwandelt haben. Ein Mann hält doch tatsächlich seine Fischerrute in eine solch zähflüssige Brühe, auf der zusätzlich noch Abfall verstreut liegt.

Im topmodernen Einkaufszentrum von Sungai Petani verstecken sich fast alle Verkäuferinnen unter einem Kopftuch, während attraktive chinesischstämmige Kundinnen in Miniröcken viel Bein zeigen. Wir lassen uns vom reichen Angebot in den Regalen nicht über Gebühr verführen – beim indischen Restaurant gegenüber erwarten uns schliesslich günstig zu erstehende Köstlichkeiten. Dort lassen wir uns auch gleich eine Pfanne mit Proviant für morgen füllen. Beim Begleichen der Rechnung flattert mir unbemerkt eine 10-Ringgit-Note aus dem Portemonnaie, die mir der aufmerksame indische Angestellte aber eilfertig nachträgt – «*terima kasih*, danke!».

Unter glasklarem Himmel halten wir Richtung Dschungel und West-East-Highway. Aber, was heisst denn da Dschungel? Nichts dergleichen! Der Regenwald ist gerodet. Kokosnuss- und vor allem Kautschuk- und Palmölplantagen breiten sich aus, so weit die Sehkraft reicht.

In den kurzen Anstiegen nageln uns die Sonnenstrahlen auf den Asphalt, und es scheint uns, als müssten wir uns durch eine zähflüssige Suppe aus Rohgummi und Palmöl kämpfen. Palmöl ist bereits weltweit eines der wichtigsten Pflanzenfette und die Nachfrage ist am Steigen. Und zwar nicht unbedingt, weil mehr Seife und Kerzen hergestellt werden. Auch nicht, weil die Textil- und Gummiindustrie mehr Schmiermittel benötigt. Sondern weil Palmöl als Energiequelle, als Ausgangsstoff für Biodiesel entdeckt wurde. So hat beispielsweise die Europäische Union beschlossen, dass bis zum Jahr 2010 pflanzliche Öle mindestens 5.7 Prozent des totalen Ölkonsums ausmachen sollen. Heute liegt der Prozentsatz bei knapp der Hälfte. Es heisst, dies sei zum Schutz der Umwelt, weil Palmöl im Gegensatz zum Erdöl eine nachhaltige, da nachwachsende Quelle für Treibstoff ist. Bei dieser im ersten Moment wohlklingenden Begründung wird aber in sträflicher Weise ausgeblendet, dass für neue Ölpalmplantagen die letzten Reste des Regenwalds abgeholzt werden und damit unter vielen anderen negativen Aspekten auch dem Klimaschutz ein Bärendienst erwiesen wird.

Einige Kilometer vor Baling müssen wir uns vor fliegenden Steinen in Acht nehmen. Nein, es handelt sich nicht um von Menschenhand geschmissene Felsbrocken – wir befinden uns ja nicht mehr auf dem Karakorum-Highway –, sondern um Kieselsteine, die von zu tief geführten Mähmaschinen herumgeschleudert werden. Ganze Trupps von Männern in Stiefeln, Overall und Helm halten Stangen in den Händen, an deren unteren Ende ein stählerner Propeller wirbelt, mit dem das Gras neben der Strasse gestutzt wird. Wir pressen die Lippen zusammen, wenden den Kopf ab und treten energiegeladen in die Pedale, um uns so rasch wie möglich aus der Gefahrenzone zu wuchten. Nun ist es an der Zeit für einen Früchteimbiss. Unter dem Dach einer mit Gerümpel verstellten Hütte schälen wir Mangos und öffnen Rambutan. Bea geniesst dazu eine eben am Strassenrand erstandene Durian, deren Geruchsschwaden schon seit einiger Zeit penetrant in der Luft hängen und ihr die Lust auf diese stachelige Frucht, gleichsam die Nationalfrucht Malaysias, entfacht haben. Eine junge Dame namens Mashitah, die sehr gut Englisch spricht, bittet uns in ihr nahes Elternhaus, wo uns auf dem Fussboden der unmöblierten Stube Tee serviert wird. Der Raum füllt sich so lange mit fröhlichen Gesichtern, bis die 15-köpfige Familie komplett ist. Selbst die Kleinsten sprechen ein paar Worte Englisch. Nur Mutter und Vater sind dieser Sprache gar nicht mächtig. Mashitah meint, kinderreiche Familien seien in Malaysia häufig. Anders als in Thailand oder Indonesien existiere keine staatliche Familienplanung. Die Regierung sei im Gegenteil der Meinung, zur Entwicklung des Landes noch viel mehr Menschen als die gegenwärtig rund 23 Millionen zu benötigen.

Auf dem Markt von Baling werden uns generös Häppchen des reichhaltigen Angebots zum Probieren gereicht. Da es mundet, greifen wir zu und kaufen die Auslagen leer. Einiges verschlingen wir gleich auf der Stelle wie beispielsweise der leckere Mais-Nuss-Kuchen, das meiste aber wandert als Mundvorrat für die morgige Etappe in die grösste Pfanne unserer Küchenausrüstung. Nun zucken Blitze neonhell und bedrohlich nah über unseren Köpfen und Donnerbässe pulsieren in unseren Körpern als spürbare Erschütterungen. Heftigster Monsunregen hämmert auf die Blachen über den Ständen. Der Wind zerrt derart unbändig an ihnen, dass sich die Marktleute an die Unterkonstruktion aus Metallrohren hängen, auf dass sie nicht davonsegeln mögen. Wir haben es uns mittlerweile an einem Tisch bequem gemacht und verfolgen gespannt das Treiben, derweil der Wasserspiegel auf dem Boden stetig ansteigt und unsere Füsse allmählich im kühlen Nass verschwinden lässt.

Am folgenden Morgen fühlt sich die angenehm frische Luft relativ trocken an, schliesslich wurde sie gestern regelrecht ausgewrungen. Die grünen Bergspitzen werden von letzten Wolkenfetzen umspielt. Die Steigungen sind kernig, doch wartet gewissermassen als Belohnung hinter jeder Bergkuppe eine rasante Abfahrt auf uns. Für einmal gibt es auch veritablen Urwald zu sehen und vor allem zu hören: vielstimmiger Vogelgesang vermischt mit den mannigfaltigen Geräuschen der anderen Lebewesen. Einmal verdichtet sich der Himmel zu einer bedrohlich grauen Wand, doch bleibt es bei der Andeutung, und schon bald ist die brennende Sonne wieder tonangebend. Auf dem Markt von Gerik schlürfen wir zur Erquickung den Saft einer grünen Kokosnuss und schaben anschliessend mit einem Löffel das schlabbrige Fruchtfleisch heraus. Bea werden allenthalben Durianstücke geschenkt, und als wir auf der Suche nach einer feinen Ananas sämtliche Früchte der Auslage kritisch in den Händen drehen und begutachten, daran drücken, mit dem Finger auf die Schale schnippen und uns mit dem zu tiefen (überreif) oder zu hohen (noch grün) Ton nie zufrieden geben und auch beim Beschnuppern immer wieder die Nase rümpfen, zieht der Verkäufer mit seinem strahlenden Chinesengesicht für uns eine Ananas in perfekter Reife unter dem Tisch hervor. Als wir die Errungenschaften auf dem Balkon unseres Hotelzimmers zu leckeren Speisen veredeln, recken die Männer, die im Restaurant gegenüber ihren Tee schlürfen, neugierig ihre Hälse zu uns empor. Die unter Kopftuch und bodenlangen Kleidern vergrabenen Frauen mit wollenen Strümpfen über Fuss und Bein – wir messen 36 Grad! – suchen sich mit gesenktem Haupt zwischen den zahlreichen Autos hindurch ihren Weg. Für sie geziemt es sich nicht zu gaffen.

Mit prall gefüllten Mägen auf dem Bett liegend, entdecken wir an der weissgetünchten Zimmerdecke einen blauen Pfeil kleben, auf dem in weissen Lettern *kiblat* geschrieben steht. Bevor uns die bleierne Müdigkeit mit festem Griff umklammert und ins Reich der Träume zieht, werweissen wir, ob er in Richtung Mekka oder Notausgang zeigt.

Im Morgengrauen räumen wir unsere Esswaren aus dem Kühlschrank neben der Rezeption, ohne dass der kleingewachsene Wachmann, der in unbequemer Verrenkung auf dem Sofa schläft, etwas merken würde. Seine Haut wirkt im schummrigen Licht tiefschwarz, die Lippen sind wulstig und die Nase breit. Er ist bestimmt ein Vertreter der Ureinwohner Malaysias, der Orang Asli. *Orang* ist das malaiische Wort für «Mensch» und *Asli* bedeutet «zuerst» oder «ursprünglich». Sie sind von negroidem Typ und zählen entwicklungsgeschichtlich zu den ältesten Menschenvölkern der Erde. In unseren Breitengraden besser bekannt aus dieser Gruppe als die Orang Asli sind die Buschmänner der Kalahari, die Pygmäen des Kongo, die Papua-Völker der Insel Neuguinea, die Aborigines von Australien und die Maori, die Ureinwohner Neuseelands. Die Orang Asli zogen sich vor den Zuwanderern aus ganz Südostasien zumeist in die höher gelegenen Hügel- und Bergregionen der Halbinsel zurück. Sie leben oft halbnomadisch und in primitiven Verhältnissen. Der rechtliche Status der Orang Asli ist noch heute nicht geklärt. In Gerichtssälen wird immer wieder darüber gestritten, ob sie nun die Besitzer der von ihnen seit Urzeiten bewohnten Gebiete und damit im Falle einer Enteignung durch den Staat auch für das verlorene Land schadenersatzberechtigt sind oder ob sie quasi nur geduldet sind und ausser auf die Ernte keine weiteren Anrechte haben.

Die letzten Bauten liegen rasch hinter uns. Und schon dominiert das Gummibaum- und Ölpalmengrün; nur anfangs noch aufgelockert durch Bananenstauden, Rambutan- und Durianbäume. In angenehmer Steigung und ohne nennenswerten Verkehr führt uns die Strasse immer höher in die mit Nebel verhangenen Berge hinauf. Viele Hügel sind ihres kräftigen Bewuchses beraubt. Mit schweren Maschinen werden die nackten Flanken terrassiert, damit noch mehr Ölpalmen gesetzt werden können. Bei Kilometer 15 überholen wir einen kleingewachsenen, spindeldürren Mann, der hinkenden Schrittes in ausgelatschten Schlappen unterwegs ist. Er geht leicht schief, mit hängenden Schultern und ebensolchem Kopf. Ein Landstreicher? Bei Kilometer 25 setzen wir uns auf eine gekieste Fläche neben der Strasse und stillen unseren ersten Anflug von Hunger. Der fast hundertprozentigen Luftfeuchtigkeit wegen quillt uns aus allen Poren Schweiss. Dies hält die Mückenschwärme aber nicht davon ab, uns zu piesacken. Während wir arg zerstochen werden und zwischen den Bissen wild um uns schlagen, schlurft der Orang Asli apathisch an uns vorbei. Mittlerweile hat die Sonne den Durchbruch geschafft und sendet ihre sengenden Strahlen ungefiltert auf den Asphalt. Bei Kilometer 31 treffen wir wieder auf den ermatteten Wanderer. Ausgepumpt ruht er im Schatten eines Baums und reibt sich die wunden Füsse. Wir reichen ihm von unserem Wasser und einen Getreideriegel, was er beides wortlos dankend annimmt und sich unverzüglich einverleibt. Elefanten sehen wir nur auf einer Tafel abgebildet. Sie warnt vor den Dickhäutern, wie andernorts auf Kühe aufmerksam gemacht wird. Dafür schweben mächtige Tropenbäume über die Fahrbahn – auf der Ladefläche von Lastwagen. Mit fünf Rümpfen solcher Urwaldriesen ist die Transportkapazität eines Trucks erreicht. Nun fällt das Asphaltband steil gegen den Temengar Stausee, und bald ist Banding Island erreicht, wo wir im gleichnamigen Resort absteigen. Derweil die Abenddämmerung sachte ihren Mantel auf die Erde nieder senkt, werden wir auf dem kurzen Spaziergang durch die nähere Umgebung von blutrünstigen Mücken aufs Übelste behandelt – zelten wäre wahrlich keine Freude! Dies auch in Anbetracht der täglich zu erwartenden sintflutartigen Niederschläge.

Was sich bereits beim Abendessen mit erstem Donnergrollen aus der Unergründlichkeit des Dschungels angebahnt hat, setzt sich die ganze Nacht über fort – der Re-

gen fällt knüppeldick. Schon um sieben Uhr aber hängen die letzten grauen Wolken
schlapp und ausgepumpt am Himmel und wir ziehen zwar noch feuchte, dafür reinste Luft in unsere Lungen. Ich verliere mich im Lauschen der phänomenalen Geräuschkulisse und gebe mich auch den mal modrigen, mal frischen Gerüchen hin, die
uns im Sattel stets begleiten. Wieder werden wir Zeugen, wie der Urwald lastwagen-
weise abtransportiert wird – jeder beladene Truck ein Stich ins Herz. Während die
Elefanten auf der ganzen Linie versagen und nicht einmal mit Exkrementen ihre spo-
radische Anwesenheit markieren, springen etliche andere Bewohner des Dschungels
in die Bresche. So reklamiert ein etwa zwölf Zentimeter langer schwarzer Skorpion
den Vortritt, den wir ihm gerne gewähren, obwohl er von rechts her gekrochen
kommt, was im von England beeinflussten Malaysia der falschen Seite entspricht.
Plötzlich reckt am Strassenrand ein Waran seinen Kopf in die Höhe, als wäre er ein
Baby-Dinosaurier. Aufgescheucht sucht er vor uns das Weite, indem er ungelenk und
doch erstaunlich schnell Richtung Unterholz watschelt. Affen turnen ausgelassen im
Geäst und lassen dann und wann Zweige knacken. Andere Tiere machen nur durch
ein kurzes Rascheln auf sich aufmerksam und sind immer schon verschwunden, wenn
wir den Kopf drehen. Die Überreste eines meterlangen, verstümmelten Krokodils
sind mit einem dichten, surrenden Fliegenteppich übersät und senden einen Gestank
von noch nie gerochener Intensität aus. Die Geruchswellen einer etwa doppelt so
langen Schlange – wohl vor ein paar Tagen vom Rad eines Tropenholzlasters flachgedrückt – nehmen sich dagegen geradezu bescheiden aus. Ein Sandwich aus Asphalt, Schlange und Greifvogel regt meine Phantasie an: Vermutlich entdeckte der
Raubvogel die angefahrene, sich im Todeskampf windende armdicke Schlange und
setzte just in dem Moment zum Sturzflug an, als sich erneut ein todbringendes Rad
näherte ... Die Elefanten tun übrigens gut daran, sich vor den Menschen zu verstecken, denn sogar in den Nationalparks werden sie wegen ihrer Stosszähne gewildert.
Der Bestand der Dickhäuter auf der ganzen Halbinsel wird auf gerade mal vierhundert geschätzt. Kürzlich wurde neben einem Feld ein grauslich zugerichteter Elefant
entdeckt. Dies war nicht das Werk von skrupellosen Wilderern, sondern von ver-
zweifelten Bauern, denen die Rüsseltiere die ganze Ernte zertrampelt hatten. Durch
die Verstümmelung des einen Elefanten hofften sie, dessen Kumpane abzuschrecken
und künftig von dieser Gegend fernzuhalten. Aber wohin sollen die Tiere? Ihr Le-
bensraum wird durch die Abholzung des Urwalds und die Verwandlung in sterile
Palmölplantagen laufend reduziert, und in den verbleibenden Refugien machen ihnen Wilderer oder eben militante Bauern das Leben schwer. Auch kein einfacheres
Leben fristen die noch übriggebliebenen fünfhundert malaiischen Tiger, obwohl sie
vollständig geschützt sind. Tiger sind scheue und eher eigenbrötlerische Geschöpfe,
und doch sind Konflikte mit Dorfbewohnern keine Seltenheit. Menschen gehören
eigentlich nicht auf ihren Speiseplan. Höchstens alte oder verletzte Tiger, die zu

schwach sind um nach Beute zu jagen, könnten der Versuchung erliegen, einen *Orang* zu naschen. Das Spannungspotenzial liegt deshalb auch vor allem darin, dass die Tiger ihre Zähne ab und zu in ein Nutztier schlagen.

Vorbei an Riesenfarnen trägt uns die Strasse in angenehmer Steigung auf den 1052 Meter hohen namenlosen Pass mitten im dichten Dschungel. Doch in der Abfahrt nach Jeli brennt die Sonne immer erbarmungsloser auf die in Erwartung neuer Plantagen brachliegende, nackte Erde. In Jeli steigen wir in einem bescheidenen *rumah tumpangan*, einem sehr einfachen Gästehaus, ab. Unser Bungalow steht auf von Holzwürmern zernagten Stelzen. Die kupfernen Dachbleche sind mit grüner Patina überzogen. Im gut durchlüfteten Zimmer sinkt die Temperatur so weit ab, dass wir in der Nacht im Luftzug des Deckenpropellers leicht frösteln und diesen gegen Morgen ausschalten.

Da es mir die herrliche Sprache der Malaien angetan hat, übe ich während des Radfahrens durch das wenig aufregende flache Terrain eigensinnig-widersinnig zusammengefügte Sätze wie: «*Mata* des *mata-mata* blickt in *mata hari.*» Was nichts Geringeres bedeutet als: «Das Auge des Polizisten blickt in die Sonne.» Während die Verdoppelung von *mata* zu *mata-mata* das Auge gewissermassen verschärft und zum be- und überwachenden Polizisten werden lässt, macht *kanak-kanak* aus einem Kind kein besseres, sondern lediglich zwei. Deshalb kann für diese Mehrzahl auch als Variante *kanak2* verwendet werden. Eine wahre Perle dünkt mich aber *mata hari* als Bezeichnung für die Sonne: das Auge des Tages. Besonders spassig klingen für meine Ohren die Kategoriewörter, die für alle asiatischen Sprachen so typisch sind. Je nach Art oder Form der zu bezeichnenden Dinge werden andere Klassifikatoren verwendet. Bei uns Menschen ist dies *orang*. Bea und ich sind also *dua orang Swis*. Bei Tieren geht es über den *ekor*, den Schwanz. «Drei Fische» heisst also *tiga ekor ikan*, drei Schwanz Fisch. Grosse, geräumige Gegenstände wie Möbel, Gebäude, Fahrzeuge oder Schiffe werden als Frucht, kleine runde Gegenstände wie Tassen oder Eier als Samen, etwas grössere runde Gegenstände wie Obst als Korn, lange Gegenstände wie Zigaretten oder Stämme als Stange, und flache Gegenstände wie Papier oder Omelette als Scheibe bezeichnet.

Hier in Kelantan, der nordöstlichsten Provinz des Landes, leben vor allem Muslime. Schulknaben tragen strahlend weisse Hemden, und dunkle Mützen sitzen keck auf ihren Schädeln. Die Mädchen aber sind mit hellen, freudlosen Säcken verschleiert. Dies verhält sich so, weil seit eineinhalb Dekaden die stockkonservative islamische Partei Se-Malaysia am Ruder ist. In der Verfassung Malaysias ist zwar die Religionsfreiheit verankert. Schliesslich ist sie für das gute Harmonieren der verschiedenen Ethnien im Vielvölkerstaat essentiell. Doch für das Leben der Menschen in den verschiedenen Provinzen ist vor allem relevant, welche Gruppierung sich über längere Zeit an der lokalen Macht halten kann und mit welcher Vehemenz diese ihre Ziele verfolgt. Neben der Strasse wird auf grossformatigen Plakaten aufgezeigt, was sich nach Ansicht der starken Männer von Se-Malaysia auf dem von ihnen regierten Territorium gehört: Unter einem Frauenkopf mit offener Haarpracht prangt ein ablehnendes Kreuz; unter dem Abbild eines Kopftuches ein zustimmendes Zeichen.

Obwohl wir das Südchinesische Meer noch für einige Stunden nicht zu Gesicht bekommen, spüren wir in der Atmosphäre unverkennbar seine Nähe. Über dem niederen Gebirge, das sich parallel zur Küste von Nord nach Süd erstreckt, türmen sich spannungsgeladene Gewitterwolken.

Vom Küstenort Kuala Besut aus wagen wir einen weiteren Sprung auf dem Festland vorgelagerte Inseln. Und wir atmen auf: kein Kommerztourismus, keine grinsenden Fratzen auf knatternden Motorrädern, keine Pizzeria, keine Bäckerei und kein SevenEleven. Dafür glasklares Wasser und weisser Sandstrand. Frieden pur auf den Perhentian-Inseln. Einige Leute spazieren den Strand entlang. Touristen in knappen Badehosen, Einheimische tief verhüllt und ein modernes malaiisches Paar Hand in Hand; er in langen Bügelfaltenhosen, sie in Jeans und mit locker gebundenem Kopftuch. Normalerweise kommt man auf diesen zwei winzigen Inselchen in jedem Lokal zu einem Bier, selbst wenn alkoholhaltige Getränke auf den Karten nicht aufgeführt sind. Doch geht seit vier Tagen das Gerücht einer unmittelbar bevorstehenden Razzia um, und alle muslimisch geführten Schuppen haben ihre Vorräte an verbotenen Flaschen vorsichtshalber abgebaut. Und was noch nicht über die Theke ging, tief im Sand verbuddelt. So erstehen wir das Bier für den Omelettenteig bei einem Chinesen. Wir staunen über die drei kleinen Kinder unserer Nachbarn, wie sie selbstgenügsam, ohne sich zu langweilen oder zu quengeln, den Morgen verstreichen lassen. Für die nächsten Stunden vergessen auch wir die Zeit und lassen uns über Korallen treiben, tummeln uns in Schwärmen bunter Fische und entdecken in den tieferen sandigen Partien grosse Schildkröten. Geduldig warten wir, bis eines dieser Viecher zum Luftholen ansetzt und sich uns in seiner ganzen Pracht zeigt, doch scheint ihr Vorrat an Sauerstoff unerschöpflich. Sie fressen und fressen, kriechen stumm auf dem Meeresgrund herum und lassen sich selbst durch unsere Ermunterungen, die wir ihnen bei jedem unserer Tauchgänge zurufen, nicht zum Auftauchen bewegen. Eine übermütige Möwe verwechselt uns mit leckeren Fischen und setzt mehrmals zum Angriff an. Mit kräftigen Wasserspritzern wehren wir uns letztlich erfolgreich. Im Unterschied zu Thailand tragen wir keinen Sonnenbrand davon, dafür von den zu engen Taucherbrillen ein Kainszeichen in Form tiefer Furchen in der Stirn. Es ist erst am Verblassen, als wir uns im Boot wieder der Küste nähern. Wie fast alle Tage befindet sie sich in der Umklammerung schwerer Gewitterwolken. Schon rollen Donner aus ihnen und ab und zu zerschneiden Blitze die Wolkenwand. Bevor es Bindfäden regnet, retten wir uns in eine der Absteigen von Kuala Besut. In der Nacht machen wir

Bekanntschaft mit zwei grosskalibrigen Kakerlaken. Auch Mücken fühlen sich hier heimisch: grosse, kräftige Moskitos, nicht diese schmalbrüstigen Asiatischen Tigermücken.

Noch vor Sonnenaufgang ertönen nacheinander unterschiedlich begabte Muezzins. Während der erste noch mit hellem, wohlklingendem Gesang zu brillieren versteht, scheppern die folgenden mit krächzenden Stimmen eigenwillig unmusikalisch und hölzern über alte Verstärker. Wieder im Sattel, auf der Fahrt Richtung Süden, beobachte ich, wie die ersten Sonnenstrahlen das Wolkenband über den Perhentian-Inseln röten. Plötzlich donnert wenige Meter vor mir von einer Kokospalme mit seltsam krumm gewachsenem Stamm eine gewichtige Nuss auf den Asphalt – Glück gehabt! Zeitweise verdichtet sich der Verkehr stark, aber nur, um unvermittelt wieder zu versiegen. Weiss der Teufel, woher die Blechlawinen jeweils auftauchen und wohin sie wieder verschwinden!

Als am nächsten Morgen der aufsteigende Feuerball seine ersten Kübel bunter Farbe auf die ruhige Oberfläche des Meers giesst, stellt Bea mit blankem Entsetzen fest, dass sie ihre zwei Kreditkarten vermutlich im mittlerweile über hundert Kilometer entfernten Bungalow auf den Perhentian-Inseln vergessen hat. Sie hatte die Karten vor unserem Schnorchelgang derart gut versteckt, dass sie sogar aus dem Sinn gerieten und nun womöglich in irgendeinem dunklen Winkel zurückblieben. Jetzt legt Bea ein Tempo vor, das sonst nur auf der Flucht vor zähnefletschenden Hunden möglich ist. Doch seit Tagen hat kein einziger Kläffer unseren Weg gekreuzt. Diese Vierbeiner gelten den Muslimen nämlich, wie die Schweine auch, als schmutzig und sind entsprechend unbeliebt. In Terengganu buchen wir ein Hotelzimmer, um uns schleunigst der leidigen Sache der vermissten Karten anzunehmen. Bea durchsucht zunehmend verzweifelter all ihre Taschen aufs Neue und erkundigt sich danach telefonisch in der Absteige auf der Insel, ob das Reinigungspersonal nichts gefunden habe. Die Karten bleiben aber verschollen. Also lässt sie diese umgehend sperren und neue ausstellen. Keine zehn Minuten später jedoch öffnet sie das Etui mit den Jasskarten. Und was liegt in völliger Unschuld da, am unerklärlicherweise einzigen nicht überprüften Ort in den Tiefen des Gepäcks? Die beiden Kreditkarten! Nachdem sie sich vor Ärger die Haare gehörig zerzaust hat, macht sich Bea erneut auf den Weg zu einem Telefon und versucht, die Sperrung der alten und die Auslösung der neuen Karten rückgängig zu machen – aber es ist zu spät.

In Kuala Dungun beobachten wir, wie sich die Malaien begrüssen. Die Männer berühren einander kurz beide Hände und führen die Rechte dann ans Herz. Dies bedeutet: Ich grüsse dich von Herzen. Die Frauen küssen nach der Berührung ihre rechte Hand und bewegen sie dann ebenfalls zum Herz, was sinngemäss heisst: Ich küsse deinen Gruss und grüsse dich von Herzen. Männer und Frauen touchieren sich aber nicht. Zwischen den Geschlechtern reicht ein freundliches Kopfnicken. Ein Ladenbesitzer erzählt uns von seiner kürzlich unternommenen Reise nach Südkorea und wie er sich in jenem Land unsicher fühlte, weil er sich nicht mehr im gewohnten Schoss einer Muslim-Gemeinschaft befand. Auf der Landkarte von Malaysia, die an meiner Lenkertasche fixiert ist, zeigt er mit dem Finger auf die drei folgenden Fischerdörfer und meint mit fester Stimme: «Da könnt ihr unbesorgt durchfahren, da ist es sicher, das sind Muslim-Dörfer.» Wir wähnten uns auf unserer Reise noch nie in Gefahr, nur weil wir nicht von unseresgleichen umringt waren. In diesem Sinne sind wir wohl wahre Weltenbürger.

Bei einem älteren Ehepaar ersteht Bea in perfektem Malai – mir bleibt nur anerkennende Bewunderung – drei Kilo verschiedener Früchte: «*Apa ini? Ini negeri Malaysia? Berapa harga se kilo? Tiga, tujuh, oke, sepuluh.*» Darunter befinden sich die schmackhaftesten Mangostane, die wir je gekostet haben, und das soll bei unserem masslosen Verzehr was heissen! Neben einigen Tankwagen der Unternehmung Shell donnern unzählige von Petronas an uns vorbei. Weiter südlich in Kampong Telok Kalong zeigt sich der Grund: Kugelige weisse Tanks schiessen wie Pilze aus dem Boden. Über den schlanken Kaminen werden Dämpfe abgefackelt. Diese Raffinerie von Petronas ist ein riesiges Industriegebiet. Das Gewirr metallener Leitungen glitzert in der Sonne, wenn sie jeweils für kurze Momente die Wolken und den Schleier aus Russpartikeln zu durchbrechen vermag. Weiter vorne ragt eine Bergkuppe aus der Ebene. Wie ein gelbbraunes Halstuch hat sich der Smog um ihre Flanken gelegt. Es erfordert geradezu Mut, sich in diese Suppe zu stürzen. Wir beratschlagen, wo wir urinieren sollen: bei Petronas, Shell, Esso oder Caltex. Schliesslich macht Petronas das Rennen. Ihre Tankstellen vermitteln uns den besten Eindruck. Zudem haben sie auch bleifreies Benzin für unseren Kocher im Angebot.

Trotz der diesig-smogigen Luft bleibt uns bei Tagesanbruch nicht verborgen, wie der Mond hoch oben im Firmament steht und zufrieden der Sonne zuschaut, wie sie sich gemächlich über die Wasserlinie schiebt und ihn nun ablöst. Der rege Verkehr auf der Hauptstrasse saugt uns auf und spült uns zum belebten, topmodernen Kuantan. Das ist die erste malaiische Stadt unserer Route, die schon fast wie eine Metropole wirkt. Durch die grosszügig angelegten Strassen zwischen den Luxushotels und Shopping Malls bahnen wir uns den Weg zu einem indischen Restaurant. Das Essen ist günstig und mundet vorzüglich. Die Angestellten sind aber offenbar länger als wir nicht mehr in ihrem Heimatland Indien gewesen und verstehen unsere Bestellung für zwei Tee in Hindi, «*Do chai*», nicht. Das malaiische «*Dua tea*» klingt für ihre Ohren wesentlich vertrauter. Über eine weit gespannte, geschwungene Brücke finden wir zügig aus der Stadt hinaus und zweigen bald in eine idyllische, fast verkehrsfreie schmale Küstenstrasse ein. Einige malaiische Familien verbringen hier auf der mit Gras überwachsenen Uferpartie im Schatten von Pinien den Sonntagnachmittag. Sie baden mitsamt den Kleidern im Meer, halten Siesta in mitgebrachten Igluzelten oder picknicken auf einem ausgebreiteten Tuch auf dem Boden. Geissen und Schafe springen übermütig herum. Da, plötzlich ein dumpfer Knall. Ein Schaf liegt in seinem Blut auf dem Asphalt und ein Auto flitzt davon.

Auf den topfebenen, steppenartig öden Kilometern nach Pekan realisieren wir, dass wir seit China keine grösseren Gemüsefelder mehr gesehen haben. Hier gibts nun sogar überhaupt keine Anzeichen menschlicher Zivilisation: kein Haus, keinen Verkaufsstand, kein Buswartehäuschen – nur die traurigen Überreste einer Raubkatze kleben auf dem Asphalt. Das leopardenähnliche Fell ist noch intakt. Auch die etwa einen halben Meter lange Echse weiter vorne wurde vor nicht allzu langer Zeit plattgedrückt. Jetzt wird der Wald üppiger und die Tierstimmen um uns vielfältiger. Leider nimmt im selben Masse auch die Leichenschau zu. Wir sehen die Kadaver einer zerfetzten Ziege, einer aufgedunsenen Kuh, einer Art Eichhörnchen, vieler Warane und Echsen, mehrerer Zibetkatzen, verschiedener uns unbekannter Pelztiere und von Schlangen unterschiedlicher Formate und Zeichnungen. Die wenigen Autos sind schnell unterwegs und für die kaltschnäuzigen Lenker manifestiert sich der Tod eines dieser prächtigen Tiere letztlich nur in einem kaum wahrnehmbaren Schlag auf die Räder.

Der wuchtige Wolkenbruch hämmert lautstark aufs Blechdach unseres Unterstands mitten in einer Wiese. Und der kräftige Wind sorgt dafür, dass wir von der Seite her einige Tropfen abkriegen. Rasch streifen wir uns warme Kleider über, denn die Temperatur ist innert Minuten um zehn Grad gesunken. Das Geräusch von sich deformierendem, sich verkeilendem Blech schreckt uns auf. Sofort wenden wir die Köpfe zur Strasse und sehen, wie sich ein Personenwagen mit auf der Fahrerseite arg eingedrückter Karosserie um die eigene Achse dreht und wie ein Kleinlaster von der Fahrbahn abkommt und die Leitplanke wie Butter durchbricht. Schon wollen wir erste Hilfe leisten, doch bleibt uns der Gang in den strömenden Regen erspart. Die beiden Lenker steigen nämlich unversehrt aus ihren Fahrzeugen und begeben sich festen Schrittes auf einander zu. Der junge Fahrer des Personenwagens verblüfft uns mit seiner Gelassenheit. Er denkt sogar daran, den Schirm aufzuspannen. Auch der Lebenssaft des anderen scheint durch den Unfall nicht in ängstlichen Aufruhr geraten zu sein. Der Inhalt ihres Wortwechsels bleibt uns der Distanz und Sprache wegen zwar verschlossen, doch werden, der Gestik nach zu beurteilen, keine Verfluchungen oder Schuldzuweisungen ausgestossen. So unterschiedlich der Verhaltenskodex der im Land wohnenden Chinesen, Inder, Orang Asli und Bumiputra, diesen seit hunderten von Jahren in Westmalaysia ansässigen muslimischen Malaien, auch sein mag, ist doch allen das Bestreben, niemanden «das Gesicht verlieren zu lassen», gemeinsam. Es gilt also, stets auf Harmonie bedacht zu sein. Deshalb wird nicht geschrien, das Gegenüber nicht blamiert oder in Verlegenheit gebracht. Die Polizei ist überraschend schnell mit einem Einsatzwagen zur Stelle. Nach einer kurzen Diskussion mit den beiden Hauptdarstellern machen sich die Hüter des Gesetzes aber wieder aus dem Staub. Von Unfallplatzsicherung scheint man hier nicht viel zu halten. Die anderen Lenker verstehen es schliesslich, in kaum gedrosseltem Tempo um die verstreut auf dem Asphalt liegenden Wrackteile herumzukurven. Nun ist aber die Zeit der Gaffer angebrochen – sie lassen sich selbst vom Regen nicht abschrecken. Nach gut einer Stunde lässt dieser endlich nach, und wir setzen unsere Fahrt für einige Kilometer fort, bis wir kurz vor Kuala Rompin in einer Absteige Unterschlupf finden.

Die Schwänze fast aller Katzen sind verkrüppelt. Bei einer macht es gar den Anschein, als hätte ein Sadist in den Schwanz einen Knoten geknüpft. Die Strasse führt uns über einige Hügel, die allesamt mit Ölpalmen überzogen sind. Hier stinkt es nur selten nach verwesenden Tierresten, weil in diesen öden Plantagen wenig Leben pulsiert. Sobald das Ölgebiet aber hinter uns liegt, setzt die Urwaldmusik wieder mit gewohnter Kraft ein. Bei einem Unterstand legt sich uns der Schatten wie ein kühles Tuch auf die Haut. Hier essen wir Joghurt, nicht weniger als zwei Kilo Mangostane und drei Mangos.

Kaum in Mersing angekommen und in einem Hotel eingecheckt, in dem sich pro Etage um die dreissig dunkler, schön gezeichneter, handtellergrosser Falter tummeln, zucken Blitze im schwarzen Himmel. Und der Tropenregen prasselt mit ungezügelter Wucht auf den Asphalt nieder. Die Geschäfte sind auch mit chinesischen Schriftzeichen angeschrieben. Die Chinesen wurden einst, wie die Inder übrigens auch, von den englischen Kolonialherren als Arbeitskräfte ins Land geholt. Dank ihrer Mentalität hart für Wohlstand zu ackern und keine Geschenke zu erwarten, haben sie es innerhalb von wenigen Generationen geschafft, den Hauptteil des malaiischen Produktivkapitals zu erwirtschaften. Nahezu alle bedeutenderen Geschäfte sowie Hauptanteile von Handel, Industrie, Versicherungen, Banken und Restaurants sind heute in chinesischer Hand. Das zeigt sich hier in Mersing auch ausgeprägt im Strassenbild: Etliche Leute flanieren in kurzen Hosen, auf dem Markt schlendern leicht beschürzte Chinesinnen neben tief verhüllten muslimischen Frauen und Bier wird unverhohlen angepriesen und getrunken. Es ist ein klares Nebeneinander der verschiedenen Kulturen – keinerlei Durchmischung. Alle halten an ihren eigenen Traditionen fest und respektieren oder tolerieren mindestens die Andersartigkeit der Mitmenschen.

Am nächsten Tag wirds sonnig und heiss, hügelig und palmölig. Wir verlassen die Ostküste, der wir während der letzten gut sechshundert Kilometer gefolgt sind, um direkten Kurs auf die Südspitze des Landes zu nehmen. Malaysia wird wohl als das Land mit den zahlreichsten grosskalibrigen Tierkadavern auf den Strassen in unsere Annalen eingehen. Gegen Abend gesellen sich ein Affe mit zertrümmertem Schädel und eine mindestens zwei Meter lange Schlange zum bereits Gesehenen. Immerhin zeigen sich nun auch quicklebendige Affen neben der Strasse.

Frühmorgens grüsst uns der noch schläfrige Wächter unserer Unterkunft von seiner Pritsche in der Rezeption aus mit « *Good night!*» und legt sich nach dem Aufschliessen des stählernen Tors wieder aufs Ohr. Der Verkehr auf der Hauptachse ist zu einem einzigen zappeligen Blechwurm koaguliert. Unsere Gesichter sind schon schwarz von Abgasen, bevor uns die Smogglocke über Johor Bahru schluckt. Vom nervösen Verkehrsstrom gehetzt, sind wir ziemlich erschöpft, als wir uns ihm im Stadtinnern endlich entziehen können.

Singapur, 1. bis 11. Juli 2005

Um die Mittagszeit rollen wir in Singapur ein. Die Woodlands-Street führt uns mehrspurig, aber ohne viel Verkehr Richtung Zentrum. In ruhigen Grünzonen stehen unzählige Methodisten-Kirchen und Privatschulen. Wir werden kaum beachtet, die Städter sind vornehmlich mit sich selbst beschäftigt. Bei einer Tankstelle benutzt Bea die Toilette und staunt über die Sauberkeit, das vorhandene WC-Papier, die Seife und den funktionierenden Händetrockner. Zu allem Überfluss wird sogar die Spülung automatisch in Gang gesetzt. Schliesslich verdichtet sich der Verkehr, und wir erreichen das Stadtviertel Little India, wo wir nach kurzer Suche das Hotel Madras als unser temporäres Zuhause wählen. Dieses Quartier haben wir natürlich mit Bedacht angepeilt. Erstens fühlen wir uns unter Indern einfach wohl, und zweitens stehen hier die Chancen gut, den Geldabfluss in Schach halten zu können. So bezahlen wir beispielsweise für zwei *masala dosas*, zwei *samosas*, zwei *chais* und einen *mango-lassi* gleich viel wie Downtown für einen einzigen doppelten Espresso und ein Tiramisù im Starbucks.

Auf den ersten Streifzügen durch das geschäftige Zentrum von Singha-Pura, der Löwen-Stadt, die trotz ihrem Namen zu den vier asiatischen Tiger-Staaten gezählt wird, werden wir von den Menschenmassen beinahe erschlagen. Fast alle Restaurants sind so gut besucht, dass sie von weitem an den langen Warteschlangen vor den Eingängen erkennbar sind. Wir legen zu Fuss einige Kilometer zurück, doch reisst die Flut der Einkaufstempel nie ab. Da drängt sich mir der Ausspruch von Sokrates auf die Zunge: «Wie viel es doch gibt, das wir nicht benötigen.» Um an der Orchard-Road abends ein Taxi zu erwischen, gilt es Dreiviertelstunden anzustehen.

Unsere nächste Umgebung, das Little India mit den schmucken Häuserzeilen, lässt in uns eine Saite anklingen, deren Schwingung uns mit tiefer Zufriedenheit erfüllt. Wir schwelgen in den Gewürzdüften und farbenfrohen Früchte- und Gemüseauslagen. Die wehenden Saris, das eigenwillig indisch gefärbte Englisch der Menschen, die allgegenwärtige Bollywood-Musik – alles so vertraut.

Wir spüren nichts vom straffen Regime, das in Singapur herrscht. Kaum vorzustellen, dass hier in den letzten fünf Jahren über hundert Leute durch Erhängen hingerichtet wurden. Und zur Wahrung der öffentlichen Ordnung sollen unter anderem folgende Delikte mit Bussen, Haftstrafen oder Stockhieben geahndet werden: Wegwerfen von Abfall wie beispielsweise Zigarettenkippen (kein Problem für uns), Spucken (dies ist wohl für die Inder und die Chinesen besonders hart) sowie die Einfuhr und der Verkauf von Kaugummi (noch in Johor Bahru haben wir unsere aufgebraucht). Der Verkauf von Kaugummi war bis vor einem Jahr strikte verboten. Der Hauptgrund hierfür war, dass Jugendliche mit Kaugummi die Sensoren der U-Bahn-Türen blockierten, was Störungen im Betriebsablauf des Metro-Systems zur Folge hatte. Mittlerweile wurde dieses Verbot gelockert. Wer einen Kaugummi kaufen will, muss aber ein Arztrezept und seinen Personalausweis vorzeigen. Über die Gründe für die Aufhebung des Kaugummiverbots kursieren verschiedene Meinungen. Einige Quellen besagen, die Zahnarzt-Lobby hätte den Behörden mittels Untersuchungen klar aufgezeigt, dass der medizinische Wert von zuckerlosen Kaugummis höher einzustufen sei als die ihnen innewohnende Gefahr, als langfädiges, an Schuhsohlen klebendes Ärgernis zu enden. Wahrscheinlicher ist jedoch, dass für effektive Anti-Raucherkampagnen auch der Verkauf von Nikotinkaugummis ermöglicht werden musste. Ansonsten zählt Singapur aber zu den am stärksten deregulierten und privatisierten Volkswirtschaften der Welt.

Nachdem mein Stockzahn zum dritten Mal geflickt wurde – diesmal in professioneller Manier, wie es scheint –, verbringen wir einige Zeit im Internet mit dem Studium der Homepage der amerikanischen Botschaft. Da wird unsäglich umständlich beschrieben, wie ein Visum zu beantragen ist. Weil wir auf einem Frachtschiff in die USA einreisen werden, benötigen wir ein solches. Die ganze Prozedur ist so angelegt, dass einem die Lust auf dieses Land vergehen soll, bevor die Tinte trocken ist, mit der die Formulare ausgefüllt werden. Aber nein, diese Metapher verfängt nicht, denn Tinte ist schon gar nicht erlaubt. Die geforderten Angaben sind in den Computer zu tippen und auszudrucken. Was die Amis alles wissen wollen! Ich habe ein Zusatzblatt auszufüllen, weil ich als 39-jähriges männliches Wesen a priori verdächtigt werde, ein Element der Terroristenbrut zu sein, die sich gemäss Statistiken vor allem aus 21- bis 46-jährigen Männern rekrutiert. Einzig der Antrag für das Visum kostet achtzig Euro pro Person. Weil der Preis allein aber zu wenig abschreckende Wirkung zeitigt, wurde flugs eine neue Hürde eingebaut: Weder Bargeld noch Kreditkarten werden akzeptiert, sondern ausschliesslich eine *cashiers order*. «Was zum Teufel ist denn das?», enervieren wir uns. Scheinbar eine Art Bankcheck, der zu Gunsten der amerikanischen Botschaft ausgestellt werden soll. Nun aber der Clou: Den Banken von Singapur ist es per Gesetz gar nicht erlaubt, Ausländern einen solchen Wisch auszuhändigen. In der Chinese Overseas Bank hat die Schalterdame aber offene Ohren für unser Anliegen und nach langem Hin und Her ein Einsehen und stellt uns für eine kleine Gebühr eine *cashiers order* aus.

3. Frachtschiffreise

Von Singapur nach Tokio, Japan, 11. bis 19. Juli 2005

Am elften Tag in Singapur gondeln wir auf der Victoria-Street durch die noch schlafende Stadt. Der Weg führt uns am Kulturzentrum Esplanade vorbei, das in Form einer stachligen Stinkfrucht, einer Durian, konstruiert ist, und deshalb Bea besonders gefällt. Unser Ziel ist das Keppel-Terminal, wo wir mit einem Hafenagenten verabredet sind. Der Hafen von Singapur ist einer der geschäftigsten Umschlagplätze für die fünfzig Millionen Schiffscontainer, die auf den Weltmeeren im Umlauf sind. Das Containerschiff Punjab Senator, auf dem für uns eine Kabine reserviert ist, versetzt uns mit seiner Länge von fast dreihundert Meter gehörig ins Staunen. Schon wird ein Korb heruntergelassen, in den wir unser Gepäck laden. Die Räder aber tragen wir auf unseren Schultern die wacklige Gangway hoch. Auf Deck heisst uns der wohlgenährte, glatzköpfige Kapitän aus Hamburg willkommen. Auch sein Erster Offizier, ein hochaufgeschossener Herr mit vollmondigem Gesicht und grauem Wuschelkopf wünscht uns eine gute Zeit an Bord. Der Rest der Crew setzt sich neben acht Deutschen, welche die weiteren höheren Positionen wie Zweiter Offizier, Elektroingenieur oder Maschineningenieur bekleiden, aus zwei Russen und zehn Hilfsarbeitern von der pazifischen Inselgruppe Kiribati zusammen. Diese kochen, servieren, ölen, hämmern und putzen. Unsere Kabine ist gepflegt, nur sind die beiden Betten etwas gar eng. Gegen Abend stehen wir auf der Kommandobrücke und wohnen gespannt dem Ablegemanöver bei.

Früher als gewohnt blenden uns am Morgen die Sonnenstrahlen. Noch an Land vermochte das Auge des Tages den Bodennebel jeweils erst viel später zu durchbrechen. Die Zeit an Bord zerrinnt schnell, obwohl der täglich dreimalige Gang in die Offiziersmesse einem Spiessrutenlaufen gleicht. Dabei liegt es nicht primär am angebotenen Essen, obwohl das Repertoire des Kochs bald erschöpft ist, und für uns eintöniges Büchsenfutter aufgetragen wird. Nein, es ist die grauslich beklemmende Stimmung im Speisesaal. Abgesehen vom Kapitän und vom Wuschelkopf spricht kaum jemand mit uns. Auch unter den Offizieren, die sich alle siezen, scheint es wenig zu erzählen zu geben, geschweige denn zu lachen. Viele bringen nicht mehr über die Lippen als ein gedämpftes «Mahlzeit!». Der Steward Ieremias erzählt uns, dass sich in seiner Heimat die Leute stets zulächeln – wie kalt muss es ihm ums Herz sein, hier auf diesem Schiff mit der bierernsten, grummelnden deutschen Besatzung! Schon am zweiten Tag auf See juckt unsere Haut vor Trockenheit. Kein Wunder: Die ausgehungerte, zwanzig Grad warme Luft aus der Klimaanlage ist nach der monatelangen feuchtheissen Tropenluft gewöhnungsbedürftig.

Für ein paar Stunden liegt unser Schiff in einem Hafen. Dass wir im boomenden China gelandet sind, zeigt ein kurzer Blick aus dem Bullauge: Das Wasser bei Yantian

ist eine ölig-schmierige, braunschwarze Brühe, und schwere Maschinen nagen unersättlich an den umliegenden Bergen. Emsig wird die Ladung unseres Frachters gelöscht. Die Zangenhände der Kranungetüme packen die tonnenschweren Container
mit einer Leichtigkeit, als wären es leere Pappschachteln und setzen sie unsanft und
laut krachend, aber absolut präzis auf die Ladebrücke der in Reih und Glied bereit-
stehenden Laster. Zahllose chinesische Händler haben mittlerweile das A-Deck ge-
stürmt und bieten ihre Fälschungen feil: Schweizeruhren, DVD-Geräte, Socken, Unterhosen, MP3, MP4, digitale Kameras. Oder den Taxiservice nach: « *It's the best
place for relax and happy.* »

Während des nächsten Halts, in Hongkong, gönnen wir uns einen Landgang und
besuchen unsere liebsten Orte. Pünktlich zur Weiterfahrt hasten wir vom Ausflug in
die Zivilisation zurück zu ein paar bleichen Kartoffeln neben einem Häufchen zu
weich gekochter Broccoli im Teller. An den Nebentischen schieben sich die eisern
schweigenden und vor sich hinstarrenden deutschen Seeleute ihre fettigen Würste in
die Münder mit den hängenden Winkeln. Uns graust es. Und wir verdrücken uns
mit den Errungenschaften des Tages in die Kabine und laben uns an Käse, Wein und
Brot.

Steifer Gegenwind lässt unser Schiff auf dem nur wenige Meter tiefen Meer zwischen China und Taiwan derart stark in den Wellen schaukeln, dass der Steward angewiesen wird, in der Messe die Holzleisten, welche die Tischplatten umfassen, hoch-
zuklappen. Uns wäre es freilich völlig egal, würden die rutschenden Teller samt Inhalt
auf dem Boden zerschellen.

Im zähen Dunst bei Osaka, dem eben angelaufenen japanischen Hafen, erkennen
wir nur ein paar Stahlbrücken, hässliche Industriebauten und ein geisterhaftes Rie-
senrad. Das Wasser ist kein bisschen sauberer als in China drüben. Das ändert auch
die gesamte Pazifikküste entlang bis nach Tokio nicht. Flächendeckend tanzen Plastik und Holz in den Wellen. Uns scheint, als welkten wir in der klimatisierten, steifen
Atmosphäre dieses Schiffs, gleichsam wie vom Licht abgeschirmte Pflanzen. Frische
Gesichter und neue Gaumenfreuden werden uns gut tun. Nach neun Tagen liegen
schliesslich die 6200 Kilometer auf See hinter und der rettende Hafen von Tokio direkt vor uns.

Kaum angelegt, erscheint ein junger, rundlicher japanischer Hafenagent an Bord.
Er trägt ein weisses Hemd und ist von auserlesener Freundlichkeit. Wir folgen ihm
zu einem Bürogebäude, wo er uns seinem jüngeren Kollegen vorstellt. Auch dessen
Manieren sind tadellos. Wie er sich vor mir zur Begrüssung in gebührendem Abstand aufstellt, erinnert mich seine Haltung an einen Mann, der vom 10-Meter-
Sprungturm den Kopfsprung nicht wagt und sich mit den Füssen voran wie zu Blei
erstarrt hinunterstürzt. Nun erweist er sich jedoch plötzlich als erstaunlich biegsam
in den Hüften und wuchtet seinen Kopf gegen eine fiktive Wand zwischen uns. Ge-

rade so, als wolle er diese mit der Stirn zertrümmern, gewissermassen das Eis zwischen uns brechen. Ich tue es ihm gleich. Und wir steigen in sein Auto, mit dem er uns zum Zollgebäude chauffiert. Hier wird lediglich ein flüchtiger Blick in eine einzige unserer vielen Taschen geworfen. Ein Beamter der Immigrationsbehörde drückt uns einen Kleber in den Pass, der bis zu dreimonatigem Aufenthalt im Land der aufgehenden Sonne berechtigt.

Japan, 19. Juli bis 25. August 2005

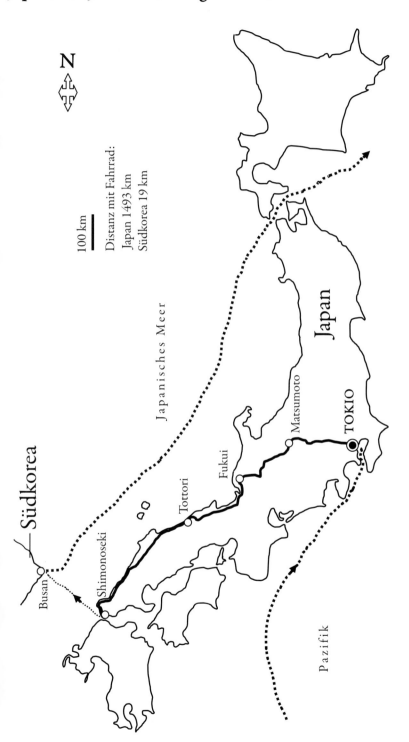

In beklemmend schwüler und drückender Hitze stürzen wir uns in den Verkehr der 8.5-Millionen-Stadt Tokio. Die Strassen sind ungewohnt eng. Dafür darf auch auf den Gehsteigen Rad gefahren werden, was uns allerdings wenig nützt. Denn mit unseren voluminösen Gefährten ist in den Menschenmassen kein Vorwärtskommen. Die Schulmädchen tragen graue Röcke und dunkle Kniestrümpfe spannen sich über ihre weissen, fleischigen Waden. Einige Jugendliche zeigen sich mit toupiertem und gefärbtem Haar sowie in Klamotten, die auf alt und schmuddelig getrimmt sind. Silberne Piercings glänzen an schmalen, glanzlackierten Lippen, an stumpfen Nasen oder an ausgezupften und mit Kohle nachgezogenen Augenbrauen. Zwei ältere Frauen gleiten in Kimonos gekleidet über den Asphalt. Traditionsgemäss tragen sie weisse Socken und elegante Sandalen. Aus einer schmucken Holzkiste lachen uns zwei Mangos an. Die fünftausend Yen auf dem Preisschild lassen uns das Wasser im Mund jedoch gleich verdampfen. Für diese vierzig Euro könnte man sich in Indien einen ganzen Mangobaum kaufen. Auch andere Preise der Auslagen in den Warenhäusern sind astronomisch hoch. Es hat natürlich seine Richtigkeit, wenn importierte Luxusprodukte teuer sind. Nur schlagen auch einheimische Kartoffeln, Gemüse und Früchte kräftig zu Buche.

Wir halten Kurs auf Itabashi-Ku, Tokumaru, Seven Homes. Dort wohnt nämlich Yoshiko, eine alte Freundin, die uns in vergangenen Jahren zweimal in Zürich besucht hatte. Nach zwanzig Kilometern sind wir dem Ziel bereits nahe. Nun führt unsere Ausfallstrasse aber auf eine Brücke, die für Velos gesperrt ist. Und schon verlieren wir uns in den feinen Verästelungen der Quartierstrassen. Eine Frau, die uns im ersten Anlauf nur vage Auskünfte über den einzuschlagenden Weg geben kann, organisiert sich via Mobiltelefon die fehlenden Informationen, rennt uns nach und skizziert einen präzisen Plan. Die Höhe der Häuserzeilen nimmt ab jetzt stetig ab, nicht aber die Dichte der Bebauung. Wo fliesst hier nur all das Wasser hin, sollten sich die Himmelsschleusen öffnen? In Erde versickern kann auf jeden Fall nicht ein Tropfen – da ist kein einziger Fleck auszumachen, der nicht asphaltiert oder zubetoniert wäre. Damit wir nicht orientierungslos im Häusermeer treiben, fährt uns für das allerletzte Wegstück ein gewissenhafter Bursche auf seinem Scooter voraus und führt uns exakt bis zur Haustür von Yoshiko.

Warme Umarmung und ein paar verdrückte Tränen der Wiedersehensfreude. Wie Yoshiko, ihr Vater und ihr Töchterchen Mibuki ziehen auch wir nach dem Überschreiten der Türschwelle die Strassenschuhe aus und schlüpfen in die Pantoffeln für den Wohnungsbereich, die oberhalb der hölzernen Stufe bereitstehen. Die Wohnung ist klitzeklein, und doch warten vor dem WC, dem Bad und dem Balkon wieder separate Schlappen auf Füsse. Am spassigsten sind die hellblauen, riesigen Plastiklatschen fürs Bad. Selbst im Haushalt der weltgewandten, modernen Yoshiko gelten offenbar straffe Regeln. Wir überlegen deshalb einen kurzen Moment, ob wir unsere kleinen Mitbringsel in traditioneller japanischer Art und Weise überreichen sollen, verwerfen den Gedanken aber rasch wieder. Denn die Geschenke mit den Worten «*Kore wa tsumaranai mono desu*, dies ist eine langweilige Sache» in der Stube auf den Boden zu legen, entspricht nicht unserem Naturell. Bestimmt würde auch Yoshiko unsere Aufmerksamkeiten nicht, wie es sich unter Japanern geziemen würde, unausgepackt und mit ausdruckslosem Gesicht auf die Seite schieben. Sie muss ja schliesslich nicht befürchten, von uns als gierig eingestuft zu werden, wenn sie das Geschenkpapier vor unseren Augen aufreisst. Und wir wiederum bringen Yoshiko mit dem originellen Inhalt nicht in die Verlegenheit, ihr Gesicht mit einer erzwungenen Verstellung wahren zu müssen, weil das Geschenk tatsächlich, wie im Spruch angedroht, zum Gähnen ist.

Zum Mittagessen lädt Yoshikos drahtiger Vater ins nahe *famiri resutoran* ein. Wie die anderen Gäste streifen wir die Schuhe ab und setzen uns im Schneidersitz an die niedere Tischplatte. Das Essen wird genau so serviert, wie auf der bebilderten Speisekarte gezeigt: liebevoll arrangierte Häppchen in unzähligen Schälchen und Schüsselchen. Der ästhetische Genuss übersteigt jedoch unsere Gaumenfreude bei weitem. Alle Bissen weisen ein eigentümliches Fischaroma auf, obwohl Yoshiko für uns unmissverständlich Vegetarisches geordert hat. Zudem sind wir uns herzhaft gepfefferte und gesalzene Speisen gewohnt. Das japanische Essen liegt für unseren Geschmack zu sehr auf der faden Seite. Gewürze finden kaum Verwendung, höchstens ein Spritzer Sojasauce, ein wenig Ingwer, eine einzige süss-saure Pflaume, eine Prise Sesampulver oder eine Messerspitze Meerrettichsenf, aber immer in homöopathischer Dosierung. Zudem scheint es in Blei gegossene Regeln zu geben, welcher Geschmackstupfer zu welchem Nahrungsmittel gehört. Die formelle Freundlichkeit der Servierfrauen lässt mich schmunzeln. Ihre so häufigen wie zackigen Verbeugungen sind derart tief, dass ich um die Unversehrtheit meines Bierhumpens besorgt bin, und ich wundere mich, was ihr jeweils mit einem unergründlichen Lächeln vorgetragener Wortschwall zu bedeuten hat. Die vife und herzige Mibuki wird liebevoll, aber durchaus auch mit einer gewissen Strenge erzogen. Im Restaurant gebärdet sie sich als lustig vergnügter Wirbelwind, der ab und zu mit einem grimmigen Blick oder einem festen Griff ums Ärmchen gebändigt wird. Nie reagiert Yoshiko genervt oder würde «Mibü», wie sie die Kleine liebevoll nennt, anschreien. Ihr ist die typische Ruhe und Geduld der asiatischen Mütter eigen. Erst jetzt wird uns bewusst, dass uns seit über zwei Jahren kaum mehr quengelnde Kinder begegnet sind. Beim nachmittäglichen Spaziergang durch die Parkanlage, die dem *daibutsu*, der drittgrössten Buddhafigur ganz Japans, gewidmet ist, rätseln wir über die Bedeutung der weissen, zusammengefalteten Papierchen, die dicht aneinandergereiht an langen Drähten hängen. Yoshiko weiss, dass es sich dabei um Wahrsagezettel mit ungünstigen Prognosen handelt. Sie werden dem Glauben nach am besten hier in der von magischen Kräften beseelten

Tempelanlage aufbewahrt – so bleibt die Hoffnung wach, doch noch eine rosige Zukunft vor sich zu haben. Auch die unzähligen Fische mit ihren weit aufgerissenen Mäulern zwischen den wunderschönen Lotusblüten im Karpfenteich verheissen den Leuten Glück. Vor dem Abendessen verschwindet Yoshiko zusammen mit Mibuki für eine gute halbe Stunde ins Badezimmer, um sich in vierzig Grad heissem Wasser zu entspannen. Während Bea solch saunamässigen Bäder auch zu geniessen versteht, lasse ich mich nicht gerne verbrühen und begnüge mich mit einer kühlen Dusche. Naoki, Yoshikos Mann, kehrt erst in den frühen Morgenstunden vom Büro heim und legt sich nur für wenige Stunden aufs Sofa, um dem Patron im Architekturbüro rasch wieder zu Diensten zu sein.

Am folgenden Nachmittag drückt uns Yoshikos Vater, der fünf Stockwerke tiefer logiert, seinen Wohnungsschlüssel in die Hand und bittet uns, den zahlreich vorhandenen Bierdosen im Kühlschrank nicht abhold zu sein. Er werde nun für die nächste, nicht bezeichnete Anzahl Tage ins Haus seines Freundes ziehen. Wir kennen Yoshikos Vater erst seit wenigen Stunden, und schon schlurfen wir in seinen Pantoffeln durch seinen Tatami-Raum in seiner Wohnung.

Nun führt uns Yoshiko zum unweiten Sagamihara, wo sich das Haus ihres Bruders Takeshi befindet. Auch er will uns seine Gastfreundschaft angedeihen lassen. Als Manager eines italienischen Restaurants ist er selbst freilich nicht zu Hause. Er schuftet schliesslich täglich von zehn bis vierundzwanzig Uhr. Freie Tage stehen ihm, in Abhängigkeit des Geschäftsgangs, zwei bis drei pro Monat zu. Wann der nächste sein wird, ist zurzeit nicht bekannt. Empfangen werden wir von seiner Frau Hitomi, der Tochter Kyo und dem Sohn Reyji. Es beeindruckt uns tief, wie die Freunde der Tochter bei der ganzen Sippe aufs Herzlichste willkommen sind. In Sagamihara herrscht angespannte Ruhe. Taifun Nr. 7. wird erwartet. Hitomi hat deshalb alle für heute in ihrem Studio anberaumten Ballettstunden abgesagt, denn niemand schickt seine Kinder bei solcher Bedrohungslage hinaus. Bereits fällt kräftiger Regen vom Himmel. Und sollten die Winde bald über die Stadt hereinbrechen, würde aller öffentliche Verkehr erlahmen. Wer dann nicht im eigenen Auto unterwegs ist, bliebe für Stunden gestrandet. Grosses Aufatmen gegen Mitternacht: Im Radio heisst es, der Wirbelsturm habe seinen Kurs geändert und tanze vor der Küste um den Grossraum Tokio herum.

Am klaren und heissen Morgen des 27. Juli öffnet Bea ihre Augenlider zum ersten Mal als 37-Jährige. Zum Abendessen sind wir bei einem weiteren Gastgeberpaar eingeladen: Bei den Eltern von Naoki, die in einem Einfamilienhaus an der Peripherie von Tokio wohnen. Sie bescheren uns ein phänomenales kulinarisches Erlebnis, das der japanischen Haut-Cuisine, dem *kaiseki-ryori*, in nichts nachsteht. Yoshiko und ihre Schwiegermutter haben stundenlang in der Küche vorbereitet. Die aufgetischten Lebensmittel sind alle von erlesener Qualität. Als Apéro wird süss-saurer Pflaumenschnaps gereicht, der ein Jahr nach Beas Geburt hergestellt wurde. Das Aroma der eingelegten Pflaumen ist himmlisch. Es folgen Grüntee, Olongtee und Weisswein zu mindestens zehn verschiedenen kalten Gerichten, die äusserst verlockend auf ungezählten Tellern und Platten präsentiert werden: Gemischter Salat mit diversen Gartenkräutern, Mozzarella, Tomaten und Rucola, Tofu-Gemüse-Masse, Chicorée-Schiffchen gefüllt mit Hüttenkäse-Avocado-Creme, gebackene geräucherte Auberginen, schaumig geschlagener Kartoffelpudding, verschiedenes Gemüse und farbige Blütenblätter in durchsichtigem Pflanzengelee. Warm serviert werden Reis mit Gemüse, Bohnen an Knoblauch und Zwiebeln sowie sich immer wieder füllende Platten mit *tempura*, diesen mit Teig umhüllten und in Öl frittierten Häppchen von Paprikas, Kürbissen, Auberginen, Zwiebeln, Lotuswurzeln, Pilzen oder Süsskartoffeln. Bea bedankt sich fürs Festmahl bei Mutter Tomoko mit den Worten: «*Tomoko-san, gotschisoo-sama deschta*, Tomoko, es hat köstlich geschmeckt!» Diese strahlt vor Freude über das Kompliment und bestätigt damit, was ich schon den ganzen Abend über gespürt habe: Für sie bedeutet Kochen weit mehr als nur das Zubereiten von Nahrung. Sie kreiert kulinarische Erlebnisse, und jeder uns mundende Bissen erfüllt sie mit grösster Genugtuung. Nun werden saftige Früchte der Saison wie geschälte Pfirsiche – auch die Japaner pellen sämtliche Früchte –, Wassermelonen und *naschi*, diese Mischung aus Birne und Apfel, gereicht. Unter Happy-Birthday-Gesang wird eine Erdbeertorte mit drei grossen und sieben kleinen Kerzen aufgetragen. Wie rührend – so wird man gerne ein Jahr älter!

In Yokohama, der zweitgrössten Stadt Japans, sitzen wir im Auto von Tomoko, eine weitere Freundin aus alten Zeiten, als uns in einer leichten Steigung ein Rotlicht zum Anhalten zwingt. Obwohl sich unsere Räder nicht mehr drehen, gerät der Wagen immer mehr in Schwingung. Hat die gute Tomoko Probleme mit der Kupplung? Könnte sein, denn sie wirkt plötzlich bleich und angestrengt. Fahrig wischt sie sich jetzt eine kalte Schweissperle von der Stirn. Dreimal hintereinander wiederholt sie mit schwacher, bebender Stimme, dass etwas sonderbar sei, bis es aus ihr herausbricht: «Das ist ein Erdbeben!» Tatsächlich. Ich habe ihre Fahrkünste zu Unrecht angezweifelt: Die Verkehrsschilder da draussen flattern wie Fahnen im Wind. Im leisen Zittern meines Körpers finden sie ihre Entsprechung. Und in meine Magengrube sickert das flaue Gefühl, ausgeliefert zu sein. Schon breitet es sich als fiebriger Schwall bis in die entlegendsten Poren aus. Ich fasse Beas schweissfeuchte Hand und drücke sie fest. Die Sekunden dehnen sich zur Unendlichkeit. Das Rieseln der Sanduhr versiegt. Die Körner der Zeit verdichten sich zu Stein. Mein Puls meisselt an ihm. Ängstlich schiele ich aus dem Seitenfenster und taste gleichzeitig nach dem Verriegelungsknopf der Tür. Das Rütteln wird stärker. Laufen wir Gefahr, von herabstürzenden Fassadenelementen erschlagen zu werden? Oder schluckt uns bald ein klaffender Riss im Asphalt? Erst Tomokos Seufzer der Erleichterung macht mir die alles durchdringende Ruhe bewusst, die sich nun wie Pulverschnee über Yokohama gelegt hat – der Spuk ist vorüber.

Wie später in den Nachrichten gemeldet wird, haben sich die Erdkrustengesteine der Philippinischen und der Pazifischen Platte wieder einmal aneinander gerieben. Und zwar so wuchtig wie seit dreizehn Jahren nicht mehr. Auf der Richterskala wird dem Erdbeben die Stärke 6 zugeordnet. Es wird von 23 Verletzten berichtet und von Millionen Leuten, die in der U-Bahn und in Zügen steckengeblieben sind, denn aus Sicherheitsgründen wurde umgehend aller öffentliche Verkehr gestoppt. Allein die Metro wird täglich von 5.7 Millionen Leuten benutzt. In Tomokos zweistöckigem Haus sind wir in einem sicheren Hafen gelandet. Mit unverhohlenem Stolz in den Augen erklärt uns Kengo, ihr Mann: «Unser Haus ist aus acht zähen Stahlkäfigen konstruiert. Es könnte viel stärkeren Erschütterungen standhalten, als das heutige Beben verursacht hat.» Im weiteren Verlauf des Abends fällt mir auf, dass Kengo gleich wie Naoki sein Staunen meist mit einem langgezogenen «Mmh-» oder «Aah-Stöhnen» kundtut. Die Erklärung dafür wird er mir nach kurzer Nacht selbst liefern. Erst aber überrascht mich der lustige Kengo nach dem etwa dritten Nachbeben, knapp zwei Stunden vor Mitternacht, mit seinem Vorschlag, ein Onsen zu besuchen. Solche Thermalbäder findet man auf den japanischen Inseln überall verteilt. Schliesslich ist das Land vulkanischen Ursprungs. Es soll über 13000 Onsen geben und jedem vierten wird eine heilende Wirkung zugeschrieben. Weil die kleinen Söhne Masaru und Yosuke nicht alleine gelassen werden sollen und es im nahen Onsen für Männer und Frauen nur separate Bereiche gibt, mache ich mich mit Kengo allein auf den Weg. Vor dem Bad seifen sich alle Männer im Sitzen dreimal grosszügig ein, reiben, schaben, kratzen und scheuern sich den Rücken mit einer Bürste, bis er glüht. Die heissen Wasser lockern nicht nur verspannte Muskeln, sondern auch im Alltag durch Konventionen erstarrte Zungen. Unter dem funkelnden Sternenhimmel im seichten Pool treibend, plaudern die bis auf einen weissen Waschlappen auf der Stirn nackten Männer Interna aus. Die Zeit steht still. Und Kengo fragt mich aus heiterem Himmel: «Warum heiratest du Bea nicht?»

Wieder zurück im Stahlkäfig-Haus werden im TV Sumo-Kämpfe geschaut. Und nach einem mitternächtlichen Feuerwerk vor dem Garagentor spielen wir auf dem Stubentisch mit den Kindern so lange Pingpong, bis wir todmüde auf die Futons im Tatami-Raum des erdbebensicheren Hauses fallen und sofort einschlafen.

Zu Fuss, mit Bus und Zug reisen wir am folgenden Mittag zusammen mit unseren Gastgebern nach Kamakura, wo sich auf wenige Kilometer nicht nur die in Japan omnipräsenten Getränke-Verkaufsmaschinen mit kaltem Kaffee in allen Variationen, sondern auch shintoistische Schreine an buddhistische Tempel reihen. Kengo und Tomoko sind wie die Mehrheit der Japaner sowohl buddhistischen als auch shintoistischen Glaubens. Vor einem Schrein stehen zwei aus Stein gemeisselte Figuren. Gemäss Kengo handelt es sich dabei um den Aah- und den Mmh-Menschen. Schlichte Symmetrie bringe Unglück, Gegensätze seien wichtig, hebt er an. So repräsentiere die Aah-Figur Helligkeit, Fröhlichkeit und die Mmh-Figur entsprechend Dunkelheit und Gram. Dies in Analogie zum Yin-Yang-Prinzip der Chinesen. Shinto sei keine Religion im üblichen Sinne, denn es gebe keine heiligen Schriften, keinen Religionsstifter, keine Dogmen und keine Jenseitsvorstellung. In unsere Sprache übersetzt heisse Shinto schlicht «Weg der Götter». Die Schreine dienten einzig der Verehrung der dort wohnenden *kami*, Gottheit. Nacheinander läuten wir eine grosse Schelle, machen die *kami* so auf uns aufmerksam, werfen eine kleine Münze in den Opferkasten, verbeugen uns, klatschen zweimal in die Hände, verharren in kurzem Gebet und formulieren im Geist unsere Wünsche, verbeugen uns erneut zweimal, und fertig ist der «Gottesdienst», der eben keiner ist. Kengo schenkt uns ein *omamori*, einen Glücksbringer aus gepolstertem Stoffstreifen mit farbig eingewobenen, chinesischen Schriftzeichen, der uns auf der Weiterreise beschützen soll.

In Kamakura wimmelt es geradezu von Leuten und es ist extrem touristisch. Trotzdem herrscht kein Abriss, denn es sind vor allem Einheimische, die sich hier tummeln, und es wird die eigene, authentische Kultur zelebriert und nicht ein Zirkus für von weit her angereiste Geldsäcke veranstaltet. Wir geniessen diese für Asien ungewohnte Schlicht- und Echtheit.

Als wir uns am Nachmittag des neunten Tages in Tokio einen Weg aus dieser Beton-, Stahl- und Asphalt-Metropole heraus bahnen, brennt die Sonne grell und heiss vom Himmel. Meine übernächtigten Augen ziehen sich selbst hinter den getönten Gläsern der Velobrille zu einem schmalen Schlitz zusammen. Wir halten westwärts. Die Strassen sind eng und der Blechstrom darauf schnell und dicht. Zwar gibt es von der Fahrbahn separierte Velostreifen, doch sind sie oft holprig und zu wenig breit für uns oder wegen querenden Verkehrs tückisch. Diese Radwege suggerieren ein falsches Sicherheitsgefühl, das zu einem brandgefährlichen Nachlassen der Konzentration verleiten kann. Nach fünfzig Kilometern ist die Stadtwüste endlich durchmessen. In Hanno nimmt uns eine ruhige Nebenstrasse auf, die sich entlang einem Fluss ein enges Tal hinauf schlängelt. Wie haben wir dies vermisst: reine Luft, saftig grüne Bäume, das Rauschen des glasklaren Bergbaches, der Gesang der Grillen und das Sirren der Räder – einfach herrlich! Im menschenleeren Hof eines Hauses füllen wir vom Brunnen Wasser ab und spähen von nun an nach einem Platz für das Nachtlager. Alle ebenen Flächen sind aber bebaut oder eindeutig als Parkplatz erkennbar und die Flanken des Tals ragen dicht bewaldet gegen den sich von der hereinbrechenden Nacht verfinsternden Himmel. Schliesslich biegen wir ohne offensichtlichen Grund links weg über eine kleine Brücke und quälen uns eine extrem steile Strasse hoch. Un-

ser Spürsinn leitet uns nicht in die Irre; da oben liegt ein wunderschöner Fleck für
uns bereit. Während wir das Zelt einrichten, bebt die Erde wie ein letzter Gruss aus
Tokio, Yokohama und Sagamihara.

Der Verkehr ist äusserst gering. Über einige Windungen erklimmen wir einen ersten Pass. In der nach den USA zweitgrössten Wirtschaftsmacht der Welt sitzen nie
viele und zurzeit gerade keine Leute vor ihren Häusern. So können wir uns bei niemandem vergewissern, ob aus den Hahnen in den Gärten trinkbares Wasser fliesst,
und wir versetzen es darum vorsichtshalber mit Chlor. Gegen Abend finden wir hinter einem Friedhof in einem Kastanienhain eine Wiese. Sie ist ideal für unser Zelt,
doch müssen wir uns vor den stacheligen Fruchtbechern der Maroni am Boden in
Acht nehmen. Wir duschen, richten unser Zuhause ein und beginnen zu kochen. Als
wir fernes Donnergrollen vernehmen, diskutieren wir eher scherzhaft, wie wir denn
reagieren würden, sollte der Regen über uns niedersausen. Der Himmel, ungeduldig
wie er manchmal ist, wartet unsere Antwort nicht ab, will offensichtlich Taten sehen
und öffnet seine Schleusen unvermittelt exakt über uns. Ich spurte sofort zum Zelt,
das der schwül-heissen Luft wegen ohne wind- und wasserdichte Abdeckung dasteht,
und Bea kümmert sich um die Pfanne auf dem Feuer. Schon wenige Augenblicke später sitzen wir pitschnass und zusammengekringelt in der Apsis mitsamt all dem Gepäck und geniessen unser Nachtmahl in illustrer Gesellschaft: eine riesige Heuschre-
cke, Falter, Moskitos und einige daumenlange Käfer, deren Glupschaugen im Schein
unserer Stirnlampen aufleuchten. Durch die offensichtlich undichten Nähte des
Überzelts dringt Wasser, das uns in regelmässigen Abständen auf die Köpfe tropft.
Die ganze Nacht über prasselt Regen nieder. Einmal vernimmt Bea ein Scharren und
Grunzen vor dem Zelt. Nach kurzem Abwarten stürze ich mich mit dem *tschomak*
bewaffnet nach draussen, doch ist im Tropfenhagel nichts zu sehen. «Fehlalarm!»,
raune ich. «Die Wildsau hat sich wie der Blitz aus dem Staub gemacht», vermutet
Bea.

Bei anhaltend regnerischem Wetter rollen wir durch ländliche Gegend, in der die
Vegetation strotzt von Saft. Von einem der alle paar Kilometer auftauchenden unbe-
mannten Verkaufsstände wählen wir zwei Säcke Tomaten aus und werfen die dafür
verlangten Münzen ins bereitstehende hungrige Sparschwein. Ab und zu passieren
wir schmucke Friedhofsanlagen oder Schreine; auch immer wieder Gruppen aus
Stein gehauener *Jizo*-Figuren. Um den zu kurzen Hals sind ihnen rote oder rosa Lätz-
chen gebunden. Mit solchen versteinerten Geisterchen wird hier den Seelen der ab-
getriebenen Föten gedacht. Schwangerschaftsabbrüche sind auf dem Land vor oder
nach den zwei Wunschkindern seit Jahr und Tag an der Tagesordnung. Die Pille als
Verhütungsmittel wurde erst vor einigen Jahren eingeführt. Auch Kondome scheinen
nicht besonders beliebt zu sein.

Gesäumt von blühenden Hortensien windet sich die Strasse nun auf einen etwas höheren Pass. Hier oben wird die Bergspitze von einem Tunnel durchbohrt, das uns in eine langgezogene Abfahrt durch dichten, mit Bambus durchsetzten Zypressenwald führt. Mehr als die Hälfte von Japans Landfläche ist zwar bewaldet, doch fielen die natürlichen Bestände dem Raubbau während des Wirtschaftsbooms nach dem 2. Weltkrieg zum Opfer. Dieses kopflose Abholzen ist wohl auch der Grund dafür, dass wir weder lebende noch zerdrückte, auf dem Asphalt klebende Tiere antreffen. Denn der Wert der schnell wachsenden japanischen Zedern und Zypressen, mit denen die meisten kahlen Hänge bestockt wurden, ist für die Tiere nur bescheiden. Nach Ueno-Mura tendiert das Verkehrsaufkommen gegen null, und das Asphaltband, auf dem das Kreuzen zweier Autos oft nicht möglich wäre, steigt mit uns auf den über tausend Meter hohen Jukkokupass, der uns mit seiner welligen Topographie vor dem Höchstpunkt foppt und uns einiges abverlangt. Unsere Velos sind ringsum mit Wäsche behängt, die trocknen sollte, doch lassen dies zäher Nebel und später einsetzender Regen nicht zu. Im sich intensivierenden Niederschlag halten wir ungeduldig Ausschau nach einem trockenen Platz. In einer scharfen Kurve, direkt neben einem Fluss, zeigt sich endlich ein Unterstand. Er misst etwa fünf mal fünf Meter im Grundriss, weist keine Wände auf, dafür ein dichtes Dach und Bänke im Geviert. Der Nachmittag ist erst angebrochen, und eigentlich wollten wir heute mindestens hundert Kilometer abspulen, doch beschliessen wir spontan, hier zu bleiben. Ein weiser Entscheid, denn bald regnet es Bindfäden. Für die Dusche wärmen wir Flusswasser auf dem Kocher. Am frühen Abend strecken wir uns auf die Matten unter dem Moskitonetz, mitten im Unterstand, unserem Zimmer ohne Wände. Das übrige Gepäck lassen wir an die Velos festgezurrt. Im Morgengrauen springt Bea aus ihrem Turnschuh eine handtellergrosse schwarze Spinne entgegen. Der Schreck fährt ihr in die Knochen, ist aber rasch verraucht.

Vor der Stadt Ueda müssen wir stinkigen Verkehr erdulden, doch trägt uns danach eine mit Frostrissen durchäderte einsame Strasse auf den Aokipass. Oben werden wir, wie üblich in Japan, schnöde betrogen: Die stolz in den Himmel ragende Bergspitze ist mit einer dunklen Röhre aus Stahlbeton gebrochen. Donnerbässe als Vorboten nahender Gewitter lassen uns frühzeitig nach einem geschützten Ort schielen. Bei einer Zimmerei fragen wir, ob es in der Nähe einen Campingplatz gebe. Die beiden im Büro anwesenden Frauen gebärden sich begriffsstutzig und verstehen unser Anliegen erst, als ihnen der aufgeweckte Sohn der einen auf die Sprünge hilft – Kinder sind einfach verständiger als Erwachsene! Nun stösst ein Englisch sprechender Mitarbeiter hinzu. Er zückt aus einer Schublade detaillierte Karten der Umgebung, klebt sie geduldig zusammen und zeichnet uns mit einem Leuchtstift den Weg zum Sugenta-Park ob Shiga-Mura auf. Dort habe seine Unternehmung erst kürzlich eine Holzhütte mit öffentlich zugänglicher Toilettenanlage erstellt. Es handle sich dabei zwar

nicht um einen offiziellen Campingplatz, aber wir dürften dort gerne unser Zelt aufschlagen. Regen liegt in der Luft und starke Windböen zerren an uns. Mit viel Druck
pressen wir die Pedale. Vorbei an wunderschönen alten Häusern und historischen
Steinmonumenten mit eingemeisselten Inschriften steigt der asphaltierte Weg steil
an und lässt uns auch heute, wie fast jeden Tag im hügeligen Japan, die tausend erklommenen Höhenmeter komplettieren. Kaum befinden wir uns im Schutz des gedeckten Platzes vor dem neuen Blockhaus, entleeren sich die Wolken. Der Regen
giesst aus allen Rohren. Welch Timing und welch praktischer Ort! Die Türen zu den
blitzblanken WC-Anlagen sind tatsächlich nicht verschlossen. Und der Wasserhahn
an der Fassade lässt sich nach oben abdrehen, was zu einer Fontäne führt, unter der es
sich herrlich duschen lässt. Wieder schlafen wir auf den Matten unter dem Moskitonetz; ohne Zelt, aber unter Dach.

Dieses Ferienhaus zum Nulltarif mit Veranda und Bad schon nach einer Nacht
wieder zu verlassen, wäre eine Dummheit. Also geniessen wir hier einen geruhsamen
Tag und zehren dabei all unsere Vorräte auf. Einige Leute spazieren oder fahren im
Toyota an uns vorbei, doch niemand nimmt Anstoss an unserer Okkupation – selbst
unser Bad wird nicht benutzt. Beim Zähneputzen verabschiedet sich ein Teil meiner
Zahnfüllung aus Singapur – eine unendliche Geschichte!

Am Morgen hängen neben einem schwarzen Käfer zwei sonderbare Kumpane aussen am Moskitonetz: Eine Riesenheuschrecke, die nicht mehr weg will, und eine
Spinne mit nur noch vier Beinen. Bis Matsumoto, dem Tor zu den japanischen Al-
pentälern, müssen wir einige Hügel überwinden und viel Verkehr ertragen. Das berühmte Schloss aus dem 16. Jahrhundert lassen wir rechts liegen, denn wir steuern
diese erstaunlich grosse Stadt nicht touristischer Attraktionen wegen an. Zudem darf,
um das «wahre» Japan zu entdecken, nicht den Massen gefolgt werden. Was wir
hier benötigen, sind ein Internet und einen gut ausgestatteten Supermarkt. Ersteres
wird im Stadthaus sogar kostenlos angeboten und wir melden uns bei unseren Leuten
daheim aus der Verschollenheit zurück. Auf der Weiterfahrt rieselt ab und zu leise
Regen über unsere Körper. Am Horizont plustern sich Gewitterwolken auf, aus denen träge Donner rollen. Die Auslage einer Bäckerei wirkt wie ein Magnet auf uns
und lässt uns nicht vorbeiziehen. Die Erdbeertörtchen sind vom Allerfeinsten. Als
ich mir zum Dessert ein zweites genehmige, schenkt mir die nette Verkäuferin vor
Freude über meinen gesunden Appetit gleich noch zwei Quarkkuchen. Allmählich
sickert die Nacht herein und das Gesicht des Himmels ist vor zerzausten grauschwarzen Wolken schon ganz schrumplig.

Wie uns beim Frühstück unverhofft Sonnenstrahlen die Rücken wärmen, können
wir nicht umhin, festzustellen, dass wir Glückspilze sind. Unzählige Verkäufer bieten
in ihren reich bestückten Ständen neben der Strasse Früchte an. Eine Wassermelone
ist ab sieben Euro zu haben. Für diesen Betrag hätten wir in Xinjiang, China, etwa

dreissig Kilo Melonen kaufen können. In Shin-Shimashima befinden sich die Endstation der Matsumoto-Eisenbahn und der Busterminal für die Alpen. Staunend betrachten wir, was auf diesem Platz herumwieselt: robuste Wanderschuhe, rote Kniesocken und prall gefüllte Rucksäcke – ganze Horden von Wanderern. Wären da nicht ausnahmslos diese Schlitzaugen, wir würden wetten, uns in den Schweizer Alpen zu befinden. Nun stellen sich uns einige Tunnels in den Weg. Sie sind zwar gut beleuchtet und belüftet, doch wegen der Enge und des schlechten Belags am Fahrbahnrand immer gefährlich für uns. So atmen wir befreit auf, als wir nach der dritten Staumauer links Richtung Norikura Heights in eine Nebenstrasse abbiegen können. Im steilen Anstieg verirren sich oft schwefelige Schwaden der unzähligen Onsen in meine Nase. Einem Bad in solch einer heissen Quelle unter freiem Himmel wären wir nicht abgeneigt, aber wo bitte befinden sich die Campingplätze daneben? «Gibt es nicht», meint die gute Frau im Informationsbüro. Ein sympathischer, leicht ungehobelter Zeitgenosse lädt uns in ein *Ramen*-Lokal, eine typische Nudelbar, ein. Auf ein Blatt Papier kritzelt er mit hochgezogener Augenbraue die Höhe, auf welche uns diese Strasse noch tragen werde: 2072 Meter über Meer. Wir befinden uns zurzeit etwa neunhundert Höhenmeter tiefer. Zum Abschied klopft er mir herzhaft auf die Schultern und wünscht gute Gesundheit. Die Luft ist so kalt, wie seit China nicht mehr. Wir wärmen Wasser für die Dusche und kochen unter weitem und hellem Sternenhimmel Teigwaren mit Salbei, Käse, Tomaten und viel Zwiebeln und Knoblauch, dazu knackigen Eisbergsalat mit Karotten und Mandarinen, die uns unterwegs geschenkt wurden.

Nach einiger Zeit im Sattel zeichnet sich ab, dass unser Nudel-Freund von gestern mit der zu erklimmenden Höhe sträflich untertrieben hat: Der Norikurapass liegt nicht auf 2072, sondern auf über 2700 Metern über Meer! Zudem sind *rampas tschok dik* zu bewältigen. Bea benötigt ein paar Minuten der inneren Einkehr, um die Programmänderung zu schlucken. Nachdem sich einige Dampfwolken über ihrem kochenden Kopf verflüchtigt haben, schickt sie sich ins Unvermeidliche und freut sich auch schon bald über die famose Aussicht. Mit zunehmender Höhe wird es kühler. Einige Schneefelder zeugen noch vom vergangenen Winter. Die Passhöhe ist in dichte Nebelschwaden getaucht. Warm eingepackt, mit wasserdichten Socken und Handschuhen stürzen wir uns in die Abfahrt. Auf einige Kilometer eskortiert uns ein Wagen, denn weiter unten wird die Strasse um punkt 18.00 Uhr geschlossen. Genau zwei Minuten vor Kontrollschluss passieren wir die Schranke. Weil wir den auf unserer Karte eingezeichneten Campingplatz im Regen und Nebel nicht finden, stranden wir in einem winzigen Buswartehäuschen. Inmitten eines Dorfs, etwa zehn Kilometer vor Takayama. Die Räder parken wir im Gestrüpp auf der Rückseite. Nach dem Wegkehren der Spinnweben – ein Besen steht praktischerweise in der Ecke – legen wir Zeltunterlagsblache und Matten vor der halbkreisförmigen Bank auf den Ze-

mentboden und verstauen das Gepäck seitlich. Wer an unserer Unterkunft vorbei-
kommt, zeigt keine Missbilligung unseres Tuns.

Gegen sechs Uhr wird auf dem Parkplatz weiter oben von einer Gruppe Tai Chi
praktiziert. Wir packen unsere Habseligkeiten zusammen und erreichen schon bald
das herausgeputzte Städtchen Takayama. Es füllt sich im Laufe des Tages immer
mehr mit Touristen, darunter auch einige Westler. Als Erstes steuern wir für das
«Wegbewegen Grossmachen» das Bahnhofs-WC an. Direkt neben den Schienen-
strängen befindet sich die Touristeninformationsstelle. Die Dame hinter dem Schalter ist ausgesprochen liebenswürdig und weiss uns zu allen Fragen eine kompetente
Antwort. Uns interessieren: Spital, Postamt, Gemeindehaus mit Gratis-Internet, Supermarkt und erster Zeltplatz mit Waschmaschine in westlicher Richtung. Der Spi-
talbesuch wurde uns von der deutschen Reederei aufgezwungen, die uns in wenigen
Wochen von Busan, Südkorea, nach Seattle, USA, befördern wird. Sie verlangt zwingend ein Gesundheitsattest, das über unsere Seh- (nicht blind), Hör- (nicht taub)
und Geh-Fähigkeiten (nicht lahm) Auskunft gibt. Dass wir erst kürzlich eine neun-
tägige Fahrt auf einem anderen Frachter durch das Südchinesische Meer überstanden
haben und seit über zwei Jahren auf dem Fahrrad über die Landstrassen der Welt
brettern, reicht den gestrengen Damen und Herren nicht als Beweis für unsere Reisetauglichkeit auf ihrem Kahn – ohne Arztzeugnis läuft nichts in Buxtehude. Bis wir
uns beim richtigen Spital eingefunden haben, die Registrierung eingeleitet und die
Erstpatienten-Formulare ausgefüllt sind, wir vor dieser und jener Tür gewartet haben,
die Ärztin uns für zehn Sekunden die Herztöne abgehorcht und uns gefragt hat, ob
wir uns gesund fühlten, die Rechnung ausgestellt und beglichen ist, ist der halbe Tag
um. Nicht nur Zeit, sondern auch hundert Euro konnten auf diese Weise vernichtet
werden. Wir können uns nun immerhin in der Ehre sonnen, der raren Spezies zuzu-
gehören, die im Besitz eines Gesundheitsattestes ist, das die Leute der Reederei von
Buxtehude zufriedenstellt. Als wir Takayama Richtung Odoripass verlassen, droht
bereits wieder Regen, doch bleiben wir für einmal verschont. Rechterhand, hinter
einem Steinhaufen, vor dem ein Bagger steht, liegt ein feines Plätzchen für unser Zelt
bereit.

Wir haben die Krach-Uhr nicht gerichtet. Es ist der Niederschlag, der uns weckt.
Laut trommeln die schweren Tropfen aufs Überzelt. Und meine Blase drückt – soll
ich jetzt da raus? Nein! Die erste Andeutung für ein Nachlassen der Regenintensität
nutze ich aber sofort – welch Erleichterung! An unserem Schutzwall gegen die Strasse wird genagt. Die «Seltsame Hand» lädt unermüdlich Steine auf einen bereitste-
henden Lastwagen. Wir rösten im Schutz der Apsis, noch im Innenzelt liegend,
schlappe Baguette-Reste von gestern, bestreichen das nun knusprige und fein duftende Brot mit Honig und geniessen als Dessert ein Bananen-Milch-Müesli. Nach

Bei Sungurlu, Türkei, Juli 2003 (vgl. Seite 22)

Bei Kelshi, Konkanküste, Indien, Februar 2004 (vgl. Seite 113)

Bei Shimoga, Karnataka, Indien, April 2004 (vgl. Seite 134)

Bei Kanyakumari, Tamil Nadu, Indien, Mai 2004 (vgl. Seite 150)

In Shatial, KKH, Nordwestliche Grenzprovinz, Pakistan, Juli 2004 (vgl. Seite 189)

Bei Thalechi, KKH, Nordgebiete, Pakistan, Juli 2004 (vgl. Seite 191)

Ghezschlucht, KKH, Autonome Uiguren Provinz Xinjiang, China, August 2004 (vgl. Seite 210)

Ulugrabatpass, KKH, Autonome Uiguren Provinz Xinjiang, China, August 2004 (vgl. Seite 207)

Bei Gulang, Gansu, China, November 2004 (vgl. Seite 261)

In Kashgar, Autonome Uiguren Provinz Xinjiang, China, August 2004 (vgl. Seite 213)

Bei Xi'an, Shaanxi, China, November 2004 (vgl. Seite 275)

Bei Changde, Hunan, China, Dezember 2004 (vgl. Seite 286)

Bei Ningming, Autonomes Gebiet Guangxi Zhuang, China, Februar 2005 (vgl. Seite 302)

Golden Gate Bridge, San Francisco, USA, Oktober 2005 (vgl. Seite 410)

Cardón, Baja California, Mexiko, Dezember 2005 (vgl. Seite 435)

In Dolores Hidalgo, Guanajuato, Mexiko, Februar 2006 (vgl. Seite 455)

Bei Uripa, Peru, Juli 2006 (vgl. Seite 534)

Salar de Uyuni, Bolivien, September 2006 (vgl. Seite 561)

Bei Villa Mar, Bolivien, September 2006 (vgl. Seite 566)

Bei Tecka, Patagonien, Argentinien, Dezember 2006 (vgl. Seite 604)

Bei Río Mayo, Patagonien, Argentinien, Dezember 2006 (vgl. Seite 609)

Andalucía, Spanien, August 2007 (vgl. Seite 716)

dem Frühstück übernimmt wieder die Sonne das Zepter und lässt das Zelt rasch trocknen. Der tausend Meter hohe Odoripass ist bald bewältigt. Nach kurzer Abfahrt setzt erneut Regen ein und wir stehen bei einem topmodernen Postgebäude im Niemandsland unter. Direkt über uns führt in drei Ebenen der Tokai-Hokuriku *Expressway* vorbei. Auf seiner ganzen Länge besteht er vornehmlich aus eleganten Stahlbetonbrücken und Tunnels. Damit wirkt er wie ein Mahnmal für die vielen kleinen Konjunkturpakete, welche die Regierung als Antwort auf das Platzen der Banken im Jahre 1990 zusammenpflasterte. Am Ende der über zehn Jahre dauernden Depression war halb Japan durch oft umstrittene staatliche Bauprojekte zubetoniert.

Der kurvenreiche Weg lässt uns etliche Berge durchstossen. Welches die richtige Abzweigung zum angepeilten Zeltplatz Camp-Jo ist, müssen wir erfragen, denn es ist nichts in uns vertrauter Schrift angeschrieben, und das Japanische haben wir noch nicht genügend intus. Gegen Abend lässt uns ein herbstlich-kühler Nebel frösteln. Gerne setze ich mich da für einige Minuten auf die beheizte Klobrille der blitzsauberen Toiletten-Anlage, die mit verschiedenen Wasch- und Spülfunktionen hightechmässig ausgestattet ist. Weil es auch nicht stinken soll, ist in die Schüssel eine Lüftung eingebaut. Und um die Geräusche explodierender Darmgase zu schlucken, tönt von einem Endlosband das Rauschen eines Baches. Kaum ist das Dunkel der Nacht in die bleiern verhangene Atmosphäre gesickert, frönen die Japaner ihrer Lieblingsbeschäftigung: Feuerwerke gegen die Sterne jagen. Den Chinesen genügte der Lärm allein; hier aber soll es auch funken und weit über den Köpfen funkeln.

Es regnet die ganze Nacht ohne Unterlass. Immerhin können wir unsere temporäre Wohnung im Laufe des Morgens bei relativer Trockenheit auflösen. Die Siedlung weiter vorne wirkt wie ein Bergdorf in einem Schweizer Skigebiet. Als wollte man uns für diese Assoziation verhöhnen, prangt auf verschiedenen Anzeigetafeln das deutsche Wort «Ski-Gelände». Die Nebelschwaden vermögen die Feuchtigkeit nicht mehr länger in Schwebe zu halten. Die Wassermoleküle koagulieren, und es tropft erst milde, von Minute zu Minute aber gehässiger auf unsere Köpfe. In der rasanten Abfahrt über ein paar hundert Höhenmeter durch Wald, der in den Japanischen Alpen – ein weiterer Anklang an die Heimat – unser treuer Begleiter ist, fasst uns die feuchte Kälte und macht uns schauern. Schliesslich flüchten wir unter das weit ausladende Vordach eines währschaften Hauses. Während wir noch das wuchtig wirkende Dach bewundern, das in traditioneller Manier aus mehreren Schilflagen konstruiert ist, öffnet sich die Schiebetür hinter unseren Rücken. Ein altes Weiblein mit rabenschwarzem Haar und nur noch vereinzelten gelben Zähnen im Mund bittet uns, im geräumigen Vorraum Platz zu nehmen. Schon hantiert es in der Küche und kommt alsbald mit in Salz getauchten Wassermelonenschnitzen zurück. Später bringt es uns noch zwei Stängel Vanilleeis. Donner rumoren und Blitze zucken. Ihr nervöses Licht dringt durch das opake Reispapier der Wand und erhellt jeweils für kurze Momente den Vorraum. Ich lausche dem Trommeln des Regens auf dem Asphalt und mutmasse, wie hoch die Tropfen aufspringen. Nach einer guten halben Stunde kehrt Ruhe ein. Das Weiblein huscht in den Garten und drückt uns zum Abschied einen Sack Tomaten in die Hand. Das ist unser Japan: herzliche Gastfreundschaft statt Misstrauen uns Fremden gegenüber. In Shiratori erklimmen wir die Looping-Brücke, die uns unter erneuten Regengüssen Richtung Aburazakapass führt. Keine zwanzig Kilometer liegen seit dem Campingplatz hinter uns, da folgen wir einer Anzeigetafel zu einem Unterstand. Hier essen wir unseren Mittagstopf und harren aus, bis sich das Wetter beruhigt. Das Warten zieht sich in die Länge. Wir streifen uns trockene Kleider über und machen uns auf der Holzbank lang. Schnell bin ich eingeschlafen, und wann immer ich für kurze Momente die Augen öffne, sehe ich ausser der selig schlummernden Bea nichts als Regen. Nach vier Stunden entscheiden wir, diesen Unterstand für heute nicht mehr zu verlassen. Also heisst es: Seile spannen, duschen, das von vergangener Nacht noch tropfende Zelt und die durchnässten Kleider aufhängen, kochen, essen, Schlafplatz einrichten und – weiter schlafen.

Als ein frischer Tag anhebt, ist der Regen zwar versiegt, doch treibt uns die feuchte Luft unabhängig von der Anstrengung Schweiss aus allen Poren. In Fukui-shi leisten wir uns eine Übernachtung in einem *bitschinesu-hoteru*, einem für japanische Verhältnisse günstigen Businesshotel. Viele Unterkünfte sind ausgebucht, denn heute wird *Obon* gefeiert. Nach traditioneller Auffassung kehren in diesen Stunden die Seelen der Verstorbenen in die Welt zurück. Die meist verstreut lebenden Familien reisen in ihre Heimatorte, um sich bei den Gräbern ihrer Verwandten zu versammeln und vereint die Geister zu empfangen. Auf unserem Bett liegen zwei Yukatas bereit, in die wir uns nach der wunderbar erfrischenden Dusche hüllen. Dieser dem Kimono ähnlichen Robe aus leichtem Baumwollstoff wohnt die Gefahr eines Fauxpas inne: Bevor der Umhang mit dem Gurt in der Taille zusammengezogen wird, sollte immer die linke Seite des Yukata über die rechte gelegt werden. Anders rum werden nämlich die Toten eingekleidet. Und die Japaner werden nicht gerade gerne an den Tod erinnert. So wird zum Beispiel auch die Zahl vier gemieden, da *shi*, das japanische Wort dafür, ähnlich wie «Tod» klingt.

Der Tag bricht in unser Zimmer ein. Messerscharf durchschneiden die ersten Sonnenstrahlen den Luftraum und lassen an der Wand eine kleine Fläche aufleuchten. Nur wenig Staub tanzt im Lichtstab – so sauber ist der Raum gehalten.

In elf Tagen legt die Fähre nach Südkorea ab. Und zwar von Shimonoseki, das noch 850 Kilometer entfernt liegt. Im Verhältnis zur verfügbaren Zeit ist das eine hübsche Distanz, insbesondere unter Einbezug der kapriziösen Launen der Natur: Erdbeben, Taifune oder sintflutartige Wolkenbrüche sind in dieser Jahreszeit nie auszuschliessen. Das bedeutet für uns: Immer wenn es die Witterung zulässt, grosse Etappen bewältigen.

Vorbei an Shoppingcentern, Spielkasinos, Garagen, Tankstellen und Speiselokalen mit französisch klingenden Namen – offenbar ist dies zurzeit en vogue – preschen wir aus der Stadt. Die Strasse steigt nicht stark, denn Tunnels durchbohren die Berge. Der Verkehr aber ist dicht, lärmig, schnell und vor allem in den Tunnels gefährlich, ja geradezu katastrophal für Radfahrer. Nicht einmal die Tatsache am Japanischen Meer angekommen zu sein, entschädigt für die zu erduldenden Umstände. Doch es kommt noch dicker: Bei Tsuruga befinden wir uns vor einem nächsten Tunnel jäh im Fahrverbot für Zweiräder. Aber wo sollen wir sonst durch? Eine Alternative ist nicht in Sicht. Also bugsieren wir unsere Gefährte kurzerhand aufs schmale Trottoir und stürzen uns in die schwarze, mit rasendem Blech gefüllte Röhre, die uns erst nach langen 1790 Metern wieder ausspuckt. Mit heilen Knochen zwar, aber einem Brummen im Schädel, als hätte sich darin ein Wespenschwarm eingenistet. Unsere scheue Hoffnung auf geringeren Verkehr zerschlägt sich rasch – auch hinter diesem Bergzug herrscht keine Ebbe im Automeer. Die ausgefranste Küste ist teilweise grässlich verbaut. Vor den Buchten ragen klobige Wellenbrecher aus dem Wasser. Erst die Nebenstrasse, die über einen Hügel nach Miyazu-shi führt, erlöst uns von der Blechlawine und lässt uns wieder frei atmen. In dieser Gegend sehen wir zum ersten Mal in Japan Leute in den Feldern arbeiten. Die Gemüsebauern sind äusserst sorgfältig am Werk. Sie tun gut daran. Ihre Produkte sind schliesslich sündhaft teuer und finden nur Absatz, wenn sie sich in den Auslagen riesengross und so makellos präsentieren, als wären sie aus Plastik gefertigt. Nun zieht das ländliche Japan an uns vorüber, wie ich es liebe: In den Ebenen zwischen den bewaldeten Bergflanken steht der saftig-grüne und intensiv duftende Reis hüfthoch. Das beruhigende Zirpen der Grillen zittert durch die Luft. Und in den Seitentälern drängen sich die eng ineinander verschachtelten Häuser, deren Dächer im Sonnenlicht so speckig glänzen, als hätte es eben erst geregnet. Beim Küstenort Hamasaka hängt der saftig gelbe Mond wohlgenährt im Himmel und leuchtet uns mit seinem dünnen Schein den Weg zum Meeresstrand. Zwischen Pinien stellen wir das Zelt auf sandigen Boden, der schon bald beregnet wird.

Im Morgenhimmel treiben nur noch wenige Wolkenfetzen vor der erwachenden, aber bereits kräftigen Sonne. Im nahen Dorf kaufen wir ein und frühstücken auf der beschatteten Treppe vor einem Haus. Eine Anwohnerin spricht zweimal hintereinander auf uns ein. Ihre für uns unverständlichen Worte quittieren wir jeweils mit stummem, dafür strahlendem Lächeln. Beim dritten Mal drückt sie uns mit gütiger Miene wortlos ein Glas Konfitüre in die Hände. Der Küsten-Highway überrascht uns positiv mit dem geringen Verkehrsaufkommen, seinem hügeligen, kurvenreichen Verlauf und den damit verbundenen fantastischen Ausblicken auf die Küstenlinie. Sie ist mit Felsen durchsetzt, an denen sich die Wellen brechen und in weisse Gischt zerstieben. Passend zur fast vierzig Grad heissen Luft taucht vor uns die einzige «Wüste» Japans auf: die Sanddünen von Tottori. Uns erscheinen sie als nichts Besonderes, doch gelten sie den Japanern als grosse Touristenattraktion. Die Pferdekutschen, die Seilbahn und die proppenvollen Restaurants sind beredte Zeugnisse dafür. Für unseren weiteren Weg gibt es leider keine vernünftige Alternative zur Strasse Nr. 9, die mit einer aggressiven Blechlawine befrachtet ist. Sie führt meist flach das Meer entlang. Wie geschlagene Hunde mit eingezogenem Schwanz schleichen wir zwischen Randstein und vorbeipreschenden LKW. Bis wir in Yasugi-shi endlich erlöst werden. Denn hier können wir ins Landesinnere ausweichen und damit der 9er entfliehen. Gegen Abend entdecken wir in Hirose, einem kleinen Nest, eine feine Parkanlage mit offenem Holzhüttchen, Trinkwasser daneben und einem WC-Häuschen in der Nähe mit grossräumiger Behinderten-Toilette, die uns als Duschraum dient. Der Vollmond lacht zitronengelb aus dem heiteren Himmel, Grillen zirpen um die Wette und ein winziger Frosch springt immer wieder ans Moskitonetz hoch. Während mich die Müdigkeit sofort übermannt, horcht Bea noch eine Zeitlang auf die Stimmen, die vom nahen Parkplatz her zu uns dringen.

Der kräftige Gegenwind verbläst die Regenwolken, die mit der Sonne Verstecken spielen. Für kurze Augenblicke brennt das Auge des Tages immer wieder auf uns nieder. Heute benützen wir das Trottoir als Fahrweg, obwohl es an Holprigkeit kaum zu überbieten ist und das Unkraut aus den klaffenden Rissen im Asphalt meterhoch schiesst. Von diesem Grünzeug könnte sich eine stattliche Kuhherde tagelang ernähren. Da vorne versperren uns nun aber nicht Vierbeiner den Weg, sondern ein Mann. Er zieht eine zweirädrige Karre hinter sich her. Es handelt sich um keinen Geringeren als den 49-jährigen Tadashi Nagase aus Osaka, der vor sechzig Tagen am Nordkap Japans gestartet ist und in zwanzig weiteren Tagen die Südspitze seines Landes erreichen will – zu Fuss, versteht sich. Vor dreissig Jahren hat er die erste Langdistanz-Wanderung unternommen. Bis heute hat er seinen Füssen schon über 40000 Kilometer zugemutet und dabei in allen Kontinenten seine Spuren gezogen. Zurzeit wird er von einem Kameramann einer TV-Station begleitet, der die Reise dokumentiert, selbst aber nicht wandert, sondern ihm in einem Kastenwagen wie ein Schatten folgt. Tadashi, dieser sympathische Kerl, marschiert pro Tag vierzig Kilometer weit. Nach regem Erfahrungsaustausch unter Nomaden verabschieden wir uns herzlich von ihm und finden bald einen praktischen Unterstand für die Nacht. Die Luft ist angenehm kühl, denn es fällt starker Regen. Dann und wann bläst uns der Wind ein paar Tropfen ins Gesicht. Wir schieben die zwei Tische zusammen, legen die Matten darauf und verkriechen uns unter das Moskitonetz.

Als wir am nächsten Morgen bald wieder auf den unverdrossen wandernden Tadashi stossen, erzählt er uns mit zerknirschtem Gesichtsausdruck: «Gestern musste ich im strömenden Regen sechs Kilometer weiter wandern als eingeplant und im

Wald kampieren. Der vorgesehene Unterstand auf der anderen Flussseite war von irgendwelchen Leuten, die ich auf die Distanz nicht genauer erkennen konnte, besetzt.» Da haben wir ihm wohl einen dicken Strich durch die Rechnung gemacht. Schade, die Fläche der zwei Tische wäre für alle drei gross genug gewesen. Gerne hätten wir den Abend mit ihm zusammen verbracht und ihm auch von unseren vorzüglichen Omeletten angeboten.

Die Strasse steigt oft sehr steil an und der Himmel weint untröstlich. Weil sich am späten Nachmittag das Bahnhofsgebäude von Kawado nicht wie erhofft als Schlafplatz eignet, laden wir dort nur Wasser und halten auf gut Glück auf einer unbedeutenden Strasse bergwärts Richtung Hamada-shi. Im Tal unten leuchtet das kräftige Grün der tropfnassen Reis- und Maisfelder, derweil sich unsere Strasse im dichten Wald immer weiter in die Höhe schraubt, ohne dass sich ein Platz fürs Nachtlager zeigen würde. Keine Autos, keine Häuser, keine Menschen – nur Bäume und heftiger Sturzregen. Jetzt fällt die Strasse stark. Wir bremsen auf Schritttempo, denn die Sichtweite ist der Tropfen und der hereinbrechenden Nacht wegen überaus gering. Da tauchen vor uns schemenhaft ein paar Häuser auf. Hell beleuchtet ist der Eingang zu einer Turnhalle, in der eine Frau ganz alleine mit Reinigungsarbeiten beschäftigt ist. Wir fragen sie mit Sätzen, die uns Tomoko in weiser Voraussicht in ein Buch geschrieben hat, ob wir hier draussen unter dem schützenden Dach die Nacht verbringen dürften. Die Frau ist nett und lustig, spricht kein Wort Englisch und tippt sich mit dem Zeigefinger auf die eigene Nase, wenn sie sich meint. Nach ein paar Minuten bedeutet sie uns zu warten und eilt durch den Regen zu ihrem nahen Haus, wo sie ihren Mann, den Hausmeister der Turnhalle, um Rat bittet. Sichtlich niedergeschlagen kehrt sie zurück und eröffnet uns, dass wir unmöglich hier bei all diesen bösartigen, schwirrenden Mücken bleiben können. Ich verweise beschwichtigend auf die Tauglichkeit unseres Moskitonetzes und auf unsere reiche Erfahrung als Nomaden. Die Dame lässt sich aber nicht erweichen. Herb enttäuscht und nicht zu knapp verärgert über ihre Sturheit beginnen wir mit hängenden Köpfen die schon abmontierten Taschen wieder ans Rad festzuzurren. Eine jähe Müdigkeit befällt uns. Nun heisst uns die Frau den Kopf zu drehen. Aus dem Schwarz der Nacht lösen sich ihr Mann, bereits in den Yukata gehüllt, und ihre Tochter, die zwei, drei Sätze Englisch beherrscht. Ihren Worten entnehmen wir, dass es in etwa drei Kilometer Entfernung einen Bungalow gebe und wir ihnen nachfahren sollen. Die Rücklichter ihres Autos ziehen auf den nassen Asphalt eine rote Spur, der wir in der Dunkelheit folgen. Nur aufgrund der feuernden Oberschenkel spüren wir, dass die Strasse extrem stark ansteigt. Endlich stoppt der Wagen. Wir sind nicht wie angenommen in einer bescheidenen Absteige gelandet, sondern stehen in der Rezeption des gediegenen Onsen-Hotels Breezyland. Der Hausmeister der Turnhalle zieht seinen Geldbeutel aus der

Tasche, zählt den stattlichen Batzen im Gegenwert von 110 Euro ab und begleicht damit unsere Zimmerrechnung. Widerrede ist zwecklos – wir sind eingeladen! Statt auf der schmutzigen harten Betonplatte vor der Turnhalle nach Moskitos zu schlagen, die schon ganz ungeduldig auf uns gewartet haben, baden wir nun unsere müden Knochen im heissen Quellwasser und schlüpfen in bereitliegende Yukatas. Hundemüde, aber tief zufrieden, sinken wir gegen Mitternacht ins flauschige Federbett.

Erwartungsgemäss wird das Frühstück geschmackvoll präsentiert. Neben frisch gepresstem Orangensaft und Grüntee werden in auserlesenem Geschirr kleine Häppchen Tofu, geräucherte Auberginen, gegrillte Paprika, Misosuppe mit Zwiebeln, Reis, süss-saure Glasnudeln grüner Farbe und ein Eierkuchen serviert. Trotz Regen und der Warnung des Hotelmanagers, in den nächsten Tagen werde ein Taifun über das Land fegen, verlassen wir das edle Hotel. Nach ein paar Kilometern auf einer Nebenstrasse durch Reisfelder, in denen die Rispen schwer und gelblich verfärbt sind, werden wir wieder auf die offenbar nicht zu vermeidende Strasse Nr. 9 geschwemmt. Immerhin gebärdet sie sich weniger gefährlich als noch weiter östlich. Stets werden uns Blicke auf die fantastische Szenerie der unverbauten Küstenabschnitte gewährt. Unter regenschwangeren Wolken schieben uns ungestüme Winde, die Vorboten des nahenden Wirbelsturms, bis kurz vor Masuda-shi, wo wir ein robustes, aus Rundholz konstruiertes Buswartehäuschen beziehen. Auch beim Eindunkeln erinnert der Himmel mit seinen bizarren Stimmungsbildern an den angesagten Sturm. Während Bea Spaghetti an Auberginen-Sauce zubereitet, befreie ich die knarrenden und quietschenden Antriebe der Velos von Schmutz und Sandkörnern. Durch das in die Seitenwand eingelassene Fenster scheint der Mond auf unser Lager, und eine etwa zehn Zentimeter lange, orangefarbene Krabbe raschelt mit unserer Blache. Keine fünf Meter neben uns donnert der Verkehr vorbei, jedoch immer lückenhafter, je weiter der Mond wandert. Die Krabbe lässt uns schlafen, und auch der kleine Frosch, der sich zu ihr gesellt, bringt keine Unruhe.

Bevor um sieben Uhr der erste Bus vorfährt, sind wir bereit für die Weiterreise. Eine Frau schenkt uns nach kurzem Schwatz auf Japanisch ihren noch heissen Morgenkaffee, den sie für die Fahrt ins Büro in eine Petflasche abgefüllt hat. Auf den zwei letzten Etappen entlang der Küste trägt uns die Strasse durch idyllische Fischerdörfer. Es irritiert uns aber, dass kaum Leute zu sehen sind. Nicht einmal Fische schmoren zum Trocknen in der Sonne. Vermutlich läuft die Verarbeitung der Fänge hochindustriell hinter verschlossenen Türen ab. Das Meerwasser scheint sauber zu sein, doch sind sämtliche Buchten schändlich zubetoniert.

Die Ketten rutschen auf unseren mittlerweile abgewetzten und lückenhaften Ritzeln willkürlich auf und ab, ohne unsere Befehle via Schalthebel abzuwarten. Sie haben nun langsam ausgedient.

Etwa zwanzig Kilometer vor Shimonoseki massiert sich der Verkehr, und es folgen sich Love-Hotels, Shopping Malls und Pachinko-Amusement-Slot-Parks auf den Fuss. Beim Hafen von Shimonoseki, unserem Ziel, liegen eineinhalbtausend Kilometer und vierzehntausend Höhenmeter auf der Insel Honshu hinter uns. Beim internationalen Fähren-Terminal reihen wir uns in den Pulk der wartenden Südkoreaner ein. In der Halle wird gepafft, gespuckt und Abfall auf den Boden geworfen, ohne dass sich jemand daran stossen würde. Nach fünf Wochen im hochzivilisierten Japan wirken diese Menschen geradezu barbarisch auf uns. Ihr Benehmen ist im Vergleich zu den feinen, leisen, zurückhaltenden Japanern rüpelhaft, grob und laut. Selbst ihre Physiognomie dünkt uns derber. Die Südkoreaner erinnern uns stark an die Chinesen. Bei einigen ist aber auch ein russischer Einschlag unverkennbar. In die Freude, mit dem Besteigen der Fähre ein neues Kapitel unserer Reise aufzuschlagen, mischt sich auch leise Wehmut. Die japanische Bevölkerung hat uns mit ihrer immensen Gastfreundschaft und Generosität nachhaltig beeindruckt. Schon liegen wir auf den Futons im Tatami-Raum und spüren, wie das Schiff in rauen Wellen tanzt, obwohl auch Taifun Nr. 12 gnädigerweise vor Japan gegen Osten abgedreht hat.

Südkorea, 26. August bis 4. September 2005

An die Reling gelehnt, bestaunen wir am Morgen den stahlblauen, mit Wolkenfetzen durchsetzten Himmel über Busan. Einige Minuten lang lassen wir diese 4-Millionen-Stadt, die sich dicht ums Hafenbecken drängt und gegen die Berge hochschwappt, auf uns wirken.

Die Grenzer gewähren uns für drei Monate das südkoreanische Gastrecht, das wir aber nicht auszuschöpfen gedenken. Schliesslich sind wir nur hier hingereist, um auf einen Frachter nach Seattle aufspringen zu können. Unterwegs in den Strassen von Busan werden wir mit den bepackten Rädern als Attraktion wahrgenommen. Die relative Anonymität von Japan ist vorüber. Wir erregen Aufsehen, und die Leute zeigen keinerlei Scheu, uns mit Fragen zu löchern sowie Velos und Gepäck zu betatschen.

Beim Jagalchi Fischmarkt ist rasch eine günstige Bleibe gefunden. Auch die nähere Umgebung ist schnell erkundet. Und was wir vorfinden, gefällt: Gemüse- und Früchtestände überall, geschäftiges Treiben in den Seitenstrassen und in der Fussgängerzone – farbig, lebhaft, eng gepackt. Asien, wie wir es uns von früher her gewohnt sind. Auffallend sind die zahlreichen Cafés und die omnipräsenten Spielhöllen für Computergames. Bis wir den Frachter mit dem wohlklingenden Namen Hanjin Geneva besteigen können, werden wir vom Hafenagenten zweimal vertröstet. Das spielt uns keine Rolle, denn wir fühlen uns wohl in dieser Stadt. Die ersten beiden Tage der Verspätung werden durch Probleme in der Werft von Shanghai verursacht. Die anderen zwei gehen aufs Konto des Taifuns namens Talim, der über Taiwan tobt.

4. Frachtschiffsreise

Von Busan, Südkorea, nach Seattle, USA, 4. bis 12. September 2005

Riesenhaft ruht die Hanjin Geneva am Pier. Eine eindrücklich lange Gangway führt uns zum Kapitän Auerbach, seinen deutschen Offizieren und der philippinischen Crew hoch. Wir werden herzlich empfangen und spüren sofort, welch gelöste Stimmung an Bord herrscht. Ein Aufzug bringt uns zu unserer Kabine auf dem F-Deck, die mit grosszügigem Wohnzimmer, Schlafzimmer mit Doppelbett und Badezimmer ausgestattet ist.

Am nächsten Morgen informieren uns die Offiziere auf der Kommandobrücke, dass der Taifun Nabi in zwei Tagen Busan heimsuchen werde. Zurzeit betrage seine Windstärke etwa achtzig Knoten, was einer Rotationsgeschwindigkeit der Luftwirbel von hundertfünfzig Kilometer pro Stunde entspricht. Obwohl sich Nabi momentan noch fünfhundert Kilometer weiter südlich austobt, spüren wir seinen Atem bereits gehörig. Sobald wir nämlich draussen auf dem Deck windgeschützte Bereiche verlassen, haut er uns beinahe um, und meterhohe Wellen schlagen wütend an die Molen und bringen sie zum Beben.

Nun verlassen wir mit Kurs auf die aufgepeitschte See den sicheren Schoss des Hafens. Aus dem grauen und düsteren Himmel fallen schwere Regentropfen auf die geschwungene Fensterfront der Brücke, doch die Scheibenwischer sorgen in ihrer monotonen Bewegung immer wieder für relativ klare Sicht. Schon die Bugspitze aber ist kaum zu sehen, in derart dicken Schwaden streicht der Nebel über die Container.

Unser gigantisches Schiff zeigt sich erstaunlich unbeeindruckt vom nervösen Wellengang. Es liegt überaus stabil im Wasser und pflügt in unerschütterlichem Gleichmut nordostwärts durch die Fluten. Ebenfalls beruhigend ist, dass wir doppelt so schnell unterwegs sind, wie uns der zwar rasch um die eigene Achse wirbelnde, sich aber einigermassen gemächlich verschiebende Taifun auf den Fersen folgt.

Mit der Durchfahrt zwischen Hokkaido und Honshu verabschieden wir uns von Asien, das wir so sehr ins Herz geschlossen haben. Nun richtet sich unser Blick über die Weiten des Pazifiks – Amerika ruft!

Jeden Tag rücken wir die Uhrzeiger eine Stunde vor. Und als Höhepunkt erleben wir nach dem Passieren der Datumsgrenze den Donnerstag, 8. September 2005, zwei Mal. Bea gerät darob ganz aus dem Häuschen. Walfische ziehen an uns vorbei und verraten sich nur durch die imposanten Fontänen, die sie aus dem blauschwarzen Wasser speien. In der Messe wird in aufgeräumter Atmosphäre diskutiert und gelacht. Zweimal findet achtern ein Basketball-Spiel statt. Und am Samstagabend steigt eine Grillparty.

Eines Abends lauschen wir zusammen mit dem Chief Officer den Nachrichten der

Deutschen Welle und erfahren aus dem Rauschen und Knacken des Weltempfängers, dass der Taifun Nabi im Süden Japans achtzehn Menschen getötet hat.

Nach 199 Stunden Reise und 8620 Kilometern auf hoher See liegt auch die Strait of Juan de Fuca hinter uns, und am Horizont erscheint die Skyline von Seattle. Auch wenn es uns niemand gesagt hätte, wir wüssten in diesem Augenblick genau: Das sind die USA.

Wir machen butterweich am Kai fest. Der Hafen befindet sich nur wenige Meter vom Football- und dem Baseball-Stadion entfernt und liegt damit genau Downtown. Aber wie verschlafen er sich an diesem Montagabend präsentiert! Keine anderen Schiffe, kein ächzender Kran, kein Blinken, keine aufgeregten Signaltöne und auch keine emsigen Hafenarbeiter.

Bald erscheinen dafür drei Immigrationsbeamte an Bord. Jedes Crewmitglied muss bei ihnen vortanzen. Bea und ich kriegen, obwohl unserer Reisepläne wegen für *crazy* befunden, eine Aufenthaltsbewilligung von sechs Monaten in den Pass gestempelt. Unsere Taschen werden nicht untersucht. Später graben wir Kocher, Gewürze und Essensvorräte wieder aus einem Versteck, das uns der vorausblickende Kapitän geraten hat.

Nach einer letzten Nacht an Bord verabschieden wir uns herzlich vom guten Kapitän Auerbach und seiner Crew, wünschen ihnen immer mindestens eine Handbreit Wasser unter dem Kiel, und schon überwältigt uns ein Amerika, das wir so nicht erwartet haben.

USA, 13. September bis 14. Dezember 2005

Pazifik

Seattle

Washington

Oregon

Crescent City

N

San Francisco

USA

Kalifornien

Los Angeles

100 km

Distanz mit Fahrrad: 3258 km

Lakeside

Kinder fehlen gänzlich im Strassenbild von Seattle. Sie stecken in der Schule. Dafür preschen Studenten auf Fahrrädern über den holprigen Asphalt, Geschäftsleute hasten in dunklen Anzügen – die mutigen ihrer Gilde bloss in weissen Hemden – und wehender Krawatte über tatsächlich vorhandene und von den anderen Verkehrsteilnehmern respektierte Fussgängerstreifen. Wagen halten vor Lichtsignalen, nur weil die Ampel auf Rot gestellt ist, und Automobilisten treten vor jedem Stoppzeichen auf die Bremse, selbst bei leeren Kreuzungen. Die im Schatten dichter Baumkronen schlummernden Parks sind von Häuserzeilen aus rustikalen Backsteinbauten, noblen Boutiquen und Antiquitätenläden, Coffee-Shops, Osterias, Pizzerias und indischen Restaurants sowie da und dort hoch aufschiessenden, eleganten, modernen Bürobauten umbrandet. Sie werden beherrscht von rasch gealterten Männern mit weissgrau oder nikotingelb verfärbten struppigen Bärten und gelbbraunen, stummeligen Zähnen. Einige schieben rostige Einkaufswagen vor sich her, aus denen ihr zusammengekramtes, schmutziges Hab und Gut wie ein Muffin quillt. Einer der obdachlosen Schwarzen bittet uns um ein paar Dollar für Essen, an dem es ihm mangelt, und verkündet nicht ohne Stolz, er repräsentiere das «arme Amerika». Seine Haut ist so dunkel, dass mich das Weiss seiner Augen fast blendet. Er ist ein Mann mit Stil, selbst im Elend, und hat den für die Bewohner Amerikas so typischen Traum eines besseren Lebens noch nicht aufgegeben. Sein Gesicht erstrahlt, als wir ihm von unserer aussergewöhnlichen Reise berichten. Schliesslich meint er, wir sollen weiterhin alles daran setzen, unsere Träume zu verwirklichen, und verabschiedet sich mit einem « *God bless you!*».

Unbemerkt können wir uns in Seattle nicht bewegen. Überrascht, bewundernd, immer mit interessiertem Wohlwollen und dem Anflug eines hellen Lächelns in den Augen wenden viele Leute ihre Köpfe zu uns. Spontan richten einige völlig ungezwungen und ungekünstelt das Wort an uns, als wären wir alte Bekannte. Andere rufen quer über die Strasse: « *Hello, how are you?*» Halten wir kurz an einer Kreuzung, werden uns die Fragen schon fast von den Lippen gelesen. Die unaufdringliche, natürliche Hilfsbereitschaft des Velokuriers, des Polizisten, des Geschäftsmanns, der Studentin – schlicht umwerfend.

Erst seit zwei Stunden spüren wir den Boden des amerikanischen Kontinents unter den Rädern, da erscheint Brian mit seinem Scooter auf der Bildfläche und lädt uns nach kurzem Smalltalk spontan ein, für die nächsten Tage in seiner Villa auf dem noblen Capitol Hill zu logieren. Uns bleibt erst die Spucke weg, und wir fragen schliesslich mehrmals, ob es ihm ernst sei mit diesem Angebot. Er aber ist kein Mann leerer Sprüche, markiert auf unserem Stadtplan die Lage seines Anwesens, wo wir uns gegen Abend einfinden sollen, meint noch, seine Frau werde sich vermutlich über die Gäste wundern, lässt den Motor knattern und rollt schmunzelnd zu einem Meeting. Welch Empfang auf dem neuen Kontinent!

In einem riesigen Outdoorladen ersetzen wir unsere wenigen defekten Ausrüstungsgegenstände und besorgen dringend Benötigtes. Besonders willkommen ist der neue Schlafsack, der Bea bei Temperaturen bis zu minus zwölf Grad noch warm halten wird. Wir wechseln auch die Antriebe unserer Fahrräder aus. Nach 28000 Kilometern haben die alten den Ruhestand verdient.

Mittlerweile wurde das Zifferblatt bereits einige Male vom Stundenzeiger überstrichen. Und schon längst hat sich die Sonne zu Gunsten des Mondes aus dem Staub gemacht, als wir uns auf der 17th Avenue dem Kreuzungspunkt mit jener Strasse nähern, an der das Haus von Brian liegt. Die Avenue ist kaum beleuchtet und zu dieser Stunde ohne jeden Autoverkehr. Die wenigen Leute, die noch unterwegs sind, grüssen uns ausnahmslos. Der Capitol Hill ist das Pendant zum vornehmen Zürichberg in unserer Heimatstadt. Herrschaftliche Villen stehen Schulter an Schulter. Anders aber als in der Schweiz ist man hier nicht darauf bedacht, das häusliche Innenleben durch Gardinen, Zäune oder Mauern vor den Blicken der Nachtschwärmer abzuschirmen. Hell scheinen die Stubenlampen durch die Fenster ins Dunkel hinaus und lassen uns die mit Ledereinbänden ordentlich bestückten Büchergestelle, die Schaukelstühle oder die Fotogalerien mit den Kindern und Ahnen erkennen. Selbst die Briefkästen sind alle angeschrieben. Am Zürichberg sucht man meist vergeblich nach Namenstäfelchen an den Portalen der Villen. In jenen Festungen lebt man lieber anonym. Die Identität der illustren Bewohner wird so gut behütet wie das Bankgeheimnis. Hier in Seattle überrascht uns der Mangel an Misstrauen.

In einer hundertjährigen – das will etwas heissen in den jungen USA – viktorianischen Villa empfängt uns Brian und stellt uns seiner Frau Lynn sowie den Söhnen im Teenageralter Andrew und Joseph vor. Die zwei Spanielhunde beschnuppern derweil mit ihren feuchten Schnauzen unsere Hosenbeine. Mit den Worten: «Das ist euer Haus», leitet Brian einen kurzen Rundgang ein, der beim Kühlschrank, einem riesenhaften Apparat, beginnt und damit endet, dass er uns einen Schlüssel für sämtliche Türen des Anwesens in die Hand drückt – welch Vertrauen! Als Veloweltreisende scheint uns eine besondere Aura zu umflammen, die in amerikanischen Herzen eine Faszination auslöst. Zusätzlich kommt uns wohl zugute, dass wir als Mann und Frau unterwegs sind. Alles ist *easy going* in diesem Haus, der Umgang ist locker und unkompliziert. Nun werden wir an den ausladenden Holztisch gebeten. Brian entkorkt eine Flasche und füllt unsere Kelche mit rubinrotem, nach Eichenfass schmeckendem, vorzüglichem Wein aus der Region. Dazu werden uns Teigwaren und Salat gereicht. Anfangs setzt sich die ganze Familie an den Tisch, doch bald ist nur noch Andrew da, der uns interessiert ausfragt. Als er mit besorgter Miene wissen will, ob in Europa alle Amerikaner nach dem kläglichen Format ihres Präsidenten eingeschätzt würden, kommt mir wieder in den Sinn, wie uns vor zwei Jahren ein iranischer Grenzbeamter bat, der Welt mitzuteilen, dass seine Landsleute keine Terroristen seien.

Statt in irgendeinem gesichtslosen Motel an der Peripherie der Stadt, sinken wir weit nach Mitternacht oben auf dem Capitol Hill in Brians viktorianischer Villa in bleiernen Schlaf.

Heute nimmt sich Brian einen Tag frei und begleitet uns zum südlich von Seattle gelegenen Puyallup-Fair, einer Art Jahrmarkt. Auf der Bühne bieten Hillbillys in Latzhose eine unterhaltsame Show mit Bassgeige, Waschbrett, Klampfe und eigenwilligem Gesang. Auf den Kieswegen beeindrucken Jongleure mit erstaunlicher Virtuosität. Beschaulicher geht es bei den Bauern zu, die stolz ihre Kühe, Ziegen, Schafe und Hühner zur Schau stellen. Eine Muttersau mit zwölf heute früh geworfenen Ferkeln wirkt als unwiderstehlicher Publikumsmagnet. Liebevoll präsentiert und von einer gestrengen Jury prämiert werden diverse landwirtschaftliche Erzeugnisse wie Riesenkürbisse, Eingemachtes, Gemüse- und Früchtearrangements oder Kuchen und Biskuits. Künstler der besonderen Art lassen Motorsägen aufheulen und zaubern in Rekordzeit aus rohen Baumstämmen Bären, Adler oder Indianerbüsten, als hätten diese nur darauf gewartet, durch die rotierende Kette aus dem groben Baumstrunk befreit zu werden. Die Highway-Polizei mahnt mit Videovorführungen und echten zerquetschten Autowracks zur Unfallverhütung. Und nimmermüde Marktschreier preisen die ultimativen Gemüseschneider, Massagegeräte oder Matratzen an.

Bei den Fressständen schwimmen Hackfleischbällchen in der Fritteuse. Und fetttriefende Würste krümmen sich auf dem Grill, als wollten sie mit dieser Verrenkung vor ihrem Verzehr warnen. Selbst die Luft ist derart mit Kalorien gesättigt, dass sich auf meiner Lunge bei jedem Atemzug eine weitere Fettschicht niederschlägt. Die langjährigen Opfer dieser stumpfsinnigen Ernährung bewegen sich auf Elektrofahrzeugen durch den Markt – auf dem Schoss eine Tüte ölig glänzender Pommes und einen Becher zuckerschwangeres Coca-Cola. Ihre Leiber quellen förmlich über. Die Analogie zu den mit Gerümpel vollgestopften rostigen Einkaufswägelchen der *homeless*, die ganz am Ende der Skala des sogenannten Wohlstands figurieren, liegt auf der Hand. Die innewohnende Ironie inklusive. Die bequemen Fahrzeuge, welche den Mensch gewordenen Fleischklössen von den Krankenkassen zur Verfügung gestellt werden, führen zu einer einzigen Negativspirale. Diese Leute bewegen sich kaum mehr, obwohl sie es noch könnten. Als Folge bilden sich ihre Muskeln weiter zurück und ihre Leiber werden Woche für Woche ärger aufgedunsen. Bis diese besten aller Konsumenten schliesslich gar nicht mehr selbständig gehen können. Zwei Drittel der dreihundert Millionen Einwohner der USA sind gemäss einem Zeitungsartikel übergewichtig. Davon gilt die Hälfte als fettleibig. Das entspricht fast hundert Millionen Menschen. Eine schlanke Wirtschaft produziert dicke Menschen. Es lebe der Fortschritt!

In einer anderen Ecke des Jahrmarkts versuchen abgebrühte Marinesoldaten grünschnäbligen Burschen den Militärdienst schmackhaft zu machen. Schliesslich dürstet es den Armeeapparat nach frischem Blut. Im Irak ist seit der Invasion anfangs 2003 schon der zweitausendste amerikanische Soldat gefallen und als nächster Staat der Bush'schen «Achse des Bösen» soll nun der Iran «befreit» werden. Mit muskelbepackten Machotypen als Köder wird geschickt um die Seelen der Landeier geworben. Ein 17-Jähriger braucht noch das Einverständnis der Eltern, ein 18-Jähriger hingegen kann in dieser Minute mit seiner Unterschrift auf einen Wisch sein künftiges Schicksal besiegeln – ein Bier wird ihm im Supermarkt nebenan aber für weitere drei Jahre nicht verkauft, schliesslich ist Vater Staat ernsthaft um die Gesundheit seiner Sprösslinge besorgt. Brian hats gut. Um seine Söhne muss er nicht bangen. Ihr Verstand ist gefestigt, und bezüglich Bushs Kreuzzüge haben sie klar Position bezogen wie fast alle in der fortschrittlichen Stadt Seattle. Auf etlichen Autos prangen dort Aufkleber mit Bildern und Sprüchen, die an Eindeutigkeit ihrer Aussage nichts zu wünschen übrig lassen: Vom im Jahr 2000 unter eher dubiosen Umständen an die Macht gehievten ölschweren texanischen Cowboy Bush hält man rein gar nichts. Auf einem der harmlosesten Sticker wird aufgefordert, *to pee on Bush*, also auf das Staatsoberhaupt der Vereinigten Staaten von Amerika zu pinkeln. Und Andrew meinte heute Morgen in Bezug auf seinen Präsidenten: «Opportunisten und Kork sind beide leicht an Substanz, innen von Hohlheit bestimmt und werden hochgespült, egal in welchen Gewässern sie schwimmen.» Hier auf dem Puyallup-Fair aber tummeln sich vor allem Leute aus dem Hinterland des Bundesstaats Washington, und die sind weit empfänglicher für heroisches Gesäusel aus dem Weissen Haus. Eine Handvoll schmalbrüstiger Halbwüchsiger zeigt den Soldaten voller Ehrgeiz, wie viele Klimmzüge sie hinkriegt.

Unser Gastgeber Brian hat vor zwanzig Jahren eine im medizinischen Bereich tätige Beratungsfirma gegründet und betreibt mittlerweile auch an der Ostküste Filialen. Als Besitzer, Präsident, Direktor und Manager eines Imperiums mit vierzehn Zweigstellen ist er eigentlich nonstop auf Draht, ruhelos in jeder Beziehung. Umso erstaunlicher ist es, dass er sich für uns derart viel Zeit nimmt. Wenn aber ein Mann wie Brian frei hat, heisst das nicht, dass ihn nichts Geschäftliches umtreiben würde. Irgendwie sind seine Gedanken immer bei der Firma. Visualisiert wird dies durch das Handy in seiner Hand und den Bluetooth-Kopfhörer, der in seinem rechten Ohr steckt. Einige Male sind wir uns nicht sicher, ob sich seine Worte an uns oder an einen anrufenden Geschäftspartner richten.

An einem anderen Tag gehts zu seinem Landgut auf einer der 172 San Juan Inseln nördlich von Seattle. Als wir in seinem ansehnlichen Motorboot mit zwölf Knoten über die Rosario Strait tuckern und die Seelöwen auf der Vogelinsel zufrieden in die warme Luft bellen, bricht plötzlich der kolossale Rücken eines Grauwals durch die vom Wind nur leicht gekräuselte Wasseroberfläche. Eine Vogelschar setzt sogleich keck zum Sturzflug an, um von seiner Haut leckere Parasiten zu picken, bevor er, mächtige Wirbel verursachend, wieder ins Dunkel abtaucht. Zurück auf dem Capitol Hill zieht sich Brian ins Arbeitszimmer zurück. Seine Stimme tönt metallen und kalt durch den Flur – er diktiert ins Mikrophon. Später erscheint er in einen teppichähnlichen Hausmantel gehüllt in der Küche, schnabuliert da und dort ein wenig, schiebt ein Hähnchen in das Mikrowellengerät und spielt zu einem Glas Rotwein noch bis tief in die Nacht Klavier.

Zehn Tage nachdem wir unseren Fuss vom stählernen Rumpf des Frachters Hanjin Geneva auf das solide Pier von Seattle gesetzt haben, beginnt eine neue Phase unserer Reise: Lichtdurchflutete Küche, würziger Duft nach Starbucks-Kaffee, unerwartet innige Umarmung von Andrew, das Auftauchen der Schriftstellerin Jane, ihre ungezügelte Begeisterung für unsere Reise und wie sie in Tränen aufgelöst ins Haus verschwindet, Verabschiedung von Brian und der plötzlich sentimentalen Lynn – ein Kratzen in der Kehle, ein Staubkorn im Auge.

Dürre Blätter zerfallen unter dem Druck der Räder, die uns durch die schmale und löchrige 17th Avenue von Capitol Hill südwärts tragen, bis wir für Brian und Lynn als weiterer Farbtupfer im herbstlichen Kleid der Allee aus knorrigen Bäumen aufgehen, ihren Blicken vollends entschwunden sind und nur noch als Reibfläche in ihrer Erinnerung zurückbleiben, an der sie künftig ihre eigenen Träume von Freiheit und Weite entzünden können. Wie wir früher, zu sesshaften Zeiten, vor dem Verlassen des Hauses ab und zu, ohne etwas Bestimmtes zu erwarten, den Briefkasten geöffnet hatten, steuern wir nun zur Post an der Union Street und fragen beim Schalter der *General Delivery* nach *mail* für uns. Als hätten wir für die eben angebrochene Reise auf dem amerikanischen Kontinent noch eines Wegweisers bedurft, überreicht uns die lächelnde Beamtin eine Ansichtskarte von Dani und Katrin aus Altnau, auf der malerische patagonische Landschaft abgebildet ist – eine Gegend, die wir in gut einem Jahr entdecken wollen. Vorerst gilt es aber, die Fähre über den Puget Sound zu erwischen, die bald ablegen und uns nach Bremerton rüber bringen wird. Mit diesem Schachzug bleiben wir vom dichten Verkehr zwischen Seattle und Tacoma verschont. Die graue Wolkendecke reisst immer mehr auf und entblösst das Blau des Himmels, unter dem wir so gerne über die Erde gleiten.

Nach Harz riechende Luft füllt unsere Lungen. Kettenhunde geben uns mit ihrem aufgeregten Kläffen akustisch zu verstehen, was auch allenthalben auf Schildern an den mit Maschendraht umzäunten Anwesen geschrieben steht: «*Private property, no trespassing!*» PRIVATBESITZ wird in diesem Land ganz offensichtlich gross geschrieben. Bewegung und frische Luft steigern die Effizienz der Magensäfte, was sich in baldigem Hunger äussert. Uns beiden steht der Sinn nach einer knusprigen, würzigen Pizza. Und schon nach zwei, drei Kurven lacht uns ein «Pizzeria»-Schriftzug an. Noch nicht vertraut mit dem amerikanischen Masssystem, bestellen wir eine 16-Inch-Pizza. Was der Bruder der Köchin laut ihren Worten alleine als Vorspeise verdrückt, ist für uns zwei zusammen zu viel für den Moment. Den Rest verpackt sie uns schmunzelnd in Karton zum Mitnehmen. Nun käme uns ein Supermarkt nicht ungelegen, denn die Packtaschen fühlen sich zu leicht an, sie wollen mit Vorräten bestückt werden. Da vorne taucht bereits ein riesiger Parkplatz mit zugehörigem Kaufhaus auf. Weil es mit dem Wunschkonzert so gut funktioniert, erlauben wir uns einen weiteren Versuch und malen mit geschwungenen Lettern das Wort «Motel» auf den fiktiven Wunschzettel. Es erstaunt nicht, dass wir bereits wenig später in Belfair auf einem Kingsize-Bett liegen.

Beim Beladen der Velos vermögen uns die ersten Sonnenstrahlen des Tages noch nicht zu erwärmen. So streifen wir uns vor der Abfahrt die Handschuhe über die klammen Finger. Die frostige Morgenluft werten wir als Vorbote des nahenden Winters und als Bestätigung für die Richtigkeit unseres Entscheides, so rasch wie möglich in südlichere Gefilde vorzustossen. Wir folgen der wenig befahrenen Strasse den Hood-Kanal entlang durch Fichtenwälder, die zur Gewinnung von Zellulose alternierend grossflächig abgeholzt werden. Würde uns nicht jeweils ein Schild am Strassenrand bedeuten, in einem bestimmten Dorf zu sein, wir merkten es nicht – zu verzettelt sind die schmucken Gehöfte angelegt.

Am kleinen Nahwatzel See drehe ich eine Ringschraube in den Zapfen einer Flasche Chardonnay und lasse sie an einer Schnur auf den Grund des Gewässers gleiten. Bis das Nachtlager eingerichtet ist, wir warm geduscht sind und das Käsefondue mit Knoblauch, Chili und Zitrone als Veredelung und mit Brot und Kartoffeln als Beilagen bereit ist, weist auch der Wein die richtige Trinktemperatur auf. Mit dem Ermatten der Sonne sinkt das Quecksilber des Thermometers rasant. Damit gekoppelt ist das Ansteigen der Luftfeuchtigkeit. Sie überzieht Zelt, Bank und Tisch mit einem feinen Wasserfilm und lässt die Kälte unter die Kleider auf unsere Haut kriechen. Dass wir trotzdem nicht mit den Zähnen klappern, liegt am würzigen Essen und am prächtigen Spiel der warmen Farben, das uns Sonne und die spiegelnde Wasserfläche im sachten Wechsel vom blauen zum schwarzsamtenen, mit hell prangenden Sternen übersäten Nachthimmel bieten.

Nach ein paar Stunden Schlaf dampft es geradezu aus Beas Schlafsack, der sich also bestens bewährt. Bald schneiden auch die ersten Sonnenstrahlen wie transparente Klingen durch den Morgennebel und wenig später zeichnen sich die Konturen der nördlich gelegenen Olympic Mountains scharf umrissen vor dem nun klaren Himmel ab. Der Tau tropft jetzt nicht mehr vom Zelt, sondern verdampft in aller Stille. Die wenigen Autos veranstalten einen Höllenlärm. Riesigen Käfern gleich kommen sie angerollt. Die Karosserien wirken zu klein auf den massigen Fahrgestellen. Die

Reifen scheinen zu breit für den feinen Belag. Und die Pferdestärken der Motoren sind weit überdimensioniert, müssen sie doch lediglich schmächtige Asphaltcowboys und ein bisschen Blech transportieren. Nur wenige Tierkadaver klagen zurzeit unserer Durchfahrt über den blindwütigen Blechkäfer: da ein zerdrückter Falke, dort ein weggeschleudertes Reh und hier der Gestank der abgerissenen und verwesenden Teile eines Waschbären. Die Farben des Herbstes erstrahlen in warmem Licht. Nur die Weihnachtsbäume und ihre grossen Schwestern in den Fichtenwäldern, deren Schicksal es ist, als Klopapier oder Zeitungsblatt zu enden, stehen traurig im immer gleich grünen Kleid da, in banger Erwartung der unvermeidlichen Axtschläge. Übereifrige Hunde verteidigen ihr Anwesen auch über dessen Grenzen hinaus, jagen uns auf der Strasse nach und finden erst Angesichts des furchterregenden iranischen *tschomak* zur Vernunft. Ansonsten zeugen nur Briefkästen am Wegrand von Besiedlung. Zwischen diesen und den Ranchs spannen sich aber nicht selten einige Meilen. Immer wenn wir auf Leute treffen, sind sie sonnigen Gemüts, kommunikativ und begeisterungsfähig. Unsere Geschichte entfacht jeweils ihre eigene Abenteuerlust und versetzt sie ins Schwärmen. Anders als noch in Asien, wo uns oft unverständige Bewunderung entgegenschlug, verstehen die Amerikaner sehr gut, was es bedeutet, einen Traum zu realisieren. Ein älterer Herr drückt uns warmherzig die Hand und meint, er atme bereits freier, nur durch das Anhören unserer Story. Ein einziger sehnt sich Regen herbei, weil dann die Lachse vom Meer in die Flüsse schwimmen. Er ist Fischer.

Als es am Morgen unablässig auf die Zelthülle tropft, wird mir klar, weshalb dieses Gehölz, in das es uns gestern Abend verschlagen hat, Regenwald genannt wird. Zum Glück handelt es sich aber nicht um echten Regen. Es ist nur überschüssige Feuchtigkeit in der nebligen Luft, die wie Ballast abgeworfen wird. Wir versuchen schon gar nicht, unser Material trocken zu kriegen, sondern stopfen Blache und Zelt, nass wie sie sind, in den Packsack und rollen auf den U.S. Highway 101. Da sind wir nun, auf der berühmten Strasse, die bis nach Los Angeles führt. Unser Fahrstreifen ist im Allgemeinen grosszügig bemessen, und doch versetzt uns der ungünstigen Windrichtung wegen jeder an uns vorbeidonnernde Truck eine schallende Ohrfeige und lässt uns erschrocken zusammenfahren. Der durch Warnschilder, Zäune und Kettenhunde manifestierte Wille zur Abgrenzung und Verteidigung des eigenen Besitzes, aber im gleichen Masse auch das fraglose Respektieren der verbotenen Zonen, scheint das Verhalten der Leute auch auf dem Highway zu prägen. Nur so können wir uns erklären, dass die Lenker die ihnen zugedachte Asphaltfläche zwischen der doppelt gezogenen gelben Mittellinie und der einfachen Linie am Rand nach Gutdünken ausnützen, uns den Radstreifen nie streitig machen, aber sich selbst bei ausbleibendem Gegenverkehr zu gut sind, um in gebührendem Abstand einen ihrer Geschwindigkeit angemessenen Bogen um uns zu schlagen. Zu schändlich scheint ihnen offenbar die Anmassung, die Spur des Gegenverkehrs zu entweihen. Zusätzlich zum Verkehr gebieten uns die vielen Hindernisse wie zersplitterte Bier- oder Whiskyflaschen, von Wurzeldruck aufgewölbter Asphalt, ausgebrochener Belag, kantige Steine, wucherndes, seit Monaten nicht zurückgeschnittenes Buschwerk oder der sich gegen null zuspitzende Radstreifen vor Brücken äusserste Vorsicht. Besonders heimtückisch und gefährlich sind jene Trucks, bei denen über eine bis zu fünf Meter lange Stange ein Anhänger angekoppelt ist. Wenn sich ein solcher ins Bild des Rückspiegels schiebt, was zum Glück nicht allzu häufig der Fall ist, herrscht höchste Alarmstufe: Der Lärm dieses nahenden Ungetüms, verursacht durch das Motorengeheul, die Reibung der grob profilierten Reifen auf dem Asphalt und oft einer hart im Wind flatternden Blache, führt bei uns umgehend zu einem erhöhten Adrenalinausstoss. Dieser schärft die Wahrnehmung und steigert die Konzentration. Oft bewirkt er auch eine Kontraktion der Muskeln und damit eine starre Haltung auf dem Fahrrad, welche seitliche Schwankungen auf ein Minimum reduzieren soll. In dieser verkrampften Position verharrend, die Finger fest um den Lenker gekrallt und die Füsse auf die Pedale gepresst, warten wir auf den Luftstoss, den uns die rasende Masse versetzen wird. Im Zeitraum eines Sekundenbruchteils federn wir diesen ab. Normalerweise entspannen wir uns sofort wieder und lassen unsere Stahlrosse in einen neuen Gleichgewichtszustand pendeln. Dabei geraten wir nicht selten ein wenig in die Fahrbahn des motorisierten Verkehrs. So agierte ich erst auch auf den Strassen der USA, bis eines Tages ein Anhänger der besagten Trucks mit tödlicher Wucht messerscharf an meinen Packtaschen vorbeischoss.

Uferlos breiten sich Fichtenkulturen aus. Die eng beieinanderstehenden schlanken Stämme der Bäume vermitteln aus der Ferne das Bild einer Palisade aus Streichhölzern. Was den Malaien und den Thais die Öl- und Kautschukplantagen, sind den Amerikanern die für wirtschaftliche Zwecke angelegten Nadelwälder. So erstaunt auch nicht weiter, dass in dieser Gegend kaum Tiere zu sehen oder hören sind.

Vor Naselle passieren wir typisch amerikanische Anwesen: Kurzrasierter Rasen so dicht und knallig grün, als gehörte er zu einem Golfplatz. Gespickt aber mit akkurat gestutzten Zierbäumchen. Mitten drin das viktorianische Holzhaus mit der ausladenden Veranda, dem Schaukelstuhl und der im Wind flatternden Nationalflagge. Am Ende der Zufahrt wartet eine geräumige Garage geduldig auf die Ford-, Chevrolet- oder Chrysler-Wagen der Familie. Davor ist ein riesenhaftes Wohnmobil geparkt, das durchaus als Mannschaftsbus eines Fussballclubs durchgehen würde. Und irgendwo steht noch ein Holzrad als Erinnerungsstück an die glorifizierte Pionierzeit. Bei der Shell-Tankstelle treffen wir einen sonnenbebrillten Herrn, der an der Zapfsäule seinen Feuerstuhl der Marke Harley-Davidson füttert: Der Schnauzbart wuchtig und ergraut. Die Haut über Nase und Backenknochen rot geädert. Die Zähne gelb und kurz wie die eines Kindes – bestimmt ein Vietnamveteran. Im Moment zufrieden mit sich und der Welt drückt er eine Tube Senf in seinen Hotdog aus Weissbrot und erzählt uns unschuldig schmatzend von einer Reise, die ihn 1977 nach München führte. Damals wurden ihm für einen US-Dollar acht Deutsche Mark gewechselt, und trotzdem erschien ihm der Preis für die bayrische Lederhose, die er später gerne getragen hatte, überrissen hoch: «*It was a damn bunch of money for just a piece of elk skin!*» Einen feineren Ton schlägt die ältere Lady mit ihrem hoch toupierten Haar an. Sie säuselt etwas von Jesus Christus und legt uns entsprechende Traktätchen in den Velokorb.

Schon bald scheuchen wir am majestätischen Columbia River, dem Grenzfluss zwischen den Bundesstaaten Washington und Oregon, eine Entenformation auf, die unter wildem Geschnatter zur Flucht anhebt. Schwülstige Gedenktafeln am Strassenrand bedeuten uns, dass wir nun auf den Spuren von Lewis und Clark und dem *corps of discovery* wandeln, die im November 1805 jenen Flecken Erde erreichten, der heute Astoria heisst. Die von US-Präsident Thomas Jefferson angeordnete Expedition, welche die von Frankreich neu erworbenen Gebiete Missouri und Louisiana erkunden sollte, geriet zu einer eineinhalbjährigen Odyssee durch die Rocky Mountains an die Pazifikküste und später auf demselben Weg zurück. Die 33-köpfige Gruppe, die unter anderem auch mit Sklaven und Indianern bestückt war, wurde auf ihrem beschwerlichen Weg von 58 verschiedenen Indianerstämmen aufgenommen und bewirtet. Ohne diese Gastfreundschaft wäre die Expedition zweifelsohne gescheitert. Auch die Hilfe der seit Jahrhunderten im heutigen Gebiet von Astoria ansässigen Chinook-Indianer war in jener Novemberkälte überlebenswichtig. So schwärmen denn Lewis und Clark in ihren Reisejournalen auch vom Edelmut der Indianer. Bis zum heutigen Tag haben wir aber, ausser im Park der Motorsägekünstler vom Puyallup-Fair aus grobem Holz, kein Indianergesicht gesehen. Wenn nicht schon längst durch Gewehrkugeln unserer ausgewanderten Vorfahren ausgelöscht oder von der Privatbesitz-Stahl-Beton-Glas-Maschinen-Geld-Gier-Kultur des Weissen Mannes erschlagen oder überrollt und dem Nichts preisgegeben, weil ihre traditionellen Werte in der modernen Welt wertlos sind, zerstören sie sich selbst durch exzessiven Feuerwasserkonsum. Oder fristen bestenfalls als entwurzelte Museumsstücke in einem Reservat ihr sinnentleertes Dasein. Wie wir weiter im Süden sehen werden, haben sich gewisse Indianerstämme dem Kapitalismus verschrieben und betreiben, nach den Massstäben des Weissen Mannes, erfolgreich Casinos in ihren Reservaten. Dollars, Krawatten, Whisky und Autos – welch fade Dinge verglichen mit lebendigem Tauschhandel, nackter Brust, frischem Wasser und wilden Pferden. Das Schicksal der Ureinwohner der USA stimmt uns traurig. Und die Verehrung und Verherrlichung der Entdecker Lewis und Clark, welchen ohne die offenherzige Hilfe der Indianer kein Erfolg beschieden, ja nicht mal das pure Überleben gesichert gewesen wäre, lässt Groll aufsteigen.

In Astoria fixiert mich ein braungebrannter Typ mit stechendem Blick und meint aus heiterem Himmel, es liege nur an den Medien, dass die Amerikaner in einem derart schlechten Licht dastehen. Dabei gebe es keine andere Nation, die so sehr für die Freiheit anderer kämpfe und ihre Söhne opfere. «Hat sich Europa je geopfert?», dringt er in mich, ohne eine Antwort zu erwarten. In der Zeitung lese ich, dass gestern die Leichen von zwei jungen US-Soldaten von Afghanistan nach Oregon heimgeflogen wurden. Die politischen USA des unbedarften, selbstgefälligen Präsidenten George W. Bush stehen in der internationalen und der kritischen nationalen Presse tatsächlich ausserordentlich schlecht da, dies aber wohl zu Recht. Das hat nichts damit gemein, wie wir die einzelnen Leute dieses Landes wahrnehmen, egal ob sie Wähler der Demokraten, der Republikaner oder völlig apolitisch sind. Wir reiben uns immer wieder die Augen ob der Freundlichkeit und Offenheit der Amerikaner, die unseren Weg kreuzen.

Mit dem Hereinbrechen der Dunkelheit stellen wir das Zelt für wenige Dollar auf das für *hiker* und *biker* reservierte Areal des State Park Fort Stevens direkt neben Feuerstelle, rustikalen Holztisch und Wasserhahn. Im Schein unserer Stirnlampen funkeln dutzende Augenpaare wie Sterne aus dem Gebüsch. Und schnell wie der Blitz ist ein Schokoriegel vom Tisch stibitzt. Wir herrschen die herumhuschenden Schattengestalten an, und einige schrecken auch zurück und verlieren sich im Schwarz der Nacht. Andere aber, den Umgang mit zartbesaiteten Menschenseelen gewohnt, machen Männchen und neigen dabei ihren Kopf leicht zur Seite. Das sind Waschbären, die niedlichen, putzigen Terroristen der amerikanischen State Parks. Wir frieren ein wenig, denn die Luft kriecht feucht und kalt unter die Kleider, und selbst das Innenzelt ist bald mit Tropfen übersät. Der Weg zu der sauberen WC- und Duschanlage ist jedoch nicht weit. Bereits sprudelt das warme Wasser aus der Brause und rötet unsere unterkühlte Haut.

Durch dichten Nebel, aus dem sich feinste Wassertröpfchen lösen, fahren wir einige Kilometer auf einer verkehrsfreien Nebenstrasse, bis das Rauschen der über den Asphalt preschenden Autoräder immer näher rückt und uns der breite Radstreifen des Highways 101 aufsaugt. In Seaside lässt uns ein immer lauter anschwellender, eindringlich metallen klingender Hupton aufhorchen. Zudem zucken plötzlich Blaulichtblitze wie Schlangen über den feuchten Asphalt. Es dauert eine Weile, bis wir nur schon in Betracht ziehen, dass diese Zeichen uns gelten könnten, biegen vorsichtshalber in die nächste Ausfahrt ein und halten an. Nun erschlaffen die Blitze. Auch das Hupen erstirbt. Nur noch das Knirschen abgebremster Räder auf Kies ist zu vernehmen. Gut zehn Meter hinter uns kommen zwei Einsatzwagen der Highway-

Polizei zum Stillstand. Die Fahrertüren schwingen gleichzeitig auf und zwei grossgewachsene, stramme Männer in enganliegenden Uniformen mit glänzenden Knöpfen und mit Orden behängt, steigen aus. Der eine nähert sich uns forschen Schrittes. Colt und Schlagstock baumeln wie trunken an seinen Hüften. Der steife Rand des Hutes akzentuiert sein ernstes, wie geschnitztes Antlitz, als er mit eingezogenem Bauch und geblähter Brust, an der ein Schild mit dem Namen Cook prangt, folgende Worte an mich richtet: «Bist du der Kerl, der weiter hinten in die Büsche gepinkelt hat?» Die Art und Weise wie er sich breitbeinig vor mir aufgebaut hat und wie sein Kollege im Schutz der Autotür die Situation aus sicherer Distanz mit Argusaugen und einer Hand am Pistolenhalfter beobachtet, macht klar, dass es diesen zwei Gesetzeshütern nicht ums Albern zumute ist. Also lasse ich den Scherz, der in Cooks Aussage « to pee on b(B)ush» so offensichtlich innewohnt, und antworte wahrheitsgetreu: «Ja natürlich, das war ich. Weisst du, ab und zu muss ich einfach dem Ruf der Natur gehorchen.» Bereits ist das Eis zwischen uns gebrochen, die Atmosphäre entkrampft sich und auch der Kollege, dessen Name auf Ham lautet, wagt sich aus der Deckung. Die beiden meinen wie aus einem Mund: «In aller Öffentlichkeit zu urinieren, ist in den USA nicht tolerierbar. Woher kommt ihr eigentlich?» Beim weiteren Smalltalk erfahren wir, weshalb sie ausrücken und sich an unsere Fersen heften mussten. Ein aufrechter puritanischer Mitbürger hat ihnen vor einer halben Stunde per Mobiltelefon empört mitgeteilt, er sehe gerade etwas total Obszönes: «Unweit der Strasse erleichtert sich ein Radfahrer hinter einem Busch die Blase.» Was blieb da Koch und Schinken anderes übrig, als auf der Stelle die Verfolgung aufzunehmen? Das vorzüglich harmonierende Duo zeigt schliesslich Erbarmen mit mir Gesetzesbrecher und lässt mich nicht mit einer Geldstrafe für den begangenen Frevel büssen. Über ihren eigenen Schatten vermögen die Sheriffs dennoch nicht zu springen. Sie können es nicht bei einer Ermahnung mit hochgezogener Augenbraue bewenden lassen. Pflichtbewusst registrieren sie unsere Namen und die Nummern der Ausweispapiere, bevor sie sich empfehlen. Mutmassend, uns schon wieder jenseits der scharf gezogenen Gesetzeslinie dieses Landes zu befinden, essen wir unseren Lunch an den Gartentischen eines zurzeit geschlossenen Restaurants und lassen unter dem aufhellenden Himmel unser nasses Zelt auf dem Parkplatz davor trocknen.

Auf dem Camping des State Park Nehalem liegt die heisse Dusche etwa ein Kilometer von der *Hiker-biker*-Zone entfernt. Da sich auch das Klo in dieser Distanz befindet, erlaube ich mir in der Nacht *to pee on a bush* im Wald hinter dem Zeltplatz, denn der Geruch von kochendem Schinken ist mir hier noch nicht in die Nase gestochen.

Bei Tillamook kleben helle Wolkenfetzen an den Flanken der Coast Ranges, und am Fuss dieser Bergkette spuckt ein Kamin, als gehörte er zu einer chinesischen Fabrik, unablässig einen dichten Rauchstrom in den Himmel. Wir folgen der 101er bis ein Hinweisschild für Radfahrer Richtung Meer zeigt. Schlagartig fällt hier das Verkehrsaufkommen gegen null. Dafür sind die mittlerweile schwarzen Wolken vollgesogen wie alte Windeln. Sie vermögen ihre feuchte Last nicht länger in Schwebe zu halten und lassen mit unbändiger Kraft Regen auf uns niedersausen. Patschnass und schon gehörig durchfroren retten wir uns im kleinen Nest Sandlake auf die gedeckte Terrasse von einem Lebensmittelgeschäft. Einer der zwei alten Männer, die dasitzen, als täten sie seit Jahr und Tag nichts anderes als dem *rain watching* zu frönen, meint zu uns: «Diese Winde kommen aus Nordwesten. Es sind die letzten Ausläufer der Taifune, die über dem Südchinesischen Meer entstanden sind. Da sie über Japan und Alaska ihre grosse Wucht ausgetobt haben, sind sie hier bei uns so handzahm.» Im Laden drin ist es derart gut geheizt, dass der Enkel der Alten nur mit einer Windel bekleidet zwischen den Gestellen und den Beinen der Kunden herumwirbelt. Dabei schnappt er sich eine Flasche Ketchup, die er sich genauso genüsslich auf seinen Hot Dog ausdrückt wie der Vietnamveteran in Lederhose den Senf. Die Frau hinter der Theke ist der Spross eines Schweden und einer Schweizerin. Überhaupt hätten sich hier in der Gegend einst zahlreiche Schweizer niedergelassen, meint sie mit mitschwingendem Stolz. Ich schaue mir die verschiedenen Gesichter und Beine – insbesondere Oberschenkel – gut an, erkenne aber keine Anzeichen, die auf Vertreter meiner Sippe schliessen liessen. Einmal mehr wird mir bewusst, wie dünn der historische Humus des Amerikas der Weissen ist. Fast alle Amerikaner sind ausgewanderte Europäer, die sich ihrer Wurzeln aber oft nur noch schwach bewusst sind. Vor allem auf dem Land suchen und finden wohl gerade deshalb viele Halt in einer der unzähligen Glaubensgemeinschaften, deren Gotteshäuser wie Pilze aus dem Boden schiessen und fast so zahlreich wie Tankstellen sind. Allein in Oregon machen wir vom Sattel aus, ohne speziell danach zu suchen, die folgenden religiösen Vereinigungen aus: First united Methodist, Pioneer Presbyterian church, Faith Lutheran church, Bible Baptist church, Grace Episcopal church, Catholic church, Baha'i faith, North coast family fellowship, Our saviour's Lutheran church, Calvary Episcopal church, Seaside united Methodist church, St. Mary star of the sea catholic parish, Bay view Baptist church, Seaside Christian church the Lighthouse, First Presbyterian church Astoria und Bethany free Lutheran church.

Bald versiegt der Regen und die ersten Sonnenstrahlen treiben Dampf aus dem Asphalt. Immer wieder werden wir aber von neuem mit himmlischem Nass begossen. Zudem bleibt es kalt und gegenwindig. Das lausige Wetter ist ein Jammer, denn südlich von Lincoln City zeigt die Küste ein spektakuläres Gesicht: Der Wind peitscht das Wasser zu wilden Wellen auf, die ungestüm an die schroffen Felsformationen donnern, auf denen Kormorane und Pelikane mit fischprallen Bäuchen ruhen. Seeschwalben reiten den Wind aus. Einige tanzen auf der Stelle, hängen reglos über dem

Strand, ohne die Flügel zu bewegen. Irgendwann stürzen sie sich unvermittelt senkrecht in die Tiefe. Aber nur, um sich knapp über der Wasseroberfläche von einer Böe wieder auffangen zu lassen und weiterzureiten. Immer wieder wird die Szenerie von Nebelschwaden oder ganzen Wolkenpaketen geschluckt. Wir sind erneut bis auf die Knochen durchnässt. Dieser Regen in Kombination mit Sand und feinem Kies auf der Strasse behagt auch unseren Antrieben nicht. Sie zeigen ihr Missfallen, indem sie sich keinen Deut mehr um die Schaltbefehle scheren und so willkürlich umherspringen wie damals in Japan.

Einen Plattfuss in meinem Vorderrad als Tribut an den Scherbenteppich auf dem Velostreifen, einen toten Hund und drei zerquetschte Waschbären weiter, finden wir uns im Honeyman State Park südlich von Florence ein, wo wir nun schon zum dritten Mal auf den äusserst sympathischen Radler Dirk treffen. Er reist von Seattle nach San Francisco, von wo er zurück nach Deutschland zu Arbeit und Wohnung jetten wird. Diese Begrenztheit der Reisezeit führt zu einem anderen Pulsschlag. Seine täglichen Etappen sind länger und sein Hunger nach Erlebnissen und Sehenswürdigkeiten grösser. Einzig um einen Leuchtturm zu besuchen, zieht er eine weite Schlaufe über eine steile und kiesige Piste. Er sucht aktiv, wir lassen es geschehen. Er ist auf einer Radtour in seinen Ferien, seiner Auszeit vom Alltag – wir sind in unserem Alltag. Wir leben die Reise. Zu süffigem Wein verplaudern wir zusammen den Abend. Erst kurz vor Mitternacht treibt uns einsetzender Regen in die Zelte.

Als ich einem der uns umgebenden mächtigen Bäume den Stamm entlang zur lichten Krone emporschaue, treiben zu meiner freudigen Überraschung ein paar blaue Inseln im düsteren Wolkenmeer. Der Verkehrsstrom ist rege, tempo- und opferreich. Auf dem Asphalt kleben neben drei zerschmetterten Waschbären und ein paar Stinktierleichen auch die Überreste eines Pumas. Am Strassenrand sind zum Gedenken an zweibeinige Verkehrsopfer Holzkreuze in die Erde gerammt. Wo die Erinnerung an die Toten noch nicht verblasst ist, prangen im Kreuzungspunkt der Holzlatten Fotos der Entschwundenen. Einige Stätten sind sogar mit frisch geschnittenen Blumen geschmückt. Die Landschaft ist wenig spektakulär, daran vermögen auch die Sanddünen zwischen Strasse und Strand nichts zu ändern. Die Wolken glühen bereits im letzten Licht, als wir im Sunset Bay State Park einfahren. Bis spät in die Nacht hinein lassen die zankenden Waschbären ihre Knopfaugen um unseren reich gedeckten Tisch funkeln.

Ein steifer Rückenwind bläst uns südwärts und formt hoch am Himmel bizarre Wolkenformationen, die wie zerfetzte Nebelschwaden dahin fegen. Die elegant aus dem Wasser ragenden Felstürme erinnern an die Szenerie um Guilin im Süden Chinas. Im kleinen Nest Langlois lesen wir in einer Bücherei unsere Mails und benützen die Toilette. Für die Inanspruchnahme dieser Gratisdienste bedankt sich das freundliche

Personal schon fast überschwänglich bei uns – was sind das doch für liebenswürdige Leute, diese Amerikaner!

In den würzig duftenden Waldboden stossen gleissende Sonnenstrahlenbündel wie lichte Stäbe. An diesen könnte ich bestimmt bis weit über das grüne Blätterwerk der Bäume hochklettern, hinein in den strahlend blauen Himmel. So hoch will ich aber gar nicht hinaus. Denn ich bin es mit Mutter Erde mehr als zufrieden, obwohl sich auf der Strasse ein strammer Wind gegen uns stemmt. Bisweilen radiert uns dichter Nebel aus, ansonsten ist der Blick auf die weisse Gischt, auf die Klippen und auf das glitzernde, weite Meer aber frei. Vom Strand unten stinkt die platte Hülle eines Wals zu uns herauf. Sie wird von Vögeln gefressen. Wenn sich das über den dunklen Sand züngelnde Wasser der Wellenschläge jeweils wieder zurückzieht, lässt es gelblichen Schaum liegen, der nur langsam zergeht. Auch weiter aussen treiben solche Ver-schmutzungen wie Teppiche auf dem Wasser. Woher kommt dies nur, in dieser men-schenleeren Gegend?

An der Staatsgrenze zwischen Oregon und Kalifornien gleiten wir durch flaches, fruchtbares Ackerland, dessen Ränder mit morschen, ramponierten Bauten bestückt sind. Gewisse Holzhäuser sind derart verzogen, als hätte sie ein Karikaturist hinge-zeichnet.

In einem Supermarkt von Crescent City findet ein zittriger Cowboy unsere Reise ganz einfach *awesome*, was nichts Geringeres als «Ehrfurcht gebietend» bedeutet. Während mir die Kältewellen aus dem Kühlfach der Milchprodukte eine Gänsehaut über den Rücken jagen, informiert mich dieser so vollbärtige wie dickwanstige Herr über ein schreckliches Erdbeben, das letzte Nacht mit einer Stärke von 7.2 auf der Richterskala Pakistan erschüttert hat. Es werde mit Tausenden von Toten gerechnet.

Auf der Suche nach dem günstigsten Motel der Stadt stranden wir in einer Art Ba-rackensiedlung. Hier hausen vor allem Randständige. Sie wurden aus der Gesellschaft der reibungslos funktionierenden Konsumenten verbannt, sind aber noch nicht dem Elend der Obdachlosigkeit anheim gefallen. Eine Inderin vermietet uns ein durchaus passables Zimmer. Sofort schalten wir den Fernseher ein. Nach der Meldung von fa-talen Erdrutschen und Überschwemmungen in Mexiko und vor allem in Guatemala, kommt der Moderator auf Pakistan zu sprechen: «Das Erdbeben im Nordosten des Landes hat über 30000 Tote gefordert. Das Epizentrum befand sich nur wenig nörd-lich von Islamabad.» Durch dieses Gebiet sind wir vor siebzehn Monaten gereist. «Wie geht es wohl unseren Freunden Alam von Gilgit oder Aslam aus dem Hunza Valley? Leben sie noch?», fragen wir uns bange. Wir legen uns aufs Bett und finden keinen Schlaf.

Hätte uns nicht eben der Wecker aus dem unruhigen Schlummer befreit, würden wir jetzt von der durchhängenden Matratze aufspringen. Denn übles Gezänk unserer

Nachbarn dringt uns durch Mark und Bein. Selbst jene Schwarzen gegenüber, die sich vor lauter Fettschichten am Leib kaum mehr bewegen können, wurden von den immer wieder frisch aufbrandenden Wellen des Lärms aus ihrer Lethargie aufgerüttelt und recken ihre massigen Köpfe aus den kleinen Fenstern. Es ist das spindeldürre Alkipaar vis-a-vis, das sich lauthals und wortgewandt in den verfilzten Haaren liegt. Immer wieder lässt es, wie zur Verstärkung der ausgestossenen Fluchworte, in wilder Wut die Türen seines zerbeulten Autos zukrachen, das mit leeren Aludosen vollgestopft ist. Vielleicht geht es nur darum, wer dieses kostbare Gut zu einer der städtischen Sammelstellen für recycelbare Abfälle bringen und dafür das Geld einstreichen darf. Oder um etwas ganz anderes. Oder aber um nichts Konkretes: der Streit als Selbstläufer. Es gibt vermutlich ohnehin kaum eine Ursache, die sich in der Hitze dieses Gekeifs nicht verflüchtigen würde. Als wir schliesslich auf die Räder steigen und der illustren Gesellschaft « *Goodbye!*» zurufen, winkt uns die halbe Bruchbuden-Gemeinschaft inklusive der zwei Streithähne nach und wünscht viel Glück.

Vor dem Supermarkt Ray's erstrahlt das Gesicht einer weisshaarigen Frau, als sie unser gewahr wird. Es ist die Schweizerflagge an Beas Velo, die sie entzückt. Nach kurzem Gespräch in Englisch outet sie sich als Frau mit Wurzeln im schweizerischen Giswil. Sonderbar, wie wärmer und vertrauter diese Frau auf uns wirkt, als sie ihr noch immer tadelloses Schweizerdeutsch hervorkramt und zur Verabschiedung « *Hebed iich Sorg!*» statt « *Take care!*» sagt. Wir ziehen die Zeitung San Francisco Chronicle aus einer Stahlbox und erfahren beim ersten Durchblättern, dass die Opferzahl in Pakistan bereits auf 42000 gestiegen ist. Zudem wird Frau Angela Merkel als erste Kanzlerin der fünftgrössten Wirtschaftsmacht vorgestellt.

Vorbei an einem Strand, auf dessen dunklem Sand voluminöses Treibholz kreuz und quer verstreut liegt, führt uns die Strasse in den Del Norte Coast Redwoods State Park. Im schattigen Aufstieg entdecken wir auf unserer Augenhöhe erste silbern glänzende Rinden mit tiefen, vertikal verlaufenden Rillen. Beim Versuch mit den Augen dem Stamm bis zur über hundert Meter weiter oben schwebenden Krone zu folgen, purzeln wir beinahe vom Sattel. Welch Riesen, diese Coastal Redwood Bäume, *they are really awesome!* Gewisse Exemplare dieser Spezies sollen es auf bis zu zweitausend Jahresringe gebracht haben.

In Klamath rollen wir für je einen Dollar durch einen Tunnel, der in einen 700-jährigen Baum geschlagen wurde und sogar einem Auto genügend Platz bietet. Eine solche Touristenattraktion nicht mit der ihr gebührenden Verachtung zu strafen, ihr sogar zu erliegen, ist bei Licht betrachtet ein absoluter Quatsch, aber eben typisch amerikanisch.

Auf dem Weg zum Campground des Prairie Creek Redwoods State Park wird der Lichteinfall immer geringer, denn die stillen Giganten bilden mit ihren ineinander greifenden Kronen ein dichtes Dach. Was diese Bäume über die Jahrhunderte schon alles erlebt haben: Von den verständigen Indianern angebetet und verehrt, von rüpelhaften Pionieren des 19. Jahrhunderts mit brutalen Axtschlägen beleidigt und im 20. Jahrhundert als kümmerlicher Rest des einst stolzen Walds unter Schutz gestellt.

Auf dem Campingplatz sind sämtliche Abfallkübel in Blech ausgeführt und mit einer Klappe versehen. Zudem sind grosszügig bemessene Schliessfächer für das Gepäck vorhanden und auf den Tischen kleben Warnzettel mit Verhaltensregeln. In diesen Wäldern sind nicht ganz handzahme Tiere heimisch: Schwarzbären, Pumas und Roosevelt Elche. Am geringsten scheint uns die Gefahr, die vom Elch ausgeht. Sollte man trotz aller Vorsicht plötzlich einem Puma oder Schwarzbären gegenüberstehen, wird nahegelegt, sich so gross wie möglich aufzublähen und mit den Armen zu fuchteln. Das mit dem Aufblasen ist für uns absolut kein Problem nach dem Schmaus von Rohgemüse mit Sauerrahm-Dip, Getreideküchlein, Steinpilzen, gedämpften Tomaten und Eisberg-Apfel-Salat. Bereits füllt sich der halbe Mond über den Redwoods wieder mit Licht und es ist Zeit für eine warme Dusche. Während der Wasserstrahl auf meinen Nacken prasselt und verspannte Muskeln lockert, der Seifenschaum über meinen Bauch gleitet und im Busch der Schamhaare zerfliesst, denke ich darüber nach, warum hier dermassen augenfällig vor diesen drei Tierarten gewarnt wird. Es ist doch eindeutig so, dass die Schwarzbären bei weitem nicht so gefährlich sind wie Grislis. Und Pumas sind extrem scheue Katzen. Auch dass man einen Elch nicht kraulen soll, ist doch jedem klar. Aber den Rangern geht es bestimmt nicht primär um den Schutz der Menschen vor diesen Tieren, sondern umgekehrt: Die in ihrem Bestand schon arg dezimierten Tiere sollen vor den Menschen und deren tödlichen Spielzeugen bewahrt werden. Denn es sind die Autos der Menschen, welche Pumas überrollen oder in Elche donnern. Es sind die Gewehrkugeln der Menschen, welche Pumas niederstrecken, nur weil sie ihre Zähne ins Fleisch eines Schafes geschlagen haben. Und es sind das Essen sowie riechende Produkte wie Seife, Zahnpasta, Deodorant, Sonnencreme oder Parfum und natürlich die Abfälle der Menschen, die Bären töten. Denn Bären, die von der verlockenden Nahrung der Menschen abhängig sind, werden schliesslich aggressiv und müssen von den Rangern meistens erschossen werden.

Es ist bitterkalt. Umklammert von zähem Nebel brutzeln wir erst einmal Spiegeleier und brühen Kaffee auf. Nachdem die Sonne den trüben Dunst weggebrannt hat, erstrahlt im klaren Licht des Vormittags ein buntes Blätterdach. Gevatter Herbst hat Einzug gehalten und schon kübelweise Farbe über die Laubbäume gekippt.

Auf der Strasse herrscht nicht viel Betrieb, doch nutzen einige Laster ihre höchstpersönliche Fahrbahn bis auf den letzten Inch aus und donnern messerscharf an uns vorbei. Um das Geheimnis bezüglich des gelbbraunen Schaums auf dem Meer zu lüften, treten wir bald in eine Blockhütte am Strassenrand, die mit « *Visitorcenter*» angeschrieben ist. Der einsame Hüter dieses niedlichen Holzhäuschens ist dankbar für unseren Besuch, gerät immer mehr in Fahrt und ist bald nicht mehr zu bremsen. Für länger als eine Stunde zieht er Karte um Karte aus den Gestellen und zeichnet uns mit der breiten Spitze seines orangen Leuchtmarkers den Weg die Küste entlang bis nach San Diego. Zu jedem State Park gibt er einen Kommentar ab und empfiehlt uns jene mit *Hiker-biker*-Zonen. Ach ja, der Schaum auf dem küstennahen Wasser sei wohl wegen der rauen See und den Ausscheidungen all der Seelöwen, Seehunde, Seeotter und Vögel entstanden.

In Trinidad schiessen vor einem Motel eng gedrängt, stolz und stark Redwoods aus dem Asphalt und vermitteln den Eindruck, dass sie die Zivilisation ohne weiteres überdauern werden. Auf dem hügeligen Scenic Drive, dieser schmalen Küstenstrasse zwischen 101er und Meer, warnt uns ein Radrennfahrer vor einem nahenden Sturm, von dem zurzeit aber noch keine Anzeichen auszumachen sind. Die Ausblicke aufs Meer sind herrlich. Die Seelöwen bellen und surfen ausgelassen in den Wellen zwischen den aufragenden dunkeln Felsen. Plötzlich aber hebt kräftiger Gegenwind an. Ein Radfahrer auf der Gegenfahrbahn zischt geradezu vorüber. Die extrem dynamischen Wolkenbilder verheissen nichts Gutes. Nun bremst ein Pick-up vor uns. Der nette Fahrer warnt uns ebenfalls vor einem *heavy thunderstorm*, der im Anzug sei und bietet uns an, die Velos auf seinen Wagen zu verladen. Wir lehnen dankend ab, denn Eureka, unser heutiges Ziel, ist nicht mehr weit. Der Sturm zieht über die Stadt ohne mehr Schaden anzurichten, als ein paar Keller zu fluten und einige Scheunen des Daches zu berauben.

Als wir die verzierten und bunten viktorianischen Häuser hinter uns lassen und wieder aus der Stadt halten, tropft aus dem grauen Himmel noch immer Regen. Den ersten Schauer lassen wir im Schutz einer Tankstelle vorüberziehen. Wieder auf der 101er, füllt der Lärm der rasenden Reifen unsere Ohren und der Scherbenteppich auf der uns zugedachten Fahrspur beschert uns drei Plattfüsse nacheinander. Kaum in die Avenue of the Giants eingebogen, platzt eine weitere Ladung Regen nieder, jedoch bereits gefiltert durch die dichten Kronen der Giganten. Im Duft von Harz und Fenchel radeln wir weiter durchs satte Grün vorbei an den stämmigen Riesen. Zusammen mit dem Herabsinken der Nacht erreichen wir den Burlington Campground im Humboldt Redwoods State Park. Gegen Mitternacht schreiben wir unter dem Fast-Vollmond, um den der Höhenwind Wolkenfetzen jagt, unsere Erlebnisse ins Tagebuch.

In den Morgenstunden lacht die Sonne durch die Baumwipfel zu uns Zwergen hinunter. Sie sieht uns so lange den Eel-Fluss entlang gleiten, bis uns bei Myers Flat das Schild « *Wine tasting*» die Bremsen ziehen lässt. Hier kosten wir vortrefflich mundenden Humboldt-Wein und parlieren mit einem Holzfäller, der ausschaut, als hätte er zum Frühstück einen Redwoodstamm verschluckt. Wortreich beklagt er sich über all die staatlichen Stellen, die ihn mit immer neuen Auflagen schikanieren, er deshalb seine Waldflächen nur mit grosser Verzögerung oder gar nicht roden könne und darum *one million down*, also eine Million im Minus sei. In Oregon oben seien die Gesetze nicht so strikt und seine Arbeit deshalb einfacher. Er überlege sich, die Zelte hier in Kalifornien abzubrechen und in den Norden umzusiedeln. Nach über einer Stunde verlassen wir den Laden mit einem sorgfältig gekelterten roten Zinfandel, der übrigens dem bei uns besser bekannten Primitivo entspricht. Nun gehts weiter zwischen den Giganten hindurch. Einige wurden von Blitz oder Krankheit gefällt und liegen auf dem Waldboden. Ihr tausendjähriges Holz wird durch Insekten, Käfer und Mikroorganismen zersetzt und dient den anderen Bäumen als Nährstoff. Auf diese Weise geht im ewigen Kreislauf keiner der Riesen verloren. Meist riecht es nach Stroh oder Heu. Nur ab und zu rümpfen wir die Nase wegen verwesender Schafe oder Ziegen, deren Gebeine in der Sonne rösten. Der Rückenwind stösst uns schliesslich wieder auf die 101er, die trotz ihrer sechs Spuren nicht übermässigen Verkehr aufweist.

In Leggett verlassen wir die 101er und folgen ab jetzt dem Highway Nr. 1, der uns in kontinuierlicher, angenehmer Steigung als Erstes auf den gut 650 Meter über Meer gelegenen und damit höchsten Punkt der Pacific Coast Route trägt. Für die Abfahrt streifen wir uns als Windschutz die Regentrainer über. Trotzdem kriecht uns die Kälte in die Knochen. Am Fuss des Bergs essen wir leicht schlotternd Früchtecurry aus unserem Topf und lassen das von der gestrigen Nacht noch nasse Zelt im Wind trocknen. Wenige Meter neben uns scharrt ein Huhn mit seinen kräftigen Krallen in der Erde und hackt mit dem Schnabel nach Würmern. Meine Gedanken schweifen nach China, wo Hühnerfüsse als Delikatesse gelten. Selbst das Wetter passt zu dieser Erinnerung. Es bleibt weiterhin düster und unfreundlich.

Bald lässt die salzige Note der Luft keinen Zweifel mehr offen: Wir befinden uns wieder am Pazifik. Die schmale Strasse muss zum Glück kaum Verkehr ertragen. Sie führt uns durch eine völlig andere Landschaft, als noch weiter nördlich. Wilder, urchiger, karger. Dürres Stroh statt Redwoods. Nur einzelne, vom nimmermüden Wind gebeutelte Bäume auf sanften Hügeln. Wer hier lebt, muss wetterbeständig sein. Genau so stelle ich mir Schottland oder Irland vor. Mit dem milden Kalifornien meiner Einbildung hat dies jedenfalls nichts gemein. Die vereinzelten Gehöfte sind indes idyllisch gelegen, thronen doch die meisten Wohnbauten hoch über der Brandung. Auf steile Abfahrten folgen postwendend kernige, kräftezehrende Aufstiege. So ändern die Kilometer ihren Charakter gerade so, als wären sie in den Balg einer Ziehharmonika eingespannt. Das Licht wird schwächer, und ein Polizist ermahnt uns in strengem Ton: «In Kalifornien ist es Pflicht, bei Einbruch der Dunkelheit die Be-

leuchtung der Fahrzeuge einzuschalten. Wenn ihr keine habt, dürft ihr nicht weiterfahren und müsst hier bleiben.» Dabei übersieht der Kollege von Koch und Schinken aber, dass entlang dem Meer dutzende von Tafeln das Kampieren verbieten. Na
ja, die Hüter des Gesetzes sind eine sonderbare Gattung! So montieren wir die Funzeln zu seiner Befriedigung jetzt gleich und nicht erst, wenn es effektiv an der Zeit ist.
Dass unsere Stirnlampen eher Positionslichter sind und das Terrain vor uns kaum
auszuleuchten vermögen, bemängelt der Sheriff nicht. Wenig später stellen wir im
Nieselregen unser Zelt auf, scharf beäugt von neugierigen Waschbären.

Ab und zu lichtet sich die Wolkendecke, und die bereits wieder tief stehende Sonne giesst ihr Gold auf den borstigen Strohteppich der Ebene, die gegen Westen hin
jäh endet und über schroffe Kliffs zum schäumenden Pazifik abfällt. Da, plötzlich,
ein Elch in voller Pracht! Und weiter hinten im dürren Gras zeigt sich ein gutes Dutzend Rehe. Schon so viele ihrer Artgenossen haben wir tot und entstellt neben der
Strasse liegen gesehen – umso faszinierender jetzt die Eleganz und Anmut der mit
pulsierendem Leben erfüllten Tiere. Bereits haben sie unsere Witterung aufgenommen und springen wie auf Federn behände Richtung Kliff, wo sie bald unvermittelt
bockstill stehenbleiben und sich ihre Silhouetten schwarz gegen den orangeroten
Horizont zwischen Meer und glühenden Wolken abzeichnen.

Im schwindenden Tageslicht ist der Manchester State Park nicht mehr zu erreichen. All die Motels, Inn's und Bed & Breakfast-Häuser hier in Elk sind aber zu edel
für unser Budget. Immerhin zeigt sich uns rechterhand, hoch über dem Pazifik, eine
mit Tischen bestückte Wiese. Wasser hingegen suchen wir hier vergeblich – selbst
das Plumpsklo ist trocken. Während Bea unser Fondue Nr. 4 auf dem amerikanischen Kontinent zubereitet, kehre ich deshalb zur Dorfkirche zurück und fülle dort
unsere Behälter mit Wasser. Ach ja, fast hätte ich vergessen zu erwähnen: Selbstverständlich ist das Kampieren auf der auserkorenen Wiese strikte untersagt. Picknicken
aber ist erlaubt. Na, dann lasst uns also picknicken! So bleibt unsere Behausung vorerst im Packsack verstaut. Da sich jedoch gleich wie bei Fondue Nr. 3 keine Schwaden von kochendem Schinken in den Käsegeruch mischen, installieren wir nach dem
Schmaus in der Dunkelheit unser Zelt, wärmen Wasser für die Dusche und legen uns
bald aufs Ohr. Wir bleiben die ganze Nacht über unbehelligt auf dem verbotenen
Terrain. Offensichtlich hat uns keiner der abendlichen Spaziergänger verpfiffen.
Oder war der Sheriff einfach zu faul, um auf empörte Anzeigen seiner elker Schäfchen aus dem warmen Bett zu kriechen und Taten folgen zu lassen?

Hoch über dem Pazifik leuchtet noch immer der Mond, als die Sonne schon vor-
beischaut. Auf wunderbarer Strecke ohne jeglichen Verkehr rollen wir weiter. Weil
unsere Strasse aber wie gehabt alle sich ins Meer ergiessenden Flüsse auf Meeresniveau überquert, gilt es nach jeder Abfahrt eine steil aufschiessende Rampe zu bezwingen. Oben, an der Kante des Kliffs, prangt oft eine exquisite Loge. Ein aufge-

scheuchter junger Hase hoppelt ungelenk einem hupenden Auto davon. Falken ho-
cken mürrisch auf Zaunpfählen. Elche stehen starr wie aus Blei gegossen im braunen
Gras und beobachten uns mit erhabener Miene. Waschbären, Stinktiere sowie Rehe
und Ziegen, allesamt überfahren, liegen im Strassengraben. Bei einigen dampfen die
Eingeweide noch in Blutlachen, bei anderen sind die Skelette bereits von Geiern und
Raben abgenagt.

Im Wald von Gualala erwachen wir gemeinsam mit dem Tag. Anfangs kurbeln wir
noch unter klarem Himmel, doch schon bald im Rachen des undurchdringlichen
Nebels. Die Witterung ist unwirtlich, die Landschaft aber vielleicht gerade deshalb
umso berauschender. Bei kurzen Pausen lässt uns der Wind, der kühl von hinten
bläst, schaudern. In Stewart Point, das sich dem Namen getreu tatsächlich als punk-
tuelle Niederlassung erweist, erstehen wir Sauerrahm für das Mittagessen, das wir im
Fort Ross State Park einnehmen. Wir dippen Rohgemüse und essen dazu Vollkornbrot und kräftig gewürzten Seidentofu. Wie mittlerweile üblich lassen wir unterdessen das triefende Zelt im Wind flattern. Anschliessend kämpfen wir uns im Watte-
bausch des Nebels einen veritablen Pass hinauf, der sich wegen der geraubten Aussicht in nichts von einem Schweizer Alpenpass an einem garstigen Novembertag unterscheidet.

Weil das Tageslicht immer früher verebbt, trudeln wir auch heute wieder erst in
der Dunkelheit in unserem Zielort, diesmal dem Bodega Dunes Campground, ein.
Letzte Woche wurde in dieser Bucht eine Surferin von einem Hai gebissen. Baden ist
für uns bei diesem kühlen Nieselregen aber sowieso kein Thema. Auf dem Camping
treffen wir auf einen *hiker*, einen Vertreter der eher raren Spezies der Wanderer. Er
dünkt uns mindestens halbwegs durchgeknallt. Nicht mal zum Essen nimmt er Platz.
«Wenn ich raste, roste ich», meint der drahtige Mann nervös an Stelle tretend. Mal
mit hochgezogener Augenbraue, mal mit Wohlgefallen, meist aber mit staunendem,
vielleicht bisweilen auch missbilligendem Kopfschütteln verfolgt er unsere aufwän-
dige Zubereitung des Abendessens und wirft sich dabei im Rhythmus seiner wippen-
den Füsse Junkfood-Häppchen in den Schlund. Bevor er in seinem winzigen, windschiefen Zelt verschwindet und ganze Wälder flach sägt, teilt er uns mit gedämpfter
Stimme aber Überraschendes mit: «In den USA schmoren mehr Leute hinter
schwedischen Gardinen als Kinder im College die Schulbank drücken. Über zwei
Millionen Menschen sitzen in diesem Land hinter Gitter. In keinem anderen Staat
der Welt ist ein grösserer Anteil der Bevölkerung inhaftiert. Wenn einer nur schon
eine Milchtüte klaut, wird er eingelocht. Wenn deine Hautfarbe schwarz ist, reicht
sogar ein geringeres Vergehen. Und warum? He, he, mit Gefängnissen wird *big money* verdient.»

Wir bahnen uns den Weg durch den gewohnten Nebel und folgen zusammen mit der Strasse den topographischen Erhebungen der kargen, von der Sonne versengten Landschaft. Nur einmal streckt heute ein Reh keck seinen Kopf über die Grasnarbe, ansonsten pflastern tote Tiere unseren Weg. Über einen Hügel, dessen struppige Strohhaut im Abendlicht goldgelb leuchtet, rollen wir zusammen mit dem Einsetzen der Abenddämmerung im Samuel P. Taylor State Park ein. Wenig später kommen mit Wulf aus Vancouver und Kim aus Grönland zwei andere bepackte Radler an. Wulf, der ältere der beiden, wirft sich sogleich Elektrolyttabletten ein, öffnet dann zum Spülen eine grosse Bierdose und löffelt anschliessend kaltes Büchsenfutter in den Mund. Kim mag den Inhalt seiner Büchse lieber warm und taucht sie deshalb kurz in kochendes Wasser. Wir laben uns derweil an Fondue Nr. 5 und laden die zwei zu Dessert und Kaffee an unseren Tisch. In tiefer Nacht reisst uns wütiges Geschrei von Wulf aus dem Schlaf. Waschbären haben ihm die Hintertaschen vom Rad gerissen und fünfzehn Energieriegel geklaut.

Da unsere Landkarte in zu grobem Massstab gezeichnet ist, um aus ihr ableiten zu können, wie San Francisco auf dem Fahrrad am besten anzusteuern ist, bitten wir im Vorort Greenbrae ein junges Paar um Rat. Er ist Iraner aus Teheran und sie Chinesin. Ihre Augen strahlen, als wir uns nach kurzem Wortwechsel mit « *Choda hafiz!*» und « *Zai jian!*» von ihnen verabschieden.

Im beschaulichen Sausalito lichten sich die Nebelschwaden genau zum richtigen Zeitpunkt und gewähren uns einen unvergesslichen Blick auf die Skyline von San Francisco und die ehrwürdige Golden Gate Bridge, die auf ihren sechs Fahrspuren pro Jahr über 42 Millionen Fahrzeuge zwischen Pazifik und San Francisco Bay über das Wasser trägt. Exakt auf dieser rot getünchten Hängebrücke zeigt unser Velocomputer dreissigtausend Kilometer Gesamtdistanz an – das nenne ich Massarbeit! An der Lombard Street beziehen wir im Motel eines Inders aus Gujarat ein Zimmer mit prachtvoller Aussicht auf Downtown. Er freut sich über unser Indienvisum im Pass und findet nur lobende Worte für unser Heimatland Schweiz, den Schauplatz so vieler Bollywood-Filme. Bea und ich steigen aufs Dach, halten uns zärtlich in den Armen, lassen den Blick über die Strassen von San Francisco schweifen und beobachten, wie die Golden Gate Bridge langsam im Nebel versinkt.

Bei regnerischem, kühlem Wetter springe ich am Morgen vor dem Motel auf den Bus nach San Rafael, wo sich die Zahnarztpraxis befindet, die mir von der Schweizer Botschaft empfohlen wurde. Die junge Frau neben mir liest ein spanisch geschriebenes Buch. Eine andere, die später zusteigt, vertieft sich in ein vietnamesisches Gebetsbuch. Zahnarzt Huwyler stammt aus dem Melchtal, Obwalden, Schweiz. Seine Gehilfin und Frau wurde im Norden Thailands geboren – der Reigen der Nationalitäten erweitert sich laufend. Nach eineinhalb Stunden verlasse ich die Praxis um tausend Dollar erleichtert und mit einem Aluminiumzapfen in der Lücke über dem abgefrästen Backenzahn. In einer Woche werden die Krone bereit und meine Nachwehen von der Glasscherbe im Reis eines südchinesischen Restaurants nach sagenhaften acht Monaten nur noch Geschichte sein. Vorsichtshalber lassen wir in Chinatown die Stäbchen von chinesischem Essen und geniessen stattdessen ein würziges indisches Buffet. Danach lassen wir uns von zwei Vietnamesinnen aus Hanoi in Rekordzeit die Haare stutzen.

In San Francisco lässt es sich gut Rad fahren. Der Verkehr ist bedächtig. Und so ganz ohne Gepäck rollt es sich, unabhängig vom Terrain, fast ohne Kraftaufwand. Selbst die Filbert Street, die mit einunddreissig Prozent Steigung auf den Russian Hill hochführt, kann mich nicht ernsthaft fordern.

Im Bereich von Turk und Market Street liegen die Scherben eingeschlagener Autoscheiben verstreut auf dem Asphalt und in der Luft schwebt eine explosive Aggressivität. Ein bulliger Typ sitzt wie die Galionsfigur der latenten Gewalt auf der Kühlerhaube eines Wagens und lässt einen Baseballschläger immer wieder in seine Pranke klatschen. Mit dem wäre nicht gut Kirschen essen! Die von billigsten Drogen zugedröhnten schwarzen Obdachlosen, die wie tote Fliegen auf den Gehsteigen liegen oder mit arger Schlagseite herumtorkeln, erhöhen ihn noch mehr, scheinen ihm geradezu die Arroganz zu verleihen, die er an den Tag legt.

Am Abend des 31. Oktober leuchten auf allen Treppen vor den viktorianischen Häusern geschnitzte Kürbisse. Die helle, warme Jahreszeit ist vorüber, es folgen die dunklen Monate. An diesem Wendepunkt besuchen die Seelen der Toten die Erde, heisst es. Was hier gefeiert wird, ist aber *trick or treat*: Halloween. Allenthalben klopfen kostümierte Kinder an die Haustüren und verlangen nach Leckereien, die ihnen mit fröhlichen Gesichtern in die ausgestreckten Hände gelegt werden.

Im Castro-Bezirk findet eine grosse Party statt. Der öffentliche Verkehr ist wegen den herbeigeströmten Menschenmassen zusammengebrochen. Der 9/11 ist noch nicht vergessen: Hubschrauber kreisen mit dröhnenden Motoren am Himmel und sichern den Luftraum über dem Festgelände ab. In den Köpfen der Feiernden brummt es freilich nicht minder, denn der Alkoholpegel ihres Bluts bewegt sich, trotz offiziellem Verbot, im roten Bereich. Die Zorros, Batmen, Robins, Supermen, ja selbst die Teufelchen und Hexen schwanken teilweise bedenklich. Ein paar Micky Mouse Klone haben den Zenit ihres Hochgefühls schon längst überschritten. Sie schauen bleich und mitgenommen aus der Wäsche. Eines der Mäuschen hängt wie ein nasser Lappen, ergriffen von Katzenjammer, in einem ausrangierten Stuhl und nuckelt an einer leeren Bierflasche.

Nach neun Tagen Stadtleben ziehen wir weiter südwärts. Bei schönstem Wetter und in warmem Sonnenschein rollen wir erst Richtung Presidio Park und erhaschen gerade noch einen letzten Blick auf die obersten Spitzen der Pylonen der Golden Gate

Bridge, bevor sie vom aus dem Wasser aufsteigenden Dunst geschluckt werden. An der Pazifikküste umhüllt uns undurchdringlicher Nebel wie dichtes Schneegestöber. Weiter als zwei Meter sehen wir nicht scharf.

Kaum ist Pacifica durchmessen, finden wir uns wieder auf dem Highway Nr. 1, und zwar in massivem Verkehr. Das entfesselte Blech saust dicht an unseren Packtaschen vorüber. Der Luxus eines Radwegs neben der einzigen Fahrspur je Richtung fehlt hier. Ein Bus kommt mir derart nahe, dass ich vorsichtshalber in die Büsche steuere. Nur gut, klebe ich gerade in einem Aufstieg und mein Tempo ist entsprechend gering. Wo sich der Asphalt neben der engen Fahrbahn verbreitert, wuchert dichtes Gestrüpp. Oder es liegen Steine und Scherben herum, die uns nicht ausweichen lassen – diese Strecke ist ein reines Spiessrutenlaufen! Ab und zu foppen uns auch Radwegtafeln. Sie locken uns mit ihrem süssen Versprechen von der Strasse weg, aber nur, um uns nach einer kurzen Fahrt durch verstellte Parkplätze wieder dem Verkehrsstrom zum Frass vorzuwerfen. Um exakt 17.07 Uhr stellen wir unser Zelt an der Half Moon Bay State Beach auf. Das ist der Zeitpunkt des Sonnenuntergangs. Der Feuerball erlischt im Meer, beobachtet vom Mond, der als feine Sichel daneben prangt. Eine Stunde später verabschiedet sich aber auch der bleiche Bruder vom Himmel. In der finsteren mondlosen Nacht widerhallt das Krachen der Wellen umso lauter in unseren Ohren.

Bei Tagesanbruch steht das Quecksilber lediglich bei drei Grad, doch erwartet uns heute ein herrlicher Tag mit Sonnenschein pur, ohne Nebel oder Wolken. Während ich einen Plattfuss flicke, der sich über Nacht eingeschlichen hat, trocknet der kräftige Wind unser vom Kondenswasser der Nacht nasses Zelt. Vorbei an riesigen Äckern und Kürbisfeldern lassen wir uns vom gütigen Rückenwind über flaches Terrain schieben, doch schon bald windet sich das Asphaltband über einige öde Hügel. Diese Landschaft erinnert uns an die Taklamakanwüste in der Nähe von Anxi in China und in gewissen Abfahrten ans Zagrosgebirge im Iran.

Bei Watsonville erregt ein bis zum Horizont ausgedehntes, in der Sonne gleissendes Schneefeld unsere Aufmerksamkeit. Der Griff ins Weiss bringt aber keine Abkühlung. Der vermeintliche Schnee ist nämlich schnödes weisses Plastik, satt um die exakt modellierte Ackererde drapiert. Nun entdecken wir auch eine Tafel mit der Aufschrift « *Organic Strawberries*». Quadratkilometerweise Plastik und das Wort *Organic* wollen nach unseren Massstäben nicht so richtig harmonieren. Die nicht enden wollende Abfolge von Furchen und Dämmen, auf denen durch Schlitze in der Plastikhaut die ersten Blätter der Erdbeerstauden lugen, sieht im Querschnitt aus wie die Ritzel, auf denen unsere Ketten laufen. Es folgen Artischocken- und Rosenkohlfelder in Dimensionen, wie wir dies ausserhalb von China noch nirgends angetroffen haben. Das kann ja nicht gesund sein, was da als Massenware aus dem Dünger schiesst. Für kurze Momente verdunkeln jeweils Vogelschwärme den Himmel, und schon sitzen die Federtiere wieder in Reih und Glied auf einer Telefonleitung oder picken flächendeckend etwas aus den Feldern – aber was nur? Würmer halten es in diesem Mix aus Erde, Pestiziden und künstlichem Dünger wohl kaum aus. Die Landwirtschaft der heutigen USA ist eine hocheffiziente Industrie. Es wirken nur noch zwei Prozent der Bevölkerung als Landwirte. Denn im Durchschnitt kann jeder Bauer 129 andere Menschen ernähren – aber wie lange noch?

Als wir am Tisch vor einem Souvenirshop unser Mittagessen aus Käse, Brot und dem Rest der Kürbissuppe von gestern Abend einnehmen, setzt sich ein Ortsansässiger zu uns. Er schwärmt in den höchsten Tönen für die Produkte dieser Gegend, diesem Garten Eden. Besonders köstlich sei der Wein, das heisst vor allem Pinot Noir, Syrah und Chardonnay. Von den Erdbeeren sollen wir aber die Finger lassen, die würden mit viel Chemie auf «voluminös» und «tadellos» getrimmt. Da hat uns unser Gefühl also nicht getäuscht.

Ein einförmiger Radweg führt uns zwischen der Autobahn und Sanddünen hindurch Richtung Monterey. Als einziger Farbtupfer taucht auf dieser Strecke ein hagerer, flaumbärtiger und rotbäckiger Troll mit verschwollenen Augen auf – ein junger Biker aus Alaska. Jeden Tag spult er mindestens hundertdreissig Kilometer ab. Nun verdrückt er neben uns, mitten auf dem Weg, das Rad noch zwischen die Beine geklemmt, seine energiegeladene Mahlzeit: Donuts mit einer Dose Erdnussbutter.

Mit dem Eindunkeln erreichen wir Monterey. Wie uns Ernie, ein ergrauter Radler, in dessen Adern holländisches, kanadisches, deutsches und das Blut von Blackfoot Indianern fliesst, weiter im Norden vorausgesagt hat, thront der Campingplatz des Veterans Memorial Park auf einem Hügel über der Stadt. Bis auf ein kleines Zelt, das von einem sonderbaren Typ bewohnt wird, der nicht grüsst und trotz relativ früher Stunde nie aus seiner Höhle gekrochen kommt, ist der Platz der *hiker* und *biker* leer. Dreissigtausend Einwohner, pro Jahr zwei Millionen Besucher und auf dem Camping an diesem 7. November kaum Leute – das ist Monterey. Durch den feuchten Nebel brandet der Lärm der Seelöwen zu uns empor. Vermutlich hält er die ganze Nacht über an, doch schon bald sinken wir in tiefen Schlaf und lassen den Lärm einfach Lärm sein.

Der komische Kauz – vielleicht einer der Veteranen, denen dieser Park gewidmet ist – grüsst heute Morgen immerhin knapp, bindet sich eine Krawatte um den Hals, poliert mit einem weissen Taschentuch seine schwarzen Lackschuhe und entschwindet strammen Schrittes Richtung Stadt. Steht ein wichtiges Business-Meeting an? Auch wir brechen auf und radeln hinter der Fisherman's Wharf vorbei an Kormoranen, Pelikanen und den Seelöwen, die vom nächtlichen Bellen sichtlich ermattet sind, via Cannery Row zum Monterey Bay Aquarium. Umwerfend schön und faszinierend sind die im blauen Wasser pulsierenden Quallen – geradezu lebende Kunstwerke!

Ähnliches wird von der Gegend südlich von Monterey berichtet. Die Szenerie vermag mich erst aber nicht gerade zu berauschen. Denn die Redwoods sind seit über hundert Jahren abgeholzt, die Flanken der Santa Lucia Berge entsprechend kahl. Auf mageren Weiden muhen Angusrinder. Der Wind bläst gegen uns, dafür nimmt der Verkehr stetig ab. Die zahlreichen schroff abfallenden Canyons bei den Mündungsstellen der Flüsschen in den Pazifik werden mittels Stahlbetonbrücken aus den 1930er Jahren überspannt. Kurz vor Big Sur wird es waldiger und einige Redwoods markieren stolz Präsenz. In kleinen und teuren Lebensmittelläden kaufen wir Wein und Milch ein, bevor wir bereits im Dunkel des Abends auf dem fast leeren Campingareal des Pfeiffer Big Sur State Park einfahren.

Morgens um vier Uhr setzt Regen ein, der hart auf unser Zelt prasselt. An eine Weiterreise ist nicht zu denken. Wir dösen weiter und frühstücken ein paar Stunden später. Anschliessend strecken wir uns wieder auf die Matten, um dem Trommeln des Regens zu lauschen. Gegen Mittag wärmen wir mit Kartoffelstock an Gemüsesauce die Reste vom Abendessen und legen uns nach dem Mahl für zwei weitere Stunden aufs Ohr. Endlich versiegt der Niederschlag. Wir lassen unser Heim zurück und treten unter aufklarendem Himmel in die Pedale, überwinden spielend einen steilen Hügel und landen nach rasanter Abfahrt vor dem geschlossenen Tor der Henry Miller Memorial Library. So von aussen vermittelt diese Bücherei einen eher abgetakelten Eindruck – ein Schuppen, der sich nicht um die publizierten Öffnungszeiten schert. Das «Lächeln am Fusse der Leiter» vergeht uns trotzdem nicht, denn schon in der etwas weiter oben gelegenen Hawthorne Gallery entschädigen uns ein paar gelungene Skulpturen. Und vollständigen Trost finden wir schliesslich gegenüber bei Nepenthe, dem Restaurant mit der famosen Aussicht. Hier oben kann im milden Abendlicht leicht nachvollzogen werden, weshalb Henry Miller, der achtzehn Jahre in Big Sur wohnte, zu seiner Wahlheimat meinte: «*That's the face of the earth as the creator intended it to look.*» Wir lassen den Tag bei einem Drink zu einer Castroville-Artischocke an Vinaigrette ausklingen.

Bei bestem Wetter und fast unheimlich anmutend geringem Verkehr – ist ein Hurrikan im Anzug? – rollen wir die traumhaft schöne Küstenstrasse entlang. Eine leise Enttäuschung sind die Wale, die ich Bea vollmundig versprochen habe. Weder unsere ständig nach rechts abgewinkelten Köpfe noch unsere einem Scheinwerferlicht gleich abgrasenden Blicke vermögen diese Giganten der Meere dazu bewegen, die spiegelglatte Meeresoberfläche zu durchbrechen. Und doch zieht uns die Einzigartigkeit der Landschaft derart in ihren Bann, dass wir fast jeglichen Vorwärtsdrang verlieren. Naturtrunken gondeln wir bis zum menschenleeren Zeltplatz des National Forest Service im Kirk Creek. Wenige Meter hinter dem jähen Abgrund eines Kliffs richten wir uns unter einem Baum ein. Auf diesem Camping gibt es keine Duschen. So temperieren wir auf dem Kocher Wasser, schütten es in unseren eigenen Duschsack, hängen ihn an einen Ast hoch über uns und waschen uns, nur beobachtet von der im pazifischen Farbenmeer vertrinkenden Sonne. Als ich nach dem Aufbrühen des Kaffees den Brenner abdrehe, erfüllt das Brandungsrauschen allein die Luft. Etwas später wird es überlagert von leisem Stöhnen und vom rhythmischen Knarren unserer Matten.

Auf dem bisher idyllischsten *campground* der USA holt uns die Krach-Uhr beizeiten in den Tag. Der Horizont über dem Pazifik zeigt unverkennbar die Krümmung der Erde. Die baumlosen Hänge sind felsig, flachere Zonen steppenhaft. Grau, Beige, Ocker und Braun sind neben dem Schwarz des Asphaltbands die vorherrschenden Farben, die an uns vorüberziehen. Sie kontrastieren mit dem immer gleichen Blaugrün des aalglatten Meers und dem Knallblau des Himmels, aus dem das Auge des Tages in warmem Sonnenblumengelb strahlt.

Im versnobten Ragged Point nehmen wir unseren Lunch ein. Auf dem säuberlich gemähten Rasen neben uns breiten wir unser tropfnasses Zelt zum Trocknen aus und wundern uns, dass wir hier überhaupt geduldet werden. Plötzlich spucken Busse Horden von Touristen aus. Wie ein Heuschreckenschwarm überfallen sie Ragged Point. Sie strömen zum Aussichtspunkt vor uns und bringen sich vor dem Panorama in jene Position, die ihrer Körperform am meisten schmeichelt. Nun entblössen sie so lange ihre Schaufelzähne, bis das Klicken der Fotoapparate verebbt ist.

Mit dem strammen Rückenwind als Verbündetem preschen wir in zunehmendem Verkehr weiter Richtung San Simeon, oft fadengerade das Meer entlang. Die Berge liegen jetzt hinter uns. Geier und Pelikane segeln mit ihren grossen Schwingen majestätisch im Küstenwind über der trockenen, ockerbraunen Prärie, auf der putzige Eichhörnchen umherspringen. Zum Gaudi vieler Schaulustiger tummeln sich hunderte Seeelefanten am Strand. Einige liegen scheintot auf dem Sand, andere robben laut bellend umher und wieder andere planschen quirlig im Wasser.

Nachdem wir das Dorf Harmony mit seinen achtzehn Einwohnern mit drei Pedalumdrehungen durchmessen haben, fällt die Strasse praktisch nur noch. Nach meinem Gefühl sollten wir uns schon unter dem Meeresspiegel befinden. Doch ist es nicht so sehr das Gefälle, das uns fliegen lässt, sondern vielmehr *the nice tailwind*, wie hier das Lüftchen von hinten genannt wird.

In Cayucos, einem Städtchen zwischen Meer und staubig-dürren Hügeln, ziehen wir die Bremsen. Die Fassaden der Häuserzeilen sind im «John Wayne-Stil» gehalten. Es ist aber kein o-beiniger Cowboy, der uns anspricht, sondern der 69-jährige Bob. Und zwar in tadellosem Deutsch. Seit zwei Jahren eignet er sich diese Sprache autodidaktisch an. Wenn immer sich ihm eine Gelegenheit bietet, was selten genug der Fall ist, wendet er seinen Sprachschatz an. Die Schweizerflagge an Beas Velokorb war für ihn das Zeichen einer solchen Chance. Zusammen mit seiner Frau Joy und einer Bekannten befindet er sich hier mit dem Wohnmobil in den Ferien. Ihr Haus steht in Lakeside, wenige Kilometer östlich von San Diego. Bevor wir die Grenze nach Mexiko überschreiten, sollen wir bei ihnen übernachten. « *Thank you!*» – diese Einladung schlagen wir nicht aus.

Im Morro Bay State Park sitze ich neben unserem Zelt am Holztisch unter den hoch aufgeschossenen Eukalyptusbäumen, in deren Kronen Geier nisten, und mutmasse, wie lange es dauert, bis ihr Kot exakt auf meinem Kopf landen wird. Weit angenehmere Kreaturen als die schwarzen Aasvögel im Geäst über mir sind die durch die Luft tanzenden Monarchfalter mit ihren rötlich-bräunlichen Flügeln, in denen schwarze Adern und weisse Punkte das Muster bilden. Wenige Stunden nach den exquisiten mit Käse überbackenen Spargeln zu Tomaten-Mozzarella-Salat und Zinfandel Wein dreht sich Bea der Magen, und sie verbringt die halbe Nacht leidend und kotzend über die WC-Schüssel gebeugt. Hat da etwa ein Geier vom oberen Stock unbemerkt in unseren Salat getroffen?

Bei Sonnenaufgang ist Bea nichts mehr als ein Häufchen Elend. Doch schon gegen Abend tauen ihre Lebensgeister wieder auf, und sie kann die von mir zubereitete Schonkost aus Wildreis und Karotten im Magen halten – sie ist also auf dem aufsteigenden Ast. Ganz im Gegensatz zu den Ausscheidungen der Geier über uns, die teuflischem Manna gleich auf unser Zelt niedersausen und es weiss sprenkeln. Wie es von Geiern nicht anders zu erwarten ist, kennen sie keine Scham. Immerhin haben sie es bis jetzt noch nicht geschafft, unsere Köpfe zu besudeln. Die Vernunft gebietet uns, vor der Weiterfahrt einen weiteren Ruhetag einzulegen. Mr. Knapp, an dessen Brust der Sheriffstern von Morro Bay geheftet ist, legt jedoch sein Veto ein. Mit ernster Miene gibt er uns zu verstehen, dass die Zwei-Nächte-Regel, die aufgrund von Ärger mit obdachlosen Alkoholikern in Kraft gesetzt wurde, unumstösslich sei. Diese unbeugsame Haltung weicht sich freilich immer mehr auf, je mehr wir ihm von unserer Reise erzählen. Schliesslich drückt er für einmal ein Auge zu und meint: «Ihr dürft eine dritte Nacht hier bleiben, doch morgen müsst ihr weiterziehen.»

Bei Guadalupe schlägt uns der Anblick der sich ausbreitenden Monokulturfelder auf den Magen. Traktoren mit voluminösen Plastiktanks kreuzen über die Felder und verspritzen Gift. In den Zonen daneben wird geerntet. Die Vermutung, dass hier zu fast hundert Prozent Mexikaner schuften, bestätigt sich im Städtchen selbst auf eindrückliche Weise: Im einzigen geöffneten Lebensmittelgeschäft spricht nicht eine Person Englisch. Es ist tiefe Nacht, als wir zwischen Strasse und Zaun endlich einen ebenen Fleck für unsere faltbare Behausung finden. Im hellen Mondschein kommen sechs Waschbären angetanzt, ein Mäuschen huscht vorbei, ein Hase wundert sich über die fremden Gäste, ganz in der Nähe rülpst eine Kuh und Grillen zirpen in die Stille.

Der fast volle bleiche Bruder steht noch am Firmament, als die Sonne bereits ihre ersten warmen Strahlen über die sandig-steinigen Berge sendet. Nun erkennen wir im Licht des Tages, dass es sich bei unserem Nachbarvieh nicht um eine Kuh, sondern um ein Pferd handelt und dass zu diesem Pferd ein ganzes Anwesen gehört, das aber verlassen wirkt. Kaum im Sattel, zeigt sich uns im Gegenlicht die Silhouette von vier Rehen. Schon haben die grazilen Tiere unsere Witterung aufgenommen, stellen die Lauscher und setzen zu einem Galopp über die Strasse an. Sie berühren den Boden jeweils nur ganz kurz und schweben dazwischen in vollendeter Eleganz durch die Luft. Später sehen wir in einer Abfahrt nochmals zwei Rehe aus den Augenwinkeln. Gleichzeitig lassen uns trockene, dumpfe Schüsse zusammenzucken.

Kurz vor Santa Barbara reisst der Reifen meines Vorderrads an der Flanke auf. Dieser Pneu hat mich über 10000 Kilometer weit getragen. Gekostet hatte er im chinesischen Guilin keine zwei Euro. Mit leiser Wehmut stopfe ich den Reifen, der mir überraschend lang ein treuer Begleiter war, in einen Abfalleimer und ziehe als Ersatz einen Faltpneu auf die Felge.

Am Rincon Parkway vor Ventura erblicken wir zwischen einer ganzen Armada von geparkten Wohnmobilen hindurch plötzlich das, wonach wir seit dem Verlassen von Seattle spähten: Wale! Unverzüglich setzen wir uns auf einen Stein und schauen wie gebannt auf den Santa Barbara Channel. Unweit des Strands schwimmen dutzende Wale in kleinen Gruppen Richtung Norden. Entzückt und fasziniert lassen wir die Minuten verstreichen. Erst als sich die kräftigen Rücken als dunkle Punkte in der Ferne verlieren, reisen auch wir wieder weiter.

In Ventura reiten Junge, in schwarze Neoprenanzüge gezwängt, auf den stattlichen Wellen der Brandung. Ältere Semester joggen den Strand entlang. Die Männer meist oben ohne, denn nicht nur fit, sondern auch braungebrannt soll man sein. Die trabenden weiblichen Wesen sind spindeldürr und wirken verbissen. Auf diesem Platz der Eitelkeiten sind wir keine grosse Attraktion.

Die Farbe des Pazifiks changiert zwischen Türkis und Blau, und die tief stehende Sonne wirft unsere langen Schatten an die geschichteten Hänge der in Blutrot getauchten Santa Monica Mountains. Der Strassenbelag ist für einmal brandneu und die gelben Mittellinien leuchten hell auf dem tiefschwarzen Asphalt. Bei einem kurzen Schwatz mit einem sympathischen älteren Herrn erfahren wir, dass die momentane Hitze und die trockene Luft für diese Jahreszeit ungewöhnlich seien. Der Grund läge im Wind, der ausnahmsweise von den Wüsten im Landesinnern her weht. Wir geniessen den lauen Abend im Leo Carrillo State Park wie ein unverhofftes Geschenk.

Zum ersten Mal auf diesem Kontinent ist das Zelt am Morgen kein bisschen feucht. Der heutige Tag geht mit über dreissig Grad als der heisseste in die Annalen unserer USA-Reise ein. Malibu zieht sich auf fast fünfzig Kilometer in die Länge und vermag uns nicht zu gefallen. Die Strände liegen alle hinter abweisenden Zäunen und riesigen Parkflächen verborgen. Einige Radrennfahrer flitzen grusslos an uns vorbei. Andere führen an diesem Sonntag ihre blankgeputzten Sportwagen, Oldtimer oder Harley-Davidson Maschinen spazieren. Das notwendige Kleingeld für solche Dollar verschlingenden Steckenpferde scheint in dieser Gegend des Glamours vorhanden zu sein. Der Verkehr massiert sich laufend mehr, und wir müssen neben den schnell und knapp überholenden Wagen auch vor unvermittelt aufschwingenden Türen geparkter Autos und den üblichen Löchern und Aufwölbungen in unserer Spur auf der Hut sein. Bea stellt eine Dame, die sie mit ihrer Blechkiste beinahe touchiert hat und nun von einem Rotlicht zu einem Halt gezwungen wird, freundlich und doch gehörig in den Senkel.

Bei Santa Monica verlassen wir die Küste und fahren auf dem kurvigen und welligen Sunset Boulevard via steinreiches Beverly Hills und quirliges Hollywood ins Zentrum von Los Angeles. Der über der Stadt hängende gelblich braune Smog ist wegen der relativ starken Winde der letzten Tage nicht gar so dicht. So sehen wir selbst die obersten Etagen der Glasbauten, die aus dem Asphalt schiessen. Das genialste Gebäude aber ist nicht allzu hoch und weist eine Hülle aus schimmernden Edelstahlplatten auf: die Walt Disney Concert Hall. Das skulpturale Äussere mit den wirbelnden Formen ist eine vollendete Stilblüte.

Südlich von Downtown befindet sich der verrufene Stadtteil South Central, der wegen Rassenunruhen – zuletzt in den Neunzigerjahren – traurige Berühmtheit erlangte. Was wir hier in einigen Strassenzügen sehen, stimmt nachdenklich: Schwarze Obdachlose schleppen sich taumelnd über das Pflaster oder sitzen in sich zusammengefallen und apathisch vor sich hinstarrend auf mit Abfall übersäten Gehsteigen. Neben ihnen stehen vor Gerümpel überquellende entwendete Einkaufswagen: all ihr Hab und Gut. An neuralgischen Punkten markieren Polizisten Präsenz. In ihren blitzblanken Uniformen stehen sie in Gruppen unter der Sonne und plaudern vergnügt miteinander – offenbar eine ruhige Schicht. Das bewahrt uns auch davor, vom Kugelhagel rivalisierender Gangs durchsiebt zu werden. Dieses Bild zeichnete ein um unser Leben besorgter Bürger, der uns eindringlich vor dieser Gegend warnte. Los Angeles, nach Bangkok die zweite Stadt der Engel auf unserer Reise, präsentiert sich uns nun in der sirrenden Hitze aber friedlich, ja fast ausgestorben. In den Querstrassen reihen sich schmucke kleine Häuschen aneinander. Im schachbrettartigen Muster der Asphaltbänder halten wir vornehmlich südwärts, biegen ab und zu nach Osten, um dann wieder nach rechts, Richtung Meer zu halten. In der topfebenen Stadtfläche folgen sich immer gleiche Einkaufsplätze mit Zahnarztpraxen, Nagelstudios, Supermarkt und Fastfood Restaurants wie Jack in the Box, Dennys oder Taco Bell. Mittlerweile scheint die Sonne schon ziemlich flach und nur noch mit schwacher Intensität an unsere Rücken – es wird langsam kühler.

In den stillen Wohnquartieren von San Clemente sind die Strassenränder bis auf den letzten Meter mit Autos verstellt. Heute, 24. November, ist *Thanksgiving Day*, ein Tag, an dem man sich gegenseitig besucht, was nach amerikanischem Verständnis nur mit einem der vielen Wagen aus der eigenen Garage möglich ist, selbst dann, wenn der Freund lediglich ein paar Blocks entfernt wohnt. Wir richten unser Lager unten in der State Beach ein.

Kaum ist das Tageslicht geschwunden, taucht ein Radfahrer auf, der sich als John vorstellt. Er komme ursprünglich aus Miami, Florida, und sei bereits dreimal quer durch die USA geradelt. Einmal habe er es in drei Wochen geschafft. Mit einem täglichen Pensum von sagenhaften zweihundert Kilometern. Nun verdinge er sich als Hilfsarbeiter auf dem Bau in der Nähe von San Diego und an den Wochenenden toure er mit dem Rad durch die Gegend. Er schenkt uns eine Schachtel belgischer Pralinen und stellt einen 5-Liter-Karton White Zinfandel auf den Tisch. Wir laden ihn im Gegenzug zu unserem « *Thanksgiving*-Essen» aus gemischtem Salat, panierten Kohlräbchen und Bratkartoffeln sowie zu rotem Wein ein. Bea und ich sind wie Zwiebeln in mehrere Schichten gehüllt, denn der föhnig-warme Fallwind Santa Ana aus der Wüste hat ausgeblasen. Ein feucht-kühler Westwind hat ihn verdrängt. John aber sitzt in seiner kurzen Hose da und an seinen nackten Füssen hängen nur Badelatschen. Er ist aus feinem Holz geschnitzt, hochintelligent, ein Schriftsteller, Komponist, Vagabund. Früher habe er als Journalist gewirkt und sei in der Politik engagiert gewesen. Bis kurz vor Mitternacht verbringen wir einen amüsanten Abend mit dem geschichtenträchtigen John, der noch an seiner zerbrochenen Liebesaffäre mit Madonna leidet und der übrigens nicht mehr als ein Glas Wein trinkt.

Noch vor Sonnenaufgang treibt mich die volle Blase aus dem Zelt. Auf dem Weg zum WC sehe ich John wie eine Mumie im Schlafsack neben seinem Fahrrad liegen. Als wir aber frühstücken und ein Kontrolleur die Quittung für den Zeltplatz überprüft, ist John schon längst wieder über die Brücke entschwunden, über die er in der Dunkelheit des gestrigen Abends gratis in den Park gedrungen ist.

Unter stahlblauem Himmel rollen wir weiter und halten Richtung Miramar. Dabei überqueren wir drei achtspurige Autobahnen, die sich nach San Diego ergiessen. Auch auf unserer Strasse wird die Blechlawine immer dichter – was treibt diese Leute bloss in ihre Wagen?

Lakeside ist eine verzettelte Kleinstadt. Am Oak Creek Drive kläffen Hunde wie blöd hinter den Zäunen, welche die Anwesen umfrieden. Bob hingegen empfängt uns ruhig und warm. Seine Frau Joy weilt noch für eine Woche bei ihrer Tochter in Illinois auf Besuch und lässt uns ausrichten, sie würde sich freuen, wenn wir mindestens bis zu ihrer Rückkehr bleiben könnten. Bob führt uns durch das zweistöckige Haus. Die vier Kinder sind erwachsen und ausgeflogen. Unser Zimmer im oberen

Stock ist geräumig und auf dem Bett liegt eine mit elektrischer Energie heizbare Decke. Bob empfiehlt uns, den Strom etwa zwanzig Minuten vor dem Schlafengehen einzuschalten, damit wir in ein wohlig warmes Bett schlüpfen können. Gemeinsam mit Bob kochen wir das Abendessen. Mit prallen Bäuchen lassen wir uns aufs weiche Sofa plumpsen und lagern die Füsse auf dem Tisch hoch. Eichenscheite glühen im Ofen aus Stahl, der die Wärme in die heimelige Stube abstrahlt. Das Thermometer zeigt eine Innentemperatur von 79 und eine Aussentemperatur von 39 Fahrenheit. Wir fühlen uns hier bei Bob rundum wohl und aufgehoben – eine Nestwärme, wie wir sie das letzte Mal vor 32 Monaten in der Schweiz spürten. Die Hitze nicht mehr gewohnt, übermannt uns bald die Müdigkeit, und wir schlüpfen im kühlen Zimmer oben unter die vorgeheizte Bettdecke.

Die Abende verstreichen in ruhiger Beschaulichkeit. Es ist urgemütlich. Bob meint, wir sollen so lange bleiben, wie wir wollen – wir dürften auch gleich einziehen. Fast so verhalten wir uns auch, denn wir verlassen das Haus kaum. Ausgiebig geniessen wir die unaufgeregte Sesshaftigkeit, das vermeintliche Nichtstun. Bob zeigt uns das Bächlein sowie die Palmen und Eichen, die Zitronen-, Orangen-, Eukalyptus- und Granatapfelbäume auf dem Land hinter dem Haus. Mit den Worten: «Jetzt ist ein Schläfchen für alte Leute angesagt», legt sich Bob jeweils gegen elf Uhr für ein, zwei Stunden aufs Ohr. Immer wieder schaue ich Bea an, und wir denken beide dasselbe: «Was ist dieser Bob nur für ein lieber, netter Mann.» Es dünkt uns, wir seien schon seit Ewigkeiten in Lakeside – nicht, dass etwa Langeweile eingekehrt wäre, nein, im Gegenteil, irgendwie fühlen wir uns hier einfach wie zu Hause.

Am 6. Dezember befinden wir uns gegen Abend auf Harbor Island in Wartestellung und verfolgen, wie die Hochhäuser immer mehr in den Abendhimmel hineinglitzern. Als aus Bobs Mobiltelefon Musik von Beethoven erklingt, blüht er förmlich auf. Denn dies ist das verabredete Zeichen, dass Joy sicher gelandet ist und nun vor dem Flughafen steht. Bob ist nervös wie ein Schuljunge vor dem ersten Kuss – so sehr hat er seinen Augenstern vermisst.

Eines Abends fahren wir alle zusammen zum Indianerreservat Vieja, um auf dem Casino-Areal dem Tanz einer Eisprinzessin beizuwohnen. Weit mehr als das kitschige Sternchen auf den messerscharfen Kufen würden mich die Antlitze der Indianer interessieren, doch entdecke ich hier keinen einzigen Eingeborenen. Und all die Markenartikel in den Outlet Stores von Reebok, Levis oder Tommy Hilfiger haben herzlich wenig mit indianischer Kultur gemein. Das ist plumper Kommerz, genau so wie überall sonst in der sogenannt zivilisierten Welt.

Unsere Tage in den USA sind gezählt. Schon übermorgen werden wir in Mexiko sein. Am liebsten würde Bob unsere Räder mitsamt Gepäck in eines seiner Autos laden und uns bis an die Grenze chauffieren. Derart ist ihm daran gelegen, uns steile Anstiege und gefährlichen Verkehr zu ersparen. Da wir aber starrköpfig an der Radfahrt festhalten, will er wenigstens die Optimallinie für uns herausfinden. So studiert er gewissenhaft Stadt- und Countykarten, diskutiert mit Joy und ruft seine Tochter an, die weiter südlich wohnt und sich in jener Gegend besser auskennt. Weil sich gewisse Informationen über zurzeit geschlossene Strassen widersprechen, beschliesst er, nach einem gemeinsamen Besuch des pulsierenden Balboa Park in San Diego, die Strecke mit dem Auto abzufahren. Nach zwei Wochen heisst es Abschied nehmen – wie wir Bob und Joy vermissen werden!

In der noch kühlen Morgenluft gleiten wir fast widerstandslos über die Strasse, aus der überraschend die Melodie der Luftseilbahn Flüelen-Eggberge tönt und in Bea heimatliche Gefühle wach ruft. Es ist die Reibung zwischen den weichen Gummi-noppen ihres Vorderpneus und dem feinkörnigen Belag, welche aus dem Asphalt ein Geräusch kitzelt, das stark dem vertrauten Summen und Dröhnen im Bereich der Stahlmasten der Seilbahn ähnelt, die zum urnerischen Bergdorf hochführt. Heute können wir uns nicht verfahren, denn unser Weg nach Tijuana ist vorgezeichnet – von Bob mit feiner Linie auf detaillierte Karten gezogen. Die Hügel, die sich uns in den Weg stellen und ihm bei der Besichtigungsfahrt mit dem Auto beinahe das Herz gebrochen haben, erweisen sich als Peanuts. In San Ysidro würden wir gerne einen letzten aromatischen Espresso von Starbucks schlürfen, doch prangen in den Strassenzügen nur die Werbeschilder von McDonalds, Burger King oder KFC. Ganz unnütz sind uns diese Fastfood-Anbieter aber auch wieder nicht. Wir geben dem KFC die Ehre, um unsere Blasen zu entleeren. Unfassbar, wie es diesem Junkfood-Laden läuft, und zwar nicht nur auf der Toilette. Die ausschliesslich Spanisch sprechende Kundschaft steht sich in langen, dichtgedrängten Warteschlangen die Füsse platt und atmet gemeinsam, in Vorfreude auf die ihrer harrenden zerhackten Hühnerteile, die fettigen Ausdünstungen der Fritteusen.

Mexiko, 14. Dezember 2005 bis 7. April 2006

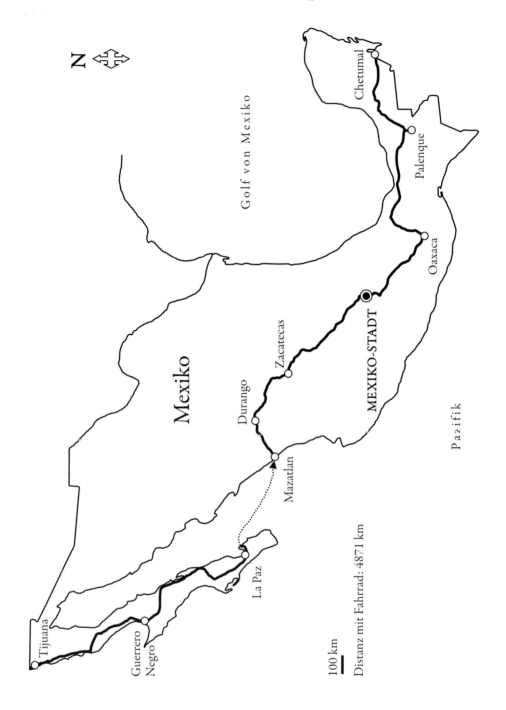

Wir folgen der Tafel mit der Aufschrift «Border Mexico». Aber nur so lange, bis uns nach einer scharfen Rechtskurve ein Verbotsschild für Fahrräder abrupt ausbremst. Der x-spurige Highway Nr. 5 ist der stockenden Blechlawine vorbehalten, die gerade an ihren eigenen Ausdünstungen zu ersticken droht. So irren wir umher, bis sich unversehens mexikanischer Staub auf unsere Haut legt. Wir sind in Tijuana gelandet, ohne je einer amerikanischen oder mexikanischen Grenzkontrolle begegnet zu sein. Diese vermeintliche Eleganz der Einreise entzückt uns keineswegs, denn ohne entsprechende Stempel und Papiere droht unweigerlich zukünftiger Ärger. Wir begeben uns deshalb auf einen mühseligen Ämterlauf im Krebsgang. Nach gut zwei Stunden haben es schliesslich auch wir geschafft, den weltweit meist benutzten Grenzübergang, der im Durchschnitt täglich von etwa hunderttausend Leuten frequentiert wird, legal zu passieren. Wenn das keine Leistung ist: «*Hola México!*»

Ponchos leuchten in kräftigen Farben. Sie umhüllen kleingewachsene *indígenas*, die mit unerschütterlichem Gleichmut inmitten ihrer Ware sitzen und still und stolz auf Kundschaft warten. Im Strom der Menschenmassen schieben wir unsere Räder an diesen Frauen vorbei. Bereits der flüchtige Blick aus dem Augenwinkel genügt, um mich für diesen Menschenschlag einzunehmen. Denn die tiefgründigen, Ehrfurcht gebietenden Gesichter scheinen mir wie Gucklöcher in eine längst entschwundene, geheimnisvolle Urwelt, gehauen in die dicke Eisschicht der Zivilisation.

Eine alte *indígena* spaziert vor uns barfuss auf dem Trottoir. Wir staunen über die Breite ihrer Füsse. Die passen bestimmt in keine Schuhe! Das erinnert mich an die Zwillinge Phil und Steve, die für kurze Zeit mit mir zur Schule gingen und anfangs auch keine Treter überziehen konnten, weil sie in Papua Neuguinea aufgewachsen und über Jahre immer barfuss unterwegs waren. Wie werden sich wohl unsere Füsse nach der Reise ausnehmen?

In der Nähe der Avenida Revolución beziehen wir ein günstiges, schäbiges Zimmer im dritten Stock, in dem auch die Räder Platz finden.

Trotz der smogig-dunstigen Luft Tijuanas entgeht uns im Morgenlicht der verheerende Zustand der Autos nicht: Aus den nachlässig mit Draht aufgehängten Auspuffen quillt schwarzer, beissender Rauch, und die zerbeulten Karosserien sind mindestens zwanzig Jahre alt. Eben erst habe ich von skandalösen Computermüll-Transporten aus Europa nach Schwarzafrika gelesen, die unter dem Deckmantel der Entwicklungshilfe laufen. Vermutlich werden von ähnlich heuchlerischen Kreaturen die amerikanischen Schrottwagen über die mexikanische Grenze entsorgt. In derselben Richtung wie der Müll reisen auch wir: südwärts.

Die holprige Strasse führt uns durch eine öde, farb- und trostlos wirkende Gegend mit ramponierten Bauten auf einen Hügel hoch. Staub, Schmutz und Verkehrsabgase vermengen sich in der schwülwarmen Luft mit dem Schweiss zu einer schmierigen

Paste, die unangenehm auf unserer Haut haftet. Die Autos sausen hochtourig und entsprechend ohrenbetäubend an uns vorüber. Einige Flachköpfe streifen uns fast mit ihrer Schrotthülle, während andere, verantwortungsvollere Charaktere hinter uns verlangsamen und in einem angemessenen Bogen überholen. Der Randstreifen der Strasse ist löchrig, mit Kies oder groben Steinen bedeckt oder schlicht nicht existent. Wir müssten lügen, um behaupten zu können, das Radfahren bereite hier Spass.

Ab Rosarito saugt eine neu erstellte Autobahn den meisten Verkehr von der Mex 1 ab. Die Strasse windet sich hoch über dem Pazifik den steil abfallenden Hang entlang und bietet eine herrliche Aussicht aufs türkisfarbene Meer. Die romantische Stimmung wird einzig durch uns attackierende Köter getrübt und durch Autowracks, die weit unten zwischen den Felsen stecken und vor sich hin rosten: Abgestürzt und ausgeschlachtet liegen sie da. In gewissem Sinne gleich wie die platte Hülle des Wals an der Küste des südlichen Oregons; die verwertbaren Teile waren auch dort bereits im ewigen Kreislauf der Materie aufgegangen. Hier sind sie in andere Teufelswagen eingebaut worden. Und die Insassen der Unfallfahrzeuge werden nun durch schmucke Kreuze repräsentiert, die von ihren Nächsten an den Orten der noch immer fehlenden Leitplanken in den Boden gerammt wurden. In den Ortschaften werden unsere Grüsse kaum erwidert. Das Verhältnis der Leute hier zu den US-Bürgern, was wir in ihren Augen zweifelsohne sind, ist arg verkorkst. Eine Grossmutter schickt hastig zwei kleine Kinder aus, die uns gewiss geldschweren Gringos Dollars abbetteln sollen. In La Misión lungern Hunde herum. Sie beschnuppern unsere salzigen Beine, derweil uns zwei scheu kichernde Mädchen aus sicherer Distanz mustern. Das Personal des einzigen und winzigen Lebensmittelgeschäfts bedient uns freundlich distanziert. Wenige Kurven weiter oben schieben wir im fahlen Licht der letzten Sonnenstrahlen die mit Nahrung und Wasser schwer beladenen Räder über einen rutschigen Schotterweg auf eine Anhöhe. Tatsächlich befindet sich hier das erwartete Plateau, nur ist es leider übel mit Abfall übersät: Plastikflaschen, ausgediente Autoreifen, zerschlissene Sofas, schimmlige Teppiche, zerlöcherte Kleider, zerschlagenes Glas. Weiter hinten liegen aber nur noch vertrocknete Eselsexkremente auf dem flachen, sandigen Boden. Diese sind schnell weggeputzt. Nachdem auch ein paar stachelige Büsche gerodet sind, ist an diesem Ort nichts mehr auszusetzen. Schon bald schieben sich Wolken vor den hell leuchtenden Vollmond und unsere Körper werfen keine Schatten mehr. In Beas Träume der Nacht mischen sich reale Geräusche von nahem Motorenlärm, Stimmen und zuschlagenden Autotüren. In die Tiefen meines Schlafs hingegen dringen die Manifestationen der Aussenwelt derart gedämpft, dass es intensiverer Einwirkungen bedürfte, um mich zu wecken.

Der neue Tag empfängt uns mit kühler Luft und einem bewölkten Himmel. Wieder fährt unweit von uns ein Wagen vor, eine Tür schwingt auf, Müll fliegt in die

Landschaft, ein Motor heult kurz auf und eine Staubwolke entschwindet unserem Blickfeld. Bald ist unser Lager abgeräumt, und wir kehren mit einem säuberlich zugeschnürten Sack, gefüllt mit unseren Abfällen, aus der wilden Müllhalde zur Strasse zurück. Wir werden ihn in den nächsten Abfalleimer werfen – selbst auf die Gefahr hin, dass er letztlich wieder am selben Ort landet, wo wir genächtigt haben. Das sich in tadellosem Zustand befindende, leicht ansteigende und kaum befahrene Asphaltband wird von Abfall gesäumt. Gerade so, als wäre es der verlängerte Stinkefinger der Müllkippe. Nicht mehr als kniehohe Büsche überziehen die kargen Hügel. In den flacheren Passagen breiten sich zurzeit brachliegende Felder der Ranchos aus. Vereinzelte Kuhherden suchen einigermassen ratlos und doch geduldig nach Fressbarem. Auf dem Kulminationspunkt öffnet sich für einen kurzen Moment der Blick aufs Meer, und schon strömt der Fahrtwind mit hoher Geschwindigkeit über unsere Haut und glättet die ersten Faltenansätze in unseren nicht mehr ganz taufrischen Gesichtern – die Abfahrt ist herrlich! Wie Tijuana ist auch Ensenada auf die Bedürfnisse US-amerikanischer Wochenendtouristen zugeschnitten: Dollarnoten werden dem Peso vorgezogen; Bars, Discos und einschlägige Etablissements reihen sich an der touristischen Schlagader Avenida López Mateos.

Auf der Mex 1, die hier fadengerade verläuft, herrscht reger Verkehr. Die zahlreichen Truckfahrer geben sich indes Mühe, uns mit ihren Gefährten nicht aus dem Gleichgewicht zu bringen. Darauf sind wir auch angewiesen, denn ein Seitenstreifen fehlt. Und wegen des schroff abfallenden Terrains neben dem Asphalt ist seitliches Ausweichen für uns nicht möglich, ohne zu stürzen. Aufmerksam verfolgen wir deshalb im Rückspiegel, was sich uns in welchem Tempo nähert und passen unter Einbezug des Gegenverkehrs unsere Fahrweise an. Sehen wir exakt auf unserer Höhe das Kreuzen zweier Fahrzeuge voraus, so steuern wir in die Mitte unserer Fahrbahn, um die Autos hinter uns zum Verlangsamen zu zwingen. Nur durch diese drastische, nicht ganz regelkonforme Massnahme, die wohl immer wieder manchen Adrenalinspiegel in hellem Zorn ansteigen lässt, können wir unsere Sicherheit erhöhen. Würden wir den Raum zwischen uns und dem entgegenkommenden Fahrzeug vergrössern, indem wir uns ängstlich an den Rand des Asphalts drängen liessen, würde der Raser hinter uns in horrendem Tempo millimeterscharf an uns vorbeiflitzen. Nur wenn ganz eindeutig kein Durchkommen ist, lockert sich der mexikanische Bleifuss auf dem Gaspedal.

Neben einem ausgedehnten Acker steht auf längst zerfallenem Mauerwerk eine Behausung, zusammengezimmert aus Abfallholz und von Rost zernagten Blechen. Nun folgt ein mit Schrott verstelltes Areal. Dies ist aber nicht etwa eine Altmetall-Deponie, sondern eine Autowerkstatt. Aus Unfallautos werden hier fahrbare Untersätze für wenig Betuchte gebastelt. Den unzähligen Kreuzen entlang der Strasse nach zu urteilen, handelt es sich bei diesem Geschäft um ein nachhaltiges. Vermutlich werden immer wieder dieselben Teile in anderen Kombinationen zusammengefügt und als «Auto» an die reichlich nachwachsenden Todeskandidaten verkauft. Inmitten der wüsten Gegend mit all dem vom Wind aufgewirbelten staubigen Sand bieten solche Werkstätten ein elend trauriges Bild. Mexiko wirkt auf der Baja California verwahrloster als jedes Land Asiens, das wir durchquert haben. Saftige Felder und der säuerliche Geruch der Reben von Santo Tomás hellen die depressive Stimmung schliesslich wieder auf. Wenige Kilometer später vermindert sich auch der Verkehr stark. Bereits am frühen Nachmittag kühlt die Luft merklich ab, denn schon versteckt sich die Sonne hinter den nackten Bergkuppen, die sich zwischen uns und dem Pazifik erheben. Beim exakt letzten Haus vor einer längeren menschenleeren Strecke laden wir Waschwasser. Auf der Suche nach einem Platz für die Nacht folgen wir einer Kiespiste in die Ebene hinunter, bis wir schliesslich vor einem verriegelten Gatter stranden. Der Platz davor aus mit Stroh bedeckter Erde gefällt uns gut. Für ihn spricht zudem, dass er ausserhalb der Landefläche von Fahrzeugen liegt, die allenfalls aus der Kurve über uns geschleudert werden. Wenn da oben überhaupt Abschrankungen vorhanden sind, vermögen sie dem Aufprall des Bleches mit Sicherheit keinen genügenden Widerstand entgegenzusetzen. Die Pfosten werden aus der zu schwachen Verankerung gerissen, die Schrauben scheren ab oder die Räder donnern über die viel zu tief liegende Leitplanke.

Ein zerbeultes Auto tuckert über den Weg. Aus dem heruntergekurbelten Seitenfenster grüsst ein freundlicher *ranchero*. Auf unsere Frage, ob wir auf diesem Fleck bis morgen bleiben dürften, meint er: «Selbstverständlich könnt ihr hier zelten. Nachts wird es hier draussen aber sehr kalt. Und nehmt euch vor Pumas in Acht!» Kaum haben sich die Rücklichter seines Wagens in der Weite verloren, steigt die noch immer fast vollkommene Mondkugel hinter dem östlichen Gebirgskamm auf und giesst ihr warmgelbes Licht grosszügig auf unser Lager. Ein kleines graues Mäuschen schnappt sich sofort die paar Teigwaren, die beim Abschütten des Wassers auf den Boden fallen. Unter dem klaren Sternenhimmel sinkt die Temperatur trotz der gutgemeinten Geste von Bruder Mond rasch in frostige Bereiche ab. Der Verkehr auf der weit über uns liegenden Strasse nimmt mit der Tiefe der Nacht zu. Die abwärtsfahrenden Trucks veranstalten mit ihren knatternden Motorenbremsen einen Höllenlärm, doch vermögen sie damit nicht, uns den Schlaf zu rauben.

Im Morgengrauen fröstelt es mich. Das Thermometer neben meinem Kopf zeigt null Grad und die Matte unter mir hat wieder markant an Luft verloren. Schon zum dritten Mal muss ich ihr in dieser Nacht Komfort einhauchen. Da hat sich wohl ein Stachel in die Matte verirrt.

Die Kargheit der hügeligen Gegend wird nur vereinzelt durch das Grün von Kakteenfeldern gebrochen und durch die farbigen Blumenbouquets auf den zahlreichen

Kreuzen am Strassenrand aufgelockert. Aus einigen Ranchos jagen uns Hundehorden nach. In San Vicente, wo wir in einem relativ gut bestückten Supermarkt Nahrungsmittel einkaufen, bläst uns der Wind Sand zwischen die Zähne, da sämtliche Strassen und Wege, die von der Mex 1 abzweigen, Sandpisten sind. Auf dem Weg nach San Quintín passieren wir neben mindestens hundert Kreuzen etwa zehn überrollte Hunde. Die einen liegen mit aus dem Bauch gepressten Gedärmen in ihrem frischen, noch roten und dampfenden Blut. Andere strömen bereits eklige Verwesungsgerüche aus und nötigen uns anaerobe Zwischensprints ab.

Die meisten der zweibeinigen «Von-uns-Gegangenen» waren zum Zeitpunkt ihres Ablebens noch blutjung. Während auf einigen Gedenkstätten für die unglücklichen Raser schlichte Kreuze mit eingeritztem Namen sowie Geburts- und Todesdatum stehen, sind andere aus massivem Stein gehauen. Und oft prangen daran neben Heiligenbildern und künstlichem Blumenschmuck auch Fotos der Todesopfer. Auf einem der Kreuze liegt, einer Trophäe gleich, noch ein Teil der arg deformierten Karosserie des Unfallwagens. Den Grund für die beängstigende Schwemme von Verkehrstoten nur im unzulänglichen Zustand vieler Autos zu vermuten, griffe zu kurz. Die offiziellen Mahnschilder am Strassenrand wie «*Si toma no maneje*, wer trinkt, fährt nicht», «*Vale más tarde que nunca*, besser spät als nie» oder «*Este camino no es de alta velocidad*, dies ist keine Hochgeschwindigkeits-Strasse» verraten, wo die Probleme vor allem liegen: überhöhte Geschwindigkeit und Trunkenheit am Steuer. Dazu gesellt sich bestimmt ein gehöriges Mass an Fatalismus. Im präkolumbischen Mexiko bildeten Leben und Tod eine Einheit, genauso wie das Einatmen und das Ausatmen. Vor dem Tod brauchte man sich also nicht zu fürchten. Diese Gelassenheit ist all jenen noch eigen, in deren Adern indianisches Blut fliesst. Die spanischen Eroberer brachten zudem den *día de los muertos*, also den Tag der Toten, nach Mexiko. Demgemäss kehren die Toten jedes Jahr am 1. November auf die Erde zurück. Ihnen zu Ehren werden an diesem Tag von den Hinterbliebenen auf den Friedhöfen Feste gefeiert. Der Tod ist nach dem Verständnis der Mexikaner also einerseits völlig natürlich, weil nicht zu vermeiden, und andererseits nicht endgültig. Damit ist ihm der Stachel genommen und das fahrlässige Gebaren der jungen Wilden auf Mexikos Strassen halbwegs nachvollziehbar. Weil uns aber das saftige, farbige Leben unermesslich wertvoller ist als ein Heldentod im Strassengraben, sind wir stets auf der Hut vor Kamikazefahrern.

Gegenwind trägt uns Staub in die Augen, die wir verwundert reiben, als uns plötzlich knallgrüne Felder anleuchten. In San Quintín buchen wir ein warmes Zimmer und gönnen uns die ersten zwei Ruhetage auf der Baja. Wir kramen unser Lehrbuch hervor. Denn nun ist es an der Zeit, Beas Fundament der spanischen Sprache zu festigen und für mich den ersten Spatenstich dazu zu tätigen.

In Lázaro Cárdenas stellen vor einem Supermarkt *indígenas* ihre Stände auf. Die

Stimmung in diesem Flecken ist friedlich und gelöst. Der Puls des Lebens schlägt langsam. Auf etlichen Gesichtern sehen wir die Patina des Lebens. Fast alle Leute grüssen uns aus freundlich lächelndem Mund. Angeboten werden Tomaten, Koriander und Nüsse sowie Blätter des Nopals. Den Azteken war dieser Feigenkaktus sogar heilig, sowohl wegen seines guten Geschmacks als gekochtes Gemüse als auch wegen seiner Eigenschaften als Heilpflanze. Eine gedrungene Frau mit indianischem Antlitz hastet über die Strasse. Auf ihrem Rücken, in Tücher gewickelt, reitet ihr Baby. Auch wir ziehen weiter. Die Gegend gewinnt immer mehr wüstenhaften Charakter. Umso erstaunlicher die scheinbar bis zur Unendlichkeit ausgedehnten Treibhausflächen der Firma Los Pinos. Hier werden industriell Tomaten produziert, zu Konserven verarbeitet und in alle Welt exportiert. Der Verkehr rollt nur noch spärlich. Und wer unterwegs ist, zeigt sich von der besten Seite. Hinter uns wird abgebremst, und überholt wird in weiten Bögen – genau so, wie wir es mögen. Ausser freilich einem Lastwagenfahrer, der hinter uns wie blöd hornt, wohl meint, wir hechteten unter dem Druck seiner ausgesendeten Schallwellen in den Strassengraben oder lösten uns in Luft auf, und uns fast über den Haufen fährt. Immer wieder weiden wir unsere Augen am Blau des Pazifiks. Sein Rauschen und das Krachen der Wellen am Ende der Sandwege, die zum Strand führen, konkurrieren mit dem Fahrtwind und dem gelegentlichen Lärm der Autos in unseren Ohren. Nun dreht die Strasse weg vom Meer einen steilen Hügel hoch. Truthahngeier kreisen am Himmel. Ab und zu kläffen noch ein paar Hunde.

Kaum entschwindet El Rosario hinter uns, breitet sich die Wüste aus und überrascht mit ihrer Vielgestaltigkeit. Immer andere Kakteenarten schiessen aus dem sandig-steinigen Boden. Einige *cardones* ragen Fingern von verschütteten Riesen gleich bis zu zehn Meter hoch in den Himmel. Wie traurige Ruten wirken dagegen die *cirios*, die anderen grossen Kakteen. Unvermittelt sehen wir linkerhand vier Pferde auf einem golden glänzenden Fleck Land weiden. Ein kleiner Hase läuft einige Meter neben uns her und Vögel segeln majestätisch am blauen Firmament. Der Verkehr ist äusserst gering und der Belag der Strasse fast perfekt. Die Strecke ist traumhaft schön, fordert aber im steten Auf und Ab die Beinmuskulatur. Nach knapp fünfzig Kilometern sichten wir das erste Haus. Es handelt sich dabei um ein geschlossenes Restaurant, vor dem ein Waschbecken steht. Aus dem Hahn fliesst tatsächlich Wasser. Wir sind nicht die einzigen, die sich darob freuen. Da stehen nämlich zwei andere bepackte Räder. Zu unserer grossen Verwunderung ist an ihnen je ein Surfbrett montiert. Sie gehören dem Blondschopf Joe und seiner Frau Angela aus England, die sich bereits am unerwarteten Nass erquicken. Die beiden sind uns auf Anhieb sympathisch, obwohl uns ihre Sprache ungemein hässlich in den Ohren klingt. So sehr haben wir uns an das klare, eingängige Englisch der amerikanischen Westküste gewöhnt. Angela und Joe sind mit Sack und Pack von San Diego nach Acapulco unterwegs und reiten vor einsamen Pazifikstränden auf ihren Brettern in den Wellen. Mit zwanzig Liter Wasser auf unseren zwei Bikes rollen wir zusammen mit dem britischen Paar eine gute Stunde weiter. Bis zur Kurve, in der Hector kürzlich geradeaus fuhr und deshalb nur noch jeweils am 1. November zugegen sein wird. Hier biegen wir in einen Kiesweg ein und schlagen zweihundert Meter weiter hinten zwischen Dornenbüschen unser gemeinsames Lager auf. Während sich Bea und ich in der noch angenehm warmen Luft waschen, sammeln Joe und Angela, wie sie dies jeden Abend zu tun pflegen, Feuerholz, das sich erstaunlicherweise leicht finden lässt. Zum Kaffee setzen wir uns zu ihnen ans wärmende Lagerfeuer und quatschen in die Nacht. Im klaren Sternenhimmel verglühen klammheimlich zwei Sternschnuppen.

Der dicht gewobene Geräuschteppich des Grillengezirps wird überlagert von heiseren Balzrufen, von Vogelgezwitscher und vom lautstarken Flügelschlag der Rebhühner, die plump wie mittelalterliche Kanonenkugeln knapp über unser Zelt hinweg schiessen – es ist der Morgen des 24. Dezember 2005 in der Wüste der Baja California. Das am Vorabend abgefüllte Wasser ist leicht salzig und schmeckt wie eine alte Kupfermünze auf der Zunge. Bis Cataviña finden wir aber kein besseres. Gemeinsam mit Angela und Joe gleiten wir durch das atemberaubende, mit Elefantenbäumen, Agaven und Buschwerk durchsetzte Kaktusparadies. Gewaltige, wie von einem Titanen wahllos hingeworfene Granitbrocken verleihen ihm mit ihrer hellen und glatten Oberfläche zusätzlichen Reiz – eine einzige Augenweide im weichen Spätnachmittagslicht. Als wir in Cataviña einrollen, hat die Nacht bereits ihren dunkelsten Mantel um uns gelegt. Auf dem letzten Wegstück zum Campingplatz des Ranchos Ines lässt sie die Sterne in noch nie gesehener Deutlichkeit funkeln. Wenig später raubt ihnen unser knisterndes, hoch aufloderndes Lagerfeuer aber die Strahlkraft. Angelockt von den züngelnden Flammen und unserem Geplauder, das immer mal wieder in helles Lachen mündet, gesellt sich bald der mexikanische Platzwart Alberto zu uns. Wer will die *Nochebuena* schon alleine verbringen? In der Wärme, welche die tiefrote Glut des *Cardón*-Holzes ausstrahlt, erzählt Alberto von einem pensionierten Amerikaner, der sich vor Jahren in der Nähe ein grosses Anwesen unter den Nagel gerissen hat und noch immer kein Wort Spanisch spreche. Mit solcher Ignoranz gewinnt man bestimmt keine Freunde. Joe und Angela, die nun bald unter dem freien Himmel in ihre Schlafsäcke schlüpfen werden, atmen beruhigt auf, als Alberto meint: «Skorpione und Klapperschlangen sind zu dieser Jahreszeit kaum aktiv, erst im März und April muss man ernsthaft mit diesen Tierchen rechnen.» Angela wartet kurz vor Mitternacht, als der Widerschein des in sich zusammengesunkenen Feuers nur noch schwach auf ihr Gesicht fällt, mit einer Spinnengeschichte auf: «Es ist erwiesen, dass jeder Mensch im Schlaf pro Jahr um die zehn bis zwanzig Spinnen verschluckt.» Bei Joe und Angela dürfte die-

se Zahl jedoch um einiges höher liegen – da loben wir uns unsere schützende Zelthülle, die Krabbeltiere sicher aussperrt.

Vergnügt und beschwingt gondeln wir immer wieder scherzend durch die goldgelbe,
hügelige Pampa, welche allmählich die Kakteenwälder ablöst. Nach ein paar Kilometern liegt linkerhand eine aufgedunsene tote Kuh im Sand. Ihre Haxen ragen starr
gegen die Strasse. Und auf ihrem vor Wunden schwärenden Bauch triumphieren
zehn braun-schwarze Vögel mit mächtiger Spannweite der Flügel und roten, kahlen
Köpfen: Truthahngeier. Sie schlagen ihre gebogenen, messerscharfen Schnäbel ins
Fleisch des Kadavers. Als weitere Tiere zeigen sich ein munterer Feldhase und zwei
Kojoten, diese aber mausetot, flachgedrückt von Trucks. Wenig später bietet uns ein
netter Autofahrer Wasser an, das wir aber dankend ablehnen, denn die Ansiedlung
Chapala liegt nur noch wenige Kilometer entfernt.

   Dort zeigt sich in den sandigen Gassen zwischen den wenigen Gebäuden aber keine Seele. Und an der Tür der einzigen Kneipe prangt ein Schild mit der abweisenden
Aufschrift «*Cerrado*». Unser Klopfen und Rufen schreckt schliesslich einen Herrn
auf. Er öffnet die Tür nur einen Spalt weit und mustert mich mit mürrischer Miene.
«*Agua, por favor!*», stosse ich aus meinem ausgetrockneten Mund und zeige als Verstärkung der Worte auf die leeren Plastikflaschen am Boden. Etwas mir Unverständ-
liches brummelnd weist mich der griesgrämige Misanthrop von der Schwelle.
Schliesslich ist es Bea, die dank Charme und guter Spanischkenntnisse dem siesta-
müden Mann doch noch einige Liter Trinkwasser abbetteln kann – gegen klingende
Münze, versteht sich. Wasser ist in dieser Gegend Mangelware, schliesslich mag sich
kaum jemand an den letzten Regen erinnern, und der ehemalige Weiher gegenüber
der Spelunke präsentiert sich als ausgetrockneter Salzsee. Doch gibt es auf der Baja
California genügend Oasenstädte, von denen Wasser hergeschafft werden kann.
Über einen fahrbaren Untersatz verfügt selbstverständlich auch der von unserem
wenig spektakulären Anliegen vergraulte Kauz hier. Wir jedenfalls hätten ihm gerne
einiges mehr vom existentiellen Nass abgekauft.

   Auf der Weiterfahrt sausen haushohe Kakteen an uns vorbei. Denn der Wind ist
uns gut gesinnt, und die Strasse fällt vornehmlich, bis wir uns an der Kreuzung zu
Bahía de los Angeles wiederfinden. Die überdimensionierte Tankstelle und das Restaurant daneben sind nunmehr traurige Ruinen, überwuchert von Unkraut, das
auch rostige Blechdosen, Scherben und Plastikfetzen unter sich begräbt. Hier fliesst
kein Wasser mehr. Einzig Treibstoff für Blechkäfer ist zu haben. Ein cleverer Mexikaner verkauft an dieser geisterhaften Kreuzung nämlich Benzin, das er in Kanistern
angekarrt hat. Zusätzlich bietet er kleinere Reparaturarbeiten an. Auch ein Dutzend
Kilometer weiter, im Kaff namens Punta Prieta, suchen wir vergeblich nach fliessendem Wasser. In einer Cafeteria bestellen wir eine Runde Kaffee, doch fühlen wir uns

bei der sauertöpfischen Servierfrau nicht gerade willkommen. Immerhin tritt sie uns einige Liter Waschwasser aus einer Tonne im Hinterhof ab. Im winzigen Laden gegenüber, der in der Zwischenzeit seine Pforte auch geöffnet hat, erstehen wir neben Zwiebeln und Bananen einige Wasserflaschen, um endlich unseren Wasserbedarf zu decken. Joe und Angela kaufen die einzigen vier Kartoffeln der Auslage, eine Büchse Mais sowie Gewürze für ihr Abendessen. Der Wind wird kühler und die sich verengende Strasse windet sich nun auf ein Plateau hinauf. Wir folgen ihr auf dem holprigen Belag triefend vor Schweiss. Das Tageslicht ist nur noch dünn, als wir unsere Räder von der Strasse wegschieben und inmitten von Kakteen unser Lager einrichten. Wieder nimmt der Lastwagenverkehr mit der Dunkelheit stark zu. Dann und wann trägt uns der Wind abgeschwächte Müsterchen des Höllenlärms der Motorenbremsen über die Hochebene zu.

Am Morgen tropft Kondenswasser von der Innenseite des Überzelts auf unsere Köpfe. Auch die Schlafsäcke unserer zwei Kumpane, die neben der Asche des längst erloschenen Lagerfeuers liegen, sind mit einem feuchten Film beschlagen. Rosarito, wo wir uns wiederum in einem bescheidenen Laden nach Trink- und Essbarem umschauen, ist bald erreicht. Insbesondere Joes und Angelas Augen wandern etwas ratlos über das mickrige Angebot in den staubigen Gestellen, denn sie müssen sich für etwa drei Tage mit Nahrung und Wasser eindecken. Unweit von hier wird sie nämlich ein Kiesweg an eine einsame Pazifikbucht führen, wo herrliche Wellen, jedoch keinerlei Infrastruktur auf sie warten. Aber weder Früchte noch Gemüse werden in diesem Laden angeboten. Auch Wassergallonen stehen keine zum Verkauf bereit. Letztlich erstehen die beiden Weniges für teures Geld. Im Restaurant gegenüber werden wir ganz im bisher gewohnten Baja-Stil von misepetrigen Visagen lustlos bedient. Nach ein paar Tortillas verabschieden wir uns von unserem Freundespaar mit kräftigen Umarmungen, mehr als üblich benetzten Augäpfeln und einem «*Hasta la victoria por siempre!*», dem Lieblingsspruch von Joe, den er schon oft voller Elan Mexikanern zugerufen hat, damit aber stets nur Unverständnis erntete.

Bea und ich nehmen die noch fehlenden gut achtzig Kilometer bis Guerrero Negro in Angriff. Das öde Terrain verflacht zusehends, und die Strasse verläuft fadengerade, wie mit einem Lineal in den Sand geritzt. Der gütige Rückenwind lässt uns mit hoher Geschwindigkeit dahinsausen, bis uns das ausgestellte Skelett eines Grauwals und eine riesige Mexikoflagge bedeuten, dass der 28. Breitengrad erreicht ist. Dies ist nicht nur die Grenze zwischen den Bundesstaaten Baja California und Baja California Sur, sondern auch der Ort, wo die «Pazifik-Zeit» und die «Berg-Zeit» kollidieren, was für uns bedeutet, dass wir die Uhrzeiger um eine Stunde vorrücken müssen. Zeitgleich mit dem Untergang der Sonne, die als flammender Rugbyball im Meer erlischt, dringen wir in die nebeldurchwallte Stadt Guerrero Negro ein. Der salzige Dunst schlägt sich gleichmässig auf sämtliche Oberflächen.

Wir verlassen das absolut unattraktive Guerrero Negro unter demselben undurchdringlichen Himmel, der uns vor zwei Tagen empfangen hat. Im Gepäck befinden sich gewaschene Trauben, Äpfel, Pfirsiche und Birnen sowie Bananen und Orangen. Als unendlich erscheinende Linie durchschneidet die Strasse den flachen nördlichen Teil der Vizcaínowüste. Trotz dem Mangel an Kurven und tückischen Buckeln im Terrain haben es nicht Wenige fertiggebracht, sich auf diesem Abschnitt in ein hölzernes, stählernes oder steinernes Kreuz im Sand zu verwandeln. Wir wundern uns, dass wir selbst noch nie Zeugen einer solchen Metamorphose geworden sind.

Rechterhand zweigt eine Piste ab, die zur Laguna Ojo de Liebre führt. Klobige Wagen mit amerikanischen Nummernschildern graben tiefe Rillen in den weichen Untergrund. Als Magnet für diese Karren wirken die Grauwale, die in diesen Monaten in der Bucht gebären. Tourismusorganisationen werben mit *whale petting*, dem Streicheln von Walen. Das ist, mit Verlaub, ein völliger Unfug. Wir schätzen uns glücklich, dass wir bereits vor der Insel Decatur, nördlich von Seattle, sowie vor der Küste Kaliforniens die Grazie der Wale bewundern durften. Und zwar beide Male absichtslos und überraschend, was uns diese Momente noch wertvoller und unvergesslicher macht. Inszenierte Erlebnisse als Gegenwert zu schnöden Banknoten wirken geradezu fade im Vergleich zu dem, was der Zufall immer für uns bereithält. Er schenkt uns die kostbarsten Augenblicke. Ist nicht das Unvorhersehbare das Beste, was die Zukunft für uns bereithält?

Wir folgen weiter der Mex 1. Auf die erstaunlich belebte Abzweigung zum Dorf Vizcaíno, an der eine moderne Pemex-Tankstelle, ein gut bestückter Lebensmittelladen, ein Motel und ein paar Restaurants stehen, folgen knallgrüne Felder, die sogar mit Sprinklern bewässert werden. Da lassen auch wir uns nicht lumpen und schütten uns im noch warmen Licht der müden Sonne Wasser über Haar und Haut. Auf der Suche nach einem Schlafplatz folgen wir einem Pfad in die Kaktuswüste. Wie insgeheim befürchtet, mündet dieser in eine wilde Abfalldeponie, denn wozu gäbe es sonst wohl einen Weg ins Nichts? Rasch ist ein besserer Ort gefunden. Und schon bald lässt uns der betörende Duft des mit gerösteten Mandelsplittern bestreuten Früchtecurrys in einen der Packsäcke greifen, in dem sich eine edle Nebbiolo-Flasche verbirgt, die eigentlich für den morgigen speziellen Abend vorgesehen war.

Mäuse, die in den Höhlengängen unter unserem Zelt hausen, erkunden in der Nacht unser Gepäck in der Apsis und verraten sich dabei nur durch leise Raschel- und Knabbergeräusche. Niesel perlt aus dem grauen Morgenhimmel. Doch rechtzeitig zu unserem Start gewinnt die Sonne die Oberhand. Ein LKW-Fahrer, der uns in einer Abfahrt ohne Not den Abhang runterhupen will, lässt zwischen unserem weichen Fleisch und der harten vorbeifliegenden Stahlhülle seines Gefährts kaum mehr als einen Fingerbreit Luft. Ich koche vor Wut beinahe über. Nur gut, bin ich nicht bewaffnet. Ohne mit der Wimper zu zucken, würde ich diesen Idioten in die Luft jagen. Auch mit der besten Strategie zur Selbstverteidigung kann auf den Strassen der Welt leider nicht sämtliche Unbill abgewendet werden. Immer wieder sind wir aufs Glück angewiesen, das uns hoffentlich noch lange an den Reifen kleben wird.

Im Wind schaukelnde, sattgrüne Dattelpalmwedel kündigen das Oasenstädtchen San Ignacio an. Am Platz, an dessen Ostseite die aus Lavasteinen gemauerte Fassade der alten jesuitischen Missionskirche im Farbenspiel der Abendsonne leuchtet, wählen wir aus dem dürftigen Weinangebot im einzigen Laden einen importierten Semispumante und eine Flasche Rotwein von Santo Tomás. Der mittlerweile kühle Atem der Sonne bläst uns bald wieder weg vom Dorf und wir spähen nach einem geeigneten Platz für diese letzte Nacht des Jahres 2005. Wir prüfen mehrere Möglichkeiten, bis wir schliesslich in einen Fahrweg einbiegen und, wie könnte es anders sein, nach wenigen hundert Metern auf einer Mülldeponie stranden. Auf einem einst weissen Laken krabbeln kleine, schwarze Skorpione herum – Joe und Angela leben also ohne Zelt doch nicht ganz ungefährlich! Wir schieben die Räder einige Meter weiter, weg vom Abfall, befreien den Boden von Steinen und Stacheln und stellen das Zelt auf. Aus dem geplanten Lagerfeuer wird leider nichts, denn der Wind wütet zu ungestüm. Er würde die Glut unkontrolliert mit sich wegtragen – und einen Flächenbrand wollen wir schliesslich nicht verantworten.

Der Tag eins des neuen Jahres hebt unheimlich und mysteriös an. Als Erstes bricht das heisere Krähen von Hähnen in unseren bleiernen, traumlosen Schlaf. Nebel hängt zwischen den Kakteen, als hätte er sich in den Stacheln verfangen. Eines unserer Räder steht auf der Felge im Sand. Ein dorniges Unding hat sich durch den Gummi des Vorderreifens gebohrt und gleich sechs Löcher im Schlauch verursacht. Die Luft riecht nach Regen. Der nordwestliche Himmel verdüstert sich urplötzlich zu einem unheilschwangeren Schwarzgrau und gleichzeitig fällt die Temperatur um einige Grade. Uns sträuben sich die Nackenhaare ob dieser sonderbaren Stimmung. Die Sonne aber benötigt keine Stunde, um das Firmament wieder aufzuhellen und die Luft zu erwärmen. Wir atmen befreit auf. Doch schon nach wenigen Kilometern auf dem menschenleeren Asphalt thronen auf sämtlichen *cardones* neben der Strasse Truthahngeier. Einige spreizen gespensterhaft ihre Flügel und verharren minutenlang bewegungslos in dieser Position, als wären sie zu Stein erstarrt. Andere segeln im gleissenden Sonnenlicht. Den Horizont dominieren die Vulkankegel Volcán las Tres Vírgenes, Volcán el Azufre und Volcán Viejo. Würden diese nun eruptieren und brodelnde Lavaströme über die Hänge kriechen lassen, würden die Erde zu beben beginnen und sich klaffende Risse im Boden öffnen – es wäre beim beklemmenden Unbehagen, das noch immer die Atmosphäre durchwirkt, keine Überraschung. Der Grund für das Geierfest aber ist handfest: Im Strassengraben liegt der offene Rumpf einer Kuh, um den hunderte von Fliegen schwirren.

Als die Vulkankegel hinter uns liegen, stürzt sich die Strasse in einen Canyon hinunter. Die letzten Sonnenstrahlen treffen auf seine erodierten Flanken und werfen scharfe Schatten auf die ockergelben Flächen. Schon öffnet sich der Blick auf das Türkisblau des still daliegenden Meers von Cortéz. Vor Santa Rosalía befinden sich hinter löchrigen Zäunen Autofriedhöfe und verlassene Fabrikareale mit zerfallenen Bauten und rostigen Maschinen. Kläffende Hunde jagen uns nach, bremsen aber nach meinem trockenen Schrei derart abrupt ab, dass sie unvermittelt in einer Staubwolke verschwinden.

Santa Rosalía ist ein schmuckes Städtchen mit französischem Flair. Schliesslich betrieb hier die Compagnie du Boleo bis Mitte letztes Jahrhundert Kupferminen. Nun sickert die Nacht in die schachbrettartig angelegten Strassen, die von alten Holzhäuschen mit elegant konstruierten, mit Blumen gespickten Veranden flankiert werden. Hinter den hell beleuchteten Fenstern speisen, diskutieren und lachen ganze Sippen. Einsame Alte sitzen zusammengesunken in ihren Schaukelstühlen und hängen ihren Gedanken nach. In der berühmten und entsprechend gut besuchten Bäckerei El Boleo, die schon Brot buk, als der Westen noch wild war, finden wir kein Brot nach unserem Geschmack. Die Mexikaner mögen es süss, weich und hell. Von knusprigen, dunkeln Vollkornbroten bleibt uns weiterhin nur das Träumen.

Wir radeln mit dem Wind im Gesicht auf der relativ flachen Strasse vorbei an Gehöften, die verwahrlost wirken. Die baufälligen Bruchbuden sind umgeben von rostigen Autowracks, und in den Dornen der Kakteen haben sich allenthalben Plastiksäcke verhakt, die wie Fahnen im Wind flattern. Vor Mulegé jagen uns die nördlichen Ausläufer der Sierra de la Gigante kurz in die Höhe. Später werden unsere Kräfte trotz dem anhaltend hügeligen Terrain geschont, denn der Wind dreht und weht stürmisch in unsere Rücken. Er schiebt uns die idyllische, ja überwältigende Bucht Bahía Concepción entlang. Das vom Atem der Sonne in Aufruhr versetzte Wasser blickt uns mal tiefblau, mal türkisfarben an. Die weissandigen Strände sind verlockend, doch wirken die Ansammlungen der klobigen Wohnmobile der vorwiegend US-amerikanischen Touristen abstossend. Nach sechzig Kilometern ist die Bahía Concepción zu Ende. Von nun an ergötzen wir uns intensiver an den imposanten Formen der Gebirgszüge der Sierra de la Gigante, und wir lassen uns vom Wind erneut über eine Hügelkette blasen, bevor es in rasanter Abfahrt zum Rancho Rosarito geht. Der freundliche Ranchero verkauft uns so viel Trinkwasser wie wir begehren und lässt uns nach Herzenslust Waschwasser aus seinen überschwappenden Tonnen schöpfen. Er bietet uns auch an, auf seinem Grund zu zelten, doch ziehen wir es vor, die Gunst des Augenblicks zu nutzen und noch ein paar Kilometer weiter zu segeln. Schliesslich schieben wir erst im Licht der untergehenden Sonne die Räder links von der Strasse weg und wählen den sandigen Platz vor einem eindrücklich hohen *cardón* inmitten anderer Kaktusarten für unser Nachtlager. Die Sterne leuchten hell und der Mond liegt als silberne Sichel knapp über dem westlichen Horizont.

Während der lauen Nacht rüttelt der Wind ungestüm am Zelt und Trucks lärmen auf der ein paar hundert Meter entfernten Strasse vorüber. Nach dem Frühstück entferne ich aus meinen Schuhsohlen mehrere Kaktusstacheln. Auf wundersame Weise blieben die Räder aber verschont. So saust die Kilometrierung auf dem Asphalt und auf den Blechtafeln neben der Strasse schon bald wieder an uns vorbei. Rechts wirbelt eine Windhose ein Gemisch aus Staub und Sand spiralförmig in die Luft und linkerhand kauern die Ruinen längst verlassener Heime zwischen den Kakteen. Wir treiben im Sog des Windes, der in der Talwanne ganze Staubwände vor sich her schiebt. Die Flut der Kreuze und Autowracks reisst nicht ab und jeder Kiesplatz neben der Strasse ist mit Abfall gepflastert. In einem winzigen Restaurant, das von einer gebückten Frau geführt wird, erquicken wir uns mit einem kühlen Getränk und füllen unsere leeren Trinkflaschen mit Wasser. Der Enkel der Alten hängt im Schatten und weiss nicht, was er mit der Zeit anfangen soll, die ihm zähflüssig durch die Finger tropft. Der Junge wirkt nicht nur gelangweilt, sondern geradezu depressiv – ist ja auch kein Leben für ihn hier draussen, Tag für Tag allein mit den Ziegenherden zwischen den Kakteen herumzuziehen.

Kurz vor Loreto ist der Wind mit dem stickigen Rauch einer schwelenden Abfallhalde befrachtet. Liegt es an der deshalb verschwommenen Sicht oder der Unattraktivität der Stadt, dass wir beinahe an Loreto vorbeiflitzen? Beim Friedhof wenden wir, fragen uns zum historischen Zentrum durch und ziehen in ein Motel. Beim Veloservice vor dem Zimmer lerne ich unseren Nachbarn kennen. Er war Pilot der US-Marine und kommt aus New Orleans. Seit sechzehn Jahren weilt er im Ruhestand, obwohl er erst sechzig ist. Seine Mutter stammt aus Schottland und sein Vater ist ein Cheyenne-Indianer. Neben einer aufgeweichten Zigarettenkippe tanzen ihm die Worte melodiös aus dem Mund, in dem ein paar unförmige braunschwarze Stummel den Part der Zähne spielen. Als die Zeit für sein erstes Bier des Tages angebrochen ist, verschwindet er kurz in sein Zimmer. Bereits pflanzt er sich wieder neben mir auf und fährt mit seinem Singsang fort: «Hurrikan Katrina, dieser katastrophale tropische Wirbelsturm vom letzten September, hat mein Haus flachgelegt. Noch immer streiten meine Anwälte mit den Versicherungen über die Höhe der Entschädigungszahlungen. Derweil kurve ich zusammen mit meiner dreijährigen Hündin in meinem Schlitten durch Mexiko und geniesse das Leben.» Man habe ihm die Fluglizenz entzogen, und zwar mit der Begründung, er sei verrückt. Da mag was Wahres dran sein, doch lausche ich gerne seinen gesungenen Geschichten. Eines seiner Hauptthemen ist Nostradamus, dieser französische Apotheker, der 1503 geboren wurde und bereits zu Lebzeiten für seine Wahrsagereien Berühmtheit erlangte. Typische Merkmale seiner Prophezeiungen sind das fast vollständige Fehlen von konkreten Zeitangaben und Namen sowie eine sehr metaphorische Sprache, welche die Weissagungen bis in unsere Zeit rätselhaft hält. Solche Vorbehalte lässt unser Nachbar aber nicht gelten. Er meint: «Nostradamus hat auch den Angriff auf New York vom 9/11 vorausgesagt. In der Zeitskala hat er sich nur um zwei Jahre verhauen. Als nächstes droht der Welt ein Nuklearkrieg.» Es bleibt nur zu hoffen, dass der Apotheker wenigstens damit falsch liegt.

Liguei ist der letzte bewohnte Flecken vor dem Aufstieg in die Sierra de la Gigante. Weil gemäss unserer Information auf einer etwa achtzig Kilometer langen Durststrecke bis Ciudad Insurgentes kein Wasser aufzutreiben ist, füllen wir hier alle unsere Flaschen und stellen noch zusätzlich eine Gallone Trinkwasser in meinen Korb. Zudem kaufen wir einen Bund Bananen, denn es ist immer gut, einige der Krummen an Bord zu wissen. Derart beladen hat es die Bergfahrt in sich. Erschwerend kommt hinzu, dass die Sonne die Luft bereits auf dreissig Grad aufgeheizt hat. Nach den ersten überwundenen Höhenmetern wird klar, dass sich etwas in Beas Körper geschlichen hat. Es lässt ihren Kopf rot leuchten, ihren Atem stocken und ihre Kräfte so rasant wie Butter in der mexikanischen Sonne schwinden. Ihr ist es hundeübel. Sie mag weder essen noch trinken. Und ein Rastplatz bietet sich neben der schmalen Strasse nirgends an. Als Entlastung für Bea schnalle ich nun auch ihre Wasserflaschen auf mein Gepäck. Wie in Zeitlupe kriechen wir durch die Kurven, vorbei an den deformierten Leitplanken, den Kreuzen und den zugehörigen Autowracks im Abgrund unten. Ich sichere hinten ab. Falls Bea plötzlich umkippen sollte, könnte ich so mit meinem Rad sofort die Fahrspur versperren. Ein paar Spitzkehren weiter oben erscheint endlich ein rettender Kiesplatz. Wir schieben die Velos in den Schatten des einzigen Baums und breiten auf dem steinigen Boden die Zeltblache aus. Bea legt sich sogleich hin. Ich tränke einen Lappen mit dem Wasser aus unserem Kühlschrank – der Aluminiumflasche, die mit einem feuchten Strumpf umspannt ist – und lege ihn auf die glühende Stirn, die mit einem Zischen antwortet. Am liebsten würde ich Bea gleich bis morgen früh schlafen lassen. Doch können wir hier unmöglich bleiben. Der Platz befindet sich zu nahe an der Strasse und ist derart mit stinkendem Abfall umgeben, dass er nur als Tummelplatz für Ratten und als Toilette für Autofahrer taugt. Nach einer Stunde Ruhe quälen wir uns noch einige Kilometer weiter bis aufs Plateau hoch. Hier wählen wir den erstbesten Fleck zwischen den Kakteen, um unser Lager aufzuschlagen. Bea duscht und verschwindet alsbald im Zelt. In ihre fiebrigen Träume mischen sich neben dem Zirpen der Grillen das Scheppern der Pfannen und das Knacken der knusprigen Biskuits, die ich zum Dessert geniesse.

Am nächsten Morgen treibt mich die rasch zunehmende Hitze aus dem Zelt. Bea ist es auch nach fünfzehn Stunden Tiefschlaf noch übel. Ihr Magen schmerzt und ihr

Körper dampft – an eine Weiterfahrt ist nicht zu denken. Ich mache mich unverzüglich auf die Suche nach einem schattigen Tageslager und lasse mich dabei von ausgetrockneten Kothaufen leiten. Jener stachelige Busch, unter dem der meiste Dung liegt, ist wohl der favorisierte Platz, um die heissen Tagesstunden möglichst angenehm zu überstehen. Mit einem herumliegenden Ast wische ich die gut gedüngten obersten fünf Zentimeter des Sands um den Strauch weg, breite die Blache aus und lege die Matten darauf. Nun koche ich einen Kamillentee und später aus Gemüse eine Suppe. Dazwischen gibts Bananen und Zwieback, einen Elektrolyt und drei Tabletten gegen Magen-Darm-Störungen für die arme Kranke. Während Bea vor allem döst, ergötze ich mich am überraschend vielgestaltigen Leben in der Wüste: Ameisen, Käfer, Fliegen, Wespenschwärme, Kolibris, Geier, Schmetterlinge, Grillen und natürlich Schlangen und Skorpione, die sich zwar nicht zeigen wollen, meine Fantasie aber dennoch beflügeln. Die Mäuse verraten sich nur durch ihre Haufen und, wie die Schlangen auch, durch die unterirdischen Gänge, über denen der Sand unter meinen Schritten einbricht. Mit dem Wasser haushalten wir gut. Auch für die morgige Etappe zurück in die Zivilisation wird genug Trinkbares vorhanden sein. Graue Wolken am Abendhimmel erinnern daran, dass selbst hier Regen nicht unmöglich ist. Doch bleibt es bei der Andeutung.

Die warmen Sonnenstrahlen lassen mich erneut zu früher Stunde den Kopf aus dem Zelt strecken. Dunkle Schatten huschen über den Sand. Es sind die Negativbilder von Truthahngeiern im Flug, die sich zu ihren Kumpanen gesellen, die bereits auf den Kakteen neben dem Zelt thronen. Da können die aber noch lange warten – so schlimm stehts nämlich nicht um uns. Beas Fieber ist gewichen und ihre Kräfte sind wieder in den Körper zurückgeströmt. Die Aasfresser müssen ihre weissen Schnäbel in anderes Fleisch schlagen.

Wir schieben die Räder durch den tiefen Sand zur kurven-, kreuz- und abfallreichen Strasse hoch und führen die Reise fort. Gegen heftigen Wind kämpfen wir uns nach Ciudad Insurgentes, wo wir einen grösseren Supermarkt ansteuern, um uns mit Nahrung und Wasser für die Nacht einzudecken. Nach wenigen Kilometern biegen wir in einen ausgetretenen Pfad ein, der leider auch hier in ein mit Abfall übersätes Kakteenfeld mündet. Wir wählen unseren Platz so weit wie möglich von jenem Ort entfernt, über dem etwa zehn Geier kreisen. Hell beleuchtet vom halbvollen Mond duschen, kochen und speisen wir. Für meine Abendtoilette grabe ich wie immer mit der kleinen Schaufel ein Loch in den Sand, dabei fällt mein Blick auf einen abgenagten Hundekiefer, die Zähne strahlend weiss.

Dicker Nebel hat sich über das Abfallfeld gelegt und vom Zelt tropft unablässig Kondenswasser. Wieder auf der mehrspurigen Strasse unterwegs, gehts vorbei an Ziegen- und Kuhställen sowie an Hühnerfarmen mit Batteriehaltung, denen ätzend stinkende Geruchsfahnen entweichen. Zusätzlich Brechreiz verursachen dutzende tote Hunde in verschiedenen Verwesungsstadien. Erst als die Stadt Ciudad Constitución hinter uns liegt, hat die Sonne den Nebel weggebrannt, und die Lufttemperatur steigt schlagartig auf 36 Grad. Hoch oben am Himmel wartet der Mond auf seinen Einsatz. Die pfeilgerade Strasse verengt sich wieder auf das gewohnte Mass von einer Spur je Richtung, und wir rollen sechzig Kilometer bis zur ersten Kurve, hinter der sich das Nest Santa Rita verbirgt. Hier kaufen wir ein, was es gibt – nicht viel: Wasser, Milch, Bananen und Biskuits. Die mit neuem Belag ausgestattete Strasse ist beidseits von Zäunen flankiert, was uns die Zeltplatzsuche erheblich erschwert. Im Bereich einer wegführenden Sandpiste lässt sich der ums Tor geschlungene Stacheldraht aber entwirren und wir finden zusammen mit dem Untergang der Sonne einen atemberaubenden Platz über einem Canyon. Für einmal sogar ohne Abfälle. Der Mond präsentiert sich heute als das Gelb eines Spiegeleis – eine riesige Scheibe um «Dotter-Mond» ist hell erleuchtet. Seine Strahlung ist derart kräftig, dass unsere Körper so scharf umrissene Schatten auf den Sand werfen, als würde die Sonne selbst auf unser Lager scheinen.

Im krausen Gewirr von Kakteen und Elefantenbäumen brennen die traurigen Augen einer verstörten Kuh. Ihre Haut spannt sich straff über die erbärmlich vorstehenden Rippen. Kein Wunder, was findet das arme Vieh hier schon an Futter? Bereits zum dritten Mal heute werden wir nun auf kriminelle Weise überholt und tun unseren Unmut darüber gestenreich kund. Beim ersten Kiesplatz, der neben der Strasse auftaucht, steht ein Mann, der uns energisch zu sich winkt. Ist das etwa einer der rasenden Machos, den es, tief im Stolz verletzt, nach Rache dürstet? Sicherheitshalber halte ich den Lenker nur noch mit einer Hand, damit im Notfall die Rechte zum *tschomak* schnellen kann. Als ich im bartstoppeligen, wettergegerbten Gesicht aber ein schelmisches Schmunzeln wahrnehme, beruhigt sich mein Pulsschlag rasch. Der sympathische Mann führt uns zu seinem Auto, dessen Kofferraum offen steht und prall gefüllt ist mit frisch gepflückten Orangen und Guaven. Er lädt uns ein, nach Herzenslust zuzugreifen. «Ich will euch damit zeigen, dass nicht alle Mexikaner schlecht sind», meint der Bauer verschmitzt lächelnd. Wir halten einen netten Schwatz, und da wir uns nach seinem Dafürhalten zu zaghaft von den süssen und saftigen Früchten bedienen, füllt er vor unserer Weiterfahrt meinen Korb gleich mit fünfzehn zusätzlichen Orangen.

Wenig später kehren wir auf einen Drink ein. Die kleinen Restaurants auf der Baja nehmen sich meist aus wie dieses: eine windige Bruchbude mit ein paar wackligen Tischen und Stühlen, ein Kühlschrank gefüllt mit Limonaden und Bier, eine bescheidene Kochstelle, ein paar Heiligenbilder an die Wand genagelt, weiter hinten die Schlafstelle. Dieses Lokal wird von einem alten Ehepaar betrieben. Es haust in dieser Einöde mit einer Handvoll Hühnern und einem gebeutelt aussehenden Hund und verdient sich den Lebensunterhalt mit dieser Ausschenke.

Ohne viel Verkehr erdulden zu müssen, erreichen wir La Paz. Im günstigsten Hotel der Hauptstadt der Baja California Sur buchen wir ein geräumiges Zimmer, das auf einen sonnendurchfluteten blau-gelben Patio geht. Dieselben Farben sind auch in unseren Raum gesickert. Die Wände sind gelb getüncht und die Türen und Fenster blau gestrichen. An der hohen Decke aus Holz eiert ein Ventilator, der die schwüle Luft in steter Bewegung hält. Die Matratze thront auf einem gemauerten Sockel.

In dieser Stadt finden wir nicht nur ein neues Sackmesser als Ersatz für mein altes, das im Sand der Wüste verschwunden ging, sondern auch den Luxus eines vegetarischen Restaurants. Also nichts wie hinein ins El Quinto Sol zur Entdeckung der mexikanischen Küche ohne *manteca de cerdo*. Dieses Schweineschmalz steckt sogar in unverdächtigen Tortillas oder in den zu fast jedem Gericht gereichten *frijoles refritos*, dem Bohnenmus. Wir lassen uns *nopalito, tacos* und *enchiladas* auftischen. Als unsere Mägen zu bersten drohen, begleichen wir die Rechnung und schlendern an den gepflegten *malecón*, die Ufer-Promenade, wo Eiscreme, würziger Espresso und Patisserie vom Feinsten locken.

An einem anderen Abend spielen auf dem *zócalo*, dem Hauptplatz, müde Cowboys seichten Sound, und aufgetakelte junge Damen präsentieren ihre zarten Körper schnauzbärtigen, dickbäuchigen Juroren eines Schönheitswettbewerbs. Am *malecón* kippen wir uns eiskalte Margaritas hinter die Binde und verfolgen dabei amüsiert und leicht irritiert, wie die örtliche Schickeria ihre Wagen spazieren führt – im Schritttempo den *malecón* rauf und wieder runter. Auf den polierten Karosserien reflektiert das Licht des Vollmondes. Aus den geöffneten Autofenstern dröhnen Bässe, die unsere Gläser auf dem Tisch erzittern lassen. Und vor den Discos ballen sich schick gekleidete Menschentrauben. Wieder zu Hause, duschen wir kalt, denn das Warmwasser wurde bereits vier Stunden zuvor abgedreht. Bis tief in die Nacht wird im Patio vor unserem Raum geplaudert, geraucht und Hochprozentiges in die Kehlen geschüttet. Im Morgengrauen fällt ein grünschnäbliger Tourist, stockbesoffen von Bier und hartem Tequila sowie bekifft von selbst gedrehten Glimmstängeln mitsamt der Tür in unser Zimmer.

Wir gehen auf einen letzten Espresso am *malecón* und ergötzen uns am Theater, das einige Pelikane und eine Möwe bieten, die sich um ein Beutestück zanken. Nun stemmen wir uns unter der prallen Sonne gegen heftigsten Wind und radeln zum Hafen Pichilingue, wo bald die Fähre zum mexikanischen Festland rüber, nach Mazatlán, ablegen wird. Auf Höhe der Pemex-Raffinerie, der staatlichen Ölförderungsgesellschaft, ist die Luft derart mit Schadstoffen befrachtet, dass es uns unvermittelt in der Kehle kratzt und die Augen tränen. Erstaunlich klar und sauber erscheint hingegen das Meerwasser in dieser Zone. Vielleicht aber täuschen wir uns, die Sicht durch den Tränenschleier ist schliesslich ziemlich verschwommen. Beim Pier von Pichilingue stehen zwei schwer beladene Fahrräder an einen Zaun gelehnt. Sie gehören dem japanischen Paar Yuki und Yukiko aus Yokohama, das vor sieben Monaten in Alaska gestartet und ebenfalls ans Ende der Welt, nach Tierra del Fuego, unterwegs ist. Ganz im Stil der uns bestens bekannten japanischen Höflichkeit breitet Yuki eine Matte auf dem Boden aus und bittet uns, darauf Platz zu nehmen. Das Angebot schlagen wir nicht aus, denn wir müssen zweieinhalb Stunden warten, bis sämtliche Lastwagen und Autos im Bauch des Kahns verstaut sind und wir an Bord gehen können. Während Yuki ein paar Brocken Englisch spricht, hält sich die scheue Yukiko wortkarg zurück. Kurz vor Sonnenuntergang lassen wir unseren Blick ein letztes Mal über das vom Wind aufgepeitschte Meerwasser auf die kargen, in der Hitze dampfenden Bergflanken der Baja California Sur schweifen.

Wir tuckern in die Nacht hinein.

Schon bald sind die meisten Toiletten an Bord aufs Übelste verkotzt. Liegt es an der Qualität des servierten Essens oder an der sich ausbreitenden Seekrankheit? Wir halten uns gut – bis jetzt. Die warme Luft ist schwül und stickig. Wie tote Fliegen liegen die Fahrgäste in den Gängen und versuchen verzweifelt, sich in den Schlaf zu retten. Wind und Wellen bringen den Kahn tatsächlich immer wieder in magenerhebende Schieflage. Selbst der Inselbewohner Yuki leidet sichtlich unter dem hohen Seegang, wie auch das Baby, das hinter mir seinen Mageninhalt auf den Boden erbricht. Die in Manier einer Flugzeugbestuhlung ausgerichteten Sessel für uns Passagiere bestehen aus nicht verstellbaren Stahlgestellen und sind mit zerlöchertem, dünnem Polster überzogen. Milde ausgedrückt, wirken diese Furzmulden ein wenig altmodisch. Auf jeden Fall sind sie eine Herausforderung für die Dauer der Reise. Die Stunden der Nacht verstreichen nur im Zeitlupentempo. Auf diesen Sesseln zu schlafen, kommt der Quadratur des Kreises gleich. Wie soll ich die Beine platzieren? Eine Hochlagerung auf der Lehne des Vordermanns ist kurzfristig zwar wohltuend, doch hängen dabei die Beine zu fest durch, und es schmerzen die Knie. Lasse ich die Füsse auf dem Boden ruhen, strömt alles Blut unangenehm in die unteren Gliedmassen und lässt sie anschwellen. Trotz dieser Unbequemlichkeit nicke ich erstaunlicherweise immer wieder für einige Minuten ein. Schlage ich die müden Augen auf, so sehe ich im Neonlicht das junge mexikanische Paar mit seinem Säugling eng zusammengedrängt auf dem nackten Fussboden liegen – sie sind längst aus den Martersesseln geflüchtet und scheren sich weder um den Schmutz noch um die Härte des Bodens. Die Nase des Manns hat sich in die Kante zwischen Boden und Wand verirrt. Sein Mund steht offen – eine Kakerlake nähert sich ihm langsam. Vor uns, im schmalen Raum zwischen zwei Sitzreihen, schläft das japanische Paar, eingezwängt wie Sardinen in der Büchse, auf seiner Matte. Bea entdeckt auf einer ihrer Wanderungen im

Halbschlaf einen kühlen Vorraum mit zwei gepolsterten Bänken, gerade lang genug, um unsere steifen Glieder darauf auszustrecken – welch Wonne! Die Freude ist aber nur von kurzer Dauer, denn schon komplimentiert uns einer der mit Schlagstöcken bewaffneten Sicherheitsleute kurzerhand hinaus. Mit einem Schulterzucken weist er auf das Liegeverbots-Schild, das hinter uns an der Wand prangt. Das bedeutet für uns, wieder Richtung Brutofen zu trotten und uns auf den Foltersitz zu pflanzen. Um vier Uhr morgens vertrete ich mir auf Deck die Füsse und treffe auf Yuki, der mir allen Ernstes ein warmes Bier anbietet. Eine nette Geste zwar, doch mindestens kalt müsste das Gesöff schon sein. Wieder zurück im Marterraum präsentiert mir Bea die in der Nacht erstellte Statistik unserer Baja-Zeit: 1604 Kilometer, 10900 überwundene Höhenmeter, 111 Stunden im Sattel verteilt auf 21 Fahrtage.

Arg gerädert legen wir im Hafen des sonnigen und zurzeit windstillen Mazatláns an. Nun sind wir also endlich im «richtigen» Mexiko angekommen. Es geht nämlich das Wort, die Baja California sei völlig anders als das übrige Land – wir sind gespannt!

Nun scheinen alle an Bord wieder putzmunter und drängen mit ihren Koffern und Säcken beladen zu den wie immer viel zu schmalen Ausgängen. Wir vier Radreisende werden über scheppernde Lautsprecher angewiesen, noch eine Weile auf den Sesseln kleben zu bleiben. Dazu fehlt uns nach dieser Nacht aber die Lust und wir steigen kurzerhand in den vor Motorenlärm knurrenden und von Abgasen vernebelten Bauch des Schiffs hinunter. Wir lösen die Befestigungstaue unserer Räder und bewegen uns ins grelle Licht hinaus. Die saftig grünen Bäume am Gestade sind wahres Labsal für unsere Augen nach über einem Monat staubtrockener Wüstenlandschaft der Baja California. Wir verabschieden uns von Yuki und Yukiko. Sie radeln auf der stark befahrenen *carretera*, der Autostrasse, die Küste entlang südwärts, während es uns ins beschaulichere Hochland zieht. Erst aber steuern wir ins Zentrum von Mazatlán. Die Strassenverkäufer lächeln uns aus offenen Gesichtern zu. Für erstaunlich wenig Geld erstehen wir auf dem riesigen *mercado publico* einen zentnerschweren Sack voller Früchte, Gemüse und Käse. Der Preis ist um dreissig Prozent günstiger als drüben auf der Baja.

In Villa Unión genehmigen wir uns am Tisch einer Fressbude kühle Getränke. Personal und Gäste, vor allem Lastwagenfahrer, grüssen uns mit diesem freundlichen Lächeln, das wir die letzten Wochen oft vermisst hatten. Hinter dem Restaurant liegt ein alter Mann inmitten von Abfall und leeren Bier- und Coca-Cola-Dosen in einem Liegestuhl und liest aufmerksam die Zeitung. Das WC weiter hinten besteht aus vier nachlässig gemauerten Wänden. Ein Dach fehlt. In der Aussparung für die Tür bauscht sich ein Vorhang im Wind und in der Raummitte steht einsam eine WC-Schüssel. Wasser ist nicht vorhanden. Wieder im Sattel, trägt uns der qualitativ gute

Belag der schmalen, kaum benutzten Strasse über einige dem Gebirge Sierra Madre Occidental vorgelagerte Kuppen, vorbei an Bäumen, in deren lichten Kronen verschiedenartige Vögel das Lied des nicht mehr fernen Frühlings trillern. Ab und zu kleben flachgedrückte Schlangen auf dem Asphalt. Auch idiotische Busfahrer gibts leider nicht nur auf der Baja. Ein Vertreter dieser Gilde kann es nicht lassen, uns beinahe von der Piste zu pusten.

In Concordia schlendern wir durch die ruhigen Gassen, in denen das mexikanische Alltagsleben träge dahinplätschert, zum Herz des Dorfs, dem *zócalo*. Er breitet sich zu Füssen der ehrwürdigen Kathedrale aus. Betagte Männer dösen auf beschatteten Bänken, den Hut tief über die Augen gezogen, und die emsigen Schuhputzer polieren die Treter ihrer ausschliesslich männlichen Kundschaft auf Hochglanz. Die schwüle Hitze treibt ihnen dicke Schweissperlen auf die Stirn, die über die Wangen kullern und sich im Dreitagebart verlieren. Zwei Dreikäsehoch bieten in einem geflochtenen Korb ofenfrisches Brot feil, dem wir nicht widerstehen können. Die meisten Türen der niedrigen Häuser, die mittlerweile im weichen Abendlicht kauern, stehen offen und zeigen uns in jeder Stube unzählige Stühle auf kargem Betonboden und einen flimmernden Fernsehkasten in der Ecke. Die friedliche Stimmung wird durch etliche Alte unterstrichen, welche die milde Abendbrise in ihren Schaukelstühlen auf dem Gehsteig geniessen und uns freundlich mit «*Buenas tardes!*» grüssen. Beissender Rauch von brutzelndem Fleisch schwängert die Luft. Durch die weit geöffneten Flügeltüren der Kathedrale hallt die inbrünstige Predigt des Padre in die steinernen Gassen von Concordia. Das Gotteshaus ist gut besucht. Vor allem greise Weiblein hängen an den Lippen des Predigers.

Ab drei Uhr morgens krähen unzählige Hähne lauthals um die Wette, was uns unweigerlich an Laos erinnert. Ebenso zu dieser Assoziation passt, dass den ganzen Tag hindurch das Vogelgezwitscher über den Motorenlärm dominiert. Einmal erhasche ich einen Blick auf eine unterarmlange, dunkle Echse, bevor sie derart blitzartig in einer Felsspalte verschwindet, als wäre sie gar nie da gewesen. Wir passieren diverse kleine Dörfer, die auf unserer Karte nicht vermerkt sind, die aber allesamt über freundlich grüssende Menschen und zwei heilige Stätten verfügen: das Bier-Depot und die Kirche. Vor sämtlichen Häusern flattert zum Trocknen aufgehängte Wäsche im Wind. Für weitere Farbtupfer sorgen hohe Bananenstauden sowie rot und gelb blühende Bäume. Nun windet sich die steile Strasse an Felsen vorbei, die in der sanften Nachmittagssonne golden leuchten. Zwei Jungs kommen die Strasse herunter gebummelt und fragen uns, ob wir ihren *burro* gesehen hätten. Wir halten an, wischen uns den brennenden Schweiss aus den Augen und entgegnen: «Leider nein. Euer Langohr ist wohl über eine Abkürzung entwischt.» In der Ansiedlung Santa Lucia kaufen wir in der *tienda*, dem Laden, einer bejahrten Frau Chilis und Avocados. Es gibt vermutlich niemanden in diesem Nest, der unserer Anwesenheit nicht gewahr und uns nicht mit einem Lächeln im Gesicht zuwinken würde. Selbst der vor einem weissgetünchten Haus angebundene Esel entlockt seiner eingerosteten Kehle uns zu Ehren ein markerschütterndes «Iah, Iah!». Wie gerne würde ich ihm von unserem Schmieröl abtreten, es ihm sogar liebevoll einträufeln, wenn es nur nützen würde! Im steten und an Kehren reichen Aufstieg ziehen wir die nach Pinien duftende Luft tief in unsere Lungen. Bis an den Rand des nächsten in den Hang geklebten Dorfs begleiten uns zwei Knirpse auf ihren Velos, die sie in der Abfahrt mit den Fusssohlen bremsen. Nach einigen weiteren Windungen der Strasse kommen zwei andere *chicos* aus ihrem Garten angerannt. Wir sind uns fast sicher, dass uns die Kleinen etwas abbetteln wollen. Aber nein, sie haben ganz einfach Freude an der Abwechslung, die wir ihnen an diesem einsamen Ort bieten. Ihnen steht der Kopf nur nach einem vergnügten Schwatz. Sie berichten von einem Radfahrer, der vor gut einer Woche hier vorüber gekeucht sei und wollen wissen, wann der nächste Gringo auf einem *bicicleta* auftauchen wird. Die nur ab und zu vorhandenen und meist kaum als solche erkennbaren Leitplanken entlocken mir ein Schmunzeln. Bei Belagsarbeiten wird hier offensichtlich stets eine neue Schicht auf den alten, löchrigen Asphalt aufgetragen. So sinken die Leitplanken im Verhältnis zur Fahrbahnoberfläche immer tiefer. Gewisse ducken sich geradezu unter den Asphalt. Dies hat natürlich den grossen Vorteil, dass sie selbst dann nicht zerstört werden, wenn ein Raser von der Fahrbahn katapultiert wird. Nur vor dem gefrässigen Rost sind selbst diese Stahlprofile nicht gefeit. Er nagt mit seiner elektrochemischen Auflösungskraft unablässig an ihnen.

Nun befinden wir uns auf einer Art Hochebene auf etwa zweitausend Metern über Meer. Wir geniessen die herrliche Aussicht auf die tief eingeschnittenen Täler und die Kreten der Gebirgszüge der Sierra Madre Occidental. In den bewaldeten Zonen umzittert uns herber Harzduft. Und während den Abfahrten weht uns kühle Luft um die Ohren, in denen aber jeweils schon im nächsten Aufstieg wieder warmes Blut pulsiert.

Insbesondere erhebend ist der morgendliche Blick über die sich langsam aus dem Dunst schälenden Bergketten unter uns. Nach El Palmito prangt auf einer Tafel der Schriftzug «*Estado de Durango*». Darüber, dass hier auch eine Zeitgrenze verläuft, wird nicht informiert. Macht aber nichts, man weiss es ja, und wir drehen die Uhrzeiger eine Stunde vorwärts. Der einsamen Strasse ringen wir Meter für Meter ab und kommen immer wieder durch Weiler, die trotz ihrer Winzigkeit oft auch eine Schule aufweisen. Bald erkennen wir auf der anderen Talseite hoch oben eine scheinbar in den Hang gefräste Strasse – das muss die Fortsetzung der unseren sein! Bis wir dort sind, gilt es aber erst den Hügel, in dem wir gerade kleben, zu bezwingen und der Strasse dabei kilometerweit und kurvenreich in jedes Tal hinunter zu folgen. Da auf

alle Abfahrten längere Aufstiege folgen, summieren sich die bewältigten Höhenmeter auch heute auf weit über tausend, und die Luft wird kontinuierlich dünner. Wie
derart nahe am Himmel die Vegetation grün und saftig wuchert, erfreut und verwundert uns zugleich. Neben jeder engen Windung der Strasse stehen Kreuze. In
einer scharfen Kurve vor einem gähnenden Abgrund wird gleich elf Opfern verschiedener Unfälle gedacht. Der Fels ist brüchig. Schon viele Steinbrocken sind herunter-
gedonnert. Sie haben ihre Abdrücke auf dem Asphalt hinterlassen und liegen nun
neben der Fahrbahn. Vor uns hält ein klappriger Bus, dem eine junge Frau entsteigt.
Auf einer Tafel steht neben einem Pfeil, der nach links zeigt «Mesa de los Negros».
In diesem Dorf wohnt sie wohl. Ich folge ihr kurz auf den Kiesweg und da fällt mein
Blick in Schwindel erregender Tiefe, mindestens tausend Höhenmeter unter mir, auf
einen bebauten Flecken Land – welch Leben in solch Abgeschiedenheit! Unsere
Strasse verläuft gelegentlich in fast senkrechten Felswänden, doch scheint das Gestein nicht allzu sehr bearbeitet worden zu sein. Da wurde eine intelligente Linien-
führung gewählt. Bis jetzt mussten wir übrigens mit der El Espinazo del Diablo nur
eine einzige Brücke überqueren und uns noch durch kein ungeliebtes Tunnel zwängen. Selten lärmen drei bis vier Camions hintereinander vorbei, die in den engen
Kurven weit ausholen müssen und dabei auch die Gegenfahrbahn beanspruchen.
Ansonsten können wir ungestört von äusseren Einflüssen unserem Pulsschlag lauschen. Bei stetig fallender Temperatur klettern wir auf 2750 Meter über Meer hoch.
Hier oben ist es derart kalt, dass auch ich mir für die kurze Abfahrt nach La Ciudad
Handschuhe und lange Kleider überstreife.

Die niedrigen, verwitterten Behausungen von La Ciudad breiten sich über eine
grosse Fläche aus, die von löchrigen Sandpisten durchschnitten wird. Die Uhrzeiger
stehen auf 18.00 Uhr, unsere Glieder sind bereits bis ins Mark durchfroren und die
Temperatur sinkt zielgerichtet gegen den Nullpunkt. Unter diesen Vorzeichen hält
sich unsere Lust auf eine Nacht im Zelt in Grenzen, obwohl es in dieser Hochebene
an geeigneten Plätzen nicht mangelt. Wir steigen in der Bruchbude neben der Strasse ab, die mit «Hotel» angeschrieben ist. Als einzige Gäste. Eine nackte Glühbirne
hängt von der Decke unseres kahlen, schäbigen Zimmers. Von den zwei ausgeleierten
Betten starrt uns schmutzige Bettwäsche an. Auf eines stapeln wir all unser Gepäck,
und die Velos ketten wir im dunkeln Gang vor unserer Tür, die an ein Stalltor gemahnt, zusammen. Der Vermieter bringt auf unser Drängen immerhin zwei saubere
Bettlaken und heizt mit ein paar Holzscheiten den Boiler ein. Das enge, winzige Bad
ist in Dunkelheit gehüllt, es fehlt sogar eine Fassung für die Glühbirne. Die heisse
Dusche tut dennoch gut, denn es ist mittlerweile affenkalt: In unserem Verschlag
steht das Quecksilber bei plus sechs Grad und draussen zehn Einheiten tiefer.

Kurz vor Sonnenaufgang flackern neben der Strasse gegenüber unserer Absteige
drei Feuer, um die sich laufend mehr Männer scharen. Fast schon glauben wir uns ins

frostige China des letzten Jahres zurückversetzt, nur wollen die Cowboyhüte nicht so recht dazu passen. Offenbar trifft man sich hier im Zwielicht des Morgens jeweils zu einem Schwatz und zum Auftauen der klammen Glieder, bevor es zur Arbeit ins Gehölz oder in die Sägereien geht. Warm eingepackt in Handschuhe und mit tief über die Ohren gezogenen Mützen rollen wir schliesslich aus dem Städtchen. Erst als die Sonnenstrahlen genügend wärmen, streifen wir Schicht um Schicht ab. Die Grasnarbe dieser Hochebene glänzt golden und am blauen Himmel formt der Wind in verschiedenen Höhenlagen laufend neue bizarre Wolkengebilde. Am weitesten weg von der Erde schimmern schmale Bänder mit seidigem Glanz. Ihre Ränder sind ausgefranst vom Wind. In den dicht stehenden Pinienwäldern rasseln und heulen Kettensägen. Die einzigen Tiere, die wir ausser den weidenden Kühen sehen, sind Vögel. Diese aber in ganzen Schwärmen. Zu tausenden bilden sie in phänomenaler Koordination mal pulsierende, mal wirbelnde schwarze Wolken. Nun rotieren sie als dunkler, fliegender Teppich in horrendem Tempo über ein stoppeliges Maisfeld und lassen keinen einzigen Wurm ungepickt.

Nachdem der mit 2815 Metern über Meer höchstgelegene Punkt der Mex 40 hinter uns liegt, werfen uns schon bald die Blechdächer der Stadt El Salto die von ihnen reflektierten grellen Sonnenstrahlen in die Augen. In einer *tienda* erstehen wir ein kühles Joghurt und ein paar Früchte. An der Kreuzung davor herrscht ein Gewirr von Autos und Menschen, umrahmt von einst bunten, heute reichlich verwitterten Fassaden. Gleich nebenan bieten zwei Bestattungsinstitute ihre Dienste an. Im Schaufenster stehen neben bescheideneren Modellen auch mit Gold beschlagene Särge. Draussen warten zwei Männer auf Arbeit. Sie stehen lässig an die Kühlerhaube des Leichenwagens gelehnt, den Cowboyhut so tief in die Stirn gezogen, dass ihre Gesichter ebenso unergründlich im Dunkeln liegen wie das Innere des Wagens hinter den getönten Scheiben. Welch makabres und doch wichtiges Geschäft: Immer dann, wenn einer seinen letzten Atem tut, sei es, dass er wie der junge Hector auf der Baja California die Kurve nicht gekriegt hat, sei es, dass ihn Krankheit oder Altersbeschwerden gebrochen haben, klingelt die Kasse, und das Herz der Bestattungsleute schlägt höher. Der Vergleich mit den nach Aas gierenden Geiern liegt da auf der Hand. Doch ist der Ruf der Bestattungsunternehmer um einiges besser als jener der Geier, denn um ihren speditiven Service ist man froh. Die Tradition gebietet nämlich, dass die Beisetzung einer Leiche innerhalb von 24 Stunden nach dem Einsetzen des Todes zu erfolgen hat. Damit das Joghurt auch kühl bleibt, stülpen wir eine mit Wasser befeuchtete Socke darüber, bevor wir auf dem schlaglöchrigen Asphalt aus der staubigen Stadt fahren, vorbei an Reparaturwerkstätten für Autos, hinaus in die Weite der Felder, Wiesen und Wälder.

Im Nest Llano Grande steigen wir im Privathaus einer vielköpfigen Familie ab. Weil aus der Dusche kein warmes Wasser fliesst, trägt uns die Vermieterin welches herbei, das sie auf dem Gasherd in der Küche aufgewärmt hat. Frisch geduscht schlendern wir nun auf der Suche nach dem Gemüseladen durch die seltsam breiten Kiesstrassen des Dorfs. Unsere Wangen glühen heiss. Aus allen Winkeln wird uns «*Buenas tardes!*» gewünscht, und immer fliegt dazu ein Lächeln mit. Die winzige *tienda* ist proppenvoll mit Leuten, die uns mit ihren tiefschwarzen Augen überrascht mustern. Wann haben die wohl zuletzt Fremde gesehen? Ausser Knoblauch finden wir alles Benötigte, sogar Vanille-Flan zum Dessert. Eine Kundin setzt sich dafür ein, dass uns bessere Bananen als die im Gestell liegenden gereicht werden, doch gibts leider keine anderen. Die Bettwäsche riecht säuerlich wie damals bei Maria in Rumänien und die Kälte schleicht immer dreister durchs Gemäuer. So ziehen wir einige Schichten Strassenkleider über und verkriechen uns mit zusammengekniffenen Nasen unter die Decke.

Die Landschaft vermag mich nicht mehr derart zu faszinieren wie während der letzten Tage. Vielleicht liegt es auch nur am gedämpften Licht unter dem bewölkten Himmel oder vielleicht auch an den hässlichen, etwa zehn Meter breiten Streifen parallel zur Strasse, die brandgerodet sind und aus denen ab und zu beissender Rauch aufsteigt und uns in den Augen brennt. Oder ist es der Gestank, den die je zwei Hunde- und Vogelkadaver auf dem Asphalt ausströmen?

Schon befinden wir uns in der berauschenden Abfahrt ins öde, steppenhafte Tal, in dem die Kolonialstadt Durango liegt und Ruhetage auf uns warten.

Kräftiger Regen fällt aus dem Nachthimmel über Durango, und auch der folgende Tag ist wolkenverhangen, kühl und feucht. Wir spazieren durch den Markt, in dem vor allem aus Leder gefertigte Artikel feilgeboten werden. Neben breiten Gürteln mit protzigen Schnallen könnten wir auch wuchtige Sättel erstehen, die aber nicht für Stahl-, sondern für echte Esel aus Fleisch und Blut oder ihre grossen Brüder, die Pferde, gedacht sind. So lassen wir dies bleiben. Auch die in durchsichtiges Plastik eingelassenen Skorpione begehren wir nicht. Dafür kaufen wir einem Strassenjungen, der auf seinem Rad eine Kochplatte montiert hat, eine mit Chilipaste gefüllte Teigtasche aus Maismehl ab. Durango versprüht zwar mehr Charme als jede andere mexikanische Stadt, die wir bis jetzt gesehen haben, doch vermögen uns die Kathedrale oder die Plaza de Armas nicht wirklich zu fesseln. Anderes hält uns einen weiteren Tag hier: Der Himmel runzelt die Stirn derart angestrengt, dass aus den tiefen Falten immer wieder Regentropfen quellen. Wir decken uns mit Vorräten ein und verstauen sie im Gepäck. Am Abend legen wir uns mit neuen, ebenfalls hier erstandenen warmen Pyjamas ins Bett. Unsere alten aus Diu, Indien, die wir uns vor zwei Jahren massschneidern liessen und die nun abgewetzt und da und dort verschlissen sind, haben wir bereits zu Reinigungslappen für die Veloketten zerschnitten.

Die Strassenarbeiter grüssen freundlich und fragen wie aus einem Mund: «*De dónde vienen?»* Dass wir nicht aus ihrem nördlichen Nachbarland stammen, freut die meisten. Während der Fahrt weide ich meine Augen an den ausgefallenen Wolkenskulpturen über den in warmes Braun getauchten Äckern und den vertrockneten Grashalmen, die sich im Gegenwind tief neigen. In Vicente Guerrero nähern sich uns zweimal kleine Jungs auf dem Fahrrad und wollen als Erstes wissen: *«De dónde vienen?»* Mit erfrischender Unbeschwertheit und in vollkommener Natürlichkeit plaudern sie auf uns Fremde ein und fragen uns aus über dies und das. Direkt beim mit lauter Musik beschallten *zócalo* beziehen wir ein gepflegtes Zimmer. Anschliessend kaufen wir auf dem nahen Markt ein und kochen wie einst in China am offenen Fenster, wobei Bea für die Anzündphase den Vorhang hinter meinem Rücken zusammenhält, damit die schwarze Wolke aus Benzinrauch in die feuchte Aussenluft entschwinden möge. Wir liegen bereits eng umschlungen auf dem Bett, als über schepprige Lautsprecher die Predigt für jene Schäfchen der Gemeinde ertönt, die den Weg ins Gotteshaus gegenüber nicht gefunden haben.

Ausserhalb der Stadt glitzert Müll im Sonnenlicht – die Schlechtwetterphase ist vorüber. Der Seitenwind trägt uns nicht nur den üblen Geruch von moderndem Abfall zu, sondern auch den beissenden Rauch eines Schwelbrandes. Trotzdem erkennen wir im Abfallfeld einen Mann mit strahlend weissem Cowboyhut und drei *indígenas* in farbenfrohen Umhängen, die allesamt geduldig nach Brauchbarem stochern. Weiter hinten tummeln sich noch andere Fledderer, deren Konturen aber im Rauch zu Schemen verschwimmen. Während uns die Strasse wieder auf etwa 2500 Meter über Meer hochträgt, passieren wir die Bundesstaatsgrenze von Zacatecas. Hier bietet sich uns ein fantastischer Blick über gelblich weisses Stroh auf die in Pastellfarben getauchte Sierra de los Órganos mit den Basaltfelsen in Form überdimensionierter Orgelpfeifen. Dieses Gebiet ist heute ein Nationalpark und war früher bevorzugter Drehort US-amerikanischer Western- und Countryfilme. Insbesondere aus dem Colt von John Wayne ist hier manche Kugel abgefeuert worden. Unsere Augen kleben geradezu an dieser lieblichen Szenerie und wir drehen die Räder nur noch im Zeitlupentempo über den Asphalt.

Auf den holprigen Natursteinstrassen von Sombrerete treffen wir einen bejahrten, aber durchaus vifen Mann, der sich als Mister Mike vorstellt. Seine Krawatte sitzt tadellos, doch die weisse Hose trägt Schmutzflecke. Sein Rücken ist gebogen vom Gewicht der Zeit. So versteckt sich unter dem Jackett ein Buckel. Unter den buschigen Augenbrauen funkeln die Augen derart dunkel hervor, als bestünden sie aus schwärzester Kohle. Das dichte, bläulichweisse Haar ist in kühner Welle nach hinten gekämmt. Zwischen den kräftigen Ohren klemmt ein scharfgeschnittener Charakterkopf. Weich sind nur die sinnlichen Lippen. In aller Bescheidenheit, jedoch mit unduldsamer Ernsthaftigkeit, berichtet uns Mister Mike in fliessendem Englisch:

«Vor 76 Lenzen bin ich hier geboren, habe 26 Jahre meines Lebens in den Vereinigten Staaten verbracht und leite nun schon seit Jahren von hier aus, von Sombrerete, dem Zentrum der Erde, den Gang der Welt. Ich habe eine Rakete entwickelt, mit der man ohne weiteres bis zur Sonne reisen kann. Auf dem Grund und Boden von Sombrerete wurden Gold und Silber sowie die Planeten des Weltalls erschaffen.» Bea und ich sind über diese Neuigkeiten bass erstaunt. Schliesslich frage ich Mister Mike, ob ihm die Verantwortung, die ganze Welt regieren zu müssen, nicht eine zu grosse Bürde sei. Er lächelt so milde wie altersweise und verneint dezidiert.

Nun führt er uns zu einer Kunstausstellung. Auf den ersten Gemälden sind die Berge und Täler der näheren Umgebung abgebildet. Mit dem Arm zeigt er auf die Leinwand und erläutert in seinem gehauchten Englisch: «Seht, dies haben wir hier in Sombrerete kreiert.» Nach dem Besuch des Zimmers, in dem über die Gewinnung von Silber in den nahen Minen, die Ende des 17. Jahrhunderts gar jene von Zacatecas konkurrenzierten, informiert wird, führt uns Mister Mike eine knarrende Holztreppe hoch. Dabei rollt er seine Schultern noch mehr ein. Diese vorwärts stürzende, hastende Bewegung ist aber auch in seinem ruhenden Körper festgefroren. Hier oben sind seine eigenen Werke ausgestellt: Die Sonnenrakete, die Planeten wie Pluto oder Saturn und eine abstruse Schöpfungsgeschichte der Erde mit einem Schwulen und einer Lesbe als Hauptakteure sind tatsächlich auf Leinwand durch seine Pinselstriche erschaffen worden. Er ist der Schöpfer der Welt – seiner Welt.

Im Anstieg aus Sombrerete weicht die bittere Kälte des Morgens bald aus unseren Gliedern. Wieder schweift unser Blick über Stoppelfelder hin zu rotbraunen Ackerflächen, die unter dem stahlblauen Himmel vor kahlen Hügelzügen zerfliessen. Vorsichtig eine autofreie Phase abwartend, überquert ein Kojote wenige Meter vor uns behände die Fahrbahn und verschwindet im wogenden Gras. Die Strasse liegt als in den Horizont stechende Linie vor uns. Der Verkehr darauf gebärdet sich schnell und aggressiv. Entsprechend viele Hundekadaver und Kreuze säumen den Asphalt. Ein von uns aufgeschreckter Hase schlägt abenteuerliche Haken und löst sich bald in der Ferne auf. Die Landschaft verliert immer mehr an Reiz – wir nähern uns einer Stadt. Einige Kilometer vor Fresnillo verdichtet sich der Verkehr nach der Einmündung der von Norden kommenden Mex 49 derart, dass wir uns richtiggehend ins Stadtzentrum durchbeissen müssen. Hier finden wir überdies nur teure Hotels oder Schuppen, deren abgefuckte Fassaden leider nicht lügen.

Die Strassen im Zentrum von Fresnillo sind in solch lausigem Zustand, dass all die Schwellen nicht nötig wären, um den Verkehrsfluss zu brechen. So schleichen wir uns im Zeitlupentempo aus der Stadt. Draussen auf dem Highway Richtung Zacatecas hingegen fliegen wir förmlich dahin – der Wind ist uns günstig gesinnt. Von Minute zu Minute gewinnt er gar an Dynamik, doch leider beliebt er auch, seine Richtung zu ändern. Statt von hinten bläst er bald von der Seite oder schneidet gar voll ins Gesicht. So wird es wider Erwarten doch noch ein harter Tag für uns. Offiziell ist Radfahrern der Zugang zur *cuota*, der gebührenpflichtigen Autobahn, verwehrt, doch werden wir bei den Schranken der Zahlstelle nicht abgewiesen. Im Gegenteil: Da für Velos schlicht keine Tarife existieren, dürfen wir sogar gratis passieren. Einzige Bedingung des freundlichen Beamten ist, dass wir die Räder auf dem Gehsteig an den Schlagbäumen vorbeischieben, damit unsere Durchfahrt von den in den Asphalt eingelassenen Zählschlangen nicht erfasst wird. Auf der dreispurigen Strasse gehört der Pannenstreifen uns allein. Das Terrain ist eben und die meisten Ackerflächen liegen brach. Vor Zacatecas steigt die Strasse aber ziemlich stark an, um dann in einer langgezogenen Schlaufe wieder abzutauchen. Wir müssen auf der Hut sein, dass uns der dichte Verkehrsstrom auf dem Boulevard López Mateos nicht am historischen Zentrum der Stadt vorüber schwemmt.

Beas Lippen sehen aus, als wäre sie die letzten Tage auf ihnen gefahren. Sie schreien ultimativ nach ein paar Tagen Schonung. Denn Wind und Kälte unterwegs tilgen jeden Heilungsbeginn schon im Ansatz. In der Nähe der im üppigen spätbarocken Stil gehaltenen Kathedrale finden wir im Dachgeschoss eines etwa zweihundertjährigen Hauses eine geräumige, überraschend günstige Unterkunft. Am Abend sind die Fassaden unseres Strassenzugs geschmackvoll beleuchtet. Wir setzen uns in den lauschigen Park Plaza de la Loze neben zwei turtelnde Liebespärchen und geniessen die Süssigkeit *pay de queso* aus einer der zahlreichen Bäckereien. Die schmale, liegende Mondsichel leuchtet so hell auf uns, als hätte sich sämtliche Strahlkraft des Vollmondes in ihr konzentriert.

Kurz nach der Entdeckung von Edelmetallen in den umliegenden Bergen erlebte Zacatecas einen kometenhaften Aufschwung. Es wurde die berühmteste der mexikanischen Silberstädte, die wesentlich zum spanischen Reichtum der frühen Neuzeit beitrugen. Bei der Mina El Eden lassen wir uns auf einem Züglein in den Bauch des Bergs Cerro del Grillo karren. Obwohl die Arbeit seit bald vierzig Jahren ruht, ist die Luftqualität stickig. Sie führt zu leichtem Unwohlsein, das sich aber bald wieder verflüchtigt. Bis zu meinem Geburtsjahr 1966 wurden in dieser Mine Silber, Gold, Kupfer, Eisen und Quarz abgebaut. Unter den spanischen Konquistadoren arbeiteten hier nur versklavte *indígenas*. Und zwar während sechzehn Stunden pro Tag und für sieben Tage die Woche. Sie alle sind jung an Tuberkulose, Silikose oder an gebrochenem Herzen gestorben. Das hatten sich viele der indigenen Stämme anders vorgestellt. Damals, als sie die Spanier mitsamt Kanonen und Pferden, die allesamt aus dem Reich der Götter zu stammen schienen, unterstützten, um das Joch der Azteken loszuwerden. Etliche hielten Cortéz für Quetzalcóatl, die «gefiederte Schlange», die sie gemäss einer Weissagung von den verhassten Azteken befreien würde. Sie kamen aber vom Regen in die Traufe. Alle *indígenas* wurden zu Sklaven degradiert, die in

Silberminen oder auf Zuckerrohr-Haziendas schuften oder in zermürbender Knochenarbeit Kathedralen und öffentliche Prunkbauten errichten mussten.

Um die Anmut von Kolonialstädten wie Zacatecas wirklich geniessen zu können und nicht auf jedem Stein das vertrocknete Blut der ausgebeuteten *indígenas* kleben zu sehen, und sich nicht vor lauter Verachtung für die niederträchtigen europäischen Sklaventreiber – unsere Vorfahren – beschämt abzuwenden, braucht es neben einer Angewöhnungsphase auch eine gewisse Abgestumpftheit, die uns offenbar eigen ist, denn die Stadt gefällt uns immer besser.

Im kleinen Museo Zacatecano erklärt uns einer der schläfrigen Wächter in einem plötzlichen Energieanfall einiges Bemerkenswertes über die Lebensweise und die Rituale der Huicholes, wobei wir nicht allen seinen Ausführungen in Spanisch folgen können. Immerhin erfahren wir, dass dieses indigene Volk noch heute sehr zurückgezogen als Bergbauern im Hochland der Sierra Madre Occidental lebt – so zurückgezogen, dass wir auf unserer Fahrt von Mazatlán nach Zacatecas nie auf Leute dieser Volksgruppe gestossen sind. Die Huicholes sind einer der letzten Ureinwohnerstämme Mexikos, deren Glaubenswelt wenig vom Gedankengut des Christentums beeinflusst und noch mit den uralten traditionellen magischen Vorstellungen durchsetzt ist. Freilich krallte sich schon in den Fünfzigerjahren eine erste katholische Missionsstation auf ihrem Stammesgebiet fest. Es folgten evangelikale Missionare mit Kreuzzugsmentalität und es entstanden auch mehr und mehr sogenannte Erweckungsgemeinden und Kirchenbauten. Doch verstanden es die meisten Huicholes, den Pfaffen zu trotzen und ihren ursprünglichen Glauben zu bewahren. Durch prächtige Feste und Zeremonien versuchen sie immer wieder aufs Neue die Gunst ihrer Götter, deren höchster Vertreter «Vater Sonne» ist, zu gewinnen. Eine Variante mit den Göttern zu kommunizieren sind Votivschalen aus Kürbissen. Sie sind innen mit Bienenwachs überzogen und zeigen symbolische Darstellungen, die aus Samen, Maiskörnern, winzigen Steinchen, Muscheln oder Federn bestehen. Das Bild eines Rehs bedeutet dabei zum Beispiel das Flehen eines Jägers um Jagdglück. Samen und Getreide sollen zu einer reichen Ernte führen. Und die Darstellung eines Kranken versinnbildlicht die Bitte um Genesung. Da geglaubt wird, dass die Götter die Gebete der Menschen trinkend in sich aufnehmen, werden die Schalen neben Quellen oder in Dachrinnen aufgestellt. Das Zentrale aber sind die rauschenden Feste. Es gibt *fiestas* für baldigen Regen, für reichhaltige Ernte, für die reifen Früchte, für den gerösteten Mais, für «Vater Sonne», für die Göttin der Fruchtbarkeit und natürlich für Peyote. Er erleuchtet den Huichol sein ganzes Leben lang und hilft ihm, in direkten Kontakt mit seinen Göttern zu treten. Eines der wichtigsten Rituale ist denn auch das Sammeln von Peyote, dieser Kaktusart, deren Genuss eine halluzinogene Wirkung zeitigt. Bei den Konsumenten setzt zunächst innere Unruhe und Hyperaktivität ein. Zudem verschärft sich die Wahrnehmung mit allen Sinnen deutlich und intensiv leuchtende Farben erscheinen. Auch können halluzinatorische Visionen mit ekstatischen Glücksgefühlen bis hin zur ozeanischen Ich-Auflösung eintreten. Da selbst in einem Land wie Mexiko – mindestens auf dem Papier – alles seine Ordnung haben muss, wurde den Huicholes von der Regierung eine Sondergenehmigung für die Nutzung der illegalen Droge Peyotekaktus erteilt. Boden und Klima der Sierra Madre Occidental eignen sich aber nicht, um diese Pflanze anzubauen. Sie gedeiht in der Wüste von San Luis Potosí, mehr als vierhundert Kilometer nordöstlich der Siedlungsgebiete der Huicholes. Jährlich wird im Mai oder Juni eine Pilgerreise dorthin unternommen. Gleich nach der Ankunft auf dem geheiligten Peyoteland muss sich jeder Teilnehmer einer Reihe von Reinigungsritualen unterziehen. Eines der wichtigsten ist die Feuer-Reinigung. Dabei muss jeder *peyotero* den versammelten Teilnehmern seiner Gruppe all seine sexuellen Fehltritte des vergangenen Jahres gestehen. Nun wird jeder dieser Fauxpas mit einem Knoten in einen Maisfaserstrang gebannt, der alsbald dem Feuer überantwortet wird, wodurch der Sünder seine Reinheit und Unschuld zurückerlangt. Diese fast öffentliche Beichte geht viel weiter als bei den Katholiken, bei denen ein Gespräch unter vier Augen mit einem Beichtvater genügt um sich reinzuwaschen. Noch einfacher scheint mir die thailändische Spielart, schuldhafte Verfehlungen loszuwerden: blosses Erdulden der Wasserfontänen beim Songkran-Fest. Sind die *peyoteros* wieder mit einer weissen Weste versehen, spüren sie in Trance den Peyotekaktus auf und sammeln eine Jahresration, was bis zu drei Tage in Anspruch nehmen kann.

An einem anderen Tag gondeln wir in einer Luftseilbahn durch das Sonnenlicht des Nachmittags auf den Cerro de la Bufa, den beliebten Aussichtspunkt auf der Ostseite von Zacatecas. Der Blick über das uns zu Füssen liegende Häusermeer ist fantastisch. Die meisten Wohnbauten bestehen aus einfachen, niedrigen Quadern mit Flachdächern, auf denen Wäsche zum Trocknen hängt. Auf dem Cerro de la Bufa tummeln sich scharenweise Touristen, die mit Bussen hochgekarrt wurden. Neben der Aussicht kann auf der Bergspitze oben im Museum La Toma de Zacatecas auch Interessantes über Pancho Villa, den *Centauro del norte*, den Helden der mexikanischen Revolution, erfahren werden. Ein älterer Herr, der uns aus der Gondel steigen sah, erzählt uns jedoch ungefragt eine andere Geschichte: «Der Cerro de la Bufa war einer der heiligen Berge der Huicholes. Vor ein paar Jahren wurde er durch ein Werk der modernen Welt entehrt. Durch diese Luftseilbahn, diese Touristenattraktion. Wie würde wohl die Schleifung des Vatikans durch die Huicholes, um dort ein Maisfeld zu pflanzen, von der restlichen Welt aufgenommen?»

Beim Verlassen dieser Stadt mit der packenden Atmosphäre und der blutigen Geschichte holpern wir wieder über dieselben Natursteinstrassen, über die wir vor vier Tagen ins Zentrum vorgestossen sind. Zwei ergraute Männer warten an eine Hausmauer gelehnt auf Kundschaft. Die Fassade strahlt die gespeicherte Sonnenwärme angenehm an ihre Rücken und Cowboyhüte schützen ihre Augen vor den grellen Strahlen. Neben ihnen stehen geduldig zwei Esel, die mit Tonkrügen behängt sind. Diese Gefässe sind gefüllt mit *agua miel*. Noch denke ich an diesen süssen Saft der Agave, und schon reisst uns die Blechlawine auf dem Boulevard López Mateos mit sich Richtung Osten, vorbei an riesigen Supermärkten und Fastfood-Ketten amerikanischer Couleur. Da die Strasse vornehmlich fällt und der Wind von hinten pustet, sind wir ungemein schnell unterwegs. Bea hat sich zum Schutz ihrer noch immer geschundenen Haut Handschuhe angezogen und ein Tuch über die empfindlichen Lippen gebunden.

Die Mex 49 Richtung San Luis Potosí ist eine schmale Strasse mit holprigem Belag, auf dem die Busse, Camions und Autos wie blöd rasen. Entsprechend düster ist die Bilanz an überfahrenen Tierkadavern: zehn Hunde oder Kojoten, sechs Kühe, ein Esel und ein Pferd. Befreit atmen wir auf, als wir nach eineinhalb Stunden bei Gral. P. Natera in eine Nebenstrasse abzweigen und dem blindwütigen Verkehr entfliehen können. Die Dorfbewohner grüssen freundlich und nicken uns wohlwollend zu. Von nun an sind wir fast die einzigen auf dem Asphalt, und wer doch auch unterwegs ist, scheint über alle Zeit der Welt zu verfügen – hier wird nicht gerast. Das Terrain bleibt flach und ist wenig reizvoll. Zum ersten Mal in Mexiko entdecken wir Leben auf Äckern: Einige Traktoren stieben feine Erde auf, die vom launischen Atem der Sonne in Form von Windhosen trichterförmig hochgewirbelt wird und dergestalt über das Land fegt. Diesen Mini-Tornados zuzuschauen, ist immer wieder eine besondere Freude, allerdings nur solange, als man nicht selbst vom staubigen und oft auch mit Abfall befrachteten Luftwirbel erfasst wird. Etliche Schaf- und Pferdeherden tummeln sich auf den Kakteenfeldern, die mit Stacheldraht umzäunt sind. Die Vorderläufe der Pferde sind mit Stricken zusammengebunden. Die Tiere können sich deshalb nur widernatürlich und wohl auch nur unter Schmerzen fortbewegen. Dieser Anblick schnürt uns das Herz zusammen und erzürnt uns gleichzeitig.

In Villa Gonzáles Ortega fragen wir vor der für dieses Nest viel zu wuchtigen Kathedrale herumstehende Männer nach einem Gemüseladen. Da stellt sich heraus, dass alle schon in den Staaten Geld verdienten und dabei einige Brocken Englisch haften geblieben sind. Der eine fährt uns mit seinem Rad voraus und weist uns den Weg. Sogar das Mädchen hinter der Ladentheke spricht perfekt Englisch; es ist in Houston Texas aufgewachsen. Dass die Verwebung der mexikanischen und US-amerikanischen Kulturen, die eine Art Hassliebe verbindet, derart engmaschig ist, hätte ich nicht gedacht. Die sechs nordamerikanischen Wohnmobile mit Autos im Schlepptau, die uns später vorsichtig überholen, bringen mich indes zum Schmunzeln. Der Respekt vor den als «räuberisch» gebrandmarkten Bewohnern ihres südlichen Nachbarlandes ist derart gross, dass sich nur die Mutigen und selbst diese nur im Schutz grosser Karawanen auf dessen Strassen wagen.

Wenige Kilometer vor San Felipe hält ein Wagen neben uns, dem zwei sonnenbebrillte, eher gesetzte Typen entsteigen. Sie stellen sich als Alfredo und Luis Arturo vor und zeigen sich sehr interessiert an unserer Art zu reisen. Sie selbst seien vernarrt ins Radfahren. Es gäbe kaum einen der umliegenden Berge, den sie in ihrer Freizeit noch nicht auf Mountainbikes durchstreift hätten. Nach kurzem Schwatz meint Alfredo, der perfekt Englisch spricht, wir sollen nun zum *zócalo* von San Felipe rollen, sie würden dort auf uns warten.

Tatsächlich empfangen uns die beiden herzlich und laden uns gleich zu einer Michelada im Restaurant Con Checo ein. Das Glas ist gross genug, um sich darin die Füsse zu baden. Nach den ersten zwei Schlücken, die nicht schlecht und doch irgendwie sonderbar munden, erfahren wir, dass nicht nur Bier, Tomatensaft und Gewürze, sondern auch Muscheln reingemixt wurden. Das schnürt uns gleich die Kehle zu. Doch wollen wir insbesondere den esoterisch-tiefgründigen Alfredo nicht brüskieren und nippen tapfer weiter, bis als rettender Engel der quirlige Sergio erscheint. Er ist der Besitzer dieses Restaurants und Freund der beiden. Vor Begeisterung sprühend, schwärmt er von Funden in einer nahen Höhle, die mehrere tausend Jahre alt seien. Die werden wir gleich zusammen anschauen gehen. Unsere zwei Michelada-Gläser bleiben noch fast randvoll stehen. Zuerst führt uns aber der junge Advokat Luis Arturo in sein zurzeit verlassenes Elternhaus, in dem wir heute übernachten dürfen. Nur sein kräftiger Hund haust mit zwei Welpen im Hinterhof inmitten von herumstehendem Gerümpel. Alle Oberflächen sind mit einer dicken Staubschicht überzogen. Dafür ist der alte Bau mit dem zentralen Patio stil- und charaktervoll. Die Wände des Raums, dessen Fussboden wir als Schlafstatt auswählen, sind mit Fotos tapeziert, auf denen wir die Gesichter unserer neuen Bekanntschaft erkennen. Luis Arturo und Sergio wollen im Frühjahr hier in diesem Haus ein Ökotourismus-Unternehmen starten. Diverse Prospektideen liegen auf einem Tisch verstreut.

Schon hupt draussen Sergio. Luis Arturo bittet uns in Sergios Klapperkiste, in der auch Alfredo sitzt. Er selbst muss jetzt an ein wichtiges geschäftliches Treffen und verabschiedet sich. Als Erstes fragt uns der aufgedrehte Sergio, ob wir mit ihnen zusammen einen Joint rauchen möchten. «*No gracias!*» Wir verlassen die Stadt vorbei an einer ehemaligen Hazienda und fahren schliesslich querfeldein über abgeerntete Maisfelder an den Fuss eines der nahen Berge. Aus Sergio sprudeln die Worte, meist in Englisch, nur so heraus. Sie mischen sich mit dem fetzigen Sound aus den 60er und 70er Jahren von Deep Purple, John Lennon oder Van Morrison, der den Wagen erfüllt. Hinter einem Zaun steht «*Historical site*» geschrieben. Wir schlüpfen durch eine Öffnung in der Absperrung und marschieren zu einer Höhle mit roten Wandzeichnungen und Gravuren, die gemäss Archäologen des Museo de Antropología in Mexiko-Stadt 13000 bis 18000 Jahre vor Christus datieren. Im Muster der vielen Punkte und Striche erkennen wir auch das Bild eines Hirsches. Jetzt steigen wir über den rutschigen Hang hinauf zu einer alten, knorrigen Eiche. Das ist der Lieblingsplatz von Sergio. Oft sitze er des Abends alleine hier oben, lasse den Blick über die Ebene schweifen und sei ganz einfach glücklich. Er schwärmt davon, wie grossartig es sei, wenn er jeweils mit seinem Mountainbike in dichtem Nebel da unten durchkomme, keine zehn Meter weit sehe, aber mit jeder Faser seines Daseins die Kraft der ihn umgebenden Natur spüre. Kindliche Freude überkommt ihn, als er neue Eichentriebe entdeckt, die aus dem Boden lugen. Wie er und Alfredo in die Erde greifen, die trockenen Krumen befühlen und uns Interessantes über die hiesige Pflanzenwelt erläutern, spüre ich ihre tiefe Erdverbundenheit. In jüngeren Jahren hätten sie jeweils ganze Wochenenden lang in Höhlen dieser Berge ausufernde Feste gefeiert. Immer nur Männer, keine Frauen, dafür Alkohol in rauen Mengen, Drogen und laute Musik. Beide ticken auf derselben Frequenz. Auch hinsichtlich der Politik sind sich die zwei einig: Noch-Präsident Fox, dieser ehemalige Coca-Cola-Manager, sei kein Leader, habe keine Visionen. Und der Revolutionär und Autor Subcomandante Marcos, das Sprachrohr der Zapatistischen Armee der Nationalen Befreiung, sei nicht viel mehr als ein Clown. Die Verteidigung der indianischen, vor allem der Maya-Kultur, der Kampf um die mexikanischen Bürgerrechte und die radikale Kritik an der neoliberalen Globalisierung seien wohl hehre Ziele, doch bringe Marcos wenig bis nichts zu Stande. Er sei nun schon seit über zehn Jahren an der Macht und habe es nicht einmal verstanden, die divergierenden Interessen der indigenen Gruppen unter einen Hut zu bringen. «Natürlich», relativieren die beiden, «bilden die *indígenas*, die etwa einen Siebtel der Gesamtbevölkerung stellen, einen extrem heterogenen Haufen. Sie alle sind zwar direkte Nachkommen der Azteken, Maya oder anderer alter Zivilisationen, doch unterscheiden sich die verschiedenen Ethnien bezüglich sprachlicher und kultureller Besonderheiten derart klar wie etwa Finnen von Italienern.» Tatsache sei jedoch, dass der Status der Indigenen heute nur unwesentlich besser sei als noch zur Kolonialzeit. Armut sei für die grosse Mehrheit der indianischen Gemeinschaften ein chronisches Übel. Sergio und Alfredo sind enttäuscht von Marcos und wundern sich über die Unterstützung, die ihm vor allem aus Europa gewährt wird. Alfredo selbst war als junger Heisssporn am äussersten linken Flügel der Politik in Mexiko-Stadt aktiv und musste letztlich für fünf Jahre nach Kanada ins Exil flüchten. Nicht nur wegen dieser Geschichte erinnert er mich stark an Jakob aus Khonj, Iran. «Nun habe ich erkannt und eingesehen, dass es mit der Revolution im grossen Massstab nicht klappt. Deshalb mache ich meine eigenen Umwälzungen. Täglich versuche ich, mein eigenes Paradies zu schaffen», meint er nicht etwa resigniert, sondern eher altersweise. Diese beiden, Alfredo und Sergio, geniessen das Leben ganz offensichtlich. Um sich wirtschaftlich über Wasser zu halten, betreibt Alfredo neben seiner Ranch in der Nähe von San Luis Potosí auch hier in San Felipe ein Geschäft. Es liegt unweit des *zócalo* und ist nichts als ein Ramschladen, in dem in China hergestellte Billigprodukte aus Plastik verkauft werden. Darauf ist er natürlich überhaupt nicht stolz, ein solcher Handel steht im Widerspruch zu seinen Idealen, doch kommt der Bauch vor ehrenhaften Luftschlössern. Zurück im Restaurant von Sergio, werden wir zum Nachtessen eingeladen. Mir ist es übel. Mein Bauch ist extrem aufgebläht. Da haben sich in letzter Zeit wohl zu viele Zwiebeln ins Essen geschlichen oder es ist die Michelada, gegen die mein Verdauungstrakt rebelliert. Schon steht ein Coca-Cola auf dem Tisch, und Sergio träufelt ein Agavenextrakt in mein Glas – diese uralte Medizin wirkt auf Anhieb.

Am folgenden Morgen lädt uns Luis Arturo zum Frühstück ein. Als einziger der drei Freunde ist er noch nicht vollends desillusioniert von den Möglichkeiten der Politik und wirkt aktiv in der Partido Revolucionario Institucional mit, die seit 1929 die dominierende Partei Mexikos war, bis die Partido Acción Nacional, die konservative, rechte Partei von Vicente Fox, bei den Präsidentschaftswahlen 2000 überraschend den Sieg davontrug. Luis Arturo ist stolz auf sein Mexiko und insbesondere auf sein San Felipe, das im Übrigen die Wiege der Revolution von 1810 sei und nicht etwa Dolores Hidalgo, wie dies die restliche Welt meine. Nach einer letzten warmen Umarmung kaufen wir auf dem Markt ein, schreiben Alfredo und Sergio noch eine kurze Abschiedsnotiz und rollen aus der Stadt unserer drei neuen Freunde. Da der Wind lahme Flügel hat, ist es herrlich warm heute, und wir kommen gut voran. Nach knapp dreissig Kilometern verpflegen wir uns unter einem schattenspendenden Baum neben der Strasse, der fast vollständig mit Flechten übersät ist. Alfredo hatte uns gestern erklärt, dass diese Flechten vom Wind verfrachtet werden, sich auf den Ästen festsetzen und den Bäumen den Lebenssaft aussaugen, bis diese verdorrt sind.

In den Gassen von Dolores Hidalgo sind viele Schülerinnen in den kurzen Röcken der Schuluniform anzutreffen. In dunklen Ecken schummriger Hinterhöfe, aber auch in Parks turteln blutjunge Liebespärchen. Wir wundern uns, dass dies unter all den katholischen Kreuzen toleriert wird. Aber schon Padre Miguel Hidalgo war ja aus gutem Holz geschnitzt. Anno 1810 hielt er hier seinen *grito de independencia*, diese flammende Rede zur Unabhängigkeit Mexikos vom spanischen Königshaus, das mit wenig Fingerspitzengefühl herrschte und Land und Leute schamlos ausbeutete. Elf Jahre später war die Kolonialmacht schliesslich gebrochen. Der Padre kümmerte sich auch, was durchaus bemerkenswert ist, um das Wohlergehen der *indígenas*. Deren Nachkommen sitzen noch heute vor dem *mercado municipal* und bieten Nopales-Blätter oder andere Gemüse zum Kauf an. Die wie dunkles Leder sonnengegerbten Gesichter der alten Frauen sind mit tiefen Runzeln beschrieben, die von grossem

Leid erzählen, jedoch gleichzeitig ungebrochene Hoffnung und Würde ausstrahlen. Alle haben ihr graues Haar zu zwei kräftigen Zöpfen geflochten, genau so wie es unsere Mütter als Kinder zu tun pflegten. Die Beine sind unter dicken Strümpfen versteckt.

Wieder unterwegs, marschiert uns heute Sonntag bald ein vielköpfiger, Kirchenlieder intonierender Prozessionszug entgegen. Obwohl schon zehn Kilometer auf staubigen, mit unzähligen stinkenden Hundekadavern gepflasterten Strassen hinter diesen Gläubigen jeden Alters liegen, stemmen sie die Kreuze und die Heiligenbilder noch immer wacker und frohen Mutes in die Höh. Bei einer Rast neben der Strasse auf unseren Klappstühlen gesellt sich ein kräftig gebauter Typ zu uns. Ob wir ihm nicht ein paar Peso abtreten könnten? Er sei nämlich krank und wolle sich demnächst in die Obhut eines *santo* begeben, dem er als Opfer einen gewissen Betrag abzugeben habe. «Wie viel Geld benötigst du denn für den Heiligen?», wird Bea konkret. «Hundert Peso sollten reichen», meint der junge Mann, fügt aber hastig an: «Ich werde selbstverständlich mehrere Leute um kleine Beträge angehen, bis ich diese beträchtliche Summe beieinander habe.» Nach kurzer Beratung in unserer Geheimsprache, der Zürcher Mundart, drücken wir ihm lächelnd ein Zehn-Peso-Stück in die Hand – wohl wissend, dass es in den nächsten Minuten in ein kühles Bier verwandelt sein wird.

Schon einige Kilometer vor San Miguel de Allende lässt der Blick durch die Sonnenbrille erahnen, dass wir uns einem international bekannten Juwel nähern: Edle, aber völlig deplatziert wirkende Ranchos reicher Fremder werben mit Spa und Golf. Die beauftragten Landschaftsgärtner wetteiferten vermutlich miteinander, wer das perfekteste Abbild einer toskanischen Gartenlandschaft hier hinzuzaubern versteht. Auf uns wirkt dies alles bieder, bünzlig und verfehlt und dämpft die Vorfreude auf dieses Städtchen mehr als nur ein wenig. Trotzdem geniessen wir bald die geschmackvollen, bunten Fassaden der Altstadt, deren wunderliche Fenster ihnen Charakter verleihen wie einem Menschen die Augen. Die engen, mit altehrwürdigem Kopfsteinpflaster belegten Gassen sprühen vor Charme. In den reichen Auslagen des Markts entdecken wir zum ersten Mal in Mexiko Ingwer. Wir hätten wohl schon früher nach *jengibre* fragen sollen, denn oft zeigt die Auslage nur die halbe Wahrheit. Wir kaufen gleich einige Wurzeln dieser ursprünglich aus Südostasien stammenden Gewürzpflanze. Die Mangos sind aus Ecuador importiert und werden entsprechend teuer angeboten. Wir üben uns einstweilen in Enthaltsamkeit und gedulden uns, bis in zwei Wochen auch hier in Mexiko die Mangosaison beginnt. Mittlerweile prangt bereits der Vollmond über dem wohlgeformten, von kräftigem Wind durchwehten Steingebilde San Miguel de Allende.

Vor dem Postamt quatschen uns zwei US-Amerikaner an, die jeweils halbjährlich hier residieren. Kaum sind zwischen uns ein paar wenige Worte gewechselt, drückt uns der eine ein Bibel-Traktat in die Hand. Da haben wir weit über zwanzig Länder durchquert und dabei Leute der verschiedensten Religionen und Lebensphilosophien kennen und schätzen gelernt – Muslime, Buddhisten, Shintoisten oder Atheisten – und niemand missionierte bei uns. Unser Glaube oder Nichtglaube war den meisten Leuten zwar eine Frage wert, doch was für sie zählte, waren letztlich nur wir als Menschen, und es wurde nie versucht, uns zu manipulieren, uns zu ihrer persönlichen Religion zu bekehren. Einzig in einem kleinen US-amerikanischen Nest, nördlich des Columbia River, versuchte uns eine ältere Lady mit einem Traktat und mit gesäuselten Worten über Jesus Christus auf den Heilsweg zu locken, der ihr vorschwebt. Und nun diese beiden sanften, wohlmeinenden Männer aus den Staaten. Genau dies lege ich den Missionaren in geharnischtem Ton dar und weise sie überdies darauf hin, dass speziell auf dem Boden Mexikos im Namen der Religion, die sie anpreisen, durch die Spanier bestialisch gemordet wurde, und sie sich gefälligst Asche aufs Haupt streuen und entsprechende Zurückhaltung auferlegen sollen. Schliesslich galt schon am 8. November 1519, als der Spanier Hernán Cortéz als erster weisser Mann Tenochtitlán, die Stadt der herrschenden Azteken, betrat, die Verbreitung des Evangeliums als Rechtfertigung für all die unvorstellbaren Gräuel, die folgten. Auf dem Trümmerfeld des geschleiften Tenochtitláns wurden die stattlichen Kirchen und Klöster von Mexiko-Stadt errichtet. Der spanische König sowie die Soldaten und Padres der Augustiner-, Dominikaner-, Franziskaner- und Jesuiten-Orden, die er zur Besitznahme des Landes und Knechtung der Bevölkerung ausgeschickt hatte, empfanden es als ihre heilige Verpflichtung, die «barbarischen» Heiden auf den rechten Weg des «einzigen wahren Glaubens auf Erden» zu führen oder auf dem Scheiterhaufen zu verbrennen. Freilich noch verheerender als der Tod auf dem Scheiterhaufen der Inquisition waren für die Ureinwohner aber die durch die Europäer eingeschleppten Krankheiten wie Windpocken oder Typhus, die in einigen Gegenden bis zu zwei Drittel der Bevölkerung dahinrafften.

Vorbei an toten Hunden trägt uns die Strasse auf einen Sattelpunkt, wo wir von der Provinz Guanajuato in jene von Querétaro wechseln und in berauschender Abfahrt zur Autobahn Mex 57 hinunterpreschen. Der Verkehr auf dieser Hauptachse ist dicht, doch fühlen wir uns auf dem grosszügigen Seitenstreifen einstweilen sicher. Bei einer Pause erzählt uns ein Mann von einer jährlich stattfindenden Pilgerfahrt mit dem Rad: «Immer im Juli schwinge ich mich mit dutzenden von Gleichgesinnten aufs *bicicleta*. Wir starten jeweils hier in Querétaro um Mitternacht und erreichen die Basílica de Nuestra Señora de Guadalupe in der Ciudad de México so gegen Mittag.» Fragezeichen in unseren Augen gewahr, fährt er eifrig fort: «Die dunkelhäutige Jungfrau von Guadalupe, wir nennen sie deshalb liebevoll *La Morena*, ist die offizielle Schutzheilige Mexikos. Es gibt bestimmt kein Haus, Auto oder Büro, in dem nicht ein Bildnis von ihr hängen würde. Trotzdem wird jenes in der Basílica jährlich von gegen acht Millionen Leuten aufgesucht. Damit ist es nach dem Vatikan das meistbesuchte religiöse Heiligtum der Christenheit.» Das interessiert uns brennend – weniger die Jungfrau, sondern der Weg. Denn lange nagten Zweifel an uns, ob es ratsam sei, auf unseren Drahteseln nach Mexiko-Stadt zu reiten. Und falls ja, von welcher Himmelsrichtung her, auf welcher Route? «Wir radeln stets auf der Mex 57. Auf ihr sind die zweihundert Kilometer gut zu bewältigen», beantwortet er unsere Frage. Na also! Nun ist definitiv klar: Wir wagen es, und zwar auf exakt dieser Autobahn. In der Millionenstadt Querétaro finden wir auch rasch eine detaillierte Strassenkarte für die Feinplanung der Landung im Moloch Mexiko-Stadt – es kann losgehen!

Direkt nach Querétaro ist der Verkehr auf der Mex 57 fürchterlich. Zuerst jagt uns diese mit stinkigen Camions vollgepackte vierspurige Strasse pro Richtung gute zweihundert Höhenmeter einen Hügel hinauf, wobei es auf diesem Abschnitt keinen Pannenstreifen gibt. Wir zirkeln auf einem maximal fussbreiten, mit Scherben und Kies belegten Asphaltstreifen zwischen Leitplanke und den dicht an uns vorbeidonnernden Lastwagen. Viel besser ist die Situation für uns in Abfahrten oder wenn die Strasse eben verläuft. Denn in diesen Fällen wird die vierte Spur zum Pannenstreifen, der uns kaum je streitig gemacht wird. Riesige Tankstellen folgen sich auf den Fuss. Bei einer plaudern wir einmal mehr auf Englisch mit einem jüngeren Mann – gibt es eigentlich Mexikaner, die noch nie in den USA gearbeitet haben? Der Himmel würde sich heute stahlblau über uns wölben, wäre da nicht der Smog, der den Horizont vor und hinter uns gelblich braun verfärbt. Bald hat uns der Wind bis nach San Juan del Río geschoben, wo wir die Autobahn kurz verlassen, um auf dem Markt in der schmucken Altstadt, in der die Farben Rot, Orange und Gelb dominieren, einzukaufen. Vor der verwitterten Fassade einer Kirche setzen wir uns auf den Boden und essen. Nebenan verkauft ein Junge bunte Ballone, die in ihrer Gesamtheit seine Körpergrösse um das Dreifache übersteigen und ihn bei Windböen fast umwerfen. Den Aufdrucken entnehmen wir, dass heute Valentinstag sein muss. Obwohl ein grosser Ballon deutlich mehr kostet, als für ein Tagesmenü im Restaurant verlangt wird, läuft das Geschäft des Verkäufers überraschend gut. In Pakistan wäre so was undenkbar; der Bursche würde auf all seinen Ballonen sitzenbleiben.

Wieder auf der *carretera*, wühlen uns die grauenvollen Transporte von Hühnern und Schweinen auf. Sie stehen jenen von Südchina bezüglich Abscheulichkeit in keiner Weise nach. Haxen und zerdrückte Schnauzen der Schweine ragen zwischen den Gitterstäben hindurch. Die Geruchsfahne aus einem solchen Laster des Schreckens krallt sich jeweils scheinbar unbeeindruckt von Richtung und Stärke der Windströmung derart in der Luft fest, dass wir den Angstschweiss dieser Kreaturen noch minutenlang riechen, ja sogar auf der Zunge schmecken. Diese Strecke ist auch in anderer Hinsicht nervenaufreibend: Im Bereich von Ausfahrten müssen wir uns extrem in Acht nehmen, um nicht plötzlich in die Sphären von Hector katapultiert zu werden. Um von mehreren mit weit über hundert Kilometer pro Stunde von hinten heranflitzenden Autos, die vielleicht rechts abbiegen wollen und dabei unsere Fahrspur kreuzen, nicht über den Haufen gefahren zu werden, bedarf es einer besonderen Strategie. Die Autolenker vermögen unser Schneckentempo nämlich unmöglich korrekt einzuschätzen. Unsere obersten Prinzipien lauten deshalb: Bei Ausfahrten nie auf der Spur verharren, die geradeaus führt. Und sich in diesen Zonen nie auf das Bild im Rückspiegel verlassen. Der reflektierte Ausschnitt der Wirklichkeit ist zu wenig verlässlich. Wir bleiben also so lange wie möglich am rechten Rand der Abbiegespur kleben. Erst an jenem Punkt, wo die Strasse effektiv von der Autobahn abzweigt, halten wir an, stehen mit den Füssen auf den Boden und schätzen in aller Ruhe die Lage ein. Wenn wir beide einen günstigen Moment erkennen, schreien wir uns «jetzt!» zu und spurten auf der kürzesten Linie über die Fahrbahn der Ausfahrt zum sicheren Pannenstreifen.

Schon bald wird die Strasse zu einer *cuota*. Sofort nimmt das Verkehrsaufkommen spürbar ab. In angenehmer Steigung führt uns der brandneue Belag der Autobahn durch Äcker und Felder auf 2700 Meter über Meer hinauf. Nun folgt eine rasante Abfahrt, während der über ein Dutzend Schweinetransporte an uns vorbeiquietschen und -stinken. Unvermittelt prangen Tafeln am Strassenrand, die das Radfahren verbieten. Nach kurzem Stirnrunzeln entscheiden wir, uns nicht darum zu scheren – den Pannenstreifen geben wir ohne Not nicht wieder her. Es dunkelt heute ausserordentlich früh, denn die Sonne geht schon weit über dem Horizont im Smog unter. Bei Cuautitlán Itzcalli sagen wir uns « *Carpe diem!*» und übernachten in einer edlen Suite.

In der milden Morgenluft wagen wir uns wieder ins Getümmel der Strassen. Erst versuchen wir uns auf einer Parallelstrasse zur 57er, doch ist der dichte Verkehr schnell, und für uns voluminöse Schnecken nur wenig bis kein Platz vorhanden. Auf der 57er drüben glauben wir einen Seitenstreifen zu erkennen. Also warten wir einige Minuten am Strassenrand, bis die Luft rein ist, um die Parallelstrasse zu überqueren und in die 57er einzumünden. Leider sind wir einer Fata Morgana erlegen. Da drüben erwartet uns nichts dergleichen, und wir fühlen uns auch nicht wirklich willkommen: Busse, Lastwagen und Personenwagen donnern auf den diversen Fahrspuren dicht an dicht wie ein einziger zusammengeschweisster Stahlblock über den Asphalt. Selbst wenn sie wollten, könnten jene auf der rechten Spur keinen Bogen um uns schlagen. So ist es einzig an uns, Platz zu machen. Wir holpern exakt auf der weissen Randlinie oder, wenn eine Leitplanke fehlt, im schmalen, ruppigen Wiesenstreifen daneben.

Ein vorüber flitzender Polizist macht keine Anstalten, uns da runter zu holen – muss er auch nicht, wir retten uns selbst in die nächste Ausfahrt. Bis wir wieder in die dreispurige Parallelstrasse einfädeln können, auf der die Autos ebenfalls mit einer Geschwindigkeit von mindestens hundert Kilometer pro Stunde Richtung Ciudad de México sausen, verstreichen ganze fünf Minuten. Bald aber ist die Stadt Cuautitlán Itzcalli durchmessen und die Strasse gibt uns den sicheren Pannenstreifen zurück.

Nun erblicken wir mit einem Gemisch aus grauslicher Faszination und Abscheu die graubraune Smog-Suppe, in der sich unsere mit rasenden Blechhaufen belegte Strasse unter uns verliert. Wir befinden einhellig, dass nun die Zeit gekommen ist, die Gesichtsmasken überzustülpen, die seit den Tunneldurchquerungen vor Xi'an, China, ungenutzt im Gepäck schlummerten. Mit gesträubten Nackenhaaren stürzen wir uns jetzt ins Unvermeidliche. Schon nach wenigen Kilometern gehetzten Spurts geraten wir unversehens in eine Ausfahrt. Die Peripherie-Autobahn spuckt uns aus. Wir landen in der Strasse Gustavo Baz Prada. Auf dieser Avenida lassen wir uns vom stetig, aber langsam dahinplätschernden Verkehr weiter Richtung Stadtzentrum mittreiben. Unsere Anspannung weicht allmählich dem Gefühl von tiefer Befriedigung, es unbeschadet und letztlich überraschend einfach geschafft zu haben. In einer von Bäumen beschatteten, friedlich dösenden Seitenstrasse setzen wir uns auf dem Gehsteig auf unsere Klappstühle und atmen tief durch. Über uns spannt sich ein blauer Himmel. Befinden wir uns wirklich in der Ciudad de México? In dieser Weltmetropole, die zu den Molochen mit der schlechtesten Luftqualität und dem höchsten Gewaltpotenzial zählt? Das Füllen der Lungen mit einer derart verpesteten Luft muss wohl ekelhaft sein, jeder Atemzug eine Qual, dachten wir eben noch, oben, am Rand des Tals von Mexiko. Doch atmen wir unbeschwert. Auf der Weiterfahrt gleiten wir auf einer geschäftigen Strasse vorbei an Verkaufsständen, die unter der Last der feilgebotenen Ware zusammenzubrechen drohen – ein Bild, das uns aus Asien bestens vertraut ist. Schliesslich stranden wir in überraschend ruhigen Gefilden der Stadt, wo die Strassen schmal, verwinkelt und ohne Verkehr sind. Hinweisschilder mit Richtungsangaben fehlen vollends, waren sie doch schon auf den breiteren Verkehrsadern nur dünn gesät und in ihrer Aussage oft widersprüchlich. Während wir unsere Position auf dem Stadtplan, der verblüffende Ähnlichkeit mit einem chinesischen Strickmuster aufweist, zu lokalisieren versuchen, bietet uns ein charmanter Herr seine Hilfe an. Er zeigt uns auf seinem detaillierten Strassenatlas die optimale Route zum *zócalo* und fährt uns schliesslich mit seinem Auto einige hundert Meter voraus, damit wir ja in die richtige Strasse einfädeln. Via Torreo, Cuatro Caminos, Avenida Río San Joaquín und Calzada Legaria erreichen wir die Achse Calzada México-Tocuba, und dieser folgen wir bis zur Plaza Alameda, die sich unweit unseres Ziels befindet. Der *zócalo* ist nach dem Roten Platz in Moskau der grösste Besammlungsplatz der Welt. Unsere Erwartungen sind hochgeschraubt, heisst es doch: «Wer

Mexiko-Stadt nicht kennt, hat keine Ahnung von Mexiko.» Und der *zócalo* ist das kulturelle, historische, politische und symbolische Herz dieser Stadt. Doch welch Enttäuschung! Der Platz präsentiert sich uns in der Abenddämmerung als eine weite zubetonierte Fläche, verstellt mit Bussen und umrahmt von düsteren, abweisenden Fassaden. Die unwirtlich sterile Atmosphäre wird einzig durch eine Protestkundgebung von Taxifahrern aufgelockert. Wir setzen uns in ein lauschiges Café, das wir ein paar Ecken entfernt entdecken, und sinnieren über unsere Einfahrt in diese Stadt:

Auf der dreissig Kilometer langen Fahrt durch die Ciudad de México haben uns viele Leute ein Lächeln und ein *amigo* gar einen Teil seiner Zeit geschenkt. Wir sahen nicht einen Bettler, keine Slums und keine finsteren Gestalten. Ausser den Autoabgasen wehten uns keine Gestanksfahnen entgegen und, was vor allem erstaunt: Der Himmel über uns schien immer tadellos blau zu sein. Na ja, nicht dieses kräftige Blau, das wir uns über weniger dicht besiedelten Gebieten zu sehen gewohnt sind, der Weissanteil war wesentlich höher. Aber immerhin! Senkten wir den Blick jedoch gegen den Horizont, so verblasste die Himmelsfarbe stetig und verwandelte sich fliessend über Weissblau, Weissgrau und Gelbgrau in ein ekliges Braungrauschwarz. Dies ist die üble Luft, die uns dazu bewog, bei der Einfahrt ins Tal von Mexiko Staubmasken über Mund und Nase zu stülpen.

Diese ersten Erfahrungen kontrastieren einigermassen mit dem, was uns zuvor über Mexiko-Stadt zu Ohren gekommen ist. Wir hatten eine Megastadt kurz vor dem Kollaps erwartet. Sollen doch heute im 2250 Meter über Meer gelegenen Tal von Mexiko um die zwanzig Millionen Leute leben, was einem Viertel der Gesamtbevölkerung des Landes gleichkommt. Damit ist es hinter dem Perlflussdelta in Südchina mit 48 Millionen Einwohnern und dem Grossraum Tokio mit 35 Millionen das drittgrösste urbane Zentrum der Welt. Noch weniger als in Tokio soll hier Verlass auf den Boden sein. Am 19. September 1985 hatten sich die Vibrationen im Untergrund derart aufgeschaukelt, dass die vornehmlich auf einer trockenen Schwemmlandebene stehenden Bauwerke flächendeckend kollabierten. Nach der Katastrophe wurden 18000 Todesopfer gezählt. Beredtes Zeugnis für die latente Erdbebengefahr in diesem Gebiet, wo drei tektonische Platten aufeinandertreffen, legen die immer mal wieder hüstelnden und dampfenden Zwillingsvulkane Popocatépetl und Iztaccíhuatl im Süden ab. Popocatépetl, der rauchende Berg, schleuderte im Dezember 2000 Asche fünf Kilometer hoch in den Himmel. Das war nichts Geringeres als die grösste Eruption der letzten fünfhundert Jahre. Im Radius von zwei Kilometern prasselten glühende Brocken nieder. Von all dem ist im Moment jedoch nichts zu spüren. Aber nicht nur Luft und Boden, sondern auch die Menschen seien gleichermassen schlecht. Landeier warnten uns eindringlich vor den durch und durch niederträchtigen, ruchlosen Bewohnern des Molochs: «Dort, in der Ciudad de México, wird hemmungslos geklaut und skrupellos gemordet. Nehmt euch in Acht!»

Erst wenige Stunden sind verflossen, seit das Tageslicht aus der Altstadt, dem *centro histórico*, gewichen ist, und doch ist an diesem Donnerstagabend in den meisten Gaststätten bereits die Nachtruhe eingekehrt. Allenthalben sind das Rattern schwerer Rollläden und der metallene Klang von zuschnappenden Schlössern zu vernehmen. Die ausgestorbenen Gassen wirken gespenstisch und wenig verlockend, was uns nun aber egal ist, denn langsam übermannt uns bleierne Müdigkeit – die Einfahrt in Mexiko-Stadt hat eben doch an der Substanz gezehrt!

Nach reichlich ausgekostetem Schlaf bestellen wir im vegetarischen Restaurant gegenüber unserer Absteige das Tagesmenü. Dem Essen geht leider jede Raffinesse ab, doch finde ich immerhin den Stein im Salat, bevor er meine Zähne einer erneuten, nicht zu gewinnenden Kraftprobe aussetzt. Auf dem Weg zum *zócalo* beobachten wir eine Dame, die vor einer Bäckerei die auf dem Gehsteig ausgestellten Tortenstücke prüft, indem sie die Kuppe ihres Zeigefingers mehrmals reindrückt und dazwischen genüsslich die Sahne ableckt. Dieser Anblick erleichtert uns die Entscheidung, für einmal auf eine Nachspeise zu verzichten.

Statt zu schlemmen, setzen wir unseren Fuss in die älteste und grösste Kathedrale Lateinamerikas, deren Fassade uns am gestrigen Ankunftstag ebenso wenig verlockend erschien, wie der *zócalo* selbst. Tatsächlich vermag uns auch das Innere nicht sonderlich zu fesseln. Es ist zu sehr mit pompöser religiöser Kunst überladen. Ungleich mehr zieht mich eine ältere Frau in ihren Bann. Ungeachtet der pickelharten Steinfliesen robbt sie monotone Gebete rezitierend auf ihren ungeschützten Knien über dutzende von Metern auf eine Jesusfigur zu. Mögen ihre Wünsche in Erfüllung gehen!

Kaum wieder geblendet vom grellen Sonnenlicht, werden wir wie alle anderen auch von Bettlern und Souvenirverkäufern bestürmt. Wir winden uns resolut aus ihrer Umgarnung und tauchen in die Menschenmassen in der nahen Avenida Moneda ein. Hier ergötzen wir uns an den zahllosen Händlern, die ihren Ramsch vor den ehrwürdigen historischen Bauten feilbieten. Aus jeder Ecke plärrt andere phonstarke Musik. Marktschreier schleudern die Preise für ihre Ware nimmermüde in die Luft, in die sich neben diesem klirrenden Geflecht aus Fünf- oder Zehn-Peso-Wortspeeren und dem Stakkato der Musikfetzen aus den scheppernden Stereoanlagen auch die Geruchsfahnen der Brutzelstuben mischen.

Die geschichtsträchtigen, gerissenen und verwitterten Fassaden in den Seitenstrassen trotzen auf wundersame Weise der Schwerkraft, obwohl einige seit Jahrzehnten abenteuerlich schief stehen und Jahr für Jahr tiefer einsinken und mehr aus dem Lot geraten. Mythisch angehauchte Geister mögen in diesem schleichenden Untergang der Stadt einen Fluch der Azteken erahnen: Rache an den Spaniern, ihren arglistigen Bezwingern. Der nüchterne Betrachter freilich sieht den Grund für die Setzungen einzig in den flach fundierten Gebäuden der Stadt, die auf sumpfigem Untergrund stehen.

Auch anderes erinnert an die einstige Herrschaft der Azteken: Zungenbrecher wie Popocatépetl, Teotihuacán oder Tenochtitlán. Versteht man diese Namen in der Aztekensprache Náhuatl, das heute noch von etwa eineinhalb Millionen *indígenas* gesprochen wird, so leuchtet auch gleich die Geschichte dahinter ein. Der «rauchende Berg» ist ein aktiver Vulkan. Der «Ort, an dem Menschen zu Göttern werden», ist ein religiöses Zentrum. Und der «Ort des heiligen Kaktus» ist der vom Kriegsgott Huitzilopochtli weisgesagte Ort, wo ein Adler auf einem Nopal sitzend eine Schlange verspeiste und wo sich die einst herumziehenden Azteken niederliessen, um die Stadt Tenochtitlán zu gründen. Weil sich der König der Lüfte auf einen Kaktus einer Insel im grossen, das Tal von Mexiko bedeckenden See Texcoco setzte und weil die Spanier später auf den Ruinen von Tenochtitlán Mexiko-Stadt aufbauten und im Laufe der Jahre zur Landgewinnung immer mehr des Sees aufschütteten, schliesst sich auch der Kreis zu den windschiefen Fassaden im *centro histórico*, dem historischen Zentrum.

Von den Wandmalereien Diego Riveras im Palacio Nacional lassen wir uns in die Blütezeit von Tenochtitlán entführen. Die Bilder sind romantisch verklärt. Denn in Wirklichkeit herrschten die Azteken ruchlos. Sie unterwarfen die Nachbarvölker, um aus ihnen Geld für ihre Prunkbauten zu quetschen und den eigenen Vorrat an Menschenopfern aufzustocken. Aufgrund der mythischen Schöpfungsgeschichte der damaligen Welt der «Fünften Sonne» glaubten die Azteken, immer wieder Menschen opfern zu müssen, um den Lauf der Gestirne zu sichern. Insbesondere die Sonne dürstete es nach Menschenblut. Im Jahresverlauf wurden vermutlich mehrere tausend Leute, auch Frauen und Kinder aus den eigenen Reihen, rituell getötet. Die Rolle des Henkers oblag den Priestern, die sich nach ihrer Weihe nie mehr waschen durften und an bestialischem Geruch und blutverschmierten Haaren leicht auszumachen waren. Unter den Augen des jubilierenden Volks wurden die Opfer auf die Tempel geführt, von vier Priestern an den Armen und Beinen festgehalten, und ein fünfter öffnete ihnen bei lebendigem Leib mit der scharfen Klinge eines Messers aus dem vulkanischen Gestein Obsidian die Brust, um ihnen das Herz herauszureissen und es in Käfigen gehaltenen Jaguaren zum Frass vorzuwerfen. Einige Stücke des Fleisches der Opfer wurden gebraten und von verdienstvollen Azteken verspeist, um sich damit die Energie des oder der Getöteten einzuverleiben. Die Auserwählten des eigenen Volks durften an der Schwelle des ehrenvollen Todes meist auf ein Jahr zurückblicken, das mit allen erdenklichen sinnlichen Genüssen erfüllt war. Ihr Lohn erschöpfte sich aber nicht in diesem herrlichen letzten Erdenjahr, sondern sie kamen auch auf direktem Weg ins Reich des Sonnengottes. Gewöhnliche Azteken brauchten nach ihrem Tod vier beschwerliche Jahre für die Reise ins Totenreich. Mit analogen Heilsversprechungen hat Khomeini fünfhundert Jahre später die jungen Iraner ins rasche Verderben auf dem Schlachtfeld gelockt. So zogen die Märtyrer frohen Mutes in den aussichtslosen Kampf gegen den Irak. Bei den Azteken kamen auch jene in den Genuss einer Abkürzung, die durch Ertrinken oder schon in jungen Jahren als Folge einer Krankheit starben. Ihnen wurde ohne Verzögerung Einlass gewährt ins himmlische Reich des Regengottes. Der Zustand nach dem Tod galt als besser als das irdische Leben, das voller Leid und Trauer war, in dem Glück und Reichtum vergänglich waren. Der Tod war also kein Schreckensgespenst. Idealerweise starb man nicht jammernd, sondern frohen Herzens und glitt hinüber ins raum- und zeitlose Universum. Was blieb, war die Seele, mit der die Menschen auch immer noch kommunizieren konnten. Genau gleich wie heutzutage mit Hector.

Auf der Suche nach einem Fahrradgeschäft verschlägt es uns zur Strasse San Pablo, die von buntem Markttreiben beherrscht wird. Plötzlich aber erstirbt die geschäftige Stimmung – es knistert vor Anspannung in der Luft. Köpfe heben sich. Ohren werden angestrengt gespitzt. Ein Warnsignal wurde ausgestossen. Aber was hat es zu bedeuten? Schwarze Augen kullern und spähen nervös umher. Aha, Polizei ist im Anmarsch! Hurtig falten die einen ihre Blachen zusammen, auf denen die Silberketten oder DVD-Raubkopien noch vor wenigen Sekunden liebevoll drapiert waren, schwingen das Bündel auf den Rücken und suchen mit festem Schritt das Weite. Die weniger agilen Schieber des Schwarzmarkts geraten unter die Räder der Ordnungshüter, die bereits von gepanzerten Lastwagen hechten, in zwei zwanzig bis dreissig Mann starken Einheiten den Markt durchkämmen und für helle Aufregung sorgen. Einige Holzbuden, die zu weit ins Strassenprofil ragen, werden als abschreckende Massnahme exemplarisch demoliert. Fusstritte allein reichen, um die dünnen Holzlatten bersten zu lassen. Schrille Aufschreie dringen aus dem amorphen Gemurmel und dem dumpfen Raunen der allgemeinen Hektik. Polizisten in kugelsicheren Westen konfiszieren von einigen Händlern sämtliche Ware. Jeder Gesetzeshüter ist auch mit Helm, Schlagstock und Knarre ausgerüstet. Wir halten uns diskret im Hintergrund und beobachten die Szene aus sicherer Distanz. Glücklicherweise gerät die Situation nicht ausser Kontrolle. Es bleibt bei Pöbeleien und gehässigen Anrempelungen – Schüsse fallen keine. So unvermittelt wie die bewaffnete Meute eingefallen ist, springt sie plötzlich wieder auf die wartenden Panzerfahrzeuge. Mit Blaulicht und Sirengeheul sausen sie zu einem anderen Schauplatz, der nach der ordnenden Hand des Staats ruft.

Vor unserem Hotel inspiziert ein Typ in zerlumpten Klamotten den Inhalt des Abfallkübels aufs Genaueste. Aus dem Plastiksack, den wir vor kurzem reingeworfen haben, um die Spuren unserer Kochgelage im Zimmer zu verwischen, scheint ihm etwas wertvoll, das er in einer Tasche verschwinden lässt. Den Rest steckt er säuberlich zurück in den Eimer und entgleitet mit seiner Beute in die Nacht. Die Mexikaner sind Bettlern gegenüber wohl gesinnt, kaum eine ausgestreckte Hand bleibt leer. Auch wird für jede Handreichung Trinkgeld verteilt. Schöne Züge, wie wir finden. Auch notwendige in einer Gesellschaft mit derartigem Wohlstandsgefälle.

Mit der unglaublich günstigen, modernen und täglich von sechs Millionen Menschen benutzten Metro, die uns für zwei lumpige Peso beliebig weit durch die Gedärme der Stadt schleust, landen wir nach zweimaligem Umsteigen und ohne Opfer eines Taschendiebs zu werden, an der Station Autobuses del Norte. Auch der Busterminal wirkt neu und durchorganisiert. Sämtliche der uns von der Landstrasse her bestens bekannten Busunternehmen sind hier vertreten. Auch die Blechhüllen der Flecha Amarilla, die immer messerscharf an uns vorbeiflitzten, stehen herum. Wir steigen in einen anderen Bus und lassen uns an slumähnlichen Bruchbuden vorbei zur fünfzig Kilometer nordöstlich gelegenen Ruinenstätte Teotihuacán bringen. Über den Ursprung dieses religiösen Zentrums ist nur wenig bekannt. Archäologen schätzen jedoch, dass Teotihuacán zur politischen, kulturellen und militärischen Blütezeit um fünfhundert nach Christus bevölkerungsreicher als Rom zu jener Zeit und damit eine der grössten Städte der damaligen Welt war. Von der Zitadelle spazieren wir über die von Süd nach Nord verlaufende, fast vier Kilometer lange Achse, die rund tausend Jahre später von den Azteken «Strasse der Toten» genannt wurde. Sie führt uns zur Sonnenpyramide, der drittgrössten Pyramide der Welt. Noch mehr entzückt uns aber die kleinere Pyramide des Mondes. Denn der Mond wurde Bea und mir im Laufe der Reise immer wichtiger. Die Sonne, das Auge des Tages, hat weniger an Bedeutung gewonnen. Vielleicht liegt es an der steten Verwandlung des Mondes, die ihn so besonders macht. Oder aber daran, dass der bleiche Bruder die Schwärze der Nacht bricht und in seiner Abwesenheit die Sterne poliert und funkeln lässt.

Unter blauem Himmel rollen wir in der Morgenfrische durch die noch schlaftrunkene Stadt Richtung Süden. Lediglich ein paar Strassenfeger sind schon auf den Beinen. Gleichmütig und dumpf erledigen sie ihren Job. Wie die Einheimischen ignorieren auch wir sämtliche Rotlichter. Bei jeder Kreuzung baumeln sie einsam an Drähten, und zwar so hoch oben im Luftraum, dass es einem leicht fällt, sie nicht zu beachten. Mexiko-Stadt zeigt sich in erstaunlich grünem Kleid. Die Strassen sind gesäumt von Dattelpalmen, Zypressen, Gummibäumen oder Tamarinden. Wir staunen, wie normal, ja fast ein wenig bünzlig, sich uns die Ciudad de México heute Morgen präsentiert. Als Symbol für den mexikanischen Patriotismus weht auf dem Dach des Olympiastadions, in dem Bob Beamon 1968 sein Jahrhundertsprung gelang, die Nationalflagge. Auch in den Schulen wird sie allmorgendlich gehisst. Es heisst, ihre Farben seien nach den Hauptzutaten der hiesigen Küche gewählt worden: Rot für Tomaten, Chili und Bohnenbrei, Weiss für den Käse aus Oaxaca und Grün für geraspelte Salat- und Kohlblätter. Nur das Motiv auf dem mittleren weissen Streifen, das einen eine Schlange verzehrenden Adler auf einem Nopalkaktus zeigt, ist eindeutig und lässt keinen Interpretationsspielraum offen. Wir fahren weiter bis zum nahen Aztekenstadion, in dem Diego Maradona an der Fussballweltmeisterschaft von 1986 im Viertelfinal gegen die Engländer das unvergessliche Tor mit der «Hand Gottes» erzielte. Jetzt steigt die Strasse zur *cuota D95* hinauf. Wir werfen einen letzten Blick zurück auf die Ciudad de México, die langsam im Smog erstickt, durchbrechen auf dem breiten Pannenstreifen der sehr guten Strasse die gelbgraue Dunstglocke und schnuppern endlich wieder frischere Luft. Diese Befreiung aus dem verseuchten Talkessel, der mir nun wie ein grauenvolles Loch erscheint, regt zu einigen Gedanken an. Schon Kurt Tucholsky hat in seiner kurzen Abhandlung «Zur soziologischen Psychologie der Löcher» so witzig wie weise festgehalten: «Das Merkwürdige an einem Loch ist der Rand. Er gehört noch zum Etwas, sieht aber beständig in das Nichts, eine Grenzwache der Materie. Das Nichts hat keine Grenzwache: Während den Molekülen am Rande eines Lochs schwindlig wird, weil sie in das Loch sehen, wird den Molekülen des Lochs ... festlig? Dafür gibt es kein Wort. Denn unsere Sprache ist von den Etwas-Leuten gemacht; die Loch-Leute sprechen ihre eigene.»

Noch vor wenigen Minuten war ich ein Loch-Mensch, der sich des Lochs aber nicht wirklich bewusst war. Schliesslich war der Himmel über mir blau und es liess sich ohne merkbare Beschwerden atmen. Erst jetzt, beim Durchstossen des Randes dringt die Erkenntnis des Lochs voll ins Bewusstsein. Vor und nach diesem Akt nivelliert die schier unglaublich anmutende Anpassungsfähigkeit die Gedanken. Je nach Gemütsverfassung und Optimismus, den man aufzubringen im Stande ist, wirken bestimmte Gegebenheiten auf einen anders. So erschien mir das Loch-Dasein der letzten Tage als durchaus erträglich, ja gar als denkbar normaler Zustand. Es heisst ja nicht umsonst, man schaffe sich die Realität um sich selbst. Der positiv geschilderte Eindruck von der Ciudad de México ist also insofern zu relativieren, als es sich dabei um meine subjektive, rosa gefärbte Wahrnehmung handelt. Objektiv betrachtet, ist der Blick zurück ins Loch schlicht haarsträubend grauslich, und nichts könnte mich nun dazu bewegen, ohne Schnorchel wieder in diesen giftigen Abgasteich einzutauchen. Die Konturen der Hochhäuser weit unter uns verschmieren stetig mehr und die Wolkenkratzer heben sich schliesslich nur noch als dunklere Flecke im Einheitsbrei der gelbbraunen Suppe ab. Etwas Tröstliches, Gerechtes hat es mit der Luftverschmutzung an sich: Ob mausarm oder steinreich, alle da unten atmen denselben Dreck.

Der Smoggürtel markiert eine Grenze, eine Art Bruchlinie, und deren Überschreiten ist ein Symbol für den Ausbruch aus der flachen Normalität der Alltäglichkeit. Ein solcher Effort führt zu Reibung, an der sich neue Gedanken entzünden, die zur Reflexion und dem Infragestellen des Gewohnten führen. Solche Grenzerfahrungen bilden die eigentlichen Früchte unserer Reise durch fremde Kulturen und unterschiedliche Landstriche. Sie geben uns die Chance, an den eigenen, festgefahrenen Selbstverständlichkeiten zu rütteln, sie nach Hohlstellen abzuklopfen und sie dadurch zu prüfen und uns weiterzuentwickeln. Sie ragen Bergspitzen gleich aus dem bisweilen eintönig dahinplätschernden Leben.

Der vorgängig zitierte Spruch über den Stellenwert von Mexiko-Stadt muss korrigiert werden auf: «Nur wer die irre Luftverschmutzung von Mexiko-Stadt am eigenen Leib erfahren hat, versteht es, die reine Luft ausserhalb des Tals von Mexiko gebührend zu geniessen.» Oder mit anderen Worten: «Nur wer die Dunkelheit kennt, kann sich an der Helligkeit erfreuen.»

Die Strasse trägt uns in sachter Steigung auf 3100 Meter über Meer hinauf. So hoch oben waren wir seit China nicht mehr. Die Luft wird nicht merklich dünner, dafür mit jeder Pedalumdrehung frischer, reiner. Dazu gesellt sich ein weiteres, überraschendes Hoch:

Ein dunkelfarbenes Auto ohne Nummernschild hält einige Meter vor uns an. Ein älterer, wohlgenährter Herr schält sich umständlich aus seinem Ledersitz, und ein jüngerer, sonnenbebrillter Mann schiesst aus der anderen aufschwingenden Tür und herzt uns unter heiserem Freudengeschrei. Obwohl die aus seinem Mund krachenden unbehauenen englischen Sprach-Brocken sofort vertraut klingen, dauert es eine geraume Weile, bis ihn unser Erinnerungsvermögen geortet hat:

6. Oktober des letzten Jahres, Devils Road, Küste von Oregon, USA. Eine flüchtige Begegnung mit drei Mexikanern auf leicht bepackten Rennvelos. Der vor Lebensfreude überbordende, mit Sandpapierstimme geschlagene stellte sich als Luis, der Schnittige mit den blanken Zähnen als Jorge und der Unscheinbare als David vor. Sie waren die ersten Vorboten der südländischen Nonchalance, welche den Mexikanern eigen ist, und im manchmal rigiden, regelversessenen Nordamerika – Cook und Ham sind nicht vergessen – umso mehr glänzte. Während wir damals vergnügt miteinander plauderten, scharten sich die drei um uns und blockierten dabei mit ihren Rädern die eine Fahrspur, was einen Autolenker auf die Bremsen treten und genervt hornen liess. Unbeeindruckt von dessen Unmutsäusserung bedeuteten sie ihm gestenreich und lachend, er solle doch einfach einen Bogen um uns schlagen. An Platz mangelte es schliesslich nicht.

Nun stellt uns Luis seinen Vater vor, der sich fliessend in Englisch auszudrücken versteht. Derweil wir mit diesem ein paar Worte wechseln, ruft Luis seinem Freund Jorge in dessen Zahnarztpraxis an und erzählt ihm von den *ciclistas suizos*, die er wiedergetroffen hat. Luis wohnt in Cuernavaca, unserem heutigen Ziel, bietet uns sein Haus an, notiert seine Telefonnummer auf einen Zettel und braust mit seinem Vater davon. Auch wir treten wieder in die Pedale und erhaschen da und dort einen Blick auf die *libre*, die nicht zahlungspflichtige Schnellstrasse, die rechts von unserer fast leeren *cuota* verläuft und vor keuchenden Lastwagen beinahe überquillt. Für die Abfahrt über eineinhalbtausend Höhenmeter streifen wir uns trotz der milden zwanzig Grad als Windschutz die Regentrainer über. Mit jedem Meter, den wir an Höhe verlieren, steigt die Temperatur und die Natur zeigt sich in üppigerem Kleid. Von den sich im Wind wiegenden Palmwedeln schmettern Vögel ihre Melodien unbeschwert in die spätnachmittägliche Luft. Je näher aber das Zentrum von Cuernavaca rückt, desto mehr nehmen Asphalt, Verkehr und Häuser überhand. Geschäfte US-amerikanischen Zuschnitts folgen sich auf den Fuss. Erst kurz vor Einbruch der Dunkelheit erreichen wir das *centro histórico*. Wir sind todmüde, unsere Köpfe glühen und wir fühlen uns beide ausgelaugt und etwas angeschlagen. So entscheiden wir uns gegen die Einladung des quirligen Luis und beziehen ein ruhiges Hotelzimmer. Von einer Telefonkabine aus rufen wir ihn an und verabreden uns für das morgige Frühstück.

Luis holt uns zusammen mit seiner Frau Monica im Hotel ab. Nach herzlicher Begrüssung spazieren wir zum gepflegten Restaurant La India Bonita, das sich gleich um die Ecke befindet. Schon taucht auch der strahlende Jorge in Begleitung seiner Frau Maria Fernanda auf. Beide Paare würden von ihrem Äusseren her als lupenreine Spanier durchgehen. Einzig Luis tanzt mit seinem hochroten Kopf ein wenig aus der Reihe. Das liegt aber nur daran, dass er Sonnencreme nicht mag und stattdessen auf Klapperschlangen-Öl als «Sonnenschutz» schwört. Alle vier stammen aus gutem Haus und haben es auch selbst zu Wohlstand gebracht. Ihre je drei Kinder pauken zurzeit in einer der vornehmsten Privatschule Englisch. Auch wir unterhalten uns in der Sprache des nördlichen Nachbarn, lachen viel und tafeln ungehemmt, wie es sich für Mexiko gehört. Der Tisch wird immer wieder mit neuen köstlichen Speisen und Getränken gedeckt. Insbesondere Luis zeigt uns mit seinem gesunden Appetit, was ich schon vorher vermutet habe: Mexikanische Mägen verfügen über ein unglaubliches Fassungsvermögen. Das muss so sein. Sonst würden die Leute beim täglichen Essprogramm frühzeitig schlapp machen. Denn es ist ziemlich deftig und hebt mit einem eher spät anberaumten Frühstück aus Bohnen, Eier, Speck, Schinken und Bratkartoffeln an. Gefolgt wird es anfangs Nachmittag von einem noch üppigeren Mittagessen. Nach Feierabend gönnt man sich einen Cocktail. Der kulinarische Tag wird schliesslich kurz vor Mitternacht mit einem Abendessen beschlossen, das die vorhergehenden Tafelrunden ohne weiteres in den Schatten stellt. In Anbetracht eines solchen Menüplans ist es kein Wunder, dass wir in Mexiko so oft Leute mit überflüssigen Pfunden am Leib antreffen. Es scheint mir gar, dass die Anzahl der krankhaft Fettleibigen noch höher als in den USA liegt. Daran leiden unsere sportlichen Freunde nicht. Über die Geschichte der Esskultur wissen sie aber gut Bescheid. Authentisch mexikanische Gerichte seien beeinflusst von den Maya, den Azteken, den Spaniern, den Franzosen, den Mauren und den Chinesen. Aber auch die übrige Welt habe Mexiko in kulinarischer Hinsicht viel zu verdanken. Da sei nicht nur das Corona Bier zu erwähnen, sondern auch Mais, Tomaten, Schokolade, Avocados, Zucchini, Kürbisse, Bohnen, Nopalkaktus und natürlich Chili, von denen in Mexiko über zweihundert Arten wachsen. Luis entpuppt sich als Kenner dieser scharfen Früchte der Paprika: «Sie entfalten ihre volle Feuerkraft nur, wenn sie ganz verwendet werden. Wenn die Kerne entfernt sind, ist die Wirkung stark vermindert.» Jorge behauptet, die *indígenas* hätten sich vor der Zeit der Spanier von Heuschrecken, Ameiseneiern, Ratten, Affen, Gürteltieren, Klapperschlangen oder Papageien ernährt – wahrlich eine spezielle Diät! Die Spanier hätten neue Esswaren nach Mexiko gebracht, wie beispielsweise Rinder, Schafe, Ziegen, Schweine, Hühner, Zucker, Olivenöl, Reis, Zitrusfrüchte, Kopfsalat, Pfeffer oder Zimt. Und die im 19. Jahrhundert eingedrungenen Franzosen hätten den Esstisch mit Wein, Butter, Käse und Sahne bereichert, was zu feineren Saucen führte.

Luis und Jorge spielen sich gegenseitig laufend Streiche, oft auch einigermassen derbe, und scheinen in einem emotionalen Dauerhoch zu schwelgen. Auf ihren Radtouren schmuggeln sie sich jeweils gegenseitig Steine ins Gepäck, was insbesondere die Leistungsfähigkeit von Jorge mindert, der seine T-Shirts vor dem Packen zu wägen pflegt, um ja das leichteste zu erwischen. Wir spüren bei diesem Treffen, wie es die Mexikaner verstehen, Spass zu haben. Sie setzen ihre Prioritäten nicht auf bierernste Angelegenheiten, sondern auf spontane Freuden. Immerhin ist heute Freitagmorgen, also ein Arbeitstag, und alle vier haben wie selbstverständlich Zeit, mit uns hier zu tafeln. Nachdem Luis die Rechnung beglichen und mit einem grosszügigen Trinkgeld gewürzt hat, spazieren wir zum *zócalo*, der aber mit Charme geizt. Am eindrücklichsten ist an diesem mit Menschen vollgestopften Platz das ohrenbetäubende Pfeifkonzert der Vogelschar hoch oben in den Baumwipfeln. Einige finden, Cuernavaca sei einer der attraktivsten Orte Mexikos. Dieser Meinung können wir uns nicht anschliessen. Diese Stadt will uns nicht gefallen. Von diesem Urteil ausgenommen sind deren Bewohner.

Die mit Autos, Bussen und Lastwagen vollgepackte Strasse nach Cuautla ist von stinkigen Abfallhaufen gesäumt, die stets auch mit Hundekadavern gespickt sind. Die zahlreichen Tafeln mit der Mahnung « *No tire basura!* » zeitigen keinerlei Wirkung. Cuautla ist erreicht, bevor sich bei uns der erste Hunger meldet. Und hier tauchen sie in der Nacht auf: Die ersten Moskitos seit wir Mazatlán am Atlantik verlassen haben. Eine zerdrücke ich mit einem wachen Reflex an der Wand hinter meinem

Kopf. Ein hässlich roter Fleck bleibt kleben. Ich bilanziere drei Stiche. Bea hat erst einen zu vermelden. Während sie bald wieder ruhig schlummert, sirrt es erneut in meinem Ohr. Die nächste Stunde verbringe ich im hohen Raum mit erfolgloser Jagd nach diesem winzigen, fliegenden Terroristen. Schliesslich lösche ich ermattet, aber nicht mutlos, das Licht und lege mich mit zuschlagsbereiten Händen über dem Kopf hin – päng! Nummer zwei ist erledigt und dem erholsamen Schlaf steht nichts mehr im Weg.

Ausserhalb Cuautlas dominiert endlich nicht mehr der Motorenlärm in den Ohren. Auch die Landschaft zeigt sich uns wieder in ihren kräftigsten Farben. Golden glänzen die Strohfelder, grün schimmern die Zuckerrohrhalme im Sonnenlicht, das sich aus dem blauen Himmel ergiesst, in dem Wolkenbäusche weisse Tupfer setzen. Linkerhand erkenne ich im Dunst schemenhaft den Vulkan Popocatépetl. Seine 5465 Meter hohe, dauernd schneebedeckte Spitze ist von pausbackigen Wolken umkränzt. Aus dem Krater dieser zweithöchsten Erhebung Mexikos wurden schon vor Jahrhunderten immense Mengen Schwefel entnommen. Die Soldaten von Cortéz benötigten dieses Element um Schiesspulver herzustellen. Der Aztekenherrscher Moctezuma war an anderem interessiert: Er sandte täglich Läufer auf den Berg, um Eis für seine Drinks und für die Aufbewahrung von Fisch herbeizuschaffen.

In einer Ansiedlung kommt von rechts her ein Mann auf einem Esel angeritten. Neben ihm trottet treu und ergeben sein Hund. Vor dem Überqueren der Strasse wirft der fürsorgliche Reiter ein Lasso über den Kopf des struppigen Vierbeiners, führt ihn damit sicher über die Strasse und lässt ihn auf der anderen Seite, ohne vom Esel zu steigen, wieder von der Leine. Durchs nur wellige Gelände ist das lebhafte Izúcar de Matamoros bald erreicht und im Hotel San Pedro am *zócalo* ein bequemes Zimmer bezogen. Im Supermarkt lasse ich eine Flasche Weisswein kaltstellen, und schon bald laben wir uns im Innenhof an einem Fondue, das sich in Mexiko-Stadt nicht ganz ungerufen in unsere Taschen geschlichen hat.

Die schmale 190er, der wir bis nach Oaxaca folgen werden, führt uns abwechselnd durch Zuckerrohr- und Maisfelder, bevor sie sich auf kahle, nur noch von Büschen und *cardones* bewachsene Erhebungen schlängelt. Immer wieder rätseln wir, ob uns die Strasse nun links oder rechts des Hügels oder am Ende gar über den Berg jagen wird. Wunderschön ist das Braun der Erde, wenn daraus ein sattgrüner Baum oder ein gelber Strohfleck leuchten. Unser am Vorabend zubereitetes Mittagessen geniessen wir am Tisch einer schäbigen Ausschenke, die so ziemlich im Nichts steht. Der alte Mann, der hier mit einem Esel und seinem, in Hundejahren gemessen, noch älteren Hund und ein paar Hühnern haust, hat keine einzige Ziege mehr im Stall, weil sie ihm alle von Kojoten gerissen wurden. Dafür läuft heute seine Spelunke gut. Neben uns, die Coca-Cola nippen, schüttet ein Mann, der auf seinem Lastwagen Erdbeeren nach Mexiko-Stadt transportiert, zwei Biere in sich hinein und kauft noch zwei zusätzliche Dosen für den weiteren Weg – und dies bei 38 Grad! Der Mond steht bereits hell und wie ein zu einem breiten Lachen verzogener Mund am Himmel, als wir kurz vor Acatlán de Osorio in einem «Auto-Hotel» absteigen. Und zwar nicht nur für ein Schäferstündchen wie die anderen Gäste, sondern für die ganze Nacht.

Das schwarze Asphaltband, das nur wenig Verkehr zu ertragen hat, windet sich an goldgelben Strohwedeln vorüber, die zwischen Tierkadavern aus dem Abfall ragen. Einmal hoppelt ein Hase vorbei und ab und zu hetzen uns Hunde. Im kleinen Nest Petlalcingo, das in einem Talkessel schlummert und in dem nicht weniger als drei Kirchen stehen, setzen wir uns beim grossflächigen *zócalo* zu den paar Einheimischen auf eine Mauer, lauschen dem vielstimmigen Lied des Frühlings aus den Palmen und löschen den Durst mit zwei Liter frisch gepresstem Orangensaft. Zur vollen Stunde hasten uralte, verschrumpelte und gebückte, aber noch immer rüstige Indianerweiblein in eine der Kirchen.

Auf dem folgenden Kulminationspunkt überrollen wir die Grenze zwischen den Bundesstaaten Puebla und Oaxaca. Die Bergflanken wirken hier noch karger als zuvor. Nach über tausendfünfhundert Höhenmetern in den Beinen und acht Stunden im Sattel glühen vor Nochixtlán die erodierten Berghänge rot im letzten Abendlicht. Die noch fehlenden fünf Kilometer bis zum Hotel an der Kreuzung zur *cuota* müssen wir in Dunkelheit absolvieren. Der schnelle und dichte Verkehr im Nacken treibt uns Angstschweiss auf die Stirn.

Kaum ins grüne, milde Tal von Oaxaca eingedrungen, reiht sich Hotel an Hotel. Mitten im hektischen Stadtverkehr attackieren mich vier Kläffer, alle so gross wie Kälber. Ihre hochgezogenen, zuckenden Lefzen entblössen kräftige Reisszähne. In ungebremster Fahrt ziehe ich den *tschomak* und lasse ihn vor meiner rechten Wade wirbeln. Das genügte in der Vergangenheit meistens, um die Köter aus ihrer berauschten Raserei zu wecken. Diesmal nicht. Die vorwitzigste Bestie kommt mir zu nah. Der *tschomak* aus iranischem Hartholz prallt mit voller Wucht an ihren Kiefer: Ein dumpfer Knall, ein Winseln, und mit eingezogenem Schwanz tritt der arme, dumme Hund den Rückzug an. Auch die anderen drei lassen von mir ab.

Nach tiefem Schlaf ausgeruht, widme ich mich dem Kocher, der in letzter Zeit nicht mehr so intensiv Feuer spuckte, wie wir uns dies von früher her gewohnt waren. Wie einst in Chinas Taklamakanwüste, sitzt der Reinigungsdraht in der Brennleitung fest. Ich verkeile den Kocher in der stählernen Bettstatt, quetsche den Reinigungsdraht zwischen die Backen der Zange und zerre minutenlang, aber vergeblich. Der Draht ist nicht rauszukriegen! Beim Schlüsselmacher nebenan spanne ich sein freies Ende in einen Schraubstock. Bea und ich reissen mit vereinten Kräften am Kocher, bis der Draht unvermittelt nachgibt, und wir beinahe einen Rückwärtssalto vollführen. Der hilfsbereite Schlüsselmacher und sein herbeigeeilter Sohn freuen sich mit uns über diesen Erfolg. Zurück im Hotel gilt es, den Draht wieder in den Kocher reinzukriegen. Schliesslich klappt es nach einer guten Stunde mit dem Ersatzdraht. Der alte ist futsch. Nun kümmere ich mich um mein lädiertes Schuhwerk. Bei den Sandalen ist ein Riemen ausgerissen und die anderen in La Paz gekauften schnittigen Schuhe scheinen sich geradezu aufzulösen. Mit dem Zweikomponenten-Leim, den uns der gute Bob in Lakeside mit auf den Weg gab, lassen sich aber beide Paare retten. Bea findet einen Elektriker, der den Kurzschluss in der Stirnlampe für ein Trinkgeld flickt. Und im Innenhof unseres Hotels reinigen wir die Velos vom Staub und Sand der letzten fünfhundert Kilometer und ölen die Ketten für die anstehenden Anstiege über die Sierra de Juárez.

Nun ist es Zeit für einen Kaffee. Kaum aber sirrt der Kocher, bemerke ich ein Leck in der Brennleitung. Bevor die Flasche unter meiner Nase explodiert, gelingt es mir, das Feuer zu löschen. Der vorherige Kraftakt ging offensichtlich nicht spurlos an der Brennleitung vorüber. Konsterniert stellen wir fest: «Der Kocher Nummer 2 unserer Reise ist hops!» Wir sind kurz ratlos und genehmigen uns einen kräftigen Schluck Mezcal. Diese fermentierte und destillierte Version des *agua miel* heizt die Kehle und lässt den Ärger verdampfen. Im Telefonbuch finden wir rasch einen Outdoor-Laden. Schon sind wir an der 1111 Hidalgo und erstehen den einzigen angebotenen Benzin-Kocher. Er vollführt einen Höllenlärm, doch sprudelt das Kaffeewasser im Nu. Wir atmen erleichtert auf, denn ohne Kocher, ohne das Herzstück unserer Küche, müssten wir wahrlich darben.

Bevor wir uns hinlegen, plaudern wir eine knappe Stunde mit unserem zapotekischen Nachtwächter. Ohne jeden Schalk in den Augen meint der zierliche Mann: «Weil der Tag 24 Stunden zur Verfügung stellt, kann ich zwei Jobs nachgehen. Tagsüber arbeite ich in einem Elektrogeschäft und in der Dunkelheit hier als Nachtwächter.» Seine Frau und seine kleine Tochter sieht er nur am Wochenende – wenn er denn die geröteten Augenlider noch auseinanderzureissen vermag. Während unserem Gespräch huschen drei jugendliche Guatemalteken, die das Zimmer über uns bewohnten, sich aber nie im Patio zeigten, in ein Taxi. Der Nachtwächter weiss, dass sie zum Flughafen gekarrt und dann illegal in die USA eingeschleust werden.

Zu Ehren unseres Nachtwächters begeben wir uns auf den Hügel Monte Albán, der von den Ruinen der alten Hauptstadt der Zapoteken gekrönt wird. Als Erstes müssen wir uns an geschäftshungrigen Souvenirverkäufern vorbeistehlen. Amüsiert beobachten wir eine ältere, unmässig aufgedonnerte Dame, die uns an die Milliardärin Claire Zachanassian, Dürrenmatts «alte Dame», erinnert. Sie ist eine mexikanische Touristin, die partout nicht gewillt ist, für eine Halskette mehr als dreissig Peso hinzublättern. In tragisch-komischer Analogie zu dem, was uns im Museum erwartet, windet sich der Verkäufer wegen des zu tiefen Angebots, quetscht Mund und Nase zu einer gequälten Grimasse breit und hängt sich dabei wie eine Klette ans hartherzige

«Kläri». Von den ausgestellten Stücken beeindrucken mich allen voran die in Steinquader gehauenen, sogenannten «Tänzer». Ihre Bedeutung wurde lange Zeit falsch
interpretiert. Heute glaubt man zu wissen, dass es sich bei diesen Darstellungen nicht
um fröhliche Tänzer, sondern um gefangene Herrscher anderer Völker handelt, die
kastriert wurden und sich vor Schmerzen verrenken und bald den Göttern geopfert
werden.

Wir verlassen Oaxaca und halten Richtung Sierra de Juárez. Statt Autos sind hier
viele Esel unterwegs. Ein zweibeiniger, der mit einem Stock laufend auf seinen vierbeinigen eindrischt, bringt unser Blut in Wallung. In der trockenen Bergflanke, die
vorwiegend mit Pinien bestückt ist, steigt die Strasse steil an. So steil, dass wir all unsere Kräfte mobilisieren müssen und Bea einige Flüche des Unmutes entweichen. Das
sind bestimmt die steilsten Hänge, die Mexiko zu bieten hat! Deshalb verkehren hier
wohl auch keine Lastwagen. Selbst in Kreuze verwandelte Raser sind dünn gesät. Der
spärliche Verkehr tropft rücksichtsvoll an uns vorbei.

Mit dem Bergdorf San Pablo Guelatao passieren wir den Geburtsort von Benito
Juárez. Auf den Tag genau vor zweihundert Jahren wurde er hier als Sohn zapoteki-
scher Eltern geboren. Er war von 1858 bis 1872 Präsident von Mexiko, bis er noch
im Amt eines natürlichen Todes, an einem Herzanfall, starb. Das ist keine Selbstverständlichkeit, wurden doch seit 1810 alle anderen mexikanischen Führer umgebracht. Benito Juárez trieb während seiner Amtszeit die Verweltlichung der Gesellschaft voran und hob markant den Lebensstandard im Land. Noch heute gilt er als
einer der grössten und meistverehrten Präsidenten Mexikos.

Nach Ixtlán de Juárez befürchten wir vor jeder Kurve, dass sich unsere Strasse alsbald ins tief eingeschnittene Tal hinunterstürzt, das uns vom Grat gegenüber trennt.
Zum Glück ist die Linienführung aber dergestalt, dass uns dieser zusätzliche Kraftakt
erspart bleibt. Der Wald setzt sich noch immer vorwiegend aus Pinien zusammen, ist
da und dort aber mit Eichen durchmischt. Nun überholen uns oft kleine Lastwagen,
die von Duftwolken frisch geschlagenen Holzes umgeben sind. Wildtiere zeigen sich
ausser einem Eichhörnchen keine, dafür grasen Pferde in den Lichtungen. Nachdem
die Attacke einer Hundemeute pariert ist, erreichen wir den 2900 Meter hohen El
Miradorpass. Der Rastplatz ist knietief mit Abfall belegt. Wir balancieren auf der
schmalen Krone eines halb zerfallenen Mäuerchens und geniessen den erhebenden
Blick auf das Dunstmeer über dem Dschungel weit unter uns. Die Zeiger stehen bei
16.15 Uhr, was bedeutet, dass wir noch mit genau zweieinhalb Stunden Tageslicht
rechnen dürfen. Valle Nacional, unser heutiges Ziel, liegt noch sechzig Kilometer
entfernt und 2700 Höhenmeter tiefer. Unverzüglich stürzen wir uns in die atemberaubende Abfahrt. Schon bald machen die langweiligen Pinien dem saftigen, kräftigen, klingenden und sirrenden Urwald Platz. Selbst die Riesenfarne, die wir von Ma-

laysia her kennen, fehlen nicht. Nur nach Affen halte ich vergeblich Ausschau. Die Bananenstauden werden stets zahlreicher und höher. Aus dem intensiven Grün leuchten immer wieder gelbe und violette Blüten. Herrlich auch die dicht verwobene, tiefgründig-satte Dschungelmusik und das Rauschen quirliger Bäche. Obwohl der Strassenbelag immer besser wird, schlägt Beas rechter Bremshebel stark. Der Grund ist rasch festgestellt: Ihre hintere Felge ist auf der Seite aufgeplatzt. Doch auch mit einer angerissenen Felge lässt es sich fahren, vorsichtig und langsam zwar. Die letzten zwölf Kilometer bis Valle Nacional rollen wir deshalb aber bereits im Schein des Mondes. Selbst die Glühkäferchen leuchten heller als unsere schwachen Funzeln. Wir haben aber Glück und werden von keinem Schlagloch kalt erwischt. In dem Masse wie nun das Vogelgezwitscher abnimmt, schwillt der Geräuschteppich der Grillen an, der immer wieder von den abenteuerlichsten Lauten verschiedenster Dschungelbewohner durchbohrt wird. Die Felgen glühen, und die Finger sind verspannt und schmerzen, denn fast dreitausend Höhenmeter runterbremsen ist selbst mit den hydraulischen Bremsen eine kleine Tortur. In der mittlerweile warmen und klebrigen Luft überqueren wir den Río Valle Nacional und treffen im gleichnamigen Dorf ein, wo wir ein Zimmer beziehen, dessen aufgeheizter Luftraum von Mücken beherrscht wird. Schnell ist gegessen und geduscht, und wir retten uns unters Moskitonetz. Auf den Innenflächen meiner Augenlider zucken noch lange die Bilder des heutigen Tages nach, der uns von den trockenen, kühlen und kargen Bergen in die fruchtbaren, feucht-heissen Tropen geführt hat.

Vor unserem Glutofenzimmer bereiten wir aus einem Kilo Joghurt, vier Bananen, eineinhalb Kilo Mangos und einem Liter Milch ein üppiges Frühstück zu. Da selbst unsere Mägen für solche Mengen ein wenig zu klein bemessen sind, füllen wir den Rest in den Joghurtbecher und stülpen eine mit Wasser benetzte Socke als Kühlung darüber. Jetzt schrecken wir unsere dampfende Haut unter der lauwarmen Dusche ab und reiben uns trocken. Denn es ist wieder die Zeit angebrochen, in der wir für einen noch nicht verschwitzten Körper sorgen müssen, damit die Sonnencreme überhaupt in die Haut einziehen kann. In den Gassen von Valle Nacional erfahren wir, dass es erst in Tuxtepec Felgen zu kaufen gibt. Also radeln wir vorsichtig weiter auf der holprigen Strasse, die den breit und träge dahinfliessenden Fluss mit dem erstaunlich klaren Wasser entlang führt. Aus allen Winkeln fliegen uns Grüsse zu. Wir fühlen uns wie nach Indien zurückversetzt: Zuckerrohrfelder mit zugehöriger Fabrik, aus deren Schloten tiefschwarze Wolken quellen, die Russpartikel schneien lassen. Bananenhaine, in denen die Büschel meist unter Plastiksäcken schwitzen, damit sie schneller reifen mögen. Ananasfelder, denen süsser Duft entweicht. Kokospalmen reich behängt mit überreifen Nüssen. Orangenplantagen, Maisfelder, Kautschukplantagen, Mangobäume und sattes Grün, wohin sich das Auge auch richtet. Klitzekleine Dörfchen aus Bretterverschlägen. Kühe und Ziegen in Freiluftställen. Ungezählte dunkelhäutige Knaben, die ausgelassen im Fluss planschen. Und Frauen, die bis zu den Knien im Wasser stehen und durchaus vergnügt Kleider waschen. Das bekannte Mexiko repräsentieren für uns nur die auf der flachen und pfeilgeraden Strecke leider unvermeidlichen Raser. Dann die schmalzigen Ohrwürmer, die aus den Boxen schlüpfen und sich uns ins Ohr feilen. Sowie der freundlich grüssende Cowboy, der stolz auf seinem Pferd reitet.

Nun eilt ein prächtiger, armlanger Leguan über die Strasse. Bremsen quietschen. Eine Autotür schwingt auf und ein junger Mann hechtet ins Unterholz. Weder Dornen noch Schlangen fürchtend, jagt er dem schillernden Kaltblütler nach, bis er ihn schliesslich am Nacken zu packen vermag. Triumphierend hält er seine Beute in die Höhe. Wir fragen den *muchacho*, was er denn mit dem armen Tier anfangen wolle? «*Comer*», lautet seine Antwort. Das Fleisch der Leguane sei sehr zart. Ein Leckerbissen.

Die Luft heizt sich immer mehr auf, bis bei 39 Grad das Maximum erreicht ist. Wir genehmigen uns an einem Verkaufsstand kühle, frisch gepresste Ananassäfte, und wenige Minuten später ist das geschäftige Tuxtepec erreicht. Die Zweiradgeschäfte erscheinen uns nicht gerade vielversprechend, doch findet Bea schliesslich ein doppelbödiges Felgenprofil, das mindestens so gut sein wird, wie jene Felge, mit der ich mir in China zur Not ein Hinterrad basteln musste.

Die vorwiegend flache Strecke auf der *cuota* durch den fruchtbaren Küstenstreifen von Veracruz ist wenig abwechslungsreich: Ananas- und Zuckerrohrfelder, Ananas- und Zuckerrohrfelder; nur ab und zu mit Wiesen dazwischen. Dafür verleiht uns der teilweise stürmisch wehende Nordwind Flügel, und Bäuerinnen bieten im Schatten fast aller Brücken, die unsere Strasse überspannen, frisch gepressten und mit Eis gekühlten *jugo de piña* feil. Da von Acayucan an selbst die Ananasfelder fehlen, ist das Angebot entlang dem Highway gleich null. Wir sind nun gleichsam Gefangene der Landstrasse.

Für Veloreisende sind *cuotas* gut, um rasch und sicher weite Distanzen zurückzulegen, doch führen diese Schnellstrassen neben dem pulsierenden Leben in den Dörfern und Städten vorbei. Greifvögel wie Falken, Bussarde oder Habichte liegen tot auf dem Asphalt. Schon lässt uns aber etwas anderes bremsen: drei dicke, zusammengekringelte Schlangen auf dem Pannenstreifen. Solche Riesenviecher von Schlangen haben wir auf der ganzen Reise noch nicht gesehen! Ihre Haut ist wunderschön gezeichnet, doch stinken die Kadaver bereits unter der stechenden Sonne. Durch Machetenhiebe wurden sie getötet. Von Unterhaltsarbeitern, die in grossen Gruppen den Grünstreifen neben der Fahrbahn roden. Da der Pannenstreifen nicht nur mit Tierleichen, sondern auch mit Sand und Kies belegt ist, meiden wir ihn meist und radeln auf der Fahrbahn. Die Lastwagenfahrer zeigen Verständnis und überholen uns in weiten Bögen. In Minatitlán nimmt der Verkehr stark zu, denn die *cuota* hat sich hier unversehens in eine *libre* verwandelt. Da sich partout weder ein Restaurant noch eine Tankstelle zeigen wollen, stillen wir unseren Hunger auf einer mit Abfall übersäten Wiese, hoch über einer Ameisenstrasse, die zwischen unseren Stühlen verläuft und neben der lauten, stinkigen Strasse.

Wieder unterwegs, erscheint im Rückspiegel die Reflexion eines Motorrads, auf dem drei Burschen sitzen. Das Bild bleibt über Gebühr lange auf dem Glas haften, doch hegen wir keinen Verdacht. Nun überholen uns die drei grusslos und halten weiter vorne an. Kaum ist Bea an ihnen vorbeigerollt, steigt einer von ihnen hastig vom Sattel und stellt sich mir dreist in den Weg. Die anderen zwei bleiben auf ihrem Gefährt sitzen und beobachten uns aus sicherer Distanz. Schon zerrt der Hitzkopf mit seiner rechten Pfote unmissverständlich an meiner Lenkertasche, aus der er mit grimmiger Miene Pesos oder, noch lieber, Dollars begehrt. Mein Adrenalinspiegel schnellt sofort in die Höhe, und reflexartig schlage ich dem Banditen energisch die Hand weg und brülle ihn lauthals an. Ich wuchte das Rad in den Widersacher und springe gleichzeitig vom stürzenden Gefährt, zücke den *tschomak* und drohe dem verdatterten *bandido* mit dem Knüppel. Nun schalten sich die zwei bis anhin passiven Kumpane ein, versuchen zu beschwichtigen, die Wogen zu glätten. Ihr Kollege sei doch nur ein wenig durchgedreht und ich solle mich beruhigen. Doch nichts dergleichen! Erst jetzt realisiere ich nämlich, dass der angeblich Verrückte in seiner linken Hand eine im Sonnenlicht aufblitzende Machete hält, mit der hier überall Zuckerrohr geerntet wird. Mein Blut gerät darob noch jäher in Wallung. Ich bin bis zum Äussersten angespannt und zu allem bereit. Mittlerweile wirbelt auch Bea mit ihrem Holzstock und schreit Zeter und Mordio. Mit vereintem Lärm und wilden Drohgebärden jagen wir die Bande kompromisslos unter Schimpf und Schande davon.

Noch immer höchst erregt, aber tief erleichtert, setzen wir uns eine Weile hin. Nur langsam sickert in unser Bewusstsein, dass wir eben Opfer eines bewaffneten, wenn auch stümperhaften Raubüberfalls geworden sind. Nicht eine Schramme haben wir davongetragen, nichts wurde entwendet. Einzig der Lenker meines Fahrrads ist ein wenig verbogen. Mit zittriger Hand, aber auch mit einem Anflug von Stolz, ritze ich eine Kerbe in den *tschomak* und eröffne damit die Rubrik «Sauhunde». Um die Markierung gebührend hervorzuheben, färbt Bea sie schwarz ein.

Auf der Weiterfahrt bremst uns erstarkender Gegenwind. Und wir sehen bereits mit gemischten Gefühlen einer Zeltnacht im Nirgendwo entgegen, als uns zwei Bauarbeiter von Hotels erzählen, die es im zehn Kilometer entfernten Nanchital geben soll. Durch saftiges Grün, vorbei an einfachen Behausungen, kurbeln wir mit leichtem Herzen zur bezeichneten Stadt. Bea bucht überraschend günstig. Entsprechend abgetakelt präsentiert sich das düstere Zimmer. Aus dem abgebrochenen Hahn an der gekachelten Wand hinter der Mauer, die sich wie ein Paravent zwischen Bett und WC-Schüssel schiebt, tropft erst Wasser, als der alte Vermieter, dessen eine Nasenhälfte vermisst wird, auf dem Dach oben an irgendeinem Schalter gedreht hat. Der eiernde Deckenventilator verwandelt den harten Schein der nackten Glühbirne in ein nervöses Flimmern. Aber wie jeden Abend, wo immer wir uns auch aufhalten, wird selbst dieser Ort rasch zu unserem kurzfristigen Zuhause, das uns durchaus lieb ist. Im luftigen Flur der Absteige bereiten wir uns ein wahres Festessen zu, schliesslich gilt es, den heil überstandenen Überfall gebührend zu feiern: Gemischter Salat, mit *nopales* und *queso de panela* gefüllte Omeletten zu einem Calafia Rotwein und Quarkkuchen zu Kaffee mit einem Schluck Brandy von Don Pedro. Bevor wir uns nach Mitternacht hinlegen, salben wir unsere wunden Hintern, die in der schwülen Hitze trotz hervorragender Sättel zu leiden haben.

Wir schlafen beide nicht so prächtig, zu heiss und stickig ist die Luft im Zimmer, zu aufgewühlt sind unsere Gemüter – auch unsere Seelen bedürfen einer Pflege. Das Geschehene muss verdaut, bewertet und eingeordnet werden. Der Überfall hat in mir eine neue Seite aufgeschlagen, gleichsam eine Kerbe in die Gefühlswelt gehauen. Immer wieder gehe ich vor meinem inneren Auge die Szenen der Attacke durch. Sequenz für Sequenz. Ich spule den Film gewissermassen vor und zurück, zappe hin und her:

Wie habe ich mich angestellt? War es fahrlässig, mich zu wehren? Habe ich damit Bea und mich selbst unnötig in Gefahr gebracht? Der *ladrón* forderte ja lediglich Geld, tote Materie. Was ist das schon, verglichen mit dem saftigen Leben? Um die Gesundheit aufzuwiegen, müsste der Hebelarm des Besitzes ins Unendliche gedehnt werden. Aber, hätte ich mich seinem Willen gebeugt, wäre ich dann unversehrt geblieben? Vielleicht war es gerade meine prompte und rabiate Reaktion, welche die latent vorhandene Gewalt der *bandidos* im Keime erstickte. Wie Boote auf unruhiger See schaukeln Sätze von Asher, meinem Mentor im Selbstverteidigungskurs, durch mein Hirn:

«Flucht ist die beste Verteidigung. Vermeide den Kampf!»

«Strebe eine Deeskalation an!»

«Durchbreche den Kreislauf der Gewalt!»

«Rücke die Wertsachen heraus. Spiele auf keinen Fall den Helden. Schon gar nicht, wenn der Angreifer bewaffnet ist!»

«Kämpfe nur, wenn du keine andere Wahl hast, dann aber mit letzter Konsequenz!»

Wäre es tatsächlich zum Kampf von Mann zu Mann gekommen, wie hätte ich mich geschlagen? Und wenn ich dabei schwer verletzt oder gar umgekommen wäre? Ein Ableben in der Fremde; sterben in Mexiko? Bea mit meiner blutenden Leiche auf dem öden Highway vor Minatitlán. Wie hätte sie meine Eltern, meinen Bruder und unsere Freunde über den Vorfall informiert? Ihre Ankunft in Zürich mit mir kalt und steif im Sarg. Wie wird mich dieses Erlebnis prägen? Werde ich den Fremden ab jetzt misstrauischer begegnen? Rasseln andere Gauner bereits hinter der nächsten Kurve mit ihren Säbeln? Ist mein Glaube ans grundsätzlich Gute der Menschen, der sich gerade auf dieser Reise gefestigt hat, nachhaltig erschüttert? Werde ich mich künftig also weniger sicher fühlen, gar ängstlich durchs Leben schleichen? Das Unwägbare nagt bekanntlich mehr an uns als die potenzielle Bedrohung an sich. Aber unser ärgster Feind auf der Reise ist objektiv betrachtet eindeutig der motorisierte Verkehr. Wir haben uns Strategien der Verteidigung zurechtgelegt und sind oft auch präventiv in den Strassengraben gesteuert. Doch liessen wir uns von dem Kraken «Verkehr» nicht den Spass am Leben vergällen. Warum sollte dies nun gemeinen Strauchdieben, diesem lichtscheuen Gesindel, gelingen? Das Gefühl sicher zu sein, hat vor allem mit der Persönlichkeit zu tun. Stabile Persönlichkeiten haben ein anders geartetes Sicherheitsbedürfnis als labilere Menschen. Und wie ist es von dieser Stunde an mit der Geborgenheit, diesem zentralen Lebensgefühl, bestellt? Ihr Fundament setzt sich zusammen aus Sicherheit, Wohlgefühl, Vertrauen, Zufriedenheit sowie bedingsloser Liebe und Akzeptanz durch andere. Sie beinhaltet also weit mehr als nur Sicherheit. Sie steht auch für Nähe, Wärme, Ruhe und Frieden.

Die Gedanken werden wirrer, sie zerfasern im Strom der Müdigkeit. Mein Hals und Kopf sind mit Schweissperlen übersät; Kissen und Laken sind längst tropfnass.

In der Morgendämmerung sehe ich mit den noch schlaftrunkenen Augen auf unserem Fussboden eine kleine Kakerlake umherirren, während sich ein weit grösseres Kaliber unter dem Türspalt hindurch ins Nachbarzimmer stiehlt. Wir müssen weiter. Es dürstet uns nach Ruhetagen, und die wollen wir in angenehmerem Ambiente verbringen.

Der Wind pustet uns kräftig ins Gesicht, und schon bald schaukeln wieder Russpartikel in der Luft – eine Zuckerrohrfabrik ist nicht weit. Vor ihren Eingangstoren stauen sich unzählige Traktoren, deren Anhänger vor Zuckerrohrstangen überquellen. Kurz vor Cárdenas taucht die Sonne als rote Kugel unter den Horizont und wir retten uns vor der Dunkelheit in ein «Auto-Hotel».

Gras, Büsche, Kühe und da und dort ein Baum, das ist alles, was die Landschaft heute zu bieten hat. Es ist noch taghell, als wir auf holpriger Strasse ins Zentrum von Villahermosa rollen, dem Hauptort des Bundesstaats Tabasco. Bis Bea aber unzählige Hotels geprüft hat, die allesamt fensterlose, backofenwarme, himmellausige und trotzdem teure Löcher sind, bricht die Nacht herein. Hypermoderne Bars unter freiem Himmel sind zum Bersten voll mit Neureichen, die mit edlen Autos vorfahren, einem Lakaien nachlässig den Schlüssel in die Hand drücken und sich elegant auf einen Barhocker schwingen. Die Typen, die sich in dieser Gegend der Schickimicki tummeln, verfügen über Kohle, das ist unübersehbar. Der aufstrebende Bundesstaat Tabasco ist schliesslich schwerreich, vor allem wegen der Ölvorkommen, die bei Campeche Offshore gefördert werden – Mexiko ist die weltweit fünftgrösste Fördernation. Wir steuern wieder zur Hauptstrasse hoch, in der Hoffnung, dort eine vernünftige Bleibe zu finden, in der es sich für ein paar Tage aushalten liesse und wir uns erholen können. Unermüdlich klappern wir Hotel um Hotel ab, werden übel von Mücken zerstochen und bewegen uns dabei in der Finsternis wieder retour, Richtung Cárdenas. Die Strasse ist voller Schlaglöcher und der Verkehr dicht und schnell. Nun stehen wir in einem schönen Zimmer eines «Auto-Hotels», das für 240 Peso angeboten wird, doch rasch finden wir den Haken heraus: Dieser Preis gilt nur für acht Stunden. Wollen wir einen ganzen Tag hier ruhen, verdreifacht sich die Summe. Also nichts wie weiter! Hunde schiessen aus einem Fabrikareal auf mich zu. Sofort zücke ich den *tschomak*, wobei mir das Vorderrad auf dem Kies wegrutscht. Ich springe vom stürzenden Fahrrad und verscheuche die Hunde. Zehn Kilometer ausserhalb des Zentrums von Villahermosa, das sich uns gar nicht von seiner schönen Seite gezeigt hat, stranden wir kurz vor Mitternacht im «Auto-Hotel», das mit «*desde 99 Peso*» wirbt. Günstig wird es aber auch hier nicht, denn die 99 Peso gelten nur für vier Stunden. In einem der noch wenigen freien Zimmer beziehen wir für die nächsten zwölf Stunden Quartier. Ausser dem Bett gibt es keinen einzigen Einrichtungsgegenstand. Aus einigen Räumen dringen Schreie der Lust. Wir tragen nach diesem kräftezehrenden Tag nichts zu der Geräuschkulisse bei, denn wir sind, linde gesagt, hundemüde. Aber doch noch wach genug, um die unzweideutigen weissen Flecke auf dem Bettlaken nicht zu übersehen. Widerwillig wird uns das Bett frisch angezogen.

Wir erwachen mit verschwollenen Gesichtern. Das ist wohl die Quittung für den gestrigen langen Tag. Jetzt ist Ruhezeit umso nötiger. Redselige Taxifahrer empfehlen uns, Macuspana anzusteuern. Dort gebe es zahlbare Unterkünfte. Über die mächtige Brücke, unter welcher der schiffbare Río Grijalva durchfliesst, verlassen wir die ölemsige Stadt der Loch-Unterkünfte und folgen der Carretera Mex 186. Zwischen Villahermosa und Chetumal, der Grenzstadt zu Belize, soll diese Strecke besonders gefährlich sein. Nicht nur der Verkehr, sondern auch Überfälle fordern regelmässig Opfer. Vorläufig bleibt uns aber keine Wahl, da dies die einzige Strasse Richtung Palenque, unserem Ziel, ist. Der Wind stemmt sich uns kraftvoll entgegen. Trotzdem ist Macuspana, in dem viele Velorikschas zirkulieren, schon am frühen Nachmittag erreicht. Bald ist auch ein einfaches, zwar schäbiges und kleines, dafür aber ebenerdiges, helles und relativ sauberes Zimmer gefunden. Die Räume neben uns werden für wenige Stunden an Liebeshungrige vermietet. Für die Liebespaare scheint es schwierig zu sein, im eigenen Haus Ruhe für ein Schäferstündchen zu finden. Der nahe Markt weist ein breites Angebot an Gemüsen und Früchten auf, und die offenherzigen Leute sind uns sympathisch – hier lässt es sich gut zwei, drei Tage ausspannen.

Während ich im Internetcafé kurz aufs WC verschwinde, belästigt der Mann vom Nebentisch Bea, indem er sie lüstern angafft, geifert und zwischen seinen Beinen reibt. Bea fackelt nicht lange: «*Du huere Wixer, hau ab!*» Auch wenn es Schweizerdeutsch war, der Typ versteht und verschwindet auf der Stelle aus dem Lokal. Im Dorf sind wir bald bekannt wie bunte Hunde und werden da und dort in ein interessantes Gespräch verwickelt. So zum Beispiel mit dem Arzt, der stolz von der reichen Kultur Mexikos erzählt. Auch über die bevorstehenden Präsidentschaftswahlen weiss er uns einiges zu berichten, das nicht in den Zeitungen breitgeschlagen wird. Auf den Spaziergängen in der Abenddämmerung lassen wir unsere Blicke jeweils in die hell beleuchteten Stuben schweifen und staunen über die hohe Wohnqualität. In der Bäckerei geraten die Verkäuferinnen in helle Aufregung, als Bea eintritt: «Wow, eine echte Touristin in unserem Laden!» Nachdem ihnen Bea über unsere weitere Route erzählt hat, mahnen die schwatzhaften Frauen zur Vorsicht, denn in Palenque sei im Dezember eine Spanierin ermordet worden. Aufgrund solcher Warnungen und unserer eigenen Erfahrung mit *bandidos* erhöhen wir nun unsere persönliche Sicherheit, indem wir die Pfeffersprays in den Bund der Velohosen wickeln und so jederzeit rasch auf einen allfälligen Angriff reagieren können. Auch entfernen wir Pass und Kreditkarten aus den Lenkertaschen, die uns bei einem Überfall besonders gefährdet scheinen und versenken sie tief unten in den Packtaschen. Nur gut, ist der Überfall nicht schon zu Beginn unserer Reise passiert. Viele wunderbare Begegnungen wären uns nämlich mit dem Misstrauen, das wir zurzeit hegen, verwehrt geblieben.

Um 5.00 Uhr empfängt uns vor der Zimmertür eine wohlig-kühle Brise. Eine Stunde später erwacht auch der Tag, der uns einen stark bewölkten Himmel vorsetzt. Unter ihm kehren wir zur Carretera Mex 186 zurück. In leichten Wellen führt dieses schmale Asphaltband vorbei an saftig grünen Flächen, auf denen aber erstaunlicherweise ausgemergelte Kühe mit weit vorstehenden Rippen weiden. Vor und nach jedem Dorf verlaufen massive Schwellen quer über die Fahrbahn. Mit solchen Konstruktionen werden selbst die notorischen Raser gebändigt. Der dergestalt verlangsamte Verkehr führt nicht nur zu erhöhter Sicherheit der Dorfbewohner, sondern gibt auch einigen innovativen Leuten die Gelegenheit, ein paar Peso zu verdienen: Den auf Schritttempo abgebremsten Fahrzeuglenkern wird bei jeder Schwelle von jungen Männern allerlei angeboten, seien dies nun Früchte, Zigaretten oder Fruchtsäfte.

An der Grenze zwischen den Bundesstaaten Tabasco und Chiapas scheinen uns die Leute im kleinen Restaurant etwas seltsam, irgendwie verdächtig. Die Atmosphäre ist beklemmend. Auch die drei fetten Hühner mit ungesund zerzaustem, mattem Gefieder, die gierig nach den Krallen picken, welche die Köchin dem eben geschlachteten Huhn abgehackt hat, tragen zu diesem Unbehagen bei. Rasch suchen wir das Weite.

Leguane, die sich im Unterholz neben der Strasse tummeln, verraten sich durch ihr Rascheln; unser Vegetarismus ist ihr Glück. Ein weisser Reiher trägt stolz einen zappelnden, noch halb aus dem Schnabel hängenden Frosch in die Lüfte, während Pferde geduldig die Befehle ihrer Reiter befolgen und auf dem Trampelpfad traben, der parallel zur Strasse verläuft. Es ist schliesslich der riesige, schwungvolle weisse Mayakopf aus Stein inmitten einer Kreuzung, der uns bedeutet, dass wir im Städtchen Palenque angekommen sind. Kaum ist ein gutes, günstiges Zimmer bezogen, brechen die Wolken, und ein Tropenregen hämmert auf den Asphalt. Innert weniger Minuten strömt nur noch Wasser statt Blech über die Strassen.

Nach drei Tagen und Nächten sind die himmlischen Fluten über Palenque versiegt und wir können die Maya-Ruinen im nahen Dschungel bei strahlendem Wetter entdecken. Die Bauten sind ausserordentlich gut erhalten und wirken vor dem wuchernden Urwald magisch. Die Anlage fügt sich so harmonisch in die Berglandschaft, als wäre sie gar nicht von Menschenhand erschaffen. In den zwei Flüsschen, die sich durch die Anlage schlängeln, fliesst glasklares Wasser, und in den Bäumen turnen schwarze Brüllaffen. Mit besonderer Ehrfurcht erfüllt mich der Tempel der Inschriften. Er ist die höchste Pyramide von Palenque und eine der seltenen Maya-Pyramiden überhaupt, welche schon beim Bau eine unterirdische Grabkammer erhielt; nicht irgendeine Gruft, sondern jene für König Pakal. Entsprechend gewagt sind die Dimensionen: zehn Meter lang, fast vier Meter breit und sieben Meter hoch. Beachtlich dieser Hohlraum, bedenkt man das darauf lastende Gewicht der Baute. Um dem toten Pakal spirituellen Zugang zur Aussenwelt zu gewähren, wurde von der Grabkammer aus ein dünnes Rohr nach aussen geführt. Das erinnert uns ans Banpo Neolithic Village in Xi'an, wo 5100 Jahre vor Pakal in alle Urnen der Kinder ein Loch gebohrt wurde, damit die Seele gegen den Himmel streben könne. König Pakal war mit 81 Jahren ein langes Leben beschieden. Erst im Jahre 684 wurde er in seinen monolithischen Sarkophag gelegt und mit dem fünf Tonnen schweren Deckel zugedeckt.

Schon bald strauchle ich über eine Zeitfalte und plumpse in eine andere Welt – in jene der Alten Maya:

Ich sehe Heerscharen von dunkelhäutigen Leuten, die gepiesackt von Moskitos dem Dschungel ein paar Terrassen abringen, um darauf aus tonnenschweren Steinquadern Tempelbauten für die über dreissig Gottheiten zu errichten. Die bereits erstellten Gebäude leuchten rot, da sie grösstenteils mit dem Eisenoxid Hämatit angemalt sind. Im Schatten der Bäume schaukeln in Hängematten Kinder. An ihre Vorderköpfe sind Bretter gebunden, damit sich ihre Schädelform gemäss dem Schönheitsideal einer nach hinten fliehenden Stirn entwickle. Weil auch das Schielen als erstrebenswerte Eigenschaft gilt, hängt den Kindern auf Höhe der Nasenwurzel zwischen den Augen eine Kugel. Die Bauarbeiten werden mit einfachsten Gerätschaften ausgeführt. Ohne metallene Werkzeuge, ohne Wagen – Räder sind noch unbekannt – und ohne die Kraft von Lasttieren in Anspruch zu nehmen. Das ist erstaunlich, denn die Maya sind immerhin die am weitesten entwickelte Gesellschaft der westlichen Hemisphäre. Sie benutzen ein raffiniertes Hieroglyphen-Schreibsystem, kennen das mathematische Konzept der Null, die mit einer leeren Muschel symbolisiert wird und erfanden längst einen Kalender, dessen Startpunkt im Jahr 3113 vor Christus liegt und der es ihren Priestern erlaubt, Mond- und Sonnenfinsternisse sowie den Gang der Planeten und Sterne mit verblüffender Genauigkeit zu analysieren und vorauszusagen. Als Kontrast zu diesen feingeistigen Errungenschaften nehmen die Maya aber auch enthusiastisch an brutalen, tödlich endenden Spielen teil, bekriegen sich oft gegenseitig, opfern Menschen und lassen in rituellen Zeremonien Blut aus Finger, Ohr oder Penis in Opferschalen tropfen – all dies, um besser mit den Göttern kommunizieren zu können.

Palenque und andere wichtige zeremonielle Zentren wie beispielsweise Tikal in Guatemala werden aus bis heute noch nicht restlos geklärten Gründen bereits zweihundert Jahre später verlassen. Die Blütezeit der klassischen Periode der Maya-Gesellschaft ist vorbei. Ihre Hochkultur kollabiert innerhalb kurzer Zeitspanne. Eine Hauptursache ist bestimmt die schlimme Dürreperiode, die um 750 beginnt und um 800 ihren Höhepunkt erreicht, was mit dem Niedergang der Maya zusammenfällt. Ein weiterer Hauptgrund ist auch die rasante Zerstörung der ökologischen Ressourcen, von denen die Maya abhängen. Wegen der steigenden Bevölkerungszahl in der Hochblüte und der limitierten Fläche des nutzbaren Bodens wird dieser übernutzt. Zudem werden die nahen Wälder zur Gewinnung von Brenn- und Baumaterial abgeholzt, was die Erosion der fruchtbaren Erdscholle und Überschwemmungen nach sich zieht. Erdbeben und Vulkanausbrüche tun ihr Übriges dazu. Erschwerend kommt natürlich die kulturell bedingte Haltung der Herrscher hinzu, Krisen nicht zu erkennen und zu lösen. Das Interesse der Maya-Könige gilt unmittelbaren Fragen des Prestiges – es müssen mehr und noch prunkvollere Tempel her – und ihres Erfolgs im nächsten, nie fernen Krieg. Also sollen die Frauen immer mehr neue Krieger gebären. Das Glück der Untertanen oder das Los der nächsten Generation ist für die Herrscher nicht relevant. Wenn die Welt, wie ihrem Glauben gemäss, alle 52 Jahre zerstört wird, gibt es absolut keinen Grund, sich um langfristige Entwicklungen zu kümmern. Weshalb sollten die Könige also über ihre Nasenspitze hinaus planen? Ein Kern dieser Einstellung hat sich bis in die Neuzeit Mexikos gerettet. Ein oft gehörtes Wort ist *mañana*. Morgen ist auch ein Tag, um mühsame Dinge anzugehen. Lasst uns also den Augenblick geniessen! Dies als Ausdruck einer Spontaneität, wie wir sie in San Felipe bei Alfredo, Luis Arturo und Sergio sowie in Cuernavaca bei Luis und Jorge erleben durften.

Blauer Himmel und eine Temperatur knapp über zwanzig Grad – ein perfekter Morgen, um Palenque wieder zu verlassen und zu neuen Ufern aufzubrechen. Die Schwingen weisser Reiher spiegeln sich auf Wasserflächen, die klar wie blaue Augen aus dem sumpfigen Flachland blicken. Eine schön gezeichnete Schlange liegt reglos auf dem Asphalt, wenige Zentimeter neben meinem singenden Rad. Vom einstigen Dschungel ist aber kaum noch etwas zu erahnen. Nur wenn die Strasse jeweils von Bäumen gesäumt wird, ist ein leiser Hauch von Urwald wahrzunehmen. Durch den dünnen Waldsaum lässt sich aber leicht erkennen, dass sich dahinter eine baumlose, sattgrüne Graslandschaft ausbreitet.

Über den Höhlen der Leguane in den sandigen Flanken des Strassendamms der Carretera Mex 186 fehlt oft jeder Verkehr. Bis jeweils plötzlich, wie aus dem Nichts, ein Stahlblock aus zwei Lastwagen auf gleicher Höhe und zusammen exakt so breit wie das Asphaltband, von hinten herandonnert, und wir uns zur Wahrung der Unversehrtheit unserer Umrisse in den Sumpf neben der Strasse retten müssen.

Viele der auf unserer Karte eingezeichneten Dörfer existieren nicht – wie einst in der Taklamakanwüste. Vermutlich handelt es sich bei den angegebenen Namen um die Bezeichnung von Ranchos, die sich über riesige Flächen ausbreiten. Gut, haben wir uns an der Grenze zwischen Chiapas und Tabasco noch bei Taxifahrern über Dörfer, Weiler und Tankstellen bis Escárcega, der nächsten grösseren Stadt, informiert.

Plötzlich nähert sich uns von links in rasantem Tempo eine graue Wand, die beissenden Gestank mitführt – wahrscheinlich eine ausser Kontrolle geratene Brandrodung. Die gefrässigen Flammen breiten sich wegen des starken Windes rasch aus. Wir geben Schub, um nicht geröstet zu werden, husten uns im beissenden Rauch beinahe die Lunge aus der Brust, entkommen aber mit heiler Haut. Im winzigen Nest El Aguacatal fragen wir den Jungen in einer *tienda*, ob es hier im Dorf *cuartos* gebe. «Na klar, wir selbst vermieten Zimmer», strahlt der *muchacho* hinter der Theke. Der Raum ist sauber, aber voller Mücken, und das Bett ist so schmal, dass ich mich für die Nacht auf dem Boden bei den Ameisen einrichten muss. Nun ja, das ist freilich nur die halbe Wahrheit: Im entscheidenden Kartenspiel ums weiche Bett zog ich ein trauriges Blatt. Um Mitternacht jage ich bei stickigen dreissig Grad Moskitos, während sich Bea im Bad einem anderen, leicht grösseren Problem gegenüber sieht: Da hockt an der weiss gekachelten Wand, an der Stelle, wo noch vor einer Stunde eine harmlose Echse nach Insekten spähte, ein braunschwarz schillernder, etwa handtellergrosser Skorpion, den Schwanz mit dem Giftstachel bedrohlich emporgebogen. Von eisigem Grauen gepackt, stürmt Bea zu mir und den Moskitos und erzählt mit bebenden Lippen und kreidebleich von dem, was eben noch wenige Zentimeter neben ihrem Kopf an der Wand klebte. Da uns die Aussicht, die weiteren Stunden der Nacht zusammen mit diesem Tierchen im engen Zimmer zu verbringen, nicht gerade behagt, steigen wir in den unfairen Kampf, aus dem wir bald als Sieger hervorgehen. Mit *tschomak* und Bündeln alter Zeitungen ist das Spinnentier rasch erledigt. Doch beeinflusst dieses Erlebnis meinen Schlaf einigermassen negativ, liege ich doch auf dem Fussboden, und es ist nicht ausgeschlossen, dass noch weitere kurzbeinige Skorpione aus ihren Verstecken hervorkriechen. Nachdem schliesslich die Ritzen unter den Türen mit WC-Papier abgedichtet sind, weitere Mücken als Blutflecke an der Wand kleben und die Luft sich ein wenig abgekühlt hat, reichts aber doch noch zu ein paar Stunden Schlaf.

Im ermüdenden Gegenwind halten wir weiter Kurs auf Escárcega. Einem herzzerreissend traurig dreinschauenden Hund verfüttern wir die Reste unseres Essens. Er frisst gierig, aber nur, um kurz danach einen unverdauten Haufen auf den Asphalt zu kotzen. Der Arme muss ernsthaft krank sein, denn so übel kann unser Frass ja nicht sein. Schliesslich haben wir erst kürzlich Maden-Vollkornreis, Käfer-Baumnüsse und einen faulen Eisbergsalat auf eine Weide entsorgt, damit sich Pferde, Kühe, Mäuse oder Ameisen daran laben können. Im feuchtheissen Tropenklima lassen sich Vorräte kaum lagern, zumal dann, wenn sie vor dem Verkauf nicht chemisch auf Keimfreiheit getrimmt worden sind. Als der Rückspiegel das Abbild des knapp über dem Horizont lodernden Feuerballs zeigt, ist Escárcega erreicht. Rasch ist ein gutes Hotel gefunden. Sofort schlüpfen wir ins Bett, denn wir sind noch immer geschlaucht von der aufregenden «Skorpion-Nacht». Im klimatisierten Raum schlafen wir tief wie Steine bis kurz vor Mittag des nächsten Tages.

Es ist dampfend heiss heute. Das Quecksilber steht bei der Vierzig-Grad-Marke. Da kommt uns der stramme, immerhin ein wenig kühlende Gegenwind gar nicht so ungelegen. Ein Feiertag – das dritte Jahr auf Achse wird voll – ist immer auch ein Schlemmertag bei uns. So geniessen wir bereits zum Mittagessen Leckeres am Strassenrand: Ratatouille zu gebratenen Süsskartoffel-Würfelchen à la Rosmarin. Zwei kleine Jungs tauchen auf und stellen sich wortlos vor uns auf. Ich frage sie, ob sie mit Fussball etwas am Hut hätten – eine rein rhetorische Frage in einem Land wie Mexiko – und schenke ihnen auf ihr hastiges Kopfnicken einen Stapel Porträtbildchen der mexikanischen Nationalmannschaft, die sich in jeder Zwiebackpackung von Bimbo finden und die wir für einen Moment wie diesen gesammelt haben.

Bei der Laguna Silvituc buchen wir eine staubige Hütte ohne fliessend Wasser, dafür mit Charme und viel Luft. Das Dach aus Palmwedeln ist vielleicht dichter als es den Anschein macht. Doch sind wir froh, dass es nicht durch einen heftigen Regenguss getestet wird. Für die nächsten zwei Stunden waschen, schneiden und brutzeln wir die von Escárcega mittransportierten Lebensmittel, bis uns das Festmahl auf dem originellen, aus einem rohen Baumstamm gesägten Tropenholz-Tisch anlacht: Guacamole mit gebratenen Tortillas, Eisberg-Karotten-Salat, Steinpilze an Rahmsauce und Karotten-Haferflocken-Bratlinge. Durch die Palmwedel zwinkern uns die Sterne zu, wie um uns zu versichern, dass in diesen Stunden auch jenseits des Atlantiks an uns gedacht wird. Wellen schlagen ans vertäute Boot, der Wind streicht geräuschvoll durch die Kokospalmen, Grillen zirpen, und schon wenige Stunden nach Mitternacht kräht der erste Hahn.

Weil der Wecker für einmal nicht Alarm schlägt, schlafen wir eine halbe Stunde länger als geplant und erheben uns erst um 5.30 Uhr. Der Wind scheint nur auf uns gewartet zu haben. Energisch stemmt er sich gegen uns. Autos, Laster und Busse hat er bereits weggefegt, die Strasse gehört uns alleine. In Xpujil hat sich vor der einzigen Kasse im Supermarkt eine lange Schlange gebildet. Eine Frau, die sich an der Reihe vorbei nach vorne schummelt, wird vom Kassier in die Schranken und zurück gewiesen, eine andere nimmt diese Abkürzung erfolgreich, während ein vorgedrängelter Mann vom vifen Verkäufer geflissentlich ignoriert wird, bis dieser selbst aufgibt und sich hinten anstellt. Erstaunlich ist, dass niemand der Wartenden wegen dieses unschicklichen Verhaltens muckst. Offenbar hält man hier nicht viel davon, Gefühle zu zeigen, denn auch lächelnde Gesichter sind im ganzen Laden nicht auszumachen. Dafür weisen etliche Züge auf, als wären sie Pakals Enkelkinder höchstpersönlich: Kleine, gedrungene Statur, dunkle Hautfarbe, ausgeprägte Backenknochen und nach hinten fliehende Stirn – einzig das Schielen scheint ihnen abhandengekommen zu sein.

Einige hundert Meter müssen wir uns durch beissenden Rauch kämpfen, da direkt neben uns ein absichtlich entfachtes Buschfeuer wütet. Ein solcher Flächenbrand hat eine dreifache Wirkung auf uns: Der Qualm entzieht uns den Sauerstoff, die abstrahlende Hitze versengt mir die Haare an den Beinen und das ungeahnt laute Knacken des Feuers schmerzt in den Ohren. Zweimal verfolgen uns auch Hundehorden, doch erreichen wir das Dorf Nicolas Bravo mit unversehrten Waden.

Als wir die Velos aus der Nachtstarre befreien, geschieht dies unter grauem, kühlem Himmel – ein nicht gerade stilvoller Empfang durch die Karibik, welche die Gestade von Chetumal, unserem heutigen Ziel, umspült. Die einfachen Häuser weisen keine Türen auf. Wichtiger als sich einzuschliessen ist in diesen Breitengraden eine funktionierende Lüftung. Zu diesem Zweck ist in der Front- und der Rückwand je eine Aussparung angebracht, durch welche die Luft strömt und auch die Menschenscharen ein- und ausgehen. Weil hier parallel zur Strasse eine Wasserleitung führt, fehlen vor den Gebäuden die sonst üblichen schwarzen Wassertonnen aus Kunststoff. Gegen Mittag schnallen wir unsere Klappstühle ab und essen im Schatten eines ausladenden Baums aus unserem Topf. Nicht nur Katzen und Hunde streichen uns um die Beine, sondern auch ein alter Mann gesellt sich zu uns. Auf dem Gepäckträger seines

Fahrrads bleibt sein kleiner Enkel ruhig und geduldig sitzen, als uns der heitere Alte mit langem Atem erzählt:

«In dieser Gegend sind alle Leute friedfertig, weil sie erstens tiefreligiöse Christen sind und zweitens zum grossen Teil zur selben Glaubensgemeinschaft wie ich, den Adventisten des 7. Tages, zählen. Aber nehmt euch drüben in Guatemala in Acht! Dort sind die Menschen nicht dermassen vom Glauben durchdrungen und deshalb schlechter. Ich weiss, wovon ich rede. Ich kenne mich gut aus. Schliesslich habe ich jahrelang in den Kautschukplantagen gearbeitet, die sich hinter den Zuckerrohrfeldern da hinten bis über die guatemaltekische Grenze hinziehen. Was ich nicht schon alles mit eigenen Augen gesehen habe!» Wir leihen ihm während dem Kauen artig unser geneigtes Ohr, doch stossen uns seine religiöse Verblendung und pauschale Verunglimpfung der Nachbarn ziemlich sauer auf. Mit vollem Mund lässt es sich jedoch nicht gut argumentieren und wir lassen ihn unwidersprochen fortfahren. Zum Glück wechselt er bald das Thema. Er hat nämlich durchaus Substantielles zu berichten. Und zwar über den Puebla-Panama-Plan, dessen Startschuss im Juni 2001 abgefeuert wurde:

«Im Rahmen des Wirtschaftsplans sind Bauarbeiten für einen neuen Strassenkorridor im Gang. In die Zuckerrohrfelder wurden bereits breite Breschen geschlagen. Die Regierung Fox behauptet, mit der Erstellung neuer Transportachsen, der Verknüpfung von Strom- und Telekommunikationsnetzen sowie der verstärkten Nutzung der Wasserkraft in den regenreichen, gebirgigen Zonen Mittelamerikas würde den Armen geholfen. Es heisst, für die neun südlichen Bundesstaaten von Mexiko sowie die mittelamerikanischen Staaten Belize, Guatemala, Honduras, El Salvador, Nicaragua, Costa Rica und Panama seien die geplanten Massnahmen ein Segen. Das ist doch alles nur heisse Luft, Nebelschwaden, in die Augen des Volks gestreuter Sand! Hauptprofiteure sind zweifelsohne die USA und mit ihnen verbandelte Bonzen, welche diese wirtschaftliche Zusammenarbeit auch mit allen Mitteln gepuscht haben.»

Der Enkel harrt noch immer seelenruhig auf dem harten metallenen Sitz, derweil die Rede des alten Manns an Fahrt und Biss gewinnt:

«Dieses rein kapitalistische Projekt bringt für die Landbevölkerung keinerlei Vorteile. Mega-Staudämme setzen Quadratkilometerweise fruchtbares Land unter Wasser. Das wird viele Kleinbauern zu Landlosen machen. Natürlich heisst es seitens der Regierung, die Bauern könnten dann in der Industrie Arbeit finden. Aber, was sind für sie Arbeitsplätze in Billiglohn-Fabriken schon für eine Perspektive? Die Arbeit am Fliessband würde die indianische Bevölkerung zur Aufgabe ihrer traditionellen Lebensweise zwingen. Damit würde ihre in den fünfhundert Jahren des Widerstands seit der spanischen Eroberung bewahrte Kultur zerstört werden. Fox meinte erst kürzlich am TV, er kenne kein von der Kommunikation abgeschnittenes Dorf, das sich entwickeln konnte. Damit hat er vermutlich Recht, doch stellt sich die Frage, ob denn jeder Flecken entwickelt sein soll. Wenn die ganze Welt nur noch aus Konsumenten besteht, erstirbt sie in der Öde der Gleichheit und Langeweile.»

Heute hat der Gegenwind lahme Flügel. So rollen wir frühzeitig in Chetumal ein. Das ist die Hauptstadt des Bundesstaats Quintana Roo und unsere letzte Station in Mexiko. Chetumal heisst auf Maya «Ort der vielen Zedern». Dieser Name hat heute seine Berechtigung verloren, sehen wir doch kaum noch solche Bäume. Der menschenleere *malecón* zieht uns wenig an, doch schillert die Karibik verheissungsvoll türkis unter dem blauen Himmel. Von nahem betrachtet zeigt sich das Wasser aber mit hässlichen Schaumkronen. Die Ortschaft wurde 1955 von einem Hurrikan vollständig zerstört und erinnert nun mit den von modernen Geschäften gesäumten Strassen und dem Fehlen eines wirklichen Zentrums an eine US-amerikanische Kleinstadt. Doch mangelt es an Inhalt, um dem Vergleich gerecht zu werden. Im Supermarkt mit dem vollmundigen Namen «San Francisco» finden wir so gut wie nichts von dem, das schon lange auf der Einkaufsliste schlummert. Obwohl es uns hier nicht sonderlich gefällt, bleiben wir zwei Tage in dieser Grenzstadt, bevor wir uns auf die Entdeckung von Belize machen.

Belize, 7. bis 27. April 2006

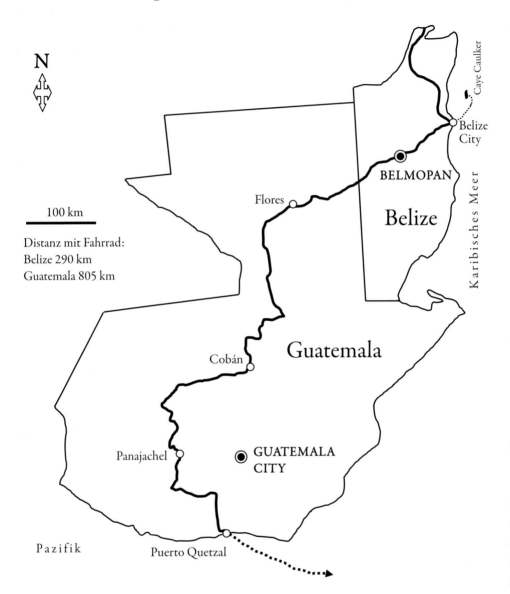

Unter bewölktem Himmel lassen wir uns vom Wind, der über die Karibik gestrichen kommt, von Chetumal zur Landesgrenze schieben. Der mexikanische Beamte drückt uns ohne Umstände, aber mit mürrischer Miene, den Austrittsstempel in den Pass. Jenseits der fiktiven Grenzlinie empfangen uns freundlich lächelnd die Belizer. Sie gewähren uns dreissig Tage Gastrecht in ihrem kleinen Land, ohne dass wir, wie befürchtet, unsere Solvenz mit einem Bankauszug nachweisen müssten. Vorsorglich hatten wir nämlich schon in Oaxaca ein solches Dokument gefälscht. Ja, gefälscht!

Denn anderes blieb uns nicht übrig. Schweizer Banken weigern sich schliesslich standhaft, einem den aktuellen Kontostand zu mailen. Damit würden wahrscheinlich ein paar Siegel des «heiligen» Bankgeheimnisses erbrochen. Da auch keines unserer Gepäckstücke kontrolliert wird, führen wir ungestraft einige Knoblauchzehen und einen Salat ein. Dass uns die meisten Leute auf Englisch ansprechen, wirkt geradezu befremdend. So sehr haben wir uns ans Spanische gewöhnt. Auch Schwarze sahen wir lange Zeit nicht mehr. Wir freuen uns auf die Ethnienvielfalt in diesem Land.

Der Northern Highway ist schmal und schlicht. Der Verkehr auf seinem grobkörnigen Asphalt, der uns an den monsuntauglichen von Laos erinnert, hält sich in engen Grenzen. Unterwegs sind vor allem Busse. Oder Lastwagen, die geerntete Zuckerrohrstangen transportieren. Der Wind, der nun von der Seite her drückt oder uns direkt von vorne ins Gesicht fegt, ist ein nimmermüder Störenfried. Die Landschaft ist flach und eintönig. Einzig die Meilensteine neben der Fahrbahn, die gegen Belize City auf Null auslaufen, geben der Strecke eine Struktur. Wir passieren etliche Dörfer, die auf unserer Karte nicht vermerkt sind. Fast alle Häuser balancieren auf Stelzen, was eine weitere Parallele zu Laos oder Thailand darstellt. Die Hütten der Maya aber sind wie in Mexiko ebenerdig konstruiert und weisen die typischen Dächer aus Palmwedeln auf.

In Orange Walk fällt vor dem billigsten *guesthouse* der Stadt mein Hinterpneu aus der Form, und dies nach exakt 16000 Kilometern an meiner Felge. Dieser Reifen kann auf ein abwechslungsreiches Leben zurückblicken. Er diente in der Taklamakanwüste von Artux bis Aksu, später von Hami bis Guilin, dann von Tan'h Hoa in Vietnam bis Vientiane, der Hauptstadt von Laos, und schliesslich von Satun in Thailand bis hier her. Zwischendurch lag er jeweils zusammengefaltet in der Tasche mit den Werkzeugen und Ersatzteilen. Im Gemüseladen gegenüber kaufe ich die Zutaten für das Abendessen und höre dabei zum ersten Mal Leute Kreolisch sprechen. Diese Mischung aus Spanisch und Englisch tönt wunderlich melodiös und erinnert mich an den Singsang des verschrobenen Nostradamus-Verehrers aus New Orleans. Im TV ist auch der uns bestens vertraute Chinesensender CCTV 4 zu empfangen. Das ist kein Zufall, denn auch im winzigen Belize, fernab vom Reich der Mitte, leben viele Chinesen als erfolgreiche Geschäftsleute. Im Handel mischen aber auch Hindus aus Indien, Bangladesh und Burma tüchtig mit. Im Supermarkt treffen wir auf Vertreter einer anderen Volksgruppe, auf Mennoniten. Die vier rotwangigen Frauen stecken in mittelalterlich anmutenden Trachten. Sie wirken wie Zeitreisende aus der Vergangenheit. Dass wir damit einigermassen falsch liegen, zeigt der Blick in die Kühlregale: Sämtliche Milchprodukte stammen aus Spanish Outlook, also aus einem der sechs mennonitischen Zentren von Belize. Erfolgreich mit Milch, Käse und Butter – das kommt nicht von Ungefähr. Schliesslich nahm die reformierte christliche Konfession der Täufer, in deren Tradition die Mennoniten stehen, anno 1525 in Zürich ihren Anfang. Ob die Mennoniten in ihren Dörfern, die sich wie das Schweizer Reduit ausnehmen, auch Schokolade und Uhren produzieren, ist mir noch nicht zu Ohren gekommen. Erstaunen würde es mich nicht. Ansonsten sind sie aber noch nicht in der Moderne angekommen, was sie selbstredend als Erfolg verbuchen. Rückwärtsgewandt, ja geradezu eigenbrötlerisch sind die streng gläubigen Mennoniten im Bestreben, ihre Traditionen zu wahren. So bleibt den mennonitischen Kindern zum Beispiel die öffentliche Schule verwehrt. Ihnen wird nur eine minimale Ausbildung zugestanden, damit sie einerseits so rasch wie möglich ins Arbeitsleben integriert werden können. Andererseits ist die verweigerte Allgemeinbildung auch ein wirksames Mittel, um die Anzahl abtrünniger Schäfchen gering zu halten. Bestimmt gäbe es ohne diese sektiererische Rigorosität keine Mennoniten mehr.

Zu früher Morgenstunde sind vor allem Schüler unterwegs, die meisten Erwachsenen schlafen noch. Es ist bereits heiss und schwül. Die Kleider kleben schwer an der Haut. Am angenehmsten ist es bei solchem Klima unter der kalten Dusche oder auf dem rollenden Fahrrad. Der Northern Highway führt uns auch heute ohne viel Verkehr durch monotone Gegend. Dass wir uns auf der Hauptverkehrsachse des Landes befinden, ist kaum zu glauben. Neben dem Asphalt verläuft ein breiter Rasenstreifen, der in britischer Manier kurzgeschoren ist. Da und dort rostet darauf ein Autowrack vor sich hin. Oder es stehen ein paar Kreuze darin. Dahinter sind die weiten Ebenen mit Büschen überzogen, die nur selten von einem Baum überragt werden. Von den wenigen Ansiedlungen her winken uns Kinderscharen zu. Bald haftet sich wieder Russ an unsere Nasenschleimhäute und das Atmen wird schwerer. Schliesslich hören wir ganz damit auf und preschen atemlos durch die Zone der Brandrodung. Schon längst schmachten wir nach einem Restaurant; da taucht das Schild von Nelsis Bar auf. Leider ist das Gebäude aber verlassen und verriegelt. Immerhin bringt uns eine Mestizin vom nahen Haus Wasser. Und ihr Töchterchen plaudert Spanisch mit uns und legt vier Bananen in meinen Korb, bevor wir weiterrollen. Endlich erscheint die herbeigesehnte Kneipe. Es ist eine ärmliche Holzhütte mit gedeckter Terrasse. Wir parken die Räder in den Schatten hinter dem Haus, wo sechs frisch geworfene Welpen ungestüm an den Zitzen einer Hündin saugen. Daneben scharren Hühner im Sand und winzige Küken huschen herum. In einer Ecke der Terrasse sitzt eine tiefschwarze Garífuna-Frau, die gelangweilt den Wuschelkopf einer Kleinen laust. In der Hängematte daneben schaukelt eine etwa Dreizehnjährige, die mit einem Baby spielt. Das hellblaue T-Shirt ihrer um kaum zwei Jahre älteren Schwester spannt sich um einen prallen, hochschwangeren Bauch. Im TV läuft Nemo, was aber niemanden interessiert. Der beachtliche Wanst des in trüber Stumpfheit versunkenen Vaters beult sein schmutziges Hemd aus. Sein Mund lässt unglaublich schnell fünf dick belegte weisse Toastbrote verschwinden. Die Mutter werkelt in der Küche. Wir sind die einzigen Gäste. Auf dem fettig-schmierigen Boden liegen Spielzeuge im Abfall. Der Umgangston der Familie ist ungeschliffen und wenig herzlich. Bea schlürft einen Apfelsaft und ich kippe ein kühles Belikin-Bier, womit ich versuche, mich ein wenig abzukühlen, um die ausgeschwemmte Sonnencreme auf den Vorderarmen aufzufrischen zu können. Die depressive Stimmung schlägt uns aufs Gemüt. Was sind die Perspektiven dieser verwahrlosten, lust- und kraftlos wirkenden Familie? Wir legen ein paar Münzen auf die Theke und fahren weiter. Uns zieht es jetzt nach Belize City, dem wirtschaftlichen und gesellschaftlichen Zentrum des Landes.

Als Erstes empfangen uns bei der Einfahrt in die alte Hauptstadt charmante Holzhäuschen, deren Dächer mit verzinkten Blechen gedeckt sind. Viele Gebäude stehen auf gut zwei Meter hohen Pfählen. Das erinnert an die regelmässigen Überflutungen in früheren Jahren. Die schlimmsten Hurrikane der Vergangenheit waren Hattie 1961 und Greta 1978. Mitch meinte es gut, er tanzte 1998 elegant um Belize herum. Nun zeigt sich der schmale Haulover Creek, der die Stadt zweiteilt. Er ist nicht der einzige Wasserlauf, denn alle Quartiere werden von Kanälen durchädert. Ab und zu senden sie üble Geruchswellen aus. Weit schlimmer verhält es sich in dieser Beziehung aber mit vergammelten Obdachlosen, die auf den Gehsteigen dahinvegetieren. Im Umkreis von dreissig Metern schnüren einem ihre Ausdünstungen den Hals zu. Diese armen Kreaturen stinken derart bestialisch, dass sie damit bestimmt mit den präkolumbischen aztekischen Priestern mithalten können.

Im stilvollen *guesthouse* von Isabel finden wir bald ein Zimmer. Die Bettwäsche ist die flauschigste unserer ganzen Reise. Beim Burmesen gegenüber, der uns mit «*Hello brother!*» und «*Hello sister!*» begrüsst, kaufen wir eine 20-Liter-Wasserflasche. Er warnt uns eindringlich vor halbstarken Gassenjungen, die schon für eine Handvoll Dollar morden. Nach Einbruch der Dunkelheit sollen wir unbedingt die Strassen meiden und im Zimmer verweilen. Sein Rat ist gut gemeint, doch treibt uns der Hunger hinaus in die Stadt; immerhin mit wachen Augen jeden Winkel ausspähend, die Gefährlichkeit jedes Passanten abwägend, den Pfefferspray im Hosensack griffbereit. Bedroht werden wir von niemandem, obwohl die noch herumlungernden Typen in ihrem Gehabe und dem ständigen «*Fuck-fuck!*», mit dem jeder ihrer Sätze gepfeffert ist, einigermassen aggressiv wirken. Doch nicht nur wegen ihnen ist das Nachtleben in dieser Stadt keine Freude. Es findet schlicht nicht statt, mindestens nicht in der Öffentlichkeit. Fast alle Lokale sind geschlossen. Gespenstisch ist wohl das richtige Wort, um die Stimmung zu beschreiben.

Unter der stechenden Sonne spazieren wir heute Sonntag durch die noch immer beinahe ausgestorbenen Strassen, vorbei an verriegelten Geschäften, Pennern und Bettlern oder Kleinganoven, ein jeder mit seiner eigenen Masche. Der eine löchert jeden Passanten: «*Gimme a dollar! Gimme a dollar!*» Wie Messerstiche stösst er diese immer gleiche Aufforderung in die prallen Bäuche, die über seinem verlausten, an eine scharf nach Urin stinkende Hauswand gelehnten Kopf vorbeigleiten. Ein anderer tischt eine langfädige Geschichte über Gefängnis und Arbeitslosigkeit auf und endet schliesslich mit: «*Now I ask you for a human favor, gimme some dollar, please!*» Eine spindeldürre, bis auf die Knochen ausgemergelte junge Frau meint fast vorwurfsvoll: «Ich sehe nur so beschissen aus, weil ich bald sterben werde. Gib mir bitte ein paar Münzen!» Einer der Originellsten hält allen einen Wisch unter die Nase, entblösst seinen Bauch und bittet: «Unterstütze unsere Gesellschaft für Nierenkranke, gib mir ein paar Dollar!» Sie alle haben eines gemeinsam: Sie sind schwarz wie die Nacht.

Der Magen knurrt. Wir schlendern das Gestade entlang zum einzigen indischen Restaurant dieser Stadt. Eine Gruppe rabenschwarzer Knaben und ein hageres Mädchen springen vergnügt von der Ufermauer ins Meer, auf dessen Oberfläche ein ekliger Teppich aus Schlamm, Erde und weiss nicht was schwimmt. Das stört die fröhlichen Gemüter aber keineswegs. Im Gegenteil, genüsslich suhlen sie sich in dieser Paste. Beim Inder tafeln neben uns ein Typ aus Chicago, der seit zwölf Jahren in Lateinamerika weilt, und seine guatemaltekische Freundin. Die Speisen munden hervorragend und der Amerikaner hat viel zu erzählen. Gestern wurde er im nahen Guatemala von einem Skorpion, der sich im Hotelzimmer in seine Hose verkrochen hatte, gestochen. Innert Sekunden wurde seine Zunge taub, danach die Lippen und schliesslich Hände und Unterarme. Ein Arzt verabreichte ihm ein potentes Gegenmittel. Schon heute schmerzt ihn nur noch die Einstichstelle und sein Mundwerk läuft wieder wie geschmiert. Das Paar warnt uns: «Guatemala City ist extrem gefährlich und lohnt sich in keiner Hinsicht, besucht zu werden.»

Heute Montag offenbart sich nun, was übers Wochenende hinter den schweren Rollläden verborgen lag: Eisenwarenhandlungen, Restaurants, Papeterien, Foto- und Haushaltswarengeschäfte. Einiges davon durchaus modern und mit breitem Angebot. Auch die Strassen sind voller Leben. Neben Einheimischen zeigen sich Touristen und sogar Polizisten. Der Eingang des Supermarkts Brodies wird von invaliden Bettlern beherrscht, die von den Konsumenten ihren Anteil am Wohlstand einfordern. Da wir der Dauerhaftigkeit der Hinterradfelge aus Tuxtepec, Mexiko, nicht trauen, halten wir Ausschau nach einem anderen Modell als Ersatz. Leider ist im besten Fahrradgeschäft der Stadt, und damit auch des Landes, der ganze Lagerbestand ausverkauft, weil am nächsten Wochenende ein internationales Radrennen von Belize City an die guatemaltekische Grenze und retour stattfindet und sämtliche Teilnehmer noch massiv aufgerüstet haben. So erstehen wir bei einem der Chinesen in unserem Quartier eine der billigen Felgen, die wir von nun an mittransportieren werden – für alle Fälle.

Auf der winzigen karibischen Insel Caye Caulker wollen wir ein paar Tage lang verfolgen, wie die Kokosnüsse reifen. So begeben wir uns zum Anlegesteg. Der Warteraum ist voller junger Reisender mit bunten Rucksäcken, denn von hier legen Schiffe
zu verschiedenen touristischen Perlen ab. Wie beispielsweise das weltbekannte Blue
Hole, das als einer der besten Tauchorte überhaupt gilt. Ins Schnellboot nach Caye
Caulker steigt auch eine Gruppe Mennoniten. Zwischen breitkrempigem Hut und
freudloser Tracht der Frauen klemmen verhärtete Gesichter. Und die Männer verraten mit ihren hellblauen, wässerigen Augen ihre nordeuropäischen Wurzeln. Statt
wie die anderen Rucksäcke transportieren sie Möbel und Holzbretter. Der Kapitän
gibt Schub, und schon flitzen wir über das spiegelglatte Wasser, vorbei an unbewohnten Inselchen, die lediglich von Mangrovenwäldern überwuchert sind. Nach Dreiviertelstunden legen wir auf Caye Caulker an.

Kaum quetscht sich heisser Sand zwischen meine Zehen, haucht mir ein von harten Drogen ausgezehrter Rasta mit Filzlocken und Bart «Marihuana?» ins Ohr. Die
flachen Uferzonen sind mit Seegras und anderem Grünzeug durchwirkt. Im südlichen, nicht touristischen Teil der Insel stinkt das Wasser geradezu. Es gibt keinen
Ort, wo ich meinen Fuss reinhängen wollte. Am *cut*, im Norden, ist das Ufer mit Abfall gespickt und ein Steg aus Stahlbeton liegt kollabiert und verdreht im Wasser. Das
alles kontrastiert stark mit dem Bild im Kopf, das wir aufgrund der Anpreisung mal-
ten: «Caye Caulker ist eine dünne Linie aus weissen Sandstränden, die ins blaugrüne
Meer abtaucht.»

Da Ostern vor der Tür steht, sind die meisten Unterkünfte ausgebucht, oder ihre
Preise liegen jenseits unseres Budgets. Schliesslich finden wir in einem charaktervol-
len Holzhaus eine Bleibe für die nächsten Tage. Das Zimmer weist Fenster übers Eck
auf, was für eine funktionierende natürliche Lüftung wesentlich ist. Zudem bietet es
freien Blick aufs Meer. Und von der Veranda aus lässt sich bequem das Treiben auf
der Hauptstrasse, dem Sandweg ohne Verkehr, beobachten. Da nehmen wir in Kauf,
dass unser Bett eine üble Sprungfedermatratze aufweist, die uns zwischen die Rippen
drückt. Selbst das streng nach faulen Eiern riechende Leitungswasser verstimmt uns
nicht. Zur Happy-Hour gehen wir auf zwei Caipiriñas und schicken uns langsam
drein, dass sich die Realität nicht mit den gehegten Erwartungen deckt. Durchaus
vergnügt frönen wir im Dämmerlicht in Anlehnung zum *rain watching* der alten
Männer in Oregon unserem neuen Hobby, dem *people watching*. Beim Eindunkeln
klebt der Mond als riesige, orange Scheibe knapp über dem Horizont.

Die Insel wird immer mehr bevölkert, je näher Ostern rückt. Es sind vor allem
dunkelhäutige Belizer, die hier die Feiertage verbringen. Tag und Nacht liegt der
würzige Duft von Hanf schwer in der Luft, nur aufgemischt durch die fetten Bässe
der Reggae-Rhythmen. Am Karfreitag zieht unter unserer Veranda eine kleine Oster-
prozession vorüber. Der religiöse Eifer dieser Leute erscheint mir wie ein Gegenpol

zum nächtlichen Lustgestöhn, das aus fast allen Zimmern dringt. Die Männer mimen mit ihren verspiegelten Sonnenbrillen auf den flachen Nasen und arrogantem Gehabe «*Mister cool*», während ihre Frauen, die meisten von üppiger Körperlichkeit, aus Styropor-Boxen gebratene Hähnchen mampfen und nebenbei ein Auge auf ihre zahlreiche Jungmannschaft werfen, welcher der hässliche Strand gut genug ist und vergnügt im Wasser planscht.

Einmal spazieren wir zum *cut* und steigen über eine schlammig-rutschige Holztreppe ins angenehm kühle Wasser. Erst müssen wir durch eine mit Schaumkronen besetzte Zone schwimmen, bis wir im optisch sauberen Bereich sind und schon bald wieder Sand unter den Füssen spüren. Am Nachmittag gehts auf eine Schnorcheltour zum Barrier Reef. Die Bedingungen sind mit knallblauem Himmel, strahlender Sonne und glasklarem Wasser geradezu perfekt. Da ich überdies eine Taucherbrille mit korrigierten Gläsern auftreiben konnte, sehe ich die faszinierende Unterwasserwelt zum ersten Mal im Leben gestochen scharf: Ein armlanger Barracuda mit spitzen Zähnen gleitet vorbei, Clownfische glotzen uns an und Stechrochen schwirren en masse um uns herum, da sie vom Schiff aus gefüttert werden. Wir könnten sie sogar streicheln, was wir aber unterlassen. Besonders imposant sind die beiden über zwei Meter langen Ammenhaie, die uns mit kraftvollen Flossenschlägen umkreisen. Zum Glück sind diese Viecher völlig ungefährlich.

Am Ostermontag nimmt die Dominanz der Schwarzen ab, es stranden immer mehr Bleichgesichter auf der Insel. Die Strasse präsentiert sich am Abend aber wie ausgestorben; auch das Liebesgeflüster ist verhallt. Der Blick aufs weite Meer vermag uns noch immer zu fesseln. Das Changieren der Wasserfarbe zwischen Grün, Türkis und Blau ist für Stunden Unterhaltung genug. Als der Vollmond bereits hell über der Wasserlinie leuchtet, setzen wir uns ans äusserste Ende eines Holzsteges und schauen still dem gar nicht bleichen Bruder zu, wie er das Wasser glitzern lässt. Diese Nacht fängt der Wind zu heulen an und fegt so ungestüm durch unser Zimmer, dass wir zum ersten Mal die Holzlamellen vor den Mückengittern schliessen. Dies entschärft zwar den Durchzug, doch flötet die Luft nun in den höchsten Tönen durch die Ritzen.

Der Himmel ist mit grauen Wolken verhangen, als wir an einem Samstag den Pier der Insel im Schnellboot hinter uns lassen. Caye Caulker hat uns während acht Tagen die Chance geboten, den Adler im Süden zu besuchen, von dem uns ein älterer Amerikaner erzählt hatte, was wir aber verpassten.

Die Luft in Belize City ist wie gehabt beklemmend drückend, die Kleider kleben uns tropfnass am Leib. Aber diese unattraktive und für unsere Verhältnisse teure Stadt hält uns fest in ihren Klauen gefangen, weil wir noch Pakete erwarten. Die Postsendungen sind längst überfällig, bleiben aber verschollen. Wir ertappen uns beim Hadern über diese verfahrene Situation. Ausser dem Inder gibt es hier nicht einmal ein

Restaurant oder ein Café, das uns eines Besuchs wert scheint. Schon beim Frühstück perlen uns jeweils die ersten Schweisstropfen von der Nasenspitze. Der tägliche Gang aufs Postamt wird zu einem zermürbenden Ritual. Mittlerweile sind zwar zwei Briefe angekommen, doch wollen sich die vermissten Pakete einfach nicht materialisieren. Und dies, nachdem die Ware nun bereits über einen Monat unterwegs ist.

Auf der Strasse kaufe ich «The Guardian» und «Belize Times», die zwei einzigen angebotenen Zeitungen. Das journalistische Niveau beider Blätter ist bedenklich. «The Guardian» ist das politische Sprachrohr der UDP, der demokratischen Partei, und «Belize Times» jenes der anderen relevanten Partei von Belize, der PUP, der Volkspartei. In populistischer, grobschlächtiger Manier wird mit Halbwahrheiten und verdrehten Tatsachen aufeinander eingedroschen. Einmal kosten wir die lokale Spezialität *honey bun*, die mir wie ein alter Lebkuchen mit verdufteten Gewürzen mundet. Ich schenke das angebrochene Pack dem alten Mann mit den grauen Dreadlocks, der in seinen zerlumpten Kleidern immer an derselben Stelle an der Kreuzung unter unserer Unterkunft steht und nie bettelt. Er fragt erst, was es denn sei, das ich ihm schenken wolle? «Honey bun.» – «Aha, dann kann ich das essen?», meint er mit einem feinen Lächeln auf den Lippen. Zum Dank drückt er mir warm die Hand.

Auch am Montag und am Dienstag bleiben unsere Pakete auf dem Postamt unauffindbar. Die Zeit läuft aus, denn am 10. Mai muss Puerto Quetzal, der guatemaltekische Hafen am Pazifik, erreicht sein, damit wir dort an Bord eines Frachtschiffs gehen können. Bestimmt wurden alle unsere Postsendungen geklaut. Diesen Angestellten ist nicht zu trauen. Schliesslich haben wir erst kürzlich in der Zeitung gelesen, dass ein Beamter eben dieser Poststelle verurteilt wurde, weil er dabei erwischt wurde, wie er sämtliche Pakete aus dem Ausland öffnete und nach Belieben ausschlachtete. Nach insgesamt beinahe drei Wochen Wartezeit ist der letzte Funken Hoffnung verglüht und wir schliessen das nervige Kapitel «Post in Belize City» definitiv. Endlich sind wir wieder frei im Kopf für die Weiterreise.

Das morgendliche Belize City zeigt uns unter bewölktem Himmel sein bestes Gesicht. Niemand ist unterwegs, der uns nicht grüssen oder nach dem Woher und Wohin fragen würde. Auf dem Western Highway rollen neben überraschend viel Blech auch etliche Radrennfahrer. Ansonsten unterscheidet sich der Western kaum vom Northern Highway. Bald kündigt das Schild «Belmopan City-Limit» an, dass wir uns in der Hauptstadt von Belize befinden. Ohne diesen Hinweis käme man nie darauf, denn es steht fast kein Haus an der Strasse, die nun kontinuierlich mehr Kurven und Steigungen aufweist. Es folgen beschauliche Dörfchen mit einfachen, aber praktischen und wohnlichen Holzhütten auf Stelzen. Die Ansiedlungen sind durchsetzt mit Kirchen. Wenige Kilometer nach San Ignacio erreichen wir schliesslich die guatemaltekische Grenze.

Guatemala, 27. April bis 17. Mai 2006

Bereits in der gesichtslosen guatemaltekischen Grenzstadt Melchor de Mencos ist nichts mehr zu spüren von der Aggressivität und Rohheit, die uns in Belize City auf den Magen schlug. Im Zentrum ziehen wir ein paar Stapel Quetzal aus einem Geldautomaten, um bis auf weiteres vor Geldbeschaffungsproblemen verschont zu sein. Im gut bestückten Supermarkt gegenüber prüfen wir gleich die Noten auf ihre Echtheit und erhalten für wenige Scheine gute Ware. «Quetzal» heisst übrigens nicht nur die Landeswährung, sondern auch das Nationaltier Guatemalas: Ein Vogel mit grün-blauen Federn, mit denen sich schon die Würdenträger der Maya schmückten. «Quetzal» verheisst uns aber auch ein Frachtschiff nach Südamerika: In Puerto Quetzal am Pazifik könnte es klappen.

Die Sonne brennt erbarmungslos aus dem klaren Himmel und heizt die Luft auf vierzig Grad auf. Die wenigen Autos, Busse und LKW wirbeln aus dem Schotter der Rohplanie der sich im Bau befindlichen Strasse Staub auf, der uns weiss pudert. Dazu gesellt sich der Qualm von Brandrodungen. In den Dörfern sind viele Leute auf Pferderücken unterwegs. Schweine laufen frei herum und quietschen auf der Strasse oder unter den Tischen der traulichen Schenken. Die Landschaft ist nicht berauschend, doch dank der Hügel auch nicht ohne Reiz. Nach zwei Stunden Fahrt liegt die langgezogene Baustelle hinter uns. Auf dem folgenden Asphalt verdoppelt sich unsere Reisegeschwindigkeit. Diese Beschleunigung ist auch nötig, denn als wir El Remate erreichen, ist schon das letzte Schimmern des Tages erstorben. In einem luftigen Holzbau beziehen wir ein stimmungsvolles Zimmer. Am Duschkopf ist ein nicht regulierbarer Durchlauferhitzer montiert, der siedend heisses Wasser aus der Brause entlässt. Welch geniale Erfindung! Um uns nicht zu verbrühen oder von einem Stromschlag niedergestreckt zu werden, füllen wir das angenehm kühle Wasser vom Lavabo in Flaschen ab und waschen uns wie jeweils draussen in der Natur mit den Bidons. Mitternacht ist vorüber, als wir im neuen Land, dem mittlerweile fünfundzwanzigsten unserer Reise, ermattet vom Tagewerk die Lichter ausknipsen.

Der morgendliche Blick auf den Lago Petén Itza ist erhebend: Das türkisfarbene Wasser glitzert mindestens so bezaubernd wie das Meer um Caye Caulker. Aber auch die mit pulsierendem Leben erfüllte Hauptstrasse von El Remate lässt unsere Herzen höher schlagen. Wohin wir den Kopf auch wenden, wir blicken in lächelnde Gesichter. Auf dem Weg zum Inselstädtchen Flores betrachten wir interessiert die riesigen Tafeln am Strassenrand, anhand derer die Regierung über laufende Projekte zu Gunsten der Landbevölkerung informiert: «Trinkwasser für die 143 Bewohner des Dorfs soundso» oder «Trocken-WC für den Weiler soundso».

Über eine Brücke erreichen wir Flores. Mit den schmalen Strassen, den unzähligen Hotels und Restaurants wirkt es ziemlich schmuck und herausgeputzt. Aber auch hier glotzt uns im Bad ein Durchlauferhitzer ohne Regulierungsmöglichkeit an, das

Bier der Marke Gallo mundet mir nicht, das Trinkwasser schmeckt nach Plastik, die Milch von Dos Pinos ist zum Abgewöhnen und das Preisniveau ist weit höher als erhofft – aber es gefällt in Guatemala, weil die Leute angenehm sind.

Um nach Puerto Quetzal zu gelangen, stehen uns grundsätzlich zwei Möglichkeiten offen. Entweder folgen wir dem relativ flachen und stark befahrenen Highway über Río Dulce nach Guatemala City oder wir halten quer durchs Landesinnere, wo die Dichte der *indígenas* am grössten ist, auf den Lago de Atitlán zu, was bestimmt die interessantere, aber auch beschwerlichere Route ist. Selbstredend entscheiden wir uns für die vielversprechendere Strecke.

Nach welligen ersten Kilometern verflacht das Gelände zusehends. Auf unserer Landkarte wird diese Gegend mit «Dschungel» bezeichnet. Davon ist freilich nicht mehr viel übrig; abgesehen vom toten Leguan und vom überfahrenen Pelztier, die beide heiss von Geiern begehrt werden. Immer wenn sich aus den eintönigen Kuhweiden ein urchiger Urwaldriese reckt, gibt es uns einen Stich ins Herz, weil wir realisieren, welch prächtige Vielfalt hier ausgelöscht wurde. Dieser Raubbau nahm vor knapp fünfhundert Jahren seinen Anfang, als die Spanier Stück für Stück des Mayalandes eroberten, die *indígenas* enteigneten, sie versklavten und als «Gegenleistung» christianisierten. Noch heute steht in fast jedem Dorf eine Kirche. Die Gotteshäuser sind vornehmlich den Universalen Propheten gewidmet. Von der extrem hohen Gewaltbereitschaft, die hier im Departement El Petén gemäss verschiedenen Quellen herrschen soll, spüren wir rein gar nichts. Die Leute begegnen uns bis jetzt alle mit einem herzlichen Lächeln. Die Zeitungen aber strotzen geradezu vor Berichten über Gewaltverbrechen in Guatemala. Mord und Totschlag werden auch kaum geahndet: 95 % aller Mörder bleiben ungestraft. In den Blättern wird auch von einer Hitzewelle berichtet, die seit einigen Tagen den Norden Guatemalas stöhnen lasse – als ob wir das nicht selbst wüssten! Schliesslich kochen wir nicht grundlos das Mittagessen zusammen mit dem Frühstück, statt wie sonst üblich, schon am Vorabend. Auf die brodelnde Hitze der Tage folgen derart warme Nächte, dass bereits gegarte Nahrung unweigerlich verdirbt.

Nachdem Sayaxche hinter uns liegt, rollen wir durch den gesunden, kräftigen Urwald des kleinen El Rosario Park. Die wenigen Kleinbusse auf dieser Strecke sind mit *indígenas* vollgepfercht und die Petroleum-Tankwagen stinken fürchterlich. Aus der Umgebung der Maya-Ruinen wie El Ceibal, Dos Pilas oder Aguateca erschallt das Gebrüll von Affen, die sinnigerweise Brüllaffen genannt werden. Ihr Territorium ist massiv geschrumpft, denn der Urwald musste auch hier Fincas oder Haziendas weichen. Es war um 1880, als eine gewaltige Landenteignungswelle Guatemala erschütterte: Indios und damit auch Urwald wurden von grossen Kaffeeplantagen verdrängt, die meist von Deutschen geführt wurden. Noch heute befinden sich fast siebzig Prozent des bebaubaren Landes in der Hand von zwei Prozent der Gesamtbevölkerung. Diese ungerechte Landverteilung ist der Hauptgrund für die grassierende Armut in Guatemala. Die *Indígena*-Frauen zeigen sich alle in derselben Aufmachung: An die nackten Füsse haben sie sich mit feinen Bändeln eine Sohle gebunden. Um die Hüften ist ein zeltähnlicher dunkler Rock mit geblümten Querstreifen gespannt. Auf diesen fällt locker ein weit geschnittenes, rosarotes oder hellblaues gehäkeltes Jäckchen, unter dem die Formen verschwinden. Zudem haben die meisten ihr langes, schwarzes Haar zu Zöpfen geflochten, die bei jedem Schritt eigenwillig über den Pobacken baumeln. Die Frauen marschieren nicht zum Spass die Strasse entlang. Sie sind auf dem Weg zum Fluss oder zur Trinkwasserstelle. Kleiderwäsche und das Balancieren von schweren Wasserkübeln auf dem Kopf füllen den Grossteil ihres Tages aus. Warum nur versuchen sie nicht, ihr Los zu erleichtern? Ist es ein starres Festhalten an Traditionen? Schliesslich kannten die Alten Maya weder Räder noch Lasttiere. Wie würde sich das Leben dieser Frauen doch vereinfachen, wenn sie Esel oder Autos für das Schleppen des schweren Gutes Wasser benützen würden. Ganz zu schweigen von Leitungen oder Brunnen, die so schwierig und teuer zu erstellen doch nun auch wieder nicht sind. Die Frauen begegnen uns oft scheu wie Rehe und getrauen sich kaum, uns anzuschauen. Einige lassen bei unserem Anblick verstört den Kiefer hängen und andere machen sich gar aus blanker Angst vor uns Fremden aus dem Staub. Auf der Holzbank vor einer *tienda* geniessen wir unser Mittagessen, beobachtet von zwanzig bis dreissig Burschen, die hier vor diesem Geschäft den Sonntag verstreichen lassen. Verstohlen wird getuschelt, verlegen gekichert. Angesprochen werden wir nicht.

Während der nächsten Kilometer fühlen wir uns nicht mehr wohl in unserer Haut. Spitz und bösartig werden wir von allen Kindern mit «*Gringo!*» belegt. Einige strecken in beleidigender Art und Weise die Hand aus, was so viel bedeutet wie: «Komm schon Geldsack, gib mir gefälligst von deinen Dollar!» Wenn ganze Meuten Kinder «*Gringo! Gringo!*» skandieren und die Gesichter der Erwachsenen zu Stein erstarren, wird das «*Gringo!*» in unseren Ohren zu «*Green go!*» und damit zu «Hau ab!». So unangenehm uns diese Situation auch ist, ein wenig Verständnis können wir dafür doch aufbringen. Denn es gilt zu bedenken, dass der 1960 entflammte Kampf für eine gerechtere Gesellschaft zu einem blutigen Bürgerkrieg führte, der erst nach langen 36 Jahren mit einem offiziellen Friedensschluss beendet wurde. Insgesamt gab es mehr als zweihunderttausend Tote und Verschwundene zu beklagen. Mit systematischen Massakern und Folter trachteten Regierung, Armee und Paramilitärs die vorwiegend indigene Bevölkerung einzuschüchtern und von der Zusammenarbeit mit den URNG-Guerilla-Truppen abzuhalten. Unterstützt wurde die Regierung von Gringos, was auch wir in den Augen der Geschundenen und ihrer Nachfahren sind.

Wie als Gegengewicht erhellt nun wenigstens die Landschaft unsere Herzen. Eingebettet im Urwald, der die Hügel wie ein Flaum überzieht, stehen die Maya-Hütten umgeben von Palmen und Bananenstauden. In einigen Dörfern sehen wir jetzt tatsächlich Ziehbrunnen und in anderen prangen immerhin Plakate mit dem Konterfei von Präsident Óscar Berger, auf denen die laufenden Trinkwasser-Projekte beschrieben werden. Berger scheint seine Versprechen vom Wahlkampf, der ihn anfangs 2004 an die Macht gespült hatte, mindestens ansatzweise einzulösen: Zugang zu sauberem Wasser, bessere Gesundheitsversorgung und Ausbildung für alle 13 Millionen Einwohner.

Auf dem grossflächigen Markt von Raxruja hilft mir der Besitzer einer *tienda* Joghurts zu suchen, die ihm ausgegangen sind. Er führt mich dabei durch verwinkelte Gässchen. Oft nehmen wir dabei Abkürzungen durch Hütten, in denen ganze Familien hausen. Die Böden bestehen aus gestampftem Lehm, und statt Türen hängen schmutzige Tücher von den Stürzen. Joghurts sind für heute aber allerorts ausverkauft. Auch Milch gibts in Raxruja nur in Pulverform und die meisten Früchte sind alt und schrumplig.

Unter einer meiner Packtaschen zeigt sich am Morgen ein zusammengekringelter schwarzer Skorpion. Er sieht arg gebeutelt aus und vermag sich kaum zu bewegen. Wir lassen ihn liegen und begeben uns unter bewölktem Himmel in die drückende Schwüle der Tropen hinaus. Auf dem Weg nach Chiséc begegnen uns die Leute wohlgesinnter als auf der gestrigen Strecke, obwohl uns aus jedem Winkel das unvermeidliche «*Gringo!*» entgegenschlägt. In zwei Kalksteinhöhlen könnten wir uns Stalagmiten und Stalaktiten anschauen, doch fahren wir unter dem Röhren der Brüllaffen und den Blicken der Indios weiter. Den Alten Maya waren die Höhlen und unterirdischen Tunnels heilig. Sie dienten ihnen als Eingangspforten zur Unterwelt. Unser düsteres Zimmer in Chiséc gemahnt uns ebenfalls an eine derartige Höhle. Nachts schreckt Bea auf, weil sie ein Tier über ihre Beine krabbeln fühlt. Bei der anschliessenden Grossfahndung finden wir aber nichts Verdächtiges und schlafen weiter. «Bestimmt hat sie nur geträumt», denke ich. «Aber was kitzelt mich an meinem Bein unter der Decke? Aha, eine kleine, schwarzglänzende Kakerlake.» Ich schnippe sie mit einem Finger weg und versuche weiterzuschlafen, doch dauert es noch eine geraume Weile, bis ich nicht mehr auf jedem Hautfleck ein Ungeziefer vermute. Als um 4.30 Uhr der Wecker den neuen Tag einläutet, entdecke ich in einer Ecke unserer «Höhle» eine kinderfaustgrosse Spinne mit weissem Saugnapf am Körper. Damit ist wohl der nächtliche Störenfried identifiziert. Im Bad kriechen zwei fette Würmer die glatte Betonwand hoch, und zwei riesige Kakerlaken flitzen auf dem Boden herum – wahrhaft ein lebhaftes Zimmer! Wir kochen Omeletten zum Frühstück und Kartoffelstock mit Gemüsesauce für den

Lunch. So verstreichen drei Stunden, bis wir uns wieder auf der Strasse befinden.

Die Asphaltfläche vor uns neigt sich immer steiler nach oben. Und zuweilen gar so steil, dass selbst der Himalayagang, unser niedrigster Gang, viel zu streng erscheint – wir müssen der Strasse jeden Zentimeter abringen. Immerhin stört uns beim zähen Drehen der Kurbel kaum Verkehr. Auch brüllende Affen machen sich rar. Dafür stöbern Schweine zufrieden grunzend im Strassengraben, Hunde dösen vor Hütten und Hühner und Küken picken mit der üblichen Nervosität im Sand. Wenn die Frauen nicht gerade am Kochen sind, schleppen sie Wasser. Und wenn die Männer nicht gerade ein Bier kippen, schwingen sie die Machete. Mit der scharfen Klinge dieses Buschmessers werden ganze Hänge gerodet. Da Rasenmäher zu teuer sind, wird auch der Grünstreifen neben der Strasse mit Haumessern kurzgeschoren.

Vor einer *tienda* stärken wir uns mit dem in der Frühe zubereiteten Essen und trinken dazu Coca-Cola aus dem Laden. Der junge indigene Ladenbesitzer setzt sich zu uns. Er will alles erfahren über unsere Reise und die Räder, hat aber auch selbst einiges zu erzählen. Seine Zähne sehen lausig aus. Wie bei fast allen *indígenas* stecken billige, mit einem goldfarbenen Rand versehene Schaufelzähne aus Keramik oder Hartplastik in seinem Kiefer. Er ist sehr liebenswürdig und herrlich naiv. Warum denn unsere Eltern und Geschwister uns auf der Reise um die Welt nicht begleiten, will er zum Beispiel wissen. Seine Kinder lernen in der Dorfschule neben Spanisch auch ihre Muttersprache Q'eqchi' sowie ein paar Worte Englisch. Den Grund für die Scheu der älteren Leute gegenüber Gringos sieht er darin, dass sie keiner anderen Sprache als Q'eqchi' mächtig seien. Schulbildung sei in Guatemala noch nicht seit langer Zeit für alle zugänglich und noch heute nicht selbstverständlich. Bei diesem Thema ereifert sich der Mann: «Etwa ein Drittel der Guatemalteken sind Analphabeten. Hier bei uns *indígenas* im Hochland liegt die Rate aber weit höher. Nicht umsonst firmiert die Mehrheit offizielle Dokumente mit ihrem Fingerabdruck. Die obligatorische Schulpflicht beträgt zwar fünf Jahre. Doch kommen viele Kinder nicht einmal in den Genuss dieses Minimums, weil ihre Arbeitskraft auf den Feldern der Eltern gefragt ist.» Er selbst ist stolzer Besitzer dieser *tienda* und nennt auch einiges Land sein Eigen. Ein Quadratmeter Boden sei hier etwa fünfzig Eurocents wert. Das Wasser, das wir heute Morgen in unserer Absteige abgefüllt und gechlort haben, schmeckt so fürchterlich, wie jenes in Yana, Indien, das wir vor zwei Jahren aus dem schmutzigen Flüsschen geschöpft und abgekocht hatten. Weil keines der Dörfer hier über fliessendes Wasser verfügt, kaufen wir unserem Gesprächspartner einige Plastikbeutel mit eingeschweisstem Trinkwasser ab. Zum Abschied schenkt er uns ein schweres Büschel *plátanos*, Kochbananen. Das ist eine originelle Aufmerksamkeit, wenn man sich vor Augen führt, dass wir heute auf 77 Kilometer Distanz über zweitausend Höhenmeter zu klettern haben.

Die Landschaft ist geprägt von Maisfeldern, auf denen verdorrte Stauden stehen, von einigen Bananenhainen und von Kaffeeplantagen im Halbschatten hoher Bäume. Neben brandgerodeten Flächen sind auch Aufforstungen auszumachen. Nicht selten steigt uns der köstliche Duft von Kardamom in die Nasen. Guatemala ist weltweit der grösste Produzent dieses Gewürzes, das einst von Deutschen hier eingeführt wurde.

Oft fliegt uns ein helles Lächeln entgegen. Nicht aber vom grimmigen Mann, der mit einer Schrotflinte bewaffnet die Getreidesäcke auf einem hinten offenen Laster bewacht.

Vor Cobán nieselt es. Dieser leichte Regenfall herrscht hier das ganze Jahr über und wird *chipi-chipi* genannt. Er ist für das Gedeihen von Kardamom und Kaffee optimal. Cobán selbst, die geschäftige Hauptstadt vom Departement Alta Verapaz, wird bevölkert von modern gekleideten, Spanisch sprechenden Ladinos und von Q'eqchi'-Indios, die den farbigsten Ort der Stadt beherrschen, den Markt. Orchideen, Hortensien, Gladiolen und Lilien, Früchte, Gemüse und die Trachten der Frauen bieten eine wahre Explosion von Primärfarben. Im Supermarkt hingegen wird konsumiert wie in den USA. Die Einkaufswagen der Kunden drohen zu überquellen.

Im Internetcafé erfahren wir, dass unser Frachtschiff gar nicht zu «unserem» wird – nach den neusten Informationen laufe es Puerto Quetzal nicht an, und auch eine Alternative sei nicht in Sicht. Mit dieser Nachricht wird das Spiel unserer Weiterreise neu gemischt, die Zukunft ist unklar. Die einzige Gewissheit ist, dass wir uns nun mehr Zeit für dieses faszinierende Land nehmen können. Trotzdem werden wir Kurs auf den Pazifik halten, denn bei Frachtschiffen weiss man ja nie ...

Erst geniessen wir noch zwei Ruhetage hier in Cobán. Auf dem Markt schenkt uns eine alte Verkäuferin von Naturheilmitteln, die im aufgetürmten Durcheinander aus Wurzeln, Kräutern und Agaven unterzugehen droht, mit einem feinen Lächeln einen Bund Zitronenmelisse.

Wir versuchen uns über die vor uns liegende Route zu informieren. Die Angaben der konsultierten Taxi- und Busfahrer widersprechen sich aber allesamt. Trotzdem ringen wir uns zu einer Entscheidung durch. Über San Cristóbal Verapaz und Uspantán nach Santa Cruz del Quiché soll es an den Lago de Atitlán weitergehen. Damit können wir auch das Verkehrschaos und den Delinquenten-Pool von Guatemala City umfahren. Der Besitzer unseres Hotels bestätigt diesen Plan als geschickte Wahl, was uns mit gutem Gefühl einschlafen lässt.

Die Sonne brennt heiss, als wir endlich die Avenida 1 hoch radeln. Cobán dehnt sich in die Länge und zeigt gegen die Peripherie hin ein immer moderneres Gesicht, wobei die Dichte der Maya stetig abnimmt. Neben relativ starkem Lastwagenverkehr rollen wir auf schmalem Seitenstreifen vorbei an ein paar herrschaftlichen Villen über einen Hügel und biegen bald rechts ab Richtung San Cristóbal Verapaz, obwohl freilich eine entsprechende Anzeigetafel fehlt. Im Zentrum wird uns rasch klar, dass dieses Dorf der baldigen Ankunft des Präsidenten von Guatemala harrt.

«Wann wird *el presidente* eintreffen?», fragen wir Umstehende. «*Ahorita*», also jetzt gleich, ist die Standardantwort. Wir suchen uns in der Nähe des Hauptplatzes neben der Kathedrale ein schattiges Plätzchen und warten zusammen mit hunderten von Einheimischen eineinhalb Stunden lang. Ausser einem Lulatsch, der alle anderen um Längen überragt, und einer umherirrenden Engländerin, die als Freiwillige bei einem Hausbau mitwirken will, ihre Kontaktperson aber nicht findet, sind wir die einzigen Bleichgesichter. Ganze Familienclans sind mit Kind und Kegel von den entlegendsten Winkeln herabgestiegen, um ihrem Präsidenten die Referenz zu erweisen. Ausserhalb des Dorfs landet nun ein Hubschrauber und endlich kommt Bewegung in die stockende Masse. Langsam nähert sich durch das Spalier artig winkender Schulklassen eine Wagenkolonne. Exakt vor unserer Nase schwingt eine Autotür auf und Präsident Berger wuchtet sich dynamisch aus dem schwarzen Fahrzeug. «Das ist ja ein waschechter Spanier», fährt es mir als Erstes durch den Kopf. *El presidente* badet sich in der Masse, die sich aber ziemlich reserviert gebärdet und ihm keineswegs frenetisch zujubelt. Polizei, Militär und zivile Bodyguards sind gering an der Zahl und verhalten sich zurückhaltend. Das stimmt mich ein wenig nachdenklich. Da wurde doch an diesem 1. Mai unser Bundesrat Moritz Leuenberger im Hochsicherheitshafen Schweiz von einer pöbelnden Bande Autonomer vom Rednerpult gejagt, und im Pulverfass Guatemala mit der extrem hohen Gewaltbereitschaft reibt sich der Präsident des Landes unerschrocken an seinen Schäfchen. In der Anonymität von Guatemala City aber wäre ein solches Auftreten undenkbar. Nur die bodenständigen Leute auf dem Land sind offenbar berechenbar genug. Wenn ihnen aber Unrecht angetan wird, sorgen sie auf ihre eigene Art für Sühne. So lese ich in der Zeitung von einer Dorfmeute, die drei Ganoven gelyncht hat, weil diese zuvor einen Kleinbus überfallen und Passagiere ermordet hatten. Auf dem Fussballplatz wurden die drei Typen eingekesselt, verwünscht, geschlagen, getreten, mit Benzin übergossen und abgefackelt.

Wir lassen ein wenig Luft aus den für Asphaltstrassen stets prall gepumpten Reifen entweichen, denn vor uns liegen Pisten mit grobem Schotter. Bei Tagesanbruch verlassen wir das freundliche San Cristóbal Verapaz. Etliche Leute kommen uns zu Fuss entgegen und grüssen herzlich. Die Frauen balancieren schwere Körbe auf den Köpfen und auf ihren Rücken reiten in farbigen Tragtüchern ihre Babys. Plötzlich hüllen uns mehrere vorbeirumpelnde Lastwagen in Staubwolken. Auf ihren Ladeflächen stehen dichtgedrängt *indígenas*, die Richtung Cobán zur Arbeit auf Haziendas gekarrt werden. Die Strasse führt uns im Hang des steil abfallenden Bergzugs durch Bananenhaine und idyllische Ansiedlungen. Auf dem rauen und rutschigen Untergrund kommen wir nicht über Schritttempo hinaus, denn wir müssen ständig wohl-dosiert die Bremshebel ziehen, um nicht ins Schleudern zu geraten. Aus einem ent-gegenkommenden Wagen streckt uns ein Herr vier noch warme Maisbrötchen zur Stärkung aus dem Fenster. Die Rüttelpiste führt uns schliesslich zum Fluss Río Chixoy hinunter, wo uns auf der stählernen Brücke die heisse Luft beinahe versengt. Mein Thermometer zeigt einundvierzig Grad an. Schon steigts auf gleich beschwerlichem Terrain wieder knapp tausend Höhenmeter. Uns entfahren einige Flüche über die guatemaltekischen Strassenbauer, die bezüglich Steigung kein Mass kennen. Unsere bereits leeren Trinkflaschen füllen wir mit Wasser, das über eine Felswand plätschert. Natürlich versetzen wir es mit Chlor. Teilweise werden wir ungläubig begafft wie einst in Indien. Beim Weiler El Palacio aber schenkt uns eine vielköpfige Familie zur Erfrischung gefrorenen Melonensaft in Plastikbeuteln. In Chicamán liegt vor einer *tienda* ein junger Bursche mit rotumrandeten Augen. Neben ihm gähnen leere Schnapsflaschen.

In Uspantán findet heute Sonntag ein Jahrmarkt statt. Zu hunderten strömen die Leute in ihren Sonntagstrachten herbei. Die Männer und Burschen in schlichten Hosen, Hemden und Hüten. Die Frauen und Mädchen in überaus bunten folkloristischen Gewändern. Sie nehmen sich aus wie ein bunter Blumenstrauss. Als Kopfbedeckung dient ihnen ein Stapel zusammengefalteter Tücher. Umrahmt von einer staunenden Menschenmasse bewegen sich etwa zwanzig kostümierte Tänzer zu dröhnender, rhythmischer Musik. Angesichts dieser Festivitäten und der unvergleichlichen Farbenpracht ist uns nicht mehr ums Weiterradeln zumute. Wir beziehen eines der noch wenigen freien Zimmer im Dorf und tauchen ins bunte Markttreiben ein. Auf der Plaza Mayor, dem zentralen Platz, der sich vor der wie in jedem Dorf weissgetünchten Kathedrale ausbreitet, setzen wir uns zu einem alten Paar in den Schatten. Der aufgeschlossene *señor* kennt sich im Land gut aus. «Als Kaffee- und Baumwollpflücker habe ich es einst beinahe bis nach El Salvador geschafft», erzählt er stolz. «Nein, diese Arbeit ist nicht schwer», beantwortet er in aller Bescheidenheit meine Frage. In seinem Mund stecken nicht mehr als zwei klägliche Zahnruinen, und trotzdem wirkt er mit sich und der Welt zufrieden. Dass wir eben für eine Zeitung drei Quetzal ausgegeben haben, bringt ihn beinahe aus der Fassung. Eine solche Verschwendung würde er sich nie erlauben. Kaum eine Frau ist hier ohne Baby im Tragtuch anzutreffen. Die Stimmung ist trotz der ameisenhaften Emsigkeit äusserst friedfertig. Wir werden nicht speziell beachtet und bei unseren Einkäufen auch nicht übers Ohr gehauen. Es ist einfach schön, hier zu sein. Gegen Abend erliegen immer mehr Männer der Wirkung des Alkohols. Einer heult in seinem Suff auf der Schwelle einer *tienda* wie ein verlassenes Kind. Andere torkeln mit weichen Knien breitbeinig durch die Gassen. Und wieder andere werden von ihren standhaften Frauen mit festem Griff am Gürtel auf Kurs gehalten.

Die ganze Nacht durch erschallt Musik und die Lichtstrahlen knallender Feuerwerkskörper zucken durch unser Zimmerfenster.

Im Morgengrauen verlassen wir Uspantán und spüren bald wieder Asphalt unter den
Rädern. Wie herrlich fühlt sich dieses rüttel- und schüttelfreie Gleiten an, und wie
leicht lässt sich die Kurbel drehen! Die folgenden Landstriche werden nicht mehr
von den Q'eqchi', sondern den K'iche', der anderen grossen Volksgruppe der über
zwanzig verschiedenen Maya-Stämme, bewohnt. Die Frauen tragen knöchellange,
elegant geschnittene Röcke und Blusen mit weissen Rüschchen. Und die Wände der
robusten Häuser sind aus Lehmziegeln gefertigt, auf denen Holzgebälke liegen, die
mit Dachziegeln gedeckt sind. Ratternde Generatoren pumpen Grundwasser an die
Erdoberfläche und sprengen es auf die saftig grünen Mais- und Bohnenfelder. Trut-
hähne balzen übereifrig und setzen sich gleich zu dritt aufeinander. Derweil sich
wieder einige Leute scheu vor uns davonstehlen, grüsst mich ein Schuljunge keck
« *Qué tal*, wie gehts?» und zieht ein Lied summend seines Weges.

In Cunén trägt eine Frau einen Zuber gefüllt mit gerupften Hähnchen auf dem
Kopf. Sie spaziert damit von Tür zu Tür und versucht, ihre Ware schneller in Geld
umzumünzen, als sie die sengende Sonne zu verderben vermag. Der Friedhof dieses
Dorfs ist riesig. Die Grabmäler leuchten intensiv blau und türkisfarben, gerade so, als
bräuchte es noch einen Beleg dafür, wie wichtig der Maya-Gemeinschaft auch ihre
Toten sind.

Auf dem Pass vor Sacapulas geniessen wir kurz die atemberaubende Aussicht über
die mit zunehmender Entfernung immer mehr verblassenden Reihen der zerklüfteten
Bergketten und stürzen uns in die herrliche Abfahrt zum Dorf hinunter. In einer der
ersten Kehren aber verabschiedet sich der Schlauch in Beas Hinterpneu mit einem
lauten Knall. Während der Reparatur im vermeintlichen Niemandsland treibt eine
Kuhhirtin ihre Herde an uns vorbei, und ein jüngerer Mann entsteigt plötzlich dem
Abhang hinter uns, grüsst mich «*Amigo!*», drückt mir die Hand und springt auf das
nächste Sammeltaxi, das den Berg hinauf schnaubt.

In Sacapulas, das am selben Río Chixoy liegt, den wir gestern schon einmal überquert hatten, gibt es nur zwei üble *hostales*. Wir wählen die leicht bessere Absteige.
Weder in der Dusche auf dem Flur noch beim Waschbecken fliesst Wasser. Ich frage
die junge Vermieterin, was denn los sei. Sie meint, das Wasser werde eben erst um
15.00 Uhr eingestellt. Um 15.00 Uhr versucht es Bea: «Was ist das Problem mit dem
Wasser?» Um 16.00 Uhr werde das Nass sprudeln, antwortet die *señorita* nun. Um
17.00 Uhr wage ich einen erneuten Vorstoss: «*Por qué todavía no hay agua?*» Als
die gute Frau nun erwidert, der Haupthahn werde eben erst um 16.00 Uhr aufgedreht, geben wir uns geschlagen. Bei Einbruch der Dunkelheit erscheinen jedoch
zwei Männer, die sich auf dem Dach oben zu schaffen machen. Und siehe da: Plötz-

lich plätschert es im Garten unten. Aus unserem verkalkten Duschkopf im ersten Stock tröpfelt es aber erst, als ich sämtliche Ausflüsse im Parterre zugedreht habe. Als wir auf der Türschwelle unseres winzigen Zimmers Tomatensalat zubereiten sowie Raclette und Maistortillas kochen, geschieht dies unter den drei interessierten Augenpaaren der Vermieterinnen. Wir essen dieser Tage viel, denn um an den steilsten Strassen der Welt nicht zu zerbrechen, braucht der Körper Energie. Die *señorita* ist nicht auf den Kopf gefallen. Sie will wissen, was wir verkaufen. Für sie ist klar, wer mit so voluminösem Gepäck wie wir unterwegs ist, muss ein Handelsreisender sein.

Die Strasse wartet erneut mit kernigen Steigungen auf. Weil die Böschungen zu nahe an der Fahrbahn liegen und für ihre geringe Festigkeit zu steil sind, ist der parallel zum Asphalt verlaufende Graben über weite Strecken mit erodierter Erde und Geröll verstopft. Wie sich dieser Fahrweg nach starken Regengüssen präsentiert, stelle ich mir lieber nicht vor. Die Männer tragen ausnahmslos eine Machete in der Hand und meist Strohhüte auf dem Kopf. Die Siedlungen und Dörfer wirken allesamt gut organisiert. Die «*Gringo*-Rufe» quittieren wir jeweils mit «*Maya!*», was da und dort zu erheiterter Miene führt. Vor einem noch verriegelten Schulhaus warten bereits unzählige Kinder auf das Erscheinen des Lehrers. Noch viel mehr Wissensbegierige strömen in Gruppen die Strasse entlang. Immer, wenn ein Lastwagen knapp an ihnen vorbeifliegt, retten sie sich in den ausbetonierten Strassengraben. Fussgänger waren den Planern dieser Verkehrsachse ganz offensichtlich keinen einzigen Gedanken wert.

In Santa Cruz del Quiché hängt kühler, mit Niesel getränkter Nebel zwischen den Häusern. Die erst flach verlaufende Strasse lotst uns nacheinander in zwei tief eingeschnittene Tobel hinunter. Die vielzähligen Busse, deren farbige Karosserien an Pakistan erinnern, rasen wie blöd und stossen undurchdringlich schwarze Dieselwolken aus, wenn sie in den jähen Rampen in niedrigere Gänge schalten und uns fast über den Haufen fahren. Mehrmals halten wir an, um nach Luft zu japsen. Auch Einheimische sind auf Velos unterwegs, doch sitzen sie nur im Sattel, wenn es hinunter oder geradeaus geht; bei der geringsten Steigung belieben sie, das Rad zu schieben. Auch Bea bedient sich immer wieder dieser Technik, wenn es schlicht zu steil zum Radeln ist. Durch Tannenwälder und abgeerntete, braunbeige Maisfelder erreichen wir Chichicastenango, wo wir uns vor der stimmungsvollen Kirche Santo Tomás ausruhen. Hier findet zweimal wöchentlich ein Markt statt, der an Farbenpracht in ganz Amerika nicht übertroffen werden soll. Wir sind leider zu einem falschen Tag hier, doch verkauft immerhin ein Bauer schwarzen, gelben und weissen Mais, und die in Weihrauchschwaden gehüllte verwitterte Treppe vor der Kirche Santo Tomás vermittelt uns einen Eindruck der zauberhaften Atmosphäre an Markttagen.

Hinter einem kleinen Hügel fällt die Strasse um einige hundert Höhenmeter, aber nur, um nach der Überquerung eines Bächleins in nicht mehr zu überbietender Steilheit wieder gegen den Himmel zu streben. Beas treffender Kommentar dazu lautet auf gut Schweizerdeutsch: «*Hueregopfertamisiech!*» Von den gegen Senkrecht tendierenden guatemaltekischen Bergstrassen hat sie die Nase gestrichen voll. Tortilla-Sandwiches mit gebratener Käse-Zwiebel-Knoblauch-Chili-Koriander-Füllung und Schokolade mit Brot zur Nachspeise führen einstweilen zwar lediglich zu schweren Beinen, doch nach einigen Minuten versorgen sie uns mit frischer Energie. Die reicht aus, um uns nach Los Encuentros zu tragen. Dies ist mit 2550 Metern über Meer der höchste Punkt unseres heutigen Weges. Nun gehts nur noch abwärts. Die Hauptstrasse ist dicht mit Autos und Lastwagen belegt. Nach wenigen Kilometern biegen wir links nach Solalá und Panajachel ab. Leider zeigen sich die Vulkane um den Lago de Atitlán im zähen Dunst nur schemenhaft. Trotzdem lässt dieser Anblick unsere Herzen höher schlagen. Im sehr touristischen Panajachel, das neben *Pana* auch spöttisch, aber umso treffender, *Gringotenango*, Ort der Gringos, genannt wird, wimmelt es von bleichgesichtigen Touristen – und in unserem Hotelzimmer von Mücken, die aber bald alle flach und unförmig am rauen Putz kleben. In einem Bücherladen erstehen wir einen gewichtigen Reiseführer über Südamerika, das hoffentlich bald von unseren Reifen beschrieben wird. Weiterhin werden wir wider besseres Wissen den Hafen Puerto Quetzal anpeilen. Denn manchmal, selten zwar, lässt sich mit einem gewissen Starrsinn auch mit einem hoffnungslosen Blatt ein Spiel noch gewinnen. Auf dem Weg zum Markt erkundigen wir uns bei Polizisten über die Sicherheitssituation auf der alten Strasse via Patzún nach Antigua. Sie raten uns einhellig und entschieden davon ab, diese Strecke nur schon in Betracht zu ziehen. Täglich würden dort Überfälle verübt. Nicht umsonst wählten sämtliche Touristenbusse von Panajachel nach Antigua die neue Strasse über Solalá und die Hauptachse Richtung Guatemala City. Das deckt sich auch mit der Aussage unseres Hotelboys, den wir bereits vorher um seine Meinung baten. Also steigen wir morgen Richtung Godínez hoch und folgen der Strasse bis Cocales runter. Während unter Blitz und Donner Regenfäden ungestüm wie Pfeile auf die ausgetrocknete Erde schiessen, kochen wir im Zimmer Kartoffelsalat und gebratenen Tofu. Noch lange werweissen wir, wie es mit unserer Reise weitergehen wird. Doch als uns um Mitternacht die Augen zufallen, bleiben die Fragen unbeantwortet in der Luft hängen.

Der Regen ist versiegt und im Morgengrauen umweht uns die Luft angenehm kühl. Kurz nach sechs Uhr hat sich die Nacht restlos verkrochen. Der Fluss Panachajel hat unter dem Einfluss von Hurrikan Stan, der im vergangenen Oktober wütete, tonnenweise Geröll mitgeführt und im Flussbett abgelagert; noch immer wird oberhalb von *Gringotenango* emsig gebaggert.

Wir wechseln ein paar Worte mit einem herumstrolchenden Schuljungen und fragen ihn, ob denn der Unterricht noch nicht begonnen habe. Er meint, er sei nicht in Eile, die Schule begänne erst um sieben Uhr. Unsere Uhrzeiger stehen aber kurz vor acht. Seine Logik ist so bestechend wie jene der *señorita* in Sacapulas, die uns mit dem ausbleibenden Wasser auf Trab hielt. An manchen Stellen liegt der Asphalt unter dicken Erd- und Sandschichten begraben. Am Fuss der steilsten Böschungen sind Unterhaltsequipen am Werk, die mit schweren Maschinen die Strasse räumen. Der kurze Wolkenbruch von gestern Abend hat also ausgereicht, um die kaum befestigten Hänge ins Rutschen zu bringen. Wenn die Böschungen nicht besser stabilisiert werden, bleibt der Unterhalt auch in Zukunft reine Sisyphusarbeit. Der am Boden klebende Dunst ist bald von der Sonne weggebrutzelt. Und die braunen Äcker und das saftiggrüne Laubwerk der Bäume erstrahlen lieblich im goldenen Lichtguss. Die Dörfer unter uns am Lago de Atitlán fransen gegen die Bergflanken aus und erinnern uns mit den markanten Terrassierungen an die Gestade des Genfersees. Bei einem *mirador* geniessen wir die Aussicht und unseren Lunch. Und zwar unter den schmachtenden Augen von zwei Hunden und einem alten Mann, den ein strenger Geruch nach Pisse umgibt. Mit seinen profunden Ortskenntnissen will er ein paar Münzen verdienen. Wir lauschen geduldig seinen Ausführungen und bedanken uns mit einem Quetzal und zwei Packungen Biskuits. Die Hunde befriedigen wir mit ein paar Happen Brot. Bevor wir weiterrollen, lassen wir das unvergessliche Panorama mit den Vulkanen Tolimán, Atitlán und San Pedro, die aus dem Blau des Sees aufragen, nochmals auf uns wirken.

Die folgende Abfahrt über fast zweitausend Höhenmeter führt uns einmal mehr in die feuchten, heissen und schwülen Tropen. Immer wieder sehen wir Spuren vom Wirbelsturm Stan: Weggerissene Brücken, mit Felsbrocken gefüllte Flusstäler und provisorische, von niedergeschlagenen Menschen bevölkerte Barackensiedlungen. Das Dorf Cocales ist nicht viel mehr als die Einmündung der Strasse aus den Bergen in den stark befahrenen Pacific Highway. All die unzähligen Stände an der Kreuzung, die in der giftigen Abgasluft der Busse stehen, bieten auch Kokosnuss-Wasser an. Immer wenn die Bremsen eines Busses quietschen, entflammt grosse Aufregung: Unter heiserem Geschrei spurten Scharen von Verkäufer herbei und bieten frittierte Kochbananen oder Coca-Cola-Büchsen feil, indem sie prall gefüllte Körbe zu den Busfenstern hochhieven.

Der Hauptplatz von Cocales ist trostlos. Er ist von mickrigen Läden und schäbigen Behausungen umrahmt. Die Dörfer der Maya im Hochland haben weit mehr Stil. Hier unten schlägt die Armut in Verwahrlosung um. Mangels Alternativen steigen wir in einem muffig-stickigen Kellerloch ab. Ohne Luft und Licht, dafür mit Myriaden von Mücken. Aus dem Duschkopf fliesst eine braungelbe Brühe, welche die Haut schon beim Anblick jucken lässt. Das Wasser wird ungefiltert vom Fluss hochgepumpt, der sämtliche Abwässer der Gegend zu schlucken hat. Auf dem Betonboden vor dem Zimmer bereiten wir uns das Abendessen zu. Das drohende Gewitter verzieht sich leider wieder. Kein Regen, keine Abkühlung. Das Dessert aus Ananas und Kokosstücken unter einem fetten Sahnehäubchen geniessen wir an einem Tisch des Restaurants, das zu unserer Absteige gehört, neben dem rauschenden Verkehrsfluss auf der Landstrasse. Direkt vor uns auf dem Pannenstreifen parkt ein Sattelschlepper, der riesenhafte Rohrstücke geladen hat. Der Chauffeur, der sich an der Theke mit einem Bier die Kehle spült, trägt am Gürtel einen wuchtigen Colt. Kaum liegen wir unter dem Moskitonetz, das vom lauen Lüftchen eines schlappen Ventilators nur leicht ausgebaucht wird, sind wir nass geschwitzt.

Den in die unbarmherzig drückende Hitze rasselnde Wecker empfinde ich als wahre Erlösung, auch wenn der Schlaf noch keineswegs ausgekostet ist. Sofort springe ich von der Matratze, sperre die Tür auf und atme tief durch. Der Hund im Patio jault jämmerlich in seinem verschissenen Verschlag aus engem Maschendraht. Er ist hungrig und braucht Bewegung.

Auf dem Pacific Highway nebeln uns die Auspuffgase von Bussen ein und rauben uns damit Sicht und Sauerstoff. Die Gegend aus Baumwoll- und Zuckerrohrfeldern, Bananenhainen und Ananasplantagen ist wenig reizvoll. Kurz vor Escuintla, unserem heutigen Ziel, drängt uns eine Polizeistreife, bestimmt aus lauter Langeweile, eine Eskorte auf. Unsere Reisegeschwindigkeit überschätzt, wird es den zwei Polizisten aber schon nach zwei Kilometern zu mühsam, und sie machen sich aus dem Staub.

Im wenig einnehmenden Escuintla suchen wir als Erstes ein Internetcafé auf. Es wird von einem bewaffneten Wächter gesichert. Auch die *tienda* gegenüber versteckt sich hinter dicken Gitterstäben. Die gekaufte Ware wird den Kunden durch eine kleine Aussparung gereicht. Diese Stadt scheint besonders gefährlich zu sein. Freudige Überraschung im Internet: Mit grosser Wahrscheinlichkeit wird in den nächsten Tagen ein Kahn in Puerto Quetzal anlegen, der uns südwärts tragen wird – na, wer sagts denn? Erst müssen wir der vermittelnden Agentur aber umgehend einiges liefern: Eine Bestätigung, dass wir gegen Gelbfieber geimpft sind, Kopien der Krankenkassen-Policen sowie Arztzeugnisse, die unsere Reisetauglichkeit belegen. Rasch sind die Dokumente eingescannt und verschickt. Alle sind echt ausser dem Gesundheitsnachweis, den ich selbst entworfen habe – schliesslich sieht meine ungezügelte Handschrift jener eines Mediziners verblüffend ähnlich. In einer modernen Shopping Mall füllen wir zur Feier der famosen Nachricht unseren Einkaufswagen voll mit Wein, Käse und Brot, bis wir realisieren, dass wir keine Kreditkarte dabei haben und unsere Bargeldreserven zu gering für eine solche Kauforgie sind, und legen die Köstlichkeiten kleinmütig wieder in die Gestelle zurück.

In unserem Hotelzimmer fliesst das Wasser nur auf Anfrage. Vom Bett aus sind WC und Dusche direkt einsehbar, da das Bad nur auf einer Seite durch eine kurze, mannshohe Mauer vom übrigen Raum abgetrennt ist. Bei der ersten Berührung fällt der Wasserhahn des Waschbeckens ab. Die Dusche leckt die ganze Leitung entlang. Und weil beim WC-Kasten der Spülhebel abgebrochen ist, fehlt praktischerweise auch die Abdeckung, damit man den Unterarm ins Wasser tauchen kann, um den schwarzen Dichtungsgummi auf dem Grund unten zu heben und so die Spülung auszulösen. Hunderte Mücken schwirren umher und rammen ihre Stacheln unersättlich in unser Fleisch. Nach der Dusche steht der halbe Zimmerboden unter Wasser, was aber nicht weiter schlimm ist, denn der Raum ist grosszügig bemessen. Er ist viel luftiger als der gestrige und aus dem in den Boden eingelassenen Ablauf strömen nur hin und wieder Jauchegerüche. Gute Nacht!

Ich übergebe mich einige Male und meinem Darm entweichen Sturzbäche. Habe ich wohl einen Schluck des gelbbraunen Duschwassers von Cocales abgekriegt? Die Ursache bleibt im Ungewissen, die Wirkung aber ist handfest. Trotzdem begleite ich Bea frühmorgens zum Supermarkt. Während sie die Einkäufe besorgt, prüfe ich im Internetcafé, das eben erst aufgeschlossen wurde, ob Neuigkeiten bezüglich des Frachtschiffs eingetroffen sind. Der Sauerstoffgehalt der abgestandenen, stark aufgewärmten Luft in diesem fensterlosen, schlauchartigen Raum tendiert gegen null. Bald spüre ich, wie sich mein Magen zusammenzieht, Brechreiz aufkommt, der Kopf zu glühen beginnt und sich die Lebensgeister verflüchtigen. Rasch schliesse ich die geöffneten Dateien im Computer, wanke zur Theke und frage nach dem WC. Die Tür befindet sich kaum zwei Meter links von mir, doch schaffe ich es nicht mehr bis dorthin. Von einem schnell rotierenden Strudel in meinem Hirn werde ich ins dunkle Nichts gerissen, stürze über einen herumstehenden Ventilator und erwache später wie aus tiefstem Schlaf auf dem Fussboden liegend und mit leichten Prellungen an Ellbogen und Knie. Noch immer benommen rapple ich mich wieder auf, realisiere wo ich bin, bezahle die fünf Quetzal für die Benützung des Computers, setze mich gleich nochmals einige Sekunden auf den Boden, bevor ich genügend Kräfte gesammelt habe, um aufrecht an die frische Luft zu treten. Draussen lege ich mich auf eine Bank und warte, bis Bea mit ihren Errungenschaften erscheint. Wieder zurück im Hotel verbringe ich den ganzen Tag mit fiebriger Stirn im Bett und fahre damit weiter, womit ich gestern Abend begonnen habe. Bea bringt mir Coca-Cola und Elektrolyt zum Trinken und eine Banane zum Essen. Drei Loperamid-Tabletten strömen nach wenigen Sekunden zusammen mit einem Schwall Magensaft in einen Plastiksack. Auch in Beas Bauch rumort es leicht, doch bleibt es bei dieser Andeutung.

In den frühen Morgenstunden kotze ich zum letzten Mal und wir verlassen dieses lausige *hospedaje*. Als Erstes begeben wir uns wieder in ein Internetcafé. Mit dem

Frachter scheint es tatsächlich zu klappen. Vermutlich ist die Abfahrt morgen oder später. Also nichts wie runter nach Puerto Quetzal!

Am Hafen erfahren wir, dass der Frachter einer deutschen Reederei übermorgen hier einlaufen werde. Bea, die Sprachbegabte unseres Teams, managt mit dem Hafen- agenten Omár alles Nötige für unsere Einschiffung. Nun rollen wir zur nahen Stadt Puerto San José, wo es Unterkünfte gibt. Bei der Einfahrt bremst uns ein Leichenzug aus. Wir buchen für zwei Nächte ein Zimmer mit Telefonanschluss, in dem es sich auch aushalten lässt. Das Quartier ist nicht gerade das feinste. Spelunken mit zwie- lichtigen Gestalten und leichten Mädchen säumen die Strassen, doch gibt es auch Infrastruktur, die wir benötigen. Um dem umtriebigen Omár, der mit uns das grosse Geschäft zu wittern scheint und am Telefon plötzlich Gebühren anmeldet, die wir zu begleichen hätten, etwas Luft aus den Segeln zu nehmen, schreiben wir seinem Chef in Guatemala City eine Mail. Darin halten wir fest, dass wir die geforderten 35 US$ pro Person selbstverständlich bezahlen werden, aber nur, wenn es sich dabei um ei- nen offiziellen, von der Ausreisebehörde verlangten Betrag handle. Dieses Schreiben verfehlt seine Wirkung nicht.

Am nächsten Morgen ruft Omár an. Erst hält er an seiner seltsamen Gebühr fest und brummelt etwas von Fahrrädern, Zoll und Ausreisebehörde. Als Bea die Summe, nicht aber eine Quittung aus seiner Hand akzeptiert, sondern auf einer offiziellen der Zoll- und Immigrationsbehörde beharrt, bittet Omár um einige Minuten für «ver- tiefte Abklärungen». Schon wenige Augenblicke später klingelt das Telefon erneut, und Omár teilt uns feierlich mit, er habe soeben herausgefunden, dass die Gebühr entfalle, weil unsere Velos nicht in den Pässen eingetragen sind. Ebenso gut hätte er argumentieren können, der Grund liege darin, dass das Meer tief und der Himmel weit seien. Beides ist zwar wahr, aber zusammenhangslos und wirr. Doch glaubt er, mit dieser Nebelschwade sein Gesicht wahren zu können. Uns solls recht sein. Omár ist jedenfalls weichgeklopft und wir werden von ihm nicht gerupft. Am Swimming- pool unseres Hotels kochen wir würzig und fein, denn ab morgen gibts deutsche Schonkost – Schiff ahoi!

Wir finden uns vor dem Büro der Schiffsagentur ein, als auch Omár auftaucht. In einer Viertelstunde werde alles bereit sein, wir sollen bitte hier warten, meint er mit einem scheuen Lächeln und steigt die Treppe hoch. Wir quatschen mit Lastwagen- fahrern, die es ganz normal finden, dass auch hier auf dem Hafengelände geklaut wird, wie beispielsweise letzte Woche der Tankwagen voller Benzin. «Aber in El Sal- vador ist alles noch weit schlimmer», weiss einer. Das alte Lied über die bösen Nach- barn klingt uns vertraut in den Ohren. Nach gut zwei Stunden ist Omárs Viertel- stunde verstrichen und wir begeben uns zusammen zum Zoll. Hier werden in aufge- räumter Stimmung all unsere Gepäckstücke abgetastet und geöffnet. Nun fahren wir hinter Omárs Motorrad durchs Hafengelände zur Cap Pilar, unserem Frachter. Omárs Trinkgeldgelüste ignorieren wir geflissentlich und verabschieden ihn mit guten Wünschen und einem trockenen Händedruck.

5. Frachtschiffreise

Von Puerto Quetzal, Guatemala, nach Callao, Peru, 17. bis 22. Mai 2006

Breitbeinig pflanzt sich der Chief Mate, dieser Fleischberg, vor uns auf. Seine Waden nehmen mindestens viermal so viel Raum ein wie meine und sein Bierbauch hängt imposant über die obere Gürtelkante. Ungefragt predigt er uns zur Begrüssung in frostig preussischer Manier: «Sonderwünsche gibts hier nicht an Bord. Gegessen wird, was auf den Tisch kommt. Keine Spezialdiät!»

Welch Stinkstiefel, dieser Typ!

Der philippinische Steward serviert uns in der Offiziersmesse einen gemischten Salat und eine Kostprobe vom Kartoffelgratin, bevor er uns zur Kabine führt. Sie ist geräumig. Und das Bett ist gross und weich. Um Mitternacht sind schon sämtliche CDs unserer schmalen Sammlung abgespielt und wir im Hoch: Peru liegt nur noch vier Tage vor uns.

Aus der ärmlich bestückten Schnapskammer des verstockten Kapitäns Krause kaufen wir eine Flasche Champagner sowie Chips und Schokolade, denn mein vierzigster Geburtstag ist nicht mehr fern. Am 20. Mai, um 9.30 Uhr Lokalzeit, passieren wir den Äquator und ich lasse über der Reling des E-Decks den Korken knallen. Unter dem konstant strahlenden Himmel erspäht der Vierte Offizier einmal eine Gruppe springender Delphine, doch um den gestrengen Kapitän nicht zu verstimmen, verzichtet er darauf, uns zu informieren. Der Alte sieht es schliesslich nicht gerne, wenn Passagiere die Brücke besuchen.

Peru, 22. Mai bis 3. August 2006

Pazifik

LIMA

Ticliopass

Huancayo

100 km

Distanz mit Fahrrad: 1715 km

Ayacucho

Peru

Abancay

Cusco

N

Puno

Titicacasee

Bolivien

Im Hafen von Callao sitzen wir wie auf Nadeln in der Kajüte. Die Taschen sind schon längst gepackt. Endlich bittet uns der Vierte Offizier zum Büro des Kapitäns, wo sich die peruanischen Immigrationsleute eingefunden haben. Weil der eigenbrötlerische, uns gegenüber gänzlich gleichgültige Kapitän Krause kein Wort über uns, seine Passagiere, verliert, wird eine Aufenthaltsbewilligung von nur dreissig Tagen in unsere Pässe gestempelt. Als wir aber intervenieren und den Peruanern erklären, dass wir mit Fahrrädern durch ihr Land reisen werden und dafür weit mehr als einen Monat benötigen, werden die dreissig ohne Umstände in neunzig Tage umgewandelt.

Nun tragen wir unser Gepäck von Bord und beladen auf dem Pier die Räder. Derweil stiehlt sich der kauzige Krause ohne Verabschiedung an uns vorbei. Weil er auch den Hafenagenten nicht über seine ungeliebten Gäste informiert hat, irren wir auf eigene Faust durch die gestapelten Container, bis wir kurz vor dem Ausgang von der Hafensecurity gestoppt werden. Die lässt uns unter keinen Umständen weiter, denn vor den Toren des Hafens sollen zu viele *bandidos* auf Leute wie uns lauern. Callao gilt bei den Seeleuten nicht umsonst als einer der gefährlichsten Orte der Welt. Einer der Sicherheitsmänner chauffiert uns deshalb in seinem Wagen durch die etwa zwei Kilometer breite Gefahrenzone, die uns aus der Perspektive des Beifahrersitzes nicht sonderlich spektakulär erscheint.

Schon rollen wir auf unseren eigenen Rädern absolut unbedrängt von finsteren Gestalten Richtung Zentrum von Lima. Die Gegend wirkt anfangs zwar ein wenig heruntergekommen und schäbig, doch einigermassen geordnet. In gewissen Strassenzügen sind jedoch Polizeieinheiten postiert, die sich hinter riesigen Plexiglasschilden verschanzen. Warum, ist uns schleierhaft, denn nichts deutet auf Unruhen hin. Aber auch in der dicht bevölkerten Fussgängerpassage Jirón de la Unión mit den pompösen, oft verschnörkelten Häusern, Fast-Food-Restaurants, Spielhöllen und Internetcafés patrouillieren die verschiedensten Sicherheitskräfte. So zum Beispiel ein Paar in himmelblauer Uniform, das die Knarre in ein modisches weisses Halfter an der Hüfte gesteckt hat. Oder die zwei Typen in Sportanzügen, die bullige Bluthunde an der Leine führen, deren Schnauzen hinter Körben sabbern.

Unter unserem Zimmer an der Plaza San Martín findet am Abend eine Versammlung der Kommunisten statt. Wir mischen uns unter das lautstark debattierende Volk und plaudern mit Leuten, die Bilder von Che Guevarra, Fidel Castro, Hugo Chávez und Evo Morales auf ein rotes Transparent kleistern. Morgen, kurz vor Mittag, werde ein Protestmarsch gegen den Freihandel mit den USA stattfinden, heisst es. Immer wieder scharen sich Leute mit gespitzten Ohren um einen neuen Redner, der engagiert referiert. Kein einziges weibliches Wesen ist in der Masse auszumachen; Politik scheint reine Männersache zu sein. Auch im TV wird viel und mit Herzblut diskutiert, schliesslich befindet sich die zweite und entscheidende Runde der Präsidentschaftswahlen in der Endphase. Gerade jetzt verfolge ich eine flammende Rede von Ollanta Humala, dem nationalistischen Präsidentschaftskandidaten, in der er das Ende der grassierenden Korruption verspricht. Er wirkt dynamisch und überzeugend, und doch ist mir dieser autoritäre Typ, ein Ex-Militarist, unheimlich. Ihm werden schwere Menschenrechtsverletzungen im Kampf gegen den Sendero Luminoso, den Leuchtenden Pfad, zur Last gelegt. Ich hoffe, sein sozialdemokratischer Kontrahent Alan García mache das Rennen, denn einerseits ist dessen Referat fundierter und gehaltvoller. Und andererseits glaube ich, dass dieser von den katastrophalen Fehlern seiner ersten Amtszeit von 1985 bis 1990, die von Gewalt und Korruption geprägt war, gelernt hat. Heute leben mehr als die Hälfte der 27 Millionen Peruaner unter der Armutsgrenze, konstruktive Reformen tun also Not. Dass García dafür der Richtige sein könnte, glauben die Polterer unter unserem Fenster keineswegs. Bis weit nach Mitternacht hallen ihre kämpferischen Rufe durch unser Zimmer: «*Alan bandido!*», «*Baja los bandidos!*» oder «*Viva Chávez!*». Hugo Chávez, seit 1999 Präsident von Venezuela, gilt in Lateinamerika vielen als wahre Lichtgestalt, als undogmatischer Modernisierer linksdemokratischer Ideen.

Etwa 140 Kilometer von Lima entfernt erwartet uns der Ticliopass. Er liegt sagenhafte 4818 Meter über dem Meeresspiegel. Um auf dem Weg dorthin nicht *el soroche*, wie in diesen Breitengraden die Höhenkrankheit genannt wird, zu erliegen, gilt es, nichts zu überstürzen. Als Erstes erstehen wir in einem Supermarkt eine Thermosflasche, um künftig darin den *mate de coca* warm halten zu können. Dieser Aufguss aus Cocablättern soll nämlich hilfreich gegen *el soroche* sein. Noch wichtiger aber ist Zeit. Sie allein kann einen vor Üblerem als leichtem Kopfweh und Schwindel bewahren. Denn der menschliche Organismus besitzt eine erstaunliche Fähigkeit, sich an veränderte Umweltbedingungen anzupassen. So auch an das verminderte Sauerstoffangebot in der Höhe wegen des geringen Luftdrucks – wenn man ihm die dafür notwendige Zeit lässt.

Mit dem festen Vorsatz, uns Schritt für Schritt dem Ticlio zu nähern, stülpen wir uns die Helme über, ziehen unterm Kinn die Riemen straff und stürzen uns in den stinkigen und dichten Stadtverkehr. Bald passieren wir eine Brücke und folgen dem Flussbett des Río Rímac aus der smogverhangenen Hauptstadt. Schemenhaft zeigen sich die ersten Hügel. Völlig kahl. Nur mit Steinbrocken übersät. Die unteren Bereiche der nächsten steilen Hänge sind mit verlotterten Backsteinhäusern gefleckt, die über eine breite Treppe erschlossen sind. Die Gegend wirkt armselig und unwirtlich. Rechterhand fliesst inmitten gewaltiger Geschiebemengen das Rinnsal des Río Rímac, das von unserer Strasse durch eine hässliche Mauer getrennt ist. Die schwarzen Abgas- und Staubwolken, vermengt mit dem Smog, kratzen in unseren Augen und Lungen und färben unsere Haut schwarz.

Die Carretera central steigt beinahe unmerklich. Mit jedem Kilometer, den wir

uns von Lima entfernen, nimmt das Verkehrsaufkommen ein wenig ab und die Sicht
wird besser. Ein leicht durchgeknallter Typ, der mit seinem Rad in derselben Richtung wie wir unterwegs ist, spricht wie ein entfesselter Sturzbach auf uns ein und
warnt eindringlich vor Banditen. Zudem legt er uns ans Herz, uns in jeder Stadt im
Gemeindehaus zu melden und auch die Radiostationen aufzusuchen, damit flächendeckend für unsere Sicherheit gesorgt werde. Als wir rasten, fragt er nach unserem
heutigen Ziel und rollt, noch immer plappernd, weiter.

Chosica ist bald erreicht, und Bea prüft ein erstes Zimmer, das ihr aber nicht zu-
sagt. So begeben wir uns zur Plaza Mayor, wo uns ein braungebrannter, grauhaariger
Herr in gelbem Hemd und Krawatte anspricht und sich als Direktor des Tourismus-
büros der Stadtverwaltung vorstellt. Er entlässt uns nicht mehr aus seiner Obhut,
sondern führt uns ins *municipio* und stellt uns im blauen Saal mehreren ranghohen
Leuten vor. Einige Mitglieder seines Teams organisieren in der Zwischenzeit eine
Unterkunft für uns, die wir anschliessend zusammen mit Hernán, so heisst *el direc-
tor*, begutachten. Das Zimmer im Hospedaje Delfino ist tadellos und – kostenlos.
«Als Gäste der Stadt Chosica müsst ihr selbstverständlich nichts bezahlen», meint
Hernán mit einem feinen Lächeln. Nun führt er uns in ein Café, wo wir über einem
reichhaltigen Fruchtsalat aufgeräumt miteinander schwatzen. Die folgenden zehn
Stunden bis Mitternacht verbringen wir zusammen mit dem quirligen, wie unter
Strom stehenden *director*. Auf einem Stadtrundgang führt er uns von der Statue des
Weissen Jesus über den Paseo de Mayo zur Sporthalle, wo er uns dem Bürgermeister
vorstellt, der gerade einem Fussballspiel beiwohnt. Hernán ist extrem aufgedreht und
pulsiert vor Energie. Vor 1.30 Uhr lege er sich nie ins Bett, obwohl er um 5.00 Uhr
immer hellwach sei. Er ist der Prototyp eines vielbeschäftigten Managers, und doch
kümmert er sich rührend um uns. Dieses Wochenende laufen unter seinen Fittichen
im Rahmen des Fiesta de la Cruz de San José diverse folkloristische Veranstaltungen.
Auch heute Freitag ist schon einiges los. Nachdem wir zusammen auf dem Hauptplatz zwei Tanzvorstellungen verfolgt haben, lädt er uns in einem stimmigen Lokal
zum Nationalgetränk Pisco Sour ein. Dazu bestellt er *choclo con queso*. Diese gekochten Maiskolben mit Frischkäse munden uns genauso wie der Drink vorzüglich.
Nach drei Runden, die Hernán aufgeworfen hat, übernehmen wir die vierte und verlängern diesen angeregten Abend, während dem die Gespräche immer tiefschürfen-
der werden. Hernán gibt uns sein Lebensmotto preis, einen Satz, mit dem ihm sein
Vater vor fünfzehn Jahren Trost spendete, als seine geliebte Frau an Krebs gestorben
war: «Weine nicht, wenn sich die Sonne verdunkelt, sonst siehst du die Sterne nicht
mehr.» Ein paar Wochen lang hatte er dennoch bittere Tränen vergossen, denn ihm
war immer klar, dass die Unfähigkeit zu trauern zur emotionalen Erstarrung führt.
Das Erscheinen von uns Radnomaden in der Stadt wertet Hernán als Zeichen, dass
er seine Zelte hier schon bald abbrechen wird. Auch ihn treibe es weiter. Er brauche

Freiheit und nicht das Handy, das ständig ringt. Hier in Chosica müsse er nicht einmal kündigen, weil er gar keinen Vertrag habe. Man wollte ihm vor zwei Jahren zwar einen solchen ausstellen, doch wies er diesen mit den Worten zurück: «Ich werde so lange für euch arbeiten, wie ihr mit meiner Leistung zufrieden seid und wie ich Lust habe.» Hernán hebt das Glas: «*Salud a los detalles!*» Wir stossen also an auf die Details, die so wichtig sind im Leben und lachen uns alle krumm und schief, als er erzählt, wie heute Nachmittag ein Verrückter in seinem Büro aufgetaucht sei und von zwei Radtouristen berichtet habe, die demnächst in der Stadt eintreffen würden. Der Typ hätte Hernán mit einer Anzeige gedroht, sollte er sich nicht gebührend um diese Gäste kümmern. Gleichzeitig habe Hernán von einer unbekannten Frau einen Anruf aufs Handy gekriegt, dass wegen Bauarbeiten übers Wochenende in der Stadt das Licht abgedreht würde, was für die geplanten Festivitäten natürlich katastrophal gewesen wäre. Als wir uns heute Nachmittag der Plaza Mayor näherten, war Hernán just auf dem Weg zum Elektrizitätswerk, um die Hiobsbotschaft des ominösen Telefonanrufs zu überprüfen. Da spielten also einige Details zusammen, dass wir uns trafen.

«Was meinst du zu den Präsidentschaftswahlen, wer ist dein Favorit?», will ich vom angeheiterten Hernán wissen. «Zwischen Alan García und Ollanta Humala kann ich mich nicht entscheiden, sie sind mir einerlei. Es scheint mir geradezu, als hätte ich die Wahl zwischen Aids und Krebs.» Zur fünften Runde lautet der schon arg lallend vorgetragene Trinkspruch «*Salud al pisco sour!*», wobei sich aller Zungen bei jedem Wort verheddern. Die Dinge drehen sich heillos im Kopf, als wir das Lokal verlassen. Hernán führt uns nun in schwankendem Zickzack über die Plaza Mayor in eine andere Bar und bestellt irgendein Gesöff. Der Name vermag die sausenden Wirbel in meinem Hirn nicht zu durchbrechen. Und wie es schmeckt, kann ich auch nicht beschreiben. Unter vielem anderem haben sich offenbar auch die Geschmacksnerven verflüchtigt. Bea ist bereits einen Schritt weiter, sie ist nämlich klammheimlich auf ihrem Stuhl eingeschlafen. Ihr selig ruhiges Gesicht ist ein klares Zeichen für uns, das Besäufnis zu beenden. Zu dritt holpern und stolpern wir zum Hospedaje Delfino, und wir verabschieden uns herzlich von Hernán, dem Director Turistico de Chosica.

War das ein Tag gestern! Noch immer schlägt der Boden Kapriolen und beliebt sich zu drehen – der Kater jault jämmerlich in unseren Körpern. Geradezu apathisch satteln wir unsere treuen Drahtesel und lassen uns von ihnen vertrauensvoll zwanzig Kilometer weiter den Berg hochtragen, bis wir uns im Kaff namens Cocacharca wie lichtscheues Nachtgetier in ein Loch verkriechen und uns hinlegen.

Als wir nach elfstündigem Schlaf bereit für die Weiterfahrt sind, brennt die Sonne schon heiss auf den Asphaltbelag. Die relativ vielen Busse und Lastwagen schleichen

ähnlich gequält wie wir aufwärts. Die Bergflanken zeigen sich vornehmlich graubraun, nur da und dort gucken grüne Kakteen hervor. Bereits nach wenigen Kilometern meldet sich der Hunger und wir treten in ein menschenleeres Lokal. Da sich
auch auf unser Rufen niemand zeigen will, bedienen wir uns selbst vom Getränkean-
gebot im Regal und legen den geschuldeten Geldbetrag auf die Theke. Erst als wir
durch die Tür wieder an die frische Luft schreiten, erscheint die junge Frau, die den
Laden führt und wünscht uns einen guten Tag. Neben der Strasse ragen die Felswände steil gegen den Himmel, teilweise sind sie gar überhängend. Zum Glück regnet es
hier so gut wie nie, sonst würde die Fahrbahn bestimmt regelmässig von Steinschlag
verschüttet. Eine entgegenkommende, in Lima lebende deutsche Familie erzählt uns
von Schwermetallminen auf dem Pass, die hochgiftige Abwässer ungefiltert das Tal
hinunter schwemmen lassen. Für uns ist ab diesem Zeitpunkt klar, dass wir bis auf
weiteres weder Wasser aus dem Fluss noch Leitungswasser aufbereiten und trinken
werden. Da geben wir gerne ein paar Sol für Trinkwasser aus, statt uns mit Blei,
Chrom, Kupfer und Co. verseuchen zu lassen.

Im ansprechenden Dorf Matucana beziehen wir ein kleines, aber sauberes und
praktisches, ebenerdiges Zimmer. Auf Anfrage gibts sogar Heisswasser. Hier auf 2333
Metern über Meer bleiben wir drei Tage, um unseren roten Blutkörperchen die Möglichkeit zu geben, sich zu vermehren. Die Peruaner sind nicht spontan freundlich. Es
dauert immer eine Weile, bis sie auftauen, wobei sie dann aber umso zugänglicher
werden. In meiner Hinterradfelge, die ich in Santee, Kalifornien, kaufte und mon-
tierte, entdecke ich erste Anrisse um ein paar Speichenlöcher herum, doch wird mich
dieses Teil mit hoher Wahrscheinlichkeit noch weit tragen. Zu ersetzen sind aber alle
hinteren Bremsklötze und bei Bea ein defekter faltbarer Reifen, der sagenhafte 19112
Kilometer durchgehalten hat. In Indien und Pakistan brachte er es zu verschiedenen
Kurzeinsätzen und von Lixian, China, bis hier nach Matucana umspannte er nonstop
Beas Hinterradfelge.

Nicht nur aus den Reifen, sondern auch aus den ausgebauchten Behältern von
Senf und Waschmittel lassen wir etwas Luft ab und schwingen uns wieder auf die
Räder, um eine weitere Höhenstufe zu erklimmen. Der Wind ist uns gut gesinnt und
die unvermindert zahlreichen Busse und Lastwagen überholen uns auf der sanft ansteigenden Strasse rücksichtsvoll. Als wir uns in einer schluchtartigen Passage neben
der Strasse verpflegen, lösen sich ein paar faustgrosse Steine aus der verwitterten
Felswand und donnern keine zwanzig Meter neben uns auf den Asphalt. Nun folgen
einige Haarnadelkurven. Doch selbst in den engsten Radien bleibt die Steigung mässig. Mit zunehmender Höhe gewinnt die Landschaft an Farbintensität.

Im Hotel Chez Victor beim Busparkplatz von San Mateo, das auf 3200 Metern
über Meer liegt, buchen wir ein Zimmer mit Balkon und dem Luxus von unlimitier-
tem Heisswasser. In der Hotellobby stehen ein paar geschniegelte junge Männer mit

dezenter Krawatte um den langen, bleichen Hals gebunden und mit «Jesus Christus»-Plakette auf der schmalen Brust. Der eine ist von Utah, USA, und erklärt mir bebend vor heiliger Ergriffenheit, dass er und seine Mitstreiter auf dem Weg seien, um in einem indigenen Dorf nördlich von La Oroya zu missionieren. Dieses Wort zergeht ihm wie Butter auf der Zunge. Seine himmelblauen Augen strahlen in lauterer Freude – mein Blut gerät in Wallung. Trotzdem bleiben wir für die nächsten vier Tage in diesem Dorf. Im Internetcafé steht in einer Ecke unter einem Wasserhahn ein Kübel, der als Pissoir dient. Das Urinaroma in der Luft mischt sich mit dem strengen Geruch des Benzins, mit dem jeden Morgen der Boden gefegt wird. Wenn sich wegen des Plätscherns in der Ecke auch bei den Frauen der Harndrang meldet, müssen sie ein paar hundert Meter flussaufwärts zur öffentlichen Toilette des Dorfs pilgern. Am Samstag können wir trotz landesweitem Alkoholverbot, das wegen des morgigen Urnengangs verhängt wurde, ohne Probleme ein Bier erstehen. Wir benötigen es für einen Omelettenteig. Ansonsten verzichten wir nun vollständig auf Alkohol, um unsere Höhenanpassung nicht unnötig zu strapazieren. Am Abend des Wahltages zeichnet sich bereits ab, dass der Sozialdemokrat Alan García, der heute auf einer ähnlichen Linie politisiert wie Englands Tony Blair oder Michelle Bachelet in Chile, mit knapp zehn Prozentpunkten Vorsprung das Rennen machen wird. Ich atme auf. Auch die politischen Kommentatoren sind sich darin einig, dass mit Alan das kleinere Übel an die Macht kommt.

Nun erklären wir die Akklimatisationsphase für beendet und streben weiter in die Höhe. Am Dorfrand attackiert mich eine Hundemeute von gut zwanzig Kötern, die mich zum Fressen gern hat. Nur dank *tschomak* und geistesgegenwärtigen Lastwagenfahrern, die mit der Autorität ihrer Hupen und Zwillingsreifen den Haufen halbwegs zur Räson bringen, überstehe ich den jähen Angriff mit heiler Haut. Ich bin mir mittlerweile nicht mehr ganz sicher, ob ich aus Liebe zu Bea ein aufopferungsvoller Winkelried oder selbst der Unruhestifter bin. Tatsache ist, dass ich die Aggressionen von Banditen und Hunden so stark anziehe wie eine einsame Eiche auf offenem Feld den Blitz.

Wieder bläst uns ein kühler Wind von Lima her in den Rücken, und die Carretera central holt noch immer weit in die Seitentäler aus, um etwas an Höhe zu gewinnen. Damit bleibt der Steigungsgradient der Strasse human und wir werden wenig gefordert. Stossweise kriechen stinkende Kolonnen von Bussen und Lastwagen an uns vorbei, sonst kommen wir zu genügend Luft. Als wir in Chicla einkehren, wird eigens für uns der Fernseher eingestellt. Wir brechen frühzeitig wieder auf und beginnen, die dünnere Luft zu spüren. Bea wird es leicht schwindlig und in meinem Hinterkopf baut sich allmählich ein Druck auf. Ohne all die Liter *mate de coca*, die ihren Weg unsere Kehlen runter finden, wäre vielleicht alles ärger. Die Beine tragen uns zuverlässig und letztlich problemlos nach Casapalca hoch, diesem auf 4200 Metern über Meer gelegenen Minenarbeiterdorf. Die einzige Absteige ist fürchterlich ungepflegt. Im dritten Anlauf schaffen wir es immerhin, ein sauberes Bettlaken zu erhalten, auf das wir unsere Schlafsäcke ausbreiten. Auch dem gemäss Vermieter defekten Boiler im Nassraum vermag ich nach einer einfachen Reparatur dampfendes Wasser zu entlocken, was bei der bitteren Kälte kein Luxus ist.

Die vierköpfige Familie im winzigen Zimmer neben uns hat sich gestern Abend Wollmützen tief über die Ohren gezogen und sich in den staubigen Strassenkleidern Seite an Seite auf die Matratze gelegt. Heute Morgen, als unser Kocher vor dem Zimmer noch immer glüht, sind sie längst in einen klapprigen Bus entschwunden. Bis auch wir für die Weiterfahrt bereit sind, scheint die Sonne derart warm, dass uns die kurzen Tenüs ausreichen, um die restlichen fünfzehn Kilometer bis zum Ticliopass, der offiziell Abra de Anticona genannt wird, unter die Räder zu nehmen. Ockerrot schimmernde Bergflanken verjüngen sich da und dort zu bizarren Bergspitzen, die ins Blau des Himmels stossen. In den wie mit grünem Samt ausgekleideten Senken dazwischen äsen Vikunjaherden. Ein Hirte erklärt uns geduldig den Unterschied zwischen Lamas und den unifarbenen und nicht zum Lastentransport geeigneten Vikunjas. In einer Kurve stehen zwanzig Kreuze, in die alle dasselbe Datum vom 1.11.1996 eingeritzt ist; damals stürzte hier ein gut gefüllter Bus in die Tiefe. Das Pulsieren in meinem Hinterkopf steigert sich von Kurve zu Kurve zu einem unangenehmen Hämmern. Bea hält sich besser. Sie braucht nur ab und zu eine kurze Ruhepause, um wieder zu Luft und Kräften zu kommen. Auf der Passhöhe verweilen wir nicht länger als nötig: Obligates Foto vor der Tafel «Abra Anticona, Altidud 4818msnm» schiessen, nassgeschwitzte Kleider wechseln, zusätzliche Schichten sowie Kappe und Handschuhe überziehen, und schon stürzen wir uns in die Abfahrt. Nach zwei Seen, deren Wasser in der flach stehenden Sonne schimmert wie geschmolzenes Silber, offenbart sich uns die Fratze der Minen von Morococho. Was wir riechen und mit kurzen Blicken aus dem Augenwinkel erhaschen, lässt uns die Nackenhaare sträuben. Die höchstgiftige Schlacke aus dem Gewinnungsprozess der Schwermetalle, die mit Quecksilber, Blei, Arsen und Kadmium verseucht ist, blubbert in einer kaum abgedichteten Mulde und ergiesst sich nicht nur bei starken Regenfällen in den Fluss. Ein paar hundert Höhenmeter tiefer unten kehren wir zu wärmendem *mate de coca* in ein Restaurant ein. Mit Todesverachtung schlürfen wir den Tee und hoffen, das Wasser stamme nicht aus dem Fliessgewässer neben uns. Über der dampfenden Tasse beginnt sich der Druck in meinem Hinterkopf zu verflüchtigen. Ich wäre bereit für die Weiterfahrt. Doch runzelt der Himmel die Stirn und aus den tiefen Falten prasseln feine Hagelkörner auf die Erde. Binnen weniger Minuten sind Räder, Strasse und Bergflanken überzuckert. Wir bestellen eine zweite Runde *mate de coca* und harren der Dinge, die da von oben kommen. Bald schlägt

der Hagel in heftigen Regen um. Nach einer guten halben Stunde büsst dieser endlich an Intensität ein. Wir brechen auf. Der Himmel hängt wie eine durchgelegene
Matratze pechschwarz über uns. Zwischen dem Schneematsch strömen Bäche über
den Asphalt. Immer wieder erzittert die Erde im Donnergrollen. Durchnässt bis auf
die Haut und schlotternd halten wir Kurs, auch wenn uns dann und wann das grelle
Licht lohender Blitze blendet.

In La Oroya retten wir uns in ein *hospedaje*, das mit *cable TV* wirbt. Tatsächlich
steckt auch ein Kabel im TV, angelogen wurden wir also nicht. Doch ausser einem
«Ameisenrennen» will sich freilich kein Bild auf der Mattscheibe zeigen. Selbst das
beim Einchecken versprochene heisse Wasser sprudelt aus der Dusche, sogar siedend
heiss. In gut guatemaltekischer Art und Weise wurde hier ein nicht regulierbarer
Tauchsieder vor die Brause geschaltet.

Kein einziges der aufgehängten Kleidungsstücke vermochte über Nacht zu trocknen.
Auch der Fussboden ist noch immer glitschig und nass. Zum Glück lacht uns ein
wolkenloser Himmel an. So gibt es keinen Grund, noch länger hier zu verweilen. Am
Rand der Stadt wird die Luft immer dicker, und wir fühlen nachgerade, wie unsere
Atemwege mit üblen Schwebstoffen belegt werden. Sie entweichen der gigantischen
Schmelzanlage für das Erz aus den nahen Minen. Wie eine monströse Kröte hockt
die Produktionsstätte am Fluss, umringt von Bergflanken derart kahl und jeden Lebens bar, als hätte man sie über Jahrzehnte hinweg mit Arsenik gescheuert. Um einen
riesigen, qualmenden Kamin sind unzählige Fabrikhallen gruppiert, in deren Bäuche
eine Seilbahn führt, an der mit abgebautem Erz gefüllte Kübel hängen. Es kratzt im
Hals, die Augen brennen und beginnen zu tränen. Im kleinen Dorf neben dem In-
dustriekomplex grüssen uns alle Leute ausnehmend freundlich. Sie tun uns zutiefst
leid, weil sie ihr Leben in dieser Hölle fristen müssen. Eine der Fabriken spuckt das
Abwasser der verschiedenen Lösungs- und Reinigungsprozesse in den Flusslauf, aus
dem weiter unten Forellen geangelt werden. Fast jedes Restaurant bietet ein entspre-
chendes Menü an. Erstaunlich ist einerseits, dass in diesem Fliessgewässer überhaupt
Fische und im Besonderen die auf die Wasserqualität sensibel reagierenden Forellen
überleben können. Und andererseits, dass sie mit ihrem zweifelsohne hohen Gehalt
an Schwermetallen den Menschen munden. Wir jedenfalls treten kraftvoll in die Pedale und suchen so rasch wie möglich das Weite. So liegt die Marslandschaft bald
hinter uns und das Flusstal gewinnt ständig etwas mehr an Farbe und Leben. Einfache Ansiedlungen liegen inmitten grüner Wiesen, goldgelb leuchtender Stoppelfelder oder brachliegender Äcker mit pflügenden Bauern.

Die vornehmlich flach verlaufende Strasse führt uns nach Huancayo, dem wirtschaftlichen Zentrum des Andenhochlandes. In dieser prosperierenden Stadt beziehen wir für vier Tage Quartier in einem gelben Zimmer mit breiter Fensterfront und

Aussicht auf das Meer von Sonnenlicht reflektierenden Blechdächern eines Markts. Unglaublich viel Leben pulsiert in den Strassen. Immer wieder finden irgendwelche Veranstaltungen oder auch Kundgebungen statt. Am Sonntag marschieren auf der Calle Real Blasmusiktruppen; in ihrem Windschatten findet ein Joggingwettkampf Jugendlicher statt; wenig später wird der Strassenraum von einer religiösen Gruppe in Beschlag genommen, die auf einem Holzwagen diverse Devotionalien wie Kreuze, Rosenkränze und Heiligenfiguren herumkarrt und inbrünstig Lieder intoniert. Unter der Woche wettern am selben Ort Junge gegen den Imperialismus und Arbeitergruppen marschieren für bessere Anstellungsbedingungen. Ich staune, wie selbstverständlich und friedlich hier in Peru das demokratische Mittel der Demonstration gehandhabt wird.

Zu früher Stunde rollen wir aus Huancayo und folgen der gut asphaltierten Strasse Richtung Izcuchaca. Die Szenerie mit den ungezählten kleinformatigen Äckern vermittelt in ihrer Gesamtheit einem Vogel das Bild eines Schachbretts, auf dem aber nicht ein König, sondern ausschliesslich Bauern und zwei Radnomaden stehen. Und nicht Schwarz und Weiss sind die bestimmenden Farben, sondern Gelb, Braun, Rot und Grün unter dem Blau des Himmels. Bis ganz hinauf, selbst in den steilsten Hängen, werden Felder bestellt. Kartoffeln werden geerntet und dürre Stauden von Hand mit Macheten abgeschnitten und zu Garben gebündelt.

Wir rasten im Windschatten einer Mauer aus Bruchsteinen und Lehm. Mit einem Mädchen, das Schafe und Schweine hütet, wechseln wir ein paar Worte. Die Säue hier haben Schwein. Unbeschwert können sie mit ihrer Schnauze in der Erde wühlen und ihr schwarzes Fell glänzt in der Sonne. Die Dorffrauen sind in diverse Kleiderschichten gehüllt. Auf ihrem Kopf hockt ein steifer Hut, und ihre hüftlangen, schwarzen Zöpfe baumeln über das farbig gemusterte Tragtuch, in dem der jüngste Nachwuchs döst.

Wieder unterwegs, eilen uns drei Schuljungen nach und rufen ausser Atem: «*Holá amigo, colaboración, un solcito por favor!*» Der Lehrer hat sie ausgeschickt, um von uns ein wenig Geld zu ergattern. Ich frage die Dreikäsehoch, wofür der Herr Lehrer denn Geld wünsche. Sie wissen es nicht. Bea erklärt ihnen nun in ihrem besten Spanisch, dass wir oft und gerne spenden, aber immer nur, wenn es klar ist, wofür. In diesem Fall also nichts. Sie sollen dies dem Herrn Lehrer doch bitte mitteilen. Das leuchtet den drei Burschen ohne weiteres ein und wir verabschieden uns.

Das Nachmittagslicht lässt die Landschaft geradezu erstrahlen. Durch diese vollendete Idylle der Natur sausen wir über fast tausend Höhenmeter hinunter zum Río Mantaro und nach Izcuchaca, das sich als staubiges Nest mit ausschliesslich üblen Unterkünften erweist. Weil wir die einzigen im Schlafsaal mit den verlausten Betten und dem Bad ohne Tür sind, können wir uns recht gut einrichten und bleiben von Ungeziefer und Krätze weitgehend verschont.

Ab jetzt heisst es nicht mehr nur regendicht, sondern auch staubdicht und rüttelfest zu packen, denn mit dem edlen Asphalt ist es vorbei. Wir folgen zwar weiterhin dem Río Mantaro, müssen uns die phänomenalen Blicke auf die farbenprächtigen Bergflanken aber mit teilweise knüppelharter Fahrt durch tiefen Sand und über groben Kies verdienen. Auf den knapp fünfzig Kilometern des heutigen Tages zählen wir nur einundzwanzig Autos. Diese Anzahl reicht allerdings, um Haut, Lungen und Augen intensiv einzustauben. In einem dieser Fahrzeuge sitzen Brian und Monica. Er aus Kanada, sie aus Kolumbien. Seit sechs Monaten sind sie auf eigene Faust in Südamerika unterwegs. Die beiden staunen über unsere schwer beladenen Räder. Brian wundert sich: «Wie könnt ihr es auf diesem Weg nur aushalten?» Und Monica jammert: «Eben erst habe ich mir den Kopf an der Decke gestossen, weil der Wagen derart rüttelte.» Beas Antwort ist einfach: «Unser Dach ist der Himmel, und der beschert uns selbst beim gröbsten Schlag des Terrains keine Beule.»

Nach der Durchquerung des bereits dritten Baches, der wie die zwei ersten mit viel Zug über den Weg strömt, stellen wir bei Beas Velo hinten links einen Bruch fest. Die Schweissstelle der kleinen Öse, an welcher der Gepäckträger fixiert ist, ist glatt durchgerissen. Dies hat zur Folge, dass die Packtasche bei jeder Unebenheit des Bodens, das heisst, auf diesem Weg ständig, gegen die Nabe schlägt. Wir beheben den Schaden notdürftig, indem wir den Gepäckträger mit einem Riemen fixieren, was tadellos hinhaut und die Weiterfahrt sichert.

In Quichuas grüsst mich eine alte Frau «*Buenos días amigo!*». Die Leute mit «Freund» anzusprechen, ist ein schöner Brauch. Im *hostal* könnten wir für ein Trinkgeld zwei Betten belegen, doch fällt es uns nach dem Augenschein leicht, uns für eine Nacht im Zelt zu entscheiden. So decken wir uns hier mit Lebensmitteln und Trinkwasser ein und holpern weiter über die staubige Piste, die sich teilweise extrem stark verengt. Für die Lenker der Busse und der kleineren Lastwagen – Trucks verkehren auf dieser Strecke nicht – muss es ein wahres Zitterspiel sein, das Gefährt zwischen der schroffen Felswand und den seitlichen Ausbrüchen im Trassee, die zum weit unten rauschenden Fluss gähnen, hindurch zu zirkeln. Da beissen wir uns lieber lediglich an der Oberflächenbeschaffenheit des Strässchens die Zähne aus. Mit dem Herabsinken der Abenddämmerung setzt direkt über unseren Köpfen ein Pfeifkonzert der besonderen Art ein. Tausende Vögel kreisen in wolkenartigen Formationen am Himmel und landen dazwischen immer wieder auf Eukalyptusbäumen. Aus dem letzten Bach, den wir für heute queren, schöpfen wir Duschwasser und finden schon bald hinter einem Erdwall zwischen Kakteen einen geschützten Platz fürs Zelt. Kein Laut ist mehr zu vernehmen, und die Sterne leuchten derart hell aus dem All, dass wir unsere Stirnlampen nicht anzuknipsen brauchen.

Als wir vor dem Zelt das Frühstück zubereiten, erscheint ein Mann mit vier Kindern im Schlepptau, die er zu Fuss zum acht Kilometer entfernten Quichuas in die

Schule begleitet. Kopfschüttelnd fragt er uns, warum wir nicht einen *lugar más favo-
rable* für die Nacht ausgesucht hätten. Mit diesem «besseren Ort» meint er wohl
eine schmutzige, durchhängende Pritsche in einem muffelnden Zimmer einer Herberge. Für uns war der Ort in der Natur im Vergleich zu dieser Option schlicht perfekt. Auf dem sandigen, mit Steinbrocken durchsetzten Untergrund ist es nicht einfach, das schwere Fahrrad im Gleichgewicht zu halten. Doch verstanden wir es bis
jetzt, Stürze zu vermeiden. Der Himmel wird mit Wolken zugeschoben. In der zunehmenden Schwüle attackieren uns Myriaden von Sandfliegen, die ob des Anti-
Insektenmittels nur für wenige Sekunden die Nase rümpfen. Weil diese Winzlinge
uns nicht stechen, sondern beissen, bleibt im Zentrum des Pickels jeweils ein Blut-
fleck zurück. Dass es nur die Weibchen sind, die zuschnappen, weil sie für die Produktion von Eiern frisches Blut benötigen, verbessert unsere Situation keineswegs.
Bea zählt bereits über fünfzig Bisse in Bein, Arm und Gesicht. Da bin ich mit meinen
zwanzig bis jetzt noch gut weggekommen. In Anlehnung an Bertolt Brecht witzle
ich: «Den Haien entrann ich. Die Tiger erlegte ich. Aufgefressen wurde ich von
Sandfliegen.» In einem Restaurant finden wir eine einzige Flasche Wasser. Ihr Verfallsdatum ist seit kurzem vorüber, trotzdem löschen wir uns damit den Durst, denn
wir sind knapp an diesem kostbaren Gut.

In Anco, das auf unserer Karte noch mit dem alten Namen La Esmeralda fungiert,
finden wir erneut nur traurige Absteigen vor. Da uns aber ein Zimmer ausgemistet
und ein breiteres Bett reingestellt wird, bleiben wir. Das verlangte saubere Bettlaken,
das uns auf die Matratze gelegt wird, war dies vielleicht vor zwei Monaten. Einigermassen genervt bringt es Bea der Vermieterin zurück und insistiert auf einem sauberen Tuch. Nun sucht die Frau zusammen mit ihrem Sohn in allen Gebäuden des ganzen Anwesens und findet nichts. Man stelle sich vor: Sie vermieten hier über zwanzig
cuartos und verfügen nicht über ein einziges ungebrauchtes Leintuch. Schliesslich
tragen sie aus ihrer zugehörigen *tienda* eine Art Filzdecke herbei, die nagelneu und
noch in einem Plastik eingepackt ist.

Trotz dem durchhängenden Bett und dem lautstarken Schnarcher nebenan schlafen wir gut. Einmal muss ich in der Nacht Wasser lösen. Ich begebe mich dazu aber
nicht in die streng riechenden Scheisshäuschen am anderen Ende des Patios, sondern
gebe dem Stamm des näheren Zitronenbaums den Vorzug. Zum Frühstück toasten
wir Brot und braten Bananen. Wir beide fühlen im Magen ein leichtes Unwohlsein.
Vielleicht ist das alte Trinkwasser von gestern schuld oder wir haben einfach zu viel
Strassenstaub verschluckt.

Kaum wieder unterwegs, krabbelt ein prächtiges Exemplar einer Vogelspinne vor uns
über den Weg. Unsere Hauptfeinde sind aber weder dieses grausliche Tier, noch die
aufsässigen Hunde, sondern wie schon gestern die Sandfliegen, die uns immer und

überall in Schwärmen attackieren und piesacken. Kurz vor Mayocc fahren wir eine Strecke neben einem alten Mann. Er treibt seine zwei Esel, die mit geerntetem Bergkraut vollgestopfte Säcke aufgebunden haben, vor sich her. Vor seinem Gesicht schwirren unzählige Sandfliegen, was ihn aber nicht zu stören scheint.

In Mayocc prüft Bea eine Absteige, doch ist der Entschluss zu einer weiteren Nacht im Freien bald gefasst. In diesem Dorf fliesst nämlich nur morgens und abends für je eine Stunde Wasser. Dies hat zur Folge, dass die WC tagsüber nicht gespült werden, was natürlich eine unglaubliche Schweinerei nach sich zieht. Wir lassen das Dorf, das nicht über fliessendes Wasser verfügt, obwohl es direkt über einem strömenden Fluss liegt, hinter uns. Nach einem kurzen, aber umso steileren Aufstieg befinden wir uns für eine Weile auf einer Ebene, in der die *cardones* wie in der Baja California im abendlichen Sonnenlicht stehen. Im Hintergrund zerfliessen die warmen Farben der Bergflanken. Unten am Fluss, scharf über der Hochwassergrenze, schlagen wir unser Zelt auf. Die Sandfliegen stürzen sich beim Einrammen der Heringe in unsere Nasen, Münder und Ohren – wie sollen wir da noch atmen? Um später wenigstens in Ruhe duschen und kochen zu können, spannen wir aus Seilen ein Geviert, um das Moskitonetz daran aufzuhängen. Sobald sich aber die Sonne hinter den Bergrücken gesenkt hat und eine leichte Brise aufkommen lässt, sind die Mistviecher, die kaum mehr als zwei Millimeter messen, verschwunden, und wir können unsere Konstruktion wieder abbrechen. Da es in unseren Mägen rumort, kochen wir uns lediglich eine Suppe zum Nachtessen, schlürfen *mate de boldo*, diesen Tee aus einem Andenkraut, und sind entsprechend früh im Bett.

Um den offenbar nachtscheuen Sandfliegen ein Schnippchen zu schlagen und um die Stadt Ayacucho noch heute erreichen zu können, lassen wir den Wecker zu einer Zeit rasseln, als der Mond noch hell auf unser Lager scheint. Als die Sonnenstrahlen das Flussbett ausleuchten, sind wir bereit für den Tag – gleichzeitig mit den Sandfliegen. Sie wollen beissen, wir wollen nicht ihre Opfer sein. So preschen wir davon durch den Staub. Sie versuchen uns zu folgen. Ob ihnen dies gelingt, weiss ich nicht, spielt auch gar keine Rolle. Denn wie aus dem Nichts tauchen überall andere Artgenossinnen auf, die sich unser annehmen; egal, wie schnell wir unterwegs sind oder ob wir uns im Licht oder im Schatten aufhalten. Es gibt kein Entrinnen. Verzweifelt schlagen wir um uns und reiben Gesicht, Hals und Hände, die einzigen noch unbedeckten Körperpartien, mit Anti-Insektenmittel ein. Beim ersten Dorf begrüsst uns ein Bursche: «*Hola gringitos!*» Auch sein Kopf ist von einem dichten Heiligenschein aus Sandfliegen umgeben. Auf die Frage, wie weit es bis Huanta respektive Ayacucho noch sei, meint er mit fester Stimme: «*Ah, muy cercita, nueve kilómetros hasta Huanta y después diez kilómetros hasta Ayacucho.*» Das ist keine schlechte Antwort für einen, der nur mit den Zahlen von eins bis zehn vertraut ist. Wir wünschen ihm alles Gute, verlassen den Flusslauf des Río Mantara und steigen nach Huanta hoch, wo wir uns kurz verpflegen, bevor wir die letzten fünfzig Kilometer bis Ayacucho in Angriff nehmen. Diese sollten gemäss unserer Karte und Auskunft des Jungen auf Asphaltbelag verlaufen, was aber nur zum Teil zutrifft. Dergestalt ausgebremst erwischt uns die Dunkelheit noch auf der Strasse. Der Verkehr wird immer dichter und stinkiger, doch kriechen die Wagen nur durch die vielen Kurven. Wenig unterhalb der Stadt umarmt mich ein wildfremder Mann innig, gratuliert mir zum heute gefeierten Vatertag und lädt uns auf ein Bier ein. Nett gemeint, aber uns zieht es nach Ayacucho. Nach über acht Stunden im Sattel und weit über tausend Höhenmeter in den Beinen, erreichen wir ziemlich geschlaucht die ersehnte Stadt, wo wir in der Fussgängerzone auf den ersten Schlag ein optimales Zimmer finden.

Der Name Ayacucho ist vermutlich mit dem Quechua-Ausdruck *aya k'uchu*, «Winkel der Toten», identisch. In jüngster Vergangenheit war diese Bedeutung geradezu Programm. Denn während der 1980er und 1990er Jahre löste der Sendero Luminoso, diese in Ayacucho gegründete maoistische Gruppierung in ganz Peru bürgerkriegsähnliche Zustände aus, die mehr als siebzigtausend Menschenleben kosteten. Dabei war Ayacucho eine der am stärksten durch den Terror betroffenen Regionen. In den abgelegenen Zonen des Berglandes kam es zu zahlreichen Massakern an der Landbevölkerung. Damit bestraften sowohl die Guerilla des Sendero Luminoso wie auch das Militär die Zusammenarbeit der Dorfbewohner mit dem jeweils anderen Gegner. Dabei wurden zahllose Menschen gefoltert, ermordet oder verschleppt und ganze Dorfschaften ausgerottet. Im Jahr 1990 hatte der Sendero Luminoso fast die Hälfte des Landes unter Kontrolle. Gestützt auf Geheimdienst und Militär gelang es dem damaligen Präsidenten Alberto Kenya Fujimori im September 1992, den Gründer und Anführer Abimael Guzmán sowie weitere führende Köpfe des Leuchtenden Pfades festzunehmen. Danach liessen die Aktivitäten der Guerillas nach. Noch zu jener Zeit hätten wir diese Gegend nicht bereisen können. Jetzt aber sei wieder einigermassen Frieden und Ruhe eingekehrt, versichern uns die Leute da und dort.

Nach acht Ruhetagen in Ayacucho stehen wir am 27. Juni 2006 zum letzten Mal unter die Dusche und können uns kaum dazu überwinden, den dampfend heissen Wasserstrahl abzudrehen – wer weiss schon, wann wir wieder einen solchen Luxus geniessen werden können. Da uns bis zum vierhundert Kilometer entfernten Abancay eine ruppige und einsame Schotterstrasse mit kräfteraubenden Anstiegen und nicht minder anspruchsvollen Abfahrten erwartet, haben wir neben den üblichen Nahrungsmitteln wie Zwiebeln, Knoblauch, Ingwer, Teigwaren oder Reis auch Karotten, Sellerie, Joghurt, Andinokäse, Zwieback, Bananen, Milchpulver und Sahne sowie eine zusätzliche 5-Liter-Trinkwasserflasche geladen. Natürlich haben wir auch an Treibstoff für den Kocher gedacht: Dreieinhalb Liter Reinbenzin sollten genügen.

In der staubigen und mit Abgasen gesättigten Morgenluft zirkeln wir aus dem verwinkelten Stadtkern von Ayacucho. Die Ausbrüche im rissigen Strassenbelag sind derart tief, dass wir uns nur gemächlich vorwärts bewegen und dabei genug Zeit finden, mit Dreirad-Rikscha-Fahrern zu plaudern und sie nach dem Weg zur Carretera Nr. 3, der Hauptstrasse nach Cusco via Abancay, zu fragen. In einer wenig verheissungsvollen Seitengasse gestrandet, bitten wir einen Passanten um Rat, der sich als *maestro* vorstellt. Dieser Lehrer rät uns entschieden davon ab, die Hauptachse über den 4320 Meter hohen Huamina Pass zu benutzen. «*Hay muchos rateros y bandidos!*», mahnt er mit eindringlicher, verschwörerisch gedämpfter Stimme. Zu diesen ruchlosen Dieben und Räubern komme hinzu, dass es auf jener einsamen Strecke kein einziges Dorf und auch kaum Wasserstellen gäbe. Er legt uns eine andere Route ans Herz, die auf unserer rudimentären Karte gar nicht existiert. «Die Variante über Tambillo führt an diversen Dörfern vorbei. Das ist gleichbedeutend mit grösserer Sicherheit. Mit dieser flachen Route, die überdies kürzer ist, könnt ihr den Huamina Pass elegant umgehen. Hoch über Ocros wird dieser Weg wieder in die Carretera Nr. 3 münden», präzisiert der *maestro*. Wir sind mittlerweile zu welterfahren, als dass wir sein «flach» wörtlich nehmen würden. Wie oft schon auf unserer Reise haben sich verheissene Abfahrten, *bajadas*, als nicht enden wollende Anstiege, *subidas*, herausgestellt! Diesbezüglich bleiben wir also skeptisch, doch haben wir uns bereits mit der neuen Perspektive angefreundet. Der Ausschlag gibt dabei nicht die vermeintlich höhere Sicherheit bei der Anwesenheit von Menschen, sondern das Vorhandensein von Wasser. Wo Menschen leben, muss es auch Bäche, Quellen oder mindestens Ziehbrunnen oder Zisternen geben. Einige Blöcke weiter unten bitten wir gleichsam als Bestätigung und Ergänzung den erstbesten Dreirad-Rikscha-Fahrer um seine Meinung zur optimalen Routenwahl. Dieser votiert für die Carretera Nr. 3, weil sie weniger Kurven aufweise. Na ja, Kehren mögen der Reisegeschwindigkeit von Autos abträglich sein, doch uns kommen sie in starken Anstiegen meist höchst gelegen, da sie die Steigung brechen und uns durchatmen lassen. Nachdem auch bei der Tankstelle um die Ecke vor Überfällen auf dem Pass gewarnt und die Qualität der Strassenoberfläche beider Routen als in etwa identisch beschrieben wird, geben wir uns zufrieden und halten Richtung Tambillo.

Kaum sind die letzten Häuser unserem Blickfeld entschwunden, finden wir uns auf einer Piste wieder, die ausser der klar erkennbaren Linienführung wenig mit einer Strasse gemein hat. Mit feinstem Staub überzogene Bereiche wechseln sich ab mit tiefen Sandpartien, rutschigem Kies und grobem Geröll. Neben den von braunem Wasser durchflossenen Furchen ist das Geschiebe tückisch glitschig. Die Räder sinken ein oder rutschen weg und prallen hart gegen Steinbrocken. Während ich meinen Stahlesel halbwegs nach freiem Willen zu dirigieren vermag und mich leidenschaftlich der Herausforderung des launenhaften Terrains stelle, beschränkt sich Bea in der kurzen Abfahrt aufs Bremsen. Ihr störrischer Bock ist im Verhältnis zu ihrer

Körperkraft zu schwer beladen, um ihn auf die Optimallinie zwingen zu können. So lässt sie sich treiben und ist einzig darauf bedacht, einen Sturz zu vermeiden.

Nach dem Überqueren einer alten Steinbrücke führt der Weg bergwärts. In den steileren Passagen bleibt Bea nur das mühselige Schieben. Im dichten Staubschleier eines der raren vorbeiholpernden Fahrzeuge versteckt, steigen in ihr Dampfblasen gleich Zweifel auf, ob sie Abancay je erreichen werde. Zwei Serpentinen weiter oben verliert die Steigung aber an Schärfe und der Boden wird griffiger, was auch Bea wieder den Sattel drücken und erspriesslicheren Gedanken nachhängen lässt. Uralte, an Lebenserfahrung überreife Mütterchen, die sich vor ihren Steinhütten von der Sonne auftauen lassen, erwidern meinen Gruss mit «*Buenos días papá!*». Die darin mitschwingende Unterwürfigkeit beschämt mich. Beim Hauptplatz des kleinen Nests Tambillo verteilen Mitarbeiter des Roten Kreuzes Medikamente an junge, rotbackige *indígenas* mit steifen Hüten auf dem Kopf und Babys im Tragtuch. Wir setzen uns ins Restaurant gegenüber und bestellen zu unserem selbst mitgebrachten Essen die Getränke. Eine aufgeschlossene Kundin neben uns weiss, dass diese Aktion der kostenlosen Medikamentenabgabe an die weit verstreut lebenden *indígenas* dieser Region jährlich einmal stattfindet.

Draussen werden unsere bepackten Velos von einer Menschentraube eingehend begutachtet. Nun löst sich ein Junge aus dieser Gruppe und begibt sich an unseren Tisch. Er heisst Teodoro und ist ein enthusiastischer Radfahrer. Wir als weitgereiste *ciclistas* könnten ihm doch bestimmt ein paar Tipps geben bezüglich Vermeidung von Beinschmerzen, Aufbau der Muskulatur und optimale Ernährung, meint er. Da wir uns aber nicht speziell auf die täglichen Etappen vorbereiten, nie künstliche Energiegetränke schlürfen und auch keine Kraftkapseln schlucken, sondern nur in aller Ruhe mit den Fahrrädern eine Linie um die Erdkugel ziehen, können wir ihm leider nicht weiterhelfen.

Die mit ockerfarbenen Feldern überzogene Landschaft erstrahlt im schönsten Licht. Die weissen Wolkentupfer im stahlblauen Himmel wirken lediglich als Zugabe zur Idylle. Die Strasse steigt nicht über Gebühr. Am Rande der Nacht stellen wir das Zelt auf die grüne Wiese neben einem Flüsschen. Die Abendluft weht bissig kühl; das Thermometer steht bei drei Grad. Wir filtern Wasser, das wir anschliessend zum Kochen und für den Aufguss von Tee benötigen. Parallel dazu sieden wir literweise geschöpftes Wasser und temperieren damit unseren bereits zu zwei Drittel mit dem eisigen Flusswasser gefüllten Duschsack. Ich hänge ihn an einen Ast weit über den Boden und lasse das warme Wasser aus der Brause strahlen. Welch Hochgefühl, unter dem funkelnden Sternenhimmel auf der Duschmatte zu stehen und den Staub und Schweiss des Tages abzuwaschen! Schon bald füllen wir die frostig-steifen Schlafsäcke mit wohliger Wärme aus. Alles atmet Ruhe und Frieden, was durch das monotone Rauschen des Bachs nur noch verstärkt wird.

Ayacucho liegt nun über achtzig Kilometer hinter uns, und doch sehen wir noch immer sein in der Sonne glitzerndes Dächermeer. Wir bewegen uns auf einer Art Plateau, in das sich viele Flüsse eingefressen haben. Unser Feldweg führt jeweils tief hinunter und durch eine Furt ans andere Ufer. Im hohen Gras hockende Frauen hüten Kuh- und Stierherden. In den warmbraunen Äckern werden Kartoffeln geerntet. Diese Knollen sind zweifelsohne der bedeutendste Beitrag aus der Andengegend für die Menschheit. Allein in Peru gibt es die unglaublich anmutende Vielzahl von dreitausend verschiedenen Sorten. Die vielköpfigen Arbeiterscharen winken uns und lassen dann und wann ein «*Gringo!*» erschallen.

Beim Flecken Acocro begleitet uns ein 15-jähriger Schuljunge, der Ingenieur werden will, auf seinem Rad. Ihn frage ich nun, was mir schon lange auf der Zunge brennt: «Was ist hier in Peru genau mit ‹Gringo› gemeint? Es versetzt mir jedes Mal einen Stich ins Herz, weil es abschätzig klingt.» Der Junge schüttelt den Kopf und erklärt, dass dieses Wort wertfrei einen Vertreter der weissen Rasse bezeichne und als Gegenstück sinngemäss *negro* gebraucht werden könne. Auch dieses *negro* werde von den Peruanern nicht als abwertend empfunden. Jetzt haben wir also endlich eine Antwort auf das ungeliebte «*Gringo!*». Wir quittieren es ab sofort konsequent mit «*Hola negro!*» oder, noch besser, in der hier inflationär gebrauchten Verkleinerungsform «*Hola negrito!*». Unter lautem Zischen aus dem geplatzten Schlauch verabschiedet sich in der nächsten Kurve mein in Belize City aufgezogener Hinterpneu. Ich ersetze den Schlauch und montiere einen Faltpneu aus dem Gepäck. Um die Entsorgung des defekten Reifens muss ich mich nicht kümmern. Unser junger Begleiter hat ihn sich einer Trophäe gleich um den Hals gehängt. Er verabschiedet sich, weil hier sein Heimweg abzweigt.

In einer Kneipe feiert ausgelassen eine Hochzeitsgesellschaft. Ein ziemlich angeheiterter Mann bietet mir Bier an. Er füllt den gereichten Plastikbecher aber derart ungeschickt hastig, dass daraus ein weisser Schaumpilz hochschiesst, der klebrig über meine Finger flockt. Trotzdem stossen wir auf das Glück des Brautpaars an. Viele Kinder stehen herum, die alle eines gemeinsam haben: Die Haut über den hohen Backenknochen ist arg sonnenverbrannt; in dieser Höhe ist mit der Kraft der Sonne nicht zu spassen. Auf unsere Frage nach der Distanz zum nächsten Dorf kriegen wir nur äusserst grobe Zeitangaben als Antwort; Kilometer sind hier weder relevant noch bekannt. Die meisten wissen aber, wie lange die Fahrt auf der dichtbelegten Ladefläche eines Pick-ups dauert. Mit vermeintlichem Kennerblick mustern sie uns und unsere Fahrzeuge und geben eine haarsträubend falsche Prognose ab. Wir schmunzeln über ihre eingebildeten Fähigkeiten, unser Leistungsvermögen einzuschätzen. Bestimmt haben sie unsere Velos für Motorräder gehalten.

Fleissige *campesinos* schneiden in den Feldern zu unseren Seiten grünen Hafer als Futter für die Kühe sowie Weizen und Quinua, das Wunderkorn der Inkas. Diese hatten schon vor Jahrhunderten durch Terrassierung und künstliche Bewässerung die steilen Hänge dieser Hochtäler nutzbar gemacht. Immer wieder führen wir mit den Landarbeitern nette Gespräche. Wir mutmassen, dass es in China ähnlich gewesen wäre, hätten wir nur über das entsprechende Vokabular verfügt. Im Dörfchen Matara decken wir uns mit Lebensmitteln ein. Die Leute begegnen uns offen und mit einem freundlichen Lächeln. Die alte Gemüsefrau begrüsst Bea mit «*Hola mamacita!*», was so viel wie Mütterchen bedeutet, und drückt ihr warm die Hand. Nach kurzem Schwatz holpern wir weiter bergwärts. Zwei junge *indígenas* mit Babys in bunten Tragtüchern treiben mit Hilfe einiger Hunde eine Herde aus Schafen, Kühen und Schweinen vor sich her. Weiter oben grasen Pferde, wobei dem Hengst die Vorderläufe mit Stricken zusammengebunden sind. Trotzdem vermag der gequälte Prachtskerl den vor uns davongaloppierenden Stuten zu folgen.

Wie wir uns dem über 4000 Meter hohen namenlosen Pass nähern, nimmt die Üppigkeit der Vegetation immer mehr ab. Bis wir uns in der nur noch grasbewachsenen unwirtlichen *puna*, der Hochsteppe, der eigentlichen Heimat der Lamas und Alpakas, wiederfinden. Unsere Kräfte schwinden rasant auf dem mit kantigen Steinbrocken durchsetzten tiefen, pulvrigen Sand, der auf unserem Weg liegt. Am liebsten würden wir uns auf der Stelle hinlegen und nur noch schlafen. Weil wir aber dringend Wasser benötigen und sich die Gegend auf dieser Seite des Bergs nun völlig ausgetrocknet präsentiert, bleibt uns keine Wahl: Wir müssen weiter Richtung Wolken halten. Zweimal schiebe ich der restlos ausgepumpten Bea das Fahrrad durch schwierige Passagen.

Im letzten Glitzern des Tages ist die Höhe schliesslich geschafft. Sofort ziehen wir uns warm an und nehmen auf der beinahe verkehrsfreien Carretera Nr. 3 die Abfahrt Richtung Ocros in Angriff. Schon auf den ersten paar Metern zerschlägt sich die leise gehegte Hoffnung auf eine bessere Qualität des Strassenbelags: Die Piste ist zwar breiter als unser bisheriger Weg, doch ebenso mit tiefen, von Regen ausgeschwemmten Schlaglöchern und Rinnen beschrieben, mit Steintrümmern oder rutschigem Geschiebe garniert und in Kurven mit einem knöcheltiefen, tückischen Gemisch aus Sand und Staub versehen.

Die weit geschwungenen Serpentinen der Strasse verschwimmen immer mehr im müden Licht. Meine Finger sind trotz Handschuhe klamm und die ersten Sterne funkeln bereits am Firmament. Im Schein unserer zu schwachen Stirnlampen verschmiert die raue Oberfläche des Schotters zu einer eintönigen, hellen Fläche, in der wir die Unebenheiten nicht mehr erkennen können. Jeden Stein rammen und jedes Schlagloch schlucken zu müssen, macht auf die Dauer aber keinen Sinn. So entscheiden wir uns, die Räder zu Fuss hinunterzubremsen. Selbst auf diese Weise ist das Vorwärtskommen noch mühevoll und insbesondere die Handgelenke werden stark gefordert. Immer wieder halten wir inne, horchen und spähen nach Wasser. Da vorne gurgelt ein kleines Rinnsal, doch ist in diesem steil abfallenden Hang das Zelten unmöglich. Erst nach einem Dutzend Kilometer auf dieser Strasse offenbart sich endlich, wonach wir suchen: Neben einer scharfen Kurve hüpft klares Wasser über die Steine und dahinter befindet sich eine Kiesgrube, die genügend Platz für unser Zelt bietet. Rasch ist das Camp aufgeschlagen und der Kocher in Betrieb genommen. Für die nächsten drei Stunden speit er zuverlässig Feuer. Zuerst siedet er uns Wasser für Tee und eine Suppe. Dazwischen wärmt er immer wieder Duschwasser, lässt ein knoblauch-, zwiebel- und chilischwangeres Raclette brutzeln und den Kaffee dampfen. Wie ich mit wohlig warmem Bauch zum Duschsack schreite, der an einem in die Geröllwand gehauenen Zeltthering baumelt, hat sich über die Duschmatte bereits ein feiner Eisfilm gelegt. Ja, es braucht ein gehöriges Mass an Überwindung, sich bei solchen Bedingungen die Kleiderschichten vom Leib zu streifen und den blossen Fuss aufs Eis zu setzen. Doch lohnt sich der psychische Kraftakt allemal. Sobald die Haare gewaschen und abgetrocknet sind, lasse ich sie unter einer Wollmütze verschwinden. Welch Bild: Ein Menschlein in den Anden, 3600 Meter über Meer, steht kurz vor Mitternacht bei Minusgraden in einer Kiesgrube auf einer mit Eis überzogenen Duschmatte, splitternackt bis auf eine Kappe auf dem Kopf. Nun werden Arme und Oberkörper eingeseift, gespült und mit dem Tuch abgerieben. Ein T-Shirt wird übergestreift, Pullover und Fleecejacke folgen. Sind schliesslich auch die unteren Extremitäten gereinigt und in genügend Textilschichten verpackt, strömt Wärme durch alle Glieder und es breitet sich im ganzen Körper ein unbeschreibliches Wonnegefühl aus. Als schliesslich nur noch unsere Nasenspitzen aus den Schlafsäcken ragen, amüsieren wir uns darüber, dass uns die vom *maestro* in Ayacucho vorgeschlagene «*bajada*» mehr als zweitausend Höhenmeter beinharter *subida* beschert hat.

«Mäh migratsch, mäh migratsch, tschgg, tschgg», tönt es zu früher Stunde vor dem Zelt. Hirten locken mit diesen Zauberworten ihre Schafherde bergwärts. Die Hufe der Tiere klingen auf dem staubigen Steinboden wie auf ein Blechdach prasselnde Regentropfen. Meine Augen aber schlage ich erst zusammen mit dem Erwachen des Tages auf. Vorbei an bescheidenen Behausungen aus sonnengetrockneten Lehmziegeln und goldgelben Feldern steuern wir nach Ocros hinunter.

Auf der öden Plaza Mayor betteln schnoddrige Kinder um Schokolade. Und weil uns auch das eher feindselige Gehabe der Erwachsenen nicht behagt, decken wir uns hier nur mit Lebensmitteln ein und kurbeln wieder zur *carretera* hoch. Hier schrubben wir im trüben Rinnsal, das parallel zur Strasse fliesst, neben einer Wäscherin Socken und ein paar Tücher, die wir anschliessend an ein Seil hängen, das ich zwischen zwei Eukalyptusbäume gespannt habe. Währenddem wir uns mit einem Müesli stärken, verdampft das Wasser rasch aus den Geweben – Wind und Sonne der Anden schlagen jeden Wäschetrockner. Jetzt folgen wir dem kiesigen Trassee, das sich in den jäh nach links abfallenden Hang gefressen hat, und geniessen die Aussicht auf die vielgestaltigen und farbig leuchtenden Äcker im weit über tausend Meter tiefen Taleinschnitt unter uns und die schroffen Bergketten dahinter, die erst ganz nahe am Himmel enden. Solange wir in der Nähe Wasser rauschen hören, stehen auch Gehöfte neben der Strasse, aus denen uns gehässiges Hundegebell entgegenschlägt. Also manövrieren wir unsere Räder auf der Suche nach einem Platz für die Nacht weiter durch den Kiessand, bis die Besiedlungsdichte abnimmt. Leider scheint es nun aber auch mit dem Wasser vorbei zu sein: Kakteen dominieren die trockene Landschaft. Wir rechnen damit, ganz zum Río Pampas und den Schwärmen von Sandfliegen hinunterfahren zu müssen. Aber als nur noch eine knappe Viertelstunde Tageslicht übrigbleibt, entdecken wir linkerhand eine Quelle, die aus dem Boden sprudelt. Wenige Meter weiter unten liegt in einem schluchtartigen Einschnitt auch bereits unser Zeltplatz parat. Vergeblich versuchte er, sich unter vertrockneten Kuh- und Eselsexkrementen und Steinen zu verbergen. Wir staunen über unser Glück, dass sich uns immer wieder ein Törchen öffnet. Mit einem derart idyllischen Platz ohne Sandfliegen hatten wir fürwahr nicht mehr gerechnet. Da wir uns über tausend Höhenmeter tiefer unten befinden als noch gestern Abend, ist die Luft milder, und das Duschen – heute unter einem Pfefferbaum – gestaltet sich weit angenehmer. Immer wieder kreischen Vögel sonderbar durch die Nacht, und ab und zu vernehmen wir den dumpfen Klang vom Aufprall eines Steins, der sich aus einer der beiden neben uns steil aufragenden Felsflanken gelöst hat. Die Scheinwerfer der spärlich vorbeipolternden Busse oder Lastwagen reichen dank der engen Kurve vor uns nicht bis zu unserem Lager. Ihr Lichtblitz erhellt jeweils für kurze Momente nur die Zone zwischen Strasse und Zelt.

Bei Tagesanbruch wecken uns die munteren Schwalben, die aus den Nischen in den Felswänden über uns starten und piepsend die ersten Kreise in die Luft zeichnen. Vorsorglich haben wir gestern unsere Wäscheleine so hoch gehängt, dass am Morgen allfällig durchziehende Herden nicht mit ihren Rücken unsere Tücher streifen, doch zeigt sich weder Kuh noch Esel. Vorbei an winzigen Ansiedlungen mit fröhlichen Menschen rattern wir durch das Bachbett, das hier Strasse genannt wird, weiter abwärts. Ein Bauer, der sein mit Holz beladenes Rad schiebt, jammert, dass die Berge hier zwar mit Gold durchzogen seien, die Peruaner es aber nicht verstünden, Nutzen daraus zu ziehen. Weiter unten würde uns ein verrunzelter Alter mit halb offenem Hosenladen gerne eine Papaya schenken, wenn er denn eine hätte. So bleibt es bei einem warmen Händedruck und ein paar herzlichen Worten.

Nachdem auch der bis jetzt übelste Abschnitt der Carretera Nr. 3 gemeistert ist, erreichen wir die stählerne Brücke über den Río Pampas. Einige der Holzbohlen des Fahrbelags fehlen. Das unter uns durchrauschende türkisfarbene Wasser lässt mich schwindeln. Auf der anderen Flussseite präsentiert sich die Strasse in leicht besserem

Zustand. Unter der sengenden Sonne – das Thermometer zeigt über dreissig Grad – verläuft sie erst relativ flach das Ufer entlang flussaufwärts. Hier klagt ein anderer *campesino* über die korrupte Regierung Perus. Die Kinder litten Hunger, doch werde mit keinem Sol geholfen. Seit Jahr und Tag würden sie nach einer besseren Strasse verlangen, doch verpuffe jeder Effort im Nichts.

In Ayahuara begrüsst mich ein junger Mann mit Handschlag und beginnt zu erzählen. Wie so vielen seiner Kollegen sind auch ihm die Schaufelzähne abhanden gekommen. Stolz erwähnt er beim Gespräch seine zehn Geschwister und bemitleidet mich aufrichtig, weil ich nur einen einzigen Bruder vorzuweisen habe. Beim Verlassen des Dorfs jagen uns nicht nur Hunde nach, sondern auch die Sandfliegen haben Lunte gerochen. Sofort schmieren wir auf die unbedeckten Körperpartien Anti-Insektenmittel und versuchen, die Viecher auch mit mehr Fahrtwind abzuschütteln. Doch steigt die Piste nun stark an, was Bea schieben lässt und unser Tempo entsprechend drosselt. Trotzdem sehen wir die Bananenhaine, Papaya- und Zitronenbäume, Zuckerrohrfelder und blühenden Blumen bald nur noch von oben. Der Tag neigt sich wieder seinem Ende zu. Die Luft wird immer kühler, die Gegend karger, und ein Platz fürs Zelt mit Wasser in der Nähe ist nicht in Sicht. Jetzt schlängelt sich die Strasse durch Felder und Äcker, die aber alle wegen tiefer Gräben, undurchdringlicher Kaktusreihen oder Zäune für uns nicht zugänglich sind. Bereits leuchten die Lampen an unseren Stirnen, als rechterhand eine Quelle springt und links ein Weglein zu einer offenen Wiese hinunterführt. Schon hat uns ein Mann entdeckt, der nun von seinem Haus weiter unten herbeischlurft und sich mit Santiago vorstellt. Selbstverständlich dürfen wir uns auf seinem Land ausruhen, das ist gar keine Frage für ihn. Als wir unser Lager einrichten, bringt uns der Gute noch zwei Stangen Zuckerrohr, an denen wir unsere Zähne wetzen könnten, was wir aber unterlassen.

Wir erheben uns noch vor den Sandfliegen. Während des Frühstücks leistet uns die elfjährige Marisol, eines der acht Kinder Santiagos, Gesellschaft. Sie ist von unvorteilhaftem Äusseren und wirkt weit älter als sie an Jahren zählt. Ihre braunschwarzen Zähne sind von Karies zerfressen, ihre nackten Füsse stecken in zerbeulten Schuhen, ihre Fesseln sind zerstochen und ihre Haut spannt sich rissig und spröd wie ein Wüstenboden um die Knochen. Sie möchte später gerne Medizin studieren, doch hält ihre Mutter nichts von diesem hoffärtigen Ansinnen. Das Land brauche Bäuerinnen und Mütter, und keine Studierten. Ganz Unrecht hat ihre Mutter nicht, denn der Grund und Boden ist äusserst fruchtbar. Und es wäre jammerschade, ihn nicht zu hegen und pflegen. Direkt neben unserem Zelt stehen zwei Mangobäume, weiter hinten reihen sich Bananenstauden, ein paar Papayabäume sowie ein Guavenbaum. Auf dem Feld wachsen Mais, Weizen und Quinua, im Garten neben diversen anderen Kartoffelarten auch Süsskartoffeln, die wir über alles lieben. Natürlich fehlt es auch nicht an Zwiebeln, Knoblauch, Karotten oder Yuca, deren knollige, büschelige Wurzeln gekocht, geröstet oder gebraten gegessen werden. Seit über einer halben Stunde schon wird nach Marisol gerufen, denn es gilt, die Schafe, Kühe und Schweine auf die Weide zu treiben. Am heutigen Sonntag ist dies ihre Aufgabe.

Die Strasse führt in weiten Schlaufen durch das den Hang überwuchernde Dorf Chincheros. Alle Passanten grüssen uns freundlich, und ein *señor* informiert uns ungefragt, dass es nach Andahuaylas, der nächsten grösseren Stadt, zwei Varianten gäbe, um nach Cusco zu gelangen. Natürlich eine *subida* und eine *bajada*, wobei die *bajada* zu bevorzugen sei. Nun wechseln wir ein paar Worte mit einer Gruppe *indígenas*, die mit Sack und Pack zu Fuss zum Markt im unweiten Uripa unterwegs ist. Eine junge Frau will von der ebenfalls schwer beladenen Bea, gleich wie einst eine *señorita* im guatemaltekischen Sacapulas, wissen: «Was verkaufst Du?» Einer anderen Dame, die sich zu einem Schwatz zu uns gesellt, scheint ein Licht der Erkenntnis aufzugehen, als wir ihr «*Hola gringo!*» mit «*Buenos días negrita!*» quittieren. Jedenfalls brechen wir alle drei in ein herzhaftes Lachen aus. Ein paar Meter weiter plaudern wir mit einem ausnehmend sympathischen *campesino*, der nur drei Kinder auf die Welt gestellt hat, weil er seinem Nachwuchs sonst keine vernünftige Ausbildung finanzieren könnte. Seine Frau reicht uns je eine Schale mit in der Sonne getrockneten Maiskörnern, und einem salzigen, sehr reifen und harten Käseklumpen, der ebenfalls aus Eigenproduktion stammt. Sämtliche Hygienebedenken in den Wind schlagend, bedienen wir uns von den gut mundenden, aber vor Bakterien strotzenden Gaben. Zum Spülen gibts noch eine Tasse wohlschmeckenden Kräutertee. Eine alte Frau stösst dazu, klopft uns liebevoll auf den Rücken, drückt uns warm die Hand und wünscht eine glückliche Weiterreise. In Uripa rät uns eine freundliche Menschentraube, die sich binnen Minuten um uns Fremde formiert hat und laufend zunimmt, wegen *rateros* und *ladrones* einhellig davon ab, über den Abra Soracchocha zu fahren. Weiter oben schenkt uns eine *indígena* mit breitem Lächeln einen Frischkäse, den ihr alter Vater hergestellt habe. Von ihrem Hinterkopf baumeln zwei polange, kräftige schwarze Zöpfe, und ihre Waden werden von wollenen Beinlingen umspannt. Auf der Türschwelle sitzt ihre weisshaarige Mutter und spinnt Wolle.

All die netten Begegnungen von heute sind schier unglaublich. Wir fühlen uns wie in einer verzauberten Welt. Wo aber viel Sonnenschein herrscht, sind notwendigerweise auch schattige Zonen vorhanden.

Ein erster Dämpfer ist das Verhalten der Schulkinder, die sich nun an unsere Fersen heften. Es sind scheue zwölf- bis vierzehnjährige Mädchen in Schuluniform, die weit jünger wirken, und kleinere Knaben. Bei diesen sticht jener heraus, der noch im weissen Pyjama steckt, aber stolz Schulhefte unter den Arm geklemmt hat. Im Unterricht werden die Grundzüge der englischen Sprache gelehrt, doch färbt dies kaum auf die Schüler ab. Vermutlich ist auch das Englisch der Lehrkräfte nur bescheiden. Die Mädchen verabschieden sich auf Höhe ihrer Elternhäuser, während uns die mühsamen Knirpse wie Kletten folgen und unablässig Geld oder Biskuits fordern. Wir erklären ihnen, dass wir Velofahrer und keine Kioske seien und lassen ihre zwängelnden Bitten an uns abprallen. Offenbar sind sie aber gewohnt, von Gringos beschenkt zu werden. Wohl aus Empörung über unsere Uneinsichtigkeit klaut uns einer der Rotzbengel unbemerkt unsere Schaufel.

Als kurzes Zwischenhoch in der sich verdüsternden Atmosphäre begrüsst uns im nächsten Dorf der freundlich lächelnde Bauer Julian Leon mit seiner neunköpfigen Familie und gibt uns gleich ein paar der mirabellenähnlichen Früchte ab, von denen er und seine Frau in der Abenddämmerung naschen. Er bietet uns auch an, bei ihm die Nacht zu verbringen. Wir wollen die letzte halbe Stunde Licht aber noch zur Weiterfahrt nutzen, lehnen deshalb dankend ab und ziehen weiter.

Nun schlägt die helle Stimmung jäh um. Überall wird von uns in garstiger, schnoddriger, bisweilen auch drohender Manier Geld gefordert. Wie Speere prasseln die Rufe von Jung und Alt nach *plata* oder *propina* auf uns ein. Was für eine Leistung ihrerseits soll uns ein Trinkgeld entlocken? Nach den einfach gestrickten Vorstellungen dieser Bettler bedarf es dazu natürlich keinerlei Verdienste. Wir sind schliesslich Gringos, und Gringos bestehen zu hundert Prozent aus Dollarnoten. Also ist es nicht mehr als billig, von so einem Geldhaufen auf Reisen seinen Anteil einzufordern. Zumal sich diese Landbewohner in ihrer weinerlichen Selbstbemitleidung so mausarm fühlen. Ihnen geht es in materieller Hinsicht ganz offensichtlich in keiner Art und Weise schlechter als ihren freundlichen Nachbarn. Auch ihre Felder und Ställe sind gut bestückt, und ein jeder hat ein Zuhause und genug zu futtern. Als wir bereits nach Einbruch der Dunkelheit an einem Haufen besoffener Alter und blödelnder Jugendlicher vorbeikommen, glänzt einer sogar mit Englisch und belegt uns mit «*Fuck you!*», gefolgt von stupidem Gekicher. Ein leicht humpelnder Mann hastet uns über hundert Meter nach, nur um stumm keuchend seine Pfote auszustrecken. In Ayacucho prangte an der Wand unseres bevorzugten Restaurants folgender Spruch: «In Lima gibt es arme Leute, die nichts anderes besitzen als Geld.» Diese Dumpfbacken hier sind noch weit bemitleidenswertere Kreaturen als die im Sinnspruch gemeinten menschlich leeren Geldsäcke. Denn ihnen scheint jede Selbstachtung, jeder Stolz und jeder Respekt vor Fremden abhandengekommen zu sein.

Unvermittelt erinnere ich mich an eine unserer ersten Zeltnächte im Iran, damals, vor knapp drei Jahren, kurz vor Mitternacht, neben einem brachliegenden Acker: Ein Junge bietet uns als Schutz vor der Kälte seine Plastikblache an, in die gewickelt er jeweils zwischen den Erdschollen die Nächte verbringt. Und später schüttet er vor unseren Füssen seinen mit Äpfeln prall gefüllten Pullover aus, damit wir etwas zum Beissen hätten. Da war das finanzielle Gefälle zwischen dem guten Geist und uns kein Thema. Wir waren schlicht Reisende, für deren Wohlergehen zu sorgen es für den Einheimischen zugleich Pflicht und Ehre war. Wir erwarten ja keineswegs, dass für uns gesorgt wird. Aber diese Bettelei hier in diesem Landstrich empfinden wir als äusserst schäbig.

In diesem uns feindlich gesinnten Gebiet können wir auf keinen Fall das Zelt aufstellen. Trotz Dunkelheit und lausiger Strasse setzen wir die Fahrt fluchtartig fort. Die Ansiedlungen sind bald hinter uns, doch gurgelt der Fluss jetzt tief im Tal unten, und seitliche Zuflüsse machen sich rar. Also kurbeln wir im blassen Schein unserer Stirnlampen weiter. Aber es ist höchste Vorsicht geboten. Denn die Sandpiste ist rutschig und mit kopfgrossen Steinbrocken durchsetzt, die sich aus dem unstabilen Hang über uns gelöst haben. Und linkerhand gähnt der Abgrund. Da, endlich strömt in einer Haarnadelkurve ein Bach über die Strasse. Wir füllen all unsere Flaschen und besänftigen anschliessend das brennende Loch im Magen mit den noch vorhandenen Resten des Kartoffelsalats in unserer Pfanne. Weil wir in dieser Zone mit Steinschlaggefahr nicht länger verweilen sollten, reisen wir rasch weiter. Das Beherrschen der nun gut fünfzehn Kilo schwerer beladenen Velos ist nicht einfach, doch halten wir unbeirrt Kurs. Flackernde Lichter in der Ferne kündigen einen nächsten Weiler an. Aus den Häusern dringen gedämpfte Stimmen, doch auf der Strasse zeigt sich um diese Zeit keine Seele mehr. Aus jedem Hof schlägt uns scharfes Hundegebell entgegen. Es schwillt schliesslich zu einer wahren Hasstirade an. Immer wieder blitzen die Augen dieser vierbeinigen Bestien nahe unseren Waden gelb auf, doch steuert Bea heroisch vorne weg, und ich sichere hinten ab. Oft rutschen uns die schweren Räder auf Unebenheiten weg, doch lassen wir Köter und Häuser sturzfrei hinter uns. Endlich zeigt sich unterhalb der Strasse ein brachliegender Acker, an dessen oberen Seite sich eine einigermassen ebene Fläche befindet, die von den Scheinwerfern der selten vorbeirollenden Autos nicht ausgeleuchtet wird. Das ist unser Platz! Angesichts der vorgerückten Stunde und der am Gefrierpunkt kratzenden Temperatur bescheiden wir uns mit einer Katzenwäsche unter dem versöhnlichen Sternenhimmel, aus dem der zitronengelbe Mond in Form eines schief stehenden, bis zum Rand gefüllten Beckens lugt. Immer wenn sich ein Fahrzeug nähert, knipsen wir unsere Stirnlampen aus, um im offenen Acker nicht entdeckt zu werden. Um Mitternacht schlüpfen wir in unser Nest und verfolgen auf der Leinwand der Innenflächen unserer Augenlider die Wiederholung der Erlebnisse des heutigen denkwürdigen Tages. Die Bilder zucken solange nach, bis wir vollends in die sanften Tiefen des Schlafs entgleitet sind.

Als wäre das gestrige Spiessrutenlaufen nur ein böser Traum gewesen, lächelt uns heute eine Schafhirtin zu, die strickend auf einem Felsblock steht und dabei ihre Herde überwacht. Und die Grossfamilie, die im Hang zwischen zwei Kehren Korn drischt und im Wind die Spreu vom Weizen trennt, winkt uns aufmunternd zu. Das Terrain ist kräfteraubend steil und die Strassenoberfläche rutschig und holprig. Bea würde am liebsten das bleischwere Rad stehen lassen und zu Fuss weiterziehen. Ein kleiner Trost ist einzig der Ambulanzwagen, der unseren Weg kreuzt. Welch Tortur muss das sein, verletzt oder krank in diesem Fahrzeug zu liegen, das stundenlang über das Geröll holpert! Als wir uns für ein paar Minuten hinhocken, beissen uns Sandfliegen. Und Moskitos bohren ihre Stacheln in unser Fleisch. Ein fröhlicher Alter führt stolz seine zwei fetten Schweine an der Leine an uns vorüber.

Im Städtchen Talavera ruhen wir uns aus von den Strapazen der beinharten acht Fahrtage seit Ayacucho. Wir sitzen auf haufenweise schmutzigen Kleidern, doch gibt es in diesem Nest keine Wäscherei. Eine Früchteverkäuferin weiss aber von einer jungen Frau, die gerne ein paar Sol mit Wäscheschrubben verdienen möchte. Ein Bursche führt uns sogleich zu einer Tür, die aus einem groben Brett besteht, das schief in den rostigen Angeln hängt. Dahinter zeigt sich ein armseliger Hof, in dem vier Mädchen und ein Baby auf zwei zerwühlten Betten dösen. Hühner scharren im erdigen Boden und picken nach Würmern. Über dem WC-Loch schwirren Fliegen. Und die auf nur zwei Seiten etwa einen Meter hochgezogene Plastikblache ums stille Örtchen flattert im Wind. Waschpulver ist nicht vorhanden, das müssen wir der jungen Dame erst bringen.

Bei San Jeronimo biegen wir in eine gar nicht so schlechte Schotterstrasse ein, an deren Ende das hundertfünfzig Kilometer entfernte Abancay liegt. Indem wir auf der nächsten Geländeschulter links abdrehen, wählen wir auch diesmal die *bajada*. Bengel fordern am Strassenrand unverfroren *plata*. Schon bald fällt unser Blick in schwindelerregende Tiefen. Auf dem Grund erkennen wir auch die Fortsetzung unserer Strasse. Warm angezogen stürzen wir uns in die Abfahrt. Das Tageslicht ist nur noch dünn, als ein Nest erscheint, das gemäss einer Informationstafel 138 Einwohner zählt. Wir fragen eine Frau, ob wir auf ihrem Grund zelten dürften, was sie uns aber verwehrt. Also füllen wir bei einem anderen Haus unsere Flaschen mit *agua* vom Wasserhahn im Hinterhof und rollen im kühlen Wind noch einen knappen Kilometer weiter durch die Finsternis, bis sich uns abseits der Strasse neben einem Weizenfeld ein herrlicher Platz anbietet. Im hellen Mondschein stellen wir unsere faltbare Behausung unter die ausladenden Äste von Zedern.

Zehn Uhr ist bereits verstrichen, als wir nach Quillabamba hinunterholpern. Ab jetzt schraubt sich die Schotterpiste den Berg hoch. Und der Asphalt von Abancay scheint Bea wieder unendlich weit entfernt. Da wirkt die herrliche Aussicht auf die andere Talseite, die wir mit unserer gestrigen Abfahrt und dem Schlafen unter den Bäumen beschrieben haben wie Balsam für ihre Seele. Und noch bevor der Pass auf 3600 Metern über Meer erklommen ist, fühlt Bea wieder Saft und Kraft durch ihren Körper pulsieren. Da sich nun aber, wie meist, kein Wasser offenbaren will, bleibt uns trotz perfektester Plätze fürs Zelt nichts anderes übrig, als kurz den Blick auf die

Schneekappen der Sechstausender in der Ferne zu geniessen, die Mützen über die Ohren zu ziehen und abwärts zu gleiten. Etwa eine Stunde später zeigt sich im fahlen Licht des Fast-Vollmondes auf einer Geländeschulter neben verlassen wirkenden Lehmziegelbauten eine feine Wiese. Im Schutz eines Mäuerchens aus Grasziegeln richten wir unser Lager ein. Weiter hinten treibt ein Bauer eine Kuhherde ins Dorf hinunter. Und ein Hund erfüllt die Luft mit seinem Gebell, bis er es schliesslich müde wird und Ruhe einkehrt.

Im ersten Morgengrauen führt eine Bäuerin zwei Pferde zum grasbewachsenen Hügel hinter uns und schlägt Holzpflöcke in die weiche Erde, an welche sie die Zügel festbindet. Diese Dame, die hier oben wohl seit Jahr und Tag ihre Braunen grasen lässt, fragt uns allen Ernstes, ob wir hier wohnten. Sie meint es keineswegs ironisch, es blitzt kein Schalk aus ihren Augen, obwohl es auch dazu Anlass gäbe. Denn wir haben uns ausgebreitet, als wäre es unser Land. Die nächtliche Kälte liess Zelt und Schlafsäcke gehörig schwitzen. Deshalb rammten wir Heringe in die erdenen Wände der verlassenen Häuser, spannten Seile daran und lassen schon seit geraumer Zeit die Sonne das Kondenswasser aus den aufgehängten Textilien verdampfen.

Als wir in Huancarama einen *Gringo*-Ruf mit «*Negrito!*» quittieren, spitzen sich zahlreiche Ohren, und ein Geflüster rast wie ein Lauffeuer durch die Gassen. Noch am Dorfende vernehmen wir, wie sich die Leute hell lachend die *Gringo-Negro*-Geschichte erzählen.

Bei einer Tankstelle waschen wir ein paar Kleidungsstücke und kommen dabei mit zwei Automobilisten ins Gespräch. Wie schon so viele vor ihnen, interessieren sich auch diese zwei brennend für den Preis unserer Fahrräder. Uns ist diese Frage immer unangenehm, weil die tatsächliche Summe diesen Leuten astronomisch hoch erscheinen muss und sie aus ihr falsche Schlüsse ziehen. Wir weichen stets aus, schwafeln etwas von einem Geschenk, und dass wir deshalb nichts über den Preis wüssten, und stellen die Gegenfrage, was denn hier ein gutes Velo wert sei. Meist lautet dann die Antwort: «Um die zweihundert Dollar.» Bei uns liege der Preis etwa bei tausend Dollar, entgegnen wir jeweils weit untertreibend. Trotzdem können wir daraufhin dem Gegenüber die Gedanken aus den Augen ablesen: «Wow, sind die reich!» Also erklären wir, dass es zwar wahr sei, dass in Europa viel verdient wird, doch aber auch alles ungeheuerlich teuer und Ende jeden Monats fast sämtliches verdientes Geld weggeschmolzen ist. Stets erhellend wirkt der Hinweis, dass bei uns eine Tasse Tee in einem Restaurant etwa zwanzigmal mehr kostet als hier in Peru. Die schiere Überzeugung, dass wir geldstrotzende Gringos seien, schlägt die Leute mit Blindheit für die Tatsache, dass unsere Fahrzeuge trotz allem nur Velos sind, um einiges teurere zwar als die hier erhältlichen Drahtesel, doch immer noch um Vielfaches günstiger als die Autos, die sie ihr eigen nennen.

Die Qualität der Kiespiste ist für einmal nicht so übel, die Steigung angenehm und der Himmel blau. Doch nerven uns die Scharen pausbackiger Kinder, die aus reiner Gewohnheit ihre bettelnden Hände ausstrecken oder uns nachsetzen und unverblümt Süssigkeiten oder Geld einfordern. Wiederholt entgegne ich den Schmarotzern: «*No soy una tienda*, ich bin kein Laden.» Oder Bea fragt: «*Por qué lo quieres*, warum willst du das?» Dies lässt die meisten verdattert verstummen. Sie fahren die Unterlippe ein und wundern sich: «Ja, warum eigentlich?» Ihre Hände senken sich, und die verunsicherten Finger suchen nervös Halt, indem sie sich ineinander verschränken. Am lehrreichsten für die kleinen Bettler ist aber die schlichte Gegenforderung: «*Dame una vaca*, gib mir eine Kuh!» Denn sie alle haben mindestens eine Kuh im Stall, und sie sehen durchaus nicht ein, weshalb sie uns ihr Tier nun einfach so abtreten sollten. Die Unbelehrbaren zwängeln aber weiter, andere Gringos hätten ihnen Schokolade oder Geldstücke gegeben – wie diese «Wohltäter» mit den viel zu weichen Herzen doch mein Gemüt erhitzen. Schliesslich wohnen die Kinder in soliden Häusern, stecken in Schuluniformen, sind wohlgenährt, und ihre Eltern besitzen oder bearbeiten wenigstens fruchtbares Land. In ihren Höfen gackern Hühner, grunzen Schweine, blöken Schafe, wiehern Pferde, bellen Hunde, streichen Katzen herum und scheissen Esel. Die Vorratskammern sind voll mit Quinua, Weizen oder Würsten, sauberes Wasser fliesst aus den Hahnen. Hier schwimmen die Leute fürwahr nicht im Luxus, aber es herrscht auch keine Not und schon gar kein Elend. Warum also den Weihnachtsmann spielen und den Kindern grundlos mit Geschenken den Kopf verdrehen? Es ist durchaus nachvollziehbar, dass es einen der hat, dazu drängt, den weniger Bemittelten von seinem Reichtum abzugeben. Weil dies aber meist aus dem Gefühl einer gewissen Scham für eine vermeintliche Überlegenheit heraus geschieht, ist es scharf zu verurteilen. Es hat nämlich den schalen Geschmack eines einseitigen Ablasshandels. Beim Dominikanermönch Johann Tetzel hiess es über die angebliche Käuflichkeit des Glücks anno 1504 noch kurz und präzis: «Sobald das Geld im Kasten klingt, die Seele aus dem Fegefeuer in den Himmel springt.» Und es gab vordergründig zwei Gewinner dabei. Die Pfaffen konnten mit den immensen Einnahmen den Bau des Petersdoms finanzieren und die Sünder konnten auch ohne Beichte vor einem Priester die Strafe für beispielsweise einen begangenen Mord bereits mit dem Kauf eines Ablassbriefes für acht Dukaten tilgen. Wenn aber der moderne, geldschwere Tourist mit dem Flugzeug gelandet ist und ein paar Tage später in einem abgelegenen Bergdorf aus seinem klimatisierten und gefederten Mietauto steigt und dem sonnenverbrannten Andenkind einen Dollar in die Hand drückt und vor Entzücken über den schwarzäugigen, unschuldigen Blick des Knirpses noch eine Schokolade aus der Tasche zieht, besänftigt er damit einzig sein eigenes schlechtes Gewissen. Die in seinen Augen noble Tat ist ein Labsal für sein dumpfes Unwohlsein in dieser ihm so fremden und armselig wirkenden Umgebung. Der Tourist verwech-

selt dabei Einfachheit mit Armut. Der klare Verlierer ist das Kind. Und mit ihm seine
Sippe, ja die ganze Talschaft. Dem Kleinen hätte das reine Staunen über den Fremden vollauf genügt, er wollte kein Geschäft machen. Nun bringt er aber Geld und
Süssigkeiten mit nach Hause, ohne dafür auch nur einen Finger gekrümmt zu haben.
Was sollen die Geschwister und die Eltern darüber denken? Für einen Dollar müssen
sie drei Tage lang hart schuften. Und Schokolade zu kaufen, wäre ihnen nie in den
Sinn gekommen, das ist doch reine Verschwendung. Wenn das Kind immer mal wieder solche Geschenke – eigentlich sind es eher Opfergaben – nach Hause trägt,
weckt dies Begehrlichkeiten, denen nicht nur charakterschwache Leute erliegen. Wer
einmal Lunte gerochen hat, rennt wie ein hechelnder Hund an der Befriedigung dieser künstlich geschaffenen Bedürfnisse nach. Er wird zum aufsässigen Bettler. Und
wenn er einmal selbst Geld in der Tasche hat, ist es nie genug. In dieser Getriebenheit
gerät in Vergessenheit, dass das wahre Glück eben nicht käuflich ist, es noch nie war.
Es ist aber flüchtig. Insbesondere Gier hasst es wie der Teufel das Weihwasser.

Ein junger Mann fühlt sich dazu gedrängt, uns darauf hinzuweisen, dass die johlende
Kinderbande auf der anderen Strassenseite *plata* von uns wolle. Bea wäscht ihm mit
der Kuh-Geschichte humorvoll die Kappe, worauf es ihm peinlich wird und er rasch
das Thema wechselt.

Auf dem Pass öffnet sich uns der Blick auf ein in der Sonne glänzendes urbanes
Häusermeer, das sich jenseits des Flusses tief unter uns auf einem Plateau ausbreitet;
das muss die ersehnte Stadt Abancay sein. Selbst aus dieser Distanz ist gut zu erkennen, dass die Strasse da drüben asphaltiert ist, denn keines der Fahrzeuge zieht einen
Staubschleier hinter sich her.

In der Abfahrt stellt sich mir ein junger, stämmiger Holzfäller in den Weg und fordert in forschem Ton *propina* ein. Postwendend und ebenso resolut verlange ich
nach einer Kuh: « *Tu tienes vacas, yo no. Tu tienes una casa, yo no. Tu tienes muchas
hermanas y muchos hermanos, yo tengo solo un hermano. Tu eres más rico que yo,* du
bist reicher als ich. *Quiero una vaca, dame una!* » Nun drücke ich dem perplexen Ge-
legenheitsbettler, der Tiere, Haus und Hof sowie eine grosse Verwandtschaft sein
Eigen nennt, kräftig die Hand, wünsche ihm *suerte,* Glück, und holpere weiter. Die
Luft weht uns kühl um die Ohren und ein Platz fürs Zelt will sich nicht zeigen. Im
nächsten Weiler füllen wir unsere Trinkflaschen mit Wasser. Eine junge, pausbackige
mama, die vor einem Lehmhaus auf dem Boden sitzt, verlangt von *papa Pedro* unverfroren *plata.* Sofort richten sich zwanzig erwartungsvolle Augenpaare auf den Gringo. Eine ziemlich unangenehme Situation, die sich aber dank der mit Witz vorgetragenen Kuh-Geschichte sofort entspannt. Den nicht auf den Kopf gefallenen Leuten
wird die beschämende Peinlichkeit ihrer Bettelei jeweils schlagartig bewusst, wenn
wir ihnen statt Geld Argumente aushändigen, die sie zum Nachdenken anregen. Da

es uns nicht gelüstet, in der Gemeinschaft dieser Menschen die Nacht zu verbringen, fragen wir schon gar nicht nach einem möglichen Schlafstelle im Dorf, sondern halten weiter abwärts, bis plötzlich klares Wasser über den Schotter fliesst. Diesem folgen wir so weit wie möglich stromaufwärts ins enge Tal hinein und stellen das Zelt schliesslich auf den schmalen Landfleck zwischen zwei plätschernden Bachläufen. Vor dem Eindunkeln treiben ein Bauer und eine Hirtin auf dem Trampelpfad gegenüber ihr Vieh zur Strasse runter. Ansonsten können wir den ganzen Abend lang unbehelligt frieren.

Da die Sonnenstrahlen erst zu später Stunde ins enge Tal dringen, empfängt uns der Tag feucht und kalt. Schlotternd kochen wir Anistee, braten Spiegeleier und bereiten uns ein reichhaltiges Müesli mit dem vitaminreichen *harina de coca*, Cocamehl, zu. Das Zelt stopfen wir tropfnass in den Packsack und setzen die Abfahrt fort. Immer wieder attackieren uns bellende Köter, die wir mit Schreien und bisweilen auch mit fliegenden Steinbrocken von unseren Waden fernhalten. Nach wenigen Kilometern erreichen wir die Carretera Nr. 3. Sie ist breiter als unser bisherige Weg und ihr Schotter ist von besserer Qualität. Der Verkehr hält sich in engen Grenzen. Immerhin stauben einige Busse und Lastwagen an uns vorbei. In dem Masse wie wir an Höhe verlieren, steigt die Temperatur. Beim Seitenarm des Río Apurímac unten auf 1900 Metern über Meer ist das Quecksilber schon auf 33 Grad hochgeschnellt. Auf einem sonnenbeschienenen Kiesplatz speisen wir und lassen dabei Zelt und Schlafsäcke trocknen.

Nun nehmen wir den Aufstieg nach Abancay in Angriff. Wie leicht es sich auf dem feinen Asphalt doch kurbeln lässt! Immer wieder schweifen unsere Blicke zurück über den Fluss, hinauf in den gegenüberliegenden Hang, durch den sich das Schotterband schlängelt. Um nichts in der Welt würden wir den Asphalt unter den Rädern wieder hergeben. Damit es uns aber nicht zu wohl wird, schwirren bereits ganze Wolken von Sandfliegen um unsere Köpfe.

Nach ein paar Ruhetagen in Abancay machen wir uns an den viertausend Meter hohen Abra Soraqasa. Bei einem Verpflegungshalt neben der Strasse schwatzen wir mit einer lustigen *indígena*, die auf dem Weg in die *puna* ist, um für ihre Meerschweinchen Heu zu sammeln. Die Peruaner lieben diese niedlichen Haustierchen über alles – am besten knusprig gebacken. Jährlich landen mehr als fünfzig Millionen Meerschweinchen auf dem Teller.

Unterhalb des Passes stehen drei stramme Burschen am Strassenrand, die uns mit Geldforderungen ärgern. Wir schütteln nur den Kopf und geben Schub, um diese wohlgenährten Bettelbrüder hinter uns zu lassen und sicher auf Distanz zu halten. Nur kurz lassen wir oben unseren Blick über zerklüftete Bergkuppen zu den schneebedeckten Sechstausendern am abendlichen Horizont schweifen, schon sausen wir im letzten Licht des Tages auf der Suche nach einem Flüsschen oder einer anderen Wasserquelle abwärts. Längst weist uns nur noch das schwache Licht aus dem offenen Sternenhimmel den Weg, als uns aus einem Hof eine Meute Kläffer attackiert. Da wir in dieser Gegend bestimmt noch lange auf einen Fluss warten könnten, entscheiden wir uns, hier nach Wasser zu fragen, denn das Anwesen wirkt herrschaftlich. Und auf dem Parkplatz steht ein blankgeputzter Allrad Land Cruiser. Während Bea im schlammigen, sumpfigen Garten unsere Flaschen füllt, plaudere ich mit zwei Frauen des Hauses, die sich zu mir gesellt haben. Als diese beiden letztlich ihre Hand ausstrecken und um ein *propina* betteln, sollte dies eigentlich nicht erstaunen, und trotzdem gibt es mir einen Stich ins Herz. Wir bedanken uns für das Wasser und verabschieden uns hastig. Wenige hundert Meter weiter unten entdecken wir einen Feldweg, der linkerhand hochführt. Wir schieben die schweren Räder über Stock und Stein, bis sich uns über einem Saubohnenfeld eine Wiese anbietet, gerade gross genug für unser Zelt. Der Mond zeigt sich erst spät, dafür orange und bereits mit einer wackeren Delle in der vor unseren Ruhetagen in Abancay noch vollendeten Kreisform. Ein Hund, der wie aus dem Nichts aufgetaucht ist, verschlingt gierig die paar Teigwaren, die beim Wasserabschütten in die Wiese gefallen sind. Trotz der mittlerweile minus zwei Grad rösten wir im Schein von Kerzen noch Nüsse, mit denen wir die mit Bananen angereicherte Instant-Vanillecreme garnieren. Immer wieder zitieren wir lachend einen der favorisierten Sprüche unseres lieben Freundes Bob aus Lakeside: «Ich bin alt und steif.» Das trifft insbesondere für unsere Füsse zu, die sich wie an die Fesseln genagelte Holzscheiter anfühlen. Kurz vor Mitternacht werden sie aber aus ihrer klammen Starre erlöst, als sie sich im Schlafsack an den mit dampfendem Wasser gefüllten Aluminiumflaschen reiben.

Immer wieder sind Bereiche der Fahrbahn auf die ganze Breite mit Garben belegt, damit sie in der Sonne trocknen mögen. Wie die wenigen Autos rollen auch wir über die Ernte. Kräftige Duftwellen von Anis ziehen an unseren Nasen vorbei. Eine Grossfamilie erntet und drischt frohgemut hinter der Kurve. Am Ende der Abfahrt überqueren wir ein weiteres Mal den Río Apurímac, natürlich in einer Wolke der unvermeidlichen Sandfliegen. Nach der roten Hängebrücke fällt der Schatten der hoch aufragenden Bergflanke gewaltig über die Strasse. Das ist uns bei den dreissig Grad und der Steigung nur recht. Als Limatambo nicht mehr weit ist, zeichnet sich der tägliche, glücklicherweise aber flüchtige Sieg der Dunkelheit über die Helligkeit ab. Wir campen auf der Wiese vor einem ausgebuchten Hotel und stellen um Mitternacht, als wir uns zur Ruhe legen, zufrieden fest, heute kaum gefroren zu haben.

Nachdem alles Kondenswasser aus unserer Ausrüstung verdampft ist, radeln wir über unzählige Kehren tausend Meter höher hinauf. Immer wieder halten wir kurz inne und geniessen die prächtige Aussicht auf Äcker und Bergzüge. Frauen mit langen, schwarzen Zöpfen und steif-eleganten weissen Hüten mit schwarzem Band über der Krempe hocken zufrieden im Gras, kauen Cocablätter und schauen verträumt ihren weidenden Säuen, Schafen, Eseln, Pferden und Kühen zu. Nach dem Abra Huillque führt uns die Strasse durch ein sanft fallendes Tal, dessen Getreideflaum golden in der Abendsonne glänzt, und wir erreichen schliesslich Anta, oder Izcuchaca, wie es auf dem Ortsschild heisst. Ab 19.00 Uhr fliesst in diesem Kaff jeweils kein frisches Wasser mehr aus den Leitungen, doch wird in unserer Unterkunft jetzt ein Tank aktiviert, der tagsüber mit Wasser gespeist und gefüllt wird.

Das Häusermeer von Cusco überzieht den kahlen Talkessel wie einen Schuppenteppich. Wir tauchen ein ins touristische Zentrum von Peru und rumpeln über das holprige Kopfsteinpflaster der schmucken Altstadt. Eine gelungene Werbung zittert an uns vorbei: Ein livrierter Butler balanciert auf einem silbernen Tablett eine Flasche edlen Zuschnitts, die anfangs als Champagner wahrgenommen und erst bei genauem Hinschauen als Sauerstoff-Flasche erkannt wird. In Cusco gibt es tatsächlich gediegene Hotels, in denen Sauerstoff in die Zimmer geblasen wird, damit der exquisiten Klientel die Akklimatisation leichter fällt. Wir benötigen solche Hilfe nicht, denn unsere Ruhepulse liegen auch auf 3400 Metern über Meer mit rund fünfzig Schlägen pro Minute ziemlich tief. So steigen wir in der zentral gelegenen Posada del Viajero ab. Sie liegt neben dem vegetarischen Restaurant El Encuentro und einer italienischen Gelateria. Beide Lokale sind gefüllt mit bleichen Touristenhorden. Am Abend bildet die Plaza de Armas das Zentrum des Lichtermeers, das die Bergflanken hochschwappt. Bevor wir bald mit glühenden Köpfen unter der Bettdecke verschwinden, fragen wir uns leicht irritiert: «Wo sind in dieser Stadt eigentlich die Peruaner?»

Die ohne Mörtel auskommenden Inkamauern aus den exakt behauenen Steinblöcken bei der Loreto-Gasse sind eindrücklich, und die daraus entweichenden Urinwellen schlagen eine stinkige Zeitbrücke über die gut fünfhundert Jahre, die das Grossreich zurückliegt – schon die Alten Inkas haben an dieses Gemäuer gepisst! Mit farbigen Trachten verkleidete *indígenas* lassen sich gegen gutes Geld zusammen mit ihren Kindern und Lamas von Touristenladungen ablichten – eine gute Idee, wie uns scheint. Denn um beispielsweise einen etwa eineinhalb Meter langen Schal zu weben, benötigt eine Frau um die fünfzehn Stunden. Und verkauft wird das Produkt für ein Trinkgeld; die Arbeiterin verdient so gut wie nichts. Da ist die Maskerade für die Touristen weit lukrativer und überdies weniger anstrengend. Auf dem Mercado Santa Ana reiben wir uns die Augen: Welch Angebot, und alles im eigenen Land produziert! Das ist nur dank den verschiedenen Klimazonen von Peru möglich. Erdbeeren, Feigen, Äpfel, Orangen, Lúcuma, Chirimoya, Maracuya oder Bananen haben alle gleichzeitig Saison. Wir kaufen dermassen viele Früchte ein, als hätten wir mindestens zehn Mäuler zu stopfen. In einer Apotheke entdecken wir Bettflaschen. Jeden

Abend wärmen wir von nun an auf dem Gaskochherd im Innenhof unserer Posada
Wasser und legen die prall gefüllten, glühend heissen, mit den Pyjamas umwickelten
Gummiflaschen schon frühzeitig zwischen die Laken. Das ist fast so gut wie Bobs
elektrische Wärmedecke.

Auf den Besuch der weltbekannten Inka-Ruinen von Machu Picchu verzichten
wir, weil wir den verantwortlichen Abzockern nicht als «Dollar-Lutschbonbon»
dienen wollen. Mit dem durch diesen Entschluss eingesparten Geld könnten wir auf
dem Markt mindestens eine Tonne Orangen erstehen oder über achtzigmal in einem
von Cuscos vegetarischen Restaurants das dreigängige Menü inklusive Getränke geniessen. Keiner der anderen Traveller in unserer Absteige versteht unseren Entschluss.
Da wird uns einmal mehr bewusst, dass wir nie und nimmer wie sie reisen möchten.
Wie ätzend langweilig es doch auf Dauer sein muss, sich wie eine Tasche im Kofferraum von einem touristischen Zentrum zum anderen verfrachten zu lassen, am zwi-
schenzeitlichen Ziel ausgespuckt zu werden, das sich ausser dem spezifischen High-
light in nichts vom vorhergehenden und dem folgenden unterscheidet, in einem
Hostal abzusteigen und in einem Restaurant zu essen, in dem sich alles gleichgeartete
Reisekollegen mit einem Rund-um-die-Welt-Flugticket im Sack tummeln. Der Weg
gilt da nichts, und die Ziele gleichen sich meist aufs Haar.

Ausserhalb von Cusco zeigt sich rechterhand der fadengerade verlaufenden Strasse
eine grosse Kläranlage. «Fortschrittlich», denke ich. Doch stinkt der Fluss weiter
unten ärger als die Kläranlage selbst und das Flussbett ist geradezu mit Abfall ausgekleidet. Die folgenden Dörfer aber wirken gepflegter als jene vor Cusco. Der touristische Hotspot strahlt seinen Glanz also eher auf diese Seite ab.

Auf dem 4338 Meter hohen Pass La Raya streicht der Wind über Schneefelder
und peitscht uns aus dem wolkenverhangenen, sich laufend verdüsternden Himmel
scharf ins Gesicht. Um dem drohenden Regen aus den fahrigen Wolkenschiffen zu
enteilen, geben wir in der Abfahrt Schub. Doch als mein Rad bei weit über fünfzig
Stundenkilometern zu eiern beginnt, ist klar, dass aus dem Hinterrad Luft entwichen
ist. Also heisst es, im pfeifenden Wind Gepäck abladen, Bremse lösen, Velo auf den
Sattel stellen, Rad herausnehmen, Reifen aus dem Felgenbett lösen, Schlauch heraus-
ziehen, Löchlein suchen, Löchlein flicken und alles in umgekehrter Richtung wiederholen, bis die Sausefahrt weitergehen kann. Nun löst sich aus den tiefschwarzen
Wolken ein Gemisch aus Regen und Schnee. Wir entscheiden uns gegen ein Unter-
stehen und treten stattdessen umso kräftiger in die Pedale und schaffen es, dem Nass
zu entfliehen.

Im Zwielicht des verlöschenden Tages finden wir zwischen den Grasbüscheln
leicht unterhalb der Strasse einen ebenen Fleck *puna* für unsere faltbare Behausung.
Wir befinden uns noch immer auf knapp viertausend Metern über Meer. Um wäh-

rend des Duschens den kühlen Wind abzublocken, spannen wir vom Zelt zu den Rädern ein Seil, klammern die Zeltboden-Schutzblache daran und beschweren deren unteren Rand mit Steinen. Der Mond hält sich vornehm zurück. Er zeigt sich nur für eine knappe halbe Stunde und lässt die Sterne umso klarer aus dem schwarzen Samt leuchten. In der Milchstrasse erkenne ich, vermutlich inspiriert von den Alten Inkas, deren Geist in den Anden herrscht, ganz deutlich das Negativbild eines Hundes. Einer aus Fleisch und Blut leistet uns hier unten auf der Erde Gesellschaft. Er kriegt einiges von unserem Essen ab. Zwischen den herrlich aufgewärmten Schlafsäcken liegend, vernehmen wir die blechernen Geräusche des mit Brennstoff gefüllten Behälters, der in der Apsis draussen zwischen der ihn eisig umgebenden Luft und den warmen Benzindämpfen in seinem Innern ein Gleichgewicht sucht und sich dabei immer wieder knallend verformt.

Vorbei an einer Alpakaherde und ihrer strickenden Hirtin gleiten wir durch die Weiten des strohgelben Altiplano den Río Santa Rosa entlang, der träge Richtung Titicacasee fliesst. Auf fast allen Telegraphenmasten hocken Greifvögel, die uns argwöhnisch beäugen. Eine Hirtin mit lederner Gesichtshaut wandert barfuss über Stock und Stein und dirigiert mit Peitschenknallen eine vielhufige Schafherde. Allen Böcken sind die Vorderbeine mit Seilen zusammengebunden. Ausgangs von Juliaca entbrennt auf dem schmalen, stark befahrenen Asphaltband ein heftiger Disput mit einem Autolenker, der uns zu knapp überholt hat. Hier herrscht natürlich die Meinung vor, dass die «schwachen» Radfahrer gefälligst auf den üblen, kiesig-sandigen Seitenstreifen ausweichen sollen. Dass wir uns diesem Credo nicht beugen, versteht sich von selbst. Dies, obwohl auch der Asphalt in schlechtem Zustand ist und bis Puno so bleibt. Immer wieder passieren wir ganze Kreuzhaufen, die von Verkehrsunfällen erzählen. Einem streunenden struppigen Hund verfüttern wir einen gelatinehaltigen Mohrenkopf, den wir in Juliaca versehentlich gekauft hatten, sowie ein hartes Tortenstück aus derselben Bäckerei, das wohl noch von den Alten Inkas gebacken wurde.

Der erste Blick auf den Lago Titicaca ist nicht gerade erhebend. Denn Südamerikas grösster und der Welt höchster schiffbare See präsentiert sich hier als riesige Sumpfebene. Puno aber schlummert an den Gestaden des mit Wasser gefüllten Lago Titicaca. Diese Stadt, in der sich abends in der Avenida Lima dutzende Souvenirverkäufer um hunderte von Touristen balgen, vermag uns nicht zu gefallen. Architektonisch hat sie nicht viel zu bieten und in den Restaurants wird uns Gringos nur ein *menú turistico* serviert. Es ist doppelt so teuer wie das inhaltlich identische auf den Tellern der Einheimischen.

Im Morgengrauen rollen wir aus der erwachenden Stadt. Das Brackwasser neben der Uferstrasse strömt einen üblen Geruch aus und alte Ruderboote stecken im sumpfigen Morast. Einige Kilometer weiter schneiden die Nachfahren des kriegerischen Volks der Uro hohes Schilfrohr, das sie unter der Sonne zum Trocknen ausbreiten, um damit später Boote oder Körbe und Matten für ihre Hütten auf den künstlichen Schilfinseln, die im Lago Titicaca schwimmen, herzustellen. Dort draussen auf dem unwirtlichen See verdienen sie nämlich gutes Geld, indem sie das einfache Leben ihrer Vorfahren mimen und den Touristenströmen Souvenirs verkaufen. Von den meisten reichen Bleichgesichtern erhalten sie zudem Geschenke wie Taschenlampen, Sonnencreme oder Geld.

Der schmale Fahrbelag ist ein einziger Flickenteppich. Der Verkehr auf dieser Holperstrasse ist nicht dicht, aber aggressiv und immer brandgefährlich. Trotzdem schaffen wir es unverletzt auf den achten Viertausender unserer Reise, der uns einen herrlichen Ausblick auf den tiefblauen Titicacasee und die majestätischen Schneekuppen der Cordillera de Muñecas dahinter beschert.

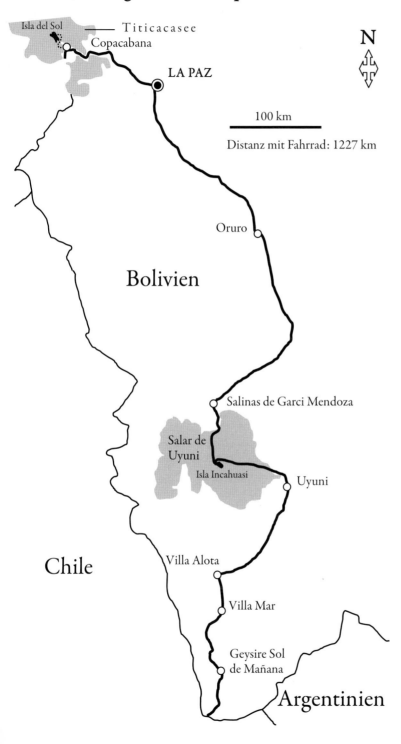

Bolivien, 3. August bis 18. September 2006

Isla del Sol — Titicacasee
Copacabana

LA PAZ

N

100 km

Distanz mit Fahrrad: 1227 km

Oruro

Bolivien

Salinas de Garci Mendoza

Salar de
Uyuni

Isla Incahuasi

Uyuni

Chile

Villa Alota

Villa Mar

Geysire Sol
de Mañana

Argentinien

In allen Gassen Copacabanas pulsiert geschäftiges Markttreiben, und oft stinkt es penetrant nach Pisse – eine Reminiszenz an die Alten Inkas. Ansonsten gibt es in dieser touristischen Ecke des Landes am Lago Titicaca wenig Echtes. Allenthalben klopfen wir an leere Hülsen. An der Dusche unserer Absteige hängt ein Tauchsieder, der nicht funktioniert, und der im Restaurant bestellte Espresso kommt als abgestandener Filterkaffee daher.

Copacabana vorgelagert liegt die Isla del Sol. Die Sonneninsel mit ihrem vielarmigen Grundriss wirkt aus der Distanz kahl und öde. Ihr Rücken mit den terrassierten Berghängen bietet das Bild eines aus Sperrholz gefertigten Laubsäge-Reliefs. Sie gilt als der Ursprungsort der Inkas. Es heisst, Sonnengott Inti habe hier Manco Cápac zusammen mit seiner Schwester Mama Ocllo aus dem Schaum des Titicacasees erschaffen und auf die Erde gesandt, um die Welt zu verbessern. Ob ihnen dies gelang, ist schwer zu beurteilen. Auf jeden Fall brach das Inkareich im 15. Jahrhundert nach der Unterwerfung durch die Spanier zusammen. Der Legende nach hatten die Tempelwächter der Sonneninsel als letzten Akt bei Marka Pampa, der «versunkenen Stadt» neben der Insel, einen Goldschatz versenkt. Gold hatte für die Inkas einen mythisch religiösen Wert. Es galt ihnen als Abglanz der Sonne. Alle ihre Rituale waren im warmen Schein des edlen Metalls gebadet. Bis zum heutigen Tag wurde der vermutete Schatz aber trotz diverser Tauchgänge nicht entdeckt.

Wir trauen unseren Augen kaum, wie viele teure Privatautos bei der Weiterfahrt an uns vorbeiflitzen. Eine derartige Parade von Luxuskarossen haben wir seit Lima nicht mehr gesehen. Zudem werden wir nun oft auf Video gebannt. Die getönten Seitenscheiben der Wagen werden per Knopfdruck heruntergelassen. Sind wir etwa nicht in Bolivien, einem der ärmsten Länder der Welt? Aber vielleicht ist genau dies ein typisches Kennzeichen eines wirtschaftlich schwachen Staats: Wer Geld hat, besitzt viel davon und zeigt dies auch. Hinter den Lenkrädern sitzen rein spanischstämmige Leute, die in ihrer Gesamtheit keine zehn Prozent der Bevölkerung ausmachen, aber noch immer an den Schalthebeln der Macht hantieren. Ich schreibe «noch», weil sich mit dem neuen Präsidenten Evo Morales, dem Aymara-Indio, der auch liebend gerne Fussball spielt und sich eben erst in einem Zweikampf auf dem Rasen das Nasenbein gebrochen hat, bestimmt einiges ändern wird. Er wird nicht mehr Krieg gegen die Armen führen, sondern gegen die Armut. In Hualajata ruhen wir kurz in einem von der Abendsonne beschienenen Restaurant und bestellen *mate de coca*, den meist getrunkenen Aufguss in den Anden. Nun knirscht der Kies des Parkplatzes nebenan unter den Rädern von zwei glänzenden Jeeps, denen eine Gruppe einheimischer Leute entsteigt, die allesamt als spanische Touristen durchgehen würden. Sie haben bei ihrem Wochenendausflug an die Laguna Wiñaymarka Forellen aus der japanischen Fischzucht verspeist, die spektakuläre Landschaft genossen und schlürfen hier noch *mate*, bevor sie in den mondänen Süden von La Paz zurückkehren.

Weil sich der Wind für einmal auf unsere Seite geschlagen hat, schmelzen die vor uns liegenden Kilometer wie Butter in der Sonne. Die Schneeberge zu unserer Linken fliegen nur so dahin. Bald ist El Alto erreicht. Das ist eine der am schnellsten wachsenden Städte von ganz Südamerika. Bei einem Aussichtspunkt geniessen wir den phänomenalen Blick auf La Paz, die mit 3600 Metern über Meer höchstgelegene «Hauptstadt» der Welt. Das Zentrum liegt fünfhundert Höhenmeter unter uns. Das Häusermeer im Talkessel schwappt jedoch bis auf die Kante des Altiplano hoch, und dahinter ragt der majestätische Illimani auf wie eine beschützende, gletscherweisse Hand. Wir geniessen ausgiebig die Annehmlichkeiten der Grossstadt und tun am zwölften Tag in La Paz, wie so oft auf unserer Reise, diverse Dinge zum letzten Mal: Nach einem Spaziergang durch den Rodriguez Gemüsemarkt und einem Schwatz mit unserer liebsten Verkäuferin, kehren wir fürs Nachtessen ins vegetarische Restaurant Nueva Luz beim Prado ein. Durch die vertrauten Gassen schlendern wir zum Bonai auf einen Espresso und Nusskuchen. Zurück in unserem Zimmer, waschen wir uns unter dem heissen, nie versiegenden Duschstrahl und lassen unsere Körper auf das weiche Bett gleiten.

Wieder auf dem Altiplano oben, kämpfen wir uns im strammen Gegenwind über qualitativ hervorragenden Asphalt durch die meist topfebene *puna*. Die Sonne lacht aus stahlblauem Himmel und das Verkehrsaufkommen hält sich in engen Grenzen. Nur eine Handvoll Bengel versucht *plata* zu schnorren, verstummt aber verstört mit gespreizten Nasenlöchern und halb offenem Mund, als wir nach dem Warum fragen. Einmal staucht eine aufmerksame Mutter ihren bettelnden Lausejungen tüchtig zusammen, was uns mit stiller Genugtuung erfüllt.

Eingangs eines Dorfs mit gerade mal siebzig Einwohnern suchen wir uns ein Plätzchen an der Sonne, um uns zu stärken. Hinter der Lehmziegelmauer, die wir uns als Windschutz ausgewählt haben, lebt Marina. Sie leistet uns Gesellschaft. Auf ihrem Kopf thront eine kleine Melone mit für die Aymara typischer Quaste. Wir sitzen auf unseren Klappstühlen, sie auf dem Boden. Wir schlemmen Spaghetti, sie kaut Cocablätter. Wir beissen herzhaft in die Schokolade, die wir mit ihr teilen, sie kerbt mit ihren falschen Schaufelzähnen aus billigem Porzellan genüsslich, aber vorsichtig daran. Als wir uns anschliessend die Beisserchen putzen, staunt sie nur. Zweimal pro Woche, das sei ihr Rhythmus. Dafür leidet sie oft an üblen Zahnschmerzen. Sie und ihr Mann besitzen dieses Haus sowie Land, das vor allem mit Weizen- und Quinuafeldern bestückt ist. Auf den Wiesen dazwischen weiden Schafe und Kühe. Im Hof krähen Hähne und Hühner legen Eier. Als sie ihr Heim erbauten, mauerten sie in jede Ecke ein Lamaembryo ein, damit der Familie ein langes, gesundes Leben in Wohlstand und mit vielen Kindern gesichert sei. Wie die meisten ihrer Indio-Schwestern und -Brüder glaubt Marina unverrückbar an die Hexenkünste der *brujas*, welche das Wissen von Schamanen, Ärzten, Heilpraktikern und Zukunftsdeutern in sich vereinigen. Der Berufsstand der *brujas* ist hoch angesehen, da sie nicht nur hellsehend sind, sondern auch mit geheimnisvollen Kräutern und anderen Methoden die Geister und damit das Schicksal der Leute beeinflussen können. Gerade letzte Nacht sei hier im Dorf zu Ehren von *pachamama*, Mutter Erde, ein Lama rituell geschlachtet worden. Um das Tier gefügig zu machen, habe es der Schamane mit Schnaps und Koka beduselt. Als wir schliesslich aufbrechen, ist Marina-*amiga* richtig traurig, dass Bea-*amiga* nicht bei ihr übernachtet. Es gilt aber als ausgemacht, dass dies bei unserer nächsten Weltreise nachgeholt wird.

Im Dorf Belen verfügt jeder Haushalt über fliessendes Wasser. Ein Herr füllt uns geduldig alle unsere Flaschen mit Trinkwasser. Wenige Kilometer weiter finden wir hinter Kieshügeln einen geeigneten Platz fürs Zelt. Wir stellen unsere faltbare Behausung erst nur provisorisch auf, um darin geschützt vor dem mit dem Sonnenuntergang fast stürmisch wehenden Wind duschen zu können. Trotz der kühlen sieben Grad ziehen sich auf diese Weise unsere Poren nicht zu einer Gänsehaut zusammen, denn was uns jeweils vor allem frösteln lässt, ist der Wärmeentzug durch den Wind. Das Wasser sei chemisch aufbereitet und sauber, hat uns der nette Herr versichert, doch schmeckt es, als hätte sich ein alter Geissbock darin gebadet. Den damit zubereiteten Kaffee speie ich in weitem Bogen wieder aus.

Glitzernder Raureif hat sich auf Schlafsäcke und Innenzelt gelegt; die Temperatur ist über Nacht selbst im Zelt unter den Nullpunkt gefallen. In der hellen Morgensonne, die uns die Rücken wärmt, treiben von Minute zu Minute immer mehr Bauern ihre Schaf-, Kuh- und Lama-Herden auf die offene *puna*. Was die Viecher da draussen zu fressen finden, ist mir ein Rätsel. Doch machen sie einen gut genährten Eindruck. All diese Bauersleute sind vom Volk der Aymara. Sie sind in ihren schlichten Sandalen aus alten Reifen barfuss unterwegs. Sie grüssen freundlich, und einige gesellen sich für einen kurzen Schwatz zu uns. Eine Frau mit halbrundem, dunklem, steifem Hut auf dem Kopf, unter dem die schweren schwarzen Zöpfe hervorquellen, setzt sich auf einen Stein und schiebt sich getrocknete, aber noch grüne und elastische, kleinformatige Blätter des Kokastrauchs in den Mund. Ihre Schaufelzähne sind falsch, und ihre Schenkel sind mit dicken, braunen Beinlingen aus Lamawolle umspannt. Zwischen den Stockzähnen zermahlt sie die Blätter, formt mit der Zunge einen Klumpen und verstaut ihn in eine Backe, die dadurch keck ausgebaucht wird. Die Frau meint, wir sollen doch Kartoffeln statt Reis kochen. Dieser Vorschlag zur Menüänderung kommt nicht von ungefähr, denn in ihrem Tragtuch liegen einige Kilo Kartoffeln, von denen sie lieber hier als erst auf dem Markt des gut vier Kilometer entfernten Nachbardorfs absetzen will. Unsere Kocherei ist aber bereits zu weit gediehen, als dass wir auf ihren Wunsch noch eintreten könnten. Nun klaubt sie alkalische Pflanzenasche aus einem kleinen Säckchen und führt sie in den Mund, damit sich das Kokain aus dem Blättermus löst und seine leistungs- und antriebssteigernde Wirkung entfalten kann. Ein Bauer um die Vierzig begrüsst uns mit Handschlag und will mit in Falten gelegter Stirn wissen, ob wir hier draussen während der tiefschwarzen Nacht nicht fast gestorben seien vor Angst. Es gäbe hier nämlich Wesen, die ihre Opfer mit Lichtstrahlen blenden und anschliessend bei lebendigem Leib verzehren – Ammenmärchen, wie sie hier seit Jahrhunderten weitererzählt und kritiklos für bare Münze genommen werden.

Die letzten Kilometer vor Oruro verlaufen durch Terrain, das stark versalzen und deshalb kaum bewohnt oder bebaut ist. Wie feiner Schnee überziehen die Salzkristalle Erde und Grasbüschel neben der Strasse. Die beiden Backsteinfabriken, die plötzlich aus der Fläche wachsen, scheinen stillgelegt – jedenfalls schiessen keine grauen Rauchpilze in den Himmel.

Oruro, der Hauptort der gleichnamigen Provinz, präsentiert sich uns beschaulich. Die Hauptachse Calle Bolivar wird derart von Schülerinnen in Faltenröcken und Schülern mit dezenten Krawatten geflutet, dass die Automobilisten hoffnungslos untergehen und sich ihrem Schicksal, die nächsten paar Minuten im Stau zu stehen, fügen, ohne auch nur zu hupen. Wir beziehen ein der Nachmittagssonne zugewandtes und damit noch herrlich warmes Zimmer. Beas Lippen sind von Sonne und kaltem Fahrtwind aufgerissen und so übel angeschwollen wie einst in Mexiko und bedürfen einer besonderen Pflege. Dafür sind zwei Ruhetage die richtige Medizin.

Die Vermieterin unseres Zimmers, eine ältere Dame mit kastanienbraun gefärbtem, aufgeplustertem Haar hält gar nichts vom Aymara Evo Morales, diesem ehemaligen Chef der Kokabauerngewerkschaft, der Ende letzten Jahres zum neuen Präsidenten der neun Millionen Bolivianer gewählt wurde. Er will das Land zum «Sozialismus des 21. Jahrhunderts» führen. Als Freund von Fidel Castro und Hugo Chávez ist er ein erklärter Gegner des Imperialismus und des Neoliberalismus. Sie aber gehört zur spanischstämmigen Upperclass. Diese Machtelite befürchtet, vom indianischen Staatschef um ihre Privilegien gebracht zu werden. Was unserer Vermieterin vor allem Angst macht, ist die Geradlinigkeit, die Charakterfestigkeit dieses Manns. Sie ist sich sicher, dass er seine im Wahlkampf versprochenen – für sie und ihresgleichen «angedrohten» – Massnahmen durchziehen wird, koste es, was es wolle. Bereits hat er die 1994 privatisierte Naturgas- und Öl-Industrie wieder unter staatliche Kontrolle gestellt. Weitere Schritte werden folgen, das ist so sicher wie das Amen in der Kirche. Ihm liegt vor allem die Verbesserung der Rechte seiner indigenen Schwestern und Brüder am Herzen, die er auch an der Regierung beteiligt. Und das sind nicht wenige; als Teil des alten Inkareichs hat Bolivien einen Anteil von weit über fünfzig Prozent *indígenas* an der Gesamtbevölkerung. Ihre jahrelange Isolation, Diskriminierung und Unterdrückung hat bewirkt, dass sie noch immer stolz nach alter

Tradition leben wie Marina-*amiga*. Morales geht es nicht darum, sich an der Macht zu berauschen und sich eigene Sonderrechte zuzuschanzen. Im Gegenteil schreitet er als leuchtendes Beispiel voran, wenn es gilt, den Gürtel enger zu schnallen. Erst nachdem er seinen eigenen Lohn massiv gekürzt hatte, folgten Einkommenseinbussen bei den Mitgliedern des Kongresses, bei den staatlichen Funktionären und im Juni bei den Diplomaten. Das durch die Einschnitte in den Salären eingesparte Geld soll den Bereichen Gesundheit und Ausbildung zu Gute kommen. Morales ist ein Mann mit Stil, ein Mann klarer, unverrückbarer Haltungen. Was unserer Vermieterin vor allem ein Graus ist, sind die von Morales bereits angekündigten Umverteilungsaktionen unproduktiver Latifundien von Grossgrundbesitzern. Mit dieser Massnahme will die linke Regierung die Landbevölkerung stärken und die Wirtschaft ankurbeln. Und natürlich ist der Frau auch die geplante Wiederbelebung des Anbaus der Kokablätter und des entsprechenden Handels ein Dorn im Auge.

Weil unsere Aufenthaltsbewilligung von dreissig Tagen bald ausläuft, müssen wir dem Migrationsbüro von Oruro einen Besuch abstatten. In der Amtsstube fühlen wir uns wie ins 19. Jahrhundert zurückversetzt. Viele Beamte sitzen dem Anschein nach ohne klares Pflichtenheft herum und das Computerzeitalter scheint noch tief hinter dem Horizont zu schlummern. Unter den Stuhlbeinen des Beamten, der sich unser annimmt, haben sich die Parkett-Stücke schon längst aus dem Verbund gelöst. Immer wenn er den Stuhl also näher an das altertümliche, schlichte Pult rücken will, muss er mitsamt seinem hölzernen Sessel einen ruckartigen Sprung vollführen. Mit seinen ungeschickten Fingern, deren Spitzen aus wollenen Handschuhen ragen, kramt er Dokumente hervor, die er mit seiner krakeligen Handschrift versieht. Wie er diese Formulare nun während fünf Minuten von der linken Pultseite auf die rechte und wieder zurücklegt, bis es gut ist, zupft es an meinen Nervensträngen, und ein schmerzhaft hoher Ton durchbohrt meinen Kopf wie ein Blitz. Auch im Supermarkt herrscht tiefstes Mittelalter. Jeder Artikel in unserem Warenkorb wird fein säuberlich von Hand in ein Buch eingetragen, der Preis aus einer Tabelle abgelesen und hinzugefügt und die Gesamtsumme mit Hilfe des Taschenrechners ermittelt.

Im Internetcafé mit den leckeren Kuchen im Angebot kann oder darf die Serviertochter das Milchschäumchen für den Cappuccino nicht selbst aus der Maschine zaubern. Ganz bewusst werden ihr von der Chefin gewisse Kniffe nicht erklärt oder erlaubt. Tagtäglich soll sie spüren, eben nur ein Unterhund zu sein. Dieser fade Genuss der Überlegenheit ist es der Besitzerin des Cafés wert, für jeden Cappuccino von ihrem weichen Sessel aufzuspringen und mit gespreizter Würde das Schäumchen zu bereiten. Solche, nach unserem Verständnis stupiden Machtdemonstrationen einzelner Personen sind uns in den meisten bereisten Ländern aufgefallen. Dass der Schein mangelhaftes Sein nicht zu übertünchen und schon gar nicht zu kompensieren vermag, ist offensichtlich noch manchen auf dieser Erdkugel nicht aufgegangen.

Weil uns der Atem der Sonne gut gesinnt ist, gleiten wir rasch über den Asphalt. Wir bestaunen die über dem Lago Poopo schwebenden Bergrücken, da verabschiedet sich plötzlich unter lautem Zischen des Schlauchs Beas singender Eggberg-Seilbahn-Reifen. Nach gut achttausend Kilometern vermochte das abgefahrene Profil den Schlauch nicht mehr vor dem rauen Asphalt zu schützen und ist beim Knall selbst aufgerissen.

Als wir einen Faltpneu auf die Felge aufziehen, nähert sich uns von hinten ein ebenfalls radfahrendes Paar. Es handelt sich um Sarah und Richard aus England, die in Lima gestartet und nach Patagonien unterwegs sind. Ihre Stahlesel sind nur leicht bepackt. Mit einem Augenzwinkern meint Richard zu Bea, die mittlerweile am Festzurren der Gepäcksberge ist: «*A tiny bike is a happy bike.*» Zusammen radeln wir zum Kaff Pazña. Während wir uns nach dem Einkauf der wenigen erhältlichen Esswaren einen geeigneten Ort fürs Zelt suchen, steigen sie in einem der Löcher ab, die sinnigerweise *alojamiento* (sprich: a-*loch*-amiento) heissen. Wir richten uns auf der *puna* hinter dem Thermalbad ein. Auch dieser Platz ist umgeben von Löchern, die aber mit anderem als verlausten Matratzen gefüllt sind: In einem lagert zentnerweise Abfall und in den anderen blubbert heisses Wasser, das aus dem Erdinnern quillt. Herrlich für unsere müden Knochen ist das Ausspannen in einer der Zellen des Thermalbads. Auch wenn die angeknabberte, im trüben Wasser der Wanne schwimmende Tomate nicht gerade nach unserem Sinn ist. Aus einer grauen Wand über dem Lago Poopo zuckt die Eidechse des Himmels, gefolgt von Donnerschlägen, die träge und drohend gegen Pazña rollen. Exakt in jenem Moment, als auch ich dem Bad entstiegen und wieder beim Lagerplatz bin, prasselt Regen aus dem Nachthimmel auf unsere Behausung. Immer wieder erhellen nahe Blitze unser Zelt neongrell. Um die Bettflaschen zu füllen, entnehmen wir warmes Quellwasser aus einem der Erdlöcher neben uns und bringen es auf dem Kocher zum Siedepunkt. Die Temperatur fällt draussen auf minus fünf, derweil wir zwischen unseren Köpfen plus zwölf Grad messen – derart dampft es nach dem heissen Bad über Stunden aus den Schlafsäcken.

Aus den fünf heissen Quellen neben uns steigt weisser Nebel in die eisige Morgenluft. Bis unser Haus inklusive Einrichtung getrocknet und wieder auf die Velos verladen ist, sind die Morgenstunden schon fast verflossen. Vorbei an Bergen, die seit der stürmischen Nacht mit einem weissen Flaum überzogen sind, kurbeln wir durch die flache *puna* und erwidern lächelnd die Grüsse der winkenden Bauern. In den staubigen Strassen von Challapata, durch die ein mit Abfall befrachteter Sandsturm fegt, treffen wir nochmals kurz auf das britische Paar, bevor es weiter reist. Wir bleiben hier und beziehen Quartier, denn Bea spürt im Magen ein kurzes, aber heftiges Gewitter aufziehen, und ich muss einen Schweisser aufsuchen, um meinen gebrochenen vorderen Gepäckträger reparieren zu lassen. Im *baño* der schmuddeligen Pension befinden sich zwei WC mit Spülkästen, doch fliesst kein Wasser. Draussen stehen zwar zwei gefüllte Wassertonnen mit Schöpfkellen bereit, doch beliebt kaum einer der Gäste der angegliederten Imbissstube zu spülen. Auch drängt es niemanden, selbst die Köchin nicht, nach verrichtetem Geschäft die Hände zu waschen. Dabei wäre dem Hahn über dem Waschtrog im Innenhof mit Leichtigkeit Wasser zu entlocken, mindestens für einige Stunden. Gegen Abend aber versiegt der Strom, weil er sonst gefrieren würde – isolierte Leitungen sind nämlich noch nicht erfunden.

Auf dem glatten Asphaltteppich der flach und gerade verlaufenden Strasse nähern wir uns rasch Huari und geniessen dabei noch ausgiebig das ruhige Gleiten. Denn für die nächsten siebenhundert Kilometer wird es mit diesem Luxus vorbei sein.

Dass es offenbar keine korrekten Landkarten von Bolivien gibt, zeigt sich uns eindrücklich: Auf keiner unserer drei mitgeführten Karten ist Huari am richtigen Ort eingezeichnet. Im Gegenwind halten wir auf Quillacas zu, das in der Mulde zwischen zwei Hügeln kauert, schon von weitem sichtbar ist, aber trotz grosser Anstrengung kaum näher rückt. Denn unterdessen hat sich die erst überraschend gute Strassendecke aus kompaktem Schotter in welligen Sand verwandelt, der insbesondere Bea das Rad meist schieben lässt. Einmal wieder im Sattel rutscht ihr gar das Vorderrad weg, und das Velo stürzt. Über dem linken Knie trägt sie eine blutende Schramme davon.

In der einzigen Absteige von Quillacas treffen wir nicht ganz unerwartet wieder auf Sarah und Richard, die gestern eine falsche der nicht bezeichneten Abzweigungen erwischten, im Niemandsland campten und über Nacht in einen Sandsturm gerieten. Das *alojamiento* ist erstaunlich gepflegt. Der einzige, allerdings gewichtige Mangel ist das knappe Wasser. Gemäss Vermieterin bleiben in diesem Dorf ausser alle zwei Tage für eine mickrige Stunde die Wasserhahnen stets trocken. Immerhin können wir aus einer Tonne im Hinterhof Wasser entnehmen, um uns zu duschen und das WC zu spülen. Auf der Suche nach Trinkwasser klappere ich sämtliche Läden des Nests ab und kehre schliesslich mit der einzigen erhältlichen Flasche, deren Verfallsdatum noch nicht verstrichen ist, zurück.

Zusammen mit Sarah und Richard starten wir auf die sandige und weiche Piste, die sich später in ein hartes Wellblech verwandelt. Sie fällt leicht und führt fadengerade bis zum Horizont. In den *tiendas* der Ansiedlung Vingal Vinto finden wir auch kein abgepacktes Trinkwasser, doch können wir wenigstens dem Pumpbrunnen beim Hauptplatz, auf dem sich Kinder und Hunde tummeln, Wasser entnehmen. Rasch wie der Wind verbreitet sich die Nachricht, dass vier Gringos auf Fahrrädern eingetroffen sind. Immer mehr Leute scharen sich um die Plaza und beobachten uns aus sicherer Distanz. Wenn wir ihnen zuwinken, grüssen sie freundlich lächelnd zurück, bleiben aber wie angewurzelt stehen. Ein einziger wagt sich näher zu uns heran und berichtet stolz, dass Präsident Evo Morales ganz in der Nähe, im Dorf Isallawi bei Orinoca am Lago Poopo, aufgewachsen sei. «Evo ist einer von uns. Er kennt auch die harten Seiten des Lebens. Schon als 13-Jähriger musste er nachts in einer Bäckerei schuften», ergänzt er voller Bewunderung für diesen Mann.

Gegen Ende des Tages füllen wir aus dem schmuddeligen Dorfbrunnen von Cotimbora nur ein paar Flaschen ab, denn eine gesprächige Gruppe alter Männer versichert uns, dass wir nach einer guten halben Stunde Fahrzeit auf einen *río* stossen werden. So ist es auch. Sein braunes, mit Schaumkronen besetztes Wasser aber steht in den wenigen Rinnsalen, die das schlammige Flussbett beschreiben, nicht einmal knöcheltief. Und die Ufer sind mit weissen Salzkrusten überzogen auf denen Exkremente der Lama- und Schafherden dampfen. Trotzdem ist dies unser Platz. Noch ist die Luft nämlich angenehme zwanzig Grad warm. Jetzt weiterzuziehen, wäre eine ausgemachte Dummheit. Als unser Camp eingerichet ist, stapfe ich mit einigen leeren Flaschen flussaufwärts, bis ich bei einem Prallhang einigermassen sauberes Wasser schöpfen kann. Es ist derart mit Alkalien gesättigt, dass sich über den Flaschenhälsen riesige schillernde Seifenblasen bilden, die vom Wind fortgetragen werden und mit einem kaum hörbaren «Blopp» zerplatzen. Im Windschatten der Flussböschung duschen wir uns mit diesem seifigen Wasser. Nun kommen zwei *campesinos* des Wegs – alter Vater mit bejahrtem Sohn –, die sich als Besitzer dieses Landes, auf dem sie vornehmlich Quinua anpflanzen, vorstellen. Sie bieten uns an, auf ihrem nahen Gehöft die Nacht zu verbringen, was jetzt aber zu spät ist. Sie erzählen auch von einem Weg auf griffigem Terrain, der uns morgen ohne grosse Anstrengung nach Salinas de Garci Mendoza bringen soll. Mit einem abgebrochenen Zweig kritzelt der Sohn einen Plan in den Sand. Nach etwa zwei Stunden Fahrt und der Durchquerung von drei Wadis sollte die Alternativroute ohne Wellblech und Steigungen links abzweigen – wir werden sehen!

Als ich gegen vier Uhr morgens meine mit Tee gefüllte Blase entspanne, steht das Thermometer an Beas Velokorb bei minus zwanzig Grad; das sind vierzig Grad weniger als noch gestern Nachmittag. Knappe vier Stunden später weckt uns die Sonne. Vor dem Zelt herrschen nun mildere minus zehn Grad und wir hängen unsere aussen pitschnassen Schlafsäcke an ein Seil. Die feine Eisschicht am Innenzelt ist bald sublimiert und auch die gestern Abend zwischen die Gepäckstücke gestellten Wasserflaschen sind rasch aufgetaut. Mit der letzten Banane aus Challapata, Milchpulver, Kokamehl, Haferflocken und Nüssen bereiten wir uns ein Müesli zu, das wir zu dampfendem Kaffee geniessen. Unsere Kumpane schlürfen nur eine Tasse Kokatee und sind viel vor uns wieder «*on the road*». Ihr Reisetempo auf den *happy bikes* ist leicht höher als das unsere auf den *heavy bikes*.

Im nahen Weiler Villa Esperanza hauchen wir in unsere gähnend leeren Wasserbehälter neues Leben, denn Wasser ist Leben. Dies ist eine der grossen Erkenntnisse unserer Reise oder vielmehr eine Bewusstwerdung. Die Weiterreise ist äusserst beschwerlich. Immer wieder müssen wir die Räder schieben. Dabei bleibt uns genug

Musse, die vorbeitanzenden Windhosen zu bestaunen. Eine dreht sich Dutzende von Metern in den stahlblauen Himmel hoch. Im Nest Jayu Quta reiben wir uns die Augen. Da ist in diesem fast menschenleeren Niemandsland doch tatsächlich alles vorhanden, was eine Schule bolivianischen Zuschnitts ausmacht: Basketballfeld, im Wind flatternde Landesflagge, ein Gebäude mit genau einem Zimmer und ein paar Schritte entfernt das WC-Häuschen. Auch der Wasserhahn auf dem Schulhof fehlt nicht. Einzig Kinder sind keine auszumachen. Direkt hinter dem Wasserreservoir, das auf dem Hügel hinter der Ansiedlung thront, gähnt die riesige Einschlagsstelle eines Meteoriten. Das Kraterloch ist mit einem See gefüllt, der von braunen Äckern umkränzt wird. Auf dem Wasser spiegelt sich der wolkige, vom Höhenwind zerzauste Himmel. Hier besuchte uns also einst ein Gesteinsbrocken aus dem All. Wohl als Antwort auf solche Ereignisse schiesst man seit gut vierzig Jahren Raketen in die entgegengesetzte Richtung. Wieder auf den Velos, werden wir von einer eindrücklichen Lamaherde ausgebremst, die in aller Ruhe in Einerkolonne vor uns die Strasse quert. Hirten scheinen diese Anden-Kamele nicht zu benötigen – sie kennen ihren Weg. Auch wir brauchen keine Anleitung, um unseren Schlafplatz zu finden. Der kleine, ausgetrocknete Salzsee rechterhand neben der Strasse wirkt zu verlockend, um einfach daran vorüber zu holpern. Wir rollen über die polygonal gerissenen, wabenförmigen Platten ans andere Ufer und schlagen im leicht erhöht liegenden, sandigen Boden dahinter das Zelt auf, duschen uns noch in der Wärme der letzten Sonnenstrahlen, kochen Polenta mit Morchel-Havannarum-Sahne-Zwiebel-Sauce, füllen die vier Bettflaschen mit siedendem Wasser und sind schon beizeiten im Bett.

Den vorgestern von den netten Bauern empfohlenen Weg finden wir, wie leise befürchtet, nicht. So bleiben wir der kräftezehrenden sandigen Fahrstrasse treu. Nicht mehr als fünf Autos sind heute auf unserer Strecke unterwegs, die nun kurvenreich der hügeligen Landschaft folgt und an einigen ausgestorben wirkenden Weilern vorbeiführt. Am Wegrand liegen vulkanische Gesteine verstreut und erste Kakteen schiessen aus dem Boden. In der Ferne ziehen grazile Vikunjas umher, diese rehähnlichen Tiere mit der weissen Brust. Und auch träge Lamaherden grasen die *puna* ab. Fahren oder Schieben, beides ist gleichermassen zermürbend. Oft kommen wir uns vor, wie mit Rollschuhen auf dem Kies – einfach fehl am Platz! Wir sehnen uns Salinas de Garci Mendoza derart herbei, dass wir vor Hügelkuppen jeweils ein Nachtessen bei Fertitta, dem besten Italiener Zürichs, verwetten. Aber erst gegen den späten Nachmittag hin kann sich uns dieser Flecken nicht mehr entziehen. Vorbei an zerfallenen Häusern dringen wir über sandig-staubige Pisten zum überraschend ansprechenden Hauptplatz vor, an dem uns der Geruch von noch ofenwarmen Brötchen in die Nase weht. Das Hotel an der Plaza hält leider nicht, was seine verschnörkelte Fassade verspricht. Immerhin fliesst im Bad 24 Stunden eiskaltes Wasser und die Spülkästen der drei Gemeinschafts-WC funktionieren tadellos. Selbst das Bett im extrem kargen Zimmer ist nach einer energischen Intervention von Bea mit sauberen Laken bezogen. Die Bewohner dieses Nests, in dem jeder Windstoss eine Staubwand durch die Gassen jagt – warum nur befestigen sie ihre Strassen nicht? Ist es Gleichgültigkeit, Faulheit oder Unwissenheit? – begegnen uns alle hilfsbereit und freundlich. Jene, die uns nahe kommen, strömen aber einen scharfen Schweissgeruch aus. Am offenen Fenster des Zimmers kochen wir nun der bleiernen Müdigkeit zum Trotz, die sich nach dem harten Fahrtag in unsere Knochen geschlichen hat, köstliche Omeletten mit Karotten-Tomaten-Füllung und zur Nachspeise zwei mit dickem Schokoladenbelag. Erst kurz vor Mitternacht ist das Tageswerk vollendet. Wir plumpsen in die zu kurzen Betten und gleiten mit angezogenen Knien in die zerfliessenden, verworrenen Sphären des Unbewussten ab.

Starke Windböen fegen über Salinas de Garci Mendoza hinweg, wirbeln den Leuten Sand und Schmutz in die ungewaschenen und doch hellen Gesichter und lassen das Dach unserer Bleibe klappern. Dunkle Wolkenfetzen hängen an den Bergspitzen, unheilschwanger wie die im Winde knatternde Flagge eines Piratenschiffs. Was wird dieser Tag für uns bereithalten? Vom heftigen Rückenwind lasse ich mich über eine sandige Piste auf die Randzone des Salar de Uyuni hinaustreiben. Bea hingegen geruht zu bremsen, weil ihr die Naturgewalt zu ungestüm erscheint, um sich ihr hinzugeben. Für einen kurzen Moment werden die Lamaherde und die paar wilden Vikunjas von einem Gemisch aus Staub und Salz verschluckt, das der Wind aufgewirbelt hat und vor sich her schiebt. Auf dem trittfesten Seitenarm des Salars rollt es prächtig. Da wir noch in Salinas de Garci Mendoza in Erfahrung gebracht hatten, hinter welchem Schlitz am Horizont sich Jirira, unser heutiges Ziel, befindet, fällt uns die Routenwahl bei den unmarkierten Kreuzungen relativ einfach. Im Windschatten einer Bucht im Lavariegel, der vor Urzeiten vom Vulkan Tunupa ausgespien wurde, schlemmen wir die Reste der Omeletten. Dann geht die Sausefahrt über die topfebene Salzkruste so lange weiter, bis unsere Räder im tiefen Sand zwischen den Äckern vor Colcaya stecken bleiben, und wir zu mühseligem Schieben genötigt werden. Im geisterhaft anmutenden Dorf meint eine unvermittelt auftauchende Frau, Jirira liege nur noch drei Bergzüge entfernt. Sie hat Recht damit, doch ist der Feldweg auf die kahlen, nur von Kakteen bewachsenen Hügel von gewohnt lausiger Qualität und lässt uns kämpfen.

Da, endlich öffnet sich der Blick auf den mächtigen Salar de Uyuni, der im spätnachmittäglichen Licht einem Meer gleich unter uns wogt, und dies 3660 Meter über dem Niveau jenes Meers, das mit Salz*wasser* gefüllt ist. In der Posada von Jirira liegt eine Notiz von Sarah und Richard für uns parat. Gestern haben sie hier Wein getrunken und genächtigt; heute früh sind sie ins Ungewisse des weissen Salars eingetaucht.

Ein *indígena* weist uns die Richtung zur Isla Incahuasi, der einzigen bewohnten Insel im Salar de Uyuni. Diese felsige Erhebung soll sich etwa in der Mitte des Salars befinden und ist unser heutiges Etappenziel. Noch ist sie aber der Erdkrümmung wegen nicht zu sehen. Nachdem wir uns einige hundert Meter auf tiefsandiger Piste abgemüht haben, befinden wir uns endlich auf der Salzpfanne. Über uns spannt sich der stahlblaue Himmel faltenlos. Als Sonnenschutz pfropfen wir uns breitkrempige Hüte auf die Köpfe. Die körnige Oberfläche des Salars nimmt sich auf den ersten Kilometern wie ein Firnfeld aus. Schwarze Spuren von Reifenabrieb führen in verschiedene Richtungen, als wollte uns jemand damit in die Irre leiten. Zum Glück wissen wir, dass wir erst einmal rechts halten sollen.

Wie aus dem Nichts wächst urplötzlich ein kräftiger Hund mit schwarzlockigem Fell aus dem Boden. Er folgt uns auf den Fuss. Unser energisches «*Vete!*» ignoriert er bockbeinig. Er denkt nicht daran, abzuhauen; immerhin gelüstet es ihn auch nicht, uns zu beissen. Wenn wir uns nicht verfahren, liegen etwa 120 Kilometer vor uns, bis die Salzwüste, die eine Fläche einnimmt, welche etwa einem Drittel der Schweiz entspricht, durchmessen sein wird. Das allein ist Grund genug, das Tier so rasch wie möglich abzuschütteln. Doch alle Drohgebärden zeigen keinerlei Wirkung, es folgt uns wie ein unentrinnbarer Schatten. Und als Beas Hinterrad Luft verliert und schon bald auf der Felge steht, legt sich der Hund mit einer Selbstverständlichkeit neben uns hin, als wäre er seit Jahren unser treuer Begleiter. Wir geben ihm bewusst keine Gabel von unserem Essen ab. Keine Brotkrume. Nicht einmal die Rinde des Käses. Auch vom Wasser kriegt er keinen müden Tropfen. Er soll schliesslich spüren, dass es uns mit der Aufforderung, umzukehren, ernst ist. Aber auch er bekräftigt entschieden und doch mit grandioser Nonchalance seinen Willen, bei uns zu bleiben, indem er nicht versucht, etwas von unserer Speise abzubetteln. Er bellt nicht, winselt nicht, ja wedelt nicht mal mit dem Schwanz. Ruhig und gleichmütig liegt er da, hingedrückt an den Boden im Schatten unserer Taschen. Während wir schlemmen, gönnt er sich ein Nickerchen.

Jetzt versuchen wir ihn mit einem Blitzstart zu übertölpeln, doch ist er sofort hellwach, schnellt hoch und setzt uns nach. Die Ränder der meist sechseckigen Platten des sich nun zeigenden Bienenwabenmusters im Boden sind teilweise wegerodiert und liegen tiefer als die Flächen. Diese Rillen führen zu Schlägen auf unsere Räder. Später sind es nach oben gebauchte Platten, die unser Tempo drosseln. So hat der Hund leichtes Spiel, uns zu folgen.

Vor uns treiben mehrere Inseln dunklen Flossen gleich auf dem gleissenden Weiss – welche ist wohl die unsere? Jene, die wir dafür nehmen oder eine ganz andere? Nun überprüfen wir unsere Fahrtrichtung mit dem Kompass, den wir auf der ganzen bisherigen Reise, also seit dreieinhalb Jahren, noch nie aus der Tasche gezogen haben. Die Messung bewegt uns zu einer Kursänderung. Während mehrerer Kilometer haben wir eine falsche Insel angepeilt. Denn gemäss unserer Karte müssen wir mit den chilenischen Schneebergen im Westen und dem Vulkan Tunupa im Rücken exakt südwärts halten. Von Minute zu Minute erstrahlt der Salar in makellosem Weiss. Immer mehr werden wir Teil von ihm, gehen in ihm auf. Unsere Reifen greifen gut auf dem pickelharten Boden, denn die winzigen Salzkristalle sind messerscharf. Wie halten sich die mächtigen Pfoten des Hunds auf diesem Untergrund? Sie scheinen unversehrt. Die verhornten Ballen sind offenbar ähnlich resistent wie die Gummi-noppen unserer Reifen. Mittlerweile hängt dem Vierbeiner aber die Zunge weit aus der Schnauze. Die beim Hecheln entweichende Feuchtigkeit verdichtet sich zu fei-nen Dampfwolken, durch die uns das Raubtier mit zur Seite geneigtem Kopf anblin-zelt – es hat gewonnen! Wir geben ihm einen Namen, Wasser zum Saufen und von unserem Essen ab.

Ich spritze Negrito, dem Schwarzen, mit dem Bidon einige Deziliter Wasser direkt in seinen dürstenden Rachen und Bea legt ihm einen Getreideriegel hin, den er mit seinen strahlend weissen Zähnen im Nu verzehrt hat. Mindestens für heute bleibt er unser Weggefährte. Vielleicht lebt er ja auf der Insel und ist mit uns auf seinem Heimweg. Nur ein einziger Jeep rast an uns vorbei, ansonsten sind wir und der Hund allein auf weiter Flur. Die Orientierung hat sich jetzt stark vereinfacht, denn wir fol-gen unterdessen Reifenabriebspuren, welche auf die bereits als kleiner, dunkler Punkt am Horizont erkennbare Isla Incahuasi hinführen. Endlich zeigt sich uns die Insel in voller Pracht. Sie wölbt sich geheimnisvoll und glänzend wie der Rücken eines Wals aus dem grenzenlosen Weiss, und haushohe Kakteen stecken wie Harpunen im Ko-loss. In einer Bucht liegt eine stilvoll erbaute Siedlung mit Restaurant und Herberge. Zwischen diesen Gebäuden stampft eine *indígena* barfuss auf einem Haufen Quinua-Körner herum, der sich in einer Steinmulde befindet. Als Bea sie fragt, was sie da tue, meint sie mit einem Augenzwinkern: «*Estoy bailando*, ich tanze.» Sie hat Negrito noch nie im Leben gesehen. Er gehört also nicht auf diese Insel. So adoptieren wir ihn bis auf weiteres und organisieren im Restaurant gleich einen blutigen Knochen, in den er hungrig seine Zähne schlägt. Im Gästebuch der Schutzhütte suchen wir ver-geblich nach einem Eintrag von Sarah und Richard – haben sie sich gestern in den Unbilden der Witterung verirrt oder hat sie das stürmische Windtreiben in einem Zug nach Uyuni geschoben? Die Matratzen und Wolldecken, die uns die freundli-chen Betreiberinnen der Herberge auf die knarrenden Holzdielen gebreitet haben, tragen wir alsbald wieder in die Gestelle zurück, denn zu streng ist ihre Ausdünstung, zu viele Ungewaschene haben sich schon in diesem Bettzeug gewälzt. Lieber verbrin-gen wir die Nacht auf unserem eigenen Material. Negrito muss draussen bleiben. Ge-duldig harrt er auf dem eisigkalten Steinboden im garstigen Wind aus. Einige Male kratzt er an der verschlossenen Holztür, wie um uns damit zu signalisieren, dass er noch da ist.

Wir sind geneigt, für Negritos Lunchpaket im Restaurant ein Lamafilet zu bestellen, doch füllt die Köchin, die sich besser mit den Vorlieben von Hunden auskennt als wir, schliesslich einen Topf mit Reis und Fleischklumpen undefinierter Provenienz. Kaum wieder auf dem Salar, entdecken wir am östlichen Rand der Insel einen panzerähnlichen Wohnwagen. Der Tank gehört einem älteren deutschen Paar, das auf seiner sechsjährigen Weltreise auch einen Hund mitführt, und uns für Negrito eine Tagesration Trockenfutter mit auf den Weg gibt. Als wir nach kurzem Schwatz in die Unendlichkeit des Weisses entschwinden, bleibt Negrito über Gebühr lange zurück, was unsere Herzen ein wenig bluten lässt – ist dieses Tier so untreu? Wir kommen nicht umhin, leicht bitterlich über uns selbst zu lachen. Da fegen wir nun über diese glitzernde Fläche, beladen mit Trockenfutter und Fleischklumpen, aber ohne Hund. Wir versuchen, uns mit leeren Floskeln über den unerwartet raschen Verlust unseres Freundes hinwegzutrösten: «Es ist ja viel besser, wenn er hier bleibt! Was hätten wir auch mit ihm anstellen sollen?» Verstrickt in solcherlei Gefühlsmanipulationen springen unsere Herzen umso höher, als wir im Rückspiegel Negriteli wie einen Pfeil über die scharfkantigen Salzkristalle schiessen sehen. Wir warten. Auf ihn. Unseren Freund. Bei jeder Verschnaufpause, die wir für Negrito einschalten, legt er sich sofort in den Schatten der Räder. Nach wenigen Sekunden fallen ihm jeweils die schweren Lider zu. Setzen wir uns jedoch erneut in Bewegung, schreckt er unvermittelt auf, wie aus tiefem Traum erwacht, und trottet hinter uns her. Gegen Mittag aber beobachten wir, wie Negritos Kräfte schwinden und er sich immer wieder angestrengt die Pfoten leckt. Vermutlich schmerzen sie ihn als Tribut an die seit gestern Morgen bereits über siebzig zurückgelegten Kilometer auf dem Salar. Mit Heisshunger macht er sich über sein Futter her. Kaum ist alles weggeputzt und der Topf restlos ausgeleckt, streckt er mit einem langgezogenen Gähnen die Läufe von sich und nickt ein. Besorgt untersuchen wir seine Pfoten. Aufgeschürft sind sie nicht, bestimmt aber gereizt und vielleicht auch ein wenig angeschwollen. Die scharfen Kristalle schädigen ihm die Haut wie ein grobes Schmirgelpapier. Vielleicht aber noch ärger ist der chemische Angriff in feuchten Zonen. Falls neben Natriumchlorid auch Karbonate in grösseren Mengen im Wasser gelöst sind, ist der pH-Wert hoch. Diese Base zermürbt zusammen mit dem mechanischen Abrieb auf die Dauer jede Haut. Nicht umsonst werden den Lamas, die seit Menschengedenken in grossen Karawanen Salz über den Salar transportieren, Lederschuhe angezogen. Da wir für Negrito kein passendes Schuhwerk dabei haben, muss er sich mit einer weniger schnittigen Lösung bescheiden. Behutsam stülpen wir ihm die vor langer Zeit in Laos gekauften Socken, in die seither unsere Trinkflaschen gehüllt waren, über die Pfoten und fixieren sie mit mehrmals umwickeltem Klebband an den Schienbeinen. Ohne auch nur zu mucksen, lässt sich Negrito diese Manipulationen gefallen. Als er endlich aufsteht und die ersten Schritte seines Lebens in Strümpfen tut, können wir uns vor Lachen kaum mehr halten. Bei jedem Schritt hebt er seine Beine derart übertrieben hoch, als wate er durch tiefsten Sumpf. Schon bald aber hat sich das einfache Gemüt an sein neues Outfit gewöhnt und es trabt stolz, wie es uns scheint, in alter Frische neben uns her. Zum ersten Mal seit wir Negrito kennen, entfährt ihm nun sogar ein Bellen, das wir wohl nicht ganz zu Unrecht als freudigen Jauchzer deuten.

Frühzeitig wählen wir einen Lagerplatz und nutzen die letzten warmen Minuten des Tages für die Körperpflege und für das Schälen und Schneiden von Knoblauch und Kartoffeln für das Fondue. Mit einem von Jirira mitgetragenen Stein schlage ich die kräftigen Nägel aus einer Eisenwarenhandlung von Oruro in den steinharten Untergrund, um das Zelt daran abzuspannen. Unsere Heringe wären zu schwach dafür. Mit dem Sonnenuntergang hebt ein Farbenspiel der besonderen Art an. Die leicht aufstehenden Ränder der polygonalen Platten brechen das Licht in die Spektralfarben und bieten vor dem Hintergrund der langsam in der Dämmerung zerrinnenden Vulkanketten ein fantastisches Bild. Derweil sinkt die Temperatur von Minute zu Minute und peilt zielgerichtet minus zwanzig Grad an. Während sich Negrito draussen vom anhebenden Wind zerzausen lässt, schlemmen wir im Zelt unser Fondue aus La Paz, zu Kartoffeln aus Salinas de Garci Mendoza und Brot und Wein von der Isla Incahuasi. Die Dunkelheit wird einzig von den klar funkelnden Sternen am Firmament gebrochen. Bevor wir in die mit den Bettflaschen vorgewärmten Schlafsäcke schlüpfen, bereiten wir für Negrito mit alten Zeitungen und unseren weichen Duschmatten in der Apsis ein Lager und lassen den Reissverschluss offen, damit er jederzeit in sein Nest kriechen kann. Wir versuchen ihn sogar, mit einer Spur aus Trockenfutter hereinzulocken, doch ist er entweder zu stolz oder zu scheu, um unsere Einladung anzunehmen und bleibt draussen.

Überwältigt von den Eindrücken der letzten Tage liege ich noch lange wach und atme die geschauten Reflexionen des Lichts, atme die Weite des Salars – und zerbrösele in Salzkristalle. So werde ich eins mit der meterdicken Kruste unter mir, die vor Jahrmillionen durch Verdunstung entstanden ist; werde eins mit den frisch kristallisierten Salzkörnern über den feinen Rissen im Boden, die tagsüber die Sonnenstrahlen auffächern und zu dieser Stunde das letzte Licht erloschener Sterne auffangen; werde aufgelöst und wieder ausgeschieden, verflüssigt und verfestigt im ewigen Rhythmus der Verwandlung, des Gedeihens und Vergehens, des Ein- und Ausatmens. Als ich im mit Salz gesättigten Wasser bei minus zwanzig Grad zu gefrieren beginne, schlafe ich schon längst tief und fest.

In den Morgenstunden weckt mich schweres Schnaufen direkt an meinem Kopf. Negrito hat sich also doch noch eines Besseren besonnen, ist Kälte und Wind entflohen und hat sich ins Zelt gekuschelt. Im Funkeln des Sonnenaufgangs kochen wir uns Tee und eine Suppe. Negrito startet den Tag mit der letzten Ration Trockenfutter von den deutschen Panzerfahrern. Mit dieser Stärkung bringt er die restlichen

Kilometer auf der Salzwüste mit Leichtigkeit hinter sich. Als er nach weit über hundert Kilometern Salarlauf endlich wieder Sand und Kies unter den Pfoten spürt, vollführt er aber dennoch ausgelassen Freudensprünge. Solches Terrain hat er die letzten zweieinhalb Tage gewiss bitterlich vermisst.

Im Nest Colchani kaufen wir einem Mann saftige und süsse Mandarinen ab. Er fragt uns einfühlsam über den schwarzen Hund an unserer Seite aus. Schliesslich bietet er an, Negrito zu beherbergen, bis in drei Tagen der Bus nach Jirira, Negritos vermuteter Heimat, vorfährt. Er werde den Hund dann dem Chauffeur anvertrauen. Negrito ist uns sehr ans Herz gewachsen, doch triumphiert der Verstand über die Gefühle. Wir sind eben doch primär Vernunftsmenschen. Die Vorstellung, Negrito bis Tierra del Fuego durch Sand-, Salz- und Beton-Wüsten hinter uns herjagen zu sehen, ist uns ein Graus. So ködern wir ihn der erst aufgekeimten Liebe zum Trotz in den Hinterhof des treuherzigen Manns, dessen Frau bereits mit einem leckeren Fresstopf bereitsteht. Mit zittrigen Händen und bebenden Lippen binde ich Negrito mit einem Strick an einem Pfosten fest und kraule ihn dabei zum ersten Mal, was mir aber erst später bewusst wird. Schon wird er von den Kindern des fürsorglichen Paars liebkost. Negrito ist hier in guten Händen. Trotzdem kommen wir uns schäbig vor, als wir ihm, unserem Negrito, nun den Rücken kehren. Meine Augen sind feucht von zerdrückten Tränen. Aber auch Bea hofft auf der Fahrt zum nahen Uyuni, der Strick möge reissen. Doch suchen wir im Rückspiegel beide vergeblich nach dem schwarzen Pfeil Negrito, den wir, sollte er doch noch auftauchen, nie mehr hergeben würden.

In der Stadt Uyuni erstehen wir einige Säcke gerüstetes Gemüse und bereiten uns damit eine Suppe zu, die für unsere vom grellen Licht auf dem Salar geschundenen Lippen aber etwas zu scharf gerät. Mit einem Schuss Milch gelingt es uns, die Gewürze zu zähmen. Nicht nur die Lippen, sondern auch unsere Nasenrücken und Hände haben unter der Sonne und Kälte der letzten Tage gelitten. Während sich die Riecher lediglich zu schälen beginnen, ist es um die Hände schlechter bestellt. Über den Gelenken und an den Fingerkuppen ist die versprödete Haut aufgerissen. Jede unbedachte Berührung schmerzt wie ein Nadelstich.

Um die uns bevorstehende, vermutlich vierzehntägige Durststrecke über die Laguna Colorada und die Laguna Blanca bis Chile überleben zu können, stocken wir unsere geschmolzenen Vorräte auf mit Schokoladen, Suppen, Milchpulver, Olivenöl, Käse, Tomatensaucen, Sahne, Spaghetti, Reis, Polenta und Rum Añejo. Noch aus La Paz lagern zwei Fondues, getrocknete Tomaten, Trockenpilze, Trockenfrüchte und getrocknete Soja in der Küchentasche. Es ist beinahe windstill und der Verkehr extrem gering. Rasch liegt die Stadt hinter uns und wir sind wieder Teil der Landstrasse. Sie führt uns südwärts durch lauter Sand- und Kiesflächen, in denen wadenhohe Büsche mit harten, spitzigen Stacheln stehen. Just vor uns quert ein Wüstenfuchs die

Piste und hält Richtung Salar, der am Horizont schräg hinter uns zu Füssen des Vulkans Tunupa hell aufleuchtet. Dort hinten vermisst uns Freund Negrito vielleicht ebenso wie wir ihn.

In San Cristóbal, diesem Flecken Zivilisation, der von den Betreibern der Mine San Cristóbal, der drittgrössten Silbermine der Welt, aus dem Sand gestampft wurde, ergänzen wir unsere Vorräte unbescheiden mit zwei Kilo Haferflocken, Mehl, Gemüse, Kartoffeln, Sojasauce, Joghurt und Kokablättern. Natürlich laden wir auch Wasser und tanken vier Liter Benzin für den Kocher. Auf dem Weg nach Villa Alota, das am Ende der Ebene vor der schneebedeckten Sierra Kheñwal liegt, reiben uns der stürmische Gegenwind und die sandige und weiche Piste auf. Immerhin gibt es als Kontrastpunkt zu den garstigen Bedingungen noch etwas zu feiern: 40000 Kilometer Asphalt und Schotter der Erde liegen hinter uns. Irgendwann wird die Qualität der Strasse sprunghaft besser, und als auch die Dichte der Lama- und Alpakaherden zunimmt, wachsen uns Flügel. Wir segeln Villa Alota entgegen, das sich durch eine überbreite Avenida auszeichnet. Sie ist menschenleer und wird von niederen Häuserreihen flankiert. Wir steigen in der Peña Blanca ab. Eine Dusche gibts hier nicht, dafür eine geräumige Stube und wenigstens die ganze Nacht über fliessendes Eiswasser. Wir sind die einzigen Gäste und können uns ungeniert ausbreiten. Ich wage den Versuch, einkaufen zu gehen. Wenn sich mal eine der allesamt verschlossenen Ladentüren auf mein Klopfen und Rufen hin zu öffnen geruht, zeigt sich mir ein erbärmliches Bild. In der Auslage liegen nur Eier, WC-Papier und Servietten. Weder Brot, Früchte noch Gemüse sind erhältlich. Das ist zwar erschütternd, und doch erfüllt es mich mit Genugtuung. Wäre ja noch schöner, wenn wir all die Tonnagen an Nahrung ohne Not mitschleppen würden! Nur für zwei Stunden brennt die nackte Glühbirne an der Stubendecke, danach wird der Strom wieder abgestellt, und wir erhellen den bitterkalten Raum, in dessen Ecken sich bereits Eis zu bilden beginnt, mit flackerndem Kerzenlicht.

Aus dem makellosen Himmel lacht die wärmende Sonne. Weil wir mit zwei Fahrtagen bis zur nächsten Wasserquelle rechnen, starten wir mit über zwanzig Liter geladenem Zusatzwasser zu den sechs Liter Trinkwasser, den eineinhalb Liter Waschwasser, dem Liter Joghurt und den vier Liter Benzin; entsprechend schwer sind unsere Räder zu bewegen. Bei zwei nicht bezeichneten Gabelungen wählen wir beide Male links und fädeln damit in die richtige Sandpiste ein, die bergwärts führt; acht lange Kilometer. Das Schieben der Velos ist Schwerstarbeit, denn die Räder drehen sich nicht im tiefen Sand, sie stellen sich immer wieder quer, und auch die Schuhe finden kaum Halt auf dem rutschigen Untergrund. Die Lamas schauen uns leicht arrogant und vielleicht auch mit einem höhnischen Lächeln auf den Stockzähnen zu, wie wir uns wie Sisyphus höchstpersönlich abmühen.

Nun scheint uns der Zeitpunkt gekommen, die Wirkung der Kokablätter zu testen, auf die über neunzig Prozent der Bolivianer schwören. Aber die dürren Blätter nur schon in den Mund zu legen, braucht einiges an Überwindung. Während wir uns Schritt für Schritt weiter bergwärts bewegen, kauen wir geflissentlich das Laub und verfrachten die sich bald ergebende breiige Masse mit der Zunge zwischen Zähne und Wange. Der Geschmack ist bitter und ziemlich scheusslich. Alsbald spüre ich eine unangenehm anästhesierende Wirkung in der ganzen Mundhöhle. Beim Zahnweh, unter dem Marina-*amiga* stöhnte, wäre dieser Effekt sicher willkommen. Da wir beide zurzeit an unserem Gebiss aber nicht zu leiden haben, ist das lähmende Gefühl nutzlos und irritierend zugleich. Trotzdem schieben wir weiteres Grünzeug nach und mahlen tüchtig weiter, bis wir nach einer Viertelstunde Natriumkarbonat einnehmen, welches das Kokain aus dem Blättermus lösen soll. Sofort setzt sich ein ekelhafter Geschmack im Mund fest und die Speicheldrüsen werden stark angeregt. Wir sabbern wie Säuglinge, hüten uns aber standhaft, den Saft auszuspucken, denn der Versuch will korrekt durchgeführt sein. Als sich aber auch nach weiteren durchlittenen Minuten keine andere Wirkung als Brechreiz wegen des Natriumkarbonats einstellen will, speien wir das Teufelszeug in den Sand und spülen den Mund mit reichlich Wasser. Die dem Kauen von Kokablätter zugeschriebene aufputschende Wirkung aufs Zentralnervensystem mit gesteigertem Rede- und Kontaktbedürfnis, aufkeimender Hemmungslosigkeit und sich einstellender Glücksgefühle bleiben uns, wie insgeheim nicht anders erwartet, versagt.

Mittlerweile befinden wir uns auf einer 4100 Meter über Meer liegenden Hochebene. Rechterhand verläuft eine faszinierende Felsformation und durch die *puna* vor uns führen mindestens drei parallele Wege. Es ist wie eine Spielart von Poker, ob man eine griffige oder eine sandig-wellige Fahrrille erwischt. Wir wechseln immer wieder hoffnungsvoll hin und her. Dabei erinnere ich mich mit einem Schmunzeln an einen Langlauf-Nachmittag im tief verschneiten Engadin, als mich eine von hinten heranbrausende Athletin mit der Aufforderung «Spur hopp!» aus der Loipe haben wollte. Hier, mit unseren trägen Drahteseln, geht dies nicht leichtfüssig mit einem trockenen Hopp vonstatten. Wir müssen meist absteigen und das Gefährt mit aller Kraft über den kiesigen Sandwurm zwischen den Spuren, der sich schwerer und widerspenstiger als jeder Sulzschnee gebärdet, schleppen. Am Ufer eines nicht ganz ausgetrockneten Wadis schlagen wir unser Zelt auf. Im Flussbett glänzt an einer Stelle relativ sauberes Wasser, das sich perfekt zum Waschen unserer Körper eignet, zumal sich der Wind vornehm zurückhält und uns die Luft in den letzten Sonnenstrahlen noch wohlig warm umspült. Auf einem der gegenüberliegenden Felsen sitzen nebeneinander ein Hase und ein Vogel, die interessiert zu uns hinunter äugen. Die Abendsonne entzündet die erodierten Gesteinsformationen und lässt die tektonischen Schichten in fein abgestuften Rot- und Gelbtönen erglühen. Als ruhende Pole im schillernden Farbenspiel wirken die grünen Mooskissen, die sich in feuchten Nischen festgesetzt haben.

Der fürchterliche Zustand der Strasse lässt Bea wettern. Diese täglichen Kraftakte, gekoppelt mit den schmerzhaften Folgen der harschen Umweltbedingungen, wie gerissene Fingerkuppen oder aufgeplatzte Lippen, bringen sie an den Rand ihrer Leistungs- und Leidensfähigkeit. Sie mindern auch ihre Zuversicht auf bessere Zeiten. Ich hingegen, durchtränkt vom Optimismus, der mir schon in die Wiege gelegt wurde, kann nicht umhin, auch in den schwärzesten Tiefen noch das Positive zu sehen, was Bea aber nur noch mehr reizt. Ich tue also gut daran, meine als Aufmunterung gemeinten Worte mit Bedacht zu wählen. Besser als alle Durchhalteparolen aber wirkt die heisse Dusche im idyllisch gelegenen Flecken Villa Mar, den wir noch weit vor Sonnenuntergang erreichen. Und nicht erst in bitterkalter, finsterer Nacht, wie dies Bea in ihrer Verzweiflung trotzig weissagte.

Ein alter Mann, der auf dem Gepäckträger seines Fahrrads Wurzeln von Büschen geladen hat, um damit seinen Küchenherd einzufeuern, weist uns den Weg zum Pass, den wir suchen: Eine kahle Schulter zwischen zwei Bergspitzen, hinter der sich ein Wasserlauf befinden soll. Bis der kernige Aufstieg beginnt, ist eine weite, sanft ansteigende Fläche zu durchmessen. Die Fahrrillen haben sich tief ins Terrain eingefressen und sind mit groben Steinbrocken ausgekleidet, was Bea den ganzen Weg schieben lässt. Der Blick auf die schneebedeckten Vulkanspitzen am südlichen Horizont ist zwar atemberaubend und erhebend, doch vermag er ihr Gemüt nicht zu erhellen. Sie spürt den Druck auf ihren Schultern lasten, vorwärts, aufwärts zu *müssen*, denn Zusatzwasser haben wir heute nicht geladen. Oben, hinter dem Pass, gut zwanzig Kilometer von Villa Mar entfernt, soll ja ein Bach auf uns warten. Im Moment scheint ihr dieser aber unendlich weit entfernt, ja gar unerreichbar. Die Sonne brennt heiss und ganze Wolken von Fliegenschwärmen peinigen uns. Das heisst, vor allem mich. Denn Bea hat als Bauernmädchen jahrelange Erfahrung im Erdulden solch lästiger Viecher und erträgt ihr nervöses Gehabe mit stoischer Gelassenheit. Diese Insekten scheinen von dunkeln Löchern magisch angezogen zu werden. Wie todesbereite Kamikazeflieger steuern sie uns in Mund, Nasenlöcher, Ohren oder Augen. Als wäre der Aufstieg auf der weichen und rutschigen Holperpiste im Gegenwind nicht schon beschwerlich genug. Aber heute sollen wir offenbar gefordert werden, wohlan! Der einzige Weg aus diesem Fegefeuer führt himmelwärts, schliesslich wollen wir uns nicht in der Hölle braten lassen. Also weiter, immer weiter! Die Sonne sengt die Haut, der Wind pustet uns fast um und die Fliegen nerven unverfroren. Ich klatsche mir die Hände wund und bin mit dieser Flugabwehr recht erfolgreich, doch die Fliegenwolken wachsen, den Köpfen einer Hydra gleich, schneller nach, als ich zuschlagen kann. Steigung und Gewicht des Fahrrads saugen Bea die letzten Energiereserven aus dem Körper. Einige Male schiebe ich ihr das Rad, was aber auch meine Kräfte rasant schwinden lässt. Die steilsten Partien können wir nur bewältigen, indem wir uns zusammen einem Rad annehmen, wie damals in Yana, Indien. Wären wir religiös, würden wir uns vermutlich in ein Gebet retten. Dieser Ausweg bleibt uns aber verwehrt. Auch kein Mantra drängt sich uns auf die Lippen. So treibt uns nur der Wille, der archaische Überlebenswille. Mit vereinten Kräften trotzen wir den Umständen und schaffen es letztlich, den Pass zu erklimmen. Nach einer kurzen Abfahrt zeigt sich uns im letzten Tageslicht der so sehnlichst erwartete Wasserlauf. Sofort schöpft Bea Wasser, denn schon hat sich in weniger durchströmten Zonen eine feine Eisschicht gebildet. Ich spanne das Zelt auf und werfe den Kocher an.

Die Alpaka- und Lamaherden, die in den ersten Sonnenstrahlen um unser Lager herum äsen, nehmen kaum Notiz von uns. Nur ab und zu hebt ein Tier den Kopf, um uns kurz mit leicht spöttischer Miene zu mustern. An einem der wenigen nicht zugefrorenen Rinnsale wasche ich mein Gesicht mit Eiswasser und bin schlagartig hellwach. Bis zum Salar, aus dem Borax gewonnen wird, bleibt die Qualität der Strasse lausig. Weiche Partien, die wie Treibsand an unseren Reifen saugen, wechseln sich ab mit scharfkantigen Steinbrocken, die aus fester Erde ragen. An Fahren ist für uns nicht zu denken. Jeeps aber kommen uns entgegen; einige langsam mit winkenden Gringos, andere rasend und stiebend. Der relativ kleinflächige Salar ist nichts Besonderes, kein Vergleich mit der Pracht des Salar de Uyuni. Von nun an wird die Kiesstrasse aber nahezu perfekt, denn wir nähern uns den Unterkünften der Borax-Mine Capina. Die Strasse führt direkt auf den sandigen Fussballplatz vor den Verschlägen der Arbeiter. Die Anlage scheint geradezu ausgestorben zu sein, niemand ist zu sehen. Auch unsere Rufe verhallen ungehört. Nur zwei junge Hunde streichen uns um die Beine. Im Duschraum entdecken wir ein Lavabo, aus dessen Hahn tatsächlich auch Wasser fliesst. Wieder unterwegs, schlägt uns plötzlich heftigster Wind ins Gesicht. Gegen diese Gewalt anzukämpfen, ist sinnlos. So schieben wir die Räder durch knöcheltiefen Sand weg von der Strasse und stellen das Zelt auf die vom stürmischen Wind gepeitschte *puna*. Einen windgeschützten Ort gibt es hier draussen nicht. Jede Geländemulde wird von den Luftmassen mit rauer Zunge ausgeleckt. Damit der Wind nicht zwischen Boden und Zelt durchpfeift, dichten wir den Rand des Überzelts auf dem vollen Umfang mit Kieshaufen ab.

Die sturmdichte Abschottung des Zelts mit der damit verringerten Durchlüftung zeitigt am Morgen auf dem Innenzelt einen dicken Eisfilm. Nach dem Frühstück verbrennen wir den seit Villa Mar mitgeführten und angewachsenen Abfall und verscharren die Asche im Sand. Ein kegelförmiger Vulkan am Horizont weist uns den Weg zur Laguna Colorada. Ihr karminrotes Wasser leuchtet und funkelt neben schneeweissen Salzflächen, aus denen der Wind immer wieder Staubsäulen aufwirbelt und herumschubst. Bei der Schranke des Reserva Nacional de Fauna Andina Eduardo Avaroa informieren uns die zwei einsamen Parkwächter, dass es etwa zwanzig Kilometer weiter im Süden ein *hospedaje* gäbe. Das Terrain bis zu dieser Unterkunft sei vornehmlich flach. Also füllen wir kein zusätzliches Wasser in unsere Flaschen. An ein Radfahrer-Paar, das vor einigen Tagen hier vorbeigekommen wäre, vermögen sich die beiden nicht erinnern. Wo stecken bloss Sarah und Richard? Flamingos flattern mit gestrecktem Hals über die vom Wind aufgepeitschte Wasserfläche, und Lamas präsentieren ihre wolligen Körper vor den majestätischen, aber kahlen Bergzügen im Hintergrund. Der Atem der Sonne steigert sich alsbald zu einem Sturm, der uns trotz maximaler Kraftanstrengung nur im Schneckentempo vorwärtskommen lässt. Ich schiebe leicht versetzt vor Bea, damit sie vom Windschatten profitieren kann. Doch nützt dies nicht viel. Die im flach einfallenden Licht glitzernden Dächer des *hospedaje* scheinen um kein Jota näherzurücken, nur die Zeit schreitet in Riesenschritten voran, rennt uns davon. Schon bald versinken die Blechdächer hinter Sandhügeln und entschwinden unserem Blickfeld. Nun reisst Beas dünner, von Sand und Wind des bolivianischen Altiplano abgewetzter Geduldsfaden. Begleitet von einem Schwall unartikulierter Fluchworte kippt sie ihr Rad in den Schotter und lässt Dampf ab. Doch es gibt keine Alternative, wir müssen heute die Unterkunft erreichen, wollen wir hier draussen, ohne Wasser für Tee und Bettflaschen, nicht jämmerlich erfrieren. Aber wo, verdammt noch mal, zweigt der Weg zu dieser Absteige ab? Da vorne befindet sich zwar eine Art Kreuzung, doch lassen die verwirrenden Schilder kein nahes *hospedaje* vermuten, und die wegführenden Fahrspuren im Geröll haben wenig mit einer vertrauenerweckenden Strasse gemein. Statt in Aktionismus zu verfallen und auf gut Glück einer Spur zu folgen, warten wir hier auf Hilfe. Da nähert sich von hinten ein Lastwagen der Boraxmine; unser Herz schlägt höher. Der Chauffeur wird uns ohne jeden Zweifel Auskunft geben können. Dieser aber stiebt schnöde an uns vorüber. «Scheisskerl!», entfährt es mir aus dem sandigen Mund. Auch Bea knirscht mit den Zähnen. Nach einer langen Weile erscheint ein anderer Lastwagen aus der Gegenrichtung. Und er hält an, ohne dass wir uns vor ihm in den Staub werfen müssten. Der Lenker meint: «Doch, doch, da hinten befindet sich eine Herberge. In gut einer Stunde werdet ihr bestimmt dort sein. Ihr müsst aber immer links halten.» Diese vagen Angaben sind wenig überzeugend, doch was bleibt uns anderes übrig, als unser Glück zu versuchen? So schleppen wir uns in besagter Richtung über das steinige Feld, zum steinigen Horizont. Ich bin restlos ausgepumpt, physisch und psychisch, darf mir aber keine Blösse geben. Der Gegenwind legt noch einen Zacken zu, die Sonne versinkt hinter dem Bergrücken und die Temperatur fällt rasch unter Null. Wie in Trance taumeln wir vorwärts. Vorwärts im Wettkampf gegen die Nacht, gegen die Kälte, gegen den tödlichen Schlaf. Ob wir uns in die korrekte Richtung bewegen, ist ungewiss. Nun steigt die Geröllhalde leicht an, und wir entscheiden, dass ich vorauseilen soll, um im letzten Licht des Tages noch ein klares Zeichen der Unterkunft erspähen zu können, um uns die Gewissheit zu geben, der rich-

tigen Spur zu folgen. Spurten, in meiner Verfassung, auf diesem Weg und das Rad
nebenher schiebend? Unmöglich! Wirklich? Nein! Keine Ahnung wie und woher,
doch vermag ich verborgene Kräfte zu mobilisieren. Völlig ausser Atem erreiche ich
die Anhöhe, aber nur um ernüchtert festzustellen, dass der Acker da vorne erstmal
eine weitere Geländewelle vorzuweisen hat. Falls sich das *hospedaje* tatsächlich irgendwo da hinten befindet, versteckt es sich verflucht gut! Jetzt fällt der Vorhang der
Nacht definitiv und wir quälen uns im fahlen Schein der Sterne weiter. Füsse, Hände,
Arme und Nacken schmerzen vor Überanstrengung. Plötzlich ein greller Schein: ein
Jeep, gerammelt voll mit Gringos. Der bolivianische Fahrer lässt unsere Herzen auf-
jauchzen vor Entzücken, als er mit erhobenem Daumen meint: «In etwa einer halben Stunde werdet ihr am Ziel sein. Immer geradeaus.» Die Zeitangabe ist nicht re-
levant, aber dass wir uns nicht auf einem fatalen Irrweg befinden, ist ein Lichtblick.
Neue Energie wallt durch unsere müden Knochen, und wir schleppen die schweren
Velos immer weiter über die stets noch übler werdende Geröllhalde – eine Strasse,
die eine solche Bezeichnung verdient, scheint es hier nicht zu geben. Da, endlich ein
warmes Licht. Das muss die Unterkunft sein. Weiter! Nun vernehmen wir ein leises
Rauschen. Bea stellt ihr Fahrrad auf den Ständer und erkundet die Gegend vor uns.
Ich würde einen Felsen benötigen, um mein Rad zu parken. Denn mein Ständer
Nummer 7 ist zu schwach, um das Gewicht alleine in der Balance zu halten. «Da
unten ist ein Fluss», haucht mir Bea ins Ohr. Wir schieben die Räder durch das Wasser und lassen die Reifen über die vereisten Flächen gleiten. Indem wir von Stein zu
Stein springen, gelingt es uns, das Fliessgewässer trockenen Fusses zu durchqueren.
Am anderen Ufer wuchten wir unsere Last einen kleinen Hügel hoch. In dem Masse
wie das Geflüster des Bachs in unserem Rücken verstummt, nimmt der Motorenlärm
von Generatoren zu. Und schon wächst vor uns eine halbe Stadt einstöckiger Bauten
mit Jeeps davor aus dem Boden. Hinter den hellerleuchteten Fensterfronten sitzen
rotwangige, in Daunenjacken gehüllte Gringos. Alle haben sich eine bolivianische
Alpaka-Wollkappe über die Ohren gezogen. In Dampfwolken von Tee wird ge-
mampft. Einen kurzen Moment lang stehe ich wie angefroren draussen vor der Tür
und spüre ein gähnendes Loch im Magen. Eine unendliche Müdigkeit überkommt
mich, und es wird mir bewusst, wie träge mein kaltes Blut durch die Adern fliesst.
    In einem ansonsten leeren Sechsbett-Zimmer werden uns zwei Liegen zugeteilt.
Die schmuddelige, aber nette Köchin schenkt uns vier harte Brötchen und lädt uns
dazu ein, die Reste des Apfel-Tomaten-Choclo-Salats zu verdrücken, welche die ita-
lienische Reisegruppe auf dem Tisch stehen gelassen hat. Als sich die wohlbehüteten
Touristen schon seit geraumer Zeit an den warmen Bettflaschen reiben, die ihnen der
fürsorgliche Tourführer zwischen die Laken geschoben hat, kochen wir ein Fondue.
Es ist die letzte Packung aus La Paz, das mittlerweile exakt 964 Kilometer hinter uns
liegt. Aus der mickrig bestückten *tienda* der Köchin können wir dazu sogar einen

Wein auftreiben. Welch Festessen, nach diesem Tag! Weit nach Mitternacht liegen auch wir auf den Strohmatratzen. Mit Blasen an den Füssen, Schwielen an den Händen und ein Wundpflaster an fast jedem Finger. Kurz vor dem Einschlafen ist auch Bea wieder mit dem Leben versöhnt. Es tut ihr gut, dass ich mit ihr einig gehe: «Diese Route lässt keine Veloreise der normalen, der vernünftigen Art zu. Es ist, als würde man ein neunzig Kilo schweres Rad auf das Matterhorn hochschieben – ziemlich bescheuert also!» Trotzdem werden wir den vor acht Tagen in Uyuni eingeschlagenen Holzweg bis ans Ende gehen. Die Jeep-Touristen benötigten für denselben Weg übrigens acht Stunden.

Der Wind wirbelt bereits wieder weissen Staub über die Lagune, als wir etwa zwanzig Kilo schwerer beladen als vorgestern, dafür ausgeschlafen, die gut fünf Kilometer über das Geröllfeld zurück zur Strasse in Angriff nehmen. Heute, bei Tageslicht, gelingt uns dies in eineinhalb Stunden. Nun schieben wir die Räder im kalten Sturmwind bergwärts. Erhebend ist der Blick zurück auf die rote Wasserfläche der Laguna Colorada, die immer tiefer zu sinken scheint, während sich die Gipfel dahinter wie ein ausfransendes Aquarell in den vom Wind zerzausten grauen Wolken auflösen. Die nächsten paar Kilometer segeln wir mit Rückenwind, ohne jeden Kraftaufwand, über die sandige Piste. Das Hochgefühl endet abrupt, als die Strasse nach rechts abdreht und uns der Seitenwind Sand zwischen die Zähne treibt. Im Windsog versiegt unsere Sprache. Sogar das Atmen ist kaum mehr möglich. Aus der Nase tropft Rotz in langen, durchsichtigen Fäden, die als Spielball des Windes herumwirbeln und sich auf Kinn oder Brillengläser festsetzen. Bald legen wir uns erschöpft auf die Leeseite der Strassenböschung, schnaufen tief durch und schauen den Wolken über uns zu, wie auch sie vom Wind drangsaliert werden. Wir fragen uns, was wir hier in dieser Gegend eigentlich verloren haben. Das Klima ist einfach zu garstig für Menschen ausserhalb geheizter Jeeps. Was wir in den nächsten Stunden für unser Überleben brauchen, ist ein vor dem Sturm geschützter Platz für das Zelt. Mir wird es plötzlich hundeübel, mein Magen scheint sich zu drehen. War das Spiegelei heute Morgen im *hospedaje* nicht ganz einwandfrei? Wie auch immer, wir müssen weiter. Bea ist derart weichgekocht, dass sie auf der Stelle in einen Jeep nach San Pedro de Atacama, Chile, einsteigen würde. Doch es kommt keiner. Wir quälen uns weiter durch tiefen Sand. Bei einer unbeschriebenen Weggabelung wählen wir für einmal rechts und sehen nach ein paar Schritten unweit unter uns Dunstfahnen in den Himmel steigen – das müssen die Geysire Sol de Mañana sein!

Die kahle Landschaft aus nichts als Sand und Stein gemahnt an Aufnahmen vom Mond. Vorbei an einem ersten Erdloch, aus dem unter ohrenbetäubendem Zischen der heisse Atem der Erde entweicht, rollen wir weiter hinunter in ein Feld, aus dem es nicht nur raucht und rauscht, als würden Düsenjets starten, sondern in trichterför-

migen Löchern Erdpaste verschiedenster Konsistenz und Farbe brodelt und blubbert. Herrlich, dieser Einblick ins kochende Innere von Mutter Erde! Und dies nicht
am tiefsten, sondern am höchsten Punkt unserer Reise, auf fast fünftausend Metern
über Meer – eine verkehrte Welt? Kaum. Zeigt sich denn nicht auch bei uns Menschen oft der verborgene Kern erst in der höchsten Erregung? Der Geologie, der
Lehre von der Entwicklung und dem Aufbau der Erde, haftet ein staubtrockenes
Image an. Hier aber, direkt vor unseren Augen, werden in diesen Sekunden Gesteine
gebildet. Und an Felstrümmern hinter uns haften Flechten, die an eine längst vergan-
gene Epoche der Erdgeschichte erinnern. Diese symbiotische Lebensgemeinschaft
zwischen einem Pilz und Algen funktioniert nämlich schon seit über 600 Millionen
Jahren und ist wohl die Basis für die Entstehung der Humusdecke und letztlich der
Vegetation. Auf den Punkt gebracht: Ohne diese Flechten gäbe es vermutlich auch
keine Menschen. Ich fühle mich in diesem Augenblick winzig und zerbrechlich. Und
doch zugleich unendlich stark.

Die Sonne hat sich aus dem Staub gemacht. Im fegenden Wind ist es bitterkalt,
denn die Temperatur ist unterdessen weit unter Null gestürzt. Wir streifen uns über,
was uns beim Durchwühlen der Taschen in die klammen Hände fällt und machen
uns im nach Schwefel stinkenden Dampf auf die Suche nach einem Platz für die
Nacht. Es wäre verlockend, die Bodenheizung um die speienden Erdtrichter des Gey-
sirfeldes auszunutzen, doch sind diese Zonen zu sehr dem Sturmwind ausgesetzt.
Und wer weiss schon, ob dem Boden zu trauen ist? Wenn unter dem Zelt ein glühender Strom die dünne Erdkruste durchbricht, wäre es aus mit uns. Schliesslich
stranden wir in einem etwas abseits gelegenen, sandigen Erdloch. Es ist das einzige, in
dem nicht offensichtlich menschliche Exkremente liegen. Unverzüglich schotten wir
das Zelt mit Sandhaufen winddicht ab und beginnen Wasser zu wärmen, denn bereits hat sich in einigen Flaschen Eis gebildet. Der Kocher ziert sich aber mit Feuer-
spucken. Die dünne Höhenluft, die Kälte und der Sand bekommen ihm nicht gut. So
verzichten für einmal auf ein ausgefeiltes Geköch und bescheiden uns mit einer Suppe. Mein Magen hat sich noch nicht restlich von der nachmittäglichen Attacke erholt. Ich fühle mich matt und ausgelaugt. Als ich schon im Schlafsack knurre, verharrt Bea noch über eine Stunde lang in der eisigen Apsis und kocht Wasser für die
Bettflaschen.

Ein schneidend kalter Wind zerrt an unserem Haus und lässt es flattern. Dabei lösen sich die Eisstücke wieder, die sich an die Innenseite des Zelts gekrallt haben. Keine der Wasserflaschen zwischen unseren Taschen ist gefroren. Auch die Eier, die Bea
in einem Plastikgefäss mit in den Schlafsack nahm, haben die Nacht unbeschadet
überstanden. Nur das Öl ist zu dickflüssig, als dass wir es in die Pfanne tropfen lassen
könnten. Vorbei an einigen grazilen Vikunjas, die reglos wie Statuen in der öden,
aber bezüglich Farbe und Formen vollendeten Bergwelt stehen, holpern wir zum Sa-

lar de Chalviri hinunter. Immer wenn wir kurz anhalten, um die Szenerie zu geniessen, werden unsere Rücken sandgestrahlt. Ein vom Wind geschmissener Kieselstein zertrümmert gar meinen Rückspiegel. Als wir einen Erdhügel anpeilen, um in dessen Windschatten zu rasten, ist dahinter alles verschissen. Auf dem teilweise zugefrorenen Salar de Chalviri stelzen rosarote Flamingos umher und in der *puna* weidet eine Herde Vikunjas. Vor dieser Kulisse wartet die Landschaft mit einer herrlichen Überraschung auf: ein natürlicher Thermal-Pool. Das Wasser ist 38 Grad heiss und durch unser Haar streicht der bissig kalte Wind.

Atemberaubend ist der morgendliche Blick auf die lodernden Vulkanberge. Die feurigen Farben der verschiedenen Gesteinsschichten mischen sich zu einem surrealen Bild. Als beruhigender Kontrast wirken dagegen die mit dunklen Steinbrocken durchsetzten, in ihrer Schlichtheit vollkommenen Sandflächen in den fein abgestuften Grau- und Brauntönen. Da uns der Wind mit seiner Gewalt verschont, können wir atmen, sprechen und innehalten, wann und wo immer wir wollen, ohne in unserem Sein beeinträchtigt zu werden.

Nach einer Rechtskurve aber steigt das bis jetzt fast flache Terrain kräftig an und schneidende Windböen fegen uns im Minutentakt entgegen. Es beginnt jeweils mit einem Sirren wie unter einer Hochspannungsleitung oder einem unheimlichen Zischen, das mit der Drohung eines Peitschenknalls über die *puna* hallt und uns durch Mark und Bein fährt. Es ist das Unabwendbare, das Wissen, dass Unbill im Anzug ist und gleichzeitig die Ungewissheit, wie wirkungsvoll der Schlag sein wird, ob wir ihn auszupendeln vermögen oder ob er uns zu Boden werfen wird. Schon wirbelt wieder eine graue Sandwolke auf uns zu. Sie ist von derartig ungestümer Wucht, dass uns nichts anderes übrigbleibt, als uns so gut wie nur möglich einzuigeln: Breitbeinig stehen wir bockstill, krallen die Finger um die Bremshebel, lehnen die Velos schief an den Körper an, damit sie mit uns und dem Boden ein stabiles Dreieck bilden, krümmen unsere Rücken zu einem Buckel, wenden die Gesichter ab und lassen unsere Hinterseiten sandstrahlen, bis der Böe der Schnauf ausgegangen ist. Alle zehn bis fünfzehn Meter wiederholt sich diese Prozedur jeweils von neuem. Hinter einem Felsbrocken wollen wir uns neue Energie zuführen, doch wurde auch dieser Windschutz seines Sichtschutzes wegen von schamhaften Jeep-Touristen als Scheissplatz missbraucht. Also pflanzen wir uns hinter ein kleineres, weniger Schutz bietendes Kaliber. Beas Kraftreserven neigen sich dem Ende zu. So helfe ich ihr, selbst am Grund meines Energievorrats schrammend, das Rad schieben oder breche für sie den Wind, damit sie weniger seinem Wüten ausgesetzt ist. Als sie einer weiteren Pause bedarf und nicht mehr im Windschatten trotten mag, schreit sie aus voller Kehle: «Halt! Ich kann nicht mehr!» Doch werden ihr die Worte von den Lippen gerissen. Die ausgesendeten Schallwellen werden talwärts getragen, bevor ich sie vernehmen kann. Und dies, obwohl ich nur einen knappen Meter vor ihr gegen die Luftmassen ankämpfe. Aber auch meine Worte dringen nicht bis an Beas Ohren, zu heftig lässt der Wind die Kapuze ihrer Regenjacke flattern und krachen. Dumpf setze ich einen Fuss vor den anderen. Immer wieder einen Fuss vor den anderen. Ganz langsam. Vor Überanstrengung sind alle Fasern meines Körpers bis zum Zerreissen gespannt. Es brennt und zieht, wo ich auch hinhorche, obwohl meine sinnliche Wahrnehmung der reduzierten Sauerstoffaufnahme wegen in den tobenden Luftmassen stark gedämpft ist. Kurz vor der Passhöhe nehme ich unvermittelt die Witterung von frisch gebackenen Weihnachtsguetzli aus der Backstube meiner Eltern auf – ein unmissverständliches Zeichen, dass auch ich nun von den aus den Fugen geratenen Naturgewalten die Schnauze gestrichen voll habe und mich nach einem ruhigen Hafen sehne. Als ich mich endlich umdrehe, sehe ich Bea weit hinter mir zusammengekauert im Sand sitzen. Die letzten drei Stunden vermochten wir gerade mal lumpige sieben Kilometer und dreihundert Höhenmeter hinter uns zu legen. Mit vereinten Kraften schieben wir Beas Rad zu meinem. Endlich sind wir auf der Anhöhe angelangt.

In der steilen Abfahrt müssen wir kräftig in die Pedale treten, um nicht stehenzubleiben. Jetzt mündet unsere Strasse in ein Quertal, in dem grüne Gesteine dominieren. Der Wind muss sich neu für oder gegen uns entscheiden. Wir biegen links Richtung Laguna Blanca ab, was glücklicherweise auch der Wind tut. So gleiten wir wieder einmal wie auf Schlittschuhen dahin. Die Sonne hat sich bereits verabschiedet, der bissige Wind schlägt uns nach einer Kurve an die rechte Wange, und Flamingos stehen als ruhende Pole auf ihren Stelzenbeinchen im eisigen Wasser der Laguna Blanca. Am gegenüberliegenden Ufer retten wir uns in ein *hospedaje*. Die Absteige ist abgetakelt und für das Gebotene weit überteuert. In den schäbigen Zimmern stehen auf schmuddeligen Teppichen ausgelegene Kajütenbetten. Das WC ohne fliessendes Wasser befindet sich in einem separaten Häuschen, das nur durch einen Marsch im steifen, kalten Wind erreichbar ist. Und doch sind wir es zufrieden, hier zu sein. Wir stellen einen Eimer für die nächtliche Notdurft vor unser Zimmer und schlafen schon bald ein.

Der ungezügelte Wind zerrt an der nachlässig montierten Dachabdeckung über uns und lässt sie in den losen Befestigungen vibrieren und rattern. Um die Berge hat er schwarze Wolken getrieben, die während der Nacht strahlend weissen Schnee auf die Gipfel abluden. Die Grenze ist rasch erreicht. Ohne die Daten zu kontrollieren, drückt uns der Beamte den Austrittsstempel in den Pass. Da hätten wir uns das Prozedere für die Aufenthaltsverlängerung in Oruro also sparen können!

Chile, 18. September bis 2. Dezember 2006

Die ersten Kilometer auf chilenischem Terrain unterscheiden sich kaum von den letzten im Nachbarland Bolivien. Und da unsere Batterien gähnend leer sind, müssen wir uns geradezu quälen, um die wellige Schotterpiste bezwingen zu können. Umso ausgelassener ist der Jubel im Herzen, als wir endlich, endlich wieder Asphalt berühren dürfen. Es sind mittlerweile 24 Tage verstrichen, seit wir in Huari die mit schwarzem Gold gezuckerte Strasse verliessen und auf anfänglich verheissungsvoll knirschenden Schotter rollten.

Über das nahezu verkehrsfreie, perfekte Asphaltband sausen wir mit fast siebzig Stundenkilometern. Es kommt vom Paso de Jama und führt zum weit über zweitausend Höhenmeter tiefer liegenden San Pedro de Atacama. Von Minute zu Minute umströmt uns wärmere Luft. Wir entblättern uns entsprechend und sehen schon bald wieder wie normale Menschen aus; nicht mehr wie Mitglieder einer Himalaya-Expedition. Vom Wind gebeutelte Wolken verstellen die Sicht auf die Atacamawüste unter uns. Eine monotone, öde, fürs Auge weitgehend reizlose Gegend flitzt an uns vorüber. Selbst die Gräber der Verkehrstoten neben der Strasse sind äusserst schlicht, fast lieblos gehalten. Vorbei an diversen abgesperrten Minenfeldern, welche an die bis heute nachwirkenden Folgen des Salpeterkriegs gegen Peru und Bolivien erinnern, erreichen wir das Oasen-Städtchen San Pedro de Atacama. Da heute, 18. September, der Jahrestag des anno 1810 begonnenen Unabhängigkeitsprozesses von Spanien als Nationalfeiertag begangen wird, wehen an jeder Ecke Landesfahnen, und Leute flanieren in den lauschigen Gassen; Gringos und Chilenen, die im Übrigen fast nicht auseinanderzuhalten sind.

Im touristischen San Pedro de Atacama, wo im Geäst der blühenden Bäume Vögel singen und in den meisten Restaurants Holzfeuer lodern, geniessen wir die Leichtigkeit des Seins. Bei jedem Gang aus unserem Bungalow, der aus fein duftendem Holz konstruiert ist, richtet sich unser Blick zum 5920 Meter hohen Vulkan Licancábur, der in seiner vollendeten Kegelform majestätisch den Horizont beherrscht und uns an die so knallharte wie unvergessliche Zeit unserer Expedition auf dem bolivianischen Altiplano denken lässt. Wir schwelgen ausgiebig im lukullischen Angebot, wobei wir vor allem den so lange entbehrten Früchten, den Gebäcken und den hervorragenden chilenischen Weinen nicht widerstehen können. Im flügellahmen Internet erfahren wir, dass sich Sarah und Richard auf dem Salar de Uyuni verirrt hatten, nicht auf der Isla Incahuasi landeten, später Schnee schmelzen mussten, um ihren Wasserbedarf zu decken und viel weiter nördlich als wir die chilenische Grenze querten.

Nach einer Woche der Musse sind die Kälterisse in unseren Fingern und Lippen derart gut verheilt, dass wir in die nordwestlich gelegene Oasen-Stadt Calama weiterziehen können. Ausser dutzende Kilometer von der Strasse entfernten Sulfatminen gibt es auf diesem Weg durch die absolut vegetationslose, menschen- und tierleere trockenste Wüste der Welt keinerlei Ansiedlungen und damit auch kein Wasser für uns. Hartnäckiger, heisser Gegenwind stellt sich uns auf den hundert Kilometern entgegen. Und trotzdem fordert uns dieser Tag keinen Bruchteil so stark wie nur fünf Kilometer auf sandigem Wellblech gegen stürmischen Eiswind auf dem Altiplano oben.

Auf unseren Bummeln durch die glänzenden Strassenzüge des pulsierenden Calamas ist nicht eine farbige Tracht und keine einzige braungebrannte Zehe auszumachen, die keck aus einer «Autoreifen-Sandale» lugt – allenthalben werden Hemd und Krawatte, Halb- und Turnschuh ausgeführt. Auf den Köpfen der Frauen balancieren keine Melonen, sondern gestylte Frisuren über ausgezupften und mit fettem Stift schwarz nachgezogenen Augenbrauen. Die T-Shirts der *chicas* wurden derart heiss gewaschen, dass sie die Körper eng und nur noch unvollständig umspannen. Die prallen Brüste drohen die Nähte aufzuplatzen, und die molligen Bauchpartien sind unbedeckt vom Bauchnabel bis zum Hosenbund, der die Hüften messerscharf über den krausen Schamhaaren umfasst. Auf den polierten Steinplatten der Fussgängerzone dampft Hundekot neben achtlos weggeschnippten Zigarettenkippen, die noch lange glühen und feine Räuchlein aufsteigen lassen. Keine grunzenden Schweine oder gackernden Hühner jagen zwischen den Marktständen hindurch; dies nur schon deshalb, weil es gar keine Märkte – keine richtigen, jedenfalls –, sondern nur Supermärkte, eigentliche Einkaufstempel gibt, in denen Konsumenten zur Ader gelassen werden. Das Urwüchsige, oft auch Chaotische und vielleicht gerade deshalb so faszinierend Exotische, das uns an Mexiko, Guatemala, Peru oder Bolivien fesselte, geht diesem bereits ziemlich entwickelten Land ab. Vieles wirkt hier zu brav, zu geordnet, zu stromlinienförmig, schlicht zu langweilig. Selbst die Autos stoppen geflissentlich, wie von Geisterhand geführt, vor jedem Rotlicht oder Bahnübergang, selbst dann, wenn weit und breit keine Seele auszumachen ist. Auch der Pizza-Kurier fehlt nicht, nur wird er hier Telepizza genannt. Allerorts werden zudem fettige Hamburger, bleiche Hotdogs und Pommes ohne Rückgrat verschlungen – Fastfood gehört weltweit zum Lifestyle der Städter.

Die Morgenluft umtanzt uns mild, als wir Calama Richtung Pazifik verlassen. Mit wachen Augen schauen wir dem angebrochenen Tag ins himmelblaue und sonnengelbe Gesicht. Kaum liegt die Stadt hinter uns, ist es schlagartig vorbei mit den offensichtlichen Zeichen der Zivilisation – die Wüste übernimmt das Zepter. Jungfräulich wirkt sie aber gar nicht. Jeder Quadratmeter der nicht enden wollenden Flächen scheint hier mindestens einmal umgegraben worden zu sein. Nicht umsonst geht das Bonmot: «Unter jedem Stein, den du in Chile umdrehst, kriecht ein Ingenieur hervor.» Schliesslich ist das Land reich an Bodenschätzen, die allesamt ausgebeutet sein müssen. Der Strassenbelag ist in hervorragendem Zustand. Und die paar Tankwagen, die Jeeps der Mineure und die Laster von Chuquicamata, der grössten offenen Kupfermine der Welt, überholen uns in grossen Bögen. Gehupt wird fast nie, gewinkt viel. Vegetation, wenn auch in bescheidenem Ausmass, sehen wir nur bei Gräbern und den in regelmässigen Abständen auftauchenden Abfallkübeln. Es herrscht offenbar die Auffassung vor, dass zu jedem Eimer zwingendermassen ein Baum gehört. Diese sind aber oft von schütterem Wuchs. Dasselbe gilt für die Gewächse, die bei den unzähligen Gedenkstätten für Verkehrsopfer gepflanzt wurden.

Auf unserer Landkarte sind verdächtig viele Dörfer eingezeichnet. Wir fallen aber nicht auf den Schwindel herein. Schliesslich haben sich die Chimären-Ortschaften der Taklamakanwüste tief in unsere Seelen eingebrannt. Seither verlassen wir uns nie mehr allein auf solche Angaben, sondern fragen stets Lastwagenfahrer nach den effektiven Gegebenheiten der vor uns liegenden Strecke. Ihre Informationen sind meist verlässlich. Tatsächlich stehen die Punkte auf der Landkarte für Minen in den Bergen oder für sogenannte Oficinas. Das sind die traurigen, fast vollständig zerfallenen Überreste, ja eigentlichen Geisterstädte der einstigen Arbeitersiedlungen von Minen, in denen vorwiegend zwischen 1910 und 1930 Natriumnitrat abgebaut wurde. Damals ging es hoch zu und her in den Oficinas, als dort mehrere tausend Leute lebten und arbeiteten. Es gab Schulen, Kirchen und Spelunken – kaum vorstellbar dieses einst pulsierende Leben, wenn man nun inmitten der Ruinen steht. Seit Jahrzehnten, seit Düngemittel, Salpetersäure und Sprengstoff mit günstigeren, synthetisch hergestellten Nitrogenverbindungen produziert werden, pfeift nur noch der Wind durch die Gemäuer.

Beim Flecken Carmen Alto, der im Wesentlichen aus einer Tankstelle besteht, mündet unsere *carretera* in die Ruta 5, die Panamericana oder kurz PanAm, ein. Im gepflegten *baño* der Tankstelle duschen wir uns den Schweiss und Staub des Tages ab. Auch das Zelt könnten wir im Windschutz der Umgebungsmauern aufschlagen, doch ist auf diesem mit Benzindämpfen geschwängerten Areal das Kochen nicht ratsam – und der Zeitpunkt für die Henkersmahlzeit scheint uns noch nicht gekommen. Also wählen wir für die Nacht einige hundert Meter weiter weg einen Platz hinter einem Kieshaufen.

Kaum ist der etwa zehnte mit Zinkplatten beladene Laster des Tages an uns vorbeigedonnert, schneidet ein ohrenbetäubender Knall durch die trockene, heisse Luft, und Gummifetzen stieben vor uns auf den Asphalt. Nach einer Schrecksekunde atmen wir erleichtert auf und realisieren, dass etwas ganz Alltägliches passiert ist: Einer der 32 Reifen des Camions ist zerborsten, nichts weiter. Mit Erstaunen und gewisser Beruhigung stellen wir fest, dass es über 40000 Kilometer Reise bedurfte, um das Versagen eines Lasterpneus hautnah miterleben zu müssen. Obwohl auf dem Seitenstreifen der Strasse alle paar Meter zerplatzte «Reifenleichen» liegen, scheint es extrem unwahrscheinlich, von so einem davonfliegenden massigen Teil getroffen und verletzt oder gar ins Jenseits befördert zu werden.

Die Atacamawüste zeigt uns auch heute ihr fahles, reizarmes Gesicht. Einzig die da und dort auftauchenden Gerippe der Oficinas lockern die Einöde ein wenig auf. Diese abgenagten Knochen einstiger Zivilisation beflügeln meine Fantasie. Auch die Tafel mit der Aufschrift « *Tropico de Capricorn*, Wendekreis des Steinbocks», sorgt für Abwechslung, und meine Gedanken schweifen ab nach Mexiko in die Region von Durango. Dort waren wir über den Wendekreis des Krebses in den Tropengürtel eingedrungen, den wir nun, nach acht schillernden Monaten mit der nächsten Radumdrehung wieder verlassen. Schon längst knurren unsere Mägen, aber erst nach gut sechzig Kilometern zeigt sich das erste Buswartehäuschen, das uns eine Bank sowie Wind- und Sonnenschutz bieten würde. Doch wie es der Teufel will, steht just auf diesem Fleck des schier unendlichen Ödlandes eine aufgeplusterte, mit Ketten und Klunkern behängte Irre, die ohne Umschweife zur Sache kommt und Geld verlangt. Pikiert über unsere abschlägige Antwort kräuselt sie ihre Lippen und rückt ungehalten ihre mit falschen Diamanten besetzte Brille zurecht. Kopfschüttelnd und doch schmunzelnd stemmen wir uns weiter gegen den wütenden Wind, der vom Pazifik her fegt und uns liebend gerne wieder auf die Anden verfrachten würde. Gevatter Wind bereitete es allem Anschein nach höllischen Spass, mit uns dort oben zu spielen. In ständiger Erwartung der finalen Abfahrt zum Meeressaum pressen wir unermüdlich die Füsse auf die grossen Widerstand bietenden Pedale. Doch empfängt uns bei der Stelle, die auf unserer Karte mit O'Higgins bezeichnet ist, erst mal eine tiefgraue Nebelwand, die vom stürmischen Wind auf unser Plateau heraufgedrückt wird. Ein klebrig-salziger Feuchtigkeitsfilm legt sich auf unsere Haut und die Temperatur stürzt um einige Grade. So friert es mich in der Abfahrt durch das mit Abfall gepflasterte Brachland, in dem herrenlose Hunde nach Fressbarem stöbern. Endlich breitet sich Antofagasta, die grösste Stadt Chiles nördlich von Santiago, vor uns aus: ein der Küste angeschmiegter Bandwurm.

Trotz der zähen Wolkendecke, die wir von nun an O'Higgins nennen, dünkt es uns angebracht, hier in Antofagasta für drei Tage zu ruhen und dem Wellenschlag des Meers zu lauschen, bevor wir uns wieder auf die knochentrockene Atacamawüste hochhieven werden.

Beim Flanieren durchs Zentrum dürstet es uns schon nach wenigen Minuten nach Wasser. Wir sind uns gewohnt, literweise zu trinken, doch finden wir keine unserem Brand angemessenen Flaschen. Noch in Bolivien wurden in fast jeder *tienda* für ein paar Batzen eineinhalb Liter fassende Wasserflaschen angeboten, denn Menschen brauchen schliesslich genügend Flüssigkeit um zu überleben. Doch in der modernen Hafenstadt Antofagasta lustwandeln vor allem Konsumenten, und die hier herrschende Marktwirtschaft gebietet, sich die Lippen an überteuerten Miniaturfläschchen, die überdies den Abfallberg unnötig anschwellen lassen, zu netzen.

Zwischen Meer und glänzenden Fassaden eleganter Wolkenkratzer halten wir südwärts aus der Stadt, bis die Strasse schliesslich links weg in die kahlen Berge abbiegt.
Unvermittelt schiesst mir durch den Kopf: «Woher nur stammt das Wasser für diese
boomende Metropole?»

Im Flecken La Negra, an der PanAm oben, ist die Sicht diffus, und wir atmen den
Rauch und Feinstaub von Industrieschloten. Insbesondere die Zementfabrik mit
dem verbrämenden Namen Bio Bio lässt ihre Hochöfen auf Hochtouren flammen.
Von Arbeitern in knalligen Overalls erfahren wir, hinter welchen auf unserer Karte
erwähnten Namen sich so etwas wie ein Dorf oder wenigstens eine Posada, wie hier
in Chile die Kneipen für Lastwagenfahrer genannt werden, verbirgt. Wenn wir den
Inhalt ihrer in horrendem Tempo und mit fahriger Aussprache formulierten Sätze
richtig interpretieren, liegt die erste Wasserquelle ausserhalb unserer heutigen Reichweite. Um auf Nummer sicher zu gehen, füllen wir deshalb all unsere Flaschen. Die
Sprechweise der Chilenen ist nicht zu vergleichen mit dem gemächlich vorgetragenen, glasklaren Spanisch in Mexiko, Guatemala, Peru oder Bolivien. Vieles ist für uns
nur schwierig zu entschlüsseln und oft nur grob zu erahnen. Als wir eine Kupfer verarbeitende Anlage passieren, filtern wir die Luft mit dem vor die Nase hochgezogenen T-Shirt. Trotzdem schlägt sich auf meine Atemwege ein, wie mir scheint, giftiger
Belag, der mich an die apokalyptische Atmosphäre von La Oroya, Peru, erinnert.
Aber schon einige Kilometer weiter können wir wieder freier atmen, denn nun ist es
mit den qualmenden Molochen vorbei – die nackte Wüste hat uns wieder.

An der Neige des Nachmittags lacht am noch immer blauen Horizont bereits das
pausbackige Gesicht des Mondes. Bald stellen wir das Zelt in ein Geröllfeld und duschen uns in den letzten Strahlen der Sonne, die sich eilig hinter dem westlichen
Bergzug zur Ruhe legt. Als wir uns einige Stunden später einen Kaffee zubereiten, hat
die mittlerweile stark abgekühlte Luft ihre überschüssige, in erstaunlich grossen
Mengen vorhandene Feuchtigkeit bereits auf unserem Zelt abgeladen. Auf diese Weise könnte bestimmt sämtliches Wasser für Antofagasta gewonnen werden: mit grossen Plastikbahnen O'Higgins melken.

Zu früher Stunde treibt uns die Wärme der Sonne ins Freie unter den wolkenlosen
Himmel. In der milden, von keinem Windchen aufgewühlten Luft rollen wir weiter
durch die Monotonie der Atacamawüste. Ein kleiner Vogel stillt seinen Durst aus
einer bläulich schimmernden Wasserlache neben der Strasse. Die Sonne liegt in Mit-
tagsglut, als wir die erwartete Posada Rosario erreichen, wo wir uns verpflegen und
das geschwundene Wasserdepot wieder aufstocken wollen. Die junge Wirtin empfängt uns aber so sauertöpfisch, dass wir selbst schon fast depressiv werden. Auch in
der mexikanischen Wüste Baja California trafen wir oft auf Leute dieses schwermüti-
gen, trübsinnigen Schlags. Ist es die Gleichförmigkeit der Wüste, welche die Menschen auf die Dauer derart stumpfsinnig und leidenschaftslos macht? Als wir die

Dame nach dem Begleichen der Zeche um Wasser für unsere gähnend leeren Tanks bitten, hat uns diese dummdreiste Zicke, die unter einem zischenden Wasserhahn schmutziges Geschirr spült, kein anderes anzubieten als jenes aus der Tonne bei den *baños* hinter dem Haus. Nach verrichtetem Geschäft schöpfen die Klienten mit einem rostigen Metallkübel jeweils Spülwasser daraus. Einige waschen sich auch die Hände darin. Weil auf den nächsten über hundert Kilometern keine Wasserstelle zu erwarten ist, haben wir keine Wahl. Wir beissen in diesen nicht nur sauren, sondern auch madigen Apfel. Immerhin wird unser chlorhaltiges Desinfektionsmittel mit allen Bakterien fertig. Trotzdem braucht es ein gehöriges Mass an Überwindung, mit diesem unappetitlichen Wasser zu kochen und es gar zu trinken. Selbst das für die spätere Dusche vorgesehene Wasser versetzen wir mit der Chemikalie. Schliesslich ist Cocales in Guatemala noch nicht vergessen. Vermutlich war es damals ein Schluck Jauchewasser aus der Duschbrause, der mich später zu Boden gehen liess.

Weiter geht die Reise 25 Kilo schwerer beladen als zuvor. Der aufkommende Gegenwind kostet uns einiges an Substanz. Wir sehnen uns nach Ruhe und Erholung. Weil die Landschaft aber hartnäckig flach bleibt, finden wir lange keinen geschützten Ort. Erst beim Markierungsstein, der noch 1244 Kilometer von Santiago entfernt steht, ist es so weit: links weg vom Highway, hinter einem abgeflachten Hügel, direkt neben den verlotterten Gleisen der wohl seit Jahren stillgelegten Eisenbahn. Das Feuer der Sonne ist hinter dem Bergzug verschwunden und im Pazifik erloschen. Der Mond jedoch erwächst derart gross und klar aus dem östlichen Horizont, dass uns keine seiner Falten im orangegelben Gesicht verborgen bleibt. In dem Masse wie er sich dem Zenit nähert, verwäscht sich seine Farbe in ein helles Weissgelb, das aber umso mehr Licht auf uns zwei Wüstenmäuse ergiesst.

Noch am Morgen zerrt der Wind derart ungestüm am Zelt, dass wir uns für das Frühstück nicht hinaus wagen. Schon zwei Stunden später hat er sich aber auf wunderliche Weise verflüchtigt. Die Strasse steigt nun sanft an. Die kräftigen Farben und die kantigen Steine in den samtweichen Flanken der Sandhügel erinnern mich ans mehr als doppelt so hoch über dem Meeresniveau liegende bolivianische Altiplano. Wie meist in letzter Zeit, verbringen wir die Pause unter der prallen, stechenden Sonne. Schattenplätze sind halt dünn gesät in der Wüste. Die breitkrempigen Hüte, die wir für die Überquerung des Salar de Uyuni gekauft hatten, leisten uns auch jetzt gute Dienste. Grossartig ist die folgende Abfahrt; aber nur, bis dem wolkenlosen Himmel wie aus dem Nichts heftigste Windböen entfahren, die uns rüde ins Gesicht schlagen. Bei der Zufahrt zu einer Mine steht ein Buswartehäuschen, das uns Windschutz verspricht. Wir machen uns auf der Holzbank lang und lauschen dem Pfeifen des Windes, bis uns die Müdigkeit übermannt und die Augen zufallen. Nach dem kurzen Nickerchen wandern die letzten zwei Bananen unseres Vorrats in unsere Mägen und wir stellen uns derart gestärkt wieder der Naturgewalt. Ich erfülle meinen

Job als Windbrecher offensichtlich brillant, denn schon bald jubiliert Bea in meinem
Sog: «Jetzt haben wir Rückenwind!» Irgendwann erlahmt die Dynamik des Windes
doch noch, und wir erreichen das Oficina Alemán, das freilich ausser einer Gedenkstätte und wenigen Ruinen nichts aufzuweisen hat. Ein paar Pedalumdrehungen weiter erscheint aber endlich die erwartete Posada, die uns einen weit besseren Eindruck
macht als die letzte mit der lieblosen Wirtin. Wir kriegen aus einem grossen Tank
nicht nur so viel Trinkwasser wie wir begehren, sondern können auch Eier und Tomaten aus der Küche erstehen. Der Wirt will wissen, ob wir bei unseren Frachtschiff-
reisen jeweils als blinde Passagiere mitfuhren – der hat vielleicht Nerven! Unweit des
Restaurants campen wir in einer Senke, direkt unter einer Telegrafenleitung. Immer,
wenn Nachrichten durch den Draht gespeist werden, vibriert und rattert er. Wir verfügen wieder einmal über genügend Wasser, um sogar die Haare zu waschen. Im goldenen Licht des Mondes schlemmen wir unser Nachtessen; mit der Tiefe der Nacht
kühlt die Luft auf den Gefrierpunkt ab.

Wir erheben uns erst, als die Sonne die Heizung aufdreht. Dank dem noch schläfrigen Wind kommen wir selbst in der anhaltenden Steigung gut voran. Vom Kulminationspunkt aus erspähen wir in der Ferne unter uns die grünen Baumwipfel der
Ansiedlung Agua Verde. Seit Antofagasta, also seit 240 Kilometern, ist uns nichts
mehr derartig Erfrischendes unter die Augen gekommen. Bis wir das Wäldchen aber
erreichen, dauert es trotz dem fallenden Terrain ein hübsches Weilchen, denn der
Wind reckt und streckt sich nach seinem tiefen Schlaf und begrüsst uns mit derbsten
Böen, die uns auf Schritttempo bremsen. Zudem spielen uns die Augen in der klaren
Wüstenluft wie so oft einen Streich. Distanzen können kaum richtig eingeschätzt
werden, alles wirkt näher, als es in Realität ist. Ebenso verhält es sich mit der Beurteilung von Gefällen. Wenn die Strasse vor uns fadengerade dem Horizont zustrebt,
können wir nicht mit Gewissheit sagen, sie werde nun steigen oder fallen. Auch glänzen immer wieder vermeintliche Wasserlachen auf dem Asphalt, die sich schliesslich
verflüchtigen und als reine Trugbilder herausstellen.

Vor dem Wirtshaus von Agua Verde fegt eine Windböe über den unbefestigten
Platz und pudert uns mit feinem Staub ein. Und im Gebäude hagelt der Redeschwall
der netten argentinischen Serviertochter auf uns ein. Noch nie in meinem Leben
hörte ich jemanden derart rasend schnell palavern. Die Worte sausen ihr mit einer
Geschwindigkeit aus dem Mund, als würden sie aus dem Lauf eines verschluckten
Maschinengewehrs abgefeuert. Sie mehr als der Spur nach zu verstehen, ist für uns
ein Ding der Unmöglichkeit. Trotzdem funktioniert das Gespräch recht gut, denn
auf unserer langen Reise durch die verschiedensten Kulturen der Welt haben wir eine
Fähigkeit entwickelt, im richtigen Moment zu lächeln, zu nicken oder ein passendes
Wort einzuwerfen.

Die Wüste gewinnt immer mehr an Farbe und Profil. Aus kleinen Sanddünen lugen erste Büsche, die da und dort gar Blüten treiben. Und der Gegenwind wird kühler – der Pazifik ist nicht mehr fern. Der Morgennebel ist derart dicht, dass wir die Trucks auf der kaum hundert Meter entfernten Strasse vorüber rauschen hören, ohne sie zu sehen. Doch als Tortillas und Spiegeleier verspeist sind und das Zelt zusammengerollt ist, hat sich der feuchte Schleier gelüftet, und wir können auch die heutige Reise unter blauem Himmel starten. Wie die letzten Tage geht es vorbei an Gräbern, die sich vornehmlich in den Kurven häufen, an zerplatzten Reifen, an Scherben herausgeflogener Windschutzscheiben, an abgebrochenen Schrauben und zersplitterten Holzteilen oder weggeschmissenen Plastikflaschen, diese auch oft mit Urin gefüllt. Ansonsten erinnert mich die karge, mit unzähligen Minen gespickte Landschaft immer wieder an Bilder vom Mond. Als Boten des nicht mehr so weit entfernten Meers kreisen Vögel majestätisch am Himmel. Schlagartig breitet sich um uns ein grüner Flaum aus, der unseren Augen gut tut. Noch fantastischer aber sind die im blutroten Licht der Abendsonne aufleuchtenden eng gefälteten, kahlen Bergflanken, zwischen denen sich unsere Erdstrasse hindurchschlängelt. Wüssten wir es nicht besser, kämen wir nie auf die Idee, dass sich dahinter die unendlichen Weiten des Pazifiks ausdehnen. Doch schon bald lässt uns der kühle, klebrig-salzige Luftzug aus der unvermeidlichen O'Higgins-Wand das Meer spüren, riechen und schmecken. Jetzt rollen uns auch die Donnerschläge der Brandung entgegen und nach einer weiteren Kurve öffnet sich uns der Blick auf die Bucht des Nationalparks Pan de Azúcar.

In atemberaubender Vielfalt pulsiert hier das Tierleben zu Land, zu Wasser und in der Luft. An den ufernahen Felsen, die mit einer dicken weissen Kotschicht überzogen sind, zerstieben die Wellen unter lautem Krachen. In der sprühenden Gischt hocken neben Pelikankolonien auch Kormorane und Möwen. Auf der nahen Insel im Humboldtstrom, der kaltes Wasser aus der Antarktis der Küste entlang bewegt und damit das Klima Chiles entscheidend prägt, tummeln sich die putzigen Humboldt-Pinguine. Sie sind die kleinsten Vögel der Welt, die in schwarz-weissem Frack herumwatscheln. In meiner schrägen Vorstellung sind Pinguine untrennbar mit Eisschollen verbunden; hier ist es aber herrlich warm und von Eis ist keine Spur.

Über der trittfesten Schotterstrasse Richtung Chañaral, der ersten Stadt seit 420 Kilometern, gewinnt der Morgennebel vorhand das tägliche Kräftemessen mit der Sonne und lässt in seinem düsteren Dunst den schroffen Küstenstreifen noch unwirtlicher erscheinen. Die im Sand steckenden faustgrossen Kakteen haben sich zu Kugelhaufen zusammengeballt. Einzig Vogelgezwitscher und das Grunzen und Bellen von Robben dringen durch das dichte Grau.

Balneario Flamenco erweist sich als ein recht ausgedehntes, aber fast vollständig ausgestorbenes Feriendorf. Erst im Sommer, von Dezember bis März, wird es hier wie im Bienenhaus zu und her gehen. Jetzt patrouilliert lediglich eine Handvoll

Männer durch die Gassen, um die verwaisten Residenzen der Reichen zu bewachen. Ihre Zigarettenrauchschwaden steigen als flüchtige Wolken in die Luft empor, die vom Gekläff der Hunde erfüllt ist. Weil die zwei Campingplätze mit Ketten und Schloss verriegelt sind und die PanAm in dieser Zone mit einem dichten Stacheldrahtverhau eingezäunt ist, kehren wir im Eindunkeln zu einer unweit gelegenen Posada zurück, wo wir im Hinterhof das Zelt aufschlagen dürfen. Wir befinden uns noch immer in der trockensten Wüste der Welt, doch was hören wir mitten in der Nacht? Jawohl, Regen nieselt auf unser Dach!

Am Morgen führt uns die Strasse in leichten Wellen durch sandig-steinige, wildromantische Gegend den ausgefransten Saum des Pazifiks entlang. Die meisten Kreuze am Wegrand stehen an blutigen Orten. Sie erinnern bei Unfallstellen an die Verschiedenen. Eine andere Bedeutung haben die Kreuze bei Heiligtümern, bei den mit blühenden Blumen geschmückten Sanktuarien. Das sind Orte des Dankes. Bei jenem der Jungfrau Gemita, die als eine Art Schutzheilige der motorisiert Reisenden gilt, haben einige aus lauter Dankbarkeit für die eigene Unversehrtheit auf der Landstrasse ihr Nummernschild an hölzerne Kreuze genagelt oder mit Dankessprüchen versehene Tafeln in Felsen eingelassen.

In der schmucken Posada Balneario Obispito schaufeln kurzbeinige, untersetzte und übergewichtige Kraftfahrer das günstige Tagesmenü in sich hinein. Die Leute hier scheinen allesamt keine Frohnaturen zu sein, zu zerknittert ist ihr Ausdruck. Immerhin blitzt im Gesicht der Serviererin, als sie uns zum Abschied « *Que les vaya bien*, es möge euch gut gehen!» wünscht, ein helles Lächeln auf. Und draussen treffen wir auf Octavio und Esteban, zwei lebenslustige und redselige Kerle. Sie bezeichnen sich als «Pendel der Landstrasse». Denn ihr immer gleicher Job besteht darin, auf der PanAm zwischen Iquique im Norden nach Puerto Montt im Süden hin und her zu schwingen: In drei Tagen und drei Nächten Salz in den Süden und in derselben Zeitspanne Holz in den Norden bringen; Salz in den Süden, Holz in den Norden. Jeder allein in seinem Truck, vierzehn Stunden täglich hinter dem Steuer. Viermal im Monat ein voller Pendelschlag. Kein Wunder also, haben sie uns schon mehrmals gehupt und werden auch später noch einige Male an *Beatriz y Pedro* vorbeidonnern. Octavio hat ausgerechnet, dass er in den letzten fünf Jahren eineinhalb Millionen Kilometer mit seinem Camion zurückgelegt hat. Dagegen nehmen sich unsere 41000 Kilometer geradezu kläglich aus – doch tauschen würden wir nie und nimmer mit ihm! Wie ätzend langweilig das auf Dauer doch sein muss, sich immer auf vorgezeichneter Bahn zu bewegen.

Die mühselige Beschlussfassung des Windes für oder gegen uns zu pusten, lässt seine Kräfte ermatten. So können wir für einmal unbeeinflusst von ihm die Kurbeln drehen. Beim Valle Río Copiapó am südlichen Rand der Atacamawüste, durch die wir bereits neunhundert Kilometer gereist sind, müssen sich unsere Augen schlagar-

tig an eine seit Urzeiten – wie mir scheint – vermisste Farbe gewöhnen: Grün. Saftiges Grün ist der dominierende Farbton. Erst sind es nur die im Wind raschelnden
Blätter einiger Büsche, doch dann breitet sich vor uns eine wahrhafte Wiese aus, auf
der Obstbäume stehen. In ihren Kronen zwitschern Vögel vielstimmige Lieder. Weiter hinten dehnen sich Olivenhaine, so weit das Auge reicht.

Auch wenn die Atacama seit Copiapó hinter uns liegt, herrscht um uns wieder fast
nichts als Wüste. Einzig der Gestank zweier Kadaver von verendeten Hunden und
die Starkstrommasten zeugen von Zivilisation. Und einige Büsche, zwischen denen
spatzenähnliche Vögelchen auf dem Sand hopsen, von Vegetation. Für uns gäbe es
hier aber weder etwas zu beissen noch zu schlucken. Wir rollen wie gehabt auf der
meist schnurgerade verlaufenden PanAm, vorüber an knorrigen Kakteen, die weissgelbliche Blüten treiben und über Splitter und Fetzen, die der Verkehrsstrom gleichsam als Strandgut auf den rauen Seitenstreifen gespült hat. Gegen Abend verschlägt
es uns in eine Kiesgrube. Beim Duschen werden wir scharf beobachtet. Es sind die
langen, spitzen Ohren, die immer wieder hinter einem Wall aufragen, die den Wüstenfuchs verraten. Und im Schein der Stirnlampen sind es seine Augen, die funkeln.
   Der Fuchs hat uns nichts gestohlen, aber O'Higgins, der schon während der Nacht
unser Zelt mit seinem Geifer bekleckert hat, steht dicht vor der Tür. Wie als Ab-
schiedsgruss zeigt uns Meister Reineke nochmals kurz seine haarigen Lauscher, bevor
er sich aus dem Staub macht. Raubvögel kreisen am windlosen Himmel und ihre
kleineren Artgenossen huschen nervös piepsend von Busch zu Busch. Ab und zu
massiert sich auf unserer Höhe der Bus- und LKW-Verkehr, sonst vernehme ich nur
das Rauschen meines eigenen Fahrtwindes in den Ohren. Ein mit Kohle und Erz be-
ladener Güterzug rattert linkerhand am Fuss der Bergkette vorbei. Bis wir alle 38
Waggons gezählt haben, hat die Sonne über den sabbernden O'Higgins obsiegt, und
wir entledigen uns der warmen Kleiderschichten.
   Als wir bei Vallenar den ziemlich üppig wasserführenden Río Brasil überqueren
und uns dem steilen Hang stellen, krault uns der Wind für einmal den Rücken. Anstrengung und Hitze der Sonne verwandeln unsere feinen Falten im Gesicht in salzige Rinnsale. Auf den ersten paar Kilometern kommen wir an reihenweise Holzverschlägen vorbei, in denen Spezialitäten der Region wie *aceitunas*, Oliven, oder *pan
amasado*, Holzofenbrot, angeboten werden. Schon bald aber tauchen nur noch hier
und da einfache Ansiedlungen auf, die sich jeweils durch immer lauter anschwellen-
des Hundegebell ankünden. Da und dort stehen auch bockige Esel mit langen Gesichtern. Nach dem Mineuren-Dorf Domeyko erküren wir eine trockene, sandige
Bachrinne zu unserem Nachtlager. Die Vögel singen bereits ihr letztes Lied für heute.
Es weht absolut kein Lüftchen, was in Chile Seltenheitswert hat. Unter dem mondlosen und deshalb umso klareren Sternenhimmel lärmen die Trucks und ziehen gelbe

und rote Streiflichter durch die Nacht. Unser Lager wird von flackerndem Kerzenlicht beleuchtet, in dem todeswütige Insekten verglühen. Und unzählige fliegende Käfer schwirren unbedarft und tölpelhaft herum. Sie landen hart wie Kieselsteine auf unserer Stirn, unseren Jacken oder unserem Essen. Andere krabbeln auf dem Sand. Sie verstehen auch zu hopsen. Ich vermag mich nicht daran zu erinnern, wann uns das letzte Mal Insekten auf die Pelle rückten; das muss wohl Monate her sein.

In der Morgendämmerung kratzt die Temperatur am Gefrierpunkt, doch kaum giesst die Sonne ihr Licht wieder aus, wird uns wohlig warm. Weiter gehts südwärts, vorbei an Büschen, Kakteen, kleineren Aufforstungsflächen, Gehöften, Posadas, abzweigenden Kiespisten, die zu den verschiedensten Minen führen, zwei aufgedunsenen Eseln und einigen zermalmten Hunden, die tot in der Sonne schmoren. Ziegen und Esel weiden direkt am Strassenrand und lassen sich von den vorbeidonnernden Trucks in keiner Weise stören. Sobald sie aber unsere Witterung aufgenommen haben, schrecken sie auf und suchen das Weite – welch falsche Einschätzung der Gefahr! Kurz vor La Serena wartet ein dickes Nebelpaket auf uns, das sich jedoch als zu schmalbrüstig erweist, um sich längerfristig gegen die Sonne behaupten zu können. In dichtem Verkehr passieren wir versnobte Golf-Resorts, und schon ist das freundliche und brave, geschichtslose Städtchen erreicht. In einer Unterkunft mit Backofen, Waschmaschine und mit Feigen-, Aprikosen-, Avocado-, Lúcuma- und Pflaumenbäumen im Garten lassen wir es uns gut gehen.

Wieder auf der PanAm, saust erst viel Blech an uns vorüber. Dank kräftigem Rückenwind sind wir dem Stadtverkehr aber bald entronnen. Es zeigen sich fantastische Wolkenbilder, die aber auf dynamischen Höhenwind und baldiges Ungemach schliessen lassen – schon setzt heftiger Regen ein. Seit La Serena wird die Autobahn beidseitig von einem hohen und starken Stacheldrahtzaun gesäumt. Wild zu campen scheint hier ein Ding der Unmöglichkeit zu sein. Ich überlege mir, ob wir demnächst eine Drahtschere anschaffen sollten. Kaum ist der Regen versiegt, attackieren uns fette Pferdebremsen. Einmal die Witterung aufgenommen, lassen sie nicht mehr vom Opfer ab. Es bleibt uns keine andere Wahl, als sie der Reihe nach mit einem satten Schlag zu zerklatschen. Da sie sehr träge oder wir so fix sind, gelingt dies derart gut, dass wir keinen einzigen Stich davontragen.

Das Dorf Mantos de Hornillos wird von der Strasse schnöde durchschnitten. Natürlich gibt es weiter unten eine Unterführung, welche die zwei Dorfteile miteinander verbindet. Aber niemand scheint sich um diese technokratische Lösung zu scheren. Alt und Jung zieht es vor, sich durch das in den Drahtzaun geschnittene Loch zu zwängen und über die Fahrspuren der Autobahn zu hasten – die kennen also den Trick mit der Drahtschere bereits.

Die Vögel zwitschern und trillern vergnügt in den Büschen, ein Hase hoppelt flink im Zickzack über den Sand und Unkraut treibt bunte Blüten. Rechterhand wogen die Wassermassen des Pazifiks und krachen gegen das Ufer. Jetzt fällt die Strasse in kaskadenartigen Wellen zum Dorf Huentelauquén hinunter. Vor einem Minimarkt treffen wir den ersten Tourenradfahrer seit dem Salar de Uyuni. Es ist ein kauziger, schrullenhafter und verschrobener Brasilianer älteren Semesters auf dem Weg nach Venezuela. Er führt auf seinem Fahrrad, das nur über einen einzigen Gang verfügt, ein schweres Ersatzrad mit. Weiter südlich sei er gewarnt worden: «Nimm dich in der Atacamawüste vor wilden Hunden in Acht!» Wir können ihn diesbezüglich beruhigen: Die Wüste war immer gut zu uns.

Als wir an der Playa Chigualoco zu früher Stunde unsere Nasen aus dem Zelt strecken, sammelt ein hagerer, von Wind und Wetter rotbraun gegerbter Mann bereits Treibholz am Strand und holt seine Netze ein. Sein Hund begrüsst uns ungestüm freudig, indem er bellend auf uns zustürmt, mit seinen riesigen Pranken eines Torhüters im Sand bremst und uns damit in einer Staubwolke verschwinden lässt. Das wäre ja eigentlich egal, wären wir nicht gerade am Frühstücken. Doch haben wir auf unserer Reise schon so viel Staub geschluckt, dass uns auch diese Portion auf den Butterbroten nicht umhauen wird.

Im noch müden Wind kommen wir ohne grossen Kraftaufwand voran. Bei Baustellen grüssen uns die Arbeiter allesamt freundlich. Mit einem leisen Schmunzeln auf den Stockzähnen stelle ich fest, dass sie alle behelmt sind, obwohl einem hier draussen nichts Weiteres als der Himmel auf den Kopf fallen kann. Aber Chile ist nun einmal ein entwickeltes, geregeltes Land mit Arbeitssicherheitsnormen, die unabhängig von der konkreten Situation einzuhalten sind. Bei der topmodernen Tankstelle vor Los Vilos erledigen wir unsere Morgentoilette und füllen auch gleich Trinkwasser ab. Der Himmel zeigt sich knallblau, und die Landschaft ist wunderbar grün – wie wir nach den langen sandigen Durststrecken auf den Anden und in der Atacamawüste diese lebendige Farbenpracht geniessen! Dürstend wie ein ausgetrockneter Schwamm saugen wir diese Herrlichkeit ein. Und erst die Düfte! Feinnervig und lüstern wie ein Hund schnuppern wir an jeder Geruchsfahne, die uns der Wind zuträgt. Welch Wohlgeruch so eine Föhre oder eine feuchte Rinde verströmt!

Bei Químquimo verlassen wir nach 1200 Kilometern die PanAm und biegen rechts ab in die Strasse nach Papudo. Das tiefschwarze Asphaltband schlängelt sich durch die Vegetation, aus der nur ab und zu eine Kuh glotzt oder der Kopf einer Ziege auftaucht. Das Zelten wäre auch hier schwierig, denn wir sind eingesperrt: Chile, das Land der vermaledeiten Zäune. In Papudo baden Verwegene in den Wellen, die unter lautem Krachen auf dem Sandstrand zerstieben, derweil der böige Wind derb an der Krone der turmhoch aufschiessenden Palme neben uns zerrt. Ehrfürchtig bestaune ich, wie der grazile Stamm diesen Kräften trotzt.

Eine schmale Strasse führt uns kurvenreich den Meeressaum entlang an auserlese-
nen, über der Gischt thronenden Villen vorbei zum Städtchen Zapallar, das sich uns
als Ödland der Superreichen offenbart. Alles scheint hier Kulisse zu sein, nichts wirkt
echt – ein ausgestorbenes Museum der Schickeria. Kein Laden, kein Restaurant, kein
Hotel, kaum Leute, hin und wieder ein Wagen mit verdunkelten Scheiben. Doch
ganz leblos präsentiert sich uns dieses versnobte, sterile Geldadel-Ghetto auch wieder
nicht: Einer Hochglanz-Limousine entschwebt eine junge, schlanke Dame, die nun
auf ihren Highheels elegant über das Pflaster stöckelt. Ihr Teint ist bleich wie ein
Bettlaken. Das spitze Näschen lugt in dünkelhaftem Hochmut unter der wuchtigen,
brillantbesetzten Sonnenbrille hervor. Und das kantige Kinn ragt eitel in die spätnachmittägliche Luft. Uns vermeintliche Underdogs nimmt diese Ikone der High
Society schon gar nicht wahr.

Im Einzugsgebiet von Valparaíso treibt das Geschäft der Immobilienmakler zweifelhafte Blüten. Ohne Unterlass prangen am Strassenrand Werbetafeln mit Offerten für
Bauland-Parzellen oder Wohneigentum. Die bereits erstellten «Bunker-Siedlungen»
aus luxuriösen Eigentumswohnungen überziehen die Hügel wie ein Krebsgeschwür.
  Der Verkehr verdichtet sich zusehends. Er wird auch schneller und aggressiver.
Zudem verschmälert sich unser Seitenstreifen in demselben Masse, bis er schliesslich
gegen null ausläuft und uns dem Blechwurm zum Frass vorwirft. Mehrachsige, voll-
beladene Trucks donnern messerscharf an unseren zarten Knochen vorbei. Ein kleiner Schwenker – vielleicht wegen eines Steins, einer Scherbe oder eines Lochs im Belag – und wir würden in die Statistik der Opfer des anmassenden motorisierten Verkehrs eingehen, für den Bremsen hinter Radfahrern ein schändliches Fremdwort ist.
Nur ganz selten treffen wir auf edle Ritter der Landstrasse, die über genügend Rückgrat verfügen, um sich dem Herdentrieb zu widersetzen und darauf zu horchen, was
der ungetrübte Menschenverstand gebietet: Sie stellen unsere Unversehrtheit über
den ungestörten Lauf des blechernen Tatzelwurms und verlangsamen hinter uns.
  Kaum ist die heikle Zone durchmessen, droht neues Ungemach: die Industriewüs-
te von Ventana. Hier wurde ganze Arbeit geleistet. Die Vegetation ist vollständig
vernichtet, die Luft ist zum Abbeissen und mit giftigem Niesel geschwängert. Schwe-
felsäure-Tanks des staatlichen Betriebs Codelco, des weltweit grössten Kupferkon-
zerns mit einem Umsatz von über acht Milliarden US-Dollar, säumen die Strasse.
Und aus den Kaminen der Kohlekraftwerke qualmt es unablässig. Ungeachtet dieser
Zerstörung und nachhaltigen Verschmutzung der Umwelt schiessen kurz vor Con-
cón Wohnklötze wie Pilze aus dem Boden. Das müssen sonderbare Leute sein, die in
dieser Gegend Eigentum erwerben und sich niederlassen. Das Meerwasser, das die
Strände mit den klingenden Namen wie Playa Negra, Playa Blanca, Playa Amarilla
oder Playa Bahamas umspült, ist trüb. Das hält freilich Tollkühne nicht davon ab,

sich in die überdies eiskalten Fluten zu stürzen. Andere surfen elegant über die Wasseroberfläche, was mich angemessener dünkt.

Auf der kurvigen Küstenstrasse sind Camions verboten. Entsprechend gezügelt ist der Verkehr, nicht aber der Wind. Immer wieder hüllt er uns in salzige Gischt, die er von der Brandung hochpeitscht und über die edlen Villen des Jetsets hinweg, die einsam in den Ritzen der Felsen kleben, auf die Strasse weht. Nun öffnet sich uns der Blick auf die weit geschwungenen Buchten von Viña del Mar und Valparaíso. Linkerhand nimmt die Dichte an mondänen Bausünden ständig zu, während sich rechterhand auf dem breiten Strand von Minute zu Minute mehr Sonnenhungrige im Sand räkeln. Einige Kilometer folgen wir einer Pferdekutsche, die uns als Schutzschild gegen den Verkehr dient. In Viña del Mar münden neue Blechströme in unsere mittlerweile auf fünf Spuren angeschwollene Fahrbahn; hier wird wie blöd, vollkommen rücksichtslos gerast. Das lässt uns instinktiv auf den Gehsteig ausweichen.

In Valparaíso wage ich mich ins Getümmel eines Supermarkts. Ich irre über fünf Minuten spähend umher, bis ich nur schon einen Einkaufswagen ergattert habe. Als Erstes wähle ich Käse und Wein aus. Dann grase ich mit leuchtenden Augen und wässrigem Mund die reiche Brotauslage ab, fülle einen bereitliegenden Papiersack mit Vollkorn- und Nussbrötchen und stelle mich ohne den Einkaufswagen in die dichtgedrängte Warteschlange der Spezialkasse für die Brotwaren. Nach gut zehn Minuten bin ich an der Reihe, aber nur um zu erfahren, dass die Brote erst gewogen werden müssen. «Da drüben, wo die Kuchenstücke verkauft werden», meint der Mann hinter der Kasse mit einer ungeduldigen Handbewegung. In der Zwischenzeit wurde mein Einkaufswagen schamlos entwendet. Käse und Wein hat der stillose Dieb in die Kühltruhe gelegt, in der Tortillas gestapelt sind. Wo immer ich mich auch hinpflanze in diesem Geschäft, stets bin ich jemandem im Weg. All meine Bewegungen ecken an, mir sind offensichtlich die Sensoren abhanden gekommen, mich stromlinienförmig in einen Pulk Konsumenten einzugliedern. Alle um mich herum schreiten forschen Schrittes zielgerichtet umher. Sie kennen sich aus, wissen was sie wollen und haben keine Zeit zu verlieren. Ich fühle mich wie ein Randständiger, was ich hier in diesem Konsumtempel ja gewissermassen auch bin. So werfe ich auch das Brot in die Gefriertruhe und verlasse dieses Bienenhaus der Gemeinen und Aufgeregten ohne Beute.

Die Standseilbahn Florida ist alt und wacklig, doch bringt sie uns vorbei an schmucken Häusern mit bunt gestrichenen Fassaden aus Wellblech sicher in die Höhe und in die Nähe von La Sebastiana. Das ist eine der vielen Liegenschaften, welche Pablo Neruda, der kritische Querkopf, lyrische Schriftsteller und ehemalige Konsul Chiles, bewohnte. Irgendwie will mir dieses Museum nicht gefallen. Vermutlich gibt es überhaupt keine guten Museen über Schriftsteller. Denn was bei ihrer Gilde zählt, sind die Werke allein, und nicht, wie das Sofa aussieht, auf dem sie einst die Zeitung lasen. Es berührt mich gar peinlich, wie absolut belanglose Basteleien als «Kunstwerke» überhöht werden. Da steht zum Beispiel auf steifes Papier gedruckt: «Frau soundso hat das Boden- und Wandmosaik geschaffen und ihr Mann hat die Decke über dem Salon mit Wasserfarbe ausgestrichen.» Über beide Arbeiten würde niemand auch nur ein Wort verlieren, stünden die «Künstler» nicht im Glanz von Neruda. Aber immerhin, die Aussicht aus seiner Stube auf das Charme versprühende, quirlige Ensemble der eng verschachtelten Häuser in den steilen Flanken der Hügel und der Blick aufs tiefblaue Meer allein lohnen den Ausflug hierhin.

Unter einer besonders hartnäckigen, garstigen und feuchten Nebeldecke radeln wir auf dem Pannenstreifen der Autobahn nach Santiago de Chile. Kurz vor der fünftgrössten Stadt Lateinamerikas prasseln die Regentropfen hart auf unsere Helme und nicht mehr dichten Regenjacken. An diesem verregneten Sonntagmorgen herrscht dafür kaum Verkehr. Einzig ein paar Flugzeuge landen oder starten über unsere Köpfe und über charakterlose Wohnsilos und blasse Einfamilienhaussiedlungen hinweg. Im Zentrum von Santiago gefällt es uns auf Anhieb. Schon nach wenigen Streifzügen haben wir die wichtigsten Koordinaten der Stadt im Griff. Der gestylte Stadtteil Las Condes erinnert stark an eine Stadt in den USA. Einmalig ist hier aber, wie die noch immer schneebedeckten Flanken der Anden den Horizont beherrschen. Aus dem TV flimmern uns die News der Welt entgegen: Saddam soll gehängt werden, Rumsfeld nimmt endlich den Hut und die Demokraten gewinnen die Senats- und Kongress-Wahlen in den USA.

Unweit des historischen Stadtkerns frisst sich die PanAm durch Santiago. Pfeilschnell sausen die Blechhaufen über diesen mehrspurigen Highway – das ist kein Platz für unsere Lastesel! Zumal hier auf Stadtgebiet ein Pannenstreifen fehlt und uns alle paar hundert Meter die in horrendem Tempo ein- und ausfahrenden Gefährte bedrohen würden. Also halten wir auf einer Parallelstrasse Richtung Süden. Der Himmel ist bewölkt – es ist O'Higgins, welcher der Sonne die Sicht auf Santiagos Strassenschluchten versperrt. Nach ein paar Kilometern fasert das Strassengeflecht immer mehr aus, und wir rollen schliesslich auf einer sogenannten *vía local,* die neben der PanAm geführt wird und an der sich Tankstellen, Reparaturwerkstätten oder Restaurants befinden.

Mittlerweile ist der Querschnitt der PanAm wieder angewachsen. Sie weist wie weiter im Norden einen breiten Seitenstreifen auf, der uns sicher vorwärtskommen lässt. Im leicht fallenden Gelände schiebt uns ein strammer Rückenwind durch eine der feinsten Weinregionen der Welt. Bis zum Fuss der Anden breiten sich die säuerlich riechenden, hochstämmigen Reben aus. Es wird aber auch anderes angebaut: Aus dutzenden Strassenständen leuchten Erdbeeren, Kirschen, Orangen oder frisch geerntete Spargeln. Es folgen Obstkulturen und Maisfelder, Dünger- und Samenfabriken sowie Verpackungsgebäude von Chiquita und Co. Wie ein Keil treibt sich die Autobahn durch das Valle Central, den Früchte- und Gemüsegarten Chiles, und spaltet dabei auch einige Dörfer entzwei. Doch haben die Bewohner diesen Affront nicht akzeptiert und den geraubten Raum teilweise zurückerobert. Jung und Alt steigen durch in die Abschrankungen gehauene Breschen. Selbst betagte Frauen heben ihre Röcke, um sich über die Leitplanken zu hieven. Zwar führen bei jeder Ansiedlung Fussgängerbrücken über die Fahrbahn, doch werden sie wenig benützt. Schliesslich will sich niemand vorschreiben lassen, wo die Strasse zu überqueren ist. Nun absolviert eine junge Frau mit Baby im Arm diesen Parcours des freien Willens: Sie schlüpft durch das Loch im Maschendrahtzaun, hastet über die zwei Fahrspuren, auf denen die Laster und Personenwagen mit weit über hundert Stundenkilometern heranflitzen, überwindet eine erste Leitplanke, um nach einem kurzen Zwischenstück auf Wiese auch die zweite zu meistern, wartet eine günstige Gelegenheit ab, um die Spuren Richtung Süden heil zu queren und rettet sich schliesslich auf den Pannenstreifen, auf dem etliche Radfahrer des Dorfs herumkurven. Zwei weisshaarige Frauen tratschen zwischen den nach Norden und nach Süden führenden Fahrbahnen über die zwei Leitplanken hinweg, als wäre dies das Natürlichste der Welt. Hier lebt die Autobahn! Nur die Hunde liegen meist mausetot und mit Schmeissfliegen gepflastert im Strassengraben.

Ein paar weisswolkige Tupfer setzen Akzente im Himmel, der sich stahlblau über die nicht enden wollenden Flächen der Reben wölbt. Am Strassenrand werben die verschiedenen Weingüter des Valle Colchagua auf unzähligen grossformatigen Plakaten für ihre edlen Tropfen. Die Trauben der kräftigen Cabernet Sauvignon Reben sind aber noch ganz grün und kaum grösser als ein Nadelkopf. Um bei der im Februar, also in drei Monaten, stattfindenden Ernte nicht zu enttäuschen, müssen sie sich sputen mit der Absorption von Sonnenlicht. In Holzbuden werden auch Artischocken, Pfirsiche, Pflaumen und Avocados angepriesen. Und immer wieder krabbeln kräftige, tarantelähnliche Spinnen über den Pannenstreifen. Das Kraftfutter der Agrochemie scheint ihnen zu behagen, auch wenn es die US-Multis Dole und Del Monte nicht speziell für sie konzipiert haben dürften. Strasse und Landschaft zeigen uns über grosse Distanzen keine neuen Facetten. Auf den Plakatwänden dominieren aber immer mehr die Giftmischer der Hightech-Landwirtschaft, deren Produkte grössere und makellosere Früchte und Gemüse, reichere Getreideernten und fettere Schweine und Kälber versprechen und zweifelsohne auch liefern, wie die Auslagen in den Supermärkten beweisen.

Talca, diese für Chile typisch schachbrettartig angelegte Stadt, kommt mit gerade mal vier Strassennamen aus: *sur, norte, poniente* und *oriente*, vom Hauptplatz aus ansteigend nummeriert. Diese Schlichtheit ist nicht nur übersichtlicher, sondern auch sympathischer als die Namen der falschen Helden, mit denen die Strassenzüge anderer Städte versehen sind.

Wieder auf dem Highway, wird der Rebenteppich bald durch Eukalyptus- und Pinienwälder abgelöst. Schliesslich wird im Valle Central viel Holz benötigt: Harasse und Paletten für die geernteten Gemüse und Früchte, Pflöcke für die Reben und Obstbäume und natürlich Pfähle für die Zäune. Die idyllischen Reisfelder um Linares erinnern uns an Vietnam. Zu dieser Assoziation passen auch die mit Strohhüten bewehrten Bauern, die weiter südlich brachliegende Gemüse- und Getreidefelder pflügen. Und dies zu unserer Verwunderung nicht mit rohen Maschinen. Nein, es sind geschmeidige Pferde, welche die Pflüge geduldig durch die Erde ziehen. Auch auf dem Pannenstreifen der PanAm verkehren nun oft Pferdefuhrwerke, pilotiert von Männern in schlichten Kleidern, und alle tragen einen Hut ähnlichen Zuschnitts. Wir vermuten, diese Leute haben sich einer Religion verschrieben, welche sich den Früchten der Moderne verschliesst. Kirchenbauten sind jedoch nirgends auszumachen. Und als ich einen Einheimischen frage, ob es sich um pure Idealisten oder Anhänger einer Sekte handle, meint dieser kopfschüttelnd: «Das sind einfach arme Leute, die sich keine Maschinen leisten können.»

Hühner sind unter den Zäunen durchgeschlüpft und picken im Strassengraben herum. Auch weidende Pferde und Ziegen zwängen ihre Hälse zwischen den Drähten der Abschrankungen hindurch, um vom bestimmt viel leckereren Gras hinter dem Zaun zu kosten. Es sind also nicht nur die Menschen, die gerne unter dem Gatter hindurch fressen. Der Drang, echte oder künstliche Grenzen zu durchbrechen, auferlegte Verbote zu ignorieren, scheint allen Lebewesen gemeinsam zu sein. Über den Tellerrand blicken und neue Ufer entdecken, Schleier lüften – das war und ist auch die Motivation für unsere Reise um die Welt. Weil die Dauer des Lebens von Anbeginn an klar begrenzt ist, kann es bei Licht besehen nur darum gehen, seine Qualität zu steigern. Dazu müssen Risiken, in extremis selbst ein frühzeitiges Ableben in Kauf genommen werden. Wer nichts wagt, verspielt die Aussicht auf einen Gewinn. Auf ein paar blasse, fade Jahre mehr oder weniger auf Erden wird es letztlich nicht ankommen, massgebend ist allein die Intensität des Lebens. Bisweilen sind es gar nur Augenblicke, die in ihrer geballten Leuchtkraft ein ganzes Dasein überstrahlen. Wer den steinigen Weg zu diesen verborgenen Kraftzentren hin scheut und sich Tag für Tag, Jahr für Jahr ängstlich und verzagt im seichten Strom des Alltags treiben lässt, wird aufgefressen – von innen her.

Auf der Suche nach einer Bleibe für die Nacht stranden wir im Städtchen Parral. Die im Zentrum geprüften Absteigen sind allesamt muffige Kellerlöcher, die uns nicht zu halten vermögen. Schliesslich landen wir weiter aussen bei zwei nicht sehr bejahrten, aber in ihren dunklen Kleidern und den weissen, nonnenhaften Häubchen alt wirkenden Frauen, die in ihrem hundertjährigen Haus überteuerte Zimmer anbieten. Das Bettzeug strahlt uns blütenweiss an und spannt sich über eine knüppelharte Matratze. Auf dem Nachttischchen liegt auf einem gehäkelten Tüchlein eine abgegriffene, blaue Bibel. Vor dem bleichen Mond ziehen aufgedunsene Wolkenpakete vorbei.

Über Nacht hat der Wind den Himmel reingefegt. Aber nicht ganz kostenlos für uns, denn er bläst uns in unberechenbaren Böen ins Gesicht, bevor er über die mit gelben und violetten Blüten übersäten Wiesen zu den aus dem Blau des Himmels strahlenden Schneeflächen auf den Anden nach Argentinien streicht. Am Rande der fetten Wiesen spiegeln sich die Blumen in den vom Wind gekräuselten Wasserflächen der Reisfelder. In den feinen Tröpfchen, die der tosende Wasserfall des Flusses Laja in die Luft stiebt, funkelt ein grandioser Regenbogen. Wir wären fast alleine unterwegs, wären da nicht die zahlreichen Trucks, die rohe Holzstämme oder bereits verarbeitetes Schnittholz Richtung Norden transportieren. «Das Pendel schlägt also wieder zurück; Octavio und Esteban», fährt es uns durch den Kopf.

Als sich am Horizont die ersten weiss gezuckerten Vulkane zeigen, begleitet uns über mehrere Kilometer ein junger Bursche auf seinem Rad, der sich als Simon Palacio vorstellt. Er ist Mapuche und gönnt sich nach seinen eigenen Worten zurzeit ein Sabbatical. Dies ist wohl eine schönfärberische Umschreibung seiner momentanen Arbeitslosigkeit. Das indigene Volk der Mapuche, das in diesen südlichen Breitengraden von Chile und Argentinien lebt, hat nämlich kein einfaches Los. Im Gegensatz zu allen anderen amerikanisch-indigenen Völkern widersetzten sich Simons Vorfahren zwar der spanischen Kolonisation mit erfolgreicher Gegenwehr, doch billigt ihnen die heutige chilenische Verfassung keine ethnisch-kulturelle Sonderstellung zu, was zu Spannungen führt. Insbesondere wegen Landrechtskonflikten ist das Verhältnis der Mapuche zum chilenischen Staat seit Jahren getrübt. In der IX. Region leisten die Pehuenches-Indianer, eine Volksgruppe der Mapuche, mit gelegentlichen Strassensperren Widerstand gegen die Holzindustrie und Landwirtschaft. Wer stellt schon solche Störenfriede ein?

Kurz vor Temuco rufen wir der Ruta 5, der wir über zweitausend Kilometer gefolgt sind, «*Hasta luego!*» zu und halten auf einer Nebenstrasse ostwärts – einzig der Strasse 312 durch die Taklamakanwüste in China blieben wir länger treu. Die hügelige Landschaft erinnert in ihrem saftig grünen Kleid an die Schweiz. Nur dass hier die Berge paffen, will nicht so recht ins aufscheinende Bild passen. Rechterhand lässt der schneebedeckte Vulkan Villarrica nämlich feine Wölkchen aus seinem Krater steigen. Der vor uns in den Himmel ragende, blütenweisse Vulkan Llaima hingegen hält sich an sein vor Jahren abgelegtes Gelübde, nach über siebzig verbürgten Eruptionen in der Vergangenheit einstweilen nicht mehr zu qualmen und bescheidet sich damit, der voluminöseste Vulkan dieser Gegend zu sein. Wir schweben nur so dahin durch diese fantastisch üppige Landschaft und geniessen die Ruhe. Wenn nicht gerade ein Idiot seine Blechhülle im Höllentempo und mit heulendem Motor an uns vorbeiflitzen lässt und uns aus den Träumen reisst. Ich amüsiere mich köstlich über die zahllosen Schweine, die keck in den Höfen herumtollen. Die Lamas und Stiere hingegen sind derart mit Kraftfutter vollgepumpt, dass sie sich vor lauter Übergewicht kaum auf den Beinen halten können. Ansonsten wirkt hier der Umgang mit der Natur vernünftiger als noch im Valle Central mit all den Grossproduzenten.

Mit einem Burschen, der seit über dreissig Jahren hier wohnt, plaudern wir kurz. Wir erhoffen uns von ihm auch Informationen über die Befahrbarkeit der zwei möglichen Wege nach Villarrica, wo wir nach dem Besuch des Parque Nacional Conquillío hinrollen wollen. Doch hat der Junge keinen blassen Schimmer von seiner nächsten Umgebung. Keinen der Vulkane hat er je aus der Nähe gesehen. Sein Horizont endet beim Zaun, der sein Land umfriedet. Im Dorf Melipeuco, wo dem Mapuche-Namen gemäss vier-Wasser-zusammen, *meli-co-peu*, fliessen, buchen wir einen idyllischen Bungalow mit Holzofen und machen uns ohne die Last des Gepäcks auf die teilweise krass ansteigende Schotterpiste des Parque Nacional Conquillío. Feine Wolken umspielen den Doppelkrater des Llaima. Langsam, aber stetig gewinnen wir an Höhe. Grenzen setzen uns nur tiefe Schotter- oder Sandpartien, in denen die Räder einsinken, wegrutschen oder durchdrehen.

Unser Weg führt durch einige verkrustete Lavaströme, die sich einst über den Fuss des weissen Riesen ergossen. Die Hitze der Sonne röstet uns auf dem dunklen Vulkansand, über den scheue Echsen huschen. Die ersten Araukarien mit ihrem kahlen Stamm und der eiförmigen Krone zeigen sich bei der Laguna Arco Iris. Diese immergrünen Bäume gehören zu den ältesten Baumfamilien der Welt. Schon auf dem Urkontinent Gondwanaland waren sie heimisch. Wegen des bis zu fünfzig Meter langen und geraden Stamms waren die Araukarien stets beliebte Objekte der Holzfäller. Heute sind diese Bäume aber geschützt und drakonische Bussen sollen Frevler abschrecken. Ausserhalb des Parks grüssten uns von Kettensägen verschonte Exemplare nur aus umhegten Gärtchen oder von unzugänglichen felsigen Kreten her zu. Aus dem mittlerweile tiefschwarzen Himmel über den Kordilleren krachen Donnerschläge und fahren kühle Windböen. Erste Regentropfen beschlagen unsere Brillengläser – also höchste Zeit, umzukehren. Mit Gewittern in den Bergen ist nicht zu spassen! In Melipeuco torkeln einige Männer, die ihrem sonntäglichen Besäufnis gefrönt haben, mit arger Schlagseite durch die Gassen. Der schnauzbärtige Angestellte unserer *cabaña* aber blieb trocken, heizte den Holzherd gehörig ein und setzte die Teekanne auf. Als Gegenleistung zu seiner Fürsorglichkeit hat er sich unsere Zeitung geschnappt und sich in sie vertieft.

Die rötlichbraunen Blüten der Eukalyptusbäume täuschen Herbst vor, doch spriesst allenthalben der Frühling – wunderschön die anderen Bäume, die Wiesen und Felder im nachmittäglichen weichen Sonnenlicht! Die Eukalyptusbäume gehören eigentlich nicht hierhin, sind sie doch vor allem in Australien beheimatet, wo sie den Koalas und Kängurus als Nahrung dienen. Für die Tiere hier sind sie nutzlos, ja sogar giftig. Sie trocknen den Boden bis in tiefe Zonen aus, verdrängen andere Baumarten aggressiv und fördern mit ihren hochbrennbaren Ölen Waldbrände, von denen sie sogar profitieren, da ihre Wurzeln und Samen einem Feuer widerstehen können und wieder austreiben, bevor andere Pflanzenarten sich erholt haben. Selbst das Kampieren unter diesen Bäumen ist nicht empfehlenswert, und zwar nicht nur wegen der kackenden Geier, die uns in Morro Bay, Kalifornien, das Leben sauer machten. Denn um Wasser zu sparen, stösst der Eukalyptus von Zeit zu Zeit ohne Vorwarnung grosse Äste ab, die einen erschlagen können. Das ist also eine echt fiese Pflanze, die aber wegen ihrer Schnellwüchsigkeit und guten Holzqualität oft angebaut wird. Auch dient sie zur Gewinnung des bekannten, intensiv riechenden ätherischen Öls, das aus den Blättern und Zweigen gewonnen wird. Ich mag diese Pflanze ebenso wenig wie den Schotter unter unseren schwer bepackten Fahrrädern. Anfangs ist er zwar noch fest im Untergrund verankert, was uns gut vorankommen lässt, doch werden wir vom mässigen Verkehr regelmässig saumässig eingestäubt. Dies vor allem von jenen Blechbüchsen, die mit übersetzter Geschwindigkeit vorbeirumpeln. Wir stoppen bei jedem Auto, drehen das Gesicht weg, damit uns die herumgespickten Steine keine Zähne herausschlagen, und filtern die Atemluft mit dem T-Shirt. Ein Mann mit Stil bremst seinen Wagen wegen uns auf Schritttempo ab und rollt grüssend an uns vorüber – die Räder seines Autos wirbeln kaum Staub auf. Zwei Bauern treiben einen massigen, geifernden Stier vor sich auf der Strasse her. Respektvoll weichen wir zur Seite und lassen diesem Kraftklumpen den Vortritt, der ihm zweifelsohne gebührt. Als uns noch vierzig Kilometer Weg mit mindestens faustgrossen losen Steinen als Belag von Villarrica trennen, schieben wir die Räder unter dem giftigen Gekläff einiger Kettenhunde in die Ruhe des Pinien- und Föhrenwalds. Zufälligerweise ist der Pfad zurzeit nicht mit einem Stacheldraht versperrt. Er endet vor einem noch tiefgrünen Weizenfeld, an dessen Rand wir das Zelt in die bereits taufeuchte Wiese stellen. Da sich der Wind seit dem Sonnenuntergang verabschiedet hat, duschen wir trotz kaltem Wasser und nur zehn Grad ohne zu frieren. Bruder Mond leuchtet halbstark unser Lager aus.

Als die buntgemischte Vogelschar ihr vielstimmiges Lied in den grauen Morgenhimmel trillert, schlagen wir die Augen auf. Kein Lufthauch streicht durch die zarten Weizenhalme, die Welt scheint still zu stehen. Wieder auf dem Schotterweg oben, empfangen uns die Kettenhunde mit demselben ätzenden Gebell und Gekeife, mit dem sie uns schon gestern Abend belegt hatten. Auch die Strasse zeigt uns erst keine neue Seite. Sie gewinnt nur langsam an Qualität. Vorerst gilt weiterhin die Devise: Schieben! Fruchtbares Land ist hier in Hülle und Fülle vorhanden, doch ist alles in eingezäunte, nummerierte Parzellen eingeteilt, bewacht von Kötern – nichts ist dem Zufall überlassen. Die Hänge sind steil genug, dass Schieben zu zweit, Rad um Rad, gerechtfertigt ist. Wir kämpfen uns dergestalt im Schneckentempo vorwärts und überqueren dabei einige Bächlein, in denen glasklares Wasser zu Tale hüpft. Pferde, Schafe und Kühe glotzen uns still an und denken sich ihre zweifellos schlüssigen Dinge. Nach zwei Stunden Schinderei liegen gerade mal sechs lumpige Kilometer hinter uns und meine längst amortisierten Sandalen fallen ganz aus dem Leim. Wir ruhen auf einer Wiese, derweil die Sonne unserer ausgebreiteten Ausrüstung die Feuchtigkeit der Nacht austreibt. Um uns herum blöken fette Schafe und Raubvögel kreisen tief über der Grasnarbe auf der Suche nach Opfern.

Nach dem Nest Pedregoso können wir uns auf der besser stabilisierten und damit griffigeren Strassenoberfläche wieder im Sattel halten und kommen schneller voran. Der Verkehr nimmt unangenehme Ausmasse an. Insbesondere jene Ignoranten, die in arroganter Manier schnell und knapp an uns vorbeistieben, zupfen über Gebühr an meinem Nervenkostüm. Trotz der Staubfahnen in der Luft und der Sandkörner in den Augen erkennen wir nun aber den Vulkan von Villarrica, der sich hinter dem gleichnamigen See als weisser Kegel vom Abendhimmel abhebt. Ums Rauchen ist es ihm zurzeit nicht zumute. Das Dorf Villarrica erscheint uns wie ein in der Nebensaison schlummernder Kurort, was es ja auch ist.

Wir schlafen bis tief in den Tag hinein, an dem der Vulkan wieder leicht zu qualmen beliebt, was sich vor dem stahlblauen Himmel besonders zauberhaft ausnimmt. Wir zerreissen keine grossen Stricke und streifen eine Besteigung des verschneiten und vereisten Vulkans nur in vagen Gedanken. Wir sind schliesslich keine Gämsen. Lieber geniessen wir den Luxus des Gasbackofens in unserer *cabaña*. Beim Vorheizen für eine Lasagne erinnert mich ein plötzlich in die Nase stechender Gestank daran, dass die ansonsten praktischen Brotröster meist auf dem Gitter im Ofen versorgt sind. Tatsächlich tropft der Plastikstil bereits langfädig und dampfend aufs Bodenblech.

Dem wolkenschwangeren, düsteren Morgenhimmel zum Trotz verlassen wir die wohlige Wärme unseres Heims und folgen dem vom Wind gepeitschten See Richtung Osten nach Pucón. Dieser in ganz Chile berühmte Ferienort mit seinen Chalets und Schickimicki-Läden gilt als eine Spur nobler als Villarrica, da sich hier auch ein Casino befindet – im Renommee wohl vergleichbar mit Sankt Moritz, obwohl das hiesige Schweizerhotel «Interlaken» heisst. Die Strasse steigt nun zwischen knallgelb leuchtenden Ginstern leicht an. Nach wenigen Pedalumdrehungen setzt heftiger Regen ein und wir verdrücken uns unter Föhren mit nahezu dichten Kronen. Erst als die Kraft der Sonne Dampfwolken aus dem Asphalt steigen lässt, machen wir uns wieder auf den Weg. Schon zweigt unsere Strasse rechts ab und der Verkehr geht gegen null. In wunderbarer Ruhe ziehe ich die würzige Luft tief in meine Lungen. Verstreut zeigen sich einige stilvolle, in Holz gehaltene Bauernhäuser, die uns aus meist grosszügigen Fensterflächen anschauen.

Curarrehue entpuppt sich nicht ganz überraschenderweise als ein verschlafenes Kaff. Am Dorfausgang werden einer Werbung gemäss immerhin *cabañas* vermietet. Doch eine aufgetakelte Dame zeigt uns dort nur eine schmutzige dunkle Kammer, die sie dabei mit ihrem Zigarettenrauch markiert. Eingehüllt in eine Wolke des blauen Dunsts haucht sie uns einen zu gesalzenen Preis entgegen. Wir kehren ins Dorf zurück und steigen im *hospedaje* Kechupewen ab. In seinem Garten stehen fünf Araukarien, *kechu pewen*. In der riesigen Küche waltet eine Köchin, die für die vielköpfige Familie das Essen zubereitet. Auch wir dürfen uns hier am Herd unser Mahl kochen. Gegen Mitternacht liegen wir im oberen Stock im Bett, lauschen dem Regen, der unablässig aufs Dach hämmert, und dem gedämpften Klappern und Murmeln aus der Küche, wo die Familie ihr Abendmahl geniesst. Trotzdem übermannt uns bald die Müdigkeit. Als ich zwei Stunden später kurz aufwache, vernehme ich zu Gitarren-Schrumm-Schrumm helle Gesänge, die aus der Küche zu uns herauftanzen – welch lebensfrohe Familie!

Der Hausherr persönlich serviert uns das Frühstück, denn alle anderen Hausgenossen schlafen noch tief. Seine Brote sind steinhart, doch er ist sehr liebenswürdig und würde uns gerne sämtliche auf den Rädern aufgebundenen leeren Plastikflaschen mit Wasser füllen. Zum Glück können wir ihn von diesem Gefallen abhalten, denn der Aufstieg zum Paso Mamuil Malal respektive Paso Tromen wie ihn die argentinischen Nachbarn nennen, ist auch ohne zusätzliche Lasten nahrhaft genug. Das Wetter hat sich beruhigt. Herrlicher Sonnenschein dringt durch die frische Luft und lässt das tropfnasse Gras funkeln. In den Geräuschteppich des an- und abschwellenden Gequakes der Frösche und des feinen Rauschens der Baumkronen im Wind weben sich die goldenen Fäden der klaren Vogelstimmen sowie klägliche Rufe von Schafen und baritones Muhen von Kühen. Kaum aus dem Dorf, warnt eine Tafel, dass es in dreihundert Metern vorbei sei mit dem *pavimento*. So ist es auch. Der Asphalt weicht Schotter. Dank dem nächtlichen Regen halten sich die Staubwolken der wenigen Gefährte auf diesem Weg während der ersten Stunden des Tages noch in Grenzen, und wir können die Landschaft ungefiltert geniessen: glasklare Flüsse, tosende Wasserfälle, kräftige Wälder und die weissen Schultern des schlafenden Volcán Lanín. Kecke Ziegen umringen uns und schnuppern mit ihren feuchten Schnauzen ungeniert an unseren nackten Beinen und am Gepäck. Würden wir ihnen unsere salzigen Hände entgegenstrecken, wären wir wohl innert weniger Sekunden weggeleckt. Um weiterfahren zu können, müssen wir die niedlichen, aber streng riechenden Tiere geradezu verscheuchen. Von nun an windet sich die mit rutschigem Kies bedeckte Strasse mit starker Steigung durch die Wälder. Für mich sind die meisten Passagen fahrbar, währenddessen Bea schon ab den ersten Metern am mühseligen Schieben ist.

Als Gentleman helfe ich ihr selbstverständlich immer wieder dabei, was mir aber als Tribut an die neuen, schnittigen Schuhe, die ich in Villarrica als Ersatz für die zerfledderten Sandalen kaufte, bald schmerzhafte Blasen an den Fersen einträgt. Nach der Laguna Quilleihue tauchen einige Araukarien auf. Einige dieser urwüchsigen Kerle stehen sogar mitten in der Strasse, denn gefällt werden dürfen sie nicht. Die lästigen Bremsen sind leider nicht vom Aussterben bedroht. Sie verfolgen uns hartnäckig, bis sie jeweils zwischen Handfläche und Oberarm oder Wade aus der Form fallen und als ekliger Klecks klebenbleiben.

Wie eine Fata Morgana taucht der chilenische Grenzposten vor uns auf. Der gelborange, wuchtige und moderne Bau wirkt in dieser Gegend irgendwie surreal. Da uns die Dunkelheit im Nacken liegt, fragen wir einen der Grenzer, ob wir hier, noch auf chilenischem Boden, für eine Nacht zelten dürften, um erst morgen auszureisen. «Selbstverständlich», meint der Mann, wenige Schritte weiter unten gäbe es eine Wiese. Wir stellen das Zelt auf den bezeichneten Platz und Bea duscht sich mit dem Eiswasser in den letzten Sonnenstrahlen. Just als ich mich für denselben Zweck hinter die Büsche schlagen will, erscheint der Grenzsheriff höchstpersönlich, pflanzt sich breitbeinig vor uns auf und hebt zu einer leicht wirren, langfädigen Rede an, von der an dieser Stelle nur die Kurzfassung wiedergegeben werden soll:
    «Wer hat euch erlaubt, hier zu campen? Ihr befindet euch in einem Parque Nacional, und in Parques Nacionales ist es strikt verboten, zu kampieren.» Unseren Unmut über seine Show gewahr, meint er bald leicht versöhnlicher, von den Fussballen auf die Fersen wiegend, wobei seinen steifen Sohlen ein leises Knarren entweicht: «Ich, ich kann für euch aber eine Ausnahme machen. Wenn ich, ich es euch erlaube, dürft ihr hier für eine Nacht bleiben; aber nur, wenn ihr kein Feuer entfacht. Im Parque Nacional Torres del Paine wurden nämlich erst kürzlich hunderte Hektar Wald abgefacktelt. Und von wem wohl? Jawohl, von einem Touristen!» Hier ohne Feuer zu bleiben, ist für uns natürlich keine Option, denn wir müssen uns Nahrung zubereiten können. Also frage ich die aufgeplusterte Uniform: «Können wir, wir denn wenigstens in der Nähe des Gebäudes auf dem Betonboden kochen?» Wie aus einer Repetiermaschine tönt es jetzt wieder vom Gegenüber: «Ich, ich kann euch ausnahmsweise erlauben, hier zu zelten, wenn ihr aber ein Feuer entfacht, werde ich euch festnehmen und einsperren!» Nun überspannt der Junge den Bogen aber, denken wir. «Wir, wir haben Hunger, was können wir, wir tun?», doppelt Bea mit mitschwingender Empörung nach. «Ich, ich kann euch erlauben, in meiner Wohnung zu kochen», meint der Beamte jetzt gutmütiger. «Das sind ja ganz neue Töne, nun kommts gut», flüstere ich Bea zu. Die Sonne ist bereits hinter dem Horizont verschwunden. Die nächtliche Kühle lässt mich, noch immer nur leicht bekleidet, schlottern. Also erlaube ich mir, einzuwerfen: «Darf ich, ich bitte erst da hinter den

Baumstrunk duschen gehen?» Krampfhaft locker auf den Fussballen wippend, entfährt dem jungen Sheriff mit den grauen, borstigen Haaren unter dem steifen Hut ein weiterer erstaunlicher Satz: «Ich, ich habe in meiner Wohnung da drüben eine Dusche mit Heisswasser. Wenn ihr wollt, könnt ihr also bei mir kochen und duschen.» – «Das ist ein Wort, abgemacht!» Gut Ding braucht manchmal einfach seine Zeit-Zeit.

So komme ich heute überraschenderweise zu einer heissen Dusche, und wir kochen im geheizten *departamento* des Sheriffs im Grenzgebäude, derweil er mit der unterbeschäftigten Beamtencrew im Gang vor der Tür Poolbillard spielt. Andere sind ins Pingpong vertieft. Als Dank für seine letztlich vernünftige und menschliche Lösung des vertrackten Problems unserer Übernachtung und Verpflegung im Parque Nacional schenken wir dem Sheriff unsere letzte Tafel Nussschokolade und verzichten damit auf unser Dessert heute und morgen unterwegs. Der Beinahe-Vollmond leuchtet uns den Weg zum Lager zurück und erhellt generös die Flanken des Volcán Lanín, dem wir eine Stunde vor Mitternacht gute Nacht-Nacht wünschen.

Um sieben Uhr früh treibt mich die volle Blase hinaus. Während es alsbald von der Wiese unter mir hochdampft, fällt mir auf, wie der Vulkan Lanín seine Spitze heute blauweiss-gletschrig in den makellosen Morgenhimmel stösst. Es fühlt sich auch tatsächlich kalt an hier draussen, nur mit dem leichten Pyjama bekleidet. Der Blick auf das Thermometer an Beas Velokorb bestätigt das Gefühl. Es zeigt minus sechs Grad. Auch die Sättel und Lenker der Fahrräder sind mit weissen Eiskristallen überzogen. Vernünftigerweise krieche ich gleich wieder ins Zelt zurück zu Bea, von der wie zu Bolivienzeiten nur die Nasenspitze aus dem Schlafsack lugt. Wir dösen weiter, bis uns eine Stunde später die Wärme der Sonnenstrahlen doch noch aus dem kondenswassernassen Zelt jagt. Dem netten Sheriff zuliebe verzichten wir auf den sonst üblichen Kaffee und auch das erfolgreich über den Schotter transportierte Dutzend Eier lassen wir weiterhin in der Schale harren.

Argentinien, 2. Dezember 2006 bis 27. Januar 2007

Argentinien ist wie Chile im Norden tropisch und im Süden arktisch, nur wohnen im Land von Maradona zwischen diesen Extremen vierzig Millionen herzliche Einwohner und es grasen fünfzig Millionen Rinder auf der Pampa.

Nach einer Stunde Holperfahrt über Kieswege spüren wir schliesslich Asphalt unter den Rädern. Wir pumpen wieder so viel Luft in die Reifen, bis sie auf ein leichtes Antippen mit dem Finger mit einem hellen Ton antworten, und lassen uns vom Wind schieben. Er treibt uns vorbei an abzweigenden Schotterpisten, die zu weit entfernt liegenden Mapuche-Dörfern führen. Weil wir in der bewegten Luft mitsegeln, fehlt jeglicher Fahrtwind und wir verschmachten beinahe in der Sonne. Durch die ausgetrocknete Landschaft strömt wie eine pulsierende Lebensader ein mit klarem Wasser angeschwollener Fluss. Etliche Sonntagsausflügler haben ihre Autos ans, einige gar ins Flüsschen geparkt und ihre Angeln ausgeworfen; Fischen scheint hier geradezu der Nationalsport zu sein. Die Forellen schnappen arglos, aber gierig nach den verhängnisvollen Ködern. Nervöses Gekreische in der Luft lässt uns aufhorchen und anhalten. Die schwarz-weiss gefiederten Vögel, die sonst meist am Strassenrand herumpicken und von unserem Nahen aufgeschreckt davonflattern, schreien über uns kreisend Zeter und Mordio und fliegen immer wieder Scheinangriffe auf einen mächtigen Falken, der sich einen der ihren geschnappt hat und fest in seinen Fängen hält. Die Aufregung ist gross. Doch ist das Heldenherz der Vogelfamilie zu klein, um ihrem Bruder wirksam aus der Patsche zu helfen. Schon gleitet der Greifvogel mit seinem Opfer erhaben und ruhig von dannen.

In Junín de los Andes müssen sich unsere Ohren an eine Eigenart des argentinischen Spanisch gewöhnen. Ab jetzt an wird *botella* nicht mehr «boteia», sondern «botescha» und *ayer* nicht mehr «aier», sondern «ascher» ausgesprochen. Mit uns können sie dies ja machen, schliesslich sind wir uns einiges gewohnt!

Kaum aus dem drückend heissen Städtchen, pustet uns von den da und dort noch weiss gefleckten Kreten der Berge ein kühler Wind ins Gesicht. Wie in Chile drüben stehen die Ginster auch hier in voller Blüte. Ich hüte mich, sie zu berühren, bestimmt würden sie vor lauter gespeicherter Lebensenergie auf der Stelle bersten. Wir meiden auch den sandigen, weichen Seitenstreifen, der unsere Reifen schlucken würde, und rollen am Rand der schmalen Strasse. Die Tempobolzer hinter dem Steuer der nicht selten alten und zerbeulten Wagen ziehen zum Glück angemessene Bögen um uns.

Als eine Strassentafel verkündet, dass wir uns nun in Patagonien befinden, durchströmt mich ein prickelndes Gefühl. «*Patagonia*», in diesem Wort schwingen Geheimnis, Zauber, Verheissung und Verderben mit. Noch ist es für mich ein weisses Blatt, das aber dicht mit Zitronensäure beschrieben ist. Erst wenn ich mir den Weg durch dieses Gebiet bahne, werden über der verpuffenden Energie die Zeichen sichtbar.

Bereits die kleinen Orte vor San Martín de los Andes wirken auffallend gepflegt, als gäbe es hier niemanden, aber auch gar niemanden, der darben müsste. Die Fassaden der schwungvollen Holzbauten sind wie frisch aus dem Ei gepellt. Stirnrunzelnd erinnere ich mich an einen Zeitungsartikel aus dem Jahre 2002, in dem von über fünfzig Prozent unter dem Existenzminimum lebenden Argentiniern berichtet wurde. Klar, das war nur ein Jahr nach dem katastrophalen Zerfall der argentinischen Währung gegenüber dem US-Dollar, doch muss in den letzten paar Jahren trotzdem ein beinahe unglaublich anmutender Wirtschaftsschub durchs Land gefegt sein. Wahrscheinlicher ist aber, dass hier einfach Vertreter der anderen Hälfte residieren.

Der Wind streicht kraftvoll über die blaue Oberfläche des Lago Lacar und zwängt sich in die Hauptstrasse Avenida San Martín de los Andes, die mit glänzenden Autos gefüllt ist. Die kühle Luft leckt an den edlen Fassaden der gut bestückten Supermärkte und Spezialitätenläden, in denen sich die Kunden auf den Füssen herumstehen. Obwohl die Hochsaison noch auf sich warten lässt, läuft das Geschäft allenthalben wie geschmiert. Auch wir tragen unseren Anteil dazu bei, denn der *chocolate artesanal* können wir unmöglich widerstehen. Für die zwei Kilo Schokolade müssen wir zwar tief in die Tasche greifen, doch ist jede dieser Kalorien den Preis wert. Gleich verhält es sich mit den Morcheln, getrockneten Tomaten, Dörrpfirsichen, Dörrbirnen sowie den Kräutern Basilikum, Oregano, Estragon und Thymian, die wir in einem der Naturkostläden erstehen.

Die Sonne bläst uns aus dem wolkenlosen Himmel ihren reinen Atem ins Gesicht, als wir dem Asphaltband des Camino de los Siete Lagos über dem dunkelblauen Lago Lacar folgen. Hinter dem See wölben sich die zuckerbestäubten Rücken der Grenzberge zu Chile in den Himmel. Neben der Strasse überstrahlen die knallgelben Blüten der Ginstersträucher die blauen, weissgelblichen, rosaroten und violetten Lupinen.

In einer Wiese steht ein einfaches, schnörkelloses Mapuche-Haus mit nur winzigen Fensterchen und einer einzigen Tür in der nach Osten blickenden Fassade. Traditionellerweise wurde vollständig auf Fenster verzichtet und die Mauern waren ausschliesslich aus Holz und Lehm konstruiert. Und da die Alten Mapuches die Erde als Mutter verstanden, haben sie auch auf künstliche Fussböden verzichtet; zwischen sich und der Mutter duldeten sie keine Schranken. Mittlerweile haben sich viele Mapuches der neuen Zivilisation angepasst und die meisten ihrer Traditionen aufgegeben; die Haustür aber muss noch immer zur aufgehenden Sonne hin orientiert sein.

Wir befinden uns im Parque Nacional Lanín, in dem das wilde Kampieren und das Entfachen von offenem Feuer verboten sind. An ausgewählten Orten sind aber Areale bezeichnet, auf denen gekocht und kostenlos übernachtet werden darf. Damit trotz der fehlenden sanitären Anlagen nicht alles verschissen wird, mahnen Tafeln, die Menschen sollen sich die Katzen zum Vorbild nehmen und ihre Exkremente verscharren. Vorgeschlagen wird, sich in ein frisch gegrabenes, mindestens zwanzig Zentimeter tiefes Loch zu entleeren und dieses anschliessend wieder mit Erde zu füllen und festzutreten. Für uns kommt dieser Hinweis nicht überraschend, denn unsere Löcher reihen sich wie Perlen an eine bereits 45000 Kilometer lange Linie, die wir um die Erde gezogen haben. Doch scheint mir der Vergleich mit den Katzen zu hinken. Mindestens Mutz selig, der seit Jahren verstorbene Kater meiner Familie, fand es nie für nötig, ein derart tiefes Loch zu buddeln, um sein Häufchen darin abzusetzen. Vielmehr kotete er auf den unbearbeiteten Boden und scharrte anschliessend mit den Hinterpfoten pro forma ein paar Erdkrumen darüber. Das sei ihm aber verziehen, schliesslich hatte er keine Schaufel zur Hand wie wir. Aus der reichen Tierwelt zeigen sich uns nur ein Hase, ein paar Falken, Schwalben, Spatzen, Wildgänse, Kühe und Pferde – schöne Pferde! Wenige Meter weiter verwandelt sich der Asphalt in *ripio*, in Schotter.

Bei Pichi-Traful, direkt neben einem glasklaren Fluss, sind wir die einzigen Gäste auf dem Gelände, das zum Campen und zum Entfachen von Feuer freigegeben ist. Dieser idyllische Ort verblüfft mit seiner relativen Sauberkeit. Allzu viele Leute verweilen hier wohl nie. Nur Kühe haben allenthalben ungeniert ihre Fladen auf die Erde klatschen lassen und ein paar Fliegen unter den Büschen am Rand des Areals verraten die bevorzugten Entleerungs-Orte der Menschen. Wir füllen eiskaltes Flusswasser in unsere Plastikflaschen und legen sie auf die schwarze Duschmatte in die pralle Sonne, damit das Wasser für die spätere Körperwäsche temperiert wird. Gegen Abend verdichtet sich der Wolkenteppich stetig. Er wird von chilenischen O'Higgins genährt. Vorsichtshalber stülpen wir Plastiksäcke über unsere ledernen, auf Wasser empfindlichen Sättel, bevor wir uns schlafen legen. Noch sind mir die Augen nicht zugefallen, und schon höre ich den losbrechenden Regen aufs Zelt prasseln. Und als ich in den frühen Morgenstunden kurz erwache, weil ein wilder Hund oder Fuchs irgendeiner Beute nachjagt und dabei fast unser Zelt rammt, giesst es noch immer. Im Laufe des Morgens werden wir aber nur noch nass, wenn eine Windböe durch die Baumkronen über uns fährt.

Der *ripio* präsentiert sich uns den ganzen Tag über in gutem Zustand, doch kostet das teilweise mordsmässig steile Auf und Ab einiges an Substanz und raubt vom wenigen Atem, den uns die Prächtigkeit der Landschaft mit den Lagos Corratoso, Espejo und schliesslich Nahuel Huapi noch übriglässt. Das Wasser in den Flüssen übersieht man leicht, derart klar ist es. Und die stillen Flächen der *lagos* schauen wie tiefgründige Augen aus dem satten Grün der Wälder, während die Ginstersträucher vor Blütenpracht zu explodieren drohen. In Villa la Angostura fühlen sich unsere alten Knochen müde an. Und weil morgen eine lange Etappe in bestimmt deftigem Wind ansteht, gehen wir auf eine Pizza, statt die Abendstunden wie sonst üblich mit Kochen zu verbringen.

Als ich das Frühstück bereite, schläft Bea noch tief in einer ihrer seltenen Schnarchphasen. Das schwere Schnaufen ist ansonsten eher die Domäne der Männer, doch sind auch die holden Wesen der Schöpfung nicht ganz davor gefeit. Der befürchtete Wind lässt keine Sekunde auf sich warten, doch krault er uns zu unserer grossen Erleichterung liebevoll den Nacken. So geniessen wir die hügelige Fahrt auf dem Asphaltband durch die Föhrenwälder den Lago Nahuel Huapi entlang. Das spritzige Gelb der Ginster und die Blüten der Lupinen setzen die farblichen Akzente. Dörfer zeigen sich keine. Im Rückspiegel dominieren die schneebedeckten Grenzkordilleren zu Chile.

Kaum haben wir auf einer Informationstafel gelesen, dass der Parque Nacional Nahuel Huapi endet, zerfällt die bunte Farbenpracht – weite, trockene Pampa breitet sich vor uns aus. Übrig bleiben immerhin verschiedene Grüntöne, gespickt mit vereinzelten gelben oder weissen Blüten von Gräsern und Büschen. Die Schädel der Berge aber sind alle kurzgeschoren; der Wind streicht ungehindert über den Millimeterschnitt der Landschaft. Ein leicht mulmiges Gefühl beschleicht uns, als wir realisieren, was wohl für die nächsten paar tausend Kilometer bis Tierra del Fuego unser täglich Brot sein wird: Pampa, Wind und Wassermangel.

Einen Dämpfer versetzt uns zudem die Ruta 40, in die wir jetzt einbiegen. Gewöhnt ans Bild der komfortablen PanAm auf chilenischer Seite, erscheint uns dieses schmale Strässchen mit Seitenstreifen aus *ripio* als ein einziger Witz. Zu Lachen gibt es aber wenig, denn bis San Carlos de Bariloche greift uns der Wind von der Seite an. Über den hundert Kilometer langen Lago Nahuel Huapi nehmen die Luftmassen Anlauf, um uns mit aller Wucht gegen die Strassenmitte zu schieben. Der Verkehr ist schnell und dicht. Wenn sich zwei Autos kreuzen, bleibt kaum mehr Platz für uns übrig. Wir torkeln aber derart unberechenbar im Wind, dass wir mindestens die ungeteilte Breite einer ganzen Fahrbahn benötigen, um nicht als Kanonenfutter für die rasenden Blechbüchsen zu enden. Also heisst die Devise der Selbstverteidigung: In der Mitte unserer Fahrbahn rollen, um die von hinten kommenden Autos zu weiten Überholmanövern zu nötigen. Und jeweils bevor die Gefährte auf unserer Höhe sind, mit voller Kraft nach rechts, gegen den Wind kämpfen, damit uns eine überraschende Böe nicht von der Seite erwischt und uns vor die Autoräder wirft. Sehen wir gleichzeitigen Gegenverkehr voraus, so verkrümeln wir uns sofort auf den Schotterstreifen und putzen uns die Nasen, bis die Luft wieder rein ist.

Im sinkenden Abendlicht treffen wir in San Carlos de Bariloche ein, das seinem vorausgeeilten Ruf in keiner Weise gerecht wird. Nach der Idylle der letzten Tage draussen in der Natur ist dieser touristische Ort mit dichtem und stinkigem Verkehr zu grossstädtisch und lärmig für uns. Nach kurzem Schwatz mit einem alten Herrn, der vor sechzig Jahren mit nur fünfzig Dollar im Sack in Argentinien landete, anschliessend mit unternehmerischem Mut und Einsatz ein kleines Vermögen machte, nun hier in San Carlos de Bariloche residiert und selbst den Währungseinbruch von 2001 unbeschadet überstanden hat, weil sein Batzen auf Schweizer Banken deponiert lag, verlassen wir die Stadt bergwärts. Schon öffnet sich uns der Blick auf den tiefblauen Lago Gutiérrez, dem wir uns in rasanter Fahrt nähern. Den Asphalt müssen wir kaum mehr mit anderen Leuten teilen. Da der Wind ein Nickerchen macht und keine Turbulenzen in unseren Ohrmuscheln rauschen, gleiten wir in herrlicher Ruhe durch die Landschaft. Die Spiegelbilder der Baumkronen und der schneebedeckten Bergspitzen sind scharf umrissen auf die aalglatte Wasseroberfläche gezeichnet. Keine Welle lässt die Luftgemälde erzittern oder gar verschwimmen. In gut türkischer Art und Weise breiten wir unseren Schmaus auf Zeitungen auf dem Boden aus: verschiedene Gewürze sowie Tomaten, Karotten, Avocados, Reggianito-Käse, Vollkornbaguette und assortierte Pralinen. Bis zum Zähneputzen hauchen mindestens hundert Bremsen unter unseren Handflächen ihr Leben aus. Mittlerweile ist auch Gevatter Wind wieder erwacht und hilft uns gütig, ohne grössere Anstrengungen weiter über die Hügel Richtung Süden vorzustossen. Die Ginsterbüsche stehen hier noch nicht in Blüte, so ist es an den Lupinen, am Strassenrand für Farbtupfer zu sorgen.

In dem als einstige Hippie-Kolonie bekannt gewordenen El Bolsón werben dutzende Grundstücksmakler in den Schaufenstern topmoderner Büros für den Verkauf von unbewohnten, jungfräulichen Ländereien, welche auch den exklusiven Zugang zu klaren Seen gewähren. Auf dem Strassenmarkt sind einige der Anbieter Hippie-Urgesteine. Die wilden Jahre aber sind nur noch fade Erinnerung, die Ideale sind verblasst. Bieder und brav preisen die Grauhaarigen ihre naiven Basteleien aus Holz, Wolle, Lehm, Stein oder Leder an. Selbst ihr gebrautes Bier mundet schrecklich abgestanden.

Unter schwerem, griesgrämigem Morgenhimmel lassen wir die Stadt hinter uns. Der Nebel kriecht zäh über die Bergflanken und die Flut der *cabañas* reisst kilometerweit nicht ab; die Landschaft aber verliert stetig an Attraktivität. In Epuyen laben wir uns an aromatischem Kräutertee. Der junge Wirt setzt sich zu uns an den Holztisch und jammert bitterlich über den Ausverkauf Patagoniens, über den zurzeit auch ständig in den Zeitungen berichtet wird. In den 90er Jahren privatisierte Argentinien fast all seine staatlichen Betriebe und wurde damit zum Musterschüler des Internationalen Währungsfonds. Schon vor, aber vor allem nach dem wirtschaftlichen Kollaps Argentiniens im Jahr 2001 mit der dreihundertprozentigen Abwertung der Währung und dem Konkurs tausender kleiner Landbesitzer, was den Landpreis markant sinken liess, haben die privaten Investoren diversifiziert. Sie rissen sich zu Spottpreisen riesige Landflächen unter den Nagel, die nicht nur das Andenken der *indígenas* und ausgedehnte Waldflächen, sondern auch Seen und Flüsse mit dem reinsten Wasser unseres Planeten enthalten. «Auf diese Weise wurde das Trinkwasser privatisiert. Das ist an Dummheit kaum zu überbieten!», ärgert sich der Wirt. Wenn der Staat die wichtigste Ressource des Landes verschachert, ist dies wahrlich skandalös. Für unseren Wirt besteht kein Zweifel, dass es sich bei fast allen Käufen um spekulative Transaktionen handelt. Trotzdem vertrieben die meisten neuen Besitzer die *indígenas*, ohne aber mit dem erworbenen Boden viel anzustellen. Arbeitsplätze für Einheimische resultierten in den seltensten Fällen, was nicht nur unseren Gesprächspartner mächtig erzürnt. Er ereifert sich: «Von den zwischen 1990 und 2005 verkauften Grundstücken in Patagonien gingen über die Hälfte an ausländische Millionäre wie – um nur einige zu nennen – Ted Turner, der Gründer des TV-Senders CNN, Charles und Joseph Lewis, die steinreichen Engländer, die halbjährlich auf Barbados logieren und gerne Golf spielen, Rocky Sylvester Stallone, Michael Douglas, Bruce Willis oder Benetton.»

Quer durch eine schmale Talrinne führt uns die Strasse nun auf eine baumlose Hochebene, welche den Beginn des Benetton-Landes markiert. Luciano und Carlo Benetton, die italienischen Gründer und Besitzer des Modekonzerns United Colours of Benetton, der in den 80er Jahren mit seinen Schock-Werbekampagnen für weltweites Aufsehen sorgte, haben sich seit Anfang der 90er Jahre nahezu eine Million Hektar unter den Nagel gerissen. Sie sind damit die mächtigsten Landbesitzer Patagoniens. Und ihre Estanzia Leleque, auf deren trockenen Steppe rund 280000 hochwertige Merinoschafe weiden sollen, ist gar eine der grössten der Welt. Mit einem grossformatigen Werbeplakat an der Strasse versuchen die Benetton Brüder, die Leute zu bewegen, ihr Museum Leleque zu besuchen. «Geschichte und Kultur dieses mythischen Landes werden im Museum erhellt», lautet ihr Lockruf. Wir erliegen ihm nicht, sondern hüten uns davor, in diese Schotterstrasse einzubiegen. Denn der Wirt in Epuyen legte uns überzeugend dar, wie dort die Geschichte im Sinne der Benettons und Konsorten schamlos gebogen wird. So werde die Besiedlung Patagoniens mit Weissen, die nach der vom späteren Präsidenten Argentino Roca geführten *Conquista del desierto*, der Eroberung der Wüste, einsetzte, als «Zeitalter des Fortschritts» bezeichnet. Das ist eine mehr als zynische Bezeichnung für den Genozid an den *indígenas* mit tausenden von Toten und Gefangenen. Um das Mass der Verdrehung und Lüge voll zu machen, würden die Mapuches gar kurzerhand als «unlegitimierte Eindringlinge von Chile her» diffamiert.

Der Wind ist unser gütiger Freund und schiebt uns so kräftig, dass ich einmal auf fast ebenem Terrain mit über siebzig Stundenkilometern über den Asphalt flitze, ohne auch nur den geringsten Fahrtwind zu spüren. Nur gut, sind wir nicht in der Gegenrichtung unterwegs! Wie von Geisterhand geschoben fliegen wir förmlich durch die kahle Pampa, die nur ganz selten, etwa im Bereich von Fliessgewässern, mit höheren Sträuchern oder Bäumchen aufwartet. Alle paar Minuten nur zeigt sich ein einsames Auto. Einem entsteigt ein Holländer, der in Basel wohnt. Nach kurzem

Schwatz meint er hastig: «Ich muss mich sputen, denn in Kürze wird mich ein Flugzeug in die Schweiz bringen.» Wie sonderbar uns dieser Gedanke anmutet: Einfach so, mir nichts, dir nichts in ein Flugzeug steigen und nach wenigen Stunden in Zürich Kloten heimischen Boden betreten. Welch Schock das wohl sein muss – wenigstens für Bea und mich. Unser langer Heimweg dauert nun schon fast vier Jahre; denn wer die Weltkugel zu umrunden gedenkt, ist von Anbeginn auf der Heimreise. In den Kurven schlägt uns der Wind bisweilen gehörig ins Gesicht. Doch ist unsere generelle Fahrtrichtung perfekt auf die heutige Laune des grossen Pusters abgestimmt. Nur auf den letzten Kilometern vor Esquel, die aber vornehmlich runter gehen, stellt er sich uns grimmig entgegen.

Da Esquel wegen des nahen Nationalparks Los Alerces und des Skigebietes La Hoya ein bekanntes Ferienzentrum ist, werden auch zahlreiche *cabañas* vermietet. Wir steigen in der günstigsten Unterkunft ab. Trotzdem ist sie hell, sauber und geräumig. Wie anders war dies doch in Bolivien, Peru, Guatemala, Belize und Mexiko! Wir werten dies als Zeichen für den nach wie vor hohen Standard Argentiniens.

Vor uns liegen noch gut vierhundert asphaltierte Kilometer der Ruta 40, bevor ab Río Mayo der *ripio* beginnen wird. Wir sind frohen Mutes, die Zeichen stehen gut: Der Wind treibt von Chile her Wolken über die eingeschneiten Kordilleren, was für uns strammen Rückenwind bedeutet.

Die sandigen Strassen von Tecka sind ungewöhnlich breit. Als könnten die Bewohner ohne Staub in den Augen nicht leben, haben sie mit der Anordnung ihrer Häuser dem Wind Tür und Tor offen gelassen. In den hinteren Räumen eines Lebensmittelgeschäfts beziehen wir ein einfaches Zimmer. Der Vermieter redet sich regelrecht ins Feuer, weil fast sämtliches Land Patagoniens an finanzstarke Ausländer verramscht werde. Er beklagt auch das durchschnittliche Monatseinkommen der argentinischen Arbeiter, das sich auf nicht mehr als dreihundert US-Dollar belaufe. Bei den doch recht satten Preisen für den Lebensunterhalt ist dies beileibe nicht viel.

Der Wecker befreit uns aus der nächtlichen Starre auf der dünnen Matratze und dem steifen Bettrost. Wieder auf dem Asphalt, müssen wir erst mal leer schlucken, denn der Wind hat heute die Stirn, gegen uns zu blasen. Er scheint mit dem Wolkenbild nicht zufrieden zu sein, stets mischt er es von neuem auf. In seiner Aufgewühltheit bremst er uns nicht nur, sondern entzieht uns auch viel Körperwärme wie einst im winterlichen China. Alle Tore zu den nicht selten kilometerweit entfernt liegenden Estanzias, diesen Landgütern, auf denen vor allem mit Schafen und Mastrindern extensive Weidewirtschaft betrieben wird, sind mit Schloss und Riegel versperrt. Was sind das für Menschen, die in diesen Einsiedeleien leben? Und wo gehen ihre Kinder zur Schule? Aber vermutlich wohnen da hinten ja gar keine Familien mehr. Schon gar nicht die reichen Besitzer. Die residieren in Buenos Aires oder auf

Barbados. Lediglich eine Handvoll Arbeiter wird zum Rechten schauen. Den ganzen Tag über treffen wir auf nicht mehr als zwanzig Autos. Neben dem Wind, dem unangefochtenen Herrscher der patagonischen Pampa, begleiten uns verschiedene Tiere wie die schwarzen Käfer, die behände vor unseren Rädern durchkrabbeln oder die giftigen Raupen mit ihren buschigen, roten Härchen. Sie kriechen gemächlich über den Asphalt, während andere, die ihre Metamorphose bereits hinter sich haben, als quirlige Sommervögel durch die Lüfte flattern. Auch Vögel sind allgegenwärtig. Der Reigen reicht von den kleinen braunen Spatzen über die Wegekuckucks, die mit ihren langen, dünnen Beinen den Warner Brothers als Vorbild für ihre «Road Runner» Cartoons dienten, bis zu den Falken, die mit finsterem, verkniffenem Gesichtsausdruck auf einem Zaunpfahl hocken und uns ihren hakig nach unten gebogenen Oberschnabel präsentieren. Schafe und seltener Pferde, diese reinen Symbole der Kraft und Vitalität, zufriedene Kühe oder meckernde Ziegen weiden in der Pampa. Einmal zeichnet ein aufgescheuchter Hase seinen Zickzacklauf in den Sand. Eigentlich sollte er um diese Zeit schlafen. Die Langohren sind schliesslich dämmerungs- und nachtaktive Tiere. Ein Blick auf den mit Hasenleichen gepflasterten Asphalt zeigt uns aber, dass es keine dumme Idee des Tiers ist, sich zu dieser Stunde auszutoben. Denn ganz offenbar werden diese Nager von Autoscheinwerfern so magisch angezogen wie Insekten von Flammen. Vielleicht aber tummeln sie sich in der Dunkelheit vornehmlich auf der Fahrbahn, weil der Asphalt noch lange in die Nacht hinein seine im Laufe des Tages gespeicherte Wärme abgibt. Den meisten Kadavern fehlt der Kopf. Bestimmt gilt er den Raubvögeln als wahrer Leckerbissen. Am westlichen Horizont taucht die Silhouette von zwei Gauchos auf, die auf ihren Pferden eine Rinderherde vor sich her treiben.

Der Himmel bleibt bedeckt, doch vermögen die Wolken im böigen Wind wenigstens kein Wasser abzuwerfen. Wir verpflegen uns unter dem Strassendamm, im Schutz eines Bachdurchlasses. In dieser Jahreszeit ist er staubtrocken. Verkohltes Holz und ein penetranter Kotgeruch zeugen davon, dass hier schon manch Radreisender gecampt hat und noch viel mehr Auto- oder Bustouristen gekackt haben.

Weil wir in Gobernador Costa zur Siestazeit eintreffen, müssen wir beim Hotel lange an Tür und Fenster poltern und uns dabei vom Strassenstaub einnebeln lassen, bis uns eine Frau mit vom Schlaf zerknülltem Gesicht endlich einlässt. Wie zu alten Chinazeiten kochen wir in unserem Zimmer am offenen Fenster, das direkt aufs Trottoir geht. Die vorbeispazierenden Leute grüssen allesamt freundlich. Die glühende, durch uns nicht regulierbare Heizung beschert uns trotz weit geöffnetem Fenster und tiefen Aussentemperaturen eine ungewohnte Hitze, die uns geradezu bleiern schlafen lässt. Ohne Wecker würden wir möglicherweise den ganzen Tag über in den Träumen schwelgen. Das wäre aber eine Dummheit, denn der Wind lässt uns heute von Beginn an durch die Pampa segeln, die uns mit ihren kugeligen Büschen in allen nur vorstellbaren verwaschenen Grüntönen immer mehr für sich einnimmt. Die Faszination für dieses Ödland wurzelt einerseits in seiner Weite – wir fast alleine zwischen nichts als Pampa und dem gewaltigen Wolkenhimmel –, seiner schieren Unendlichkeit, in der selbst die Zeit zur Ruhe kommt. Und andererseits aber in den winzigen Details der Tier- und Pflanzenwelt: Wie lässt mir doch der dynamische Lauf eines Langohrs oder der Liebreiz einer gelben Blüte am Wegrand das Herz höher schlagen!

Da, plötzlich zeigt sich rechterhand eine riesige Herde Guanakos. Scheu wie diese Tiere sind, suchen sie sofort das Weite, als sie das Quietschen unserer Bremsen vernehmen. Sie tun auch gut daran, vor den Menschen zu fliehen, denn seit der Invasion der Spanier wurden sie wegen ihres wunderschön wolligen und dichten, oberseitig hellbraunen und unterseitig weissen Fells, vor allem aber zur Gewinnung von Weideland für die Schafe, massenhaft abgeschlachtet. Die einst fünfzig Millionen wilden Guanakos sind auf eine Population von nur noch etwa einem Hundertstel geschrumpft. Die Schafzucht in der Pampa wird langfristig nicht von Bestand sein. Schafe sind hier nicht heimisch. Sie wurden von den Immigranten aus fremden Ländern eingeführt. So ist es nur logisch, dass ihr Verhalten unangepasst ist. Anders als die seit Urzeiten hier grasenden Guanakos fressen die Schafe nicht nur die Halme, sondern auch die Wurzeln der Gräser. Das zerstört die Grasnarbe nachhaltig und führt zur Erosion der fruchtbaren Scholle. Jahr für Jahr braucht es deshalb eine immer grössere Fläche, um ein Schaf zu ernähren – Schafe und Rinder gehören schlicht nicht in die Pampa. Doch werden die Züchter erst abziehen, wenn das Geschäft nicht mehr rentiert. Dass sie dann verwüstete, verödete Ländereien hinter sich zurücklassen werden, ist gewiss. Darüber scheint sich aber niemand aufzuregen. Es wird quasi als Kollateralschaden der Zivilisation hingenommen. Aus der Tierwelt zeigen sich heute neben Pferden und zwei Nandus, diesen straussähnlichen, flugunfähigen Laufvögeln, die rasend schnell über den Asphalt und die kugeligen Stachelbüsche der Pampa sprinten, auch Stinktiere und Gürteltiere. Letztere heissen wegen ihres Panzers, der fast die gesamte Körperoberfläche bedeckt, auf Spanisch entsprechend *armadillos*, die Gepanzerten. Auch wenn wir die Stinktiere selten sehen, so begleitet uns oft ihr Analdrüsensekret, das sie zur Selbstverteidigung versprühen. Die hier hausenden Streifenskunks vermögen Feinde aus sechs Meter Entfernung exakt ins Gesicht zu treffen. Von solchen Blattschüssen bleiben wir glücklicherweise verschont. Doch trägt uns der Wind diesen Mischgeruch aus verdorbenem Knoblauch und abgefackeltem Autoreifen von weit her zu.

Als wir uns der Estanzia mit dem vielversprechenden Namen Nueva Lubecki, den Bea als Neu-Lübeck interpretiert und ich mit deutscher Backkunst verbinde, nähern, läuft mir bereits das Wasser im Mund zusammen. Natürlich aber war der Wunsch alleiniger Vater dieser Verknüpfung. Pustekuchen, nichts mit Kuchen! Immerhin aber bieten uns hier ein paar Pappel- und Birkenreihen guten Windschutz für eine Rast, während der wir unseren gestern Abend gebratenen Kartoffel-Eier-Auflauf verspeisen.

Neben dem nächsten Punkt auf unserer Karte steht «La Laurita» geschrieben, was sich bald als eine abgetakelte Tankstelle am hinteren Rand eines weiten Kiesplatzes herausstellt. Von den zwei kauzigen, aber nicht minder freundlichen Betreiberinnen dieser Zapfsäule kriegen wir trübes, gelbschimmerndes Trinkwasser mit tanzenden Schwebstoffen drin. Unsere hochgezogenen Augenbrauen gewahr, versichert uns die eine eilfertig: «Wir haben das Wasser eben im Hausinnern aus einer unterirdischen Quelle hochgepumpt, es ist einwandfrei.» Derweil die zwei nun über die Kälte und den starken Wind, was beides für diese Jahreszeit unüblich sei, jammern, bewundere ich gedankenversunken den versteinerten Baumstrunk einer Araukarie neben einer der Stahlbetonsäulen des Vordaches. Er ist ein beredter Zeuge für den Urwald, der diese Gegend einst überzog. Jetzt heben die Frauen ein morsches Tor zur Seite und führen uns zum «Campingplatz» hinter dem Haus. Er ist gepflastert mit schmutzigem WC-Papier, abgenagten Knochen und Plastikfetzen. Es fehlt jegliche Infrastruktur, und bleibe ich auch nur eine Sekunde lang stehen, krabbeln mir dutzende Ameisen die Beine hoch. Der dreckige Boden ist für diese Insekten ein wahres Schlaraffenland, aber mit Bestimmtheit kein Untergrund für unser Zelt. Lange suchen wir ausserhalb dieses Areals einen geeigneten Ort, der unsere Kriterien wie Schutz vor dem heftigen Nordwestwind, keine Ameisenstrassen, keine Exkremente, keine Scherben, keine Dornen und keine Abfälle, die nicht weggeräumt werden könnten, erfüllt. Schliesslich finden wir ihn neben dem linken Torpfosten eines mit Grasbüscheln überwachsenen sandigen Fussballplatzes südlich von La Laurita. Im einsetzenden Nieselregen spannt sich ein kräftiger Regenbogen von der Ruta 40 zum nördlichen Horizont und ein Stinktier wiesel nahe an uns vorbei. Nur gut fühlt es sich nicht bedroht und feuert keine Stinksalve ab. Vielleicht liegts aber lediglich am Gegenwind, dass es die Duftwolke nicht bis zu unseren Nasen hoch schafft.

Nach einer sternenklaren und frostigen Nacht weckt uns schliesslich die Wärme der Sonne. Trotzdem frühstücken wir im Schutz des Zelts, denn das Thermometer zeigt noch nicht mehr als fünf Grad an, und der Wind entzieht uns zu viel Körperwärme, obwohl er von der Pappelreihe in unserem Rücken gezähmt wird. Von den stürmischen Luftmassen lassen wir uns nun bis zum Weiler Los Tamariscos schieben, wo uns überraschend eine einfache Kneipe Windschutz bietet. An den Tresen gelehnt steht ein Mann, unter dessen Schiebermütze dichtes, schwarzes Haar hervorquillt. Seine faltige Gesichtshaut ist von Sonne, Wind und Wetter nicht nur gebräunt, sondern geradezu gegerbt. Er kippt ein paar Gläschen Hochprozentiges in die staubige Kehle, verabschiedet sich mit gläsernen Augen und schwingt sich auf den Rücken seines Pferdes, das er hinter dem Haus angebunden hatte. Wenn nicht mehr er, so wird sicher sein treuer Gaul den Heimweg finden. Auch wir setzen unseren langen Heimweg fort.

Der Wind trifft jetzt von rechts auf uns. Eine der unbändigen Böen schiebt Bea mit derselben Leichtigkeit quer über die ganze Fahrbahn wie die dürren Dornenbüschel. Nur eine brüske Vollbremsung bewahrt sie vor der Fahrt in die Pampa. Das hätte leicht ins Auge gehen können; zum Glück ist das Verkehrsaufkommen derart gering. Zweimal hetzen vor uns Guanakos mit gereckten Hälsen, die sich vor Giraffen nicht zu schämen brauchen, elegant und schnell wie der Blitz über den Asphalt. Die parallel zur Strasse verlaufenden Zäune überspringen sie dabei mit grandioser Nonchalance. Dichte Staubfahnen vor uns künden eine Strecke unbekannter Länge aus *ripio* an. Es erfordert höchste Konzentration, auf der schmalen, trittfesten Fahrspur der Autoreifen Kurs zu halten, denn der Seitenwind lässt uns immer wieder in die rutschigen Wülste aus Kies und Sand abdriften. Wichtig ist dabei, sich treiben zu lassen und auf keinen Fall brüsk zu bremsen. Als Bea einmal vom Rad steigt, wuchtet es ihr eine Windböe aus der Hand und schlägt es auf den Kies. Wie in dieser Sekunde ein Wagen schnöde vorbeischiesst und Bea in eine Staubwolke gehüllt zurücklässt, erinnert sie sich ein wenig sehnsüchtig an jene Szene in der Türkei, als drei Männer aus ihrem Auto gesprungen sind, um ihr das Velo einen steilen Hügel hochschieben zu helfen. Nach drei Kilometern spüren wir wieder Asphalt und damit sicheren Boden unter den Reifen. Auch die Sicht wird klarer, und wir erkennen, wie die spärlichen Sonnenstrahlen rechts unter uns das Wasser in den weit geschwungenen Mäandern des Río Senguer glitzern lassen.

Gegen den wütenden Wind kämpfen wir uns zur Brücke hinunter, die sich am Grund des stattlichen Canyons über den Fluss spannt, und lehnen die Velos an die Leitplanke. Damit sie uns der Wind nicht entwenden kann, blockieren wir die Räder mit faustgrossen Steinen. Nun inspiziere ich die Zone vor dem zugänglichen Widerlager der Brücke, die bestimmt im Windschatten liegt. Und ob sie das tut! Deshalb ist der Platz auch schon besetzt, und zwar von einem Motorradfahrer aus der Provinz Neuquén. Er hatte uns im Laufe des Tages winkend überholt und brauste Richtung Calafate, bis ihm hier in der Nähe die Kette riss und er sich in den Schutz der Brücke begab. Mit seinem Handy hat er bereits Hilfe angefordert und hält in aller Ruhe seine Angelrute ins Wasser. Ich wünsche ihm «Petri Heil!» und drücke den Stacheldraht, der ein gut mit Pappeln bestücktes Gelände umfriedet, hinunter, damit wir unsere Räder auf das Areal schieben können. Vermutlich war dies einst eine Ansiedlung, denn auf einem Betonboden stehen drei zerfallene Mauerreste und weiter weg sogar noch ein hölzernes Plumpsklo, freilich ohne Dach und Tür. Wie in Asien gelernt, stehe ich auf die mit rostigen Nägeln versehene Holzverschalung des Lochs und verrichte kauernd mein Geschäft. Für unser Lager wählen wir einen Fleck neben den borkigen Stämmen der Pappeln. Wir räumen Scherben weg, graben stachelige Büsche aus und lösen die knifflige Aufgabe des Errichtens unserer Behausung im heftigen Wind ohne nennenswerte Probleme. Das Flusswasser ist wunderbar klar und muss nicht gefiltert werden, um als Koch- und Duschwasser zu taugen. Das Trinkwasser versetzen wir aber dennoch mit Chlor, denn stromaufwärts weiden und scheissen Schafe und Kühe direkt am Ufer. Als uns kurz vor Mitternacht die schweren Augenlider zufallen, denken wir voller Ehrfurcht und mit leichtem Schauder an die Gewalt und die Kapriolen des patagonischen Wetters: Am heutigen Abend tröpfelte es einmal aus dem grauen Himmel, wenig später lachte die Sonne nochmals aus reinstem Blau, aber nur um gleichzeitig kaltblütig stärkste Böen gegen uns abzufeuern und nach einer halben Stunde den Wind wieder zurückzupfeifen. Der wilde Windstoss, der Bea aus der Fahrbahn geworfen hat, sitzt ihr noch tief in den Knochen. Nun flattert die straff abgespannte Aussenzeltblache derart hart im Wind, dass wir unsere eigenen Worte kaum verstehen können. Zum Glück aber widersteht die Zeltstruktur den Sog- und Druckkräften und kollabiert nicht wie einst in der Taklamakanwüste.

«Río Mayo liegt mit knapp fünfzig Kilometern nur einen Katzensprung entfernt», befanden wir am Morgen noch und hatten keinen Gedanken daran verschwendet, heute allenfalls gar nicht dort ankommen zu können. Ganz untypisch für uns haben wir deshalb nicht mal fünf Liter Wasser dabei. Die Rechnung haben wir aber ohne die Hammerschläge des Windes gemacht. Denn auf dem ersten Drittel des Wegs stürmen uns die Luftmassen mit der Durchschlagskraft von Wasserfluten von vorne rechts entgegen und hebeln uns immer wieder aus dem Sattel. Ich schliesse mich bald der schon längst wandernden Bea an, um ihr beim Schieben Windschutz zu bieten. Bei der Pause legen wir die Räder an den Strassenrand, denn Ständer, egal wie kräftig sie auch sein mögen, taugen bei diesen orkanartigen Böen nichts. Eng aneinandergepresst sitzen wir Schulter an Schulter auf dem Boden, mit dem Rücken gegen den Wind gelehnt und stillen den Heisshunger, doch bedecken ungestüme Wirbel jeden Bissen mit einer feinen Sandschicht – hinter uns liegen zu diesem Zeitpunkt neun Kilometer. Meine Spucke fliegt wie ein Geschoss Dutzende von Metern weit. Aber wenn ich pinkeln muss, ist es nicht zu vermeiden, dass ich dabei nass werde. Nicht etwa deshalb, weil ich mich falsch positionieren würde. Nein, nein, das habe ich im Griff. Aber der Strahl zerstiebt nach einem halben Zentimeter Flugbahn in feine Tropfen, die unkontrolliert herumwirbeln. Wenn ich mit Bea sprechen will, muss ich ihr direkt in die Ohrmuschel schreien, damit der Wind die Schallwellen nicht stehlen kann. Der junge Fahrer eines Pick-ups bietet uns an, die Räder zu verladen. Wir lehnen aber dankend ab, wir befinden uns ja noch in keiner Notsituation. Nur in einer solchen würden wir nämlich von unserem Credo, die Erde aus eigener Kraft zu umrunden, abweichen.

Die Spatzen fliegen im unsteten Wind nur ganz knapp über dem Boden. Und zwar in wellenartigen Bahnen, da sie sich meist mit eingeklappten Flügeln wie Federbällchen treiben lassen, um bei einer günstigen Turbulenz blitzschnell das Gefieder zu spreizen und damit wieder an Flughöhe zu gewinnen oder die Richtung zu korrigieren. Dank diesen geschickten Manövern können sie ihre angepeilten Ziele ohne grosse Anstrengung erreichen. Da wir aber keine wendigen Vögel sind, blinkt auf meinem Kilometerzähler nach sieben Stunden seit unserem Start heute Morgen gerade mal die Zahl einundzwanzig.

Jetzt endlich biegt die Strasse nach links ab, und wir schöpfen neue Hoffnung, Río Mayo doch noch heute erreichen zu können, obwohl der Nachmittag bereits zur Neige geht. Der bestimmt auf uns wütige Wind hat unsere Gedanken aber gelesen und dreht mit einer neckischen Pirouette ganz einfach im Gleichschritt mit uns – welch Skandal! Wir wollen uns diesen Affront nicht bieten lassen und setzen uns kurzerhand störrisch hinter einen Strauch und warten schmollend auf bessere Zeiten. Wir tun dies aber nicht nur aus purem Trotz, denn weiter vorne entlädt sich ein Gewitter. Wie Euter baumeln dunkle Zipfel vom schwarzen Wolkendach. Nach einer halben Stunde hat sich der Gewitterherd weit nach Osten verlagert und wir sind mit Brot und Käse frisch gestärkt. Trotzdem ist noch nicht ans Weiterfahren zu denken, denn die ungemein wuchtigen seitlichen Böen rauben Bea jeden Mumm, sich aufs Velo zu schwingen. Selbst die Vögel machen sich rar. Es ist ja auch gar garstig, wenn der Wind überschnappt. Wir ertappen uns beim Hadern: «Wenn wir nur genügend Wasser dabei hätten, könnten wir da unten, auf der Leeseite des Strassendamms, unser Zelt aufstellen und uns schlafen legen. Es wäre ja so einfach!» Wir lassen die Augen umherschweifen und entdecken in einer Weide vielversprechende Bauten: eine Tränke aus Stahlbeton und daneben einen voluminösen Tank. Also klettere ich über den Zaun und erkunde jenen verheissungsvollen Ort. Statt Wasser finde ich aber nur ausgetrocknete Kothaufen von Schafen und Kühen sowie strahlend weisse Knochen, abgenagt von den Geiern und gebleicht von der Sonne.

Während wir unschlüssig über das weitere Vorgehen im Schutz des Strassendamms verharren, dreht der Wind nach Südwesten und büsst dabei genug an Intensität und Unberechenbarkeit ein, damit sich auch Bea im Sattel zu halten vermag – es kann also weitergehen. Ich blocke vorne weg den Wind und Bea folgt im Kielwasser. Mit etwa acht Kilometer pro Stunde kommen wir dergestalt vorwärts. Nach eineinhalb Stunden Schinderei kippen wir die Räder wieder an den Strassenrand und verschnaufen im Windschatten eines hüfthohen Busches. Den brennenden Durst können wir nicht stillen – unsere Wasserreserven sind leergetrunken. Immerhin verfügen wir über genügend Nüsse und Riegel, um die verbratenen Kalorien zu ersetzen. Die Sonne hat sich bereits zur Ruhe gelegt und wir haben uns die Handschuhe über die klammen Finger gestülpt. Einem Lastwagenfahrer fallen die im Strassengraben liegenden Velos auf. Er hält an, findet uns ein paar Schritte entfernt im Gebüsch und bietet seine Hilfe an. Ob er uns ein Stück weit mitnehmen soll? «Oh, nein, vielen Dank der Nachfrage!», entgegnen wir mit trockenem Mund und mitschwingendem Stolz. Río Mayo liegt nun schliesslich definitiv in unserer Reichweite. Kurz vor 22.00 Uhr, also noch vor Einbruch der Dunkelheit, kündigt die metallene Skulptur eines Schafscherers die finale Abfahrt an. Eine geschwungene Rechtskurve führt uns an Militärbauten des Batallón Ingenieros 9 mit ihren grünen Dächern vorbei, und schon knirscht der grobe Schotter der breiten Strassen von Río Mayo unter unseren Rädern – das Werk ist vollbracht.

Im noch immer geöffneten kleinen Supermarkt kaufen wir Salat für das Nachtessen und steigen in einem der völlig überteuerten Hotels ab. Nach dem Duschen krümmen wir unsere Rücken über die Landkarte und überdenken, noch immer leicht benommen vom Kinnhaken des patagonischen Windes, unsere weitere Route nach Tierra del Fuego. Die Ruta 40 hat ab jetzt hunderte von Kilometern Schotter für uns bereit. Auch wenn wir auf die weniger vom Wind gebeutelte Carretera Austral in Chile ausweichen würden, müssten wir bis zum Dorf Perito Moreno erst mal 124 Kilometer durch das windige Pampagebiet schieben. Heute waren wir, die Ruhepausen abgerechnet, für fünfzig Kilometer 7.5 Stunden unterwegs. Und dies auf tadellosem Asphalt, ohne viel Gewicht an Wasser und ohne nennenswerte Steigungen. Wie soll das nur werden auf dem rutschigen oder tiefen *ripio* mit über zwanzig Liter Wasser und einigen Lebensmitteln mehr geladen? Wir leuchten unsere Herzen aus und erkennen dabei, dass wir der Askese zu wenig zugetan sind und nicht als Toren auf dem Schotter der südlichen Ruta 40 touren wollen. Diese Tortur kann nämlich elegant vermieden werden, indem wir das einzige Richtung Süden führende Asphaltband Patagoniens, die Ruta 3, nutzen und uns, mindestens für Teilstrecken, den Wind zum Freund machen. Zweieinhalb Stunden nach Mitternacht ist der Entscheid gefasst: Nach einem Ruhetag hier in Río Mayo werden wir zum Río Senguer zurückrollen und über Sarmiento die Stadt Comodoro Rivadavia am Atlantik drüben anpeilen.

Nach bleiernem Schlaf erheben wir uns noch immer ausgelaugt und schlapp vom gestrigen Kraftakt und essen das unspektakuläre, im Zimmerpreis inbegriffene Frühstück aus Kaffee und süssem, klebrigem Croissant. Draussen singen die Drähte im Wind und die Pappeln schütteln sich den Strassenstaub vom Gewand. Ich bin froh, dass nun Klarheit herrscht über unsere Weiterreise.

Am Sonntag, 24. Dezember 2006, schieben wir die Räder aus dem Hotel. Es weht nur ein mildes Lüftchen durch die überdimensionierten, kiesigen Streifen, welche das Dorf schachbrettartig zerschneiden. In der Kurve beim Batallón Ingenieros 9 versucht uns der Wind aber bereits wieder energisch zurückzuhalten. Vorbei an zwei überfahrenen Hasen kämpfen wir uns zum starren Schafscherer hoch und stellen mit grosser Erleichterung fest, dass die kühlen Luftmassen da oben noch immer kräftig von Südwesten her über die Pampa streichen. Schon zur Mittagszeit passieren wir den Río Senguer, aber wir hüten uns, die Bremshebel zu ziehen, denn es rollt gut, verdammt gut! Wie in einem Windkanal segeln wir über die kurvenreiche Strasse durch die Sierra de San Bernardo dahin, mein Herz jubelt. Im Bereich der Puerta de la Vírgen, einem Heiligenschrein, schiebt uns der Sturm mit einer derartigen Gewalt, dass wir über eine kurze Distanz ohne die Beine zu bewegen mit dreissig Stundenkilometern bergwärts flitzen. Während der 130 Kilometer langen Fahrt nehme ich den Bestand der Tiere auf: 39 Hasen, fünf Stinktiere, zwei Gürteltiere, ein Pferd, ein Schaf und eine Maus – allesamt mausetot; diverse lebendige Schafe, Falken und ein wilder Nandu. Auf dem Rücken eines kahlen Hügelzugs zeichnet dieser Vogel eine eindrückliche Silhouette an den Horizont. Wir fliegen geradezu zum türkisblauen Lago Musters runter, wo die Strasse nun für ein paar Kilometer südwärts führt, was für uns üblen Seitenwind bedeutet. Heute schafft er es aber nicht, uns aus der Bahn zu werfen. Nach sieben Stunden Fahrzeit erreichen wir das Dorf Sarmiento und steigen im einzigen geöffneten Hotel ab. Auf dem Betonboden vor der Tür unseres Zimmers bereiten wir unser Weihnachtsmahl. Die Zutaten haben wir allesamt von Río Mayo herantransportiert, als ob es dies alles nicht auch hier zu kaufen gäbe! Doch hätten wir noch gestern keine alte Socke darauf gewettet, dass wir es heute derart weit schaffen würden. Beim Kochen der Sauce für die Ricotta-Ravioli gilt es eine brandheisse Schrecksekunde zu überstehen. Nach dem Anbraten von Knoblauch und Zwiebeln lösche ich dieses wohlriechende Gemisch mit einem kräftigen Schuss unseres hochprozentigen Brandys ab. Gleichzeitig tanzt ein kleiner Luftwirbel herbei und lässt die Flamme des Benzinbrenners bis über den Rand der Bratpfanne hochzüngeln. Schon schiesst unter einem Rauschen knapp vor meinem Gesicht eine Feuersäule hoch. Reflexartig weiche ich zurück und komme auf wunderliche Weise mit ein paar angesengten Haaren davon – das war knapp! Sofort nehme ich die Pfanne vom Kocher und drehe den Regulierknopf des Brenners zurück, bis das Inferno in sich zusammenbricht, nur noch die normale Flamme lodert und weiter gekocht werden kann. Als letzten Akt füge ich noch Sahne und Gewürze hinzu. Jetzt erst merke ich, dass bei meinem Ausweichmanöver das Klappstühlchen, das wir in einem Fischerladen in Japan erstanden hatten, in Brüche ging. Schade! Am Tisch unseres gut geheizten Zimmers geniessen wir das Festmahl mit der *sauce superflambée* und sind dabei unseren Lieben daheim, die wahrscheinlich gerade zu dieser Stunde vom chilenischen Wein nippen, den wir ihnen zukommen liessen, ganz nah. Was sind in solchen Momenten schon ein paar tausend Kilometer, die zwischen uns liegen?

Erst gegen Mittag machen wir uns auf Richtung «Downtown» Sarmiento, das an diesem warmen Weihnachtstag im Tiefschlaf verharrt. Nicht einmal der Wind verspürt jetzt Lust, durch die Pappeln zu fahren. Wie insgeheim vermutet, ist der nahe gelegene Bosque Petrificado heute verwaist und verriegelt, worüber wir gar nicht mal so traurig sind. Schliesslich haben wir bei La Laurita schon einen versteinerten Baumstrunk gesehen. Im ruhigen Stadtpark pflanzen wir uns auf eine Bank und schauen dem Gras beim Wachsen zu. Wir halten uns die Hände wie ein seit einem halben Jahrhundert verheiratetes Rentnerpaar, und Bea sinniert: «Wann werden wir wohl wieder eine Weihnacht mit knackigen Kirschen und roten Rosen verbringen?»

Beim Veloservice sorgt ein Hotelangestellter für meine Unterhaltung. Er meint, in dieser Gegend gebe es überhaupt keine *indígenas* mehr. Die Bevölkerung bestehe allein aus europäischen Einwanderern. Er selbst sei französisch-italienischer und die *dueña*, die Besitzerin des Hotels, spanischer Abstammung. Die Leute seien dank diesem Gemisch der Gene besonders intelligent. Aber trotz diesem tiefen Reservoir an Gehirnzellen, auch trotz der reichen Bodenschätze wie Erdöl oder Gold, ja, selbst trotz Fischerei und Viehzucht, welche das beste Fleisch der Welt liefere, gehe es dem Land in wirtschaftlicher Hinsicht nicht gut. Schuld daran seien einerseits die Trägheit der Leute und andererseits und vor allem die fehlgeleitete Politik. Am amtierenden Präsidenten Néstor Kirchner, in dessen Adern übrigens schweizerisches und kroatisches Blut fliesst, lässt er kein gutes Haar. Ich teile seine durchs Band negative Einschätzung nicht. Argentinien ist mir bis heute nie als darbendes Land erschienen. Vielmehr hat mich der flächendeckend hohe Standard überrascht. Diese Beurteilung ist jedoch wesentlich dadurch geprägt, dass wir nicht von Europa oder den USA her hier gelandet sind, sondern uns via Peru, Bolivien und Chile angepirscht haben. Aus meiner Perspektive ist das Glas eindeutig halb voll und nicht halb leer. Ganz besonders schätze ich die Tatsache, dass über ein Drittel der aus Europa eingewanderten Bevölkerung aus Italien stammt und deshalb fast in jedem Dorf frisch hergestellte Teigwaren wie Tagliatelle oder eben Ravioli erhältlich sind.

Als wir Sarmiento zu früher Stunde verlassen, sind wir beinahe alleine auf weiter Flur. Nur die Vögel sind schon wach. Enten, Möwen und Flamingos beherrschen die feuchte Ebene vor dem Lago Colhué Huapi. Sie ernähren sich von Fischen, Krebsen und Würmern, aber auch von Mücken. Und die Mücken auch von uns, das heisst, von mir. Ich werde in Hals, Nacken und Gesicht gestochen, während Bea auf wundersame Weise für einmal gänzlich verschont bleibt.

Im Valle Hermoso nimmt die Vegetation drastisch ab. Immerhin aber hoppelt ein Langohr vor uns in die niederen Büsche davon, und ein Guanakohengst reckt seinen Hals, wackelt mit den Ohren und warnt mit rauen Rufen seinen aus gut zwanzig Weibchen bestehenden Harem, als er unsere Witterung aufnimmt. Zahllose Hasen, Stinktiere und Gürteltiere liegen zermalmt auf dem Asphalt. Das Tal wird einzig seines unterirdischen Erdölsees wegen «*hermoso*» genannt. So weit das Auge reicht,

arbeiten hier Ölpumpen; bis zum Atlantik wird sich das Bild diesbezüglich nicht ändern. Im Aufstieg zur Pampa del Castillo zwingen uns wütige Seitenböen die Räder
durch eine scharfe Kurve zu schieben. Selbst zu Fuss werden wir nur dank grösster
Kraftanstrengung nicht gefällt und auf den Asphalt geschmettert – erschreckend und
fantastisch zugleich, diese ungezügelte rohe Kraft der Natur. Oben auf dem Plateau,
zwischen den unzähligen, weit auseinander stehenden Ölpumpen, ergeht es uns nicht
wesentlich anders. Wir halten uns auf alles gefasst in geduckter Stellung auf den Sätteln. So bieten wir dem Wind die geringste Angriffsfläche für seine heimtückischen,
deftigen Attacken. Alle Fasern meines Körpers sind in Erwartung des nächsten
Schlags zum Zerreissen angespannt, die Hände umklammern den Lenker und die
Schenkel sind an Sattel und Rahmen gepresst. Trotzdem versuche ich dabei locker zu
bleiben, mich nicht zu verkrampfen. Zum Ausbalancieren der Treffer steht zum
Glück meist die ganze Fahrbahn zur Verfügung. Erblicken wir im Rückspiegel ein
Auto, lenken wir die Räder präventiv an den Rand und stoppen. Denn da liegen
Flamme und Zündstoff zu nah beisammen – ein fataler Zusammenprall wäre nicht
mit Bestimmtheit zu vermeiden. Wenn schon wir selbst unsere Reaktionen auf die
Windstösse nicht vorauszuahnen vermögen, wie sollte dies den Autolenkern gelin-
gen?

In den Talrinnen, die uns zum Atlantik hinunterführen, kanalisieren sich die Luftströme derart, dass ich bei Geschwindigkeiten von über siebzig Stundenkilometern
nicht nur keinen Fahrt-, sondern noch immer kräftigen Rückenwind verspüre. Bald
zeigt sich uns deshalb das schwärzliche Blau des Atlantischen Ozeans. Auf der Küstenstrasse Ruta 3 ist der Verkehr dicht, und die mit Staub und Sand befrachteten
Windböen sind in ihrer Intensität und Unberechenbarkeit ebenso mörderisch wie
auf der siebenhundert Höhenmeter weiter oben gelegenen Ebene. Unsere Augen tränen und im Windgebläse japsen wir nach jedem Happen Luft. So überstehen wir
auch die letzten zehn der heutigen 154 Kilometer bis zum Zentrum von Comodoro
Rivadavia, dieser wichtigen Hafen- und Industriestadt, nur dank höchster Vorsicht
mit heiler Haut.

Lange suchen wir nach einer geeigneten Unterkunft, in der es sich einige Tage ruhen lässt. Als Bea aus dem letzten geprüften *hospedaje* tritt, in dem ebenfalls kein
Platz für uns vorhanden ist, erblicken wir schräg gegenüber einen krausköpfigen
Mann, der uns zu sich winkt. Er bietet zu einem vernünftigen Preis ein praktisches,
ebenerdiges Zimmer mit Küche an. Schon schieben wir unsere Velos in den Raum,
dessen Tür direkt auf die Strasse geht und der nach ein paar Rochaden der Einrich-
tungsgegenstände richtig wohnlich wird. Der Vermieter stellt einen Kuchen auf den
Tisch und bittet uns, Platz zu nehmen. Er bringt uns auch die Zeitung von heute und
heisst uns in der «*capital del viento*», der Hauptstadt des Windes, herzlich willkommen. Nun berichtet er mit einem Anflug von Stolz und Faszination in den Au-

gen von den mit über 130 Stundenkilometern schnellen orkanartigen Stürmen, welche am letzten Freitag – als wir uns während über zehn Stunden nach Río Mayo kämpften – durch die Strassen der Stadt fegten und dabei einige Passanten vom Gehsteig in den Strassengraben schubsten. Weit nach Mitternacht fallen wir todmüde ins Bett und lauschen nur noch kurz dem Dröhnen des alten Kühlschranks in der Ecke, dem Rauschen der Bäume und dem Rascheln des durch die Strasse wirbelnden Abfalls.

Am folgenden Tag beschliessen wir, unser Nest erst im neuen Jahr wieder zu verlassen und hoffen, der Wind sei dann so handzahm wie heute, wo er uns nur fast umzuhauen vermag. Jeden Morgen wischen wir auf dem Zimmerboden mindestens ein Kilo feinen Sand zusammen, den das Hecheln der Sonne immer wieder von neuem durch die Ritzen der Tür drückt.

Die letzten Tage des ausklingenden Jahres sind überraschend mild und – wer hätte gedacht, dass es hier so was gibt – fast windstill. An Silvester lassen wir uns nicht lumpen und verwöhnen uns mit einem Gratin aus Süsskartoffeln, Zwiebeln, getrockneten Tomaten, Koriander und Käse. Begleitet wird er von einem Kichererbsensalat, einem gemischten Salat und *vino tinto*. Zum Dessert schlüpft aus unserem Ofen eine knusprige Erdbeerwähe, wobei die süssen Roten auf einem luftigen Bett aus Vanillecreme und Schlagrahm thronen. Unisono stellen wir fest, dass uns die Jahreszahl 2007 schon ganz vertraut erscheint. Wir sind uns sicher, dass wir die Einträge im Tagebuch auf Anhieb mit «07» datieren und nicht wie bei früheren Zeitenwenden üblich, eine Weile lang im alten Jahr gefangen bleiben werden. Im TV berichtet der Sender BBC, dass Saddam Hussein bereits dem Strick überantwortet wurde. Um Mitternacht liegen wir auf unserem Bett und werweissen, was uns das Jahr 2007 wohl bringen wird, währenddem die Jugend von Comodoro Rivadavia exakt vor unserem Fenster Heuler in die Luft knallt. Wir sind unschlüssig, aber guter Dinge: «*Feliz año nuevo!*»

Zusammen mit dem neuen Jahr ist auch der Wind wieder erwacht. Er schüttelt die Baumwipfel kräftig und lässt über der Kreuzung vor unserem Zimmer Papierfetzen und Plastikbeutel spiralförmig hochsteigen. Zum Teil fegt Staub derart dicht gepackt vor dem Fenster durch, dass sich die Sicht vermindert, als würde es schneien. Der Wind jagt wie gewohnt ins Meer hinaus und zerrt wild an der argentinischen Flagge mit dem schmollmundigen Sonnengesicht.

Um 3.30 Uhr lassen wir die Uhr krachen und entwinden uns den Bettlaken. Sogleich wirbeln wir in der Küche. Ein Drink aus Milch und reingeraspelter Banane, eine pakistanische Omelette und eine kleine Blätterteigrondelle bedeckt mit Vanillecreme, Sahne und Himbeeren – womit wir nun auch noch die allerletzten Reste aus dem Kühlschrank verwertet haben – sollten uns genügend Startenergie für den ersten Fahrtag des frischen Jahres spenden. Der Wind wütet nur halbstark, als wir unsere Wohnung unter dem makellosen, erst erwachenden Himmel verlassen. Im wenigen Verkehr halten wir Richtung Süden, und schon nach einer Viertelstunde verwandeln die ersten Sonnenstrahlen den Atlantik in ein oranges Farbenmeer. Bald stellen wir fest, dass der kiesige Seitenstreifen der Ruta 3 recht trittfest ist und durchaus zum kurzfristigen Ausweichen taugt. Wir sind heilfroh darüber, denn die Fahrbahn ist sträflich schmal. Die Trucks weisen dieselben Ausmasse auf wie überall in der Welt, doch ist die Strassenbreite so mickrig bemessen wie nirgends – welch Fehlkonstruktion! Selbst bei freier Fahrbahn können sich zwei Lastwagen nicht kreuzen, ohne auch den Seitenstreifen in Anspruch zu nehmen. Dieses enge Strassenprofil in Kombination mit den heftigen, unberechenbaren Seitenwinden gebietet uns, stets die Übersicht zu behalten. Die Rückspiegel helfen uns dabei ungemein, ohne Unfall durchzukommen. Einmal hoppelt ein Hase vorüber, und mehrere *Road Runner*, die wir spasseshalber «*Street Walker*» nennen, picken neben der Strasse nach trockenen Käfern. Doch den Glanzpunkt setzt ganz klar der mächtige Wal, der ab La Lobería für einige Kilometer neben uns her schwimmt. Jetzt, da Wind und Verkehr nachgelassen haben, können wir unsere Aufmerksamkeit kaum von diesem eindrücklichen Tier lösen und laufen dabei Gefahr, die vielen Risse, Ausbrüche und Aufwölbungen im Asphalt zu übersehen. Deshalb setzen wir uns am menschenleeren Strand auf die abgeschliffenen Steine und die angeschwemmten Muscheln und lassen den Wal nicht mehr aus den Augen, bis er sich im Wogen der Wellen auflöst.

In Caleta Olivia bringen wir in Erfahrung, dass sämtliche Flüsse auf der Weiterfahrt bis Tierra del Fuego versalzen sind und ihr Wasser damit nicht zu Trinkwasser aufbereitet werden kann. Dörfer oder mindestens Restaurants werden aber einstweilen nach 80, dann nach 130 und schliesslich nach weiteren 140 Kilometern auftauchen. Das sind happige Distanzen, doch werden wir nicht verdursten. Südlich von Caleta Olivia reizt mich der bestialische Gestank der Mülldeponie fast zum Erbrechen. Der die Anlage umfassende Zaun ist geradezu mit Plastikfetzen tapeziert, die der Nordwestwind hingetragen hat und beharrlich an die Maschen drückt. Vorbei an einigen Lagunen und ausgetrockneten Flüssen, deren Ufer von auskristallisierten Salzen getüncht sind, erreichen wir ohne grosse Anstrengung Fitz Roy. Hier droht eine graue Wolkendecke kurz mit Regen, doch kann sie sich gegen die deftigen Höhenwinde nicht lange behaupten; schon ist sie zerzaust, verformt und meilenweit weggetrieben. Am Dorfende stellen wir unser Zelt auf den Campingplatz La Illusión hinter eine Pappelreihe. Das Bad ist sauber und die Dusche heiss, das Trinkwasser aber schmeckt leicht salzig. So füllen wir unser Flaschenarsenal nicht hier, sondern beim Wasserwerk im Dorf, wo das Trinkwasser einwandfrei ist. Nun rollt ein älteres französisches Paar auf einem Tandem ein und errichtet seine faltbare Behausung neben unserer. Aus Gewohnheit sprechen wir auch mit Maryse und Robert, diesen sportlichen Pensionären, Spanisch. Sie haben ihre Reise im südlichen Brasilien gestartet und nennen Tierra del Fuego ihr Ziel. Als sich die Sonne hinter einem roten Schleier zur Ruhe legt, und der Mann im Vollmond über dem östlichen Horizont lacht, bereiten wir uns im Windschatten von ein paar gegen die Pappeln gelehnten und mit Streben abgestützten Brettern unser Essen zu.

Über Nacht dreht der Wind. Die ums Zelt fegenden Luftmassen stammen am Morgen aus Süd-Süd-West, aus der Antarktis, und sind mit nur gerade sieben Grad entsprechend kalt. Aber nicht nur der Wind ist gegen uns, sondern auch der Kocher: Nur mit Müh und Not schaffen wir es, vier Spiegeleier zu braten. Wir verabschieden uns vom Franzosenpaar, das hier einen Ruhetag einlegt und auf günstigeren Wind wartet. Wir sind es mit dem frontalen Gegenwind einigermassen zufrieden. Immerhin hebelt er uns nicht mit unberechenbaren Böen aus dem Sattel. Doch kommen wir trotz ebenem Terrain nur zäh voran. Weiter als zehn Kilometer schaffen wir es pro Stunde nicht. Dennoch ist es uns leicht ums Herz, können wir doch übernachten, wo es uns gefällt. Schliesslich schleppen wir über zwanzig Liter Wasser mit und verspüren deshalb keinerlei Stress, noch heute zu einer Ansiedlung zu gelangen. Der Belag der Strasse ist gleich lausig wie auf der gestrigen Strecke. Nicht nur die tiefen Löcher, sondern auch die Aufwölbungen des Asphalts sind tückisch. Der Seitenstreifen ist zum Teil butterweich, doch müssen wir im geringen Verkehr so gut wie nie darauf ausweichen. Ausser ein paar versalzenen Pfützen entdecken wir nirgends Wasser. Auch Tiere machen sich heute rar, selbst die toten auf dem Asphalt. Am südöstlichen Horizont schwebt ein Berg über der Pampa; das gaukeln uns wenigstens die Augen vor, die auch unter seinem Fuss flirrendes Himmelblau erkennen wollen. Schon auf dem bolivianischen Altiplano verstanden es die Berge zu fliegen. Erst gegen Abend erschlafft der Wind. Die einzige Wolke, eine schneeweisse, kilometerbreite, hat sich nun aufgelöst. Eine Stunde vor Mitternacht schmunzelt das Gesicht von Bruder Mond aus einer vollendeten orangen Kugel am Horizont. Immer wenn sich über uns ein Reifen auf den Seitenstreifen verirrt, spritzt ein wenig Kies auf unser Zelt herunter, das im Einschnitt eines Bachdurchlasses steht.

Aus dem lendenlahmen Kocher können wir exakt noch zwei Tassen heisses Wasser quetschen, bevor er sich mit einem letzten Zischen verabschiedet. Da auch unsere Wasservorräte geschwunden sind, müssen wir heute den knapp siebzig Kilometer entfernten Flecken Tres Cerros auf jeden Fall erreichen. Der Wind ist kaum spürbar. Das lässt uns leicht vorankommen. Die Kargheit der Landschaft ähnelt immer mehr einer Wüste. Doch ab und zu tauchen grünere Zonen mit mannshohen Büschen auf. Hier sehen wir zum ersten Mal eine Gruppe Grosser Maras. Fasziniert schauen wir diesen putzigen Tieren zu, wie sie auf ihren langen Hinterbeinen herumhoppeln. Unter dem gestrengen Blick von über uns kreisenden Falken essen wir im Windschatten eines Hügels Teigwaren. Als eine Nudel herunterfällt, machen sich sogleich einige Ameisen und eine bauschige, rote Raupe über diesen unerwarteten Happen her. Spatzenähnliche Vögel zwitschern auf dem Zaun und die gelben Blüten der Gräser verströmen ihren verführerischen Duft. Der Verkehr ist nur stossweise dicht und kein Problem für uns. Erst als der Wind von Osten oder Südosten her zu pusten beginnt, versetzen uns die entgegenkommenden Laster hübsche Luftschläge, und jene von hinten ziehen uns heimtückisch in ihren Sog.

Nur mit grossem Kraftaufwand schaffen wir die letzten dreissig Kilometer bis Tres Cerros, wo es nicht nur drei Hügel, sondern neben einer Tankstelle auch ein Restaurant und ein Hotel gibt. Das Zimmer ist teuer und bietet nichts, das den gepfefferten Preis rechtfertigen würde, und doch bleiben wir. Ich ersetze den schlechten, in Esquel abgefüllten Brennstoff mit Superbenzin 95, was den Kocher und uns alsbald wahre Freudentänze vollführen lässt. Mit geröteten Wangen sinken wir bald in die Federn. Hier im tiefen Süden mit der dünnen Ozonschicht – mittlerweile liegt ganz Australien weit nördlicher als wir – ist die Strahlung der Sonne nicht zu unterschätzen.

Um fünf Uhr ringt der Wecker und zwei Stunden später fahren wir in den fast windstillen Morgen hinein. Beinahe alleine gleiten wir durch die topfebene Pampa, in der viele Guanakoherden äsen. Der Lärm von Autos und Lastwagen lässt diese Tiere völlig kalt, doch wenn sich richtige Menschen aus Fleisch und Blut, wie wir auf den Velos, nähern, stösst der auf der Krete Wache schiebende Hengst einen nicht zu überhörenden Warnruf aus, was seinen Harem in helle Aufregung versetzt. Lange nicht alle Guanakos schaffen den Sprung über den Zaun, der zwischen dem Grünstreifen neben der Strasse und der Pampa verläuft. Vor allem die Jungtiere jagen in wildem Galopp die straff gespannten Drähte entlang, bis sie bei einer günstigen Stelle des Geländes die Abschrankung meistern können. Auf den Zaunpfählen thronen stolze Falken, auf dem Asphalt kleben flachgequetschte Gürteltiere und ein Hase, ein anderer schlägt noch immer Haken, Nandus sind auch schon unterwegs und der Kadaver eines angefahrenen Guanakos stinkt fürchterlich im Strassengraben. Erst gegen Mittag kommt an diesem herrlichen Tag ein wenig Gegen- und später Seitenwind auf. Nach hundert Kilometern und sieben Stunden Fahrzeit glauben wir daran, das nun lediglich fünfzig Kilometer entfernte Puerto San Julián noch heute erreichen zu können und lösen unsere Wasserreserven auf, die wir für eine allfällige von den Launen des Wetters aufgezwungene Zeltnacht in der Pampa mitschleppten. So, mit fünfzehn Kilo weniger, rollt es sich entschieden leichter. Eine junge Schwalbe flattert ungeschickt vor mir über den Asphalt. Um sie nicht zu gefährden, bremse ich stark ab, aber schon zerschellt das arme Tier an der Kühlerhaube eines entgegenkommenden Blechhaufens, dessen Lenker ausser einem dumpfen Knall nichts weiter mitbekommt. Einige Male treffen wir auf das energiegeladene französische Zweigespann Maryse und Robert. Wir feuern sie jeweils an mit « *Allez les Bleus!*». Sie nennen uns «*les petits Suisses*». Dies nicht etwa als Ausdruck einer mitschwingenden Arroganz unserem winzigen Land gegenüber, sondern als Kosename gemeint. Vor ein paar Jahrzehnten hätten sie Dutzende «*petits Suisses*» gegessen – so wurden nämlich in mundgerechte Stücke verpackte Käse genannt. Auf ihrem aerodynamischen Gefährt sind sie schneller als wir und deshalb vor uns auf dem sauberen Campingplatz der Gemeinde Puerto San Julián. In der Nacht ist es hier zwischen den Pappeln gänzlich windstill und im samtenen Himmel leuchten Myriaden von Sternen um die Wette.

Wie «*les Bleus*» lassen wir an diesem friedlichen, praktischen und geschichtsträchtigen Ort zwei Ruhetage verstreichen. Auch der portugiesische Seefahrer Hernando de Magallanes erholte sich hier von den Strapazen einer Reise. Das war allerdings anno 1520. Mit seiner Mannschaft segelte er für die spanische Krone und war auf der Suche nach einer Verbindung zwischen Atlantik und Pazifik, die er einige Monate später weiter südlich auch fand. Hier in Puerto San Julián traf er zum ersten Mal auf die eingeborenen Mapuches. Sie erschienen ihm als Riesen mit überdimensionalen Füssen. Fortan wurden diese Leute «*Patagonier*» genannt, was mit «Grossfüsse» zu übersetzen ist.

Der Mond leuchtet noch hoch oben am Firmament, als die erwachende Sonne ein erstes Wolkenschiffchen küsst und erröten lässt. Die Nacht war mit fast zwanzig Grad ungewöhnlich mild. Diese hohe Temperatur lässt auf Nordwind schliessen, der uns schieben wird. Also setzen wir darauf, das 130 Kilometer entfernte Dorf Comandante Luis Piedra Buena noch heute erreichen zu können und beschweren die Velos nicht mit allzu viel Wasser. Als wir «*les Bleus*» für einmal «*A tout à l'heure!*» zurufen, sind sie erst am Frühstücken. Robert hält den angefeuchteten Zeigefinger in die Luft und will, vom allgemein herrschenden morgendlichen Optimismus beflügelt, auch ein leichtes Lüftchen aus Norden wahrnehmen.

Kaum aus dem Dorf, weht uns auf der nach Westen gerichteten Zufahrtsstrasse zur Ruta 3 auch ein ziemlich kräftiger Wind in die rechte Flanke. «Das passt!», frohlocke ich. Wir segeln auf der 3er. Der Himmel wird laufend mehr mit grauen Wolken zugeschoben und die Temperatur sinkt markant. Wir spüren, wie die Quelle des Luftstroms kontinuierlich gegen Westen abdriftet – eine dunkle Beklemmung befällt uns. Nun bricht die Strasse mit einer Spitzkehre die Steigung auf einen Hügel und setzt uns damit kräftigsten Böen aus. Für die nächsten zwei Kilometer bleibt uns nur das Schieben der Fahrräder. Tiere machen sich rar. Was sollen sie bei diesem Wetter auch die *carretera* entlang flanieren? Unabhängig davon, in welche Himmelsrichtung die Strasse verläuft, stürmt uns der Wind mit zunehmender Dreistigkeit frontal oder seitlich ins Gesicht, als würde das dunkle Asphaltband vor uns die kühlen Luftmassen magisch anziehen, kanalisieren und verstärken. Ich stelle mich vorne dem Wind und Bea folgt tapfer im Fahrwasser. Mit neun Stunden im Sattel wird es für beide ein knüppelharter Tag. Zweimal verfrachtet uns die rohe Kraft einer Böe gegen unseren Willen auf den Seitenstreifen der anderen Fahrspur. Erst kurz vor der Kante des Asphalts schaffen wir es jeweils, den Lenker herumzureissen und dem Wind Paroli zu bieten. Als wir uns in ein erdiges Baggerloch kuscheln und zum ersten Mal verpflegen, tauchen die phänomenalen « *les Bleus*» auf. Ihre Stirnrunzeln sind tiefer gegraben als üblich, denn auch sie haben heute zu beissen. Insbesondere der Sog der Lastwagen erschüttert das Gleichgewicht dieses Zweigespanns immer wieder bedrohlich. Auf der Weiterreise rettet es sich auf den Seitenstreifen und wandert gegen den Horizont. Wir vermögen uns noch knapp im Sattel zu halten, sind indes kaum viel schneller. Das Licht verdüstert sich, und vor uns hängen wieder diese schwarzen, regenbringenden Euter aus dem Wolkendeckel; mehr als ein paar Tropfen entweichen ihnen einstweilen jedoch nicht. Als wir aber das breite Flusstal des Río Chico, der als langgezogenes Ästuar in den Atlantik mündet, unter uns sehen, saust ein heftiger Platzregen auf uns nieder. Unbeirrt rollen wir weiter, denn schon schiebt die Sonne wieder erste Strahlenbündel durch den unsteten Himmel. In Puerto San Julián wurde uns versichert, das Wasser des Río Chico sei nicht salzig. Trotzdem fragen wir unten bei der Brücke in einer Kiesgrube rackernde Arbeiter, ob der Fluss tatsächlich Süsswasser führe. Natürlich nicht, versalzen und obendrein eine üble Brühe, sei dieser Río Chico. Sie aber haben in ihrem Kabäuschen einiges an Trinkwasser in Reserve, von dem sie uns gerne abtreten. Der Platz unter der Brücke bietet leider nicht den erhofften Windschutz. Zudem schwirren Sandfliegen in Schwärmen um uns, die sich insbesondere in den nackten Beinen von Robert verbeissen. «*Les Bleus*» hatten weiter oben einen für sie optimalen Zeltplatz hinter Zaun und Büschen im Sand ausgemacht. Sie kehren nun für die Nacht dorthin zurück. Wir hingegen halten die ursprüngliche Richtung, durchqueren die Ebene und finden in der ersten Kurve des Anstiegs windgeschützte Orte: rechterhand eine Kiesgrube, linkerhand eine Senke vor einem Durchlass. Wir wählen links und richten uns ein auf diesem Fleck ohne Sandfliegen, duschen, kochen und dinieren gemütlich unter dem kalten Sternendach.

Es ist nicht das Bähen der ums Zelt herum weidenden Schafe, auch nicht das Dröhnen der Bagger in der Kiesgrube gegenüber, das uns weckt, sondern die Wärme der Sonne. Bei unserem windstillen Lagerplatz röstet sie uns geradezu. An den sich biegenden Dornenbüschen am Hang hinter uns können wir aber leicht ablesen, dass auch heute ein Lüftchen weht, das sich gewaschen hat. Selbstredend handelt es sich dabei um Gegenwind für uns. Um die Mittagszeit folgen wir der Strasse bergwärts auf ein Plateau, vorbei an etwa fünfzig Nandus, welche sich an den aus den Flanken des Strassendamms spriessenden Kräutern gütlich tun. Immer wieder stechen uns üble Duftfahnen von Stinktieren in die Nase. Schon aber schimmert das türkisblaue Wasser des Río Santa Cruz unter uns, an dessen Ufer sich das Städtchen Comandante Luis Piedra Buena schmiegt. Im idyllischen Camping auf der Isla Pavón richten wir unser Lager ein und sind guter Dinge, morgen bei Tagesanbruch weiterfahren zu können.

Im Heulen des Windes hören wir das schwächliche Piepsen des Weckers kaum. Die Pappeln neigen sich tief in den kalten Luftmassen, die durch das Tal des Río Santa Cruz sausen, und der Himmel zeigt ein grimmiges Gesicht. Als später zwei neu ankommende Frauen von furchterregenden Stürmen weiter im Süden berichten, welche ihr Auto fast aus der Bahn geworfen hätten, entscheiden wir uns für einen Ruhetag im Hort der Zivilisation. Ich begebe mich ins Städtchen, um einiges zu erledigen, während Bea den Zeltplatz nie verlässt. Als ich mich am späten Nachmittag wieder auf den Rückweg mache, ist der Himmel zwar reingefegt, doch muss ich mit Staub und Sand gesättigte Luftschichten durchbrechen und auf der Brücke über den Río Santa Cruz fast auf allen Vieren kriechen, damit mich der Luftsog nicht über die Balustrade ins Wasser hinunter wirbelt. Die Sonnenbrille habe ich in die Tasche gesteckt, denn ihre Klemmwirkung am Kopf ist viel zu gering, um den stürmischen Windkräften zu widerstehen. Selbst die tonnenschweren LKW schleichen respektvoll im Schritttempo über die Brücke. Kurz nach Sonnenuntergang verschwinden wir im Zelt und schlafen mit dem Rauschen der Blätter und dem knarrenden Wehklagen der Baumstämme im Ohr bald ein.

Seit Mitternacht sind erst etwas mehr als zwei Stunden verstrichen, da drückt es mich in der Blase. Zusammen mit der ebenfalls aus den Tiefen des Schlafs auftauchenden Bea lausche ich nun mit der eingeschränkten Wahrnehmungsfähigkeit, die einem in der Schwebe zwischen unbewusster Traumwelt und Wachzustand eigen ist, der gespenstischen Ruhe der Nacht. Durchbrochen wird sie nur vom rüden Schnarchen unseres Nachbarn gegenüber und vom leisen Wispern aus dem Zelt der zwei Frauen, welche uns bei der Ankunft Würstchen anboten. Die zähflüssig wie Farbe in mein Hirn tropfenden Sinneseindrücke werden von den Schlafwirbeln erfasst, die mich beständig in die dunklen, lockenden Sphären zurückziehen wollen, und mischen sich zur Erkenntnis, dass kein Lüftchen die Blätter der Pappeln aneinander reiben lässt. Schon heben sich meine Augenlider und ich bin hellwach. «Nichts wie auf, Bea, nutzen wir die Gunst der Stunde!»

Im Licht der Stirnlampen und bei jeder Bewegung darauf bedacht, die Schläfer um uns nicht in ihrem Seelenfrieden zu stören, bereiten wir uns ein besonders reichhaltiges Müesli aus Pflaumen, Pfirsichen, Äpfeln, Birnen, Bananen, Nüssen, Milch, Haferflocken und Weizenkleie zu. Zur Ergänzung schlagen wir unsere Zähne in knuspriges, über dem Feuer geröstetes Brot, das dick mit Butter und Marmelade bestrichen ist. Als wir die Isla Pavón über den mit rutschigem Kies belegten Fahrweg verlassen, klebt ein tiefgraues Wolkenpaket am Himmel. Baldiger Regen ist förmlich zu riechen. Noch immer aber ist es absolut windstill.

Windstill – die Sonne hält für einmal ihren Atem an und verzichtet darauf, aus der Materie Geräusche zu kitzeln. Was hat das zu bedeuten, was führt die Gebieterin über unser Schicksal im Schilde? Um noch weiter Gedanken dieser Art nachzuhängen, bleibt mir keine Zeit, denn es gibt kein Halten mehr, wir wollen weiter Richtung Süden. Als Vorahnung von drohendem Ungemach bleibt aber ein dumpfes Ziehen in den Zähnen zurück.

Die Strasse steigt durch öde, triste Gegend. Es lösen sich erste Tropfen aus den Wolken und wir streifen uns das Regenzeug über. Die Lichtkegel der wenigen Busse zeichnen glänzende Spuren auf den feuchten Asphalt. Vorbei an der Estanzia Monte León von Douglas Tompkins, dem US-Multimillionär, Umweltaktivisten und Öko-Unternehmer, dreht die Strasse stärker gegen Westen und lässt uns ein Plateau erklimmen. Die Regendrohung hat sich verflüchtigt, doch bläst uns nun ein kühler Wind entgegen. Wir schlagen uns hinter einen Busch und besänftigen den zweiten Anflug von Hunger des noch jungen Tages mit würzigem Kartoffelgratin und Soja-Milanese, beträufelt mit frischem Zitronensaft. Wir geniessen jeden Bissen dieser vorzüglichen Speise. Darüber entgeht uns aber nicht, dass eine Etage über uns aus südwestlicher Richtung weisse Wolkenbäusche durchs himmliche Blau gejagt werden.

Wieder unterwegs, peinigen uns üble Böen – als hätte die Sonne einen Hustenanfall –, die bald mit den feinsten Fraktionen des Bodens befrachtet sind. Denn ein paar hundert Meter weiter vorne wird der wenige Verkehr auf eine provisorische Schotterpiste umgeleitet, weil die Verschleissschicht der Strasse erneuert wird. Autoräder wirbeln ein Gemisch aus Staub und Sand auf, das nach wenigen Sekunden auf unsere Haut trifft und sich in den Höhlen des Gesichts verfängt, was alsbald unsere Zähne knirschen lässt. Sofort lösen wir den Druck auf die Pedale und versuchen, uns im bereits heftig pustenden, sich aber laufend steigernden Windgebläse hastig und ungelenk ein Tuch über Mund und Nase zu streifen. Der Wind zerrt derart ungestüm an uns, dass die einfachsten Handgriffe zu einer verzwickten Aufgabe werden. Das Fahrrad fest zwischen die gestählten Schenkel zu klemmen, reicht nicht aus, um an Ort verharren zu können. Gleichzeitig muss mindestens ein Bremshebel gezogen sein. Obwohl das Terrain flach verläuft und wir von den Arbeitern nicht auf den Schotter gezwungen werden, sondern auf dem abgefrästen und stellenweise mit Bitumenemulsion besprühten Asphalt bleiben dürfen, müssen wir wegen den deftigen und unberechenbar tobenden Luftmassen die Räder schieben.

Endlich, nach zwölf Kilometern seit unserem Imbiss, ist die ersehnte scharfe Linkskurve, die wir schon auf unserer detaillierten Strassenkarte ausgemacht hatten, erreicht, und auch die Baustelle liegt hinter uns. Wir schöpfen Hoffnung auf Besserung, was in Patagonien freilich jeder Grundlage entbehrt. Denn der hiesige Wind ist schlau genug, unsere Gedanken zu lesen und hinterhältig genug, unsere Wünsche zu durchkreuzen. Ihm ist es grundsätzlich egal, wohin und woher er pusten soll, warum nun also nicht nach Süden abdrehen, gleichzeitig die Intensität einen Zacken höher schalten und cholerische Böen darunter würzen? Hoho, damit zieht er wieder eine gewaltige Stichkarte aus seinem Ärmel und erwischt uns auf dem linken Fuss. Wir haben zu wenig Wasser geladen, um hier in der trockenen Einöde übernachten zu können, aber Radfahren ist definitiv nicht mehr möglich.

Noch ist jedoch nicht aller Tage Abend. Denn wo gebaut wird, muss auch eine minimale Infrastruktur vorhanden sein. Weiter vorne löst sich tatsächlich eine Barackensiedlung aus der Pampa, die sich neben riesigen Kieshaufen duckt. Wir legen unsere Räder auf den mit dornigen Gewächsen überwucherten Seitenstreifen der Strasse und schreiten mit den leeren Wasserflaschen zu dieser Anlage, wo ein Koloss eines Menschen aus einem Camion steigt und uns willkommen heisst. Weit über unseren Köpfen wächst aus seinem hünenhaften, massigen Torso ein langer, kräftiger Hals, der in einen winzigen, von einer ledernen Fliegerkappe bedeckten Kopf mündet. Mit staksigen Schritten geht er nun voran und stellt uns seinem Arbeitskollegen vor, den er *hermano*, Bruder, nennt. Dieser ist vom exakt gleich hemdsärmligen, vermutlich slawischen Schlag und empfängt uns ebenso offenherzig. Die Worte sprudeln ihm in Schwallen aus dem Mund. Dass wir kaum einen Drittel davon entschlüsseln können, spielt keine Rolle. Nachdem er uns im Bad die Flaschen eigenhändig mit Trinkwasser gefüllt hat, bittet er uns in seinen Lastwagen, in dessen Cockpit sich auch seine Pritsche befindet, und chauffiert uns zu den Fahrrädern zurück. Er erzählt von einem chilenischen Kastenwagen, der gestern vom Sturm umgeschubst wurde und von zwei Touristen, die vor kurzem ihr Tandem hier vorbeigeschoben hätten – der Wind vermochte also Autos zu kippen, nicht aber den Willen von «*les Bleus*» oder von uns zu knicken. Mit dem *hermano* zusammen amüsieren wir uns köstlich über die verrückten Gringos, die in diesem Sturm auf Velos unterwegs und zu stolz sind, «den Finger zu strecken», wie er treffend Autostopp umschreibt. «Wie kann man nur?» Für einen Argentinier ist dies eitler Dünkel und damit eine ausgemachte Dummheit.

Wir zurren die Wasserflaschen auf die Fahrräder fest, schieben in unserer halsstarrigen Dumpfheit unbeirrt weiter Richtung Süden und lehnen dabei sogar ein Angebot ab, auf einen Pick-up zu verladen. Immer wieder zwingen uns zischende Böen, still zu stehen und uns optimal zu positionieren, damit wir von den dynamischen Luftkräften nicht umgehauen werden. Im Verbund mit den Fahrrädern versuchen wir jeweils in der aufgewühlten, durchpflügten Atmosphäre die ruhenden Pole zu bilden. Im Kräftespiel mischen auch die Luftschläge der hin und wieder vorbeidonnernden Laster mit. In der leisen Hoffnung weniger von der Gewalt des Windes abzubekommen, mühen wir uns ein paar hundert Meter weit in der leichten Senke neben dem Strassendamm ab, die mit dornigen Büschen ausgekleidet ist. Doch ist kein

ein Erfolg spürbar. Und wir setzen die Plackerei wieder auf der Ruta 3 fort, bis unsere Kräfte stark geschwunden sind, das Tageslicht dünn geworden und es an der Zeit ist, einen Lagerplatz zu suchen. Unsere Augen sind mittlerweile geschult, im scheinbar kein Windschutz bietenden Ödland doch einen geeigneten Ort zu finden. Diesmal ist es eine kaum knietiefe Nische im Kies neben der parallel zur *carretera* geführten, nicht mehr befahrenen Schotterstrasse. Wir stellen das Zelt auf, rammen sämtliche Heringe auf ihre ganze Länge in den Untergrund und benützen dabei für die am stärksten beanspruchten Abspannseile die unterarmlangen Aluminiumkeile, welche für tiefes, sandiges Terrain gedacht sind. Nachdem auch der Spalt zwischen Überzelt und Kiesboden mit Steinreihen abgeschottet ist, duschen wir uns in der Apsis. Nach dem Abendessen fallen wir todmüde auf unsere Matten und driften auf der Stelle ins Reich der Träume ab.

Es herrscht noch schwärzeste Nacht, als wir kurz die Nase in den Wind halten, ihn als zu gepfeffert beurteilen und uns wieder hinlegen. Bei der zweiten Prüfung weist er noch immer eine Stärke auf, bei der wir vor einigen Wochen nie und nimmer auf die Idee gekommen wären, Rad zu fahren. Doch ganz so ungezügelt wie gestern wütet er nicht, und wir wollen nicht länger als absolut nötig hier im Nichts zwischen vorbeisegelnden Wolkenschiffen und dornigen Büschen, spitzen, harten Grasbüscheln und staubtrockenem Kiesboden verweilen. Also kratzen wir allen Optimismus zusammen und packen unsere Ware, denn in gut fünfzig Kilometern verheisst die Karte ein Hotel. Eingehüllt in die ganze Palette unseres Kleiderarsenals, wie das letzte Mal auf dem bolivianischen Altiplano oben, stellen wir uns nun dem kalten Wind aus der Antarktis. Gegen ihn ist es zäh voranzukommen, doch wenigstens geht er sparsam mit den wirbligen Böen um – das Auge des Tages scheint vom gestrigen Hustenanfall genesen.

In allen Löchern, Mulden und Röhren unter dem Strassendamm halten wir Ausschau nach «*les Bleus*», schmettern auch dann und wann ein «*Allez les Bleus!*» in den Wind, doch sind die beiden entweder zu gut getarnt oder bereits weiter gezogen. Zusammen mit dem Einsickern der Abenddämmerung steigt aus der Pampa einer Fata Morgana gleich auf, was wir mit jeder Pedalumdrehung mehr herbeigesehnt haben: das Dach des Hotels Lemarchand. Glücklicherweise ist es nicht löchrig und spannt sich nicht wie leise befürchtet über eine verlassene Ruine, sondern über pulsierendes Leben, über piekfeine Doppelzimmer mit grossen, weichen, sogar blütenweissen Betten und über ein stilvolles Restaurant. Während wir zufrieden und auch ein wenig stolz, die letzten zwei harten Tage unbeschadet überstanden zu haben, an einem Cuba Libre nippen, versteht es der mit einer weissen Mütze geschmückte Koch, auserlesene Gerichte auf den Tisch zu zaubern. Bald aber verziehen wir uns ins edle Schlafgemach, denn morgen in der Früh soll es weitergehen.

Als die reisebereiten Räder vor der Tür auf uns warten, und wir am Tisch noch den letzten Schluck Kaffee geniessen, treten zwei Lastwagenfahrer ins Restaurant und wenden sich an uns: «Sind das eure Fahrräder? Wollt ihr wirklich da raus? Von Südwesten her fegen Winde mit Geschwindigkeiten weit über hundert Stundenkilometer!» Sie mahnen uns eindringlich, nicht zu starten. Wir sind ihnen dankbar für die Warnung, doch wollen wir erst unsere eigene Testmethode anwenden, bevor wir uns zum Bleiben entscheiden. Also treten wir ins Freie und pflanzen uns auf der Strasse auf: die Füsse schulterbreit parallel nebeneinander, der Körper aufrecht und der Luftstrom voll im Gesicht. Gelingt es, in dieser Position zu verharren, ohne aus dem Gleichgewicht zu geraten, könnten wir uns auch im Sattel halten. Schon bringt uns aber ein Stoss ins Wanken, und der Fall ist klar: Abwarten ist angesagt. Der Gerant zeigt sich von seiner besten Seite und meint, wir könnten das Zimmer ohne Aufpreis so lange belegen, wie wir es für nötig hielten. Also strecken wir uns sogleich wieder auf die nach Waschmittel duftenden Bettlaken, lauschen noch eine geraume Weile ehrfürchtig den Wirkungen des ungebremst weiter tobenden Windes, der wie irr am Dach rüttelt, und holen in der ersten Halbzeit des Tages einen Teil des Schlafs nach, der in der kurzen Nacht keinen Platz fand.

Als wir die Augen aufschlagen, dringt uns noch dasselbe markerschütternde Rattern der Dachbleche in die Knochen wie vor ein paar Stunden. Nun spekulieren wir auf eine Nachtfahrt bis zum 135 Kilometer entfernten Río Gallegos, Hauptstadt der Provinz Santa Cruz. Denn die Erfahrung hat uns gelehrt, dass in der Dunkelheit die Flügel des Windes hin und wieder lahmen. Um für einen derartig weiten Ritt gerüstet zu sein, sollten wir aber noch mehr vom süssen Schlaf kosten. So kippen wir zum Mittagessen einen Liter argentinisches Quilmes-Bier, genehmigen uns zum Kaffee einen besonders kräftigen Schluck Hochprozentiges und lassen uns anschliessend vom heissen Wasser in der Badewanne aufweichen und schläfrig machen. Noch dampfend vor Hitze legen wir uns aufs Bett und schmiegen unsere schmachtenden Körper aneinander, da lässt uns ein derbes Klopfen erschrocken auffahren. Und schon tönt eine fremde Stimme in vertrautem Dialekt: «*Händ er Zyt zum echli plaudere?*» – «*Oh, que mierda!*», denke ich und antworte mit gepresster Stimme: «*Ja klar, mir chömed grad!*» Ein Herr aus Zürich mit eindrücklichem, leicht ergrautem Schnauzbart, zusammen mit seiner Frau in einem Mietauto unterwegs, erspähte an Beas Velo die Schweizerflagge und lädt uns nun zu einem Kaffee ein. Den ganzen Nachmittag über unterhalten wir uns prächtig mit diesem sympathischen Paar. Wir legen uns nicht mehr hin, sondern geniessen stattdessen eine Portion Crêpes mit Krautstielfüllung und einige *alfajores*, diese mit Karamell gefüllten Kekse aus Mürbeteig, bevor wir um 21.00 Uhr definitiv aufbrechen.

Der Wind schläft noch keineswegs so ruhig wie erhofft. In diesen südlichen Breitengraden ist es aber schliesslich zu dieser Zeit auch noch zu hell für ein Nickerchen.

Doch immerhin haben seine Kräfte entschieden nachgelassen – wir kommen jedenfalls gut voran. Vielleicht ist es aber auch nur die kindliche Vorfreude aufs bevorstehende Abenteuer der Nachtfahrt, die uns beflügelt. Die Strasse führt in ein Tal hinunter, das wie eine Schmuckschatulle mit grünem Samt ausgekleidet ist. Pferde weiden darauf. Aus den Fenstern der Estanzia-Gebäude leuchten uns Stubenlichter hell entgegen. Wir selbst benötigen noch für längere Zeit kein künstliches Licht. Um die Löcher im Belag zu orten und zu umkurven, genügt uns das letzte Glimmen des Tages. Bis zum Schlafplatz der Sonne hat sich die Finsternis nämlich noch nicht gewagt. Über dem westlichen Horizont hängt ein Leopardenfell: blasses, leicht schmutziges Gelbweiss mit schwarzen Inseln getupft. Erst nach Mitternacht schnallen wir uns die Stirnlampen auf die Helme, um der weiss auf den Asphalt gezogenen Randlinie, unserer Leitlinie, besser folgen zu können. In den Abfahrten bremsen wir konsequent auf Schritttempo ab, um nicht plötzlich von einem tiefen Loch überrascht und aus der Bahn geworfen zu werden. Als hätte die Sonne eben ihren letzten Atemzug getan, verebbt nun auch das laue Lüftchen, zu dem der nachmittägliche Sturm mittlerweile geschrumpft ist. Zwischen dem eiskalten, sternenklaren Nachthimmel und der Pampa breitet sich eine herrliche, beruhigende Stille aus. Sie strömt durch die feinsten Verästelungen der Blutbahnen in die abgelegensten Zonen unserer Körper. Wie benommen vor Glückseligkeit gleiten wir wortlos durchs Dunkel und lauschen dem Singsang unserer grobnoppigen Reifen, den ihnen der raue Asphalt entlockt. Um zwei Uhr lässt der Schein der aus dem Atlantik auftauchenden silbernen, lässig zurückgelehnten abnehmenden Mondsichel die Sterne und damit auch die Milchstrasse erblassen. Der Schweif einer verglühenden Sternschnuppe leuchtet für Sekundenbruchteile hell auf.

Neben dem südlichen Auflager der Brücke über den Río Coyle verpflegen wir uns hinter der Leitplanke zum ersten Mal und lassen das galoppierende Herz ein wenig zur Ruhe kommen. Erst als die null Grad kalte Luft unangenehm unter die Kleidungsschichten kriecht, steigen wir wieder auf die Räder. Gegen vier Uhr wieselt ein Stinktier über den Asphalt und Vögel zwitschern die Morgendämmerung herbei. Mit dem wieder erstarkenden Licht erwacht auch der Mut der von der Dunkelheit eingeschüchterten Raser in den blechernen Karosserien; sie wagen es wieder, das Gaspedal voll durchzudrücken. Von Süden her ziehen immer mehr graue Wolken auf, die im Flug ständig ihre Form und bisweilen auch ihre Farbe ändern. Dieses Szenario ist uns wohlbekannt und gefällt uns gar nicht, denn es bedeutet baldigen Sturm. Unsere Beine sind noch voller Saft. Wir bleiben ununterbrochen im Sattel, bis die Strasse drei Stunden später rechtwinklig nach Osten abdreht, und wir uns beim Flecken Güer Aike im alten, schmuddeligen Hotel bei einer Tasse Tee aufwärmen. Wieder unterwegs, treibt uns der laufend zunehmende Westwind einige kühle Regentropfen in den Nacken. Getragen von seiner Puste fliegen wir geradezu nach Río Gallegos, das unter strömendem Regen liegt und uns nach intensiver Suche, während der die Sonne wieder aufkeimt, für die nächsten Tage in einem gepflegten Hotelzimmer aufnimmt.

Diese wenig attraktive Stadt ist ein guter Ort, um auszuspannen und neue Kräfte zu tanken. Bei einem Mittagessen mit «les Bleus», die es einen Tag vor uns hierhin geschafft haben, erfahren wir, wie sie sich gegen den Wind bis nach Río Gallegos durchschlugen. Einmal schlüpften sie wie Strauchdiebe durch das offenstehende Fenster eines Barackenwagens, um darin die Nacht zu verbringen. Und beim Río Coyle fanden sie bei einer Estanzia Windschutz und Wasser.

Drei Tage und Nächte stürmt es durch die Gassen von Río Gallegos, doch als wir im Internetcafé vernehmen, dass Orkan Kyrill Europa in Atem hält, erschlafft bei uns der Wind – als wäre er zum alten Kontinent abberufen worden. Da es in unserem Badezimmer keinen Stöpsel gibt, verstopfen wir am Vorabend unserer Abreise für ein entspannendes Vollbad den Ablauf mit WC-Papier, wie dies die Argentinier auch tun.

Auf eine sternenklare Nacht folgt ein kühler, wolkenloser Morgen. Zur Verabschiedung wünscht uns die *chica* des Gasthauses: «*Que les vascha muy lindo!*», und drückt uns warme Küsschen auf die Wangen. Ein hundskommuner Westwind weht uns lau in die Seiten und trägt immer mehr weisse Wolkenschiffchen herbei, die im Verbund mit den flimmernden, schwebenden Hügel und dem weichen Licht eine wundersame Kulisse für unsere Fahrt weiter gen Süden bilden. Die Luft ist durchtränkt vom Honigduft der Pampablüten. Vor der Grenze Integración Austral lassen wir die von den Chilenen bestimmt nicht tolerierten Esswaren in unsere Mägen wandern. Was die Beamten vor allem zu rigorosen Kontrollen treibt, ist die Angst vor der Maul- und Klauenseuche. Deshalb sind alle rohen Fleischarten tabu, doch auch Früchte oder frisches Gemüse stehen auf der schwarzen Liste.

Chile, 27. bis 30. Januar 2007

Beim ersten Schalter der Chilenen wird uns der Eintrittsstempel in den Pass gedrückt und beim zweiten, dem Zoll, fragt uns eine gestrenge Beamtin, ob wir Fleisch, Gemüse oder Früchte geladen hätten. «Nein, natürlich nicht», antworten wir mit unschuldiger Miene. «Und wie steht es mit Honig?», hakt sie mit stechendem Blick nach. «Ja, Honig haben wir dabei.» Die Augen der Frau blitzen auf. Nun will sie wissen, ob der Honig handwerklich oder industriell hergestellt wurde und ob er noch versiegelt sei. Da wir das spanische Wort für «versiegelt» nicht verstehen, ersetzt sie es mit «*cerrado*». Erleichtert erwidere ich: «Ja, er ist verschlossen. Wir haben den Honig im Supermarkt gekauft und er befindet sich tief unten in einer unserer Taschen.» Damit bleibe ich so exakt wie erlaubt bei der Wahrheit und wir werden unter Verdacht entlassen. Uns fällt ein Stein vom Herzen und wir machen uns schleunigst aus dem Staub. Wäre unser Gepäck untersucht worden, hätten sie uns bestimmt die ganze Küche konfisziert! Verloren gewesen wären wohl all unsere Gewürze sowie Haferflocken, Weizenkleie, Nüsse, Sonnenblumenkerne und die getrocknete Ware wie Salatkräuter, Birnen, Aprikosen, Rosinen, Tomaten, Steinpilze und Morcheln – und natürlich der Honig, der alles andere als versiegelt ist. Selbst unsere *tschomaks*, die es schon über dreissig Grenzen schafften, hätten in Gefahr geschwebt.

Wir flitzen weiter über die Betonstrasse von sehr guter Qualität durch die baumlose, von Nandus und Guanakos besetzte Pampa. Der Himmel wurde mittlerweile tiefgrau gepinselt. Wir spüren noch keinen Regen auf der Haut, doch schweben die Tropfen in der Luft, wie die an einer Stelle diffus durchbrechende Sonne mit dreien sich überlappenden Regenbogen-Kreisen zeigt. Die Schnittpunkte leuchten hell auf. Über eine Schotterstrasse rollen wir im Dorf Punta Delgada ein. In einem winzigen Laden, der grossspurig mit «*supermercado*» angeschrieben ist, erstehen wir vom schmalen Angebot weniges. Just als Regen einsetzt, ziehen wir gegenüber in ein ebenerdiges, einfaches Zimmer ein. Hier erkennen wir, dass die eben gekaufte Butter anno 2005 hergestellt wurde und ihr Verfallsdatum schon längst vergessen hat. Bevor wir uns zur Ruhe legen, braten wir vor der Tür ohne jegliche Gewissensbisse die *tortillas de papa* die wir aus einem Supermarkt von Río Gallegos über die Grenze geschmuggelt haben. Im Bett liegend lauschen wir dem Wind, der um die Hütte pfeift.

Der Himmel ist mit grauschwarzen Wolken zugepflastert. Und kaum haben wir uns die Augen mit kaltem Wasser ausgerieben, setzt heftiger Regen ein. Ungeachtet dieser Laune der Witterung packen wir unsere Taschen. Denn weil am westlichen Horizont ein helles Leuchten auszumachen ist, prophezeit uns die Vermieterin einen wunderbaren Tag. Tatsächlich schiebt der Wind das regenschwere Paket zum Atlantik rüber und lässt über uns einen stahlblauen Himmel zurück. Die Pampa ist viel saftiger und weniger stachelig als noch weiter nördlich, was auf ein feuchteres Klima schliessen lässt.

Bei der Kreuzung Kimiri Aike bläst uns der grosse Puster zur Estrecho de Magallanes runter, dem Wassergraben zwischen Festland und Tierra del Fuego, den Hernando de Magallanes 1520 nach seiner Ruhepause in Puerto San Julián als erster Europäer entdeckte. Feuerland heisst die Insel bis heute, weil eben dieser Magallanes entlang den Ufern Rauchschwaden erblickte. Das waren die Feuer der Yámana-Indianer, die bis zu achtzig Prozent ihres Lebens auf dem Wasser in ihren Kanus, die aus der Borke des Lenga-Baums konstruiert waren, verbrachten. Die Überfahrt mit der Fähre ist nur kurz, aber doch lang genug, um zwei Delphinen zuzuschauen, wie sie in den Wellen unseres Schiffs reiten und dabei immer wieder elegant aus dem Wasser springen und kurz ihren stromlinienförmigen, schwarz-weissen Körper präsentieren. Nun holt mich ein Rumpeln aus den Träumen, das mich gleichzeitig jauchzen lässt: «*Hola, Tierra del Fuego!*»

Wir schieben die Räder die steile Rampe hoch und geniessen zur Feier ein Brownie und eine Nussschnitte von unserer favorisierten Konditorei in Río Gallegos – ja, ja, auch diese Leckereien standen beim gestrigen Grenzübertritt auf dem Spiel! Der Südwestwind stellt sich uns ein wenig entgegen, doch verleihen uns die Freude, auf Tierra del Fuego angekommen zu sein und die Farben der ins sanfte Licht des Nachmittags getauchten saftigen Pampa Flügel. Einmal unterhalte ich mich eine ganze Weile mit drei Guanakostuten, die mich wohl für einen neuen Macker in ihrem Territorium halten. Mein Dialekt ist ihnen fremd, nicht aber der Rhythmus der geschnalzten Laute und das Wackeln der Ohren. Unschlüssig stehen sie mit gespitzten Lauschern und geblähten Nüstern da, geben einige verstörte Antworten, stieben davon, aber nur, um alsbald wieder zurückzukehren zum exotischen Guanakohengst auf dem Fahrrad.

Das Dorf Cerro Sombrero wirkt künstlich und steril. Es ist an jeder Ecke zu spüren, dass es nicht über Jahrzehnte gewachsen, sondern vor knapp fünfzig Jahren als Wohn- und Servicebasis für die Empresa Nacional del Petróleo in einem Zug von pragmatischen Architekten realisiert wurde. Es gibt eine Sporthalle, ein Schwimmbad, einen überdachten botanischen Garten, ein Kino, eine Kirche, ein Spital, einen Flughafen, ein Casino, einen Supermarkt, eine Tankstelle, eine Schule, ein teures Hotel und Büros und Wohnhäuser für die Angestellten der ENAP, die nicht mehr Erdöl, sondern Erdgas fördert. Was fehlt, sind Charme, Wärme, Geborgenheit. Dafür sind die Leute nett und hilfsbereit. Rasch haben wir in einem Privathaus ein Zimmer für die nahe Nacht gefunden. Kurz vor dem Einschlafen realisieren wir, dass wir für die Fährüberfahrt nach Tierra del Fuego gar nichts bezahlt hatten. Das ging völlig an uns vorbei – kann ja mal passieren!

Um Mitternacht pfiff noch ein Sturm durch die Gassen, doch am Morgen hängt knapp über der Grasnarbe ein regloser grauer Wolkendeckel. Beim Beladen der Räder suchen wir den westlichen Horizont nach einem Besserung versprechenden Leuchten ab, doch beschlagen bereits die ersten Tröpfchen unsere Brillengläser. Trotzdem starten wir, denn einen Morgen so ganz ohne Wind sollte man nicht ungenutzt verstreichen lassen. Der *ripio* auf dem Strässchen Richtung Onaisin und Süden, das uns der Hausherr gestern Abend empfohlen hat, ist von Beginn weg perfekt: feine Textur und rutschfest. Das gilt selbst für die teilweise starken Anstiege und steilen Abfahrten. Im Gegensatz dazu sei die Fahrbahn der Hauptstrasse Ruta 257 in üblem Zustand, aufgerissen von den Pneus der Lastwagen und Busse. Wettermässig wird uns heute eine reichhaltige Palette geboten: leichter Regen aus trägen, grauen Luftschiffen, mal milder, mal stürmischer Nord-, West- oder Südwind, gepfeffert mit kühlen Böen, brennende Sonnenstrahlen aus Himmelblau, turmhohe Gewitterwolken, feiner Hagel, prasselnder Regen ...

Der kaum befahrene Weg führt uns durch saftig grüne und feuchte Weideflächen, welche die breiten Talsohlen zwischen den weichen Hügelzügen auskleiden. Flüsse mäandrieren durch die Ebenen. Die Schafe zeigen uns ihre fetten Hintern, als sie kläglich blökend der sonoren Stimme des Leithammels folgen, der vor uns das Weite sucht. Bei La Marujita, der letzten Estanzia auf unserem heutigen Weg, bitten wir die Frau, welche die Hecken schneidet, die als Windschutz ums Anwesen gezogen sind, um ein paar Liter Trinkwasser. Sie empfängt uns freundlich, stellt ihre kläffenden Hunde in den Senkel, führt uns in die Küche und bietet auch an, ihr Bad zu benutzen. Als wir das gelblich durch das Plastik scheinende Wasser genauso kritisch beäugen, wie jenes bei La Laurita tausendfünfhundert Kilometer weiter im Norden, beeilt sich die gute Frau zu versichern, dass es einwandfrei sei.

Nach weiteren zwanzig Kilometern schlagen wir in einer vor dem Westwind geschützten Schneise neben der Strasse unser Zelt auf. Nun klettere ich über den niederen Zaun und begebe mich durch hochstehendes, würzig duftendes Gras zur nahen Lagune, um Duschwasser zu schöpfen. Enten und Gänse flattern davon, während die Flamingos meiner noch nicht gewahr geworden sind. Der Wind mischt das Wasser auf, und die am morastigen, flachen Ufer züngelnden Wellen schieben mir einen gelbweissen Saum aus Schaum vor die Füsse. Beissender Gestank von hochkonzentriertem Vogelkot sticht mir in die Nase. Trotzdem kehre ich mit fünf Liter dieser Brühe zum Lagerplatz zurück und Bea aktiviert wieder einmal den Wasserfilter. Nach dem Durchfluss von jeweils einem halben Liter ist das Keramikelement verstopft und muss mit einem rauen Lappen gereinigt werden. Nach einer halben Stunde ist aber alles Wasser klar und wir können die Dusche geniessen. Exakt als wir wieder sauber und warm eingepackt sind, bersten die Wolken über uns und lassen Regen aufs Zelt niedersausen. Keine fünf Minuten später ist dieser Wolkenbruch bereits wieder Geschichte, denn die grauen Pakete sind mittlerweile schon weit nach Osten verfrachtet worden. Sie bilden nun den Hintergrund für einen kräftig leuchtenden, doppelten Regenbogen. Die letzten Sonnenstrahlen entzünden die Bäuche der sich ständig verformenden Wattebäusche, die über uns vorbeiziehen. Als wir Toastbrote mit Morchelrahmsauce verspeisen und uns einen Schluck aus dem Flachmann genehmigen, blinzelt uns der schon fast volle Mond zwischen zwei Wolkenfetzen hindurch zu.

Kurz nach dem Weckruf unserer Krach-Uhr rauscht eine immense Schafherde am Zelt vorüber. Wir hüten uns, den Reissverschluss zu öffnen, denn die Hufe treiben bestimmt selbst aus der nassen Erde einiges an Staub. So warten wir geduldig, bis die Trippelgeräusche endlich verhallt sind. Als ich die Nase aus dem Zelt strecke, finde ich mich in einem tausendköpfigen Meer aus reiner Wolle. Wie Inseln ragen daraus drei Gauchos hoch zu Pferd, die mir breit lächelnd zuwinken. Der Tag beginnt grau und frostig, obwohl der Wind von Norden her bläst. Mit dem feinen Rückenwind sind die gut fünf Kilometer bis zur Kreuzung mit der Strasse von Porvenir nach San Sebastián bald hinter uns. Jetzt zielt unser Weg exakt nach Osten, was für uns Seitenwind bedeutet. Der *ripio* lässt auch auf diesem Abschnitt kaum zu wünschen übrig. Nur in den Kurven ist er lose oder zu einem Wellblech verformt. Aus den Bächen und Tümpeln stinkt es widerwärtig. Im tristen, windigen und regnerischen Grau kommen wir gut voran, bis in einer Steigung Beas Kette über das hintere grosse Ritzel gegen die Speichen springt und sich beim Manövrieren des Rads derart unglücklich verklemmt, dass der hintere Wechsel übel verbogen wird. Wir befreien das Velo vom Gepäck und biegen die deformierten Teile mit blosser Hand in eine Position, die ein Weiterfahren zulässt, auch wenn nicht mehr alle Gänge schaltbar sind.

Als unsere Mägen nach Futter knurren, schält sich linkerhand eine kleine Holzhütte aus der Pampa: ein Unterschlupf für Schafhirten und Reisende, gerade gross genug, um ein Kajütenbettgestell, einen Tisch und einen Ofen zu enthalten. An den Wänden kleben halbtote Fliegen und in einer Ecke lagern einige Scheiter Brennholz. Kaum sitzen wir am wackligen Tisch, entleeren sich einige Wolken über uns, was auf dem Dach ein heimeliges Trommelfeuer auslöst. Den Kritzeleien an den vier Wänden ist leicht zu entnehmen, dass wir nicht die ersten Radfahrer sind, die hier Schutz suchen. Das dominierende Sujet dieser modernen Höhlenmalereien ist der sich im Wind biegende Baum. Amüsiert stellen wir fest, dass hier gleich wie auf einigen Verkehrstafeln zur Darstellung des graphisch so schwierig fassbaren Windes mit dem gebogenen Baum ein Objekt hinzugezogen wird, das wir seit über zweitausend Kilometern so gut wie nie mehr zu Gesicht bekommen haben. Trotzdem verstehen wir das Symbol.

Der Regen ist versiegt, und der Wind beliebte in der Zwischenzeit gegen Westen zu rotieren, was für uns jetzt Rückenwind bedeutet. So segeln wir gewissermassen zur chilenischen Grenzstation San Sebastián.

In der zwölf Kilometer breiten Pufferzone zwischen dem chilenischen San Sebastián und dem argentinischen San Sebastián trottet ein junger Fuchs seelenruhig vor uns über die Strasse. Wie haben ihm die chilenischen Grenzbeamten wohl eingetrichtert, dass er nie mit einem in Argentinien erlegten Huhn in der Schnauze die Grenzlinie passieren darf?

Argentinien, 30. Januar bis 10. Februar 2007

Im argentinischen San Sebastián übertrifft der Grenzbeamte mit seiner Dumpfheit alle seine Berufskollegen in der weiten Welt. Wortlos und apathisch blättert er in unseren Pässen, bis er endlich eine leere Seite findet, drückt einen Ausreisestempel hinein und schiebt uns ohne aufzublicken die Dokumente zu. Da wir aber ein- und nicht ausreisen, weisen wir das Gähngesicht freundlich auf seinen Irrtum hin. Ohne auch nur ein Wort zu verlieren und ohne erkennbare Gefühlsregung überstempelt er seinen ersten Versuch derart, dass nun nichts mehr entzifferbar ist und verschwindet in den Pausenraum.

Der Wind hat sich in der Zwischenzeit zu einem wahrhaften Sturm gesteigert und das untiefe Wasser der nahen Atlantikküste derart stark aufgemischt, dass es braun verfärbt gegen das Ufer klatscht. In einem praktischen Hotelzimmer drehen wir Ringschrauben in den Türrahmen und in die hölzerne Verschalung der Vorhangstange und spannen Seile, um daran die von der gestrigen Nacht noch feuchten Schlafsäcke und das Zelt trocknen zu können. Die tosenden Luftmassen lassen die losen Teile der Gebäudehülle laut klappern und die Lüftungsschächte wie Orgelpfeifen ertönen.

Nach wenigen Pedalumdrehungen lösen sich erste Regentropfen aus den Wolken, doch gebietet aufkeimender Nordwestwind dem Niederschlag schon bald wieder Einhalt. Im Strassengraben verwest ein Fuchs. Piepsende Vögel flattern knapp über dem Boden. Und ein paar Schafe kauen Grünzeug. Nur die Guanakos machen sich rar. In der strohgelben, flachen Pampa tauchen erste Erdölpumpen auf. Die Argentinier hatten bei der Aufteilung Feuerlands anno 1881 bezüglich dieses Rohstoffs also das bessere Los gezogen als die Chilenen, deren Reserven bereits aufgebraucht sind. Nach dem Passieren der riesigen Estanzia Sara, die sogar mit einer eigenen Schule aufwartet, schwankt uns ein schwer bepacktes Tandem entgegen. Nein, es handelt sich nicht um «*les Bleus*» auf dem Rückweg, sondern um das österreichische Paar Anita und Stefan aus dem Montafon, das sich hier gegen den Wind abmüht. Die beiden sind seit zweieinhalb Jahren unterwegs und halten Richtung Kolumbien. Nach kurzem Erfahrungsaustausch wünschen wir den beiden viel Glück und gut Wind und lassen uns weitertreiben. Ein Hinweis ihrerseits hat sich wie ein Stachel in unser Hirn gebohrt: Von Ushuaia nach Punta Arenas soll es eine Schiffsverbindung geben. Welch elegante Lösung wäre dies doch! Wir müssten nicht dieselbe Strecke zweimal fahren, und das Problem an der chilenischen Grenze von San Sebastián wegen des Nahrungsmittelschmuggels bliebe uns ebenso erspart wie die anschliessende 140 Kilometer lange Schotterstrecke gegen den schneidenden Westwind nach Porvenir. Wir malen uns eine geruhsame Schiffsreise durch Fjorde und vorbei an Gletschern aus.

Derartigen Gedanken nachhängend, ist Río Grande rasch erreicht. Auf ein Industriegebiet folgen Häuserzeilen, die nicht von armen Leuten zeugen. Die Bauten sind gediegen, aber in Farben gehalten, die wie die Faust aufs Auge passen: Pastellgrün neben Pastellviolett. Am Eingang zu einem ausgedehnten Militärcamp prangt der Spruch: «*Las Malvinas son argentinas.*» Dies würde die Eiserne Lady Margaret Thatcher so nicht unterschreiben. Schliesslich grasen die Schafe auf den gut fünfhundert Kilometer vor der Küste liegenden Falklandinseln noch heute unter britischer Flagge. Für drei Nächte buchen wir eine geräumige Wohnung, drehen die Heizungen auf und kuscheln uns im warmen Schein flackernder Kerzen aufs Bett. Im Verlaufe des Abends werfen wir zwischen den Gardinen hindurch ab und zu einen Blick auf die Fitness-Sportler, die sich im *gimnasio* gegenüber bis Mitternacht auf angeschraubten Tretmaschinen abschinden. Ich kann nicht umhin, diese Leute zu bemitleiden. Das Wissen um die Möglichkeit, sich in der fast immer frischen Luft der freien Natur zu bewegen, scheint im Zuge der Zivilisation in Vergessenheit geraten zu sein. Ich überlege kurz, ob ich für unsere Nachbarn diesen uralten Schatz heben und ihnen vom honigsüssen Duft der Pampakräuter oder vom anmutigen Sprung der Delphine berichten soll, lasse es aber bleiben.

Weil der Wind dieser Tage wieder von Tobsuchtsanfällen geschüttelt wird und mit Geschwindigkeiten um die hundert Stundenkilometer durch die Gassen von Río Grande fegt, beschränken wir unsere Ausflüge aufs Nötigste: auf das Beschaffen von Nahrungsmitteln. Wieder zu Hause zaubert Bea Parmesankörbchen mit Krautstielfüllung, Ratatouille und Maispizza sowie Bananensplit als Nachspeise auf den Tisch, während ich mich mit Engelsgeduld ihrem verwundeten Velo widme. Der hintere Wechsel ist derart verbogen, dass sich nicht einmal mehr das Rad entfernen lässt, ohne vorgängig den Schnellspanner ganz zu demontieren. Zudem ist das obere Schaltungsröllchen gebrochen. Mit Pflastersteinen von der Baustelle vor unserer Tür baue ich mir einen Amboss, auf dem ich das krumme Teil mit einem harten Stein bearbeiten kann. Um die Deformation des Endhakens des Wechsels, der bei der Gabel um die Radachse greift, rückgängig zu machen, kommt mir der Geissfuss der Baustelle zupass. Mit diesem über einen Meter langen rostigen Eisen kann dank der resultierenden Hebelkraft genügend Energie in den gehärteten Stahl geleitet werden, um ihn aus der Starre zu lösen und in die gewünschte Position zu zwingen. Da wir kaum je etwas nicht ganz Nutzloses wegschmeissen, kann das gerissene obere Schaltungsröllchen mit seinem etwas abgewetzten Vorgänger, den wir in Hongkong abgeschraubt hatten, ersetzt werden. Kurz vor Mitternacht funktioniert die Schaltung wieder tadellos. Wie zur Feier kullern Tropfen von der undichten Decke – Regen hat eingesetzt.

Am folgenden Tag hat sich der Wind derart beruhigt, dass wir wieder aufrecht gehen können. Plötzlich pikt uns der Erinnerungsstachel: Wie steht es eigentlich mit dem Schiff nach Punta Arenas? Im Internet googeln wir uns ans Ziel. Als Abfahrtstermine von Ushuaia nach Punta Arenas werden angegeben: 7., 14., 21. und 28. Februar. Wir schreiben heute den 2. Februar, befinden uns noch über zweihundert Kilometer von Ushuaia entfernt und wollen dort einige Tage verweilen; also wäre der 21. Februar als Einschiffungstermin optimal. Es scheint auch noch Platz zu haben. So gehen wir die verschiedenen Schritte des «*online booking*» durch, doch schnappt uns jemand direkt vor der Nase die zwei letzten verfügbaren Plätze weg – der war um einen Knopfdruck fixer als wir! Wir versuchen es nun mit dem 14. Februar und, es ist kaum zu glauben, auch hier wird uns um den Bruchteil einer Sekunde die Butter vom Brot geklaut. Rasche Entscheide sind gefragt. Wir verfallen geradezu in ein Buchungsfieber, wenn es so etwas denn geben sollte. Der 28. liegt uns zu weit entfernt. Bleibt also der 7. Februar als letzte vernünftige Möglichkeit übrig. Rauch steigt aus der Tastatur, und siehe da, es klappt! Schon gleiten unsere zwei Tickets aus dem Drucker und wir freuen uns diebisch über den Streich. Jetzt erst bleibt Musse, uns die Route und das weitere Angebot dieser Reise zu Gemüte zu führen. Aha, das ist eine ausgewachsene Kreuzfahrt auf einem Luxusdampfer, die uns via Kap Horn, Gletscher und Pinguinkolonien zum chilenischen Punta Arenas bringen wird. Wer hätte das gedacht? Nun müssen wir uns aber sputen, denn morgen gilt es, beizeiten aufzubrechen. Hoffentlich spielt uns der Wind dann keinen Streich, jetzt gerade legt er ein Nickerchen ein.

Weder in der Nacht noch um 4.15 Uhr, als der Wecker kracht, vernehmen wir Geräusche, die auf unbändigen Wind hindeuten würden. Für den Moment eines Augenzwinkerns nur erstrahlt im Osten ein Morgenrot. Schon wird das Leuchten mit tristem Grau überpinselt und Regen setzt ein.

Reichlich mit Nahrung beladen wuchten wir kraftvoll aus der Stadt, denn wir haben einen möglichst weiten Sprung Richtung «Ende der Welt» vor. Auf den ersten paar Kilometern schmeisst uns der Wind die Regentropfen an die rechte Flanke, was uns jubeln lässt. Denn nach wenigen Metern dreht die Strasse um neunzig Grad nach links, Richtung Süden. Ein paar Fischer lassen sich am Ufer des recht sauberen Río Grande verregnen, ansonsten sind fast gar keine Leute auf den Beinen respektive hinter dem Steuer. Ausser zwei Guanakos, die etwas verloren in der Pampa stehen, zeigen sich uns auch kaum Tiere. Vielleicht liegt dies aber nur an unserer eingeschränkten Sicht durch die mit Tropfen und Dampf beschlagenen Brillengläser. Beim Weiler Punta María trifft die Strasse auf den Atlantik, wo uns ein erstarkter Wind weiter schiebt. Bald erblicken wir die ersten Bäumchen: hellgrau, von Wind und Regen ausgelaugt und von kläglichem, knorrigem Wuchs. Zudem hängen diesen ungepflegten Kerlen allenthalben hellgrüne bis graue Flechtenbärte vom Geäst. Das sind beileibe keine Prachtsexemplare. Aber immerhin, nach weit über zweitausend Kilometern ist es die erste Ansammlung von Pflanzen, die an einen Wald erinnert. Wenn es zutrifft, dass man nur lange genug im Dunkeln verharren muss, um das Sonnenlicht kennen und schätzen zu lernen, so bietet die in der Pampa verbrachte Zeit in analoger Weise die beste Basis, um diesen vermissten Anblick in vollen Zügen geniessen zu können. Die Farben strömen durch meine Augen und die würzige Luft füllt meine Lungen. Beides zusammen lässt mein Herz hüpfen. Das garstige Wetter hält erfreulicherweise eine Weile mit Niederschlag inne, als wir uns linkerhand zwischen Calafate-Büschen, diesen dornigen Stauden mit heidelbeerähnlichen Früchten, in eine saftige Wiese setzen und unseren Heisshunger stillen. Rabenschwarze Wolken driften dabei drohend wie erhobene Zeigefinger über unsere Köpfe hinweg.

In Tolhuin liegen die ersten hundertzehn Kilometer des heutigen Tages hinter uns, und es ist erst früher Nachmittag. In der Panadería La Unión, die bis unters Dach mit Touristen gefüllt ist, wärmen wir uns bei einer Tasse Tee auf. Draussen stützt ein kräftiger Hund seine schmutzigen Vorderpfoten auf meinen Sattel ab und äugt ins Lokal. Ich lächle ihm zu.

Nun führt die Strasse das Südufer des langgezogenen Lago Fagnano entlang, über den uns ein durchaus nicht unbezwingbarer Westwind entgegen säuselt. Entwurzelte, längst abgestorbene Bäume liegen wie Mikadostäbchen neben der Strasse. Über dem See hängen schwere Wolken, aufgedunsen wie Wasserleichen, aus denen dunkle Regenfinger ragen. Ein Rotfuchs hastet vor uns über die Strasse und ein Kondor steigt in weiten Kreisen zu den wenigen blauen Flecken im Grau des Himmels hoch. Das einstige Restaurant Villa Marina dient nun Strassenbauleuten als Basis. Die hier stationierten Männer treten uns gerne Trink- und warmes Waschwasser ab und erzählen dabei voller Bewunderung von einem grauhaarigen Paar, das vor wenigen Tagen bei strömendem Regen auf einem «Doppelvelo» ankam und sich im Schutz ihres Vordaches verpflegte. Ja, ja, «*les Bleus*» hinterlassen unverkennbare Spuren in den Herzen der Leute! Damit das Wasser noch genügend temperiert ist, um uns die Dusche in der kühlen Luft zu versüssen, stellen wir das Zelt bereits nach wenigen Kilometern auf einen moosigen Wiesenstreifen hinter einem bewaldeten Hügelchen. Der Himmel klart laufend mehr auf und schon bald zwinkert uns der vollbackige, orange Mond zwischen den Baumwipfeln zu. Wir kochen Teigwaren für morgen unterwegs und bereiten uns zum Abendessen Toastbrot mit Gemüsebelag zu. Als sich der Schluck Grappa als brennendes Rinnsal seinen Weg von der Kehle bis zum Magen bahnt, ist Mitternacht vorüber, und Böen ziehen am Zelt.

Nach wenigen Stunden Schlaf erwachen wir unter einem stahlblauen Himmel. Zerknülltes Plastik und Papierfetzen liegen auf der Wiese verstreut. «Da hat sich ein Fuchs unseren aufgehängten Abfallsack geschnappt und zerzaust», ist sich Bea sicher. Mit uns hat er aber ein schlechtes Los gezogen, denn von vegetarischen Gelagen bleiben ja nicht mal Knochen übrig. Wie viel ergiebiger sind da die Reste der einheimischen Passanten! Als müsste sich der nächtliche Besucher nochmals vergewissern, dass es tatsächlich Menschen gibt, die sich nicht von Braten und Würsten ernähren, pflanzt er sich wenige Meter hinter meinem Rücken auf und blinzelt zum Kocher, auf dem aber lediglich ein schlappes Stück Brot an Bissfestigkeit gewinnt.

Angesichts der absoluten Windstille räumen wir unser Lager rasch zusammen und setzen die Fahrt fort. Die Landschaft ist auch hier nicht idyllisch, als Kontrast zur Pampa aber durchaus nicht zu verachten. Eine erst kürzlich neu erstellte Strasse führt entlang dem Lago Escondido auf den Paso Garibaldi. Dieses Pässchen ist leichte Kost für uns. Das Bauwerk präsentiert sich bereits in bedenklichem Zustand. Setzungen über Bachdurchlässen lassen den Asphalt immer mehr reissen, und die Leitplanken vor dem schroff abfallenden Gelände stürzen schon ab, wenn man sie zu scharf ins Auge fasst; ihre Pfosten sind ohne Fundament in den losen Schotter gesteckt. Auf der Passhöhe werden wir von einer deutsch-österreichisch-schweizerischen Reisegruppe mit Blitzlichtgewitter und herzlichem Applaus bedacht. Wir plaudern eine Weile mit diesen aufgeweckten Urlaubern, kleiden uns warm an und sausen durch einige Kurven talwärts. Bei der ersten Parkfläche spannen wir ein Seil, um daran das patschnasse Zelt ein wenig abtropfen zu lassen. Ganz trocknen wird es hier nicht, denn die Sonne verschanzt sich wieder hinter dicken Wolken, und der Wind hat für einmal auch keine Lust, aus seinem Versteck hervorzukriechen. Diverse Autofahrer winken uns zu, und zwei bleiche Radfahrer rufen: «*Hi guys!*» Es sind junge Engländer, die heute Morgen auf ihre lange Reise nach Venezuela gestartet sind. So wie sie auf uns wie frisch geschlüpfte Küken wirken, müssen wir ihnen mit unseren bald vier Jahren Veloweltreise auf dem Buckel wie verwitterte Urgesteine vorkommen. In schattigen Mulden einiger steil aufragender Berge krallen sich noch letzte Reste Schnee fest, doch auf der Ebene Tierra Mayor kläffen arbeitslose Schlittenhunde um die Wette und weiter vorne hängen die Sessel einer Sesselbahn am stillstehenden Stahlseil.

Nach einer langgezogenen Abfahrt erscheint endlich das Schild mit der Aufschrift «*Bienvenido al fin del mundo*» – wir sind in Ushuaia, am Ende der Welt! Der erste Blick auf diese 1884 gegründete Stadt zeigt wie erwartet nichts Berauschendes. Im Hafen ankert ein Kreuzfahrtschiff, das ohne weiteres drei Hochhäuser verschlucken könnte. Seine Passagiere fluten in Scharen die Souvenirläden an der Hauptstrasse Avenida San Martín. Zu schnell hat Ushuaia in den 70er und 80er Jahren expandiert, gar zeitweise mit der weltweit höchsten Wachstumsrate. Herausragend ist für uns aber ihr symbolischer Wert. Schon ihre Lage auf der Weltkarte, so ganz unten, so nahe an der Antarktis, macht sie zu etwas Besonderem. Immerhin enden hier auch alle Strassen des amerikanischen Kontinents, nicht aber unsere Reise rund um die Welt. Ihr Endpunkt liegt naturgemäss beim Ausgangsort, also in Zürich.

Im kleinen Yámana-Museum tauchen wir so tief in die Geschichte des himmelschreienden Schicksals der Ureinwohner von Tierra del Fuego ein, dass wir anschliessend ganz benommen sind. Wie die Hasen, Gürteltiere oder Stinktiere auf der Ruta 3 von Autoreifen wurden die vier indigenen Ethnien, welche diese Gegend über tausende von Jahren in vollkommener Harmonie mit der Natur als Jäger und Sammler besiedelten, vom Rad der sogenannten Zivilisation zermalmt. Nur mit dem Unterschied, dass die Ureinwohner auf Tierra del Fuego von Gaunern und Besserwissern schon um 1910 fast vollständig ausradiert waren.

Als Seenomaden wie die Alakaluf blieben auch die Yámanas keine Woche am selben Ort. Um eine Hütte zu erstellen, brauchten sie nur unwesentlich länger als wir, um unser Lager einzurichten. Die meiste Zeit ihres Lebens verbrachten sie ohnehin auf dem Wasser. Die Frauen tauchten in den eiskalten Fluten nach Muscheln und Krebsen, die Männer jagten mit einfachen Harpunen Fische und Seelöwen. Und die Kinder waren in der Mitte des Kanus mit Wasserschöpfen beschäftigt und dafür besorgt, dass das wärmende Feuer nie ausging. Kleider kannten die Yámanas nicht, schauten aber den Pinguinen über die Schulter und schmierten sich dick mit tierischen Fetten ein, um den Körper gegen Wärmeentzug «abzudichten». Aus demselben Grund vermieden sie es wenn immer möglich zu sitzen oder zu liegen. So sassen sie fast ständig in der Hocke, wie dies die Asiaten noch heute zu tun pflegen. Diese bevorzugte Position führte zum kleinstmöglichen Kontakt mit dem kühlen Untergrund, aber auch zu unverkennbaren körperlichen Merkmalen. So wurde die Haut über den Knien derart gedehnt, dass sich beim seltenen Strecken der Beine über der Kniescheibe grobe Faltenwürfe bildeten. Und selbst im «aufrechten» Gang waren die Yámanas mit nach vorne geneigtem Oberkörper und plattfüssig unterwegs.

Das Elend der *indígenas* nahm ab Mitte 18. Jahrhundert seinen Lauf, als immer mehr weisse Walfänger, weisse Jäger nach Fellen und Tierhäuten und weisse Goldgräber auftauchten. Diese kolonialen, selbsternannten «Herrenmenschen», die effektiv – in den besten Fällen – Hasardeure oder ruchlose Abenteurer, meist aber nichts weiter als üble Ganoven oder kleinkarierte Besserwisser – was auf dasselbe hinausläuft – waren, liessen es nicht bei der Zerstörung der natürlichen Lebensgrundlagen der Einheimischen bewenden, sondern schändeten auch mit bestialischer Brutalität reihenweise Frauen und Mädchen. Statt dem «Licht der Erkenntnis» brachten sie die Syphilis. Noch verheerender als das abscheuliche Gebaren dieser haltlosen Gesellen waren die schmierigen Taten anderer. 1869 begannen die nach ihrem eigenen Verständnis «gutherzigen» Missionare der Anglican South American Missionary Society den Eingeborenen den «zivilisierten» Lebensstil aufzuzwingen: Sesshaft sollen die Nomaden werden, Kleider sollen ihre nackten Körper bedecken, Fleisch statt immer nur Fisch und Beeren sollen sie essen, den Besitz der anderen sollen sie respektieren. Dass einfach «nehmen» eben «stehlen» ist, sollen sie begreifen. Auch diese Frommen brachten den Eingeborenen nicht den Segen einer überlegenen Zivilisation, sondern Elend und Tod, was in der Ausrottung der Indianerstämme gipfelte.

Doch selbst all diese Ignoranz und Arroganz der neuen Herren hätte die starke Rasse der Yámanas noch nicht zu knicken vermocht. Schliesslich waren es die vom weissen Mann mitgebrachten Krankheiten wie Masern oder Mumps, welche das Schicksal der Yámanas, die durch Epidemien dahingerafft wurden, besiegelten.

Der Genozid an den Ureinwohnern Feuerlands traf selbstverständlich auch die Landnomaden der Selk'nam und Haush, insbesondere im Zusammenhang mit Goldfunden und der einsetzenden extensiven Schafzucht. Besitzer von Estanzias heuerten Kopfgeldjäger an, um die Störenfriede, die sich auch von ihren Schafen ernährten, zu dezimieren. Erst wurden als Beweis für die Tötung eines Indianers nur die Ohren verlangt. Weil es sich aber bald herumgesprochen hatte, dass einige auch ohne Ohren weiterlebten, wurden von den professionellen Killern schliesslich ganze Indianerköpfe eingefordert. Letztlich waren es aber auch hier die von den europäischen Immigranten eingeschleppten Krankheiten, die zur Ausrottung dieser Ethnien führten.

An unserem letzten Tag in Ushuaia sind die Berge mit Neuschnee gepudert. Die Temperatur steigt nicht über drei Grad. Das ist insofern bemerkenswert, als wir uns hier im Hochsommer befinden.

Durch zwei Personenkontrollen und noch viel mehr Wasserlachen spazieren wir über den Pier zum modernen Kreuzfahrtschiff, das im Jahre 2002 aus einer chilenischen Werft schlüpfte. Hier werden wir von freundlich lächelndem Personal zu einer der 63 luxuriösen Kabinen geführt, in der bereits all unser Gepäck lagert. Das grosse Bullauge befindet sich direkt über der Wasserlinie. Doch sehen wir zurzeit nichts als Regentropfen, die auf dem Pier hüpfen.

Als unser Kahn ablegt, liegt das Wasser des Canal Beagle ruhig und zahm. Je mehr wir uns aber im Laufe der Nacht dem Cabo de Hornos und damit der Pasaje de Drake nähern, desto ungestümer hämmert der Wind Wellen an unser Bullauge. Uns alten Seebären raubt dieses Krachen und Schaukeln keineswegs den Schlaf, doch als wir trotzdem einmal erwachen, fesselt uns dieses Schauspiel der Naturkräfte derart, dass wir eine Zeit lang mit an der Scheibe plattgedrückter Nase auf der Matratze knien, während in anderen Kabinen gekotzt wird und unzählige Tabletten gegen die Seekrankheit geschluckt werden.

Als der Morgen dämmert, ankert unser Schiff auf der Leeseite der wie es heisst südlichsten Landmasse des amerikanischen Kontinents, wo sich die See relativ ruhig präsentiert. Schon trägt uns ein Gummiboot in spritziger Fahrt über das Mischwasser von Atlantik und Pazifik zum Anlegesteg des mythischen Kap Hoorns. Oben auf der windgepeitschten Ebene aus Gras und harten Moosen wechseln sich Regen, Sonne und Hagel im Minutentakt ab. Eingepackt in Regenzeug, Schwimmweste und Handschuhe können uns die Launen der Witterung aber wenig anhaben. Hier sind wir nun also bereits wieder an einem anderen «Ende der Welt». Dieser Ausdruck scheint in diesen Breitengraden geradezu inflationär Verwendung zu finden. Weiter südlich, so um die tausend Kilometer entfernt, liegt nur noch die Antarktis – das wahre «Ende der Welt»? Das am südlichen Rand des Plateaus stehende stählerne Albatross-Denkmal für die Seelen der unzähligen in dieser Ecke der Welt ertrunkenen Matrosen ist gelungen, doch hält sich unser Mitgefühl mit den Wasserleichen in Grenzen – zu viel Leid hat ihre Abenteuerlust verursacht.

Der Höhepunkt unserer Schiffsreise ist zweifelsohne die Fahrt mit dem Gummiboot über den Chico Fjord zum Piloto-Gletscher:

In geisterhafter Ruhe ziehen die Nebelschwaden durch den Nieselregen. Eisschollen treiben neben uns im fast schwarzen Wasser, aus dem sich unversehens eine blendend weisse Wand auftürmt. In ihren vertikalen Klüften schimmert das noch nie gesehene, ätherisch helle und doch kräftige, geheimnisvolle, unergründliche Blau des Gletscherkerns – ein Schimmern von unaussprechlicher Zartheit. Das Eis besteht aus hoch komprimiertem Schnee und weist deshalb kaum Luftblasen auf. Es ist an Kompaktheit fast nicht zu überbieten. Wir halten den Atem an und hören das Ächzen und Stöhnen der im Zeitlupentempo gegen das Wasser kriechenden Eismassen, welche Steine, ja ganze Täler und Landschaften nach ihrem Willen zu formen vermögen und unserer Erde im Verbund mit den auf heissem Brei driftenden, bisweilen kollidierenden und verschmelzenden, sich überfahrenden, sich schrammenden und verletzenden oder sich trennenden Landplatten den heutigen Gesichtsausdruck verliehen haben. Mit dem Resultat aber nie zufrieden, formen sie unermüdlich weiter an der grandiosen Skulptur Erde. Die Schleif- und Knacklaute tun der Stille keinerlei Abbruch, vertiefen sie gar auf wundersame Weise. Immer wieder aber wird sie durch tosende Kracher zerrissen – der Gletscher kalbt in den Fjord.

Am Abend werden wir von einem humorvollen Engländer voller Whisky und Stil unterhalten. Bevor er in seine Kabine torkelt, meint er noch: «Der Falklandkrieg war viel schlimmer als Blairs Beteiligung im Irak. Der vermaledeite Irakkrieg beruhte zwar auf einer ausgemachten Lüge, doch Saddam war ohne Zweifel ein Schuft. Mit den Argentiniern aber waren wir immer gut Freund gewesen, bis plötzlich eines Tages eines Steinhaufens im Atlantik wegen, von dessen Existenz in England zuvor niemand wusste, Krieg herrschte.» Und angesichts der 236 britischen und 649 argentinischen gefallenen Soldaten war es selbst ihm nicht mehr ums Lachen zumute, was einiges zu bedeuten hat.

Uns fällt die grosse Ehre zu, das Durchschnittsalter der gut 140 Passagiere, das um die Siebzig liegt, um einen Hauch zu drücken. Die Leute sind aber keineswegs klapprig, sondern erstaunlich rüstig und verfügen über einen Appetit, als hätten sie einen harten Velofahrtag im patagonischen Wind hinter sich. Es wäre auch eine Dummheit, hier nicht aus dem Vollen zu schöpfen, denn das Gebotene braucht sich nicht zu verstecken. Sogar wir Spezialfälle bringen den Koch nicht in Verlegenheit – wenigs-

tens bis zu jenem Zeitpunkt, als er uns einen überhäuften Teller Büchsenbohnen präsentiert. Dies bleibt aber unsere einzige Mahlzeit, die von den Karnivoren an unserem Tisch nicht mit wässrigem Mund begehrt wird. Mein sympathischer Tischnach-
bar Guido ist Diabetiker und macht es sich zur Gewohnheit, mir sein Dessert abzutreten. Einmal fragt er scheu hinter vorgehaltener Hand, bevor er den Teller rüber
schiebt, ob er eventuell erst ein Gäbelchen abstechen dürfte? Um seine Gesundheit
besorgt, erlaube ich ihm nur ein klitzekleines Häppchen.

Wir verbringen eine gute Zeit an Bord, und doch will uns scheinen, dass wir nach
all den Jahren zu zweit unterwegs auf den Landstrassen der Welt nicht mehr so richtig gesellschaftsfähig sind. Nicht etwa, dass wir mit den Händen mampften, unflätig
schmatzten oder die Happen von der Gabel auf Hemd und Hose fallen liessen, wie
dies draussen in der Pampa schon auch mal vorgekommen ist. Auch nicht, dass wir
uns nicht geliebt oder akzeptiert fühlten. Im Gegenteil, viele suchen das Gespräch
mit uns, immer wieder werden wir in mehr oder weniger interessante Plaudereien
verwickelt. Aber solche Anlässe, wo sich Leute ihrer gesellschaftlichen Rolle und
Gruppenzugehörigkeit entsprechend verhalten, ohne sich der oft peinlichen Spiegelfechterei bewusst zu sein, sind wir uns einfach nicht mehr gewohnt.

Als wir uns einmal nach Mitternacht in unserer Kabine mit zugegebenermassen
nicht gedämpfter, aber auch nicht über Gebühr lauter Stimme unterhalten, klopfen
die Nachbarn doch tatsächlich an die Zwischenwand, um uns zur Ruhe zu mahnen.
Diese Kleinkariertheit trifft uns völlig unerwartet, weil wir in unseren Reisejahren
genau in dieser Beziehung sehr viel Toleranz erfahren haben. Leben und leben lassen
– welch herrliche Redewendung in der gehobenen zivilisierten Welt!

Chile, 10. Februar bis 20. März 2007

In Punta Arenas atmen wir leichter. Wir geniessen die wiedergewonnene Freiheit. Wir verbrachten zwar nur vier Tage und drei Nächte im goldenen Käfig des Luxusdampfers und die Reise war durchaus schön und meist angenehm, doch schnürte uns das gesellschaftliche Korsett manchmal den Atem ab.

Die Stadt Punta Arenas am südlichsten Zipfel des chilenischen Patagoniens erinnert uns nicht nur der streunenden Hundemeuten und der Hügel wegen an die dreitausend Kilometer weiter nördlich gelegene Künstlerstadt Valparaíso. Auch die farbenfrohen, niedrig gehaltenen Häuser, die mit ihren Fassaden aus Wellblech wie flüchtig hingestellte Baracken wirken, sind ein Déjà-vu. Es sind nüchterne Zweckbauten, freilich mit einem verspielten Zug. Die meisten der bunt gestrichenen Bleche sind zerbeult und verlöchert. Auch die dick aufgetragene Pastellfarbe bröckelt allenthalben über dem korrodierenden Stahl ab und da und dort finden durch Ritzen hindurch ein paar Rinnsale ihren Weg in die warm geheizten Stuben. Doch werden diese eigenwilligen Fassaden den Bewohnern noch für Jahrzehnte genügend Schutz vor der unwirtlichen Witterung gewähren. Da in diesen Breitengraden die Häuser der Normalbürger ganz offensichtlich keine Prestigeobjekte sind, bedürfen sie trotz dem beständig nagenden Zahn der Zeit kaum je einer Renovation. Auch bezüglich der Inneneinrichtung wird wenig Wert auf den Schein gelegt, wie wir bei der spontanen Einladung zum Geburtstagsessen von Bernardina sehen: Die Tapeten sind vergilbt, das Sofa zerschlissen, die Holzdielen aus dem Leim und die Stühle verzogen. Das Sammelsurium von abgegriffenen Objekten wirkt zwar etwas schmuddelig, doch wallt durch die niederen Räume ein Geist, der das eher schäbige Gebäude Bernardinas mit Leben erfüllt und zu einem Heim macht. Offenherzige, unkomplizierte Leute wie Bernardina klopfen an keine Wände oder Decken!

Bei Señora Carlina finden wir eine luftige, lichtdurchflutete Wohnung, die uns ganze zwölf Tage zu halten vermag. Wir kosten die relative Sesshaftigkeit aus und beobachten täglich wiederkehrende Abläufe. So lassen jeweils die ersten Strahlen des Tagesgestirns die Sonnenblumen im Gemälde an der Wand unseres Schlafzimmers golden erleuchten, zwei Hunde schiessen regelmässig durch den blühenden, wilden Garten, der uns umgibt, und verschiedene Katzen überwinden mit beispielloser Leichtigkeit, einem eleganten Sprung aus dem Stand, die hohe Mauer, welche unseren Patio umfriedet.

Während wir durch die eindrücklichen, in englischer Manier gepützelten Zypressenalleen des Stadtfriedhofs streifen, will es uns scheinen, als blätterten wir in einem Geschichtsbuch. Die Kroaten, Deutschen, Engländer und Spanier, die es hier in der Fremde zu Ruhm und Geld brachten, haben sich mit Mausoleen aus Marmor und Bronze verewigt. Auch die Spuren der Russen, Italiener und der Nachkommen der portugiesischen Seefahrer sind unverkennbar. Etwas rar machen sich die Schweizer. Immerhin finden wir mit dem bescheidenen Grabstein von Hermann Jäger aus Ragaz eine Erinnerung an einen Vertreter unserer Heimat. Wie andere Einwanderer kam auch er Ende des 19. Jahrhunderts in diese unwirtliche, für Abenteurer aber vielversprechende Gegend, verschied jedoch schon in jungen Jahren.

Sonderbar deplatziert mutet in diesem Reigen der dahingeschiedenen weissen Immigranten die lebensgrosse Statue des «*Indio Desconocido*», des Unbekannten Indios, an. Ihm werden übernatürliche Kräfte zugeschrieben. Zahllose Schilder mit Danksagungen wie beispielsweise: «Danke, Unbekannter Indio, dass du meine Bitten erhört hast», zeugen von erfüllten Wünschen der Abergläubigen. In der Erde unter der Statue liegen seit gut achtzig Jahren die Gebeine eines der letzten Alakaluf-Indios. Er wurde 1929 von Gringos umgebracht, weil er sich mit Mitstreitern zusammen gegen die Ausbeutung von weissem Marmor auf seiner Insel stemmte. Erst wurde seine Leiche wie ein Hundekadaver verscharrt und ohne Grabstein beigesetzt. Wie es die Sage will, habe später jemand mit einem «guten Herzen» einen marmornen Stein mit der Aufschrift «*Indio Desconocido*» aufs Grab gestellt. Mit der Zeit hätten sich immer mehr Leute bei diesem mysteriösen Grab eingefunden, Kerzen angezündet und Geldmünzen hingeworfen, um ihren Bitten Nachdruck zu verleihen. Der Glaube, der unbekannte tote Indio könne Wunder wie Genesungen von Krankheiten, Lösungen von familiären oder wirtschaftlichen Problemen vollbringen, zog immer weitere Kreise, und die Pilgerströme schwollen Jahr für Jahr mehr an. Im Jahre 1967 seien an diesem angeblich magischen Ort die Gebete der Doña Magdalena Vrsalvic erhört worden, was diese veranlasste, eine Kampagne für ein glorreicheres Grab loszutreten. Sie band die Presse mit ein, sprach bei der Marine und beim Roten Kreuz vor. Am 18. Dezember 1969 wurde schliesslich vordergründig zu Ehren des «*Indio Desconocido*», effektiv aber nur zum Gefallen der Gläubigen, diese lebensgrosse, bronzene Figur eines bis auf den Lendenschurz nackten Indios errichtet, vor der wir nun stehen. Das von einem lokalen Poeten verfasste Epitaph lautet:

«*El Indio Desconocido llegó*
desde las brumas de la duda
histórica y geográfica.
Y yace aquí cobijado en el
patrio amor de la chilenidad.»

Es bedeutet so viel wie: «Der Unbekannte Indio kam aus den Nebeln der geschichtlichen und geographischen Ungewissheit und ruht nun hier geborgen im geliebten chilenischen Vaterland.» Noch heute ist dieses Grab ein beliebter Wallfahrtsort für

Verzweifelte. Das schmierige und verlogene Pathos des Dichters bringt mein Blut ebenso in Wallung, wie das heuchlerische und ichbezogene Gehabe der Heil suchenden Nachfahren der Mörder der *indígenas*. Von wegen «ungewisse Herkunft», von wegen «geliebtes chilenisches Vaterland» – kalten Bluts wurde die Rasse des «*Indio Desconocido*», dieses nun als Heiliger hochstilisierten armen Tropfs, auf ihrem ureigenen Boden von den fremden, meist aus Europa stammenden Einwanderern ausgemerzt.

Nicht minder ärgert mich die bronzene Statue auf der von Prunkbauten umgebenen Plaza de Armas Muñoz Gamero. Sie stellt Hernando de Magellanes dar, wie er erhaben auf einem Schiffsbug stehend, seinen Blick in die Ferne schweifen lässt. Dem Machtverhältnis gemäss sind ihm zu Füssen ein Selk'nam- und ein Tehuelche-Indianer platziert. Es geht die Sage, dass nach nach Punta Arenas zurückkehrt, wer die grosse Zehe des Selk'nams küsst oder wenigstens anfasst. Ganze Touristenhorden huldigen kopflos diesem sonderbaren Ritual – entsprechend abgegriffen ist die Fussspitze des blechernen Selk'nams.

Ich frage mich, inwiefern das schreckliche Schicksal der Ureinwohner noch in den Köpfen und Herzen der neuen Bewohner des amerikanischen Kontinents präsent ist. Gibt es kritische Geister, welche sich der allgemeinen Verdrehung der verbürgten Tatsachen schämen, ihre Stimme erheben und die Schleifung der scheinheiligen, falschen Monumente fordern? Oder wenigstens eine Aufarbeitung der Geschichte, und damit verbunden eine Zurückstufung der aktuellen Nationalhelden, die allenthalben noch verehrt werden, indem ihre Namen Strassen und Plätzen verliehen werden. In den Zeitungen haben wir jedenfalls noch keine Zeile zu diesem Thema gelesen. Das Unter-den-Teppich-Wischen von Verbrechen an der Menschheit scheint in Chile jedoch Tradition zu haben. So wurde auch Augusto Pinochet für keinen einzigen Mord und keine einzige Folterung, die unter seinem Regime verübt wurden, verurteilt. Und am 10. Dezember 2006 hat er sich als 91-Jähriger aus der Verantwortung in den Tod geschlichen.

Señora Carlina zählt die Geldscheine nicht, die wir ihr für die geschuldete Miete überreichen. Dafür drückt sie uns einen Abschiedskuss auf die Wangen und wünscht «Gottes Segen» für die Weiterfahrt. Via Avenida España und Plaza Suiza rollen wir aus der Stadt. Ein Taxifahrer kurbelt das Seitenfenster herunter und ruft uns «*Suerte!*» zu. Mindestens hinsichtlich des Wetters ist uns das Glück heute nicht beschieden, denn bereits presst der Himmel aus seinen grauen Runzeln wieder kaltes Wasser, das uns im forschen Wind schon bald frösteln lässt. Die Intensität des Regens nimmt laufend zu und zu allem Übel fährt Bea auf offener Strecke eine messerscharfe Scherbe ein. Durch den Schnitt in Reifen und Schlauch entweicht innert Sekundenfrist auch das letzte Quäntchen Luftdruck, und das Rad steht traurig auf der Felge. Da sich weit und breit kein Unterstand zeigen will, müssen wir den Schaden direkt am Strassenrand beheben.

Nach zwanzig Kilometern löst sich eine winzige Holzhütte aus dem Regenschleier. Wir verkrümeln uns in diesen offenstehenden Schuppen an der Zufahrt zu einer Estanzia. Damit uns der garstige Wind nicht um die Ohren pfeift, setzen wir uns auf den Bretterboden und halten die Köpfe unterhalb der Simse, denn die Fensterscheiben sind herausgeschlagen. Als wir uns nach dem Lunch die Zähne putzen, taucht ein rotwangiger Herr auf, in dessen Mundecke ein Zigarettenstummel glimmt. Der rechte Ärmel seiner antiken Lederjacke ist auf die ganze Länge zerrissen. Er stellt sich als Luis vor und lädt uns auf einen Kaffee in seine Estanzia ein. In der Küche lässt der glühende Holzofen nun auch unsere unterkühlten Backen im Nu erröten. Luis ist hocherfreut darüber, dass wir aus der Schweiz stammen. Denn auch er wurzelt, mindestens teilweise, in jenem Land. Mit leuchtenden Augen berichtet er von seiner Grossmutter aus dem schweizerischen Fribourg, die Ende 19. Jahrhundert als kleines Mädchen mit ihren Eltern hier angekommen ist. Wir unterhalten uns prächtig mit Luis, der über ein sonniges Gemüt und trotz seiner siebzig Lenze auf dem Buckel über ein gutes Erinnerungsvermögen verfügt. Denn er hat nicht vergessen, was ihm seine *abuelita*, sein Grossmütterchen, an kalten, verschneiten Winterabenden vor dem offenen, knisternden Feuer erzählte. So trägt er uns nun in rasend schnellem Spanisch uralte Schweizersagen vor, wobei auch jene über die Teufelsbrücke nicht fehlt. Schliesslich singt er uns gar mit heller Stimme im «*patois fribourgeois*», dem französischen Dialekt von Fribourg, ein Kinderlied vor. Immer wieder umfasst er dabei mit seinen Pranken freundschaftlich meine Schultern. In seinem Kopf steckt das Bild einer heilen Schweiz: imposante, jungfräuliche Berge, glasklare Flüsse, kräftige, saftige Wälder und durch und durch anständige Leute. Er weiss von einem Kollegen, dem in der Schweiz unbemerkt ein Geldstück zu Boden fiel, worauf es ihm ein kleiner Junge nachgetragen habe – wo auf der Welt gibt es noch so was? Zum Abschied schenken wir diesem herzlichen Menschen, der selbst noch nie in der Schweiz war, den Zweifränkler, den Bea seit bald vier Jahren im Portemonnaie – vielleicht genau für diesen Augenblick – mitgetragen hat.

In der Zwischenzeit hat der Himmel aufgeklart und der Regen ist versiegt. Ab und zu wärmt uns gar die Sonne. Dafür hat der gegen uns gerichtete Wind mehrere Gänge zugelegt. Bei der Tankstelle an der Kreuzung bei Gobernador Phillipi laden wir Wasser und fahren unter dem mittlerweile erneut mit schwarzen Wolken zugepflasterten Himmel weiter. Schon nach zwei Kilometern entdecken wir rechterhand, hinter einem mit Pampagräsern bewachsenen Kieswall, eine optimale Nische für unser Zelt. Kaum sind die Heringe eingeschlagen, setzt heftiger Niederschlag ein, und wir retten uns in die Apsis. Als ich um Mitternacht aber den Reissverschluss unseres Eingangs schliesse, zwinkern mir helle Sterne versöhnlich zu.

Am Morgen ist es windstill und die Energie der Sonne erlöst uns von der nächtlichen Starre. Als wir zwei Stunden später aber die Köpfe aus unserer geschützten Mulde strecken, lässt uns ein strammer und kühler Westwind die Ohren wackeln. Wie in blinder Rage treibt er graue Wolkenpakete Richtung Tierra del Fuego. Ohne zu meckern, stellen wir uns dem Gegenwind und ringen der Strasse unter grossem Kraftaufwand Meter für Meter ab. Wir treten dynamisch in die Pedale und doch drehen sich die Kurbeln nur im Zeitlupentempo. Nach zehn Kilometern Fahrt sind die Kalorien des Frühstücks aufgezehrt und wir stärken uns mit dem von gestern Abend übriggebliebenen Früchtecurry. Die leicht hügelige Gegend zaubert exakt in jenem Moment zwei Hasen hervor, als wir bereits dachten, diese putzigen Nager seien hier ausgerottet worden. Die Wolkendecke verdichtet sich merklich und immer wieder setzen sich Regentropfen auf unseren Velobrillen fest.

Villa Tehuelches, das auf unserer Landkarte wie eine ausgewachsene Stadt daherkommt, stellt in Realität kaum etwas dar. Es ist zwar der Hauptort des Bezirks Laguna Blanca, doch wohnen hier nicht mehr als vierhundert Leute. Von den beiden Lebensmittelläden ist der eine geschlossen und beim anderen sind weder Milch, Gemüse noch Früchte im Angebot. Ausser Eier, Servietten und WC-Papier gibt es für uns also nichts zu kaufen. Auch im einzigen Restaurant wollen uns die Betreiber kein Gemüse abtreten. Das ist nicht zu ändern. Also werden wir zu den am erst zweiten Reisetag seit Punta Arenas natürlich noch reichlich vorhandenen mittransportierten Reserven greifen. Beim Rodeoplatz finden wir mit dem zurzeit leeren Pferdeunterstand einen guten Ort für die Nacht. Der Verschlag aus einer Holzwand und einem blechernen, halbwegs dichten Dach bietet passablen Windschutz. Und die Wiese davor ist relativ sauber. Der Nachthimmel ist sternenklar und von keinem Lüftchen durchweht.

Nach acht Stunden Schlaf weckt uns die Wärme der ersten Sonnenstrahlen. Und wenige Minuten später lässt das launige Wetter begleitet von kühlen Sturmböen einen düsteren Wolkenblock über uns bersten. Da kommt uns das Wellblechdach des Pferdeparkplatzes zupass, unter dem wir fast trockenen Fusses frühstücken können. In unseren heimischen Breitengraden würde ein derartiges Wetterphänomen wohl als «Gewitter» bezeichnet. Hier in Patagonien vernahmen wir aber noch nie Donnergrollen. Entsprechend zucken auch keine Blitze am Himmel. Es liegt die Vermutung nahe, dass die gesamte Energie, welche bei unseren altbekannten Gewittern durch Blitze abgeleitet wird, sich hier in Patagonien in Form von Sturmwinden abreagiert. Als unsere Stahlrösser schliesslich gesattelt sind, scheint bereits wieder die Sonne, dafür hat der Wind an Dynamik zugelegt und droht, die Fahnen über dem Rodeo zu zerreissen. Bevor wir weiterfahren, gehen wir, um das WC benützen zu können, auf eine heisse Schokolade und einen Tee zu überrissenem Preis ins Restaurant an der Strasse. Hier drin steigt das Thermometer meines Velocomputers innert

Minutenfrist von 2 auf 27 Grad. Die Frau Wirtin weiss aus den Radionachrichten, dass am Nachmittag mit Windgeschwindigkeiten um hundertzehn Stundenkilometer gerechnet werden muss. Diese Mitteilung stellt unsere Abfahrt ernsthaft in Frage. Doch reizt es uns wenig, in diesem Kaff den ganzen Tag und eine weitere Nacht zu verbringen. Zudem zeigt der Blick auf die Landkarte bald, dass die momentan vorherrschende Windrichtung beim Verlauf unserer Strasse auf weite Strecken Rückenwind verheisst. Unser gestriges Klagen über die himmellausigen Versorgungsmöglichkeiten in diesem Dorf ging nicht spurlos an der Frau Wirtin vorüber: Zum Abschied schenkt sie uns in einer Anwandlung von Nächstenliebe eine grosse Zwiebel.

Die Wetterlage ist derart labil, dass es nun gar für einige Minuten aus dem stahlblauen Himmel über uns regnet. Und kaum aus dem Windschatten des Dorfs, saust aus einer pechschwarzen Wolkenwand im Westen eine erste Böe heran, die Bea aus der Bahn wirft. Nach diesem Warnschlag gehen wir nochmals in uns und wägen drei verschiedene Varianten ab: Hier in diesem Nest bleiben und auf besseres Wetter warten oder einige Liter mehr Wasser laden und so weit reisen, wie es der Puster zulässt oder aber ohne Zusatzwasser weiterrollen und darauf vertrauen, dass wir das 47 Kilometer entfernte Morro Chico erreichen werden, wo es ein paar Häuser und ein Restaurant geben soll. Wir wählen Nummer drei. Um dem Seitenwind entgegenzuhalten, nehmen wir eine abenteuerliche Schieflage ein. Zwischen uns und Asphalt bleibt nicht mehr Freiraum als zwischen den Uhrzeigern um zehn vor neun. Da die Strasse in der Folge stetig gegen Nordost abdreht, verleiht uns der Wind ab dem achten Kilometer immer stärkere Flügel. Ohne wesentlichen Kraftaufwand gleiten wir vorbei an ein paar verstreut liegenden Estanzias. Dank unseren vor vier Monaten in Santiago gekauften neuen Regenjacken überstehen wir einige wilde Regen- und Hagelschauer unbeschadet und erblicken schon bald einen bewaldeten Felsriegel, der fast unwirklich aus der Ebene aufragt und von einem Sendemast gekrönt ist. «Dort hinten liegt Morro Chico», rufe ich Bea zu. Wenn dem so ist, trennen uns nur noch fünf Kilometer vom heutigen Ziel. Das «nur» ist aber zu relativieren. Denn fünf Kilometer beinhalten schliesslich nicht weniger als 5000 Meter, was verdammt viel ist, wenn jeder dieser 500000 Zentimeter orkanartigem Gegenwind, der uns nun ins Gesicht schlägt, abgerungen werden muss. Ich erledige dies auf der flachen Strecke im ersten Gang wuchtend und bin dabei nicht wesentlich schneller als Bea, die das Schieben vorzieht.

Im Restaurant von Morro Chico rieselt klassische Musik aus den Lautsprechern. Wir stärken uns in der warmen Gaststube mit massiv überteuerten, aber immerhin grossen Sandwiches. Draussen zerrt der Westwind wie von Sinnen an der Fassade und rauscht derart laut, wie über eine Felskante schiessende Wassermassen. Der weissbärtige Chef dieser Insel im Sturm bietet uns an, im Windschatten seines Hauses zu zelten. Wir begutachten den Platz und nehmen sein Angebot an – die paar abgenagten Knochen und vertrockneten Hundedrecke lassen sich schliesslich mit Leichtigkeit wegräumen. Im windstillen Bad waschen wir uns und verbringen die nächsten Stunden Karten spielend im geheizten Restaurant. Am späten Abend füllt sich der Raum mit einer zwanzigköpfigen Busladung Touristen aus aller Welt, denen die Reiseleiterin exakt fünfundzwanzig Minuten für das Abendessen zubilligt. Zu unserem grossen Erstaunen ist nach Ablauf dieser knapp bemessenen Zeitspanne tatsächlich bestellt, verschlungen, getrunken, bezahlt und gepinkelt. Und alle Reisenden sitzen wieder auf ihren Polstersesseln im Bus. Im Zelt liegend lauschen wir noch eine geraume Zeit dem ungestümen Treiben des Windes und dem Jaulen des im roten Bereich wirbelnden Windrads, das die Energie für die Stromversorgung des Hauses liefert. Mit der Tiefe der Nacht gewinnt der Sturm zusehends noch mehr an Gewalt. Er heult in der schauerlichsten Tonart. Einmal ziehe ich im kühlen Nieselregen die durch das Flattern des Überzelts gelockerten Abspannseile straff und will auch gleich meine drückende Blase entspannen. Weil das WC des Restaurants zu dieser Stunde aber nicht zugänglich ist, gilt es, das Geschäft hier draussen zu erledigen. Jedes Pampa-Greenhorn hätte sich dabei bestimmt vollgepinkelt, denn selbst im Lee des Hauses wüten Luftwirbel, die jeden Wasserstrahl in unberechenbare Tropfen zerstäuben. Die verrückten patagonischen Winde mittlerweile gewohnt, erweise ich mich dieser kniffligen Aufgabe aber als gewachsen: Ich begebe mich so tief wie möglich in die Hocke und uriniere in den windstillen Winkel zwischen Boden und Hauswand – der Weissbärtige möge mir dies verzeihen!

Der Morgen empfängt uns freundlich mit Sonnenschein und leicht abgeschwächtem Luftstrom aus Westen. Doch bereits nach einem Kilometer werden wir zum ersten Tenüwechsel genötigt: Eine finstere Wolkenwand verschluckt und wässert uns in ihrem Rachen. Nach wenigen Minuten spuckt sie uns freilich wieder hinten heraus und wir streifen die Kapuzen vom Kopf. Der Wind bläst kräftig gegen uns, verkneift sich aber tückische Wirbel, was uns immerhin mit elf Stundenkilometern vorwärtskommen lässt. Als Windbrecher schwitze ich mich dabei patschnass, während sich bei Bea keine einzige Schweissperle im Nacken bildet – mit nur vier Grad ist es schliesslich auch entsprechend kühl.

Die Landschaft gewinnt sichtlich an Charakter. Mit grünem Gras bewachsene Hügel bauchen aus der Fläche, und da und dort formieren sich knorrige, bärtige Bäume zu kleinen Wäldchen. Herrschaftliche Estanzias mit vornehmlich deutschstämmigen Namen lehnen sich an die Ostflanken der Höhenzüge oder kauern hinter Baumreihen versteckt in Mulden. Exakt zu jenem Zeitpunkt, als eine weitere Gewitterfront Regen und Hagel auf die Strasse sausen lässt, verpflegen wir uns gegenüber der Estanzia P. Schmitt im schmucken, an eine Kapelle erinnernden Buswartehäuschen. Nur gut, sind hier alle Fenster intakt. Einzig die Tür hält nicht im Schloss. Mit den Türklinken scheinen die Chilenen ebenso wie die Argentinier auf Kriegsfuss zu stehen. Kaum je hatten wir in den letzten Monaten eine funktionierende Klinke in der Hand. Auch beim nächsten Hagelschauer, der uns wie Nadelstiche in die eiskalten Wangen fährt, können wir uns alsbald in ein Buswartehäuschen mit noch nicht geborstenen Fenstern und halbwegs schliessender Tür retten. Im altersschwachen Hotel Rubens beziehen wir ein eher schäbiges Zimmer, in dem das Wasser uringelb aus der Leitung fliesst. Da wir keine Lust auf ein weiteres Sandwich – der unbestrittene Hit in den Restaurants – verspüren, kochen wir selbst. Im Bad unserer Unterkunft. In diesem alten Gebäude aus wurmstichigem Holz verzichten wir aber mit Bedacht auf eine «*sauce superflambée*», obwohl der starke Regen den Brandherd im dritten Stock bald ertränkt und entschärft hätte.

Das sich öffnende Auge des Tages zeichnet einen flüchtigen Silberstreifen an den wolkenverhangenen östlichen Horizont. Einmal mehr bestaune ich fasziniert die vom fast permanenten Westwind geformten Baumkronen. Weil er, und nicht das Licht der Sonne die Wachstumsrichtung der Äste bestimmt, streben diese nicht nach oben, sondern gen Osten. Selbst in den extrem raren Momenten der Windstille zollen sie Meister Wind mit dieser stummen Verbeugung Respekt. Über dem Tal des Lago Diana bietet sich uns ein herrlicher Blick auf schneebedeckte, von Wolken umspielte Bergspitzen, zwischen denen das Campo de Hielo Sur seine eisigen Zungen ausstreckt. In Puerto Natales peilen wir gezielt die günstige Absteige an, die uns in Morro Chico empfohlen wurde, und werden gleich herzlich empfangen. Der bucklige Angestellte tischt uns als erstes, ungeachtet der vorgerückten Tageszeit, Kaffee, Brot, Butter und Marmelade auf – eine schöne Geste.

Bevor wir durch die Fjordlandschaft nordwärts halten, versuchen wir uns für drei Tage als Wanderer im Parque Nacional Torres del Paine.

Im steten Wechsel von Sonne und Regen, Niesel und Nebel, gepfeffert mit ein paar Windböen, machen wir uns auf die Socken. Die vollgestopften Rucksäcke lasten schwer auf unseren Schultern und Hüften. Sie lassen uns Schritt für Schritt in der Länge schrumpfen. Gegen Ende der achtstündigen Wanderung auf die Torres del Paine meldet eine anatomische Schwachstelle in meinem linken Knie mit giftigen Stichen ihren Unmut über diese ungewohnte Art der Fortbewegung.

Je weiter uns die Schuhe den Lago Nordenskjöld entlang tragen, desto prächtiger zeigt sich die Landschaft: Lagunen mit glasklarem Eiswasser, feuerrote Blüten der Notrobüsche, Wasserfälle, stachelige Calafatebüsche und vom nahenden Herbst zum Teil bereits gelb verfärbte Blätter der Lengabäume, die sich gemäss dem Urteil von Bea wie mein Haar anfühlen – also ziemlich borstig. Das Wandern als Lastesel aber bleibt beschwerlich. Unsere Schlüsselbeine sind zermürbt. Einhellig stellen wir fest, dass es nur des Müllers Lust ist. Zumal sich nun in Beas rechtem Schienbein eine

Sehnenscheidenentzündung bemerkbar macht; erst nur als scheues Flackern, doch schon bald bei jedem Schritt als lodernde Flamme des Schmerzes. Beim Campamento Los Cuernos zelten wir auf dem steinigen Boden neben dem Pferdeparkplatz. Warm angezogen verbringen wir den weiteren Abend wundenleckend, kochend und mampfend in der Apsis, die immer wieder von heftigen, mit Regen befrachteten Windböen geschüttelt wird. Als wir aber nach Mitternacht in die Schlafsäcke kriechen, steht der Mond am Sternenhimmel und ergiesst sein gelboranges Licht auf die Spitzen der steil aufragenden Cuernos, diese hellen Granitfelsen mit den dunkeln Sedimentkappen.

Die Schmerzen in Beas Schienbein stechen permanent und lähmen sie geradezu. Schritt für Schritt schleppt sie sich mit zusammengepressten Zähnen bis zum Campamento Italiano. Dieser Platz ist von dichten Baumkronen beschattet und liegt direkt neben einem tosenden Fluss, was die Kälte erklären mag, die in unsere Glieder kriecht. Dafür ist der Blick auf den Gletscher Francés, der die gegenüberliegende Talseite herunterkriecht, schlicht atemberaubend.

Nach satten dreizehn Stunden Schlaf blinzeln wir in einen makellos blauen Himmel. Auf dem wenig anspruchsvollen Spaziergang zum Paine Grande suche ich stets den Himmel nach aufziehenden Wolkenfeldern und die Baumwipfel nach sich darin verfangenden Windböen ab, doch bleibt das Wetter den ganzen Tag über stabil – das haben wir in Patagonien noch nie erlebt!

Das zarte Licht aus dem offenen Morgenhimmel lässt die Wasserfläche des Golfo Almirante Montt und die vergletscherten Berge am Horizont wie unwirklich erscheinen.

Das im Hafen von Puerto Natales ankernde Fährschiff «Puerto Edén» aber ist echt, aus solidem Stahl. Am Abend nimmt es Kurs auf Puerto Montt. Und wir sind mit an Bord. Die Kabine 109 teilen wir mit dem australischen Paar Frances und Luke. Sie waren zuvor für vier Wochen auf den Falklandinseln engagiert, um Schafe zu scheren. Luke hinterliess beim Einschiffen einen bleibenden Eindruck, als er mit 48 Bierdosen auf dem Arm eintrudelte. Was uns das Wasser, ist den Aussies nun einmal das Bier. Die Zwischenwände der Kabinen sind dünn genug, damit sich die Schnarchgeräusche mit Leichtigkeit ausbreiten und es letztlich kaum mehr zu eruieren ist, ob das schwere Schnaufen vom Gegenüber, vom direkten Darüber, vom schräg Darüber, von einer Nachbarkabine oder gar am Ende von einem selbst herrührt. Am besten einfach Schwamm drüber und weiterknurren!

Als ich mich aus den Bettlaken schäle, liegt das Wasser glatt im windstillen Fjord. Erst als ein paar Delphine herumtollen und scheppernd lachen, brechen feine Wellen die Spiegelbilder der Nebelschwaden und grauen Wolken. Mein Blick zum Heck fällt auf die eingepferchten Tiere in den Anhängern der Lastwagen. Die gut siebenhundert Merinoschafe scheinen im dreilagigen Gedränge einigermassen zufrieden zu sein, während es unter den Stieren rumort und sich auch die Pferde nervös in die Hälse zu beissen beginnen. Wir begeben uns zu ihnen hinunter und erfahren von einem der Chauffeure, dass die Tiere an einer Messe in Temuco zu Zuchtzwecken verkauft werden sollen. Da die Sichtweite im Regen und Nebel kaum über die Reling hinausreicht, bleibt genügend Zeit zum Plaudern. Der professionelle Schafscherer Luke, der sich für Akkordarbeiten schon in Ländern wie Australien, Neuseeland, USA, England oder der Schweiz verdingt hat, weiss viel zu erzählen. Normalerweise benötige er für ein Schaf nicht mehr als zwei Minuten, doch in der Schweiz verdopple sich der Aufwand beinahe, weil dort weder vergessene Stoppeln noch ein Kratzer in der Schafshaut geduldet würden – schweizerischer Perfektionismus eben! Dafür aber sei der Lohn schwer in Ordnung.

Weil sich das Wetter auch bei der Insel Wellington mit Wind und Regen zu garstig gebärdet, fällt der Besuch bei den «letzten zehn Kawésqar-Indígenas» im Fischerdorf Puerto Edén ins Wasser. Wir hätten an diesem Ausflug ohnehin nicht teilgenommen, weil uns das Ganze zu sehr an einen Zoobesuch einer vom Aussterben bedrohten Spezies erinnert. Und Zoos mögen wir nicht. Als wir später zwei Kajakfahrer auffischen, brodelt die Gerüchteküche an Bord. Es werden Geschichten herumgeboten wie: «Die beiden waren seit fünf Tagen in Puerto Montt als vermisst gemeldet und ohne Nahrung, demoralisiert und entkräftet in den eiskalten Fluten gedriftet, bis sie nun eben unser Kapitän geortet und gerettet hat.» Da wir in Kürze in den vom Wind gepeitschten Golfo de Penas einlaufen werden, rät der Kapitän eindringlich, an der Bordbar eine Pille gegen die Seekrankheit zu kaufen. Die meisten Leute beherzigen diese Empfehlung und schlucken das Medikament am Mittag, damit die Wirkung anhalten möge, bis nach dem Golfo de Penas auch das offene Meer durchmessen ist und mit der Bahía Anna Pink wieder ruhigere Gefilde erreicht werden. Wir lassen die Finger von dieser Chemie und harren gespannt der Dinge, die da kommen. Schon lassen Winde mit Geschwindigkeiten um achtzig Stundenkilometer unser Schiff arg schaukeln, was den Kapitän veranlasst, einen geschützten Fjord anzusteuern, um dort auf bessere Wetterbedingungen für die Weiterfahrt zu warten. Das Wasser liegt hier tatsächlich ruhig wie flüssiges Glas zwischen den dicht mit Bäumen bewachsenen und von weissschäumenden Flussläufen durchäderten Inseln. Ich bin mir sicher, dass diese schroffe und harsche Landschaft nie flächendeckend von den Weissen durchstreift wurde und gefalle mir im Glauben, dass im undurchdringlich scheinenden Dickicht der Wälder noch *indígenas*, unbeeinflusst von den oft fragwürdigen Früchten der Wissenschaft und Technik, die wir Zivilisation nennen, ihr Leben leben. Ich hüte mich aber, allzu genau hinzusehen, denn die Entdeckung eines Seenomaden auf der Jagd nach einem Seelöwen wäre der Beginn der Auslöschung seiner ganzen Sippe und letztlich seiner Rasse.

Nach ein paar Stunden wagt sich der Kapitän wieder aufs offene Gewässer hinaus, wo uns Wind und Wellen aber noch immer gehörig schütteln. Sämtliche Fenster sind dick mit Kondenswasser beschlagen, doch auch auf dem luftigen Deck draussen sehen wir kaum die vors Gesicht gehaltene Handfläche. Allenthalben wird eine zweite Ration Pillen geschluckt. Am späten Abend setzt sich der amerikanische Seenomade Richard, der ältere der beiden Kajakfahrer, zu uns Radnomaden an den Tisch und enthüllt, wie es wirklich war. Die ungezügelten Kapriolen unseres Schiffs in den haushohen Wellen machen meinen Magen glauben, er müsse sich jederzeit entleeren. In dieser inneren Aufgewühltheit fällt mein Blick von Richards bewegten Lippen im weissen Stoppelbart in seine Augen. Sie liegen so ruhig im wettergegerbten Gesicht wie Lagunen bei absoluter Windstille. Richard strahlt eine Gemütsruhe und Zufriedenheit aus, welche nur wenige Leute auszeichnet. «Vor drei Wochen bin ich mit meinem jungen Partner in Puerto Natales in See gestochen und durch die Fjorde nordwärts zum mit dem Kapitän vereinbarten Treffpunkt gepaddelt. Es ist also alles andere als Zufall, dass ich hier bin», entkräftet er alle kursierenden Gerüchte. Auf seinen zwei Digitalkameras zeigt er uns grandiose Aufnahmen von kalbenden Gletschern, springenden Delphinen, stäubenden Wasserfällen und idyllischen Buchten. Einmal, als sie nahe an einem Gletscher waren, sei ein ins Wasser krachender Eisklotz vor ihrem Boot untergetaucht und wenige Meter hinter dem Kajak wie ein Torpedo wieder aufgeschossen – das hätte ins Auge gehen können!

So wie jetzt wurden wir noch nie im Leben in den Schlaf geschaukelt. Schnarchen ist bei diesem Seegang kein Thema mehr: Rings um uns wird nur noch gekotzt!

Am nächsten Tag sind Schmuddelwetter und hoher Seegang Schnee von gestern; über ruhige See tuckern wir in den sonnenbeschienenen Hafen von Puerto Montt. Aufgrund der milden Temperaturen ist deutlich zu spüren, dass wir uns nun gut tausendfünfhundert Kilometer weiter nördlich befinden als noch vor vier Tagen. In dieser wenig inspirierenden Stadt, die aus einem manchmal interessanten, oft aber potthässlichen Architekturgemisch besteht, bleiben wir, bis sich Beas hartnäckige Sehnenscheidenentzündung gebessert hat.

Als der Mond noch als feine Sichel im klaren Morgenhimmel prangt, lassen wir bereits unsere Uhr krachen und verlassen Puerto Montt bald darauf durch dichten Verkehr. Die Ruta 5 erkennen wir trotz mittlerweile zähem Gemisch aus Wolken und waberndem Nebel sofort wieder. Schliesslich sind wir ihr weiter im Norden, von Carmen Alto bis Temuco, tausende von Kilometern gefolgt. Das Wolkenbild ändert sich von Minute zu Minute, doch scheint hier die Erde vom rohen Geschehen im Himmel abgekoppelt zu sein – von den Höhenwinden reichen keinerlei Auswirkungen bis zu uns hinunter. Im südlichen Patagonien fühlte ich mich jeweils weit mehr als Teil der Natur, waren wir doch meist ein Spielball ihrer brachialen Kräfte.

Beim Lago Llanquihue liegen Verkehr, Lärm und Stadt hinter uns und ländliche Idylle saugt uns auf. Wie herrlich diese Ruhe, diese Wärme und vor allem: diese Windstille! Schon seit Urzeiten strich uns beim Radeln die Luft nicht mehr über nackte Beine und Arme. Die verführerischen Düfte der blühenden Pflanzen und des in der Sonne trocknenden Heus sind für uns klare Boten des Frühsommers, dabei stecken wir hier auf der Südhalbkugel bereits im Frühherbst. Der Stempel der deutschen Einwanderer ist unverkennbar. Hinter den Holzschindelfassaden der *Alemán*-Restaurants werden Kuchen und andere deutsche Spezialitäten angeboten. Davor strahlen die violetten Hortensienblüten in der Sonne und der Rasen der Anwesen ist geflissentlich kurzgeschoren. In einem der kleinen Friedhöfe hinter Büschen und Hecken schauen wir uns die Grabsteine etwas genauer an und stossen auf Namen wie Schwabe oder Bohle. Als wir in Ensenada unser Lager aufschlagen, hat auch der Vulkan Osorno, an dessen Fuss wir uns befinden, das Wolkenkleid abgeschüttelt und zeigt sich im warmen spätnachmittäglichen Sonnenlicht in seiner vollen weiss strahlenden Pracht. Kaum sind die letzten Zeugen des Tages mit Schwarz übermalt, legen wir uns auf einen ausgebreiteten Schlafsack im Zelt und kosten die Früchte der neu gewonnenen Bewegungsfreiheit.

Die schwülwarme Morgenluft ist von einem klebrigen Nebel durchzogen. Doch wieder unterwegs, strahlt die Sonne aus blauem Himmel. Nur die Spitze des Vulkans Osorno versteckt sich beharrlich hinter dichten Wolkenfetzen – wovor schämt sich dieser Riese bloss? Die Strasse mündet bald in eine schmale, erdige, aber griffige Piste, die uns kurvenreich und in teilweise steilem Auf und Ab durch würzig riechenden kräftigen Wald trägt. Da und dort jedoch lichtet sich der Bewuchs und die auf Lavagesteinen und dunklem Vulkansand reflektierenden Sonnenstrahlen braten uns die Beine knusprig. Drei kürzlich überrollte Blindschleichen liegen fast vollständig ausgetrocknet im Sand. Beas Schmerzen im Schienbein flammen wieder auf – ist die noch in Thailand gekaufte Mefenaminsäure, die sie nun seit fünf Tagen schluckt, vielleicht eine unwirksame Fälschung? An der Neige des Nachmittags stellen wir das Zelt in einem Wäldchen neben einen Bach. Schon legt sich die Dämmerung über das Gehölz, was dem Weckruf für die tagsüber eher schläfrigen Moskitos gleichkommt. Vor allem Bea hat heute mit um die fünfzig Stiche in Wangen und Hals einen hohen Blutzoll an diese nervtötenden Biester zu entrichten. In Erwartung zweier Gringos hatten sie bestimmt wochenlang gefastet, um zu gegebener Stunde über angemessenen Appetit zu verfügen. Während des Duschens mit dem Bachwasser halte ich Bea den Rücken frei, indem ich ein Tuch wie ein Propeller durch die Luft wirble. Trotz dieser Massnahme muss ich mindestens zwanzig Blutsauger auf Beas Haut zerklatschen, bevor sie sich an ihrem Lebenssaft gütlich tun können. Bei meiner Körperpflege sind die Insekten dank einem säuselnden Lüftchen kaum mehr aktiv. Die milde Abendluft wird durch das beruhigende Plätschern des nahen Bachs erfüllt. Kurz nur wird es übertrumpft vom Klopfen eines Spechts. Der Verkehr ist längst erstorben und die Gier der Mücken ist vollends erloschen. Selbst die gelblichweissen Flammen unserer zwei Kerzen werden von keinem Hauch mehr in Aufregung versetzt; in erhabener Symmetrie leuchten sie den Waldboden aus. Alles unter dem blanken Sternenhimmel scheint zur Ruhe gekommen zu sein – fast alles. Denn immer wieder vernehmen wir ein leises Rascheln: Sind es Mäuse, Stinktiere oder Füchse? Wir versuchen uns auszumalen, wie viele Tiere uns Eindringlinge in ihr Revier schon misstrauisch beobachtet haben.

Bei Entre Lagos liegt die voraussichtlich letzte *Ripio*-Piste in Südamerika hinter uns. Die raren vorbeiholpernden Autos haben uns dabei nochmals wie gewohnt gehörig eingestaubt. Auf der Strasse, die zwischen dem chilenischen Osorno und dem argentinischen Bariloche verläuft und auf unserer Landkarte als dicke rote internationale Transitstrecke eingezeichnet ist, herrscht überraschenderweise nur geringer Verkehr. Hinter uns neckt blauer Himmel, vor uns gähnt eine feuchtgraue Suppe, die von der argentinischen Grenze her zu uns herunter fliesst. Sie raubt dem Wald die Farbe und hat uns schon vereinnahmt. In diesem zähen Morgennebel wirken die ungleichförmigen Kronen der krumm gewachsenen, hoch aufragenden Bäume geradezu gespenstisch. Ein Baumwipfel zeigt die Silhouette eines angebissenen Apfels. In bisweilen kernigen Steigungen durchschneidet die Strasse urwüchsige Wälder. Die Sonne weist den feuchten Nebel immer entschiedener in die Schranken. Wo sich dieser störrisch gebärdet, brennt sie ihn einfach weg. Aus dem vom Asphalt aufsteigenden Dampf löst sich der Umriss eines Manns. Auf dem Plakat über seinem Ziehwagen steht in aller Bescheidenheit «Forrest Gum *chileno*». Auf das «p» am Ende des Nachnamens seines Vorbilds pfeift er, das braucht der chilenische «Forrest» nicht. Er ist 64-jährig, riecht ziemlich streng und zeigt uns das zerfurchte, ungepflegte Antlitz eines verwahrlosten Obdachlosen. Vor sechs Monaten war er in Santiago de Chile Richtung Süden gestartet, wendete erst in Punta Arenas und ist nun wieder auf dem Heimweg. Bis heute hat er über sechstausend Kilometer auf seinen mittlerweile arg abgelatschten Sohlen abgespult. Chapeau, Señor Gum! Seiner Ausrüstung würde die Bezeichnung «*secondhand*» mehr als schmeicheln. Um die Reifen des Wägelchens zu schonen, hat er sie mehrfach mit alten Schläuchen umwickelt. Und als Bett dient ihm eine uralte, angeschimmelte Schaumstoffmatte, die er abends jeweils in eine der praktischen Röhren schiebt, welche die Strasse queren. Die *animalitos*, wie er die niedlichen Tierchen wie Käfer, Skorpione, Ratten oder Schlangen nennt, hätten ihn während der Nächte in diesen «optimalen» Schlafplätzen bis heute immer in Ruhe gelassen. Wir verabschieden uns von diesem ganz speziellen Nomadenkollegen und wünschen ihm von Herzen nur das Beste.

Argentinien, 20. März bis 7. Mai 2007

Oben auf dem Paso Cardenál Antonio Samoré ist der Himmel von schmutzig-grauen Schlieren durchzogen. Die rasante Abfahrt bis zum argentinischen Grenzposten schaffen wir noch trockenen Fusses, doch auf den letzten zehn Kilometern vor Villa La Angostura duscht uns ein kühler Regenguss. Auf exakt dieser Strecke waren wir anfangs Dezember schon unterwegs. Nur blühen diesmal weder Ginster noch Lupinen. Verwelkt und traurig stehen die Büsche und Stängel am Strassenrand und lassen das Regenwasser an sich abtropfen. Der Blick über den wolkenverhangenen Lago Nahuel Huapi hat aber nichts an Reiz eingebüsst.

Wir bleiben so lange an diesem angenehmen Ort, bis Beas Schmerzen im Schienbein vollständig verschwunden sind. Der Herbst pinselt von Tag zu Tag intensivere Farben aufs Laub der Bäume. Einige schwächliche Blätter verwelkten bereits in seinem kühlen Atem und schaukeln als braune, zerknüllte und ausgetrocknete Luftschiffchen auf die Erde. Zwei Stunden vor der Abenddämmerung taucht die Sonne die Landschaft jeweils in ihr bestes, das warmgoldene Licht. Im TV wird von Überschwemmungen in Buenos Aires und in der Provinz Santa Fe berichtet. Immer, wenn wir über den Luxus einer Küche verfügen und das Angebot an Lebensmitteln reich ist, laufen wir Gefahr, der Völlerei zu verfallen. Das mag die ersten Tage nach einer harten, kräftezehrenden Phase unterwegs noch angehen. Doch gilt es, danach energisch einen Riegel zu schieben. Das Masshalten im Überfluss ist nur mit einer grossen Willensleistung möglich. Wir betrachten es als eine gute Übung, um bei unserer baldigen Rückkehr in die Schweiz nicht zu sehr über die Stränge zu schlagen. Also gibts heute weder Wein noch Dessert und die Portionen lassen wir schrumpfen, damit eine Normalisierung des Magenvolumens in Gang gesetzt wird. Abendliches Knurren ist die trotzige Antwort des Verdauungstrakts. Wir lächeln zufrieden und lassen uns von diesem Schnurren einlullen und schlafen ein.

Der Wecker ringt in die dunkelste Nacht hinein und das Quecksilber an Beas Rad vor der Tür ist unter die Null-Grad-Marke gefallen. In der Küche ist es mindestens dreissig Einheiten wärmer, denn wir hatten gestern Abend die Heizung aufgedreht, damit die über ihr baumelnde Handwäsche über Nacht trocknen möge. Wir brauchen ungewöhnlich lange, um dem neuen Tag in die Augen schauen zu können, zu verklebt sind die unseren. Denn in dieser Woche der Musse gewöhnten wir uns an eine Tagwache, die unserem natürlichen Rhythmus gehorcht, und nicht von einer kleinen, piepsenden Maschine diktiert wird. Da wir uns aber im Südherbst befinden und die kalte Jahreszeit vor der Tür steht, werden die Tage nur noch kürzer. So tun wir gut daran, uns wieder den Hühnern anzugleichen: Frühmorgens voller Energie krähen und die ersten Körner picken, um mit dem Untergang der Sonne die Aktivitäten langsam einzustellen.

Das Wasser des Lago Nahuel Huapi ist so klar wie das seiner Zuflüsse. Und seine riesige Oberfläche schimmert unter dem stahlblauen Himmel smaragdgrün. Es weht kaum ein Lüftchen. Unsere Füsse tauen schon im Laufe des Vormittags auf. Mit zwei entgegenkommenden Radlern halten wir einen kurzen Schwatz. Der junge Israeli ist auf einem in Bariloche gemieteten Mountainbike nach San Martín de Los Andes und der ältere, ein sonnenverbrannter Holländer, von Ushuaia nach Quito unterwegs. Fasziniert betrachte ich dessen mächtige rote Stirn, in welche die Täler der Runzeln schneeweisse Linien ziehen. Dieser so hagere wie lange Holländer ist im wahrsten Sinne des Wortes von seiner Reise gezeichnet. Das Muster wirkt auf mich wie das Kainsmal des Outdoorers und lässt sich leicht entziffern: Hier auf der Südhalbkugel, wo die Sonne im Tagesverlauf nicht wie in Europa von Ost über Süd, sondern von Ost über Nord nach Westen wandert, brannte sie dem nordwärts kurbelnden Mann täglich während der heissesten Zeit ins Gesicht, das sich im Kampf gegen Wind und Schotter vor Anstrengung in Falten legte.

Als die Strasse in die Ruta 40 mündet, endet unser Déjà-vu. Denn diesmal halten wir links und folgen damit dem Río Limay, der aus dem Lago Nahuel Huapi strömt. Das Verkehrsaufkommen ist angenehm gering. Doch erfrecht sich der Wind, gegen uns zu blasen. Der Fluss ist mit Wasser angeschwollen und da und dort säumen kräftige Bäume sein Ufer. Wie Perlen an einer Kette folgen sich am Flusslauf Oasen, die geradezu aus der Pampa leuchten und zum Kampieren einladen. Wir duschen uns in den letzten, noch herrlich warmen Sonnenstrahlen des Tages mit dem gar nicht so kühlen Flusswasser von Kopf bis Fuss. Statt Mücken schwirren hier ein paar Wespen herum, die sich als Boten des Herbstes gefallen. Wir giessen uns den ersten Mate unseres Lebens auf und stellen einhellig fest, dass man sich durchaus an dieses herbe, bittere Gebräu gewöhnen könnte. Kaum ist das goldene Abendlicht auf den hinter dem Flusslauf aufsteigenden Bergzügen zerronnen, zeigt uns schon Bruder Mond seine klaren Gesichtszüge in der Lichtkugel. Auf der Jagd nach Insekten springen immer wieder Fische aus dem blubbernden, gurgelnden Wasser. Unter dem klaren Sternenhimmel kühlt die Luft auf den Gefrierpunkt ab. Trotzdem verkriechen wir uns nicht in die einzelnen Kokons aus Daunenfedern, sondern liegen bis zum Krachen der Uhr als warme Füllung im Sandwich der ausgebreiteten Schlafsäcke – wir sind glücklich, wieder unterwegs zu sein.

Sobald unser Zelt von den ersten Sonnenstrahlen erfasst wird, wärmt es sich einem Treibhaus gleich auf. Das Tal des Río Limay gefällt uns ausserordentlich mit den herbstlich verfärbten Pappeln, den feinen, im Wind raschelnden Birkenblättern und den Mäandern des Flusses, die sich so schwungvoll durch die Gegend winden, als hätten ihnen südindische Schriftzeichen als Vorlage gedient. Fantastisch aber ist das Valle Encantado: Vor dem Hintergrund der bizarren Felsformationen des östlichen Gebirgszugs, aus dem mehrere schlanke Steinsäulen, die Dedos de Dios, ragen, funkeln auf dem spiegelglatt daliegenden Flusswasser die Abbilder der Schilfgräser und der gelbgrünen Baumkronen. Vor dieser atemberaubenden Kulisse geniessen wir die letzten Reste des Gnocchigratins aus unserem Ofen in Villa La Angostura.

Nun öffnet sich das Tal, und nach der Kreuzung bei Confluencia führt uns die beinahe verkehrsfreie Strasse durch karge, kahle Landschaft einige hundert Höhenmeter über den Wasserspiegel des Stausees Aricura hoch. Die Temperatur steigt auf fast dreissig Grad. Solch Hitze seit Monaten nicht mehr gewohnt, röten sich unsere Köpfe über Gebühr. Nur dank der wirksamen Sonnencreme droht uns kein Kainszeichen des Outdoorers; die Haut bleibt unversehrt. Im Stausee werden etliche Fischzuchten betrieben. Ihre extrem stinkenden Ausdünstungen reizen uns zum Erbrechen. Zwischen Ufer und Strasse breiten sich einige eingezäunte Aufforstungsflächen mit Pinien aus. Diese und der blaue Wasserspiegel bilden die einzigen Farbtupfer in der ansonsten traurig blassen Gegend. Einige Male grüsst uns vom westlichen Horizont der altbekannte Vulkan Lanín, der nur noch auf der Spitze ein weisses Häubchen trägt. Mit einem breiten Schmunzeln auf den Stockzähnen erinnere ich mich an den sonderbaren Sheriff-Sheriff, der uns am Fuss dieses Vulkans letztlich doch nicht festnahm.

Der Blick über die Weiten der reich mit Tieren bestückten, golden flirrenden Pampa brennt sich unauslöschbar in unsere Herzen ein. In Lagunen stehen Flamingos, derweil Rinder und Pferde im stachelig-buschigen Land nach Fressbarem suchen. Ebenfalls flitzen Nandus herum und Guanakos überwinden federleicht die Zäune, auf deren Pfosten grimmige Falken umherspähen.

Als wir in rasantem Tempo und ohne jeglichen Gegenverkehr über den feinen Asphalt nach Piedra del Aguila hinuntergleiten, grüsst bereits der pausbackige Mond vom klaren und noch hellen Firmament. Vor der Dorfeinfahrt stauen sich über hundert Autos wegen einer Strassensperre. Lehrpersonal demonstriert mit dieser radikalen Massnahme für mehr Lohn und bessere Sozialleistungen. Wir staunen über die Gelassenheit und Ruhe, welche der ganzen Aktion anhaften. Keine Spannungen sind zu spüren, keine Flüche der Aufgehaltenen sind zu vernehmen. Obwohl die meisten Leute schon eine geraume Weile hier festsitzen und mindestens noch eine weitere Stunde blockiert sein werden. Sie lüften ihre Hintern, schwatzen in Gruppen und schlürfen zufrieden ihren Mate. Ob sie für den eskalierten Unmut der Lehrerschaft sogar Verständnis aufbringen, wissen wir nicht, doch scheint eines klar: Ohne diesen Mate wäre die Hölle los – was dem Baby der Schnuller, ist dem Argentinier der Mate! Einige der militanten Lehrer erklären uns, dass es in etlichen Provinzen Argentiniens brodle. Landesweit stünden viele Bildungsangestellte im Streik. Und gestern seien von ihren Kollegen auch die Hauptverkehrsadern in Neuquén und Zapala blockiert worden. Die Strassensperren würden fortgesetzt, bis sich in den Köpfen der Stimmbürger und vor allem der Politiker etwas bewege. Der zurzeit gültige monatliche

Mindestlohn von 1000 Peso, was etwa 240 Euro entspricht, sei ein reiner Witz. Mit diesem Batzen könne eine Familie schlicht nicht überleben. Nach kurzem Schwatz lassen uns die Demonstranten als vom Lohnkonflikt nicht Betroffene ungeschoren passieren. Wir wünschen ihnen viel Kraft und Durchhaltewillen für ihren existentiellen Kampf.

Schon vor dem Ruf des Weckers liegen wir hellwach. Kaum hat die Sonne die letzten Spuren der Nacht weggewischt, segeln wir mit Rückenwind durch wenig reizvolle, furztrockene Gegend. Oft liegt die Strasse so fadengerade wie eine Landebahn vor uns. Nach der Rast im Schatten der einzigen Bäume des Tages dreht der Wind um 180 Grad, was uns für den Rest der Strecke bis Picún Leufú gegen ihn ankämpfen lässt. Erst übernimmt Bea die Führungsarbeit. Da wir so aber nur langsam und zäh vorwärtskommen, gehe ich bald an die Spitze und erhöhe unsere Reisegeschwindigkeit um fünfzig Prozent. Um den Anschluss nicht zu verlieren, muss Bea aber gleich viel Kraft aufwenden, wie vorhin als Windbrecherin. Also drossle ich den Schub wieder, bis sich eine Geschwindigkeit eingependelt hat, die für beide stimmt. Der Verkehr ballt sich nur phasenweise, ist aber immer über Gebühr schnell. Einige Male müssen wir uns mit einem Schwenker auf den holprigen, kiesigen Seitenstreifen retten. Wir dürfen uns keine Sekunde der Nachlässigkeit hingeben, das Blech vor und hinter uns aus den Augen zu verlieren. Vielleicht liessen wir uns gestern von den entspannten Mienen der Mate trinkenden Automobilisten täuschen und erkannten das Brodeln des aufgestauten Ärgers hinter ihren Fassaden nicht. Es will uns nun scheinen, als drückten die Leute zwischen den Strassenblockaden umso kräftiger aufs Gaspedal, um mit diesem absolut sinnlosen Akt – schneller werden sie nämlich ohnehin nicht am Ziel sein – Dampf abzulassen. Möglicherweise aber wurzelt das Übel tiefer, ist doch Argentinien weltweiter Spitzenreiter in der Statistik der tödlichen Verkehrsunfälle. Auf dem Fuss folgt, was nicht überrascht, Mexiko. Jede Stunde verliert auf den Strassen dieser Länder ein Mensch sein Leben. In Deutschland schlägt der Verkehrs-Sensemann alle vier Stunden zu und in der Schweiz zirka einmal pro Tag.

In aller Herrgottsfrühe läutet die energiegeladene, tatendurstige Bea den neuen Tag ein, unser 1462igste auf Weltreise. Das ergibt nach Adam Riese exakt vier Jahre – vier Jahre lang sind wir nun also schon Teil der Landstrassen der Welt.

Der Wecker hätte noch zwei volle Stunden Gnade gezeigt. So aber rollen wir kurz nach dem ersten Krähen des Hahns weiter und können dabei vom besseren Schlaf des Gegenwindes profitieren. Die Sonne guckt neugierig wie ein kleines Kind mit weit aufgerissenen Augen über den Horizont und lässt ihre Strahlenbündel parallel zur Erde und damit frontal in unsere Gesichter scheinen, wenigstens bis zur ersten Kurve. In den windlosen Morgenstunden kommen wir im zuerst flachen Terrain rasch voran. Nach der Verpflegungspause im Schatten einer Brücke aber werden bereits wieder warme Luftmassen nach Südwesten verfrachtet, was für uns Gegenwind bedeutet. Wären wir nicht «patagonienerprobt», würde uns dieser Affront des Windes wohl aufs Gemüt schlagen. Wir wissen mittlerweile aber, dass diese Windstärke als harmlos einzustufen ist. Ohne mit der Wimper zu zucken, gehe ich in Position und ziehe Bea in meinem Fahrwasser weiter durch die karge Gegend ohne Zivilisation.

Ausser ein paar auf dem Asphalt klebenden toten Vögeln und Dinosauriern auf riesigen Plakaten sehen wir auf dieser Strecke keine Tiere. Dafür schliessen wir im Museo Paleontologico Ernesto Bachmann in Villa El Chocón Bekanntschaft mit dem Skelett des Gigantosaurus Carolini. Dabei handelt es sich um nichts Geringeres als die hundert Millionen Jahre alten Gebeine des grössten fleischfressenden Dinosauriers der Welt. Sein Gewicht zu Lebzeiten wird auf zehn Tonnen geschätzt. Allein der Schädel ist fast zwei Meter lang.

Das Dorf Villa El Chocón sprang im Zuge des Dammbaus El Chocón in den 60er Jahren vom Reissbrett eines leidlich begabten Architekten auf die Pampa. Die gleichförmig hässlichen Bauten wirken geradezu seelenlos. Immerhin finden wir am Stausee unten eine Bar, um unseren Festtag mit einem Apéro zu begiessen. Auf dem übervollen Campingplatz frönen ganze Clans dem sonntäglichen *asado*, dem Grillfest. Einige bieten uns an, mit ihnen zu tafeln, doch gibts leider nichts als riesige Fleischberge zu essen. Dem Gigantosaurus würde bestimmt das Wasser im Mund zusammenlaufen, doch uns dreht sich schon vom mit Fett gesättigten Rauch der Magen um. Kinder spielen Fussball, Teenager schrummen auf alten Klampfen und intonieren aktuelle Songs. Das Angebot unserer sechs jungen Nachbarn aus Neuquén lehnen wir nicht ab. Mit ihnen trinken wir Coca-Cola mit Fernet, was sie als Nationalgetränk bezeichnen. Sie erklären uns, dass morgen Montag, der 2. April, ein nationaler Feiertag sei: Beginn des Falklandkriegs vor 25 Jahren. Längst knurren läufige Hunde unter dem Vollmond, als wir am Tisch neben dem Zelt unser Festmahl bei zusätzlichem Kerzenschein geniessen.

Wir schlafen wie Murmeltiere, bis schliesslich ein relativ kräftiger Südwind an den Planen zerrt. «Das ist Rückenwind», frohlockt Bea, «also nichts wie los!» Wir sausen durch die mit Strommasten verstellte, farblose Gegend zum tiefer liegenden Arroyito hinunter, das nicht mehr als eine Kreuzung ist. Auch Senillosa hat nur wenig zu bieten. Ab Plottier reissen die Häuserzeilen neben der richtungsgetrennten Fahrbahn mit je zwei Spuren aber nicht mehr ab.

In Neuquén, der ersten grossen Stadt auf unserem Weg seit Puerto Montt, blockiert ein wohlgeordneter Demonstrationszug kurz die Ruta 22, die sich mehrspurig durch den Häuserteppich frisst. Es geht dabei nicht um die Verbesserung der Verkehrssicherheit, sondern um mehr Lohn für die Lehrerschaft.

Am nächsten Morgen ist die Brücke über den Río Neuquén bei Cipolletti durch die erzürnten Lehrer gesperrt. Nicht mal Leute zu Fuss würden durchgelassen, heisst es in der Stadt. Trotzdem versuchen wir unser Glück, denn eine vernünftige Alternative scheint es für uns gar nicht zu geben. Zudem wurden uns schon letzte Woche in Piedra del Aguila von der Lehrerschaft keine Steine in den Weg gelegt. Die Aktivisten bei der Sperre sehen extrem mitgenommen und traurig aus. Ein blasser, junger Mann mit dunklen Ringen unter den glasigen Augen erklärt uns mit brüchiger, bebender Stimme, was los ist: «Gestern am späten Nachmittag liess Gouverneur Sobisch die Strassenblockade bei der Kreuzung Arroyito gewaltsam räumen. Dabei feuerte ein durchgedrehter Polizist einem im Auto sitzenden Lehrer aus nächster Nähe eine Tränengaspatrone in den Kopf.» Bei diesen Worten füllen sich seine Augen randvoll, und während der nächste Wimpernschlag Tränen aus den Trauerseen drückt, fährt er fort: «Schwerstens an Schädel und Hirn verletzt fiel der so Niedergestreckte namens Fuentealba ins Koma, aus dem er noch nicht erwacht ist. Wir bangen um das Leben dieses jungen Familienvaters.»

Ohne Wenn und Aber dürfen wir die Brücke überqueren. Die Aktion ist einzig gegen den motorisierten Verkehr auf vier Rädern gerichtet. Im flachen Gelände kommen wir zügig voran. Mit der Ruhe ist es aber bald vorbei. Denn dichter, rücksichtslos rasender Schwerverkehr macht uns hier auf der Ruta 22 das Leben sauer. All jene sind nämlich mittlerweile wieder eingebogen, welche die Brücke grossräumig umfahren haben. Alle paar Minuten müssen wir uns auf den grobschottrigen, mit unseren beladenen Velos kaum befahrbaren Seitenstreifen retten. Nach dem Zusammenfluss der Ströme Limay und Neuquén heisst der Río nun Negro. Dieses Fliessgewässer schlängelt sich in mehreren, mäandrierenden Armen durch das flache, fruchtbare Tal, das entsprechend auch « *Valle de la producción*» genannt wird. Hinter Pappelreihen breiten sich weite Apfel- und Birnenkulturen aus, vor denen in grossen Lettern verkündet wird, von welchem Chemiemulti die Gifte stammen, die zur Steigerung des Ertrags gespritzt werden. Es dünkt uns, die Manager dieser Plantagen betrachten es als ein Qualitätssiegel, mit Chemie statt mit natürlichen Samen und Düngern zu hantieren. Ich spreche bewusst von Managern und nicht von Bauern, denn dieser mit der Scholle verbundene Berufsstand scheint in diesen Breitengraden ausgedient zu haben. Man greift hier wie in Chile nicht mehr ehrfürchtig mit der blossen Hand in die Erde und lässt die Krumen gedankenschwer zwischen den Fingern durchrieseln, wie dies unser mexikanische Freund Alfredo in San Felipe tat. Mit ihren weissen, schwielenlosen Bürolistenhänden sitzen die modernen Manager vor ihren Computern und ermitteln via Internet, welches Gift die beste Rendite für ihre Investition in die fruchtbare Scholle verspricht.

In General Roca rät uns Marcelo, ein Anwalt und begeisterter Radfahrer, von unserer geplanten Route via Bahía Blanca und Atlantikküste nach Buenos Aires entschieden ab. Der von der Kartoffelernte ausgelöste Schwerverkehr sei auf der ganzen Strecke sehr intensiv. Weit lohnenswerter sei der Weg durch die Provinz La Pampa. Seine überzeugenden Ausführungen fallen auf fruchtbaren Boden. Wir nehmen morgen früh eine Kursänderung vor und werden nach Norden statt nach Osten halten. Manchmal verstehen es Leute, die zufällig unseren Weg kreuzen, dem Lauf der Dinge eine unerwartete Wendung zu verleihen.

Weil auf unserer neuen Route als Erstes eine Etappe von knapp hundertdreissig Kilometer auf uns wartet, erheben wir uns zu früher Stunde. Bruder Mond prangt noch hoch oben im klaren Sternenhimmel. Und als die Vögel in den Baumwipfeln mit lautem Gezwitscher ihre Freude kundtun, dass sich die Sonne auch heute wieder über den Horizont rollt, werden die vorher noch schlaftrunkenen Stechmücken aktiver. Der Hund, der gestern Abend um unseren Lagerplatz strich und vergeblich auf einen Knochen hoffte, zeigt sich heute nicht mehr.

Bei einer der Tankstellen an der Ruta 22 kaufen wir Benzin für den Kocher und erfahren aus der Zeitung, dass der angeschossene Lehrer seinen Verletzungen erlegen, Neuquén nahezu abgeriegelt und auch weiter im Süden, in Río Gallegos, die Hölle los sei. Die sozialen Unruhen drohen dem Staatsapparat aus dem Ruder zu laufen. Der Tankwart und ein Kunde raten uns, viel Wasser mitzunehmen, weil es bis zum 240 Kilometer entfernten Dorf Puelches rein gar nichts ausser trockener Pampa gäbe. Denn bei unserem heutigen Zielort, dem Stausee Embalse Casa de Piedra, gäbe es keinen Zugang, um Wasser zu schöpfen. Aus Marcelos Mund hat dies gestern anders getönt. Wir horchen auf unser Bauchgefühl und schenken dem Velokollegen Vertrauen. Zu den schon geladenen acht Liter für den Tagesbedarf bürden wir uns keinen zusätzlichen Wasserballast auf und biegen in die Ruta 6 Richtung Norden ein.

Wie herrlich ruhig es hier doch ist! Während des ganzen Tages überholen uns weniger Autos, als dies auf der 22er in zwei Minuten der Fall war. Am Saum von General Roca werden neue Einfamilienhaus-Siedlungen aus dem Boden gestampft. Die schlichten Hüttchen stehen mit wenig gegenseitigem Abstand in Reih und Glied. Bestimmt wurden sie im Rahmen einer der vielen staatlichen Wohnbaukampagnen errichtet, mit denen die an den Schalthebeln der Macht sitzenden Politiker bei den Wählern zu punkten wissen – schliesslich stehen im Herbst die Präsidentschaftswahlen an. In ganzseitigen farbigen Inseraten in Tageszeitungen wie Clarín oder La Nación rühmt sich die Regierung jeweils für solche Projekte und zeigt gleichzeitig auf, was noch alles an guten Taten zu erwarten ist, wenn sie dann wieder gewählt wird. Nun passieren wir eine offene Mülldeponie, aus der an verschiedenen Orten Rauchfahnen hochsteigen. In den kniehohen Büschen haben sich hunderte vom Wind verblasene Plastiksäcke verfangen. Zwei Fledderer strolchen auf dem unappetitlichen Areal herum. Aus der Gegenrichtung kommen uns zwei Biker älteren Semesters entgegen, aus einer Seitenstrasse taucht ein keuchender Jogger auf und im wenig üppigen Land weiden ein paar Schafe und Kühe – das wars. Die nächsten hundert Kilometer gibts nur noch Pampa zu sehen, obwohl wir uns noch eine geraume Weile in der Provinz Río Negro befinden und erst gegen Abend in der Provinz La Pampa einfahren werden.

Die Strasse präsentiert sich in bestem Zustand. Dass die schmalen Seitenstreifen vollständig mit olivgrünen Gräsern und Büschen zugewachsen sind, stört keineswegs, denn hier drängt uns kein blindwütiger Verkehr von der Fahrbahn ab. Auf dem Asphalt klebt neben Vogelgefieder auch eine fingerdicke, armlange, zerquetschte Schlange. Ab und zu kreisen über der wüstenähnlich kahlen Landschaft ein paar Vögel und immer wieder schwirren uns Wespen und Fliegen um den Kopf. Mit 33 Grad ist es heiss unter der sengenden Sonne – schattige Plätze gibt es keine. Der Wind ist gegen uns, doch sind seine Zähne hier im äussersten Norden Patagoniens kurz und stumpf. Im letzten Flackern des Tages zeigt sich endlich die Embalse Casa de Piedra. Der von Marcelo verheissene Campingplatz ist aber nicht vorhanden. Vielleicht befindet er sich jenseits des zwölf Kilometer langen Bauwerks, mit dem hier der Río Colorado gestaut wird. Wir treten kraftvoll in die Pedale, doch bremst uns bereits auf den ersten Metern der schlaglöchrigen Strasse auf der Dammkrone ein Plattfuss in Beas Vorderrad aus. Bevor wir den durch einen kräftigen Stachel verursachten Schaden reparieren können, müssen wir uns notfallmässig mit Antimückenmittel einschmieren, denn ganze Schwärme stechender Flieger haben uns plötzlich zum Fressen gern. Nur kurz dauert das prächtige Farbenspiel der flach auf den Stausee einfallenden Strahlen der erlöschenden Sonne. Schon waltet dunkelste Nacht und wir tasten uns vorsichtig im matten Lichtkegel unserer Stirnlampen vorwärts. Weiter vorne leuchten ein paar Glühbirnen. Am Ende des Stauwerks erkennen wir im schummrigen Licht ein Haus, das von hoch aufschiessenden Eukalyptusbäumen überragt wird. Vor uns hält ein Wagen, dem ein graubärtiger Herr entsteigt. Er stellt sich als Néstor vor und teilt uns mit, dass sich im Haus da drüben heisse Duschen und dahinter Campingplätze befänden – hatte also doch Marcelo Recht! Wir stellen das Zelt auf saftige Wiese neben einen Tisch, der aus dem Holz eines knorrigen Caldéns, des einst typischen Baums dieser heutzutage nahezu baumlosen Gegend, gefertigt ist. Sind wir müde! Die heutige Etappe liess uns acht Stunden lang am Sattel kleben. Wir kommen aber erst spät zur Ruhe. Denn Néstor, der im bescheidenen Wohnwagen neben den sanitären Anlagen haust, gesellt sich für ein paar Stunden zu uns. Er plaudert und plaudert, als hätte er seit Wochen einer Gesellschaft entbehrt, über Kneippkuren, gesunde Ernährung und, an einer Coca-Cola Flasche nuckelnd, dass er dem Zucker abgeschworen habe. Dieser nette Kerl arbeitet im neu entstehenden Dorf Villa Turistica Casa de Piedra als Bauleiter. Der weitsichtige Gouverneur von La Pampa habe vor einigen Jahren das touristische Potenzial dieses Stausees erkannt und die Erstellung einer entsprechenden Infrastruktur initiiert. Bereits im Bau sind neben dem Campingareal und dem Tourismusbüro eine Tankstelle, ein Motel, eine Herberge, verschiedene Restaurants, ein archäologisches Museum, je ein bescheidenes und ein luxuriöses Hotel, eine Schule, ein Sportplatz, ein Gemeindehaus, diverse Wohnhäuser, ein Geschäftszentrum, eine Kirche, Bungalows, ein Strandbad, ein Golfplatz und Clubhäuser für die Taucher und die Fischer. Weit nach Mitternacht verabschiedet sich Néstor mit einer warmen Umarmung und einem Küsschen – auch für mich. Wie toll sich so ein struppiger, vom feinen Staub der Pampa gepuderter Bart doch anfühlt!

Bis uns Néstor zu Beginn seiner Mittagspause auf die gestern Abend vereinbarte Spritzfahrt zum Río Colorado abholt, schaffen wir nicht mehr als zu frühstücken, einige Kleidungsstücke von Hand zu waschen und unsere weitere Route nochmals zu überdenken. Wir kommen bei Letzterem zum Schluss, dass noch genügend Zeit übrigbleibt, um Buenos Aires in einer weit geschwungenen Schlaufe über Santa Fe, Gualeguaychú und dann via Uruguay anzusteuern.

Schon sitze ich in Néstors zerbeulter, einst weisser Klapperkiste und holpere, zusammen mit Bea auf den zerschlissenen Mitfahrersitz gepfercht, über eine Schotterpiste zum idyllischen Ufer des Río Colorado, wo eine Handvoll Fischer ihr Glück versucht. Die Mienen der von Sandfliegen und Moskitos umschwirrten Männer verraten, dass bis jetzt noch nichts Nennenswertes angebissen hat. Nun hält unser Wagen vor einem lottrigen Bretterverschlag, um den Ziegen, Hunde, Hühner, Katzen und andere Tiere streichen. Wir stellen ein morsches Holztor zur Seite und stapfen durch den aufgewühlten, erdigen, von der Sonne ausgetrockneten Boden zum Gaucho namens Segundo, der weiter hinten mit der Routine all seiner Lebensjahre einer Ziege das Fell abzieht. Zur Begrüssung reicht uns dieser einfache Landarbeiter, der hier für einen reichen Besitzer aus der Stadt Geissen züchtet und auch einige Gemüse anpflanzt, seine vom nackten Tierleib klebrige Hand. Néstor würde ihm gerne Ziegen abkaufen, um seinen Arbeitern morgen auf der Baustelle als Osterschmaus einen Braten offerieren zu können, doch ist ihm der verlangte Preis von hundert Peso pro Stück zu hoch. Wir unterhalten uns gut mit Segundo, bis Néstor nach nun drei Stunden – seine Mittagspause dauert eigentlich nur halb so lang – wieder an die Arbeit muss, und wir zum spriessenden Grossprojekt Villa Turistica zurückfahren. Da sein Auto die besten Zeiten hinter sich hat, muss Néstor zweimal die Motorhaube öffnen, um die launische Maschine mit einigen Handgriffen gefügig zu machen.

Da wir morgen frühzeitig aufbrechen werden, wollen wir heute bei Sonnenuntergang die Horizontale ansteuern. Dieses ambitiöse Ziel würden wir für einmal problemlos erreichen, wäre da nicht Freund Néstor, der uns nach seinem Feierabend für einen *ratito*, also für ein Weilchen, eine nahe Forellenzucht zeigen will. Stinkige

Fischtümpel interessieren uns nun wirklich nicht, doch wollen wir den so rührig um
uns bemühten Néstor nicht mit einem schroffen Nein brüskieren, und ein *ratito* liegt
schliesslich immer drin. So zwängen wir uns ein weiteres Mal auf den seit mindestens
einem Jahrzehnt aus der Form gefallenen, spannungslosen und für zwei Personen viel
zu schmalen Beifahrersitz. Schon bohrt sich der Schaltknüppel wieder in meinen linken Oberschenkel, und eine wilde Fahrt über schlaglöchrige, rutschige Schotter-,
Sand- und Erdpisten nimmt ihren Anfang. Bis kurz vor Mitternacht werden wir über
140 Kilometer zurückgelegt haben – geschüttelt, gerüttelt, geknüttelt, bibbernd, rät-
selnd. Freilich ohne einen einzigen Fisch gesehen zu haben. Irgendwo am nördlichen
Ufer des Stausees hinter den sich schier unendlich ausdehnenden dornigen Büschen,
am Ende einer der ungezählten, mit kleinblättrigen und hartholzigen Pflanzen überwachsenen, von tiefen Rillen durchfurchten Fahrwegen liegt vielleicht tatsächlich
eine Forellenzucht, der Vorwand für die Spritzfahrt. Néstor geht es aber ganz einfach
um Gesellschaft bei seiner abenteuerlichen Suche nach drei oder vier Ziegen für den
geplanten *asado*. Da er über Mittag beim Gaucho Segundo nicht fündig wurde, weitet er seine Erkundungen jetzt auf andere Höfe aus, die verstreut in von der Zivilisation scheinbar vergessenen Gegenden liegen.

Bald befinden wir uns in Zonen, in die er bisher selbst noch nie vorgestossen ist.
Wegweiser zeigen sich zwar dann und wann, aber nie dort, wo sich die Piste gabelt.
Néstor pflegt bei solchen Schnittstellen zweier, nicht selten gar dreier Linien jeweils
anzuhalten, seine gedrungene, massige Gestalt aufs Trittbrett vor seiner Tür zu hieven und mit gerecktem Hals nach dem meist befahrenen Weg zu spähen, welcher
ihm am vertrauenswürdigsten erscheint. Nach dem Kreuzen eines uns entgegenra-
senden Wagens sehen wir für einige Minuten kaum mehr die eigene Hand vor der
Nase. Denn im Verbund mit den nunmehr flach einfallenden Sonnenstrahlen verdichten sich die aufgewirbelten feinen Sandpartikel zu einer für die Augen undurchdringlichen Nebelwand. Der feine Staub tanzt auch durch die Ritzen der klapprigen
Karosserie unserer Karre und beschlägt die Augäpfel, die sogleich von Tränen überquellen. Trotzdem erkennt jedes Augenpaar durch den salzigen Schleier hindurch die
weissgepuderten Körper der anderen zwei, was in jedem Gesicht ein Lachen aufflak-
kern lässt. Staunend und ungläubig zugleich stellen wir fest, dass der vom Auto ver-
ursachte Staubschweif noch über mehrere Kilometer in der windstillen Luft der
Abenddämmerung klebt.

Schon bricht die Dunkelheit herein. Das verbessert die Orientierungsmöglichkeit
in diesem dornigen Irrgarten markant. Denn nun können sich selbst die hinter Gestrüpp dösenden Höfe kaum mehr verbergen. Schliesslich trägt in der ohrenbetäubenden Stille der Nacht ein Hundegebell fast so weit wie der Schein eines beleuchteten Stubenfensters. Noch aber brandet nur sattes Grillengezirp an unsere Ohren.
Und auf unsere Netzhäute fällt lediglich das Glühen der Drähte in den Birnen der

Strassenlampen auf dem weit entfernten Damm. Oder das von den Nachtgestirnen reflektierte Licht der Sonne oder das eigene Strahlen Lichtjahre entfernter, vielleicht längst erloschener Sterne. Deshalb bewegen wir uns weiter wie ein Sägeblatt, das immer wieder aus der Kerbe springt. Vielversprechende Wege erweisen sich mehrmals als Sackgassen, die uns zu prekären Wendemanövern zwingen. Ich steige jeweils aus und sorge dafür, dass Néstor keinen Stachel einfährt.

Irgendwann – niemand weiss genau warum – stehen wir unvermittelt vor einem Tor, hinter dem fahles Licht ein Küchenfenster erhellt. Das ist der Hof von Riquelmo. Eine Frau mittleren Alters begrüsst uns herzlich und führt uns im Schein einer schwachen Funzel zum Gehege der Geissen. Hier zeigt sie Néstor, welches Tier zum Verkauf steht, und schon geht die lustige Jagd aufs auserkorene *Asado*-Opfer los. Ich staune, mit wie viel Eifer und Elan diese beiden nicht gerade als Sportskanonen zu bezeichnenden nun im Kreis herumspurten, alles um sich vergessend, nur noch die quecksilbrige Beute im Sinn. Weit mehr aber fasziniert mich die unglaublich anmutende Rücksichtnahme der etwa fünfzig Stück zählenden Tierherde für Bea und mich, die inmitten des wüsten Getümmels stehen. Trotz der hellen Aufregung, in welche diese Hatz die Ziegen versetzt, werden wir von keiner einzigen auf ihrer Flucht auch nur gestreift. Nach einer geraumen Weile werden als Resultat des Ringelreihentanzes die Läufe eines um die dreissig Kilo schweren Tiers mit einem Seil zusammengebunden. Von diesem Lebendgewicht wird Néstor knapp die Hälfte seinen Leuten als Festessen vorsetzen können. Das ist für die Fleischeslust seiner Arbeiterschar natürlich zu wenig. Néstor braucht also noch weitere Tiere. Aber hier, auf diesem Gehöft, ist als einzige die eben in die Knie gezwungene und bereits auf der Ladefläche unserer Karre liegende Geiss zu haben.

Als wir uns schliesslich von Riquelmo und seiner herzensguten Frau, die uns als «Trost» dafür, dass wir keine Tiere essen, zwei süss duftende Melonen in die Arme legt, mit Umarmung und Küsschen verabschieden, schmerzen uns noch immer die Hintern vom unbequemen Autositz. Der *ratito* ist nach unserem Zeitgefühl verstrichen und gerne würden wir heimkehren. Doch gibts kein Pardon, die Suche nach einem weiteren Hof irgendwo da draussen muss weiterlaufen, um noch andere Ziegen zu begutachten. Na ja, mit uns kann Néstor das ja machen. Zumal wir uns mittlerweile mit diesem kauzigen Spross der Pampa von La Pampa angefreundet haben. Ausser weiteren Sackgassen wegen abrupt unpassierbarer Pisten ist unter dem von hellen Sternen funkelnden, kühlen Nachthimmel aber nicht mehr viel anderes im Angebot. Nur dank dem uns so oft eigenen Glück gelingt es Néstor nach einer weiteren Stunde, mit dem jeweils ganz unerwartet in die Stille meckernden Tier auf der Ladefläche, im bewährten «Sägeverfahren» den Weg aus dem Labyrinth zurück zu seinem schäbigen Wohnwagen und unserem Zelt zu finden. Und dies, ohne einen Unfall zu erleiden, obwohl er in typisch argentinischer Manier in

überhöhtem Tempo im tiefen Sand der Fahrpiste zwei-, dreimal ins Schlingern gekommen ist. So ganz ohne Bodenhaftung, wie ein Pfeil zwischen dem dornigen
Gestrüpp schlitternd, drückte ich Bea auf dem Beifahrersitz jeweils noch fester an
mich, als mir das Herz aus der Brust fiel und erst weit unten in der Hose zum Stillstand kam.

Kaum sind fünf Minuten auf festem, sicherem Boden verstrichen, kommt der gute
Néstor mit seiner Essenskiste unter dem Arm angelatscht und will mit uns mampfen.
Auch uns brennt zwar ein Loch im Magen, doch sind wir hundemüde von der «kleinen» Spritztour und wollen so rasch wie möglich in die Schlafsäcke schlüpfen, denn
morgen solls wieder auf zwei Rädern, auf denen wir uns wesentlich wohler fühlen,
weitergehen. Néstor aber ist alles andere als matt und schlapp. In Hochstimmung
lädt er uns ein, rasch mitzukommen, ein Arbeiter zupfe in der Baracke weiter hinten
noch an den Saiten einer Gitarre und singe dazu schmachtende Gaucholieder – nur
für einen *ratito*...

Das sommerlich warme Wetter der letzten Tage hat über Nacht ausgespielt. Der
Morgenhimmel ist mit grauen Wolken verhangen und ein kalter, kräftiger Ostwind
pfeift über das Wasser des gestauten Río Colorado. Er raubt uns die Körperwärme
und lässt die zehn Grad, welche das Thermometer anzeigt, weit kühler erscheinen.
Als Kontrapunkt und Versöhnung zugleich zum in der Zwischenzeit zwar spektakulär geröteten, aber nichts Gutes verheissenden Firmament, spannt sich im Okzident
über den Stausee ein schillernder Regenbogen, der uns mit seinem Farbenspiel entzückt. Zum Frühstück verwerten wir eine der so fein duftenden Melonen aus der
Pampa. Allzu viele schwere Esswaren wollen wir nämlich nicht mitschleppen, denn
wir werden bereits mit vollen Wasserbehältern starten, da die nächste Wasserstelle
über hundert Kilometer entfernt liegt, was bei diesem Gegenwind ein schönes Stück
ist und wohl besser in zwei Etappen bewältigt wird.

Aber es kommt, was kommen muss: Néstor erwarb frühmorgens bei Segundo zu
einem ihm genehmen Preis doch noch zwei Ziegen, um seinen Arbeitern am heutigen Ostersonntag einen würdigen *asado* auftischen zu können und überreicht uns
nun mit einem hellen Lächeln und einem Gruss von Segundo nicht nur zwei riesige,
gewichtige Kürbisse, sondern auch einen ganzen Sack voller Äpfel! Damit werden
wir heute inklusive Wasser mit 25 Kilo mehr als üblich beladen starten.

Bei einem letzten gemeinsamen Tee kramt Néstor ein indisches Buch hervor, in
dem die sechs Geschmäcke der ayurvedischen Küche abgehandelt werden. Um sich
harmonisch zu ernähren, sollte man den Gaumen täglich mit dieser ganzen Palette
verwöhnen, doch erfülle das trostlose Essen in der Kantine der Baustelle diese Anforderungen bei weitem nicht, moniert unser guter Néstor. Am liebsten würde er uns
vermutlich nie mehr ziehen lassen. Immer wieder greift er neue, durchaus interessan-

te Themen auf, doch jetzt heisst es definitiv «*Adiós!*». Das geht hier in der Pampa herzlicher und inniger vonstatten als im zwinglianisch-prüden Zürich mit steifem Händedruck und hölzernem Staubabklopfen auf der Schulter. Zuerst eine warme Umarmung mit gegenseitigem Rückenreiben mit der flachen Hand, um unterschiedliche energetische Ladungszustände auszugleichen, dann ein Schmatz auf den Strubbelbart, gute Wünsche und «*Chao!*».

Wie wir nun in der staubtrockenen Steppe gegen den steifen Ostwind kämpfen, verfängt sich dieser in unseren Ohrmuscheln und lässt ein monotones Rauschen entstehen. Dieses betäubende Geräusch im Schädel, das zähe Vorwärtskommen und der Schlafmangel der letzten so reich befrachteten Tage mögen wohl erklären, dass wir uns schon beim zweiten Verpflegungshalt von einem ebenen Plätzchen hinter einem Kieswall bezirzen lassen und neben diversen Ameisenhaufen und -strassen das Zelt aufbauen.

Fasziniert beobachten wir das emsige Treiben der abertausenden von Ameisen. Sie beschaffen Nestmaterial. Auf ihren Rücken hat es die Wirkung von Segeln. Fährt der Wind in sie, werden die Träger heillos durch die Luft gewirbelt. Diese winzigen Tierchen, die in ihrer Gesamtheit aber mehr Biomasse aufweisen als die Menschheit, schleppen unermüdlich kleine Holzteile, Blätter und Grashalme, deren Dimensionen ihre eigene Körperlänge um das Zehn- bis Zwanzigfache übertreffen. Selbst der aufgeblasenste menschliche Kraftprotz zerfällt zu einer einzigen Lachnummer, müsste er sich mit einer Ameise messen, die bis zum Vierzigfachen ihres Körpergewichts schleppen kann. Wir bereiten uns aus einem von Segundos Kürbissen eine Suppe zu und auch gleich für morgen unterwegs Reis und Falafel mit Kürbispüree. Früher als sich der Mond in Szene zu setzen vermag, gleiten wir auf die Matte. So geben wir uns ohne seinen Segen der Liebe hin, inmitten der prüden Ameisensoldatinnen, der auf der sandigen Pampa kläglich muhenden Rinder und der in den Kerzenflammen verglühenden Falter.

Der Wind gebärdet sich zahmer als gestern und der abnehmende Bruder Mond steht allwissend und verschmitzt augenzwinkernd direkt über uns im Firmament. Die Ameisenautobahnen sind wie leergefegt. Wir gönnen den Insekten die verdiente Ruhe und verlassen unseren Platz zu jenem Zeitpunkt, als das Morgenrot den grauen Regenwolken die Schamröte ins Gesicht treibt. Ein Mapuche-Mann, der mit seinen zwei Kindern in einem Pick-up unterwegs ist, bietet uns an, aufzusteigen. Natürlich lehnen wir dankend ab. Weil der Wind zu unseren Gunsten weht, sind wir sogar schneller in Puelches als er, der wie schon Néstor alle paar Kilometer anhalten und dem altersschwachen Motor seines Wagens gut zureden muss. Gerade noch bevor das Dorf in den tiefen «Siestaschlaf» fällt, decken wir uns mit frischen Nahrungsmitteln ein. Die schwülwarme Luft ist regenschwer, doch bleiben wir auf der Weiterfahrt trocken. Die Landschaft zeigt stets kräftigere Grüntöne und da und dort leuchten gar gelb blühende Gräser.

Den Parque Nacional Lihué Calel erkennen wir von weitem am trotzig aus der Ebene aufragenden gleichnamigen Bergzug. Die Sierra Lihué Calel mit ihrem fruchtbaren Mikroklima diente den Tehuelche-Indianern während mindestens 6500 Jahren als Wohnraum, wie dies aus Höhlenmalereien abzulesen ist. Zudem bildete dieser Berg für Reisende stets auch eine Art Tankstelle auf dem langen und beschwerlichen Weg vom Atlantik zum Pazifik. Als aber um 1870 die Weissen mit dem Kupferabbau begannen, wurde diese Oase in der trockenen Pampa, die sich über Jahrmillionen gebildet hatte, binnen weniger Jahre entweiht und vergiftet. Heute ist die Sierra kahl. Nur an ihrem Fuss ist noch ein kleines Überbleibsel der einst fantastischen Fauna vorhanden. Auf dem Campingplatz stellen wir unser Zelt unter ausladende Caldéns. Diese Bäume haben sich perfekt ans aride Klima adaptiert. Mit ihren langen Wurzeln können sie aus grossen Tiefen Wasser saugen. Die kleinen, harten Blätter sorgen dafür, dass nur wenig Lebenssaft verdunstet. Und die langen Dornen schützen davor, bereits als zartes Pflänzlein gefressen zu werden. Selbst der parasitäre Baum «Sombra de Toro», der meist neben einem Caldén zu finden ist, weil er dessen Wurzeln anzapft, um dergestalt einfacher zu Wasser zu kommen, schadet dem starken Caldén kaum. Nur gegen die Wucht der Axt und die Gifte der Weissen ist selbst er machtlos. Der Zeltplatz ist durchaus idyllisch, nur sind die von den teils heftigen Windböen durch die Luft gewirbelten Staubwolken nicht ganz nach unserem Geschmack. Als wir später knusprige Apfelküchlein backen, schleicht ein Fuchs hoffnungsvoll um unser Lager. Kecker und erfolgreicher ist das Stinktier, das sich einen in den Sand gefallenen Apfelschnitz unter dem Tisch hervor fischt.

Auf der Weiterfahrt nistet sich das Bild der Sierra Lihué Calel regelrecht im Rückspiegel ein, derart fadengerade verläuft die Strasse durch die saftig grüne, mit hellen Blüten gespickte Landschaft. Pinien verströmen ihren unvergleichlichen Harzduft, der nach den nicht seltenen Geruchsattacken von im spitzen, harten Gras versteckten Stinktieren wohltut. Alle auf unserer Karte nur punktiert eingezeichneten Lagunen betrachten uns zu meiner Überraschung aus tiefblauen Augen. Noch vor Sonnenuntergang bauen wir auf eine von den Rindern gemähte Wiese das Zelt auf. Erst röhren die Tiere zwar noch verstört wegen uns Eindringlingen, doch schon bald sind wir akzeptiert. Die hier heimischen Mücken scheinen sogar den Narren an uns gefressen zu haben; in der Dämmerung reissen sie sich geradezu um uns. In der Dunkelheit, als wir bereits auf dem ausgebreiteten Schlafsack liegen, stolpert ein Tier über eines unserer Abspannseile. Ansonsten ist ausser Wetterleuchten im Nordosten nichts zu vermelden.

Um acht Uhr meint Bea, es sei Zeit aufzustehen. Ich bin zwar noch todmüde, doch gibt es abgesehen davon tatsächlich keinen Grund, noch länger in der Horizontalen zu verharren: Erneuter Sonnenschein und noch stärkerer Rückenwind als gestern zeichnen sich ab. Durch die liebliche, von Heu- und Grasduft durchströmte Gegend gleiten wir zum äusserst fruchtbaren Valle de General Acha, das trotz einem Plattfuss in Beas Vorderrad bald durchsegelt ist. Schon befinden wir uns im siestaschläfrigen Dorf General Acha. Da sich in dieses Nest eher selten ausländische Gäste verirren, sind wir eine Art Sensation. In der Wäscherei, im Supermarkt, in der Pizzeria, beim Gemüsehändler und im Hotel werden wir interessiert über das Woher und Wohin ausgefragt.

Von nun an verdichtet sich das Strassennetz laufend, was uns die Möglichkeit bietet, den Weg Richtung Santa Fe je nach vermutetem Verkehrsaufkommen und herrschender Windrichtung jederzeit frei zu wählen. So biegen wir nach vier Kilometern auf der wegen Lastwagen und Wind im rechten Ohr lärmigen 152er nach Norden in die kaum befahrene Ruta 9. Die sanften Hügel sind mit satten Wiesen überzogen, auf denen sich die schwarzen Angusrinder, so zahlreich sie auch sein mögen, schlicht verlieren. Vorbei an der einsamen Schule von Utracan, einigen Wasserlachen und verstreut liegenden Höfen, stösst unsere Strasse senkrecht auf die Ruta 18. Ihr folgen wir nach einem kurzen Imbiss im Windschutz des löwengeschmückten Portals einer Estanzia Richtung Osten. Eine handtellergrosse Tarantel krabbelt unbeeindruckt von unseren nahe vorbeisausenden Rädern über den Asphalt. Da uns der Wind auf dieser Strecke wieder in die Seite fährt, drehen wir nach wenigen Kilometern erneut nach links ab. Diese Richtungsänderung erlauben wir uns aber nur, weil der Verkehr auf dieser Hauptstrasse Nr. 35 nach Santa Rosa erstaunlich gering ist und weil wir von Néstor wissen, dass an dieser Route bald der Parque Provincial Luro auftauchen wird, der in einem Caldénwald einen Campingplatz beherbergt. Direkt vor uns preschen zwei kräftige Hirsche aus dem Unterholz. Und schon folgen im Schlepptau ihre Harems. Wir können unser Glück kaum fassen, exakt zum richtigen Zeitpunkt am richtigen Ort gewesen zu sein. Dass dieses Zusammentreffen jedoch keineswegs eine seltene Fügung des Schicksals, sondern ziemlich vorhersehbar war, erfahren wir beim Restaurantbetrieb in der Campinganlage. Hier teilt uns die zuständige Frau nämlich mit, dass in diesen Wochen die Brunstzeit der Hirsche sei, was hier «*ciervos en brama*» genannt wird. Deshalb sei auch das Übernachten im Zelt nicht erlaubt. Und weil das Kampieren verboten ist, sind alle *cabañas* belegt. «So ein Mist!», ärgern wir uns. Unverzüglich wollen wir weiter, da steht Beas Velo erneut auf der Felge. Diesmal ist der Schlauch des Vorderrads perforiert wie ein Sieb. Die Ursache liegt einerseits im schwachen Reifen, andererseits und vor allem aber in den kleinen kugeligen und stacheligen Pflanzensamen, die aussehen wie weissgelbliche Mini-Seeigel. Ihre feinen, teilweise bis sechs Millimeter langen Dorne bohren sich nicht nur in den Gummi der Reifen, sondern verfangen sich auch in unseren Schnürsenkeln und Socken. Wäh-

rend wir den aufgepumpten Schlauch in einem mit Wasser gefüllten Kübel nach allen Leckstellen absuchen und die Löcher mit Kugelschreiber markieren, unterbreitet
uns die Dame einen vernünftigen Vorschlag: «Wenn ihr direkt hinter dem Restaurant zeltet, werden euch die Hirsche nicht gefährlich. Ich könnte euch dies also erlauben. Aber nur, wenn ihr damit bis nach Sonnenuntergang wartet, damit euch der
für den Park zuständige Vorgesetzte nicht erwischt.» Das lehnen wir nicht ab. Als
wir in den Schlafsäcken liegen, johlt neben uns im Restaurant eine *Asado*-
Gesellschaft und im Wald röhren die brünstigen Hirschböcke. Im Laufe der Nacht
verstärkt sich das Geschrei der rammeligen gehörnten Machos bisweilen zu einem
ohrenbetäubenden Lärm, der mich genauso wie Bea an jene denkwürdige Nacht südlich von Mysore, Indien, erinnert, als wir läufigen Elefanten wegen nicht campen
durften.

Nach der kühlen und sternenklaren Nacht legen wir das vom Kondenswasser
tropfnasse Zelt auf dem Platz vor dem Restaurant zum Trocknen in die Morgensonne. Der Parkchef fährt mit seinem Jeep vor und fragt uns so clever wie unschuldig:
«Habt ihr das Zelt gewaschen?» Auf unser «*Sí, claro!*» lässt er keine weiteren Fragen folgen. Der Wind fegt garstig gegen uns über die Strasse. Unter den auf dem Asphalt klebenden Tierkadavern befindet sich neben den zahlreichen Vögeln auch eine
Raubkatze. Die Zeichnung ihres Fells ist wunderschön. Weiter vorne promeniert eine Tarantel über die Strasse und wird nur haarscharf nicht von einem Auto zermalmt.
Just als mein Vorderpneu eiert, meldet auch Bea einen Plattfuss. Unglaublich! So ätzend wars nicht mal im Kaktusparadies der Baja California in Mexiko. Beas Skore
steht allein für die letzten vier Tage bei fünfzehn Löchern. Am staubigen Strassenrand, unter der brütenden Sonne, presse ich das Vulkanisierungsmittel aus der Tube
auf die lädierten, um die Löcher aufgerauten Schläuche und drücke nach drei Minuten Wartezeit die Flicken an. Vorsichtig schieben wir die Räder wieder auf die Strasse,
um nicht gleich wieder neue Igel einzufahren. In Santa Rosa, dieser ansprechenden
Stadt mit lebhaftem Zentrum, zischt direkt vor einer Unterkunft Luft aus meinem
Vorderpneu – gute Nacht!

Da wir zu früher Stunde die einzigen Gäste im Restaurant sind, findet die Serviertochter genügend Zeit, um Sandwiches für bald eintreffende Busreisende zu bereiten.
Der Blick auf diese pfannengrossen, schlappen weissen Brotscheiben, gefüllt mit
Schinken und Käse ist ebenso unerfreulich wie das Wetter: Mit Nieselregen befrachteter Wind aus Nord oder Nordost streicht vor der Tür die Fahnen glatt. Da gemäss
Prognose morgen mit einer Wetterbesserung, gekoppelt mit drehender Windrichtung gerechnet werden kann, legen wir spontan einen Ruhetag ein. Das Bett ist nämlich wunderbar weich und Radreisende können und wollen sich der *brama* schliesslich nicht entziehen.

Im schwülwarmen Frühstücksraum berauschen sich Mücken an unserem sauerstoffreichen Blut, das sie uns aus den Fussgelenken abzapfen, die wir der matten Tischplatte wegen nicht im Blickfeld haben. Dafür ist es draussen nicht nur neblig und feucht, sondern auch, wie erhofft, rückenwindig. Wir rollen aus der Stadt in die flache Pampa: viel Wiese, wenig Rinder, keine Bauern. Oft Mais-, meist aber Weizenfelder so weit das Auge reicht. Was dieses aber nicht überwachen kann, wird zur Weide der nimmersatten Moskitos: unsere Rücken, Hintern, Kniekehlen und Waden. Nach wenigen Minuten im Sattel weise ich bereits acht stark juckende Einstiche auf. Sofort ziehen wir die Bremshebel und schmieren uns mit dem Insektenschutzmittel ein. Anfangs wirkt das Produkt wunderbar, doch schon bald sind die wesentlichen Essenzen verdampft, und wir radeln wild um uns schlagend und am T-Shirt zupfend weiter. Zum Glück ist der Verkehr auf dieser Hauptachse zwischen Santa Rosa und Córdoba nur mässig. So bleiben unsere unvermeidbaren Schwenker ungestraft.

Im Cafeshop der YPF-Tankstelle bei Eduardo Castex kaufen wir eine Dose Bier für einen Omelettenteig, nutzen die mückenfreien Toiletten für eine Sitzung und füllen all unsere Wasserflaschen, damit wir bei der späteren Zeltplatzsuche in der Pampa absolute Freiheit geniessen können. Während wir am Rand eines Feldwegs duschen, schaffen wir es noch gut, einander gegenseitig die Rücken freizuhalten, denn die Mücken sind dank einem feinen, warmen Lüftchen momentan nicht besonders an uns interessiert. Das ändert sich aber schlagartig, als der Wind zusammenbricht. Wer schon gesehen hat, mit welcher Konsequenz und unverrückbaren Angriffslust Schwärme von Piranhas über ein Beutetier herfallen, kann sich in etwa vorstellen, wie intensiv uns die Moskitos nun bedrängen. Ich weiss ja sehr wohl, dass für die Fortpflanzung der Stechmücken ein Bluttrunk für die befruchteten Weibchen zwingend nötig ist, damit sie zu dem für die Eierentwicklung nötigen Protein kommen, das in ihrer üblichen Nahrung aus Nektar und Pflanzensaft fehlt. Doch will mir partout nicht einleuchten, dass es ausgerechnet unser Lebenssaft sein soll. Hat es hinter dem Zaun etwa nicht mehr als genug Rindviecher, die sich wesentlich besser für eine Bluttransfusion eignen? Aber nein, als wären wir magnetisch und die lüsternen, sirrenden Weibchen willenlose Eisenspäne, welche den Feldlinien folgen, sind wir innert weniger Sekunden mit ihnen vollgepflastert. Egal auf welche Körperstelle wir die Handfläche auch schlagen, mindestens fünf Mücken finden dabei den Tod. Nur werden es auch bei wildester Selbstgeisselung nie weniger – das Reservoir an Moskitos ist schlicht bodenlos. In Anbetracht dieser Naturgewalt erlauben wir uns, die geplanten Omeletten durch ein schnell zubereitetes Süppchen zu ersetzen und uns so rasch wie möglich ins Zelt zu retten. Noch im Halbschlaf verfolgen mich Gedanken an Mücken, Moskitos und Sandfliegen:

Ein gewisser Blutzoll mag ja angehen, doch gibts Grenzen. Aber vielleicht ist es ja heilsam, Blut zu lassen. Wurde der Aderlass im Mittelalter etwa nicht als Allheilmittel gepriesen? Auf der Basis der antiken Lehre der Körpersäfte zapfte der Bader, der Arzt der kleinen Leute, seinen Badegästen gezielt vom Lebenssaft ab. Selbst heute noch wird das blutige Schröpfen angewandt und der Hunger von Blutegeln wird erfolgreich medizinisch genutzt. Die positive Wirkung von Mückenstichen aber wäre noch nachzuweisen. Für eine solche Therapie könnte mich jedoch niemand motivieren: Fünf abgerichtete Mücken auf meinem Unterarm, ihre hässliche, dürre Gestalt, das Reiben der Glieder in Vorfreude auf den Bluttrunk – ich würde sie mit einem trockenen Schlag zerklatschen!

Kurz vor Mitternacht wecken uns die Motorengeräusche einer im Nachbarfeld ratternden Mähmaschine. «Das ist bestimmt ein arbeitswütiger Gringo!», flüstere ich Bea ins Ohr, und wir schlafen weiter. In den ersten Stunden nach Mitternacht schleicht sich klebriger Nebel zwischen Pampa und Sternenhimmel. Bei einem Pipi-Ausflug stellen wir fest, dass die Zelthülle patschnass ist und, was einschneidender ist, dass die Mücken nicht ruhen. Also verwerfen wir den noch gestern geschmiedeten Plan, vor Sonnenaufgang aufzustehen und zu kochen.

Wir lassen die Mückendamen mit ihren gierigen Rüsseln bis weit nach der Morgendämmerung schmoren. Jetzt erst öffnen wir den Reissverschluss und werden frenetisch empfangen. In Rekordzeit hechten unsere ausgebreiteten Sachen auf die Velos, und wir spurten für die herrschende Wärme viel zu dick eingepackt zum Asphalt zurück, wo wir bereits wieder freier atmen, einige Schichten abstreifen und uns mit Mückenmittel einsalben können. Bevor wir dem mit laufend steigender Intensität gegen uns pustenden Wind die Stirn bieten, stärken wir uns mit zwei hastig verdrückten Riegeln. In der extremen Schwüle strömen mir als Windbrecher ganze Sturzbäche Schweiss über die Haut, was wahrscheinlich auch ein wenig als *repelente*, als Mittel gegen Insekten, wirkt. Tief fliegende Schwalbenschwärme brauchen dieser Zeit keinen ausgeprägten Jagdinstinkt, um satt zu werden. Das Öffnen des Schnabels allein genügt für einen reichhaltigen Mückenschmaus. Auf den Wiesen zwischen den Mais- und Weizenfeldern weiden Schweine und Rinder. Wie ergeht es wohl ihnen? Spüren sie die Einstiche der Vampire überhaupt? Die vier zerquetschten Pelztiere und der tote *armadillo* müssen sich als einzige hier draussen keine Sorgen mehr wegen dieser Plagegeister machen.

Im Cafeshop der YPF-Tankstelle bei E. Martini verbringen wir über zwei Stunden. Auf dem WC waschen wir uns das Antimückenmittel ab, lassen die Haut im von einer Klimaanlage gekühlten Lokal trocknen, essen, lassen parallel dazu das am Zelt haftende Wasser in der brütenden Sonne verdampfen und reiben uns schliesslich mit Sonnencreme ein, bevor es in der über dreissig Grad warmen Luft weitergeht. Unser heutiges Ziel, Realicó, liegt noch über vierzig Kilometer entfernt. Diese Distanz durch den feuchten Brutofen und vor allem gegen den Willen des Windes zu meistern, geht uns ganz schön an die Substanz. Da und dort sehen wir zum ersten Mal Leute auf den Feldern arbeiten. Freilich nicht in Handarbeit, nein, die Bauern steuern lediglich ihre Traktoren über die Erde. Im ersten gesichteten Hotel steigen wir ab. Schon beim Abladen der Packsäcke fordern wieder Mücken ihren Blutzoll von uns. Der Hotelboy meint, in allen angrenzenden Provinzen herrsche seit ein paar Tagen diese Moskitoplage. Selbst in Buenos Aires sei es kaum besser. Der Grund liege in den Überschwemmungen, welche die anhaltenden Niederschläge verursacht haben. Wir erinnern uns, bereits in Villa La Angostura davon gehört zu haben. Auch hier in Realicó muss das Wasser hoch gestanden sein, denn unser ansonsten modernes Zimmer mieft nach Schimmel. Um Mitternacht legen wir uns auf die Bettlaken und salben uns gegenseitig die geröteten, juckenden Aufwölbungen der Haut.

Als wir ins Zentrum von Realicó steuern, heizt die schwüle Luft immer mehr auf. In sämtlichen Läden suchen wir vergeblich nach Antimückenmittel. Allenthalben heisst es: «*No me queda*, ich habe keine mehr.» Das sei im Übrigen im ganzen Land so, meinen sie allesamt schulterzuckend. Dafür finden wir immerhin einen speziellen Stecker, in den man dünne, blaue Plättchen schieben kann, welche, einmal am Strom angeschlossen, über Nacht ein für die Mücken lähmendes oder gar tödliches Gift ausströmen. Hier in der Stadt ist die Mückenplage ein Klacks, verglichen mit der Situation draussen auf den Strassen durch die Pampa, geschweige denn inmitten der Pampa. Wir werden uns davor hüten, in den nächsten Tagen noch einmal das Zelt aufzustellen. Aus diesem Vorsatz resultiert eine klare Etappierung: heute 30 Kilometer bis Huinca Renancó, morgen 110 Kilometer bis Vicuña MacKenna, dann 100 Kilometer bis Río Cuarto, der grössten Stadt auf unserem Weg seit Santa Rosa. Auf dem kurzen Weg bis Huinca Renancó kassieren wir zusammen fünfzehn Stiche, obwohl wir dank feinem Rückenwind nur kurz im Sattel sitzen. Direkt an der Strasse zeigt sich hier linkerhand ein motelähnliches Hotel. Gefragt, gecheckt, gebucht. Ein ebenerdiges Zimmer. Wir duschen, waschen die von Sonnencreme, Mückenmittel und Schweiss getränkten Kleider der letzten zwei Tage und schneiden Gemüse, denn heute sollen endlich die Omeletten aus dem noch in E. Castex gekauften Bier in die Pfanne gehauen werden. Vor dem Zimmer hat es wunderbar abgekühlt. Das schwächt die Mücken und ich witzle: «Wer braucht denn schon einen *repelente*?» Die Strafe folgt auf den Fuss. Bereits jucken in meinem kleinen Finger zwei Einstiche. Sofort montieren wir unseren Zauberstecker und siehe da, er wirkt!

Der Himmel ist mit Wolken verhangen, die mit uns nordwärts verfrachtet werden. Allenthalben ist die Sojaernte im Gang. Monströse Maschinen mit Wohnwagen im Schlepptau kriechen auf der Strasse zu ihrem Einsatzort und brauchen dazu eineinhalb Fahrspuren. Die Maschinisten sind auf der Stör von Estanzia zu Estanzia. Auch sind viele mit den kleinen, hellen Sojaböhnchen gefüllte Laster unterwegs, die uns allesamt in weiten Bögen überholen. Es ist die Erdkrümmung allein, welche von unserem Blickwinkel aus die Soja-, Erdnuss- und Maisfelder begrenzt – welch gigantische Dimensionen dieser Monokulturen! Felder, Wiesen und Himmel, dazwischen Vögel, Rinder und: Mücken. Trotz der noch relativ kühlen Temperatur gebärden sich die feinrüsseligen Damen äusserst aggressiv. Halten wir kurz inne, werden wir gefressen.

Der Regen kann sich nicht durchsetzen. Mehr als ein paar Tröpfchen, die uns kaum befeuchten, lassen sich den wandernden Wolken nicht entlocken. Dass auf dieser Route oft mehr Verkehr als heute donnert, lässt sich aufgrund der alle paar hundert Meter vom Strassenrand aufsteigenden Verwesungsgerüche erahnen. Zwei Graufüchse aber liegen im frischen Blut auf dem Asphalt. Sie erregen nur Mitleid, vorerst noch kein Nasenrümpfen. Unvermittelt schiesst aus einer Kurve ein Lastwagen frontal auf uns zu. Ungebremst. Markerschütternd hupend. Mit einem beherzten Schwenker ins tarantelvolle hohe Gras der Strassenschulter retten wir unsere Haut. Ohne mit der Wimper zu zucken, hätte uns dieser niederträchtige Schuft mit den Hartgummireifen seines Kraft und Format gebenden Lasters zermalmt wie all die Hasen, Gürteltiere, Schafe, Ziegen, Mäuse, Ratten, Stinktiere, Füchse, Hunde, Pumas, Katzen, Vögel, Schlangen, Hirsche, Nandus, Pferde und Rinder, die er bestimmt bereits auf dem Kerbholz hat.

Ab Santa Catalina verdichtet sich der Verkehr stark und wird um den Verkehrsknotenpunkt Río Cuarto geradezu ätzend. Erst als der Gürtel der Umfahrungsstrassen und die potthässliche Industriezone durchbrochen sind, wird es merklich ruhiger. In einem *supermercado* stehen, als wollten sie uns foppen, dutzende Mückenspraydosen im Gestell. Zwei sind sofort gekauft. Im Bett liegend, stelle ich fest: «Im Zentrum von Río Cuarto haben uns verschiedenste Leute angesprochen, junge und alte, gepflegte und abgelebte. Doch haben alle eines gemeinsam: Sie sind mir sehr sympathisch.»

Am grauen Sonntagmorgen spiegeln sich in den Wasserpfützen auf dem Asphalt fast keine Menschen – die Stadt schläft noch. Nur der Zeitungsverkäufer beim Hauptplatz vorne ist schon hellwach. Auf den ersten Kilometern Richtung Villa María verdichtet sich der fürchterlich stinkende Schwerverkehr phasenweise zu einem einzigen Stahlwurm. Neben diesem laut dröhnenden Ungetüm fühlen wir uns wie von blutrünstigen Hunden gejagtes Wild. Das schmale Streifchen, das uns am Rand des ausfransenden Asphalts zugestanden wird, ist in bedenklichem Zustand. Die Räder hauen in die Löcher des ausgefahrenen Belags und versetzen uns immer wieder schwere Schläge auf die Handgelenke – unsere Nerven liegen blank.

Bei Chucul retten wir uns in die Provinzstrasse Nr. 11, die uns wieder tief durchatmen lässt. Sofort ist klar, dass wir unsere Landkarte richtig interpretiert hatten und mit dieser Strasse nun den optimalen Weg Richtung Osten wählen. Würde die Ernte nicht gerade auf Hochtouren laufen, müssten wir den feinen Asphalt kaum mit anderem Verkehr teilen. Trotz dem leichten Seitenwind rollt es prächtig durch die fruchtbare Ebene. So schön die friedliche Fahrt durch diese Kornkammer auch ist, beschleicht uns nach einer Weile, als uns von der üblen Ausdünstung eines frisch mit Chemie bespritzten Feldes die Augen brennen, doch ein mulmiges Gefühl in der Magengrube. Was hier vor sich geht, ist nämlich im höchsten Grade unheilschwanger. Da wird keine Landwirtschaft im herkömmlichen Sinn betrieben. Diese Felder sind nichts anderes als Open-Air-Fabriken. Flächen, weit grösser als sämtliche Fussballplätze der Schweiz zusammengerechnet, werden von zwei Männern in ihren Riesenmaschinen innert weniger Stunden abgeerntet. Gleich wie über manchen Comicfiguren Sprechblasen mit «ug#rrhh?!» oder «arrrrhhh!!» schweben, steigen aus meinem Kopf Schlagworte wie «Genmanipulation», «schwindende Artenvielfalt», «Arbeitslosigkeit», «Kleinbauern-Sterben» oder «Umweltschutz» auf. Gesund, in welcher Hinsicht auch immer, kann nicht sein, was hier abgeht.

In einem der Supermärkte von Monte Maíz finden wir wieder ein Gestell voller *repelentes*. Offenbar sind neue Lieferungen eingetroffen. Wir greifen erneut zu, denn unsere Vorräte sind geschwunden. Schliesslich behandeln wir Haut und Kleider bis zu dreimal täglich mit diesem Mückengift. Trotzdem legen wir uns jeden Abend mit neuen Einstichen ins Bett. Wir sind aber schon froh, wenn es statt fünfhundert nur deren zehn sind.

Da die Luftmassen von schräg vorne wehen, schiebe ich mich in die Windbrecherposition, und Bea kugelt sich ins Körbchen. Im bald folgenden Städtchen Isla Verde fragen wir eine Gruppe Leute nach einer Bäckerei. In dieser Gegend kriegt man auf eine simple Frage nicht einfach eine trockene Antwort. Schon die Begrüssung besteht nicht aus einem unverbindlichen «*Hola!*». Stattdessen wird mit «*Que tal?*» nach der Verfassung des Gegenübers gefragt. Da dies nicht als reine Floskel gebraucht wird, ist es bereits Anteilnahme, Interesse am Mitmenschen. Dieser Gepflogenheit entsprechend erfahren wir also einstweilen nicht, wo es frisches Brot gibt. Frau Blume kann sich vor Freude darüber, dass wir aus der Schweiz stammen, kaum halten. Sie wird ganz kribbelig und meint, wir müssten unbedingt den Stadtpräsidenten von Isla Verde treffen. Dieser habe schweizerische Vorfahren und spreche sogar fliessend Deutsch. Auch das TV will sie uns auf den Hals hetzen. Uns knurren längst die Mägen. Und wir verspüren jetzt weder Lust mit Reportern zu plaudern, noch jenen Herrn aufzusuchen. Zudem können wir uns auch nicht vorstellen, dass dieser derart Freude an einem Treffen mit uns hätte, wie Frau Blume uns weismachen will. Ein Stadtpräsident hat gewiss Besseres zu tun. Ein Mann der Gruppe, der ebenfalls schweizerische Wurzeln geltend macht, hat ein Einsehen und weist uns den Weg zum Bäckermeister. Das Brot ist rasch gekauft, aber ebenso schnell steht auch Frau Blume wieder neben uns und versucht fieberhaft, mit ihrem Mobiltelefon den Präsidenten zu erreichen. Wir geben der umtriebigen Frau zu verstehen, dass wir nicht länger warten mögen, sondern nun zur nächsten Tankstelle rollen werden, um uns dort zu verpflegen. Wenn der Herr Präsident will, könne er uns dort selbstverständlich aufsuchen. Als wir nach ein paar hundert Metern bei der *estación de servicio* vorfahren, erzählt uns ein älterer Mann eine Geschichte über das schweizerische Bankgeheimnis, das von den Bankiers sogar auch dann gehütet werde, wenn sie mit einer Pistole bedroht würden. Kaum ist unser Lunch auf dem Tisch ausgebreitet, begrüsst uns ein gutgenährter Herr mittleren Alters und stellt sich als Alberto Arnoldo Bischoff, seines Zeichens Stadtpräsident von Isla Verde, vor. Frau Blume hats also geschafft.

Alberto strahlt übers ganze Gesicht, als er uns lange die Hände schüttelt. Und schon sprudelt es von seinen Lippen: «Mein Urgrossvater wurde in Thun, Kanton Bern, geboren. Als junger Mann, vor genau hundertfünfzig Jahren, ist er nach kurzem Aufenthalt in Esperanza – das ist die grösste Schweizerkolonie Argentiniens, sie liegt westlich von Santa Fe – mitsamt Frau und Kindern als einer der ersten Pioniere hierhin in die Pampa gezogen.» Alberto spricht mal Deutsch, mal Spanisch und bedauert, dass er die Schweizer Mundart nicht beherrscht. Diese sei in Isla Verde schon seit Jahrzehnten verschwunden. Bei den Immigranten habe es im Wesentlichen die zwei Gruppen der Deutschen und der Franzosen gegeben. Zu den «Franzosen» gehörten die Welschen, die Belgier und natürlich die Franzosen selbst und zu den «Deutschen» eben auch die Leute aus der Deutschschweiz. Damit man sich innerhalb der jeweiligen Gruppe verstand, einigte man sich auf die Hochsprache. So dünnte der Wortschatz der ursprünglichen Dialekte immer mehr aus, bis sie schliesslich vollends verloren waren. Albertos Amtszeit als Stadtpräsident läuft Ende Jahr aus. Kandidieren wird er nicht mehr: «Ich habe die Nase voll vom verlogenen Politikbetrieb und als Unternehmer und Historiker habe ich schliesslich genügend um die Ohren.» Er ist Autor von zwei historischen Büchern und gründete und leitet auch ein Museum.

Nun bietet uns Alberto an, seine Ländereien zu besichtigen, damit wir uns ein Bild von der argentinischen Landwirtschaft machen können, die so grundverschieden von jener in der Schweiz sei, die er übrigens auch gut kenne. Es dauere nicht länger als eine halbe Stunde, versichert er ohne Not – vermutlich hat ihn Frau Blume gewarnt, wir seien in Eile. Tatsächlich aber sind wir, nun mit besänftigtem Magen, darauf erpicht zu erfahren, was uns dieser Herr alles zu zeigen und zu berichten hat.

Als Erstes führt er uns zur «Plazoleta Suiza», einem Platz, der den Schweizerimmigranten gewidmet ist. Er selbst hat in akribischer Arbeit sämtliche je in diese Gegend gezogenen Schweizer und Schweizerinnen ausfindig gemacht und sie auf einer steinernen Tafel mit Namen und Herkunftsort verewigt. Der Reigen der vierzig Namen beginnt mit Baumann Adolfo, Flawil, St. Gallen, und endet mit Zehnder Domingo, dessen Heimatort aber unbekannt ist. Vor einem Jahr hat Alberto diesen

Platz mit einem schäumenden Fest eingeweiht. Stolz weist er auf die Eichen und Birken hin, aber auch auf die Rosenrabatten, für die er mit Bedacht weisse und rote Varietäten gewählt hat – alles als Hommage an die geliebte Schweiz. Das weisse Kreuz auf rotem Grund leuchtet als Steinmosaik am Boden vor dem Gedenkstein.

Nun fegen wir im Wagen über teilweise schlammige Feldwege zwischen seinen ausgedehnten Feldern dahin. Und Alberto führt aus, in dieser Gegend würden fast ausschliesslich Soja, Weizen oder Mais angepflanzt, Erdnüsse nur weiter im Westen. Am rentabelsten sei zurzeit klar der Sojaanbau. Ein Blick auf die Börsenkurse genüge, um das zu verstehen. Als versierter Agrarökonom weiss Alberto aber, dass es für den Boden besser ist, wenn nicht Jahr für Jahr dasselbe angebaut wird. So pflanze er immer mal wieder den weniger lukrativen Mais, der aber seiner hohen Stauden wegen ein Mehrfaches an organischem Abfall liefert als die niederen und dünnen Sojastängel und den Boden darum besser nährt. All seine mit Getreide bestandenen Ländereien umfassen im Moment 1200 Hektar. Von Jahr zu Jahr nimmt die Fläche dank den stets reinvestierten Gewinnen zu. Für die Bestellung benötige er nicht mehr als fünf Angestellte. Er selbst hat nicht eine Schwiele an den Händen, kein Schmutz unter den Fingernägeln. Er ist schliesslich auch kein Bauer, sondern Manager. Ein Geldmensch. Die meiste Zeit verbringt er vor dem Computer, um sich über die Weltmarktpreise seiner Produkte, über den Lauf der Börse oder über neue Akquisitionsmöglichkeiten zu informieren.

Mit aufblitzendem Schalk in den Augen erzählt er jetzt eine Begebenheit von seinem letzten Besuch in der Schweiz: «Auf einer Wanderung schwatzte ich vergnügt mit einem Bauern. Aber nur bis zu jenem Zeitpunkt, als ich erwähnte, dass ich über 1200 Hektar Land mein Eigen nenne. Sofort wandte mir der andere, der gerade mal fünf Hektar beackert, den Rücken zu und ging erzürnt seines Weges. Der Kleinbauer hielt mich für einen dummen ‹*Schnurri*›, einen Prahlhans. Ich habe durchaus Verständnis für seine Reaktion, schliesslich umfasst ein durchschnittlicher schweizerischer Bauernhof nicht mehr als fünfzehn bis zwanzig Hektar. Und der grösste private Grossgrundbesitzer, den ich in der Schweiz kenne, verfügt über 150 Hektar Land. Für argentinische Verhältnisse aber bin ich nur eine kleine Nummer. Tausend Hektar gelten als die unterste Grenze, um rentabel arbeiten zu können.»

Nun berichtet Alberto über die Bewirtschaftung der Felder. So werde der Boden beispielsweise nie umgegraben. Damit werde nicht nur Arbeit eingespart, sondern auch die Austrocknung der Erde minimiert, was beim oft windigen, heissen Wetter ein wesentlicher Faktor sei. In meiner Unwissenheit wundere ich mich: «Wie in aller Welt bringst du die Samen in den Boden, ohne diesen vorgängig umzugraben?» Albertos Augen erstrahlen. Und er hebt an, die *siembra directa*, die Direktsaat mit der Sämaschine, zu erklären: «Scharfe, rotierende Stahlscheiben schneiden Furchen in den Boden. Direkt hinter diesen Messern sind in der Maschine zwei Öffnungen angebracht. Aus einer fallen die Samen in die Erde und aus der anderen tropft eine wohldosierte Menge Dünger-Fungizid-Gemisch. Die nachfolgenden Rollen schliessen die Furchen wieder, und fertig ist das Werk.»

Satz für Satz von Alberto sehe ich all meine letzthin aufgestiegenen Befürchtungen bestätigt.

Pro Jahr seien je nach angebautem Getreide ein bis zwei Ernten möglich. Vom Säen bis zum Ernten würden sämtliche Arbeitsschritte maschinell erledigt. Zudem würde viel Chemie eingesetzt. Für jede Ernte seien vier vollflächig applizierte Fungizid- und Herbizid-Behandlungen, bei hohem Stand der Pflanzen meist per Flugzeug, notwendig. «Und woher stammt das Saatgut?», frage ich bange. «Sämtliches Saatgut ist genmanipuliert», lautet die wenig erstaunliche Antwort. Alberto aber ist frei von jeglichem Schuldbewusstsein. Ihn quälen keinerlei Gewissensbisse, obwohl er einzig des Geldes wegen Mutter Erde aussaugt und vergiftet und als Mitglied der gefrässigen Grossgrundbesitzer-Gilde durch die Abdrift der mit Flugzeugen versprühten Pestizide immer mehr Kleinbauern vertreibt und zu Landlosen macht. Ganz im Gegenteil. Er und seine Kollegen, die dieses Jahr etwa 45 Millionen Tonnen Soja an die Börse bringen werden, was etwa einem Fünftel der weltweiten Produktion entspricht, sehen sich als Lichtgestalten, als Ernährer der Welt. Ohne ihre Open-Air-Fabriken würde die Menschheit Hunger leiden, sind sie überzeugt.

Wir argumentieren nicht dagegen, erlauben uns aber im Stillen, dezidiert anderer Meinung zu sein. Das Geschwafel über die heilbringende Tätigkeit der Grossgrundbesitzer ist in doppelter Hinsicht heuchlerisch:

Erstens wären diese Leute ohne weiteres dazu bereit, sämtliche Sojastauden zu vernichten und stattdessen auf Nägel zu setzen, wenn diese auf den Feldern gedeihen würden und ihr Anbau gewinnbringender wäre. In die Furchen würden Reissnägel gesät, die dank der richtigen Chemie bestimmt zu breitköpfigen Zimmermannsnägeln anwüchsen. Diese Herren können nur noch begreifen, was sich rechnet, und wissen nicht mehr, was zählt. Sie stehen damit leider nicht allein: Das gesamte Wohlstandsmodell der Industriestaaten basiert auf dem Raubbau der Natur. Die Bedürfnisse von Böden und Grundwasser, aber auch der Kleinbauern werden flächendeckend ignoriert. Der Fokus liegt vordergründig einzig auf der Steigerung der Ernteerträge, effektiv aber auf der Gewinnmaximierung der Weltkonzerne. Dass die Landwirtschaft auch wichtige kulturelle und ökologische Funktionen erfüllen sollte, ist den Mächtigen wohlbekannt, doch nicht von Interesse.

Zweitens werden mindestens vier Fünftel der Sojaernte für die Mästung von Schweinen, Rindern und Geflügel verwendet, was nichts zur Linderung des Hungerproblems beiträgt. Wegen des weltweit steigenden Fleischkonsums hat sich die Nachfrage nach dem extrem proteinhaltigen Soja und damit auch die Produktion in den letzten zwanzig Jahren weltweit verdoppelt, in Argentinien in den vergangenen zehn Jahren gar verdreifacht. Europas Nutztiere grasen gewissermassen auf Argentiniens Feldern. Es ist aber längst kein Geheimnis mehr, dass der Umweg über Tiere zur Herstellung von Nahrungsmitteln völlig ineffizient ist. So werden, um ein Kilo Fleisch zu erzeugen, sieben bis sechzehn Kilo Sojabohnen benötigt. Dieser Aspekt allein genügt einem wachen Geist für die Feststellung, dass Alberto und seine Mitstreiter im Kampf gegen den Welthunger einem System zudienen, das ganz offensichtlich hochwertige Nahrungsmittel vernichtet. Sie selbst verdienen dabei zwar Geld wie Heu, doch musste schon König Midas erfahren, dass man Gold nicht essen kann. Hinzu kommt die langfristige Perspektive: Wie nachhaltig ist diese chemielastige Monokulturproduktion? Wie werden sich Boden und Grundwasser in vierzig Jahren präsentieren? Was sind die Auswirkungen der genmanipulierten Produkte auf Pflanzen, Tiere und Menschen? In den argentinischen Provinzen Córdoba, Santa Fe und Entre Ríos sehen sechzehn Millionen Hektar Land absolut identisch aus: ein Meer von Soja. In diesen sechzehn Millionen Hektar Land findet die Schweiz fast viermal Platz. Eine Fläche, viermal so gross wie meine Heimat, wird pro Jahr achtmal vollflächig mit Chemie besprizt. Dabei liegt Argentinien bei der Sojaproduktion global betrachtet hinter den USA und Brasilien nur an dritter Stelle – mich fasst ein eisiges Grausen! Dieser Sojaboom führt langfristig zu unermesslichen ökologischen und sozialen Missständen. Nur ist dies leider noch lange nicht das Ende der Fahnenstange. Zum Soja-Ozean gesellen sich die Weizen-, Mais- und Erdnuss-Meere ...

Nun sind wir bei der Farm angekommen, in der sich Albertos Urgrosseltern als eine der ersten weissen Siedler dieser Gegend niederliessen. Es wimmelt von Moskitos, doch sind wir von Kopf bis Fuss mit *repelente* eingeschmiert. Alberto beklagt den Zeitgeist: «Es wird von Jahr zu Jahr schwieriger, Leute zu finden, die auf dem *campo* leben möchten. Alle wollen in die Stadt. Ich brauche aber permanente Überwachung meiner Güter, weil mir sonst Gauner alles wegtragen. Schon meine Urgrossmutter musste jeweils mit ihrem ‹Vetterli›, dem aus der Schweiz mitgebrachten Gewehr, langfingrige Indianer verscheuchen.» Tatsächlich sind im Moskitonetz am Küchenfenster noch heute die Löcher der durchgeschlagenen Kugeln sichtbar.

Die Entdeckungsreise führt uns weiter zum Friedhof von Isla Verde, wo die Toten in Mausoleen ruhen. Alberto weiss natürlich, warum das so ist: «Der Grundwasserspiegel liegt zu hoch. In der Erde beigesetzte Leichen würden bei Regen aufschwimmen.» Viele der in Stein gemeisselten Namen wie Bischoff, Stutz, Schneiter, Kellenberger, Schneebeli oder Stegmayer kommen uns bekannt vor: von der «Plazoleta Suiza», dem ersten Halt unserer historischen Safari.

Im Garten von Albertos Villa spielen zwei putzige Berner Sennenhunde, welche auf die Namen Seppli und Greta hören. Und zwei Räume, einer weit wie eine Halle, beherbergen ein hochinteressantes Museum. Unzählige Dinge, die Alberto mit Herzblut zusammengetragen hat, sind liebevoll ausgestellt: vergilbte Fotos von seinen Vorfahren und von dieser Gegend, verschiedenste Vetterli-Gewehre, Möbel, Bücher, Flaschen, Uhren, Geschirr, Werkzeuge, Plattenspieler, Radiogeräte und eine Drehorgel mit gelochten Metallplatten so gross wie Sägeblätter. Selbstverständlich könnten wir beim Stadtpräsidenten Alberto Arnoldo Bischoff, seiner Frau, den zwei Mädchen und Seppli und Greta die Nacht verbringen, doch verabschieden wir uns nach über fünf Stunden und reisen in der warmen Spätnachmittagsluft weiter.

In Cruz Alta steht die alte, steinerne Kirche vor dem Hintergrund der in der Abendsonne glänzenden, sie weit überragenden Getreidesilos und wirkt hoffnungslos antiquiert. Nicht mehr die Gotteshäuser sind hier Kristallisationspunkte für Dorfgemeinschaften, sondern diese blechernen Zeugen des argentinischen Kapitalismus, die wir «Kirchen» nennen.

Im *hospedaje* von Armstrong nerven uns zwei Dinge: Die Türfalle ist derart stupid platziert, dass man sich die Finger am Türrahmen wund schlägt. Und beim Duschen fliessen mindestens vierzig Liter wertvolles Wasser ungenutzt in den Ablauf, bis die Temperatur stimmt und man sich weder verglüht noch etwas abfriert. «Was nicht vergiftet wird, muss verschwendet sein!», zürne ich. Ich bin am Kritteln und Meckern wie eine alte Vettel, wahrscheinlich als Nachwirkung der erschütternden Erkenntnisse über die neue Soja-Religion. Im Canal Rural laufen zu allem Überfluss Werbungen für Sämaschinen ...

Wieder unterwegs, greift uns der Wind schon bald kräftig unter die Arme, und wir segeln Schwalben gleich über den Asphalt. Nur schnappen wir nicht nach Mücken, sondern diese nach uns. Die Wolken stechen in selten gesehener Klarheit vom Blau des Himmels ab. Südlich von Santa Fe wird viel Gemüse angepflanzt. Berühmt im ganzen Land ist die Gegend aber wegen der Erdbeerplantagen. Durch die gelochten Plastikbahnen auf den Äckern lugen zurzeit erst die Setzlinge. Diese Art von Landwirtschaft ist arbeitsintensiver als die Viehzucht, und als die Getreidefabrikation sowieso. Wie mir der Hotelangestellte an jenem Nachmittag in Sarmiento erzählte, seien seine argentinischen Landsleute allesamt träge und faul. So ist es nur logisch, dass vor den windschiefen Holzhütten im Unterholz zwischen Strasse und Äcker brasilianische Arbeiterfamilien hausen. Auf den lehmigen Böden um die Bretterbuden liegen faulige Pfützen. Es wimmelt geradezu von verlausten, in Lumpen gekleideten Kindern. Und Frauen betrachten uns aus verhärmten Gesichtern. Der Anblick dieser ausgebeuteten und ausgemergelten Leute, die mit Sicherheit für einen Hungerlohn hart schuften und keinerlei Sozialleistungen empfangen, da sie schwarz angestellt und sich womöglich illegal im Land aufhalten, für die Drecksarbeit aber gut genug sind, schnürt mir das Herz zusammen. Die einzelnen Leute, die wir in Argentinien antreffen, sind von einer Herzlichkeit, die ihresgleichen sucht. Wie aber mit mittellosen Menschen, mit der Umwelt und mit den Tieren umgegangen wird, ist schlicht abstossend. Wie passt das nur zusammen?

In Sauce Viejo rasten wir in einer Bar, in der Teenager in Videospiele vertieft sind und ein Poolbillardtisch auf Spieler wartet. Um das WC benützen zu können, muss man beim Barkeeper nicht etwa den Schlüssel, sondern die Türklinke verlangen – welch origineller Einfall! Zwischen uns und Santa Fe, einer der ältesten Städte Argentiniens, will der Funke nicht springen. Wir ziehen gleichentags weiter. Im hügeligen, grünen, modernen und frisch wirkenden Paraná, der Hauptstadt der Nachbarprovinz Entre Ríos, gefällt es uns auf Anhieb besser.

Am Rand des Dorfs mit dem schönen Namen Spatzenkutter decken wir uns beim Verkaufsstand von Gustavo Schönfeld mit Gemüse ein. Gustavo ist ein Nachkomme von Wolgadeutschen. Er spricht zwar selbst weder Deutsch noch Russisch, doch ist er sehr an seinen Wurzeln interessiert. Engagiert berichtet er über das wechselvolle Schicksal seiner Vorfahren und über die Gründe für die Immigration seiner Ahnen: «Unter den Reformen von Alexander II gingen die Wolgadeutschen ihrer von Katharina der Grossen verliehenen Sonderrechte verlustig und galten als eine Art unliebsamer Fremdkörper im Russischen Reich. So begann eine Auswanderungswelle, die meine Vorfahren 1878 in Argentinien an Land spülte. Sie liessen sich hier im fruchtbaren Entre Ríos nieder. Unter grossen Entbehrungen bauten sie sich eine neue Existenz auf, stets bedroht von den Wilden. Einen zweiten Einwanderungsschub hierhin löste der Überfall der Nazis im Zweiten Weltkrieg auf die Sowjetunion aus. Denn die noch etwa 400000 in Russland verbliebenen Wolgadeutschen wurden der kollektiven Kollaboration bezichtigt. Um der drohenden Deportation nach Sibirien zu entgehen, suchten viele ihr Heil in Südamerika.» Bei Gustavos Ausführungen fällt uns auf, dass genau gleich wie in den Erzählungen des Stadtpräsidenten Bischoff über das Los der Schweizer, mit keiner Silbe dem himmeltraurigen Schicksal der Ureinwohner dieser Scholle gedenkt wird. Als würde selbst erlittenes Unrecht neues Unrecht gegen andere rechtfertigen. Dass ihre Ur- und Grosseltern am Genozid der *indígenas* mindestens mitschuldig waren, wird nur in einer für sie geniessbaren Form angedeutet: In Heldenerzählungen über «mutige Pioniere», welche den «räuberischen Wilden» mit dem «Vetterli» in der Hand die Stirn boten.

In Diamante überprüfe ich im Patio unserer Unterkunft meine Hinterradfelge, denn beim Bremsen spürte ich heute immer wieder Schläge in den Fingern. Und siehe da: Die Felgenflanken sind an einigen Stellen ausgebaucht, weil dort der Felgenboden in tangentialer Richtung, von Speichenloch zu Speichenloch, vollständig durchgerissen ist. Seit exakt 17503 Kilometern, also seit Santee, in der Nähe von San Diego, war diese Felge nun im Einsatz. Es waren bestimmt die paar Kilometer auf dem himmellausigen Asphalt nach Río Cuarto, die der seit längerer Zeit angeschlagenen Felge den Todesstoss versetzten. Während Bea das Zimmer einrichtet und das Abendessen kocht, bastle ich stundenlang mit unserer Ersatzfelge aus Belize-City ein neues Rad – versuche es wenigstens. Irgendwann, kurz vor Mitternacht, nachdem auch Bea keinen Rat weiss, bleibt uns nichts anderes mehr übrig, als konsterniert festzustellen: «Wir hatten seit mehr als zwölftausend Kilometern eine ‹Placebo-Ersatzfelge› dabei!» Gegen den ungünstigen Querschnitt der Felge ist kein Kraut gewachsen. Ihr Profil ist derart hoch, dass die Speichennippel nur noch etwa einen Drittel ihrer Länge über den Felgenflansch hervorgucken. Damit ist die Angriffsfläche für den Speichenschlüssel zu gering, was beim Zentrieren des Rads zu ständigem Abrutschen des Werkzeugs und letztlich zur Zerstörung sämtlicher Nippel führt. Nicht auszudenken, wir hätten in Guatemala, auf den peruanischen Andenpässen, auf dem bolivianischen Altiplano oder in der patagonischen Pampa nach einem Felgenbruch feststellen müssen, dass unsere mitgeführte Reserve nichts taugt! Hier in der zivilisierten Welt kostet uns die unverzeihliche Liederlichkeit bei der Auswahl der Felge in Belize-City lediglich hundert Kilometer Busfahrt und ein paar Peso – da haben wir wahrlich wieder einmal Schwein gehabt!

Auf der Weiterfahrt weitet sich der Blick ab und zu über den Río Paraná, der mir breit wie ein Meer erscheint. Und immer wieder stinkt es derart von Dünger aus den Feldern, dass ich mich geradezu nach den vergleichsweise harmlosen Ausdünstungen der Stinktiere der Pampa zurücksehne, wenn es denn schon miefen muss. Auf der Stelle würde ich ihre nach verfaultem Knoblauch riechenden Selbstverteidigungssalven gegen diese Chemiekeulen eintauschen. Viel mehr aber betäubt uns der «riechnervtötende» Gestank der verwesenden Kuhleiber, die zuhauf unter der tristen, tiefhängenden Wolkendecke neben der Strasse liegen. Zum Teil spannt sich ihr Fell nur noch über das von den Geiern ausgehöhlte Gerippe. Etliche aufgedunsene Kadaver treiben auch in Tümpeln neben dem Strassendamm.

Als in Victoria um Mitternacht ein heftiger Gewitterregen auf die Erde niedersaust, räkeln wir uns wohlig im Bett. Noch am Morgen hängen schmutzige Wattebäusche regenträchtig am Himmel. Schlammige Erde und Steine von den nicht befestigten Querstrassen liegen an den Kreuzungen auf dem Asphalt der Hauptachse. Bereits lösen sich wieder dicke, schwere Tropfen aus den Wolken. Bis nach Gualeguay liegen die meisten Felder und Wiesen unter Wasser. Da und dort haben Gauchos ihre Rinder zusammengetrieben und lassen sie neben der Strasse grasen. Alle paar Kilometer sticht uns der pestilenzialische Gestank verwesender Kuhkadaver in die Nasen.

Auch Gualeguay verlassen wir unter drohend grauem Himmel. Für gut vier Kilometer gehts hart gegen den Wind auf einem Damm, der uns durch sumpfige oder überflutete Ebenen trägt. Später grasen Rinder auf eng abgesteckten Flächen direkt neben der Strasse, und die Gauchos sind auch nie weit: entweder hoch zu Pferd oder auf einer Wiese dösend. Der Himmel verdunkelt sich zusehends, bis er durch einen neongrellen Blitz erhellt und zerteilt wird. In der Gegend des vor uns liegenden Larroque schlägt er ein. Ein krachender, in der Magengrube nachhallender Donner folgt auf den Fuss. «Wann haben wir den letzten Blitz gesehen?», versuchen wir uns zu erinnern. Doch schon werden selbst Gedanken weggeschwemmt. Mit der Intensität des indischen, thailändischen und malaysischen Monsunregens sowie des japanischen Augustregens in Shiratori zusammen brechen ungeahnte Wassermassen aus den Wolkenschiffen. Innerhalb von wenigen Sekunden verwandelt sich die Strasse in eine trübe Lagune und unasphaltierte Seitenwege sind nicht mehr passierbar. Die Güsse des sintflutartigen Niederschlags durchnässen uns porentief und zwängen sich selbst in den engen Spalt zwischen Stirn und Velobrille. Die hart aufschlagenden Tropfen lassen Äderchen in unseren Augen platzen. Mit zusammengekniffenen Lidern und verschwommener Sicht verstärken wir den Druck auf die Pedale und setzen unsere Hoffnung für einen Unterstand auf den Tankstellenshop an der Kreuzung zu Larroque.

Tatsächlich gewinnen im dichten Vorhang des Regens die Umrisse einer Zapfstelle an Schärfe. Doch will es der Teufel, dass exakt diese Tankstelle, als eine von tausend, über kein Café, ja nicht einmal über einen windgeschützten Unterstand verfügt. Der Wettergott gibt sich keine Blösse. Noch immer schüttet es schauderhaft und uns wirds kalt. Gegenüber lockt ein Schild, auf dem «*comedor*» geschrieben steht. Leider aber sind die Rollläden heruntergelassen. Zudem wäre der unbefestigte Platz davor ohnehin unüberwindbar für uns. Wir würden im Schlamm steckenbleiben. Also radeln wir auf der Suche nach einem Restaurant, einem Kiosk oder auch nur einem tauglichen Unterstand ins Städtchen hinein. Selbst auf der Hauptstrasse verschwinden unsere Räder zum Teil nabentief in den braunen Bächen, welche den schlaglöchrigen Asphalt queren. Es dauert ein hübsches Weilchen, bis wir Unterschlupf finden: in einer Bar voller Fliegen.

Um wieder warm zu kriegen, streifen wir uns von Kopf bis Fuss trockene Kleider über. Allein aus den Socken winde ich mindestens einen Liter Regenwasser. Der zornige Himmel zieht noch immer mit unvermindertem Elan seine Grimassen, zündet flammende Blitze, die in grollende Donner münden, und spuckt Sturzbäche auf die Erde, während wir bereits zu einem Bier und schmalziger Musik aus der Jukebox unseren delikaten Mittagstopf geniessen. Aber nach zwei Stunden werden wir aus dem trockenen Hort verbannt, weil die Siesta eingeläutet wird. Diese ist ganz offenbar heiliger als die Barmherzigkeit uns gegenüber. Schon rattert hinter unseren Rücken schroff der metallene Rollladen ins Schloss. Das Trommelfeuer der Regentropfen auf das löchrige, vom Rost zerfressene Vordach des Lokals ist ungebrochen. Wir setzen uns auf unsere guten, alten Klappstühle und warten genau gleich wie die zwei Hunde neben uns auf bessere Zeiten, die aber nicht kommen. Auf wunderliche Weise schafft es der Himmel, seine düstere, nur durch zuckende Blitze jeweils kurz aufgehellte Fratze immer noch mehr zu verfinstern. Nach einer weiteren Stunde entscheiden wir uns, heute nicht mehr das um die drei Fahrstunden entfernte Gualeguaychú anzupeilen, da sich zu den Gefahren des Blitzschlags nun auch jene der drohenden Dunkelheit gesellen. Beim Busticket-Verkaufsstand gegenüber bringt Bea in Erfahrung, dass es an der Landstrasse vorne, wenige Kilometer nach der Tankstelle ohne Café und Unterstand, ein kürzlich eröffnetes Hotel gibt. Nach einem erneuten Ruck des Stundenzeigers lassen kurzfristige himmlische Entladungshemmungen zu, dass wir uns aus dem Schutz des Städtchens wagen können. Wir verabschieden uns von den zwei Hunden, die noch immer zusammengekringelt in einer Nische liegen und uns mit müden Augen zuzwinkern.

Schon spiegeln sich unsere vom strömenden Regen verschmierten Umrisse in der gläsernen Eingangstür des Hotels. Der Velocomputer zeigt an dieser Stelle exakt 49000 Gesamtkilometer an. Zuvorkommend eilen zwei Angestellte herbei und helfen uns, das triefend nasse Gepäck ins gepflegte Zimmer zu tragen. Unter jeder Tasche bildet sich rasch eine Wasserlache auf den Fliesen. Nun stellen wir das Warmluftgebläse auf dreissig Grad ein, entledigen uns der schwer und klebrig an uns hängenden Kleider, waschen sie zusammen mit einer älteren Garnitur von Hand im Bad, spannen ein dichtes Schnurgeflecht, stopfen alte Zeitungen in die aufgequollenen Schuhe, fixieren die gewaschenen Stücke mit Wäscheklammern am Zwischenhimmel und lassen darüber den Deckenventilator mit maximaler Geschwindigkeit rotieren. Alle paar Minuten reiben wir mit einem Lappen den steinernen Boden trocken, auf dessen kühler Oberfläche die mit Wasserdampf gesättigte Luft stets von neuem literweise Wasser ausscheidet. Als wir schliesslich auf dem Bett liegen und zwischen den im Luftzug tanzenden Wäschestücken hindurch einen Spielfilm schauen, springt ein klitzekleiner Frosch auf die Bettdecke, und am Fenster flimmern die Blitze, die nun schon seit zehn Stunden ununterbrochen am Himmel züngeln. Unsere Füsse sind ganz schrumplig, steckten sie doch erst in überfluteten und dann stundenlang in feuchten Schuhen.

Am Morgen ist die Wäsche trocken. Auch der Regen ist versiegt. Im Frühstücksraum begrüsst uns der einzige andere Gast mit «*Good morning!*». Es ist ein um die siebzig Jahre alter, rüstiger Argentinier, der perfekt Englisch spricht. Er tafelt neben uns und erzählt seine interessante Geschichte, welche das Potenzial hat, die in aller Munde geführte Tellerwäscherkarriere in Vergessenheit geraten zu lassen. In Zukunft wird es vielleicht «*Chickenkiller career*» heissen: «Ich wuchs hier in der Nähe auf und schlug mich mit verschiedenen Gelegenheitsjobs durch, bis ich mit 33 Jahren bankrott ging. In jener Zeit lernte ich eine kanadische Frau kennen. Wir heirateten und

wanderten in ihr Heimatland aus. Dort verdingte ich mich als Reiniger von Hühner-
ställen. Dabei lernte ich nicht nur Mist wegzuschrubben, sondern auch wie man
Hühner tötet. Heute bin ich der Besitzer der drittgrössten *Chicken-Killing-
Company* von Kanada.» Hier, in der Nähe seiner einstigen Heimat, kaufte er vor ein
paar Jahren einige hundert Hektar Land und betreibt gewissermassen als Hobby
Rinderzucht und Sojaanbau. Nun muss er sich aber im Hotel einige Tage gedulden,
bis sein Land wieder zugänglich sein wird. «Im Moment käme selbst der stärkste
4x4-Wagen nicht durch den Schlamm», meint der Herr mit einem Lächeln. In der
Zeitung, die neben seinem Teller liegt, lese ich die Schlagzeile «Jahrhundertnieder-
schläge forderten allein in der Provinz Entre Ríos das Leben von 27000 Stück
Vieh». Ich zeige bestürzt mit dem Finger auf diese ungeheuerliche Nachricht und
frage den *Chickenkiller*: «Welch Desaster, ich kann das nicht fassen! Wäre es nicht
möglich gewesen, all die Tiere vor dem Ertrinken zu bewahren?» – «Die Rinder
sind nicht ersoffen, sondern kläglich verhungert», korrigiert mich der Herr. «Verhungert?» – «Ja, verhungert! Habt ihr auf eurer Fahrt nicht gesehen, wie die Gauchos ihre Herden zum Strassendamm treiben? Das ist der allerletzte Strohhalm, um
die Tiere vor dem Hungertod zu retten. Meist zögert diese Massnahme das Unaus-
weichliche aber nur wenige Tage hinaus. Denn sobald auch diese schmalen, nicht
überfluteten Streifen abgegrast und von den Hufen in einen braunen, schlammigen
Acker verwandelt worden sind, bleibt kein Futter und damit keine Hoffnung mehr.»
Als hätte er unsere Gedanken gelesen, fährt er fort: «Hier in Argentinien ist es nicht
üblich, Futtermittel wie beispielsweise Heu zu lagern. Die Rinder müssen sich die
Nahrung auf den Weiden suchen. Wenn die Wiesen durch lukrativere Sojafelder in
ihrer Fläche reduziert sind und die übriggebliebenen grösstenteils unter Wasser stehen, gibts ganz einfach nichts mehr zu kauen für die Tiere. Und Geld, um Futter einzukaufen, ist schlicht nicht vorhanden. Das heisst, der Wille, um mit dem vorhandenen Geld Futter einzukaufen, ist nicht vorhanden.» – «Auch Ihre Ländereien sind
überschwemmt. Wie viele Rinder haben Sie in diesen Wochen verloren?», will Bea
wissen. «Nicht ein Stück», lautet seine erstaunliche Antwort. «Ich bin mir der Verantwortung den Tieren gegenüber bewusst, beherrsche mein Metier und denke langfristig. Das ist bei den hiesigen Bauern anders; wegen mangelnder Ausbildung oder
aber wegen schlichter Gleichgültigkeit. Der argentinische Staat hat aber auch kein
Interesse an ausgebildeten Bürgern. Wie sonst ist es zu erklären, dass zum Beispiel
hier in der Provinz Entre Ríos ein Lehrer nur die Hälfte eines Traktorfahrers verdient?» Bevor wir uns vom umsichtigen *Chickenkiller* verabschieden, meint er auf
meine Frage bezüglich all der in der Landwirtschaft eingesetzten Gifte: «Ja, da machen wir keinen guten Job! In Kanada und den USA ist es leider exakt dasselbe.»

Die Seitenstrassen sind tief verschlammt oder noch unter Wasserflächen versteckt,
in denen sich die ausgewrungenen Wolken spiegeln. Bei jeder Pedalumdrehung spü-

ren wir ein Vibrieren in den Fusssohlen. Die kombinierte Beanspruchung der letzten
Tage mit Düngermatsch, chemieverseuchten Ausschwemmungen aus den Feldern,
Regen und Sand hat Ketten und Ritzeln nicht behagt. Sie sind voller Rostflecke, greifen nicht mehr reibungslos ineinander und quietschen markerschütternd. So rollen
wir in die Stadt mit dem klingenden Namen Gualeguaychú ein. Ich bilde mir ein, sie
müsse irgendein Mysterium hüten, vermag es aber nicht zu lüften.

Uruguay liegt nur noch dreissig Kilometer entfernt. Seit Wochen heisst es aber in
der Presse, dass die Strasse über den Grenzfluss für jeglichen Verkehr durch einen *corte*, eine Strassensperre, von Umweltaktivisten blockiert werde. Bevor wir den mindestens zweihundert Kilometer langen Umweg über die weiter nördlich gelegene
Grenzbrücke Colón-Paysandú unter die Räder nehmen, versuchen wir erst bei der
Stadt- und dann bei der Bundespolizei in Erfahrung zu bringen, ob wir den Puente
International General San Martín zum uruguayischen Fray Bentos hinüber tatsächlich nicht passieren können. Mehr als unwissendes, vielleicht auch resigniertes Schulterzucken haben uns diese staatlichen Helfer aber nicht zu bieten. Ein ergrauter
Chefbeamter mit zahlreichen Streifen am Hut wirft immerhin ein, es käme einzig auf
die Laune der Demonstranten an, ob wir die Blockade durchbrechen können. Sonnenklar sei aber, dass wir die Brücke nicht per Rad queren dürften. Das sei seit ihrer
Erstellung vor dreissig Jahren untersagt. Vor dem Amtshaus meint ein Taxifahrer,
unser Vorhaben sei zum Scheitern verurteilt, weil die Aktivisten knallhart seien und
erst wieder Leute nach oder von Uruguay durchliessen, wenn in Fray Bentos die Arbeiten an der Papierfabrik der finnischen Unternehmung Botnia eingestellt würden.

Genug gehört, morgen werden wir selbst sehen!

Ein bissig kalter Wind hat die Wolken über Nacht weggefegt und lässt uns bibbern,
als wir von der Brücke über den sonst nicht sehr breiten Río Gualeguaychú weite
Gebiete überblicken, die überflutet sind. Von einem Weiler sind nur noch die Dächer
der Häuser zu sehen, der Rest ist vom Wasser geschluckt. Die mit allerlei Unrat behängten Baumkronen zeugen davon, dass der Wasserspiegel vor kurzem höher stand.

Beim Weiler Arroyo Verde halten uns drei Uniformierte auf und verlangen unsere
Ausweispapiere. Wir haben schon eine geraume Weile mit ihnen geplaudert, als wir
realisieren, dass wir hier bereits vor dem berüchtigten *corte* stehen. Da vorne sind sie
also, die Umweltaktivisten, über die wir in letzter Zeit so viel Schlechtes vernommen
haben: Frauen mit hellen Augen, mit Babys in den Armen und mit Kindern an der
Hand sowie alte Männer. Keine brennenden Autoreifen. Keine Steinblöcke oder
Holzbalken auf dem Asphalt verstreut. Nur ein geräumiges Zelt mit Tischen und
Bänken, ein mit «*Fuera Botnia*»-Transparenten behängter alter silberner Bus und
ein geschlossener Schlagbaum. Wir werden überaus freundlich in Empfang genommen und über ihren Kampf «für das Leben», wie sie ihn nennen, informiert. Schon

seit über drei Jahren setzen sie sich gegen den Bau und Betrieb der Fabrik ein. Jedoch erst seit November letzten Jahres werde die Strassensperre permanent aufrechterhalten. Diese Leute, die für ihre Überzeugungen geradestehen und kämpfen und dabei grosse Entbehrungen in Kauf nehmen, verdienen unseren Respekt. Wie sie aber mit von der Realität abgelösten Floskeln für ihr Anliegen argumentieren, will es mir scheinen, als würden die Fäden an einem anderen Ort gezogen. Diese Vorhut der «guten Bürger» wirkt in ihrer grossherzigen Naivität manipuliert. Mit einem vielstimmigen «*Que les vaya muy bien!*» werden wir von den streitbaren guten Menschen von Arroyo Verde verabschiedet. Die leicht hügelige, oft bewaldete, ansonsten vollflächig mit Sojafeldern bepflanzte Gegend ist voller Liebreiz, und doch werden uns die folgenden zehn Kilometer zur Hölle.

Die Luft ist mit unerträglichem Leichengeruch gesättigt. Ungezählte Rinderkadaver liegen im Sumpf und stinken zum Gotterbarmen. Schon seit Tagen stecken hier Gauchos auf den schmalen Wiesenstreifen zwischen Asphalt und Sojafeldern immer wieder Fressplätze ab, auf denen sie ihre dicht zusammengepferchte Herde so lange weiden lassen, bis auch das letzte Grashälmchen weggeputzt ist und nur noch eine matschige, braune Fläche übrigbleibt. Keines der Tiere kriegt dabei genügend Nahrung. Während sich die robusten Naturen aber trotz dem Mangel relativ gut halten, schwinden bei anderen von Stunde zu Stunde die Kräfte. Ihre zitternden Beine knicken ein, und wenn der Cowboy seine Herde in den angrenzenden, noch grünen Wiesenstreifen treibt, bleiben sie zurück, alleine ihrem Schicksal überlassen. Durst und Hunger lässt sie quälend langsam dahinsiechen und schliesslich sterben. Die Gauchos sind zu faul, zu dumm oder zu geizig, den Tieren wenigstens den Gnadenschuss zu versetzen. Ihr Herz blutet nicht, ihre Tiere im Morast jämmerlich verenden zu sehen. So sehr sich mir auch der Magen umzustülpen droht, kann ich mich kaum lösen von diesem schauderhaften Anblick. Ganz ruhig und still liegt wenige Meter unter uns ein todgeweihtes Rind. Wie in Zeitlupe hebt es den Kopf, schlägt kurz die Augen auf und sinkt wieder in sich zusammen. Von anderen Opfern lugen nur noch die aufgedunsenen, leblosen Leiber aus der sumpfigen Erde – sie haben das Leiden schon hinter sich. Eines der Tiere ist nach seinem letzten Schritt auf den Drahtzaun gefallen. Ein Bein ragt deshalb schräg vom Rumpf abstehend wie anklagend in die Luft. Ab und zu zuckt es noch. Dahinter wehen die Sojastauden im Wind. Und umgeben von saftigen Bäumen zeigt sich die Fassade eines herrschaftlichen Gutshauses. Vor meinem inneren Auge sehe ich in jenem Gebäude einen fetten Geldsack. Mit geiferndem Mund macht er sich über einen *asado* her. An die Wand projiziert ist der Börsenkurs für Sojabohnen – er steigt in astronomische Höhen. Blanker Zorn, aber auch geballte Hilflosigkeit übermannt mich.

Wir müssen weiter, das ist nicht zum Aushalten! Aber um zu radeln, benötigen wir Luft mit Sauerstoff – geboten wird Brechreiz auslösender Geruch von Fäulnis und Verwesung, hinterlegt mit reiner Dekadenz. Also verzichten wir einfach aufs Atmen. Die Beine bewegen sich von selbst.

Nachdem eine letzte, in derartiger Intensität noch nie erlittene Gestanksoffensive dreier von tiefen Wunden schwärenden Kuhkadavern überstanden ist, erreichen wir endlich die vermeintlich völlig verwaisten Grenzgebäude. Beim Checkpoint vor der Brücke verdrücken wir im kalten Wind lustlos Zwieback und Käse und versuchen das eben Erlebte einzuordnen, doch fehlen uns die Worte. Diese Grässlichkeit schwebt einsam und hilflos im Erfahrungsraum; keine Schublade will sie aufnehmen, keine Etikette vermag daran zu kleben.

Matt und benommen hängen wir düsteren Gedanken nach, da wächst plötzlich ein Uniformierter aus dem Boden, der uns mitteilt: «Auf dem Velo dürft ihr die Brücke nicht überqueren, ‹ *tracción a sangre* › ist strengstens verboten. Gegen dreizehn Uhr wird aber vermutlich ein Camion kommen, auf den ihr aufspringen könnt.» Ich schiebe mir weiter mechanisch wie in Trance Nahrungsmittel in den Mund. Durch das langsame Kauen quellen sie auf und drohen den Hals zu verstopfen. Als auch zehn Minuten nach der angegebenen Zeit noch kein Lastwagen vorgefahren ist, rollen wir weiter bis zum letzten Gebäude vor der Brücke und schellen einen anderen Beamten aus dem Haus. Auch dieser junge Mann versteift sich auf den Buchstaben des Gesetzes und beharrt selbst jetzt, wo absolut kein Verkehr über die Brücke rollt, der uns oder dem wir gefährlich werden könnten, trotzig auf dem Velofahrverbot. Vom Regelbuch abzuweichen, liegt ganz offensichtlich nicht in seinem Machtbereich. Also bitten wir ihn, seinen Vorgesetzten zu kontaktieren, der sich im offiziellen Grenzgebäude auf der anderen, der uruguayischen Seite der Brücke befindet. Selbst erleichtert und entsprechend strahlend, teilt er uns nach dem Telefonat feierlich mit, dass wir hiermit die Sondererlaubnis erhalten, bis exakt zum Scheitelpunkt der fast sechs Kilometer langen Brücke zu fahren. Danach werden wir uns auf dem Territorium des Nachbarlandes befinden und die Ermächtigung für unser gesetzloses Tun beim uruguayischen Zuständigen a posteriori einholen müssen.

Das ist also geritzt! Zufrieden und auch ein wenig stolz, zwei als unüberwindbar geltende Hürden gemeistert zu haben, begeben wir uns nun mit unseren «von Blut durchwallten Wesen angetriebenen Fahrzeugen» auf den Puente International General San Martín.

Uruguay, 7. bis 14. Mai 2007

Auf dem Scheitelpunkt der Brücke, also exakt auf der Landesgrenze, geniessen wir in aller Ruhe den sich bietenden Ausblick. Wir müssen lediglich darauf achten, von den Böen in dieser luftigen Höhe nicht umgehauen zu werden. Träge wälzen sich unter uns die braunen Wassermassen des Río Uruguay durch das breite Flussbett. Die Papierfabrik von Botnia ist ganz nah und überrascht mit ihren gewaltigen Dimensionen. Sie befindet sich in der letzten Bauphase.

Beim Zoll, der Immigration und bei der Zahlstelle für die Brückenpassage scheinen alle so zu arbeiten, als gäbe es gar keinen *corte*, als müssten täglich tausende von Autos abgefertigt werden. Die nicht wegzuleugnende Tatsache, dass es für all diese Leute, ausser in Spezialfällen wie wir einen darstellen, seit Monaten und auch in absehbarer Zukunft schlicht nichts zu tun gibt, wird in grotesker Weise ignoriert. Die Mate trinkenden Argentinier entlassen uns aus ihrem Land, und ihre Brüder und Schwestern, die Mate trinkenden *Uruguayos*, empfangen uns ohne Schelte für den motorlosen und damit gesetzeswidrigen Einmarsch in ihr Territorium.

Bevor wir uns auf den Sattel schwingen können, klaut uns ein höchst unsympathischer Reporter mit dem dümmsten Interview, das wir je gewährt haben, einige Minuten. Seine Fragen sind derart sonderbar, dass sie eigentlich gar keiner Antwort bedürfen. Trotzdem schenken wir dem späteren Publikum ein paar Sätze, die es vielleicht interessieren könnte.

Froh, diesem selbstgefälligen, aufgeblasenen Gecken entronnen zu sein, radeln wir nun auf der gepflegten Ruta 2. Sie wartet mit asphaltiertem Seitenstreifen auf und ist von zierlichen Bäumen in kurzgeschorenem Rasen flankiert. Als wir auf der anderen Seite des von ungeheuren Wassermassen angeschwollenen Río Negro die Stadt Mercedes erblicken, halten wir inne und reiben uns die Augen: Die ufernahen Häuserreihen sind vollständig überflutet. Die Brücke aber ist noch in tadellosem Zustand und bringt uns in die trockenen Quartiere. Hier herrscht auf den schmalen, mit Kopfsteinpflaster befestigten Gassen die emsige Betriebsamkeit eines pulsierenden Städtchens im Normalzustand. Nichts deutet darauf hin, dass für die tiefer liegenden Zonen der Notstand ausgerufen wurde. Offenbar wurden die Uferbezirke auf Ansage geflutet. Diese Annahme bestätigt die Dame, die uns ein Zimmer für die nahende Nacht vermietet: «Der Damm eines flussaufwärts gelegenen Stausees drohte nach den sintflutartigen Niederschlägen der letzten Wochen zu bersten. Aus diesem Grund wurden um die tausend Bewohner von Mercedes aufgefordert, ihre Häuser zu verlassen. Vor zwei Tagen wurden die Schleusen des Stauwerks schliesslich geöffnet. Der Wasserspiegel des Río Negro steigt seither stündlich an.» Im Geschäft direkt neben dem Hotel kaufen wir nicht nur Gemüse und Früchte, sondern auch zwölf Liter Wasser, denn in den Nachrichten heisst es, eben sei die Trinkwasserversorgung von Mercedes zusammengebrochen und das Leitungswasser ab sofort ungeniessbar.

Am bitterkalten Morgen meldet der Nachrichtensprecher, dass in Durazno, einer nicht weit von hier gelegenen Stadt, wegen Überschwemmungen siebentausend Leute evakuiert worden seien. Auch bei uns ist der Flusspegel weiter gestiegen. Um Mercedes trockenen Fusses verlassen zu können, müssen wir die Fahrräder über einen steilen Fussweg zur Hauptstrasse hochschieben, denn unsere gestern noch unversehrte Einfahrtsstrasse steht jetzt einen halben Meter unter Wasser. Die wellige Landschaft mit den rostroten Amaranthfeldern und den Pinienhainen zwischen den saftig grünen Kuhweiden ist durchaus einnehmend, doch fehlen auch hier die «Super-Futter-Soja-Meere» nicht. Balsam für unsere Seelen ist aber, dass keine toten Kühe im Strassengraben liegen. Nicht viele Autos sausen an uns vorbei, doch sind ihre Spuren unverkennbar: Auf dem Asphalt kleben nämlich zwei Füchse, vier Hunde, ein Hase, Stinktiere und Maulwürfe.

Im Dorf Rodo würden wir gerne den kräftig blasenden, kühlen Gegenwind ins Leere pusten lassen und uns in ein Hotel verkriechen, doch gibt es hier keine Unterkünfte. Dafür erzählt uns ein Herr in weisser Schürze, ein Lehrer, was das so geheimnisvoll klingende Wort «Uruguay» bedeutet: «Fluss der bunten Vögel.» Er kann es kaum glauben, dass uns die Demonstranten bis zur Grenzbrücke vorstossen liessen. Die argentinischen Umweltaktivisten haben hier in Uruguay den Ruf, extrem militant und kompromisslos zu sein. In bereits tiefer Nacht retten wir uns in Cardona vor der Kälte in eine Absteige. In diesem Loch liegt die Temperatur immerhin bei dreizehn Grad.

Nach dem Frühstück fragen wir einen Mitgast, der genau gleich riecht wie die alten Kissen aller üblen Unterkünfte der Welt, die wir jeweils vor dem Schlafengehen auf den Kasten werfen, nach dem attraktiveren der zwei möglichen Wege nach Montevideo. Er empfiehlt uns die hügeligere Strecke über San José de Mayo, die wir sogleich unter die Räder nehmen. Schon bald hält vor uns ein Wagen, dem ein älteres Paar entsteigt. Die Frau stürmt mit einem seligen Lächeln im Gesicht auf uns zu, schliesst uns fest in die Arme und drückt uns einen warmen Kuss auf die eiskalten Wangen. «Kennen wir die? Nein!» Gestern hätten sie im Nationalfernsehen ein Interview mit uns gesehen, meint Alicia, die liebenswürdige Frau. Ihr hager aufgeschossener Mann Herbert gibt ein paar schweizerdeutsche Sätze zum Besten, die ihn seine Mutter lehrte und die er nie mehr vergessen hat. Das Ehepaar Butkovich lebt im Dorf Colonia Suiza, auch Nueva Helvecia genannt, und lädt uns zu sich nach Hause ein: «Ihr müsst unbedingt zu uns kommen. Wir haben Essen und Betten und alles, was ihr benötigt.» Sehr gerne werden wir diesen beiden einen Besuch abstatten, wenn wir von Montevideo nach Colonia del Sacramento unterwegs sein werden. Mit derselben Herzlichkeit wie unser kurzes Treffen begonnen hat, werden wir verabschiedet. Sie folgen nun dem Schild «*piernas*», das sie zum Orthopäden führt; Herbert braucht nämlich ein neues Bein. Und wir schwingen uns wieder auf die Sättel.

Weiter vorne steht ein Paar am Strassenrand. Diese zwei Bauersleute warten nicht etwa auf einen Bus, sondern auf uns. Auch sie haben TV geschaut und wollen uns alles Gute wünschen. Nach nettem Schwatz kommen wir erneut nicht weit: Ein Jeep stoppt vor uns. Palmira und Sergio heissen uns in Uruguay willkommen, schiessen ein Bild mit uns zusammen und teilen uns ihre Telefonnummer mit für den Fall, dass wir je Hilfe bedürften. Aus den Kronen der Eukalyptusbäume schmettern die bunten Vögel ihre Lieder und über die nach unserem Massstab vernünftig kleinformatigen Felder streicht der Wind. Im Dorf Ismael Cortinas winken uns nicht nur Autofahrer, sondern auch zahlreiche Schulkinder zu, die uns aus dem TV kennen. *« Mira, los ciclistas suizos!»*, hören wir allenthalben. Wir wundern uns, wie unser leidiges Interview von der Grenzbrücke ein derartig positives Echo auslösen konnte. Was hat dieser sonderbare Reporter nur daraus gemacht?

Jorge aber hält seinen Wagen an, ohne dass er uns gestern Abend über die Mattscheibe flimmern sah. Er lädt uns spontan nach San José de Mayo in sein einfaches Haus ein. Wir unterhalten uns prächtig mit dem überaus sympathischen Jorge, dessen Ahnen 1924 aus Rumänien nach Südamerika geflohen waren. Ihr Ziel sei eigentlich ein Hafen in Brasilien gewesen, doch durfte dort niemand von Bord, da auf dem Land kurz zuvor das Gelbfieber ausgebrochen war. So seien sie zufällig in Uruguay gelandet und wurden hier ansässig.

Zu der Papierfabrik der finnischen Botnia hat er eine Sichtweise, welche meine dunklen Vermutungen bestätigt. Ursprünglich hätten nämlich die Argentinier um die Papierfabrik gebuhlt. Sie wollten diese Anlage auf ihrer Seite des Río Uruguay gebaut sehen, liessen sogar Schmiergelder fliessen. Denn diese Milliardeninvestition generiert mehr als tausend Arbeitsplätze. Da der Standortkampf aber gegen Uruguay verloren ging, hätten Hintermänner von Präsident Kirchner Idealisten zu den *cortes* angestiftet. Für Uruguay sei es äusserst wichtig, dass diese Fabrik bald ihren Betrieb aufnehmen kann. Von Fray Bentos bis nach Salto hoch, stünden bereits riesige Eukalyptusplantagen, welche den Rohstoff für die Papierproduktion liefern werden.

Kurz vor Mitternacht legen wir uns in der eiskalten Küche todmüde auf eine Matratze. Die zwei Hunde verhalten sich ruhig während der Nacht, die Fische sowieso und auch die Katze schleicht nur einmal von ihrem Schlafplatz auf dem Kasten zu uns herunter und beschäftigt Bea ein wenig, denn im Schlafsack verhakte Krallen mag sie nicht. Nach tiefem Schlaf frühstücken wir schon beizeiten. Heute heisst das Ziel Montevideo, das in südöstlicher Richtung knapp hundert Kilometer von hier entfernt liegt. Und die Hauptstadt Uruguays wollen wir auf keinen Fall erst bei Dunkelheit erreichen. Jorge nimmt kein Frühstück zu sich, ihm genügt der Mate. Er schwört auf dieses Getränk. Es soll auch eine Quelle für Vitamin C sein, behauptet er. Voller Stolz weiht er uns in seine *« Yerba de mate-Zeremonie»* ein. «Ein jeder hat seine eigene Art der Zubereitung», meint er mit geheimnisvoll gedämpfter Stimme. Mir will aber scheinen, dass er es genau so macht, wie wir. Das binde ich ihm aber nicht auf die Nase. Ich hielt es kaum für möglich, dass die Abhängigkeit der Argentinier von diesem Schnuller-Ersatz noch zu übertreffen ist, doch Jorge ist der wandelnde Beweis dafür.

Eigentlich wollte ich Jorge noch fragen, wie die Uruguayer überhaupt arbeiten können, wenn unter dem linken Arm immer eine Thermosflasche klemmt und in der rechten Hand das Mategefäss gehalten wird, doch haben wir uns bereits verabschiedet. Auf der Autobahn Richtung Montevideo hupen und winken uns zahlreiche Autofahrer zu. Besonders freuen uns aber die zwei Getränkelieferanten, die auf offener Strecke ihren Laster anhalten, nur um uns schnell die Hand zu drücken und Glück zu wünschen.

Im Einzugsgebiet der Hauptstadt nimmt der Verkehr laufend zu und die Ausdünstungen von Chemie- und Düngerfabriken erschweren uns das Atmen. Auch nachdem ein Elendsviertel durchmessen ist, zeigt sich uns Montevideo nicht so glanzvoll, wie wir es und ausgemalt hatten. Die Zeiten, wo Uruguay als die «Schweiz Südamerikas» gehandelt wurde, scheinen längst der Vergangenheit anzugehören. Die Hauptstadt wirkt abgewirtschaftet. Auf den ersten Blick hat nur ein einziges Gebäude Schmiss: der Glasturm beim Bahnhof. Trotzdem wollen wir zwei Nächte bleiben, denn wir laufen körperlich quasi «auf den Felgen». Ich buche in einem günstigen, zentral gelegenen Hotel, das sich mit drei Sternen schmückt. Die sind hier aber inflationär verteilt worden. Die eine Wand unseres Zimmers im vierten und obersten Stock ist vom Wasser durchtränkt, das während der letzten Wochen durchs undichte Dach ins Gemäuer sickerte. Deshalb löst sich der Putz aus dem Verbund und pudert den schmuddeligen Teppich darunter weiss. «Mir ist kalt», jammert Bea. Tatsächlich ist es unangenehm kühl. «Nur einen Moment», beruhige ich sie, «ich habe ja schliesslich einen Raum mit Heizung ausgewählt.» Bald zeigt sich jedoch, dass diese nur von der Rezeption aus bedient werden kann. Nach einem kurzen Gespräch mit der Empfangsdame speit die Maschine zwar Luft, leider aber kalte. Wo sich der Regulierknopf der Heizung befinden sollte, steht nur ein blanker Metallstift hervor. Mit unserer Zange vermag ich ihn zu drehen. Das uralte Gerät quittiert diese Hantierung aber mit hellem Funkenschlag – da lasse ich besser die Finger von! Die Raumpflegerin meint, morgen könne das Heissluftgebläse repariert werden, und bringt uns einstweilen eine mobile Elektroheizung. Die fehlende Brause der Dusche hat sie bereits ersetzt. Dem Kühlschrank entströmt ein Duft, der an einen muffigen, feuchten Keller erinnert. «Lasst seine Tür einfach stets geschlossen!», weiss die pfiffige Frau vom Reinigungsservice Rat.

Wegen der defekten roten Anzeigelampe beim Heisswasserboiler ist nicht klar, ob das Gerät eingestellt ist oder eben nicht. Aus allen Hähnen sprudelt momentan freilich nur kaltes Wasser. Die Putzfrau hebelt den Schalter nun mit dem Gewicht all ihrer Routine in die richtige Position. Nach einer halben Stunde erwärmt sich das Wasser. Die mittlerweile schlotternde Bea pflanzt sich zufrieden in den Duschraum. «Na also», atme ich auf, «so schlecht hab ich gar nicht gebucht, jetzt ist alles in Butter.» Es verstreicht aber keine Minute, da beginnt es undefinierbar zu muffeln und nach einer weiteren züngeln Flammen aus dem Boiler. Bereits steigt beissender Rauch empor. Der Boiler brennt! Ich nehme sofort das Telefon zur Hand und schreie in den Hörer: «Zimmer 413. Feuer im Bad!» Derweil knipst Bea mutig den Boiler aus, ohne dabei einen Stromschlag zu erleiden, stürzt aus dem dicht verqualmten Bad und zieht sich die erstbesten Kleider über, die ihr in die Hände fallen. Schon kommt ein Hotelangestellter herbeigeeilt und steht ratlos herum. Wir haben uns bereits die Schutzmasken über Mund und Nase gestülpt und uns dabei daran erinnert, dass dies das letzte Mal vor dem Eintauchen in die Smogsuppe über Mexiko-City der Fall war. Im Bad ist ausser dem Boiler alles aus Stein oder Metall konstruiert. Ein Zimmer- oder gar Hotelbrand ist also nicht zu befürchten. Doch der Gestank des noch immer schmelzenden Plastiks und des mottenden Isolationsmaterials ist ätzend und bestimmt nicht gesund. Damit wir uns nicht vergiften, öffne ich das Zimmerfenster und auch im Gang draussen die Türen, die auf die Dachterrasse gehen. Im dritten Stock beziehen wir ein neues Zimmer und duschen uns nicht nur den Schweiss und Strassenstaub, sondern auch den Rauchgestank aus Haut und Haar. «Okay», übe ich mich in leiser Selbstkritik, «es ward schon besser gebucht.»

Am zweiten und letzten Morgen in Montevideo holt uns der Wecker zu einer Stunde aus flachem Schlaf, in der die jungen Nachtschwärmer in Horden aus der eben erst verstummten Disco nebenan strömen und Taxis herbeiwinken. Als letzte Zeugin der Nacht sehe ich eine verlauste Pennerin. Sie setzt dem Partyvolk nach und bettelt wohl vergeblich um ein paar Münzen. Nun hebt der Tag an und wir rollen ohne viel Verkehr aus der Stadt. Anfangs ist nicht ganz klar, wie es um den Wind bestellt ist. In Hafennähe wirbelt er noch in unbeständigen Böen. Doch bald zeigt sich, dass er uns gut gesinnt ist. Muss er auch, denn hundertdreissig Kilometer bis Colonia Suiza sind kein Pappenstiel. Durch den Abfall der Slums winden sich extrem verschmutzte Bäche. Sie glänzen im ersten Licht wie flüssiges Blei und stinken nicht weniger als in der Sonne schmorende, tote Schlangen. Noch deftiger ist aber der üble Atem der den Schloten der Düngerfabriken entweicht, die weiter vorne auf uns lauern. Danach kommen wir gut voran und fühlen uns trotz Schlafmangel spritzig und topfit.

Zusammen mit der herabsinkenden Nacht erreichen wir Colonia Suiza. Eine Gruppe Teenager, die auf der Wiese neben der Strasse sitzt und tratscht, erhebt sich sofort, als sie unser gewahr wird und überrascht uns mit einer Standing Ovation. Und dies ohne den geringsten Hauch von Veräppelung; ihr Entzücken kommt von

Herzen. Im Haus der Familie Butkowich erwarten uns die feurigen Wangen von Alicia, die helle Stimme von Herbert, mit der er in tadellosem Berndeutsch ein Lied mit Jauchzer und Jodler schmettert, zwei Hunde, ein greiser Vogel und ein Garten mit Zitronen-, Mandarinen-, Orangen- und Pflaumenbäumen.

Auf der Fahrt zum Hafen von Colonia del Sacramento durchwallt uns ein Gefühl so warm wie der Schein glühender Kohle. Es rührt von der Vorfreude auf Ruhe und Geborgenheit, auf den sicheren Hort, der uns in Buenos Aires erwartet. Ab morgen ist dort nämlich für die nächsten zwei Monate ein Appartement für uns reserviert. Es war vor einem Vierteljahr in Punta Arenas, der südlichsten Stadt Chiles, als wir beschlossen, für längere Zeit in Buenos Aires zu verweilen, um uns mental auf den grossen Sprung über den Atlantik zurück nach Europa vorzubereiten.

Argentinien, 14. Mai bis 15. Juli 2007

Das gemietete Appartement an der Ecke Santa Fe und Rodriguez Peña im pulsierenden Stadtteil Recoleta ist hell, freundlich und warm. Das Bett ist weich und gross. Eigentlich ist dies keine Überraschung, schliesslich haben wir uns schon in Uruguay drüben derart auf die eigenen, damals allerdings noch unbekannten, vier Wände gefreut. Wie hätte sich die Realität unter solchen Vorzeichen erfrechen können, uns ein düsteres Loch vorzusetzen? Als wir dem sympathischen Wohnungsbesitzer Jorge die geschuldete Miete aushändigen, schnuppert er verwundert an den Geldscheinen, denn Curryduft ist ihm in die Nase gestiegen. Geld stinkt eben doch nicht, mindestens dann, wenn es wie diese Dollarnoten jahrelang in unserer Küchentasche verstaut lag.

Dank der uns auf der Reise angeeigneten raschen Orientierungsgabe ist die nähere Umgebung schon nach wenigen Stunden erkundet: An jeder Strassenkreuzung gibts einen Kiosk, ein Restaurant, ein trendiges Café und dazwischen reihen sich die Einkaufstempel; überall Konsum, dem wir uns aber einstweilen nicht vollständig entziehen wollen. Bald ausgemacht ist Lage und Angebot der Bäckereien, Bio- und Gemüseläden, Weinshops, Käseläden und Supermärkte – entsprechend schnell füllt sich unser Kühlschrank. Im Vollkornbrot des Supermarkts Norte steckt zu unserem Entsetzen Rinderfett. Werden die von der Dummheit und Gleichgültigkeit der Gauchos dahingerafften Kühe nun auf diese Weise entsorgt?

Kaum sind die letzten Sonnenstrahlen in den tiefen Strassenschluchten der Metropole erloschen, flackern in einer der Wohnungen im Stadtteil Recoleta drei Kerzen. Ihr weiches Licht lässt rubinroten Salentein Reserva in voluminösen Kelchen funkeln. Es hebt auch Rucolasalat, Sonnenblumenkernenbrot, Camembert und Reggianito aus dem Dunkeln hervor und wirft die Schatten von zwei überaus glücklichen Velonomaden an die weisse Wand.

Wir stürzen uns die erste Zeit fast täglich ins Menschengewühl auf den breiten Gehsteigen der Avenidas und werden ein Teil der Masse, die sich mit ameisenhafter Emsigkeit auf den vorgezeichneten Bahnen bewegt, dann und wann auf einen weichen Hundekot tritt und sich vor den Fussgängerstreifen selbst zu dunklen Haufen ballt. Blutjunge Karrieristen mit Pomade im Haar und Handy im Streichholzschachtelformat am Ohr tragen ihre dunklen Anzüge und Krawatten wie Uniformen. Nicht anders wirken die schwarzen Capes und die totenbleichen Visagen der pubertierenden Jünger der Gothic-Kultur. Wie eine Herde Schafe strömen sie in die bunten Läden unseres Häuserblocks und lassen sich für teures Geld die abenteuerlichsten Körperteile durchstechen und mit Piercing «veredeln». Und dies mit dem einzigen Zweck, die Zugehörigkeit zur spezifischen Gruppe zu untermalen. Wie hier in der Grossstadt dem Schein statt dem Sein nachgejagt wird, lässt mich kopfschüttelnd und ein wenig ratlos zurück. Auch wir vernichten freilich viel Geld. Jedoch nicht um uns quälen und verunstalten zu lassen, um irgendeinem sonderbaren Ideal gerecht zu werden, sondern ganz profan, um uns wunschgemäss ernähren zu können. Schon die alten Griechen meinten schliesslich, man solle dem Körper etwas Gutes tun, damit die Seele Lust hat, darin zu wohnen. Zudem wird ungeniessbar, wer nicht geniesst. So erstehen wir unter anderem einen Entsafter, mit dem wir uns jeden Morgen vitamingeladene Säfte aus Randen, Karotten, Ingwer, Orangen, Trauben, Mandarinen, Kiwi, Fenchel, Grapefruit, Bananen, Pflaumen, Birnen, Milch, Mandeln, Samen, Kernen oder Sellerie mixen. Den Kombinationen sind keine Grenzen gesetzt. Erst nach Wochen schaffen wir es, uns nicht mehr laufend an unseren erlesenen Gerichten zu überfressen. Masshalten war längst angesagt und nun endlich eingekehrt. Wenige Tage später aber lamentiere ich erneut über meinen fast immer zu prall gefüllten Bauch. Mir fehlt ganz einfach die Bewegung. Das Spazieren durch die weitläufige Stadt ist zwar nicht ganz ohne, jedoch kein gleichwertiger Ersatz für den täglichen Kampf des Radfahrers gegen Wind und Wetter.

Uns fällt auf, wie viel Ressourcen wir in der Wohnung verbrauchen: Eine kurze Drehbewegung mit der Hand, und schon sprudelt ein Wasserstrahl aus dem Hahn – wenn der linke Knopf betätigt wurde, sogar dampfend heiss. Allein um eine Schale Cherrytomaten zu waschen, läuft auf diese Art mehr Trinkwasser den Abguss hinunter, als wir draussen in der Wildnis für eine Dusche konsumierten. Jedes Pipi wird mit mindestens sechs Liter Trinkwasser weggespült. Elektrisches Licht erhellt unseren Raum. Die Heizung strahlt Wärme ins Zimmer und durch die kaum isolierende Glasfront in den Luftraum über der Rodriguez Peña. Der Strom aus der Dose lässt TV und CD-Player leuchten. Die Badewanne will mit Heisswasser gefüllt sein. Trotzdem friert uns darin fast der Po ab, denn die Blechwanne ist nicht wärmeisoliert. So lassen wir wenigstens diesen Luxus in Zukunft bleiben.

Je näher der Winter rückt, desto garstiger gebärdet sich das Wetter: Meist nieselt es leicht aus tristem, kaltem Grau. In der Zeitung und im TV wird dieser zähe Schleier schönfärberisch *niebla* genannt, denn Nebel tönt besser als Smog. Wegen des seit Tagen schlafenden Windes bleibt der Abgasdreck der städtischen Zivilisation in der mit Feuchtigkeit gesättigten Luft über dem Häuserteppich der Hauptstadt hängen und limitiert die Sichtweite derart, dass sogar Fussballspiele abgesagt werden müssen. Als weitere Konsequenz kehrt wunderbare Ruhe ein: Flug- und Schiffsverkehr sind bis auf weiteres eingestellt, die Autobahn Buenos Aires-La Plata ist gesperrt und auch andere Verkehrsadern sind lahmgelegt. Als wäre das nicht schon genug Unbill für die Städter, herrscht ein eigentlicher Energienotstand: Unternehmen müssen gezielte Stromabschaltungen in Kauf nehmen, in gewissen Schulen wird wegen Gasmangels nicht mehr geheizt, das Benzin ist rationiert und in den Strassen zirkulieren nur noch um die fünfzig Prozent der Taxis. Die Stauseen um Neuquén, denen wir anfangs April entlang rollten, sind so gut wie leer, und in den Bergen fällt nun Schnee statt Regen. Sogar Bariloche und La Angostura liegen seit heute unter einer weissen Decke. Der Südwind bläst stark und kühl über den Asphalt von Buenos Aires. Wir ziehen den Kopf ein, schlagen den Kragen hoch und lächeln zufrieden in uns hinein: Selbst die grässlichste Witterung kann uns nichts anhaben. Wann immer wir wollen, können wir uns in die geheizte Wohnung zurückziehen – welch Luxus, so ein Heim! Wir naschen von den Früchten der befristeten Sesshaftigkeit, die uns aber vor allem deshalb so gut schmecken, weil eine reich befrachtete Nomadenzeit hinter uns liegt.

Am 9. Juli geschieht etwas Unerwartetes: Als Folge der aus der Antarktis angerollten Kältewelle und dem passenden Feuchtigkeitsgehalt der Luft lässt der erste Schnee in Buenos Aires seit 1918 Alt und Jung mit offenen Mündern und ausgebreiteten Armen auf die schmalen Balkone treten. Unten auf dem Asphalt aber werden die «Auto-Mobilen» reihenweise unsanft aus der Bahn geworfen, auch wenn es die weisse Pracht auf nicht mehr als einen feinen Flaum bringt. Das Quecksilber steht bei plus ein Grad. Die Leute sind aber vermummt, als befänden wir uns im strengsten sibirischen Winter.

Die tief eingeschnittenen Strassenschluchten der Metropole werden uns bisweilen zu eng – sie schnüren uns die Kehle zu, die Fassaden drohen uns zu erschlagen. Wo wir unsere Füsse auch hinspazieren lassen, es sieht nicht wesentlich anders aus: dieselben Autos, derselbe Asphalt und die immer gleichen gesichtslosen Hausfassaden mit Cafés, Restaurants, Schuh- und Kleiderläden, Supermärkten und shoppenden Konsumenten, alles auswechselbar – beängstigend! So verspüren wir relativ wenig Lust, unsere Wohnung zu verlassen und entwickeln uns zu eigentlichen Stubenhockern. Langweilig wird es uns dabei nicht. Und so richtig zu wohnen mit eigenem Bett, eigenem Bad, eigener Küche, ja sogar eigenem Briefkasten, hat eben schon seine Qualitäten. So beginnt auch der Gedanke an die Heimkehr seine Stacheln zu verlieren. Die Zeit unterwegs liess uns reifen, und das nun absehbare Schliessen unseres Kreises um den Erdball erfüllt uns mit Genugtuung und Freude. Der Schwebezustand hier in Buenos Aires, ohne soziales Netz, ohne Verankerung im Gefüge der Gesellschaft, ohne Verantwortung und Pflichten, vermag uns auf Dauer nicht zu erfüllen.

Alle gutgemeinten Warnungen, uns nicht auf eigene Faust in den Hexenkessel der Bombonera zu begeben, prallen an uns ab. Da aber selbst der Taxifahrer mahnt, unsere Wertsachen mit Argusaugen zu bewachen, lassen wir entsprechende Vorsicht walten, als wir uns beim Fussballstadion in die ellenlange Schlange der Wartenden einreihen, die Einlass zum Spektakel begehren. Als wir schliesslich zwei Sitzplatztickets für die obersten Ränge gekauft, die Gesichts- und Abtastkontrolle bestanden haben und um einen Häuserblock herum zum richtigen Eingang gespurtet sind, hasten wir die extrem steile innere Stadiontreppe hoch, die sich in Form von Muskelkater in unsere Oberschenkel- und Wadenmuskeln einschreiben wird. Aus der schwindelerregenden Höhe der *platea alta* fällt unser Blick schliesslich aufs rechteckige Grün, auf dem seit gut fünf Minuten die Mannschaften von Boca-Juniors und Gimnasia um das runde Leder kämpfen: Fantastisch die Sicht auf den von gut 40000 Zuschauern gesäumten Rasen und, durch den Spalt in der Arena zwischen der alten hufeisenförmigen Tribüne und einem modernen Zwischentrakt, über das Häusermeer vom Stadtteil Boca bis hin zu den Kränen an den Piers des Río de la Plata, über den wir von Uruguay her ankamen. Das Gebotene auf dem Rasen vermag in der ersten Halbzeit wenig zu begeistern. Trotzdem werfen die sich überaus zivilisiert gebärdenden Fans aller Altersklassen Konfetti in die bitterkalte Abendbrise, in der diese bunten Papierblättchen trunken schaukeln, bis sie schliesslich dem Gesetz der Gravitation gehorchend das Fussballterrain sprenkeln. Coca-Cola und fettige Hamburger verschwinden rasch in den durstigen und hungrigen Kehlen der Zuschauerschar, die sich durchaus auch unabhängig vom Spiel zu amüsieren versteht. Im zweiten Durchgang werden mit Martín Palermo, Rodrigo Palacio und vor allem Juan Román Riquelme die wahren Cracks von Boca eingewechselt, was zu einem schlagartigen Qualitätsschub und zum Schlussstand von 3:1 für Boca führt. Trotzdem steigt der Lärmpegel auf den Rängen kaum. Keine einzige Petarde wird gezündet. Mir will scheinen, bei den Fans in Europa liege die Temperatur des Bluts in solchen Momenten eines Sieges jeweils näher beim Siedepunkt als bei den Zuschauern hier, in deren Adern gemäss Statistik bis zur Hälfte Tifosiblut strömen soll.

Nach dem Spiel ergiessen sich die friedlichen Menschenmassen vorbei an den gähnenden Polizeieinheiten und ruhenden Wasserwerfern in die verschiedenen Richtungen. Wir, die Ortsunkundigen, halten die tropfende Nase in den beissenden Wind und schliessen uns einem Seitenstrom an, der uns zur Avenida Almirante Brown spült. Hier orten wir uns auf dem mitgeführten faltbaren Stadtplan und halten auf dem breiten und belebten Gehsteig dieser Verkehrsader Richtung Innenstadt. Nach wenigen Schritten nehmen unsere durch die zahlreichen Warnungen vor Gaunern geschärften Sinne wahr, wie sich vor uns eine siebenköpfige Bande Halbwüchsiger die Kapuzen ihrer Jacken hochzieht und sich vermutlich wie jedes Mal, wenn ihr Gringos ins Netz gehen, in Position bringt. Wir versuchen nicht, Reissaus zu nehmen, denn wir befürchten zu dieser Tageszeit und an diesem bevölkerten Ort keinen Angriff auf Leib und Leben, und halten in höchster Anspannung und Alarmbereitschaft Kurs. Zeitgleich mit dem gellenden Warnruf von Bea spüre ich, wie sich von rechts hinten blitzschnell eine Hand in meinen leeren Hosensack schiebt. Schon dreht sich der gewiefte und bestimmt enttäuschte *bandido* um mich herum und will mir wohl als Vergeltung für die ausgebliebene Beute einen Schlag ins Gesicht versetzen. Seine geballte Faust saust aber an meiner Nase vorbei in die Luft, da ich darauf gefasst, gleichzeitig zurück- und ausweiche und unter Ausstoss eines Urschreies die vor über vier Jahren eingeübte Kampfposition einnehme. Auf einen Fight von Mann zu Mann will sich der Strassenjunge indes nicht einlassen und gibt mit seinen Kumpanen Hals über Kopf Fersengeld. Die umstehenden, auf einen Bus wartenden Leute spenden tosenden Applaus fürs Gebotene. Ich verneige mich und wir ziehen mit leicht zittrigen Knien weiter.

Das war also Überfallversuch Nummer drei. Der erste, gegen Mitternacht in der Altstadt von Istanbul, liegt schon vier und der zweite, auf einem mexikanischen Highway, gut ein Jahr zurück. Dieser von heute wäre durchaus vermeidbar gewesen, hätten wir uns für teure Dollars einer geführten Matchteilnahme für Touristen angeschlossen. Dazu hatten wir aber ganz einfach keine Lust. Und auf einen Besuch der Bombonera gänzlich zu verzichten, nur wegen ein paar Strassenjungs, die ihren Lebensunterhalt mit kleinen Gaunereien wie Ticketfälschungen und Taschendiebstählen bestreiten, war auch keine Option.

Die Stadt trägt bereits das Kleid der Nacht, als wir uns auf der Avenida Paseo Colon in weiten Bögen an Randgestalten der Gesellschaft vorbeistehlen. Reglos wie Mumien liegen sie in Decken und Karton verpackt vor den geschlossenen Geschäften oder in dunkeln, mit Abfall gepflasterten Nischen. Im Geschäftsbezirk um die Avenida Leandro Alem tummeln sich am Fuss der aus dem Asphalt emporschiessenden Glas-, Stahl- und Betonfassaden dutzende Penner und Säufer – quasi als Antipoden der geschniegelten Bürohengste, die tagsüber in den Kommerztürmen wiehern. Erst in den Fussgängerzonen der Strassen Florida und Lavalle ist der Asphalt wieder durch helle Lampen ausgeleuchtet und von emsigen Konsumenten belebt. In den bis auf den letzten Stuhl vollen Restaurants schlagen die Leute ihre Zähne in mächtige Steaks und über den Eingängen der Theater und Kinos blinken Leuchtreklamen. Kaum liegen die Zonen mit dem geschäftigen Trubel der Amüsiergesellschaft wieder hinter uns, ändert sich das Bild auf den Gehsteigen. In den Querstrassen der Avenida Santa Fe bereiten sich einige aus Karton und weiteren Abfallmaterialien ihr Nachtlager. Während andere, wie die Indiofrau mit ihrem halbwüchsigen Kind, bereits dick in Wolldecken gewickelt über einem Abluftschacht liegen. Wir wundern uns, wo diese Leute ihre Notdurft verrichten und wie sie zu Wasser und Essen kommen.

Da wir so lange Zeit am selben Ort verweilen, spüren wir zum ersten Mal in unserem Leben die Auswirkungen einer galoppierenden Inflation am eigenen Leib. Eines Morgens ist der Preis für *parmesano argentino* in sämtlichen Läden um satte 36 Prozent höher. Auch für Wein und gewisse Früchte müssen fast wöchentlich mehr Scheine auf den Ladentisch geblättert werden, obwohl es nachweislich noch exakt dieselben Produkte sind, die schon letzte Woche im Gestell lagen. Da macht das Geldhorten, in dem das Schweizervolk ja Weltmeister sein soll, definitiv keinen Sinn. Wer am

Zahltag die Münzen nicht gleich in Nahrungsmittel oder andere Waren umsetzt, zählt Ende Monat zur Masse der Geprellten. Welch wirkungsvolles Mittel ist diese Inflation, um den Konsum anzuheizen – mindestens zu Beginn, solange die Leute noch über genügend Kaufkraft verfügen. Aber wie kann das Volk diese happigen Kostensteigerungen nur verdauen? Die Löhne werden wohl kaum in demselben Masse wie die Ausgaben zunehmen. Trotzdem geht nach der Preisexplosion für die Grundnahrungsmittel erstaunlicherweise nicht mehr als ein leises Raunen durch die Menge. Der Grund für die Preisschübe bei den Lebensmitteln liegt natürlich in der Verknappung des Angebots: Wo noch gestern Gemüse oder Reis angepflanzt wurde, wo noch Rinder weideten, steht jetzt Soja, nichts als Soja. Die Situation wird sich wegen der forcierten Nutzung von Mais und Soja als Agrotreibstoff weltweit noch drastisch verschärfen. US-Präsident Bush hat ein Gesetz angekündigt, dass spätestens in zehn Jahren zwanzig Prozent Ethanol ins Benzin gemischt werden sollen, um damit die Abhängigkeit von den erdölproduzierenden Ländern zu verringern.

Auch bei uns drängen sich existentielle Fragen in den Vordergrund. Nicht wegen der Inflation, sondern angesichts des bevorstehenden grossen Sprungs über den Atlantik zurück nach Europa:

«Wie soll unser Leben nach der Heimkehr weitergehen?»

Dieser Satz hängt für die letzten Tage in Buenos Aires Raum und Zeit füllend in unserem Appartement. Vor der Reise lebten wir schon zwölf Jahre zusammen in einer Wohnung. Beide hatten Job und Einkommen. Wir waren nicht reich, doch drückten uns als Doppelverdiener auch nie Geldsorgen. Deshalb waren wir auch in der Lage, ohne zu darben, innerhalb von nur fünf Jahren genügend viele Banknoten anzuhäufen, um die Reise rund um die Welt finanzieren zu können. Auch ist noch genug Flüssiges vorhanden, um in der Schweiz nicht gleich wieder dem Alltagstrott anheimzufallen. Wir können uns den Luxus leisten, so gemächlich anzukommen, wie wir gereist sind. Aber danach, nach der voraussichtlich weichen Landung: Wollen wir dann wieder nahtlos an jenes Leben vor dem 1. April 2003 anknüpfen? Einfach so, als hätte uns die Umrundung der Erde nicht im Kern geprägt, ja vielleicht sogar entscheidend umgeformt? Oder werden wir zurück in der Schweiz etwa gar am Ende von einem Strudel erfasst, der uns in die dunklen Tiefen einer Depression zieht? Wird uns quälendes Fernweh peinigen? Wir liegen auf der schwarzen Couch in unserem Appartement und formulieren mögliche Zukunftsszenarien. Bis jetzt galt es als ausgemacht, dass wir keine Kinder wollen. Doch nun, im achtzehnten Jahr unserer Partnerschaft, überrumple ich Bea mit dem Wunsch nach einem gemeinsamen Kind, als Frucht der Reise, als Frucht der Liebe, als Frucht des Lebens. Möglicherweise war Negrito der Auslöser für meinen plötzlichen Sinneswandel. Aber wer weiss das schon?

«Sollen wir eine Familie werden?»

Wow, das wäre wahrlich etwas noch Grossartigeres als die Umrundung der Erde aus eigener Muskelkraft. Denn ein solches Unterfangen kann, einmal in Gang, nie mehr abgebrochen werden. Die Verantwortung und die notwendige Hingabe wären um ein Vielfaches grösser als bei der Reise. Welch Herausforderung! Noch ist aber nichts gegessen, es bleibt noch viel zu kauen.

Am sechzigsten Tag in Buenos Aires lösen wir den Hausrat auf, der nur den Sesshaften dient: Wir verschenken den Entsafter, eine grosse Bratpfanne, diverse Nahrungsmittel und Kleider an Obdachlose, die in der klirrenden Kälte um ein Lagerfeuer kauern. Sie bedanken sich mit Handschlag und zahnlosem Lächeln für die unerwartete Bescherung. Trotzdem lässt sich das letzte selbst gekochte Abendessen in unserem Appartement durchaus sehen: Rucolasalat mit Cherrytomaten, garniert mit hauchdünnen Parmesanscheibchen, überbackener Fenchel mit würziger Tomaten-Käse-Kruste, gebratene Tofuwürfelchen an Senf-Chili-Marinade, knusprige Ofenkartoffeln à la Rosmarin und dazu eine Flasche Numina von Salentein. Zur Nachspeise tragen wir ein hausgemachtes Tiramisù auf. Was wird uns wohl auf dem Frachtschiff in kulinarischer Hinsicht erwarten?

Wir sind aufgekratzt. Unser Leben erscheint uns extrem aufregend. Nach zweiundzwanzig Monaten heisst es morgen also «*Chao América!*». Und nach über vier Jahren bald wieder «*Hallo Europa!*». Zudem stehen wir mit unserer Rückkehr und der Kinderfrage an der vermutlich wichtigsten Weichenstellung unseres Lebens. Immer wieder mussten wir uns die letzten Jahre an Kreuzungen für einen bestimmten Weg entscheiden. Die Tragweite der Wahl war aber meist nicht der Rede wert – mindestens im Vergleich zum anstehenden Thema der Nachwuchsfrage.

Ist das nicht ein schier unglaubliches Timing: Im Februar dieses Jahres hatten wir unsere Unterkunft in Buenos Aires von Mitte Mai bis zum 14. Juli gebucht, im März die Schiffspassage von Buenos Aires nach Europa für ungefähr Mitte Juli, und nun greifen die Termine derart perfekt ineinander, dass wir heute in wenigen Minuten direkt von der Wohnung aus zum Hafen hinunterfahren und einschiffen werden. Einzig der Zielhafen unseres Frachtschiffs wurde in der Zwischenzeit von der Reederei geändert: Barcelona statt Valencia. Das ist aber Peanuts!

Nun schwingen wir uns endlich wieder auf die Räder, die wir erst nur ungelenk im Zaum zu halten vermögen. Die noch gestern Abend prall gepumpten Reifen scheinen bereits wieder platt, und der einst solide, steife Stahlrahmen dünkt mich so elastisch, als wäre er aus weichem Gummi gefertigt; doch wie herrlich ist es, wieder im altvertrauten Sattel meines rollenden Heims zu sitzen, das Streicheln des Windes auf der Haut zu spüren und die bunten Szenen des Alltags wie einen Film an mir vorbeiziehen zu lassen; auch wenn heute nicht mehr als fünf Kilometer Fahrt vor uns liegen. Auf der Avenida Santa Fe, die wir die letzten Wochen schon unzählige Male auf und ab marschiert sind, ohne auch nur das geringste Aufsehen zu erregen, flattern uns nun von allen Seiten Lächeln und winkende Hände entgegen. Die Menschen staunen, grüssen und rufen uns zu: «*Hola, de dónde son?*»

Der Schlagbaum beim Hafen ist geschlossen. Die zwei Wache schiebenden Sicherheitsleute sind aber sonnigen Gemüts. Sie zeigen uns nicht nur den Weg zum Eingang für Fussgänger, sondern weisen auch einen anderen Uniformierten an, uns zur unweit ankernden Laguna, unserem Frachtschiff, zu geleiten.

6. Frachtschiffsreise

Von Buenos Aires, Argentinien, nach Barcelona, Spanien, 14. Juli bis 7. August 2007

In der ersten Morgenröte sticht die Laguna in die ruhigen, braunen Fluten des Río de la Plata.

Am Nachmittag entführt uns der Chefingenieur Mario über steile Eisentreppen in sein Reich, den Maschinenraum im Schiffsrumpf. Die acht Zylinder des Hauptmotors, welche je 4000 Pferdestärken aufweisen, faszinieren, ja erregen ihn geradezu. Ihrem so rhythmischen wie ohrenbetäubenden Stampfen und Schnauben kann sich der notorische Kettenraucher stundenlang hingeben, ohne sich zu langweilen oder etwas anderes zu entbehren. Um die unvorstellbare, rohe Kraft des Pulsschlags der Laguna fühlen zu können, heisst er uns, die Hände flach auf einen der ölverschmierten Zylindermäntel zu legen. Vom Schnurren des Motors in Laune gebracht, spinnt Mario sein Seemannsgarn, das sich auf vier Jahrzehnte Seefahrt gründet. Seine Stimme klingt wehmütig, als er die drei Teufelsdinge aufzählt, welche das einst so tolle Leben der Seeleute zerstört haben: «Container, Computer und Aids.» Während Letzteres keiner weiteren Erklärung bedarf, präzisiert er die anderen Argumente: «Seit die Güter mit den verfluchten Containern, diesen Legobausteinen der neuen Weltordnung, transportiert werden, bleibt kaum mehr Zeit für Landgänge. Früher lag das Schiff jeweils bis zu drei Wochen am Pier, was uns erlaubte, sämtliche touristischen Attraktionen im Hinterland zu besuchen. Heutzutage dauert Löschen und Beladen oft nicht länger als eine Nacht, während der überdies lauter Papierkram zu erledigen ist. Durch die Computer wird das gesamte System immer ausgeklügelter, schneller und entmenschlichter – der Traum der abenteuerlichen, erlebnisreichen Seefahrt ist seit gut zehn Jahren definitiv ausgeträumt. Auf der ganzen Welt sehen die Schiffshäfen gleich aus: riesige Portalkräne, Hubstapler, Scheinwerfer, Laster und emsige Arbeiter in Overalls.» In dieselbe Kerbe haut der eher steife und reservierte Kapitän, der seinen Job mit jenem eines Busfahrers vergleicht. Nur die Namen der Haltestellen sind klangvoller: Statt Central, Bellevue oder Triemli lauten sie bei ihm Buenos Aires, Rio de Janeiro oder Barcelona.

Die Mahlzeiten strukturieren unsere Tage auf See: Salzkartoffeln und im Wasser ausgelaugtes Gemüse zum Mittagessen und Salzkartoffeln und im Wasser ausgelaugtes, der meisten Nährstoffe und Vitamine beraubtes Gemüse zum Abendessen. Die kroatischen Offiziere sitzen vor ihren Fleischhaufen und die fröhlichen Filipinos stopfen sich schon zum Frühstück mit den Fingern Reis und Fisch in den Mund. Als Lohn für die ersten Stunden Arbeit im Maschinenraum oder auf Deck im salzigen Fahrtwind gibts für sie wieder Reis und Fisch. Und nach Feierabend? Reis und Fisch! Ob ihnen das auf die Dauer nicht zu eintönig sei, forsche ich bei Ronaldo nach. Ein breites Lächeln entblösst sein tadellos strahlendes, schneeweisses Gebiss, und er meint: «*No, we like fish and rice. It's very healthy.*»

Als die Mündung des Silberflusses hinter uns liegt, wiegt sich der Kahn in Wellen, die mit weissen Schaumkronen besetzt sind, und aus dem Radio dröhnt nur noch ein metallenes Rauschen.

Einige Male uriniere ich über die Reling oder ins Lavabo, weil die Vakuumspülung sämtlicher Toiletten an Bord stundenlang ausser Betrieb ist. Erst wegen einer undichten Muffe und später wegen eines lumpigen Blatt Papiers, das irgendwo zu einer Verstopfung führte. «Diese ‹Flugzeug-Spülung› ist für ein Schiff völlig unbrauchbar. Immer wieder haben wir damit Probleme und müssen meterweise Rohre demontieren, die voller Scheisse sind», ereifert sich der entnervte Mario. An anderen Tagen unserer Reise kann nicht mehr gespült werden, weil die Vakuumpumpe aussteigt – wahrlich ein verschissenes System!

Die Laguna legt in Rio Grande an, dem zweitgrössten Containerhafen Brasiliens. Danach in Paranagua und in Santos, wo die Wolkenkratzer schlank wie Bleistifte aus den dunst- und smogverhangenen Bergflanken ragen. Und am sternenklaren Morgen des achten Tages auf dem Schiff taucht unvermittelt der Pão de Açúcar, der Zuckerberg von Rio de Janeiro, in unserem Kajütenfenster auf. Nun sehen wir auch unsere gemeinsame Zukunft sternenklar: Wir wollen zusammen ein Kind. Die Kondome habe ich bereits entsorgt. Wir zerspringen fast vor Freude über unseren Entscheid; ein Markstein, ja ein Leuchtturm, der wie ein Wegweiser mitten in unserem Leben steht.

Für exakt zwölf Stunden gewährt uns der Kapitän an diesem makellosen sonntäglichen Sonnentag Auslauf in Rio de Janeiro. Allein schon dieser Name verströmt eine gewisse Magie. Und das in einem Land wie Brasilien, das Verheissung pur ist.

An einem charmanten Platz halten wir einen Taxifahrer an. In der festen Überzeugung mit Spanisch an den gemeinsamen Sprachschatz zu rühren, frage ich den Herrn: «*Por Praia de Copacabana, quanto vale en US$?*» Seinem erstaunten Gesichtsausdruck ist leicht zu entnehmen, dass er kein Wort verstanden hat. Nun lässt er einen Schwall Portugiesisch los, der zwar wunderbar weich und melodiös klingt, in unseren Augen jedoch auch nichts als Fragezeichen aufblinken lässt. Das hätten wir nicht gedacht! Das geschriebene Portugiesisch auf den Zahnpastatuben oder den Schokoladeverpackungen war uns immer vertraut, es war so einfach entzifferbar. Von den gelesenen zu den gehörten Wörtern ist aber ein langer Weg, auf dem sie viele Deformationen zu erleiden haben. So darf nicht erstaunen, dass sie letztlich auf der Strasse von Rio, aus dem Mund eines Taxifahrers purzelnd, nur wenig mit ihrem Ursprung gemein haben.

Der weisse, feinpudrige Sand der Praia de Copacabana knirscht unter unseren Füssen wie frisch gefallener Pulverschnee in den Schweizer Alpen. Erst noch frösteltеn wir im nasskalten argentinischen Winter, und nun finden wir uns hier in Rio unter Badenden wieder, in der schwülen Hitze von 36 Grad. Dicht an dicht liegen die Körper im weichen Sand und braten in der brasilianischen Sonne – ein wenig surreal kommts uns schon vor, passt aber zum momentanen Lebensgefühl. Wir können es kaum fassen, wie sauber das Wasser ist. Wenige Kilometer von hier entfernt dümpelt unsere Laguna in einer zum Himmel stinkenden, giftigen Kloake aus Schweröl, Scheisse, Urin und Chemieabwässer, verdünnt mit etwas Meerwasser. Aber zwischen dem quasi ruhenden Wasser in jener Bucht und dem vom offenen Ozean angeschwemmten besteht zum Glück noch ein markanter Unterschied.

Auf dem Weg zum Monument Cristo Redentor auf dem Gipfel des Corcovado grüssen uns Jackfruchtbäume wie alte Bekannte. Der Cristo aber ist nichts als ein klobiger Betonklotz, dafür ist der Ausblick fantastisch. Uns liegt eine Stadt zu Füssen, deren Flut uninspirierter kubischer Bauten der dynamisch geschwungenen Landschaft aus Hügeln, Buchten, Lagunen und dem offenen Meer nichts anhaben kann.

Kaum sind die über hundert Treppenstufen zu unserer Kabine hoch überwunden, quillt uns der Schweiss aus allen Poren – die gesättigte Luft vermag keinen weiteren Wasserdampf mehr aufzunehmen. Die Dusche bringt die ersehnte Abkühlung nicht: Selbst aus dem Kaltwasserhahn strömt nämlich heisses Wasser. Als die Laguna gegen 21.00 Uhr schliesslich vom Pier ablegt, liegen wir bereits patschnass und mit rasendem Pulsschlag auf den Bettlaken. Zwei Stunden später springt die Klimaanlage wieder an, und wir fallen alsbald in süssen, tiefen Schlaf.

Eine unwirkliche Ruhe lässt mich frühmorgens den Kopf aus dem Bullauge strecken. Übler Geruch dampft aus der Brühe unter mir empor. Im grauen Gemisch aus Wolken und Smog zeichnen sich wie durch einen halbtransparenten Vorhang die unverwechselbaren Konturen des Pão de Açúcar ab und weit über der Stadt ist selbst der Cristo zu erahnen – noch immer also befinden wir uns in der stinkigen Bucht von Rio! Wir liegen wenige hundert Meter vom Hafen entfernt vor Anker; die 32000 Pferde unten in Marios Reich streiken. Beim Frühstück teilt uns der erstaunlich aufgekratzte Ingenieur feierlich mit: «Ein Motor ist defekt. Würden wir in diesem havarierten Zustand in den Ozean hinausgleiten, könnte ich nicht für die Sicherheit der Crew garantieren. Deshalb habe ich beschlossen, hier vor Anker zu gehen, bis das Ersatzteil eingetroffen und montiert ist.» Mit diesen Worten lässt er keine Zweifel offen, wer an Bord das Sagen hat.

In seiner Kajüte wird nach ein paar Gläsern Whisky vollends klar, dass wir hier Zeugen eines Machtspiels der besonderen Art werden. Nicht zwischen Mario und Kapitän, nein, die haben das Heu auf der gleichen Bühne. Sondern zwischen dem mit allen Wassern gewaschenen alten Haudegen Mario, der seit einem halben Leben fast Tag für Tag mit Herzblut darüber wacht, dass das Stampfen im Maschinenraum unten nie verstummen möge, und jungen Führungskräften der Reederei. Um mit Marios Mund zu sprechen: «Grünschnäblige, frisch geschlüpfte Manager, an deren dunkeln Anzügen vielleicht noch letzte Splitter der Eischale haften – aber, wer weiss das schon genau, man kriegt diese Spezies kaum je zu Gesicht. Diese wichtigtuerischen, absolut unerfahrenen Küken, welche die Chefposten bekleiden und sich bar jeder Ahnung von Schiffen und Motoren in einem klimatisierten Büro verschanzen, schreiben nur E-Mails. Sie klimpern mit ihren weissen, langen Fingern auf der Tastatur eines Computers, bewegen dabei ungeheure Geldsummen und streichen jeden Monat ein Vielfaches von meinem Salär ein.» Damit hat er sein Feindbild scharf umrissen. Um seine doch ziemlich happigen Anwürfe zu belegen, klaubt er aus einem der Ordner, welche die eine Wand seiner Kabine tapezieren, die Kopie eines zwei Monate alten Schreibens an die Reederei hervor, in dem er mit klaren Worten den dringenden Ersatz eines angeschlagenen Motorenteils fordert. Dieses erste Begehren verpuffte ohne Widerhall. Ebenso blieben die acht folgenden Bitten um Ersatzmaterial ohne Wirkung. Mario stiess mit seinem Anliegen bei den Zahlenakrobaten im Büro bis heute auf taube Ohren. Aus irgendwelchen Gründen kam ihnen die notwendige und fundiert begründete Investition nicht zupass. Dass aber ein Frachtschiff ohne Motor kein Geld generieren kann, stand offenbar nicht in ihren Lehrbüchern zur Gewinnmaximierung. Jetzt aber soll diesen feinen Herren direkt aus dem knurrenden Bauch der Laguna die Quittung für ihre Ignoranz präsentiert werden. Eine geballte Faust saust auf die Tischplatte und lässt mein Whiskyglas erzittern. Mario zieht den blauen Dunst, den er aus seinem Glimmstängel saugt, tief in die Lungen und untermalt mit dem aus dem Mund qualmenden Rauch seine Worte: «Die Laguna bleibt so lange hier vor Rio, bis das längst bestellte Teil endlich an Bord geliefert und montiert ist, basta!» Uns solls recht sein, zumal die Laguna gegen Abend die Kloaken-Bucht verlässt und wenige Meilen vor der Copacabana ihren Anker in frischeres Wasser senkt.

Mit diesem in gewisser Hinsicht selbstherrlichen, aber doch verständlichen Entscheid von Mario werden dutzende Millionen von Dollar in den Sand gesetzt. Auf unserem Schiff lagern zurzeit über zweitausend Container, die an verschiedenen Häfen der Welt zu exakten Zeiten erwartet werden. Bestimmt werden in Kürze einige dumpfbackige Managerköpfe rollen, die aber einer Hydra gleich unvermittelt und in derselben geringen Qualität nachwachsen werden. Das steht für Mario ausser Frage. Damit genügend Energie für Licht, warmes Wasser und die Klimaanlage übrig bleibt, hat Mario schon heute früh 60 der insgesamt 320 geladenen Tiefkühlcontainer vom Strom genommen. Was sich exakt in diesen blechernen Quadern versteckt, weiss hier an Bord niemand. Doch dürfte sich in den meisten nun auftauenden Kühlcontainern argentinisches Fleisch befinden, das langsam vor sich hin faulen wird. Angenommen, die Behälter sind tatsächlich voll mit Rinderherzen, Kuhhaxen, Kalbskutteln und was sonst noch alles aus den Tieren geschnitten und nach Europa verschifft wird, und die Gewichtslimite von 27 Tonnen Ladung pro Box sei ausgeschöpft worden, vergammeln ab jetzt hinter unserer Kabine 1620000 Kilo Fleisch. In Worten ausgedrückt lautet diese astronomische Zahl: eine Million sechshundertzwanzigtausend. Treiben wir das Gedankenspiel weiter und gehen von einer Schlachtausbeute pro Tier um die 300 Kilo aus, so wurde eine Herde von 5400 kräftigen Rindern geschlachtet, die statt ihres vorbestimmten Wegs in die Mägen der Fleischfresser zu folgen, lediglich als staubtrockener, wenn auch brisanter Versicherungsfall taugt – welch Tragödie! Und dies nur, weil sich ein bleichgesichtiger, geldverliebter Grünschnabel vor einem Computer zu fein war, rechtzeitig Geld für einen neuen Schiffsmotor zu sprechen. Kein Wunder also, verspürt die Sonne heute keine Lust durch die Wolken zu strahlen. Grau und feucht präsentiert sich uns der Tag. Windböen schmeissen Regentropfen und grüne Falter, die tot kleben bleiben, an unser Stubenfenster. Versucht man die ganze Tragweite von dem, was hier abgeht, auszuloten, besteht die Gefahr, nicht mehr aus dem Lamentieren herauszukommen.

Obwohl unser Schiff ruht, fressen die übriggebliebenen 260 Tiefkühlcontainer so viel von der nutzbaren Energie aus dem Maschinenraum, dass sich Mario genötigt sieht, nun auch die Klimaanlage ausser Betrieb zu nehmen. Wir schwitzen gehörig in unserer Kabine. Ärger ergeht es aber den Crewmitgliedern, die aus Arbeitssicherheitsgründen in Overalls schmoren. Beim Abendessen staucht der griesgrämige Erste Offizier Felix den armen Steward zusammen, weil auf seinem Tisch in der Offiziersmesse ein Aschenbecher fehlt. Als ob das ein unentbehrlicher Gegenstand wäre! Sind es Asche und Kippe etwa nicht auch zufrieden, auf einen Unterteller geschnippt zu werden?

Ansonsten nichts Neues im Westen des Atlantiks. Immer wenn Mario unseren Weg kreuzt, meint er mit einem bitteren Lächeln: «*No news is good news.*» Wann das Schiff wieder einsatzbereit sein wird, steht in den Sternen.

Die Crew bläst deshalb aber nicht etwa Trübsal, sondern geniesst das Leben. Über Nacht warfen einige so erfolgreich die Angel aus, dass nun rings um uns herum zu kühlem Weisswein Calamares geschlemmt werden. Da wir die Früchte des Meers verschmähen, sitzen wir weiterhin vor in Wasser gebadetem Gemüse und Salzkartoffeln. Nur mit einem Unterschied zu den ersten Tagen auf dem Schiff: Die Frischwaren sind aufgezehrt, jetzt stammt alles Gemüse aus der Büchse. Der Vorrat an Nahrungsmitteln neigt sich langsam aber sicher dem Ende zu. Der Steward verrät mir hinter vorgehaltener Hand mit besorgter Miene, dass im Lager unten nicht mehr als zweiundzwanzig Milchpackungen stehen. Und Camembert, von dem uns in den ersten Tagen noch serviert wurde, entdecke ich nur noch auf dem Esstisch des Kapitäns.

Am fünften Tag vor Rio wird endlich der Anker gelichtet, um das im Hafen eingetroffene Maschinenteil abzuholen. Nur mit Glück rammen wir bei diesem Manöver nicht den Strand der nebelverhangenen Copacabana. «Die landwärts gerichtete Strömung war lange Zeit stärker als unsere röchelnden Motoren. Erst im allerletzten Moment ist die Hauptmaschine wieder angesprungen und ich konnte Gegensteuer geben», erzählt uns der in den vergangenen Tagen aufgetaute Kapitän beim Mittagessen. Mario verschwindet zusammen mit den anderen Ingenieuren und vier brasilianischen Mechanikern für die nächsten fünfzehn Stunden in den Gedärmen des Schiffs. Am Abend dröhnt das schwerzüngige Karaoke-Gejaule der stockbesoffenen Filipinos vom A-Deck her durch den ganzen Schiffsaufbau. Die Jungs leiden während ihrer achtmonatigen Anstellung oft an bitterem Heimweh und zeigen beim Bechern wenig Augenmass.

Nach einer Woche heisst es: «*We are sailing again!*» Wir trauen der Sache nicht, sondern rechnen mit einer baldigen Ankerung. Doch nichts dergleichen. Zügig nehmen wir Kurs aufs offene Meer. Schon ist die weiterhin in Nebel getauchte Praia de Copacabana am westlichen Horizont nur noch zu erahnen. Mit Volldampf schneidet unser Kahn durch beachtliche, vom Wind hochgepeitschte Wellenberge, die uns als Reaktion ziemlich schaukeln lassen.

Nun rast die Zeit. Als bedürfte es dazu eines Beweises, wird uns vom cholerischen, spiessigen und kleinkarierten Ersten Offizier, der seine Launen täglich am Steward auslebt, heute die erste der fünf Stunden gestohlen, die wir bis Barcelona hergeben müssen. Wir segeln zwar mit zwanzig Knoten pro Stunde, was fast der maximal möglichen Reisegeschwindigkeit der Laguna entspricht, doch ist Mario arg unter Druck. Denn im Herzen des Schiffs läufts nicht wie geschmiert. Wegen zu geringer Energieproduktion muss bereits wieder die Klimaanlage ausgeschaltet werden, was die Innentemperatur sofort auf dreissig Grad hochschnellen lässt. Zur Linderung der kollektiven Schweissausbrüche in dieser Bruthitze werden sämtliche Fenster und Türen aufgesperrt, damit wenigstens der Durchzug die Illusion einer Abkühlung wach hält und die verbrauchte Luft erneuert wird.

Wenig Neues lässt sich vom Smalltalk mit Mario berichten. Wie ein Hamster dreht er sich in seiner relativ kleinen Welt – obwohl er mit dem Frachtschiff auf allen Weltmeeren kreuzt – der immer gleichen Geschichten, die wir, geduldig und höflich wie wir sind, wenigstens dem Schein nach stets zum ersten Mal hören.

Vorne auf dem Bug unseres stählernen Giganten, also gut hundertfünfzig Meter von unserer Kabine entfernt, lassen wir unsere Augen über die Unendlichkeit des umwerfend blauen Meers schweifen. Es liegt vor uns wie frisch gebügelt. Die Hoffnung auf springende Delphine oder hoch in die Luft schiessende Wasserfontänen von Walen, den echten, den blutdurchwallten Giganten der Ozeane, bleibt jedoch unerfüllt. Dafür sonnen wir unsere erbleichten Körper für ein paar Minuten in der strahlenden Sonne, bis uns das Kampfgeschrei von Möwen aufschreckt, die auf Steuerbord einem Schwarm fliegender Fische nachstellen. Hinter dem Heck zeichnet unser Kahn in Strassenbreite eine weisse Schaumwulst auf das sanftmütige, blauäugige Wasser.

Das uns vorgesetzte Essen wird immer armseliger. Bea zählt die Kalorien von Frühstück, Mittag- und Abendessen zusammen und kommt pro Person nicht über tausend, was wahrlich nicht gerade berauschend ist. Würden wir der Versuchung erliegen, gar den Vitamingehalt unserer Schiffsnahrung abzuschätzen, käme uns wohl das blanke Grauen. Mit weissen Verfärbungen auf den Fingernägeln äussert mein Körper seinen ersten Protest gegen die Mangelernährung. Ab und zu verliert sich auf unseren Tellern immerhin ein Stückchen einer Frucht. Ob das aber reicht, um bis Barcelona ohne Skorbut durchzukommen?

In der Nacht zum 1. August zieht der Mond zittrig eine hell glänzende Lichtstrasse vom Horizont bis zu unserem offen stehenden Kabinenfenster. Dabei kreuzt er auch die fiktive Linie des Äquators, die wir nach vierzehn Monaten Aufenthalt auf der Südhalbkugel wieder überqueren.

Am dritten Tag auf hoher See ohne funktionierende Klimaanlage steht es schlecht um die Moral der Crew. Die Bartstoppeln der Herren Offiziere sind länger als sonst üblich und scheinen um eine Nuance grauer. Das Strahlen ihrer Augen, eh schon gedimmt vom eher ernüchternden Leben in Ex-Jugoslawien und all den Jahren auf dem schwimmenden «Containerbus», ist noch mehr verblasst. Und die dunklen Augenringe wären bestimmt so zahlreich wie Jahrringe, würden sie sich nicht zu aufgequollenen Säcken vereinigen. Die Filipinos halten sich erwartungsgemäss besser. Sie haben den Humor noch nicht verloren, doch bewegen auch sie sich nurmehr im Zeitlupentempo halbtoter Fliegen. Denn ihre Schlafkojen befinden sich in den Geschossen unterhalb jener der Offiziere und können wegen den gestapelten Containern vor den Bullaugen kaum durchgelüftet werden. So befanden sich letzte Nacht viele Matrosen auf der Jagd nach Abkühlung und ein paar Stunden Schlaf. Als Resultat waren bald die meisten Türschwellen mit in Tücher gewickelten Menschen belegt. Besonders begehrt war der windige Luftraum über der Schwelle zwischen leerem Swimmingpool und Pingpong-Tisch.

Als es sich selbst in den Kabinen von Mario und seinen Offizierskollegen nicht mehr aushalten lässt, ist die Zeit reif, die Notbremse zu ziehen, was heisst: Dreizehn weitere Tiefkühlcontainer von der Stromversorgung kappen und zusätzlich die Frischwasserproduktion einstellen, damit genug Power für Motor *und* Klimaanlage vorhanden ist.

Die See bleibt die ganze Fahrt über ruhig. Das sei der Normalfall, meint unser Kapitän. Auf seiner «Buslinie» könne es lediglich im Río de la Plata oder im Winter bei Gibraltar ruppig werden.

Eines Nachts sind die Lichter an Marokkos Südküste zum Greifen nah. Und schon bald passieren wir die Strasse von Gibraltar. Für uns ist dies gleichsam ein historischer Moment, den wir vom Brückendeck aus mitverfolgen: Backbord tauchen die Landmassen von Spanien auf – unser altes Europa, das wir seit über vier Jahren nicht mehr betreten haben. Und Steuerbord marokkanische Bergzüge – Afrika, einer der beiden Kontinente, die auch nach der Weltumrundung weisse Flecken für uns bleiben werden. Der Sprung über den grossen Teich ist also vollbracht. Und wie fühlt es sich an? Verdammt gut! Vor allem aber sind wir froh, dass sich unsere Schiffsreise dem Ende zu neigt. Bald vorbei sind Marios selbstverliebte Repetiergeschichten, die unmögliche Art des Ersten Offiziers zu bellen, wenn er keine Spaghetti essen mag, und das Winseln des sichtlich leidenden Stewards. Nicht zu sprechen von den schlappen, matschig-weichen Büchsen-Karotten, Büchsen-Randen oder, noch übler: Büchsen-Pilzen. Alles ohne Geschmack, ohne Saft und ohne Kraft – wir sind schon ganz klapprig, gleich fallen wir auseinander.

Die Sonne strahlt am Himmel, das Meer ist ruhig – «*Barcelona, venimos!*».

Nach der vierundzwanzigsten Nacht an Bord, nach zäh verstrichenen 287 Fahrstunden und ebenso langer Wartezeit, sehen wir Licht am Ende des Tunnels. Mit Sack und Pack und Velos stehen wir an der Reling des längst festgemachten Frachters und warten ungeduldig auf den definitiven Befreiungsschlag. Wir sind wie auf Nadeln, eine weitere Nacht auf diesem Kahn würden wir nicht überleben. Allein der Gedanke an das drohende Abendessen aus Konserven lässt uns eitrige Pickel aus der Stirn schiessen und die Lebenssäfte versiegen.

Als wir endlich, endlich, nach einer weiteren Stunde Schmoren vom Kapitän das rettende Okay für die Ausschiffung kriegen, löst sich unsere innere Anspannung so schlagartig, wie eine zum Zerreissen gespannte Stahlfeder nach dem Wegfallen der aufgezwungenen Zugkraft zurückschnellt. Die frei werdende Energie lässt unsere Herzen vor Freude wild galoppieren und die Beine derart rasant drehen, dass wir schnell wie der Blitz durchs Hafengelände – was mit Velos genau genommen strengstens untersagt ist – und ins Zentrum der wunderschönen Weltstadt Barcelona jagen.

Spanien, 7. August bis 3. Oktober 2007

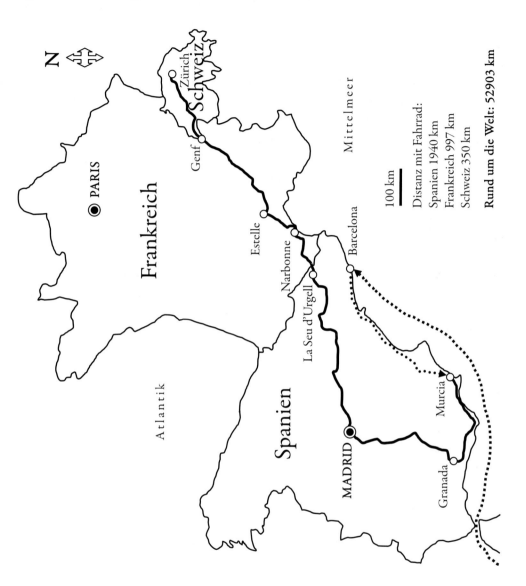

Durch die eleganten und grosszügig angelegten Alleen von Barcelona weht ein Wind, der mit Erinnerungen an eine über Jahrhunderte gewachsene Kultur gewürzt ist. Diese Duftnote hatte ich in den diesbezüglich faden Städten Südamerikas schmerzlich vermisst. Wir stürzen uns ins Menschenmeer, das auf der Rambla wogt, und atmen auf: Welch Wonne diese Vielfalt der Gesichter nach vierundzwanzig Tagen mit den immer gleichen Visagen auf hoher See!

Nach einigen Stunden Schlaf, der mit wirren Träumen durchwoben war, bereiten wir uns ein so farbenfrohes wie vitaminreiches Frühstück zu aus Äpfeln, Nektarinen, Pfirsichen, Orangen, Bananen und Ananas sowie Joghurt und Milch, um der erlittenen Mangelernährung entgegenzuwirken. Bei Bea zeigt sie sich übrigens mit Rillen und Dellen in den Fingernägeln. Nach wenigen Bissen dieses Schmauses schiesst uns eine prickelnde Wärme durch den Körper, was sich in leuchtend roten Wangen manifestiert. Wir beide denken gleichzeitig an die alte Chinesin auf dem Plateau vor Binxian zurück, die uns bestimmt wieder dafür loben würde.

Durch eine kurze Bahnfahrt in südliche Richtung korrigieren wir den unwillkommenen Kurswechsel der Laguna mit der Landung in Barcelona statt Valencia und schwingen uns in Murcia wieder auf den Sattel. Die Hitze von 44 Grad unter der sengenden Sonne raubt uns fast den Atem und nach den aufgezwungenen Fastentagen auf dem Büchsendampfer fühlen wir uns keineswegs bärenstark. Doch verleiht uns nach der beinahe dreimonatigen Veloabstinenz die Lust aufs befreiende Nomadentum Flügel. Als die Sonne am höchsten steht, rollen wir aus der grossen, modernen Stadt, die heute Sonntag aber zu schlafen scheint, vorbei an fast ausnahmslos verriegelten Lokalen. Nach einer Stunde Fahrzeit durch den spanischen Brutofen kühlen wir unser brodelndes Blut in einer gut besuchten Bar. Auf der Toilette waschen wir die sonnenexponierten Bereiche unserer «Winternebel-Kajütenhaut», die sich bereits leicht gereizt anfühlen, gründlich mit Seife und schmieren zum zweiten Mal Sonnencreme ein. Wieder im Sattel, fegt uns in stürmischen Böen ein Wind entgegen, der dunkle Regenwolken vor sich her treibt. Schon zucken nervöse Blitze. Und grollender Donner erfüllt die Luft und lässt die Wolken erzittern. Als Reaktion auf dieses ungestüme Gebaren entfahren den Luftschiffen heftige Regengüsse, die uns die ersehnte zweite Abkühlung bescheren. Auf den letzten zwanzig Kilometern vor Mazarrón verwandelt sich die Strasse überraschenderweise in eine Autobahn. Unserer Landkarte gemäss sollte dies eine kaum befahrene Nebenstrecke sein. Anhand alter Karten lässt sich also der sogenannte Fortschritt der Zivilisation ermessen. Aus den ansonsten kahlen, öden Hängen spriessen allenthalben neue Wohnsiedlungen, ganze Quartiere, ganze Städte; Kräne dominieren den Horizont. In der Dämmerung stellen wir das Zelt auf eine Anhöhe unweit der Strasse. Als die Sterne am mondlosen Himmel funkeln, umweht uns ein herrlich frisches Lüftchen. Und durch meine Glieder strömt eine lange entbehrte Müdigkeit, die mich mit tiefer Zufriedenheit erfüllt.

Wir erheben uns eine gute Weile vor Sonnenaufgang, damit wir nicht schon geröstet werden, bevor der Sonnenschutz aufgetragen ist. Durch viel befahrene, brandneue, von der Europäischen Union finanzierte Strassenknäuel finden wir schliesslich die Route Richtung Aguilas. Die Fahrbahn verjüngt sich bald und der Autoverkehr nimmt entschieden ab. In den steinigen Bergflanken wächst nicht mehr als ein paar Büsche. Die Senken und Mulden im hügeligen Terrain aber sind mit gigantischen

hellen Spinnweben überzogen: Stoff- und Plastikdächer der Gemüse- und Früchte-
plantagen. Die bis zur Stunde angetroffenen Spanier sprühen, milde gesagt, nicht
gerade vor Freundlichkeit. Selbst Radrennfahrer grüssen uns kaum. Und für die Automobilisten stellen wir nicht mehr und nicht weniger dar als ein Hindernis, etwa so
reizvoll wie ein dumpfer Steinklotz. Immerhin verstehen sie es, ihre Blechhüllen in
weitem Bogen um uns herum zu zirkeln. Dass sie dazu sogar geflissentlich den Blin-
ker flackern lassen, entlockt mir ein mildes Lächeln. Die Leute scheinen die Regeln
des Verkehrs geradezu verinnerlicht zu haben; Korrektheit als oberstes Gebot. Ist ihnen vielleicht darob das Lächeln abhanden gekommen? Weiter oben gewinnt die
Landschaft an Charakter. Doch die einsam auf Kuppen thronenden alten Herren-
häuser haben ihren Zenit längst überschritten. Sie scheinen allesamt leer zu stehen
oder sind bereits dem Zerfall anheim gegebene traurige Ruinen.

Am Strand von Aguilas verbringen wir im Schatten einer Palme neben Pizza kauen-
den und Bier trinkenden Badetouristen die Siesta. Ohne mit unseren bepackten Velos auch nur die geringste Aufmerksamkeit zu erregen, lassen wir hier die drei Stunden der grössten Hitze verstreichen. Am späten Nachmittag leeren sich die meisten
Tische um uns, denn nach üppigem Mahl braucht ein jeder Tourist Ruhe und sucht
die Horizontale im klimatisierten Hotelzimmer auf. Auch wir geben uns einen Ruck,
rappeln uns von den Klappstühlen auf, bevor uns die Müdigkeit vollends übermannt
und setzen die Fahrt der Costa Blanca entlang fort. In unserer Unwissenheit erwarten
wir nun idyllische Strässchen durch beschauliche Fischerdörfer. Aber denkste: Hotelbunker an Hotelbunker, in den wenigen Lücken dazwischen Kräne und Betonmi-
scher, neben uns auf dem Asphalt Prozessionen blitzblanker Blechkarossen. Der Sand
des Strands versteckt sich unter bunten Sonnenschirmen und auf dem seichten Wasser heulen die Motoren der Jets. Auf einem schiefrigen Geröllfeld lassen wir uns nieder. Durch das noch nicht ausgefachte Betonskelett eines Neubaus hindurch wird
uns sogar Sicht aufs Meer geboten. Zwei Mountainbiker keuchen wenige Meter an
unserem Zelt vorbei, freilich ohne uns bemerken zu wollen. Mit dem Eindunkeln
verebbt der Verkehr unter uns genauso wie der Wind; die schwülwarme Luft füllt
sich mit Grillengezirp.
    Die ersten paar Kilometer führt die Strasse kurvig durch unwegsames Gelände,
das deshalb auch noch nicht verbaut ist. Aber schon ab Villaricos, der potthässlichen Stadt der Reichen, radeln wir neben einem einzigen Blechwurm her, der maximal mit Schritttempo vorwärts kriecht. Besitzt denn in Europa mittlerweile jeder
und jede ein Auto, das auch bei schönstem Sonnenschein spazieren gefahren werden will? Die Bauwirtschaft boomt hier derart, dass ich es bei der Ziffer fünfzig
müde werde, die Anzahl der in meinem Gesichtsfeld stehenden Kräne weiter zu
bestimmen. Zudem hat der feine, über der Küste hängende Dunst ohnehin dutzen-

de der Maschinen verschluckt und mein Zwischenresultat verfälscht. Wer investiert sein Geld in diese Häuser mit luxuriösen Eigentumswohnungen, die Pilzen gleich aus dem Boden schiessen und die Küste mit dem Charme eines eitrigen Ausschlags überziehen? Hin und wieder stinkt es übel nach Kanalisation und Abfall. Bis weit nach Mojácar können wir nicht mal ungeniert die Blasen entleeren. Erst im steilen Aufstieg nach einem nagelneuen Fünfsterne-Hotel lässt uns ein zurzeit noch unverbauter Fleck Land die Notdurft verrichten. Das knallige Grün eines Golfplatzes sticht geradezu in die Augen. In dieser trockenen Gegend sind solche Bunttöne ungewohnt. Sie gehören auch nicht hierhin. Allenthalben herrscht akuter Wassermangel, doch auf diesem glattrasierten Rasen versprühen ungezählte Sprinkler tonnenweise Trinkwasser. Um die Geldsäcke des gewünschten Formats anlocken zu können, fühlen sich die Investoren der Hotels offenbar zu solch hirnrissigen Projekten genötigt.

In Agua Amarga sind die weissgetünchten Häuser im typisch andalusischen Stil gehalten. Gäbe es am Strand einen Campingplatz, würden wir dort die Nacht verbringen. Da dem aber nicht so ist, füllen wir unsere Wasserflaschen und wuchten noch ein paar Kilometer weiter auf eine Ebene hoch. Endlich lacht uns zwischen verstreut liegenden Anwesen ein einsam dastehender Baum an. Er bietet Schatten und ein wenig Schutz vor dem Wind, der kräftig über die steinige Erde fegt.

Die Dämmerung lässt noch ein hübsches Weilchen auf sich warten und wir haben uns unweit der Strasse niedergelassen. All die vorbeihuschenden Passanten haben demnach freie Sicht auf unser Lager. Doch ausser missbilligenden Blicken aus den Augenwinkeln wird uns keinerlei Beachtung geschenkt. Für die meisten feinen Bürger scheinen wir nomadisierenden Veloreisenden wie Bettler, Säufer oder andere Randgestalten der Gesellschaft gar nicht zu existieren. Aus Scham, Ekel oder Angst will man den Kontakt zu solchem Abschaum tunlichst vermeiden. Also blendet man diese Leute aus dem Gesichtsfeld, ignoriert sie. Eventuell befremdet uns dieses Verhalten nur deshalb so sehr, weil wir uns die letzten Jahre an die Herzlichkeit der Menschen gewöhnt haben. Dieser frostige Umgang hier kommt für uns einem regelrechten Kulturschock gleich.

Mit dem Herabsinken der Dunkelheit kehrt eine wunderbare Ruhe ein. Über uns wölbt sich das mit Sternen übersäte Firmament. Die Himmelskörper funkeln wie frisch poliert im samtenen Schwarz. Der Mond ist im Urlaub – vielleicht aber ist er in den Streik getreten, weil ihm das absonderliche Gebaren der Menschen an der Costa Blanca zu grauslich wurde.

Kurz vor acht küsst uns die Sonne wach. Als ich mich recke und strecke und mit einem herzhaften Gähnen den Tag begrüsse, kommen zwei Sheriffs angefahren und meinen in strengem Ton: «Hier ist das Kampieren verboten! Das ist ein Naturpark.» Ich mime den des Spanischen nicht mächtigen Ausländer. Und die beiden, die dem Gespann «Cook und Ham» von der amerikanischen Westküste das Wasser bei weitem nicht reichen können, ziehen wieder ab.

Um im Nationalpark Cabo de Gata einst unberührte Buchten ausfindig zu machen, braucht man keine besondere Spürnase: Bei jedem Trampelpfad, der zu einem Pinienwäldchen am Strand hinunter führt, stehen mindestens hundert Autos geparkt. Diese Gegend ist schlicht reizlos und ausgelutscht. Das sehen die Investoren natürlich anders. «Kräne statt Bäume» scheint auch hier das Motto zu sein. Als der Park endlich hinter uns liegt, suchen wir einen Platz für die Nacht, was sich als nicht ganz so einfache Aufgabe herausstellt. Denn die nahe Grossstadt Almería ist von schier endlosen Treibhauskulturen umgeben. Neben weissen Plastikbahnen, die eine Fläche von mindestens zehn Fussballfeldern überspannen, wischt ein marokkanischer Gastarbeiter Abfall zusammen. Wir fragen ihn um Erlaubnis, unser Zelt auf die von Büschen und ein paar Bäumen bestandene Ebene daneben stellen zu dürfen. «Natürlich, kein Problem», meint der junge Mann und verrät uns auch gleich, was hier angebaut wird: Tomaten, makellos, geschmacklos. Mit dem *tschomak* reinige ich den Boden zwischen zwei Feigenbäumen von Papier, rostigen Blechbüchsen sowie Scherben, und wir errichten unsere Behausung. Die feuchtklebrige Nachtluft kühlt auf angenehme zwanzig Grad ab. Der Mond zeigt sich heute immerhin für eine knappe halbe Stunde als zerbrechliche Silbersichel über Almería.

Wir stärken uns mit zwei Dutzend süssen Früchten der Feigenbäume und rollen neben dem nimmermüden spanischen Blechwurm durch die nicht mehr abreissen wollenden Plastikmeere Richtung Almería. Wir biegen aber vor der Stadt rechts ab nach Viator. Hier verbringen wir auf einem lauschigen Platz genau gleich wie all die Rentner des Dorfs die Siesta im Schatten der Platanen. Diese Herren würdigen uns keines Blicks, sie brabbeln nur mit ihresgleichen. Um Teil dieser erlauchten Gesellschaft zu sein, fehlen uns noch ein paar Jährchen und vor allem auch die Pantoffeln an den Füssen. Ein paar Dörfer weiter, im Ort mit dem klingenden Namen Benahadux, entdecken wir direkt an der Strasse einen menschenleeren Park mit Wasser speiendem Brunnen. Hier waschen wir Kleider, bürsten die sandigen Sandalen, reinigen die verschmierten Brillengläser und ich rasiere meinen Fünftagebart. Im Anstieg nach Alhama de Almería sind unsere Körbe mit nasser Wäsche drapiert.

Die Abendsonne lässt ihre Strahlen flach in die Südflanken der Sierra Nevada einfallen, was in den baumlosen, stark zerfurchten Hängen zu einem zauberhaften Schattenspiel führt. Kaum aus dem Dorf, finden wir rechterhand der sanft ansteigenden Strasse hinter einem langgezogenen Kieswall einen gut getarnten Platz mit herrlicher Aussicht auf die gefältelte Landschaft gegenüber, deren Konturen nun so scharf gezogen sind, als wären sie mit einem Kohlestift nachgezeichnet. Wie schon gestern hält sich Bruder Mond auch heute kurz bei seiner Stippvisite, diesmal vermutlich nicht ganz freiwillig: Schmachtend schaut er uns beim Essen zu und bereits nach einer halben Stunde ist er zergangen, bestimmt vor Neid.

Am Morgen ziert sich der Kocher einmal mehr, schenkt uns nach zärtlicher Zerlegung und Massage der Innereien aber knusprige Omeletten, was uns mit diesem zu wenig robusten Gerät kurzfristig wieder versöhnt. Zum Glück bleibt der Verkehr auch heute angenehm gering. Die Autos lassen sich dem Anschein nach bevorzugt zu den Kolonnen an der Küste unten steuern – die Anziehungskraft der Masse lässt auch das Blech nicht ungerührt. Nach einem kurzen Anstieg können wir uns in der folgenden Abfahrt für einige Kilometer bequem im Sattel einrichten, die Räder sirren lassen und im stillen Gleiten über den Asphalt die Augen auf den messerscharfen Erosionskanten der Sierra weiden. Diesmal verdanken sie ihre Körperlichkeit den ersten Sonnenstrahlen. Wie zufällig hingetupft, erstrahlen vor diesem Hintergrund die wenigen Dörfer in tadellosem Weiss.

Vor Ugíjar überstreicht unser Kilometerzähler fast unbemerkt die 50000er Marke. Derart weit haben uns die treuen Stahlesel also schon getragen! Einem solchen Feiertag hätte ein besserer Ort gebührt, als wir ihn am Dorfausgang vorfinden: Unebenes, staubiges Terrain neben einem ausgetrockneten Flussbett, das periodisch von einer Gestankswelle durchspült wird. Da aber bald die Nacht hereinbrechen wird und wir zu müde sind, um weiter zu suchen, bleiben wir hier. Sogar mit dem Segen des Reiters, der in der Abenddämmerung hoch zu Esel vorbeitrabt. Er quittiert unsere Frage: «Ist es okay für dich, wenn wir hier eine Nacht zelten?», mit «Na klar doch!». Ist ja auch nicht sein Land. Während der Nacht erfrecht sich ein spitzer Stein, sich durch den Zeltboden in eine unserer drei Matten zu bohren, was diese mit baldiger Plattheit schlägt. Trotz diesem Ungemach schlafen wir tief in den Tag hinein.

Die Hitze ist drückend. Und die Kilometer bis Cádiar wachsen sich klammheimlich zu Meilen aus. Denn die Strasse ist im Bau, und wir werden auf provisorische, extrem steile Schotterpisten umgeleitet. Oft werden wir von rücksichtslos vorbeirasenden Autos sandgestrahlt. Wenige Kilometer ausserhalb Cádiars zeigt sich uns rechterhand der Strasse auf einer Anhöhe ein wunderbar luftiger und einsamer Lagerplatz. Aus dem Talkessel schallen bald melodiöse Musikfetzen zu uns hoch – es ist Samstagabend. Als später gar Feuerwerke knallen und bunte Lichter durch die Nacht zucken, verfärbt sich die Mondsichel gegen Ende ihres kurzen Auftritts orange – vielleicht als Ausdruck ihres Ärgers über die anmassenden Spielereien der Menschlein, die ihr ins Handwerk pfuschen.

Der Morgen umspült uns mit herrlich kühler Luft, durch die ein Radio plärrt. Unten an der Strasse steht ein Herr im gesetzten Alter neben seinem geparkten Wagen. Wie zu Stein erstarrt gafft er zu uns hoch. Wir grüssen ihn freundlich, was ihn aber zu keinerlei Reaktion veranlasst. So widmen wir uns wieder den üblichen Morgenverrichtungen. Wenig später kraxelt der Kauz den Hang hoch, pflanzt sich keine zehn Meter von unserem Zelt entfernt auf und stiert zu seinem Auto hinunter. Uns präsentiert er etwa zwei Minuten lang seinen nicht gerade bezaubernden Rücken, bevor er, ohne auch nur ein einziges Wort zu verlieren, wieder verschwindet. «Diese Spanier sind wirklich sehr kommunikativ!», raune ich Bea ins Ohr. Bis jetzt sind sie uns mehrheitlich ziemlich schief reingekommen. Eine halbe Stunde später schiessen allenthalben ballernde Jäger wie Pilze aus dem Boden der Alpujarras. Sogar in der Nähe des Busches, hinter dem ich halb nackt über einem ausgehobenen Loch kauere, schlurft ein Herr mit geschultertem Gewehr und schnüffelndem Jagdhund vorüber. Um nicht als vermeintlicher Hase oder Fuchs mit einer Ladung Schrot in den Eingeweiden zu enden, mache ich mich mit einem lauten und klaren «*Buenos días!*» bemerkbar. Dafür ernte ich immerhin einen scharfen Blick des Grünrocks – so kühl und leer wie eine Metallhülse. Heute führt unser Weg erst auf der breiten Rohplanie einer neuen EU-Strasse, auf der es sich gut radeln lässt. Da von den Brücken über die quer einfallenden Täler aber erst die Widerlager erstellt sind, fahren wir hier auf der alten, weit ausholenden und kurvigen Strasse, die in einer Epoche gebaut wurde, als Zeit noch nicht mit Geld gleichgesetzt wurde. In ein paar Monaten schon werden die Blechhüllen in forschem Tempo durch die Alpujarras bolzen können. Hurra!

Im verschlafenen Torviscón sitzen die Rentner des Dorfs aufgereiht wie Küken auf der Steinbank, die aus der Kirchenmauer vorspringt und von dichten Baumkronen beschattet wird. Sie informieren sich gegenseitig über den Klatsch des Tages, damit sie später auch ihre Frauen, die zu Hause in zischenden Pfannen Essen brutzeln, auf dem Laufenden halten können. Das Wasser aus dem gekachelten Brunnen vor den Pantoffeln der Pensionäre mundet vorzüglich. Die von nun an wieder asphaltierte Strasse taucht vorbei an Mandelbaumplantagen zu einem Fluss hinunter, um uns auf der anderen Talseite nach Lanjarón hochzutragen. Diese Ortschaft hat wenig Anziehendes. Doch das Quellwasser aus dem Dorfbrunnen ist noch eine Spur schmackhafter als jenes von Torviscón. Kein Wunder also, ist das hier abgefüllte Mineralwasser im ganzen Land so berühmt. Es locken unzählige Hotels mit angegliedertem *balneario*, doch steht es um unsere Knochen nicht so schlecht bestellt, dass wir sie zusammen mit lauter Neunzigjährigen in den eisenhaltigen Heilwasserquellen baden müssten. Wir schlagen uns lieber oberhalb des Dorfs auf die Terrasse einer Plantage mit Mandel- und Olivenbäumen und richten unser Nachtlager ein.

Die blendendweissen, aus dem Bergrücken vor uns ragenden Windräder mit den dreiblättrigen Rotoren verleiten viele Touristen zu einem Halt. Die Dimensionen dieser markanten Teile der zukunftsweisenden Energieproduktion sind eindrücklich. Schon in Chinas Taklamakanwüste hatten wir ganze Felder davon bestaunt. Im Land des Windes, im argentinischen Patagonien aber, wippten in der Pampa nur Ölpumpen – welch Ironie!

In Granada schieben wir die Räder durch die schmalen, von Hunden verdreckten Gassen von Albaycin. Die aus dem Kopfsteinpflaster wachsenden Fassaden sind entweder zerfallen oder frisch renoviert – dazwischen gibts nichts, es scheint eine Zeit des Umbruchs zu sein. Die Fernsicht ist getrübt. Ein Sandsturm sucht die Stadt der Granatäpfel heim.

Von Dorf zu Dorf rollen wir auf kaum befahrenen Strässchen gemächlich nordwärts. Bei der Embalse del Cubillas sind einige Radfahrer in sonntäglicher Trainingsmission unterwegs. Glänzende Sportkleidungen erlesener Marken spannen sich über runde Hüften und gekrümmte Rücken. Die schweissklebrigen Gesichter sind verbissen und zu Grimassen verzerrt.

In Deifontes zeigt unser Thermometer in der erbarmungslosen Mittagssonne 45 und im Schatten 42 Grad an. In der zur Beruhigung des dampfenden Bluts angesteuerten Bar sinkt das Quecksilber rasch auf dreissig Grad, was mir eine Gänsehaut über den Leib jagt. Das Lokal ist gerammelt voll. Der Fussboden ist wie in chinesischen Spelunken mit Abfall und Spucke gepflastert.

Vor der Kathedrale von Iznalloz hängen verlauste, mit Alkohol oder anderen Drogen zugedröhnte Halbstarke herum, und ein paar Alte schlurfen mit apathischer Miene in den Pantoffeln über den weiten Platz. Der Brunnen ist trocken. Ein etwa achtjähriger Knirps bietet uns lächelnd seine Dienste an. Er führt uns zu einem plätschernden *fuente* und erkundigt sich fürsorglich, ob wir nun alleine zurechtkämen. Wie schön. Wie wohltuend. Ganz normal halt.

Je näher Piñar rückt, desto farbenprächtiger zeigt sich die hügelige Landschaft aus Äckern, Mandel- und Olivenhainen. Da fast jeder Fleck Boden bebaut ist, fällt es uns nicht einfach, einen Platz fürs Zelt zu finden. Nach schweisstreibender Plackerei einen steilen, unasphaltierten Fahrweg hoch, auf dem wir zwei Feldhasen aufschrecken, ist es bei einem abgeernteten Gerstenfeld aber so weit. Hier bleiben wir, obwohl uns beim Duschen ein Wespenschwarm auf Trab hält. Die schwarz-gelb Gefärbten mit der schlanken Taille und dem allzeit bereiten Stachel sind ins hier rare Gut Wasser vernarrt. Zweimal tuckert ein weisser Wagen an unserem Lager vorüber, ohne dass der Fahrer anhalten oder wenigstens grüssen würde. Als der fast volle Mond schwerfällig über die Bergkuppe rollt, schlafen wir schon tief wie pausbackige Engelchen.

Zusammen mit der Sonne erwachen auch die Wespen wieder. Dutzende schwirren uns um die Ohren. Beim Ausräumen des Zelts wird Bea von einem dieser dreisten Insekten in den linken Oberarm gestochen. Das Einspritzen des Gifts schmerzt sie wie eine Injektion und lässt Erinnerungen an die zahlreichen Impfungen hochkommen, die wir vor der Reise über uns ergehen liessen. Die Haut um den Einstich rötet sich rasch und schwillt an. Heute bremst der weisse Landrover neben uns. Es ist der Besitzer des Feldes, der jetzt für einen kurzen Schwatz das Seitenfenster herunterkurbelt. Er hat nichts dagegen einzuwenden, dass wir hier genächtigt haben, nimmt aber mit Genugtuung zur Kenntnis, dass wir uns bald aus dem Staub machen werden.

Gegen ziemlich heftigen Wind kämpfen wir uns weiter durch diese so liebliche Gegend mit den kräftig leuchtenden Äckern und verwelkten Sonnenblumenfeldern und steigen zum Dorf Torre Cardela hoch. Hier kaufen wir Joghurts sowie ein leider bereits ausgedörrtes Vollkornbrot und setzen uns auf einer beschatteten Mauerkrone neben dickwanstige alte Männer, die hier Tag für Tag zu tratschen pflegen und die Zeit verstreichen lassen. Zwei zerzauste Hunde und eine blauäugige Katze betteln darum, an unserem Essen teilhaben zu dürfen. Das Geläut einer Kirche hallt lockend durch die Gassen. Schon zieht eine Prozession Trauernder über das Pflaster. Gleich wie die Männer fallen auch die Frauen dieses Dorfs aus der Form. Sie wirken ohne Saft und Kraft und Witz.

Wieder unterwegs auf dem glühenden Asphalt, stöhnen wir unter der Hitze, bis uns endlich ein Gewitter erlöst. Es bricht unvermittelt aus den Wolken, die sich an den schroffen, meist mit kräftigen Bäumen bestückten Bergzügen gestaut haben und lässt uns geradezu schlottern. Die schweren Regentropfen fühlen sich auf der aufgeheizten Haut an wie Eispartikel. Das Thermometer sinkt innert Sekundenfrist um sechzehn Grad. In der Abfahrt nach Jódar schmeisst uns der Wind Tropfen ins Gesicht, die wie Nadelstiche schmerzen. Im Dorf sind alle Strassen mindestens knöcheltief von einer braunen Brühe überschwemmt. Eine knappe Stunde später ist der Spuk vorbei. Und schon treibt die wieder aufkeimende Hitze Dampfwolken aus dem Asphalt. Kaum aus dem Dorf, installieren wir uns in einem Olivenhain rechterhand der Strasse. Voll und hell leuchtet der Mond aus einem klaren Nachthimmel, in dem sich die Sterne bescheiden im Hintergrund halten. Unser Lagerplatz ist tadellos: ohne Wespen, ohne Fliegen und ohne Mücken. Lediglich ein paar Falter gaukeln tollpatschig herum, bis sie in der Flamme der Kerze verglühen. Noch um Mitternacht lässt uns eine schwüle Hitze von fast dreissig Grad schmachten. Um nicht vollends zu zergehen, öffnen wir sogar das Moskitonetz; aber nur, bis uns das erste Blut abgezapft wird.

Als riesige, orangegelbe Scheibe schiebt sich die Sonne über den Horizont und lässt die Olivenbäume lange Schatten werfen. In einem solchen bereiten wir uns eine saftige Omelette und starten dann zum vermeintlich einfach zu erreichenden Städtchen Úbeda, dessen Lichter uns schon gestern Abend entgegenleuchteten. Auf eine rasante Schussfahrt folgt aber nach der Überquerung eines ausgetrockneten Flussbetts ein beschwerlicher und gegen Ende sehr steiler Aufstieg. In Sabiote, dem Nachbardorf, verdunkelt sich der Himmel zusehends, und Wind setzt ein. Einen kurzen Moment lang zögern wir, ob wir uns unter diesen Vorzeichen in die bevorstehende Abfahrt stürzen sollen, denn insbesondere Bea verspürt keine Lust, sich erneut porentief durchnässen zu lassen. Da hier zu bleiben zu dieser eher frühen Stunde keine wirkliche Option darstellt, und baldiger Regen zwar möglich, aber nicht zwingend ist, schwingen wir uns nach einer Siesta wieder auf die Räder und tauchen ein ins Olivenbaummeer unter uns. In dem Masse wie wir auf der absolut verkehrsfreien Strasse an Höhe verlieren, nimmt die Hitze zu. Schon grilliert uns ein weit über vierzig Grad heisser, flirrender Luftstrom, der über das schwarze Band im Olivgrün streicht und uns wie Ohrfeigen ins Gesicht klatscht.

Nach einem Aufstieg unter der gnadenlos brütenden Sonne des späten Nachmittags erreichen wir das Dorf Navas de San Juan. Hinter durchscheinenden Wolken zeichnet das sich schliessende Auge des Tages ein unvergleichliches Strahlenbild an den westlichen Himmel. Neun Uhr abends ist bereits verstrichen, als wir uns in der Kurve der alten Strasse einnisten, die von der mit EU-Geldern finanzierten Mobilitätsschneise weggeschnitten und quasi zum Abstellgleis degradiert wurde.

Kurz vor Sonnenaufgang prasselt leichter Regen aufs Zelt, doch wartet ein brillanter Tag mit klarer Sicht, angenehmer Temperatur und willkommenem Rückenwind auf uns. Es rollt prächtig durch die nicht enden wollenden Olivenplantagen, von denen zurzeit einige bewässert werden: Aus einem um den knorrigen Stamm gewundenen Schlauch tropft Wasser auf den sandigen Boden. Kaum biegen wir bei Castellar de Santisteban links ab, erstirbt der Verkehr fast vollständig. Im herausgeputzten Dorf Aldeahermosa mampfen wir auf einer Bank Bananen und zusammengestauchte Pfirsiche, die Paraguayos genannt werden, als eine weiss gewandete Bäckersfrau vorfährt und eine markerschütternde Hupe ertönen lässt. Die vom Stricken, Tratschen oder Dösen aufgeschreckten Hausfrauen wanken, umspielt von den vifen Enkelkindern, zum Wagen und greifen in die verführerische Auslage der Süssigkeiten und Brote.

Wenige Kilometer weiter liegt Andalusien mit seinen Olivenölmeeren hinter uns. «Castilla-La Mancha» steht nun auf dem Hinweisschild. Jetzt befinden wir uns also in dieser für ihre Melonen bekannten Autonomen Gemeinschaft. Der Strassenbelag ist voller Flicken, dafür lässt uns die Landschaft aufatmen: Vorüber sind die gigantischen Monokulturen; wild und erfrischend unkultiviert zeigen sich die ersten Landstriche dieser Provinz. Ein würziger Duft von sonnenwarmem Stroh, durchwirkt mit Kräutern, liegt in der Luft. Ausgangs Villamanrique laden wir bei einer Autowerkstatt Wasser. Der gesprächige Chef hilft uns dabei höchstpersönlich und seine aufgeweckte Kinderschar löchert uns interessiert mit klugen Fragen zu unserem Leben als Nomaden. Vor uns breiten sich von der Abendsonne rötlich überhauchte Felder aus. Linkerhand treiben Cowboys eine Herde Stiere und bald zeigt sich zu unserer Rechten ein abzweigender Feldweg. Wir folgen ihm, bis uns die Balance zwischen Sichtschutz und Untergrund fürs Zelt gut dünkt. Die Schwalben fliegen tief und neutralisieren die Mücken, welche über dem trüben Bächlein neben uns in der Luft schwirren. Vielleicht aber haben wir es auch der überraschend tiefen Temperatur zu verdanken, dass wir keinen Tropfen Blut lassen müssen.

Wir schlafen so wunderbar tief und erholsam wie seit Tagen nicht mehr. Erst als die Sonne die Schatten unserer Räder auf die gelbe Zeltwand wirft, erwachen wir. Auf dem Weg nach Torrenueva hoppeln viele Hasen vor uns davon. In den mal gelblichen, mal braunroten Äckern stehen stolz und unverrückbar Eichen, diese Sinnbilder von Stärke und Kraft. Auch dehnen sich da und dort Olivenbaumplantagen, aber in weniger unverschämten Dimensionen als in Andalusien. In dieser Gegend wandeln wir auf den Spuren von Don Quijote, dem traurigen Helden des brillanten Romans von Miguel de Cervantes «*El ingenioso hidalgo Don Quijote de la Mancha*». Es zeigen sich uns immer wieder weisse Windmühlen, die Don Quijote in seinem Wahn für mit den Armen fuchtelnde Riesen hielt, und gegen die er in den Kampf zog. Wir lassen uns von den weissen Ungetümen nicht provozieren und erreichen bald Torrenueva. Zwar auch nicht ganz kampflos, denn der Westwind stellt sich uns entgegen.

Wir erstehen Joghurts und Früchte in Mengen, als wären wir waschechte Türken, und pflanzen uns für die Siesta an den beschatteten Rand des Hauptplatzes. Da beide Brunnen versiegt sind und der Barmann im Café nebenan kein Wasser herausrücken will, begebe ich mich zum Gemeindehaus, wo ich im Putzraum einundzwanzig Liter Wasser in Plastikflaschen abfülle. Mit Heisshunger verspeisen wir eine grosse Melone, vier Birnen, zwei Nektarinen, zwei Bananen, einen Apfel und ein Kilo Joghurt. Da Bea beim anschliessenden Kartenspiel gewinnt, kann sie sich für ein Nickerchen auf die Bank legen. Das Rackern bleibt mir überlassen. So erledige ich den Abwasch und schrubbe in unserer faltbaren Schüssel schmutzige Wäsche. Nach einer halben Stunde hängen an einer zwischen Bank und Laternenpfahl gespannten Leine vier Velohosen, diverse T-Shirts, Socken und Tücher. Schon eine Handvoll Männer ist wortlos an uns vorbei in die Bar, diesen Hort der arbeitslosen und der pensionierten spanischen Männer, gesteuert. Nun nähert sich mir ein etwa fünfzigjähriger Herr mit einem glänzenden Mobiltelefon in der Hand. Ohne zu grüssen, beginnt er zu quasseln. Sein Wortschwall kann auf die drei folgenden Hauptpunkte verdichtet werden: «Ich bin Spanier, ihr nicht. Ihr habt kein Recht, hier zu sein. Ich hole die Polizei.» Tatsächlich ruft er bei der *policía* an, die ihm aber nur mit einer Konservenstimme antwortet. Erst bin ich versucht zu glauben, der Typ sei stockbesoffen, dass er ohne ersichtlichen Grund einen Streit vom Zaun brechen will, doch als er immer näher an mich heranrückt, schlägt mir keine Alkoholfahne, sondern hundskommuner, deshalb aber nicht weniger abstossender Mundgeruch entgegen. Jetzt zeigt mir der Mann auf dem Handy die Fotografie eines jungen Burschen und meint dazu mit drohend erhobenem Zeigefinger nassforsch: «Das ist mein Sohn. Er trägt den schwarzen Gurt im Karate. Er wird dir die Visage polieren, wenn ...»

«Ja, wenn was?»

Das spielt diesem Chauvinisten überhaupt keine Rolle. Was auch immer ich von mir gebe, der Stinkstiefel münzt es in eine Provokation gegen sich um. Diesem Kerl geht es schlicht darum, sich zu erhöhen, indem er uns erniedrigt. Er will auf uns herumtreten wie auf einer Kröte. Das tut ihm gut, weil es ihm das schlappe Segel seines Egos bläht – auch wenn es nur dank heisser, giftiger Luft ist. Aber er blüht auf, fühlt sich erhaben und darum mächtig. Er rechnet sich mit Bestimmtheit dem Guten zu, mindestens der Zucht und Ordnung, und ist überzeugt, dass es ihm zusteht, uns zu richten. Er ist hier der Platzhirsch. Wir sind in seinen Augen nur Abschaum, fremde Fötzel, gar am Ende – in Spanien besonders verhasste – rumänische Zigeuner. Aus seinen Augen sprüht nichts als kalte Verachtung für uns Parias. Noch nie in meinem bisherigen Leben erfrechte sich je ein Mensch, sich in einer derart selbstgerechten, verblendeten Weise über mich zu stellen. Das ist ein echter Hammer, eine ganz neue, wenn auch schmerzhafte Erfahrung für mich. Auf solch niederträchtige, perfide Art werden also hier in unserem Europa als minderwertig abgestempelte Ausländer oder sonst nicht genehme Menschengruppen belästigt, gepeinigt und gequält. Ich schäme mich aufs Tiefste für mein kleinkariertes Gegenüber und bleibe ruhig und gefasst. Erst als es mich mit «*Alemán de mierda!*» anfaucht, reisst mir der Geduldsfaden. Ich schubse die Kreatur von mir weg und jage sie untermalt mit den milden Kraftausdrücken «*Largate!*» und «*Vete!*», was beides mit «Hau ab!» übersetzt werden kann, davon. Letztlich zieht dieser selbstgefällige Spiessbürger ab, nicht aber ohne sich ein, zwei Mal umzudrehen und weitere Verwünschungen und Drohungen auszustossen.

Uns scheint es nun angebracht, in der Bar nebenan einen *café solo* zu schlürfen, um das eben Erlebte zu bedenken und zu verdauen. Der stickige Raum ist mit paffenden und Karten spielenden alten Männern vollgepackt. Wir setzen uns an die Theke und bestellen die Getränke. Der Barmann wittert an uns einen gewissen Unterhaltungswert und bringt in Erfahrung, woher wir kommen und wohin wir gehen wollen. Bereits teilt er jedem ungefragt mit, dass wir im Begriff sind, die Welt per Rad zu umrunden. Das stösst bei seiner Kundschaft der satten Herren allerdings nicht gerade auf grosses Echo. Was interessiert diese schon so eine Verrücktheit? Sie sind schliesslich genug mit sich selbst beschäftigt. Wir bezahlen den Kaffee, verlassen Torrenueva und schieben nach gut fünf Kilometern die Räder ein abgeerntetes Maisfeld hoch und richten unser Lager ein. Wie zum Trost für die eben erlittene Unbill mit unverständigen Menschen zaubern unsere unbestechlichen Freunde am Himmel für uns: Die von den letzten Strahlen der untergehenden Sonne entzündeten Wolken im Westen brennen noch, als der orange Mond bereits über unseren Tellerrand, den Horizont, guckt.

In Valdepeñas warte ich vor einem Supermarkt auf Bea. Rumänen mit Wampe und Dreitagebart gruppieren sich auf dem Platz und debattieren mit Bierflaschen in der

Hand lautstark und engagiert miteinander. Ihre mit Kopftuch bekleideten Frauen stehen abseits. Einer der aufgebrachten Männer fixiert plötzlich mich. Statt wie ein Spanier demonstrativ wegzuschauen, antworte ich mit einem «asiatischen» Lächeln. Das versteht der andere als reinste Provokation. Er herrscht mich auf Rumänisch an und würde am liebsten gleich sein Mütchen an mir kühlen. Als ich auf diese Aggression aber mit «*No entiendo nada*, ich verstehe nichts» antworte und meinen Blick von ihm abwende, verpufft sein Ärger. Bald zieht die Gruppe ab. Ich bleibe zurück, niedergeschlagen, in Gedanken versunken. Als Bea mit Lebensmitteln beladen wieder auftaucht, klage ich ihr mein Leid: «Noch gestern wurden wir selbst für rumänische Zigeuner gehalten und von einem sesshaften Spanier bespuckt. Eben war nun ich der Blitzableiter für die Gereiztheit von Rumänen. Vermutlich erlebten diese Männer, Gastarbeiter oder Flüchtlinge, schon dutzende Situationen wie wir gestern in Torrenueva und sind derart desillusioniert von den Menschen, dass selbst ein freundliches, absichtsloses Lächeln nur als höhnisches Grinsen wahrgenommen wird. Sie sind nur dann zufrieden, wenn man sie nicht beachtet, ihren Blicken ausweicht, sie quasi negiert. So weit haben wir es in Europa also mit dem Fremdenhass schon gebracht!»

Auf einer ruhigen Nebenstrasse gleiten wir durch eine mit Weinreben bestandene Ebene nach Daimiel. Ausserhalb dieses Städtchens stellen wir das Zelt direkt neben der Strasse hinter einem Steinhaufen auf ein offenes Feld. Es wimmelt von etwa drei Zentimeter langen, weisslichen Würmern, die bei der geringsten Berührung erstarren und sich in einen Strohhalm verwandeln – Versteinerung und Mimikry als Verteidigungsstrategie. Bruder Mond ist verletzt: Bisswunden am Schädel rauben ihm die abgezirkelte Form.

Noch beim Frühstück hängt der bleiche Bruder traurig am Himmel, nun aber mit der angeknabberten Seite nach unten gedreht. Der kühle Wind lässt uns frösteln und treibt uns früh auf die Strasse zurück. Wieder führt uns diese durch Weinreben, die scheinbar ohne Stamm aus dem Geröll wachsen und schwere, tiefviolette Früchte tragen.

In Villarrubia de los Ojos fädeln wir in die kaum befahrene Strasse nach Urda ein. Das schmale Asphaltband trägt uns vorbei an ein paar Olivenplantagen und duftenden Pinien durch unberührtes Gras- und Buschland über einige Kehren hoch auf die Sierra Toledo, zum Paso de los Santos. Nach der Abfahrt auf dem holprigen Belag rasten wir im Schatten einer stämmigen Eiche, die stolz vor einer schwächlichen Mandelbaumplantage ihre Wurzeln in den ausgetrockneten Boden krallt.

Bei der Provinzgrenze zwischen Ciudad Real und Toledo verschmälert sich das Strässchen zu einem einfachen Fahrweg. Und der grobkörnige Belag zeigt klare Spuren der Zeit. Exakt in dieser Geländemulde ritt bestimmt einst Don Quijote höchstpersönlich durch. Wunderlich einsam diese Gegend, nicht mal Tiere zeigen sich. Dafür verströmt die trockene Landschaft einen sinnlich-würzigen Duft nach Gräsern, Kräutern und Stroh. In der folgenden Steigung lausche ich während des Wartens auf Bea für einige Minuten dem Knarren und Stöhnen einer Leitplanke, die sich unter der sengenden Sonne streckt und reckt.

Nun fegen wir runter zum verschlafenen Urda. Ein lauer Wind trägt uns stinkige Grüsse von zwar nicht sichtbaren, aber doch nahen Schweineställen zu. Von irgendwoher müssen all die fetten Schinken ja kommen, die in jeder Bodega von der Decke baumeln.

In der Brutofenhitze halten wir auf der Autobahn Richtung Toledo. Je näher die Stadt rückt, desto dichter wird der Verkehr. Auf dem breiten Pannenstreifen kommen wir sicher und zügig voran und laufen keine Gefahr, über den Haufen gefahren zu werden. So rollen wir mit heiler Haut über die Brücke des Río Tajo und wuchten unsere Räder die extrem steile Rampe zur Puerta Nueva de Bisagra, dem Eingangstor zur mittelalterlichen Stadt Toledo, hoch. In den exquisiten Feinschmeckerläden kann das Kilo Schokolade für fünfzig Euro erstanden werden – wenn man denn einen solchen Betrag vernichten wollte. In all den so schmucken wie engen Gassen der Altstadt werden die Passanten von auf Hochglanz poliertem, rollendem Blech wie Hühner an die Hausmauern gescheucht, wo sie sich ganz platt machen müssen, um nicht von ihm erfasst zu werden. Und die Füsse muss abwinkeln, wessen Schuhe mit zu schwachen Stahlkappen versehen sind, um dem Druck der Reifen zu widerstehen. Ich kann es kaum fassen, dass sich die Leute eine derart despektierliche, schikanöse Behandlung des arroganten motorisierten Verkehrs ohne auch nur den geringsten Hauch eines Protests gefallen lassen. Aber Autos gelten offenbar weltweit als eine besondere Art «heiliger Kühe». In eine Hausfassade ist sogar eine Furche geritzt, damit die Seitenspiegel der Wagen keine Kratzer abbekommen.

Unter stahlblauem Himmel holpern wir nach zwei Ruhetagen wieder durch das Stadttor, das von der eben erwachten Sonne mit warmem Licht übergossen wird. Die Autovía 42, eine vielbefahrene und entsprechend lärmige Autobahn, führt uns vorbei an grauen Industriezonen und eintönigen Vororten bis nach Madrid. Dem Glanz von Barcelona kann die Hauptstadt nicht die Stange halten, doch entdecken wir durchaus charmante Seiten. Insbesondere die Vielfalt der indischen Restaurants vermag uns zu überzeugen. Die meisten im Prado ausgestellten Bilder sind für meinen Geschmack zu düster und zu bieder. Goya und Rubens können sie von mir aus in die Wüste schicken, schon eher in meiner Gunst stehen Jusepe de Ribera und El Greco.

An der Neige des ersten Tages unserer Weiterreise stranden wir auf einem stoppeligen Weizenfeld unter einer Eiche. Um beim Duschen nicht zu schlottern, wärmen wir das Waschwasser vorgängig auf. Im sternenklaren und mit zehn Grad ziemlich kühlen Nachthimmel blinken auf breiter Front Flugzeuge, die sich auf dem Weg nach Madrid-Barajas befinden. Und immer wieder hallen Schüsse über die Felder und die brachliegenden Äcker. Diese «Jägerfürze» verstummen die ganze Nacht über nie. Der Mond schmollt. Er beschränkt seinen Auftritt auf eine knappe Stunde und zeigt dabei nicht mehr als eine trotzig aufgerichtete Sichel.

Bei Tagesanbruch hämmern Regentropfen auf unsere faltbare Behausung. Erst kurz vor Mittag hat der Himmel ausgeweint. Wir lassen uns vom Wind durch saftige Eichen- und Pinienwälder den Río Tajuña entlang schieben. Im völlig ausgestorben wirkenden Dorf Armuña de Tajuña verpflegen wir uns auf der schlichten Plaza Mayor mit unseren Vorräten, denn sämtliche Geschäfte sind heute Montagnachmittag geschlossen. Zwei kecke Hunde, die uns mit ihren weissen Pfoten an Negrito in den Strümpfen erinnern, umspielen uns bettelnd.

Im Aufstieg in die Sierra La Alcarria verdunkeln immer mehr Wolken den Himmel, was zu einer empfindlichen Abkühlung führt. Rechts unten dampft es aus Kühltürmen von Atomkraftwerken und links oben drehen Windräder. Die Sonne versteckt sich immer wieder, nur der Wind weht konstant und kalt. In Canredondo, dem nächsten Dorf, setzen wir uns auf die kurz sonnenbeschienene und windgeschützte Bank vor dem Gemeindehaus. Plötzlich schneidet das Horn eines Lastwägelchens durch die Stille der Dorfidylle und aus einem knatternden Lautsprecher dröhnt eine blecherne Stimme. Es ist der Lebensmittel-Mann. Schon schlurfen einige Leute heran und kaufen viele Würste und wenig Gemüse. Wir würden ihm frische Feigen oder Zucchini abnehmen, doch sind diese Produkte nicht in seinem Angebot. Wenige Kilometer weiter schlagen wir uns rechterhand der Strasse in den Windschatten von ein paar Pinien. Nach prächtigem Abendrot steht der Mond hell leuchtend am klaren Himmel, in dem die Flugzeuge noch immer unermüdlich hin und her sausen. Jäger, vor deren Unberechenbarkeit wir uns hoffentlich zu Unrecht fürchten, lassen immer wieder ihre Flinten krachen. Instinktiv zucken wir jeweils zusammen und ziehen die Ohren ein.

Unweit vom Zelt entfernt zieht ein Schäfer mit seiner Herde durch den weissen Morgennebel übers Stoppelfeld. Es ist saukalt. Mütze und Handschuhe sind längst angezogen, als wir uns auf die Räder schwingen. Auf dem Pass nach Riba de Saelices ist ein Parque Natural ausgeschildert. Die Bäume liegen freilich alle gefällt auf der Erde. Wir müssen uns auf einer staubigen Rohplanie abmühen, da das Trassee auf EU-Standard verbreitert sein will. Nach einer kurzen Strecke auf der vielbefahrenen Nationalstrasse N211 biegen wir ins schmale, kurvige und einsame Strässchen nach Turmiel ab. In diesem Dorf gibt es nicht eine *tienda*. Fröhliche alte Leute erklären uns, als wäre es das Natürlichste der Welt, dass auch auf den nächsten vierzig Kilometern keine Lebensmittel zu kaufen sind. Nur gut, haben wir unsere «Eichhörnchen-Mentalität» auch im fortschrittlichen und, vermeintlich, perfekt versorgten Europa noch nicht abgelegt: In unseren Taschen verbirgt sich genug Futter für zwei, drei Tage. Also bescheiden wir uns hier mit dem Abfüllen von Quellwasser und rollen im weichen Abendlicht weiter zwischen braunroten Äckern und Sonnenblumenarmeen hindurch, die ihre schweren Köpfe tief neigen. Nun folgen wir einem Flüsschen weg von der Strasse und wählen eine mit fahlem Stroh bedeckte Wiese fürs Nachtlager. Dieser Ort erinnert uns beide an eine Nacht am Río Limay in Argentinien und an eine andere auf dem bolivianischen Altiplano, südlich von Villa Alota. Die kräftige Sonne geizt nicht mit Wärme. Für einmal können wir uns duschen, ohne das Wasser vorgängig wärmen zu müssen. Der Platz wäre geradezu perfekt, wären da nicht die Fliegen, die an unseren Nervensträngen zupfen. In dichten Wolken umschwirren uns diese Biester. Sie fühlen sich von unseren Nasen, Ohren, Augen und Mündern auf geheimnisvolle Weise angezogen. Das Thermometer behauptet, es sei gleich kalt wie gestern. Auf dem optisch warmen Stroh ist es aber behaglicher. Vielleicht ist der Abend aber auch so mild, weil uns der feurige Mond sogar Schatten werfen lässt.

Bei Tagesbeginn sind die Fliegen schlapp. Ein Blick aufs Thermometer zeigt den Grund: null Grad. Und das im spanischen Spätsommer! Nach dem Dorf Milmarcos dringen wir in die Provinz Zaragoza ein. Die Breite der Strasse verringert sich auf eine einzige Spur. Da vorne liegt ein Fuchs in seinem Blut. Die feinen Haare des Pelzes bewegen sich im Wind – welch wunderschönes Tier! Wahrscheinlich wurde es auf dem Feld vom Geschoss eines Jägers getroffen und ist hier auf dem Asphalt entkräftet zusammengebrochen.

In Nuévalos sind die Auslagen der zwei Läden reich bestückt, wir können aus dem Vollen schöpfen. So halten wir kiloweise mit Früchten und Gemüse beladen bergwärts. Heftiger Wind setzt ein. Und binnen weniger Minuten ist der Himmel mit Wolkenpaketen zugekleistert. Oberhalb des Nests Monterde entnehmen wir einem Bächlein Wasser und spähen von nun an nach einem Platz für das Zelt. Im dritten Anlauf finden wir schliesslich einen guten Untergrund mit leidlichem Sicht- und Windschutz. Kaum ist die Sonne hinter den Horizont getaucht, erlahmt allerdings der Wind. Ein Hirte zieht mit Hund und Schafherde nahe vorüber und wünscht mit einer Selbstverständlichkeit «Buenas noches!», als hätte hier gestern schon Hans-Michel geschlafen.

Während sich die ganze Nacht ein Sternenmeer über uns spannte, gähnt uns am Morgen ein regenschwangerer Himmel an. Ein Bauer holpert mit seinem Traktor in gebührendem Abstand übers Feld und winkt uns zum Gruss zu. Nördlich von Madrid begegnen uns die Leute weniger zugeknöpft als noch in Südspanien. Bereits lösen sich erste Tropfen aus den Wolken. Da es hier auf dem Feld weit und breit keinen Schutz vor der nasskalten Witterung gibt, bleibt uns nichts anderes übrig, als loszufahren. In Abanto, dem ersten Weiler, suchen wir lange einen Unterstand, bis wir schliesslich im alten *lavadero* landen. Vor der Zeit der Waschmaschinen war dieser Ort mit dem riesigen Wasserbecken der Treffpunkt der Hausfrauen und damit gewissermassen der Schmelztiegel des Dorftratsches. Heutzutage plaudern die vorwiegend alten Frauen des Dorfs vor dem mobilen Lebensmittelverkaufsladen auf der winzigen Plaza. Wir warten eine gute halbe Stunde unter dem Dach, ohne dass sich Wesentliches am Wetter ändern würde. So fällt noch immer feiner Regen vom Himmel, als wir uns wieder der Strasse stellen, die steil ansteigt. Später peitscht uns Wind die Tropfen ins Gesicht, die mittlerweile in grosser Intensität auf uns nieder rasseln.

Im Städtchen Daroca entscheiden wir uns, in einem der drei Hotels ein Zimmer zu beziehen. Damit beweisen wir eine feine Nase. Denn kaum ist die Unterkunft bezogen, schüttet es derart masslos, dass sich die Strassen innerhalb von Minuten in reissende Bäche verwandeln. Da hätten wir in unserem Zelt alt ausgesehen! Nun aber liegen wir auf dem Bett, lauschen schmunzelnd dem Treiben vor dem Fenster und schauen im TV Reportagen über die momentan in Spanien wütenden Unwetter. Da nehmen wir es sogar ohne zu maulen in Kauf, dass uns die Stahlfedern der Matratze in die Rippen bohren.

Obwohl sich der Himmel auch am zweiten Morgen noch immer weinerlich gebärdet und mit unheilvollen Wolken droht, soll es weitergehen. Ein schmales Strässchen trägt uns durch viele Kurven, vorbei an Eichen- und Pinienbeständen, an Mandel- und Olivenhainen, an Kastanienbäumen, an brachliegenden Äckern und abgeernteten Weizenfeldern nach Azuara. Bei der *fuente de los veinte caños*, dem Brunnen mit den zwanzig Wasserstrahlen, füllen wir unsere Flaschen trotz der Warnung auf einer Tafel, es könne nicht für die Sauberkeit des Wassers garantiert werden. Aber schliesslich trinkt die ganze Dorfschaft von diesem Brunnen. Zwei kecke Burschen wollen wissen, woher wir stammen. «Aha, aus dem Ausland. Wir auch. Aus Ecuador», meinen die beiden. Wenige Pedalumdrehungen nach dem Dorf campen wir auf einem noch besonnten Stoppelfeld rechts unterhalb der Strasse.

Heute weckt uns die Sonne. Über ein Dutzend der weissen Schnecken, die sich noch gestern mausetot stellten, haben ihre schleimige, klebrige Bahn aufs Aussenzelt gezogen. Damit können wir besser leben als mit dem, was uns vor Belchite entgegenschlägt: ätzender Angstschweiss und gequältes Quietschen von zu Tausenden zum Mästen und Schlachten zusammengepferchten Schweinen. Das haut uns beinahe aus dem Sattel. Muss schon was ganz speziell Leckeres sein, so eine Schinkenkeule!

Vorbei an weissen Windrädern, die elegant in den blauen Himmel ragen, retten wir uns durch absolut öde Gegend nach Azaila. In diesem Kaff, wo jedes zweite Haus verfallen und verlassen wirkt, lassen wir uns auf eine Bank nieder und bestaunen die schiefe, nach Westen geneigte Kirche, die nur durch ein gewaltiges Storchennest auf der Ostseite im Gleichgewicht gehalten scheint, bis uns die Augen zufallen.

Auch Escatrón wirkt wie ausgestorben. Es liegt am Río Ebro, der sich in trägen

Mäandern durch den breiten Grund des Canyons schlängelt. Selbst die Brunnen huldigen der Siesta und bleiben trocken. Nur aus dem Hahn neben dem Pausenplatz der Schule fliesst das Lebenselixier. Es schmeckt aber nicht besser als das faulige Wasser der mexikanischen Baja California. Zum Duschen taugt es knapp. Glücklicherweise erwacht der Verkäufer eines *supermercado* frühzeitig aus dem Nachmittagsschläfchen. Wir kaufen ihm einige Liter Mineralwasser ab, wuchten über den Ebro und hoch aufs Plateau. Hier finden wir einen Platz mit herrlicher Aussicht auf den von Tag zu Tag dicker werdenden Mond.

Die müde Sonne verglüht hinter unseren Rücken, und Stechmücken schwirren als Ablenkungsmanöver vor unseren Ohrmuscheln, während uns die Kolleginnen ihre Stacheln in Nacken, Wangen, Oberschenkel, Knie und Fesseln bohren. Ansonsten ist es durchaus friedlich hier. Ein laues Lüftchen streicht durch die Büsche und Grillen locken ihre Weibchen, indem sie die Flügel aneinander reiben. Idylle pur – und trotzdem zählen wir die Tage, die wir noch jeden Abend die Matten aufblasen, uns im kühlen Wind duschen und auf Augenhöhe mit Würmern, Käfern, Ameisen und Schnecken hausen müssen. Dies aber im vollen Bewusstsein, dass wir die Freiheit und Leichtigkeit des Nomadentums schon bald missen und uns an die Zeit der Unbeschwertheit zurücksehnen werden. Bestimmt werden wir uns oft im Erinnerungsnebel verlieren und uns von den vorbeiziehenden Bildern und den zugehörigen Gerüchen und Gefühlen nähren. Immer wieder werden Namen aufsteigen, hinter denen sich ganze Welten auftun.

Heute Morgen sind es nicht mehr Mücken, sondern tausendfüssige Würmer mit silbriger, glatter Haut, die uns umgarnen. Einer hechtet sogar unverfroren in den Honigtopf. Noch bei der Mittagsrast werden wir zusammengekringelte Würmer aus den Taschen fischen. Starker Wind fegt über die so karge wie einförmige Landschaft, die uns mit den zerfallenen Ruinen, den einst prunkvollen Gütern, an die Atacamawüste mit den Geisterstädten der Oficinas erinnert. Die Landhäuser der Väter sind heute nutzlos, denn Herr Bauer fährt mit glänzendem Jeep aus der Stadt auf seine Ländereien, steigt auf den in der Sonne funkelnden Traktor, pflügt, sät und erntet später, ohne hier draussen in der baumlosen, unwirtlichen Einöde hausen zu müssen.

Der Westwind schiebt uns mehr oder weniger über den Hügelzug Los Monegros. In Bujaraloz reiben wir uns erst mal die Augen ob dem Schwerverkehr, der sich über die Strasse wälzt, die uns Richtung Lleida hätte führen sollen. Offenbar ziehen alle Transporter diese schmale Strasse der kostenpflichtigen Autobahn vor, die ein paar Kilometer weiter nördlich verläuft und die Grossstädte Zaragoza und Lleida verbindet. Ohne Worte ist klar, dass wir uns dem rollenden Stahl nicht zum Frass vorwerfen lassen und nach der Mittagspause und Kleiderwäsche in einem Park nach Norden halten werden.

Auf der Plaza treffen wir auf einen anderen Velonomaden. M'Bou ist Ende dreissig, stammt aus Durban, Südafrika, und ist seit fünfzehn Jahren «*on the road*». Die ersten fünf Jahre zu Fuss, dann fünf Jahre im Auto und bald sind die fünf Jahre auf dem Fahrrad zu Ende. Es sollen fünf Jahre auf einem Schiff folgen. Seine Schaufelzähne sind ausgefallen. Was sich am Kiefer noch zu halten vermag, ist von Karies zerfressen und schwarz. Intakt ist aber seine blonde Mähne. Er ist ausserordentlich dürr und leicht bepackt. Ein Zelt brauche er nicht, meint er. Auch eine Landkarte hat er nicht. Deshalb ist er vermutlich auch auf der Hauptstrasse angefahren gekommen. Wir zeigen ihm auf unserer recht guten Spanienkarte eine Alternativroute nach Zaragoza, seinem Ziel, und wünschen ihm alles Gute für die Weiterreise.

Vorbei am Bewässerungskanal Canal de Monegros erklimmen wir auf einer ruhigen Nebenstrasse eine Geländekante und erhaschen einen ersten Blick auf die südlichen Ausläufer der Pyrenäen. Im kühlen Gegenwind gleiten wir nach Pallaruelo de Monegros hinunter. In diesem Hundertseelenkaff gibts leider nicht eine *tienda*, dafür aber einen herzensguten Leiter des Club Social, der uns auf einen Kaffee einlädt. «Oft erquicken sich bei mir Pilger auf dem Weg nach Santiago de Compostela. Zu dieser Jahreszeit ist aber niemand unterwegs. Auf den Pyrenäen liegt bereits der erste Schnee und auf der Nordseite der Berge schüttet es wie aus Kübeln», meint der Herr und füllt uns gleich heisses Wasser für die spätere Dusche in die Flaschen. Weiter gehts im nun frostigen Wind durch nicht enden wollende Maisfelder, die künstlich beregnet werden und vorwiegend als Schweinefutter dienen. Kurz vor Sonnenuntergang stranden wir neben einem Seitensträsschen auf einem windigen Platz aus hartem Sand. Um nicht zu erfrieren, duschen wir uns zusammengekrümelt in der Apsis, was den Boden in reinen Matsch verwandelt. Diesen Sumpf legen wir mit abgeschnittenen Grasbüscheln wieder trocken, denn auch zum Essen brauchen wir Schutz gegen den strammen Wind, der laut mit der Zeltblache schnalzt.

Als wir weiterziehen, brennt die Sonne aus stahlblauem Himmel, doch die Temperatur liegt nur knapp über null Grad. Nach Binéfar werden wir wieder von Stinksalven attackiert: aus den Gefängnissen der Schweine. In ganz Spanien haben wir noch kein einziges dieser Tiere auf einer Wiese gesehen; ihnen wird wohl nie Auslauf gewährt. Wenn ihnen mehr als zwei, drei Schritte zugestanden werden, dann sind es ihre letzten: In den LKW, der sie zum Schlächter karrt. Mittlerweile radeln wir auf dem Terrain der Autonomen Gemeinschaft Katalonien. Nach Castelló de Farfanya finden wir an der Leeseite eines Hügels, auf der nicht bepflanzten Terrasse über einer Olivenplantage, den vermeintlich optimalen Lagerplatz. Vor uns breitet sich die Ebene aus, in deren Zentrum die Stadt Balaguer liegt. Direkt unter uns aber biegt Laster um Laster links ab. Alle vollgestopft mit schreienden Schweinen. Sie werden von den Aufzuchtfabriken zu der Zerlegungsfabrik verfrachtet, die sich ganz in der Nähe befinden muss. Nach acht Uhr steigt der Mond honigfarben hinter einer Bergkuppe hoch. Als ich mit der Abendtoilette beginne, kann ich einen Finger zwischen Horizont und bleichen Bruder schieben. Am Schluss finden bereits zwei Finger Platz, und der Trabant scheint heller, hat aber an Farbintensität eingebüsst. Trotzdem wirkt er auch jetzt noch weit erhabener als das Zittern der elektrischen Lichter in der Ebene unten, das sich unter ihm kläglich ausnimmt.

Immer wenn sich eine Hand aus dem Schlafsack verirrt, friert sie uns fast ab. Nach dem Erwachen des Tages sorgt aber herrlichstes Wetter dafür, dass wir bald auftauen. Richtung Spiel- und Kommerz-Zwergstaat Andorra rauscht viel Blech, doch ist unser Seitenstreifen breit genug, damit wir uns sicher fühlen. Zu den «Stinkkeulen» aus den Schweinemästereien gesellen sich nun ganze Fliegenschwärme, die unsere Köpfe wie einen Turban umtanzen. Bis ein kühler Wind aus grauen Wolken fährt und die Insekten verscheucht.

In Ponts setzt kurzzeitig heftiger Regen ein. Wir verkriechen uns unter den Dachvorsprung einer Eisenwarenhandlung und verspeisen auf unseren so praktischen Klappstühlen die am Morgen zubereiteten frischen Ravioli. Wenn Blicke töten könnten, würden wir noch während des Kauens mausetot umfallen: Eine feine Dame in ihren späten Vierzigern zieht eine verächtliche Schnute und ein vorbeimarschierender Rentner würde uns mit seinem scharfen Blick am liebsten auf der Stelle ausradieren. Wie viel besser muss sich dieser Knacker in seinem Wohlstandsmief fühlen als wir «rumänisches Zigeunerpaar». Wer weiss, möglicherweise sind wir aber auch nur die Kratzer in der frisch geweisselten Wand, durch die er seine eigene Öde und Leere erblickt. Auch zwei andere Herren erwidern unseren Gruss demonstrativ nicht, und drei weitere Leute, jeder in seinem eigenen Auto, erstarren bei unserem Anblick fast. Dafür strahlt bereits die Sonne wieder heiss und lässt den Asphalt dampfen. Das hier gesprochene Katalanisch tönt extrem fremd, wir verstehen kein Wort. Zwei Stunden später sitzen wir im Zelt und müssen feststellen, dass unser Dach bei den Nähten rinnt wie ein Sieb – gut, trennt uns nur noch ein Monat von der Schweiz. Im Stall am anderen Ende des Feldes röhren Rinder gerade so wie die brünstigen Hirsche in Argentiniens Luro Park.

Als der Schlaf ausgekostet ist, hängt ein derart dicker Nebel über dem durchnässten Feld, dass ich kurz versucht bin zu glauben, der Kuh- und der Schweinestall gegenüber seien verschwunden, wäre da nicht der beissende Gestank. Wir rollen weiter in Erwartung des kernigen Pyrenäenaufstiegs, doch bleibt das Terrain zahm und ohne Tücken. Mal ragen zwar kahle Felsen dramatisch schroff ins Blau des Himmels – die Sonne hat den Dunst unterdessen weggebrutzelt –, doch nur um einige Kilometer weiter einem breiten, sanften Tal zu weichen. Während der massierte motorisierte Verkehr durch etliche Tunnels gejagt wird, können wir auf der alten Strasse in aller Ruhe die Bergnasen umkurven. Im Alt Urgell sind die Wiesen auf einen Schlag so saftig grün, als ob wir bereits in der Schweiz wären. Die Kühe wirken als unnötige, fast kitschige Zugabe. Bei der Stadt La Seu d'Urgell ist es nur noch einen Katzensprung nach Andorra, doch halten wir Richtung Osten, Richtung Grenzstadt Puigcerda.

Unsere letzten Pedalumdrehungen auf spanischem Terrain: Ich müsste lügen, um behaupten zu können, dass es mir darob in der Brust nicht leichter würde.

Frankreich, 3. bis 26. Oktober 2007

Die Grenze ist physisch nicht greifbar: Der Schlagbaum ist entsorgt, Zoll- und Polizeigebäude sind verwaist. Man wird im alten Land nicht verabschiedet und im neuen nicht offiziell willkommen geheissen, dafür auch nicht kontrolliert. Der Himmel verharrt hier wie dort im selben Grau. Und doch entfährt mir in Bourg-Madame, dem französischen Grenznest «Bonjour la France!», gefolgt vom unvermeidlichen «Allez les Bleus!».

Aus den Autos fliegen uns anerkennende Lächeln zu. Und schon beim ersten Halt suchen einige Männer spontan das Gespräch mit uns – dieses Volk ist aus anderem Holz geschnitzt als die Spanier. Als der mit Menschen in heiterer Stimmung vollgestopfte Touristenzug «*train jaune*» vorbeizuckelt, winken uns Gross und Klein. Bea erwidert den Gruss, während ich gerade an eine Leitplanke pinkle und mich deshalb eher bedeckt halte. Die Wolken sind prall und schwarz. Jede Minute ist damit zu rechnen, dass Regen aus ihnen bricht. Auf der Suche nach einer Unterkunft schlottern wir bereits in der Abfahrt Richtung Perpignan, da dämmert uns, dass sich hinter den massigen Festungsmauern in unserem Rücken mehr als nur eine Touristenattraktion verstecken könnte, und wir kehren um. Tatsächlich kuscht hinter der trutzigen Stadtmauer vom Baumeister Vauban der geschichtsträchtige Ort Mont-Louis. In einem *chambre d'hôte* finden wir Unterschlupf.

Unsere Taschen sind gepackt und im winzigen Fenster in der Dachschräge zeichnet sich ein Stück blauer Himmel ab. Bis wir uns aber im Sattel befinden, ist das Firmament wieder mit Wolken tapeziert. Denn unsere sympathische und äusserst interessierte Gastgeberin lässt uns nach dem reichhaltigen gemeinsamen Frühstück erst ziehen, als sie zum Yogakurs aufbrechen muss. Bis Axat soll es nur hinunter gehen, hat sie uns ermuntert. Das ist freilich nur die halbe Wahrheit: Erst müssen wir auf den Col de la Quillane klettern, bevor wir uns aufs Lenken unserer Gefährte beschränken können. Die Luft ist rein und würzig, die Sicht auf Schneefelder hoch oben in den Gipfeln erhebend, doch die in die Wälder gehauenen Schneisen für die Skipisten, die klotzigen Beförderungsanlagen und die riesigen Parkplätze sind ein Ärgernis. Die Bäume tragen stolz ihr herbstlich verfärbtes Kleid zur Schau; das Blättermeer nimmt sich aus wie ein bunt gewebter Teppich. Die Strasse ist schmal und holprig von all den Flickstellen, doch weist sie kaum Schlaglöcher auf. Sie führt uns durch schlauchartig angelegte Dörfer, die meist ein «*bain*» im Namen tragen – früher badete man sich hier oft und gerne gesund. Heutzutage sind diese Gebäude fast alle verlassen und dem Zerfall anheim gegeben. In Lapardelle laden wir Quellwasser, das einem steinernen Löwen aus der Schnauze rinnt und vorzüglich mundet. Der vom Wind zerzauste Himmel ist drohend grau, doch verschmähen wir die durchaus lockenden *chambres d'hôtes* und geben dem Waldboden unter stämmigen Eichen den Vorzug.

Noch bei Tagesanbruch trommelt der Regen in gleicher Intensität wie die ganze Nacht über aufs straff abgespannte Zelt. Bald aber sind durch die Baumkronen neben getriebenen Wattebäuschen auch blaue Flecke auszumachen. Mit dem Wind im Rücken fegen wir wieder über den Asphalt. Knorrige Reben überspannen die Hügelflanken und verbreiten einen säuerlichen Geruch, der mir nicht unangenehm ist. Im ersten Dorf trinken wir einen ganzen Liter frisch gepressten Apfelsaft – den ersten seit gut fünf Jahren. Welch Genuss! Der Verkäufer informiert uns über die vor uns liegende Strecke, schenkt uns zwei Äpfel und warnt eindringlich vor sehr heftigen Gewittern mit sintflutartigen Niederschlägen im Bereich von Perpignan, das in unserer Fahrtrichtung liegt.

Über den Bergzügen gegen das Meer hin türmen sich tatsächlich dräuende Gewitterwolken. Wir halten auf einer kurvigen und ruhigen Strasse in die Gegenrichtung und sind schon bald in Tuchan. Hier droht nun von Westen her eine grauschwarze Gewitterfront mit Ungemach. Da wir weder vom Blitz erschlagen noch ersäuft werden wollen, suchen wir uns ein Zimmer für die Nacht und landen in einem Bungalow. Blitze zucken durchs Fenster herein und die Donner missbrauchen uns als Resonanzkörper für ihre wütenden Bässe. Der angekündigte Regen bleibt aus. Wir bedauern dies, denn schliesslich gibt es nichts Schöneres als ein Unwetter mit knüppeldickem Niederschlag, wenn man dabei vor einem Ofen sitzt, in dem eine selbst belegte Pizza an Knusprigkeit gewinnt und ihren verführerischen Duft entfaltet.

Noch immer kleben graue Dunstwolken über uns, als wir via Peyriac-de-Mer den idyllischen Etang entlang zum schmucken Städtchen Bage radeln. Über eine extrem stark befahrene Einfallstrasse von Narbonne dringen wir in die Stadt. In einem wenig einnehmenden Park legen wir eine Pause ein, bevor wir uns an den kurzen Aufstieg zum Massif de la Clape machen, das sich zwischen Narbonne und Narbonne-Plage erhebt. In einem wohlriechenden Pinienwäldchen oberhalb von Weinreben finden wir einen wunderbaren Platz für die Nacht. Die Zweige der Bäume sind zart und geschmeidig wie das frisch geleckte Fell einer Katze. Im leidenschaftlichen Liebesakt verloren, hören wir nicht, wie der Wind forsch durch die Baumkronen faucht.

Die Morgensonne lässt unser Innenzelt gelber erstrahlen, als es eigentlich ist. Wir pflücken von den sonnenwarmen roten Muscattrauben und schieben sie uns gegenseitig in den Mund. Sie zerplatzen zwischen unseren Zähnen und verströmen ihren würzigen Geschmack. Narbonne-Plage vermag uns nicht zu halten. Das Dorf ist ohne Charme. Es besteht lediglich aus einer Ansammlung von Restaurants und Läden für Touristen und unterscheidet sich damit nicht von den tausenden bereits gesehenen, einzig für Urlauber konzipierten, absolut langweiligen Orten. Via Fleury und andere beschauliche Dörfer stossen wir in der Nähe von Sérignan zum Canal du Midi, dieser Wasserstrasse vom Atlantik zum Mittelmeer. Platanen säumen sein Ufer

und werfen schon seit über dreihundert Jahren ihre barmherzigen Schatten auf die
Reisenden. Wir radeln nur kurz auf dem alten Treidelweg neben Kolonnen von
Hausbooten her. In Béziers drehen wir ab Richtung Norden. Wie bis jetzt fast täglich in Frankreich gehts vorbei an Reben – was dem Spanier die Oliven, sind dem
Franzosen die Weintrauben. In Pouzolles kaufen wir einem Winzer zwei Liter weissen Traubensaft ab und füllen all unsere Flaschen mit Wasser. Wenig später folgen
wir einem Feldweg links hinunter, der uns zu einer kleinen Wiese führt. Hochge-
schossenes, dicht stehendes Schilf und eine ausrangierte und ausgesetzte Waschmaschine bieten uns leidlich Windschutz. Den zwei Kerzen, mit denen wir den Platz
ausleuchten, wachsen immer grössere Flügel, je mehr sie selber schrumpfen. Wir lassen die frische Luft unter dem kristallklaren Sternenhimmel tief in unsere Lungen
strömen und lauschen verzückt einem Uhu, dessen Ruf sich wie eine Verzierung im
dicht gewobenen Grillengezirp ausnimmt.

Nach mondloser Nacht erhebt sich die zuverlässigere Sonne und wärmt uns die
Rücken. Wie schon in Spanien, schwirrt auch hier «Jägerschrot» durch die Lüfte,
was wir allerdings nur aus dem Knallen und dem gehässigen Hundegebell ableiten.
Wieder auf der Strasse oben ist es uns entschieden wohler in der Brust. Auf dem
Bergzug Causse strolchen zwei ziemlich bescheuert ausschauende Jägersleute im Unterholz umher. Ihren beiden Hunden haben sie Schellen um den Hals gehängt, damit
sie nicht versehentlich diese sabbernden Köter statt eines eleganten Rehs mit Blei
vollpumpen. Es steigt leicht an durch karge, garstige und karstige Gegend, bis das
Strässchen schliesslich schroff auf Vissec hinunter fällt. In diesem Dorf gibt es nicht
einen Laden, also nehmen wir gleich auf der anderen Talseite den Wiederaufstieg
aufs Plateau in Angriff. Ausser uns sind nur Jäger unterwegs. Immer wieder hallen
Schüsse durchs mit Wolken verhangene Tal und wir ziehen bang die Köpfe ein. Noch
kein einziges Wild ist uns unter die Augen gekommen – wem oder was stellen die
Grünröcke eigentlich nach?

Bald erblicken wir weit unter uns inmitten von kräftigem Wald die Ansiedlung Estel-
le, unser Ziel. Auf Anhieb entdecken wir sogar das Anwesen von Ingrid und Yves, das
wir von einer Fotografie her kennen. Nun lassen wir uns zum Talgrund hinuntergleiten, unserem Heim für die nächsten paar Tage entgegen. Bereits wird uns aus dem
Haus zugewinkt. Ingrid und Yves, die wir noch nie gesehen, mit denen wir aber über
Internet schon einiges ausgetauscht haben, heissen uns herzlich willkommen in ihrem Reich. Nachdem uns Ingrid das gepflegte Gästezimmer mit weichem und frisch
duftendem Bett sowie eigenem Bad gezeigt hat, setzen wir uns für den Apéro aus
Traubensaft, Weisswein, von Yves selbstgebackenem Brot, verschiedenen Olivenpas-
ten und würzigen Trauben ihrer eigenen Reben in die Laube, die sich an der dem Pizzaofen gegenüberliegenden Seite der Terrasse befindet. Hier verplaudern wir den

Abend und die halbe Nacht mit dem Schweizer Paar, das nur unwesentlich mehr Jahre auf dem Buckel hat als wir, dank einer bilderbuchmässigen «*Chickenkiller career*» im Bereich der Gebäudereinigung aber nicht mehr auf profane Arbeit zum Gelderwerb angewiesen ist. Vor vierzehn Jahren haben die zwei dieses Natursteinhaus mitsamt Umschwung erworben. Unsere Gastgeber sind ungemein liebenswürdig und Yves obendrein ein Spitzenkoch und Sommelier der Extraklasse.

In der Morgendämmerung des vierten Tages, als der Kater im noch immer warmen Pizzaofen draussen schläft, winken uns Yves und Ingrid erneut – diesmal zum Abschied. Voller Elan reisen wir unter der lachenden Sonne durchs dichte Grün weiter. Der Verkehr bleibt den ganzen Tag über schnell und dicht. Das Radfahren bereitet hier keinen Spass. Nach Anduze finden wir in einem Eichen- und Pinienwäldchen eine prächtige Lichtung. Der Wind schüttelt die Baumkronen kräftig durch. Darüber zeigt sich endlich wieder einmal der bleiche Bruder – schon fast hätten wir ihn vergessen! Doppelt schön, wie er jetzt schelmisch aus dem Sternenmeer grüsst.

Mit lauten und lange nachhallenden Schüssen aus Jägerflinten in den Ohren und mit dem warmen Strahlen der Sonne auf der Haut, setzen wir die Fahrt fort. Dass unser Blut bald kocht, liegt aber nicht am übereifrigen Auge des Tages, sondern an den unsäglichen französischen Ingenieuren. Als ob wir Radfahrer mit den viel zu schmal konstruierten Strassen nicht schon genug geschlagen wären, kommt es im grossräumigen Bereich von Kreuzungen noch dicker: Da sind seitliche Aufbordungen gemauert, die uns alle Fluchtmöglichkeiten vor den zahlreichen Rasern rauben. Was für ein Teufel hat die Strassenbauer nur geritten? Vor, in und nach Alès bewegen sich die Autos so massenhaft und mit derselben unbegreiflichen Getriebenheit wie Ameisen auf ihren Spuren zurück zum Haufen. Selbst auf der gemäss unserer Karte als Nebenstrasse klassierten Route nach Allègre gibts noch Blech genug, immerhin aber wieder Raum zum Atmen. Dafür braust der Gegenwind mittlerweile kühl. Er zaust uns das Haar und raubt uns die Kräfte. Die Weiler folgen sich auf den Fuss. Dazwischen spannen sich Äcker, Reben und Wälder. In Vagnas ist es an der Zeit, Wasser zu laden. In der *mairie*, dem Gemeindehaus, kriegen wir sogar heisses Duschwasser. Neben einem noch sonnenbeschienenen Waldweg zeigt sich eine Lichtung, exakt gross genug für unsere faltbare Behausung.

Mit dem ersten Augenaufschlag wird uns bewusst, dass unser angekündigter Ankunftstermin in Zürich nur noch zwei Wochen entfernt liegt – das fährt uns wie ein Schock in die Glieder. Uns wäre nun lieber, wenn die Zeit nicht so rasen würde, denn die Zahl zwei ist ja gar klein.

Mit einer Temperatur knapp über der Null-Grad-Marke und anhaltendem Gegenwind zeigt uns das Klima seine Zähne. In Vallon-Pont-d'Arc ist fast alles geschlossen: Restaurants, Kanuvermietungen und Campingplätze. Die Saison ist definitiv vorüber, der Winter steht vor der Tür. Immerhin finden wir im Bioladen Tofu. Die sehr stark frequentierte N102 führt uns gegen Abend nach Le Teil hinunter. Auf der Brücke über die Rhone durchwallt mich ein warmes Gefühl: Die Rhone, der *Rottu*, am Rhonegletscher entsprungen, berührt mich wie ein Gruss aus der Schweiz. Schon aber ist höchste Vorsicht geboten. Eine kräftige Böe des Mistrals versucht uns über das Geländer ins eisig kalte Wasser hinunter zu schmeissen. Wie eine torkelnde Besoffene braucht Bea die ganze Fahrspur, um die Luftschläge auszubalancieren. Der Blechwurm muss sich wohl oder übel dahinter ein wenig gedulden. Im Zentrum von Montélimar buchen wir bei «Pierre» ein zwar günstiges, aber kaum geheiztes Zimmer.

Der kalte Morgenhimmel wölbt sich knallblau über Montélimar. Unsere Wäsche vermochte über Nacht nicht ganz zu trocknen. Doch mit dem Haarföhn ist den Geweben die letzte Feuchtigkeit bald ausgetrieben. Irgendwie schaffen wir es immer, an Sonntagen aus grossen Städten herauszufahren, was natürlich ein Segen ist: Die Gassen und Strassen präsentieren sich wie leergefegt. Wir halten gegen Osten und drehen erst nach ein paar Kilometern nach Norden ab. Auf den parallel zur Rhone verlaufenden Schnellstrassen und Autobahnen, die an den rauchenden Kühltürmen der Atomkraftwerke vorbeiführen, würde uns der Verkehr erdrücken.

Der «Mist-Strahl» hats auch heute wieder in sich. Mit einem Frontalangriff versucht er uns zu ärgern, was ihm mit einer Geschwindigkeit von siebzig Stundenkilometern und empfindlich kühler Temperatur ohne weiteres gelingt. Es ist nicht nur sein Widerstand, der uns fordert und aufreibt, sondern auch das beständige Rauschen in den Ohren. Trotz Sonnenschein steigt das Thermometer nicht über zehn Grad. Die gefühlte Temperatur liegt gar nur knapp über dem Gefrierpunkt. In Cléon d'Andran benötigen wir die erste Pause. Lange suchen wir einen windgeschützten Ort, doch leckt der Mistral auch die hintersten Ecken der verwinkelten Gassen aus. So schlottern wir nach dem Genuss von Brie und frischem Brot auf der steinernen Kirchentreppe derart, dass uns nicht mal die von Zigarettenrauch schwangere Luft der Bar gegenüber abhalten kann, uns dort drin über einer Tasse Tee aufzuwärmen. Im Aufstieg zu einem Felsriegel, der quer in der Landschaft liegt, ist der Sturm mit einem Schlag vorüber. Wie ausgeknipst. Noch immer aber vernehme ich ein «Klingeln in den Ohren». Das Rauschen des Mistrals ist als Tinnitus aurium in das Ohrenschmalz übergegangen. Trotzdem geniesse ich die relative Ruhe. Umso wilder schlägt uns oben auf der Krete der Wind entgegen: Wären wir nicht so schwer beladen, würde er uns bestimmt mit sich forttragen, Richtung Süden, Richtung Meer. Dorthin wollen wir aber nicht. Unsere Losung heisst: «Nordwärts, heimwärts!» Also trotzen wir dem Wind willensstark Meter für Meter ab. Zugute kommt uns natürlich, dass wir uns nun in fallendem Gelände befinden. Trotzdem haben wir fast die leichtesten Gänge eingelegt, um überhaupt vom Fleck zu kommen. Der Duft eines Basilikumfeldes betört uns. Er reizt mich zum Pflücken, doch passt diese Gewürzpflanze nicht zu den geplanten Menüs. Bei Montélier sind wir todmüde und bis ins Mark durchfroren – zelten kommt nicht in Frage. Wir beziehen ein Hotelzimmer und lachen uns gegenseitig aus: knallrot leuchtende Wangen und dick aufgeschwollene Augen. Das ist die Quittung für den heutigen Kampf gegen den «Mist-Strahl».

Vielleicht ist es mit einem Anflug von «Stalldrang» zu erklären, dass wir heute weiter fahren und dabei mehr Höhenmeter überwinden als gestern.

Der Wecker ringt in einen bitterkalten Morgen. Immerhin ist der Wind noch schläfrig. Trotzdem lähmt uns aber der *windchill,* denn auch ein Mistral auf halbmast ist nicht ohne. Er beschleunigt die Angleichung unserer unbedeckten Körperbereiche an die eisige Temperatur der Luft. Entlang dem Fuss der sich auftürmenden Alpen steigt unsere Strasse durch die landwirtschaftlich abwechslungsreiche Zone aus Amaranth- und Maisfeldern oder Äckern, die zum Teil derart fein bearbeitet sind wie japanische Zen-Gärten. In all den durchrollten Dörfern finden wir weder Läden noch Restaurants. Nirgends können wir unterkriechen, um uns die klammen Finger aufzutauen. Selbst in Eymeux, das an der Isère liegt, fragen wir vergeblich nach einem warmen Lokal. «Okay», sage ich trotzig zu Bea, «dann retten wir uns selbst aus der Starre.» Vor dem Gemeindehaus schnallen wir die Küchentasche ab, stellen den Kocher zusammen und bald heizen Suppe und Kaffee von innen her. Aus den sechs Bio-Eiern und einer Lauchstange von Vallon-Pont-d'Arc brutzeln wir uns einen feinen Fladen. Die wenigen Leute auf der Gasse wünschen uns mit einem Lächeln im Gesicht «*Bon appétit!*». Über den Alpen drohen graue Wolkenschiffe mit Regen, doch gewinnt auf unserer Route die Sonne die Oberhand. Im Aufstieg nach Roybon schwitzen wir schon fast.

Minus zwei Grad und mit Raureif überzuckerte Wiesen – so empfängt uns der Morgen in St-Etienne-de-St-Georis. Im nahen Rives wollen wir wieder einmal in ein Internetcafé, denn wir müssen Hans-Michel in Vevey unser Nahen kundtun. Wie insgeheim befürchtet, gibt es aber kein derartiges Angebot in diesem Städtchen – schliesslich besitzt jeder und jede in den eigenen vier Wänden einen Computer. So versuchen wir unser Glück bei der Gemeindeverwaltung. Die nette Dame im Empfangsbüro ist nicht um eine Lösung verlegen. Sie telefoniert kurzerhand dem Sozialamt. Dort stehen für die Arbeits- und Mittellosen der Gemeinde nämlich zwei Computer mit Internetanschluss bereit. Schon sitzen wir vor den Bildschirmen und nippen an einem offerierten Kaffee.

Frostiger Nebel wallt über den Feldern und Bea gibt vorne weg Schub. Zusammen mit vielen Lastwagen folgen wir dem breiten Strom der Rhone nach Belley. Kaum zu glauben, dass es sich dabei um denselben Fluss handelt, der sich im Oberwallis nur als besserer Bach ausnimmt. Die französischen Hunde lechzen nach einem Happen von unseren Waden. Nur gut, sind die Zäune um ihre Reviere von tadelloser Qualität. Auf einem menschenleeren Kinderspielplatz – das ist bei dieser Affenkälte ja auch kein Wunder – kochen wir uns inmitten von Belley den Lunch. Die meisten Passanten schenken uns keine Beachtung. Einige schauen jedoch leicht irritiert und wieder andere grüssen freundlich und wünschen guten Appetit.

In Seyssel lassen wir uns bei der alten Hängebrücke für die zweitletzte Nacht in Frankreich nieder. Welch Freude: Der Schwangerschaftstest ist positiv, Bea trägt knospendes Leben in ihrem Schoss. In einer der heissen Nächte um Narbonne entstand also die wahre Frucht unserer Reise. Wir schweben im siebten Himmel. Einfach phänomenal!

Unter der gleichmütig grauen Wolkendecke rollen wir wie in Trance aus der Ortschaft und biegen links weg nach Bassy in eine langgezogene Steigung. Ein Hund, der mir wie das Echo von Negrito erscheint, jagt jedem Auto nach, als wäre er von Sinnen, um sich danach wieder ins hohe Gras auf die Lauer zu legen – die Erinnerung ans Altiplano überschwemmt mit einem Male mein Innerstes. In unseren nassgeschwitzten Kleidern frösteln wir in der folgenden Abfahrt durch einsamen, farbigen Herbstwald zum Défilé de l'Écluse hinunter. In Viry, ganz nahe der Schweizer Grenze, steigen wir in einem billigen Hotel ab. Zur Feier des Tages tragen wir auf dem Bett Salat, Parmesan, Caprice des Dieux und frisches Brot auf. Ich labe mich an einem Châteauneuf-du-Pape, während sich die schwangere Bea mit einem Traubensaft erquickt.

Schweiz, 26. Oktober bis 3. November 2007

Wir schlafen beide unruhig. Liegt es am Vollmond, der am Abend generös sein Licht auf den Genfersee ergiesst, oder hat sich etwa eine gewisse Nervosität eingeschlichen?

Wie immer in den letzten Tagen starten wir in ein trübes Gemisch aus Wolken und milchigem Nebel, doch schon nach wenigen Pedalumdrehungen erfasst uns helle Freude. Bei Soral überrollen wir nämlich die Grenze zu unserer Heimat, der wir seit dem 5. April 2003 ferngeblieben sind. Mit Genugtuung stellen wir fest, dass sich die einsame Insel Schweiz inmitten der Europäischen Union nicht mit bewaffneten Sicherheitsleuten abriegelt, um unerwünschte Elemente abzuwehren. Bis auf drei geparkte Autos mit Genfer Nummernschildern vor einem verlassen wirkenden Zollhaus und einem offenen Schlagbaum zeugt nichts von einer Landesgrenze.

Doch besteht nicht der leiseste Zweifel, wir befinden uns wieder in der Schweiz: Bleiben wir mal unschlüssig an einer Strassenkreuzung stehen, so werden die Wagen wie von Geisterhand abgebremst. Rote Tafeln mit weisser Schrift lotsen uns auf Radwege, die diese Bezeichnung auch verdienen. Sämtliche Joghurts munden vorzüglich, alle sind garantiert nicht mit Schlachtabfällen oder künstlichen Konservierungsmitteln kontaminiert. Die Äcker sind derart feinkrümelig, als wären sie mit einem Kamm bearbeitet worden. Und in einer beliebigen Papeterie an der Strassenecke werden Kugelschreiber für tausend Euro angeboten. Zum Staunen bringen uns die ausgedehnten Wiesen, Äcker und Wälder. In unserer Erinnerung war die Schweiz enger, nicht derart weiträumig. Schon verrückt, wieder hier zu sein! Ich fühle mich sauwohl, das ist mein Terrain, hier bin ich zuhause.

In Petit-Lancy ziehen wir Schweizer Geld aus einem Postomaten. Wie verwaschen und doch bunt diese Scheine sind! Und der Fünfliber, war der immer so gross? Wie es sich in diesem Land gehört, erstehen wir Velovignetten und kleben sie gut sichtbar auf die Rahmen. Vor dem Postamt, ein potthässlicher Zweckbau aus den 60er oder 70er Jahren, sitzen zwei Bettler, die uns den leeren Hut aber nicht hinstrecken. Schwungvoll kurbeln wir zum Genfersee, überqueren die Quaibrücke mit den wehenden Fahnen und folgen dem nördlichen Gestade. Man grüsst sich auf der Strasse; mindestens die Radfahrer unter sich. In Rolle steigen wir in einem stilvollen, 250-jährigen Privathaus ab. Im geräumigen, gut geheizten Zimmer flüstern wir nur und decken den antiken Tisch sogar mit Zeitungen ab, bevor wir darauf tafeln. Im überhitzten Raum schlafen wir wie Murmeltiere.

Durch den schweren Morgennebel radeln wir weiter. Nach Lausanne reisst die Wolkendecke auf und öffnet uns den Blick auf die abenteuerlich steil aufragenden Rebterrassen der Lavaux. In diesem Geflecht von Mauern dominieren nicht die Horizontale und die Vertikale, sondern das Windschiefe, das Verwinkelte, das Verästelte. Dieses Verspielte lässt den vor tausend Jahren begonnenen Bau so geheimnisvoll und lebhaft wirken. Wenig später lüftet sich auch der Vorhang über dem See und das Panorama der Alpen zieht an uns vorbei. Die Gipfel tragen bereits weisse Kappen.

Bei der Schiffsanlegestelle von Vevey empfangen uns offene Arme. Ein herzhafter Jauchzer schallt durch die Luft. Da steht er, unser Hans-Michel! Das letzte Mal sahen wir ihn Ende 2003 in Bandar-e-Abbas, Iran. Welch Wiedersehensfreude! An Hans-Michels Seite geschmiegt ist die sympathische Jocelyne, seine neue Partnerin. Zusammen spazieren wir zu Hans-Michels Wohnung in einem Altbau, wo wir für die nächsten drei Nächte in seinem Zimmer schlafen können. Wir geniessen es, unseren Freund wieder zu haben. Er führt uns am folgenden Tag auf Les Pléiades, den Hausberg von Vevey. Auf dem Genfersee wogt ein Meer von Nebel. Darüber ragen die vergletscherten Spitzen des Mont Blanc, des höchsten Bergs der Alpen, in den stahlblauen Herbsthimmel. Noch eindrücklicher als dieses Schauspiel der Natur aber ist die Erkenntnis, dass unsere Erdumrundung in den Dimensionen von Raum und Zeit betrachtet, nur ein Klacks ist: Das Licht hätte für die fast 53000 Kilometer zirka einen Sechstel einer Sekunde gebraucht. Und wir 55 Monate, was 145 Millionen Sekunden entspricht.

Unter regnerischem Himmel begleitet uns Hans-Michel auf der Bergfahrt nach Châtel-St-Denis. Zum Abschied schlemmen wir in einer Crèmerie Vermicelles mit Vanilleeis und Meringue. Als Garnitur reicht uns normale Sahne nicht: Wir wählen das *baquet*, das Holzkübelchen mit 45-prozentigem Rahm. Zum Dessert teilen wir uns noch einen Schokoladenriegel. Solch kalorienreiches Essen hat Tradition: In der Türkei waren wir auf Sarelle, diesen süssen Brotaufstrich aus Haselnuss und Kakao, spezialisiert. Und im Iran konnten wir uns an Bananenshakes kaum satt trinken.

Eine kräftige Bise schneidet uns ins Gesicht und fordert einen hohen Kraftzoll, obwohl die Strasse mehrheitlich flach verläuft. Immer mal wieder guckt die Sonne durch die tief hängenden Nebelschwaden und das düstere Gewölk, das im Höhenwind treibt. Bis nach Bulle herrscht dichter Verkehr. Trotzdem nehmen wir die Kühe auf den sattgrünen Wiesen wahr und sind uns einig, dass dies die weltweit schönsten Exemplare sind. Auch das Gebimmel ihrer Schellen lässt uns das Herz aufgehen. Es begleitet uns auf jedem Meter: Die Schweiz wie im Bilderbuch. Beim Bahnhof von Bulle studieren wir eine Übersichtskarte von «Veloland Schweiz» und entscheiden uns, auf der Route 4 nach Fribourg weiterzufahren. Kurz vor der Stadt Villars-sur-Glâne kaufen wir bei «Chez Pascal» ein und kochen auf der Wiese hinter dem Laden eine Gemüsesuppe. Pascal, der Besitzer, ist von einer wunderbaren Freundlichkeit. Er bietet uns Wasser und Kaffee an, lässt uns seine Toilette benützen und drückt uns zum Abschied eine Tafel Schokolade in die Hand.

In Tafers liegt uns bereits die Nacht im Nacken. Vorne an der Kreuzung befindet sich ein Hotel. Leider ist es aber heute geschlossen und obendrein das einzige in diesem Dorf. Ich versuche mein Glück in einem Restaurant. Kaum setze ich meinen Fuss in das verrauchte Lokal, werde ich von allen Ecken her begrüsst: «*Guete Abe!*» Hier spricht man also wieder Schweizerdeutsch! Mir kommt das «*Grüezi!*» nur schwer über die Lippen, so ungewohnt wie es noch ist. «Nein, ich bedaure, Zimmer haben wir keine», entgegnet die nette Wirtin auf meine Frage nach einer Unterkunft. Sie schreibt mir jedoch auf einen Zettel mehrere Telefonnummern von Privatpersonen, die Räume vermieten. In einer Telefonkabine wähle ich die oberste Nummer. Ein Herr meldet sich mit Namen und fragt als Erstes: «*Jä, siit Ihr de Piuwger?*» Es dauert eine geraume Weile, bis ich das auf die Reihe bringe. Das Wort «*Piuwger*» heisst Pilger, und ich werde danach gefragt, weil sich Tafers am Jakobsweg befindet. Schliesslich nimmt uns Familie Kolly in ihrem gepflegten Heim für eine Nacht auf. Unglaublich das Vertrauen dieses Ehepaars: Es kennt bis jetzt lediglich unsere Namen, drückt uns aber mit der grössten Selbstverständlichkeit den Schlüssel in die Hand und geht für drei Stunden ausser Haus.

Da der heutige 1. November im katholischen Kanton Fribourg als Feiertag begangen wird, tischen die Kollys das Sonntagsgeschirr auf und laden zu einem Brunch. Die beiden sind weltoffen, selbst weit gereist und auch schon wochenlang auf den Spuren Jakobs gewandert. So haben wir uns gegenseitig viel zu berichten. Das Entgelt für die Übernachtung im warmen, bequemen Bett weisen sie mit einem herzlichen Lächeln zurück: «Ihr seid unsere Gäste.» – Sind wir im Iran gelandet?

Die Steigung vor Schwarzenburg ist mit elf Prozent kernig, doch nur kurz und vermag uns nicht ernsthaft zu fordern. Der Himmel über uns ist tadellos blau, die Fernsicht auf die frisch verschneiten Alpen lässt aber wegen des Dunstschleiers vor dem Horizont zu wünschen übrig. Noch immer ist uns das Staunen über den vielen Platz in der kleinen Schweiz nicht vergangen: Wiesen ohne Ende mit wenigen weidenden Kühen, dafür umso lauterem Gebimmel. Da und dort nur thront ein stattliches Bauernhaus, das Dach weit ausladend und daneben in einiger Entfernung das Stöckli für die Grosseltern. Tannen und bunt verfärbte Laubbäume formen dichte Mischwälder. Angesichts dieser Landschaft kann ich nicht umhin, ständig an Jeremias Gotthelf zu denken, der unweit von hier lebte. Bea geht mit mir einig: «Wir können uns glücklich schätzen, dass das schönste Land unserer Reise um die Welt exakt unsere Heimat ist.» Auch um den Charakter der Bewohner dieses Eilands im europäischen Meer ist es nicht so schlecht bestellt, wie oft behauptet wird: Fast alle Leute grüssen uns freundlich, Hans-Michel ist einfach Hans-Michel, was alles beinhaltet, Pascal zeigte uns ein offenes Herz und die Kollys amerikanisches Vertrauen und islamische Grossherzigkeit.

Nach herrlicher Abfahrt zur Aare hinunter kochen wir uns beim Bahnhof von Mühlethurnen das Mittagessen. Die meisten Leute wünschen uns «*En Guete!*», andere wechseln ein paar Worte mehr mit uns. Noch immer bekunde ich Mühe mit dem fremd gewordenen, einst so vertrauten «*Grüezi!*». So halte ich mich an das hier übliche «*Grüessech!*», was natürlich dasselbe bedeutet, aber doch eine Art Fremdsprache für mich darstellt. Weiter geht die Heimreise nun durch die Idylle des Emmentals – Gotthelfs wahrer Wirkungsstätte –, bis uns in Zollbrück die Nacht einholt.

Zu früher Stunde kracht der Wecker, denn heute wollen wir zum grossen Sprung Richtung Zürich ansetzen. Die Nacht war sternenklar und die Morgenluft ist mit minus zwei Grad klirrend kalt. Bea verspürt wieder mal «Stalldrang» und übernimmt das Tempodiktat. Nach Sumiswald schluckt uns ein von der Bise durchwehter grauer Dunst, der uns bremst und die Körperwärme raubt. In Hüswil lassen wir uns im Gasthof Engel auftauen. Meier Walter, der sein Bauerngut vor zwanzig Jahren mit hübschem Gewinn verscherbelt hat, lädt uns auf einen «*Kafi Luz*», einen Kaffee mit Schnaps ein. Als wir in Fahrwangen bei einem greisen Bauernpaar vier Kilo Baumnüsse erstehen, füllt uns die gute Frau mindestens zwei Kilo mehr in den Sack. «*Wüssed Si, es chönt ja es paar fuuli drunder ha*», meint sie mit einer Gutherzigkeit, die mich schon fast beschämt. Als wir uns bei ihr dafür bedanken, liegt der Schimmer eines Lächelns auf ihrem Gesicht.

Der Verkehr über den in trüben, frostigen Nebel gehüllten Mutschellen ist sehr dicht, und die schmale Strasse ohne Gehweg eine Zumutung. Wurden hier etwa französische oder argentinische Ingenieure mit der Planung beauftragt? Mit dem Gewicht all unserer Erfahrung bewältigen wir dieses «*pièce de résistance*» ungeschoren und fädeln in Dietikon in eine Radspur ein, die uns via Schlieren, sozusagen durch die Hintertür, ins Zentrum von Zürich trägt. Die Minuten zerrinnen rasch und der Uhrzeiger pirscht sich an die spannungsgeladene Eins auf dem Zifferblatt.

Nach dem hellen Glockenschlag des Grossmünsters, der die erste Stunde des Nachmittags dieses 3. November einläutet, reisst die zähe Wolkendecke über der Limmatstadt auf, und der Kies des Platzspitzes knirscht unter unseren Rädern. Ein tiefes Glücksgefühl durchwallt mich auf den letzten Metern all den offenen Herzen entgegen, die uns unter Jubelgeschrei empfangen – nie werde ich diesen Moment vergessen.

Der lange Heimweg ist vollendet. Unsere Fahrspur hat einen Kreis geboren. Wir haben Mutter Erde umarmt.

Ich bin bodenlos glücklich.

Als Erstes schliesse ich meine Eltern fest in die Arme. Sie sehen gesund aus, das Leben war die letzten viereinhalb Jahre gut zu ihnen. Nur ihr Haar ist heller geworden, und in den feinen Verästelungen der Furchen, die sich in ihre Stirn geschlichen haben, sehe ich mein eigenes Älterwerden gespiegelt. Bruder Rüedel hat sich erwartungsgemäss prächtig gehalten. Auch die Gesichter der anderen sind abgesehen von kleinsten Details so vertraut, als sei seit der letzten Zusammenkunft kaum ein Monat verstrichen – der Fluss der Zeit ist in diesem Moment nicht wahrnehmbar. Ausser bei den Kindern: Da tollen Knirpse herum, die ich noch nie gesehen habe.

Epilog

Seit der Heimkehr sind bereits fast zwei Jahre verflossen und der Alltagstrott vermochte uns noch nicht einzuholen. Wir sind diesem Trottel bis zum heutigen Tag auch ohne die Fahrräder immer mindestens einen Schritt voraus. Kengos Frage «Warum heiratest du Bea nicht?» ist mittlerweile gegenstandslos: Am 1. April 2008, fünf Jahre nach dem Start zu unserer Reise, gaben wir uns das Jawort. Und am 28. Juni desselben Jahres erblickte Ben, die wohl schönste Frucht unserer Reise, das Licht dieser wunderbaren Welt. Sein Weg vom Uterus an die uferlose Freiheit war beschwerlich. Musste er sich doch durch einen von 52903 Kilometern gestählten Beckenboden kämpfen: Diamanten entstehen schliesslich unter stärkstem Druck.

Wir leben inzwischen in einer richtigen Wohnung, schlafen wieder in unserem eigenen riesigen Bett, duschen immer windgeschützt und müssen – ausser wenn bei Ben mal etwas daneben geht – kaum mehr Wäsche von Hand schrubben. In der Waschküche steht schliesslich eine Waschmaschine. Beim Flanieren durch die Gassen lachen uns die Brunnen an, die in Zürich so zahlreich vorhanden sind und sich perfekt zum Abfüllen von Wasser eignen würden. Aber wir lassen es bleiben, denn bei uns zuhause gibts ja auch fliessend Wasser; aus dem Hahn mit dem roten Punkt in der Mitte rinnt es gar siedend heiss. Wenn mich draussen im Wald ein Regenguss erwischt, ist mir das ganz schnuppe, denn im Kleiderschrank stapeln sich gleich mehrere garantiert trockene Hosen und Hemden.

Es gibt unsichtbare Grenzen, die erst bei ihrer Übertretung sichtbar werden. Steht man aber einmal auf dieser anderen Seite, öffnen sich neue Blickwinkel auf Altbekanntes. So bildete sich zwischen mir und den «zivilisierten» Menschen im Laufe der Reise eine dünne Eisschicht. Es stellte sich immer mehr eine leichte Irritation bezüglich der Werte und entsprechend des Verhaltens ein. Unterwegs waren die Antworten anders, weil sich die Fragen geändert hatten. Als Nomaden waren wir verletzlicher als sesshafte Leute mit sicherem Heim und Hort. Wir waren Teil der Natur und damit auch stärker von ihr abhängig. Sonne, Wind und Bruder Mond gaben uns zusammen mit den vitalen Bedürfnissen den Rhythmus vor. Im Einklang mit ihnen mangelte es uns an nichts. In Opposition zu ihnen kamen wir rasch an unsere Grenzen. Genauso wie garstiges Wetter konnten uns rasende Autos oder irrlichternde Jäger an Leib und Leben bedrohen. In diesem Spannungsfeld blieb wenig Raum für Zwischentöne. Was Sache war, haben wir sofort prägnant auf den Punkt gebracht. Dazu waren grobe Kraftausdrücke oft erste Wahl. So hatte sich mit unseren Gedanken auch unsere Sprache radikalisiert. Wir merkten dies freilich kaum. Erst Yanicks Freude an hierzulande höchstens unter der Kellertreppe ausgesprochenen Worten öffnete mir die Augen. Uns fehlte unterwegs ein gesellschaftliches Korsett, das als

Korrektiv und Übungsfeld wirken konnte. Sprachliche Finessen gingen in der Umgangssprache verloren. Für uns war relevant: Gut oder böse? Sicher oder gefährlich? Brauchbar oder unnütz? Wir fühlten und spürten was richtig und wichtig ist zum Leben, zum Überleben. Damit kamen wir der Lebenskunst, deren Ziel es ist, mit weniger auszukommen, sehr nahe. Sie ist der einzige Weg, um den Raubbau an den Ressourcen zu stoppen.

Mein Blick als «Outlaw» von ausserhalb der Gesellschaft, zu der ich einst gehörte und in die ich wieder aufgenommen wurde, war verzerrt und verschwommen – oder war er so klar wie das Quellwasser, das ich suchte? Und damit zu rein, um noch verträglich zu sein?

Eine gewisse Resozialisierung tut jedenfalls not. Ecken und Kanten sowie Dellen und Buckel, die als verdichtete Erfahrung mein Wesen prägen, bin ich aber nicht bereit, abzuschlagen oder auszubeulen. Bisweilen fühlte ich mich unterwegs als geschmeidige Modelliermasse. Als wäre ich ein Stück Lehm, haben mich Natur und Menschen mit Tausenden von Eindrücken geformt. Mehr als der beissende Durst, die knochendurchdringende Kälte oder die atemraubende Hitze hat aber die Herzlichkeit der Menschen Funken geschlagen. Sie hat sich mir unauslöschlich eingebrannt. Mein Weltbild hat sich laufend verändert. Ich bin nicht mehr derselbe wie vor der Reise – ich bin viel reicher. All die Erfahrungen werden leuchten bis ans Ende meines Weges, bis der Lebensstrom versiegt.

Manchmal, angesichts des vielen Materials um mich herum und der ziemlich gut gefüllten Agenda, sehne ich mich ans Nomadentum zurück. Wie war doch unser Haushalt mit allem drum und dran überschaubar und so schnell und einfach zu handhaben. Wie gering waren die Sorgen. Ja, das war eine herrliche Freiheit und Unbeschwertheit!

Der Kreis um den Erdball hat sich geschlossen. Doch die Reise ist noch lange nicht zu Ende – ist nicht das ganze Leben eine einzige Reise?

Auf der Homepage www.gesundheit-energie.ch/veloweltreise sind Informationen zu Dia-Vorträgen mit Live-Kommentar, zu Reiseberichten und Bilder auf CD sowie zu Ansichtskarten erhältlich.